Avoir les yeux qui crient braguette

*Mouiller la co*

**Après nous les mouches**

Cracher sa valda ***Dormir en cuillère***

**Y a pas le feu au lac**

**Bling bling** Tombé du camion

***Tu me l'ôtes de la bouche***

*S'en taper le cul contre la suspension*

Être peigné comme un dessous de bras

***Avoir bu l'eau des nouilles***

**Pas piqué des gaufrettes**

*Avoir du yaourt dans la tête*

**Faire un cake nerveux**

*Être épais comme un coton tige*

***S'en beurrer les noisettes***

Chaud comme une baraque à frites

# On va le dire comme ça

## Dictionnaire des expressions quotidiennes

# On va le dire comme ça

## Dictionnaire des expressions quotidiennes

Charles Bernet et Pierre Rézeau

Préface de Jean Artarit

BALLAND

Conception graphique Fabien Jékot


130, rue de Rivoli
75001 Paris
ISBN : 978-2-35315-044-1

À Pierre Enckell,
en témoignage d'estime et d'amitié

# Préface

*Rien que du bonheur !* Et ce bonheur ne nous est pas chichement compté car ce sont des centaines d'expressions courantes, familières, quotidiennes, branchées, qui sont ici rassemblées, commentées et superbement illustrées. Beaucoup de plaisir donc ; mais n'est-ce pas du plaisir que ceux qui véhiculent tous ces *mots d'esprit*, ces jeux avec la langue, veulent à la fois se procurer et procurer à chacun de nous ? Ceux qui les véhiculent et non qui les inventent, car l'invention paraît plus collective qu'individuelle, à l'exception de quelques traits prêtés à des personnages célèbres. *Rien*, donc, *que du bonheur* pour le psy qui admire le travail de l'inconscient condensant, déplaçant, transformant les pensées en images, comme dans le rêve ou le *mot d'esprit*[1], et qui se laisse aller aux délices de l'association libre.

Plusieurs formules ont une dimension historique ; ainsi *la mobilisation n'est pas la guerre* de Poincaré, le *il est urgent d'attendre* prêté par Suarez à Clemenceau ou la féroce repartie d'Édouard Herriot dénonçant les révolutionnaires *en peau de lapin*. Certaines nous plongent même plusieurs siècles en arrière avec le célèbre *après moi le déluge* et ce personnage qui *frise la correctionnelle* comme autrefois Camille Desmoulins « frisait la guillotine ». Même aujourd'hui, il en est qui continuent à *se prendre pour Jeanne d'Arc*, ainsi que dans ses *Mémoires de guerre* le général de Gaulle notait qu'on lui en faisait le reproche. Le Général qui, d'ailleurs, reste une référence incontournable, depuis son *vaste programme* en réplique à *mort aux cons*, jusqu'à son *comité Théodule*. L'écho douloureux de la guerre d'Algérie et l'amertume des millions de bidasses pris dans son piège nous reviennent dans le *zéro ! zéro ! zéro !*, chanté – braillé plutôt – dans toutes les gares de l'Hexagone, accompagné du décourageant et lancinant *RAB* ou *rien à branler*, qu'alors suivait l'inévitable *LQB, la quille bordel*, devenu aujourd'hui inutile.

Évidemment Mai 68 est bien présent. Le *il est interdit d'interdire* paraît un peu désuet comme, pour votre serviteur, le souvenir d'avoir, durant plusieurs années, fait cours (?) dans une université parisienne – de sciences humaines, bien sûr – sous l'énorme inscription : « Ne dites plus : bonjour Monsieur le professeur, dites : crève salope ». Le *responsable mais pas coupable* de Georgina Dufoix, paraît avoir fait florès, ainsi qu'en témoigne l'exemple, donné par les auteurs, de cet accusé, « ivre au moment des faits », revendiquant sous cette bannière… tout simplement l'acquittement.

Le politique est omniprésent. Le bilan de décennies d'atroces dictatures semble pour certains rester *globalement positif*, comme hier pour Georges Marchais.

---

1. Sigmund Freud, *L'Interprétation des rêves*, [1901] traduction I. Meyerson et *Le Mot d'esprit et ses rapports avec l'inconscient*, [1905] traduction Marie Bonaparte et Dr M. Nathan.

Il existe toujours des *fusils à tirer dans les coins*, mais il est acquis qu'*on ne tire pas sur une ambulance*, sauf avis contraire. Les élections se font parfois *dans un mouchoir*, surtout lorsque les électeurs se transforment en *pêcheurs à la ligne*. On va toujours *à la soupe*, on dénonce les *machines à faire perdre*, on *ne change pas une équipe qui gagne*, on n'aborde pas *les sujets qui fâchent* et l'on dénonce à longueur d'antennes la création de nouvelles *usines à gaz* par ses adversaires. N'oublions pas le nouveau et « hard » *nettoyage au Kärcher*, mais restons *politiquement corrects*.

L'invasion du langage quotidien par les références médicales est constante. Beaucoup de choses semblent *donner de l'urticaire*, on en *fait* [toujours] *une jaunisse*, on peut encore *attraper un rhume de culotte*, c'est-à-dire la chaude-pisse, et à l'adresse des médecins, inquiets d'un diagnostic, on ne répétera jamais trop que *l'on peut avoir la syphilis et un bureau de tabac*. En met-on *sous perf* des pays entiers ! comme le Cambodge, et surtout des économies ou des morceaux d'économie, à l'instar semble-t-il de notre agriculture, à laquelle cependant on ne peut pas vraiment attribuer un *encéphalogramme plat*.

C'est dans la sphère « psy » qu'il est beaucoup puisé. On assiste à une escalade jubilatoire pour dévaloriser les capacités intellectuelles du voisin, du concurrent ou de l'ennemi et émettre plus que des doutes sur son intégrité mentale. Il y a ceux qui ont *un petit pois dans la tête*, certains diront « ceux qui *n'ont plus qu'un neurone* », et puis ceux qui ont cette même tête *dans le pâté* ou qui *n'ont pas la lumière à tous les étages*. Cela vaut-il mieux qu'*avoir pété un câble, un fusible, une durite* ou qu'*avoir disjoncté*, au risque d'*être bon pour Sainte-Anne* ou *pour Charenton* ? Au total, combien sont *fous comme trente-six lapins* ou, remarquable trouvaille, *complètement à l'ouest*. L'existence si inquiétante de ce thermomètre de l'intelligence qu'est le *QI*, qui, chez l'autre, ne peut-être que celui *d'une huître*, nous fait glisser vers une autre dimension majeure de l'inconscient, celle du sexe. Comme on le sait, ils sont légion à n'avoir *rien dans la tête et tout dans le slip* ou, pour les professionnels, à se situer dans la catégorie des « petit QI… grosse queue ».

Le sexe, en effet, se taille une belle part ! Mais quoi d'étonnant : ces expressions, ces formules, qui chaque jour se voient remplacées, dépassées, transformées par d'autres toujours plus vives, canailles, agressives, ne sont-elles pas le résultat des efforts gigantesques de l'inconscient individuel et collectif pour lever le refoulé. Faire retour sous une forme qui déjoue la censure, la langue de bois, le socialement correct, voilà la grande affaire, le grand travail de l'inconscient, qui accouche de trouvailles parfois géniales, parfois médiocres, mais jamais anodines. Alors s'affichent les inquiétudes viriles, le machisme triomphant et les régressions scatologiques. D'abord il y a les innombrables renvois à l'obsession mégalomaniaque d'une érection triomphante : *dresser la tente, être au beau fixe, hisser les couleurs, avoir le piquet*, et, même durant le sommeil, *dormir sur la béquille*, auxquels s'opposent la faillite des ambitions réduites à *six heures et demie* et la vision du pauvre diable affublé d'un *vermicelle de contrebande* et de deux *raisins de Corinthe*. Le machisme qui s'étale dans *la brioche au four* et dans *on n'est pas des gonzesses*, n'est pas aussi débordant qu'on pourrait le craindre, alors que les expressions comprenant les mots *couille* ou *cul* sont particulièrement nombreuses. Il est des expressions presque affectueuses pour désigner les rapports entre les hommes et les femmes, comme cet *aspirateur à belettes* ou bien les *histoires de blondes*… à condition de prendre ce dernier mot dans son sens québécois. Quant au stade sado-anal, comment ne pas le remercier de nous donner – et Dieu sait si le don est en cause en pareille matière ! – le réjouissant et triomphant *péter dans l'azur*, après nous avoir procuré entre autres comptines *tu rotes, Charlotte… etc.*

Évidemment l'alcool et ses effets sont des références généreuses. *Accident de comptoir* remplacera-t-il le *coup de pied de barrique* ? À voir. De toute façon chacun est maintenant sous la menace de *souffler dans le biniou, abdos Kronenbourg* – ah ! l'adjudant cher à Cabu – ou pas, tandis qu'apparaissent d'autres paradis artificiels pour ceux qui *fument la moquette*, usent de *l'herbe qui fait rire* ou *s'en mettent plein les sinus*. Mais il ne peut être question de recenser tous les domaines où va puiser l'invention humaine.

Ce riche éventail est répertorié et analysé avec compétence et humour, et la distance observée par les auteurs vis-à-vis de leur objet est souvent réjouissante. Quant aux citations, quelle profusion de références ! Les sources littéraires, où Roland Barthes côtoie San-Antonio, dominent, mais les apports de la presse font presque jeu égal : presse quotidienne aussi bien qu'hebdomadaire, nationale ou régionale, allant du *Monde* à *Sud Ouest*, en passant par *Le Canard enchaîné* et *Télérama*. Les emprunts à d'innombrables sites, forums ou blogs de la Toile constituent une pioche féconde comme ceux, moins nombreux, à la radio ou au cinéma, sans oublier les débats de l'Assemblée nationale et du Sénat. On soupçonne les auteurs d'avoir engrangé des monceaux d'autres trouvailles et d'avoir dû non pas se censurer, mais se limiter pour nous servir l'essentiel.

*Vous allez adorer*, sans restriction. Et ce n'est pas une antiphrase.

Jean Artarit
psychiatre et psychanalyste

# Remerciements

Cet ouvrage a bénéficié du support institutionnel de l'ENS-LSH de Lyon et du laboratoire ICAR « Interactions, Corpus, Apprentissages, Représentations », UMR 5191, CNRS – Université Lumière Lyon 2 – ENS-LSH de Lyon.

Nous sommes reconnaissants à Olivier FARON, Directeur de l'ENS-LSH de Lyon, et à Lorenza MONDADA, Directrice d'ICAR, qui ont facilité la réalisation de ce projet.

Pour leur participation à plusieurs phases de notre travail, et pour les améliorations qu'ils ont bien voulu y apporter, nous remercions vivement Pierre ENCKELL et Gisèle KAHN.

Pour leur soutien et pour leur contribution, sous des formes complémentaires, nous exprimons notre gratitude à Augustin BERNET, Michel BERT, Hélène-Marie BLANCHARD, Bruno COURBON, Charles END, Carolin GÄNßBAUER et Christian PLANTIN.

Le contenu de cet ouvrage a en outre bénéficié des ressources, en livres, bases de données et cédéroms, de la Bibliothèque nationale de France (Bibliothèque François-Mitterrand), de la Bibliothèque nationale et universitaire de Strasbourg et de la Bibliothèque l'ENS-LSH de Lyon.

# Présentation

## L'objectif

Malgré leur ampleur, les meilleurs dictionnaires du français ne peuvent rendre compte de l'infinie richesse de la langue : inévitablement, certains aspects y sont moins bien pris en compte que d'autres. Ainsi, il est facile de constater que la phraséologie est bien loin d'avoir dans ces ouvrages la place qu'elle occupe dans la langue, et particulièrement dans la langue familière du quotidien.

À l'opposé d'un français « prêt-à-parler », comme la langue de bois ou les jargons des technocrates, on a voulu accueillir ici des façons de dire (et d'écrire) qui donnent au paysage linguistique une fraîcheur, une saveur, éventuellement une verdeur, bien spécifiques, sans parler de la note ludique qu'elles apportent souvent. Un gisement considérable, qui témoigne avec force d'une vie langagière foisonnante et en parfaite santé pour la période ici considérée : seconde moitié du XX^e^ siècle et début du XXI^e^.

Pour être admises dans cet ouvrage, ces locutions devaient satisfaire à deux critères : d'une part, bénéficier d'une assise suffisamment solide dans la langue (donc pouvoir être illustrées par des citations) et, d'autre part, n'avoir pas encore (toute) leur place dans les grands dictionnaires unilingues du français contemporain, auxquels elles apportent un modeste mais utile complément[1]. Et si l'on peut penser que les francophones auront plaisir à retrouver ou à découvrir certaines de leurs façons de parler, ceux qui apprennent le français, notamment à l'étranger, trouveront parfois la solution à certaines de leurs interrogations.

## Les entrées

Conformément à la pratique la plus répandue dans les dictionnaires de langue, les entrées sont des mots autonomes. Lorsque la prononciation d'un mot peut présenter des difficultés, elle est indiquée entre crochets en caractères API (alphabet phonétique international) après la vedette.

---

1. Ce dictionnaire restitue le dessus d'un panier très fourni et correspond aux apports les plus récents à un chantier ouvert à la fin des années 1980. Il prend la suite du *Dictionnaire du français parlé* (1989 et 1991), des *Richesses lexicales du français contemporain* (1995) et des *Trésors du langage familier* (2005), la publication de ce dernier restant, à ce jour, en attente. Quelques articles de nos précédents travaux, sur lesquels avons jugé utile de revenir, figurent ici dans une version mise à jour et enrichie, souvent de façon importante.

Les locutions sont traitées en sous-entrées. Le choix des entrées sous lesquelles elles sont enregistrées obéit aux critères suivants :

– dans les locutions figurées, la préférence est accordée aux vocables sur lesquels porte la figure ;

– dans les locutions susceptibles de variations, les mots stables sont pris en considération en priorité ;

– les mots "lexicaux" (noms, verbes, adjectifs) ont la préséance sur les mots dits "fonctionnels" (articles, prépositions, auxiliaires, etc.).

Toutefois, ces dispositions ne permettant pas de localiser sans hésitation toutes les locutions, un index est proposé en fin de volume pour faciliter l'accès au contenu.

## Les sous-entrées

Dans la quasi-totalité des articles – et à la seule exception de quelques articles longs –, les locutions groupées sous une même entrée sont classées par ordre alphabétique.

Chaque rubrique s'ouvre par la locution traitée – éventuellement précédée d'une marque d'usage –, suivie de l'indication de sa catégorie grammaticale et d'une définition. Viennent ensuite, souvent, des indications sur les conditions d'emploi de la locution, des informations historiques, des équivalents synonymiques et des exemples.

Il a paru conforme à l'esprit de ce travail, qui est d'ordre descriptif et philologique, d'introduire dans le libellé de la locution les principales variations formelles dont elle peut faire l'objet. Celles-ci sont notées au moyen de la barre oblique et des parenthèses.

La barre oblique, employée seule, sépare des leçons dont aucune n'est considérée comme secondaire. Elle peut porter aussi bien sur l'intégralité du libellé (*avoir la tête en vrac / être en vrac / se mettre la tête en vrac*) que sur les seuls éléments variables de la locution (*être chargé comme un âne/une mule*).

La parenthèse ouvrante suivie d'une barre oblique introduit une variante morphologique – ou une variante accessoire, souvent par substitution de synonymes : *ramener la banlieue sur la capitale (/sur le centre-ville).*

Dans les autres cas, les parenthèses servent à présenter des éléments facultatifs : *c'est l'éclate (totale) ; ne pas être (tout) seul dans sa tête.* Il a paru commode de les employer aussi pour marquer des variations orthographiques : *partir en cacahuète(s).*

## La définition

Il peut s'agir d'une définition au sens des lexicographes, c'est-à-dire d'une paraphrase (parfois réduite à un ou plusieurs synonymes réputés substituables en contexte), toujours entre guillemets. Il n'y a pas de guillemets lorsque la définition consiste en une glose à caractère métalinguistique.

## Les indications à caractère historique

Le corps des articles comporte, aussi souvent que possible, des indications d'ordre historique et des citations tirées de sources anciennes. En raison des limites de la documentation disponible aujourd'hui et de la nature des faits linguistiques traités – pour la plupart peu attestés à l'écrit –, ces indications, pourtant particulièrement nombreuses dans notre recueil, doivent être considérées comme des jalons encore provisoires dans une histoire du lexique qui pourrait encore être développée à partir d'une collecte plus vaste.

## Les équivalents synonymiques

Une sous-rubrique, introduite par le signe ~, signale des mots ou des locutions ayant avec les entrées des liens d'équivalence. On entend par équivalence le lien que l'on peut établir entre des locutions qui pourraient être employées dans des circonstances identiques, sans mériter pour autant d'être qualifiées de strictement « synonymes ».

Cette rubrique ne vise en aucune manière à l'exhaustivité. Elle retient en priorité des faits appartenant à la langue familière, qu'ils soient traités ou non dans ce recueil, et particulièrement ceux qui reposent sur une image (ou une figure) comparable à l'élément traité, ou qui présentent avec lui des similitudes formelles.

## Les exemples

Les citations retenues couvrent la période allant de la Seconde Guerre mondiale à nos jours. Les premières années du XXI^e^ siècle ont été privilégiées. Comme dans notre première publication de 1989, le *Dictionnaire du français parlé*, de nombreux exemples sont tirés d'œuvres littéraires et, plus rarement, d'études ou d'essais. Une bonne place est accordée à des sources telles que les dialogues de film, les sketches et la chanson. Pour la période la plus récente, la presse et les objets textuels disponibles sur la Toile ont été assez largement exploités.

On trouvera, à la fin de la bibliographie, une liste des bases de données qui sont à l'origine d'une partie de nos exemples. Il convient de souligner ici l'apport particulier de la version bêta du projet Google Print, qui donne accès à une masse de plus en plus imposante de documents, sous forme d'extraits ou d'ouvrages intégraux *via* Google Recherche de livres.

Notre collecte s'appuie principalement sur des fonds documentaires écrits. Les données orales accessibles sont encore peu nombreuses, notamment pour le français des marges ; nous avons toutefois pu tirer parti de la base CLAPI du laboratoire ICAR. Il faudra encore attendre quelque temps avant de disposer, pour le français oral, de bases de données suffisamment riches pour documenter intégralement des ouvrages analogues à celui-ci. Si l'on en juge par la rareté des attestations écrites de certaines locutions, et par les conditions de leur apparition à l'écrit (discours rapporté ou développements métalinguistiques), en particulier lorsqu'il s'agit d'oral *sui generis*[1], on peut penser que la physionomie de maint article aurait pu être différente si elle avait été fondée sur d'autres sources. La nomenclature des locutions traitées, les indications données sur leurs conditions d'emploi, le nombre et la nature des exemples retenus portent ici la marque des sources documentaires utilisées.

Il a paru indispensable d'accorder un espace généreux aux exemples. Ceux-ci sont le plus souvent nombreux, mais relativement courts, de manière à rester dans les limites du droit de citation. Ils ont été choisis selon plusieurs critères : illustration de variations formelles, étalement chronologique, richesse du contexte[2] (présence de termes du même paradigme, indications d'usage ou autres commentaires métalinguistiques) et diversité des sources. Lorsque plusieurs exemples se suivent, ils sont classés par ordre chronologique et numérotés.

Les textes tirés de la Toile n'ayant pas le même statut que des documents publiés, nous avons été amenés à en normaliser discrètement certains usages – par exemple en renonçant à restituer les *smileys* – et nous avons pris la liberté d'en corriger les coquilles et les fautes manifestes, sans indications particulières. Les citations tirées d'ouvrages sont, en revanche, toujours reproduites telles quelles.

## La référence des exemples

Les exemples tirés de sources textuelles sont suivis des indications bibliographiques utiles (auteur, titre, date et page pour les ouvrages ; titre, date et page pour les journaux et périodiques – la pagination est parfois absente lorsque ces documents sont cités d'après des bases de données de presse ou à partir d'archives diffusées sur la Toile par certains journaux ou magazines). Les citations tirées de Google Recherche de livres sont suivies de la mention GRL et celles qui sont tirées de la base Frantext sont suivies de la mention FT ; nous renvoyons donc à la bibliographie générale de ces sources pour des indications détaillées.

Pour les exemples tirés de la Toile, est indiqué soit l'intitulé du site en italique, soit le titre de la page entre guillemets. Les messages, que l'on trouve notamment sur les forums, sont le plus souvent identifiés par la simple indication

1. Si l'on peut espérer trouver, par exemple, des attestations écrites de locutions telles que *tu me l'ôtes/vous me l'ôtez de la bouche* ou *si tu peux pas le dire, chante-le*, cela semble infiniment plus difficile pour des locutions qui sont expressément liées aux conditions matérielles des échanges oraux, ainsi *je vais y arriver* accompagnant un bredouillement ou *vous ici, je vous croyais aux eaux/au zoo/zozo*, qui repose sur un jeu d'homophonies propres au code oral.
2. On pourra trouver, dans certains exemples, des locutions absentes de la tradition lexicographique qui ne figurent pas à la nomenclature cet ouvrage. Elles sont traitées dans d'autres travaux – publiés ou encore inédits – de notre projet.

« message » ; on peut observer que certains gagnent à rester anonymes et qu'ils sont, en grand nombre, signés de pseudonymes. Il a semblé judicieux de procéder de la même manière pour les blogs.

En raison de la durée de vie éphémère des données diffusées sur la Toile, nous avons pris le parti d'en mentionner les adresses sous forme abrégée. Le protocole technique de communication (*http* pour tous nos exemples) est omis et nous restituons seulement la première partie de l'adresse, dans laquelle un observateur averti pourra éventuellement décrypter le nom de domaine, le(s) nom(s) de sous-domaine(s) et dans certains cas le nom du site d'accueil. Ainsi, la page *<http://www.culture.gouv.fr/culture/div-culturelle/3-mayol.html>* devient *<www.culture.gouv.fr/>* et la page *<http://forumdespsychiatres.org/index.php?option=com_content&task=view&id=451&Itemid=45>* est mentionnée sous la forme plus lisible *<forumdespsychiatres.org/>*. Les noms des répertoires et des fichiers ont été exceptionnellement conservés lorsqu'on a considéré que leur maintien pouvait apporter au lecteur des informations utiles.

Les adresses sont toujours omises pour des institutions telles que l'Assemblée nationale ou le Sénat, dont les procès-verbaux ont alimenté nos rubriques – il est possible de retrouver sans difficultés ces extraits sur les sites parlementaires ; de même, les adresses ont été omises pour des exemples tirés de journaux qui diffusent (ou ont diffusé) leurs archives sur la Toile, comme *L'Humanité, Le Monde libertaire* ou *Politis*.

## Les marques d'usage

Ces indications d'usage ont, d'un point de vue méthodologique, un statut à part dans cet ouvrage. Comme l'analyse de sources textuelles ne permet pas, à elle seule, de déterminer les conditions d'usage des locutions, nous avons mis à contribution notre sentiment linguistique, afin de proposer au lecteur des appréciations qui sont à prendre comme des mises en garde, et seulement comme telles. Nous avons renoncé à utiliser la nomenclature conventionnelle des dictionnaires généraux (*familier, populaire, trivial*, etc.) dans un recueil consacré à des données lexicales qui, pour la plupart, s'écartent d'un état de langue standard. Comme la plus grande partie des locutions appartient à la langue familière, on pourra considérer que celles qui ne sont affectées d'aucune marque appartiennent à ce registre. La marque □ signale ce que l'on peut considérer comme du familier relâché, parfois limité à certains milieux ou à certaines situations ; la marque ■ affecte ce que l'on peut considérer comme grossier ou trivial ; la marque ▲, qui n'entre pas dans la même gradation que les précédentes, est réservée à ce qui peut être perçu comme un outrage (à caractère raciste, xénophobe, sexiste ou stigmatisant l'apparence physique d'une personne).

Ces marques ont été attribuées *hic et nunc*. Il peut donc arriver qu'elles soient en décalage par rapport aux exemples retenus, notamment les plus anciens, en raison de l'évolution de la société. Par ailleurs, dans les exemples, leur caractère familier ou grossier peut être gommé ou amplifié selon la situation d'énonciation et la qualité des locuteurs ou selon les types de discours.

Au seuil de ce volume, nous rendons un hommage différé à nos collègues de l'équipe du « français quotidien » de l'Institut national de la langue française (CNRS) : Christian BUZON (†), Nicole CHOLEWKA, Chantal GIRARDIN, Geneviève FLÉCHON, Francine HAMON, Michaela HEINZ, Annick HOUËL, Marie-Claude HUMBERTJEAN, Simone MAJIN, Marie POINSIGNON et Michèle SAUVAGEOT.

# Abréviations et signes conventionnels

| | |
|---|---|
| adj. | adjectif |
| adv. | adverbe |
| av. | avant |
| cf. | *confer*, "invitation à comparer" |
| coll. | collection |
| *et al.* | *et alii*, "et autres auteurs" |
| ex. | exemple |
| fam. | familier |
| fém. | féminin |
| FT | Frantext |
| GRL | Google Recherche de livres |
| *ibid.* | *ibidem*, "dans le même ouvrage" |
| *id.* | *idem*, "la même chose ; le même" |
| interj. | interjection |
| invar. | invariable |
| loc. adj. | locution adjectivale |
| loc. adv. | locution adverbiale |
| loc. interj. | locution interjective |
| loc. nom. | locution nominale |
| loc. phrast. | locution phrastique |
| loc. prép. | locution prépositionnelle |
| loc. verb. | locution verbale |
| masc. | masculin |
| *n* | numéral |
| n. m. | nom masculin |
| nom. | nominal |
| n.p. | non paginé |
| n.s. | nouvelle série |
| p. | page |
| pl. | pluriel |
| péj. | péjoratif |
| qqc | quelque chose |
| qqn | quelqu'un |
| s. | siècle |
| s.d. | sans indication de date |
| s.l. | sans indication de lieu |
| subst. | substantif |
| *s.v.* | *sub verbo/voce*, "sous l'entrée" |
| t. | tome |
| v. | voir |
| vol. | volume |

| | |
|---|---|
| ~ | introduit un (des) équivalent(s) synonymique(s) |
| * | renvoie à un mot figurant en entrée dans l'ouvrage à son ordre alphabétique |
| / | indique un changement d'alinéa ou de page dans le texte original d'une citation |
| < > | encadre l'adresse électronique d'une citation empruntée à la Toile |
| — | introduit une division dans un article |
| ∞ | introduit une division dépendante du tiret long |

Pour les marques d'usage (□ ■ ▲), voir p. 17.

# A

## abri

**être/vivre/mettre à l'abri du besoin**, loc. verb. "vivre/mettre dans l'aisance". Emploi décalé et ludique, par litote du sens de base de *être à l'abri du besoin* "avoir des ressources matérielles suffisantes".

1. Son père est pharmacien et lui laisse une opulente officine qui le met définitivement à l'abri du besoin. (*Le Monde*, 9 août 2000, p. 5)

2. Eric Prévost vit [...] à l'abri du besoin. L'an dernier, cet habitant quinquagénaire de Sainte-Marguerite-de-Viette, près de Lisieux, a gagné dix millions de dollars américains, 7 millions d'euros, grâce à [...] une loterie en ligne. (*Ouest France*, 22 juin 2007)

3. [...] ses parents étaient à l'abri du besoin, ainsi qu'en témoignaient l'épaisseur de la moquette dans leur salon, l'abondance de leur matériel électronique et la taille de leur chaîne stéréo. (A. de Saint-André, *Il n'y a pas de grandes personnes*, 2007, p. 97)

## accrocher

□ **s'accrocher à son slip**, loc. verb. "être très attentif, très vigilant ; être sur ses gardes". Renforcement expressif de **s'accrocher**.

1. – J'ai oublié de programmer mon magnéto, y a une rediff ?
– Accroche-toi à ton slip : le 17 décembre, il y a un marathon sur *Canal cinéma* avec la totalité des épisodes diffusés à partir de 22 h 35. (Forum *Angels in America*, 10 décembre 2004, <www.mad-movies.com/forums/>)

2. [...] premier cours de suédois [...]. Pas trop compliqué au niveau grammatical, mais il faut s'accrocher à son slip pour la prononciation. (Blog « Tibo à Stockholm », 2 août 2005, <tibo-stockholm.blogspot.com/>)

3. [...] maintenant, il vaut mieux que tu t'accroches à ton slip. Parce que ce qui suit va tout bonnement t'achever. T'es prêt ? Même* pas peur ? Oh t'es un vrai dur toi, je t'aime petit lecteur. (Blog, 9 mai 2006, <kirrimearien.hautetfort.com/archive/>)

## acide

□ **sous acide**, loc. adj., loc. adv. "comme sous l'effet d'un hallucinogène". Le sens littéral, "sous l'effet du LSD", notamment dans des tours comme *trip sous acide, voyage sous acide, écrire* ou *écriture sous acide*, est attesté en 1970 (« Je ne puis m'empêcher de songer que beaucoup parmi ces jeunes firent plusieurs voyages sous acide et qu'ils n'en rapportèrent rien. Absolument rien sinon un peu de technicolor. Ils n'insistèrent d'ailleurs pas longtemps », G. Borg, *Le Voyage à la drogue*, Paris, Éd. du Seuil, p. 202, GRL). ~ □ **sous amphétamines*** ; □ **sous ecstasy*** ; □ **sous trip***.

1. Et quel phénomène que le talent de Marc Behm ! *La Vierge de glace, A côté de la plaque* ou *Et ne cherche pas à savoir* avaient largement permis d'apprécier l'étendue de sa fantaisie. Mais *Tout un roman !* est à coup sûr son livre le plus extravagant. C'est Tintin dopé aux amphétamines. Du Feydeau sous acide. Un extraordinaire enchevêtrement de péripéties bouffonnes menées à une allure de plus en plus folle. (*Le Monde*, 14 février 1997, p. 5)

2. [...] les *Melt Banana*, un groupe totalement dérangé qui fait du noise-rock à fond les manivelles avec des larsens qui vous déchirent les oreilles [...]. Ça va vite mais alors très vite, la chanteuse a une voix de schtroumpfette sous acide à qui on n'aurait laissé que quelques minutes pour débiter le contenu d'un dictionnaire [...]. (« Un nouvel horizon musical », 25 août 2005, <devloop.lyua.org/blog/>)

3. En 1920, à Marseille, le jeune Antonin Artaud, 24 ans, se fait tirer le portrait. [...] La même année, un autre portrait le montre [...] les yeux roulant vers le ciel, vieilli avant l'âge, en déjà vieux Voltaire sous acide, comme une prémonition de lui-même. (*Libération*, 10 novembre 2006, p. 27)

## acier

**un culot d'acier**, loc. nom. "une hardiesse et un aplomb insolents". Par jeu de mots sur *culot* "fond métallique" et "audace effrontée". ~ **culot d'enfer**.

1. En accusant M. Fabius d'avoir tout à la fois conclu des accords électoraux avec le Parti communiste et d'avoir pratiquement créé le groupe parlementaire du Front national avec pour seul objectif de nuire à la droite, le Premier ministre critique en réalité M. Mitterrand lui-même. M. Chirac rejette ainsi sur le PS la totale responsabilité de la dérive politique de l'électorat de droite, ce qui lui permet avec colère de dénoncer le « culot d'acier » de son prédécesseur à l'Hôtel Matignon sans avoir à désigner ouvertement le président de la République. (*Le Monde*, 27 mai 1987, p. 8)

2. Ils ont dit : [...] / Jean Glavany (PS). « Chirac a un culot d'acier, il est capable tous les jours de dire un mensonge éhonté, comme si c'était une vérité extraordinaire. » (*L'Humanité*, 15 avril 2002)

3. [...] aigrefins tonitruants, aux minables combines compensées par un culot d'acier [...]. (*La Croix*, 3 mai 2006, p. 21)

4. En clair, résume le ministre, qu'on ne compte pas sur lui pour user du droit d'inventaire à l'égard de son successeur : « Il faudrait un culot d'acier ! » répond-t-il. (*Le Monde*, 30 mars 2007, p. 8)

V. encore *suivre*, ex. 3.

— DANS UNE MÉTAPHORE FILÉE.

5. Priorité est accordée aux candidats qui font montre d'une « certaine distinction de sentiments et d'esprit, indispensable chez les hommes qui sont appelés à exercer sur tout le personnel des Finances une autorité de fer ». Autorité de fer qui s'allie, comme on voit, avec un culot d'acier bien trempé. (G. Elgozy, *Lettre ouverte à un jeune technocrate*, 1968, p. 92, GRL)

## adorer

**(si) vous avez aimé** + groupe nominal, **vous adorerez** (**/allez adorer**) + groupe nominal, loc. phrast. Pour présenter quelque chose ou quelqu'un comme particulièrement exceptionnel. Formule caractéristique des techniques de persuasion publicitaires. Calque probable de l'anglais *(if) you liked…, you'll love…*

1. Le titre en anglais, *Monica's Story*, est devenu chez Plon *L'Histoire de Monica*. Difficile d'être plus fidèle. Encore que, en langue anglaise, cela avait une petite résonance love story bien édifiante.
Donc, Monica aimait Bill. Fort bien. Donc, Bill faillit être déchu mais ne le fut point. Très bien. Donc l'histoire est finie et nie et nie, et recommence. Excellent. C'est bon pour le commerce, sinon pour la littérature. Comment dit-on déjà, dans la promotion ? « Vous avez aimé, Monica 1 ? Vous adorerez Monica 2, le retour ! » (*Le Monde*, 5 mars 1999, p. 32)

2. Tu as aimé Genève, tu vas adorer Lausanne, […] qui fourmille de beaux jeunes hommes. (Message, 20 avril 2007, <www.i-love-juju.com/>)

3. […] elle joue les retardataires et finit, le soir, par pointer sa mine déphasée et son air grave au Fouquet's où l'attendent Sarkozy et leurs convives. Dans un élan d'enthousiasme, il lance ce soir-là : « Vous avez aimé Jackie Kennedy, vous adorerez Cécilia Sarkozy. » Discrétion soudaine de celle qui semble goûter du bout des lèvres son nouveau rôle de première dame. (*Libération*, 14 août 2007, p. 2)

— PAR ANTIPHRASE. Pour signifier une escalade dans les difficultés et les désagréments.

4. On parle d'une mission de un à deux mois. Les Cassandre, comme l'ambassadeur américain à Nairobi, Smith Hempstone, prédisent, elles, un périlleux enlisement. « Si vous avez aimé Beyrouth, vous adorerez Mogadiscio », a écrit, non sans humour ni perfidie, le diplomate dans une dépêche destinée à Washington. (*L'Express*, 10 décembre 1992)

5. M. Retailleau. – […] le principe du pays d'origine, c'est le nivellement par le bas. Voyez à quoi est réduit le Parlement si le traité est adopté : nous voterons les résolutions mais les décisions seront prises à l'extérieur. Vous avez aimé la directive Bolkestein, vous adorerez la Constitution. (Sénat, *Compte rendu analytique officiel*, séance du 15 mars 2005)

6. « Salariés de l'automobile, vous avez aimé le Japon, vous allez adorer la Chine », a mis en garde, aux Etats-Unis, le patron du syndicat UAW [United Auto Workers]. (*Le Nouvel Observateur*, 28 septembre 2006, p. 80)

## affiche

□ **(être) épais/plat comme une affiche**, loc. verb., loc. adj. "(être) très maigre". Par hyperbole. L'emploi substantif correspondant est mentionné dans Bruant 1901 : « PERSONNE MAIGRE. *Affiche.* » s.v. *maigre.* ~ □ **être taillé dans une allumette*** ; □ **être taillé comme un/dans un/en bâton* de sucette** ; □ **être épais comme un câble* de frein à main** ; □ **(être) épais/maigre comme un coton-tige*** ; □ **(être) taillé comme un/dans un coton-tige*** ; □ **(être) épais/maigre comme un cure-dent(s)*** ; □ **(être) taillé comme un/dans un cure-dent(s)*** ; □ **être taillé comme un cure-pipe*** ; □ **(être) maigre comme un cent**

**de clous*** ; (**être**) **maigre comme un fil*** (**de fer**) ; □ **passer entre le mur et l'affiche sans la décoller** ; **rayer les baignoires**.

1. Bête comme une peste
Peste comme une oie
Plate comme une affiche
Longue comme jour sans vin (P. Soupault, *Chansons*, 1949, p. 193, GRL)

2. Elle est plutôt mince et a une jolie silhouette. Pour les garçons intéressés, Gem n'est guère plate comme une affiche. Elle a quelques formes plutôt charmantes. (Blog, 14 juin 2006, <poudlardlecole2005.forumactif.com/>)

3. Marine, laissée pour compte par son mari qui lui a préféré une jeunette peroxydée, épaisse comme une affiche et rayeuse de baignoires, pour l'heure amoureuse d'un Argentin aux antipodes de l'homme idéal [...]. (*Biarritz. Gare du midi. Saison 07-08*, [2007], p. 32 ; présentation de la pièce *Les Amazones... 3 ans après*, de J.-M. Chevret)

4. Moi j'étais un raté, la honte de la famille, un hippie chevelu épais comme une affiche à qui on a donné dans les mains un métier et voire même plusieurs et qui passe son temps à gaspiller ses dons à brailler sa musique [...]. (« La république des bistrots », 28 février 2007, <www.inlibroveritas.net/lire/>)

□ **passer derrière une affiche** (**sans la décoller**) / □ **passer entre le mur et l'affiche** (**sans la décoller**), loc. verb. "être d'une extrême maigreur". Par hyperbole. ~ □ (**être**) **épais/plat comme une affiche** ; □ **être taillé dans une allumette*** ; □ **être taillé dans un bâton* de sucette** ; □ **être épais comme un câble* de frein à main** ; □ (**être**) **épais/maigre comme un coton-tige*** ; □ (**être**) **taillé comme un/dans un coton-tige*** ; □ (**être**) **épais/maigre/gros comme un cure-dent(s)*** ; □ (**être**) **taillé comme un/dans un cure-dent(s)*** ; □ **être taillé comme un cure-pipe*** ; □ (**être**) **maigre comme un cent de clous*** ; (**être**) **maigre comme un fil*** (**de fer**) ; □ **rayer les baignoires**.

5. [...] c'est le mec qui passerait derrière une affiche sans la décoller, l'affiche. (J. Damien, *L'Amerloc*, 1951, p. 169)

6. Charlie me voulait carrément maigre pour [tourner un film] [...] Que je passe entre le mur et l'affiche sans la décoller [...]. (E. Hanska, *J'arrête pas de t'aimer*, 1981, p. 117)

7. À seize ans, comme y [*sic*] était pas un gars bien fort de constitution, à en croire le docteur de la mine, un, çui-là, qu'aurait passé derrière une affiche, mais la médecine demande pas d'être fort [...], bref, la mine l'ait [*sic*] fait travailler au jour, ce qu'est plus plaisant que de travailler dans le fond [...]. (M. Mazoyer, *Les Aventures du Toine Goubard*, 1982, p. 21)

— VARIANTE MOINS USUELLE. **passer entre la colle et le papier** (**de l'affiche**).

8. – [...] Quarante-huit kilos pour un mètre soixante-treize, à ce train-là vous allez bientôt passer entre la colle et le papier...
– Le papier de quoi ? fit-elle naïvement.
– Euh... de l'affiche...
– Ah ! De l'affiche ! Excusez-moi, je ne connaissais pas cette expression. (A. Gavalda, *Ensemble, c'est tout*, 2005 [2004], p. 18)

— DANS UN SURNOM. **décolleur d'affiches**.

9. Le Décolleur d'affiches (qui tenait son nom de ce qu'il aurait pu détacher une affiche du mur en passant entre les deux, tellement il était maigre) remplaça en un tour-

nemain tous les bocks vides par des bocks couronnés d'une mousse onctueuse : c'était le garçon de café le plus leste de tout Belfort, malgré sa tête d'enterrement. (A. Gerber, *Le Faubourg des Coups-de-Trique*, 1982 [1979], p. 220)

## affreux

**affreux, sale et méchant**, loc. adj. Par allusion au titre français du film d'Ettore Scola *Brutti, sporchi e cattivi*, « Affreux, sales et méchants » (1976).

— Souvent au pluriel. Pour signifier, avec humour ou par ironie, le caractère grossier ou détestable d'une personne.

1. Affreux, sales et méchants, ils ne respectent rien. Pas un regard pour la beauté. Préoccupés seulement d'eux-mêmes et de leurs habitudes, insensibles aux coutumes et aux gens, ce sont des fléaux. Ils se déplacent en hordes, ne laissent sur leur passage que papiers gras et sacs plastique. On douterait presque, finalement, de l'appartenance des touristes à l'espèce humaine. (Roger-Pol Droit, dans *Le Monde*, 30 mai 1997, p. 6)

2. Tout l'été à 20 h 15 environ, joie absolue puisque Canal rediffuse la saison 2004/2005 de Groland, l'émission la plus drôle du PAF [paysage audiovisuel français]. Soulignons ici la longévité exceptionnelle de l'équipe Moustic/Delépine/Kervern/Kafka qui, plus de dix ans après la création de Canal International, s'avèrent toujours aussi mordants et pertinents, cons et rigolos, affreux, sales et méchants comme on aime ! (*Le Petit Bulletin*, 13 juillet 2005)

3. [...] un septuagénaire non seulement affreux, sale et méchant mais aussi radin, cynique, solitaire et odieux avec les femmes. (*Le Télégramme*, 26 mai 2006)

4. Affreux, sale et méchant, cet Olivier Twist pervers, au dessin strident, aux couleurs dissonantes, rebute presque avant de fasciner. (*Lire*, 1er juillet 2006 ; critique d'une bande dessinée)

V. encore ex. 5 ci-dessous.

— Pour signifier, avec humour ou par ironie, le caractère grossier ou détestable d'une chose.

5. [...] c'est [un roman] une véritable chronique douce amère des travaux et des jours qui se dessine. Celle des petites gens, pas toujours gentils, parfois affreux, sales et méchants – du moins en apparence. Car ce n'est pas eux, mais peut-être tout simplement la vie qui est affreuse, sale et méchante... (*La Croix*, 5 avril 2001, p. 18)

6. C'est affreux, sale et méchant. Et les lecteurs en redemandent ! Depuis trente-cinq ans – déjà ! – *Charlie Hebdo* dévore l'actualité française. (*Le Point*, 18 novembre 2004)

∞ VARIANTE PONCTUELLE.

7. [...] une dizaine de courts-métrages « affreux, sales et marrants » de jeunes réalisateurs belges ; le tout, veiné de surréalisme, articulé dans un doux délire par Lolo Ferrari et Renaud Rutten. (*Le Monde*, 22 février 1999, p. 5)

## agir

**il vaut mieux agir que réagir**, loc. phrast. Pour signifier qu'il ne faut pas hésiter à passer à l'action, qu'il est préférable de prendre les devants. Cf. l'anglais *it's better to act than react*.

1. M. Rudy Salles. – […] Je crois malheureusement que le désarmement sera difficile à obtenir par le biais de la négociation politique. Il ne faut pas s'attendre à ce que le Hezbollah prenne l'initiative, à l'issue d'une négociation, de déposer les armes. […] J'en appelle donc à la communauté internationale afin qu'elle assume ses responsabilités pour éviter des risques majeurs […]. Il vaut mieux agir que réagir car dans ce dernier cas, les actions sont rendues très difficiles. (*Travaux de la délégation française à l'Assemblée parlementaire du Conseil de l'Europe*, séance du 5 octobre 2006)

2. Oui, pour gagner, il faut jouer. Il vaut mieux agir que réagir. Il faut y croire, prendre des initiatives et tout donner pendant 90 ou 120 minutes voir un peu plus s'il y a une séance de tirs au but. Il ne faut pas être timoré pendant le match parce qu'il n'y aura pas de séance de rattrapage. (« Micoud : "Nous sommes prêts" », 30 mars 2007, <www.girondins.com/> ; interview d'un footballeur)

3. Le président du CJD [Centre des jeunes dirigeants] rochelais ajoute : il faut arrêter de se plaindre. Et plutôt agir que réagir. Il milite pour des rapports harmonieux et responsables entre dirigeants et salariés : il en va de l'intérêt collectif, et individuel, au sein de l'entreprise. (*Sud Ouest*, 16 juin 2007, p. 8)

## agiter

**mettre les pieds dans le plat et les agiter** (+ adv.), loc. verb. Développement plaisant de la loc. verb. *mettre les pieds dans le plat* "aborder une question délicate avec une franchise brutale ; commettre une bévue".

1. Quelle couillette ["sotte"] ta sœur, il faut toujours qu'elle foute les pieds dans le plat et qu'elle les agite. (A. Nouvel, *Le français parlé en Occitanie*, 1978, p. 85)

2. Sonia Combe met les pieds dans le plat et les agite bruyamment. Quitte à indisposer quelques vaches sacrées parmi la corporation des historiens […]. (D. Bermond, dans *Lire*, décembre 1994, p. 131)

3. L'émission de Tina Kieffer, sur TF1, « J'y crois, j'y crois pas » est devenue, au fil des mois, un gros délire, car contrairement aux nouveaux « talk-shows » qui évitent soigneusement de mettre les intervenants en présence, elle les fait s'affronter directement, met les pieds dans le plat et les agite. (*L'Humanité*, 13 mars 1995)

## air

**air connu**, loc. nom. "lieu commun ; cliché ; propos rebattu ou conformiste". Mention empruntée aux recueils de chansons. Attesté dans cet emploi figuré en 1869 (« Je voulais vous parler des bibliothèques, mais vous avez entendu un rapport si complet et si bien fait, qu'en vérité je ne pourrais plus vous faire que des variations sur un air connu, et […] je ne trouve rien d'insupportable comme des variations », É. Laboulaye, *Discours populaires*, Paris, Charpentier, p. 28, GRL).

1. Constatant que le Français moyen est le produit de mélanges multiples (air connu : la France, creuset des races), c'est cette variété d'origines que Poujade oppose superbement à la secte étroite de ceux qui ne se sont jamais croisés qu'entre eux (entendez, bien sûr, les Juifs). (R. Barthes, *Mythologies*, 1957, p. 210, GRL)

2. Si les parents ne lisent pas, les enfants trinquent, air connu, qui abrège, surtout en banlieue et à la campagne, bien des scolarités. A seize ans, la fuite possible, d'abord de l'école. (*Le Monde*, 5 septembre 1994, p. 3)

3. M. Michel Vaxès. – [...] Chacun reconnaît l'air connu « c'est pas moi, c'est Bruxelles », cher aux gouvernements courageux qui n'assument pas leurs choix ultra-libéraux, régulièrement désavoués par notre peuple. (Assemblée nationale, *Compte rendu intégral*, 2e séance du 21 septembre 2006)

4. Guerre des gangs, donc, et au milieu un flic et un truand, tous deux ayant partie liée avec les yakuzas ["au Japon, membres d'une organisation criminelle"]. Jojima, le flic, a une petite fille très malade (air connu) et doit se compromettre pour financer l'opération. (*Télérama*, 4 juillet 2007, p. 105)

## alarme

**tirer le signal (/la sonnette) d'alarme**, loc. verb. "attirer ouvertement l'attention sur la gravité d'une situation". La métaphore, en référence notamment au signal d'alarme installé dans les trains à la disposition des voyageurs, s'est diffusée à la fin de la première moitié du XXe siècle.

1. Ministre d'un gouvernement battu, je n'ai pas le droit de rester et de m'insurger contre mon successeur. Je tire la sonnette d'alarme... aux autres d'en tirer les conclusions. (René Lacoste, mai 1958, cité dans R. Tournoux, *Secrets d'État*, 1960, p. 248, GRL)

2. Craignant qu'il y ait une différence d'optique entre Paris et Bizerte, de Verthamon a également trouvé judicieux de se rendre à Paris afin de tirer la sonnette d'alarme, et renseigner de vive voix les autorités parisiennes de l'évolution de la situation [...]. (P.-C. Renaud, *La Bataille de Bizerte*, 1996, p. 23, GRL)

3. Les dernières profanations de chapelles et de cimetières en Bretagne révèlent la recrudescence d'actes à caractère satanique. Les autorités tirent le signal d'alarme et s'inquiètent des nombreuses dérives observées sur Internet, visant notamment les jeunes. (*Aujourd'hui en France*, 17 février 2006, p. 1)

4. En 2006 [...] le président du tribunal de commerce de Beauvais [...] avait tiré le signal d'alarme devant l'augmentation du nombre des entreprises en défaillance. (*Le Parisien*, 24 janvier 2008, p. 4)

V. encore *machine*, ex. 9 ; *Totor*, ex. 1.

## Albert

□ **prince Albert**, loc. nom. "piercing en forme de boucle inséré à l'extrémité du pénis". Par allusion, mais sans fondement historique avéré, au prince Albert de Saxe, époux de la reine Victoria.

1. A ma grande surprise, j'ai découvert que, par exemple, le « Prince Albert » (piercing sur le gland) était la technique de traitement des garçons récidivistes de la masturbation au XIXe siècle : on le retrouve, un siècle plus tard, dans les backrooms de San Francisco. (*Libération*, cahier spécial, 26 août 2005, p. 3)

2. Les piercings, on sait quand ça commence mais pas où ça s'arrête. [...] C'est Tony qui m'a mis en garde : avec un *Prince Albert* tu fais sonner tous les portiques ! Bonjour l'explication quand tu te retrouves en slip et que ça *bipe* toujours ! (*Gael*, novembre 2005, p. 166)

## alcool

□ **alcool défonce**, parfois **alcool-défonce**, loc. nom. "absorption du maximum de boissons alcoolisées en un minimum de temps, en vue de s'enivrer (pratique de certains jeunes, notamment lors des week-ends)". D'abord en usage dans le domaine de la drogue, *défonce* trouve ici un emploi élargi. Adaptation de l'anglais *binge drinking*. ~ □ **biture* express.**

1. Leur consommation [des jeunes] est de plus en plus souvent toxicomaniaque avec recherche de l'ivresse (alcool-défonce) et entre dans le cadre d'une polyconsommation : alcool-tabac-cannabis. (M.-C. Denoyer *et al.*, *Concours d'entrée infirmier. Guide Prépa*, 2004, 3e éd., p. 214, GRL)

2. Les alcools forts sont à la mode, en Suisse comme dans toute l'Europe. Les Anglais et les Américains ont donné un nom à ce phénomène de société : le « binge drinking ». En français, les spécialistes parlent d'alcool défonce. (« Magazine santé », Télévision suisse romande, 28 février 2007, <www.tsr.ch/>)

3. [...] le goût du bon vin et l'art de le déguster font partie de notre culture et il serait dommage qu'il cesse de se transmettre. L'éducation du goût semble être aussi un moyen de lutter contre le « binge drinking » (l'alcool défonce, l'alcool bu pour être ivre), qui se répand chez les jeunes. (*La Croix*, 9 janvier 2008)

V. encore *minable*, ex. 13.

## allée

**les allées du pouvoir**, loc. nom. "les milieux gouvernementaux". Métaphore jardinière, probablement en rapport avec le lieu du pouvoir politique lui-même comparé à un château (ce dernier terme, employé absolument, étant parfois synonyme de *palais de l'Elysée*). Attesté en 1907 (« Il a centralisé entre ses mains, ou celles de ses proches, les ministères, peuplé l'administration de clients dévoués, il occupe toutes les allées du pouvoir », M. Vitrac, *Philippe-Égalité et M. Chiappini. Histoire d'une substitution*, Paris, H. Daragon, p. 5, GRL).

1. C'est une nouvelle génération, et c'est un nouveau type d'hommes qui animent les allées du pouvoir. De vastes programmes politiques, il n'est plus question. La République est installée. (M. Debré, *La République et son pouvoir*, 1950, p. 166, GRL)

2. On ne lui [une députée russe] connaissait pas non plus de fortune personnelle, mais au contraire une réputation d'intégrité rare dans les allées du pouvoir. (*Libération*, 23 novembre 1998)

3. Désormais, les critiques que s'adressent les ministres entre eux ont passé le stade des murmures. Il suffit de cheminer dans les allées du pouvoir pour les entendre [...]. (*Le Monde*, 4 septembre 2003, p. 1)

4. De surcroît, Olympe Saint-Nice ne désire apparemment pas devenir ce que sa naissance lui offre. Elle n'aspire ni au riche mariage, ni aux allées du pouvoir, ni à la diplomatie, encore moins au vedettariat. Olympe Saint-Nice veut devenir vétérinaire. (M. Barbery, *L'Élégance du hérisson*, 2005, p. 121)

## aller

□ **comment ça va bien ? / comment tu vas bien ?** loc. phrast. Détournement ludique d'une formule de salutation, par anticipation de la réponse rituellement attendue. *Comment ça va bien* est une émission radiophonique consacrée à la santé, diffusée par Europe 1 (voir l'exemple 2).

1. Bonjour Simone !
Comment tu vas bien aujourd'hui ? [...] Je t'envoie un petit rayon de soleil pour éclairer ta journée ! (Message, 26 juillet 2005, <www.atoute.org/n/forum/>)

2. « Comment ça va bien... merci ». Un magazine [radiophonique] sur la santé et le bien-être [...]. (*Le Nouvel Observateur*, 24 juin 2006, p. 65)

3. – Que voudriez-vous que Dieu dise lorsque vous franchirez les portes du paradis ?
– « Comment ça va bien ma grande ? » (« Je veux être moi », 5 janvier 2007, <jeveuxetremoi.blogs.psychologies.com/>)

□ **comment ça va pas bien ? / comment ça va mal ?** Notamment dans une situation défavorable, à l'adresse d'une personne qui a l'habitude de se plaindre, ou par simple provocation.

4. Quand nous nous retrouvons le matin, dans tous les états de coma que tu peux imaginer, il demande : « Alors, comment ça va mal ? » (J. Serguine, *Les Jours*, 1968, p. 134, GRL)

5. Hello tout le monde !
Comment ça va pas bien aujourd'hui ? (Message, 11 août 2003, <forum.macbidouille.com/>)

6. Coucou à tous !
Comment ça va mal aujourd'hui ? moi ça va j'pète la forme !
Facile... c'est Prozac ! (Forum *Enseignants-du-primaire*, 31 mai 2006, <edp.ipbhost.com/>)

**je ne sais pas/on ne sait pas où l'on va, mais on y va (bien/direct/tout droit/très vite)**, loc. phrast. Pour marquer l'issue inexorable ou imminente d'une situation dont l'évolution est ressentie comme défavorable par le locuteur.

7. Pauvre France ! On ne sait pas où l'on va, mais on y va bien !... (F. Trignol, *Pantruche ou les Mémoires d'un truand*, 1946, p. 79)

8. Tel est l'homme en proie à l'Idée, en même temps qu'à la contre-Idée. Où va-t-il ? Ma grand-mère s'en inquiétait beaucoup. Quand elle allait à la grand-messe, elle portait un chapeau de l'époque, surmonté d'oiseaux et d'herbages, qui lui donnait la plus grande majesté [...]. « Où allons-nous ? » demandait-elle, ainsi parée, en levant au ciel des yeux qui prenaient à témoin. Je ne sais, mais nous y allons très vite. Nous y sommes. Nous sommes même plus loin. (A. Vialatte, *Éloge du homard et autres insectes utiles*, 1987, p. 132-133 ; passage écrit en 1967)

9. Après avoir essuyé un refus de Pinay, Vincent Auriol fait appel à Bidault. L'inventeur de la formule « Je ne sais pas où on va, mais on y va tout droit » a dit à l'eitgen juste avant le scrutin : « A 313 voix, ils me flanquent à la porte. » (R. Delpey, *Dien Bien Phu. L'Affaire*, 1974, p. 82, GRL)

10. Ils avaient aimé pourtant ces heures débridées où les hallucinations de chacun avaient trouvé un terrain de rencontre propice. Ils s'étaient mis d'accord sur ce que Paul et Germaine exprimaient parfois :
– Où que c'est qu'on va comme ça ?
– On ne sait pas, mais on y va ! (L. Bériot, *Sacré Paul !*, 1989, p. 118)

□ **on z'y va**, loc. phrast. Pour signifier que l'on s'engage dans une action. Aujourd'hui du registre ludique, cette prononciation de *on y va*, continue une prononciation pluriséculaire (« [...] la plupart y disent encore [à la Cour] : *Ie m'en vas à Paris ; On z'y va ; On z'y est* », Charles Sorel, *Discours sur l'Academie françoise*, 1654, p. 121).

11. Mercredi, j'étais enfin décidée à aller m'acheter des chaussures (je sais : le point de départ est affreusement inintéressant). Il faut juste savoir qu'à part les bouquins, je déteste m'acheter des choses. Donc, brutalement décidée par le beau soleil à trouver des chaussures d'été, hop-zou voiture et on z'y va. (« Le coffre à instants », 25 mai 2001, <perso.club-internet.fr/>)

□ **qui va bien**, loc. adj. "adapté, conforme à ce qui est attendu ; agréable, épatant". Parfois abrégé en **QVB**.

12. [...] les voilà qui papotent sur les uns et les autres et les voilà qui décident de partir brouter une salade chez Youkaïdi le resto popu-branchouille du Marais qui va bien. (« Potins mondains », 30 mars 2004, <blog.italo.gayattitude.com/>)

13. Ensuite vint le moment du repas, là aussi quand tu joues [avec un orchestre] dans un bar c'est souvent des casse-dalles, mais pas cette fois ci ! Un vrai repas chaud, assis au coin du feu, avec le petit coup de rouge qui va bien ; en plus le patron mange avec nous, ça c'est convivial ! (« C'est arrivé près de chez vous ! », 10 décembre 2005, <www.flesh77.com/>)

14. Dans une belle ambiance, avec un trio au top derrière le bar, un premier anniversaire [du bar « El Chupito » à Chalabre] a été célébré comme il se doit, avec le tempo qui va bien. (*Midi libre*, Carcassonne, 13 janvier 2007)

V. encore *bébé*, ex. 2.

## allonger

**avoir le nez qui s'allonge** (et variantes), loc. verb. Pour dire à quelqu'un qu'il ment. Du langage utilisé par les adultes s'adressant aux enfants. Cette image est souvent présentée (voir les exemples 1 et 2) comme une allusion à un passage des aventures de Pinocchio (Carlo Collodi, *Le Avventure di Pinocchio*, Florence, 1883, ch. 17, traduit en français en 1902). ~ **avoir le nez qui remue***.

1. Papynocchio quand j'étais tout petit
M'a dit un jour, un jour où j'ai menti
C'est un mensonge
Ton nez s'allonge (Pit et Rik, « Papynocchio », 1982, <www.pit-et-rik.com/papynocchio.htm>)

2. Le grand cinéaste finlandais [Aki Kaurismaki] a le blues au fond du cœur, des cicatrices plein l'âme, une sensibilité à fleur de nerfs. « Je suis un vieux loup sentimental », nous confiait-il au dernier Festival de Cannes. On le lui rappelle, il réplique « j'ai menti », avec le nez qui s'allonge à la Pinocchio. (*Le Figaro*, 6 novembre 2002)

3. – Oh, oh... Il y a une histoire de femme derrière tout ça...
– Non.
– Menteur, je le vois à ta... à ton nez qui s'allonge... (A. Gavalda, *Ensemble, c'est tout*, 2005 [2004], p. 298)

4. Aux Etats-Unis [...] on observe un léger déclin du lifting au profit des séances de médecine esthétique [...]. Ses résultats sont moins spectaculaires que ceux de la chirurgie esthétique, mais les interventions sont plus légères, moins coûteuses et ne nécessitent pas d'immobilisation. [...] elles permettent à certaines de jurer-cracher qu'elles n'ont pas fait de chirurgie esthétique sans que leur nez s'allonge. (*Libération*, 21 octobre 2005, p. 1)

## allumette

□ **être taillé dans une allumette,** loc. verb. "être filiforme, très élancé". ~ □ **être taillé comme un/dans un/en bâton* de sucette** ; □ **être épais comme un câble* de frein à main** ; □ **(être) maigre comme un cent de clous*** ; □ **(être) épais/maigre comme un coton-tige*** ; □ **(être) taillé comme un/dans un coton-tige*** ; □ **(être) épais/maigre/gros comme un cure-dent(s)*** ; □ **(être) taillé comme un/dans un cure-dent(s)*** ; □ **être taillé comme un cure-pipe*** ; **(être) maigre comme un fil* (de fer)** ; □ **(être) épais/plat comme une affiche*** ; □ **passer entre le mur et l'affiche* sans la décoller** ; □ **rayer les baignoires.**

1. [...] un petit mec taillé dans une allumette, un vrai poids duvet. (J. Mariolle, *Les Louchetracs*, 1969, p. 150)

2. Ce gamin prétendait avoir une très grande force alors qu'il était taillé dans une allumette, il devait être fou. (J. de Nezel, *L'Arbre céleste*, 2004, p. 241, GRL)

## amour

**amour toujours,** loc. nom., loc. phrast. Symbole (et poncif) de l'amour éternel, souvent dans un énoncé au second degré (accentué par la rime intérieure). *Amour toujours* est le titre d'un album de la chanteuse Lio (1983) et *Ah ! l'amour, toujours l'amour* celui d'un roman de Claude Sarraute (1993).

1. Il allait en parler à ses parents, il allait leur dire : « J'ai envie de [...] chanter autre chose que "amour-toujours, tendresse-caresse", envie de faire autre chose que de l'argent, envie d'aimer autre chose qu'une fille, envie de m'intéresser à autre chose qu'aux intérêts. » (J. Lanzmann, *Les Vangauguin*, 1968, p. 19, GRL)

2. – C'est la plate-forme du bonheur ! explique-t-il. Le lieu délicieux des serments éternels : Amour, Toujours ! (A. Demouzon, *Dernière Station avant Jérusalem*, 1994, p. 55)

3. La Saint-Valentin ne devrait pas tarder à arriver. Des sondages l'annoncent de toutes parts. Vieux marronnier d'hiver. Fleurs, messages, serments d'éternité et gros poutous d'amour, préavis de 14 février. / Ah, l'amour, toujours ! (*Le Monde*, 7 février 1997, p. 30)

4. Ça commence [un film] comme une bluette, avec une histoire d'amour-toujours entre une jeune étudiante et un apprenti médecin, promis au plus joli destin. (*L'Express*, 12 septembre 2002, p. 56)

5. De l'amour, toujours. De l'émotion comme s'il en pleuvait. Et quatre Marseillaise en moins de deux heures... Pour ses adieux aux policiers et aux gendarmes, hier, Nicolas Sarkozy a sorti le grand jeu. Comme il l'avait fait le 18 mars devant les jeunes de l'UMP, l'encore ministre de l'Intérieur a servi un discours truffé de confidences et de mots d'affection. (*Libération*, 27 mars 2007, p. 13)

6. Robes de mariées froufroutantes, costumes de mariés colorés, compositions florales adéquates, mets raffinés, cadeaux inoubliables... tout*, vous saurez tout sur le mariage. Pour le lieu idéal de cet instant magique l'originalité semble primer. Alors osez la piste de cirque (sans fauves), la péniche (attention au mal de mer), un moulin (histoire de lui faire tourner la tête), une plage (le bikini blanc c'est top !), un train (destination amour toujours)... (*Midi libre*, 28 décembre 2007)

## amphétamines

□ **sous amphétamines** / □ **sous amphètes/amphèt**, loc. adj., loc. adv. "comme sous l'effet d'un psychostimulant, d'un produit dopant". ~ □ **sous acide*** ; □ **sous ecstasy*** ; □ **sous speed*** ; **speedé**.

1. Axl Rose chante *Patience* en courant d'une aile à l'autre de l'immense scène, comme un léopard sous amphétamines. (*Le Monde*, 20 octobre 1990, p. 13)

2. Ces épuisantes « pétasses sous amphèt » sont un trio [...] composé d'une Américaine, d'une Autrichienne et d'une Allemande. (*Libération*, 10 octobre 2003, p. 42)

3. Je patientais dans l'entrée en contemplant d'extravagantes peintures dignes d'un Dali sous amphétamines. (A. Dudek, *Un sang d'encre*, 2004, p. 13, GRL)

4. Les Guns N' Roses cognent un bon coup avec leur blues sous amphètes. [...] Une bande de frappés qui nous enfoncent leur monde dans les oreilles. Le cocktail Molotov et l'allumette qui va avec. A prendre ou à laisser. (« Guns N' Roses, *Appetite For Destruction* », 22 novembre 2006, <duclock.blogspot.com/> ; critique musicale)

## amygdale

□ **jusqu'aux amygdales**, loc. adv. Pour signifier la consommation ou l'absorption de quelque chose en très grande quantité. Par hyperbole.

1. [...] c'est le joueur de flûte qui s'accroupit, comme sous le clair de lune tunisien, pour lui jouer une cantilène à trois notes, toujours les mêmes, jusqu'à ce qu'elle hurle et se torde, bourrée de quinine jusqu'aux amygdales. (F. d'Eaubonne, *La Couronne de sable. Vie d'Isabelle Eberhardt*, 1967, p. 105, GRL)

— PAR MÉTAPHORE.

2. Joli matin d'avril. L'autoroute est engorgée jusqu'aux amygdales. Nous filons sur Orléans. (C. Courchay, *Chroniques pour un cochon malade*, 1974, p. 249, GRL)

— □ **enceinte jusqu'aux amygdales**, loc. adj. "dans un état de grossesse très avancé". ~ □ **enceinte jusqu'aux dents/jusqu'aux trous de nez*/jusqu'aux yeux** [v. *œil*] ; □ **violemment enceinte**.

3. [...] une comédie niaise sur les retrouvailles involontaires entre un écrivain raté et son ex-femme paumée, dépressive et enceinte jusqu'aux amygdales. (Message, 2 février 2005, <www.ecrannoir.fr/>)

□ **s'envoyer** (une boisson) **derrière les amygdales**, loc. verb. "boire ; prendre un verre". Vieillissant. *Se rafraîchir les amygdales* est attesté en 1839 (« RIBOTTON. Te v'là, Belhomme ? / PICPUS. Toujours... nous allions nous rafraîchir les amydales [*sic*] », Dumersan et Dumanoir, *La Canaille*, Impr. Boulé, s.d., p. 17) et *s'humecter les amygdales* est enregistré dans Rigaud 1881, p. 212. ~ **s'en jeter un derrière la cravate**.

4. Eh bien, maintenant, vous allez me raconter bravement votre petit roman, afin que nous puissions faire plus ample connaissance, vous et moi. Mais d'abord, asseyez-vous, et envoyez-vous ça derrière les amygdales. Non ! ne protestez pas ! Vous êtes plus blanche que cette serviette. (A. Astruc, *Le Serpent jaune*, 1977, p. 21, GRL)

5. Elle s'envoie un grand verre d'orangeade derrière les amygdales et fait quatre claquettes à la Ginger Rogers.
« La fête commence », dit-elle. (P. Cauvin, *e=mc²*, *mon amour*, 1984 [1977], p. 140)

## ancêtre

□ **l'ancêtre**, n. m. Terme d'adresse, plaisant ou légèrement ironique, à un homme (pas nécessairement âgé) avec lequel on a des rapports familiers ou amicaux. Vieillissant. À comparer avec **l'ancien**, qui semble (avoir été) surtout en usage dans les casernes.

1. […] les jeunes le moquaient affectueusement : « Alors, l'ancêtre, c'est pour bientôt la médaille ? »
Il ronchonnait. Après tout, il l'avait bien méritée, cette médaille d'or, et il ne l'aurait pas : il partirait à la retraite avant, à trois ans près. (J.-F. Bizot, *Les Déclassés*, 1976, p. 77, GRL)

2. Mon père lève la bouteille de pastis.
« Alors l'ancêtre… Un petit coup de revenez-y ? Et toi, Georges, la même chose pareil ? » (C. Ponti, *Les Pieds-bleus*, 1995, p. 90)

## âne

**les mouches ont changé d'âne**, loc. phrast. Pour indiquer un renversement de situation. Originaire du Sud-Ouest, cette métaphore a gagné l'argot du rugby (dans Doillon, mars 1977 ; Bouchard 1996, p. 153), celui des commentaires sportifs (exemples 2 et 3) et, de là, a quelque peu pénétré la langue générale. *Les Mouches ont changé d'âne* (1999) est le titre d'un ouvrage de Pierre Albaladejo, commentateur de rugby, lequel fit un large usage de la formule.

1. Elle lâcha un dernier *oui*, raccrocha [le téléphone] et se tourna vers Gabriel.
– Les mouches ont changé d'âne, monsieur Granger. Il y a du nouveau. (O. Thiébaut, *Les Pieds de la dame aux clebs*, 1996, p. 139)

2. « Les mouches ont changé d'âne » et pour le moment Troyes est qualifié. Mais il peut se passer encore beaucoup de choses dans cette vraie rencontre de Coupe d'Europe particulièrement animée. (« Foot : l'aventure continue pour Troyes », 8 août 2002, <www.journaldelahautemarne.com/>)

3. […] à domicile, les mouches ont changé d'âne et le Japon, archi-favori de l'épreuve [de saut à ski], a enfin savouré sa suprématie […]. Harada […] n'a pas regardé le dernier saut de son compère mais lui a sauté dans les bras instantanément après son atterrissage sachant la victoire acquise pour le Japon. (« Saut à ski », 4 juin 2003, <www.lequipe.fr/>)

## ange

□ **gueule d'ange**, loc. nom. À propos d'un homme qui a l'apparence de la jeunesse, du charme et de l'innocence. La formule sous-entend fréquemment qu'il ne faut pas se fier à cette apparence. *Gueule d'ange* est le titre d'un film de Marcel Blistène (1954).

1. […] sans bagages [sans diplômes], comme on dit, on ne voyage pas longtemps ou alors il faut un talent exorbitant, un culot d'enfer, une voix d'or, une gueule d'ange, un shoot de rêve. (C. Klotz, *Je ne veux plus aller à l'école*, 1987, p. 168)

2. Et pourquoi cette méchanceté ? Parce qu'il est trop beau, qu'il a trop de charme, de renommée, de succès, de pognon ! Voilà, c'est tout ! Footeux, première division, gueule d'ange, réussite personnelle ! Trop, il est trop. (M. Sergent, *Normal*, 1991, p. 18)

3. Le onzième long métrage de Benoît Jacquot développe un thème similaire à celui de *Parfait Amour* de Catherine Breillat : l'histoire d'une bourgeoise d'âge mûr qui s'éprend d'un beau jeune homme issu d'un milieu moins favorisé que le sien. Lui, c'est Quentin (Vincent Martinez), la vingtaine en galère, une gueule d'ange dans un corps en rapport, et ce qu'il faut de sombre pour laisser supposer qu'il arrachera sur sa route tout ce que ses origines ne lui ont pas donné. (*Le Monde*, 19 novembre 1998, p. 31)

4. Un ami comme il faut, que je ne vois pas tous les quatre matins mais qui définitivement est important pour moi, moi et mes doutes, moi et mes angoisses. Et lui avec sa belle gueule d'ange venue d'ailleurs, son charme mi-homme mi-femme, surtout mi-ange mi-démon a réussi un soir d'août à me mettre dans son lit pour un moment étrange mais tendre [...]. (Message, 5 février 2006, <blog.julien2328.gayattitude.com/>)

V. encore *rien*, ex. 20.

— VARIANTE. □ **gueule d'archange**, "id.".

5. [...] haute stature, belle gueule d'archange bouclé, aux yeux clairs... Il aurait pu faire carrière à l'écran. (*Libération*, 18 mars 2004, p. 44)

## appartement

**vendre par appartement**(s), loc. verb. Métaphore du langage de l'immobilier. ~ **vendre à la découpe***.

— DOMAINE ÉCONOMIQUE. "vendre un groupe par filiales ou par secteurs d'activité".

1. « Dans deux ans, FR 3 sera privatisée. Vous savez, ça peut se vendre par appartements. FR 3 Limousin, cela ne sera pas cher », pronostique, lugubre, un journaliste. (*Le Monde*, 13 février 1987, p. 1)

2. Le reste du groupe [éditorial] ne serait pas vendu par appartement, mais en bloc [...]. (*Libération*, 23 octobre 2003, cahier *Livres*, p. 9)

3. Hoffmann ne veut pas n'importe quel repreneur. Il ne veut pas vendre « par appartement », il veut vendre tout, tout son holding, d'un bloc. (G. Mordillat, *Les Vivants et les Morts*, 2006 [2004], p. 482)

— AU FIGURÉ. "démembrer, démanteler".

4. [...] l'histoire de France n'est pas à vendre par appartements ! (Cardinal J.-M. Lustiger, dans *Le Monde*, 27 mai 1996, p. 8)

5. La République n'est pas à vendre par appartements. (J.-P. Chevènement, dans *Le Monde*, 12 février 2003, p. 10)

V. encore *état*, ex. 1.

**vente par appartement**(s), loc. nom. ~ **vente à la découpe***.

— DOMAINE ÉCONOMIQUE. "vente d'un groupe par filiales ou par secteurs d'activité".

6. [...] en juin 1984, l'impossible arrive. Creusot-Loire dépose son bilan. La vente « par appartement » de l'héritage des Schneider est inéluctable. (*Le Monde*, 1er juillet 1989, p. 20)

7. [...] les scénarios du pire, comme une vente par appartements ou une fermeture pure et simple [d'un site industriel]. (*Sud Ouest*, 25 septembre 2007, p. 2)

— AU FIGURÉ. "démembrement, démantèlement".

8. [...] la vente par appartements de la démocratie et de la politique culturelle issue de la Résistance en 1944. (Message, 18 mai 2006, <lucky.blog.lemonde.fr/>)

## aquarium

□ **faire un aquarium**, loc. verb. "fumer du cannabis dans un petit espace clos, notamment dans une voiture, sans apport d'air extérieur".

1. Un week-end, un samedi, ses parents rentraient chez eux, ils retrouvèrent mon ami par terre dans le coma (il venait de faire un aquarium). Ils l'amenèrent à l'hôpital, ses parents ne savaient pas qu'il fumait. (*L'Esprit des ados*, mars-avril 2002, p. 30, <www.ac-versailles.fr/etabliss/clg-chambertin-asnieres/>)

2. On s'est retrouvé à faire un aquarium dans la voiture comme au lycée entre midi et 2... (Blog, 3 août 2006, <anajuly.canalblog.com/>)

## Arabe

**l'Arabe du coin**, loc. nom. "magasin d'alimentation de proximité dans les grandes villes et leurs banlieues, traditionnellement tenu par des commerçants originaires d'Afrique du Nord, pratiquant des horaires très étendus ; commerçant qui tient ce magasin".

1. Et, après un crochet chez l'Arabe du coin où je me paie une bouteille de vodka, je rentre [...]. (R. Forlani, *Toujours vif et joyeux !*, 2003, p. 430)

2. [...] il se passe toujours quelque chose dans la rue. Le Chinois qui s'engueule avec l'Arabe du coin, un livreur de pizza qui renverse un piéton, les poubelles vidées sur le trottoir. (C. Avel, *L'Apocalypse sans peine*, 2006, p. 110)

3. Une présence aussi importante que rassurante et discrète lui a valu un surnom banalisé, hier quelque peu méprisant, aujourd'hui presque affectueux : « l'Arabe du coin ». Au total, en France, ils seraient une bonne dizaine de milliers, affublés, pour beaucoup, de la sempiternelle blouse bleue ou grise et, pour tous, d'une réputation de cherté : faire ses courses chez « l'Arabe du coin », ce n'est pas donné... mais tellement pratique. (Résumé d'un documentaire, <www.sunsetpresse.fr/>, consulté le 20 décembre 2006)

4. [...] l'expression « l'Arabe du coin » est devenue tellement générique qu'elle peut très bien concerner, notamment à Paris et selon les quartiers, un Grec, un Turc ou un Polonais. (*Le Monde*, 14-15 janvier 2007, cahier TV & Radio, p. 23)

## araignée

**toiles d'araignée**, loc. nom. pl. "choses vieillies, démodées". Image des réseaux de fil tissés par les araignées, qui s'accumulent dans des lieux qui ne sont pas suffisamment fréquentés.

1. Yves Cochet, député de Paris : « [...] Cela dit, il y a trop de vieilleries, de toiles d'araignée dans notre fonctionnement. » (*Agence France Presse*, 16 janvier 2005)

**enlever les toiles d'araignée**, loc. verb. "rajeunir ; rénover ; moderniser". Même image que **dépoussiérer**. ~ **donner un coup de jeune**.

2. Pour compléter la traditionnelle « tribune de discussion », publiée par *l'Humanité*, une ligne téléphonique spéciale [...] est ouverte chaque jour de 16 heures à 20 heures, au siège du journal, pour permettre aux militants de confier leurs analyses et leurs propositions à un membre de la rédaction. Ceux-ci peuvent aussi s'exprimer par Minitel [...]. Les premiers reportages consacrés aux discussions en cours dans les sections ont pour but de montrer que les communistes, « très en verve », veulent « enlever les toiles d'araignée ». (*Le Monde*, 16 octobre 1993, p. 12)

□ **enlever** (ou verbe du même paradigme) **la toile d'araignée (de la lucarne)**, loc. verb. Au football, pour signifier qu'un tir, ou la parade du gardien de but, atteint l'un des angles, peu accessibles, formés par les montants droit ou gauche et la barre transversale.

3. [...] la reprise de tête de l'Angevin de 21 ans a enlevé la toile d'araignée de la lucarne droite des buts [...]. (*Ouest France*, 12 août 2002)

4. Et en concluant la rencontre par un coup franc qui délogeait la toile d'araignée de la lucarne gauche [...], l'ancien Niçois scellait définitivement la victoire de son équipe. (*Le Progrès*, 29 novembre 2004)

5. Manchester est secoué en tous sens, au bord du KO pratiquement quand, sur coup franc, Tafforeau oblige Van der Sar à une parade pour aller ôter la toile d'araignée dans sa lucarne. (*Libération*, 3 novembre 2005)

## arête

□ **y a pas d'arêtes dans le bifteck (/dans le steak)**, loc. phrast. Dans le langage des enfants (à table, notamment), réplique ludique et impertinente à l'injonction « arrête ! ». Par jeu de mots.

1. [...] De la verve à tire-larigot, du tac au tac, de la réplique bien envoyée, rattrapée au vol, et retour à l'envoyeur plus rapide qu'un boomerang [...]. Entre deux coups de fourchette, ça n'arrête pas de s'envoyer des piques (plein d'arêtes dans le bifteck) ! Ça fuse, ça mitraille, ça tonitrue, ça se balance sans cesse la réplique qui tue et le repas à la figure. (*Journal gratuit du théâtre de Cavaillon*, mars-avril 2005, p. 10 ; présentation de *Fairy Queen* d'Olivier Cadiot)

2. – C'est marrant, les remarques toutes faites du type « Toi-même » ou « Il n'y a pas d'arêtes dans le steak » on trouve ça bête et on se dit que c'est immature, normal pour les enfants de 5 ans, mais bon, trouver ça ici ça fait bizarre tout de même.
– Immature toi-même ! (Messages, 10 février 2007, <linuxfr.org/>)

## arrache

□ **à l'arrache**, loc. adv. "promptement, précipitamment et parfois sans soin ou sans ménagements". *Vivre à l'arrache* est le titre d'un roman de El Driss (2006). ~ **à la va-vite**.

1. Assis dans un fauteuil, un musicien raconte les clips de Bruno Mégret : « Au début, j'ai cru que c'était pas vrai, que c'était du Karl Zéro. » [...] En quelques jours, ils se sont organisés « à l'arrache », laissant tomber répétitions ou compositions, pour se mobiliser. Des concerts, des rencontres, une page de publicité (parue mardi dans *Libération*) pour dire « non ». (*Libération*, 3 mai 2002, p. 10)

2. L'auteur est vraiment un jeune de banlieue auquel on a donné carte blanche. Vlérick, le metteur en scène chevelu et rigolard qui est à l'origine de cette vocation, est ravi : « Je veux semer la perturbation dans la nomenklatura du théâtre ! On fait des brouillons, mais faut pas avoir peur des brouillons. On travaille à l'arrache. Si les chercheurs avaient peur de casser des œufs, ils ne trouveraient pas de vaccins. » (*Politis*, 8 juin 2006)

3. [...] l'ouvrage et le film ont été faits « à l'arrache » [...]. (*Sud Ouest*, La Rochelle, 2 décembre 2006)

## arracher

□ **ça arrache du pâté**, loc. phrast. Pour exprimer son enthousiasme devant quelque chose qui produit une forte impression. Renforcement de **ça arrache**. ~ □ **ça décoiffe** ; □ **ça déchire*** ; □ **ça déménage** ; □ **ça démoule*** ; □ **ça pète*** ; □ **ça tue***.

1. J'ai un nouveau bolide, dénommé Suzuki Bandit N 600 cm$^3$, ça arrache du pâté [...]. (Message, 14 février 2005, <www.forum-auto.com/>)

2. C'est très rock'n'roll* tout ça. Je dirai même que ça arrache du pâté. Cela laisse présager de bonnes choses pour vos prochains morceaux... En espérant vous voir bientôt en live*. (Message, 5 février 2007, <profile.myspace.com/>)

## arranger

□ **arranger le portrait/■ la gueule (/■ la tronche) à qqn**, loc. verb. "casser la figure à quelqu'un ; rosser quelqu'un". Par antiphrase (cf. en 1859 *se dégrader le portrait* "se blesser au visage lors d'une chute" Monselet, dans DDL). Même image que dans □ **refaire* le portrait/■ la gueule à qqn**. Attesté en 1929 (« Depuis que je t'ai si bien cassé le nez, on te prendrait pour sa fille, et tu peux me remercier de t'avoir arrangé le portrait », R. Crevel, *Êtes-vous fous ?*, 1929, p. 74, FT). ~ **astiquer qqn**.

1. Les coups pleuvaient de partout. Un CRS me rendit mes lunettes et me conseilla de ne pas les remettre en me disant qu'on allait m'arranger le portrait. (Commission UNEF/SNE Sup, Témoignages et assistance juridique, *Ils accusent*, 1968, p. 126, GRL)

2. – Mêle-toi de ton cul, tapette ! Attends ce soir, qu'il fasse un peu moins chaud, j'vais t'arranger la gueule, gronde Sac d'Os.
– Fâche pas, t'fâche pas..., pleurniche Chautard Camille, c'était juste pour causer. (P. Lauer, *Les Soleils de Badarane*, 1968, p. 243, GRL)

3. [...] ils lui ont salement arrangé la gueule à ton pote ! (P.-R. Leclercq, *Malagure*, 1973, p. 238, GRL)

4. Il essaie encore de faire croire qu'il blague, mais il y a cette chose lourde et tendue qui le pousse de l'intérieur ; et puis cette espèce de sanglot qu'il déteste par-dessus tout, et qui lui donne envie de démolir Jean pour de bon. « Amène-toi ordure ! il répète.
– Qu'est-ce qui t'arrive ? Crie Jean en prenant des distances. T'as tellement envie de te faire arranger le portrait ? » (M. Piédoue, *Hurler avec personne*, 1978, p. 35, GRL)

5. [...] Sélim, il avait arrangé le portrait de l'élu FN... L'élu s'en est sorti avec l'arcade sourcilière en sang, et un œil qui avait doublé de volume. (G. Damas, *Molly à vélo*, 2004, p. 23, GRL)

6. […] pour le héros […], c'est le pompon ! […] sa femme se fait méchamment arranger la tronche comme si on lui avait écarté la mâchoire avec un démonte-pneu. (« Tout sur [le film] *Dead Silence* », novembre 2007, <www.dvdrama.com/>)

## arrêt

**arrêt buffet** (ou **arrêt-buffet**), loc. nom.

— "pause (permettant de se restaurer), notamment au cours d'un déplacement". Du vocabulaire des annonces aux voyageurs, faites naguère dans les gares ou dans les trains, attesté en 1890 (« le cri caressant de : *l'Arrêt, Buffet* », O. Uzanne (éd.), *Le Livre moderne*, Paris, Maison Quantin, t. 1, p. 30, GRL), et déjà en 1877 (« Narbonne – dix minutes d'arrêt – buffet », A. Karr, *Notes de voyage d'un casanier*, Paris, Calmann Lévy, p. 288, GRL).

1. Avant de me rendre en classe, j'effectuais un arrêt buffet chez la mercière de la rue des Envierges pour garnir mes poches de roudoudou, de zan, de réglisse de bois et autres bricoles sucrées. (C. Lépidis, *Des dimanches à Belleville*, 1984, p. 177, GRL)

2. Après un petit arrêt buffet à Pézenas, retour à la maison […]. (Message, 23 avril 2006, <forum.aceboard.net/>)

∞ SANS DÉTERMINANT, EN PHRASE OU PROPOSITION NOMINALE.

3. PAMÉLA : Ils [les Indiens] se replient…
JOHN-EMERY : Ouais, petite pause. Arrêt-buffet. (R. de Obaldia, *Du vent dans les branches de sassafras*, 1972 [1966], p. 165)

4. Jusqu'à neuf heures du soir, nous restons plongés dans nos papiers […].
À neuf plombes, arrêt buffet dans un snack de la rue Denis-Papin où une moutarde extrêmement forte aide à faire passer le steak, café et on repart pour trois tours. (A.D.G., *Le Grand Môme*, 1977, p. 53)

— PAR EXTENSION. Pour marquer l'interruption d'un processus, d'un mouvement, d'une activité. Fréquent dans le domaine du sport (non retenu ici), notamment du rugby où il désigne un plaquage violent qui stoppe l'élan de l'adversaire, de la voile, où il dénomme un arrêt dû à des causes diverses (manque de vent, heurt d'un obstacle, démâtage…) et de la pétanque, où il est synonyme de *carreau*.

5. Thierry Roland [un journaliste sportif] est peu pressé de prendre sa retraite, prévue pour le 4 août 2002. « J'aurai soixante-cinq ans. Et c'est, paraît-il, l'âge qui marque l'arrêt buffet. » (*Stratégies*, 17 avril 1998, <www.strategies.fr/>)

∞ SANS DÉTERMINANT, EN PHRASE OU PROPOSITION NOMINALE.

6. Bon, pour moi ce soir c'est la misère, connexion qui part en biberine ["qui marche mal"], plus de repères, […] bon, arrêt buffet pour moi, j'espère que demain ça ira mieux. (Message, 10 juin 2003, <forum.hardware.fr/>)

7. J'en ai plus trouvé [des termes pour qualifier des imbéciles], plus d'inspiration ! puis ils n'en valent pas la peine, donc stop arrêt buffet […]. (Message, 22 novembre 2006, <forum.doctissimo.fr/sante/>)

## arrêter

**ça fait du bien quand ça s'arrête**, loc. phrast. À propos d'une situation dont on apprécie qu'elle cesse. Par ironie. Probablement par allusion à l'histoire du fou qui se tape sur la tête parce que « ça fait du bien quand ça s'arrête ».

1. Ça [un orage] ne dure pas plus d'un quart d'heure, mais ça fait du bien quand ça s'arrête. Le ciel s'éclaircit d'un coup. Il y a un grand silence qui calme la terre. (J. Manguso, *La Bafane*, 1978, p. 61, GRL)

2. Ses supporters viennent le féliciter [après un débat télévisé]. On lui glisse des « bravo ! », des « félicitations ! ». Il reste calme. « Ça fait du bien quand ça s'arrête, lâche-t-il, mais si je devais le refaire, je dirais exactement la même chose. » (*Le Parisien*, 1er mars 2001, p. 3)

3. Être tout le temps traité comme un crétin parce qu'on est un peu différent [...], à la longue c'est un peu chiant. L'adolescence, merci mais ça fait du bien quand ça s'arrête. (Message, 4 décembre 2003, <www.gamekult.com/>)

4. « Ça fait du bien quand ça s'arrête ! » Verdict sans appel d'un participant à l'inauguration de la fête de la Vire, samedi, à Pont-Hébert. [...] Les FonkFarons ont swingué avec bonne humeur mais pas pour le plaisir de tous, apparemment. (*Ouest France*, 26 juin 2006)

## arriver

**arriver/être arrivé avant d'être parti**, loc. verb. Par hyperbole.

— "être arrivé (ou revenu) très peu de temps après être parti".

1. Des autos brisées, avec des morts dedans, parce qu'on veut être arrivé avant d'être parti. Sottises ! (P.-J. Hélias, *Théâtre 1*, 1977, p. 45, GRL)

2. Au départ de Roissy-Charles-de-Gaulle, le Concorde s'envole à 10 h 30, une demi-heure plus tôt que précédemment. Il atterrit à l'aéroport Kennedy de New York à 8 h 25, heure locale, après 3 h 55' de vol. Arrivé avant d'être parti en quelque sorte... (Olivier Grivat, 8 novembre 2001, <www.lematin.ch/>)

3. L'avion qui réduit le temps car il arrive avant d'être parti, le Concorde, vient d'effectuer son dernier voyage au-dessus de l'Atlantique. (B. Drive, dans *Sud Ouest*, 25 octobre 2003)

— "ne pas être plus avancé, ne faire aucun progrès". ~ **faire du surplace**.

4. Par où commencer ? [...] Ginette ? Elle t'a dit tout ce qu'elle en savait. Tonton, rien à en tirer. Avec ça, tu es arrivé avant d'être parti. (C. Courchay, *Avril est un mois cruel*, 1987, p. 155)

**j'y arrive / j'y arriverai (pas) / je vais y arriver**, loc. phrast. Formule par laquelle on tente de surmonter un bredouillement, un lapsus.

5. Arrive une journaliste sport [sur un plateau de la Télévision suisse romande]. Qui rigole, jolie. Qui dit « je vais y arriver » en essayant de prononcer le nom d'une tenniswoman. (Message, 30 août 2001, <www.largeur.com/>)

6. [...] ils [les militants d'un parti palestinien] exigent [prononcé ɛgʒiʒ]... ils exigent, j'y arrive, la démission de leurs chefs [...]. (Antenne 2, journal de 20 heures, 28 janvier 2005, 20 h 10)

## arrondir

■ **tu peux te** (/**il peut se**, etc.) **les arrondir**, loc. phrast. Pour signifier qu'on n'obtiendra aucun résultat. *Les* représente un synonyme de *testicules*. ~ □ **tu peux (toujours) courir** ; □ **tu peux (toujours) te l'accrocher** ; ■ **tu peux te/il peut se toucher**.

1. On était bien arrivé, comme prévu, au pied du mur, et le grand-père était arc-bouté pour que je grimpe sur ses épaules ; mais arrivé là, pardon, je pouvais toujours me l'arrondir pour mouler mon rétablissement sur le faîte : j'étais trop court d'un mètre. (P. Spaers, *Pour la bonne bouche*, 1959, p. 96)

2. – [...] s'il compte avoir des infos avec Roger, il peut se les arrondir.
– Roger ?
– Ouais. Le rat visqueux près de la caisse. Il fait partie de la milice, il veut faire endosser le crime aux gens des cités. Il vit dans un pavillon, il se la pète* complet. (C. Aubrun, *Photos à mateurs*, 2001, p. 34)

3. Pour ce qui est des excuses, comme d'hab on peut se les arrondir. (Message, 9 mars 2007, <www.freenews.fr/>)

## ascenseur

**ascenseur social**, loc. nom. "élévation dans l'échelle sociale, notamment par rapport à la génération précédente".

1. Pour les milieux subalternes, il [le secteur scolaire] constitue un [*sic*] espèce d'ascenseur social, qui permet de passer directement aux fonctions supérieures. (M. Bouvard, *Au-delà du marxisme*, 1977, p. 219, GRL)

2. [...] la confiance relative que les Français accordent à l'école pour jouer son rôle d'ascenseur social. (*Le Monde*, 19 novembre 1996, p. 10)

3. Je garde un excellent souvenir de ces années-là [au lycée Poincaré de Nancy], non seulement parce que nous étions une petite bande de copains [...], mais aussi parce que c'était un formidable ascenseur social. Ces années au lycée Poincaré m'ont appris la valeur du travail. (K. Lemarchand, dans *Le Point*, 20 septembre 2007)

V. encore *pression*, ex. 3.

**faire l'ascenseur**, loc. verb. DOMAINE SPORTIF. "faire des allers et retours répétés entre deux niveaux de compétition". Par référence au mouvement d'une cabine d'ascenseur. ~ **faire le yoyo***.

4. Victime d'une blessure au genou, Fritz Strobl [un skieur autrichien] s'est battu pour retrouver l'élite : « J'ai fait l'ascenseur entre la Coupe d'Europe et la Coupe du monde avant d'y revenir et cela a été dur, dit-il [...]. » (*Le Monde*, 17 décembre 1996, p. 25)

5. Nancy touche les dividendes d'une politique de restructuration du club lancée en 2001 [...], le stade Marcel-Picot a été modernisé. Reste à savoir si ces nouvelles structures vont éviter au club de faire l'ascenseur entre la L1 et la L2, comme trop souvent dans les années quatre-vingt-dix. (*L'Humanité*, 28 mai 2005)

6. J'ai débuté à Cannes. J'ai commencé avec les moins de 15 [ans], puis les moins de 17. Ensuite, j'ai enchaîné avec la CFA [ligue du Championnat de France amateurs], puis les A. J'ai fait l'ascenseur entre les deux équipes, avant de me blesser gravement. (« Hamed Namouchi », <www.espoirsdufoot.com/>, consulté le 23 décembre 2006)

7. Attention toutefois à ne pas grandir trop vite et se brûler les ailes. L'exemple des garçons de Thau [en handball] doit servir de leçon. Ces derniers ont fait l'ascenseur et n'ont pas pu se maintenir en N2. (*Midi libre*, 23 mars 2007)

**musique d'ascenseur**, loc. nom. "musique aseptisée, destinée à servir de fond sonore, diffusée notamment dans des lieux publics, dans des établissements commerciaux et sur les mises en attente des standards et messageries téléphoniques ; *par extension* toute musique sans caractère affirmé". La motivation de cette dénomination correspond à une réalité qui est quelque peu mythique : on diffuse rarement de la musique dans les ascenseurs. ~ **musique au kilomètre* ; musique au mètre***.

8. Vol Air India, 747 de base, sans autre spécialité que le choix végétarien ou pas des repas, le sari corail des hôtesses, la moquette à ramages et la musique d'ascenseur assortie. (J. Echenoz, *Les Grandes Blondes*, 2006 [1995], p. 148-149)

9. Quand le citadin sort de chez lui, il est [...] cerné. Dès qu'il est à l'abri des bagnoles, on lui met de la musique d'ascenseur dans les restaurants, les halls d'entrée, les magasins et parfois même les ascenseurs. (M.-A. Guillaume, *L'Odeur de l'homme*, 2006 [2005], p. 64)

10. La musique de film, ça n'existe pas. Il y a de bons musiciens de films, par exemple Bernard Herrmann dans les films d'Hitchcock. Mais même dans *Vertigo*, qui est un film magnifique, je trouve insupportable qu'on l'entende sans arrêt. Cette belle musique se transforme en musique d'ascenseur. (J.-L. Godard, dans *Politis*, 16 janvier 2005)

11. Dans le train pour Rome, à l'instant du départ, sept ou huit appels de mobiles : zinzins électroniques, musiques d'ascenseur, bruitages idiots. (*Libération*, 25 novembre 2006, p. 41)

V. encore *film*, ex. 5.

## aspirateur

□ **aspirateur à nanas** (vieilli) / □ **aspirateur à belettes**, loc. nom. "automobile dont l'apparence est susceptible de valoir à son conducteur des conquêtes féminines". ~ ■ **bite à roulettes*** ; □ **piège* à filles**.

1. – Oh ! Mirmidou, vise-moi cet aspirateur à nanas !
– Nom de Dieu ! la belle chignole, s'exclama Mirmidou en pâlissant. (Viard et Zacharias, *Le Roi des Mirmidous*, 1966, p. 19)

2. Le gros hic[,] c'est la voiture [...]. La mignonne [...] doit trouver un chevalier servant pour la ramener. Sans voiture dans une région où les gens habitent à plusieurs kilomètres les uns des autres, tu es soit un garçon fini soit un puceau. / Et là, la situation est critique. Franck n'a pas son aspirateur à belettes : en révision, et Alexandre n'a pas la voiture de sa mère : elle est rentrée à Paris avec. (A. Gavalda, *Je voudrais que quelqu'un m'attende quelque part*, 2001 [1999], p. 92)

3. Depuis toujours, j'écoute parler les autres avec un filet à papillons en forme de carnet [...]. La première fois que j'ai entendu « avoir un polichinelle dans le tiroir », j'ai trouvé cela bien plus amusant que « attendre un bébé » ; de même, « aspirateur à nanas » m'a semblé plus efficace que « voiture de sport », et « avoir dans la peau » plus expressif que « aimer très fort ». (F. Montreynaud, *Appeler une chatte...*, 2005 [2004], p. 28)

## assassiner

**Mozart assassiné/qu'on assassine**, loc. nom. Enfant dont les dispositions naturelles sont contrariées par un entourage obtus ou impuissant. Par hyperbole. En référence à Mozart qui, dès son plus jeune âge, a pu développer ses dispositions musicales. *C'est Mozart qu'on assassine* est le titre d'un roman de G. Cesbron (1966).

1. Ce qui me tourmente, ce ne sont ni ces creux, ni ces bosses, ni cette laideur. C'est un peu, dans chacun de ces hommes, Mozart assassiné. (A. de Saint-Exupéry, *Terre des hommes*, 1939, p. 267, FT)

2. [...] ces caractères spécifiques, les uns propres à l'homme[,] les autres à la femme, et qui exigeraient que par éducation, loin d'être étouffés, ils soient exploités pour ce qu'ils sont, complémentaires, nullement interchangeables. Que de Mozart assassinés, n'est-ce pas ? (*La Croix*, 8 juin 1996, p. 16 ; courrier d'une lectrice)

3. Ils avaient mis leur angelot à la laïque, avec un instituteur en blouse grise, tout un brassage de classes et de races, le creuset où se frotter aux dures réalités de la galoche, du pain sec et de Mozart assassiné [...]. (M. Quint, *Lundi perdu*, 1997, p. 22)

## assurer

□ **ne pas assurer un cachou (/un caramel)**, loc. verb. "se montrer peu performant ; être particulièrement inefficace". Variante intensive de **ne pas assurer**, de même sens, à laquelle *cachou* et *caramel* apportent une note plaisante en raison du caractère dérisoire (pour un adulte) du référent qu'ils désignent. ~ **être nul**.

1. Elle se mit à parler plus fort que lui. « Toi t'as l'air d'un flic et côté fringues vous assurez pas un caramel, les flics [...]. » (Y. Queffélec, *Disparue dans la nuit*, 1994, p. 99)

2. On a passé la nuit ensemble. J'avais pris des cachets et j'ai pas assuré un cachou. (V. Ravalec, *Un pur moment de rock'n roll*, 1994, p. 53)

3. Par contre là où j'assure pas un caramel, c'est qu'en manipulant mon vélo, en sandales évidemment, je m'envoie un coup de pédale dans le pied. Bilan : l'ongle du gros orteil droit est explosé [...]. (*Forum de l'ultra*, 24 août 2004, <ufo.ufoot.org/>)

4. Je suis désolée, j'assure pas un caramel... Mais je suis très fatiguée et j'ai du mal à gérer le planning. (Message, 7 novembre 2005, <www.tousazimuts.net/>)

5. je sais j'assure pas un cachou ! j'aurais quand même pu venir vous voir un peu depuis qu'on [n']est plus voisins mais bon vous savez ce que c'est... le boulot quoi ! (Message, 19 septembre 2006, <www.bar4u.com/livredor/>)

## Astérix

**syndrome (d') Astérix**, loc. nom. Symbole du repli identitaire et de la résistance obstinée. La locution renvoie au personnage d'Astérix le Gaulois, incarnant la résistance à l'occupant romain, dans la série de bandes dessinées de Goscinny et Uderzo. ~ **village gaulois***.

1. Être en cohérence avec la société c'est aussi, pour ce Breton de Paris, faire acte d'humilité devant ce qui fit le succès du passé. « Vous devez remettre en cause le syndrome d'Astérix qui croyait avoir raison contre tout le monde. Car on n'a pas toujours raison. D'autre part, cultiver ce syndrome Astérix finit toujours par agacer

les instances parisiennes et bruxelloises ». (Jean Lossouarn, « Réadapté, le modèle agricole breton n'est pas foutu », dans *Paysan breton*, 17 décembre 1999, <www.paysan-breton.fr/>)

2. Chez les militants UDF, le syndrome Astérix joue à plein. Encerclées par l'UMP, les fédérations centristes organisent la résistance sous la houlette de François Bayrou, qui a entamé une tournée nationale pour remettre l'appareil en état de fonctionnement. (*Le Figaro*, 9 octobre 2002, p. 7)

3. [...] les adeptes du oui culpabilisent les tenants du non, les prenant de très haut au lieu de tenter de les convaincre. [...] En agissant ainsi, les avocats du oui ont négligé la valeur fondatrice en France de la posture – gaullienne – de « L'Homme qui dit non ». Et par extension, du « Pays qui dit non », fût-ce à toute l'Europe ; c'est ce que certains commentateurs à Paris appellent le « syndrome Astérix ». (*La Libre Belgique*, 30 mars 2005, <www.lalibre.be/>)

4 [...] le « syndrome d'Astérix », cette idée que notre pays peut s'abstraire de la mondialisation et des mutations économiques. (Intervention de Jacques Barrot à l'*assemblée générale des Conseillers du commerce extérieur de la France*, 30 mai 2006, <www.cnccef.org/frontoffice/>)

## attendre

**il est urgent d'attendre**, loc. phrast. "il faut absolument et uniquement attendre". Oxymoron parfois utilisé pour dénoncer l'inertie, l'attentisme. Attesté en 1930 (« "Il est urgent d'attendre" était sa devise », G. Suarez, *La Vie orgueilleuse de Clemenceau*, p. 136, GRL). *Urgent d'attendre* est le titre d'une chanson écrite par Michel Berger et interprétée par France Gall (1987).

1. Pas le moment de lui raconter cette histoire [...]. / Alors ? Rien. Il est urgent d'attendre... (C. Courchay, *Quelque part, tout près du cœur de l'amour*, 1987 [1985], p. 62)

2. M. Denis Badré. – Ma question s'adresse à M. le Premier ministre. Après cinq rapports et trois ans de consultations, vous proposez des « orientations » sur le problème des retraites, qui pourraient laisser entendre qu'il est urgent d'attendre... (Sénat, *Compte rendu intégral des débats*, séance du 23 mars 2000)

3. Réunies vendredi dernier pendant près de trois heures [...], les huit fédérations de fonctionnaires ont décidé qu'il était urgent d'attendre. (*Libération*, 22 septembre 2007, p. 10)

— LOC. NOM. **l'urgence d'attendre**. Attesté en 1860 (« – Bah ! fit Claude d'un ton dégagé, où était l'urgence d'attendre votre réveil ? », C. Barbara, « Irma Gilquin », dans *Mes petites-maisons*, p. 294, GRL).

4. [...] les députés de l'UDF [Union pour la démocratie française] estiment inutile de légiférer de nouveau sur la corruption ou, en tout cas, inopportun de le faire dans la précipitation. Leurs arguments ne manquent pas de poids, même si leur empressement à décréter l'urgence d'attendre paraît un peu suspect moins d'une semaine après la publication des conclusions du groupe de travail auquel ils avaient participé [...]. (*Le Monde*, 1er décembre 1994, p. 1)

5. Un dialogue de sourds tend à s'instaurer entre le conseil général et les organisateurs de festivals : d'un côté, des attentes urgentes et, de l'autre, une urgence d'attendre. (*Le Progrès*, Haute-Loire, 28 février 2007, p. 7)

## attitude

**positive attitude**, loc. nom. "attitude de confiance, d'optimisme (qui confine parfois à la politique de l'autruche ou à la méthode Coué*)". Calque de l'anglais *positive attitude*, de même sens, attesté en 1976 (OED). Titre d'une chanson (2004) de la chanteuse Lorie, la locution a été reprise par le Premier ministre de l'époque, qui a contribué à sa diffusion : « Il y a une jeune chanteuse qui n'est pas tout à fait de ma génération, mais qui parle de positive attitude. Je vous recommande la positive attitude » (*Agence France Presse*, 20 janvier 2005, citant Jean-Pierre Raffarin). La locution s'est d'autant mieux imposée que le verbe *positiver* "se montrer confiant, optimiste" était entré en français deux décennies plus tôt.

1. [...] Baudelaire dont les vers, parfois, n'invitent pas franchement à la « positive attitude ». (*La Nouvelle République*, éd. Maine-et-Loire, 2 juin 2005, p. 2)

2. Si vous lui demandez [à une centenaire] quels sont ses meilleurs souvenirs, elle vous répond simplement [...] : « Je n'ai que de bons souvenirs. J'ai eu une très belle vie et je ne me plains pas. Je suis très heureuse, j'ai de bons voisins et de très bons amis. » La « positive attitude » serait-elle donc l'un des éléments clés de la longévité ? (*Le Télégramme*, 27 février 2006)

3. [...] la candidate a adopté la « positive attitude » : ne rien faire, ne rien dire qui puisse déplaire. « Ne comptez pas sur moi pour parler de ce qui ne va pas », prévient-elle d'entrée. (*Le Monde*, 18 juillet 2006, p. 8)

## avaler

□ **en avaler son râtelier (/son dentier)**, loc. verb. "afficher une vive émotion provoquée par la surprise, le dépit, la colère ou la peur". Fondé sur les incidents que peuvent entraîner certains états affectifs. Par hyperbole.

1 – Vous vous foutez de moi ou quoi ? répliqua, en se mettant d'un bond debout, le ministre, et en manquant d'en avaler, si jamais il en portait un, son râtelier. (A. Astruc, *Le Serpent jaune*, 1977, p. 221, GRL)

2. Un lecteur, voluptueux collectionneur d'horreurs imprimées, vient de me mettre sous les yeux [...] ses toutes dernières trouvailles. [...] le client est engagé à « mettre sa carte en opposition si elle s'est faite avalée dans un distributeur »... La carte ainsi perdue ne s'est pas « faite avalée » mais « s'est fait avaler », ou, mieux encore, me semble-t-il, « a été avalée ». C'est à grincer des dents ou à en avaler son râtelier. (*Le Figaro*, 12 octobre 2002, p. 21)

3. [...] quant au facho, il en aurait avalé son dentier d'avoir à s'attabler en compagnie de confrères israélites [...]. (T. Piernik, *Vendre ou ne pas vendre*, 2002, p. 131, GRL)

— VARIANTE. □ **en décrocher son râtelier**, loc. verb. "id.".

4. Relever le menton en coup de bouc* pour passer devant la concierge qui en décroche son râtelier de voir Mademoiselle José, là, comme je vous vois, si belle, une mèche fauve allongée sur l'œil violet [...]. (G. Dormann, *Je t'apporterai des orages*, 1973 [1971], p. 149)

**avis**

**à ton/votre avis ?** loc. phrast. La locution est moins un questionnement qu'une réplique (parfois légèrement impertinente) consistant à s'abstenir d'apporter à l'interlocuteur les éclaircissements qu'il attend, tout en soulignant une évidence.

1. – Dis-moi, José, où tu trouvais les ronds pour les voyages ?
– Je ne te dirai jamais. Tu m'interdis des trucs, alors moi aussi. Les ronds, à ton avis, où on les trouve ?
– C'est ce que je te demande.
– Dans-les-poches-où-il-y-a-des-ronds, on trouve les ronds.
– Tu volais ?
– Pour voler, je volais. (A. Vergne, *La Somnambule*, 1977, p. 30)

2. – Et Mariane, elle l'a fait [l'amour] ? [...]
Il me regarda sans sourire :
– A ton avis ?
Il ne posait évidemment pas la question. (M. Braudeau, *Naissance d'une passion*, 1985, p. 164, GRL)

3. – Enfin bref, votre combine, vous me feriez entrer dedans, je me dis, ce serait sympa.
– Vous êtes sûr d'avoir envie ?
– A votre avis ? Qu'est-ce que je suis en train de vous dire, là ? (L. Chalumeau, *Les Arnaqueurs aussi*, 2007, p. 327)

**azur**

**pet/pétarade dans l'azur**, loc. nom. "propos vain, vide, manquant de réalisme". Proches de l'oxymoron, cette locution et la suivante semblent originaires de l'argot étudiant.

1. [...] ses provocations à Diag', aujourd'hui : juste des pétarades dans l'azur ! (Message, 8 avril 2006, <passouline.blog.lemonde.fr/>)

2. La violence que tu m'accordes est un pet dans l'azur, regarde plutôt celle qui est autour de toi. (Message, 3 septembre 2007, <renovation.socialiste21.over-blog.com/>)

3. La pétarade dans l'azur bleu éthéré que constituent les derniers chapitres du livre laisse un arrière goût dérangeant et un sentiment de frustration certain. (Critique d'un roman, <chrysopee.net/>, consulté le 11 novembre 2007)

**péter dans l'azur**, loc. verb. "manquer de réalisme, accorder trop de place à l'imagination".

4. Cessez de « péter dans l'azur »... comme l'aurait dit votre prof de philo, et songez que bon nombre de citoyens n'ont pas la possibilité de passer l'été à faire de la bronzette. (Message, 11 août 2007, <www.special.sudouest.com/>)

# B

**B**

□ **les trois B**, loc. nom.

— Pour désigner une tenue vestimentaire largement répandue : *blouson, blue-jean et baskets.*

1. Briffet, Georges, lieutenant de police depuis qu'on ne dit plus inspecteur [...]. Flic à trois B : blouson, blue-jean, baskets [...]. (J.-H. Oppel, *Chaton : trilogie*, 2006 [2002], p. 14)

2. [...] les modes vestimentaires mondialisées par les trois « B » : le Blue-jean, le Blouson, les Baskets [...]. (P. Mayon, « La diversité culturelle à l'ordre du jour », dans *Culture et recherche*, n° 106-107, décembre 2005, <www.culture.gouv.fr/>)

∞ PAR PLAISANTERIE.

3. Flic à deux B seulement, blue-jean et blouson ; il déteste les chaussures de sport et porte des mocassins en toute saison. (J.-H. Oppel, *Chaton : trilogie*, 2006 [2002], p. 23)

— Pour désigner parfois, de manière péjorative, l'horizon auquel se limiterait la vie des personnes âgées : *bal* (ou *balade*), *belote, bouffe.*

4. Actuellement [...] nous avons deux générations de retraités. Ceux de 80 ans, et ceux de 60 ans. Les premiers sont souvent adeptes des trois B : belote, bouffe, bal. Les seconds souhaitent être plus actifs. (Témoignage du président de la Fédération des aînés ruraux du Maine-et-Loire, dans *Ouest France*, 28 juin 2004)

5. Les Aînés ruraux, c'est pas les trois B : belote, bouffe et bal ! (Titre, *Le Progrès*, 2 juillet 2006, p. 8)

6. [...] des rencontres, des repas, des marches, etc. sont organisés. Cela ne se résume pas en effet aux trois B : bouffe, balade et belote. (*Midi libre*, Lozère, 24 octobre 2006)

— Pour désigner les trois éléments emblématiques du hooligan : *bière, baston* et *baise.*

7. Il y a aussi des skinheads apolitiques qui considèrent le fait de n'être ni fascistes, ni racistes comme quelque chose de naturel [...]. Leur philosophie se résumerait aux trois B du hooligan : « bière, baston, baise ». Pour certains skinheads apolitiques le mouvement doit rester ce qu'il était au départ : une mode de jeunes voyous qui rejettent tout engagement politique à gauche comme à droite. (« Les skinheads aujourd'hui », 14 janvier 2006, <trojan-1969.skyblog.com/>)

**plan B**, loc. nom. "solution de rechange". *Le Plan B* est le titre d'un journal bimestriel fondé en 2006.

8. [...] la mise en œuvre d'un « plan B » pour mettre fin à la guerre [en Bosnie]. (*Le Monde*, 29 novembre 1994, p. 3)

9. Graves défaillances individuelles, [...] inorganisation collective criarde et incapacité à présenter un plan B face à l'imprévu et dans une situation d'urgence : ces deux derniers matchs de l'année [de l'équipe de France de rugby] vont coûter cher à beaucoup. (*Sud Ouest dimanche*, 28 novembre 2004)

10. Fallait tout reprendre à zéro. Qu'elle bricole un plan B vite fait [...]. (L. Chalumeau, *Maurice le Siffleur*, 2006, p. 302)

## bac¹

**de bac à sable**, loc. adj. "puéril". Par référence au bac à sable où jouent les petits enfants.

1. Passé le premier quart d'heure, où le personnage [...] peut arracher quelques sourires, la suite, plombée par un scénario poussif, se borne à une accumulation de gags de bac à sable pas drôles. (*L'Équipe*, 17 avril 2006, p. 16)

**jouer dans son bac à sable**, loc. verb. "rester à l'écart des autres". ~ **faire bande à part ; faire cavalier seul**.

2. « Pour une fois, on a arrêté de jouer chacun dans son bac à sable », se félicitaient les Verts. (*Aujourd'hui en France*, 9 février 2006, p. 7)

3. « L'État membre qui ne veut pas participer à la coordination et qui dit "votre programmation ne m'intéresse pas et je veux continuer à jouer dans mon bac à sable", c'est son droit », a-t-il dit [le commissaire européen au Développement]. (*Agence France Presse*, 2 mars 2006)

## bac²

**bac moins** + adj. num. cardinal. Pour indiquer plaisamment ou ironiquement un niveau d'études ou de connaissances approximatif, vaguement étalonné par rapport au baccalauréat. Par détournement du langage universitaire où **bac plus** (ou +) désigne un niveau d'études supérieur de *n* années au baccalauréat (ainsi le diplôme de la licence correspondant à un bac + 3 années d'études, celui du master correspondant à un bac + 5 années d'études, celui du doctorat à un bac + 8 années d'études).

1. [...] les parents d'élèves, c'est bien, mais pour organiser la kermesse. C'est tout. Ils croient tout savoir et donnent des conseils, même des ordres aux instits, alors que souvent, ils ont bac moins cinq. (*Sud Ouest*, Médoc, 7 septembre 2001)

— EMPLOI SUBST.

2. Killy [champion de ski], côté soleil, c'est un palmarès, une marque, l'image d'une « réussite américaine » pour un « bac moins 5 ». (*Le Monde*, 10 février 1992, p. 15)

3. Cet homme, qui se présente, avec une modestie feinte, comme « un bac moins trois », est heureux que ses deux fils, après des études supérieures [...], le rejoignent [dans son entreprise]. (*Le Figaro*, 25 février 1999)

4. « […] On nous prend souvent pour des Bac moins quinze » s'exclame Monique Dufourny, responsable du Syndicat national des assistants et assistantes maternels. (*La Croix*, 12 mai 2003, p. 15)

— COMME SURNOM.

5. M. Falco [secrétaire d'État aux personnes âgées] a encaissé sans broncher, jusqu'aux surnoms d'« Ugolin » ou « Bac moins 6 », dont il sait avoir longtemps été affublé. (*Le Monde*, 7 novembre 2003, p. 8)

6. « Bac moins trois » – c'est le surnom que donnent certains Tunisiens à leur président – n'a finalement été réélu qu'avec « seulement 94,48 % ». (*Courrier international*, 28 octobre 2004, p. 40)

## bagne

**tu finiras/vous finirez au bagne**, loc. phrast. Formule (vieillissante) de menace à l'égard d'une personne, notamment d'un enfant, qui se conduit mal. Par exagération. Attesté en 1871 (« Quand son père, pour la moindre négligence, s'emportait contre l'enfant, il se mettait de la partie, heureux de pouvoir l'insulter sans danger. Et si elle essayait de se défendre : – Va, disait-il, bon sang ne peut mentir : tu finiras au bagne, comme ton père », É. Zola, *La Fortune des Rougon*, p. 173, FT).

1. – Bon ! Ça va ! a crié le directeur […]. Vous finirez tous au bagne ! (Goscinny et Sempé, *Histoires inédites du petit Nicolas*, t. 2, 2006 [av. 1965], p. 311)

2. – Oh ! je le connais, mon oiseau, il ne pense qu'à se battre, dit Virginie.
– J'ai rien fait, dit Olivier sur un ton geignard.
– Tu finiras au bagne ! (R. Sabatier, *David et Olivier*, 1985, p. 33, FT)

3. Quand il était petit, son grand-père lui a régulièrement prédit : « Tu finiras au bagne ». Même si, enfant, le mot résonnait mystérieusement à ses oreilles, il a dû fortement marquer Michel Pierre pour qu'après une agrégation d'histoire, il se spécialise dans l'histoire pénale et judiciaire. (*Sud Ouest*, Bordeaux, 9 septembre 1997)

## bain

**chanteur/chanteuse de salle de bains**, loc. nom. "personne qui pratique le chant pour son seul plaisir ; chanteur amateur".

1. Quand j'serai rien
Qu'un chanteur de salle de bains,
Sans clap clap
Sans guitare, sans les batteries qui tapent,
Est-ce que tu m'aimeras encore […]. (*Quand j'serai K.O.*, chanson d'Alain Souchon, 1988)

2. Débarrassées de tous les habillages que permet aujourd'hui la technologie des studios d'enregistrements, les chansons retrouvent une seconde jeunesse. Incongruité technique en 1993, la vogue de l'acoustique a aussi ses martyrs. Comme le carrosse de Cendrillon redevient citrouille, la diva ou le ténor du disque compact se muent parfois, en acoustique, en chanteurs de salle de bains. Le filet de voix ne dépasse pas le premier rang de l'orchestre. (*Le Monde*, 1er janvier 1993, p. 26)

3. Je confirme tout le bien qui a déjà été écrit sur cet enregistrement [*La Belle Hélène* d'Offenbach]. J'ajoute que le livret est particulièrement complet et exploitable, il

ravira tous les chanteurs et chanteuses de salle de bains ! (Commentaire, 21 janvier 2002, <www.amazon.fr/>)

4. A 40 ans, le voilà pourtant [Serge Reggiani] qui décide de changer de métier et de devenir chanteur. Ce changement de cap, il le définissait très basiquement : « Je suis un chanteur de salle de bains. J'avais envie de connaître la scène... » (*Télérama*, 1er novembre 2006, p. 160)

## baisser

**il n'y a qu'à (/il suffit de) se baisser pour en (/les) ramasser**, loc. phrast. À propos de ce dont on peut disposer à profusion sans faire le moindre effort. En emploi figuré et par hyperbole ; le complément de *ramasser* est parfois explicité. Une forme voisine est attestée en 1796 (« [...] cet endroit est plein de perdrix blanches, et [...] ils [des aigles] n'ont qu'à se baisser pour en prendre », J. Dusaulx, *Voyage à Barège et dans les Hautes-Pyrénées fait en 1788*, p. 268, FT).

1. – [...] Incroyable ! Il est plus harcelé qu'un présentateur de la télévision. Ce n'est pas peu dire.
Les yeux bleus de Jacquin pétillaient.
– Elles se jettent à notre tête. Il n'y a qu'à se baisser pour les ramasser. Il est difficile de jouer éternellement les Joseph. Le mari le plus fidèle ne peut résister à un tel régime. (T. de Saint Phalle, *Le Souverain*, 1970, p. 107, GRL)

2. Pourquoi la CIA aurait-elle fabriqué de faux documents s'il lui suffisait de se baisser pour en ramasser de vrais ? (L. Sauvage, *Le Cas Guevara*, 1971, p. 60, GRL)

3. [...] il dédaignait les présidences de conseils d'administration qui s'offraient, paraît-il, à lui : il « n'avait qu'à se baisser pour les ramasser ». (J.-C. Allain, *Joseph Caillaux*, 1978, p. 503, GRL)

4. Il y a longtemps qu'on ne passe plus ses meilleurs films [de Joseph Losey], ni au cinéma, ni à la télé. Des navets tardifs, en revanche, il suffit de se baisser pour en ramasser. (*Libération*, 25 juin 2002, p. 38)

5. [...] le ciel toulousain reste au beau fixe. A380 oblige ! La métropole du Sud-Ouest gagne des habitants, fait voler des avions et n'a qu'à se baisser pour ramasser les fruits de la croissance. (*Le Nouvel Observateur*, 25 août 2005, p. 13)

6. [...] il y a tellement de contes, qu'il suffit de se baisser pour les ramasser ! Parfois, on croit ne pas en connaître, mais ils ne sont que très légèrement enfouis dans la mémoire. (C. Tardif, dans « Franc-parler », 2005, <www.francparler.org/>)

7. Il fait bon être ingénieur en informatique. Jeunes diplômés ou managers expérimentés ayant passé la trentaine, ils n'ont la plupart du temps qu'à se baisser pour ramasser un CDI [contrat à durée indéterminée], bien payé de surcroît. (*Le Progrès*, 15 novembre 2007, p. 11)

— VARIANTES SUR LE VERBE *ramasser* :

8. [...] vous recueillez les faits. Pour cela vous allez dans les archives. Là, il n'y a qu'à se baisser pour en récolter. (L. Febvre, *Combats pour l'histoire*, 1952, p. 117, FT)

9. Il était dur avec les frangines, ne leur faisait pas de cadeaux, abusait de son physique de miroir à putains. Toutes [...] avaient envie de se le faire. N'avait qu'à se baisser pour les lever. Se baisser ? Même pas. (A. Le Breton, *Malfrats and Co*, 1971, p. 163, GRL)

10. Il nous parlait, surtout, de sa jeunesse, à Paris, avant l'autre guerre, des omnibus à impériale, des petites femmes si faciles et si légères qu'il n'y avait qu'à se baisser pour les cueillir, de ses succès d'artiste dans je ne sais plus quel caf' conc' des premières années 1900. (J. Plumyène, *Une vie d'artiste*, 1982, p. 42, GRL)

## bal

□ **le bal des cocus**, loc. nom. Image utilisée pour signifier que des personnes ont été trahies, dupées. Cette formule, comme la suivante, est particulièrement attestée dans les commentaires ou les joutes politiques. *Le Bal des cocus* est le nom d'un spectacle du Grand Magic Circus de J. Savary (1987).

1. Les vieux se sentent oubliés, les jeunes regimbent contre cette course effrénée vers un bonheur illusoire [...]. N'a-t-on pas l'impression qu'avec un microcosme politique accroché à ses certitudes le Premier ministre n'est plus que le chef d'orchestre du grand bal des cocus ? (« Chroniques insulaires », 25 mars 2005, <www.mathurin.com/>)

2. Pour ma part, j'estime qu'on devrait faire un procès à l'État pour absence de concertation [...]. Pardonnez-moi l'expression mais nous avons été nombreux à penser que nous étions invités au « bal des cocus ». (*Sud Ouest*, 14 novembre 2005, p. 3 ; interview du président du Port autonome de Bordeaux)

□ **le bal des faux culs** (ou **faux-culs**), loc. nom. Image utilisée pour accuser quelqu'un de déloyauté ou de duplicité. Les exemples 3, 5 et 6 illustrent des variantes développées. *Le Bal des faux-culs* est un essai de Jean-Pierre Morandini (2004).

3. – Les coureurs [cyclistes] n'osent pas encore s'ouvrir clairement dans le débat sur le dopage...
– Jusqu'à présent, c'était le bal des faux-culs, et les musiciens étaient nombreux. Aujourd'hui, les coureurs n'ont peut-être pas encore le sentiment qu'ils peuvent s'exprimer. Certains courageux s'y essayent, et il est à espérer que cet exemple soit contagieux. (*Le Monde*, 17 juillet 1999, p. 20 ; interview d'Alain Néri, député, rapporteur de la loi antidopage)

4. M. Alain Bocquet. – [...] Vous parlez de concertation et vous refusez la négociation, vous vous prétendez impatients de débattre et vous éliminez tout ce qui peut alimenter la discussion. En réalité, nous assistons au sabotage du travail parlementaire (*Exclamations sur les bancs du groupe UMP et du groupe UDF*) digne du bal des faux culs ! (*« Oh ! » sur les bancs du groupe UMP et du groupe UDF.*) (Assemblée nationale, *Compte rendu analytique officiel*, séance du 12 juin 2003)

5. Au bal des faux-culs, les socialistes français ne ratent pas une danse ! A les en croire, les journalistes auraient brisé le mur de la vie privée qui protégeait l'ex-couple Ségolène Royal et François Hollande. [...] Mais au bal des faux-culs, la droite, elle aussi, ne fait pas tapisserie. Rappelons-nous l'épisode Cécilia. Sarkozy n'avait cessé de mettre son couple en scène. Madame ayant commis escapade, Monsieur avait alors donné la chasse aux médias en se faisant passer pour une victime des méchants journalistes dévoreurs d'intimité. (*La Tribune de Genève*, 20 juin 2007, p. 13)

6. Voilà les votes des députés PS, PC, Verts et apparentés à propos de la révision de la Constitution. Cherchez les vôtres. Au bal des faux-culs, le PS a rempli la salle et a dansé à qui mieux-mieux ! (« Révision de la Constitution : les faux-culs de l'opposition ou le vote des élus PS », 18 janvier 2008, <lemammouth.over-blog.com/>)

## balai

■ **avoir un balai dans le cul**, loc. verb. Pour exprimer un maintien ou un comportement rigide. *Balai* est ici une ellipse de *manche à balai*. ~ **avoir avalé un manche à balai/un parapluie ; raide comme un cintre*/comme un manche à balai**.

1. – Regarde-moi. Nan, pas comme ça… On dirait que t'as un balai dans le cul, détends-toi… (A. Gavalda, *Ensemble, c'est tout*, 2005 [2004], p. 267)

2. Ceci dit, avec de telles lignes, chers amis blogueurs et internautes, je sens que je vais passer pour un affreux conservateur avec un balai dans le cul qui se complait dans des idées réductrices. (« Jeune ou jeunisme », 29 septembre 2006, <chroniquesnoiratres.hautetfort.com/>)

— VARIANTE DÉVELOPPÉE.

3. Vous remarquerez quand elle marche, elle un balai dans le c**, jusqu'aux amygdales. (Blog, 26 septembre 2006, <unjournaldesidees.hautetfort.com/>)

— EMPLOI ADJ. "guindé, sophistiqué".

4. Le genre d'endroit que Jorge aimait bien, un peu piège à touristes, mais moins balais [*sic*] dans le cul que le restau de l'hôtel. (L. Chalumeau, *Les Arnaqueurs aussi*, 2007, p. 115)

□ **(être) bête (/■ con) comme un balai sans poils**, loc. verb., loc. adj. "(en parlant d'une personne) être très bête". Variante développée de □ **(être) bête (/■ con) comme un balai**. C'est, littéralement, être bon à rien, de même qu'un tel balai, auquel il manque l'essentiel, n'est d'aucune utilité. ~ ■ **(être) con comme une valise sans poignée**.

5. Elle est petite, un peu boulotte, maussade et – dit Pitou – bête comme un balai sans poils. […] Elle a dix-huit ans, une chevelure à balayer sous les lits avec, des lèvres rouge foncé qui contribuent peut-être à lui donner cet air pincé d'universelle désespérance, des jeans douteux et une odeur d'aisselles sauvages à tuer toutes les mouches autour d'elle. (M. Best, *Les Mots de hasard*, 1980, p. 183, GRL)

6. […] j'utilisai plutôt « conne comme une bite » dans mes moments de vulgarité mais le balai sans poils, je préfère ! (Message, 19 décembre 2007, <www.glamourparis.com/>)

## baleine

**rire/se bidonner/se marrer/se tordre comme une/des baleine**(s), loc. verb. "rire à gorge déployée ; rire beaucoup". Rigaud 1881 enregistre *rire comme une baleine* s.v. *baleine* et Bruant 1901 *se tordre comme une baleine* s.v. *rire* ; attesté avec jeu de mots en 1911 : « Il se tord comme une baleine qui a perdu son corset. » Castigat et Ridendo, p. 173. ~ □ **se taper (/se payer) des barres* de rire**.

1. […] je suis mordu comme un bleu, comme un gosse. Mais je ne me vois pas articuler des mots qui jusqu'alors m'ont toujours fait marrer comme une baleine. Ainsi, c'est ça, l'amour, de penser à une seule personne ? C'est d'être transformé en monoplace, en exclusivité ? (R. Fallet, *Banlieue sud-est*, 1947, p. 160)

2. Ils font un barouf d'enfer et se marrent comme des baleines, sans doute tous bourrés, vu le nombre de bouteilles de mousseux qui trônent sur la table. (F. Quentin et É. Chatiliez, *La vie est un long fleuve tranquille*, 1988, p. 92)

3. Et comme toujours, ravie de sa trouvaille, elle s'était tournée vers la classe en se bidonnant comme une baleine, la bouche grande ouverte avec vue imprenable sur ses gencives dévastées. (F. Seguin, *L'Arme à gauche*, 1990, p. 37)

4. Mélia s'est marrée comme une baleine et j'ai pu apprécier au passage la profondeur de sa gorge. (L. Fétis, *Le Mal du double-bang*, 1992, p. 137)

— **fou rire de baleine**, loc. nom. "fou rire intense".

5. Je croise les bras sur la table, j'y enfouis ma tête, et, les épaules convulsées, je mime la crise de larmes, les filles me consolent, et tout ça finit en rigolade gigantesque, un de ces fous rires de baleine qui [...] barrent l'épigastre et vous tordent les tripes jusqu'à la douleur. (A. Sarrazin, *La Cavale*, 1965, p. 280)

## balle

□ **c'est de la balle**, loc. phrast., loc. interj. Pour exprimer son enthousiasme. Souvent sous la forme développée **c'est de la balle atomique**. Relevé en juin 1996 à Paris (Merle 2004, p. 55). Renouvelle le paradigme déjà très riche des formulations superlatives. ~ **c'est formidable/géant/génial** ; □ **c'est mortel/super** ; □ **c'est de la bombe*** ; □ **c'est de la boulette*** ; □ **ça déboîte*** ; □ **ça déchire*** ; □ **ça déménage** ; □ **ça démoule*** ; □ **ça pète*** ; □ **ça tue***.

1. Entendu hier chez un receleur du boulevard Voltaire : « Putain, GT2 [un jeu de simulation de course automobile], c'est d'la balle atomique. » (*Libération*, 4 février 2000, p. 43)

2. Je peux que vous conseiller d'aller faire un tour sur Fraser [Fraser Island en Australie], c'est du bonheur*. [...] y'a des lacs hallucinants, tu peux voir des requins du sommet d'Indian Head (une falaise) et rouler sur la plage à 100 km/h, camper en bordure de l'océan, bref c'est de la balle. (Message, 23 mai 2003, <www.routard.com/>)

3. – [...] D'après ce que le mec m'a dit, en tout cas celle-là [une mixture d'ayahuesca], c'est de la balle. (V. Ravalec, *Nouvelles du monde entier*, 2006 [2004], p. 25)

4. Du foin plein les mains, Samir, lui, jubile : « Les vaches, c'est génial, c'est de la balle ! » Il tend son visage, se fait lécher les joues. (*L'Express*, « Quand les cités vont aux champs », 16 mars 2006, p. 8)

V. encore *démouler*, ex. 1 ; *ouf*, ex. 2 ; *race*, ex. 5.

— VARIANTE DÉVELOPPÉE PAR ENCHAÎNEMENT. □ **c'est de la bombe* de balle (atomique)**.

— VARIANTE INTENSIVE. □ **(c'est de) la pure balle (atomique)**.

5. Il n'y a aucun mot pour décrire ce double album [...]. Procurez-vous ce pur chef-d'œuvre, vous ne le regretterez pas, ces 2 CD sont vraiment de la pure balle atomique, pourvu que ça dure... (Message, 3 janvier 2002, <www4.fnac.com/>)

6. Cette boîte, c'est de la pure balle. La musique et le DJ sont excellents et le décor original. (Message, 11 mars 2002, <www.clubxtrem.net/>)

**la balle est dans le camp de qqn**, loc. phrast. Pour signifier qu'une personne ou une instance doit prendre l'initiative, faire des propositions (souvent dans un contexte de conflit ou de défi). Du langage des jeux de balle. ~ **à toi** (/**vous**, etc.) **de jouer**.

7. L'A.R.C. [Action pour la renaissance de la Corse] se sent d'autant plus assurée de ses forces qu'elle a rassemblé dans un ouvrage de 200 pages, *Autonomia*, ses solutions à elle pour la Corse, et que maintenant, pense-t-elle, la balle est dans le camp du gouvernement. L'autonomie interne apparaît [...] comme une autonomie partielle soigneusement distinguée de l'indépendance. (M. Labro, *La Question corse*, 1977, p. 100, GRL)

8. Pour l'intersyndicale, la balle est dans le camp du gouvernement. (*La Tribune*, 23 janvier 1997, p. 2)

9. La formation est la profession de Nantes [club de football]. En la matière, sa réputation n'est plus à faire [...]. Les petits gars savent être à bonne école. La balle est dans leur camp : à eux de travailler, de conjuguer quatre ans durant rigueur et détermination pour justifier leur sélection. (*La Croix*, 28 avril 2001, p. 6)

10. L'école de sport [...] ne pourra faire plus pour l'instant. La balle est dans le camp des parents. (*Sud Ouest*, Pays de Born, 12 décembre 2006)

**se tirer une balle dans le pied**, loc. verb. "agir contre ses intérêts (par maladresse, naïveté ou stupidité)". Cette métaphore du tireur maladroit est une adaptation de l'anglais *to shoot oneself in the foot*.

11. [...] les politiques, beaucoup de politiques, ont en cette affaire un comportement de fuite absolument incompréhensible, un art consommé de se tirer une balle dans le pied. (P. Georges, dans *Le Monde*, 19 septembre 2000, p. 38)

12. – Tu déconnes [...], ils ne peuvent pas te mettre à la retraite d'office.
– Ils n'oseront pas [...]. T'es intouchable. [...]
– Ce serait comme s'ils se tiraient une balle dans le pied. (G. Mordillat, *Les Vivants et les Morts*, 2006 [2004], p. 197)

13. À chaque mandat [électoral], selon une expression qui lui est chère, Chirac se sera tiré une balle dans le pied. (*L'Express*, 20 mai 2005, p. 10)

## bambou

□ **tirer sur le bambou**, loc. verb. "fumer de l'opium". Vieilli (voir l'exemple 3). Le long tuyau des pipes des fumeries d'opium était le plus souvent en bois de bambou. Attesté en 1929 (« Tirer sur le bambou : expression familière due à la forme allongée de la pipe à fumer l'opium », H. Danguy, *Le Nouveau Visage de la Cochinchine*, Saïgon, La Rampe indochinoise, p. IV, GRL) ; en 1938 (« Tout à coup, on les voit courir à une table, noircir hâtivement plusieurs pages, noter une phrase, une rime puis, retournant s'étendre près de la lampe, tirer sur le bambou et refaire ainsi, toute la nuit, la navette entre la natte et leur bureau », F. Carco, *À voix basse*, Paris, Albin Michel, p. 128, GRL).

1. [...] je découvre dans un meuble phonographe tout un attirail de fumeur d'opium. [...] D'élégants visiteurs et visiteuses viennent la nuit, ignorant le départ de Lucienne, me demander de « tirer sur le bambou ». (Arletty, *La Défense*, 1970, p. 53)

2. De lourdes armoires bretonnes voisinaient avec des meubles de laque noir et or ramenés de quelque campagne en Extrême-Orient par le maître de céans. D'anciens

capitaines de vaisseaux qui avaient servi au Tonkin sous l'amiral Courbet et tiré sur le bambou dans leur jeunesse terminaient là une vieillesse mélancolique. (M. Mohrt, *La Maison du père*, 1979, p. 113, GRL)

3. Un bonhomme qui parlerait aujourd'hui de « chnouf » ou de « coco » ou qui s'enquerrait d'une bonne adresse pour « tirer sur le bambou » aurait l'air d'un animal préhistorique, d'un rescapé d'une époque où la drogue s'appelait « les stups » [...]. (*Le Figaro*, 8 octobre 1997)

4. [...] des visions [...] propres à enchanter les vieux babas cool qui ont trop tiré sur le bambou [...]. (*Le Point*, 14 mars 1998)

## banane

□ ... **et des bananes**, loc. adv. "et un peu plus". Attesté « vers 1980 » (Rey/ Chantreau 1993) ; *banane* rejoint là la série des fruits synonymes d'une faible quantité (mais dans un autre contexte, cf. *des nèfles !* ou *compter pour des prunes*). ~ □ **et des briquettes** ; □ **et des brouettes** ; □ **et des miettes*** ; **et des poussières**.

1. En fait la piscine de Coubertin à l'origine devait être « olympique » mais ils se sont trompés en la construisant : ils ont creusé le « trou », l'ont bétonné et ça faisait 50 mètres mais ensuite, il a fallu ajouter le revêtement et la peinture et là ça fait plus 50 mètres mais 49 mètres et des bananes ! (Message, 8 novembre 2003, <boutmenteux.net/>)

2. Grosso* merdo on arrivera vers 5 h et des bananes [...]. (Message, 28 novembre 2005, <www.leboost.com/>)

3. Le temps de vol Paris-Newark étant de 7 heures et des bananes, j'ai largement eu le temps de bouquiner et de regarder les 2 films. (Blog, 18 décembre 2007, <fabrice78.over-blog.com/>)

□ **ne pas avoir inventé la machine à cambrer (/cintrer/couder/courber) les bananes**, loc. verb. "être peu intelligent, peu doué, simple d'esprit". Cette machine appartient au paradigme des inventions saugrenues comme *la corde* à tourner le vent, l'eau en poudre*, la machine* à donner des coups de pied au derrière, le marteau* à bomber les glaces* ou *la pince à friser le persil**. ~ **ne pas avoir inventé la poudre/le fil à couper le beurre/l'eau chaude/l'eau tiède**.

4. Le brave fonctionnaire de police n'avait pas inventé la machine à courber les bananes [...]. (C. Quentin, *L'Imposture*, 2002, p. 93, GRL)

5. – Eh bien, qu'il a expliqué, était-ce une personne joyeuse et vivante ? Dynamique ? C'est pour mon oraison funèbre, vous comprenez, ça ne peut pas se faire au débotté [...].
– Vous allez me dire : demander si une morte était vivante avant d'être décédée, il n'avait pas inventé la machine à courber les bananes, le curé ! (F. Paronuzzi, *10 ans 3/4*, 2003, p. 145)

6. Steven est tartignolle. Steven n'a pas inventé la machine à cambrer les bananes. (*Libération*, 21 février 2004, p. 30)

V. encore *poudre*, ex. 1 et 2.

## bananer

□ **se faire bananer**, loc. verb. "subir un échec". Le verbe *bananer* est peut-être dérivé de *banane* "imbécile" (lequel est attesté depuis 1952 dans Richesses lexicales), mais il peut aussi faire appel à un autre sens de *banane* "pénis" (voir *ibid.*), qui transparaît dans l'exemple 2. ~ ■ **se faire couillonner**.

1. A quoi bon s'en prendre au candidat arrivé en tête lorsque tout dépend, finalement, des voix du Front national, arrivé troisième ? « [...] Je veux seulement dix sièges au conseil pour défendre les Mulhousiens d'abord. Et je vais les avoir sans même le renfort des abstentionnistes, parce que je vais garder mes 21 %. Les gars ont compris qu'au deuxième tour il s'agit d'une proportionnelle où on ne se fera plus bananer comme autrefois. » (*Le Monde*, 17 mars 1989, p. 9)

2. La sœur elle s'est fait bananer, enculer [...]. (M. Glück, *La ville est mosaïque*, 1992, p. 24, GRL)

3. Les intermittents n'ont pas réussi à défendre la culture contre le spectacle. Les profs n'ont rien gagné à défiler en rang[s] d'oignon[s]. Même les lycéens se sont fait bananer. La politique du gouvernement passe de toute façon, en force. (*CQFD*, 15 novembre 2005, <www.cequilfautdetruire.org/>)

## banc

**chauffer/cirer le banc**, loc. verb. Dans des sports d'équipe, pour signifier le maintien hors de la surface de jeu (au football, sur le *banc de touche*) de joueurs non titulaires ou momentanément pénalisés.

— "être joueur remplaçant".

1. – Maintenant, les Européens ne viennent plus [aux États-Unis] pour cirer le banc mais pour apporter quelque chose tout de suite. De toutes les façons, on s'en est aperçu lors des Jeux olympiques de Sydney, le basket-ball européen se rapproche du modèle américain. (Tony Parker, dans *le Monde*, 31 décembre 2001, p. 11)

2. [...] il [un footballeur] a de fortes chances de cirer le banc pendant la prochaine Coupe du monde ou de ne pas en être. (*L'Humanité*, 26 mars 2002)

3. Du côté des départs [de l'Olympique lyonnais], les bruits sont plus nombreux : Vairelles serait annoncé en Angleterre (Birmingham), Laville et Deflandre à force de chauffer le banc, souhaiteraient prendre l'air [...]. (« Le mercato arrive, les 1$^{res}$ rumeurs aussi... », 7 décembre 2002, <www.ol-crewz.com/>)

— "être exclu temporairement du jeu".

4. La situation allait encore se gâter pour les Biennois, à la 12$^{e}$ minute Fröhlicher devait prématurément quitter la glace sur blessure pour ne plus revenir. En plus Furler allait chauffer le banc des pénalités. (Compte rendu d'un match de hockey, 26 mars 2006, <www.puckmag.ch/>)

## bander

□ **il ne bandera plus**, loc. phrast. Pour évoquer, sans compassion, la mort d'un homme. Attesté en 1931 (« [...] il vit apparaître un soldat allemand. Tous tirèrent, l'Allemand tomba. "En voilà un qui ne bandera plus", dit alors le caporal », *Revue française de psychanalyse*, Paris, PUF, p. 556, GRL).

1. Un passant (à l'issue d'une cérémonie d'enterrement) : Il ne bandera plus ! (*Tristana*, film de L. Buñuel, 1970)

— EN CONSTRUCTION LIBRE.

2. Monsieur Victor
Vous ne banderez plus
La mort vous tient du crâne jusqu'au cul. (B. Vian, « Monsieur Victor », av. 1959, dans *Œuvres*, Paris, Fayard, t. 5, 1999, p. 192)

## bandoulière

**avoir le cœur en bandoulière**, loc. verb. La locution figurée offre deux sens antinomiques, sans doute moins fondés sur des valeurs opposées de *en bandoulière* que sur la polysémie de *cœur*.

— "être démoralisé suite à un échec (notamment sentimental) ; être abattu, déprimé". ~ **avoir le cœur en écharpe ; avoir le moral à zéro/à moins* +** numéral ; □ **avoir le moral* dans les (/au fond des) chaussettes.**

1. Un tel courant [cinématographique] doit beaucoup à Michelangelo Antonioni, depuis sa vacuité jusqu'à ses ambitions. Et nous allons trouver ce personnage envahissant, avec son cœur blessé en bandoulière, mêlé à toutes les impasses et à tous les temps morts. (R. Borde et A. Bouissy, *Le Nouveau Cinéma italien*, 1963, p. 10)

2. Mais elle aurait bien aimé dormir à Roscoff avec un inconnu, le cœur en bandoulière, que sa femme viendrait de quitter pour un ouvrier arabe. (M. Lange, *Les Cabines de bain*, 1982, p. 62, GRL)

3. L'Opéra de Nancy passe les fêtes de fin d'année sous le signe du mélo en présentant *La Bohême* de Puccini. Mansardes, poètes et cousettes la faim au ventre et le cœur en bandoulière font toujours pleurer les âmes sensibles. (*Les Echos*, 29 novembre 2002, p. 16)

∞ VARIANTE. **avoir le moral en bandoulière**, loc. verb. "id.".

4. Contrainte à l'abandon [...] Kim Clijsters [une joueuse de tennis] avait le moral en bandoulière [...]. (*L'Équipe*, 15 février 2006, p. 16)

— "afficher son optimisme". ~ **avoir le moral.**

∞ PAR ELLIPSE.

5. Les pensionnaires du foyer-logements [*sic*] ont apprécié le récital. Après le goûter amélioré, ils sont repartis, le cœur en bandoulière, comme le chante si bien Marie Bontemps. (*Le Télégramme*, 21 avril 2003)

6. [...] de joyeux cortèges de bouts de chou traversent la commune dès potron-minet. C'est à l'école [...] que vont ces enfants, le pied léger et le cœur en bandoulière. Une bonne humeur matinale à mettre au crédit de Car-à-pattes, un nouveau dispositif de ramassage scolaire piéton. Le groupe est encadré par des parents bénévoles, qui assurent la sécurité. (*Sud Ouest*, Langonnais, 3 juin 2005)

— "être ostensiblement sensible et généreux".

7. En substance : je ne suis pas un trouble-fête de l'action d'un gouvernement que je soutiens... Mais je n'aurais pas tout à fait agi comme lui ; je suis une « tortue » qui

regarde les lièvres en souriant ; j'ai du cœur, mais je ne le porte pas en bandoulière… (*Le Monde,* 9 janvier 1987, p. 24 ; propos prêtés à R. Barre)

## banlieue

**de banlieue** (/**des banlieues**), loc. adj. "de second ordre ; de peu de valeur ; sans intérêt". Locution à caractère péjoratif, fondée sur l'opposition entre la ville et la banlieue. ~ **de Monoprix, de Prisunic ; de seconde zone, de sous-préfecture.**

1. – […] Tristan et Yseult, c'était un flirt de banlieue pâle des genoux auprès de nous. (R. Fallet, *Rouge à lèvres,* 1977 [1955], p. 164)

2. Il souriait de ses dents trop blanches, trop bien alignées, les vraies ratiches de séducteur de banlieue. (A. Bastiani, *Le Pain des jules,* 1967 [1960], p. 11)

3. […] piano invisible, chatouillé par un Chopin de banlieue […]. (L. Malet, *Nestor Burma court la poupée,* 1989 [1971], p. 987)

4. Manie pleura silencieusement, très longtemps. Pas de chagrin cette fois. Mais de l'étonnement de se retrouver ainsi, blottie contre ce tarzan de banlieue qui ne devait pas peser bien lourd sans ses santiags et son blouson. Elle se jouait du violon et chialait d'éblouissement. (E. Hanska, *Fascination,* 1986, p. 61-62)

5. Mélanie secoue la tête et ses boucles de Vénus des banlieues […]. (M. Quint, *Lundi perdu,* 1997, p. 242)

V. encore *dessous,* ex. 2 ; *pissotière,* ex. 4 ; *suivre,* ex. 7.

**ramener la banlieue sur la capitale** (/**sur le centre-ville**), loc. verb. "ramener des mèches de cheveux des tempes sur le sommet du crâne pour dissimuler une calvitie".

6. […] les journalistes […] ont bonne mine, donnant toujours l'impression que Paris a le même ensoleillement que les Seychelles, [ils] sont bien peignés, quitte souvent à « ramener la banlieue sur la capitale » […]. (*Le Village libre,* juin 2003, <levillagelibre.naucelle.com/>)

## baraque

□ **chaud(e) comme une baraque à frites,** loc. adj. "plein(e) d'ardeur, de passion ; enthousiaste". Expression originaire du nord de la France et de la Belgique, attestée dans le film *Podium* de Y. Moix (2004), qui a pu contribuer à sa diffusion : « […] elle est chaude comme une baraque à frites. J'ai jamais vu ça, c'est de la dynamite. »

1. Nos relations sont professionnelles sans plus mais le problème est qu'elle est, comme on dirait chez nous, chaude comme une baraque à frites. On n'en est même plus à l'allusion, c'est carrément du style « *I want to get laid* » écrit sur son front… (« Désordres sentimentaux », 4 mars 2004, <zer0rama.sio4.net/>)

2. Quel Grand Prix ! […] On l'avait dit, le départ allait être une opération à hauts risques et qu'il ne fallait pas le rater… Le premier coup de semonce est donné par Montoya. Le Colombien est déjà chaud comme une baraque à frites et part en tête-à-queue lors du tour de chauffe. (« Grand Prix d'Australie », 2 avril 2006, <www.vroom.be/>)

3. Indochine [un groupe de rock] a souvent joué à Lyon depuis près de vingt-cinq ans. Hier, le public reflétait […] le nouvel engouement dont jouit le groupe depuis

l'album *Paradize*. [...] La température du théâtre antique frise vite la zone rouge, chaud comme une baraque à frites. (*Le Progrès*, Rhône, 17 juillet 2006, p. 27)

4. Le député libéral Renaud Gautier n'a peur de rien. Dans *Le Temps* de mardi, il accuse les flambeurs aux poches remplies par l'essor boursier d'être « très putes et cocaïne ». Il est à deux doigts de tirer dans le tas. Quand il est chaud comme une baraque à frites, le moraliste Gautier révèle un côté terroriste qui fait vraiment froid dans le dos. (*La Tribune de Genève*, 21 décembre 2006, p. 20)

5 – [...] Eh bien, chapeau ! Vous l'avez métamorphosée. Elle qui était froide comme un iceberg, [...] elle est maintenant chaude comme une baraque à frites. (T. Ferrand, *Le Mystère de Gerland*, 2007, p. 79, GRL)

— VARIANTE DÉVELOPPÉE PONCTUELLE.

6. Les 2 000 spectateurs [...] venus garnir une salle [...] chaude comme une baraque à frites les soirs de kermesse. (*L'Équipe*, 2 mai 2004)

## barbare

□ **à la barbare**, loc. adj. "brutal, sans ménagement, sans retenue" ou loc. adv. "brutalement, brusquement, sauvagement". Littéralement "à la façon d'un barbare", ce dernier terme étant parfois employé depuis quelques années pour qualifier un fauteur d'incivilités. ~ □ **à la bourrin***.

1. Le prévenu donne sa version : « Il est arrivé avec un copain et [ils] se sont garés sur le trottoir "à la barbare". Ils étaient blindés comme des canettes ». (*Sud Ouest*, 10 novembre 2000)

2. LE FIGARO. – C'est votre premier grand titre [champion du 110 m haies], que ressentez-vous ?
LADJI DOUCOURÉ. – Je suis très très content. C'était une course à la barbare, j'ai fracassé quelques haies. Mais le but était d'arriver le premier. (*Le Figaro*, 13 août 2005, Sports, p. 8)

3. Je connais bien l'endroit... Faut quand même être motivé (ou être à une heure convenable) pour tenter de dépasser le 200 km/h à cet endroit car ce n'est que de la 2x2 voies avec une quantité impressionnante de camions et de gens qui déboîtent à la barbare à tout juste 100-110 km/h... (*Forum Peugeot*, 11 mai 2006, <www.forum-peugeot.com/>)

## barque

**charger la barque (de qqn)**, loc. verb. "exagérer ; se montrer trop ambitieux ; alourdir la charge de travail d'une personne". Le plus souvent en mauvaise part. ~ □ **charger la mule***.

1. En cours de route, le ministère de la défense de l'époque a chargé la barque : il a été jusqu'à passer commande de matériels importants qui ne figuraient pas dans la loi [de programmation] et qui sont venus en supplément de l'addition. (*Le Monde*, 29 avril 1989, p. 14)

2. « Nous n'améliorons pas l'éducation en chargeant la barque des enseignants », a estimé [le] secrétaire général de la FSU [Fédération syndicale unitaire]. (*Le Monde*, 20 décembre 2006, p. 14)

**mener sa barque**, loc. verb. "diriger ses affaires". Métaphore à comparer avec les emplois figurés de *maintenir le cap, tenir la barre*. Attesté en 1841 (« Ici ce n'est pas l'aspect d'une fortune médiocre, ni une basse hypocrisie, qui sont la règle de conduite de l'usurier, c'est par le luxe, l'audace, l'aplomb, l'insolence qu'il mène sa barque », *Les Français peints par eux-mêmes*, t. 2, Paris, L. Curmer, p. 556, GRL).

3. Le vicomte Raymond-Roger ? il était jeune, il n'avait pas su mener sa barque [...]. (Z. Oldenbourg, *Les Cités charnelles*, 1961, p. 45, FT)

4. Eh bien, s'il gagnait gros, tant mieux pour lui. Il n'y avait pas lieu d'en rougir, surtout s'il menait sa barque honnêtement. (B. Clavel, *Les Fruits de l'hiver*, 1968, p. 70, FT)

5. Depuis plusieurs années, Magali menait sa barque dans les sphères de la chanson en solo [...]. (*Sud Ouest*, Agen, 2 juin 1998)

## barre

□ **se taper (/se payer) des barres de rire**, loc. verb. "avoir des crises de fou rire ; beaucoup rire". *Barres de rire* est le titre d'un spectacle d'humour créé en 2006 au Théâtre de Ménilmontant. ~ □ **se bidonner** ; **se gondoler** ; **rire/se bidonner/se marrer/se tordre comme une/des baleine(s)***.

1. Ton site est génial ! J'ai tout téléchargé (ou presque) et j'me tape de sérieuses barres de rire... merci 1 000 fois mec ! (Message, 12 décembre 2002, <jeanclaudevandamme.free.fr/>)

2. Ma vie c'est du partage, des souvenirs et des voyages
C'est des barres de rire mais aussi parfois des dérapages (*Petite banlieusarde*, chanson de Diam's, 2006)

— PAR ELLIPSE.

3. Assez tôt sur mon parcours, j'avais rencontré l'amitié. Et jusqu'à ce jour, elle marche toujours à mes côtés. Avec elle je me tape des barres et on connaît pas la routine. (Grand Corps Malade [Fabien Marsaud], « Rencontres », dans l'album *Midi 20*, 2006)

## barreau

■ **avoir le barreau**, loc. verb. "avoir une érection". Métaphore de *barreau* "petite barre de bois ou de métal". ~ ■ **avoir le bâton*** ; ■ **avoir la gaule** ; ■ **avoir le gourdin** ; ■ **avoir le manche*** ; ■ **avoir le piquet*** ; ■ **avoir la queue de vache** ; ■ **avoir le bambou/la barre (à mine)/la tringle/la trique**.

1. [...] au début j'avais le barreau dès qu'elle m'embrassait [...]. (Message, 21 mai 2006, <www.crazymoto.net/>)

2. J'avais le barreau, la gaule du matin comme on dit. (Message, <www.jemeconfesse.com/>, consulté le 23 novembre 2007)

V. encore *manche*, ex. 1.

## barrique

□ **barrique à pattes**, loc. nom. "grand buveur ; ivrogne". Image d'une personne qui est continuellement *pleine comme une barrique*. Par hyperbole.

1. – Ayé ! Je suis admise à mon truc de droit [...].
– Holala, les barriques à pattes ! [...] ça va distiller grave là. (Messages, 15 avril 2005, <www.atoute.org/>)

2. [...] il va falloir s'organiser un minimum et commencer par freiner un peu sur la bibine. [...] Arrêtez de picoler comme des barriques à pattes ! (Message, 26 novembre 2007, <lru-montp3.blogspot.com/>)

**coup de pied de barrique**, loc. nom. "ivresse". L'emploi de *coup* est fréquent, comme métaphore de l'ivresse, dans diverses lexies (*en avoir un coup dans l'aile/ dans le nez*, etc.) ; celle-ci – qui semble surtout usitée dans l'Ouest et le Sud-Ouest – évoque le *coup de bouteille* illustré par É. Zola (« Il avait son coup de bouteille [...], les yeux flambant de la folie furieuse du vitriol », *L'Assommoir*, 1877, p. 757, FT), mais elle est aussi un jeu de mots avec *bourrique*.

3. – [...] Paix à son âme, il est mort tout seul dans un fossé, couché par un coup de pied de barrique. (P. Moinot, *Le matin vient et aussi la nuit*, 1999, p. 143)

4. Ils ont tellement taquiné le goulot que le coup de pied de barrique a suivi et, titubant de concert, ils déambulent dans les ruelles du village. (« La ritournelle de Labastide », <www.baronnies.com/ritournelle.htm>, consulté le 20 septembre 2004)

5. Ayant bu jusqu'à plus soif [...], notre torero, après avoir reçu un coup de pied de barrique, essuiera aussi un coup de corne [...]. (*Sud Ouest*, Landes, 7 février 2005, p. 13)

## bas

**France d'en bas**, loc. nom. Antithèse de la *France d'en haut* et popularisée par Jean-Pierre Raffarin (voir l'exemple 1), l'expression renvoie à l'opposition entre le central et le local, entre les desseins des décideurs parisiens et les réalités du terrain (aspect géographique) et/ou à une incompréhension mutuelle entre des élites coupées des réalités et les milieux populaires (aspect sociologique). Caractéristique du discours politique, bien souvent « la "France d'en bas" est devenue une expression vidée de sens, à force d'avoir été instrumentalisée » (*La Croix*, 1er juin 2005, p. 26). ~ **les vrai(e)s gens***.

**1.** ASPECT SURTOUT GÉOGRAPHIQUE.

1. [...] Jean-Pierre Raffarin [ministre des PME] insista sur l'importance de ce qui se fait en province, affirmant : « Ce que j'appelle la France d'en bas, celle de la province, doit être libérée, car elle sait toujours se battre et a moins d'états d'âme que les administrations parisiennes. Or, on sait que l'état d'âme est une paralysie ». (*Sud Ouest*, Charente, 14 décembre 1996)

2. On assiste actuellement à des négociations budgétaires entre plusieurs ministères [...]. Mais vu [*sic*] de la France d'en bas, ces discussions de marchands* de tapis font un peu désordre, voire agacent. Ces hauts fonctionnaires [...] semblent tous se ressembler sur un point : le mépris du terrain. (*La Nouvelle République*, éd. Loir-et-Cher, 13 novembre 2004, p. 2)

— EMPLOI ADJ.

3. [...] un mot d'ordre : « Sortir du parisianisme. » Bref, une télé [La Chaîne parlementaire] très France d'en bas. (*Libération*, 20 décembre 2002, p. 22)

**2.** ASPECT SURTOUT SOCIOLOGIQUE.

— SANS CONNOTATION PARTICULIÈRE.

4. La cote d'amour de Johnny Hallyday dans la « France d'en bas » reste orientée à la hausse. (*Le Figaro*, 2 juin 2003)

5. Avec le camping, la France d'en bas voyageait enfin. (*Le Figaro*, 14 juin 2006, p. 88)

6. C'est pour la bonne cause et l'on sait la France d'en bas généreuse, qui ne mégote jamais lorsqu'on en appelle à son bon cœur ! (S. Scotto, *Saucisse président*, 2007, p. 99)

V. encore *gueule*, ex. 15 ; *pire*, ex. 3.

∞ EMPLOI ADJ. "populaire".

7. Carrefour obligé de la jet-set, lieu de perdition médiatique des politiques – pas assez France d'en bas –, Saint Trop' demeure le siège estival de l'élite patronale. (*L'Expansion*, 1er juillet 2004, p. 130)

8. [...] ce loisir [la randonnée] très France d'en bas, mais qui est aussi pratiqué par des milliardaires [...]. (*L'Expansion*, 1er juillet 2005, p. 131)

— AVEC UNE CONNOTATION PÉJORATIVE OU SENTI COMME TEL.

9. La condescendance que peuvent avoir les prétentieux pour la France d'en bas, ses inquiétudes, ses ignorances, ses manières. (*Le Figaro*, 20 février 2004, p. 12)

10. On les appelle [les ouvriers et employés] désormais de façon méprisante la France d'en bas. (*Sud Ouest*, 21 mai 2005)

11. [...] Raffarin, boutiquier bedonnant, et son insultante « France d'en bas » [...]. (*L'Humanité*, 4 avril 2006, p. 28)

12. Les Français veulent plus de démocratie vivante et moins de sondages d'opinion, moins d'experts, moins d'élites. Surtout, les Français ne veulent plus être appelés « la France d'en bas ». Cette expression est mortifère. Elle est anti-France. Les citoyennes et les citoyens français veulent absolument participer, s'engager. (V. Cespedes, dans *Le Monde*, 27 juillet 2006, p. 15)

∞ EMPLOI ADJ. "humble, modeste".

13. Elle s'écarta, laissant entrer Maurice dans une pauvre pièce, comme une loge de concierge. Une pièce France d'en bas. Avec de pauvres touches de déco. Des bibelots bon marché. (L. Chalumeau, *Maurice le Siffleur*, 2006, p. 117)

## bataille

**arriver après la bataille**, loc. verb. "ne pas participer à une action, à un effort collectif, volontairement ou involontairement, en arrivant alors que tout est (pratiquement) terminé ; apparaître, se manifester trop tardivement". Attesté sous une forme voisine en 1562 (« Vous venez après la bataille », J. Grévin, *La Trésorière*, I, 2, dans DDL). ~ **arriver comme les carabiniers** ; □ **arriver comme la moutarde* après le repas.**

1. [...] des victimes du froid qui dénoncent l'impréparation, sinon l'incurie de l'État. En Corse, les chasse-neige sont arrivés après la bataille. À Lyon, le salage a été effectué trop tard [...]. (*Le Parisien*, 18 décembre 2001, p. 2)

2. David Goldblatt [un photographe] est célèbre. De 2001 à 2003, une rétrospective de son œuvre a fait le tour du monde [...]. Mais cette reconnaissance arrive après la bataille. (*Le Monde*, 28 décembre 2004, p. 23)

3. Les 4x4 made in France arrivent-ils après la bataille ? Les constructeurs français se lancent dans le tout-terrain, jusqu'ici terre de prédilection des Asiatiques et des Allemands. (*L'Indépendant*, 18 mars 2007)

## bâton

■ **avoir le bâton**, loc. verb. "avoir une érection". Attesté en 1574 dans des variantes développées (*baston de jeunesse/de lit/pastoral*, Jodelle, *Œuvres complètes*, dans DDL). ~ ■ **avoir le barreau*** ; ■ **avoir la gaule** ; ■ **avoir le gourdin** ; ■ **avoir le manche*** ; ■ **avoir le piquet*** ; ■ **avoir la queue de vache** ; ■ **avoir le bambou/la barre (à mine)/la tringle/la trique** ; ■ **avoir des coliques* bâtonneuses.**

1. J'avais le bâton, la gaule. Je triquais sévère. Dur dur. (G. Mordillat, « Zartmo », 1992, dans *Scandale et Folies*, 2007, p. 130)

□ **être taillé comme un/dans un/en bâton de sucette**, loc. verb. "être filiforme, très élancé". Par hyperbole. ~ □ **être taillé dans une allumette*** ; □ **être épais comme un câble de frein à main** ; □ **(être) maigre comme un cent de clous*** ; □ **(être) épais/maigre comme un coton-tige*** ; □ **(être) taillé comme un/dans un coton-tige*** ; □ **(être) épais/maigre/gros comme un cure-dent(s)*** ; □ **(être) taillé comme un/dans un cure-dent(s)*** ; □ **être taillé comme un cure-pipe*** ; **(être) maigre comme un fil* (de fer)** ; □ **(être) épais/plat comme une affiche*** ; □ **passer entre le mur et l'affiche* sans la décoller** ; □ **rayer les baignoires.**

2. […] vous savez bien, le gringalet taillé dans un bâton de sucette, celui qui a joué avec Johnny Tonnerre et les Maniacs, eh bien il a retenu les leçons. (M. Embareck, dans *Best*, octobre 1982, p. 68)

3. Bien que je sois taillé comme un bâton de sucette, j'ai tenu tête à un branleur pendant une de ces cérémonies [de bizutage], et ça n'a pas été plus loin. Évidemment, tu te retrouves un peu seul après, mais bon, c'est pas la mer à boire. (Message, <www.pipo.com/>, consulté le 22 janvier 2003)

— **en bâton de sucette**, loc. adj. "très mince ; maigre".

4. – SilEEENce ! cria-t-elle une dernière fois, dressant sur leurs ergots des jambes en bâtons de sucette qu'on voyait d'autant mieux qu'elle avait encore raccourci ses jupes […] ! (A. de Saint-André, *L'Ange et le Réservoir de liquide à freins*, 1994, p. 99)

## batterie

□ **batterie de cuisine**, loc. nom. "palmarès ou distinctions d'une personne". Par ironie. Par analogie du sens figuré "étalage de décorations militaires", lequel a vieilli ; voir Bruant 1901 : « DÉCORATIONS. *Batterie de cuisine* », et « Guynemer eut successivement toutes les décorations anglaises, russes, japonaises. Fonck aussi ; mais tandis que le premier aimait porter toute sa batterie de cuisine, le second préfère les broches » (R. de Chavagnes, *L'Aviation de chasse. Le Groupe des cigognes. De Guynemer à Fonck*, Paris, Chiron, 1920, p. 179, GRL). ~ **ferblanterie.**

1. Il [un footballeur] a déjà participé à cinq finales de coupes continentales […]. Il en a perdu trois et gagné deux […]. Il ne lui manque, dans la batterie de cuisine accro-

chée sur sa poitrine, qu'une Coupe des clubs champions. Il peut espérer glaner cette médaille cette année, à condition de se débarrasser déjà de Nantes, dans une demi-finale dont le match aller se déroule mercredi 3 avril à Turin. (*Le Monde*, 3 avril 1996, p. 19)

2. […] Simone Veil a ajouté le 10 octobre une nouvelle breloque à sa batterie de cuisine. La voilà-t-elle pas lauréate 2005 du Prix *Grand Siècle* – prière de ne pas rire – créé par le champagne *Laurent Perrier* pour récompenser « des hommes et des femmes témoignant de valeurs durables » ? (*Rivarol*, 21 octobre 2005, <be.altermedia.info/>)

## battre

■ **s'en battre les couilles** (/□ **la rate**/□ **les glandes**), loc. verb. "n'en avoir rien à faire ; s'en désintéresser complètement". Le français de référence ne relève que la loc. fam. **s'en battre l'œil** (depuis 1666, TLF), mais le glissement de cette dernière expression vers des variantes vulgaires est attesté à la même époque et parfois dans le même contexte populaire (« Mais à ces discours d'ivrognesses, / Le roi dit : "Je m'en bats les fesses." », P. Scarron, *Le Virgile travesti*, livre 7, v. 2033-2034, éd. J. Serroy, Paris, Classiques Garnier, 1988 [1653], p. 610 ; « GRAND FRANÇOIS. Colin, quien si tu veux que je sion bons amis / Marguene il faut tenir le mot que t'as promis. COLIN. Pargué, je m'en bas l'œil. GRAND FRANÇOIS. Oh, je m'en bats les fesses, / Moy, je te fron, morgué, bien tenir tes promesses, / Ou je plaiderons bien » [Brécourt], *La Nopce de village*, 1666, p. 15, dans DDL). ~ ■ **s'en battre/s'en secouer la nouille*** ; ■ **s'en beurrer* les noisettes** ; ■ **s'en (contre)foutre** ; ■ **s'en branler** ; ■ **s'en pignoler*** ; □ **s'en taper** ; □ **n'en avoir rien à battre** ; ■ **n'en avoir rien à branler/à foutre** ; □ **n'en avoir rien à cirer** ; ■ **R.A.B.***

1. […] Jean-Michel Larqué [un commentateur sportif] a l'air de s'en battre les couilles complet, lisant tranquillement son journal […]. (P. Carrese, dans *L'Humanité*, 2 juin 2002)

— Le plus souvent, le référent du pronom *en* est explicité.

2. Les aides temporaires, ça existe… J'ai déjà entendu proférer ce genre d'évidences. Qui n'en sont que pour ceux qui, des aides, ont les moyens de s'en battre les couilles. (J.-L. Degaudenzi, *Zone*, 1987, p. 94)

3. Bon, je m'en bats les glandes de tout ça, je veux retourner à ce bar ! (M. Sergent, *Normal*, 1991, p. 94)

4. « Le problème numéro un, dit Marc [enseignant dans un lycée professionnel], c'est qu'il faut accepter tout le monde, et qu'on n'en est pas capable. Gérer une classe qui vous dit "j'm'en bats les couilles de tes cours", ou "j'suis là pour les allocs", je ne sais pas faire. » (*Le Monde*, 7 octobre 1999, p. 10)

5. « Quoi, vitupère le prévenu, je m'en bats les couilles du tribunal tant que nos amis en garde à vue ne sont pas libérés ! » (*Libération*, 10 mars 2004, p. 20)

6. Ce que N. ignore, c'est que je m'en bats la rate, de ses histoires, et que je soupire d'ennui par avance quand j'entends sa voix au bout du fil. (Message, 30 octobre 2004, <www.20six.fr/>)

7. [...] les Russes, décommandés à la dernière minute, il savait pas pourquoi et s'en battait les couilles [...]. (L. Chalumeau, *Maurice le Siffleur*, 2006, p. 296)

— PAR EUPHÉMISME.

8. « Sur France Inter, ce midi, ils ont consacré un long sujet au mariage du Prince Charles [...]. Eh bien le journaliste disait que les Anglais s'en fichent royalement de ce mariage ! Alors moi, je voudrais bien qu'on m'explique pourquoi, si les Anglais s'en battent les oreilles, nous les Français, on est censé s'y intéresser ! » (Propos recueillis dans une salle d'attente, dans *La Nouvelle République*, Deux-Sèvres/Niort, 8 avril 2005, p. 5)

— PAR ELLIPSE. **s'en battre.**

9. Je sais que si je vous raconte ma vie, tout le monde va s'en battre royalement ! Toutefois, si je vous raconte mes idées géopolitiques ou économiques, c'est moi que ça va raser... (Message, 11 décembre 2002, <arno64.blogspot.com/>)

**s'en battre la paupière**, loc. verb. "id.". Variante de **s'en battre l'œil**, attestée dans Larchey 1872.

10. Là, on va moins aimer, mais je m'en bats la paupière, comme disait la Marquise... Cette chanson, *Les Enfants du Pirée*, a été rendue célèbre par Melina Mercouri dans *Jamais le dimanche*. [...] J'en suis paf. C'est tout ! (Blog, 8 mai 2006, <bulledepapier.typepad.com/>)

11. « Candidat ? Ciel que me dites-vous là ? » [...] l'annonce [d'une candidature] faite au peuple qui sait et qui, globalement, s'en bat la paupière, est un art difficile. (*Midi libre*, 2 décembre 2006)

**■ s'en battre la coquillette*.**

**□ s'en battre les couettes**, loc. verb. "id.". Par euphémisme de **■ s'en battre les couilles**. *On s'en bat les couettes !* est le nom d'un collectif parisien réunissant trois groupes de rock, en totalité ou en partie composés de filles. ~ **□ s'en taper**.

12. On est fans des Stones et des Pink Floyd de Brel qui chante Mathilde
De Donna Summer, Woody Allen et W.C. Fields
Mes parents vissés à leur télé font une sacré trompette
Du prix du chou-fleur des radicaux moi je m'en bats les couettes (*Vingt-six ans à nous deux*, chanson de Pierre Perret, 1977)

13. A mon avis le zazou des rocks m'a prise pour une crêpe mais en fait je m'en bats les couettes. (M. Sergent, *Normal*, 1991, p. 216)

14. Tu sais je m'en bats les couettes après tout, si ça te fait plaisir de payer un type pour qu'il te fasse bouffer des antibiotiques... Fais-le... Mais je suis pas certaine que ce soit la solution. (Message, 21 octobre 2004, <forum.doctissimo.fr/>)

— RARE AU SINGULIER. **□ s'en battre la couette.**

15. Jean-Luc est un papa si peu papa qu'on s'en bat la couette de sa casquette américaine. (R. Forlani, *Tous les chats ne sont pas en peluche*, 1990 [1988], p. 16)

**□ s'en battre la race**, loc. verb. "id.".

16. [...] suite à une [...] tentative de ma part d'apprendre à mes élèves les sens du verbe « foutre », trop communément employé dans l'expression « on s'en fout » et le plus souvent orthographié « fou » dans les toilettes des établissements scolaires, j'entends l'un d'eux rétorquer « on s'en bat la race ! » (« Langage », 16 janvier 2002, <largeur.com/>)

17. J'm'en bats la race sauf des potes, la famille et l'cash. (*Ma définition*, chanson de Booba, 2002)

□ **s'en battre les steaks**, loc. verb. "id.". Peut-être de *steaks* "ampoules ou crevasses des danseurs évoluant pieds nus" (P. Perret, *Le Parler des métiers*, Paris, Robert Laffont, 2002, p. 51).

18. J'm'en bats les steaks si ça rap' sec
Parce que tu m'connais et si je rap' cagoulé
C'est moi est-ce que tu me reconnais ? (*r.o.h.f.f.*, chanson de Rohff, 2001)

19. Ils agissent comme si ils [*sic*] prenaient les autres pour des charclo ["clochards"]
Nous on s'en bat les steaks, on est la jet-set en casquette et en basket. (*Tenue correcte exigée*, chanson de Krys, 2006)

20. Personnellement, un gars me fait un doigt* ou m'insulte je m'en bats les steaks pareil et je le laisse s'exciter tout seul. (Message, 31 décembre 2006, <62.23.15.219/>)

## bazooka

**écraser (/tuer) une mouche (/un moustique) avec un bazooka** ; **prendre** (ou synonyme) **un bazooka pour écraser (/tuer) une mouche (/un moustique)**, loc. verb. "employer des moyens disproportionnés à une situation donnée, et moins efficaces que des moyens plus modestes". Version moderne et guerrière du *pavé de l'ours*. ~ **écraser une mouche avec un gant* de boxe** ; **écraser une mouche avec un marteau*** ; **écraser une mouche avec un marteau-pilon*** ; **prendre un marteau-pilon* pour enfoncer un clou**.

1. [...] le maire se borne à ironiser [...] : « On prend un bazooka pour tuer une mouche ! [...] (*Le Monde*, 19 janvier 1999, p. 12)

2. Tu es en train de te prendre la tête pour rien. C'est comme si tu voulais écraser une mouche avec un bazooka ! (Message, 23 mars 2006, <www.commentcamarche.net/>)

3. En tout cas, c'est un peu tuer un moustique avec un bazooka tout ça. (Message, 27 juillet 2006, <linuxfr.org/>)

4. L'avocat prend son temps. Souffle. « Tout* ça pour ça... » « On a utilisé un bazooka pour tuer une mouche. » Et il embraye pour plaider la relaxe. (*Ouest France*, 13 septembre 2007)

— VARIATIONS SUR D'AUTRES ARMES OU ENGINS DE GUERRE. **canon, grosse Bertha, fusil, lance-missile, lance-roquette ; missile (sol-air)**, bien attestés sur la Toile, et :

5. [...] on emploie une technologie compliquée pour quelque chose de simple, ce qui revient à écraser une mouche avec un missile à tête chercheuse. (Message, 22 février 2006, <www.zdnet.fr/>)

6. Ben pour faire ça c'est comme écraser une mouche avec un char d'assaut [...]. (Message, 27 août 2006, <www.infos-du-net.com/>)

7. Là il essaie de se faire passer pour la victime. Tempête dans un verre d'eau. On a utilisé une mitraillette pour tuer une mouche. (Message, 30 novembre 2006, <embruns.net/>)

8. Est-ce vraiment indispensable de poursuivre une chimiothérapie avec tant d'effets indésirables. J'ai l'impression qu'on essaie de tuer un moustique avec une bombe atomique. (Message, 6 mars 2007, <forums.france2.fr/>)

9. [...] je pense sincèrement que cette solution serait un tank pour tuer une mouche. (Message, 15 septembre 2007, <www.siteduzero.com/>)

## beauté

**ce n'est/c'est pas mon** (/**son**, etc.) **genre de beauté**, loc. phrast. Pour signifier que quelque chose ne correspond pas aux goûts, aux idées ou à la manière d'être de quelqu'un. Variante développée de **ce n'est/c'est pas mon** (/**son**, etc.) **genre**. ~ **ce n'est pas ma tasse de thé**.

1. – En plus, ils sont vulgaires. Ils crachent par terre en prenant des airs triomphants. – En effet, reconnaissait Saint-Anne, ce n'est pas votre genre de beauté. À se demander si vous avez jamais craché de votre vie. (R. Nimier, *Le Hussard bleu*, 1977 [1950], p. 385)

2. François Mitterrand, ministre d'une IVe République en guerre contre une partie d'elle-même, l'Algérie, n'était pas son genre de beauté lorsque Lionel Jospin militait contre la guerre et pour l'indépendance à l'Union de la gauche socialiste puis, brièvement, au PSU lors de sa création en 1960. (*Le Monde*, 15 mars 1990, p. 1)

3. Les maths [d'un candidat au baccalauréat] ? Pas son « genre de beauté » : 2/20. (*Libération*, 23 septembre 2004, p. 17)

□ **se faire refaire une beauté**, loc. verb. "être l'objet de railleries, de critiques, de médisances". Par antiphrase. ~ **se faire tailler* un short**.

4. De 20 heures à 3 heures du matin, entre les éclats de rire et les « Tchin tchin, trinquons à la santé de l'autre abruti », Edgar se fait refaire une beauté. (C. Krug, *Demain matin si tout va bien*, 2006 [2004], p. 98)

## bébé

**beau bébé**, loc. nom. "homme (notamment sportif) bâti en athlète". Par litote.

1. « Et Somu, le redoutable arrière néo-zélandais, nous impressionne toujours autant par sa carrure de colosse ; deux mètres zéro sept, cent dix-huit kilos, onze secondes aux cent mètres, un beau bébé, oui, Madame ! » (M. Barbery, *L'Élégance du hérisson*, 2006, p. 37)

2. Peur moi ? c'est juste que je mesure 1 m 60 et pèse 55 kg. Certes je pratique les arts martiaux, j'ai un entraînement militaire qui va [v. *aller*] bien, mais un beau bébé [un adversaire] d'1 m 95 et 100 kg, c'est pas du petit lait ! (Message, 30 mai 2006, <forcesspeciales.free.fr/>)

3. Un beau bébé [un rugbyman] (2,03 m pour 105 kg) âgé de 20 ans. (*Sud Ouest*, Lot-et-Garonne, 2 juin 2007, p. 18)

□ **refiler** (/**repasser**) **le bébé à qqn**, loc. verb. "transmettre à quelqu'un une tâche, une situation souvent embarrassante, s'en débarrasser sur lui". Cette locution, dans laquelle le bébé qu'on a sur les bras est le symbole d'un handicap, est probablement une adaptation de l'anglais *he was left holding the baby*. ~ □ **refiler le paquet** ; □ **repasser la patate* chaude**.

4. – Ne vous vexez pas, je suis content de vous. Je vais quand même repasser le bébé à un de vos camarades. (G. Véraldi, *Les Espions de bonne volonté*, 1966, p. 71, GRL)

5. – Un cadavre à moitié en bouillie au pied d'une tour [...], je ne sais pas, Monsieur le Substitut, si vous voyez ce que je veux dire...

– Tout à fait Thierry, répondit le magistrat, qui cherchait déjà lui-même à refiler le bébé. (*Les Echos*, 20 juillet 1992, p. 34)

6. La Convention [européenne] a encore huit mois pour trouver des compromis, avant de repasser le bébé aux représentants des gouvernements. (*Ouest France*, 29 octobre 2002)

7. [...] un mal français aussi profond que préoccupant. Devant les difficultés, notre premier réflexe est toujours de gagner du temps ou de refiler le bébé. (*L'Express*, 20 septembre 2004, p. 7)

8. Le dossier est confié à la cour d'appel de Bordeaux qui [...] refile le bébé au parquet de La Rochelle. (*Sud Ouest*, Charente-Maritime, 7 octobre 2006, p. 3)

## beignet

□ **claquer le beignet à qqn**, loc. verb. "donner une gifle". Selon Duneton 1990, la locution serait une variation de *claquer le baigneur*, de même sens (où *baigneur* désigne le nez) ; mais on peut penser à un croisement avec *beignet* "coup" (déjà, sous la forme *bignet*, dans Oudin 1640). ~ □ **foutre/mettre une baffe/beigne**.

1. Le temps d'un éclair, la petite brune a déchignonné la géante et lui a claqué le beignet de main de maître. Seul Simon tentait d'intervenir timidement pour arrêter la rixe. (E. Hanska, *Les Amants foudroyés*, 1984, p. 134)

2. « [...] Nous, nos parents, ça les gênait pas de nous claquer le beignet si on faisait une connerie. » (Ouvrier agricole de Saint-Denis-le-Thiboult, dans *Libération*, 26 février 2003, p. 14)

— AU FIGURÉ. "faire taire quelqu'un par argumentation ou intimidation ". ~ **clouer le bec**.

3. Un mouchoir sur le combiné pour masquer ma voix, je lui ai balancé trois grossièretés, comme quand j'avais douze ans et que je faisais des blagues au téléphone, avant de lui claquer le beignet en raccrochant. (C. Krug, *Demain matin si tout va bien*, 2006 [2004], p. 160)

4. Victime d'une odieuse campagne de presse ourdie par des journaleux ignares, il vient de leur claquer le beignet. Bien fait. (Message, 29 juin 2006, <mondial2006.blogs.liberation.fr/>)

## belge

**histoire belge**, loc. nom. "blague, souvent teintée d'humour gras, parfois à relents racistes, mettant en scène la prétendue naïveté ou stupidité des Belges".

1. Charles Fallot, long et sec, complètement chauve, le visage agité de tics nerveux. Des chansons de valeur inégale, mais une drôlerie certaine dans leur présentation. Il raconte des histoires belges avec un accent irrésistible. (G. Van Parys, *Les Jours comme ils viennent*, 1969, p. 63, GRL)

2. Plus tard dans la soirée
j'ai fait marrer tout l'monde,
faut dire qu'j'ai raconté
trois cent mille histoires belges,

j'en connais des immondes [...]. (Renaud, « La Boum », 1980, dans *Mistral gagnant*, 1986, p. 38)

3. Et les histoires belges ? Sa réponse [de Françoise Mallet-Joris] en est une : « Pourquoi les Français en racontent ? Ce sont les seules qu'ils comprennent. » (*Le Figaro*, 26 février 1999)

4. Après Jérôme Bosch, Jacques Brel, Hergé, André Devaux et tant d'autres génies d'outre-Quiévrain, [...] Philippe Geluck ne dépare pas la galerie. Alors, est-ce par inculture que nous continuons à raconter de lamentables histoires belges ? (*Sud Ouest*, Culture, 27 octobre 2003)

5. [...] Raymond Devos était un créateur qui ne badinait pas avec l'humour. Le natif de Mouscron n'était pas un spécialiste des histoires belges. Le gros homme ne prisait pas le rire gras. (*Libération*, 16 juin 2006, p. 4)

## benne

▲ **benne basculante** (et variantes graphiques), loc. nom. Sobriquet xénophobe et vieilli désignant un Arabe ou un Juif. Formé par jeu de mots sur *Ben* "fils de", fréquent dans les patronymes arabes et juifs.

1. Ce qui fait un peu désordre [...], c'est son blaze, une chiée de noms pas commodes à prononcer ni à retenir : Ben Sidi, Benne basculante. (A. Sarrazin, *La Cavale*, 1965, p. 28)

2. Ce type-là faisait, dans la corporation, la pluie et le beau temps [...]. Je suis heureux de dire que ce salaud ne s'appelait pas Salomon, Isaac, Blumstein, ou Ben-basculante... (C. Autant-Lara, *La Rage dans le cœur. Chronique cinématographique du $20^{e}$ siècle*, 1984, p. 52, GRL)

— VARIANTE. ▲ **Mohamed/sidi benne basculante**, loc. nom. Sobriquet xénophobe et vieilli désignant un Maghrébin. On trouve chez Pierre Dac la forme « Mohamed Ben Ali Ben Assabl' ben Basculant' » (Site consacré à Pierre Dac, disponible sur <pierredac.free.fr/noms.htm>).

3. – [...] Les crouilles, c'est des sidi bennes basculantes ! (G. Mordillat, *Rue des Rigoles*, 2002, p. 88)

4. Il est souvent surprenant, lorsque je suis dans la fiche de consultation de Tartempion Julie et que je pousse le bouton « courrier », de me retrouver avec l'en-tête de Mohamed Ben Basculante ! (*Foire aux questions*, « Toubib », <www.toubib.be/>, consulté le 7 septembre 2003)

## béquille

□ **dormir/rester sur la béquille**, loc. verb. "(en parlant d'un homme) passer la nuit (ou, plus généralement, se retrouver) en état de frustration sexuelle". Image du sexe de l'homme en érection. ~ ■ **la bite sous le bras.**

1. [...] il a repoussé l'appel de la bouteille (car l'anniversaire de Mike avait lieu mercredi) pour aller à un rendez-vous qui croyait-on allait être coquin, mais en fait [...] lui a seulement permis de rester sur la béquille. (Message, 12 novembre 2002, <newnews.monblogue.branchez-vous.com/>)

2. Marre de rester sur la béquille en draguant des mecs qui préfèrent les filles [...]. (*Marcel Magazine*, novembre 2005, p. 29, <www.marcelmagazine.com/>)

3. La Coupe du Monde a démarré depuis bientôt une semaine et certaines voix commencent à s'élever déjà contre le jeûne sexuel. L'attaquant espagnol David Villa craint tout particulièrement de dormir sur la béquille pendant un mois [...] : « Le football c'est ma passion, mais faire l'amour est une chose essentielle. C'est quelque chose qui va vraiment me manquer. » (*Libération*, 16 juin 2006, p. 5)

4. [Dans l'émission « L'Île de la tentation »] Shanice [...] déclare qu'elle vient de passer sa deuxième nuit consécutive avec Vincent, qu'il veut coucher avec elle (mais vu le ton, on comprend qu'il a dormi sur la béquille) et qu'elle ne sait pas encore si elle reste avec lui ou si elle le largue [...]. (*Télé poubelle – Faut-il pratiquer le tri sélectif ?*, 16 août 2006, <www.telepoubelle.net/>)

— EN CONTEXTE LIBRE.

5. Moi, une nuit de plus sans câlin et [...] j'allais violer un pamplemousse, j'allais casser ma béquille à force de dormir dessus. (« You & me & me IN you », 16 février 2006, <ron.infirmier.free.fr/>)

□ **s'endormir/se réveiller sur la béquille**, loc. verb. "(en parlant d'un homme) s'endormir, se réveiller en érection".

6. [...] on montrera comment il se réveille chaque matin, la tente* dressée, et comment il s'endort sur la béquille. (Message, 7 décembre 2005, <www.forumautomobile.fr/>)

## berceau

□ **remuer le berceau**, loc. verb. "avoir une démarche chaloupée (en parlant d'une femme)". Métaphore de *berceau* "petit lit de bébé que l'on peut balancer". ~ **dessiner des huit (avec les fesses)** ; **tortiller du cul**.

— VARIANTE DÉVELOPPÉE. **remue pas tant le berceau, tu vas réveiller le petit**, loc. phrast.

Elle [...] avait ce qu'il fallait pour attirer l'attention du mâle le plus rustique. Sa façon de marcher surtout plaisait aux connaisseurs, et plus d'un, en la voyant aller et venir, avait lancé :
– Remue pas tant le berceau, tu vas réveiller le petit. (Y. Audouard, *Les Lions d'Arles*, 1969 [1956], p. 128)

## bête

**bête de course**, loc. nom. Métaphore du langage hippique.

— "véhicule particulièrement performant".

1. La Mutuelle des motards peut assurer tout deux-roues, du 50 $cm^3$ à la bête de course. (*Le Monde*, 1er octobre 2001, p. 4)

2. Et si on parodiait la Grande Boucle [le Tour de France] ? Un soir d'août 2003, cinq copains [...] lancent le défi, à la manière d'une blague de potaches. Le lendemain, ils sont onze à enfourcher des vélos... qui n'ont rien à voir avec les bêtes de course des spécialistes de la haute montagne... (*Ouest France dimanche*, 20 août 2006)

3. [...] sa bête de course [un trimaran] de 32 mètres, surmontée d'un mât de 34 mètres supportant 475 mètres carrés de voilure. (*Ouest France*, 26 septembre 2007)

— "appareil, instrument particulièrement performant".

4. Je viens seulement de voir les caractéristiques de l'Epson 2100, c'est une A3 couleur. C'était tout de même du gâchis que d'imprimer des factures avec une bête de course comme ça, et sans parler du coût. Genre écraser un moustique avec un marteau-pilon* ! (Message, 4 novembre 2005, <forum.hardware.fr/>)

5. Cette bête de course [une console de jeux] dont le succès est considéré comme vital pour l'avenir du groupe sur le créneau du jeu. (*L'Indépendant*, 12 novembre 2006)

— "personne, notamment sportif, particulièrement performante".

6. Giacomo les observa. Les deux hommes étaient de la même taille, deux géants tout en muscles [...].
– Ce sont deux bêtes de course que je vous confie. Vous pouvez tout leur demander. Ils sont imbattables, des experts en tout. Le judo et le karaté n'ont plus de secret pour eux. (P. Mulot, *Légion jaune*, 2005, p. 195, GRL)

## beurrer

■ **beurrer la raie à qqn**, loc. verb. "se répandre en propos lénifiants ; en faire accroire ; importuner profondément". Métaphore (ou *raie* est l'ellipse de *raie des fesses*) qui fait référence, parfois explicite, à des pratiques sodomiques. ~ **bourrer le mou**.

1. Pour le moment, je ne peux rêver qu'en plans, parce que cette résidence ressemble pour le moment à un gros tas de terre. Livraison prévue (arf arf) en novembre 2005. Mouais... L'agent immobilier a eu beau nous beurrer la raie avec ses certitudes, m'est avis qu'il me faudra attendre 2006. (Blog, 12 avril 2005, <jehaisleprintemps.net/>)

2. Je voudrais savoir si les médias, ainsi que les futurs candidats (nommés ou nominés) comptent nous « beurrer la raie » jusqu'aux prochaines présidentielles (mai 2007 tout de même) avant même l'ouverture de la campagne [...]. Non, là, y poussent. Ils feraient mieux de se remonter les manches (et pour certains se sortir les doigts du cul*) pour nous éviter l'écœurement avant la grande parade du cirque. (Message, 10 octobre 2005, <abadidon.over-blog.com/>)

3. On nous a beurré la raie avec la Coupe du monde. (L. Gerra, *France Infos*, 25 décembre 2006, 19 h 29)

■ **s'en beurrer les noisettes**, loc. verb. "montrer une totale indifférence à quelque chose". Le mot *noisette* est ici un synonyme euphémique des termes du français non conventionnel désignant les testicules. ~ ■ **s'en branler** ; ■ **s'en pignoler*** ; □ **s'en taper** ; ■ **s'en battre* les couilles** ; ■ **s'en battre/secouer la coquillette*** ; ■ **s'en battre/s'en secouer la nouille*** ; □ **n'en avoir rien à cirer**.

4. On est mal vus et tricards alors on fout le souk [...]
Faute d'en rire, on n'va pas en pleurer
Des comme ça, j'en ai au kilo, faut pas se leurrer,
Autant s'en beurrer les noisettes
On est tous parés, tous préparés, prêts à parer les coups
Mal vus, à ce qu'il paraît, des conséquences, on s'fout. (« Menuet », chanson de Lino, dans l'album *Liaisons dangereuses* de Doc Gyneco, 1998)

5. Moi je dis qu'on s'en beurre les noisettes de savoir si l'horloge du site est à l'heure, parce que le principal est de ne jamais au grand jamais rater l'heure de l'apéro et pour ça pas besoin de montre, n'est ce pas ? (Message, 8 février 2005, <www.teamlarach.org/>)

## biblique

**d'une simplicité biblique**, loc. adj., loc. adv. "très simple". Par allusion aux goûts simples que l'on prête aux civilisations de la Bible. Attesté en 1837 (« Les détails toujours naturels et d'une simplicité biblique sont pleins de grâce et de suavité. Votre œuvre n'est pas belle seulement, elle sera encore utile », Lettre de F. Lamennais à Madame d'Hautefeuille, dans A. Marquiset, *Ballanche et Madame d'Hautefeuille*, Paris, H. Champion, 1912, p. 86, GRL) ; en 1843 (« Un peintre de l'école de Léopold Robert tirerait grand parti de ces scènes d'une simplicité biblique et primitive », T. Gautier, *Voyage en Espagne*, p. 233, FT).

1. [...] entre moi et Lolotte, ce [la séparation] serait d'une simplicité biblique. Pas d'avocat, pas d'audience, pas de conciliation, pas de juge, pas de rien. Au revoir et merci. (C. Sarraute, *Maman coq*, 1989, p. 166)

2. [...] je lui jure que je vais être publié dans les mois qui vont venir. C'est d'une simplicité biblique : me suffit d'écrire. (A. Page, *Je suis rien*, 2003, p. 109)

3. Établissement sans prétention mais rigoureux, chaleureux, délicieux, qui offre [...] une formule entrée-plat-dessert d'une simplicité biblique. (*Le Point*, Paris Magazine, 7 décembre 2006)

## bien

**jusqu'ici tout va bien**, loc. phrast. Pour signifier qu'une situation se terminera inévitablement par une catastrophe malgré un optimisme de commande. La formule est généralement répétée. Par allusion au film *La Haine* de M. Kassovitz (1995), voir l'exemple 1.

1. *La Haine* a pour ambition d'être une fable sèche, tendue, désespérée, une prophétie apocalyptique, une chronique de la déglingue. Son message est tout entier contenu dans ce récit, qui revient du début à la fin du film, d'un malheureux qui tombe du cinquantième étage d'un gratte-ciel, et qui, à chaque étage, se répète : « Jusqu'ici, tout va bien. » Ce malheureux, promis à un imminent écrabouillement, c'est notre société, c'est la France, c'est nous. « L'important, ce n'est pas la chute, c'est l'atterrissage », prophétise sombrement le jeune réalisateur, Mathieu Kassovitz. (*Le Monde*, 19 juin 1995, p. 35)

2. Il était une fois une chaîne de télé française qui faisait une chute d'audimat. Et à chaque pourcentage en moins, elle se répétait : « jusqu'ici tout va bien... jusqu'ici tout va bien... mais c'est pas la chute qui compte, c'est l'atterrissage ». (« Full Metal Alchemist », 9 février 2005, <ratonlaveur.free.fr/>)

## bifteck

**le rire/un éclat de rire**/etc. **vaut un bifteck ; ça vaut un bifteck**, loc. phrast. Adage selon lequel le rire a des vertus toniques et stimulantes. Fondé sur l'importance traditionnellement attachée au bifteck comme élément du repas (cf. *gagner son bifteck*).

1. Il éclata décidément de rire. Il semblait prendre goût à cette manifestation, comme s'il avait lu sur le tard, dans quelque dictionnaire médical, des formules telles que : « Le rire est l'équivalent d'un séjour à Megève »... « Un éclat de rire vaut un beefsteak. » (P. Guth, *Le Naïf aux quarante enfants*, 1955, p. 173, GRL)

2. Je me marre de plus en plus, je vais étouffer. Je ne sais pas qui a dit que « rire valait un bifteck ». Si c'est vrai, j'ai bouffé un troupeau de vaches. (J.-G. Le Dano, *La Mouscaille*, 1973, p. 113, GRL)

3. L'autre jour, je lui raconte une petite histoire et le voilà plié en douze de rire. « Ça vaut bien un bifteck, il me dit. – Quoi, un bifteck ? – Vous ne connaissez pas cette expression ? me dit Léon. Ça doit être régional. Ça vaut un bifteck veut dire que c'est drôle. » Et il m'explique qu'un fou rire, une bonne rigolade, cela vous apporte autant de globules rouges qu'une tranche de viande. Pour un peu je le croirais. (M. Braudeau, *L'Objet perdu de l'amour*, 1988, p. 359, GRL)

4 « Trois quarts de siècle, ça se fête ! » s'exclamait Paul Jonquière, heureux initiateur de l'opération de retrouvailles de la classe « 1951 ». [...] Aujourd'hui, ils sont encore trente-six [...], bien décidés à en profiter, à faire du rire le remède à tous les petits maux de la vie : « Le rire vaut un bifteck », assurait Paul Jonquière dans son discours de bienvenue. (*Le Progrès*, 13 mars 2006, p. 12)

— VARIANTE MOINS USUELLE. **ça vaut (bien) un steak**.

5. Le soir de la St-Valentin, [...] viendrez-vous rire à l'heure de l'apéritif avant d'emmener votre dulcinée au restaurant ou viendrez-vous rire en soirée parce que ça vaut bien un steak ? (« Agenda Arts Cultures Spectacles Concerts », 14 février 2007, <circul.arts.free.fr/>)

## bigoudi

□ **en avoir sous les bigoudis**, loc. verb. "être intelligent ; savoir beaucoup de choses". ~ □ **avoir du carafon/du chou** ; □ **avoir du cigare** ; **en avoir dans la tête** ; □ **en avoir sous la casquette** ; □ **il y en a là-dedans**.

1. Une chose est sûre, il [F. Mitterrand] en a sous les bigoudis. Je suis pas inquiète pour son avenir. (C. Sarraute, dans *Le Monde*, 13 janvier 1988, p. 46)

2. Ne croyez pourtant pas que, pour exercer le métier de Taupe, il suffit simplement d'avoir d'énormes biscotos. Il faut, en plus, être d'une intelligence à mon avis très audessus de la moyenne. / C'est que je dois en avoir drôlement sous les bigoudis pour résoudre tous les problèmes ardus qui se posent à moi tous les jours. (*La Hulotte*, n° 68-69 « La Taupe », 1993, p. 27)

— DANS UN JEU DE MOTS.

3. Attention à la jolie coiffeuse, elle en a sous les bigoudis ! (E. Hanska, *Le Bal des dégoûtantes*, 1997, 4e de couverture)

— À LA FORME NÉGATIVE.

4. Même dans son for intérieur, Cheryl avait son franc-parler. « Se passer la rate au court-bouillon pour un mec qui me prend pour le repos du guerrier, faut vraiment rien avoir sous les bigoudis ». (E. Hanska, *Le Bal des dégoûtantes*, 1997, p. 13)

— DANS UNE CONSTRUCTION IMPERSONNELLE.

5. *Maigret (à sa femme)* : [...] Eh ben, dis donc, y en a, sous les bigoudis... Parce que t'avais raison ! (*Maigret tend un piège*, film de J. Delannoy, dialogues de M. Audiard, 1957)

□ **travailler du bigoudi**, loc. verb. "être fou". Comme dans l'expression précédente, l'image renouvelle le paradigme des désignations de la tête et du couvre-chef. → □ **avoir un petit vélo* dans la tête ; ne pas être (tout) seul* dans sa tête** ; □ **onduler de la toiture** ; □ **travailler du chapeau** ; □ **yoyoter de la touffe**.

6. Tu veux que j'aille foutre la vérole [vendre de la drogue] dans le bétail à Toussaint ? elle gueulait, cette morue. Mais tu travailles du bigoudi, ma parole ! J'lui donne pas trois jours avant de m'faire cisailler le portrait [...]. (J. Houssin, *Bras de fer*, 1985, p. 47)

7. Chaque semaine à la téloche, une émission [*Midnight+*] qui travaille bigrement du bigoudi. Pour le régal particulier des palais indélicats, des oreilles mal embouchées, des rétines qui se débinent et des rates qui se dilatent, vous pourrez y trouver à jets continus des courts métrages frappadingues. (« Émissions+ », <www.canalplus.fr/>, consulté le 12 septembre 2003)

## billard

**coup de billard (à deux/trois bandes)**, loc. nom. Pour marquer qu'un processus, au lieu de se dérouler de façon linéaire, progresse par ricochets.

1. Prendre mort ou vif Ben Laden ne résoudra pas le problème, le mal doit être traité à la racine. D'où le coup de billard à plusieurs bandes que souhaite jouer Washington. Car l'Irak n'est pas la véritable cible. C'est Riyad que visent les Américains. (*Le Figaro*, 20 février 2003, p. 13)

2. Un coup de billard à trois bandes, pour mieux négocier les municipales. (*Midi libre*, 11 mai 2007)

3. Un accident « coup de billard » [titre] Un accident mettant en cause une piétonne et deux voitures s'est produit hier [...]. Circulant boulevard de Dresde, les deux voitures ont tourné à gauche au moment où une piétonne traversait la chaussée. Le premier véhicule a freiné. Il a été percuté à l'arrière par la seconde voiture qui a projeté le premier véhicule contre la piétonne. (*Dernières Nouvelles d'Alsace*, 22 juin 2007, p. ST 3)

## billet

**avoir** (ou verbe du même paradigme) **son billet pour** + groupe nominal, loc. verb. "remplir les conditions, après des épreuves de sélection, pour participer à une compétition (langue des sportifs) ; être digne, par ses actes et son mérite, d'accéder à une condition ou une situation donnée". ~ **avoir son ticket***.

1. S'il a peut-être déjà gagné son billet pour le paradis, depuis quelques semaines l'abbé Pierre vit de nouveau à un train d'enfer. [...] Entre une réception à l'Elysée, un souper-projection à Matignon, un séminaire au Vatican et un « Champs-Elysées » spécial chez Drucker [...], l'abbé devait aller présider, quatre jours durant, les 3es Rencontres humanitaires internationales à Grenoble. (*Le Monde*, 2 novembre 1989, p. 9)

2. En super-lourds, le vainqueur [d'un tournoi de boxe] obtiendra son billet pour [les Jeux olympiques d'] Athènes. (*L'Équipe*, 27 avril 2004, p. 15)

3. La France vient de gagner son billet vers la finale de la Coupe du Monde 2006, en battant le Portugal par un but à zéro. (« Coupe du Monde 2006 », 5 juillet 2006, <www.actualite-internationale.com/>)

## biniou

□ **souffler dans le biniou**, loc. verb. "être soumis à un contrôle d'alcoolémie au moyen d'un éthylotest à ballon". Par analogie de forme. Bien connue en Basse-Bretagne, la locution est aussi en usage en dehors de cette région (DRF 2001).

1. [...] les gendarmes sont devenus les principaux facteurs d'insécurité pour les pauvres hères. Ils occupent tout leur temps à les traquer jusque sur les chemins vicinaux, les chemins de traverse et même les chemins de terre que certains empruntent de peur d'avoir à souffler dans le biniou. (G. Alle, *Un air à faire pleurer la mariée*, 2000, p. 33)

2. Vous en faites pas, les agents regardent en général passer la voiture d'un air ému mais ne font pas souffler dans le biniou. (Messages, 12 mars 2006, <www.volvoforlife-fr.com/>)

■ **souffler dans le biniou à qqn**, loc. verb. "faire une fellation à qqn". Peu attesté. Cf. aussi l'anglais *blow job*. ~ ■ **souffler dans le poireau***.

3. – Je savais pas que tu parlais breton.
– Si, mais compte pas sur moi pour te souffler dans le biniou ! (*Forum Voissa – Source de l'épanouissement sexuel*, 6 décembre 2005, <forums.voissa.com/>)

## bique

□ **bique et bouc**, loc. adj. "qui est homosexuel passif et actif ou qui est bisexuel ; qui évoque cette manière d'être". Métaphore d'origine rurale, qui s'appuie sur le dimorphisme sexuel que l'on peut observer chez la chèvre. Dans Lermina 1897 : « HERMAPHRODITE. *Bique et bouc.* » ~ □ **être à l'huile* et au vinaigre** ; □ **être à poil* et à plume** ; □ **être à voile* et à vapeur**.

1. En se relevant, il s'était excusé avec une drôle de phrase : « D'accord, je me suis trompé. Je croyais que tu étais bique et bouc. » (J. Lanzmann, *Le Têtard*, 1988 [1976], p. 98)

2. Bique et bouc, bouc et bique
Bique à voile, bouc à vapeur
Bique et bouc, bouc et bique
Bique à voile, bouc à vapeur (Refrain de la chanson *Bique et bouc* du Professeur Choron, « Tour de chant à l'Olympia », juin 1981, <choron.atspace.com/concerts.htm>)

3. Un bandeau blanc [...] ajoute la touche bique et bouc au personnage. Ni chair ni poisson. Jacky l'insaisissable. (J. Houssin, *Envoyez la purée !*, 1983, p. 143)

4. Un malhonnête m'a proposé un don en nature sous une forme que je refuse d'accepter [...]. Je le dis tout net à ceux qui voudraient en faire autant : je ne suis pas bique et bouc, merci d'avance et gardez vos faveurs pour ceux qui les apprécient. (Message, 11 mai 1998, <www.geneva-link.ch/>)

— EMPLOI SUBST.

5. Il y avait aussi, momentanément dans la bande, un extraordinaire « bique et bouc », vedette chantante. Là non plus on ne disait pas encore « transsexuel », alors on ne disait rien, pour ne pas être méchant. (A. Spaggiari, *Journal d'une truffe*, 1983, p. 279, GRL)

## bite

□ **bite chauffante**, loc. nom. "thermoplongeur". Métaphore originaire de l'argot des casernes ou des prisons. On dit aussi □ **couille chauffante**.

1. Le *toto*, connu des militaires sous le nom de bite chauffante, est un disque de fer entouré d'une spire qe [*sic*] relie un fil électrique accroché au fil de l'ampoule d'éclairage sur un endroit dénudé. (J. Thieuloy, *La Geste de l'employé*, 1976, p. 259, GRL)

2. [...] je lui racontai qu'on n'a pas le droit d'avoir de réchaud en cellule pour se faire des boissons chaudes. L'administration vend cinquante balles une résistance électrique qu'il faut immerger dans un bol pour faire chauffer le liquide : on appelle ça une *bite chauffante*. (Marie & Joseph, *Jazz Belle*, 1987, p. 134)

3. Théoriquement, en cellule, pour faire chauffer son café, on n'a droit qu'au thermoplongeur bien connu des boy-scouts. C'est, comme chacun sait, une résistance cylindrique qu'il suffit d'immerger quelque temps dans son bol pour obtenir un jus brûlant. Les détenus appellent cet engin « toto » ou « bite chauffante ». (*Le Courrier de Bovet*, <perso.club-internet.fr/>, consulté le 11 septembre 2003)

4. Grâce aux thermo-plongeurs – les bites chauffantes, le plus vital accessoire de l'appelé avec le quart en aluminium –, nous nous régalions de thé, à l'indienne avec d'épaisses giclées de lait concentré en tube [...]. (R. Belleret, *Sixties*, 2004, p. 243)

■ **comme ma bite** ; **comme ta bite**, loc. adv., loc. phrast. Commentaires grossiers, respectivement mélioratif et dépréciatif, employés en guise de jeux de mots. Souvent abrégés, dans le cyberlangage, en **CMB** ou **CTB**.

5. Donc hier, j'ai dévissé l'ampoule qui ne marchait plus, pour essayer de voir comment est fichu le système électrique, et d'où peut venir le faux contact. Là, je me suis rendu compte que le filament pendait tout mollement (CTB). (Blog, 30 novembre 2006, <www.procellus-blog.net/>)

6. Steve répond « dans ton cul* » à toute question finissant par « où » et déclame son légendaire « comme ma bite » à chaque fois que quelqu'un a le malheur de dire quelque chose comme « c'est dur » ou « c'est énorme ». (Blog, 28 décembre 2006, <blog.myspace.com/>)

7. Je vous présente un jouet radio-télécommandé que j'ai découvert récemment : [...] C'est un hélicoptère [...] qui pèse 10 grammes (CTB) et mesure 17 centimètres (CMB). On le pilote sur deux voies : une manette pour monter/descendre et une autre pour tourner à gauche/droite. (Le Blog de Poulpe, 26 janvier 2007, <blogs.nofrag.com/>)

□ **ma (/ta/sa**, etc.) **bite et mon (/ton/son**, etc.) **couteau**, loc. nom. Pour évoquer l'homme dans la simplicité de ses attributs virils essentiels.

8. Et puis qu'est-ce que c'est que cette histoire de « vos armes » ? Mes armes ?... Ma bite et mon couteau ! Qui est-ce qui disait toujours ça ?... Ah ! oui, c'est Paul... (C. Néron, *La Grande Marrade*, 1965, p. 337)

9. Y'a pas d'ange
Sur cette terre [...]
Y'a qu'des hommes
Comme il faut
'Vec leur bite
Leur couteau
Sous la ch'mise (Renaud, « Me jette pas », dans *Le Temps des noyaux*, 1988, p. 37)

— Pour évoquer des moyens réduits au minimum.

10. Tonton Émile lui avait appris à se débrouiller, tout seul avec sa bite et son couteau dans pas mal de situations […]. (J.-J. Reboux, *La Cerise sur le gâteux*, 1996, p. 80)

11. […] un type qui a commencé avec sa bite et son couteau et qui, aujourd'hui, est à la tête d'une vraie petite industrie […]. (Le petit Olivier, *Farine et châtiment*, 2002, p. 85)

12. « Nous n'avons pas de moyen coercitif approprié pour travailler. Comme disait l'autre "tu as que ta bite et ton couteau" et tu as intérêt à ouvrir un bon parapluie pour te protéger des emmerdes. » (Un policier de la PAF, dans *Libération*, 18 février 2003, p. 17)

13. Les stages de survie, aussi, il aimerait bien en faire un, un jour. Il a vu un reportage à la télé sur le sujet, ça avait l'air vraiment excitant ! […] Les mecs, ils sont lâchés avec juste leur bite et leur couteau, hein. Et là… pas de trucage. (B. Constantine, *Allumer le chat*, 2007, p. 38)

— □ **t'es venu avec ta bite et ton couteau**, loc. phrast. Pour railler celui qui n'a pas pris soin de se munir de l'équipement ou de l'outillage nécessaire à son activité.

14. […] je souriai […] tout à moi-même en pensant à cette plaisanterie des chantiers en France adressée aux collègues à qui il manque toujours un outil ou l'autre, surtout entre corps de métier : *t'es venu avec ta bite et ton couteau, toi ce matin […].* (« Philippe De Jonckheere & Le Désordre au terrier », 22 avril 2003, <www.atol.fr/>)

■ **petite bite**, loc. nom. "homme sans envergure, sans mérite ou sans talent". ~ **minus**.

15. […] les Américains sont des petites bites quand ils font des films de guerre. *Full Metal Jacket*, c'est pour les puceaux. *La 317ᵉ section*, c'est un vrai film de guerre, comme si vous y étiez. C'est d'ailleurs ce que m'ont confirmé tous les gens qui ont fait une guerre. Sauf que, comme c'est un film français, c'est assez bavard. (« En vrac », 24 octobre 2006, <memapa.canalblog.com/>)

16. [...] ce ne sont pas des artistes, ce sont des faussaires, de petites bites qui vendent leur merde à n'importe quel trou du cul de bourgeois qui veut un truc joli dans son salon, et assorti au papier peint et au cuir du fauteuil, s'il vous plaît [...]. (R. Duqué, « Modèles vivants », dans *Enfin seul (4)*, 2007, p. 14, GRL)

— DANS UNE INSULTE. ~ ■ **pine* d'huître**.

17. Le jeune lui claque la porte au nez.
– Espèce de petit con ! Connard ! crie Dallas en donnant des coups de pied dans la tôle. Mais t'es taré ou quoi ? […]
Dallas le bouscule.
– Petite bite ! dit-elle, assez fort pour que ses copains l'entendent. (G. Mordillat, *Les Vivants et les Morts*, 2006 [2004], p. 591)

18. En rentrant, […] il repensait à une dédicace qu'il avait donnée dans le Valenciennois en 1993 ou 94, où il avait fait un barouf de tous les diables et insulté tout le monde, dont Jean d'Ormesson en visite dans la région, qui participait avec lui à un débat et qu'il avait traité notamment d'épicier et de « petite bite ». Non, c'était pas très malin, du moins en ce qui concerne la seconde affirmation. (P. Nollet, « Le pire et l'oubli », 30 novembre 2006, <www.foxoo.net/>)

## biture

□ **biture express**, loc. nom. "absorption du maximum de boissons alcoolisées en un minimum de temps, en vue de s'enivrer (pratique de certains jeunes, notamment lors des week-ends)". Adaptation de l'anglais *binge drinking*. ~ □ **alcool-défonce***.

1. Société encore avec un sujet douloureux dans *Envoyé spécial* (France 2, 20 h 50) : « Jeunes et alcool, la biture express ». (*Libération*, 11 janvier 2007)

2. La « biture express » a frappé / [...] quatre comas éthyliques, impliquant trois mineurs, et une bagarre sont venus gâcher la fête du football populaire. (*Le Nouvelliste*, 23 mai 2007, <www.fcbramois.ch/> ; titre et sous-titre)

3. De très jeunes filles en coma éthylique, des bagarres, du tapage : les Anglo-Saxons appellent cela *binge drinking*, les Espagnols *botellon*. « Biture express », a traduit l'équipe municipale [de Rennes], qui est allée dans différents pays d'Europe observer le phénomène, en pleine expansion. (*Le Monde*, 31 janvier 2008, p. 21)

V. encore *minable*, ex. 13.

## bizarre

**bizarre autant qu'étrange**, loc. phrast., loc. adj. L'exemple 1 suggère que cette locution est reprise d'un des duos de Manon et Desgrieux dans *Manon*, opéra-comique de Jules Massenet (1884), ce qui n'est pas le cas. La variante **aussi bizarre qu'étrange** est attestée en 1859 (« [...] l'adoration de plusieurs animaux et même de végétaux auxquels ils firent rendre, particulièrement en Égypte, un culte aussi bizarre qu'étrange », M. de Serres, *De la cosmogonie de Moïse*, t. 2, Paris, Lagny Frères, 3e éd., p. CLXVI, GRL).

— LOC. PHRAST. Pour marquer, de façon plaisante, sa surprise.

1. « Bizarre autant qu'étrange » – comme on disait parfois dans ma famille, par manière de plaisanterie – très étranger et très étrange s'offrait ce vers du duo de Manon, quand j'entendais ma sœur [...] le chanter. (M. Leiris, *La Règle du jeu*, 1948, p. 20, FT)

2. [...] Laurence et moi [lors d'un enterrement] avons guetté le degré d'humidité dans les yeux des grandes personnes avec nos yeux secs d'enfants bien élevés. Nous avons même vu des hommes qui portaient des drapeaux pleurer, surprenant spectacle. « Bizarre autant qu'étrange »... (D'où sort cette expression ? On la répète très vite, ça gargarise.) (A. de Saint-André, *Ma Nanie*, 2005 [2003], p. 19)

— LOC. ADJ. "surprenant".

3. Dans le salon, de vieux fauteuils au cuir élimé, une méridienne, des objets bizarres autant qu'étranges, des chandeliers de toutes les couleurs, des babioles. (*Le Figaro*, 10 octobre 2001)

4. Un concept [une glace dénommée *la Charentaise*] dont votre serviteur s'est enquis, soucieux de connaître la composition du cocktail. La réponse est tombée tout de go, bizarre autant qu'étrange à l'énoncé : un mélange de cognac et de marron. (*Sud Ouest*, Royan, 20 avril 2005)

## black

□ **au black**, loc. adv. Souvent dans **travailler au black**, loc. verb. "(travailler ou faire travailler) en dehors des dispositions requises par la législation du travail (facture en bonne et due forme, bulletin de salaire, déclaration à la Sécurité sociale, etc.)". Le terme *black*, entré en français conventionnel pour désigner aussi bien la couleur noire qu'un Noir, est ici employé comme « traduisant » **(travailler) au noir**, mais l'anglais a recours pour désigner ce procédé délictueux à une autre image, *to moonlight*.

1. ALICE [...] je peux difficilement admettre que dans ces périodes où il y a tant de chômeurs et de chômeuses, des gens comme moi participent au travail de l'entreprise sans contrepartie... c'est travailler au black... (G. Cognard, *Six femmes pour un homme*, 2005, p. 72, GRL)

2. – [...] Je bricole [dans l'informatique], je fais un peu de formation au black, je monte des sites Internet à la demande. (D. Daeninckx, *On achève bien les disc-jockeys*, 2006, p. 30)

3. En ce moment, j'arrête pas [de dresser des horoscopes]. Y'a plein de monde qui me demande.
Je devrais peut-être faire payer ?
Trente euros le thème, cinq euros la configuration du jour, c'est pas cher. Au black. Net d'impôts. (B. Constantine, *Allumer le chat*, 2007, p. 58)

4. – Le double du SMIC ? [...].
– Déclaré et tout...
– Je préférerais pas !
– Au black, si vous voulez, je m'en fous ! (C. Pelletier, *Tirez sur le caviste*, 2007, p. 27)

## blanc

**avoir un blanc**, loc. verb. "avoir un trou de mémoire". Par analogie de *blanc* "intervalle, espace libre qu'on laisse dans un écrit" et *blanc dans la conversation* "temps mort, silence", la locution est attestée depuis 1926 (DDL).

1. « Je ne me souviens plus de rien. J'ai un blanc », a soutenu le prévenu qui était en possession de sept grammes de résine de cannabis « pour le mal de tête ». (*Ouest France*, 14 juin 2003)

2. Son avocat indique qu'il a eu « un blanc », un vide. Un trou de mémoire, mis par l'avocat sur le compte de « la grande fatigue » de l'athlète [...]. (*L'Équipe*, 12 septembre 2004, p. 9)

3. [...] je vais dîner chez des copains. [...] Tout va bien jusque-là, mais dans le bus, j'ai un blanc : chez qui vais-je dîner, nom d'une pipe ? (M.-A. Guillaume, *L'Odeur de l'homme*, 2006 [2005], p. 61)

## blanchir

□ **mal blanchi**, loc. adj., loc. nom. "(celui ou celle) qui ne s'est pas totalement dégagé d'engagements idéologiques stigmatisés". Attesté en 1858 (« [...] un jeune homme élevé par un vieux hérétique mal blanchi », G. Sand, *Les Beaux Messieurs de Bois-Doré*, t. 2, p. 185, FT).

1. Ces variations sur l'héroïsme spontané et pur [dans le film *Les quatre jours de Naples*], pur de toute arrière-pensée révolutionnaire, a ravi les deux continents. Seuls quelques nazis mal blanchis ont protesté, du côté de Bonn. Mais partout ailleurs, de la gauche à la droite, ce n'est qu'un long cri d'admiration. (R. Borde et A. Bouissy, *Le Nouveau Cinéma italien*, 1963, p. 90)

2. M. Guy Mollet attaque vivement les communistes : « ces espèces de léninistes mal blanchis et déstalinisés » qui « veulent utiliser la menace de l'O.A.S. pour se dédouaner ». (P. Viansson-Ponté, *Bilan de la V$^{e}$ République. Les Politiques*, 1967, p. 249, GRL)

3. C'est d'ailleurs lui [Bernard Frank] qui inventa le terme de « hussards » pour qualifier ces jeunes naviguant entre la droite « anar » et l'extrême-droite [...], revendiquant le parrainage d'aînés au mieux inconscients, au pire fourvoyés dans la collaboration [...]. « C'est vrai, reconnaît Millau, il y avait des mal blanchis ou des suspects [...]. » (*Les Echos*, 10 novembre 2000)

## bleu

**être dans le bleu**, loc. verb. "être dans l'incertitude". À rapprocher, pour la valeur de *bleu*, de *n'y voir que du bleu* "n'y rien comprendre", *passer au bleu* "escamoter", ou encore de la locution moins usitée *discourir dans le bleu* « discourir dans le vide, sans rien savoir du sujet faute d'éléments de discussion » (Lis/Barbier 1980). ~ **être dans le brouillard** ; □ **être dans le potage**.

1. [...] à la veille de la conférence ministérielle de Cancun, ils [les négociateurs européens] avouent être dans le bleu. L'objet de leurs cauchemars ? Non pas les États-Unis, avec lesquels les Européens ont finalement réussi à trouver un terrain d'entente sur le dossier agricole, de loin le plus épineux. Mais les pays en développement (PED) jugés incontrôlables. (*Le Monde Économie*, 9 septembre 2003, p. II)

2. Ce rebondissement intéresse la police qui, dans son jargon, avoue « être dans le bleu » au terme d'un mois et demi de vaine traque. (*Le Figaro*, 14 octobre 2004, p. 17)

3. « Le nouveau mode d'emploi à suivre n'est pas clair. Il m'a fallu, par exemple, un an pour obtenir une réponse concernant une subvention à une association que je préside, observe [...] l'autre députée PS des Deux-Sèvres. Mes interlocuteurs habituels [...] étaient dans le bleu. Moi aussi [...]. » (*L'Express*, 17 novembre 2005, p. 2)

4. « Je suis dans le bleu, actuellement. Je suis malade, j'ai une otite et j'ai surtout envie de me reposer », a seulement dit la jeune femme [...]. (*Le Parisien*, 14 janvier 2007, p. 11)

□ **les avoir (toutes) petites et (toutes) bleues**, loc. verb. "avoir froid ou peur". Le pronom *les* représente « les testicules », censées se contracter et bleuir dans de telles situations.

5. – Alors, mon gars, fit la vieille, ça caille, hein ? On les a toutes petites et toutes bleues ? [...] Et Juju répondit, rêveur :
– Un peu, mon neveu*. (R. Fallet, *La Grande Ceinture*, 1956, p. 54, FT)

6. Arrête, je vais commencer à les avoir petites et bleues, insista Duncan, moqueur. (« Quod est veritas », <www.fanfictions.net/textes/>, consulté le 12 mai 2007)

— EN DISCOURS LIBRE.

7. [...] chez l'homme aussi on peut [...] deviner la saison rien qu'en les voyant : petites et bleues c'est l'hiver [...]. (*Les Forums d'Infoclimat*, 29 septembre 2006, <forums.infoclimat.fr/>)

— EMPLOI LUDIQUE SUR CE MODÈLE.

8. On achète des saucisses, on se les glisse dans la braguette et on montre ça en beuglant « toute petite et toute bleue ». (R. Fallet, *Carnets de jeunesse 2*, 1992 [1947], p. 153)

## bling

**bling-bling** (ou **bling bling**), loc. nom., loc. adj. invar. Pour désigner les parures et bijoux clinquants des rappeurs et pour qualifier leur style vestimentaire ostentatoire (voir l'exemple 2). Emprunt au vocabulaire du rap américain. Un emploi onomatopéique est attesté dans un sens voisin en 2000 (« [...] un hip-hop prenant le contre-pied d'un rap surcommercialisé, faisant l'éloge des marques de haute couture (Gucci, Versace...) et des chaînes en or qui font "bling, bling" », *Libération*, 4 décembre 2000).

1. [...] la rentrée sera d'un goût douteux. Car la mode, cet hiver, sera « bling-bling ». Bijoux, breloques, bagnoles... Il faut que ça claque et que ça brille. Bonne nouvelle pour les mamies : la broche redevient « l'indispensable de la garde-robe ». Tout comme les boucles d'oreilles, mais attention : « dépareillées uniquement », précise l'agence Carling International. [...] Pour être branché, il faudra donc se la jouer proxo ["proxénète"], à coups de manteau léopard, de velours et de chaînes en or. (*Le Nouvel Observateur*, 26 août 2004)

2. En trois ans à peine, la marque Jacob & Co est devenue aux États-Unis la reine de la montre « bling-bling ». Inventée par les rappeurs noirs américains, l'onomatopée désigne la « quincaillerie », bijoux, colliers, bagues, montres, et autres parures pavées de diamants, qui, depuis la naissance du rap, au milieu des années 80, font partie, au même titre que les baskets Adidas ou le sigle Volkswagen porté en pendentif, de la panoplie du parfait rappeur. (*Le Figaro*, 21 octobre 2004)

3. *Inspecteur Disiz*, un film fantastique où [...] lui, Disiz, serait chargé de vérifier l'attestation de street crédibilité de chaque rappeur et de la qualité de leurs bling bling (chaînes en or). (*Libération*, 28 octobre 2005, p. 10)

4 [...] les rappeurs n'aiment pas Sarkozy. Pourtant, ils ne manquent pas de remarquer qu'il porte (presque) la même panoplie. Lunettes Ray-Ban, chaîne en or, chronographe Breitling au poignet : comme eux, le candidat de l'UMP aime les marques, le luxe et ce qui brille. Bref, ce que, dans la mythologie hip-hop, on appelle le « bling-bling ». (*Le Point*, 3 mai 2007, p. 48)

— Pour qualifier ceux qui font étalage de leur richesse.

5. [...] les autorités bien souvent autoproclamées des pouvoirs institués s'adonnent à leurs refrains favoris pour diaboliser le sarkozysme : démagogie, bluff médiatique, bonapartisme, clanisme, américanisme d'école de commerce, narcissisme, pipolisme, droite bling-bling. (*Le Nouvel Economiste*, 20 septembre 2007, p. 10)

6. Aujourd'hui, regrettent des cheminots de Sud-Rail, ce n'est plus comme en 1995 : « Il y a la droite bling-bling, la fausse gauche caviar, et nous, la gauche saucisson. » (*Le Monde*, 16 novembre 2007, p. 10)

7. *Capital* enquête sur les riches bling-bling, ces nouveaux milliardaires jamais aussi heureux que lorsqu'ils ont l'occasion d'étaler leur fortune. Clinquant et mauvais goût, caprices et cercles exclusifs… (*Télérama*, 2 janvier 2008, p. 83)

8. Ce fameux bling-bling entend aujourd'hui caractériser une forme de tape-à-l'œil nouveau riche. (*Le Monde*, 8 janvier 2008, p. 2)

## blonde

**histoire de blonde(s)**, loc. nom. "anecdote, blague, souvent indigente ou d'un goût douteux, mettant en scène une femme blonde, au motif grotesque que les blondes sont supposées niaises (v. *comprenette*, ex. 1 et 3 et *confondre*, ex. 2)". Cf. l'anglais (*dumb/silly*) *blonde joke* ; *dumb blonde* est attesté en 1936 (OED).

1. Chaque matin (8 h 25) l'animatrice de « Vidéo Gag » donne rendez-vous aux auditeurs dans « Trop blonde pour moi », une chronique où elle raconte des histoires… de blondes. Preuve que la belle aux cheveux couleur des blés a aussi de l'humour. (*Le Figaro*, 4 décembre 2001)

2. Les histoires de blondes ne datent pas d'hier, elles pourraient même recevoir la palme de la longévité sur le terrain des blagues de collégiens. Mais pour quelles raisons les brunes n'ont-elles jamais réussi à percer dans ce domaine ? (Critique de l'ouvrage *Les Blondes* de Joanna Pitman, 24 mars 2005, <www.pelerin.info/article/>)

— DANS UN JEU DE MOTS.

3. La dernière histoire de blondes en date dans les Landes s'est racontée hier […]. En vérité, il ne s'agit pas d'une blague graveleuse, puisque les trois blondes en question [des vaches de la race « blonde d'Aquitaine »] sont d'Aquitaine […]. (*Sud Ouest*, 25 février 2005)

## blues

**coup de blues**, loc. nom. "moment de mélancolie, de cafard, de dépression". Avant de donner son nom à une musique, le terme anglais *(the) blues* a dénommé le cafard et le mot a été aussi emprunté en français en ce sens, où il est particulièrement (mais non exclusivement) en usage dans cette locution. ~ □ **coup de calgon** [v. *calcaire*] ; □ **coup de flip*** ; □ **coup de grisou*** ; □ **coup de mou**.

1. […] il était déprimé et il a eu un break-down ["une dépression"] terrible. Un coup de blues l'a ruiné. (Bayon, *Le Lycéen*, 1987, p. 313)

2. J'aurais aimé revenir en arrière, lui dire que tu n'avais pas tant d'importance que ça, que c'était déjà fini, que j'avais eu un sale coup de blues […]. (F. Rey et R. Forlani, *En toutes lettres*, 1992, p. 104, GRL)

3. Et puis, en dehors des larmes explicables, estampillées « normales », il y a le clash sans raison précise, le coup de blues, le grand ramassage. […] Et là, si je me répands sur une épaule fraternelle, j'aime assez que cette épaule se montre polie et compatissante, au lieu de me balancer : « Pleure, tu pisseras moins. » (M.-A. Guillaume, *L'Odeur de l'homme*, 2006 [2005], p. 114)

4. Selon un sondage […], 30,5 % des hommes célibataires et 22,5 % des femmes en solo* connaissent un coup de blues pour Noël, où la solitude paraît plus dure que d'habitude. (*Le Parisien*, 24 décembre 2005, p. 5)

V. encore *calcaire*, ex. 4.

## bocal

□ **agité du bocal**, loc. adj., loc. nom. "(personne) à l'équilibre psychologique incertain". C'est dans l'argot des casernes que *bocal* a d'abord désigné le casque, puis la tête. *À l'agité du bocal* est le titre d'un pamphlet de L.-F. Céline, adressé à J.-P. Sartre en 1948. *Les agités du bocal* est une émission télévisée de la chaîne France 4 (2007). ~ □ **agité/secoué du carafon*** ; □ **dérangé (/agité/allumé) du bulbe*** ; □ **barjot** ; □ **fondu** ; □ **givré** ; □ **secoué**.

1. L'« underground », cher aux babas-patchouli des années 70, renaît sous les coups de boutoir de ces agités du bocal, sains et vigoureux [un groupe de musique rock]. (*Télérama*, 28 janvier 1987, p. 38)

2. [...] le commissaire à poigne multiplie les opérations coup de poing dans les rues, les cités et les bars. [...] « Agité du bocal », peut-être, mais « bons résultats », souligne un ponte de la police. (*Libération*, 7 avril 2004, p. 17)

3. Elle [Brigitte Aubert] jubile à construire des intrigues impossibles maniant l'humour et le suspense, comme dans cette *Âme de trop* où l'on découvre une infirmière un peu agitée du bocal [...]. (*Libération*, 4 février 2007, p. 12)

4. Mes parents aimaient bien Malraux parce qu'ils étaient gaullistes et Malraux aussi ; il faisait partie de la bande. Un peu agité du bocal mais génial. (A. de Saint-André, *Il n'y a pas de grandes personnes*, 2007, p. 23)

∞ DANS UNE MÉTAPHORE.

5. De la légitime défense au laissez-les nager, c'est vous l'agité du bocal. Votre aquarium ? Le petit écran, où le ventouseux Gicquel, envieux de Maurice Barrès, ne cesse de parfaire son portrait à l'eau de Vichy afin de mériter son surnom de colin inspiré. (J.-E. Hallier, *Lettre ouverte au colin froid*, 1979, p. 124, GRL)

— □ **allumé du bocal**, loc. adj., loc. nom. "id.". Sur le modèle du précédent. Renforcement du qualificatif **allumé** "excité ; un peu fou".

6. Quatorze parcours sont proposés. Le domaine skiable est vaste et les tracés tous intéressants. Ils offrent des passages en hors piste assez difficiles, mais qui écourtent largement les temps sur une descente. [...] Parsemés de maisons, de câbles électriques, de télésièges et autres rampes, ils offrent un terrain de jeu idéal pour les allumés du bocal, qui ne manqueront pas de glisser sur tout ce qui passe. (*Dernières Nouvelles d'Alsace*, 22 décembre 2005)

7. Bref, vaste programme pour tous les allumés du bocal, les excités du dance-floor, les rockeurs sur le retour et les oreilles curieuses ! C'est à Lyon, c'est aux *Nuits sonores* [...]. (*...491*, mai 2006, p. 4)

8. [...] une succession de scènes, comme dans une bande dessinée, reliées les unes aux autres par la présence du conteur agitateur un peu allumé du bocal [...]. (*Sud Ouest*, 9 décembre 2006, p. 6)

— □ **siphonné du bocal**, loc. adj., loc. nom. "id.". Sur le même modèle. Renforcement de **siphonné** "fou". Formule attestée, par jeu de mots, dans *Le Monde de Nemo*, dessin animé des studios Pixar (2003), à propos de poissons d'aquarium (voir l'exemple 9).

9. Nemo [un poisson-clown] s'enfuit et doit affronter des épreuves insoupçonnables : il est prisonnier d'un aquarium de dentiste, intronisé dans un groupe singulier de

« siphonnés du bocal », libéré dans les eaux polluées du grand port de Sydney. (*Le Figaro*, 12 novembre 2003, p. 56)

10. Ces deux comédiens siphonnés du bocal vous entraînent dans leur univers avec leurs personnages attachants mais franchement un peu bord* cadre… (« Deux mecs pour le prix d'un », septembre 2004, <www.mesbillets.com/>)

11. Son trip, à Inès, c'est de bien faire coller le Carambar sur les dents et d'essayer de dire « Carambar » sans rien décoller. […] Faut croire que je les attire, les siphonnées du bocal… (Message, 13 janvier 2006, <www.signedb.fr/>)

□ **avoir le bocal**, loc. verb. "être prétentieux, arrogant". ~ **avoir la grosse tête**.

12. J'ai jamais aimé ce groupe [musical], […] le chanteur a le bocal […] et c'est à se pisser dessus. (Message, 26 octobre 2003, <www.forum-auto.com/>)

13. Je peux vous dire que beaucoup ont cru percevoir […] l'attitude d'un mec qui a le bocal, voilà tout. (Message, 12 septembre 2005, <www.tp9.net/>)

14. À la retraite [un footballeur] ! Il met pas un pied devant l'autre, en plus il a le bocal ! (Message, 8 octobre 2007, <fr.sports.yahoo.com/>)

## bœuf

**enlevez le bœuf**, loc. phrast., loc. interj. "la chose est prête ; la situation est mûre ; le tour est joué". Du vocabulaire des boucheries de détail où la viande, une fois pesée, est prête à être emportée (voir l'exemple 5). ~ **enlevez, c'est pesé**.

1. Cette fois il risque la relègue. Pour un sac à main… la vioque a poussé des cris… une paire de vaches à roulettes juste par là. Enlevez le bœuf ! (A. Boudard, *La Cerise*, 1984 [1963], p. 126)

2. Eh bien voilà, j'ai ce qu'il vous faut, un petit cachet et hop enlevez le bœuf, dans cinq secondes vous n'aurez plus la migraine, vous marcherez sur des roses. (C. de Rivoyre, *Les Sultans*, 1964, p. 108, FT)

— VARIANTES DÉVELOPPÉES. **enlevez le bœuf, c'est de la vache ; enlevez le bœuf, c'est pas du veau ; enlevez le bœuf, la vache est pesée**.

3. On a beau se dire qu'on ne peut rien en fin de compte, faire gaffe, ne pas se laisser prendre dans l'engrenage ; le bout de l'ongle du petit doigt engagé, et on y passe tout entier à la casserole. Pas se livrer, pas se relâcher, pas s'abandonner. Un seul instant d'oubli et on est fabriqué, empaqueté, soldé. Enlevez le bœuf, c'est de la vache. (M. Raphaël, *Ainsi soit-il*, 2004 [1950], p. 102)

4. […] Le Corbusier ambitionne de *supprimer la rue*. Car il s'en flatte. Voilà bien le programme : la vie définitivement partagée en îlots fermés, en sociétés surveillées ; la fin des chances d'insurrection et de rencontres ; la résignation automatique. […] Qu'est-ce que M. Le Corbusier soupçonne des *besoins* des hommes ? […] Enlevez le bœuf, c'est de la vache. (*Potlatch*, 13 juillet 1954, n. p.)

5. On l'entendait jusqu'au bout de la rue, M. Laborde : « Et madame Unetelle, qu'est-ce que ça sera pour madame Unetelle ? Un aloyau ? Parfait pour l'aloyau, c'est parti, du beurre mon aloyau, madame Unetelle, et avec des petits oignons, vous m'en direz des nouvelles, et enlevez le bœuf, c'est pas du veau ! » (R. Ikor, *L'Éternité derrière*, 1980, p. 204, GRL)

## boire

**on boit de bons coups mais ils sont rares**, loc. phrast. Formule plaisante pour réclamer à boire. Attesté en 1924 sous une forme voisine (« BIRBAT. Je bois… je bois comme tout le monde. / MADELEINE. […] on te met un petit verre et un grand verre, c'est toujours le grand que tu tends ! […] Ou bien alors, tu dis : "On boit de riches coups, mais ils sont rares." », A. Birabeau et G. Dolley, *La Fleur d'oranger*, Paris, impr. de l'Illustration, p. 5, GRL) ; en 1931 (« Dites donc, Bloch, chez vous on boit de bons coups, mais ils sont rares ! », M.-E. Grancher, *Shanghaï*, p. 152, GRL).

1. « J'ai faim ! » criait-elle.
Elle mangeait comme pour se venger de quelque chose et jetait tout le temps des phrases types du genre : « On boit de bons coups mais ils sont rares » […]. Aussi Marguerite lui servait des triples rations. (R. Sabatier, *Trois sucettes à la menthe*, 1972, p. 77)

2. GEORGETTE. Pierre arrête… Loulou, mon verre est vide, celui de Micheline aussi.
MICHELINE. C'est vrai, on boit de bons coups mais ils sont rares.
LOULOU. Pour ça tu n'es pas la dernière. (Tilly, *Minuit chrétien*, 1999, p. 34)

3. Marie-Thérèse [une centenaire] trouvant les discours trop longs, a même lancé : « On boit de bons coups mais ils sont rares ! » (*Ouest France*, 23 novembre 2002)

## bois

□ **envoyer le bois**, loc. verb. "être efficace, travailler avec énergie, donner son maximum". De l'argot des musiciens. ~ **faire fort** ; □ **mettre la gomme** ; □ **mettre le paquet**.

1. […] Asuka [dans un jeu vidéo], une jeune fille qui n'a pas l'air comme ça mais qui envoie le bois. (*Charente libre*, 23 septembre 2005, p. 43)

2. – […] je peux te dire, pendant que toi tu bullais, moi j'ai envoyé le bois. J'ai même bien avancé. (L. Chalumeau, *Les Arnaqueurs aussi*, 2007, p. 342)

3. Une maison de la nuit sévillane [La Casa Anselma] IN-CON-TOUR-NA-BLE ! La mère Anselma, c'est un peu une sorte de Régine locale, le moins qu'on puisse dire c'est qu'elle n'a pas froid aux yeux et qu'elle envoie le bois ! (*Petit Futé. Espagne 2007-2008*, 2007, p. 289, GRL)

— □ **ça envoie du (/le) bois** (s.v. *envoyer*).

## boîte

□ **boîte de six**, loc. nom. "fourgon de police". Par allusion « à la boîte de beignets de poulet d'une enseigne de restauration rapide » (*Le Petit Champignacien illustré*, sur <champignac.hautetfort.com/>). ~ □ **panier à salade**.

1. […] la police est de plus en plus présente, en tout cas à Lille, avec une boîte de six à tous les ronds-points ou presque. (Message, 20 avril 2006, <www.blogdsk.net/>)

2. Dimanche 29 avril 2007, repas de quartier multiculturel sous haute protection policière à proximité du QG de campagne de Nicolas Sarkozy rue d'Enghien à Paris. / Pique-nique sous la surveillance rapprochée d'une cohorte de policiers antiémeute pour 300 à 400 personnes du quartier, et sans doute d'ailleurs. Tout s'est bien passé.

Les policiers sont repartis dans leurs « boîtes de 6 » et les pique-niqueurs sont rentrés chez eux. (Blog, 1er mai 2007, <yakasolutions.typepad.com/>)

3. Les gamins en banlieue qui parlent de boites de 6 pour [...] des voitures de flics en faisant référence aux chicken nuggets j'trouve ça fort ! (Message, 20 janvier 2008, <www.sblorf.com/2008/01/15/le-gavroche-de-meudon/>)

**boîte vide**, loc. nom. "entité (idée, programme, structure ou institution) sans véritable contenu". Cette formule est moins fréquente que sa concurrente **coquille* vide**.

4. Pas de recherche sans théorie – et le peu d'exigence théorique de l'historien irrite à bon droit le philosophe. Mais pas de théorie sans recherche, ou le théoricien sera bien vite accusé, comme le fut naguère l'économiste, de ne manier que des boîtes vides. (P. Vilar, dans J. Le Goff et P. Nora (dir.), *Faire de l'histoire*, vol. 1, 1974, p. 184)

5. Quant à l'ONU, [...] on ne répétera jamais assez qu'elle est une boîte vide sans le concours des Etats. (*Le Monde*, 12 septembre 2003, p. 15)

6. Hier, au lendemain de la décision de la Commission départementale d'équipement commercial, des voix s'élevaient déjà pour promettre le lancement de procédures contre l'implantation d'un centre [commercial] de marques à La Cavalerie. [...] « Pour l'instant, ce dossier est une boîte vide », peste Jean-Claude Flavier. (*Midi libre*, 31 janvier 2007)

7. Au sujet de la proposition du candidat UMP, Nicolas Sarkozy, de créer un ministère de l'Immigration et de l'Identité nationale en France, Jean-Marie Le Pen a dénoncé « une boîte vide » dans laquelle « on ne sait pas ce qu'il va y avoir ». (*Reuters. Les Actualités en français*, 13 mars 2007)

(se) **prendre une boîte**, loc. verb. "faire une chute". De *boîte* "pétard ; coup violent, chute", particulièrement attesté de nos jours dans la région grenobloise, le mot a pénétré le langage des sportifs.

8. – [...] J'ai commis une grosse boulette dans mon premier run ["enchaînement de figures"] et le second ne s'est pas passé comme il aurait dû. Ça fait déjà un moment que je ne maîtrisais plus certaines figures et je n'avais pas envie de prendre une « boîte ». (Doriane Vidal, championne de snowboard, née à Limoges, dans *L'Équipe*, 14 février 2006, p. 6)

9. Le seul petit regret c'est qu'un concurrent attardé est venu toucher la roue avant de Tatou et qu'il s'est pris une boîte de chez* boîte, Jon a bien vu la chute mais n'a rien pu faire. (*Le Site du supermotard*, <supermot06.free.fr/>, consulté le 24 mai 2007)

— AU FIGURÉ. "essuyer un échec".

10. Le hockey américain a connu quelques hic hier. [...] les Etats-Unis ont pris d'emblée un bon coup dans les ratiches. Se prendre une boîte 4-2 par la Suède, une équipe considérée l'avant-veille comme intéressante, voilà qui ne manque pas de sel. (*L'Équipe*, 14 février 1998)

## bol

**coupe au bol**, loc. nom. "coupe de cheveux courte et en arrondi". Cette coupe ressemble à celle obtenue en coupant les cheveux qui dépassent d'un bol appliqué sur le sommet du crâne.

1. Certes, j'avais le visage rose et une expression enfantine qu'accentuait encore ma coupe au bol et ma frange à la chien. (J. Lanzmann, *Le Têtard*, 1988 [1976], p. 139)

2. Imaginez un grand échalas brun, la coupe au bol, qui débarque sur scène sur sa mobylette. (*L'Indépendant*, 5 février 2007)

— **cheveux (coupés/taillés) au bol**, loc. nom. "cheveux coupés de cette façon".

3. Il avait les épaules tombantes, les bras musclés, les cheveux châtain clair taillés au bol par Madame Blanchard qui craignait les poux. (Y. Queffélec, *Les Noces barbares*, 1989 [1985], p. 27, FT)

4. Il revoyait le visage poupin de René, ses cheveux au bol, ses incisives trop écartées, ou sa dent de lait tombée. (E. Carrère, *La Classe de neige*, 1995, p. 123, FT)

5. [...] mes cheveux noirs épais, coupés trop rond et presque au bol [...]. (P. Labro, *Manuella*, 2005 [1999], p. 29)

## bombe

□ **à toute bombe**, loc. adv. "très vite, à toute allure". Sur le modèle de **à tout(e) berzingue, à toute blinde**, à partir de locutions plus anciennes du type *en bombe, comme une bombe*, de même sens ; comparer avec **à toute pompe**. ~ □ **à fond la caisse/les ballons/les manettes** ; □ **à toute barre** ; **(à la) vitesse grand V**.

1. Du coup, je me lève comme un ressuscité et m'habille à toute bombe. (P. Conil, *Flip-frac*, 1981, p. 88)

2. Je tourne au coin de l'escalier, prends l'escalator, arrive sur le quai en même temps que deux employés, flics barbus qui viennent par l'autre bout à toute bombe. (J. Berroyer, *Journal intime pour tous*, 1988, p. 42, GRL)

3. Pour avoir fait un tour entier [d'un jeu vidéo] en mode turbo, je peux vous dire que le cœur en prend en coup. Il arrive souvent qu'on prenne des virages à toute bombe sans comprendre comment on passe un carrefour en frôlant le poids lourd arrivant sur la droite... (*Burnout 2*, 31 octobre 2002, <www.krinein.com/critiques/>)

4. Les trimarans devaient passer Ouessant à la tombée de la nuit et sûrement à toute bombe. (*Libération*, 5 novembre 2003, p. 29)

— "très fort, en libérant toute la puissance".

5. [...] le tapage publicitaire, et les placements de produits au sein même du film [*Ma femme s'appelle Maurice*] sont peut-être les conséquences de l'esprit commercial de la Warner (distributeur et producteur). Pour amortir les dépenses inutiles, les acteurs écoutent NRJ à toute bombe et se tatouent les quatre cercles d'Audi sur l'épaule... (« Avis de consommateurs », 25 septembre 2002, <www.ciao.fr/>)

□ **c'est de la bombe**, loc. phrast., loc. interj. Pour exprimer son enthousiasme. Souvent sous une forme développée : **c'est de la bombe atomique** ou **c'est de la bombe, baby (/bébé)** ; dans ce dernier cas, la locution doit sa diffusion à la chanson *Seine St-Denis Style* (1998) du groupe rap NTM. Les « Guignols de l'Info », sur Canal+, ont diffusé la formule « C'est d'la bombe, bébé » dans la bouche de la marionnette du chanteur Joey Starr. Probablement calque de l'anglo-américain *it's the bomb* ou *that's the bomb* "c'est remarquable". Renouvelle le paradigme déjà très riche des formulations superlatives. ~ **c'est formidable/géant/génial/super** ; □ **c'est mortel** ; □ **c'est de la balle*** ; □ **c'est de la boulette*** ; □ **c'est une tuerie*** ; □ **ça déboîte*** ; □ **ça déchire*** ; □ **ça déménage** ; □ **ça démoule*** ; □ **ça pète*** ; □ **ça tue***.

6. Cinq jeunes gens venus d'Arcueil [...]. Leur impression [sur une manifestation] ? « C'est de la bombe ! » dit l'un. C'est-à-dire ? « C'est super, y a une bonne ambiance ! » (*Le Monde*, 22 octobre 1998, p. 9)

7. Tu vas voir, Paris, c'est de la bombe atomique qui déchire* tout. Et tu devrais t'éclater en BTS à Renoir, une copine l'a fait. Elle m'en a paru plutôt satisfaite. (Message, 25 août 2004, <www.sanspretention.com/>)

8. Natalie Portman en strip-teaseuse [dans le film *Closer* de Mike Nichols], c'est d'la bombe, bébé (et encore, je me contiens et j'essaie de rester digne). (Message, 21 janvier 2005, <www.moveandbe.com/>)

9. Seb est arrivé avec deux acides qu'il avait dealés dix euros pièce. Deux micropointes, les plus petits, les plus dosés, de la bombe atomique. (C. Montana, *Carla on my mind*, 2005, p. 93)

10. « Waouh... C'est de la bombe ! » [...] il vient de goûter à 20 minutes de sensations fortes aux manettes d'un quad. (*Sud Ouest*, Gironde, 23 août 2006, p. 9)

V. encore *pulser*, ex. 5 ; *race*, ex. 4.

— VARIANTE DÉVELOPPÉE PAR ENCHAÎNEMENT. □ **c'est de la bombe de balle (atomique)**.

11. J'espère que vous avez vu ce film [*Street Dancers*] car sinon vous avez raté quelque chose. Ce film c'est de la bombe de balle. (Message, 18 juillet 2004, <filsdubrasil.skyblog.com/>)

12. Quant à Mozart, c'est de la « bombe de balle atomique qui déchire* sa race ». Tu veux du hardcore ? No problem, mec, écoute Tchaïkovsky [...]. (*Brave Patrie*, <bravepatrie.com/>, consulté le 11 février 2005)

— EN CONSTRUCTION LIBRE.

13. Moi j'veux qu'on dise que j'suis d'la bombe. (*Mon répertoire*, chanson de Diam's, 2003)

— VARIANTE INTENSIVE. □ **(c'est de) la pure bombe (de balle)**.

14. Je reviens juste [...] du concert [...] ! Vraiment exceptionnel de la pure bombe de balle ! (Message, 23 novembre 2000, <www.concertandco.com/artiste/trapettistes/>)

15. [...] je l'ai testé [un ordinateur], cet appareil est une véritable tuerie*, c'est de la pure bombe nucléaire ! (Message, 3 juillet 2002, <forums.macgeneration.com/>)

□ **c'est de la bombe (de** + proposition), loc. phrast. "c'est une situation explosive".

16. – [...] c'est de la bombe de forcer les gens à vivre comme ça. Et le jour où ça va péter, ça va faire très mal. Quand il n'y a plus d'espoir que des mensonges, il n'y a plus de frein. Et quand il n'y a plus de frein j'en connais au moins dix prêts à faire n'importe quelle connerie, rien que pour prouver qu'ils existent... (G. Mordillat, *Les Vivants et les Morts*, 2006 [2004], p. 548-549)

## bon

□ **top bon**, loc. adj. "parfait dans son genre ; exceptionnel, formidable".

1. Hier j'ai vraiment passé une top bonne journée réussie à Villeneuve-St-Georges à l'occasion de la « journée portes ouvertes » de notre brigade des sapeurs-pompiers de Paris [...]. (« Les Militaires », 23 Juin 2003, <monsite.wanadoo.fr/yvelines18/>)

2. Si on avalait des trucs juste parce que c'est bon pour la santé, le monde serait rempli de nanas top bonnes et de mossieurs super forts. (Message, 30 mai 2005, <zbang.org/>)

3. Ahlala, il faut que tu goûtes la cuisine indienne. C'est pas light, mais c'est top bon ! Y a pas un p'tit resto dans ton coin ? (Message, 20 février 2007, <monbateauivre.canalblog.com/>)

4. [...] un bon truc, pour les pots, c'est le planteur. [...] il doit pas sembler plus fort que le punch à Mimile où y'a juste un fond de rhum pour 4 litres. Il doit en revanche être top bon (pas trop sucré, mais suffisamment pour masquer l'alcool) [...]. (« Pot de départ », 9 mars 2007, <www.econsultantpointcom.com/>)

## bonbon

□ **avoir les bonbons qui collent au papier**, loc. verb. "avoir très chaud ; être mal à l'aise, notamment par défaut de linge propre". La métaphore croise deux sens de *bonbons* : l'un, anodin, "friandises" et l'autre, familier, "testicules" (ce dernier souvent dans la loc. verb. *casser les bonbons*). S'emploie à propos d'un homme, tandis que **les rideaux* collent aux fenêtres** est surtout du registre féminin.

1. Il se tortilla en palpant son entrecuisse : les bonbons me collent au papier. (H. Lacroix, *Raideur digeste*, 1976, p. 15)

2. Je veux bien qu'en juin il fasse beau. Mais plus de 30° à 60 bornes de la mer, [...] j'ai les bonbons qui collent au papier. (*Ma vie cubique*, 10 juin 2006, <maviecubique.canalblog.com/>)

3. Benjamin de Rothschild n'en dort plus. Armateur de *Gitana-XI*, le trimaran leader de la Route du rhum depuis mardi 31 octobre, le baron vit au rythme infernal qu'impose son skipper, Lionel Lemonchois, à la flotte des multicoques de 60 pieds (18,24 m). « J'ai pas quitté mon ciré depuis le départ, je commence à avoir les bonbons qui collent au papier », lâche l'industrieux normand. (*Le Monde*, 5-6 novembre 2006, p. 13)

4. [...] les boxer-short, les coups de soleil, l'irritation des cuisses qui se frottent jusqu'au sang, les bonbons qui collent au papier [...]. (H. Prudon, *La Sainte Journée*, 2006, p. 21)

V. encore *rideau*, ex. 2.

## bonheur

**(c'est/rien) que du bonheur**, loc. phrast., loc. interj. Expression stéréotypée du bonheur programmé et, par hyperbole, de toute forme de satisfaction. Largement diffusée depuis 2001, après avoir été le leitmotiv de l'émission télévisée « Loft Story » (sur la chaîne M6), la locution est devenue emblématique des émissions de télé-réalité puis de nombreuses émissions de variétés, d'abord sous la forme **c'est que du bonheur**. *Rien que du bonheur* est le titre d'un film de D. Parent (2003).

1. En 2001, nos films nationaux ont été vus, chez nous, par 77 millions de Français et, dans le monde, par 62,5 millions d'étrangers [...]. / Que du bonheur ? Pas pour tous : il y a quelques semaines, l'hebdomadaire américain *Variety* titrait sur le combat de Hollywood contre les « héros locaux » : les irréductibles Gaulois (*Amélie* et *Astérix*) [...]. (*Télérama*, 25 septembre 2002, p. 25)

2. « Rien que du bonheur ! » C'est formidable. On ne peut plus faire un pas télévisuel, ouvrir une esgourde, laisser son attention flottante errer comme bouchon sur l'eau tiède, sans entendre cette expression. C'est rien que du bonheur ! À propos de tout, et du reste. De la vie, de l'amour, de l'élevage des cailles, d'un livre, d'un film, d'un plat [...], pas un qui ne finisse par bêler, avec des trémolos dans le gosier et les yeux extatiques qui conviennent aux quasi-épectases pour de rire, rien que du bonheur ! (P. Georges, dans *Le Monde*, 25 février 2003, p. 32)

3. Au cours de l'année 2000, le réalisateur Nicolas Philibert recherche une école primaire en milieu rural pour y réaliser un documentaire [...] désormais célèbre : *Être et avoir*. [...] On salue le talent du réalisateur, on vante celui de ce gentil maître d'école pour qui « ce documentaire est sa plus belle inspection », le « plus merveilleux hommage à sa profession », et qui vécut « une magnifique aventure collective ». Rien que du bonheur. (*Télérama*, 8 octobre 2003, p. 22)

4. – Trop mortel, dit-il (je le regardai avec un certain courroux : s'il me redisait « *total respect** » ou s'il essayait un « *ce n'est que du bonheur* » ou le pire, l'ignoble « *ça le fait* ! », je lui enfonçais son bonnet jaune, vert, noir, jusqu'aux épaules). (A.D.G., *J'ai déjà donné...*, 2007 [2004], p. 112)

5. Cinq mois après sa victoire, elle peut esquisser un premier bilan de son « année de Miss France » : « Que du bonheur ! » (*Dernières Nouvelles d'Alsace*, 5 mai 2004, p. TE 1)

V. encore *herbe*, ex. 3 ; *sourire*, ex. 6.

— MOINS USUEL. **c'est du bonheur**.

6. – Eh voilà ! Pile-poil [v. *pile*] ! C'est du bonheur ! (Garçon de café au client ayant l'appoint, Paris, brasserie Le Baltard, 13 février 2003)

V. encore *balle*, ex. 2.

**trouver son bonheur**, loc. verb. "trouver (une chose que l'on cherche à se procurer ou que l'on a plaisir à découvrir) plus ou moins par hasard, au milieu d'un ensemble offrant un vaste choix".

7. Monsieur Turbot a, paraît-il, des bricoles intéressantes pour les amateurs de pièces détachées.
– Ben venez !... Vous trouverez bien vot' bonheur dans mon garage !... (S. Loubière, *La Petite Fille aux oubliettes*, 2000, p. 82)

8. Forêt de la Malmaison [...]. Parcours botanique, jardin de collection, lac, réserve naturelle... chacun y trouve son bonheur [...]. (*Le Parisien*, 20 mai 2002, p. 31)

9. Tout le monde trouve son bonheur [au Salon bio et nature] : Josette vient des Yvelines pour faire un stock de farine et de pain bio [...], tandis que Fabrice, jeune papa plutôt attiré par les vins bio arrive du Val-d'Oise [...]. (*Le Parisien*, 14 novembre 2004, p. 31)

## bonhomme

**le petit bonhomme (vert/rouge)**, loc. nom. "feu de signalisation, en forme de silhouette humaine, autorisant aux piétons (lorsqu'il est vert) ou leur interdisant (lorsqu'il est rouge) la traversée de la chaussée". Utilisé notamment par des adultes s'adressant à des enfants.

1. [...] il trouvait humiliant de se plier aux ordres : se masser avec les autres moutons devant le passage clouté, piétiner en attendant que le petit bonhomme vert veuille bien vous donner sa permission, et alors se bousculer dans le troupeau entre les deux barrières fictives des clous [...]. (R. Ikor, *L'Éternité derrière*, 1980, p. 53, GRL)

2. [...] il a failli être tout simplement percuté par une voiture [...]. Et pourtant, le Piéton était dans son bon droit, puisque traversant sur le passage protégé alors que le feu tricolore était au rouge, le petit bonhomme au vert. (*Sud Ouest*, Auch, 5 février 2005, p. 4)

3. La contravention qu'ont pris Yazid et Boubakar, en milieu d'après-midi, a de quoi laisser perplexe. Leur faute : ne pas avoir respecté le fameux petit bonhomme rouge, que les enfants connaissent bien (« on ne doit jamais traverser au petit bonhomme rouge »), et que les adultes ignorent souvent. (*Le Progrès*, 28 février 2006, p. 9)

4. Ne voit-on pas au quotidien nombre de piétons (que nous sommes tous à un moment ou à un autre) débouler au milieu des voitures ou devant le tram, sans se soucier si le « petit bonhomme » est au rouge ou au vert. (*Dernières Nouvelles d'Alsace*, 2 décembre 2007, p. ST 8 ; lettre d'un lecteur)

## bonjour

**(bien) le bonjour chez toi/chez vous**, loc. phrast. Cette formule d'adieu, employée hors situation, et notamment lorsque celui qui l'emploie ne connaît pas son interlocuteur, prend une valeur ironique ou irrévérencieuse.

1. PIERRE. [...] Je suis ici chez moi. Barrez-vous.
MME RAPONS. [...] Monsieur, je suis douée d'une patience *infinie* avec les enfants, mais je ne suis pas qualifiée pour soigner les fous. *(Elle remet ses gants, prend sa valise hors champ.)* Je vous salue. Bien le bonjour chez vous. (C. Serreau, « 3 hommes et un couffin », dans *L'Avant-scène cinéma*, 1987 [1985], p. 69)

2. – Salut les mecs, bonjour chez vous, je vais encore me la faire belle c't aprèm'. (V. Ravalec, *Un pur moment de rock'n roll*, 1994, p. 9)

3. Jacques Villeneuve [un champion de course automobile] ne déroge pas à sa facilité : propos courts, dilatoires [...], sourire malicieux et bien le bonjour chez vous. (*Le Figaro*, 17 juin 2000, p. 31)

4. Merci tout le monde... bien le bonjour chez vous... et au plaisir de ne pas vous revoir ! (M. Keriel, *Autour de Seznec*, 2006, p. 93, GRL)

**bonjour, bonsoir**, loc. phrast. Pour exprimer des relations superficielles, comme en ont les gens qui se voient assez régulièrement mais sans se connaître vraiment. Attesté en 1825 (« RUTLY [...] Voilà tout, père Franz, et puis bonjour... bonsoir, quand nous nous rencontrons, voilà tout ce qu'elle sait de mon amour, et moi du sien », F.-A. Duvert, *Kettly*, dans *Théâtre choisi*, t. 1, Charpentier, 1877, p. 7) ; en 1899 (« *Poupette* : Moi ? J'sais pas ! à qui ça ? / *Suzanne* : À c'grand, là-bas. / *Poupette* : Je le connais à peine, bonjour bonsoir. C'est pas moi, j'sais rien », G. Apollinaire, *Journal intime*, Éditions du Limon, 1991, p. 102).

5. [...] mon rêve, c'est [...] le pavillon, si possible pas de voisins, ou bonjour-bonsoir et c'est marre, le klebs qu'on fait pisser deux fois par jour, la retraite à cinquante-cinq piges [...]. (P. Siniac, *Pas d'ortolans pour La Cloducque*, 1982 [1979], p. 242-243)

6. C'était bonjour-bonsoir, relève de son côté Marie-Laure, 49 ans [à propos d'un voisin décédé mystérieusement]. Un peu Monsieur-tout-le-monde, pas de bruit, pas de musique. » (*Ouest France*, 3 mars 2007)

V. encore *too much*, ex. 5.

□ **t'as le bonjour**, loc. phrast., loc. interj. Pour signifier qu'il vaut mieux renoncer, qu'il est impossible d'aboutir (dans une action), de réussir (dans une entreprise). Toutes les formules utilisées pour prendre congé peuvent être employées, en français populaire, pour indiquer que l'on abandonne, que l'on renonce. Attesté en 1923 (« Ni-Ni, NI, c'est fini / T'as l'bonjour ! », H. Poupon, « En fumant la cigarette », dans Pénet 2004, p. 125). ~ □ **t'as le bonsoir***.

7. Clodarec lâcha la sonnette.
– Est-ce qu'on va pouvoir enfoncer ça ? demanda-t-il.
– Si les verrous sont tirés, t'as le bonjour.
– Mais ils ne le sont peut-être pas... estima Clodarec. (J. Houssin, *Plus noir qu'un Dobermann*, 1981, p. 149)

## bonsoir

**bonsoir le (/la/les)** + nom. (À propos de choses.) "tant pis pour". Attesté en 1834 (« CANDIDE [...] et je ne veux pas entrer chez ma tante sans avoir tout vu... parce que, vous entendez bien, quand elle me tiendra, bonsoir la volupté... », E. Théaulon, *Les Quatre Âges du Palais-Royal*, Marchant, p. 30). ~ **adieu**.

1. Allez ! j'me fume un dernier morceau de H à la pipe à eau et puis je m'écroule. J'écoute les Eagles au casque *Motel* [*sic* pour *Hotel*] *California*. À fond la caisse. Bonsoir les esgourdes. Le rock ça rend sourd. (F. Lasaygues, *Vache noire, hannetons et autres insectes*, 1985, p. 37)

□ **t'as le bonsoir**, loc. phrast., loc. interj. Même sens que **t'as le bonjour***.

2. – Pour trouver une place [de stationnement], nous avons le bonsoir, constatait-il en démarrant au ralenti. (R. Giraud, *La Coupure*, 1966, p. 130)

## bord

□ **être au bord**, loc. verb. "être au bord de la crise, de la dépression". Par ellipse.

1. [...] les rares filles que je rencontre lors de mes malheureuses tentatives de séduction ont toutes le même défaut, avoir déjà quelqu'un dans leur vie. Je suis au bord. (Message, 7 octobre 2003, <coute.org/>)

□ **être bord** + nom ou adj., loc. verb. "être quasiment un(e) + *nom ou adj.*". De l'anglais *border*. ~ □ **être limite*** + nom ou adj.

2. « […] Je joue une fille en vacances […]. J'en fais des tonnes*, je suis carrément bord pétasse. » (Laura Smet, dans *Paris Match*, 29 juillet 2006, p. 89)

□ **bord cadre / bord-cadre**, loc. adj. invar. "marginal, non conventionnel". Du langage du cinéma où *bord cadre* désigne la zone à la limite du cadre d'une image et, en emploi adj., caractérise un sujet situé dans cette zone. *Bord cadre* est le titre d'un livre de Jean Teulé (1999) et celui d'une émission de télévision (sur la chaîne Cinécinéma) consacrée à l'actualité du cinéma. ~ **limite ; à la marge***.

3. […] pour un truc censé être sérieux c'est vraiment « bord cadre » […]. (Message, 17 avril 2006, <www.webrankinfo.com/>)

4. Ces caricatures, ces stéréotypes où l'on présente un milieu qui se lézarde avec des jeunes « bord cadre ». La fiction dépasse une réalité qui à son tour court après l'excès. (« Projections n° 20 : La banlieue, objet de représentations », juin 2006, <www.etecine.kyrnea.com/revue/>)

V. encore *bocal*, ex. 10.

## borgne

■ **borgne à roulettes**, loc. nom. " sexe de l'homme". La locution (le *borgne* est l'une des désignations du pénis en argot) est attestée en 1924 (« Assez […] de langues cartésiennes, assez de langues raisonneuses ! […] le besoin se fait sentir […] d'une langue sortie de la succulence intérieure, du mystère bonhomme, sensible et sensuel, du borgne à roulettes, de la force et de la France ! », L.-P. Fargue, dans *Les Feuilles libres*, n° 36, cité dans L. Rypko-Schub, *Léon-Paul Fargue*, Genève, Droz, 1973, p. 170, GRL).

1. […] Michal a montré son borgne à roulettes à Sofia. (« Édouard à la porte ! », 25 octobre 2003, <www.tv-realite.net/>)

2. Perso moi chez un homme j'aime les lampions. Bleus, de préférence. Puis, les mains. La poitrine. […] Et puis, le borgne à roulettes, parce que bon, c'est quand même l'essentiel ! (Message, 13 décembre 2006, <eliopolis.canalblog.com/>)

## bossu

**si tu vois le bossu, dis-lui qu'il se redresse** (**/de se redresser**), loc. phrast. Formule plaisante adressée le plus souvent à une personne qui prend congé ou dont on prend congé. Aujourd'hui vieillis, ces deux hémistiches sont peut-être empruntés d'une chanson ou d'un texte comique.

1. Tortosa […] harcelait les fuyards […].
– […] A force de pédaler, tu vas attraper l'avarice aux jambes. […] Passe à l'ombre, eh, couenne. Si tu vois le bossu dis-lui qu'il se redresse ! (J. Thieuloy, *L'Opéra de Beaucaire*, 1980, p. 242, GRL)

2. Tiens, je pense au fameux bossu dont tu me parlais tout le temps. C'était ta façon de me dire au revoir :
« Et si tu vois le bossu, dis-lui qu'il se redresse. » (J. Anglade, *Le Pays oublié*, 1982, p. 212)

3. Près de chez moi, il y avait un vieux monsieur et à chaque fois que je le voyais, il me disait : « Si tu vois le bossu, dis-lui de se redresser ». C'est pas vraiment une

blague mais j'étais morte de rire à chaque fois […] ! (Message, 28 novembre 2007, <www.genaisse.com/>)

4. Les plus grands […] lui lançaient des vannes de haute volée. Il avait du mal à les comprendre. D'autant plus que cela déclenchait des éclats de rire assez bruyants. Style :
– Oh, Régis ! Si tu vois le bossu, dis-lui qui se redresse.
Il ne connaissait aucun bossu, et même ! (Bianchimani, « Régis », consulté le 30 janvier 2008, <www.e-litterature.net/>)

## bouc

**coup de bouc**, loc. nom. "mouvement sec par lequel on relève le menton, pour ne pas perdre un pouce de sa taille". Par métonymie, *bouc* "barbiche au menton" désigne ici le menton lui-même ; du vocabulaire des casernes où le « coup de bouc » est vivement recommandé par les gradés pour obtenir un garde-à-vous impeccable, ainsi : « Arme sur l'épaule, droite, reposez, arme, présentez, arme, revenez pour le coup de bouc, en avant, arche. Le fusil obéit comme il peut » (J.-P. Viala, *Le Cessez-le-feu*, 1966, p. 80, GRL).

1. MAM [Michèle Alliot-Marie, ministre de la Défense] aura au moins appris à marcher au pas, à se tenir raide et droite, à « donner le coup de bouc », à parler d'une voix métallique et à balancer les oreilles* dans le sens de la marche. (Message, 22 juillet 2004, <forums.voila.fr/>)

2. […] je crois savoir que ces deux têtes sans menton de premier de la classe se mésestiment au plus haut point quoiqu'ils affectionnent les « coups de bouc » réciproques lorsqu'ils se rencontrent. (Message, 18 ctobre 2007, <usbek.blogs.nouvelobs.com/>)

V. encore *avaler*, ex. 4.

□ **puer le bouc**, loc. verb. "sentir très mauvais". Par exagération, le bouc étant l'animal domestique dont l'odeur est la plus pénible à supporter pour l'homme. Attesté en 1803 (« Puer le bouc ; exhaler une odeur pareille à celle de cet animal », C. M. Gattel, *Dictionnaire français-espagnol et espagnol-français*, 204b s.v. *chotuno*, GRL) ; en 1844 (« Il pue le bouc, méprise l'or et l'argent et n'a soin que de son ventre », I. de Born, *Monacologie*, p. 53, trad. par P. Broussonnet, GRL).

4. […] un jeunot mal fringué qui pue le bouc négligé […]. (San-Antonio, *Galantine de volaille pour dames frivoles*, 1987, p. 34)

5. […] mon seul et unique collègue et supérieur hiérarchique mange la bouche ouverte, transpire comme « un porc » et pue « le bouc » ! C'est immonde ! (Message, 16 août 2004, <www.aufeminin.com/forum/Collegues/>)

## bouche

**mise en bouche**, loc. nom. "phase préparatoire d'un événement, d'une épreuve ; mise en train". Par métaphore de *mise en bouche* "hors-d'œuvre fin et léger qui est servi avant les plats du menu proprement dit dans certains restaurants gastronomiques". ~ **mise en jambes* ; tour de chauffe***.

1. Pour les amateurs de la randonnée de montagne, une double expédition sportive à la conquête des deux plus hauts sommets d'Afrique. En guise de mise en bouche,

cinq jours d'ascension du mont Kenya (4 985 m) puis, également en cinq jours, le Kilimandjaro, à la frontière tanzanienne, et ses quelque 5 900 m. (*Le Monde,* 13 avril 1995, p. 24)

2. Large turban noir pour un chignon à la verticale, une robe fourreau et une veste élégamment coupée, Jessye Norman a pris possession de la scène avec une grâce naturelle. [...] Pour débuter, le fameux « Somewhere » de *West Side Story.* [...] et pour finir un negro spiritual porté par la voix de la chanteuse. Une agréable mise en bouche pour un festival placé cette année sous le signe du Sud. (*L'Humanité,* 19 juillet 1997)

3. La soirée du samedi a débuté par un apéro concert avec le collectif RADIAL, une mise en bouche de remixes, de bandes-son de films et de performances artistiques avant les deux moments forts de la soirée. (*Ouest France,* « Un premier succès pour Electrovore à Plougastel », 22 janvier 2007)

V. encore *caravane,* ex. 3.

**tu me l'ôtes/vous me l'ôtez de la bouche**, loc. phrast. "j'allais le dire". Attesté en 1537 (« Ha certes, dit le flateur, vous le m'avez osté de la bouche ; cella mesmes vouloye-je dire », A. du Saix, *La Touche naifve,* p. 76, FT). À comparer avec *avoir qqc sur le bout de la langue.*

4. – Je veux un rapport, les photos, les témoignages signés.
– Et j'envoie le double à Bastia ?
– Vous me l'ôtez de la bouche ! (C. Pelletier, *Le Chant du bouc,* 2002 [2000], p. 196)

5. – Et le Clémentin, tu y penses ?
– Tu me l'ôtes de la bouche. (J.-P. Demure, *Le linceul n'est pas qu'aux moches,* 2006, p. 67)

## boucle

**dire** (ou verbe du même paradigme) **en boucle**, loc. verb. "répéter toujours la même chose". Image d'une musique enregistrée qui repart au début lorsque le morceau est terminé. ~ **disque rayé**.

1. [...] sur son prie-Dieu en bois tourné noir, bras écartés, paumes tournées vers le ciel dans l'attitude des stigmatisés aux mains percées par des rayons laser, elle récite en boucle [...] d'interminables chapelets. (J. Rouaud, *Les Champs d'honneur,* 1990, p. 99, FT)

2. Cette bécasse a préféré rester là [...] incapable de dire autre chose que « Ben, je comprends pas » en boucle. (C. Krug, *Demain matin si tout va bien,* 2006 [2004], p. 9)

3. [...] une série d'onomatopées qu'il fallait reprendre en boucle [...]. (V. Ravalec, *Nouvelles du monde entier,* 2006 [2004], p. 98)

## boudin

□ **gonfler le boudin** / □ **scier le boudin**, loc. verb. "écœurer, exaspérer". Intensifs de *gonfler* et de *scier*.

1. DELOUX. [...] Tu regardes le film, toi ?
MARC. Non, ça me casse les pieds les versions originales... Ça me scie le boudin, si tu vois ce que je veux dire. (C. Miller, « La Meilleure Façon de marcher », dans *L'Avant-scène cinéma,* 1976, p. 10)

2. – C'est pas possible. Comment vous pouvez supporter que votre fille élève aussi mal cette gamine [...].
– Tu me gonfles le boudin ! hurle maman. Tu m'as toujours gonflée. Ça faisait longtemps que je voulais te le dire. Alors maintenant, tu me lâches, et ma fille, je fais ce que je veux avec elle, compris ? (D. Cozette, *Quand je serai jamais grande*, 2004 [1999], p. 58)

□ **(il y a) un os dans le boudin**, loc. phrast., loc. nom. "(il y a) une difficulté imprévue, un ennui inattendu". Variante de **il y a un os dans le pâté**. ~ □ **il y a un lézard** ; **il y a un souci*** ; ■ **(il) y a une couille dans le pâté*/dans le potage***.

3. Il faut avouer que cette déclaration nous laisse assez perplexes. Il y a comme qui dirait un « os dans le boudin ». (J. Grout, *Dans le sillage de la flibuste*, 1970, p. 138, GRL)

4. [...] c'est un accident, un regrettable accident, un os dans le boudin, un grain de sable dans les rouages. (*Le Challenge de Max Dubagne*, 2005, <maxdubagne.canalblog.com/>)

— EN CONTEXTE MÉTAPHORIQUE.

5. « Actionnaire depuis plus de vingt ans [...], j'ai appris une chose : quand la Bourse va mal alors que tout le monde dit qu'elle devrait bien se porter, c'est qu'il y a un os dans le boudin. Ne pourriez-vous pas essayer de nous indiquer où se trouve l'os ? Cela nous éviterait de nous casser les dents ! » Voilà ce que nous écrit un lecteur de Lisieux. (*La Vie financière*, 21 juin 2002, p. 80)

## bouger

■ **se bouger le cul** (ou synonyme), loc. verb. "bouger, se déplacer ; se montrer actif". Variante développée de **(se) bouger**. ~ □ **se remuer* le cul** ; □ **se magner**.

1. [...] elle allait le voir. Ça la changeait un peu, de se bouger le cul pour aller chez quelqu'un, alors que n'importe qui aurait fait un certain nombre de kilomètres pour elle. (A. Audouard, *Marie en quelques mots*, 1977, p. 23, GRL)

2. « Va falloir que tu te bouges le train, se dit Vence, va falloir que tu fasses le tour de cette baraque et que tu regardes d'un peu plus près. Ça va pas être de la tarte. » (R. Destanque, *Rapt-time*, 1980, p. 208)

3. La réussite ? Yeux verts grands ouverts, Fatima [une non-voyante] cherche un peu ses mots, parle de courage et de volonté, puis finit par un clair et franc : « Faut se bouger le cul, voilà, c'est simple. » (*Libération*, 6 mai 1995, p. 35)

4. [...] au prix où il était payé, ça valait le coup de se bouger le cul. (Y. Molin, *L'Évincé au fond du pouvoir*, 1999, p. 127)

V. encore *téter*, ex. 2.

— ■ **bouger son cul** (ou synonyme), loc. verb. "id.".

5. Qui sait si le génie n'est pas enfant de la paresse ? Qui sait si l'on n'atteint pas les sommets de la pensée pour s'épargner la peine de bouger son derrière ? (H.-F. Blanc, *L'Empire du sommeil*, 1989, p. 162, GRL)

6. Nos amis débarquent sur l'île de Néo-Géo et là tombent nez à nez avec une statue du dieu Toitoinama.
ESTEBAN : Regarde Tao, y'a des inscriptions au pied de la statue.

TAO : Attends, bouge ton cul que je puisse lire. (*Les Mystérieuses Cités d'or*, <www.priap.com/>, consulté le 11 septembre 2003)

## boulette

□ **c'est de la boulette**, loc. phrast. Pour exprimer son enthousiasme. Souvent sous la forme développée **c'est de la boulette atomique**. Renouvelle le paradigme déjà très riche des formulations superlatives. *La Boulette* est une chanson de Diam's (2006). ~ **c'est de la balle*** ; **c'est de la bombe***; □ **ça déboîte*** ; □ **ça déchire*** ; □ **ça déménage** ; □ **ça démoule*** ; □ **ça pète*** ; □ **ça tue***.

1. [...] le maire de Paris a créé Paris Plage, (en gros, on met du sable et des palmiers sur les quais de Seine et on a une belle plage artificielle !) et bien c'est de la boulette atomix ce truc ! [...] y a une bonne ambiance et pis c'est terrible de bronzer en plein Paris ! (Message, 20 juillet 2002, <www.atomixmp3.com/>)

2. Ayeeeeeeee j'ai mon vélo, [...] il est trop giga super classe [...]. Et voilà la photo de la bête. Je vous garantis c'est de la boulette ! (Message, 9 juillet 2006, <nipiap.free.fr/>)

3. C'était top, trop génial, ils ont mis le feu* DATA ROCK c'est de la boulette atomique en survêt... (Message, 27 novembre 2006, <blog.myfenek.com/>)

— VARIANTE INTENSIVE. □ **c'est de la pure boulette.**

4. Bruges à l'automne c'est de la pure boulette mes cocos... Le genre de balade qui vous fera dire que la nostalgie n'est plus ce qu'elle était. (Blog, automne 2007, <tangleding.hautetfort.com/album/> ; légende d'une photographie)

**trou de boulette**, loc. nom. Indice (voire symbole) de la consommation de chanvre indien, en forme de petit trou dans un vêtement, une moquette, etc., provoqué par la résine de cannabis incandescente.

5. Ainsi, pendant des années, des millions de jeunes [...] ont fumé des milliards de pétards en espérant militer pour une société différente, et se sont effondrés dans un même élan ralenti sur des canapés ornés de trous de boulettes pour vomir en rêve le monde inique qui les a vus naître. (*Technikart*, avril 2001)

6. Vous avez sûrement déjà entendu la profession de foi de ce groupe à l'humour coup de poing. Il déclarait : « Depuis qu'je fume pu d'shit, j'fais du sport, je n'ai pu d'trous de boulette... » (*Ouest France*, 30 novembre 2005)

7. Tiens, je suis à peu près certain que je tenais une idée « marrante » y a pas une minute... Perdue... Je crois que les trous de boulettes sur mon pull ne sont rien en comparaison des trous de boulettes dans mon cerveau. Les idées, elles tombent dedans. (« Les vérités vraies d'Herald Wladymeer », 27 décembre 2006, <veritas.hautetfort.com/>)

— EN CONTEXTE MÉTAPHORIQUE.

8. Jean-Pierre Galland, 50 ans, militant procannabis historique. Risque la prison aujourd'hui pour son combat. [...] Galland, c'est plutôt le trou de boulette au milieu de la moquette. Le truc qui dérange la bonne conscience du petit peuple de l'herbe qui, pour fumer heureux, préfère vivre caché. (*Libération*, 27 février 2002, p. 44)

## boulon

□ **perdre** (/**paumer**) /**péter ses/les boulons**, loc. verb. "perdre le contrôle de soi-même ; avoir un comportement déraisonnable". Issu du vocabulaire de la mécanique. ~ □ **péter les plombs***; □ **péter un joint*/ses joints** ; □ **disjoncter** ; □ **avoir les fils* qui se touchent** ; □ **il lui manque une vis*** ; □ **monter dans les tours*** ; □ **rouler sur la jante**.

1. [...] je sens que je vais morfler un max. Je vais raquer l'addition. Pourquoi tu vas me le dire. Pour une connerie d'incident de parcours. Ça arrive à tout le monde de péter ses boulons. Dès que je sors des rails les uns comme les autres j'ai remarqué y m'ratent pas. (E. Hanska, *J'arrête pas de t'aimer*, 1981, p. 66)

2. Eljie est plutôt contente. Le Grand est en train de paumer ses boulons. Y a bon. (E. Hanska, *La Femme coupée en deux*, 1983, p. 84)

3. Je ne suis pas un cinéphile, mais je crois me rappeler que Bela Lugosi, le premier interprète de Dracula à l'écran, a pété ses boulons à force de s'identifier à son personnage. (T. Benacquista, *Les Morsures de l'aube*, 1992, p. 115)

4. Ce mec qui me tutoie d'emblée, me paralyse. Devant lui, je perds mes boulons. (A. Page, *Je suis rien*, 2003, p. 268)

5. C'était une quinzaine d'années auparavant, à la mort de son mari, qu'elle avait commencé à perdre les boulons. (E. Chartrain, *Onirisme*, 2004, p. 127, GRL)

— □ **péter un boulon**, loc. verb. "id.". ~ □ **péter un câble*/une durit(e)*/un joint*/un plomb*** ; □ **monter dans les tours***.

6. Samedi, vers 2 h 30 du matin, il a insulté et menacé de mort voisins et policiers [...]. « J'ai pété un boulon, concède-t-il [...]. » (*Le Parisien*, 7 novembre 2000, p. 3)

7. – [...] A faire toujours le même travail dans un isolement total, ils ont pété un boulon. (J. Breguet, *Pas de deux*, 2004, p. 156, GRL)

V. encore *plomb*, ex. 7.

— LOC. NOM. DÉRIVÉE. □ **pétage de boulon(s)**. "perte de tout self-control". ~ □ **pétage de fusible(s)*** ; □ **pétage de plomb(s)***.

8. Les délégués CGT montent au créneau*, sortent le 22 avril un tract intitulé « Du serrage de boulons au "pétage" de boulons » et dénoncent un directeur qui « fait supporter à tous son anxiété face à sa perte de pouvoir et à son vieillissement ». (*Ouest France*, 19 mai 2005)

9. – Mais il nous fait une déprime, pépère ! [...] que diraient vos glorieux ancêtres devant ce pétage de boulon ? Vous perdez tout sens commun, mon ami ! (Anny 1 Everybody, *Qui veut la peau d'ma Terre ?*, 2007, p. 72, GRL)

10. Il se contient comme il peut mais il est border line ["psychologiquement dans un état limite"], à la lisière du pétage de boulon. (Message, 12 mars 2007, <blogs.lexpress.fr/elysee2007/>)

## boulot

**faire** (ou verbe du même paradigme) **le sale boulot**, loc. verb. "se charger des tâches ou des opérations ingrates, répréhensibles, éventuellement délictueuses". ~ **se salir les mains**.

1. Ici, nous faisons le travail que les autres ne veulent pas faire, le sale boulot, mais pourtant que tout le monde sait qu'il faut faire. (L. Bitterlin, *Histoire des barbouzes,* 1972, p. 201, GRL)

2. Répréhensible en Occident, la pratique du bakchich ne l'est en rien au Moyen-Orient : du haut en bas de l'échelle, verser une commission, payer un sponsor pour enlever un marché ou simplement avoir le droit de vendre dans le pays est parfaitement admis. Après tout, c'est un mode de distribution des revenus comme un autre. Pour des raisons de convenances, un personnage trop haut placé ne peut toutefois s'abaisser à marchander lui-même. D'où le besoin chronique d'intermédiaires, chargés, en quelque sorte, du « sale boulot ». (*Le Monde,* 4 avril 1987, p. 4)

3. – [...] les chatons, tu t'en souviens, quand on les lançait très fort sur le mur de la grange ? [...] ils étaient trop nombreux et il fallait bien que quelqu'un se coltine le sale boulot. (M. Villard, *Démons ordinaires,* 1992, p. 75)

4. Ils [les harkis] participèrent activement, parfois pour le « sale boulot », à ce qu'on appelait alors « les opérations de maintien de l'ordre ». (*L'Humanité,* 24 avril 2003)

5. La majorité des hauts cadres [...] ont en effet quitté le navire dès que l'occasion s'est présentée. « Leur principale mission, explique un syndicaliste du siège, aura consisté à faire le sale boulot, c'est-à-dire à déterminer [...] qui doit partir et qui doit rester. » (*L'Express,* 14 mars 2005, p. 136)

6. [...] le colonel est un personnage nuancé. Il ne veut pas qu'on taise le mot de guerre, ni celui de torture, et quand Rossi a fait le « sale boulot » et en revient décomposé, il lui dit : « C'est bien, du moment que tu n'y prends pas de plaisir. » (*Télérama,* 15 novembre 2006, p. 50)

## bourre

□ **être en pleine bourre**, loc. verb. "être en pleine forme". *Bourre* correspond ici à *bourrer* "foncer" en français non conventionnel. Expression de la langue des sportifs.

1. Il y a un jumelé couru dans la suivante [...].
– [...] Qui peut battre Acambos là-dedans ?
J'ai peur d'Atalante. Les Remester sont en pleine bourre en ce moment.
– Atalante ça explose. (J. Bany, *Auteuil première,* 1975, p. 27, GRL)

2. Deuxième ligne, troisième ligne, Abdelatif Benazzi a beaucoup navigué entre les deux en dix ans de carrière internationale. Sans préférence. « Moi, dit-il, quand je suis en pleine bourre, je m'en fous du poste. » (*Le Monde,* 5 février 2000, p. 25)

3. Enfin, le club comptait plusieurs [...] internationaux [...] qui se retrouvent actuellement en pleine bourre. (*L'Équipe,* 3 mai 2007)

□ **pleine bourre,** loc. nom. "activité intense".

4. Quand Marcel arriva rue Saint-Denis, ce n'était pas vraiment la pleine bourre. Ni pour lui-même, ni pour les habitantes du quartier qui faisaient relâche* en cette heure creuse. (D. Villard, *La Petite Aiguille,* 2006, p. 32, GRL)

## bourrin

□ **y aller** (ou verbe du même paradigme) **à la bourrin**, loc. verb. "agir sans subtilité, brutalement". Bien attesté dans la langue des informaticiens et des amateurs de jeux vidéo. La locution est formée à partir de *bourrin* en emploi adj. "qui utilise la force brutale, dénote le manque de délicatesse, de nuance" (NPR 2005) et sur le modèle de **y aller à la brute/à la con**, etc. ~ **à la barbare***.

1. Enfin un jeu où on est vraiment dans l'action, où on est obligé de se cacher et d'élaborer une technique d'attaque et pas foncer à la bourrin. (Message, 27 septembre 2003, <www.achetezfacile.com/>)

2. J'ai peut-être loupé un truc mais tant pis, j'y suis allé à la bourrin en faisant un lien symbolique vers ce fichier dans le dossier de mon projet. (« Utiliser Ogre 3D », 13 février 2005, <adrien.adan.free.fr/>)

3. Imaginez-moi en train de faire un quatre-quarts… […] au moment d'incorporer les blancs [d'œuf], ne pas y aller à la bourrin, sinon, ça gicle partout ! (« News », 12 avril 2005, <xrayromeo.livejournal.com/>)

## boutique

□ **fermer boutique**, loc. verb. "(en parlant d'une femme) cesser définitivement d'avoir des rapports sexuels". Déjà en 1610, *boutique* est attesté au sens de "sexe de la femme" (Béroalde de Verville, FT). Comparer avec □ **être fermée* pour travaux**.

1. Par sa beauté, son regard coquin et son aura, l'actrice installe progressivement une complicité entre les spectateurs et les témoignages de femmes qui vont suivre. Nous sommes alors prêts à écouter les souvenirs de cette femme de 72 ans, qui a « fermé boutique » […]. (« *Les Monologues du vagin* au Petit Théâtre de Paris », 13 février 2001, <www.tatouvu.org/>)

2. Cette comédie romantique frôle le happening si l'on rapporte l'âge de ses protagonistes, la soixantaine […]. Diane Keaton, riche écrivain qui croyait avoir « fermé boutique », retrouve sa verdeur dans les bras de Jack Nicholson […]. (*Télérama*, 5 septembre 2007, p. 118)

## braguette

■ **avoir des yeux** (ou terme du même paradigme) **à faire sauter** (/**péter**) **les boutons de braguette**, loc. verb. "être sexuellement très excitant(e)".

1. […] vous la connaissez, c'est une petite bonne femme d'Aix-en-Provence, qui est blonde avec des yeux noirs à faire sauter les boutons de braguette. (C. Braibant, *Le Rire des dieux*, 1941, p. 316, GRL)

2. Une vraie pin-up ! […] Brune qu'elle était, avec des châsses ["des yeux"] à faire péter les boutons de braguette. (J. Damien, *L'Amerloc*, 1951, p. 30)

3. « Vous ne trouvez pas, patron…, avait demandé à Cendrars son cameraman des chasses à l'éléphant, que la petite de la Panne a des yeux qui vous font sauter les boutons de braguette ? » (J. Marc-Chadourne, *Blaise Cendrars, poète du cosmos*, 1973, p. 194, GRL)

■ **avoir les yeux qui crient braguette**, loc. verb. "être sexuellement très excité(e) ou très excitant(e)". La locution a été diffusée à la suite du film de Y. Moix, *Podium* (2004), dont elle est devenue pour certains une citation culte. ~ ■ **avoir les yeux qui sentent le cul*** ; ■ **avoir le cul* dans l'œil/dans les yeux** ; ■ **sourire* en cuisses ouvertes**.

4. En voyant s'éloigner la présentatrice, Laurent ne peut s'empêcher de prononcer une phrase à caractère salace. « Elle a vraiment les yeux qui crient braguette [...] » s'exclame Laurent [...]. (« Mon incroyable fiancé : Épisode 3 », 29 juillet 2005, <www.realtv-fr.net/>)

5. [...] des Blancs costauds aux cheveux ras, sans doute des mercenaires, entourés de jeunes femmes dont les yeux criaient braguette. (J.-M. Villemot, *Les Petits Hommes d'Abidjan*, 2006, p. 18)

V. encore *cul*, ex. 9.

## braquet

**changer de braquet**, loc. verb. "changer de rythme (pour obtenir le résultat attendu)". Métaphore du cyclisme. ~ **passer la seconde**.

1. [...] le Comité central du PCUS de décembre 1969 fut un véritable cri d'alarme : il fallait, comme on dit, changer de braquet [...]. (F. Cohen, *Les Soviétiques. Classes et société en URSS*, 1974, p. 141, GRL)

2. Ces six derniers mois, on a opéré presque toutes les semaines. À présent, il faut changer de braquet. Une, deux affaires par mois, pas plus. Mais des gros trucs. (R. La Canne, *Tu peux pas savoir...*, 1989 [1988], p. 76)

3. Face aux attaques de l'opposition [...], les socialistes estiment qu'il est urgent de changer de braquet. (*Le Monde*, 21 octobre 1988, p. 1)

4. Ici [à Montpellier] comme partout, il va falloir qu'on change de braquet pour procéder rapidement à la rénovation urbaine. Il faut que les choses puissent avancer très vite [...]. (*Les Echos*, 23 avril 2003, p. 4)

— LOC. NOM. DÉRIVÉE. **changement de braquet**. "changement de rythme".

5. – [...] J'ai eu des « trous » pendant lesquels je m'impatientais devant une certaine médiocrité. Je parle de la mienne. Je trouvais que je volais bas. Mais la variété du cinéma permettait toujours d'avoir au moins l'illusion et parfois la réalité d'un changement de braquet. Un autre producteur, un nouveau metteur en scène, un voyage, un sujet intéressant et la vie reprenait des couleurs. (F. Giroud, *Si je mens... Conversations avec Claude Glayman*, 1972, p. 67, GRL)

6. S'ils [des climatologues] ont raison, cela signifierait un sacré changement de braquet. La Terre semble bien s'être échauffée d'environ 6 °C depuis 1900 [...]. (*Libération*, 2 mars 2000, p. 22)

7. La Bretagne prévoit un effort six fois plus important que dans le précédent contrat de Plan. Malgré ce changement de braquet, largement lié à la régionalisation du train, les routes distancent encore largement le rail dans les prévisions de dépenses. (*Le Monde*, 19 mars 2001, p. 14)

## bras

**coûter un bras**, loc. verb. "coûter très cher". La locution, qui s'inscrit dans un paradigme mettant en jeu des parties du corps (□ **coûter la peau des fesses**, **coûter les yeux de la tête**), est plus courante au Québec qu'en France. La forme longue, **coûter un bras et une jambe**, qui calque intégralement l'anglais *to cost an arm and a leg*, est d'un emploi restreint en français de France (voir cependant l'exemple 4).

1. Je voulais sentir l'endroit [au Viêt Nam], pensant faire un tour de bateau le long des îles [...]. Grosse déception. J'avais demandé à la compagnie qui fait la visite d'éviter le circuit touristique – c'est pour ça que j'y allais seul et que j'acceptais que ça me coûte un bras... – mais peine perdue. (Blog, 22 novembre 2006, <journaldelarue.wordpress.com/>)

2. [...] comme on n'a pas trouvé de carrelage à notre convenance [...] et comme les plaques de verre ça coûte un bras, on s'est dit : en attendant, on va mettre des plaques de contre-plaqué tout bête, de 40 cm de haut, et on va les peindre. (« Le Nid », 11 avril 2007, <lenid.hautetfort.com/>)

3. « Je refais tout le salon », dit-elle, un peu fort, comme pour justifier le trop-plein d'achat qui lui tombe des mains. Elle a choisi des tentures de soies « extraaaordinaires », et laisse entendre qu'elles lui ont coûté un bras. (*Libération*, 30 novembre 2007)

4. [...] la charmante patronne se consacre aux filles sur 2 roues pour vous trouver des fringues adaptées (et pas trop horribles) et prend le temps de bien vous conseiller (elle, elle ne se moquera pas de vous si vous vous demandez si le marron vous va bien au teint !). L'inconvénient du « beau » vêtement technique c'est que ça coûte un bras (et une jambe !) (Blog, 13 décembre 2007, <lesbonsplansdh2.blogspirit.com/>)

**jouer** (ou verbe du même paradigme) **(les) petits bras**, loc. verb. "jouer à l'économie ; ne pas donner son maximum". De la langue des sportifs.

5. [...] le capitaine français ne comprend pas toujours l'angoisse de ses partenaires : « J'ai du mal à l'expliquer, confie-t-il. Ce n'est pourtant pas faute d'essayer de dédramatiser, mais si on continue à aller petits bras et fragiles mentalement dans la compétition, on ne s'en sortira pas. » (*Le Monde*, 12 octobre 1999, p. 5)

6. J'ai appris par expérience personnelle qu'il n'était pas plus risqué de se lancer dans des défis ambitieux que de jouer « petits bras », comme disent les joueurs de tennis ! (Christian Blanc, ancien PDG d'Air France, dans *Le Figaro Magazine*, 9 juin 2001, p. 29)

7. La force de la France [l'équipe de France de football] réside dans notre défense. Nous n'avons pas le droit de jouer les petits bras dans ce jeu. (« Bon, maintenant les choses sérieuses », 22 juin 2004, <geneo.typepad.com/>)

— **petit(s) bras**, emploi adj. invar. "limité, étriqué, sans envergure".

8. Je ne suis pas de gauche et, pourtant, ce gouvernement me met mal à l'aise. Tout cela sent l'improvisation, l'éculé, le dépassé... bref, tout cela fait abominablement « petits bras »... (Message, 15 juillet 2002, <forums.lemonde.fr/>)

9. Gouvernement – Une réforme très « petits bras ». (*L'Humanité*, 7 novembre 2003 ; titre)

10. C'était pas mal [une explication], mais c'était pas top non plus. Un peu petit bras, par rapport à ce que Maurice aurait souhaité. (L. Chalumeau, *Maurice le Siffleur*, 2006, p. 327)

11. Il était beaucoup question du revenu annuel, 11 millions d'euros stock-options comprises, de l'intéressé. Son offre de renoncer à la moitié de son salaire, qui ne constitue qu'une fraction de ce total, faisait petit bras. (*Le Monde*, 30 janvier 2008, p. 27)

## brasser

**brasser de l'air/du vent/du néant/du vide**, loc. verb. "s'agiter sans aller à l'essentiel, sans résultats concrets ; s'activer à des choses vaines ou futiles en faisant l'important". ~ **déplacer de l'air**.

1. [...] un vieux de la vieille qui en avait entendu d'autres dans cette salle de réunion où, sous un portrait de Staline, nous nous étions jusque-là épuisés à brasser du vide. (P. Hulin, *Stalinodie*, 1979, p. 23, GRL)

2. Cette vie trépidante use les nerfs, d'autant que l'on est parfois gagné par l'impression démoralisante de brasser du vent puisque l'on n'a en général aucune prise sur l'événement, l'action étant réservée à d'autres services ou au pouvoir politique. (J.-E. Vié, *Mémoires d'un directeur des renseignements généraux*, 1988, p. 122, GRL)

3. [...] dans la galerie de portraits possibles, se trouvent quelques « beaux » personnages, empreints d'un authentique charme, peut-être aussi vains qu'inefficaces, mais qui fascinent leur entourage tout en l'exaspérant. Par exemple, il y a, merveilleux de suffisance, celui qui, vulgairement, « brasse de l'air », et qui s'agite, gonflé d'importance, survolant ses nombreuses tâches pour mieux se consacrer à son rôle de composition. Prétendre qu'il ne trompe personne serait abusif car, justement, le simple fait qu'il puisse poursuivre sa carrière d'illusionniste sape le moral des autres qui ne comprennent pas la raison de son succès. (*Le Monde*, 18 octobre 1995, p. 1)

4. « Se référer sans arrêt au passé, c'est brasser du néant », a joliment lancé [au concours régional d'éloquence du Rotary] Lorraine [...], élève au lycée malouin Jacques-Cartier. (*Ouest France dimanche*, 23 mars 2003)

5. Les « principes éthiques » du CIO [Comité international olympique] – qui brassent manifestement du vent – représentent surtout un parfait alibi pour légitimer l'ordre inique du monde avec lequel le mouvement olympique a toujours pactisé. (*Le Monde diplomatique*, juillet 2005, p. 3)

6. Hélas on tombe vite dans une farce lourde et glauque. Michaël Youn en fait trois tonnes*. Il gesticule, grimace, brasse de l'air. C'est lourd, ennuyeux, ridicule. (*Le Figaro*, 6 février 2006, p. 19 ; critique de film)

V. encore *mammouth*, ex. 1.

— PAR JEU DE MOTS.

7. M. Daniel Goulet. – Non, mes chers collègues, l'important sujet sur les énergies renouvelables qui fait débat aujourd'hui devant notre Haute Assemblée et qui traite plus spécifiquement du développement éolien n'est pas un simple exercice à « brasser du vent ». (*Sourires*.) (Sénat, *Compte rendu intégral des débats*, séance du 3 mai 2005)

## bretelles

**claquer des bretelles**, loc. verb.

— □ "grelotter ; être frigorifié". L'expression repose sur l'image d'une personne agitée de frissons ou prise de tremblements sous l'effet du froid. Vieilli. ~ **claquer des dents**.

1. – [...] Frangin, tu te remues ?
– Viens pas là, je m'rase.

– Quel salaud ! Ça fait une heure que tu t'astiques le lard, et que je claque des bretelles !
– Dimanche dernier, c'est toi qui m'avais eu…
Les frisures de gel se talaient […] aux vitres. (R. Fallet, *Banlieue sud-est*, 1947, p. 19)

2. Je suis sereine depuis que ma décision de rentrer est prise. Mais honnêtement, c'est avec un peu moins de sérénité que je me prépare actuellement à claquer des bretelles sous vos latitudes. (B. Cécé, *Trois ans d'une toubab au Sénégal*, 2003, p. 163, GRL)

— "étaler sa fierté". Image de l'homme qui, les pouces passés sous les bretelles, bombe le torse de satisfaction.

3. « C'est inconcevable » tonnent les syndicats […]. MBDA [fabricant de missiles] sait claquer des bretelles lorsqu'il s'agit de chiffre d'affaires (3 milliards d'euros) et de son titre de leader mondial de missiles. Mais aujourd'hui il s'agit de […] réduire le personnel […]. (*La Nouvelle République*, éd. Loir-et-Cher, 8 juin 2006, p. 4)

∞ VARIANTE DÉVELOPPÉE PONCTUELLE, AVEC EFFET DE RIME INTÉRIEURE.

4. « En 1532, François Ier […] passe une commande exceptionnelle à des ateliers de Bruxelles. Trois ans plus tard seulement, elles seront livrées » […]. Les tapisseries [de Chambord] suggèrent la fortune et la puissance d'un roi en même temps qu'elles constituent un grand et chaleureux élément de décor. François Ier peut claquer des bretelles, c'est lui qu'a la plus belle ! (*La Nouvelle République*, éd. Indre-et-Loire, 26 mai 2006, p. 14)

□ **mettre (une ligne de téléphone) sous bretelles / mettre des bretelles**, loc. verb. "mettre sur écoute". Par référence au type de branchement effectué à cette fin sur une ligne téléphonique. ~ □ **brancher qqn**.

5. – […] nous avions pris la liberté de placer votre ligne sur écoutes. M. Dorian que vous connaissez, je crois, appelle cela très amusamment « mettre des bretelles ». (A.D.G., *Balles nègres*, 1981, p. 129)

6. Cet art de mettre le téléphone sous bretelles et le citoyen sur écoute est devenu l'enfance de l'art, l'enfance du pouvoir. Ecouter, c'est savoir, c'est prévenir, c'est tenir le citoyen par le bout des oreilles, le ficeler à double tour de cordon. C'est faire en sorte que toute conversation, même la plus privée, même la plus intime, puisse être un jour retenue contre vous. Ecouter, c'est tenir en permanence la souricière ouverte, le piège tendu, le dossier à jour. (P. Georges, dans *Le Monde*, 21 février 1995, p. 34)

## bricole

**il va (/il risque de) m' (/t',** etc.) **arriver des bricoles**, loc. verb. "je risque (tu risques…) d'avoir des ennuis plus ou moins graves". Par litote, une *bricole* n'étant de soi qu'une "chose sans importance, insignifiante".

1. – […] si elle s'obstinait à rester avec Eugène, il allait bien lui arriver une bricole un jour ou l'autre. Une auto qui dérape, une explosion de réchaud à gaz, un appui de fenêtre qui se descelle. On est si peu de choses [*sic*] ! Elle a compris au quart de tour. (J. Faizant, *Oublie-moi Mandoline*, 1973, p. 212)

2. Et puis, malin, je sais déjà que tu l'es, c'est même pour ça qu'il va t'arriver des bricoles. (G. Lapouge, *Un soldat en déroute*, 1978, p. 156, GRL)

3. Faut que jeunesse se passe – mes copains et moi sommes pas contre, mais plus avant il risque de vous arriver des bricoles. (M. Rheims, *Attila, laisse ta petite sœur tranquille*, 1985, p. 128)

4. Madame Bricole, 74 ans. Un sobriquet trouvé par les gamins de son quartier [...]. « Quand on faisait du bruit, elle nous disait toujours "il va vous arriver des bricoles" », dit un adolescent. (*Libération*, 29 décembre 1999)

5. [...] c'est vraiment [...] une sale allumeuse parce qu'à force de montrer son nombril à tout le monde, il va finir par lui arriver des bricoles. (« Mon site à moi », 25 juin 2002, <www.membres.lycos.fr/>)

## brin

□ **semer** (/□ **mettre**/■ **foutre**) **le brin**, loc. verb. "créer le désordre ; apporter le trouble". *Brin* est ici une variante de *bran, bren* "excrément" et la locution est sur le modèle de □ **semer** (/□ **mettre**/■ **foutre**) **la merde***.

1. On lui crie [...] qu'il n'y a que lui pour mettre le brin dans le quartier. (A. Stil, *Qui ?*, 1969, p. 104, GRL)

2. « Au moins, vous n'avez pas de scrupules. Vous mélangez vos voix à celles du Front national ! » Réponse du maire : « Quelqu'un a semé le brin. Je n'entrerai pas dans la polémique. » (*Le Parisien*, 10 octobre 2002, p. 7)

3. Ce qui est [...] beaucoup moins propre c'est la bande d'allumés qui a foutu le brin dans le camping pendant toute la nuit [...]. (« Les bilans », 23 juillet 2004, <www.pop-rock.com/>)

4. [...] ce jeu répond à tout le contraire des plus élémentaires règles sportives, dès lors la corruption, les pots-de-vin, le dopage, etc. sont monnaie courante. Vous pouvez même payer des hooligans pour venir mettre le brin sur le terrain. (*Chaos Ligue*, <www.gamebe.com/articles/>, consulté le 21 juin 2007)

## brise

■ **brise d'anus**, loc. nom. "pet ; odeur désagréable". Sur le modèle des noms commerciaux de parfums (voir notamment l'exemple 2) et de désodorisants.

1. *Elle prend un vaporisateur dans son vanity-case et se met à faire le tour de la loge en vaporisant.*
NICOLE. Ça pue, c'est quoi ?
VICKIE. Brise confort, c'est un nouveau parfum d'ambiance.
NICOLE. Moi je serais plutôt du genre brise d'anus en ce moment. Je n'arrête pas de péter, je ne sais pas ce que j'ai [...]. (F.-L. Tilly, *La Maison des Jeanne et de la culture*, 1986, p. 10, GRL)

2. – Comment m'as-tu reconnu ?
– Ton eau de toilette. Inimitable. Tu es le seul que je connaisse à utiliser Brise d'Anus de chez SentFort. (« Jaunisse chez les jaunes », 20 mars 2002, <www.f1niouses.com/>)

3. [...] je tiens à signaler que le bureau de ma colocataire est un véritable merdier ou trônent gâteaux moisis, loukoums au parfum brise d'anus et autres immondices innommables. (Blog, 14 février 2006, <fourrtout.free.fr/>)

— COMME SOBRIQUET.

4. Il y a de tout dans ce livre : de l'émotion quand il parle de ses parents pendant la guerre, de l'humour quand il écrit un pastiche de roman d'espionnage (un vrai régal !) ou quand il dépeint son voisin du dessus, un pétomane qu'il avait surnommé « *Brise d'Anus, le péteur masqué* ». (Critique de *La Tour de papier* de J. Guénot, 1975, <membres.lycos.fr/polar/>, consulté le 8 février 2007)

∞ VARIANTE. ■ **brise de chiottes.**

5. Les moniteurs [...] « repoussaient vachement du bec » ["sentaient très mauvais"], selon la remarque commune. D'année en année, de promotion en promotion, on se léguait leurs sobriquets irrespectueux, mais probants : Bouche d'égout... Pud'lag'... Brise de chiottes... La Vidange... (Y. Gibeau, *Allons z'enfants*, 1952, p. 236, FT)

## bronche

□ **souffler dans les bronches,** loc. verb. "réprimander, semoncer". Fréquent en contexte passif **se faire souffler dans les bronches.** Par hyperbole (image du souffle que l'on envoie à la figure de son interlocuteur auquel on s'adresse avec véhémence). ~ □ **(se faire) engueuler** ; **(se faire) remonter les bretelles.**

1. Les quatre durs du commissaire Clevenot s'étaient déjà fait souffler dans les bronches depuis qu'ils étaient flics, mais ce qu'ils entendirent de Boule et de Pougeroux fut une expérience nouvelle et enrichissante. (J. A. Lion, *Les Truands du Temple*, 1987, p. 174)

2. « C'est assez rare qu'un train de marchandises bloque le Tour [de France]. Surtout un dimanche après-midi. » C'était dit sans méchanceté, mais il y a fort à parier qu'il y a des cheminots qui ont dû se faire souffler dans les bronches en gare de Boulogne. (*Libération*, 9 juillet 2001, p. 24)

3. « Putain, mais t'es où ? Tu fais chier. C'est le je-ne-sais-pas-combientième message que je te laisse. Je te préviens, tu as intérêt à prendre ton téléphone et à me rappeler sinon, tu vas sérieusement te faire souffler dans les bronches. » (C. Krug, *Demain matin si tout va bien*, 2006 [2004], p. 166)

4. – J'ai comme l'impression qu'il n'avait pas tellement envie de s'attarder.
– Peut-être que maman [sa femme] lui avait soufflé dans les bronches ? (G. Mordillat, *Les Vivants et les Morts*, 2006 [2004], p. 56)

## bronzage

**bronzage agricole,** loc. nom. "fait de bronzer au soleil dans l'exercice d'un travail manuel, notamment en milieu rural, dont le résultat offre souvent un fort contraste entre les régions du corps selon qu'elles sont ou non exposées au soleil". Par plaisanterie.

1. En fait, il y a deux sortes de gens. Ceux qui se sont préparés et les autres. [...] Sur la plage, on voit tout de suite la différence. Et on ne remarque que la bedaine blanchâtre et le bronzage agricole, les cloques et les hanches grassouillettes. Fallait s'y prendre à temps. S'inscrire au gymnase-club, lever de la fonte*, courir tous les matins. (*L'Humanité*, 23 juin 1994)

2. « Avec le temps qu'il fait, vous auriez pu nous faire grâce des droits de place », disait une paysanne qui terminait son bronzage agricole [à la Foire aux jambons] sous les embruns bayonnais. (*Sud Ouest*, Bayonne, 10 avril 1998)

3. Le bronzage je le fais dans mon jardin, forcément à cette saison c'est plutôt le bronzage « agricole ». (Message, 18 mars 2007, <forum.homme.lycos.fr/>)

**bronzage marcel**, loc. nom. "id.". De *marcel*, nom masc. (fam.) "maillot de corps ; débardeur".

4. Ricet Barrier joue avec une égale aisance du banjo et de la philosophie de comptoir. « J'adore ça », dit-il. Ce soir, le couple est dans sa ligne de mire. Cela va, entre autres, de lady Chatterley et son « garde-chasse au bronzage Marcel » à l'amour en milieu rural, avec accent du cru. (*L'Humanité*, 26 décembre 1998)

5. Comme je suis toute seule, hop en maillot de bain, ni vu ni connu. Comme ça pas de bronzage marcel, hé hé hé ! (Message, 4 juillet 2005, <20six.fr/mesjolieschoses/>)

**bronzage tricot de peau**, loc. nom. "id.". Moins usuel.

6. [...] une joyeuseté de compagnons qui trinquent, de pique-nique ouvrier au bord d'une rivière ou sur une plage où l'on se moque bien d'avoir le bronzage tricot de peau. (M. Rouanet, *Dans la douce chair des villes*, 2000, p. 47)

## brouillard

**à vue de nez dans le brouillard / à vue de nez, par temps de brouillard**, loc. adv. Pour marquer l'approximation. Variante développée intensive de **à vue de nez**.

1. [...] je n'ai pas pris le temps de refaire le calcul mais à vue de nez et dans le brouillard, ça me semble correct. (Blog de la course à pied, 6 octobre 2005, <toto.courseapied.net/>)

2. À vue de nez par temps de brouillard, je dirais que quelqu'un aurait mieux fait de ne pas venir ici ! (Message, 27 mars 2007, <forum.doctissimo.fr/psychologie/>)

## brûler

**quand tu te brûles** (/**quand il se brûle**, etc.), loc. adv. "presque jamais". ~ **à chaque mort d'évêque*** ; **chaque fois qu'il lui tombe un œil** ; **(une fois) tous les tremblements de terre** ; **tous les trente-six du mois**.

1. – Bonjour Mado...
– Bonjour brigand... Tu passes quand tu te brûles... ? (M. Quint, *L'Éternité sans faute*, 2000, p. 226)

2. [...] ta Yam[aha] 750 risque de te coûter très vite si tu roules beaucoup : même en parfait état et très belle, elle a de l'âge. Mon beauf a une SRX qui a 11 ans, [...] il lui arrive souvent d'avoir de petits frais. Pas grave, il roule quand il se brûle, mais si tu veux faire des km, tu en auras vite marre. (Message, 6 novembre 2002, <fr.groups.yahoo.com/>)

— SURTOUT DANS L'EXPRESSION **(qqn) qui rit/sourit (que) quand il se brûle**, loc. verb., loc. phrast. "(quelqu'un) qui ne rit que très rarement". L'exemple 3 donne à penser que la locution était déjà en usage au XVIII$^{e}$ s.

3. Officiers et soldats s'empressent autour du colonel, jeté dans la neige parmi des débris sanglants, mais il est déjà debout [...]. Décidément, Hennequin, dont on disait « qu'il ne rit que quand il se brûle », est toujours aussi rude... (H. Lachouque, *Napoléon et la Garde impériale*, 1957, p. 427, GRL)

4. […] Ernest-Antoine Seillière lui-même, qui rit quand il se brûle, se fend la tirelire. Façon de parler. (*L'Humanité*, 10 janvier 2002, p. 24)

5. Il [Marcel Aymé] avait des yeux pas franchement ouverts de Chinetoque et, ça se voyait tout de suite, il devait sourire que quand il se brûlait. Et encore. (R. Forlani, *Toujours vif et joyeux !*, 2003, p. 236)

6. Elle s'appelle Kathy, ne sourit que quand elle se brûle. Ses regards désapprobateurs derrière ses lunettes strictes sont terrifiants. (*Libération*, 1er février 2005, p. 24)

## brume

**les brumes du Nord**, loc. nom. Symbole, pour un Provençal, des régions septentrionales au climat inhospitalier, qui commencent… dès que l'on quitte la Provence. Attesté en 1920 (« Van Hamel invita Marin à venir le voir en Hollande. Marin remercia chaleureusement. D'ailleurs, il n'aimait que Marseille et sa Provence. Les brumes du nord le rebutaient », L. Daudet, *Souvenirs des milieux littéraires, politiques, artistiques et médicaux*, Paris, Nouvelle librairie nationale, [t. 1], p. 477, GRL) ; en 1931 (« Elle est à Bourges, là-haut, dans les brumes du Nord », M. Pagnol *Fanny*, III, 2).

1. C'était en 1900. Mon père accomplissait son service militaire, non pas à Antibes ou à Nice, comme tout le monde, mais à Lyon où la protection d'un estivant compositeur […] lui permettait d'exercer dans les théâtres de la ville ses talents de clarinettiste, ce qui […] plaît aux dames et compense l'exil dans les brumes du Nord. (H. Tournaire, *Jules empaillé*, 1977 [1975], p. 9)

2. D'où l'affectation marseillaise – sauf quand ses fils vont chercher fortune dans les brumes du Nord et qu'à leur retour on se moque de leur accent « pointu » – à ignorer superbement l'existence de ce Nord […]. (M. Rémy *et al.*, *Provence*, 1981, p. 88, GRL)

## brutal

**c'est du brutal**, loc. phrast. Pour signifier que quelque chose est fort, grossier, violent ou grave. L'expression apparaît dans une réplique célèbre du film *Les Tontons flingueurs* (voir les exemples 1 et 3). ~ **c'est du lourd***.

1. *Jean* : Tiens, vous avez sorti le vitriol [un alcool] !
*Paul Volfoni* : Pourquoi vous dites ça ? […]
*Raoul Volfoni* : Faut reconnaître, c'est du brutal ! […]
*Fernand Naudin* : J'ai connu une Polonaise qu'en prenait au petit déjeuner… Faut quand même admettre que c'est plutôt une boisson d'homme. (*Les Tontons flingueurs*, film de G. Lautner, dialogues de M. Audiard, 1963)

2. Apparemment, c'est du brutal. Du polar au couteau, écrit comme on boxe. Direct au foie. Du polar comme l'aime Brigitte Aubert, qui […] ne résiste jamais au plaisir du détail saignant. Avec *Transfixions*, son sixième roman, le lecteur est servi. C'est la nuit des trottoirs gluants et des piaules sordides qu'elle met cette fois en scène. Celle des tapins, des camés, des travelos et des assassins déjantés. (*Le Monde*, 13 novembre 1998, p. 2)

3. La France se refuse pour l'heure à légiférer, mais elle vient, ces derniers mois, de prendre la mesure du phénomène. Pour reprendre une réplique des *Tontons flingueurs*, c'est du brutal. La belle, la douce France distribue gratuitement via ses supermarchés 15 milliards de sacs en plastique par année, soit 500 par seconde, ce qui représente 20 000 tonnes de déchets non dégradables. (*Le Temps*, 10 septembre 2004)

4. [...] les enregistrements en live* c'est du brutal comme vous dites. Du brutal, mais on entend la salle qui réagit, c'est cool. (Message, 27 février 2006, <www.radioneo.org/>)

## brute

**quelques grammes de finesse dans un monde de brutes**, loc. phrast. Symbole du contraste entre la délicatesse d'une personne ou d'une chose et la dureté du monde. Détournement d'un slogan publicitaire créé au début des années 1990 pour la marque de chocolat Lindt.

1. Hommages aux délicieuses rondeurs féminines, ses photos magnifient le corps humain et suggèrent avec humilité un érotisme torride... Enfin, quelques grammes de finesse dans un monde de brutes. (*Le Figaro*, 2 août 1999)

— VARIANTES, NOTAMMENT SUR *grammes* OU SUR *finesse* :

2. Enfin un musicien qui sait conjuguer intelligemment racines africaines et influences occidentales sans tomber dans la bouillie standardisée de la variété mondiale [...]. Quelques notes de finesse dans un monde de brutes. (*Sud Ouest*, Angoulême, 24 mai 1994)

3. Petit Mikka d'amour [un petit chat]. Quelques grammes de tendresse dans un monde brutal où des malades de la Foi prennent les gratte-ciel pour des pistes d'atterrissage. (J.-H. Oppel, *Chaton : trilogie*, 2006 [2002], p. 340)

4. Et ces jeunes qui « cocoonent » tard chez leurs parents (jusqu'à 22 ans en moyenne) freinent des quatre fers avant de projeter leurs quelques grammes d'enfance dans un monde de brutes. (*L'Express*, 15 mai 2003, p. 143)

5. Toujours à la recherche d'une victoire d'étape depuis tout juste vingt ans, le Marseillais [un coureur à la voile en solitaire] charme par sa sensibilité, son humour, sa gentillesse et son regard décalé. Un brin de finesse dans ce monde de brutes. (*Le Figaro*, 31 juillet 2003)

∞ **un peu de** + groupe nominal **dans un monde de brutes.**

6. Un peu de morale dans un monde de brutes : les Quinze ont fait un premier pas dans cette direction, hier, en adoptant à Bruxelles un code de bonne conduite de l'Union européenne en matière d'exportation d'armes. (*Libération*, 26 mai 1998)

7. Ils sont déjantés, complètement barrés, nerveux à souhait, et leurs chansons, drôles et bourrées de références musicales, dépotent. Autant de raisons pour écouter *The Servant*, ces petits gars anglais qui ne se prennent pas au sérieux, et les découvrir samedi en concert à Paris. Un peu de légèreté dans un monde de brutes ! (*Le Figaro*, 13 mai 2004)

8. Un peu de douceur dans un monde de brutes, cela pourrait être le slogan de FDC. Cette société parisienne commercialise un oreiller révolutionnaire et spécialement conçu pour les célibataires. Le Pil Love présente deux bras de tissus, moelleux et rassurants sur les côtés, pour les nuits sans personne, pour les câlins. (*Ouest France*, 4 janvier 2007)

— PAR ELLIPSE. **dans un(/ce) monde de brutes**.

9. Zapping d'un soir après l'turbin et enfin une bonne nouvelle dans ce monde de brutes. [...] je suis tombée sur une séquence avec des jeunes déclamant de la poésie. (*Télérama*, 22 novembre 2006, p. 7 ; lettre d'une lectrice)

10. [...] elle est vêtue d'un corsage blanc, couleur qu'elle s'est choisie comme un étendard, chargée de sens – celui de l'innocence, de la candeur dans un monde de brutes. (*Le Monde* 2, 25 novembre 2006, p. 8)

## bug

**il y a un bug**, loc. phrast. "il y a une erreur quelque part ; il y a une difficulté imprévue ". Si *bug* (on notera que la forme officiellement recommandée est *bogue*) s'emploie dans d'autres contextes, il est principalement usité dans cette locution figée. ~ □ **il y a un lézard ; il y a un souci***.

1. M. Alain Joyandet. – [...] c'est un texte réduit à sa plus simple expression qui nous a été présenté. [...] A croire qu'il y a un bug dans la conception, l'élaboration et l'adoption de ce texte ! Jusqu'aux récents retards d'inscription à l'ordre du jour, qui nous ont conduits à le « désinscrire » à plusieurs reprises. (Sénat, *Compte rendu intégral des débats*, séance du 29 mai 2000)

2. De la préfecture au ministère de l'Intérieur, c'est silence radio. Difficile d'enquêter sur les radars, surtout lorsqu'il y a un bug dans le système. (*Le Progrès*, Lyon, 12 novembre 2006, p. 5)

3. Au Monoprix de la rue Caumartin, à Paris. Une dame se jette à l'eau. C'est la première fois qu'elle utilise cette caisse sans caissière. [...] La première fois, c'est forcément un peu déconcertant. Agaçant aussi quand il y a un bug. (*Le Figaro*, 5 avril 2007, p. 18)

## bulbe

□ **coincé/constipé du bulbe**, loc. adj., loc. nom. "(personne) empruntée, inhibée, complexée". Par référence au cerveau en tant que siège de la vie psychique et des inhibitions. ~ ■ **coincé du cul*** ; □ **cul cousu** ; □ **cul serré**.

1. Attention, cette vidéo peut heurter la sensibilité des puritains coincés du bulbe. (Avertissement, 13 Mai 2007, <www.griffor.com/>)

2. Les membres du forum sont de plus en plus constipés du bulbe [...]. Allez, je retourne voir ailleurs si j'y suis. (Message, 27 décembre 2007, <forumamontres.forumactif.com/>)

3. Authenticité garantie et dépaysement total. « Beaufs, prout-prout et coincés du bulbe », ne lisez pas les lignes qui suivent ! (*Petit Futé. Maroc 2007-2008*, 2007, p. 322, GRL)

4. Voilà un disque qui va perturber les constipés du bulbe, c'est sûr. Je ne connais pas les principaux protagonistes de cette affaire, mais il est certain qu'ils ont envie de bousculer certains schémas préétablis, d'enfouir certaines certitudes [...]. (Critique d'un album musical, <www.chronicart.com/musique/>, consulté le 27 février 2008)

□ **dérangé (/agité/allumé**, etc.**) du bulbe**, loc. adj., loc. nom. "(personne) dont l'équilibre psychologique est incertain, dont le comportement est extravagant". Par référence au cerveau en tant que siège de la raison. ~ □ **agité du bocal*** ; □ **agité/secoué du carafon***.

5. Le Docteur H, alias Heiko Buchholz, a régalé un Triomphe plein à craquer, jeudi soir, avec sa conférence sur les crêpes. Dans un ton, on s'en doute, complètement décalé, le comédien grenoblois réussit à rendre crédible une étude scientifique sur un objet on ne peut plus banal. [...] Le jeu visuel, via diapositives et autres documents, ainsi que l'interactivité développée forment le parfait complément de la mise en

scène de ce Docteur H un peu dérangé du bulbe. Un spectacle sans temps mort à découvrir. (*Le Progrès*, 15 novembre 2003, p. 13)

6. Le guitariste le plus déjanté de tout l'Hexagone fera escale demain soir au Théâtre de Poche. Les Stéphanois devraient se régaler devant ce dérangé du bulbe qui mélange aussi habilement humour et chanson. Il le dit lui même, il a « six milliards de fans ». (*Le Progrès*, 6 mai 2004, p. 6)

7. J'ai pas lu Amélie Nothomb, pourtant à la voir elle a l'air marrante, mignonne et un peu secouée du bulbe comme j'aime. (Message, 4 septembre 2004, <forums.futura-sciences.com/>)

8. Du gore à tous les étages comme au bon vieux temps [...]... le pur cinoche pour allumé du bulbe se repointe dans les salles obscures [...]. (« Horribilis », 25 avril 2006, <www.likesunday.com/>)

9. Un « agité du bulbe » a moins de chance de convaincre que quelqu'un de posé. Quelle que soit votre agitation intérieure [...], ayez l'air détendu. (P. Le Guern et P. Lecaplain, *Savoir communiquer avec la presse*, 2007, p. 345, GRL)

10. Pas besoin de sortir le Karcher et de traiter les autres de racailles : laissons ça aux agités du bulbe... (Message, 7 mai 2007, <passouline.blog.lemonde.fr/>)

□ **lent (/ralenti) du bulbe,** loc. adj., loc. nom. "(personne) lente à comprendre, stupide". Par référence au rôle du bulbe rachidien dans la transmission de l'influx nerveux. À rapprocher de la loc. verb. **avoir le cerveau lent**.

11. [...] les scènes au ralenti ou redondantes permettent aux lents du bulbe comme moi de s'assurer d'avoir tout bien compris. (Critique d'un film, 11 octobre 2005, <www.chroniscope.com/>)

12. Je privilégie les pistes cyclables et certains trottoirs, et même sur piste cyclable il y a danger. Ça peut venir de gens un peu ralentis du bulbe [...] qui te voient bien arriver à fond [...], mais qui n'ont aucune réaction [...]. (Message, 17 août 2006, <www.rollerenligne.com/>)

13. [...] j'avoue que les productions US où l'on voit des Français, petite moustache et béret [...], je sais pas si ça vaut la peine d'y consacrer un débat. Tout comme je sais pas si ça vaut la peine de s'attarder sur le portrait de l'Allemand lourdaud, gros, lent du bulbe [...]. (Message, 26 juin 2007, <www.mad-movies.com/>)

14. Bon pour celles qui l'auraient pas encore compris (les lentes du bulbe quoi hein) j'dois avouer que je suis un p'tit peu pompette donc voilà j'ai envie d'écrire un peu n'importe quoi tant pis j'aurai honte demain ! (Blog, 16 août 2007, <la-fleur-maigre.skynetblogs.be/>)

□ **mou (/ramolli) du bulbe**, loc. adj., loc. nom. "(personne) lente à comprendre, stupide ; (personne) lymphatique, apathique". ~ □ **mou du carafon***.

15. En passant de l'heure du déjeuner à celle de la sieste, le jeu de France 2 avait perdu quelques neurones, ses animateurs habituels, et gagné des téléspectateurs mécontents. Mais justice est enfin faite. A partir de lundi, *Pyramide*, de retour à 12 h 20, retrouve [...] ses énigmes incompréhensibles pour le commun des mortels. Explication de France 2 : la version du jeu diffusée l'après-midi « avait été conçue pour un public moins "spécialisé" ». Moralité : la télé l'aprem, c'est pour les mous du bulbe. (*Libération*, 16 mars 2002, p. 51)

16. Je pris tout juste le temps d'intégrer ces belles phrases inspirées et m'empressai de retourner en ligne. [...] Après cet échange complètement « tarte » avec ce « mou

du bulbe » de François, quelle fraîcheur et quelle qualité de pensée et d'écriture !... (C. Guesdon, *L'Amour en ligne*, t. 1, 2004, p. 301, GRL)

17. Ah, la torture des castings... Soyez réservé et on vous reprochera d'être mou du bulbe. Soyez confiant et on vous claquera le baigneur avec plaisir. (*Aujourd'hui en France*, 18 décembre 2006, p. 34)

18. Ces manifestations ostentatoires de chauvinisme religieux sont un mauvais signal adressé à tous les ramollis du bulbe qui multiplient dans les tribunes jets d'objets divers, saluts fascistes et cris d'animaux. (N. Crouton, *Incroyants encore un effort*, 2007, p. 17, GRL)

19. [...] je trouve qu'il faut être un peu ramolli du bulbe pour penser qu'un livre peut vous faire arrêter de fumer, ou de boire [...]. (Message, 25 septembre 2007, <www.resonance-online.com/>)

## bulldozer

**au bulldozer**, loc. adv. "brutalement, sans ménagement ; sans finesse". Emploi figuré. ~ **à la pelleteuse***.

1. M. Dominique Dord. – [...] Nous souhaitons [...] faire avancer le droit, mais sans pour autant fragiliser davantage l'édifice social ni créer, à côté du mariage et de l'union libre, une sorte de troisième classe. [...] nous pensons qu'en l'occurrence il ne faut pas toucher du tout au code civil, ni au bulldozer ni « d'une main tremblante ». Il ne faut ni statut nouveau ni nouvelle définition juridique, mais simplement reconnaître une situation de fait [...]. (Assemblée nationale, *Compte rendu analytique officiel*, 3e séance du 30 mars 1999)

2. Selon le futur candidat UDF, « en attaquant au bulldozer les piliers du temple socialiste », la prétendante à l'investiture socialiste s'est d'ores et déjà « coupée de toute la gauche radicale ». (*Le Figaro*, 6 juin 2006)

3. Voilà un système qui méprise, de la manière la plus absolue, nos concitoyens. Maintenant, les réformes se font au bulldozer. (Propos d'un avocat, dans *Midi libre*, 8 novembre 2007, Millau)

— EMPLOI ADJ.

4. A la suite du meurtre d'une jeune fille, des vacanciers s'érigent en justiciers et s'en prennent à un groupe de travailleurs immigrés. Une dénonciation au bulldozer du racisme du Français moyen. (*Le Monde*, 24 octobre 2004, p. 7)

## bureau

□ **on peut avoir la vérole/la syphilis et un bureau de tabac**, loc. phrast. "une chose apparente peut cacher une cause, une circonstance réelle". Zeugma burlesque originaire du milieu carabin et surtout en usage dans ce milieu. ~ **un train peut en cacher un autre**.

1. là où on devient dangereux c'est lorsque l'on colle des étiquettes aux gens sans les réévaluer. C'est vrai aux urgences, en psy ou ailleurs... on a le droit d'avoir « la syphilis et un bureau de tabac » comme disaient les vieux patrons... ce qui veut dire avoir deux choses a priori indépendantes... (Message, 28 octobre 2005, <www.e-carabin.net/>)

2. [...] j'aime bien les deux [voitures], je n'ai d'ailleurs jamais un instant imaginé les comparer. Quelle drôle d'idée. On pourrait aussi évoquer un Beaujolais nouveau et

un Corton Charlemagne : hum : Comme disait mon défunt prof de philo : « On peut avoir la syphilis et un bureau de tabac »… (Message, 17 novembre 2006, <prius-touring-club.com/>)

3. Et bien entendu, comme disait un de mes maîtres, « on peut avoir la vérole et un bureau de tabac », présenter diverses plaintes ou troubles en même temps, dont seuls certains sont le résultat direct de la lésion que l'on cherche. (Professeur R. Sauvagnat, université de Rennes, <forumdespsychiatres.org/>, consulté le 15 décembre 2006)

## but

**renvoyer qqn dans ses buts,** loc. verb. "remettre à sa place, rembarrer". Du vocabulaire des sports, notamment du football (l'interlocuteur n'ayant plus, comme ressource, qu'à se tenir sur la défensive, à protéger ses arrières) ; d'usage fréquent dans les médias. ~ **renvoyer dans les cordes**.

1. Raymond Barre est là, mais il ne dit rien. Quand […] Jean-Pierre Soisson […] prend la parole pour signifier sa lassitude de l'alliance avec le RPR, il est sèchement renvoyé dans ses buts par Jean-Claude Gaudin : […] « regarde les résultats dans ta ville, tu seras bien content de les trouver, les électeurs du RPR. » (*Le Monde*, 12 mai 1988, p. 7)

2. Au lendemain du second tour des municipales, Blois n'a pas d'états d'âme. La ville […] s'étonne presque d'avoir osé renvoyer dans ses buts un ministre célèbre […], pour lui préférer un jeune candidat […]. (*Le Figaro*, 20 mars 2001, p. 9)

3. Pour l'heure, il [le Parti socialiste] se contente de renvoyer le gouvernement dans ses buts en expliquant que le temps du dialogue social n'est pas terminé […]. (*Les Echos*, 28 mai 2003, p. 2)

4. Jamais il n'a escamoté une question ou renvoyé dans ses buts un interlocuteur, même maladroit. (*Le Figaro*, 3 février 2005, p. 24)

# C

**ça**

**avec ça**, loc. adv. En fin de proposition ou de phrase. "de plus".

1. Ses mains jouaient des castagnettes. Blanc comme un linge avec ça [...]. (P. Spaers, *Pour la bonne bouche*, 1959, p. 9)

2. Il était beau garçon [...]. Et doux avec ça. (S. Japrisot, *La Passion des femmes*, 1986, p. 118)

3. Une époustouflante patronne [de restaurant] ! A la fois sprinter et coureur de fond. Elle est partout, s'occupe de tout, ne lâche pas les clients. Et sûre d'elle, avec ça. (*Le Figaro*, 11 juillet 1997, p. 45)

— **et avec ça**, loc. adv. En début de proposition ou de phrase. "id.".

4. « [...] un brave type travailleur comme pas un, honnête comme on n'en fait plus, et avec ça des principes [...]. » (A. Breffort, *Les Contes du grand-père Zig*, 1990 [1955], p. 56)

5. Quelle femme n'aimerait pas avoir un mari aussi prévenant, aussi coopératif [...] ? Un mari prosélyte de l'égalité des sexes [...]. Et avec ça, humble, pas m'as-tu-vu pour un sou. (*La Tribune*, 11 mars 1997)

6. C'est une personne simple et bonne [...]. Et avec ça, gaie, gentille, désintéressée, toujours prête à se dévouer pour les autres [...]. (*Libération*, 26 mai 2007, p. 37)

□ **c'est à vous tout ça ?** loc. phrast. Stéréotype du vocabulaire de la "drague", donnant à entendre à la personne à laquelle on s'adresse qu'on apprécie ses appas. Attesté en 1864, de la part d'une femme s'adressant à un homme (« SYLVIA [...] Dieu, le beau membre ! C'est à vous tout ça, mon chéri ?... », Lemercier de Neuville, « Les Jeux de l'amour et du bazar », *Théâtre érotique français du XIXe siècle*, prés. par J.-J. et M. Pauvert, Paris, Sortilèges, 1994, p. 249) et en 1909 (« PHÈDRE. Un gaillard comme on n'en voit pas assez. Vous êtes bâti ! c'est épatant !... C'est à vous, tout ça ? / ÉTIENNE. C'est à moi, oui ! / PHÈDRE. Vous êtes musclé, hein ! », G. Feydeau, *Le Circuit*, dans *Théâtre complet*, t. 4, Paris, Classiques Garnier, p. 113).

7. Je te ferais taire tout ça moi, c'est pas compliqué les nanas elles auraient qu'à les siffler et à leur pincer les fesses dans le métro alors mon mignon c'est à vous tout ça [...]. (C. Rihoit, *Portrait de Gabriel*, 1977, p. 217, GRL)

□ **c'est ça que je dis**, loc. phrast. En fin de phrase ou en fin d'énoncé. Pour inciter l'interlocuteur à prendre la mesure d'une déclaration qui a pu faire l'objet de plusieurs (re)formulations préalables. La formule offre un caractère populaire. ~ **c'est moi qui te le dis ; je te le dis (moi) ;** □ **voilà ce que je (te/vous) dis.**

8. – C'est vrai, hein, vous avez pas de robe blanche ou de chasuble. [...] Jamais je vous ai vu en chasuble, monsieur Lochet. C'est ça que j'dis. C'est ça, oui... que j'dis plus... aussi.
– Mais moi j'suis pas pape ! (« J'suis pas pape », dans *Les Deschiens*, Canal+ Vidéo, 1994)

## cabane

**cabane bambou** (parfois **Bambou**), loc. nom. "habitation rudimentaire à caractère souvent provisoire". L'expression a sa source dans une chanson culte de l'exotisme colonial, *À la cabane bambou (Lamentations d'un jeune nègre perdu dans Paris)*, de Paul Marinier, interprétée en 1899 par Mayol (Pénet 1998, p. 875) ; les mots « À la caban' bambou » ont été repris en 1902 dans le refrain de *Viens poupoule, viens !* (id., p. 945).

1. Une bouteille d'un abominable jerez de contrebande à la main, encadrés par deux putains sorties d'un cauchemar, assourdis par un phonographe à pavillon qui hurlait « Lily Marlène », nous étions, M. le secrétaire et moi, vautrés, vraiment au bout du monde, sur un canapé délabré en velours taupé, dans une cabane bambou portant enseigne du « Bar de la Douane ». (M. Croce-Spinelli, *Les Enfants de Poto-Poto*, 1967, p. 175, GRL)

2. [...] une cabane Bambou bricolée au coin de quelque terrain vague. (J. Gracq, *Lettrines 2*, 1974, p. 63, FT)

3. La scène, où les orateurs parleront dans le décor d'une cabane bambou, incite à la familiarité. (A. Blondin, *Ma vie entre les lignes*, 1984 [1982], p. 49, FT)

4. [...] sa « ruine » est inscrite depuis 1993 à l'inventaire supplémentaire des monuments historiques [...] et au beau milieu de cette « ruine », elle et son mari ont eu l'idée d'y [*sic*] construire une petite écurie qui, aux yeux des spécialistes de la chose patrimoniale, ferait vilainement tache dans le paysage. [...] l'architecte des bâtiments de France [...] est monté à l'assaut de la citadelle du XIIIe siècle, sommant les propriétaires de raser [...] la cabane bambou [...]. (*Sud Ouest*, Lot-et-Garonne, 9 décembre 2003)

— PAR ALLUSION aux habitations des « indigènes » auxquelles renvoie la chanson.

5. M. Dechame soi-même a le double passeport... un pied aux Champs-Élysées l'autre à Papeete... passant des platanes aux cocotiers... toujours en transit... moitié Fouquet's, moitié cabane bambou... moitié smoking moitié paréo [...]. (M. Audiard, *Audiard par Audiard*, 1995, p. 346)

6. [...] dans le cadre des fêtes patronales, il avait entièrement transformé son établissement en jungle tropicale, avec les lianes, les feuillages, la cabane-bambou et les régimes de bananes. (*Le Télégramme*, 12 août 2004)

— PAR JEU DE MOTS.

7. [...] la gigantesque marmite religieuse et culturelle contenant la Bible, la Thora, le Pentateuque, le Talmud, la Kabbale Bambou, Moïse, Abraham, Isaac, Jacob et compagnie. (M. Gotlib, *J'existe. Je me suis rencontré*, 1994 [1993], p. 211)

□ **la cabane est tombée sur le chien**, loc. phrast. Pour qualifier une situation d'échec. Réplique diffusée par le commentateur de rugby Pierre Salviac, qui en a beaucoup usé. ~ □ **c'est la cata**.

8. Mouvement [social] qui entrait dans sa 9$^{e}$ semaine et semblait de plus en plus empreint d'une grande lassitude. « La cabane est tombée sur le chien. Je crains qu'il n'y ait plus grand-chose à attendre. J'ai rangé ma trompette [...] », illustrait d'une touche d'humour noir le trompettiste des manifestations de ces deux derniers mois. (*Sud Ouest*, La Rochelle, 30 avril 1996)

9. Quelle claque électorale ma bonne dame ! Dimanche soir, on a vécu une soirée vraiment formidable. Les oracles politiques et médiatiques avaient perdu, sur les plateaux TV, les clés d'un futur qui ne manquait pas d'avenir. Comme disait ma grand-mère avec son bon sens provençal « la cabane est tombée sur le chien ». (Message, 30 mai 2005, <www.france5.fr/>)

10. Abonné chez INFONIE depuis 2000, passé à Tiscali par la force des choses, tout allait pas si mal. Lorsqu'un problème survenait, j'étais dépanné en ligne suite à mon appel téléphonique, c'était très bien [...]. Depuis décembre 2005, la cabane est tombé sur le chien, c'est le ... !, jamais de réponse au téléphone, pas plus par la messagerie d'assistance, ni même par le chat de cette même assistance. (Message, 20 février 2006, <www.arobase.org/>)

## câble

□ **être épais comme un câble de frein à main**, loc. verb. "être filiforme, fluet, très maigre". Par hyperbole. ~ □ **être taillé dans une allumette*** ; □ **être taillé comme un/dans un/en bâton* de sucette** ; □ **(être) maigre comme un cent de clous*** ; □ **(être) épais/maigre comme un coton-tige*** ; □ **(être) taillé comme un/dans un coton-tige*** ; □ **(être) épais/maigre/gros comme un cure-dent(s)*** ; □ **être taillé comme un cure-pipe*** ; □ **(être) taillé comme un/dans un cure-dent(s)*** ; **(être) maigre comme un fil* (de fer)** ; □ **(être) épais/plat comme une affiche*** ; □ **passer entre le mur et l'affiche* sans la décoller** ; **rayer les baignoires.**

1. *Claudy* : C'est toi qui va décharger le cochon ?
*Greg* : Faut croire, hein !
*Claudy* : T'es épais comme un câble de frein à main ! (*Dikkenek*, film d'Olivier Van Hoofstadt, 2006)

2. Si j'avais perdu 25 kilos, j'serais épais comme un câble de frein à main maintenant. (Message, 20 juin 2007, <www.e-carabin.net/>)

□ **péter un câble**, loc. verb. "perdre tout contrôle de soi-même ; ne plus savoir ce qu'on fait, où on en est". Image du court-circuit dans une installation électrique. ~ □ **disjoncter** ; □ **être (complètement) à la masse*** ; □ **péter un boulon*/un fusible*/un joint*/un plomb*/une durit(e)*** ; □ **avoir les fils* qui se touchent** ; □ **monter dans les tours*** ; □ **avoir reçu***.

3. […] l'absence de traces de lutte ou de résistance de la part de la victime tend à orienter les soupçons vers un familier. « La famille tient à sa réputation et n'a pas très envie d'entendre que quelqu'un de chez eux a pété un câble. Mais c'est une piste qu'il ne faut pas exclure, estime un enquêteur. Il y a peut-être aussi un barjo dans la nature qui a voulu se faire un bourgeois. » (*Le Monde*, 25 août 2001, p. 7)

4. Une femme, sortant de nulle part, était apparue sur le trottoir. Elle commença soudain à haranguer les gens dans le bar. Elle avisa les verres sur notre table et vitupéra :
– Si vous buvez de la bière, vous irez en Enfer…
Et pour que ça nous rentre bien dans le crâne, elle se mit à répéter ce sermon, toujours plus en colère […].
– Elle a pété un câble, lança Perec en se rasseyant […]. (P. Dessaint, *Loin des humains*, 2007 [2005], p. 129)

5. Mes amis m'entourent pour m'empêcher de péter un câble […]. J'ai des envies de meurtre ! (G. Di Domenico, *Le Têtard et la Calypso*, 2006, p. 43, GRL)

6. L'autre lui reparlant en italien, maintenant […], preuve qu'elle perdait ses nerfs. Ça buggait dans sa tête. Là, elle pétait un câble. (L. Chalumeau, *Les Arnaqueurs aussi*, 2007, p. 348)

V. encore *collé*, ex. 9 ; *tour*, ex. 3.

## caca

□ **caca nerveux**, loc. nom. "manifestation d'irritation, de contrariété, de colère". Par référence aux conséquences physiologiques de certaines situations de stress. ~ □ **coup de calcaire***.

1. On la dit bizarre, spéciale. Elle inquiète les familles qui craignent, pour leurs précieuses portées, l'exemple déplorable que donne cette adolescente. Contester la nécessité absolue de passer son bac, en 1950, déclenche des cacas nerveux, aussi bien parmi les bourgeois traditionnels que parmi les nouveaux riches qui tiennent les commandes d'une France molle et pantouflarde. (G. Dormann, *Adieu, phénomène*, 1999, p. 374)

2. Vendredi dernier, les Guignols [de l'info] se sabordent en direct. Caca nerveux ou vrai clash, le mutisme est total. Les détracteurs respirent, les fans s'émeuvent. (*L'Humanité*, 6 mars 2000)

3. […] tout nous pousse à n'être que des hédonistes consommateurs ou des poseurs de cacas nerveux, prisonniers d'une immédiateté sans passé ni avenir, sans règles, sans héritages, sans utopies. (*Le Monde*, 30 avril 2002, p. 1)

— □ **faire un caca nerveux**, loc. verb. ~ **piquer sa crise** ; □ **en faire** (tout) un **fromage/un cake*/un flan*/un plat** ; ■ **en faire une tinette** ; ■ **en chier une pendule**.

4. Mon but dans la vie n'est pas que la salle de concert soit comble, que les gens soient debout, qu'il y ait cinq rappels, sinon je fais un « caca nerveux » ! Je m'en fous, je veux privilégier la qualité des rapports avec les gens, communiquer avec eux, qu'ils se sentent heureux. (Enzo Enzo, dans *L'Humanité*, 16 novembre 1994)

5. – […] Alors z'allez pas nous faire un caca nerveux pour quelques tracasseries administratives […]. (Y. Molin, *L'Évincé au fond du pouvoir*, 1999, p. 188)

∞ AU PLURIEL.

6. [...] je l'aime bien, mais il faut qu'il arrête de pleurer, de faire des cacas nerveux. On ne peut pas répondre à tous ses caprices. (Le président du club de football de Sochaux, dans *L'Équipe*, 12 juillet 2003)

∞ Par croisement avec □ **(en) faire un cake***, et par euphémisme : □ **faire un cake* nerveux**.

□ **il y a caca sous neige**, loc. phrast. "il y une chose cachée que l'on soupçonne". Peu usuel. Sur le modèle de *il y a anguille sous roche* ; cf. *cacher la merde au chat*.

7. Voilà donc où nous en sommes : alors que le triomphe de l'Art devrait être de permettre d'élever la foule à autre chose qu'elle-même, il est aujourd'hui au choix ELITISTE ou POPULAIRE à l'excès. Autant dire qu'il y a caca sous neige. (*Journal des étudiants de Lyon 3*, février 2006, p. 5, <www.adely.org/presse/>)

## cacahuète

□ **partir en cacahuète(s)**, loc. verb. Variante euphémique de ■ **partir en couille(s)** par substitution de synonyme. ~ □ **partir en live*** ; **(se) barrer/partir en sucette*** ; □ **partir en vrille***.

— EN PARLANT D'UN INANIMÉ. "se dégrader ; aller à la ruine, au désastre".

1. « [...] Des fois, en trampoline, ça peut partir en cacahuète. Quand l'un commence à tomber, c'est comme aux barres fixes, tout le monde se met à tomber », explique-t-il. (*Reuters – Les Actualités en français*, 20 septembre 2000)

2. Les résidents [...] ont tenu à assister à la réunion pour avouer leurs conditions de vie. « Tout part en cacahuète, tout est cassé », souligne une habitante. (*Le Progrès*, Lyon, 24 janvier 2004, p. 19)

3. Dès qu'on a pu avoir accès à des formats numériques pour la musique, c'est parti en cacahuète et, très vite, les échanges ont commencé. (« Édition et internet », 13 juillet 2006, <dolce.blog.lemonde.fr/>)

4. Je m'y attendais, *Lost* [une série télévisée] part en cacahuète. Les affreux producteurs [...] veulent tirer sur la corde un maximum [...]. Les scénaristes sont obligés de rallonger l'histoire qui ne ressemble plus à rien. (« Lost in the scenario », 23 février 2007, <lylyjune.hautetfort.com/lost/>)

— EN PARLANT DE PERSONNES. "cesser d'agir rationnellement ; ne plus se maîtriser ; échouer".

5. Pupille de la nation, fugueur à l'adolescence, parti « en cacahuète » à 19 ans. Depuis, il alterne « les hauts et les bas ». (*Libération*, 24 décembre 2005, p. 2)

6. Ça fait longtime ["longtemps"] que je ne suis pas venue sur mon blog.

Je me rappelle qu'en ce début d'année, j'avais pris de nouvelles résolutions. Mais franchement, je suis partie en cacahuète grave ! (Blog, 20 mars 2007, <teemix.aufeminin.com/>)

7. [...] l'extrême gauche est laminée, les communistes et les verts aussi, je te parle même pas des altermondialistes. Quant au PS, ou ce qu'il en reste, il est en train de partir en cacahuètes et sur le point d'exploser avant les législatives. (*AgoraVox – Le Média citoyen*, 7 mai 2007, <www.agoravox.fr/>)

**pour des cacahuètes**, loc. adv. "pour rien". Métaphore de la cacahuète considérée comme quantité négligeable, chose sans importance. Cf. l'anglais *for peanuts*. ~ **pour des clopinettes ; pour des prunes.**

8. À notre slogan « Ne travaillons pas pour des cacahuètes », beaucoup d'entre eux ont reconnu l'expression de leur colère. Il est très difficile pour les salariés (en majorité des femmes) de petites boutiques de s'organiser, de se rencontrer. Et c'est justement pour cette raison que les patrons en profitent pour appliquer des salaires désastreux [...]. (Une déléguée syndicale, dans *L'Humanité*, 8 mars 2005)

9. [...] un club de vacances en Grèce qui hébergeait périodiquement des intermittents qui assuraient pour des cacahuètes toute l'animation du club [...]. (Message, 18 juillet 2006, <passouline.blog.lemonde.fr/>)

10. La Sorbonne ne vend pas [à Abu-Dhabi] son savoir pour des cacahuètes : elle touche pour chaque étudiant 15 % sur les doits d'inscription, d'un montant annuel de 13 000 €, soit un total de 4,8 M€. (*Le Parisien*, 13 mars 2007, p. 2)

— EN CONTEXTE LIBRE.

11. M. Jean-Claude Sandrier. – [...] M. Jean-Pierre Garnier, patron français de la multinationale pharmaceutique Glaxo Smith Kline, a bénéficié d'un golden parachute* de 31 millions d'euros et déclaré : « Si vous ne payez que des cacahuètes, vous n'aurez que des singes comme patrons » (*Murmures sur divers bancs*). (Assemblée nationale, *Compte rendu analytique officiel*, séance du 16 octobre 2003)

## cachou

□ **nom d'un cachou**, loc. interj. Juron anodin peu fréquent, euphémisme de **nom de Dieu**.

– Nom d'un cachou, putain, j'ai mal aux pieds. C'est pire que les dents, les pieds. Les dents, on va chez le dentiste. Les pieds, on va où ? (F. Forestier, *Rue des rats*, 2006 [2005], p. 174)

## cadavre

**le cadavre bouge encore**, loc. phrast. Pour signifier qu'une chose, que l'on croyait disparue (ou réglée) ou sur le point de disparaître, subsiste encore (ou n'est pas encore réglée). *Le cadavre bouge encore – Précis de réanimation littéraire* est le titre d'un ouvrage publié sous la dir. de P. Bottura et O. Rohe (2002).

1. Une semaine seulement pour souffler et c'est Paris qui, du 26 au 31 octobre, prendra le relais, la Maison des écrivains ayant choisi, pour sa première initiative d'ampleur nationale, d'honorer le roman policier français par une série d'animations et de débats à travers la capitale. [...] s'agissant d'un genre dont on signe périodiquement, ici et là, le bulletin de décès, il faut croire que « le cadavre bouge encore », comme aurait dit à peu près le cher Ponson du Terrail... (*Le Monde*, 11 septembre 1987, p. 14)

2. Avis de décès : le lundi de Pentecôte n'est plus férié.
Surprise : le cadavre bouge encore ! (Message, 16 mai 2005, <facetiesdulundi.blog.lemonde.fr/>)

3. Quarante ans après, le cadavre bouge encore. Affaire d'Etat, qui ébranla le régime gaulliste [...], cette énigme [l'affaire Ben Barka] n'est toujours pas résolue. (*Libération*, 29 octobre 2005, p. 4)

## café

**café colonial**, loc. nom. "boisson alcoolisée, notamment vin blanc ou rouge, consommée à jeun ; mélange divers à base de boissons alcooliques". Vieilli. Par référence aux habitudes de certains coloniaux, militaires notamment. Attesté en 1935 (« Le vin blanc c'est le "café colonial". Tout le vingt et un buvait du vin blanc. On pisse, on fait "les petits chiens" et on est guéri. Au contraire, l'ivresse que donne le gros rouge, le rouquin, rend méchant ou assomme. Ce sont, paraît-il, les troupes d'élite qui se saoulent au vin blanc. Amen », M. Fombeure, *Soldat*, Paris, Gallimard, p. 171).

1. Sais-tu que certains absorbent dès le réveil, ce qu'ils nomment justement le « café colonial » : une bière de quarante-cinq centilitres. Imagine le résultat. (M. Jaillon, *Lettres du béret noir. Algérie 1956-1958*, 2006 [1957], p. 155, GRL)

2. Aucune préférence... gros rouge, blanc sec... cognac... calva... schnaps ! toutes les bouteilles lui sont bonnes ! Yop, au goulot, dès les aurores ! à la manœuvre... café colonial ! son litron à jeun ! (A. Boudard, *Bleubite*, 1988 [1966], p. 48)

3. [...] j'en ai connus qui le matin au petit déjeuner en mettaient dans leur bol [du vin rouge] et soufflaient dessus pour faire croire qu'ils buvaient du café ! / J'ai aussi vu cela en 1966/67 et cela s'appelait « le café colonial ». (Message, 6 avril 2005, <www.mille-sabords.com/>)

## cafetière

□ **en bec de cafetière**, loc. adv. "en érection". Par analogie de forme avec la cafetière traditionnelle. On relève la même image dans un commentaire pictural : « [Le peintre Konrad Klapheck] peuple ses tableaux de corps nus peints avec une volupté mesurée. Ces œuvres, d'un érotisme aussi discrètement provocant que drôle – le pénis en érection peint comme un bec de cafetière Empire... –, représentent des boxeurs aussi bien que des musiciens ou des ménagères. Le tableau le plus emblématique de l'exposition montre quatre femmes nues dans une cuisine, leurs formes rebondies renvoyant à celles des moules à gâteau et des louches accrochées au mur », *Le Point*, 28 avril 2005, p. 107.

1. [...] il nous affirme qu'il a le don de bander, quand et où il veut, de rester en bec de cafetière une plombe si ça lui chante. (A. Boudard, *L'Hôpital*, 1986 [1972], p. 285)

2. A-t-on jamais vu pareil engin, bec de cafetière 24 heures sur 24 ? Un obsédé du tafanard. (Message, 28 juin 2007, <passouline.blog.lemonde.fr/>)

## caisse

□ **prendre (/ramasser/tenir) une caisse** ; □ **avoir sa (/une) caisse**, loc. verb. "s'enivrer ; être ivre". Attestées dans le français de Suisse romande depuis le début du XX^e^ s., ces locutions sont, en France, surtout en usage dans la région lyonnaise. Dans Lacassagne 1935 : « ivresse : *caisse* ; ivre : *qui a une caisse, qui* *tient une caisse* ». ~ □ **charger la mule*** ; □ **se mettre minable*** ; **se mettre une mine***.

1. Et si on se rebuvait un coup ? Si, si, j'insiste.
– À propos de caisses, dit Asperge, en me tendant la bouteille, on est en train d'en prendre une bonne, non ? (J.-L. Benoziglio, *Cabinet portrait*, 1980, p. 43)

2. Cette casquette de plomb ! Quelle caisse il avait encore pris, hier soir ! Le rhum blanc [...]. Ou alors le mélange... (J. Houssin, *Le Dobermann et les balourds*, 1982, p. 95)

3. Soûl perdu, à ne plus pouvoir apercevoir ses mains au bout de ses bras ! Une caisse pareille, ça faisait des années que je lui en avais pas vu ramasser ! (San-Antonio, *Galantine de volaille pour dames frivoles*, 1987, p. 73)

4. Abuser de l'alcool, eux ? Pas du tout ! Ou alors très rarement, juste en prenant une petite « caisse » de temps à autre [...]. (P. Eschbach, *La Vie rurale au temps de la TSF*, 2002, p. 102)

— □ **complètement caisse**, loc. adj. "complètement ivre". ~ □ **être cartable***.

5. Tu te souviens, février, 12 heures non-stop à boire des bières [...] ? Tu t'es réveillée le lendemain [...] et, encore complètement caisse, tu t'es pris la porte de ta chambre. (Blog, 9 octobre 2004, <www.ublog.com/mdamejo/>)

6. Souvent, il traînait dans les bars, il jouait aux cartes avec des potes et rentrait complètement caisse. (V. Le Bonnec, *Lâchez-moi*, août 2006, <www.inlibroveritas.net/>)

## cake

□ **(en) faire (tout) un cake**, loc. verb. "(en) faire toute une histoire". Métaphore qui s'insère dans le paradigme alimentaire □ **en faire un beurre/(tout) un flan*/un fromage/un plat/une tartine**. ~ □ **en faire six/dix caisses** ; □ **faire un caca* nerveux** ; □ **en faire (tout) un pataquès*** ; □ **en faire une galère*** ; ■ **en chier une pendule**.

1. Ma voisine d'en dessous me fait tout un cake parce que le « bruit » des griffes de mon chien quand il marche la dérange ! (*Forum du comité des victimes du bruit*, 30 janvier 2006, <www.sos-bruit.com/>)

2. Pas eu mon brevet blanc. Je ne vais pas en faire un cake, je ne suis pas morte... (Message, 1^er^ février 2007, <spirit-things.skyrock.com/>)

— Par croisement avec □ **faire un caca* nerveux**, et par euphémisme : □ **faire un cake nerveux**.

3. Sachez qu'il y a des parents qui font un cake nerveux juste parce que leur fille a loupé un bus [...]. (Blog, 10 janvier 2006, <sirilis.over-blog.com/>)

## calcaire

□ **(faire un) coup de calcaire**, loc. verb., loc. nom. "(avoir un) coup de sang ; (faire un) caprice ; (manifester de la) contrariété ; (être dans la) déprime". Par allusion à un message publicitaire des années 1990, prônant un produit anti-calcaire pour les machines à laver le linge. ~ □ **caca* nerveux**.

1. Victoire a un petit copain qu'elle ne sait trop comment secouer, comment saisir ou bien larguer. [...] « Il me refait un coup de calcaire ! » dit-elle, irrésistible. (J. Jouet, *Des ans et des ânes*, 1988, p. 103)

2. Depuis 2001, on voit [dans les publicités] les mères oublier leurs rejetons dans un supermarché [...] ou quitter sur un « coup de calcaire » enfants et mari [...]. (*Le Figaro*, 25 octobre 2001)

3. Donc tout va bien, mais il connaît désormais encore mieux mes nœuds dans la tête... Il faut que j'arrête car je suis tout à fait capable de tout saboter avec mes trouilles à deux* balles. [...] la prochaine fois que j'ai un coup de calcaire, eh bien je l'appellerai... (Blog, 25 juillet 2006, <zabatchka.over-blog.com/>)

— VARIANTE. □ **coup de calgon**, loc. nom. "id.". Par jeu de mots sur le précédent, *Calgon* étant une marque déposée de poudre anticalcaire. ~ **coup de blues*** ; □ **coup de flip*** ; □ **coup de grisou***.

4. [Il] a eu un coup de calgon, dit aussi coup de blues* ou de cafard... bref, il a eu les boules [...]. (*Sud Ouest*, La Rochelle, 27 octobre 1998)

5. C'est aussi Jean qui a sorti Jacques à « chaque coup de calgon » (déprime), selon l'expression de Michèle, 48 ans. (*Le Point*, 10 juin 2004)

6. « Eh, les filles, c'est quoi ce coup de calgon-là ! On revient de vacances, c'était cool, on est heureux, reposés, prêts à affronter chefs et collègues. On va pas déprimer... » (*Le Parisien*, 28 août 2006, p. 3)

## calmer

□ **calme ta joie**, loc. phrast. Mise en garde, souvent dans un contexte de menace, adressée à quelqu'un à qui l'on demande de ne pas insister davantage. ~ □ **écrase** ; **ferme-la**.

1. [...] je lui ai dit en me levant : « Stéphane, maintenant t'arrêtes ça, tu m'a compris ? »
– Oh qu'est-ce que tu cherches là ? qu'il a répondu.
– Moi rien, et toi ? *(ironique)*.
– Calme toi, c'est pour rire.
– Non je ne rigole pas *(ferme)*, alors calme ta joie, pauvre con !
Là il s'est énervé [...].
(« Le Journal de Fauve », 12 octobre 2001, <journaldefauve.over-blog.net/>)

2. Si des excuses ne suivent pas ton humour déplacé je me verrai dans l'obligation de te refaire* un faciès [...]. Calme ta joie bonhomme, j'suis un dur. (Message, 11 février 2005, <livredor.quick-web.com/>)

3. La présidente [...] rappelle que par le passé, le jeune homme, alors mineur, a déjà été condamné à deux peines avec sursis pour des faits de violence. Ce qui ne plaît pas du tout au prévenu. Il sort de ses gonds et lance un brutal : « Vas-y, calme ta joie... ». (*Ouest France*, 15 novembre 2005)

## came

□ **c'est pas ma** (/**ta**/**sa**, etc.) **came**, loc. phrast. "ce n'est pas ce que je préfère, ce qui me convient, ce qui m'intéresse". De *came* "marchandise ; drogue". ~ □ **c'est pas mon trip** ; □ **c'est pas mon truc** ; **ce n'est pas ma tasse de thé**.

1. Les films d'action, ce n'est pas ma came. Je me shoote aux chefs d'œuvres subtils et iconoclastes. (Forum *Films & débats*, 27 novembre 2004, <www.allocine.fr/>)

2. […] des musiciens pour qui la perspective de travailler avec un Staracadémycien n'était vraiment pas leur « came ». Ça va me permettre de gommer cette étiquette, pas infamante d'ailleurs, de Mathieu « de la Star'Ac ». (*Ouest France*, 26 février 2005 ; interview)

3. Fille de comédiens, Emmanuelle Devos se rêve archéologue avant de céder au déterminisme familial. Elle a le malheur de fêter ses 20 ans au milieu des années 1980 […], les actrices n'ont plus le droit de tourner habillées […]. « Ce n'était pas ma came, comme on dit, glousse-t-elle, un peu rougissante de s'être ainsi laissé aller à employer pareil vocabulaire. A ce moment-là, tout ce que j'avais en tête, c'était le théâtre. » (*Le Nouvel Observateur*, TéléObs, 9 juillet 2005, p. 6)

4. Emy, jeune recrue de Max, sympathique et plutôt maline, même si physiquement c'est pas ma came, mais qui m'a offert une scène intéressante […] qui plaira sans doute aux amateurs de X traditionnel. (*Technikart*, 26 juillet 2006, <www.technikart.com/>)

## camembert

□ **c'est le roquefort qui dit au camembert « tu pues »** (/**qu'il pue**), loc. phrast. Pour indiquer, parfois sous forme de riposte, que celui qui se moque ou persifle mériterait lui-même d'être tourné en ridicule. ~ **c'est l'hôpital qui se moque de la charité/de l'infirmerie ; c'est la poêle qui se moque du chaudron.**

1. Excusez moi mais le Stade français qui dit que les adversaires pourrissent tous les ballons et ne veulent pas jouer c'est le roquefort qui dit au camembert tu pues ! (« Rugby », juin 2006, <www.sportvox.fr/>)

2. Renaud décrit les bobos au vitriol et certains s'en trouveront forts gênés […]. Un esprit observateur comme le vôtre aura vite fait de se dire que « c'est le roquefort qui dit au camembert : tu pues », pardon, que « c'est l'hôpital qui se fout de la charité ». (« Autoportrait », 12 septembre 2006, <www.desirsdereaction.com/>)

— AVEC DES VARIATIONS SUR LES FROMAGES.

3. Je rêve ou Lola donne des leçons sur la manière de tenir un forum ? Le reblochon qui dit au camembert tu pues. (Message, 31 mars 2006, <www.eaguingamp.com/>)

4. Oh la la, les nerfs lâchent ! […] C'est le munster qui dit au camembert qu'il pue. (Message, 10 janvier 2008, <www.stephanebeaudet.net/blog/>)

— VARIANTES PONCTUELLES DÉVELOPPÉES.

5. […] moi feignant ? C'est le munster qui dit au camembert qu'il pue de la gueule, ma parole ! (Blog, 30 juin 2006, <nebulon.canalblog.com/>)

6. […] c'est l'éternelle histoire du roquefort moisi qui dit au camembert frais « tu pues ». (Message, 21 décembre 2007, <www.i-services.net/>)

## caméra

**où est la caméra** (**cachée**) **?** Pour indiquer, lorsqu'on est confronté à une situation abracadabrante, que l'on subodore une mystification. Par allusion à diverses émissions de télévision, notamment *La caméra invisible, Caméra cachée.*

1. Et le gars arrive et me dit « Excusez-moi, je crois que c'est ma place ». Celle qui est juste à côté de moi, où j'ai entreposé mon ordinateur, mon lecteur CD, mon bouquin,

ma bouteille d'eau et tutti quanti… Et le reste du wagon est VIDE […]. Et c'est direct jusqu'à Saint Malo, terminus. / Là, je cherche où est la caméra cachée, et non il n'y en a pas, je suis juste la victime DU chieur patenté du TGV Rennes - Saint-Malo […] qui me répond benoîtement qu'il préfère quand même occuper SA place, on ne sait jamais (on ne sait jamais quoi ??!!!). (Blog, 19 avril 2006, <www.traou.net/blog/>)

2. On s'impatiente puis, voyant que les minutes passent et que la vendeuse ne remonte toujours pas, on commence à s'inquiéter […], elle revient avec ma chaussure l'air très embêté. « Mademoiselle, je suis désolée mais je ne retrouve pas la seconde chaussure ! C'est la première fois que ça m'arrive »… sourire, non c'est une blague… allez dites-moi où est la caméra… ah vu la tête de la vendeuse c'est pas une blague […] ! On est resté près d'une demi-heure mais elle n'a pas retrouvé la seconde chaussure et je suis repartie bredouille […]. (Blog, 12 avril 2007, <petitboudoir.canalblog.com/>)

**où sont les caméras ?** loc. phrast. Symbole de la soif médiatique des hommes politiques. Par référence à la préoccupation du président V. Giscard d'Estaing, entrant sur un plateau de télévision (voir l'exemple 4). *Où sont les caméras ? Traité de la gloire médiatique* est le titre d'un livre de Daniel Schneidermann (1989).

3. D'abord les communistes, bruyants, organisés. Et fiers de Robert Hue, tout en vert, tout bronzé, tout sourire. Où sont les caméras ? (*Le Monde*, 8 septembre 1995, p. 2)

4. Un jour viendra où les présidents des Etats-Unis seront choisis directement parmi les anciens de l'Actor's Studio. Un président, français celui-là, ne posait-il pas la question essentielle au début de chaque conférence de presse : « Où sont les caméras ? » (*Jeune Afrique*, 13 août 1997, p. 79, GRL)

## camion

**tombé du camion**, loc. adj. Pour signifier qu'une marchandise est d'origine douteuse, la plupart du temps volée. Parfois abrégé sous le sigle **TDC**. À l'origine, la locution a pu désigner des colis non livrés parce qu'endommagés et faisant l'objet d'un marché parallèle. Cf. l'anglais *to buy something which has fallen off the back of a lorry*. ~ □ **(de) chez court* vite**.

1. Ce marché [de Lochères, à Sarcelles, Val-d'Oise] est anarchique, n'importe qui vend n'importe quoi. Du reste, les marchandises sont toutes « tombées du camion » […]. (*Le Monde*, 17 août 1995, p. 9)

2. Ces systèmes de débrouille n'ont pas tous une connotation morale négative auprès de la population. L'achat de marchandises « tombées du camion », par exemple, serait entré dans les mœurs. (P. Jamoulle, *Drogues de rue*, 2000, p. 60, GRL)

3. Une partie de l'espace était occupée par des empilades de marchandises diverses, encore sous emballage, des palettes d'électro-ménager, de matériel informatique, de godasses de sport et des caisses de pinard, comme le stock d'un hypermarché. Sûrement de la camelote tombée du camion. (L. Chalumeau, *Maurice le Siffleur*, 2006, p. 173)

4. – Tu as pu me trouver un ordinateur ? […].
– Oui, un Mac G4 portable… Il est tombé du camion, mais heureusement, il était bien calé, au chaud dans sa boîte d'origine. (D. Daeninckx, *On achève bien les disc-jockeys*, 2006, p. 53)

5. On entend ses trucs comme : tu veux un auto-radio TDC ? (Message, 10 janvier 2007, <projetbabel.org/>)

V. encore *courir*, ex. 3.

— PAR ELLIPSE, EMPLOI SUBST.

6. Si tu n'as rien à te reprocher quant à la provenance du matos, je vois pas où est le problème. Ou alors, tu dis clairement que c'est du TdC, ça ira plus vite et au moins ce sera clair. (Message, 21 octobre 2002, <forums.france-hardware.com/>)

7. Ce sont principalement les trafics en tout genre [...], les extorsions de fonds, les vols de toute nature, (par exemple « les tombés du camion ») qui procurent à leurs auteurs des gains importants. (A. Bollé, *Le Produit de la délinquance de proximité*, 2004, p. 15, GRL)

## canard

□ **bouche/lèvres de canard**, loc. nom. "(bouche aux) lèvres proéminentes et pulpeuses". L'expression, dépréciative, s'applique notamment à l'épaississement des lèvres obtenu par la chirurgie esthétique. Par analogie avec les contours du bec de l'animal (particulièrement accusés dans certains dessins animés). ~ □ **bouche/lèvres de mérou*** ; □ **lèvres en rebord de pot de chambre**.

1. Contre le voile islamique mais pour le faux nez en trompette, la bouche de canard, une paire de faux seins bronzés au carotène et un string léopard. (Message, 22 février 2004, <www.lemague.net/>)

2. [...] le petit nez des bonnes femmes de 50 ans qui l'ont fait faire il y a vingt ans, quand on avait un seul modèle dispo ["disponible"] et qui ont toutes le même profil aujourd'hui, je trouve ça pathétique. De même que la bouche de canard, les pommettes remontées, et les yeux tirés vers les tempes. (Blog, 3 février 2006, <monblogdefille.mabulle.com/>)

3. « Depuis des années, la chirurgie esthétique est caricaturée dans les émissions télé », s'agace le docteur Patrick Knipper, chirurgien à l'hôpital Georges-Pompidou [...]. « Sur les plateaux, on ne voit que des gens au nez hypertrophié ou à la bouche de canard qui racontent leurs déboires. [...] » (*Le Parisien*, 4 juin 2007, p. 41)

4. [...] blondes aux lèvres de canard et aux yeux botoxés [...], maquillées à la truelle* et paraissant le double de leur âge. (Message, 17 décembre 2007, <travelingapostrophe.wordpress.com/>)

**faire le canard**, loc. verb. "feindre d'ignorer quelque chose pour éviter d'avoir des ennuis". La locution est ancienne : « *Faire le canard*, s'esquiver au moment du danger. » (*Ancien théatre françois* dans Di Stefano 1991).

5. Le contrôleur dépassé. Dédé : Il y a des portions où l'on n'intervient plus, sinon c'est casse-gueule. [...] René : Quand on se retrouve face à dix bonhommes [*sic*], on fait le canard. On n'est pas des Rambo. Dédé : Forcément, sur ces lignes, y a moins d'agressions : on ne les contrôle plus. Jacques : On leur laisse le terrain libre et ils le savent. (*Libération*, 28 mars 2000 ; contrôleurs SNCF de la région de Marseille)

6. Le laitier et ma mère, je les avais vus enlacés dans la cour, plusieurs fois, depuis la fenêtre de ma chambre. Je ne t'ai rien dit. J'ai fait le canard. Qu'ils se connaissaient d'avant, je le savais, je te l'ai caché. (D. Dupuy, *Fontcouverte*, 2007, p. 297, GRL)

## canon

**acheter au son du canon et vendre au son du clairon/du violon**, loc. verb. Adage boursier selon lequel, pour faire des plus-values, il faut investir quand tout va mal et vendre quand tout va bien.

1. Alain Bompard rêve de faire de l'ASSE [Association sportive de Saint-Étienne] le « grand club du centre de la France ». « Nous avons acheté au son du canon, nous vendrons au son du violon », indique-t-il d'une formule destinée à faire comprendre qu'il cèdera les Verts, un jour ou l'autre, à un grand groupe industriel, comme on le voit actuellement dans de nombreuses places fortes du football français. (*Le Monde,* 24 avril 1999, p. 22)

2. Une idée fausse souvent mise en lumière à propos des attentats du 11 septembre est la suivante : la guerre, toute guerre serait propice aux affaires. De cette idée fausse on peut arriver à l'idée que les USA ont intérêt à la guerre et même que celle-ci a été provoquée. [...] C'est la même idée qui transparaît dans un axiome boursier : il faut acheter au son du canon et vendre au son du clairon. Le malheur est que l'idée et l'axiome sont faux. (*Tocqueville Magazine,* 23 octobre 2001, <www.libeco.net/>)

3. Acheter au son du canon, vendre au son du violon. Le vieux précepte boursier semble s'être vérifié hier [...]. (*Sud Ouest*, 22 mars 2003)

4. Pour les spéculateurs soucieux de mettre en pratique l'adage « acheter au son du canon, vendre au son du clairon », les jeux étaient faits. Ils ont vendu en empochant leurs bénéfices. (*Investir Hebdo*, 12 avril 2003)

## capot

□ **baisse (/rabats) le/ton capot, on voit le moteur**, loc. phrast. Quolibet à l'adresse d'une fille, d'une femme (à bicyclette) dont on voit la culotte. Cette plaisanterie vieillotte est une métaphore tirée du vocabulaire de l'automobile, domaine qui a fourni beaucoup d'images appliquées à la femme.

1. [...] tandis qu'arrivait, en sens inverse, une cycliste retroussée à pleines cuisses, il ne se contint plus et lança par la portière : « Hé ! Sidonie ! Baisse le capot, on voit le moteur. » (A. Blondin, *L'Europe buissonnière*, 1949, p. 187)

2. Debout sur les pédales de ma bicyclette, je roule plus vite que le tramway. Ma jupe vole. « Baisse le capot, on voit le moteur », me crient des ouvriers sur la plate-forme. Je ris. J'ai quinze ans. (G. Rollin, *Le Mot de la fin*, 1972, p. 211, GRL)

— VARIANTE PONCTUELLE.

3. Je dis enlève d'abord tes pare-brise ["lunettes"]
Ghislaine je vais te faire la bise
Et puis comme je suis pas miro
Baisse ton capot on voit le delco. (P. Perret, « Ghislaine de La Bourboule », 1969, dans *Chansons de toute une vie*, 1993, p. 178)

— PARFOIS SUIVI D'UNE RIPOSTE.

4. Dans le car [...] je suis assis à côté de la fille B. [...] Ses genoux ronds dépassent un peu de sa jupe [...]. Devant nous, des garçons se retournent, furtifs, et leur œil allumé plonge où il faut [...].
– Rabats le capot, on voit le moteur ! [...]
La fille B. ne se laisse pas démonter aussi facilement. La réplique fuse, immédiate :

– Peut-être, mais c'est pas avec ta petite manivelle que tu vas le faire démarrer ! (J.-C. Mourlevat, *Je voudrais rentrer à la maison*, 2002, p. 33, GRL)

5. Il y en a toujours un pour lui crier au passage :
– Baisse le capot, on voit le moteur !
Il s'attire aussitôt la divine réplique :
– La ferme coco, c'est pas toi qui graisses ! (A. Blasi, *Les Couches profondes*, 2004, p. 42, GRL)

6. [...] il ne put s'empêcher de lui dire :
– Baisse le capot, on voit le moteur !
La jeune et peu naïve jeune fille s'arrêta, et parce qu'elle n'avait pas laissé sa langue dans sa poche, elle répondit :
– Et toi, t'es trop con pour y mettre la manivelle ! (C. Compère, *Moi, Chiaude Apère, parisien ou breton ?*, 2004, p. 250, GRL)

**en avoir sous le capot**, loc. verb. "(parlant d'une voiture, d'un appareil) être particulièrement puissant".

7. Elle n'est pas seulement belle à couper le souffle, elle en a sous le capot. V8 de trois litres cinq, double arbre à cames en tête, [...] 420 chevaux qui propulsent la belle bien au delà des vitesses autorisées. (M. Quetzal, *Livraison à domicile*, 2002, p. 7, GRL)

8. Tout cela pour dire : ce portable [un ordinateur] en a sous le capot, en plus le design est sympa. (Message, 10 décembre 2007, <www.clubic.com/>)

— "(en parlant de personnes) avoir de l'énergie, des possibilités, des ressources". Emploi figuré. ~ **en avoir (encore) dans la/les chaussette(s)*** ; **en avoir (encore) sous la pédale*** ; **en avoir (encore) sous le pied*** ; **en avoir (encore) sous la semelle***.

9. [...] on sent que les deux équipes [de football] en ont sous le capot, mais que l'enjeu bride quelques tentations de jeu. On préfère parfois assurer avec une passe en retrait que de se risquer avec un dribble ou une frappe. (« Sedan rejoint Châteauroux sur le fil », 5 novembre 2005, <www.berrichonne.net/>)

10. [...] elle [une chanteuse] a une « petite » voix magnifique [...] et elle en a sous le capot, en plus poétique, ses possibilités, on les sent immenses. (Message, 26 août 2006, <www.lagrosseradio.com/>)

11. Oscar [un coureur cycliste] a prouvé cet après midi à l'arrivée à Annecy qu'il en avait sous le capot. 2e de la dernière étape il avait à cœur de bien finir ce Dauphiné 2007. (« Blog, 17 juin 2007, <www.cyclisme-caisse-epargne.fr/>)

## carafon

□ **agité/secoué du carafon**, loc. adj., loc. nom. "(personne) à l'équilibre psychologique incertain". *Carafon* est l'une des désignations familières de la tête. ~ □ **agité du bocal*** ; □ **dérangé (/agité/allumé) du bulbe*** ; □ **barjot** ; □ **fondu** ; □ **givré** ; □ **secoué**.

1. T'as l'air un peu agitée du carafon, mais t'es attendrissante. (Message, 20 février 2002, <www.affection.org/>)

2. Restent le père et le fils Dubreuil, aussi secoués du carafon l'un que l'autre ! (J. V. Pioli, *ADN*, 2003, p. 107, GRL)

3. N'est-il pas tout à fait vertigineux d'imaginer que c'est à partir des insanités de ce vieux grimoire que nos agités du carafon ont construit leur base théorique ? (Renews 2, *Enfin ! Il vient de se passer quelque chose, c'est incontestable*, 2005, p. 67, GRL)

4. C'est un milieu de déjantés, complètement secoués du carafon... des illuminés complets... (Message, 6 mars 2006, <www.webastro.net/>)

— VARIANTE. □ **ébréché du carafon**, loc. adj. "id.".

5. Nat a 14 ans, un père transsexuel, une mère un peu ébréchée du carafon et des beaux-pères en veux-tu en voilà. (*Télérama*, 23 janvier 2008, p. 49 ; critique d'un film)

□ **bas/mou du carafon**, loc. adj. "sot, stupide ; lent à comprendre". ~ □ **mou (/ramolli) du bulbe*** ; □ **bas de plafond**.

6. *Je suis le monde* a pour cadre le musée du théâtre Oberiou. Des acteurs-personnages y sont figés, empoussiérés [...]. Il y a là Semionov, qui a perdu son mouchoir, puis sa pipe, la belle Irina, un milicien mou du carafon ou encore le minuscule Zizou. Ils sont de féroces caricatures. (*Le Progrès*, 9 janvier 2004, p. 10)

7. Marcos [...] a une culture littéraire étendue et de l'humour. Un spécimen rare parmi les révolutionnaires latino-américains ! [...] Et ça défrise les progressistes des pays dits développés que les descendants des Mayas soient branchés sur Internet, et sachent utiliser des ordinateurs. / Et oui, Marcos n'est pas un ours brutal et bas du carafon. (Commentaire d'un ouvrage de M. V. Montalbán, mai 2006, <www.pointscommuns.com/>)

8. [...] désolé, tu va me trouver un peu mou du carafon, mais j'ai du mal à te suivre, je suis un novice. (Message, 12 septembre 2007, <forum.hardware.fr/hfr/Ordinateurs Portables/>)

— EN PARLANT D'UNE ŒUVRE. "inepte, stupide".

9. On sort [d'un film] plus bête qu'on est entré. Dix visions successives, et c'est l'idiotie totale, la lobotomie parfaite, le calme plat. Milla Jovovich, là-dedans, tente de sauver le monde. Elle ne sauve même pas une demi-scène. Pourtant, elle a de l'expérience, en matière de films bas du carafon. (*Le Nouvel Observateur*, TéléObs, 9 octobre 2004, p. 8)

**caravane**

□ **décrocher la/sa caravane**, loc. verb. "changer d'allure, aller plus vite ; faire le nécessaire pour donner toute sa mesure". Notamment dans la langue des sportifs. ~ **changer de braquet*** ; **lâcher les chevaux*** ; □ **mettre la gomme/le paquet** ; **mettre le turbo** ; **passer la surmultipliée**.

1. Stankovic, lui, est plus fantasque. Il va marcher et rien faire pendant 20 minutes puis il décroche la caravane pour éliminer 2 ou 3 adversaires en mettant le feu* pour centrer. Il est assez déconcertant : il donne l'impression d'être hyper lent mais il fait 2/3 accélérations impressionnantes dans le match. (*Forum OM*, 21 février 2001, <www.network54.com/>)

2. [...] franchement le Jérôme [un footballeur] faudrait qu'il décroche sa caravane... on dirait qu'il a du plomb dans le cul... (Message, 4 avril 2006, <www.allpsg.com/>)

3. [...] la plus grande nageuse française de tous les temps attend le signal pour donner ses premiers battements de pieds. Et entamer son petit déjeuner par un 400 m nage libre. « Ça compte pour du beurre, c'est juste pour se dégourdir les jambes, rien

de plus qu'une entrée en matière pour décrocher la caravane », balance Philippe Lucas vêtu de son perpétuel débardeur. Un quadruple aller-retour en guise de mise en bouche* avant de passer à la suite des réjouissances. (*Le Figaro*, 3 novembre 2006, p. 16)

## carotte

□ **mettre la carotte à qqn**, loc. verb. "escroquer, arnaquer quelqu'un". Esnault 1965 mentionne *carotte* "prétexte inventé pour soutirer de l'argent" (soldats I$^{er}$ Empire) et *tireurs de carotte* (Raspail 1831). ~ **carotter**.

1. Il s'est fait mettre la carotte une fois de plus. [...] Le gros Polo a besoin de moi. Il ne peut pas se laisser entuber une fois de plus. [...] Polo me chargera de retrouver le mec qui lui doit de la tune. (E. Tofo, *Profession délinquant*, 2002, p. 145, GRL)

2. – Hé Fred ? Téma y a Polo qui me doit de la thune mais il veut pas me les lâcher.
– Ouais, il t'a mis la carotte quoi.
– Nanaaaaan trop* pas, chuis sûr que si tu viens avec moi, il va cracher j'te dis. (Message, 30 mars 2006, <www.suchablog.com/>)

3. Lundi soir, j'ai vu une comédie avec Dany Boon et Michèle Laroque : *La Maison du bonheur*. Bon, disons que c'est un film qui se laisse regarder une fois mais sans pour autant en faire des éloges [...]. J'ai néanmoins adoré comment Dany Boon met la carotte à son ancien collègue de travail responsable de son licenciement. Quelque chose de propre. (Message, 12 juin 2006, <theirishpub.forumactif.com/>)

## carpette

□ **se sentir carpette**, loc. verb. "être profondément déprimé". À rapprocher d'un autre emploi figuré de *carpette* "personne qui s'aplatit devant une autre".

1. Tu ne vas pas te sentir carpette pour si peu, mon Doudou ? (Nina Vézes des Silves, dans *Agence lacanienne de presse*, n.s., n° 53, 23 mars 2005, <www.forumpsy.org/>)

2. Dans les matins noirs / au plus bas du baromètre / se sentir carpette (Nicole Rub, *Haïkus 2*, <www.les-bayards.com/>, consulté le 10 janvier 2007)

## carré

**avoir les pieds carrés**, loc. verb. "au football, être maladroit ; manquer d'aisance et d'adresse". Rajeunissement de l'expression vieillie *avoir les pieds nickelés*.

1. A Marseille, la ferveur populaire repose sur trois piliers : la Bonne Mère, que l'on vénère avec discrétion, l'Opéra et l'OM [Olympique de Marseille], deux cultes plus ostentatoires. Un ténor ratant son contre-ut n'est guère mieux loti que Jean-Pierre Papin, suspecté cette saison par les supporters déçus de son manque de réussite d'avoir les « pieds carrés ». (*Le Monde*, 3 octobre 1987, p. 29)

2. [...] il n'a pas les pieds carrés. Il sait inscrire des buts pleins de finesse. (*Paris-Normandie*, 26 novembre 2005)

3. Shevchenko n'avait pas l'air dans un grand soir [...]. J'adore le commentaire de Larqué, « il a les pieds carrés ce soir » [...]. (Message, 29 mars 2006, <p210.ezboard.com/>)

## cartable

□ **bourré/plein comme un cartable**, loc. adj. "complètement ivre". Comparaison fondée sur le remplissage maximum du contenant. ~ □ **bourré/plein comme une cantine**.

1. [...] accidents de voiture pour raison d'alcoolisme [...] causés par des chasseurs pleins comme des cartables sortant de la chasse... (Message, 21 octobre 2004, <www.ornithomedia.com/>)

2. On peut aussi se demander ce que ce type faisait là, bourré comme un cartable, postier, 39 ans, à une manif estudiantine. (Message, 22 mars 2006, <hertoghe.typepad.com/>)

— PAR ELLIPSE. □ **être (complètement) cartable**. ~ □ **complètement caisse***.

3. [...] une vraie réussite : conviviale et péchue, dans ce bar bien sonorisé, avec des conso[s] aux tarifs de Belleville pour finir complètement cartable. (Message, 10 janvier 2003, <www.parissi.com/party/>)

4. – [...] À mon avis, il est rentré cartable ce soir-là.
– Pardon ?
– [...] il en tenait une... (M. Embareck, *Le Futon de Malte*, 2007, p. 88)

## carte

□ **faire fumer la carte (bleue/bancaire/de crédit**, etc.) ; **faire rougir la carte bleue**, loc. verb. "faire un usage intensif d'une carte à puce ou d'une carte magnétique ; dépenser beaucoup". Variantes intensives de **faire chauffer la carte (bleue/bancaire/de crédit**, etc.).

1. Ce qui reste [à Athènes, après les Jeux olympiques] de bénévoles, d'athlètes ou de « touristes olympiques » fait fumer la carte bancaire. (*L'Équipe*, 31 août 2004, p. 8)

2. Ça faisait longtemps que je n'avais pas fait fumer la carte UGC ! Quatre films la semaine dernière [...]. (Blog, 8 février 2005, <snoow.blogspot.com/>)

3. Encore une boutique où il ne faut pas que j'aille, sous peine de faire rougir la carte bleue ! (Message, 30 mai 2005, <epicesetcompagnie.blogspot.com/>)

4. [...] faut avoir du temps, fouiller, mais financièrement ça vaut le coup [...] et tu peux revenir les bras chargés sans avoir fait rougir la carte bancaire. (Message, 3 septembre 2006, <www.infobebes.com/>)

5. Ils sont riches, beaux et ont un penchant immodéré pour la fête. Et ils aiment faire fumer la carte de crédit de papa. (*Jet set sites*, 27 mai 2007, <www.root-top.com/>)

**perdre la carte**, loc. verb. "ne plus avoir ses esprits, s'égarer". Attesté en 1601 dans un contexte métaphorique (« Tout ce jour se passa en partie à l'oraison, car à ce mal il n'y avoit aucun remède humein. [...] nostre capacité y perdoit la carte de naviger », R. de Lucinge, *Les Occurrences de la paix de Lyon*, 1962, p. 62, FT) et en 1771 (« Comme j'étois loin de mon quartier, & que tous les gens de ma connoissance étoient morts, je cherchois des yeux quelque traiteur pour l'inviter poliment à dîner & reconnoître du moins sa complaisance : mais à chaque pas je perdois la carte », L.-S. Mercier, *L'An deux mille quatre cent quarante*, À Londres, p. 149, GRL). ~ **perdre le Nord/la boussole** ; **perdre la boule** ; **perdre les pédales**.

6. Heureusement que la vieille demoiselle qui est à l'harmonium n'a pas perdu la carte et qu'elle a joué aussi fort qu'elle a pu, on a tout de suite pensé à autre chose. (G. Chepfer, « La visite de Monseigneur », *Saynètes, paysannerie 2*, 1945, p. 266, FT)

7. Seulement là, il venait de perdre la carte mon pépé. Il avait eu une légère attaque [...], il savait plus tellement où il allait. (C. Duneton, *Le Diable sans porte*, 1981, p. 144)

8. L'homme [...] se souvient de son grand-père qui perdait la carte mais pas tant que ça [...]. (*Sud Ouest*, Marmande, 2 décembre 2006)

## carton

**en carton**, loc. adj. "(en parlant d'une personne) médiocre, minable, sans intérêt". Application à des personnes d'une locution habituellement employée en parlant d'inanimés.

1. Le bon rap est le mélange d'un bon texte, d'un bon musicien et d'une bonne instrumentation. / Récemment les bons musiciens deviennent très rares et les textes sont ridicules, les mecs en carton montés par les maisons de disques sont vraiment mal inspirés et sont obligés de devenir agressifs et vulgaires sans raison. (Message, 10 août 2004, <www.infos-du-net.com/>)

2. [...] sur le coup ça [une scène de vidéo] faisait vraiment terreur en carton qui se prend pour un chaud du Bronx. (Message, 29 octobre 2007, <www.skipass.com/forums/>)

— VARIANTE INTENSIVE. **en carton recyclé**, loc. adj. "id.".

3. [...] pff mec à jeter ! mec en carton recyclé ! (Message, 12 août 2006, <forum.doctissimo.fr/forme-beaute/>)

— COMME INSULTE.

4. Quelle repartie, c'est pas toi qui va me donner des cours de langage en écrivant des phrases de 3 mots, et à part ça, t'as quoi comme argument, vieux mec en carton. (Message, 24 octobre 2007, <news.caradisiac.com/>)

**faire carton plein**, loc. verb. "remporter un franc succès, réussir parfaitement". Métaphore empruntée au jeu de société du loto. ~ **cartonner** ; **mettre dans le mille**.

5. L'escadron départemental de sécurité routière a fait « carton plein » dans la nuit de samedi à dimanche, lors d'un contrôle d'alcoolémie [...]. (*Sud Ouest*, éd. Charente-Maritime, 14 janvier 2001)

— EN CONSTRUCTION IMPERSONNELLE. **c'est carton plein**.

6. Six ans, déjà, qu'a lieu le vide-greniers du lycée du Pays de Soule de Chéraute. Et chaque année, c'est carton plein. [...] la renommée du vide-greniers est grandissante. (*Sud Ouest*, éd. Soule, 1er décembre 2005)

— PAR JEU DE MOTS.

7. Le Loto fête ses trente ans. Il n'a pas pris une ride. Les Français en raffolent [...]. C'est carton plein toutes les semaines. (*Ouest France*, 17 mai 2006)

## case

**éviter/sauter la case** + subst. non déterminé, loc. verb. “éviter le recours à ; sauter l'étape de” ; **sans passer par la case** + subst. non déterminé, loc. adv. “sans avoir recours à ; en sautant l'étape de”. Métaphore tirée du vocabulaire de certains jeux de société où les étapes que doivent parcourir les joueurs sont matérialisées par des cases (les joueurs étant tantôt obligés, tantôt dispensés de s'arrêter à certaines cases).

1. Et Michaël, 11 ans, qui « use » un jeu par mois, envisage de céder sa Gameboy et sa Gamegear pour s'acheter une meilleure console sans passer par la case « Père Noël ». (*Sud Ouest*, 18 décembre 1994)

2. [...] deux prostituées roumaines, interpellées pour racolage, ont été expulsées pour « défaut de ressources » [...]. Un moyen peut-être de sauter la case justice. (*L'Humanité*, 16 décembre 2003)

3. Son efficacité le fait remarquer de la direction parisienne. Résultat, à vingt-huit ans, sans passer par la case « inspecteur régional », il devient le plus jeune responsable des « comptes clefs » de la place. (*Les Echos*, 27 mai 2004, p. 8)

4. [...] éviter la case chômage à ceux qui perdent leur emploi. (*Libération*, 16 mai 2006, p. 13)

5. [...] pour soigner un rhume ou retrouver du tonus, la tentation est grande de se rendre à la pharmacie sans passer par la case médecin. (*Mieux vivre votre argent*, 1er novembre 2006, p. 80)

— Avec jeu de mots possible sur la « case *Prison* » de certains jeux de société, comme le jeu de l'oie, et la *prison*, lieu d'incarcération.

6. Louis-Joseph, le fils aîné de Louis XVI et premier Dauphin, est décédé d'une tuberculose en 1789 à l'âge de 9 ans, avant la Révolution et sans passer par la case prison. (*Libération*, 8 juin 2004, p. 19)

7. Malgré les efforts déployés par son avocat pour lui éviter la case prison, Alain est déclaré coupable par le tribunal [...]. (*La Nouvelle République*, éd. Vienne, 1er avril 2005, p. 4)

## cash

□ **parler cash**, loc. verb. “parler franc ; s'exprimer sans détours, brutalement”. Par extension du sens de *(paiement) cash* “(paiement) immédiat et intégral”.

1. On critique les femmes en jupe,
Mais t'as pas besoin de venir de la zup
Pour te faire traiter de pute.
Dans ma bulle,
Ça parle cash,
Ça partage,
Ça parle mal,
Ça part au quart de tour,
Ça part au ch'tar,
Dans ma bulle. (*Dans ma bulle*, chanson de Diam's, 2006)

2. Je ne calcule pas, je parle cash comme on dit dans mon 93 d'enfance... (Message, 30 août 2006, <buzz.litteraire.free.fr/>)

3. Mon côté pudique ne me permet pas de parler « cash ». Mais on ne fait pas un livre pour ne rien dire. J'y ai mis les limites qui me vont. Je ne me mets pas à nu. Mais par rapport à ma pudeur, j'ai été très loin, au taquet* du taquet. (Bixente Lizarazu, dans *Ouest France*, 30 avril 2007, p. 16)

## casquette

□ **prendre une casquette** (/**des casquettes**), loc. verb. "subir une (de) sévère(s) défaite(s)". Fréquent dans la langue des sportifs. *Casquette* est attesté au sens de "argent perdu au jeu" dans Bruant 1901 s.v. *jeu*. Esnault 1964 enregistre, dans le domaine du sport (jockeys, 1910 ; cyclistes, 1927), *ramasser les casquettes* "arriver dernier". ~ □ **prendre une valise*** ; □ **(se) prendre une gamelle/une pelle/une tôle***.

1. « Reste que, sans les bons scores du mouvement des Verts, la gauche aurait pris une casquette aux dernières élections. » (L'adjoint au maire de Pessac, dans *Sud Ouest*, 15 mai 2001)

2. Damien Raemy n'a pas eu de chance samedi : son équipe a pris une casquette face à Concordia et le défenseur s'est méchamment blessé à la cheville. (*La Gruyère, Le journal du Sud fribourgeois*, 6 avril 2004, <www.lagruyere.ch/>)

3. – Il n'y en a pas [des souvenirs] de moins bons, même si j'ai pris des casquettes, c'est sûr. Car derrière ces casquettes, il a toujours fallu se relever, montrer aux gens que j'existais toujours, et j'y suis souvent arrivé. (Un champion de natation, dans *L'Équipe*, 6 avril 2005, p. 9)

## casser

**ne pas casser des briques/des briquettes**, loc. verb. "n'avoir rien d'exceptionnel, d'extraordinaire". Variante intensive de **ne rien casser**. ~ **ne pas casser trois pattes à un canard**.

1. Dans un long fourreau rouge et scintillant, Rita avançait en se dandinant légèrement sur ses hauts talons. C'était une petite blonde qui cassait pas des briques sauf qu'elle avait du je ne sais quoi. (E. Hanska, *La Femme coupée en deux*, 1983, p. 21)

2. – Je sais bien qu'elle [une fille] valait pas un clou, dit Fatah.
Elle était pas trop mal foutue, mais elle cassait quand même pas des briquettes. (H. Pagan, *La Mort dans une voiture solitaire*, 1992, p. 185)

3. [...] Jean-Louis Foulquier, ex-flic reconverti en privé, qui ne casse pas des briques. (*Ouest France*, 6 décembre 2006 ; critique d'une série télévisée)

— VARIANTE DÉVELOPPÉE PONCTUELLE.

4. Mais pour le mélomane à l'oreille affûtée et à la culture musicale en bandoulière, force est de constater que malgré ces indéniables qualités premières, ce « Are We Harmless » ne casse pas des briquettes de papier mâché. (Chronique, janvier 2005, <www.obskure.com/>)

## casserole

**chanter comme une casserole**, loc. verb. "chanter faux". Par référence au bruit d'une casserole qui heurte un autre objet. Attesté en 1933 (« MARIOTTE. – Pourquoi serait-il allé à l'Alcazar ? PAULINE. – Pour écouter Rosette Deschamps. MARIOTTE. – Elle chante comme une casserole », M. Achard, *La Femme en blanc*, II, 1, dans *La Petite Illustration*, Paris, L'Illustration, p. 14, GRL). ~ **chanter comme une seringue***.

1. – […] Zizi a dit : « *Je veux jouer La Croqueuse de diamants.* » Je lui ai répondu : « *Tu chantes faux comme une casserole !…* »
– Ce n'est pas vrai, précise Zizi. Je chante mal, mais je n'ai jamais chanté faux. (P. Guth, « Zizi Jeanmaire et Roland Petit », dans *La Revue de Paris*, décembre 1956, p. 133, GRL)

2. – Pépère, chante-moi la chanson des Chasseurs alpins !
– T'es formidable, toi, comme loustic !… Je chante comme une casserole !
– Chante, pépère ! (R. Lageat, *Robert des Halles*, 1980, p. 175-176)

3. ROUSSET. Je chante comme une casserole, mais vous, vous avez gardé un certain timbre.
MARÉCHAL. Nous avons mué. (A. Gautré, *Chef-lieu*, 1992, p. 39, GRL)

4. Je chante bien, j'aime ça et je ne chante pas comme une casserole, mais je ne suis pas allé à la *Nouvelle Star* [émission de télévision] pour faire carrière ou en espérant gagner. (Poolpo, de Sète, dans *Midi libre*, 1er mars 2007)

**prime à la casserole**, loc. nom. "succès électoral d'un candidat malgré son implication dans diverses affaires judiciaires". Particulièrement en usage dans les médias. L'image (cf. *accrocher une casserole à qqn* ; *avoir une casserole au derrière, traîner une casserole*) évoque les facéties des enfants accrochant une casserole (ou quelque chose d'analogue) à la queue d'un chien, pour s'amuser de l'embarras de l'animal et du bruit qui en résulte.

5. – […] On pouvait penser que les affaires pèseraient [lors d'une consultation électorale] : or on constate une certaine mithridatisation des électeurs à leur sujet. Je n'ai pas été le seul à constater qu'il y a une sorte […] d'indifférence de l'électorat aux situations judiciaires. On en arrive à se demander s'il n'y a pas une prime à la casserole. (Philippe Séguin, dans *Le Monde*, 15 mars 2001, p. 1)

6. La prime à la casserole. On explique ainsi le retour victorieux de certains élus, plombés par les affaires dans les années 1990. (*La Croix*, 9 octobre 2002, p. 9)

7. – […] Passer pour le roi des cons ou avoir été une crapule, ça se paye dans les urnes. Quoique… la prime à la casserole… La formule a été rabâchée, mais elle a connu son heure de gloire aux municipales. (J.-H. Oppel, *Chaton : trilogie*, 2006 [2002], p. 296)

## casting

**erreur de casting**, loc. nom. "fait de n'être pas à sa place, de n'être pas être à la hauteur ; personne qui est dans cette situation". Du langage du spectacle.

1. Le type n'était pourtant pas un dragueur […]. Même pas un touriste. Il n'avait pas l'air d'un sportif non plus. Il faisait plutôt erreur de casting, genre Francis Huster déguisé en Mimile […]. (C. Pelletier, *Lavande tuera*, 1997, p. 24)

2. Le ministre de la Fonction publique, reconnu par les syndicats et complimenté à Matignon, est pourtant bien cette « erreur de casting » qui échoua à la présidence du RPR, fin 1999. (*Le Monde*, 24 juillet 2003, p. 6)

## causer

**tu causes, tu causes**, loc. phrast. Pour signifier à l'interlocuteur qu'il se contente de parler au lieu d'agir. Par référence à la réplique culte du perroquet Laverdure dans le roman de R. Queneau, *Zazie dans le métro* (1959) : « Tu causes, tu causes, c'est tout ce que tu sais faire ».

1. – [...] Mais, pour le reste, plus baratineuse qu'efficace. Elle prétendait avoir travaillé dans le téléphone rose. C'est possible, mais ça, c'est « tu causes, tu causes » ! On ne paie pas de sa personne. (A. Demouzon, *La Promesse de Melchior*, 2006 [2000], p. 292)

2. Le dialogue social, « c'est tu causes, tu causes. Moi, je suis pour la négociation collective, ce qui est tout à fait différent ». (Un responsable syndical, dans *La Tribune*, 29 juillet 2006, p. 7)

## cave

■ **descendre/descente à la cave**, loc. verb., loc. nom. "(faire un) cunnilingus". ~ ■ **bouffer de la tarte aux poils** ; ■ **brouter la moquette**.

1. Puis elle a obligé la môme [...] à lui faire une descente à la cave soignée. Un nettoyage à la menteuse fignolé jusque dans les détails. (A. Bastiani, *Les Mauvais Lieux des environs de Paris*, 1970, p. 66, GRL)

2. [...] j'avais passé la matinée à épiler maillot & fesses (ben oui, comme vous mesdames, j'ai un homme qui descend à la cave, il faut donc que tout soit nickel). (« Moi & ma p'tite vie », 22 septembre 2005, <lillois.hautetfort.com/>)

## caviar

**le caviar à la louche**, loc. nom. Symbole d'opulence, de luxe étalé, de snobisme. Façon mythique de consommer le caviar, qui faisait dire à Coluche : « Du caviar à la louche, faut être snob. C'est pas meilleur à la louche ».

1. [...] rien n'égale l'aérodrome d'Al-Humaydi, sur le Tigre, à Bagdad. Parce qu'on y mange le caviar à la louche, et que le mouton y est comme ça : pouce en l'air. (H. Parmelin, *La Gadgeture*, 1967, p. 75, GRL)

2. Ils manquent d'élémentaire psychologie, ils devraient bien se rendre compte qu'au pain sec et à la flotte tiède, je me durcis plutôt... qu'ils obtiendraient sans doute de meilleurs résultats s'ils me bouclaient dans un palace avec [...] du champagne brut millésimé 1947... le caviar à la louche, le foie gras au petit déjeuner. (A. Boudard, *Les Enfants de chœur*, 1984 [1982], p. 16)

3. Une demi-douzaine de chauffeurs [de taxi] se tournent les pouces en commentant un article de presse sur la hausse des carburants [...]. « C'est pas demain qu'on va manger du caviar à la louche », lance Rolland [...]. Dans le collimateur, donc, la hausse des carburants qui ces douze derniers mois a réduit inexorablement ses marges [...]. (La *Nouvelle République*, éd. Indre/Châteauroux, 7 septembre 2005, p. 7)

4. Aujourd'hui c'est la fête [...] / On va enfin goûter / Au champagne au goulot / Au caviar à la louche / En avoir plein la bouche / En avoir plein les doigts / Du champagne au goulot / Du caviar à la louche / On pète et on se mouche / Dans du tissu de soie (Pierre de La Galite, *La Fête*, <www.pierre-de-la-galite.com/textes_chansons.html>, consulté le 20 décembre 2006)

## ceinture

(**avec**) **ceinture et bretelles / bretelles et ceinture**, loc. nom., loc. adv. Pour signifier que l'on évite de prendre des risques en s'assurant de plusieurs garanties. De nombreux équipements de sécurité à l'usage des travailleurs et des sportifs (baudriers, harnais, etc.) comportent à la fois une ceinture et des bretelles. Cf. l'anglais *belt and braces*.

1. [Aux débuts de l'informatique] la précarité des supports de stockage [...] nourrissait cette crainte que des heures de travail ou de création s'anéantissent tout d'un coup dans les limbes de l'électricité. [...] De cette terreur primitive, il ne restera plus bientôt que la sauvegarde, précaution de type « bretelles et ceinture » qui consiste à enregistrer sur un deuxième support quelque chose qui a déjà été inscrit sur un premier. (*Le Monde*, 12 mai 1999, p. 5)

2. M. Gérard Charasse. – Le texte peut également sembler instaurer une forme de concurrence entre cette nouvelle épargne à long terme et le système de retraite par répartition. [...] Cela dit, qui oserait priver les salariés de l'utilisation sécurisée d'un ressort économique permettant d'améliorer leur situation ? [...] On voit mal au nom de quoi on interdirait à toute une catégorie de la population l'utilisation – avec ceinture et bretelles – d'un moyen d'action sur son propre état. (Assemblée nationale, *Compte rendu analytique officiel*, séance du 3 octobre 2000)

3. Chez AOL [un fournisseur d'accès à Internet], c'est l'internet avec ceinture et bretelles : antivirus, antispam, firewall sont offerts. (*Libération*, 27 mai 2006, p. 42)

— DANS UN SURNOM. **ceinture et bretelles**.

4. [...] encouragé par l'Elysée, le président du groupe UDF, Philippe Douste-Blazy, soigne autant qu'il le peut ses relations avec les autres groupes de l'opposition. Aux députés centristes et libéraux, il s'en va répétant qu'il est en mesure de leur assurer pour les élections législatives l'appui non seulement d'un parti mais aussi de M. Chirac, ce qui lui vaut le nouveau surnom de « ceinture et bretelles ». (*Le Monde*, 9 mars 2000, p. 7)

## céphalo-rectal

□ **syndrome céphalo-rectal** (ou **céphalorectal**), loc. nom. "fait d'avoir l'esprit embrumé, sous l'effet de la fatigue ou de divers excès ; fait d'être mal réveillé". Terme ludique et pseudo-savant désignant le mal dont souffre une personne qui a ■ **la tête dans le cul***.

1. Chuuuut, pas si fort, j'ai encore un gros syndrome céphalo-rectal... Une aspirine et au lit ! (Message, 22 octobre 2006, <www.corallium.net/>)

2. [...] douche, maquillage, ordi, sac, clefs [...]. Hop on est parti !
Arrivée à la gare avec un syndrome céphalo-rectal à son apogée [...]. (Blog, 3 octobre 2007, <18yearsp.canalblog.com/>)

3. Que dire du syndrome céphalo-rectal des lendemains de bringue ? (Message, 11 décembre 2007, <www.sardou.com/page-des-fans/forum/>)

4. On a joué toute la nuit. Et au petit matin, alors que personne n'avait dormi et qu'un syndrome céphalorectal avait ramolli tout le monde, ils ont dû pousser ma voiture hors de l'allée pendant que je manœuvrais. (« Les dangers du jeu de rôle », <www.saladdin.net/>, consulté le 28 janvier 2008)

## cercle

□ **il lui (en) manque un cercle**, loc. phrast. "il n'est pas sain d'esprit". Métaphore (explicitée dans l'exemple 1) du tonneau qui se disloque en l'absence de cercles en bon état. ~ □ **avoir une case (de) vide** ; □ **avoir une case en moins**.

1. « Il lui manque un cercle » auraient dit d'elle les tonneliers bordelais. Mais elle avait dit « Je vous aime » et, en la regardant vivre, vive, délivrée, François eut une bouffée de tendresse. (R. Fallet, *Charleston*, 1967, p. 92, GRL)

2. – Sa mère pense qu'il est insupportable, moi, je crois que les gens ont raison : il lui en manque un cercle. (M. Rouanet, *Je ne dois pas toucher les choses du jardin*, 1993, p. 16)

## cercueil

**cercueil à deux places**, loc. nom. Prototype d'une marchandise difficile à écouler. Métaphore où l'humour noir le dispute à l'oxymoron.

1. Indistinctement, se mêlant, se coupant, se fondant dans le brouhaha : « [...] Une égrenure, ça n'a pas d'importance – [...] Il suffit de remettre le boîtier en état – Les bois clairs sont plus qu'arrivés – C'est aussi difficile à vendre qu'un cercueil à deux places – Il n'est pas foncé comme acajou [...]. » (R. Cailleux, *À moi-même inconnu*, 1978, p. 21, GRL)

2. « L'aligoté est aussi facile à vendre qu'un cercueil à deux places ! confirme Philippe Pacalet. Sa mauvaise réputation est encore inébranlable. » (*L'Express*, 4 septembre 2003, p. 24)

3. Les kiosquiers n'ont [...] pas le droit de faire un choix dans cette montagne de papier. Ils sont obligés d'accepter tout ce qui leur est livré. Certains éditeurs en abusent. « On me refile des trucs de cul alors que je suis à côté des intégristes de Saint-Nicolas-du-Chardonnet, peste Eric Travert. Franchement, j'ai plus de chances de vendre un cercueil à deux places ! » (*Libération*, 11 juin 2004, p. 19)

**cercueil ambulant/à roulettes**, loc. nom. Désignation péjorative de l'automobile. L'image renvoie principalement aux risques de la circulation, en particulier avec un véhicule en mauvais état. *Cercueil à roulettes* est une chanson de Guy Béart (1964).

4. Il se tourna vers la voiture :
– Un cercueil à roulettes, il en a de la veine ! Modèle de luxe avec quatre vitesses et une marche arrière pour aller au paradis. (J.-C. Émion, *La prochaine fois c'est maintenant*, 1976, p. 146, GRL)

5. Et puis ne vous êtes-vous jamais payé, comme nous, une sacrée pinte de rire à la terrasse d'un café en regardant les véhicules des autres ? Les chars d'assaut des Allemands, les pots de yaourt* italiens [...], sans oublier les gigantesques et grotesques cercueils à roulettes américains... (J.-P. Dionnet et P. Manœuvre, *Vive la France !*, 1986, p. 86)

6. Alors qu'à son retour d'Algérie Tristan décidait le plus normalement du monde d'apprendre à conduire et obtenait effectivement son permis de conduire sur une Dauphine dans les rues de Levallois-Perret, moi, à mon retour de la Martinique, je tournais le dos à l'Enfer de Paul-Adam, à ses files polluantes de cercueils ambulants, et décidais de ne jamais apprendre à conduire [...]. (J.-M. Tisserant, *Trois fantômes*, 1990, p. 46, GRL)

7. – Je sais pas ce qu'est devenue ma caisse. Elle a dû finir à la casse, c'était un cercueil ambulant de toute façon. (*Dead e-Letters*, 21 août 2007, <horror404pagenotfound.blogspot.com/>)

V. encore *poche*, ex. 6.

— PAR ELLIPSE.

8. Derrière moi j'ai entendu une voix : « Ça c'est de la bagnole, c'est pas comme les cercueils d'aujourd'hui. Avec ça vous décapotez et vous allez plus vite que la vie. » (J.-P. Dubois, *Tous les matins je me lève*, 1990 [1988], p. 9-10)

— À PROPOS D'UN AUTRE MOYEN DE TRANSPORT.

9. Dans un pays étendu comme l'Irak, qui a longtemps privilégié les transports ferroviaires, il ne resterait plus qu'une quarantaine de locomotives en état de rouler, sur un parc de 204 machines à la veille de la guerre du Golfe. « Faute de pièces détachées, les trains de voyageurs sont des cercueils ambulants. Il y a quelques mois, l'un d'entre eux a percuté un camion immobilisé sur la voie dans la région de Babylone. Il y a eu plusieurs dizaines de morts », révèle un homme d'affaires. (*Le Monde*, 22 mai 1996, p. 12)

10. Grâce aux privatisations [...], les trains délabrés, sur lesquels les compagnies privées de chemin de fer évitent soigneusement tout investissement, y [en Grande-Bretagne] sont devenus de véritables cercueils à roulettes. (J. Aubin, *Croissance. L'Impossible nécessaire*, 2006, p. 144, GRL)

## chacal

**coup de chacal**, loc. nom. "action brutale et soudaine par laquelle on vient à bout d'un concurrent ou d'un adversaire en position de faiblesse". La locution est formée sur le sens figuré de *chacal* "homme avide et cruel", parfois employé comme surnom (dans les romans policiers, par exemple) ; le roman de Nick Jordan, *Le Coup du chacal*, 1967, a pu favoriser sa diffusion.

1. – C'est chaud* [un jeu de cartes] à jouer dans le train.
– Ben ouais c'est bête il faut un peu de place quand même, les tablettes SNCF ne suffisent pas. C'est dommage, ce jeu est vraiment très bien [...] les cartes sont belles, les stratégies nombreuses, les coups de chacal aussi. (Message, 23 mars 2006, <www.trictrac.net/>)

**truc de chacal**, loc. nom. "id.".

2. enfin bref... Zidane [en se vengeant par un coup de tête] aura quand même eu le courage de répondre en face, pas en faisant une faute en plein jeu, un truc de chacal... c'est moins fourbe, moins pervers [...] ! (Message, 15 juillet 2006, <www.leblogderod.com/>)

## chaîne

□ **y a ta chaîne qui se dégonfle**, loc. phrast. Quolibet plaisant à l'adresse d'un cycliste qui pédale énergiquement. ~ □ **vas-y Bobet** ; □ **baisse la tête*, t'auras l'air d'un coureur**.

1. [...] la chaleur, ou la pluie, ou le froid, les klaxons incessants, les gaz d'échappement des voitures et motos qui zigzaguent autour de lui, [...] les cris des spectateurs,

quand ce ne sont pas les seaux d'eau vinaigrée en pleine poire, les tapes dans le dos, les mains au cul, les insultes du genre « vas-y, feignant ! » ou le sempiternel, « y a ta chaîne qui se dégonfle », la vision permanente, lui qui en bave un maximum, de gens à chapeaux de papier mangeant tranquillement sur le bord de la route, alors que lui se tape ses tablettes de glucose et son rôti froid, tout ça pendant presque un mois et presque tous les jours… (*L'Humanité*, 2 juillet 1990)

2. J'avais foncé [à vélo] tête baissée vers le lieu de l'accident.
– Eh gros, attention, y a ta chaîne qui se dégonfle ! (H. Prudon, *La Sainte Journée*, 2006, p. 53)

## chambre

□ **sport en chambre**, loc. nom. Désignation plaisante des ébats sexuels.

1. […] le sexe pose parfois des problèmes. L'athlète Catherine Moyon de Baecque est là pour en témoigner. Victime de violences sexuelles lors d'un stage de lancer de poids de l'équipe de France en 1991, […] elle porte plainte. Trois lanceurs de l'équipe de France, qui n'avaient pas réussi à maîtriser leurs instincts, seront condamnés à la prison avec sursis. / Le sport en chambre consubstantiel au sport tout court ? « C'est vrai, certains ne pensent qu'à cela », reconnaît par exemple le directeur sportif d'une équipe cycliste. (*Le Nouvel Observateur*, 18 mars 2004)

2. On est en 1967, et le jeu de scène d'Iggy [Pop] s'inspire énormément de celui de Jim Morrison. Torse nu, les allusions au sport en chambre sont nombreuses et les signes extérieurs d'indécence innombrables. (« Hard Rock. Début du genre », <www.universalmusic.fr/>, consulté le 20 décembre 2004)

3. Faire du sport, oui, mais pas le soir. « Le sport est une activité qui détend, à condition qu'elle se fasse au moins trois heures avant le coucher », conseille le docteur François Marchand. En effet, l'activité sportive fait monter la température corporelle, ce qui n'est pas propice à l'endormissement […]. Quant au « sport en chambre », a priori pas de souci*. Outre la température, il secréterait d'autres hormones qui, elles, favoriseraient le sommeil… (*Le Parisien*, 21 novembre 2006, p. 3)

— LOC. NOM. DÉRIVÉE. □ **sportif en chambre**.

4. Il lui annonça qu'il faudrait faire une prise de sang à la recherche d'autres maladies, dites sexuellement transmissibles. […] Il lui prescrivit enfin le traitement en lui détaillant l'art et la manière de l'appliquer.
Lorsqu'il partit, le sportif en chambre souriait, rassuré, prêt à reprendre la route au volant de son camion. (J.-P. Schneck, *Les Contes d'un médecin généraliste ordinaire*, 2002, p. 101)

## champagne

**c'est champagne**, loc. phrast., loc. interj. Formule symbolisant la victoire ou la réussite (souvent célébrées avec du champagne). ~ **champagne pour tout le monde ; ça s'arrose**.

1. Je regarde pas le foot à la télé, j'ai peur d'acheter ses produits dérivés. Le foot, je le joue. Je suis un footballeur du dimanche et le dimanche, c'est la fête. Pieds tordus et ventres graisseux, on s'échine au minimum. Une passe réussie, c'est champagne, deux passes et c'est un feu d'artifice. (*L'Humanité*, 8 juin 2002)

2. « […] Les efforts sont concentrés sur la vente par abonnement. Résultat, en France, lorsqu'un hebdo vend 100 000 exemplaires en kiosques, c'est champagne ! », observe

Luciano Bosio. Les news magazines misent sur la fidélisation de leurs abonnés par des prix promotionnels ou l'offre de cadeaux... (*Stratégies*, 13 octobre 2005, p. 40)

3. A Monaco [...], c'est champagne avec le premier anniversaire de l'intronisation de Son Altesse Sérénissime Albert II [...]. (*Libération*, 18 novembre 2006, p. 29)

**champagne pour tout le monde**, loc. phrast., loc. interj. Formule symbolisant un climat d'euphorie, de joie, de fête (dont le champagne est souvent un élément). ~ **c'est champagne ; ça s'arrose ; faut arroser ça**. *Champagne pour tout le monde* est le titre d'un album de Jacques Higelin (1979).

4. [...] « Allez, champagne pour tout le monde », « Vive la mariée ! ». (R. Féret, « La Communion solennelle », dans *L'Avant-scène cinéma*, 1977, p. 25)

5. Dès qu'une de ses chansons commence à démarrer et passe un peu à la radio, ça y est, c'est la folie, champagne pour tout le monde. (P. Adler, *Bonjour la galère !*, 1985 [1984], p. 21)

6. Ça lui arrivait [à mon grand-père] de gagner comme à tous les joueurs. Là c'était la joie, la foiridon. [...] ça lui offrait de divines occases pour trousser les grands cotillons de la Belle Époque. Champagne pour tout le monde ! (A. Boudard, *Mourir d'enfance*, 1995, p. 61-62, FT)

V. encore *trompette*, ex. 14.

— SUR CE MODÈLE, PAR PLAISANTERIE.

7. Nous en étions là de nos conversations apéritives, le sérieux du méchoui n'était pas encore entamé, quand le vieux Semelle a fait une entrée remarquable, en beuglant à la cantonade :
– Sidi-brahim pour tout le monde ! (D. Pennac, *Aux fruits de la passion*, 2000 [1999], p. 214)

## chance

**chance de/du débutant ; chance de/du novice**, loc. nom. "bonne fortune inespérée dont bénéficie une personne qui aborde un domaine où elle est inexpérimentée". *Chance des novices* est attesté en 1936 (« [...] il y avait l'espoir fabuleux du gain. On connaît cette chance immanquable des novices aux tables de jeu », Aragon, *Les Beaux Quartiers*, p. 398, GRL) ; *chance des débutants* en 1947 (« – [...] vous aurez la chance des débutants », A. J. Guérard, *Le temps nous accompagne – The Past must alter*, trad. par M. Manoll, Paris, R. Lafont, p. 286, GRL).

1. Sa préférence obstinée va vers la jeunesse, qu'elle soit ou non de lettres. Combien de millions aura-t-il aventurés sur la chance des débutants ! Et tant mieux si leur premier livre est au-dessous du médiocre. Les suivants, peut-être... (H.-R. Lenormand, *Les Confessions d'un auteur dramatique*, t. 2, 1953, p. 276, GRL)

2. C'était un jeu de prince,
des coups légers, sans chevrotine,
faciles, d'enfance,
avec une vraie chance de novice [...]. (R. Detambel, *Icônes*, 1999, p. 99, GRL)

3. Sur le registre des superstitions, on trouve naturellement la traditionnelle *chance du débutant*, censée récompenser celui qui s'engage pour la première fois dans le jeu. Cette croyance est fort répandue chez les joueurs de machines à sous mais aussi,

curieusement, chez un grand nombre d'employés et même parfois chez certains responsables de casino ! (J.-P. Martignoni-Hutin, *Ethno-sociologie des machines à sous*, 2000, p. 160, GRL)

4. Pour une première, François réussit son entrée [...] à la 38e place sur 116 voitures classées, la chance du novice sans doute ! (*Le Progrès*, AB 01, 11 avril 2004, p. 9)

5. Réussir une vente est un exercice difficile où le hasard n'existe pas, où la chance du novice est malheureusement exclue. (*1 000 ans – Formation*, p. 21, <www.1000anscommunication.com/formation/formation.pdf>, consulté le 25 juillet 2007)

## changer

**plus ça change, plus c'est la même chose/plus c'est pareil**, loc. phrast. Formule désabusée pour souligner que, malgré beaucoup de modifications apparentes, tout reste identique en profondeur. Elle est reprise d'A. Karr : « On change quelquefois le prix, quelquefois le bouchon, mais c'est toujours la même piquette qu'on nous fait boire. – Plus ça change – plus c'est la même chose. » (*Les Guêpes*, 1859 [1849], 4e série, Paris, Michel Lévy, p. 305).

1. Il les regarda tous les trois avec étonnement. « Ils ne se rendent pas compte ! » Toujours les mêmes têtes, le même décor, les mêmes conversations, les mêmes problèmes, plus ça change et plus c'est pareil : à la fin, on se sent mourir tout vif. (S. de Beauvoir, *Les Mandarins*, 1954, p. 16, FT)

2. Je vous parle de la période entre 46 et 75... trente ans environ. Après, ça va prendre une autre tournure mais sans que l'essentiel soit touché [...]. Plus ça change et plus c'est pareil, comme disait je ne sais qui... la sagesse populaire sans doute. (A. Boudard, *La Fermeture*, 1986, p. 298)

3. Il est difficile, voire impossible, d'accomplir tous les matins un miracle. Les forces s'usent et les disciples finissent par voir que plus ça change plus c'est la même chose. La grâce exceptionnelle du chef charismatique s'use donc inéluctablement. (*Le Monde*, 1er janvier 1999, p. 10)

— VARIANTE. **plus ça change (et) moins ça change**.

4. Plus ça change, moins ça change ! Malgré les annonces gouvernementales qui se succèdent, Jacques Chirac ne parvient pas à remonter la pente des sondages. (*Le Point*, 27 juillet 1996)

5. Je retrouve bien là [dans une salle du musée d'Orsay] l'atmosphère d'aquarium de cette longue nef, que ne viennent qu'extrêmement rarement illuminer les rayons du soleil. [...] rares sont les modifications qui ont été apportées au sage ordonnancement des statues qui ponctuent l'espace. A croire que, dans ce lieu étanche aux bouleversements du monde extérieur jusqu'à une date fort récente, plus ça change et moins ça change... (Message, 26 novembre 2005, <www.trekearth.com/>)

## chanter

□ **il faut te le chanter ?** loc. phrast. Pour insister devant un interlocuteur qui tarde à comprendre ou qui feint d'ignorer ce qu'on attend de lui.

1. – Ah ça, dit Fortin, c'est une histoire tellement folle qu'on se demande si on ne rêve pas...
À nouveau il regarde Mary d'un drôle d'air :
– Ça t'intéresse vraiment ?

Mary eut un mouvement d'impatience :
– Puisque je te le dis ! Faut-il te le chanter ? Allez mon vieux, déballe ! (J. Failler, *Les Diamants de l'archiduc*, 1996, p. 89)

2. Damien on t'a déjà demandé de ne pas fumer au boulot, il faut te le chanter ? (Message, 12 mars 2003, <www.rezoweb.com/>)

□ **si tu peux pas le dire, chante-le**, loc. phrast. Invitation plaisante à s'exprimer clairement. Attesté en 1617 (« La Place vint tost apres vers la Reine, pour luy dire qu'on ne sçavoit comment on pourroit annoncer cette nouvelle [l'assassinat du maréchal d'Ancre] à la mareschalle, et voir si Sa Majesté voudroit prendre la peine de la luy dire. La Reine luy dit qu'elle avoit bien d'autres choses à penser ; que si on ne luy vouloit dire la nouvelle, qu'on la luy chantast », Archives du ministère des Affaires étrangères, *Mémoires et documents de la France*, vol. 364, dans P.-J. Rémy, *Trésors et secrets du quai d'Orsay*, Paris, 2001, p. 109).

3. M – Bon, qu'est-ce qu'il y a ?
H – Ben, comment vous dire…
M – Si tu n'arrives pas à le dire, chante-le ! (« À la recherche du Saint Thread », 29 octobre 2001, <archives.jeuxonline.info/>)

## chapeau

**chapeau la colo**, loc. phrast, loc. interj. Pour accentuer un discours admiratif ou réprobatif. Renforcement ludique de **chapeau** avec rime intérieure, avec les mêmes valeurs que le simple.

1. Alors là, chapeau la colo, comme on disait naguère dans les colonies de vacances. (*Le Télégramme*, 17 juillet 2003)

2. Alors là moi j'dis chapeau la colo ! Non seulement elle est belle, mais en plus elle assure, Mademoiselle Wan-Seng. (Message, 8 septembre 2005, <www.hotel-des-blogueurs.org/>)

**démarrer (/partir) sur les chapeaux de roues**, loc. verb. "commencer très bien ; prendre un départ rapide". Du vocabulaire de l'automobile. ~ **démarrer au quart de tour**.

3. Pour un limier, il n'existe rien de pire que les enquêtes qui piétinent. À ce sujet, le colonel ne pouvait pas se plaindre, la sienne démarrait plutôt sur les chapeaux de roues […]. (P. Canal, *L'Homme qui a vu Durand*, 1987, p. 61)

4. Les *Rivières pourpres* est un roman […] impressionnant de vigueur et d'efficacité. Un de ces livres qui vous entraînent dès la première page, vous bousculent, vous chavirent, vous engloutissent. Un thriller impeccable, tendu à l'extrême sur un fil incandescent, aux limites permanentes de la surchauffe et de la rupture. L'intrigue démarre sur les chapeaux de roues. (*Le Monde*, 23 janvier 1998, p. 4)

5. La première journée a démarré sur les chapeaux de roues pour la nouvelle maternité. Mardi, trois bébés sont nés en moins d'un quart d'heure. (*La Nouvelle République*, éd. Cher/Vierzon, 7 décembre 2006, p. 12)

**remède/tisane/grog des trois chapeaux**, loc. nom. "remède empirique contre la grippe, consistant, une fois qu'on est au lit, son chapeau à ses pieds, à boire du grog ou du vin chaud jusqu'à ce qu'on voie plusieurs chapeaux". Vieilli.

À rapprocher de l'expression ancienne *voir deux cochers sur un siège* "voir double pour avoir trop bu".

6. Certains pratiquaient le remède des trois chapeaux qui consiste à boire du vin chaud jusqu'au moment où l'on voit trois chapeaux au lieu d'un. (L. Chaleil, *La Mémoire du village*, 1989 [1977], p. 257)

7. Je suis tombé malade. Une grippe [...]. Je me suis soigné tout seul, aspirine et aspirine. Et puis la tisane des trois chapeaux, tu te couches, tu mets un chapeau au pied du lit, tu t'avales calva chaud sur calva chaud et quand tu vois trois galures, t'es guéri. (J.-B. Pouy, *La Belle de Fontenay*, 1992, p. 29)

8. J'ai chopé la grippe... Je vais me faire le grog des « trois chapeaux »... (*Passant*, n° 38, janvier-février 2002, <www.passant-ordinaire.com/revue/>)

**sortir (/tirer) qqc de son chapeau**, loc. verb.

— Dans le cadre d'une négociation, pour signifier qu'une proposition est surprenante ou inattendue. Par référence au lapin que le prestidigitateur fait sortir d'un chapeau. La métaphore est souvent explicite (voir les exemples 9 et 11).

9. Brusquement, sans qu'on ait le temps d'y prendre garde, tout a semblé possible. Les Arabes n'étaient plus des éternels vaincus et le prestidigitateur Kissinger a sorti de son chapeau un plan de paix. (T. Desjardins, *Cent millions d'Arabes...*, 1974, p. 296, GRL)

10. [...] lors d'une ultime discussion avant l'application du « diktat », Amaury sort de son chapeau un plan de la « dernière chance » : même volume de travail mais avec 150 personnes en moins... (Comité intersyndical du livre parisien-CGT, *Le Putsch d'Amaury. Main basse sur la presse*, 1976, p. 15, GRL)

11. [...] le seul vrai lapin que M. Reagan pourrait sortir de son chapeau pour faire applaudir un « dernier acte » serait la signature d'un accord de réduction des armements avec l'Union soviétique. (*Le Monde*, 23 février 1987, p. 1)

12. L'opération Don Quichotte a réussi à mobiliser les médias et l'opinion publique sur la question des sans logis et des mal logés. Comme l'avait fait il y a cinquante ans l'abbé Pierre. Réjouissons nous. Grâce à cette mobilisation la question est entrée – nous dit-on – dans le débat politique. Le président de la République a tiré de son chapeau, comme cadeau de vœux ou d'adieu, le « droit au logement opposable » [...]. (Billet de J. Fleury, 5 janvier 2007, <corbie.over-blog.com/>)

— Dans un autre contexte, pour signifier qu'une révélation est inattendue.

13. Elle m'avait charmé, séduit, et puis au dernier moment elle me sortait un mari de son chapeau. (A. Jardin, *Bille en tête*, 1986 p. 39, FT)

## chapiteau

▪ **monter le chapiteau**, loc. verb. "être en érection ; faire l'amour (en parlant d'un homme)". Métaphore du chapiteau de cirque (l'érection tendant le drap). ~ ▪ **dresser/monter la tente*** ; ▪ **avoir le piquet*** ; ▪ **être au beau fixe*** ; ▪ **être au garde-à-vous** ; ▪ **hisser les couleurs*** ; ▪ **l'avoir en l'air** ; ▪ **marquer midi*** ; ▪ **présenter les armes.**

1. En cette fin d'année, comme la bonne madame Labé ne s'est pas trop penchée par la portière, comme le bon monsieur Labé n'a pas trop monté le chapiteau [...] – du moins pas davantage que les années précédentes – le couple « fait » le Kenya pendant huit jours. (R. Fallet, *L'Angevine*, 1987 [1982], p. 176-177)

— VARIANTE DÉVELOPPÉE.

2. Dans mon lit, le soir, c'est la même chose. Il me suffit de penser à elle [une amie] et je monte sous mes draps le plus grand chapiteau du monde. (C. Couderc, *Mon père, cet inconnu*, 2004 [2002], p. 41-42)

— VARIANTES PONCTUELLES. **dresser le (/son) chapiteau ; (mettre) le drap en forme de chapiteau.**

3. Une dame qui descend de voiture, une marchande de chaussures en action, une pensée inavouable, et voilà mister Popaul qui dresse son chapiteau ! (San-Antonio, *Renifle, c'est de la vraie*, 1988, p. 133)

4. Je bande pour un oui pour un non. La nuit au fond de mon lit, le matin au réveil, le drap en forme de « chapiteau » [...]. (A. Page, *Je suis rien*, 2003, p. 38)

## Charenton

**être bon (/mûr) pour Charenton** (et variantes), loc. verb. Pour signifier le dérangement mental d'une personne. Attesté en 1821 (« Mais conçoit-on / Pareille extravagance ! [...] C'est une folle à mettre à Charenton », Désaugiers et Gentil, *La Petite Provence*, Paris, J.-N. Barba, p. 55, GRL). L'ancien asile d'aliénés de Charenton est aujourd'hui l'hôpital Esquirol (situé sur la commune de Saint-Maurice, limitrophe de Charenton-le-Pont, dans le Val-de-Marne), toujours spécialisé en médecine psychiatrique. La locution semble moins usuelle de nos jours que **être bon (/mûr) pour Sainte-Anne***.

1. Paludes esquissa dans le dos de Macreuse une significative mimique en vissant deux ou trois fois son index contre sa tempe. [...] il ajouta tout haut : Eh oui, voilà où nous en sommes, au bout de cinq mois ! Presque tous mûrs pour Charenton ! (R. Guérin, *Les Poulpes*, 1953, p. 148)

2. La pensée d'un homme sincère, / Voilà ce que je préfère, / Non pas celui qui dit oui au lieu de non. / C'est un homme qui n'a plus sa raison, / Il est bon pour Charenton. (E. Stadniski, « La Colère », dans *25 ans de poésie contemporaine, 1957-1982*, 1983, p. 796, GRL)

3. – Le plaisir, oui, elle [une femme] m'en donne beaucoup et c'est sans doute pourquoi je la supporte ; en revanche, l'harmonie, ce n'est pas son genre, et depuis que nous sommes ensemble j'ai l'impression d'être mûr pour Charenton. (G. Matzneff, *Voici venir le Fiancé*, 2006, p. 21)

4. Ça suffit comme ça, la vieille ! Ou tu vas finir à Charenton, Sainte-Anne* ou aux « Petites Maisons » dont parle Madame de Sévigné... (Blog, 2 janvier 2008, <kamiole.blog.lemonde.fr/>)

**express (/train direct) pour Charenton**, loc. nom. Dénomination vieillie de l'absinthe (et, par extension, de tout alcool) dont la nocivité, dans le cas d'un taux alcoolique trop élevé et/ou d'une absorption trop fréquente, peut conduire au delirium tremens nécessitant une hospitalisation. Attesté sous les variantes **correspondance pour Charenton** (Bruant 1901, s.v. *absinthe*) et

**omnibus pour Charenton** (sur une affiche de Frédéric Christol, « L'Alcool ! voilà l'Ennemi », imprimée en 1910 par Berger & Levraut à Nancy).

5. « Oui, elle [l'absinthe] rendait fou, mais c'est parce qu'elle titrait 72° », explique Jocelyn [...]. L'homme industrieux s'est adapté. Depuis qu'il n'a plus le droit de servir au comptoir « un express pour Charenton », il a développé une panoplie de boissons à l'anis qu'on ne trouve que dans la région [de Pontarlier]. (*Libération*, 3 février 2001)

6. Frôlant le fantastique, cette œuvre singulière [un tableau du peintre Daniel Ihly, « Buveur d'absinthe »] pourrait d'ailleurs s'appeler, selon une locution commune pour désigner l'absinthe, « un train direct pour Charenton » ! (B. Noël, *L'Absinthe*, 2001, p. 75, GRL)

## charger

□ **être chargé comme un âne/une mule** (ou terme du même paradigme), loc. verb. "être complètement ivre ou complètement drogué ; être lourdement dopé". Hyperbole de **chargé** au sens de "ivre, drogué, dopé". Voir aussi **charger la mule***.

1. Ça fait déjà longtemps bien avant la Genèse
Que je me prends des cuites à rouler sous les chaises
Noir comme une soutane
Et chargé comme un âne
Je suis ivre mort. (*Le Prince des amphores*, chanson interprétée par Juliette, 1998)

2. Pantani, il était chargé comme une mule, comme le reste du peloton, mais c'était un grimpeur exceptionnel, sans doute le meilleur des années 90. (Message, 15 février 2004, <communaute.f1-express.net/>)

3. Floyd Landis [maillot jaune du Tour de France cycliste] était chargé comme un cheval. Mauvaise nouvelle pour son âme vouée aux flammes de l'enfer. (*The Nordenstar*, 28 juillet 2006, <www.nordenstar.com/>)

— SUR CE MÊME MODÈLE.

4. Nom de Dieu, avait pensé Charles Catala en voyant la gueule à Schneider, il est chargé comme un croiseur, il est raide défoncé. (H. Pagan, *La Mort dans une voiture solitaire*, 1992, p. 368)

## charisme

□ **avoir le charisme d'un beignet** (**/d'un fromage blanc**), loc. verb. "n'avoir aucun charisme". Par référence à l'aspect inconsistant de ces produits.

1. Enfin, ils sont là ! Jack Lang en tête, altier, souverain, suivi de près par le très sympathique François Hollande au visage de chérubin (vous savez, le charisme d'un beignet)... (*People news*, 4 avril 2005, <www.provencepeople.com/>)

2. À mon sens la véritable faiblesse du film, [...] c'est l'acteur principal qui a le charisme d'un beignet. (« *Munich*, de Steven Spielberg », 26 janvier 2006, <www.hyjoo.com/>)

3. Et que dire de ces gros plans du visage [...] parfaitement inutiles, tant l'acteur a le charisme d'un fromage blanc. (Message, 26 mai 2007, <dascritch.net/>)

— TOURS MOINS USUELS FAISANT APPEL À D'AUTRES PRODUITS ALIMENTAIRES.
□ **avoir le charisme d'une endive/d'une patate/d'une pomme de terre**, loc. verb. "id.".

4. Le jeu en lui même a beaucoup de potentiel... Des héros au charisme d'une patate (enfin surtout celui avec les lunettes) mais qui ont l'air complètement barge et donc excellents. (Message, 30 août 2004, <www.play3-live.com/>)

5. [...] le drame, c'est précisément le film : constamment ridicule, ni fait ni à faire, maladroitement mis en scène, mal joué par des acteurs qui ont le charisme d'une endive [...] et exagérément poussif dans sa construction dramatique [...]. (« *Le Fantôme de l'Opéra* », 12 janvier 2005, <www.avoir-alire.com/>)

V. encore *chaussette*, ex. 14.

□ **avoir le charisme d'une huître** (/**d'une moule**), loc. verb. "id.". La comparaison s'appuie sur la valeur péjorative de ces mots au figuré. Cf. **avoir le Q.I.* d'une huître** (/**d'une moule**).

6. [...] il est vraiment agréable de combattre avec des gens qui en imposent plutôt que d'avoir des gugusses avec le charisme d'une huître. (Message, 12 décembre 2003, <www.jeuxvideo.fr/>)

7. En dehors du terrain, il [un footballeur] a l'air sympa. Et puis voilà. C'est tout. Voilà le problème, il a le charisme d'une huître. (*Les Cahiers du football*, Tribune des lecteurs, 2 mars 2005, <www.cahiersdufootball.com/>)

8. Justine a un talent digne d'une immense championne du jeu... mais dommage qu'elle ait le charisme d'une moule et le physique d'une huître. (Message, 7 décembre 2006, <forums.france2.fr/>)

— TOURS MOINS USUELS FAISANT APPEL À D'AUTRES MOLLUSQUES ET CRUSTACÉS.
**avoir le charisme d'un bigorneau/d'un bulot/d'une crevette/d'une palourde**, loc. verb. "id.".

9. [...] ils [des musiciens] semblent se tamponner de leur public, le chanteur adopte une attitude assez suffisante, tandis que le guitariste multiplie les couacs en affichant le charisme d'une palourde. (Message, 5 avril 2007, <www4.fnac.com/>)

10. Personne ne peut se reconnaître en lui, il [un homme politique] a le charisme d'un bulot. (Message, 9 mai 2007, <www.kazibao.net/>)

11. [...] chanter comme une casserole avec un look pseudo-déjanté et surtout avec le charisme d'un bigorneau sur un plateau de fruits de mer avarié ! (Message, 2 juin 2007, <harryssa.canalblog.com/>)

## Charlotte

□ **tu rotes, Charlotte ?** loc. phrast. Pour souligner, de façon peu discrète, un rot. Fondée sur le plaisir de la rime, cette locution, qui semble vieillie, a été surtout observée dans le répertoire des enfants comme le début d'une suite de répliques à valeur de comptine ; l'exemple 1 indique que la locution était en usage au début du XX$^{e}$ siècle (Henri Calet est né en 1905).

1. Et nos petits passe-temps en famille : sortes de bouts rimés, de chœurs parlés, de poèmes à deux voix...
« Tu rotes, Charlotte ?

– Non, maman, je pète. » (H. Calet, *Le Tout sur le tout*, 1948, p. 47, GRL)

2. – Tu rotes Charlotte, non je pète Odette (fille 9 ans, 1945, Paris).
– Tu rotes Charlotte, / non maman, c'est mon cul qui pète / c'est encore plus malpropre, tu n'es qu'une petite salope (fille 9 ans, Vendôme, 1946). (C. Gaignebet, *Le Folklore obscène des enfants*, 2e éd., 1980,p. 114)

3. – Tu rotes, Charlotte,
– Non, Maman, je pète,
– C'est guère plus propre, ma p'tite salope. (Cité dans R. Aurembou, *Il était une fois… le Bourbonnais*, 1983, p. 139 [1940-1950])

4. – Tu rotes Charlotte ?
– Non maman, je pète !
– C'est pas plus propre ma p'tite salope ! (Message, 9 août 2006, <forum.doctissimo.fr/psychologie/>)

## charrette

□ **être charrette deborded**, loc. verb. "être submergé par son travail, par ses obligations". Renforcement de **être charrette** "terminer un travail dans l'urgence". Franglais ludique.

1. Comme on dit dans notre jargon : je suis charrette deborded. Je vous laisse donc quelques jours histoire de… travailler encore un peu plus. (Blog, 21 mars 2006, <jesuisunique.blogs.com/chroniques/>)

2. Je sais que tu es charrette deborded mais envoie-moi le matos sur mon mail. (Message, 18 octobre 2007, <forum.reopen911.info/>)

□ **être over charrette**, loc. verb. "id.".

3. Bien désolé si le site semble être en rade depuis un moment, mais je suis un peu over charrette. (Message, 7 juin 2005, <funky-boodha.forumactif.com/>)

4. J'en profite pour m'excuser auprès de mes milliers de lecteurs pour la fréquence de mes billets en ce moment, mais je suis over charrette comme on dit dans le métier. (Blog, 19 juin 2007, <cafe2filles.canalblog.com/>)

— Par croisement des deux locutions précédentes : □ **être over charrette deborded**.

5. Ça va venir, ça va venir, mais je suis over charrette deborded en ce moment ! (Message, 18 février 2004, <www.planetesochaux.com/>)

## chasse-neige

□ **(avoir) les dents en chasse-neige**, loc. verb., loc. nom. "(avoir les) incisives supérieures inclinées vers l'avant". ~ □ **avoir de l'avance au gâteau** ; □ **avoir les dents qui courent après le bifteck**.

1. Et si je racontais ma vie ? […] je portais des lunettes en fonds de bouteilles, j'avais une bosse sur le dos […], je boitais un peu, les dents en chasse-neige, je pesais 120 kg pour 1 mètre 20. (« M'avez-vous vu passer ? », 19 octobre 2003, <20six.fr/saeto/>)

2. Mon ex, vous voyez laquelle, la petite avec les dents en chasse-neige, elle lui avait offert un coussin […], un vrai matelas de clebs de luxe. Sauf que mon Zoff, c'est ni un bichon ni un yorkshire. Le coussin à mémère, vous pensez bien, il lui a pas fallu

une heure pour en faire des confettis […]. (C. Sancy, « SPQR », dans *Maison de la Francité. Concours de textes 2007*, p. 36, <www.maisondelafrancite.be/documents/>)

## chasser

▲ **chasser la belette/la gazelle**, loc. verb. "être à la recherche d'une partenaire sexuelle ; être à la recherche d'une aventure". Formule machiste. ~ **courir la gueuse**.

1. – Merci pour le T-shirt que j'ai reçu aujourd'hui.
– Tu vas pouvoir chasser les belettes maintenant. Rien que de voir le T-shirt elles tombent en transe. (Forum *PCINpact.com*, 15 septembre 2005, <www.pcinpact.com/actu/>)

2. […] les premières fois, je prends le pot de yaourt* pour aller la chercher ou la voir. Comme ça pas de soucis. Ensuite je montre ma voiture, comme ça je sais qu'elle s'intéresse un minimum à moi.
Aller chasser la gazelle avec une belle voiture c'est le meilleur moyen de tomber sur les intéressées […], ce qui ne veut pas dire qu'elles sont forcément toutes comme ça. (Message, 22 mars 2006, <www.rx8france.com/>)

## chat

**tranquille le chat**, loc. phrast. Pour exprimer la décontraction, le calme. Par référence aux postures nonchalantes du chat. ~ **tranquille, Mimile***.

1. Eh ! cool, mon gars ! J'ai bien le temps ! Je m'étire sous le spray d'une brise légère et tiède, puis m'assoupis à nouveau. Je respire, j'aspire au calme, loin, bien loin des miroirs puérils et des envies folles de crever. Tranquille le chat… (Poème « Tranquille le chat », août 1996, <cobra.le.cynique.free.fr/>)

2. Tranquille le chat. Pour profiter à fond de ces derniers jours de voyage, je ne fais rien. Pas rien-rien, ça je ne sais pas faire, mais pas beaucoup cependant. (« Où est Olivier ? », 27 mars 2006, <www.ouestolivier.com/>)

— EMPLOI ADJ. "calme, décontracté". ~ **cool**.

3. Tout ça avec des vidéos, des images et une ambiance tranquille le chat ! (*Annuaires.tv*, 14 mai 2006, <www.annuaires.tv/>)

## château

**c'est la vie de château, pourvu que ça dure**, loc. phrast. Symbole de la vie facile et agréable. Dans les casernes, cette formule devait être répétée par ceux qui se voyaient naguère imposer la brimade des « pompes ». « C'est la vie d'château / Pourvu qu'ça dure longtemps / C'est la vie d'château / Merci mon adjudant » est le refrain d'une chanson de Leny Escudero, *Merci mon adjudant* (1974).

1. L'officier continue de brailler :
– Bande d'en… toute la série dix pompes, en disant : « C'est la vie de château, pourvu que ça dure ! » (J. Taravo, *Les Derniers Joyeux*, 1968, p. 57)

2. […] dans un coin, des bizuts font des pompes en déclamant :
LES BIZUTS. – Les anciens sont bons / Les bizuts sont cons / c'est la vie de château / pourvu que ça dure. (X. Pommerel, *Lycée Thiers*, 1973, p. 14, GRL)

3. Limonest FCL [Football Club de Limonest] : c'est la vie de château, pourvu que ça dure [titre] Les bégaiements de la saison dernière semblent oubliés au FCL, qui montre de nouvelles dispositions très prometteuses en ce début de saison. (*Le Progrès*, 31 août 2004)

— AVEC ELLIPSE DE LA PREMIÈRE PROPOSITION.

4. TF 1 diffusait dans son journal une vidéo tournée par un instructeur [militaire] de Fréjus. Un soldat se relevait, pour déclarer : « Exercice physique terminé. Prêt à recommencer avec le sourire. Pourvu que ça dure. » (*Le Monde*, 13 août 1993, p. 19)

**château branlant**, loc. nom., loc. adj. "(personne) à la démarche mal assurée : enfant qui commence à marcher ou personne en mauvais état de santé". Attesté dans une comparaison en 1666 (« Ceux-là reçoivent des caresses / De leurs coquettes de maitresses, / Qui marchent en chasteau branlant, / Et crevent de rire en parlant », F. Colletet, *Le Tracas de Paris*, dans *Paris ridicule et burlesque au* XVII*e* *siècle*, Paris, A. Delahays, 1859, p. 252) et en 1675 (« Il consentit à cette opération, de manière qu'il était au lit quand nous arrivâmes. Il marche présentement, mais c'est comme un château branlant, ou comme un cheval dessolé. Il ne peut être bien assuré sur ses pieds », M^me^ de Sévigné, *Correspondance*, t. 1, p. 266, FT).

5. [...] leurs baisers maladroits, la marche hésitante de Jérôme, château branlant, les petits sont pour ma femme et moi un coulis d'air frais sur notre peine [...]. (R. Boutefeu, *Journal du barbare*, 1972, p. 253, GRL)

6. [...] un bébé qui vacille, l'œil arrondi par la peur de la chute, qui s'accroche, véritable « château branlant » [...]. (J.-L. Bory, *Tous nés d'une femme*, 1976, p. 106, GRL)

7. Tes premières chaussures d'un an. C'est avec celles-là que tu as commencé à marcher. Tu étais rigolote, tu partais en château branlant [...]. (J.-P. Renault, *Agathe*, 1983, p. 37, GRL)

8. – [...] Je rentre de la clinique. On m'a opéré de la cataracte. Bien sûr, ce n'est pas une anesthésie générale. Mais je ne me sens pas très stable. Je suis un peu château branlant. (J.-P. Schneck, *Les Contes d'un médecin généraliste ordinaire*, 2002, p. 118)

## chaud

**c'est chaud**, loc. phrast. "c'est délicat, difficile, pénible". Par métaphore des conséquences désagréables que peut entraîner la chaleur ; à comparer avec **ça chauffe, ça va chauffer**.

1. [...] les correspondants des organisations dans la capitale du Haut-Zaïre faisaient état de « nervosité » et de « tension » : « c'est chaud », ont dit certains, eux-mêmes très tendus. (*Agence France Presse*, 7 février 1997)

2. – Putain, c'est chaud de vivre avec une intello... (A. Gavalda, *Ensemble, c'est tout*, 2005 [2004], p. 367)

V. encore *chacal*, ex. 1 ; *mal*, ex. 4.

## chauffe

**tour de chauffe**, loc. nom. "mise en train qui précède l'épreuve proprement dite". Par référence à la phase qui précède le départ des courses automobiles sur circuit. L'expression est particulièrement utilisée dans le domaine politique. ~ **mise en bouche*** ; **mise en jambes*** ; **(faire) chauffer les pneus***.

1. [...] considérer le scrutin du 12 juin comme un « tour de chauffe » pour l'élection présidentielle prévue pour l'année prochaine. (*Les Echos*, 3 juin 1994)

2. Lundi 8 avril, ouverture de la campagne officielle. Dernière ligne droite avant le premier tour. Seize candidats, dont deux finalistes certains. [...] Reste à savoir en quel état l'un et l'autre champions sortiront de ce tour de chauffe : à moins de 20 % des suffrages exprimés, et même avec de bons reports, la victoire finale devient difficile [...]. (*Politis*, 11 avril 2002)

3. Cette équipe de France [...] a joué sa Coupe du monde de trop. Elle avait le projet [...] de la gagner encore pour conserver, comme bijou de famille ou trophée de l'oncle Jacquet, ce magnifique objet d'art en argent présumé lui-même, et en or massif pour tous. Et voici qu'au premier tour, un petit tour de chauffe contre des équipes de moindre envergure et de moindre réputation, elle a déposé cette Coupe du monde, « sa » Coupe, aux objets perdus. (P. Georges, dans *Le Monde*, 12 juin 2002, p. 39)

## chauffer

□ **faire chauffer le téléphone** (/**le portable**), loc. verb. "faire un usage intensif du téléphone ; multiplier les appels téléphoniques". Sur le modèle de *faire chauffer la carte bleue*.

1. Eh oui, le permis...
Eh ben oui, il est accordé ! [...] on peut se lancer, demain je fais chauffer le téléphone pour lancer le chantier au plus tôt ! (*La Chapelle des TAO*, 19 octobre 2005, <chapelle.tao.over-blog.com/>)

2. Ce soir là, j'ai fait chauffer le portable avec mon forfait SMS pour rameuter le peuple ! Et tout le monde a répondu présent. (Message, 22 février 2007, <wherestheparty.over-blog.net/>)

3. Certaines émissions, sous couvert d'autre chose, n'existent en fait que pour faire chauffer le téléphone et augmenter la note du téléspectateur. (*Les Attrape-nigauds*, <attrape-nigauds.charlatans.info/>, consulté le 31 juillet 2007)

— VARIANTE PLAISANTE. **faire chauffer le téléphone arabe**.

4. Charles [Trenet], toujours indécis quant à l'accompagnement digne de son *Âme des poètes* avait battu le rappel de tous les musiciens de talent. Pour la cause, Charles Delaunay, directeur de la revue *Jazz Hot*, avait fait chauffer le téléphone arabe et le tout jazz français était là [...]. (*Le Portail des amis de Charles Trenet*, 3 janvier 2003, <www.charles-trenet.net/>)

## chaumière

**faire pleurer** (**dans**) **les chaumières**, loc. verb. "attendrir par des histoires à l'eau-de-rose ; émouvoir, bouleverser le lecteur (surtout à propos d'articles de presse)". ~ **faire pleurer Margot***.

1. *Deux hommes sont là, qui regardent la voiture. Un photographe et un journaliste* [...].
Costes *(au photographe)*. T'en feras une de face, en plongée, qu'on voie les fauteuils ; les carcasses de fauteuils, c'est payant, ça fait pleurer les chaumières. Et n'oublie pas

une amorce du volant ! Tu ouvriras la porte ! (B. Tavernier, « L'Horloger de Saint-Paul », dans *L'Avant-scène cinéma*, 1974, p. 15)

2. L'intrigue, trop mélodramatique, rappelle souvent une sous-littérature destinée à faire pleurer dans les chaumières, et le manichéisme dans le traitement des personnages souligne un peu trop lourdement l'idéologie développée. (F. Lacoste, *Eugène Le Roy, périgourdin. Un romancier militant et sa province*, 1985, p. 42, GRL)

3. – Lis plutôt les dernières nouvelles du jour. De quoi faire pleurer dans les chaumières. (E. Christa, *Les Ravies au lit*, 2000, p. 15)

4. Je me prends à regretter les scies qui, avec le recul, se sont imprimées dans nos têtes parce qu'elles contenaient leur comptant d'émotions impalpables. *Le Docteur Jivago*, en voilà de la musique à faire pleurer les chaumières ! (*L'Indépendant*, Carcassonne, 28 novembre 2006)

## chaussette

**(avoir) la voix dans les chaussettes**, loc. verb., loc. nom. "(avoir) une voix peu sonore et voilée". Dans certains tours de la langue familière *dans les chaussettes* signifie "au plus bas" (cf. *avoir le moral* dans les chaussettes*).

1. Les chanteurs disent couramment que la voix n'est que sensation. Créant une physiologie imaginaire, une fiction, ils la situent tantôt dans un trou qu'ils perçoivent à l'arrière du crâne où elle prendrait ses plus beaux aigus, tantôt dans le cœur bien sûr, où elle se chargerait d'émotion, parfois dans le geste même qui la rendrait signifiante. A leur lever, ils disent même avoir la voix… dans les chaussettes ! (A. Arnaud, *Les Hasards de la voix*, 1984, p 27, GRL)

2. […] comme le chante Patrick Bruel, la voix se « casse ». « Son timbre se modifie, elle devient voilée, rauque, éraillée. Sa hauteur change aussi, elle est plus grave, on a "la voix dans les chaussettes". Enfin, son intensité s'altère, il ne reste qu'un filet », explique le Dr Fresnel-Elbaz. La raison de cette blessure ? Le forçage et la fatigue, qui provoquent souvent des petits nodules sur une des cordes. (*L'Express*, 23 janvier 1997)

3. En ce qui concerne ma voix, c'est juste un enregistrement de travail pour mes choristes, je n'ai donc pas cherché la perfection. C'est plutôt du style vite fait, enregistré au saut du lit, la voix encore dans les chaussettes. (Message, 11 avril 2007, <coeur-enchante.mabulle.com/>)

**en avoir (encore) dans la/les chaussette(s)**, loc. verb. "avoir (encore) de l'énergie, des ressources". Expression de la langue des sportifs. ~ **en avoir (encore) sous la pédale* ; en avoir (encore) sous le pied* ; en avoir (encore) sous la semelle* ; en avoir sous le capot***.

4. Voir un Français gagner un fort open [aux échecs], c'est plaisant. Surtout quand on sent l'aisance. Il en a encore dans la chaussette le brave ! (Blog, 9 janvier 2007, <echecs64.blog.20minutes.fr/>)

5. *California Dreamin'* […]. 2 h 37 de film, c'est brillant et remarquablement interprété. Le cinéma roumain en a dans les chaussettes. (Message, 8 janvier 2008, <www.hiphopcore.net/>)

**en garder dans la/les chaussette(s)**, loc. verb. "économiser son énergie, ses ressources, en vue d'une épreuve ultérieure". ~ **en garder sous la pédale* ; en garder sous le pied* ; en garder sous la semelle***.

6. Enfin les derniers mètres et le sprint final, il faut tout donner, essayer de rattraper celui qui me précède, j'y arrive mais le bougre, il accélère à nouveau, il en avait gardé dans les chaussettes, il m'a presque laissé sur place. (Message, 18 octobre 2004, <www.courseapied.net/>)

7. Merci pour vos avertissements sur le dénivelé du parcours. J'ai compris qu'il fallait en garder dans la chaussette pour remonter chercher ses affaires ! (Message, 22 mai 2006, <www.courseapied.net/>)

8. [...] l'OL [Olympique lyonnais] en garde dans les chaussettes pour les semaines décisives qui arrivent. (Blog, 21 janvier 2008, <football.blog.lemonde.fr/>)

□ **il y a un trou dans la chaussette**, loc. phrast. Pour signaler un manque d'argent. Par référence à la chaussette (ou au *bas de laine*) utilisée comme cagnotte (cf. « On a dîné à la pizzeria sur mes économies, une chaussette garnie de pièces de vingt centimes qui formaient un château vacillant dans l'assiette de l'addition », Y. Queffélec, *Les Affamés*, 2007 [2004], p. 114).

9. Y'a un trou dans la chaussette de l'aéroport. C'est ce que nous avons pu apprendre au JT de vingt heures sur les ondes RFO. [...] Qu'on se rassure toutefois. Les vols réguliers ne sont pas mis en cause, ni les évacuations sanitaires. L'ATR d'Air Saint-Pierre sera toujours bien aiguillé. Pas de mise à pied à craindre à cause d'un trou dans une chaussette. Pas de quoi filer un mauvais coton. (*Le Magazine de Saint-Pierre-et-Miquelon*, 15 mai 2002, <www.mathurin.com/>)

□ **jouer** (ou verbe voisin) **comme une chaussette**, loc. verb. "jouer avec maladresse ; être mauvais acteur, mauvais musicien". ~ □ **jouer comme un pied** ; □ **jouer comme une pantoufle***.

10. Il [un acteur] jouait comme une chaussette, mais on ne voyait que lui. (*Libération*, 31 août 2004, p. 26)

11. Voici un film [*Shakespeare in love*] surestimé dès sa sortie. [...] C'est fade, transparent (je me répète), la mise en scène est banale, les décors sortent tout droit d'une série B et l'actrice principale (je ne la cite plus) « joue comme une chaussette ». (Message de Fred (Namur), 11 septembre 2005, <www.amazon.fr/>)

12. Je rentre du bowling, c'était super ! Première partie : 34 points ; seconde partie 51... Eh ouais, je joue comme une chaussette... (Message, 3 mars 2006, <lesb-belgique.forumactif.com/>)

13. Sans oublier bien sûr ce qui fait le piment du programme [d'une émission de télévision], les petites phrases du genre : « Il a un vibrato de chèvre » [...], « Ça swingue comme une chaussette ». (*Le Figaro*, 28 février 2007, p. 41)

— VARIANTE DÉVELOPPÉE. **jouer comme une chaussette trouée**.

14. J'aime pas du tout les films hongkongais des années 2000 avec [...] pop-stars fringués à la mode dernier cri et qui se la pètent* à mort du genre Nicolas Tse. Ils ont le charisme* d'une pomme de terre et jouent comme des chaussettes trouées. (Forum *CinemAsie*, 26 mars 2006, <www.cinemasie.com/>)

## chemin

**faire un bout de chemin avec qqn/ensemble**, loc. verb. "partager avec quelqu'un des vues ou des actions communes sur un point précis et dans un laps de temps donné, même si l'on a une sensibilité et des objectifs différents".

Attesté en 1905 (« lâcher, après un bout de chemin, ceux avec qui on a fait route », Alain-Fournier, *Correspondance avec Jacques Rivière*, 1914, p. 122, FT).

1. Je n'en menais pas large. Alors j'ai joué mon va-tout.
« Comment tu t'appelles ? Mmmmmhhhh. Eh bien Justine, j'ai pensé qu'on pourrait faire un bout de chemin, tous les deux. » Nous sommes restés trois ans ensemble. (P. Manœuvre, *L'Enfant du rock*, 1986 [1985], p. 116)

2. Du temps seulement sera nécessaire pour [...] convaincre les partenaires de faire un bout de chemin ensemble. (R. Rémond, *Le Retour de de Gaulle*, 1998, p. 43, GRL)

3. Le député socialiste [...] se dit prêt à faire « un bout de chemin avec la majorité » sur certains sujets [...]. (*NouvelObs.com*, 8 février 2008, <tempsreel.nouvelobs.com/>)

## chemin de fer

□ **chemin de fer**, loc. nom. "appareil dentaire d'orthodontie". Par analogie avec la forme et le matériau d'une voie ferrée.

1. Ça c'est l'argument favori des dentistes : « Tu verras après tu auras le sourire d'une star ! » Ouais mais en attendant t'as un chemin de fer dans la bouche – ça fait pas trop star. Bon bon j'arrête de critiquer l'appareil dentaire. (Message, 12 avril 2006, <battleroyale.aceboard.fr/>)

2. J'ai plus mon chemin de fer dans la bouche. On me l'a enlevé jeudi aprèm, j'ai bien souffert en tout cas, 'fin bon, le résultat est pas mal. (Message, 23 juillet 2006, <canardf0u.skyblog.com/>)

## chemise

□ **il (/elle) est dans sa chemise**, loc. phrast. En réponse ironique à la question « Où est (telle ou telle personne) ? » pour dissimuler son ignorance ou pour manifester son refus de répondre. Attesté en 1720 (« VIOLETTE. [...] Tu serais belle avec cela [un fichu]. Dis-moi où est mon mari et je te le donne. [...] GIANETTA. Votre mari est... Voyons si on ne m'entend point. (*Elle s'écarte de Violette.*) Votre mari est dans sa chemise. Adieu ; le fichu est à moi », J. Autreau, *Les Amans ignorans*, II, 3, Paris, Au Bureau [de la Petite Bibliothèque des théâtres], 1785, p. 51-52, GRL). ~ □ **je (ne) l'ai pas dans ma poche**.

1. – Vous désirez ? demanda le Duc.
– Où est maman ? répondit Adhémar.
– Dans sa chemise, fit le Duc, narquois [...].
– Je veux voir maman ! hurla Adhémar. (Les Frères Ennemis, *L'Idée fixe d'Adhémar Fêlé du Peyronnet*, 1972, p. 39)

— VARIANTES DÉVELOPPÉES.

∞ ... **et la tête lui sort**. Attesté en patois vendéen au début du XX$^{e}$ siècle (J. de La Chesnaye, « Proverbes vendéens », dans *Revue du traditionnisme* 7 (1906), p. 130) ; Rolland 1883 enregistre une forme voisine : « – Où est-il ? – Dans sa chemise, où il passe des deux bouts ».

2. – Tiens, on n'a pas vu Baptiste-Marie, ce matin... Mais où est-ce qu'il peut bien être ?
Il se trouva un facétieux [...] pour répondre :

– Il est dans sa chemise et sa tête lui sort. (Y. Audouard, *Le Dernier des Camarguais*, 1971, p. 23)

3. – Clémence, répondit-il, tu vois bien qu'elle est pas là…
– Et où elle est ?
La réponse habituelle lui arrive en plein sur la tronche :
– Elle est dans sa chemise et la tête lui sort. (Y. Audouard, *La Clémence d'Auguste*, 1986 [1985], p. 93)

∞ … **avec la/sa tête qui dépasse**. Le français de Belgique offre la variante … **avec la tête qui passe**.

4. – Au fait quelqu'un a des nouvelles de Titguic ?
– Oui il est dans sa chemise avec sa tête qui dépasse. (Forum sur des émissions de téléréalité, 29 décembre 2005, <www.maxi-realtv.com/>)

□ **manger** (ou synonyme) **sa chemise**, loc. verb. "s'avouer vaincu ; se déjuger". Par extension de *manger sa chemise* "être réduit au dénuement" (attesté en 1654 « Tu veux donc plaider contre moi / Jusques à manger ta chemise ? » P. Scarron, « Contre une chicaneuse, qui juroit de manger jusqu'à sa chemise en plaidant contre Scarron », dans *Poésies diverses*, éd. par M. Cauchie, Paris, librairie Marcel Didier, 1961, t. 2/1, p. 140). ~ **manger son chapeau**.

5. Damas a bouffé sa chemise. Damas a avoué […]. (F. Vargas, *Pars vite et reviens tard*, 2004 [2001], p. 308)

6. Bonjour à vous*, ne soyez pas trop déçu avec votre permis, la prochaine fois vous l'aurez ! Moi je lui aurais bien fait bouffer sa chemise à « l'exterminateur » [examinateur] ! (Message, 14 août 2007, <une-etoile-parmi-tant-dautres.blogspot.com/>)

— DANS UNE MÉTAPHORE FILÉE.

7. « […] Mais si tu t'engages dans cette voie-là, mon garçon, tu n'as pas fini : tu iras de reculade en reculade – quand tu auras mangé ta chemise, on te fera manger ton chapeau ! […]. » (F. Chandernagor, *L'Enfant des Lumières*, 1995, p. 247, FT)

— Pour lancer un défi.

8. – Si ce type parle latin, je bouffe ma chemise, dit Danglard en s'en allant. (F. Vargas, *Pars vite et reviens tard*, 2004 [2001], p. 274)

∞ VARIANTES DÉVELOPPÉES PONCTUELLES.

9. […] je mange ma chemise et mon chapeau russe, si le nouveau Gouvernement n'applique une hausse de la TVA à hauteur du déficit à combler. (Blog, 12 juin 2007, <blog.france2.fr/>)

10. Je veux bien bouffer ma chemise de nuit molletonnée et mes charentaises, si tu ne trouves pas d'éditeur ! (Message, 10 août 2007, <douceursexquises.canalblog.com/>)

## cher

□ **prendre cher**, loc. verb. "éprouver de graves désagréments ; subir une épreuve pénible". ~ □ **prendre sévère*** ; □ **déguster** ; □ **écoper** ; □ **morfler**.

1. Élevé au biberon de l'olympisme, école de rigueur et de méthode, le Brestois [Benoît Petit] (32 ans) était bien loin alors de son titre de champion du monde de 470,

l'une des séries reines de la voile légère. « J'avais fini l'épreuve sans trop de repères, le moral au plus bas. Sur la dernière étape j'ai même tout lâché, j'ai pris cher. » Mais le Finistérien est aussi un pugnace. (*Ouest France*, 27 juillet 2004)

2. André Allaix prendra cher pour sa « prise d'otages » : quarante-cinq jours de mitard et une peine de quatre ans d'emprisonnement supplémentaires, prononcée vingt-six jours seulement après les faits. (*L'Humanité*, 21 décembre 2006)

3. [...] il faut analyser la situation dans toute sa gravité et voir quelles sont les priorités réelles. Je ne veux pas que l'UMP ait la majorité absolue à l'Assemblée (ce n'est qu'un souhait, je ne me fais pas d'illusions) parce que, là, [...] on risque de « prendre cher » comme disent les jeunes. (*L'Agitateur*, 24 mai 2007, <www.agitateur.org/>)

□ **un nez qui a coûté cher à mettre en couleur**, loc. nom. "un nez rougi par l'habitude d'une consommation excessive d'alcool". Attesté en 1846 (« V'là un nez qu'a coûté cher à mettre en couleur », légende d'une gravure hors texte de Gavarni dans *Le Diable à Paris. Paris et les Parisiens*, J. Hetzel, Paris, GRL). L'image est ancienne : « Beau nez, dont les rubis ont cousté mainte pipe / De vin blanc et clairet, / Et duquel la couleur richement participe / Du rouge et violet. [...] Pour te peindre en la sorte, / Il faut beaucoup de temps. / Le verre est le pinceau duquel on t'enlumine, / Le vin est la couleur / Dont on t'a peint ainsi plus rouge qu'une guisgne, / En beuvant du meilleur » (O. Basselin, « A son nez », dans *Vaux-de-vire d'Olivier Basselin et de Jean Le Houx*, éd. P.-L. Jacob, Paris, 1858, p. 33-34).

4. Épaisse tignasse poivre et sel, face bonasse, gros pif qui a dû coûter cher à mettre en couleur – Lafériaire s'envoie chaque jour une dizaine de Ricard et autant de canettes. (E. Hanska, *La Raison du plus mort*, 1999, p. 16)

## cheval

□ **à un cheval près**, loc. adv. "approximativement, à peu près". Même profil phonétique que *à un cheveu près*. ~ □ **à une queue de vache près**.

1. Il y a deux milliards six cents millions d'individus, à un cheval près. (B. Vian, *Traité de civisme*, 1979 [av. 1959], p. 115, GRL)

2. – L'autopsie de Rosa ?
– Ça n'a pas traîné, on a eu les résultats tout à l'heure, ce qu'on pensait ! Même arme, heure du crime : environ 2 heures du matin... à un cheval près, hein ? (Bachellerie, *L'Île aux muettes*, 1985, p. 144)

3. Peser la pulpe [de cynorrhodon] obtenue, vous devriez à ce stade en avoir à peu près 3 kilos, à un cheval près.(Message, 7 novembre 2004, <www.forums.supertoinette.com/>)

(**directement**) **de la bouche du cheval**, loc. adv. "de source autorisée". Calque de l'anglais *(straight) from the horse's mouth* (depuis 1928, OED) ; surtout en usage dans la presse écrite.

4. – [...] Tout ira bien après les courses.
– V's avez un tuyau ? demanda Mr. Corkery.
– Directement de la bouche du cheval. (G. Greene, « Rocher de Brighton », trad. M. Sibon, dans *Poésie 46*, 1946, n° 33, p. 56, GRL)

5. On apprit de la bouche du cheval [lors d'une émission de télé] que la poitrine d'Amanda Lear ne se décida à grossir qu'après la ménopause, détail indispensable à notre culture générale. (*Le Monde*, 23 octobre 1996, p. 30)

6. Une standardiste leur confia qu'elle avait entendu l'homme qui avait entendu l'homme qui tenait de la bouche du cheval que le secrétaire au Logement logerait au 101, rue de Grenelle. Où il est injoignable. (*Le Figaro*, 9 avril 2004, p. 1)

7. Les vœux présidentiels auront donc finalement eu une vertu : entendre de la bouche du cheval les limites du volontarisme sarkozyste. (*Libération*, 2 janvier 2008, p. 2)

— DANS UNE MÉTAPHORE FILÉE.

8. Puisque personne n'a eu l'occasion d'entendre de la bouche du cheval les raisons qui le conduisent à ruer dans ses brancards, je vais à mon tour te brosser le tableau de ce qui se vit en Métropole depuis plusieurs mois. (Lettre du président du Syndicat national du personnel navigant commercial d'Air France Papeete, 4 juin 2002, <www.snpnc.org/>)

**lâcher les chevaux**, loc. verb. "libérer toute la puissance d'un moteur". Si la formule évoque des chevaux au galop, elle fait aussi référence au cheval(-vapeur), unité de puissance. ~ □ **mettre la gomme/le paquet ; mettre le turbo ; passer la surmultipliée**.

9. La R 32 [une automobile] peine en effet à décoller, comme une navette spatiale qui ne lâche les chevaux qu'après quelques secondes d'échauffement. Le poids est sans doute à l'origine de ce phénomène devant lequel les 241 ch ont quelque peine à s'exprimer. Et pourtant, avec l'aide des quatre roues motrices, c'est à des départs éclairs que l'on aurait pu s'attendre. (*Le Figaro*, 16 décembre 2002, p. 16)

10. Au volant d'un engin à moteur deux temps – plus légers et plus nerveux que les quatre temps habituellement proposés – j'oublie toute prudence et lâche les chevaux, tous les chevaux. Les bras tirent à chaque virage, les gouttes de sueur tombent sous le casque, la concentration est à son comble. (*Sud Ouest*, 24 juillet 2004, p. 2)

11. Au final, un spectacle garanti pour les passionnés de sport automobile : une furieuse odeur de gomme lorsque les pilotes chauffent leurs pneus, un sol qui tremble quand les machines « lâchent les chevaux », et surtout un bruit qui vous résonne encore dans les tympans longtemps après que les bolides aient [*sic*] disparu à l'horizon. (*Le Progrès*, 5 août 2007, p. 9)

— DOMAINE DES SPORTS. "produire un effort important et décisif au cours d'une épreuve, d'une compétition". ~ □ **mettre la gomme/le paquet** ; □ **décrocher la/sa caravane***.

12. Le combat neutralisé devant, [l'équipe de rugby de] Montauban lâche les chevaux derrière. Après un slalom de soixante mètres le long de la ligne de touche, Cech marque en coin un essai superbe. (*Le Progrès*, 28 mars 2005, p. 11)

13. [...] il [un coureur cycliste] accélère quand il le faut et, dans le sprint, quand il lâche les chevaux, il est en progression constante jusqu'à la ligne. À chaque mètre qu'il passe, il creuse l'écart. (*L'Équipe*, 11 avril 2005, p. 2)

— DOMAINE DU SPECTACLE. "augmenter le débit, le volume ; faire fort".

14. [...] les partis pris de direction d'acteurs ne vont cesser de surprendre tout au long de la représentation [du *Cid*, de Corneille] : comme si par exemple, Rodrigue n'élevait la voix qu'à contretemps autant qu'à contresens, en se mettant à murmu-

rer là où il eût fallu lâcher les chevaux : « Nous partîmes cinq cents… Nous nous vîmes trois mille en arrivant au port… » (« Culture et loisirs », 10 décembre 2005, </www.agoravox.fr/>)

15. Le show avance, tranquille, et là, Deep Purple [un groupe de hard rock] lâche les chevaux. Que des tubes. La grosse pêche. *Space truckin'*, *Highway Star*, peut-être leur meilleur titre, soulèvent la foule, l'inoxydable *Smoke on the water* donne le coup de grâce. Minots et vieux loups exultent. (*Ouest France*, 26 novembre 2007)

## chèvre

**rire de chèvre**, loc. nom. "rire saccadé (le plus souvent désagréable)". Par référence au bêlement de la chèvre. Attesté en 1876 (« Mademoiselle n'y est pas, lui dit la petite bonne Antonia, en l'arrêtant dans l'escalier, avec son rire de chèvre noire », É. Zola, *Son Excellence Eugène Rougon*, Paris, Charpentier, p. 143, GRL) ; en 1938 (« Mattathias eut un rire de porte non huilée ou plutôt de chèvre », A. Cohen, *Mangeclous*, p. 216, FT).

1. Et sur un petit rire de chèvre :
« Un beau samedi pour les amoureux ! » a-t-elle ajouté. (M. Arland, *À perdre haleine*, 1960, p. 191, GRL)

2. Et brusquement, je me suis aperçu qu'il pleurait. / Je l'ai embrassé, embrassé… en broyant ses longs bras. Il s'est mis à rire. Un long rire de chèvre égarée dans la nuit. (G. Delaunay, *Nul ne sait le jour…*, 1976, p. 145, GRL)

3. Elle chante mal, ne sait pas contrôler sa voix, et en plus elle joue trop mal du violon. Sans parler du piano… Et elle se la pète* trop, et a un rire de chèvre. (Message, 25 octobre 2006, <teemix.aufeminin.com/>)

V. encore *ecstasy*, ex. 1.

□ **se perdre/s'y perdre les chèvres**, loc. verb. "s'embrouiller, se fourvoyer". Variante régionale (Sud-Ouest) développée de **s'y perdre**.

4. Incapable d'assumer le rôle d'incontesté meneur que doit être le numéro 10 [le capitaine, au rugby], le surdoué toulousain semble se « perdre les chèvres » face à la pression inhérente à son poste […]. (*Sud Ouest*, 22 novembre 2004, p. 2)

5. On a eu droit à un article dans le journal, tiens… La journaliste s'est un peu perdu les chèvres dans la rédaction de son billet mais ça fait toujours plaisir. (« Plein sud », 6 février 2006, <sahara.journalintime.com/>)

6. Le NON de la France c'est vrai que dans le fond c'était plutôt destiné au gouvernement à mon avis. En même temps c'est vraiment pas clair tout ce qui concerne l'Europe et on s'y perd les chèvres quoi… (Message, 23 mai 2006, <forums.studyrama.com/>)

## chez

adj., adv., nom ou verbe + **de chez** + adj., adv., nom ou verbe répété. Pour renchérir de manière superlative. Du langage de la publicité, du type « frigidaire de chez Frigidaire » (M. Demougeot *et al.*, *Nouveau français : la compil*, 1994, p. 48). ~ **à cent pour cent**.

— AVEC UN NOM OU UN ADJ. SUBST.

1. Dans une expression franco-canadienne bien à lui, Gerry Roufs annonçait régulièrement s'être pris dans la tempête « une branlée de chez branlée ». (*Le Monde*, 10 janvier 1997, p. 19)

2. Elle [une carte postale] est beauf de chez beauf […]. (P. Pellerin, *Tout va bien*, 2001, p. 199)

3. Les Russes, c'était les Russes, mais ces deux Italiens-là, mon pote, c'était encore autre chose. Riina et Mazzaferro, tu faisais extrêmement gaffe comment tu leur parlais. C'était du lourd* de chez lourd. (L. Chalumeau, *Maurice le Siffleur*, 2006, p. 330)

4. Mais Vanessa Paradis [une chanteuse], pour moi, ça reste quand même le top de chez top ! (A. Dona, *Mamie a eu quinze ans*, 2007 [2006], p. 127)

V. encore *boîte*, ex. 9 ; *tôle*, ex. 5 ; *tuerie*, ex. 2.

— AVEC UN ADJ. OU UN ADV.

5. Il [Jacques Chirac] nous avait étonnés, lui, le militant de droite, en nous initiant presque à la lutte des classes avec la « fracture sociale » : rouge de chez rouge ! Il nous a de nouveau stupéfiés, lui, l'entêté du encore-un–petit-essai-nucléaire ou le fervent du tout-agricole-bien-productiviste, en se convertissant aux vertus écologiques : vert de chez vert. (*Télérama*, 4 juillet 2001, p. 4)

6. – Depuis janvier, elle était irrécupérable. Mystico de chez mystique. (M. Braudeau, « Mon chien diplomatique », dans *Le Monde*, 24-25 août 2003, supplément, p. 8)

7. […] j'ai bouché les toilettes et […] il a fallu appeler un plombier […].
« Ben dites donc, c'est bouché de chez bouché, votre truc ! Vous y avez mis quoi là-d'dans, un tee-shirt ? » (C. Krug, *Demain matin si tout va bien*, 2006 [2004], p. 34)

8. […] il y a le [conteur] patoisant, roi de sa région qui va avoir un public énorme, mais qui ne peut sortir de sa région parce que c'est ringard de chez ringard pour des gens de l'extérieur. (*Yannick Jaulin raconte Pougne-Hérisson*, 2004, p. 100)

9. Peut-être suis-je bouché à l'émeri […], à moins que je ne sois tout simplement grave de chez grave […] ? (P. Assouline, dans *Le Monde 2*, 16 février 2008, p. 16)

V. encore *déboîter*, ex. 1 ; *ramasse*, ex. 1 ; *rire*, ex. 10.

∞ PAR ELLIPSE.

10. […] en langage de chez jeune […]. (P. Georges, dans *Le Monde*, 11 octobre 2002, p. 36)

— AVEC UN VERBE.

11. C'est comme ça que deux heures plus tard on était dans un taxi […], nous pinçant pour savoir si on ne rêvait pas.
– Je le crois pas, a fait Jean-Mi, je le crois pas de chez je le crois pas. (V. Ravalec, *Nouvelles du monde entier*, 2006 [2004], p. 220)

12. […] je l'avais nettoyé de chez nettoyé au produit à vitres […]. (C. Pelletier, *Tirez sur le caviste*, 2007, p. 90)

## chic

**chic et choc / de chic et de choc** (moins usuel), loc. adj. "qui combine des caractères opposés ou contradictoires ; à la fois léger, élégant ou raffiné et lourd, rude ou osé". Diffusé à la suite d'une campagne publicitaire de la RATP au début des années 1980, lançant « le ticket chic, ticket choc » à piste magnétique.

1. [...] le bar du « Nouvata » était l'endroit le mieux achalandé de Nouméa en [...] commentateurs avisés, cameramen bizarres, reporters de chic et de choc [...]. (A.D.G., *Les Billets nickelés*, 1988, p. 32)

2. C'est chic et choc, fait avec habileté et culot, plein de dialogues et de mots d'auteur, les uns efficaces, les autres faciles. (Critique du film *La Femme riche* de P. Besson, dans *Libération*, 18 août 1993, p. 25)

3. Mystère [Christine] Angot. Elle a une phrase incroyable, un rythme étonnant (il faut l'entendre lire ses textes...) et pourtant c'est pas bien, parce que les thèmes sont abordés dans cette violence propre à l'époque pour faire chic et choc... C'est du gâchis... on pouvait penser la même chose de Duras, sauf qu'elle a créé du mythe, elle. (*Journal LittéRéticulaire*, 8 juillet 2006, <www.berlol.net/>)

4. Les musiciens locaux [...] sur fond de chansons chics et chocs, ont rythmé les temps forts de la rencontre. (*La Nouvelle République*, éd. Deux-Sèvres/Parthenay, 4 octobre 2006, p. 17)

— EN CONSTRUCTION LIBRE.

5. L'histoire de cette Niçoise est plutôt ébouriffante. Directrice des relations publiques de Du Pont de Nemours France, elle est du genre choc malgré ses tailleurs chics. (*Sud Ouest*, Langonnais, 17 mars 2000)

6. Dans le Paris chic, c'est le choc : en moins de 48 heures, des malfaiteurs ont attaqué à la voiture-bélier, qui une bijouterie, qui un bureau de change. (*L'Humanité*, 24 janvier 2002)

V. encore *film*, ex. 8.

## chien

□ **être en chien (de)**, loc. verb. "être en détresse ; être en manque de quelque chose". Expression originaire des Antilles (« *être en chien*, loc. verb. être mal fichu, être dans une grande misère morale et physique », S. Telchid, *Dictionnaire du français régional des Antilles*, Paris, Bonneton, 1997, p. 40).

1. Je suis en chien de thunes... (Message, 19 décembre 2003, <steubla.blogspot.com/>)

2. Tu sors avec depuis peu et tu te demandes si t'es amoureux(se) ? Tu l'as remarqué depuis pas mal de temps et tu peux pas t'empêcher d'y penser ? T'es en chien, t'es tout(e) seul(e) et tu te demandes si tu as le potentiel pour tomber amoureux/se. (*taSanté.com*, <www.tasante.com/>, consulté le 13 septembre 2006)

**être (fait) comme le(s) chien(s) pour mordre le monde**, loc. verb. Pour dire qu'il est dans la nature d'une personne de se conduire de telle (mauvaise) façon, dans la fonctionnalité d'un objet d'avoir telle destination (défavorable). Attesté en 1881 (« C'est fait exprès comme les chiens pour mordre le monde », E. Rolland, *Faune populaire de la France*, Paris, Maisonneuve & C^ie^, t. 4, p. 13) ; 1894 (« *Comme les chiens pour mordre le monde.* Se dit d'une chose naturellement propre à faire le mal », Puitspelu, s.v. *monde*).

3. « C'est comme le chien pour mordre le monde » pour signifier qu'un fait est évident. (*L'Humanité*, 28 juillet 1993, p. 10 ; lecteurs de Cepoy, Loiret)

4. Capables de tout qu'ils étaient[,] ces riches. Faits comme les chiens pour mordre le monde. (A. Camilleri, *Le Roi Zosimo*, trad. de l'italien par D. Vittoz, 2005 [2003], p. 46)

## chier

■ **chier (qqc) dans la tête à qqn**, loc. verb. "raconter des histoires, bourrer le crâne". Métaphore vulgaire qui renvoie au paradigme □ **avoir du fromage* (mou) dans la tête** ; □ **avoir du mou de veau dans la tête** ; □ **avoir du yaourt* dans la tête**.

1. « Faut pas croire tout ce qu'on vous chie dans la tête… je sais pas moi… vous n'avez pas autre chose à foutre ? Sortez, bordel ! Sortez et vivez, dansez, jouez, créez… » (Le blog de Zarak, 20 février 2006, <zarakonline.blogspot.com/>)

2. Tu trouves ça humoristique ? On vous a chié dans la tête sur ce forum ou quoi ? (Message, 24 mai 2007, <www.comlive.net/>)

— VARIANTE DÉVELOPPÉE.

3. Mais bon, comment lui reprocher d'avoir un Q.I.* de méduse ? On lui a chié dans la tête, et il n'a jamais trouvé la chasse. (Message, 10 octobre 2007, <superaldo.zeblog.com/>)

## chiffre

**faire du chiffre**, loc. verb. "réaliser un bon chiffre d'affaires ; augmenter, gonfler des effectifs". Par ellipse de *chiffre d'affaires*. Attesté en 1900 (« […] l'ouvrier et l'employé ne sont pas libres parce que l'intérêt des promoteurs de la coopération est de faire du chiffre : le bénéfice est à ce prix, au détriment de la liberté », *Compte rendu sténographique du Congrès international de la petite bourgeoisie tenu à Anvers…*, Société belge de Librairie, p. 250, GRL).

1. « On sait nous dire qu'il faut faire du chiffre, du chiffre. Mais il n'y a aucun dialogue. On ferme des postes au guichet. Il faudrait faire encore plus de chiffres [*sic*]. Ce n'est pas logique. » (Une guichetière de la SNCF, dans *Le Monde*, 19 septembre 2000, p. 1)

2. Cela dit, le résultat [d'un festival d'art contemporain] est plus qu'honorable. D'autant que, remarque le président : « Nous ne sommes pas là pour faire du chiffre, ce n'est pas dans l'esprit de notre association. » (*Ouest France*, 1er octobre 2003)

3. « […] Si on a moins de prêtres, eh bien, c'est comme ça : on n'est pas là pour faire du chiffre. » (Un évêque français, dans *Le Monde*, 17 juin 2007, p. 16)

## chimiquement

**chimiquement pur**, loc. adj. "intégral ; total ; absolu". Métaphore empruntée au vocabulaire de la chimie. ~ **pur fruit** ; **pur jus** ; **pur porc** ; **pur sucre**.

1. Dany CARREL à Maurice GARREL : *Le Pacha* [film de G. Lautner, 1968, dialogues de M. Audiard]
– Le crétin chimiquement pur… je me demande où tu vas le chercher ?
– 36, quai des Orfèvres. Je suis fidèle à mes fournisseurs. (M. Audiard, *Audiard par Audiard*, 1995, p. 125)

2. Le soldat [...] est un homme qui fait la guerre – sans forcément l'aimer – avec passion, compétence et surtout un certain nombre de règles qu'il a acceptées ou qu'il s'est données. Leclerc est un soldat chimiquement pur. Un grand fauve dont les impulsions sont dirigées et contenues par un code de valeurs très strictes. (*Le Monde*, 30 novembre 1987, p. 2)

3. Vous voulez dire qu'il existe des « vrais » bénévoles désintéressés et d'autres, qui recherchent une rétribution personnelle ? / Je ne crois pas qu'il existe de cas « chimiquement pur ». Les bénévoles agissent tous en fonction d'une combinaison de motivations, qui vont plutôt dans un sens ou dans l'autre. (« Les dividendes de la gratuité », dans *Le Courrier de l'UNESCO*, juin 2001, <www.unesco.org/>)

4. Ce produit chimiquement pur de l'administration française – Normale Sup, Sciences-Po Paris, ENA – a longtemps hésité entre politique et littérature. (*Le Monde*, 6 septembre 2005, p. 16)

## chiotte

■ **de chiotte(s)**, loc. adj. "très mauvais, désagréable, détestable, exécrable". À rapprocher de **à chier**. ~ ■ **de merde** ; ■ **de pissotière***.

1. Écoute, me dit le zigoto à la voix de chiottes, on t'a assez vu, t'es moche, mal éduqué, casse-toi, que veux-tu, on en a marre de toi ! (R. Mille, *Les Chiens ivres*, 1973, p. 207, GRL)

2. – Quel temps de chiottes, dit Vérone en essuyant la buée sur le pare-brise. (T. Topin, *14^e^ Nocturne*, 1983, p. 64)

3. Mais merde ! J'en ai ras la touffe de me battre avec moi-même ! Quelles élucubrations de chiottes ! (M. Sergent, *Normal*, 1991, p. 92)

4. – Quelle mouche la pique ? demande Aude quand elle s'est éloignée.
– Elle a un caractère de chiotte ! déclare Odile d'un ton définitif. (L. Fouchet, *Château en Champagne*, 1999 [1997], p. 152)

5. [...] un célèbre romancier parisien, dandy allumé, critique littéraire dans une revue de chiotte [...]. (G. Lecouvreur, *Parkinson le glas*, 2002, p. 141)

— Dans ■ **goût de chiotte(s)**, loc. nom. "très mauvais goût".

6. – Ne mélange pas les carreaux avec les rayures ou les pois, ne confronte pas deux roses violents, fais-moi de jolis camaïeux, renonce à ton goût de chiotte quoi. (M. Anissimov, *Le Bal des Puces*, 1985, p. 38)

7. Cet homme [Saddam Hussein] avait, qu'on pardonne l'expression, « un goût de chiottes ». A la télévision, la découverte de ses appartements a été un choc. (*Le Figaro*, 10 avril 2003, p. 13)

8. Objectivement, le pire qu'on pouvait lui reprocher, c'était d'avoir eu des goûts musicaux de chiotte. (L. Chalumeau, *Maurice le Siffleur*, 2006, p. 327)

∞ PAR JEU DE MOTS.

9. Tom Cruise vient de dévoiler une sculpture du premier caca de sa petite Suri, 4 mois et demi. L'« œuvre » [...] sera vendue [...] pour une association caritative. On se demande qui aura des goûts de chiotte suffisamment prononcés pour acheter ça. (*Sud Ouest dimanche*, 3 septembre 2006, p. 2)

## chocolat

**pas de bras, pas de chocolat**, loc. phrast. Adage, avec rime intérieure, indiquant qu'il n'est pas possible de parvenir à une fin donnée sans remplir certaines conditions. La locution, connotée par l'humour noir, est la chute d'une histoire drôle : un enfant qui demande du chocolat est invité à se servir lui-même, il déclare que cela ne lui est pas possible car il n'a pas de bras et sa mère lui répond « pas de bras, pas de chocolat ! ». *Pas de bras, pas de chocolat* est une chanson de Bertrand Betsch (2004). L'exemple 3 reprend l'expression dans un sens littéral.

1. Pour obtenir un rendez-vous chez le médecin en Amérique, il faut avoir une assurance médicale. [...] C'est simple. Lorsqu'on téléphone à un cabinet médical, avant même de savoir si votre état nécessite une consultation d'urgence la secrétaire vous demande votre numéro d'assurance. C'est comme ça. C'est comme pas de bras, pas de chocolat. Pas de sous, pas de soins. (Blog, 18 mars 2005, <chezlola.blogspot.com/>)

2. Nous allons rediscuter avec le club de la prise en compte écrite d'un certain nombre de propositions que nous faisons ensemble aujourd'hui en matière de sécurité [...]. Ou le club les intègre et nous vous proposerons le renouvellement [...]. Ou le club refuse et alors « pas de bras, pas de chocolat » car il n'existera plus de bases juridiques et politiques au versement d'une subvention. (P. Cherki, « En finir avec le hooliganisme ! », 14 décembre 2006, <pascalcherki.over-blog.com/>)

3. Hier matin dans le Var, l'animateur Vincent Lagaf a eu un accident de jet-ski. Résultat ? Deux bras fracturés. Comme on dit : pas de bras, pas de chocolat. (*La Tribune de Genève*, 3 septembre 2007, p. 18)

4. [...] *Tiji* et *Piwi* arrivent en tête des audiences de toutes les chaînes [de télévision] pour enfants. Qui du coup passent de la pub. Contrairement à ces ligues de vertu de *Baby TV* et *Baby First* qui la refusent. [...] de la même façon que « pas de bras, pas de chocolat », pas d'audience, pas de pub, mais c'est moins rigolo. (*Libération*, 20 octobre 2007, p. 32)

## choix

**c'est mon choix**, loc. phrast. Pour revendiquer ostensiblement ses choix de vie. Utilisation du titre d'une émission de télévision à caractère populiste, diffusée sur France 3 à partir de novembre 1999.

1. « C'est mon choix », disent ces jeunes filles voilées, en référence à une célèbre émission de service public. (*La Croix*, 11 décembre 2003, p. 5)

2. Cette loi [sur la transmission du nom] va, certes, donner du fil à retordre aux généalogistes. Mais cette réforme du patronyme à la carte convient bien à notre chère idéologie contemporaine du « c'est mon choix »... (*L'Express*, 22 novembre 2004, p. 87)

3. « À 60 ans, je pars [à la retraite], c'est mon choix. » (*La Nouvelle République*, Indre, 3 mars 2005, p. 2)

V. encore *valoir*, ex. 4.

## chop

**chop chop** ou **chop-chop**, loc. adv. "rapidement, vite ; tout de suite". Empruntée à l'anglais (depuis 1834, OED), de même sens, la locution semble d'un usage assez restreint.

1. Ça sonne. Chop chop, on se dépêche, le père de Noriko est en bas et nous attend pour nous emmener au restaurant [...]. (Message, 24 novembre 2006, <voyagenippon.over-blog.net/>)

2. – [...] laisse un message pour Hassan : on veut lui causer chop-chop. (M. Villard, *Entrée du diable à Barbèsville*, 2008, p. 66)

## chou

**c'est pas le tout les choux, il faut le beurre avec**, loc. phrast. Pour exprimer qu'on ne peut en rester là. Image culinaire née avant la surveillance du taux de cholestérol. Déjà sous une forme voisine dans Oudin 1640 : « ce n'est pas tout que des Choux, il y faut de la graisse [...] *ce n'est pas assez d'avoir commencé, il faut achever.* »

1. J'ai entendu ma famille et mes amis dire que « c'est pas le tout les choux mais il faut le beurre avec ! », pour signaler qu'il ne suffit pas qu'un travail donne l'impression d'être fait pour qu'il soit bien fait. (*L'Humanité*, 18 août 1993, p. 11 ; lecteur de Corbeil-Essones)

— PAR ELLIPSE. **c'est pas le tout les choux**, loc. phrast. "id.". ~ **c'est bien beau** ; **c'est pas tout ça**.

2. – C'est pas le tout les choux, dit Roméo, c'est bon si on fait un plan d'attaque : on est d'accord que Machin n'est pas mort accidentellement [...] ? (A.D.G., *J'ai déjà donné...*, 2007 [2004], p. 184)

3. Bon bah ! c'est pas le tout les choux, mais faut que je gagne mon poste ! punaise... c'est haut la vigie vue du pont. (Message, 12 février 2007, <www.pulpeclub.com/>)

## cible

**cœur de cible**, loc. nom. "ensemble des personnes que l'on veut atteindre en priorité". Surtout dans la langue du marketing et de la publicité. *Mon enfant n'est pas un cœur de cible* est le titre d'un livre de J.-P. Desbordes (2007).

1. [...] aux heures creuses (donc les moins chères), les chaînes proposeront-elles aux téléspectateurs des émissions qui leur permettent de toucher leur « cœur de cible » ? Un spot bien placé même en plein après-midi mais avant une émission de décoration, de cuisine ou de jardinage peut être un excellent placement pour un fabricant de papier peint, un éleveur de volailles ou un pépiniériste qui ne pourront jamais s'offrir les grand-messes publicitaires de 20 heures. (*Le Monde*, 20 juin 1987, p. 8)

2. J'ai dévoré la véritable histoire de *Pif-Gadget* : Je suis né en 1961, j'étais donc en plein dans « le cœur de cible » (comme on dit aujourd'hui) lorsque le premier numéro est sorti. J'ai dû commencer à lire Pif vers le 10 ou 12$^{e}$ numéro et j'étais un fan absolu ! (Courrier des lecteurs, 10 juin 2003, <193.251.82.94/pif-collection/>)

3. *Il faut définir votre cœur de cible* : signifie « à qui vous adressez-vous ? » (« Dictionnaire raisonné de l'administration », <pauillac.inria.fr/>, consulté le 2 février 2007)

4. Au tribunal de grande instance de Nice des magistrats estiment que cette affaire s'inscrit dans le cœur de cible de la nouvelle loi. (*Le Monde*, 15 août 2007, p. 8)

## ciel

**le ciel me (te/lui**, etc.) **tombe sur la tête/tombe dessus**, loc. phrast. Pour marquer l'anéantissement, la stupeur, le désarroi. Souvent à un temps du passé. Par référence à la croyance prêtée aux Gaulois, qui « ne craignaient rien, si ce n'est que le ciel ne leur tombât sur la tête » (J. Verne, *La Chasse au météore*, 1986 [1901], p. 178, FT). Attesté en 1857 (« Qui crache contre le ciel, il lui tombe sur la tête », H. G. Bohn, *A Polyglot of Foreign Proverbs ; Comprising French, Italian, German, Dutch, Spanish, Portuguese, and Danish, with English Translations and a General Index*, London, H. G. Bohn, p. 49, GRL).

1. Autour d'elle [la compagne d'un poseur de bombe décédé], ses amis font bloc. On n'a pas l'impression que le ciel leur tombe sur la tête. Ce genre de catastrophe, ils la côtoient trop pour ne pas encaisser le choc. Pourtant le mort et le blessé sont des amis. (*Le Monde*, 9 juillet 1987, p. 5)

2. – Que se passe-t-il donc ? répéta Lara. Alors Simon lui raconta tout ce qu'il venait d'apprendre.
On secoua Agustin et Vanessa qui dormaient du sommeil du juste. Le ciel leur tombait dessus. Ils firent une tête terrible. (J. d'Ormesson, *Le Bonheur à San Miniato*, 1987, p. 96, FT)

3. Sauf que le lendemain matin, il était mort. Le ciel m'est tombé dessus parce que j'avais beau le savoir, j'avais fait comme si. Comme si on allait se revoir. (C. Avel, *L'Apocalypse sans peine*, 2006, p. 75)

## cigarette

**aller acheter** (/**chercher**) **des cigarettes**, loc. verb. Raison alléguée pour excuser une absence momentanée ; symbole d'une disparition et notamment de l'abandon de la vie conjugale ou d'une rupture amoureuse. Métaphore, fondée sur le prétexte anodin qu'on peut mettre en avant sans donner l'éveil, attestée en 1937 (« Au moment des adieux, avant de passer le portillon du quai, l'homme dit : "Attends-moi, je vais acheter des cigarettes." Il s'esquive, et rejoint le train par un autre accès, laissant sa femme plantée là : il avait fui devant l'émotion », H. de Montherlant, *Le Démon du bien*, p. 1306, FT). ~ **aller acheter des allumettes ; partir sans laisser d'adresse**.

1. Jean, désœuvré, était parti chercher des cigarettes, mais était revenu les mains vides : il s'agissait d'un prétexte pour s'éloigner pendant quelques instants. (R. Sabatier, *Les Allumettes suédoises*, 1986 [1969], p. 309, FT)

2. – [...] Quant à son cornichon de premier mari, il a bien fait d'aller chercher des cigarettes. Bon débarras ! (E. Hanska, *Barbe à papa*, 1987, p. 66)

3. Le comptable de l'ambassade de Bulgarie à Madrid [...] est parti acheter des cigarettes le 27 juillet et n'est jamais revenu, laissant un trou de 100 000 francs dans la caisse. (*Sud Ouest*, 14 septembre 1994)

4. – [...] Sa femme dit qu'il est parti un matin et qu'elle ne l'a jamais revu. C'était pas pour acheter des clopes, il fumait pas ! (C. Pelletier, *Le Chant du bouc*, 2002 [2000], p. 105)

5. La jeune femme est prisonnière dans l'appartement de son ex-compagnon, qui l'a enfermée à double tour avant de sortir, pour aller acheter des cigarettes, a-t-il dit. (*Paris-Normandie*, 27 septembre 2004)

6. – [...] Que ce soit une femme qui déserte le foyer familial m'intéressait, parce qu'on raconte toujours l'histoire du type qui va chercher des cigarettes et ne revient jamais. (Ulrich Köhler, dans *Libération*, 22 novembre 2006, p. 4)

## cinq

▲ **cinq et trois (font) huit**, loc. phrast. Pour traduire la démarche inégale d'une personne qui boite. Attesté en 1888 (G. Courteline, *Le Train de 8 h 47*, Paris, Albin Michel, 1905, p. 16). Plusieurs variantes sont moins bien attestées, en 1901 (« J'entendais sur l'palier, / Ses petits souliers neufs / Fair' cinq et quatr' font neuf », *L'Amour boiteux*, dans Pénet 1998, p. 925) ; en 1925 (« *Six et trois font neuf* : bancal », L. Valbert, *L'Argot en cinq sec*, France-Édition, p. 187). ~ ▲ **quatre* et trois font sept** ; ▲ **sept* et trois (font) dix**.

1. Elle tira sur ses cheveux, frotta ses mains contre ses hanches et disparut dans la cour en oscillant, cinq et trois font huit, cinq et trois font huit. (J.-L. Bory, *Mon village à l'heure allemande*, 1945, p. 262-263, FT)

2. Il pensa : cinq et trois huit, cinq et trois huit, en l'écoutant boiter vers la cuisine. (R. Fallet, *La Grande Ceinture*, 1956, p. 27, FT)

3. Je me moque de lui comme des autres, mais sans allusion à son infirmité. Jamais. J'ai cogné un copain qui, le voyant s'éloigner, cahotant, murmura : « cinq et trois font huit ! » (W. Grassin, *J'ai connu l'école primaire supérieure*, 2006, p. 76, GRL)

— VARIANTE DÉVELOPPÉE PONCTUELLE.

4. *Cinq et trois font huit, je n'en rabattrai pas*, mélopée méchante qui désignait le boiteux, en imitant le rythme de sa démarche inégale. (M. Jouhandeau, *Le Langage de la tribu*, 1955, p. 89)

— COMME SOBRIQUET. Attesté en 1927 (« Madame Cadet, qui boitait et que l'on avait surnommée la mère Cinq-et-trois-font-huit », M. Boisson, *Coins et recoins de Paris*, Paris, Bossard, p. 212, GRL).

5. La silhouette de « Cinq et trois huit » apparaît au détour du bloc D, boitant à son habitude, plus voûté que de coutume. (P. Carrese, *Pet de mouche et la Princesse du désert*, 1997, p. 85)

## cintre

**raide** (ou synonyme) **comme un cintre**, loc. adj. "qui a un maintien rigide". ~ **raide comme un manche à balai**.

1. Gabriel courut vers Antoine [...]. Il le prit à part et le serra longuement dans ses bras. Antoine, raide comme un cintre, résistait au désir de se laisser aller. (G. Lecouvreur, *Parkinson le glas*, 2002, p. 237)

2. [...] un vrai prêtre, rigide comme un cintre, accroché à sa foi comme un pendu à sa corde. (*Libération*, 4 décembre 2003, cahier *Livres*, p. 7)

## cirer

**faire cirer les pneus**, loc. verb. " lors d'un démarrage brutal, faire crisser sur l'asphalte les pneus d'une auto ou d'une moto".

1. [...] s'il est difficile de faire « cirer » les pneus au démarrage, l'équilibre, la stabilité, nous dirons l'assurance de ce coupé [Astra/Opel] laissent songeur. (*Le Figaro*, 27 avril 2000)

2. Ce que j'aime bien en ville c'est dès qu'il y a la police en vue, conduire « normalement, à la parisienne » mais toujours en clignotant, en faisant fumer et cirer les pneus, en faisant rugir le moteur et en accélérant [...], mais sans jamais dépasser le 60 km/h (Message, 13 décembre 2002, <www.forum-auto.com/>)

3. J'ai mis le contact et on l'a plantée là en faisant cirer les pneus. (A. Toubia, *Champ d'horreurs*, 2005, p. 27, GRL)

## citerne

□ **avoir fait l'exode** (ou terme désignant un long trajet) **(à cheval) sur un camion citerne**, loc. verb. "marcher avec les jambes écartées en compas". ~ **marcher entre parenthèses**.

1. Révision utérine, qu'ils appellent ça les toubibs. [...] vous vous retrouvez le lendemain à moitié estourbie [...], deux balançoires à Mickey ["serviettes hygiéniques"] et un kilo de coton hydrophile coincés entre les cuisses. Vous marchez comme si vous aviez fait l'exode sur un camion citerne, en vous demandant ce que vous foutez avenue de la République à cinq heures de l'après-midi [...]. (J. Cordelier, *La Dérobade*, 1976, p. 159)

2. [...] j'ai la démarche de mon grand-père, comme les mâles de ma famille, on dirait que j'ai fait le *Dakar* à cheval sur un camion citerne. (S. Cliville, *Message d'origine*, 2003, p. 127, GRL)

— VARIANTE. □ **avoir fait l'exode (à cheval) sur un tonneau**, loc. verb. "id.".

3. – T'as vu comment elle marche ?
Serge ne comprend pas. Dallas écarte les jambes et fait quelques pas en se dandinant.
– On dirait qu'elle a fait l'exode à cheval sur un tonneau ! (G. Mordillat, *Les Vivants et les Morts*, 2006 [2004], p. 79)

□ **être né sur un camion citerne**, loc. verb. "avoir les jambes arquées". ~ **avoir les jambes entre parenthèses**.

4. Les mecs qui disent qu'j'suis né
sur un camion-citerne
parce que j'ai les jambes arquées,
et y paraît que ça se voit [...]. (Renaud, « Sans déc' », 1978, dans *Mistral gagnant*, 1986, p. 72)

## clair

**c'est clair**, loc. phrast. Formule d'acquiescement ou, le plus souvent, scansion du discours à simple valeur phatique. *C'est clair* est attesté en 1781 (DDL), mais sans cette valeur phatique qu'on lui donne depuis quelques années.

1. D'ailleurs, ne dites jamais « ah bon ? » quand ils [les branchés] vous apprennent quelque chose. Ne dites pas non plus : « Oui, je le savais. » Dites : « C'est clair ! » (*20 Ans*, décembre 2002, p. 137)

2. [...] le fameux « c'est clair ! » si cher aux jeunes puis, par pathétique mimétisme, aux autres. [...] « c'est clair ! » prend aujourd'hui des dimensions tellement épidémiques qu'il est pratiquement sur le point, dès janvier-février 2002, de [...] tomber dans le domaine commun. (P. Merle, *Précis de français précieux au XXI*[e] *siècle*, 2002, p. 98-99)

3. « [...] Ouais, c'est clair... Ouais... Ouais... Ouais, c'est clair... »
En fait, je sais pas trop pourquoi on dit toujours « c'est clair » entre nous, on en balance à la pelle et surtout dans les moments où ça l'est pas ! (A. Dona, *Mamie a eu quinze ans*, 2007 [2006], p. 47)

V. encore *partir*, ex. 1.

— VARIANTE DÉVELOPPÉE. **c'est cristal clair**, loc. phrast. "id.". Emprunt de l'anglais *crystal clear*. ~ **c'est limpide**.

4. Désormais les individus branchés disent plus volontiers « C'est cristal clair », qui indique bien davantage encore combien l'affaire dont ils parlent est nette, précise, sans bavure. (*Le Figaro*, 14 octobre 2004)

5. Donc, c'est cristal clair. La réélection de George W. Bush est consternante, mais elle va au moins sonner le réveil européen. (*Le Monde*, 7 novembre 2004, p. 24)

**pas clair**, loc. adj. "qui a un comportement louche, une attitude bizarre (en parlant d'une personne)". ~ **pas net**.

6. – Julienne, elle est pas claire.
– Non, elle est pas claire. (P. Joffroy, *Nouvelles des contrées dangereuses*, 1983, p. 230, GRL)

7. Leur fils, Julien, il est pas très clair... Fecaccha prétend qu'il se drogue... (A. Terrel, *Le Croque-mort et sa Veuve*, 1987, p. 55)

8. [...] il m'avait quand même traité d'étranger devant toute la classe. [...] Du côté du racisme il était pas clair le prof d'anglais [...]. (A. Begag, *Béni ou le Paradis privé*, 1989, p. 43)

9. « Je ne suis pas étonné que cette maison ait brûlé. Le gars là-dedans, il n'était pas clair [...]. » (Témoignage, dans *Le Parisien*, 7 février 2006, p. 3)

## clarinette

**c'est clarinette**, loc. phrast. "c'est clair et net". Calembour (cher aux enfants et parfois aux plus grands), légèrement désuet (voir l'exemple 2). Attesté dans Puitspelu 1894 (« *C'est clarinette* (c'est clair et net) »).

1. Enfin moi j'achèterai plus jamais sur leur site, c'est clarinette. (Message, 5 janvier 2006, <forum.hardware.fr/>)

2. Comme disait mon grand-père : c'est clarinette. (Message, 3 avril 2006, <blogborygmes.free.fr/>)

3. [...] maintenant c'est clarinette : Asia Argento devient enfin la grande actrice qu'on devinait chez elle ! (Message, 14 septembre 2007, <www.fdcine.com/>)

## classe

□ **(c'est la) totale classe**, loc. phrast., loc. nom. Pour signifier le comble du chic, de l'élégance. ~ □ **top classe**.

1. […] je suis hyper fière d'être linkée [bénéficier d'un lien hypertexte] sur un blog qui me joue le Boléro de Ravel hein. C'est la TOTALE classe, ou je ne m'y connais pas. (Message, 26 novembre 2007, <nina-sotte-fille.blogspot.com/>)

2. Lassée de recevoir des mails de vœux collectifs […] j'ai décidé cette année d'écrire sur ces cartes des vœux avec mon stylo à plume à vraie encre – j'adore ! – et de les envoyer dans une enveloppe en papier authentique assortie d'un réel et non virtuel timbre-poste. Totale classe, plus personne ne fait cela. (Message, 5 janvier 2008, <fsimpere.over-blog.com/>)

□ **salut la classe**, loc. phrast., loc. interj. Formule de salutation amicale entre hommes (d'un certain âge). Par référence à *classe* "contingent des conscrits nés la même année", correspondant, surtout en milieu rural, à une réalité sociologique très marquée mais frappée d'obsolescence.

3. Pour Clotaire, être du même âge, avoir été mobilisé aux mêmes dates, c'est un signe du destin qui, même multiplié, vous confère une originalité sans égale. Il ne peut voir apparaître Antoine sans s'écrier, ravi, le torse en avant :
– Salut la classe ! (R. Bordier, *La Grande Vie*, 1981, p. 193, GRL)

4. Le petit vieux [en état d'ébriété], sa casquette enfoncée jusqu'aux sourcils, les regarde, hébété, les yeux vitreux.
– Salut la classe ! J'suis content de vous voir […].
– Gendarmerie nationale. Monsieur, veuillez, s'il vous plaît, sortir de votre véhicule. (J.-B. Pouy, *Le Petit Bluff de l'alcootest*, 2006, p. 7)

□ **top classe**, loc. adj. "qui dénote une grande classe ; classieux". ~ □ **(c'est la) totale classe**.

5. Plus crooner que rocker, Eddy aborde un répertoire inhabituel chez lui (Trenet !) et s'en accommode fort bien. Banane lustrée, costume top classe, voix en grande forme : on en redemande. (*Libération*, 6 février 1999)

6. Cette série inégale connaît des séquences pertinentes et savoureuses, comme l'étude des personnages de Molière par des collégiens et lycéens de banlieues défavorisées. Si certains d'entre eux trouvent que ce monde est trop éloigné du leur, d'autres découvrent avec étonnement que leur désir de porter des vêtements « top classe » font d'eux des émules du Bourgeois gentilhomme. (*Le Monde*, 15 février 2003, p. 13)

7. […] le petit déjeuner somptueux, pris dans une brasserie top classe non loin de ma banque, n'a pas suffi à me redonner de l'énergie. (J. Fontaine, *Seine de nuit*, 2004, p. 168, GRL)

## classement

**classement vertical**, loc. nom. "mise d'un document à la corbeille à papiers". Cet euphémisme s'emploie aussi bien pour de vieux papiers dont on souhaite se débarrasser que pour des documents auxquels on ne souhaite pas donner suite (courrier indésirable, publicités).

1. Le document devant être tenu secret et expédié à Paris où l'attendait le classement vertical, c'est-à-dire la corbeille à papier, un officier prit la responsabilité de le communiquer à un journaliste. (J. Castano, *Les Larmes de la passion*, 1982, p. 201, GRL)

2. Le ministre abreuve Édouard Balladur [Premier ministre] de notes qui toutes subiront un « classement vertical ». (*Le Point*, 27 janvier 1996, p. 44)

3. [...] il traitait les lettres anonymes « par classement vertical », c'est-à-dire qu'elles allaient directement à la poubelle [...]. (*AFP Général*, 12 juin 2001)

## clavier

**entre le clavier et la chaise/le siège**, loc. adv. Périphrase désignant la place occupée par l'utilisateur d'un ordinateur ou d'un terminal informatique et, par métonymie, le rôle de celui-ci dans le fonctionnement de ces appareils. L'expression (fréquente dans la loc. verb. *se situer entre...*) est particulièrement employée pour imputer certains dysfonctionnements aux utilisateurs. Cf., avec la même valeur, l'anglais *between the keyboard and the chair/the seat.*

1. 95 % des pannes en informatique sont situées entre le clavier et la chaise. (Message, 16 juin 2003, <forum.macbidouille.com/>)

2. Encore une fois il faut insister sur le fait qu'aucun outil de protection des ordinateurs n'est efficace à 100 %. Rien ne remplace la vigilance et le bon sens de l'utilisateur. Il existe un adage bien connu dans le monde de l'informatique : « La faille de sécurité principale se situe entre le clavier et la chaise ». (*Futura-Sciences*, 26 janvier 2007, <www.futura-sciences.com/fr/sinformer/>)

3. La source d'un problème informatique se situe entre le clavier et le siège. (Message, 19 juillet 2007, <www.clubic.com/forum/jeux-video-pc/>)

## clé

**être né avec une clé à molette (dans la main/dans les mains)**, loc. verb. "être particulièrement doué pour la mécanique".

1. Le fils – [...] Quand j'avais 12-13 ans, j'étais passionné par la mécanique. Je crois que je suis né avec une clé à molette. J'avais une passion à cette époque-là, j'aurais voulu être mécanicien dans l'aviation. (P. Bourdieu, *La Misère du monde*, 1993, p. 541 ; interview)

2. [...] un de ceux à qui on peut confier un avion en mauvais état le soir pour retrouver un avion presque neuf le lendemain matin, un de ces gars de la marine qui est né avec une clé à molette dans une main et un darak ["un marteau"] dans l'autre et qui sait toujours trouver une solution à chaque nouveau problème, qui peut inventer l'outil qui va bien pour chaque configuration. (J. Tutaj, *Artisan pilote*, 2004 ; 4e de couverture)

3. De plus, le père Mahé « est né avec une clef à molette dans les mains » : son grand-père et son père ont disputé de nombreuses courses en moto. (*Le Télégramme*, 15 août 2006)

**la clé du champ de tir**, loc. nom. Expression plaisante, née dans les casernes, pour désigner une chose qui n'existe pas et à la recherche de laquelle on invite un naïf (une jeune recrue). Cette clé, ainsi que le *compas à trois branches, la corde* à tourner le vent, le fusil* à tirer dans les coins, la machine* à donner des coups de pied au derrière, le marteau* à bomber les glaces*, etc., serait digne de figurer au

*Catalogue d'objets introuvables* de J. Carelman (1969) ; on pourrait y joindre les *étiquettes cintrées pour bouteilles* (G. de Pawlowski, dans J.-C. Carrière, *Anthologie de l'humour 1900*), *la machine à barbeler le fil de fer* (G. Lecouvreur, *Parkinson le glas*, 2002, p. 121), *la pierre à aiguiser les semences* (M. Bernard, *Pareils à des enfants*, 1994 [1941], p. 37-38), etc. La variante *la clé du champ de manœuvres* est attestée en 1887 (« Militairement, on désigne sous le nom de "loustic" (*lustig*) le blagueur, le chanteur comique, le queue-rouge qui rase les blaireaux du quartier à propos du *parapluie de l'escouade*, de la *clé du champ de manœuvres*, du *grand ressort du gymnase* et autres facéties », H. de Sarrepont, *Chants et chansons militaires de la France*, Librairie illustrée, p. 114) ; « La clé du champ de manœuvres » est le titre d'une contribution de Léo Malet à l'ouvrage collectif d'inspiration surréaliste *La Conquête du monde par l'image* (1942). La forme *la clef du champ de tir* est attestée en 1897 (voir le commentaire s.v. *fusil*).

4. Pour le cas où vous trouveriez la clé de l'énigme, n'hésitez pas à nous la rapporter. Veillez toutefois à ne pas confondre avec la clé du champ de tir. (R. Cousse, *Le Bâton de la maréchale*, 1982, p. 58)

5. D'abord la Défense reconnaît et essaye de reconnaître de mieux en mieux, même s'il y a toujours à améliorer des choses, le rôle et les besoins des journalistes. Cela se traduit par des facilités techniques que nous essayons de mettre à votre disposition. J'ai bien noté que la clé du champ de tir n'était pas encore dans votre poche. (*Réponse du ministre de la Défense, Michèle Alliot-Marie, aux vœux de la presse*, le 14 janvier 2004, <www.defense.gouv.fr/actualites/communiques/>)

6. Lorsque les collectivités locales ne sont pas intéressées [lors de ventes immobilières du ministère de la Défense], la vente s'effectue alors aux enchères. Ainsi, le 24 mars, l'ancien champ de tir de Piquecailloux, à Bergerac (Dordogne) sera mis à prix à 18 000 euros. A ce prix, la clé du champ de tir est comprise. (*Libération*, 18 février 2005, p. 15)

V. encore *marteau*, ex. 4.

**les clés du camion**, loc. nom. Dans des locutions verbales. "l'initiative, la responsabilité (d'une action, d'une entreprise)". Surtout en usage dans les milieux sportifs.

7. Devenu éducateur du club, il fut tour à tour entraîneur puis dirigeant depuis deux ans. « C'est lui qui avait les clés du camion » précise son vieux copain [...], président de la section rugby. (*Sud Ouest*, éd. Biarritz, 15 mars 2003)

8. L'entraîneur [...] souhaitait avant tout souligner l'importance du collectif : « Cette victoire est celle de toutes les filles [...], qui ont su prendre leurs responsabilités en parfaite autonomie : nous, on trace la voie, mais ce sont elles qui ont les clés du camion [...] ». (*Le Télégramme*, 12 décembre 2005)

9. [...] son voisin [...] étant en délicatesse avec l'inspiration, il [un footballeur] tenta parfois de redresser la barre. Il le fit alors bien, même si l'on peut lui reprocher de ne pas avoir osé prendre complètement les clés du camion. (*L'Équipe*, 26 juin 2006, p. 9)

## client

**bon(ne) client(e)**, loc. nom. "personne qui est appréciée par les professionnels de l'information pour ses prestations médiatiques".

1. En faisant appel au « bambin » du gouvernement, Nicolas Sarkozy vient juste d'avoir quarante ans, ce qu'il ne manque jamais de rappeler avec un zeste de coquetterie, la chaîne de service public mettait toutes les chances de son côté. « C'est un bon client », apprécie un responsable de la chaîne. Le jeune porte-parole du candidat Edouard Balladur est sans aucun doute son meilleur chevau-léger. Et c'est également un bon praticien des médias et de la télévision. (*Le Monde*, 6 février 1995, p. 7)

2. [...] Sollers dispute à Jean d'Ormesson le record d'invitations chez Pivot. « Mais c'est d'abord parce qu'il est une figure et un bon client, explique-t-on dans l'entourage de l'ancien animateur de *Bouillon de culture*. Avec lui, on est sûr que le spectacle sera assuré. Et de qualité. Les téléspectateurs en redemandent. » (*L'Express*, 5 septembre 2002, p. 78)

3. Elle est née en janvier 1920, mais elle se déplace de plateau télévisé en studio de radio avec l'aisance d'une jeune fille malgré, dit-elle, des articulations récalcitrantes. C'est ce que l'on appelle une « bonne cliente » pour les médias : toute la presse parle d'elle, et elle est passée dans la plupart des émissions. (*Le Figaro*, 25 mai 2006, p. 2)

4. Le media training n'a d'autre ambition que de vous aider à prendre facilement la parole face à un journaliste pour devenir peut-être ce que les médias appellent « un bon client »... (*L'Entreprise*, 1er février 2007, p. 68)

5. Mathilde Seignier [...] sollicitée par les plateaux de télé, qui l'ont consacrée exemple typique de la « bonne cliente », réputée pour son « franc-parler ». (*Libération*, 21 février 2007, p. 3)

— PAR EXTENSION. "celui qui apporte exactement ce qui est attendu pour une fin donnée".

6. Guy Debord, *Correspondance*, volume 2, septembre 1960-décembre 1964 [...]. Beau volume, marges généreuses, petite chronologie par année pour les distraits. Debord est un bon client pour l'histoire littéraire, avec ses grandes lettres-manifestes d'une part, consacrées au mouvement, à ses animateurs, à leurs objectifs, et avec ses vitupérations télégrammesques, forme dramatique par excellence [...]. (*Histoires Littéraires*, n° 6, 2001, <www.histoires-litteraires.org/>)

7. C'était déjà une figure [Ségolène Royal], entre Jeanne d'Arc et Louise Michel [...]. C'est désormais une pointure. Une bonne cliente pour cette chronique, en tout cas. (D. Dhombres, « Vu & commenté », dans *Le Monde*, 11 janvier 2007, p. 29)

## clou

□ **(être) maigre comme un cent de clous**, loc. verb., loc. adj. "être filiforme, fluet, très maigre". Variante intensive de **(être) maigre comme un clou**. Attesté depuis 1785 (« *mâgrë coum' un tënal*, maigre comme un cent de clous, sec comme un hareng », P.-A. Boissier de Sauvages, *Dictionnaire Languedocien-François*, Nîmes, Gaude, s.v. *tënal*). ~ □ **être taillé dans une allumette*** ; □ **être taillé comme un/dans un/en bâton* de sucette** ; □ **être épais comme un câble* de frein à main** ; □ **être épais/maigre comme un coton-tige*** ; □ **être taillé comme un/dans un coton-tige*** ; □ **(être) épais/maigre comme un cure-dent(s)*** ; □ **(être) taillé comme un/dans un cure-dent(s)*** ; □ **être taillé comme un cure-pipe*** ; **(être) maigre comme un fil* (de fer)** ; □ **(être) épais/plat comme une affiche*** ; □ **passer entre le mur et l'affiche* sans la décoller** ; **rayer les baignoires.**

1. Les uns se vouaient au gamay : ils gonflaient comme des bibendums, ça les conduisait à leur fin en quelques années ; alors, ils se dégonflaient et devenaient maigres comme un cent de clous. (J. Anglade, *Une pomme oubliée*, 1969, p. 62)

2. Pierrot, maigre comme un cent de clous, sec comme un pendu d'été, était le garçon dans le vent du village. (R. Sabatier, *Les Noisettes sauvages*, 1983 [1974], p. 52)

3. On entend parler partout de ces jeunes mannequins anorexiques et le mouvement qui s'enclenche pour lutter contre ce fléau, c'est très bien. Il faut sauver ces jeunes filles et arrêter cette tendance obscène : il parait qu'il faut être maigre, c'est top, ah bon ? Moi je trouve obscène d'être maigre comme un cent de clous… alors que des milliers d'enfants meurent de faim. (« Journal humoristique d'une chômeuse râleuse », 5 janvier 2007, <chonchon.blog.elle.fr/>)

## clown

**avaler** (/□ **bouffer/manger**, etc.) **un clown**, loc. verb. Souvent à un temps du passé. Pour signifier la gaîté, la drôlerie, l'humour d'une personne.

1. Mal rasé avec soin, coiffé comme un genou, des lunettes trop rondes […]. Cet homme a mangé un clown avec l'impassibilité d'un rigolo. Gérard Macé est un rigolo, un boute-en-train […]. (*Libération*, 9 décembre 2004, cahier *Livres*, p. 1)

2. Un type avec beaucoup de classe mais qui avait du mal à décrocher un sourire. Pas vraiment le genre de mec qui a avalé un clown. (A. Duret, *La Saint Valentin*, 2005, p. 122, GRL)

3. Michel Boutant […] avait mangé un clown au déjeuner. Il a bien fait rire sa collègue […]. (*La Charente libre*, 1er septembre 2007, p. 5)

— PAR ANTIPHRASE.

4. […] Ce en quoi nous constatons que le ministre Borloo ne manque pas d'humour ! […] Il doit avaler un clown à chaque petit déjeuner lui ! Il tient une forme pour pondre ses lois ! (Message, 31 mai 2005, <blog.france2.fr/>)

5. René Daguin, qui a dû avaler un clown dans son enfance, est un boute-en-train récidiviste. (« Le comique de la semaine : René Daguin [président de l'Union des métiers et des industries de l'hôtellerie] », 9 novembre 2006, <bobtazar.over-blog.com/>)

6. – […] tu devineras jamais qui est passé tout à l'heure ?
– Hm… une grande blonde avec deux énormes… ! Ah, non ; c'est vrai que tu préfères les rousses, toi !
– T'as mangé un clown ce matin ou quoi ? (P. Oszvald, *Sàndor*, 2006, p. 119, GRL)

7. Mais on atteint les sommets du ridicule sur ce coup-là ! […] C'est clair qu'au rayon comédie, le président du jury a bouffé un clown, hein ? (Message, 15 janvier 2007, <www.ginisty.com/festival/>)

8. Ouahhhh quel sens de l'humour […]. Je suis en admiration devant une telle finesse d'appréciation. Ah, au fait, tu viens juste de sucer un clown, c'est ça. (Message, 17 décembre 2007, <www.forum-auto.com/>)

V. encore *rire*, ex. 3.

## coaltar

□ **(être) dans le coaltar**, loc. verb. Par métaphore du sens de base "goudron de houille" et sous diverses graphies fantaisistes qui reflètent le plus souvent la prononciation du mot.

— "être dans l'obscurité".

1. La Ville-Lumière on appelle Paris depuis Napoléon le Troisième et M. Haussmann son baron. Pour être franc, à deux plombes du mat' passage Pecquay en 1925, on est dans le coaltar. Un vague bec de gaz tous les cent mètres. (R. Lageat, *Robert des Halles*, 1980, p. 25)

— "être dans une situation sans issue". ~ ■ **avoir (de) la merde* au cul**.

2. – [...] une seule solution prudente [pour une femme suicidaire], l'internement, sans quoi on risque le pire. Eh bien ! c'est à l'instant où cette solution semble s'imposer que tu n'en veux plus. [...] Alors, y est-on assez, dans le coaltar ? (R. Vercel, *Visage perdu*, 1953, p. 238, GRL)

— "(être) hébété, inconscient ; être dans un état second sous l'effet de l'alcool ou de la drogue". ~ **être dans le cirage**, □ **être dans le gaz*/dans les vapes** ; ■ **avoir la tête dans le cul*** ; □ **avoir la tête dans le pâté*/en vrac***.

3. Le joaillier Brochard avait eu le crâne défoncé par un coup de crosse. Il était resté trois jours dans le coltard. (H. Prudon, *Mardi-gris*, 1978, p. 89)

4. Ça me suffit de fumer trois joints quand on est six ; on prend le reste du tabac, on le met dans la pipe et avec ça on plane pour toute la soirée, et même la nuit je dors bien. Le lendemain matin, je me réveille un peu dans le coltar [...]. (G. Francequin-Gallais et M.-F. Mazalaigue, *On n'a pas la honte de le dire. Adolescence au C.E.T.*, 1979, p. 147, GRL)

5. En arrivant dans la cuisine
J'me suis dit tiens un p'tit Ricard
Mais après mes quatorze bibines
J'étais un p'tit peu dans l'coltard (Renaud, « J'ai raté télé-foot », 1981, dans *Mistral gagnant*, 1986, p. 115)

6. [...] je suis encore dans le coltar ; les drogues que ces empaquetés m'ont balancées dans les veines me font encore de l'effet. (*La Vie, tu parles*, 1984 [1983], p. 17)

V. encore *pilotage*, ex. 4.

## cochon

**(c'est) comme dans le cochon, tout est bon / tout est bon, comme dans le cochon**, loc. phrast. Pour exprimer de manière plaisante qu'une chose peut être exploitée intégralement, dans le moindre de ses éléments. La locution est issue de la tradition populaire. *Tout est bon dans l'cochon* est une chanson de Juliette (2004). ~ **(il n') y a rien à jeter***.

1. « [...] dans les mathématiques, même dans leurs spéculations les plus abstraites, tout est bon, comme dans le cochon ! » (Paul Langevin [1872-1946], cité par R. Garaudy, *Peut-on être communiste aujourd'hui ?*, 1968, p. 24, GRL)

2. Comme on dit dans la ferraille, « dans la voiture, c'est comme dans le cochon : tout est bon ». Tout ce qui peut être récupéré sur les épaves des voitures accidentées déclarées irréparables par les assureurs peut-être « recyclé » et donc vendu. (*Le Monde dimanche*, 13 février 1983, p. III)

3. Récupérés dans les rebuts des marchands de vélos d'occasion [...], ces vestiges de bicyclettes ont trouvé un second souffle de vie [dans une sculpture]. « Le vélo, c'est comme le cochon, tout est bon », sourit l'artiste-soudeur. (*Dernières Nouvelles d'Alsace*, 16 juin 2006, LOF ST 13)

V. encore *kilomètre*, ex. 3.

**les cochons n'en veulent plus**, loc. phrast. Pour indiquer qu'un produit de la terre a donné en abondance. Cette locution, traditionnelle en milieu rural, y a souvent été relevée au second degré. Les porcs étant les animaux domestiques les plus gloutons et les moins exigeants, l'image de leur satiété traduit un rendement exceptionnel. Attesté dans Oudin 1640 : « *Mangez de nos prunes, nos pourceaux n'en veulent plus*, cecy se dit lors qu'on nous presente quelque viande dont on est saoul. Vulg. ».

4. – Des poires, dit-elle, j'en ai tellement que quand nos cochons n'en veulent plus, j'en donne à qui qu'en veut [...]. (M. Blancpain, *Nous l'appelions Bismarck*, 1975, p. 150, GRL)

5. [...] la formule de politesse dont usent les Auvergnats quand ils invitent un visiteur à déguster les produit de leur terroir : « Mais si, prenez, les cochons n'en veulent plus. » (X. Fauche et L. Rioux, *Tics d'époque*, 1987, p. 81)

6. Et ma tante qui nous disait : venez nous voir à la ferme, y reste des citrouilles, les cochons n'en veulent plus, venez en chercher... (Message, juin 2006, <fr.answers.yahoo.com/>)

## cœur

**coup de cœur**, loc. nom.

— "amour soudain (souvent passager) pour une personne". Attesté en 1863 (« [...] les comédiennes sont [...] les femmes qui ont le plus de préméditation dans le caprice et qui savent mettre le plus d'intérêt dans le coup de cœur », E. et J. de Goncourt, *Journal*, t. 1, p. 647, FT).

1. – Je crains que nous ne puissions jamais compter sur ce pauvre Arthur, que son mariage soit surtout un coup de tête... Mais je ne le crois pas incapable d'un coup de cœur. (H. Bazin, *La Tête contre les murs*, 1949, p. 253, FT)

2. Ça c'est déjà vu des histoires de cul virant au coup de cœur. (E. Hanska, *Fascination*, 1986, p. 119)

— "passion soudaine, engouement pour une personne, un animal ou une chose que l'on découvre". Attesté en 1847 (« Les traits d'esprit sont des coups de feu qui font bruit et mal, gardons-nous-en, ma chère, et donnons seulement force coups de cœur : ce sont les miens, les seuls qui me plaisent et qui ne font de mal à personne », E. de Guérin, *Lettres*, p. 14, FT).

3. Il se dit sensible au pittoresque du lieu. Comprend – voire approuve – le coup de cœur que j'ai eu pour cette maison... qui jusque-là lui semblait plutôt un coup de folie. (F. Dorin, *Les Vendanges tardives*, 1997, p. 244, FT)

4. Comme pour une maison, il est conseillé [lors de l'achat d'un cheval] de se méfier des coups de cœur et, comme pour une maison, beaucoup y succombent. (*Le Monde*, 29 novembre 2000, p. 31)

5. J'aime les villes bretonnes, avec un coup de cœur pour Saint-Malo, une cité d'une beauté exceptionnelle. (P. Poivre d'Arvor, dans *Ouest France dimanche*, 25 septembre 2007)

∞ EN APPOSITION.

6. L'idéal pour les week-ends « coup de cœur ». L'iode à pleins poumons, les plages de sable fin à perte de vue, l'énergie fougueuse des vagues [...]. (*Le Figaro*, 8 février 1997, p. 17)

7. [...] en fin d'émission, je proposerai en plus un petit billet « coup de cœur ». (*Le Monde*, 23-24 septembre 2007, Supplément TV & radio, p. 35)

∞ EN PARTICULIER "indication destinée à susciter l'intérêt et/ou la consommation".

8. C'est ainsi qu'au système des étoiles (vin « réussi », pas d'étoile ; « très réussi », une ; « remarquable », deux ; « exceptionnel », trois) s'ajoute le principe des « coups de cœur » correspondant à des vins particulièrement recommandés [...]. (*Le Monde*, 20 septembre 1995, p. 20 ; critique d'un guide des vins)

9. Un rayon spécial « coup de cœur » [dans une bibliothèque] étale des livres déjà anciens qui méritent tout de même une découverte. (*Sud Ouest*, La Teste-de-Buch, 24 septembre 2007, p. 9)

## coin

**faire les quatre coins de la route** (et variantes), loc. verb. "tituber (sur la voie publique) sous l'effet de l'ivresse" ; *par extension* "zigzaguer (sur la voie publique)". Attesté en 1840 sous une variante (« Ce jour est un jour de fête pour les ivrognes, car on voit beaucoup d'hommes et de femmes soûls aujourd'hui : ils se tiennent deux à deux, par le bras, font les quatre coins du chemin et se couchent dans le chemin », F. M. Lepailleur, *Journal d'un patriote exilé en Australie, 1839-1845*, éd. G. Aubin, Sillery (Québec), Le Septentrion, 1996, p. 115, GRL). Par hyperbole. La locution, qui a été signalée aussi en Suisse romande dans le premier tiers du XXe siècle, semble surtout en usage, de nos jours, dans le quart sud-ouest de la France.

1. Mon cahier. Il a mon cahier. Je suis envahie de vagues mêlées de colère, de honte, de désespoir. Et lui, il est parti zigzaguant aux quatre coins de la route. Il tient le guidon d'une seule main, et de l'autre il agite gaiement l'objet du délit. (C. Rihoit, *Les Abîmes du cœur*, 1980, p. 228, GRL)

2. [...] trois automobilistes espagnols qui se suivaient à vive allure en direction du centre-ville [de Pau]. Face, il est vrai, à un marquage au sol difficile à comprendre [...], le cortège faisait alors allègrement les quatre coins de la route sans le moindre clignotant. (*Sud Ouest*, Pyrénées-Atlantique, 27 février 2004, p. 5)

3. [...] la ville de Montluçon est devenue une véritable patinoire [...]. Le verglas était si dense que les bus faisaient les quatre coins de la route. (« MNV [Montluçon notre ville] », n° 520, 4 mars 2004, p. 2, <www.mairie-montlucon.fr/>)

4. – Viens si tu le peux, allez, cours plus vite, rattrape-moi.

Gisèle rit aux éclats, son vélo fait les quatre coins de la route. (J. Selo, *Les Vieux Démons*, 2005, p. 138, GRL)

5. Ce jeu fait partie des tout meilleurs jeux de rallye sur PC [...]. N'espérez pas jouer convenablement avec une carte autre qu'une 8800, sous peine d'avoir notamment les fameux problèmes de maniabilité [...] provoquant l'effet « je fais les quatre coins de la route ». Mention toute particulière à la vue intérieure qui est magnifique et qui permet de retranscrire les sensations de conduite. (Message, 25 octobre 2007, <www.jeuxvideo.com/>)

**figure** (/■ **gueule**) **de coin de rue**, loc. nom. Attesté en 1913 comme terme d'injure (« Eh ! va donc ! figure de coin de rue, propre à rien, face moche, raclure de pelle à crottin, cresson de pissotière, feignasse, vieille tante, immense vache ! », A. Cravan, *Œuvres*, éd. établie par J.-P. Begot, Paris, Gérard Lebovici, 1987, p. 61, GRL).

— "visage anguleux".

6. Le policier [...] a une figure de coin de rue, osseuse, en angles saillants, striée de couperose [...]. (R. Boutefeu, *Journal du barbare*, 1972, p. 96, GRL)

— "air maussade, renfrogné, sinistre". ~ ■ **gueule à caler les roues de corbillard.**

7. À la boîte, l'atmosphère ne s'améliorait guère [...]. L'inquiétude régnait, les gens se dévisageaient avec des gueules de coin de rue, on se méfiait [...]. (J.-N. Blanc, *La Petite Piscine au fond de l'aquarium*, 2007, p. 129)

**si les coins en veulent, il faut qu'ils s'approchent** (et variantes), loc. phrast. Pour souligner l'absence d'enthousiasme pour les tâches ménagères, particulièrement pour le balayage.

8. On a balayé sous les meubles, même qu'il y avait une sacrée poussière. Mais, ma femme, elle a toujours été comme ça : elle balaye au milieu, et les coins, s'ils en veulent, il faut qu'ils viennent. (M. Bonnard, *Quatre boules un billet*, 1945, p. 95)

9. Quand Cheryl arriva, Odile terminait de passer la serpillière entre les tables.
– Comme dirait ma mère, si les coins en veulent, ils n'ont qu'à se rapprocher. (E. Hanska, *Le Bal des dégoûtantes*, 1997, p. 36)

10. Quand je manquais de cœur à l'ouvrage [pour balayer et encaustiquer], mon père me houspillait :
– Eh, « Dors-en-chiant » [v. *dormir*], t'attends quoi ? Que les coins s'approchent ? (G. Mordillat, *Rue des Rigoles*, 2002, p. 67)

**sur un coin de table**, loc. adv. Avec des verbes appartenant aux paradigmes de *créer*, *rédiger* ou *bâcler*. Pour signifier qu'un travail de création, notamment un texte, a été mis en forme en peu de temps (éventuellement en bonne part), ou à la va-vite (en mauvaise part). Attesté en 1854 (« Une fois par semaine, les apôtres font ce qu'ils appellent leur *dîner évangélique* aux tables du restaurateur Mafs. [...] Tous causent ; les apôtres écrivent la conversation sur un coin de table », E. et J. de Goncourt, *Histoire de la société française pendant la Révolution*, Paris, E. Dentu, p. 257, GRL).

11. Il souffrait d'un dédoublement très étonnant : la facilité d'écriture qui lui permettait d'accoucher, en une heure et sur un coin de table, de sa rubrique hebdomadaire,

disparaissait sitôt que ses intentions changeaient et qu'il décidait de travailler à son livre, le laissant perdu, stérile et dévoré d'angoisse face à la feuille blanche. (A. Vergne, *L'Innocence du boucher*, 1984, p. 66)

12. Le président de la commission de la Défense [...] n'a pas manqué d'ironiser devant les divisions de l'opposition : « [...] Il suffit de prendre les considérants de la motion de censure pour s'apercevoir qu'elle a été rédigée à la hâte sur un coin de table. » (*Le Monde*, 11 octobre 1989, p. 9)

13. M. Josselin de Rohan. – [...] Non, nous ne vous laisserons pas nous concocter une constitution de la VI^e^ République sur un coin de table et nous la présenter à la sauvette. Monsieur le ministre, vous n'altérerez pas, d'un texte à l'autre, des institutions qui ont été approuvées par le peuple français en 1958 et en 1962, des institutions qui ont fait la preuve de leur efficacité et de leur force ! (Sénat, *Compte rendu intégral des débats*, séance du 7 février 2001)

## colère

**être né en colère**, loc. verb. "être particulièrement coléreux". À comparer *avec fatigué de naissance.*

1. Tout fut pour lui prétexte à rebuffades. Il était né en colère. Il s'est pendu de mauvaise humeur. (M. Jouhandeau, *Que tout n'est qu'allusion*, 1963, p. 129, GRL).

2. Verdun [un bébé], la petite dernière, est née en colère. Elle dort comme une grenade dégoupillée. (D. Pennac, *La Petite Marchande de prose*, 1992 [1989], p. 49)

3. Derrière lui, une porte s'ouvrit, celle du gardien. Un grand homme brun coiffé en brosse parut, le visage menaçant. Il marcha sur Régis comme s'il s'apprêtait à le brutaliser. [...] un simple carton sur lequel on pouvait lire : Mathilde Clément. Le gardien d'immeuble né en colère avait bien donné la bonne adresse, 43, quai de Bondy. (R. Belletto, *Régis Mille l'éventreur*, 2008, p. 115 et 134)

## colique

▪ **avoir** (/**attraper**, etc.) **des coliques bâtonneuses**, loc. verb. "être (/se mettre) en érection". Image osée, fondée sur la métaphore *bâton* "pénis" (cf. *avoir le bâton**). Locution vieillissante. Attesté au singulier dans Bruant 1901 : « ÉRECTION. *Colique bâtonneuse* ou *cornue* ». ~ ▪ **avoir l'aiguille à midi* / marquer midi*** ; ▪ **avoir le bâton*** ; ▪ **l'avoir en l'air** ; ▪ **être au beau fixe*** ; ▪ **être au garde-à-vous** ; ▪ **hisser les couleurs** ; ▪ **dresser/monter la tente*** ; ▪ **monter le chapiteau** ; ▪ **présenter les armes**.

1. Vers les midi une femme brune, bien roulée, appétissante – je la croquerais – vient acheter chez nous. Je la sers convenablement, elle se montre aimable, je finis par y croire... A cet âge le zizi vous démange, [...] de la sentir tout près, si près, j'en attrape des coliques bâtonneuses comme on parle entre garçons mal élevés. (R. Lageat, *Robert des Halles*, 1980, p. 44)

2. Ça besogne ferme, ça crâne, ça esbroufe, ça gamberge, ça fanfaronne, ça pète le feu. Comment qui fait [*sic*] Alphonse pour bomber le torse en permanence, gonfler le biceps fondamental, goder, godailler, marquer midi* la journée entière, [...] se farcir du matin au soir les coliques bâtonneuses ? (P. Vandromme, *Journal de lectures*, 1991, p. 44, GRL)

## collatéral

**dégât/dommage collatéral**, loc. nom. "nuisance secondaire, non maîtrisée, résultant d'une opération quelconque". Euphémisme d'origine militaire, calque de l'anglais *collateral damage*, largement diffusé à l'occasion la guerre du Golfe (1990).

1. Un autre objectif identifié par la Navy serait un camp d'entraînement des combattants du Hezbollah à Baalbek. Selon les officiels du Pentagone, les photographies par satellite et d'autres moyens « secrets » permettraient de réduire à un minimum ce qu'on appelle pudiquement les « dommages collatéraux » c'est-à-dire les victimes civiles. Mais les officiels n'envisagent de représailles qu'en dernier ressort. (*Le Monde*, 4 août 1989, p. 3)]

2. [...] la cité Emile Zola, dommage collatéral de l'urbanisation forcenée [à Villejuif], longe la rue du même nom. (*Le Monde*, 17 août 1999, p. 6)

3. – [...] C'est un « zalu ramen », un plat de nouilles froides avec une sauce un peu sucrée. Vous me direz si vous aimez.
Et il me tend une grande serviette en lin ficelle.
– Il y a des dommages collatéraux, prenez garde à votre robe. (M. Barbery, *L'Élégance du hérisson*, 2006, p. 243-244)

4. La jeune femme attire les regards. [...] elle a juste oublié de mettre ses habits sous son manteau ! Pas la moindre trace d'un soutien-gorge non plus... [...]. Dégât collatéral du changement climatique ? Flagrant délit d'exhibitionnisme ? Ou racolage sur la voie publique ? (*Dernières Nouvelles d'Alsace*, 14 janvier 2007, p. ST 1)

5. Dommage collatéral de la crise des vocations, la bonne du curé a disparu avec le presbytère. (J.-P. Géné, dans *Le Monde 2*, 15 septembre 2007, p. 20)

## colle

**avec de la colle et des ciseaux**, loc. adv.

— Pour qualifier un travail de seconde main, sans originalité. Attesté en 1883 (« [...] ce fameux *Caton mourant* [de Gottsched], médiocre pastiche du *Caton* anglais d'Addison et du *Caton* français de Deschamps, et dont on a dit qu'il avait été fabriqué avec des ciseaux et de la colle », É. Grucker, *Histoire des doctrines littéraires et esthétiques en Allemagne*, Paris, Berger-Levrault et Cie, p. 436, GRL) ; en fait, l'expression est traduite de l'allemand, où elle ne semble pas une locution figée, cf. É. Grucker, *Lessing*, Paris/Nancy, Berger-Levrault, 1896, p. 76, citant Lessing à propos de ladite pièce : « faite avec de la colle et des ciseaux (*mit Kleister und Scheere*) ».

1. [...] les mauvais vulgarisateurs qui travaillent avec de la colle et des ciseaux. (B. Bensaude-Vincent, dans *Auguste Comte. Trajectoires positivistes 1798-1998*, 2003, p. 130, GRL)

2. Le livre se résume, pour les films cités, à une revue de presse des articles parus lors de leur sortie en salle. Peut-être est-il nécessaire de rappeler à monsieur le professeur que l'on n'écrit pas avec de la colle et des ciseaux... (Message, 22 mars 2007, <www.lestoilesroses.com/>)

— Pour qualifier un travail fait avec peu de moyens matériels.

3. La revue *Hop*, qu'on croirait toujours fabriquée avec une vieille machine à écrire, de la colle et des ciseaux au fond d'une cave des années soixante-dix [...]. (Message, 10 mai 2006, <aaablog.typepad.com/>)

□ **(faudrait/faut) arrêter la colle**, loc. verb. Pour signifier son désaccord avec un état de fait, son opposition à une action. Par référence à l'utilisation de la colle – et des solvants qui entrent dans sa composition – comme stupéfiant. ~ □ **faudrait/faut arrêter de déconner ; c'est quoi ce délire* ?**

4. La TV est un petit microcosme d'amis qui se connaissent tous et dans lequel il n'y a quasiment jamais de Noirs et d'Arabes : donc autant dire que si on ne fait rien dans 10 ans rien n'aura bougé ! [...] Alors faudrait peut-être arrêter la colle et se décider à faire une télévision qui représente notre pays tel qu'il est ! (Message, 23 décembre 2005, <www.forum-auto.com/>)

5. A y est j'ai accusé les journalistes de se toucher en faisant leur boulot, je m'en excuse solennellement... [...] je me contenterai de leur recommander d'aller consulter un médecin pour arrêter la colle. (Message, 30 mars 2006, <jeunespourlecpe.hautetfort.com/>)

## collé

□ **collé-serré** (ou **collé serré**), loc. adv., loc. adj. "(en se tenant) étroitement serrés".

— [Dans certaines danses] Emprunt au français des Antilles, qui utilise aussi en ce sens *collé-collé* (S. Telchid, *Dictionnaire du français régional des Antilles*, Paris, Bonneton, 1997).

1. [...] la cumbia, la merengue, le calypso, s'infiltrent par le Nord. Belem, grand port de l'embouchure de l'Amazone, digère les rythmes venus de Guyane, de Colombie, de Trinidad. Petit à petit, on danse plus chaloupé, un coup à gauche, un coup à droite. La merengue séduit les Nordestins, habitués à danser collé-serré depuis belle lurette, mais légèrement en retrait afin de ne pas offusquer les bonnes mœurs. (*Le Monde*, 30 août 1989, p. 13)

2. Et, comme on est aux Antilles, il [Stanley Beckford] a aussi fait danser collé-serré sur des hymnes protestants à peine modifiés. (*Le Figaro*, 27 mai 2003)

∞ EMPLOI SUBST.

3. Elles [des danseuses guadeloupéennes] interpellent aussi les spectateurs, parlent, plaisantent, s'amusent et n'hésitent pas à faire monter [sur scène] un ou deux fans le temps d'un collé-serré. (*Sud Ouest*, Pau, 12 septembre 1994)

4. [...] le zouk [...] et la salsa rapprochent les corps dans des enlacements sensuels et des collé-serré parfois torrides. (*L'Express*, 8 août 2002, p. 10)

V. encore *Mimile*, ex. 3.

— PAR ANALOGIE.

5. Qui connaît le monde merveilleux des heures de pointe dans le métro sait que la proximité forcée avec de parfaits inconnus est une situation exceptionnelle. On y voit des gens qui regardent par terre ou dans le vide, qui tentent de lire leur livre, qui

ferment les yeux, ceux qui restent à portée de regard fuient le vôtre lorsqu'ils le rencontrent… comme si la simultanéité visuelle était parfaitement incongrue dans un des rares lieux où on accepte d'être « collé-serré » sans affinité personnelle. (« Faites des bulles », 3 novembre 2005, <www.artefactinfo.com/>)

6. Le mieux [pour les hommes politiques] est évidemment d'apparaître [dans la presse grand public] en famille, collé serré devant la cheminée, le chat sur les genoux et, si possible, avec des enfants beaux, bien peignés et intelligents. (*Sud Ouest*, 15 septembre 2005)

7. Le 100 m hommes [en natation] a commencé, suivi par près de 500 spectateurs qui se la jouent collé-serré. (*L'Équipe*, 14 novembre 2005, p. 13)

∞ EMPLOI SUBST.

8. […] surtout pas répondre aux provocations des Portugais. Sous la menace d'un second carton jaune qui l'aurait privé d'une participation à la grande finale, le « Ziz » [Zinedine Zidane] a gardé ses nerfs malgré le collé-serré de Costinha, son chien de garde attitré. (« Zizou en mode guerrier », 6 juillet 2006, <www.football.fr/>)

9. mon addiction c'est d'être seule à un moment de la journée j'en ai un besoin vital il me faut ma dose tous les jours… sinon je pète un câble*… indépendante… le collé serré c'est pas pour moi… (Message, 12 septembre 2006, <www.lapassiondespoemes.com/>)

## colline

□ **se faire déboiser/ratiboiser la colline**, loc. verb. "se faire couper les cheveux". Par métaphore.

1. Hier dimanche, par exemple, on a eu la Techno Parade. J'ai rejoint le cortège à la Bastille. J'avais chaussé mes rollers. La veille, j'étais allé chez le coiffeur pour me faire déboiser la colline. Ma copine avait mis sa perruque bleue. (*L'Humanité*, 20 septembre 1999)

2. Je me suis fait ratiboiser la colline comme on dit, et la coiffeuse m'a donné en souvenir mes cheveux tressés. Je ne regrette pas, ça change du tout au tout […]. (Message, 9 mars 2007, <forum.aufeminin.com/>)

## colossal

**colossale finesse**, loc. nom. Pour marquer qu'un procédé est cousu de fil blanc, qu'il est particulièrement lourd. Allusion à une réplique de *Babette s'en va t'en guerre* (1959), film de Christian-Jaque dont les dialogues ont été écrits par Michel Audiard : le chef de la Gestapo, incarné par Francis Blanche, qui s'exprime avec un accent germanique caricatural, s'adresse à l'héroïne (Brigitte Bardot) : « Ach ! Babette !… Petit ange !… À nous deux on en fera fusiller, du monde ! Une idée à moi… Colossale finesse ! »

1. La marque Chanel donne lieu [dans ses contrefaçons], elle aussi, à de « colossales finesses », comme aime à le répéter Bernard Lehman, le vice-président : on trouve des parfums Cherel, Chanel « N° 15 », Chance (édité en Bulgarie en 1966) ou Canal « 15 », tout simplement parce que Canal se prononce Chanel en anglais. (*L'Événement du jeudi*, 2 juin 1988, p. 109)

2. […] un site Internet spécialisé dans les blagues d'une colossale finesse. (*Le Figaro*, 12 décembre 2002, p. 1)

— SOUS LA FORME **kolossale finesse**.

3. Parmi les joueurs de Lens, il y en a un qui s'appelle Queudrue. Il y a plus de vingt ans, peut-être trente, jouaient à Lens les frères Lech. Cela a permis à un reporter d'énoncer cette « kolossale finesse », en citant le premier joueur mentionné : « Queudrue, quel patronyme ! Il y avait à une époque à Lens les frères Lech. Tout un programme ! » (*Le Monde*, 24 avril 2000, p. 39)

4. [...] un personnage d'homosexuel [dans un spectacle d'humoriste], glapissements et petite hystérie fofolle, kolossale finesse. (*Le Figaro*, 16 décembre 2001, p. 29)

5. On aura noté [dans *Truismes*] la kolossale finesse du gag : la jeune fille pendue fait plus de gargouillements que l'héroïne parce qu'on l'a éventrée. Il y a un côté littérature pour fête de la bière chez Marie Darrieussecq [...]. (P. Jourde, *La Littérature sans estomac*, 2003 [2002], p. 131)

## combat

**... même combat**, loc. phrast. Pour affirmer la solidarité ou la complémentarité de différents partenaires dans une démarche de lutte, d'opposition (souvent dans le cas d'une alliance objective). Fréquent dans les slogans lors de manifestations, la locution a été diffusée à partir de mai 1968 (ainsi : « Ouvriers, étudiants, même combat »).

1. La manif [du 13 mai 1968] a démarré avec des drapeaux noirs en son sein. [...] les gauchistes [...] n'ont pas arrêté pendant quatre heures : « Rome ! Berlin ! Budapest ! même combat ! etc. etc. » [...] On a obligé le P.C. à entendre tous les mots d'ordre des gauchistes [...]. (D. Cohn-Bendit, *Le Grand Bazar*, 1975, p. 44)

2. Le plus court chemin vers Racine et Voltaire passe par l'argot des faubourgs, et d'ailleurs, Cavanna, le Cavanna des *Ritals*, un bouquin que je vous recommande de lire en classe, d'ailleurs, eh bien Cavanna, Racine, même combat ! (J. Piraud, dans *Le français aujourd'hui*, n° 53, 1981, p. 81)

3. – ... la vérité, c'est qu'il y a plus de morale, plus rien. Tout le monde s'en fout, la jungle... plus de règle du jeu, plus rien... Riches, pauvres, même combat. C'est à qui bouffera le cul de l'autre. Alors, ce qui se passe... ce qui se passe... c'est que tous les fumiers, toutes les ordures se marrent et en profitent. (A. Page, *Tchao pantin*, 1982, p. 182)

4. « Public, privé, même combat, même destin », scandaient les manifestants [...]. (*Reuters. L'Actualité en français*, 13 mars 1995)

5. Et pourtant, le discours c'est « patrons, syndicalistes, même combat ». [...] on range son étendard et on tente de façon dépassionnée de faire avancer le dialogue social. (*La Charente libre*, 30 janvier 2008, p. 6)

V. encore *gueule*, ex. 15.

## comme

▲ **(un peu) comme ça**, loc. adj. Pour évoquer un homosexuel. Euphémisme teinté d'ironie, qui peut s'accompagner d'une mimique. Par restriction de *être un peu comme ça*, pour dénommer un comportement considéré comme singulier (cf. « [...] ça c'est un qui n'a pas peur, nom de... Mais – le doigt au front avec un sourire malin – il est un peu comme ça... là, vous comprenei ?... Wah !... », M. Le Keux, *Mes Cloîtres dans la tempête*, Paris, Plon-Nourrit et C^ie^, 1922, p. 233, GRL). ~ ▲ **prout* (-prout) ma chère**.

1. [...] traduction possible – et jamais proposée – pour *camp* : soit *pédé !*, soit – solution sans doute préférable – « comme ça... », avec geste de la main. (P. Mauriès, *Second manifeste camp*, 1979, p. 13, GRL)

2. Les deux hommes « un-peu-comme-ça » s'étaient connus quatre ans plus tôt à un match de catch féminin, salle Wagram. Après avoir papoté un moment à la buvette, ils avaient décidé de se revoir... Et puis, ma foi, de fil en aiguille, comme ils se plaisaient... Ç'avait été très vite le grand amour. (P. Siniac, *Viande froide*, 1985, p. 6-7)

3. Il serait pas un peu... comme ça votre cochon ?
– C'est-à-dire ?
– Ben... comme ça, quoi... un peu efféminé, voyez !... (F. Boucq, *Les Aventures de la Mort et de Lao-Tseu. www.la-mort.fr*, Paris, Audie-Fluide glacial, 2006, p. 14-15)

## commission

**faire soi-même (/tout seul) ses commissions**, loc. verb. "ne pas avoir besoin d'aide ou d'intermédiaire". Par référence à *commission* "message que l'on transmet".

1. – Vaut peut-être mieux y aller à deux, insinua-t-il.
Le Comte tâta la poche de son veston.
– Je fais mes commissions tout seul. T'inquiète pas ! (J. Amila, *La Bonne Tisane*, 1975 [1955], p. 29)

2. Elle s'empresse de me couvrir d'injures. Je n'avais qu'à faire mes commissions moi-même si je n'étais pas content. Elle avait fait ce qu'elle avait pu. (G.-P. Cuny, *Un homme perdu d'espoir*, 1978, p. 267, GRL)

3. – Voilà ce que tu vas dire à ton père...
– Parce qu'en plus c'est moi qui devrai ? Ça, c'est la meilleure ! Fais tes commissions toi-même, ma petite maman ! (R. Ikor, *L'Éternité derrière*, 1980, p. 91, GRL)

4. – Fais donc tes commissions toi-même [...]. Autant finir en face à face. (C. Courchay, *L'Embellie*, 1988, p. 223)

## compagnie

**world compagnie** (ou, plus fréquemment, **world company**), loc. nom. Symbole du capitalisme triomphant et du cynisme des puissances financières dans une économie mondialisée. Formule reprise aux « Guignols de l'Info » sur Canal+ (voir l'exemple 1). *Michael Kael contre la World News Company* est le titre d'un film français de Christophe Smith (1998).

1. Autour de ce mot de mondialisation, ce qui me frappe c'est que se greffe un débat qui, en France en tout cas, prend le plus souvent une tournure négative. On lui associe en général la montée du chômage, les délocalisations, la pression à la baisse du coût du travail non qualifié et d'une manière plus générale le sentiment [...] qu'on ne maîtrise plus notre destin dans des règles du jeu qui changent à grande vitesse. [...] Je ne me reconnais pas dans la World Company des *Guignols de l'information* et dans le célèbre M. Sylvestre. (Sénat, *Rapport sur la mondialisation*, audition de J.-M. Messier, président de la Compagnie générale des eaux, 5 février 1997)

2. A Gênes nous avons clamé haut et fort notre refus de la mondialisation. Je crois que nous avons remporté une victoire contre la « world compagnie », contre le secret qui entoure généralement les réunions des grands de ce monde. (« Entretien avec

Fathi Chmakhi », dans O. Lamloum et B. Ravenel (dir.), *La Tunisie de Ben Ali*, 2002, p. 237, GRL)

3. Derrière l'idée et le fait de la mondialisation, il n'y a ni responsable visible ni pouvoir déterminé. D'où le désarroi des adversaires : jamais combat n'eut ennemi plus abstrait. La World Company est une hydre qui ne rencontre aucun Hercule. (C. Godin, *La Totalité*, 2003, p. 670, GRL)

4. Le porte-parole de la Ligue communiste révolutionnaire (LCR) a notamment fustigé un traité constitutionnel qui selon lui représente « le meilleur supporter de la world compagnie, d'un point de vue démocratique et social ». (« La fin d'une campagne à rebondissements », 23 mai 2005, <web2.radio-france.fr/reportage/dossiers/europe2005/>)

## comprendre

**tu m'as compris**, loc. phrast., loc. interj. Pour prendre l'interlocuteur à témoin et lui demander un assentiment tacite, ou rechercher de sa part une certaine connivence de vues. La valeur de la locution est parfois réduite à une simple ponctuation du discours.

[...] il finissait toujours ses histoires par un « tu m'as compris », « tu vois c'que j'veux dire », ou bien « j'te fais pas un dessin ». (H. Prudon, *La Sainte Journée*, 2006, p. 30)

## comprenette

□ **avoir la comprenette difficilette**, loc. verb. Pour signifier qu'une personne a une faculté de comprendre limitée, qu'elle est lente à comprendre. La forme hypocoristique de la locution estompe ses connotations péjoratives. ~ □ **avoir le cerveau lent**.

1. La compta c'est pas ma partie, alors je comprends que vous ayez du mal à me comprendre, et comme en plus je suis blonde, j'ai un peu la comprenette difficilette. (Message, 10 juin 2002, <mailgate.dada.net/>)

2. Débutant je veux bien, mais y'a une différence entre « débuter » et « avoir la comprenette difficilette ». (Message, 20 juin 2005, <forum.hardware.fr/>)

3. Je vous remercie [...] pour vos encouragements ! Mais je ne sais pas être en direct live avec vous ! Ça va venir ! J'ai la comprenette difficilette (je suis blonde, ça a peut-être un rapport). (Message sur le forum *Au Jardin.info*, 27 septembre 2005, <www.aujardin.org/>)

## compresse

□ **mouiller (/remouiller) la compresse à qqn**, loc. verb. "être excessivement affable envers quelqu'un". Métaphore des soins que l'on procure à un malade, cette locution est probablement un emprunt, avec glissement sémantique, au français de Suisse romande *remettre/renouveler la compresse* "réitérer une action, récidiver, refaire une chose qu'on a déjà faite" (Simone Quenet, *Mémoire de licence présenté à la faculté des lettres de Neuchâtel*, juin 1988, multigraphié, p. 30 et 131). *Remouille-moi la compresse* est le titre d'un roman de San-Antonio (1983). ~ **être aux petits soins pour qqn ; passer la brosse à reluire à qqn**.

1. [...] ne jamais trop mouiller la compresse aux subordonnés, sinon, très vite, ils se croient supérieurs à toi et te pissent contre. (San-Antonio, *Après vous s'il en reste, Monsieur le Président*, 1986, p. 156)

2. – Merci d'avoir répondu spontanément à mon appel, mon petit, me fait-il avec solennité.
– Tout naturel, monsieur le directeur.
[...] Jamais hésiter à remouiller la compresse des supérieurs puisqu'ils aiment. (San-Antonio, *Galantine de volaille pour dames frivoles*, 1987, p. 25)

3. Le patron exultait. Le Barbare décida de *remouiller la compresse*, comme aurait dit Maurice.
– Monsieur, vous avez là une collaboratrice redoutable. J'entre chez vous avec l'idée de procéder à la première approche d'un achat éventuel. Je dis bien, la première approche... J'ai la faiblesse de l'écouter et, finalement, non seulement j'achète le plus beau fleuron de votre exposition, mais me voilà persuadé que j'ai fait le meilleur choix. (J. Sigward, *Le Barbare et la jeune Juive*, 1999, p. 100, GRL)

## compteur

□ **avoir** *n* **ans** (ou variantes) **au compteur**, loc. verb. Métaphore du vocabulaire de la mécanique.

— Pour indiquer l'âge d'une personne. ~ □ **avoir** *n* **heures de vol**.

1. [...] petit bout de femme d'1,58 m aux hanches généreuses et affichant 60 printemps au compteur [...]. (*Sud Ouest*, Mont-de-Marsan, 16 février 2005)

2. [...] Heinz Erich Lambertin, retraité, soixante bougies [...] au compteur [...]. (*Ouest France*, 20-21 août 2005)

— Pour indiquer la durée d'une activité.

3. Au stand de l'Anjou vinicole [à la Foire de Bordeaux], le vendeur, trente ans de foires au compteur, ne voit plus son métier en rosé. « Le métier part en brioche », avoue-t-il [...]. (*Sud Ouest*, Bordeaux, 15 mai 1994)

**ouvrir/fermer le(s) compteur(s)**, loc. verb. "marquer le(s) premier(s) / le(s) dernier(s) point(s) dans un match, dans une épreuve sportive".

4. « Je suis déçue car je visais l'or, mais je ne vais tout de même pas cracher sur une médaille olympique », commente la judoka française. D'autant plus qu'elle vient d'ouvrir le compteur de l'équipe de France, habituée depuis ce samedi matin aux communiqués de défaite. (*L'Humanité*, 16 août 2004, p. 11)

5. D'entrée de jeu, les Merlus lorientais [nom d'une équipe de football] font parler leur technique. Il leur faut à peine douze minutes pour ouvrir les compteurs [...]. (*Le Télégramme*, 21 août 2005)

6. Une seule petite pénalité pour les Gallois (McLeod à la 4$^{e}$) ouvrait et fermait le compteur de Cardiff. [...] Avec cette victoire (21-3), Perpignan réalise une très bonne affaire en reprenant la tête de la poule 2 aux mains des Gallois. (« Rugby Coupes d'Europe », 15 janvier 2006, <sport.france2.fr/>)

## comptoir

□ **accident de comptoir**, loc. nom. Pour signifier l'état d'une personne ivre. Par euphémisme.

1. – Ils seraient à pied, je ne me ferais pas de souci. Aucun danger, à part celui d'un accident de comptoir, d'une collision de chopines. Mais en voiture ! Ils sont peut-être tombés dans la Marne ! (R. Fallet, *Le beaujolais nouveau est arrivé*, 1986 [1975], p. 126-127)

2. – Damien a cassé un tendon de l'épaule, sûrement en basculant trop vite un verre trop plein... ou peut être en skiant, on ne sait pas bien.
– J'imaginais une chute un peu plus glorieuse comme une pelle en moto, voire un cheval un peu rebelle, mais là, franchement, un accident de comptoir, c'est con. (Message, 5-6 juillet 2007, <www.lescontamines.net/>)

□ **palu de comptoir**, loc. nom. Pour signifier un état de sévère dépendance alcoolique et certains de ses symptômes (tremblements, nausées, etc.). Par analogie avec les signes cliniques du paludisme.

3. Il n'est pas rare de voir arriver à l'aube des clients pressés de boire. Le visage rouge ou pâle, quelques gouttes de sueur au front, visiblement mal à l'aise, anxieux, l'envie de vomir et les mains tremblantes... Dans les ports bretons on appelle cela « le palu de comptoir » [...]. (G. Caro, *De l'alcoolisme au savoir-boire*, 2007, p. 89, GRL)

4. De toute façon avec ton palu de comptoir t'en renversais plus que t'en buvais ! (Message, 27 mai 2007, <forum.doctissimo.fr/>)

## con

■ **aussi con que ma bite est mignonne**, loc. adj. Pour signifier la très faible estime dans laquelle on tient un tiers. Cette comparaison d'aspect insolite était usuelle dans les casernes au milieu du XX$^{e}$ siècle.

1. D'un seul pli, chacun se courba sur sa couche, se déracinant les yeux pour appréhender le fameux carré [du lit « fait au carré »] – qui n'est d'ailleurs qu'un rectangle –, tandis que notre fier gradé avait repris ses oraisons, nous traitant charitablement d'ordures. « Vous êtes aussi cons que ma bite est mignonne », qu'il prétendait, sentencieux, et autres gentillesses, qu'on avait à peine le réflexe de trouver discutables, tant le carré de notre pieu nous absorbait. (M. Bédu, *La Vie dure*, 1973, p. 32)

2. Certaines personnes sont aussi connes que ma bite est mignonne. (Message, 5 juin 2007, <forum.aceboard.net/>)

■ **les cons, ça ose tout, c'est même à ça qu'on les reconnaît**, loc. phrast. Pour signifier que les personnes stupides ne mesurent pas les conséquences de leurs actes. Réplique culte du film *Les Tontons flingueurs* (voir l'exemple 3) ; *Les cons ça ose tout* est le titre d'une bande dessinée (2006) de Georges Lautner et Philippe Chanoinat (scénario) et Phil Castaza (dessin). Une formule approchante est attestée en 1952 (« Personne n'ignore que les fous ne savent pas qu'ils sont fous. C'est même à ça qu'on les reconnaît », J. Laurent et C. Martine, *Neuf perles de culture*, Paris, Gallimard, p. 304, GRL).

3. *Maître Folace* : Vous croyez qu'ils oseraient venir ici ?
*Fernand Naudin* : Les cons, ça ose tout ! C'est même à ça qu'on les reconnaît. (*Les Tontons flingueurs,* film de G. Lautner, dialogues de M. Audiard, 1963)

4. [...] un dirigeant de l'Union pour la majorité présidentielle citant Michel Audiard à propos de Serge Lepeltier, président délégué du RPR, qui refusait de retirer ses candidats au second tour des législatives en cas de triangulaire, même si cela devait per-

mettre l'élection d'un député FN : « Les cons, ça ose tout et c'est à ça qu'on les reconnaît. » (*Le Monde,* 10 juin 2002, p. 22)

■ **mort aux cons,** loc. interj. Pour exprimer énergiquement un mépris d'une large portée.

5. Et pourtant, le subalterne n'est pas tendre pour ses « supérieurs », qui ne sont, dit-il, ainsi qualifiés que « par antiphrase et dérision ». C'est à eux qu'il pense, lorsqu'il fait retentir le mess du cri furieux de « Mort aux cons ! », quitte à se faire répondre : « Vaste programme* ! » (V. Monteil, *Les Officiers…*, 1958, p. 54, GRL)

6. […] tout l'immeuble le soupçonne
à chaque nouveau graffiti,
n'empêche que « Mort aux cons »
dans la cage d'escalier,
c'est moi qui l'ai marqué […]. (Renaud, « Dans mon HLM », 1980, dans *Mistral gagnant,* 1986, p. 98)

7. A la Libération de Paris, en août 1944, le général de Gaulle était tombé en arrêt devant la jeep du capitaine Raymond Dronne, un grognard de la 2^e^ DB dont la compagnie fut la première unité alliée à entrer dans la capitale. Officier assez peu conformiste, Dronne, qui deviendra député gaulliste avant de rompre avec le général sur l'Algérie, avait écrit sur son véhicule : « Mort aux cons. » Avec humour, de Gaulle s'était contenté de lâcher : « Vaste programme* ! » (*Le Monde,* 18 décembre 1996, p. 8)

8. […] Marie, qui affirme être celle qui avait crié un jour en direction de M. Juppé dans une rue piétonne de Bordeaux, « Mort aux cons » […]. (*Sud Ouest,* 21 décembre 1996)

9. L'art doit toujours être contestataire et en rupture. *La Demeure du Chaos* est une utopie. Et puis mort aux cons ! (Thierry Ehrmann, dans *Le Petit Bulletin,* 25 octobre 2006, p. 3)

V. encore *programme,* ex. 1, 2 et 4.

□ **quand on mettra les cons sur orbite, t'as pas fini d'tourner,** loc. phrast. Pour exprimer, de façon superlative, la parfaite stupidité de quelqu'un. Lancée par M. Audiard (voir l'exemple 10), cette formule renouvelle le plus ancien **quand les andouilles voleront, tu seras chef d'escadrille.** ~ □ **le jour où on (ne) vendra plus de voitures aux cons, t'as pas fini de marcher.**

10. *L'inspecteur Gouvion* : Ah, ben, si c'est un interrogatoire, qu'est-ce que t'attends pour faire monter des sandwiches et de la bière ? À quoi tu penses ?
*Le commissaire Joss* : Je pense que quand on mettra les cons sur orbite, t'as pas fini de tourner ! (*Le Pacha,* film de G. Lautner, dialogues de M. Audiard, 1968)

11. Alors là, comme on dit, si on mettait les cons sur orbite, et ben le copain du poulpe, il a pas fini de tourner. Car il s'agit d'un spécimen, un cas heureusement rare de dégénérescence du cervelet […]. (*La Gadoue,* 4 novembre 2004, <www.lagadoue.com/>)

## çon

□ **franchir/passer le mur du çon,** loc. verb. Pour stigmatiser une déclaration considérée comme particulièrement sotte ou inepte. Du titre donné par jeu de mots graphique à une rubrique du *Canard enchaîné.*

1. Là, tu passes haut la main le mur du çon toi… Garde ta psychologie de basse-cour pour un autre. (Message, 21 janvier 2003, <www.forum-auto.com/>)

2. M$^{me}$ Geneviève Perrin-Gaillard. – […] la COGEMA [Compagnie générale des matières nucléaires] doit répondre d'une pollution radioactive après le rejet d'effluents dans différents cours d'eau. Tout cela nous rappelle avec acuité la notion de risque d'exploitation du nucléaire. Faut-il, outre les risques qu'il comporte, rappeler que le bilan du nucléaire français dégage des aspects négatifs importants, du fait de la surnucléarisation de la France ? (*Exclamations sur les bancs du groupe de l'Union pour un mouvement populaire.*)
M. Jacques Myard. – Vous passez le mur du çon ! (Assemblée nationale, *Compte rendu intégral*, 3$^{e}$ séance du 18 mai 2004)

— VARIANTES DÉVELOPPÉES PONCTUELLES. **franchir le mur du çon à Mach 3** (*Libération*, 2 mai 2001, p. 7) ; **à pieds joints** (*Le Nouvel Economiste*, 11 mars 2005, p. 20) ; **sans cédille** (*Sud Ouest*, Langonnais, 13 mars 2001).

## conduire

□ **quand on (ne) sait pas conduire, on prend le train** (/**le métro**, etc.), loc. phrast. Invective à l'adresse d'un automobiliste qu'on estime maladroit.

1. Quand on sait pas conduire, on prend le métro. (Reiser, dans *Le Nouvel Observateur*, 4 décembre 1982, p. 49 ; dans un phylactère)

2. […] elle s'est fait klaxonner ! Alors qu'elle n'était même pas en faute […]. Non mais, quand on ne sait pas conduire, on reste chez soi ou on prend les transports en commun. (*Nomeolvides*, 9 octobre 2006, <nomeolvides.over-blog.com/>)

— VARIANTE. **quand on ne sait pas conduire, on fait de la dentelle**.

3. Le chauffeur du camion a sorti la tête par la portière et a demandé à M. Blédurt s'il n'était pas fou [de traverser la rue sans faire attention]. M. Blédurt a répondu au chauffeur que quand on ne sait pas conduire, on fait de la dentelle, que c'était moins dangereux pour les autres. (Goscinny et Sempé, *Histoires inédites du Petit Nicolas*, t. 2, 2006 [av. 1965], p. 232)

## conduite

**s'acheter une conduite**, loc. verb. "retrouver une vie rangée, après une vie tumultueuse". Cf. Lermina 1897 : « RANGER (SE). *Acheter une conduite.* » ~ **être rangé des voitures**.

1. – […] Faut-il vous dire que, grâce à elle, je me suis rangé des voitures, acheté une conduite, refait une virginité et tout. (J. Faizant, *Oublie-moi Mandoline*, 1973, p. 115)

2. Sarah lui rétorqua […] que tant qu'il ne se serait pas acheté une conduite […] il n'était pas question qu'elle change d'avis. (P. Lapeyre, *Welcome to Paris*, 1994, p. 225)

3. Les faits datent de deux ans. Une lenteur [de la justice] qui a servi les intérêts du prévenu, comme l'a reconnu le substitut du procureur. […] le jeune homme […] s'est acheté une conduite, a fait des démarches pour se sortir de son problème d'alcool. (*Ouest France*, éd. Vendée-Ouest, 4 août 2006, p. VWR09)

## confondre

**confondre amour avec tambour (ça ne se joue pas avec la même baguette/ les mêmes baguettes)**, loc. verb. "se tromper lourdement". Souvent dans une mise en garde plaisante, avec effet de rime intérieure. Attesté en 1934 (« – L'homme qui ne craint rien se montre tout entier. – Il ne faut pas confondre amour avec tambour, ça ne se joue pas avec la même baguette », L. Riotor, *Journal de marche d'un bourgeois de Paris 1914-1919*, Paris ; Limoges ; Nancy, Charles-Lavauzelle, p. 165, GRL).

1. Voilà ce que moi j'appelle un copier/coller*, rien à voir avec la copie de rubrique d'autres sites, ce qu'ils ont fait pour créer de nouveaux sites, donc ne pas confondre amour avec tambour qui ne se joue pas avec la même baguette [...]. (Message, 11 avril 2006, <forum.e-monsite.com/>)

2. Pourtant je n'y connais pas grand-chose [...] mais bon ça au moins j'le sais quand même [la différence entre *programmateur* et *programmeur*], c'est vrai aussi que je ne suis pas blonde. [...] faut pas confondre Amour et Tambour ça ne se joue pas avec les mêmes baguettes. (Message d'Océania, 8 septembre 2006, <elorac.actifforum.com/>)

**confondre autour avec (/et) alentour**, loc. verb. "id.". Attesté en 1886 (« il ne faut, dit-on, que dix lignes d'un homme pour le faire pendre et les honorables négociants ou industriels qui composent d'ordinaire l'aréopage des assises confondent volontiers *autour* avec *alentour*, et sont aptes à juger de la morale en littérature comme M. Jourdain à distinguer les vers de la prose », O. Uzanne, *Nos amis les livres. Causeries sur la littérature curieuse et la librairie*, p. 198, GRL).

3. Oui, oui, tous les « autres » peuvent bien chanter et clamer ; ce n'est point cela qui nous empêchera de danser ! Mais c'est là qu'il faudra s'efforcer de bien faire le point et de ne pas confondre autour avec alentour. (*L'Unique*, n° 12, juillet 1946, <wwww.la-presse-anarchiste.net/>)

4. – Pute borgne, fait Maximin, faudrait pas te tromper d'adresse et pas confondre autour avec alentour. (A. Bastiani, *Arrête ton char, Ben Hur !*, 1954, p. 125-126)

5. On a trop tendance, dès lors que l'on évoque la notion de « multilinguisme » en sciences, à confondre autour et alentour, je veux dire à comprendre « multi » comme signifiant « bi ». (P. Lazar, dans *Alliage*, n° 19, 1994, <www.tribunes.com/>)

— VARIANTE. **confondre contours avec alentours**.

6. C'était une dure, la grand'mère Charnette ; un soir de bringue elle avait cabossé à coups de litre le crâne de son homme qui, depuis, confondait contours avec alentours, comme on dit. (R. Fallet, *La Grande Ceinture*, 1956, p. 54, FT)

## contrevent

**oreilles (/□ esgourdes) en contrevents**, loc. nom. "oreilles décollées". Vieillissant. Attesté en 1870 (« Grand, l'air benêt, sous son vieux chapeau de feutre aux bords moins larges que ses oreilles en contrevents, dans sa blouse bleu pâle à piqûres blanches qui lui couvrait à peine les hanches, il prêtait naturellement à la raillerie », A. Delorme, *Journal d'un sous-officier*, Paris, Hachette, nouv. éd. 1901, p. 96). ~ □ **oreilles* face à la route** ; **oreilles en feuilles de**

**chou ; avoir des paraboles* à la place des oreilles / (avoir les) oreilles en parabole(s)***.

1. Ce qui chiffonnait Monsieur Hermès, c'était d'avoir les oreilles en contrevents. Ça, il n'avait pas à se plaindre. Sa mère l'avait assez mis en garde. Il ne se souvenait même plus à partir de quel âge il avait commencé à les replier sur elles-mêmes. Quand il lisait ou écrivait, c'était plus fort que lui. Il fallait qu'il sente dans le creux de ses oreilles le contact frais et charnu des lobes. [...] À force, elles avaient dû prendre le pli. (R. Guérin, *L'Apprenti*, 1946, p. 20)

2. Un jeune voyou presque un peu trop classique dans ses attitudes, modèle blouson noir rectifié, avec des esgourdes en contrevents et une légère torsion buccale à la dur de dur de cinéma, se tenait contre la porte qu'il venait de refermer sur lui. (L. Malet, *Nestor Burma en direct*, 1989 [1962], p. 464)

3. Forme [d'un béret] arrondie sur les bords, ceux-ci étant plus larges pour couvrir les oreilles en contrevents [...]. (*Sud Ouest*, Bayonne, 15 septembre 1999)

## contre-voie

▪ **sauter à contre-voie**, loc. verb. "pratiquer le coïtus interruptus". Métaphore ferroviaire, comme son synonyme ▪ **descendre en marche***.

– [...] Vous avez une virginité à surface variable et vous prenez la pilule parce que votre petit ami du moment ne veut pas utiliser de préservatifs, ni sauter à contre-voie. (H. Pagan, *L'Eau du bocal*, 1998 [1983], p. 14)

## convoi

**convoi d'anges heureux**, loc. nom. Inscription parfois apposée à l'arrière de la voiture qui ferme le cortège d'un mariage ou à l'arrière de la voiture des mariés le jour du mariage ou lors de leur voyage de noces ; *par métonymie*, le voyage de noces lui-même. Par jeu de mots sur *convoi dangereux*.

1. Yvette avait tout prévu pour que le mariage de sa mère soit une réussite : la décoration du réfectoire, le convoi nuptial avec la pancarte « Convoi d'anges heureux », le plan de table... (*Le Point*, 17 avril 1999 ; résumé de la pièce de théâtre de J.-C. Barc, *On ne choisit pas sa famille*)

2. [...] il faut que tout le monde la remarque [la voiture balai qui ferme le cortège du mariage], tu peux y mettre des inscriptions du style « convoi d'anges heureux ». (Message, 16 mai 2002, <www.le-mariage.com/>)

3. Des voitures arborant des ballons en plastique de couleur rose, vert pomme et bleue n'ont pas hésité à claxonner [*sic*] pour prévenir les piétons de leur passage. En fait, il ne s'agissait pas d'un convoi exceptionnel mais d'un « convoi d'anges heureux » comme l'indiquait l'écriteau posé à l'arrière de la première voiture : celle des mariés. (*Sud Ouest*, Arcachon, 31 mai 2004)

4. Trois semaines avant le départ [en voyages de noces], assurez vous que les transferts aéroport sont assurés et rassemblez tous les documents relatifs à votre « convoi d'anges heureux » : police d'assurance, permis de conduire... Enfin, veillez à préparer votre valise à l'avance et non la veille du mariage. Les imprévus de dernière minute surviennent toujours... (*FESTiMariage.com*, <www.festimariage.com/>, consulté le 30 septembre 2006)

## cool

□ **top cool**, loc. adj. "parfait, formidable". Les emplois de la locution recouvrent la large polysémie de l'adjectif *cool* en français contemporain.

1. François était aux anges. On lui confiait un nouveau dossier [...] et il allait pouvoir signer sa première campagne.
– Top cool, dit-il, je m'y mets ce matin. (G. Schlesser, *Contes et Légendes de la publicité*, 2002, p. 99, GRL)

2. – [...] C'est délicieux et c'est fait avec de bons fruits.
– De bons fruits. Oh ! c'est top cool.
– Eh les filles, sortez les verres qu'on goûte. (*Stratégies*, 11 juillet 2003 ; texte d'un message radiophonique)

3. [...] ma balance affiche moins 2 kg... et ça... c'est top cool ! comme dirait mon ado. (Message, 17 avril 2007, <lalou.blog.mongenie.com/>)

## copain

**comme les copains**, loc. adv. "comme les autres, comme tout le monde". Dans cette locution, *les copains* est une variante familière de *les autres* ou *tout le monde*, qui a sans doute pris naissance dans un milieu masculin, peut-être l'armée.

1. La décontraction – simulée ? – de Sébran l'exaspérait ; il finit par se dire que Sébran s'efforçait de jouer les mecs dotés d'un sang-froid invulnérable. Une façade. Placé devant l'imminence du danger, Sébran serait comme les copains : prêt à faire dans son calcif [...]. (P. Siniac, *Deux pourris dans l'île*, 1971, p. 161-162)

2. Mais bon, tu fais comme les copains, grand, tu prends de la bouteille... Mais n'empêche que je t'aime quand même ! (Message, 15 septembre 2006, <www.vingtenaires.com/>)

3. Le centre hospitalier de Royan, à Vaux-sur-Mer, y est passé comme les copains. Il a obtenu son accréditation [...]. (*Sud Ouest*, Charente-Maritime, 22 septembre 2006, p. 8)

## copie

**revoir sa copie**, loc. verb. "modifier un projet pour qu'il obtienne l'agrément de la personne ou des personnes auxquelles il est destiné". Métaphore du langage scolaire, dont les médias font un usage abondant.

1. Trois semaines après avoir dévoilé ses projets, le ministre reconnaît qu'il est contraint de revoir sa copie [...]. (*Le Monde*, 8 février 1989, p. 10)

2. La délégation patronale, qui semble vouloir obtenir un accord, a toutefois accepté de revoir sa copie d'ici à la prochaine réunion, le 25 mars. (*La Croix*, 9 mars 2004, p. 17)

3. La direction [...] a revu sa copie en proposant, hier, 1,9 % d'augmentation annuel pour tous [...]. (*Les Echos*, 14 mars 2007, p. 34)

## copier

**copié-collé / copier-coller**, loc. nom. “reprise à l’identique (notamment d’un discours, d’un texte)”. Métaphore du langage de la bureautique, qui a rendu quelque peu obsolète *la colle* et les ciseaux.*

1. […] à l’écoute des intervenants, on a parfois eu le sentiment de discours en « copié-collé », ratissant […] les grandes idées souvent contradictoires en matière notamment d’école, d’environnement. (*L’Humanité*, 11 juin 2001, p. 10)

2. Le projet de loi est un copié-collé d’une petite partie d’un propos présidentiel […]. (J.-A. de Clermont, président de la Fédération protestante de France, dans *Le Figaro*, 29 janvier 2004, p. 6)

3. On attendait un spectacle inédit […]. Au final, ce fut un spectacle hors sujet […]. Un « copier-coller » cependant décousu, sans fil conducteur, et entrecoupé de chansons sans liens apparents […]. (*Dernières Nouvelles d’Alsace*, 9 août 2004, p. ST 2)

## coquette

□ **faire sa coquette**, loc. verb. “se faire prier”. Variante de **jouer les (grandes) coquettes**, locution tirée du vocabulaire du théâtre.

1. Émerveillés, les autres regardaient Filo, mais il fit sa coquette, il ne voulait pas de Gérard un acquiescement du bout des lèvres, non, ce qu’il désirait, c’était de notre part une acceptation franche et massive. (B. Deflandre, *La Soupe aux doryphores*, 1987 [1985], p. 163)

2. « Il fait sa coquette », commente Magalie, […] déçue de ne pas voir le ministre se mêler à la foule. (*Le Monde*, 19 septembre 2000, p. 9)

3. Mais ce que nous cherchons, mes amis et moi, c’est le vent. Durant tout l’hiver […] il soufflait généreusement. Et voici qu’aujourd’hui il se refuse. Cinq cents bateaux sont venus pour lui. Et il fait sa coquette. (Erik Orsenna, dans *Ouest France*, 21 avril 2003)

## coquille

**coquille vide**, loc. nom. “entité (idée, programme, structure ou institution) sans véritable contenu”. L’expression est fréquente dans les commentaires politiques. ~ **boîte* vide**.

1. D’ou vient que le nom de la Sorbonne garde un tel prestige, alors que ce célèbre bâtiment n’est qu’une coquille vide et que l’institution n’existe plus. […] Bruno Neveu, architecte paléographe, retrace les huit cents ans d’histoire agitée de cet étrange palais. (*Le Monde*, 24 octobre 1987, p. 11)

2. […] la Fédération CFDT des cheminots a souligné hier soir que, s’agissant du projet de réforme de la SNCF (éclatement en deux sociétés), « les ministres se sont gardés d’apporter toute information concrète, se livrant au jeu des promesses inconsistantes ». La Fédération CFDT, qui estime que le gouvernement a présenté « une coquille vide », a indiqué que « le seul engagement pris porte sur le maintien du régime spécial de retraite qui devrait faire l’objet d’un décret spécifique ». (*L’Humanité*, 11 septembre 1996)

3. M. Michel Charzat. – […] le référendum local sera très souvent une coquille vide, puisque la plupart des problèmes qui intéressent nos concitoyens ne lui seront pas accessibles. (Assemblée nationale, *Compte rendu intégral*, 3$^{e}$ séance du 15 juillet 2003)

4. […] un cinéaste peu scrupuleux qui peut enchaîner dans toutes les boîtes de production parisiennes […] des films sans queue ni tête, coquilles vides où l'idée de départ et le *casting* forment déjà le résultat final. (*Le Petit Bulletin*, 20 décembre 2006, p. 7)

## coquillette

■ **s'en battre/secouer**/etc. **la coquillette**, loc. verb. "n'en avoir rien à faire ; s'en désintéresser complètement". Formule fondée sur *coquillette* (variante hyponymique de *nouille*) "pénis". ~ ■ **s'en battre/s'en secouer la nouille*** ; ■ **s'en battre* les couilles** ; ■ **s'en beurrer* les noisettes** ; ■ **s'en (contre)foutre** ; ■ **s'en branler** ; ■ **s'en pignoler*** ; □ **s'en taper** ; □ **n'en avoir rien à battre** ; ■ **n'en avoir rien à branler/à foutre** ; □ **n'en avoir rien à cirer** ; ■ **R.A.B.***

1. […] de toute façon leur jeu ne me dit rien […] donc je m'en bats la coquillette. (Message, 28 décembre 2006, <www.jeux-france.com/>)

2. Moi par exemple, je supporte assez mal la game-boy […] mais on s'en branle la coquillette ! et je vais pas empêcher les gens […] de s'exprimer, c'est débile. (Message, 13 juillet 2007, <bozoo.pastis-hosting.net/>)

3. […] on est (encore) pas beaucoup d'inscrits pour ce vendredi, à croire que tout le monde s'en secoue la coquillette […] ! (Message, 29 novembre 2007, <taartagueule.superforum.fr/>)

— VARIANTE DÉVELOPPÉE PONCTUELLE.

4. […] on va pas rentrer dans la polémique « accent ou pas accent sur les lettres capitales », on s'en bat la coquillette avec une patte d'huître. (Message, 20 novembre 2007, <www.gerardmarcel.com/>)

## cor

**moulé dans un cor de chasse**, loc. adj. "courbaturé, plié en deux (en parlant d'une personne)". Attesté en 1890 (« Il ne veut pas qu'on le regarde, ce sauvage poilu, moulé dans un cor de chasse. Quel dommage ! Il est pourtant bien intéressant à voir, avec sa figure blafarde d'assassin lâche, son nez en pied de marmite où pend une roupie infecte et son poil roux de Judas hirsute qui lui envahit les yeux et cache ses larges oreilles aplaties », G. Darien, *Biribi. Discipline militaire*, p. 203, GRL).

1. Le vocabulaire médical ne nous faisait pas défaut : être « moulé dans un cor de chasse » indiquait un lumbago, avoir « mal aux cheveux » désignait un mal de tête, généralement après un excès d'alcool. (G. Mordillat, *Rue des Rigoles*, 2002, p. 80)

2. Pour le coup, nous voyagions tordus sur des banquettes collantes, coincés, empilés, jusqu'à Morcenx où nous arrivions, exténués, noircis, moulés dans un cor de chasse alors qu'il faisait encore nuit. (G. Mordillat, *Rue des Rigoles*, 2002, p. 162)

## corde

**corde à tourner (/virer) le vent**, loc. nom. Expression plaisante désignant un moyen imaginaire de faire changer la direction du vent, à la recherche duquel on envoie un naïf. À comparer avec *la clé* du champ de tir, l'eau en poudre**, *l'huile* de coude, la machine* à donner des coups de pied au derrière, la machine à cambrer les bananes*, le marteau* à bomber les glaces* ou *la pince à friser le persil**.

1. Enfin, c'est à la buanderie que, le 1er avril, la bonne m'envoyait chercher *la corde à tourner le vent*. Je m'élançais dans la cour, ne trouvais rien et, rentré bredouille, étais accueilli par des éclats de rire. (C. Menuet, *Une enfance ordinaire*, 1972, p. 223, GRL)

2. Gian Battista partit à la recherche d'une cabine téléphonique en état de marche, version française et moderne de la quête du Graal ou de la corde à tourner le vent. (Marie & Joseph, *Si t'as peur, jappe*, 1984, p. 198-199)

3. Même à l'intérieur d'une même spécialité dans une même profession, il n'est pas possible de se mettre d'accord sur la notion « d'animal nuisible » ! / S'il était possible d'inventer « la corde à tourner le vent », serait-il possible de mettre tout le monde d'accord [...] ? (*Lettre de l'Association Vert & Bleu Touraine*, avril 2002, <www.avbt.asso.fr/documents/>)

## correctionnelle

**friser la correctionnelle**, loc. verb. "échapper de peu à un revers, à un échec, à un insuccès". Par exagération. Fréquent dans la langue des commentateurs sportifs.

1. La tension de la troisième partie [d'échecs] entre les deux K est un peu retombée lors de la reprise mardi soir à New York. Paradoxalement, les deux joueurs peuvent s'estimer heureux de ce résultat (0,5-0,5). Si Kasparov « a frisé la correctionnelle » après sa gaffe [...], Karpov lui, s'est tout simplement fait massacrer. (*L'Humanité*, 18 octobre 1990)

2. Un autre [joueur], qui rattrape en catastrophe une erreur de jeu qui aurait pu coûter cher à son équipe, sera réputé avoir « frisé la correctionnelle ». (*Le Monde*, 21 novembre 2000, p. 36)

3. Si la France s'en sort honorablement sur les critères d'infrastructures ou de productivité horaire, elle frise la correctionnelle question croissance, réglementation du droit du travail et poids des cotisations sociales. (*L'Expansion*, 26 octobre 2005)

4. [...] nos joueurs se sont mis en difficulté dès le départ (7-3) et ils ont carrément frisé la correctionnelle à 11-3 au bout du premier quart d'heure. (*La Nouvelle République*, éd. Indre-et-Loire, 30 mai 2006, p. 16)

## correspondance

**avoir appris qqc par correspondance**, loc. verb. "être peu au fait d'une technique, d'un savoir qui s'acquiert par la pratique". Par ironie. ~ **trouver qqc dans un paquet de lessive**.

1. Il tomba lourdement [de cheval] et se retrouva assis sur son derrière. Un rire de femme le remit sur ses pieds. [...] Les mains aux hanches, elle le regardait avec ironie.
– Vous avez appris à monter par correspondance ? demanda-t-elle. (Y. Audouard, *Les Lions d'Arles*, 1969 [1956], p. 105]

2. Les plafonds se mirent à tourner deux fois plus vite qu'avec le pauvre sous-préfet dont mon frère prétendait, non sans quelque vraisemblance, qu'il avait appris à danser par correspondance. (F. Chandernagor, *L'Archange de Vienne*, 1989, p. 159, GRL)

## Corrèze

**la Corrèze avant le Zambèze,** loc. phrast. Formule résumant le cartiérisme (du nom de Raymond Cartier, journaliste à *Paris Match*), utilisée par les politiques et les journalistes. Cette doctrine s'est progressivement élaborée à partir de 1956 : son auteur prônait alors le désengagement de la France de ses colonies (parce que non rentables) et, de façon plus générale, la non-participation de la France à l'aide aux pays pauvres. C'est toutefois à tort, semble-t-il, que Raymond Cartier est habituellement crédité de cette formule, qui aurait été lancée en 1961 à Brive par Jean Montalat, alors député-maire de Brive (*Le Monde*, 24 décembre 1994, p. 2 ; voir encore B. Le Gendre, « La Corrèze avant le Zambèze », dans *Le Monde*, 31 janvier 2000, p. 12). On notera par ailleurs que *Zambèze*, nom d'un fleuve africain, n'a jamais désigné un pays.

1. [...] en 1961, le Comité catholique contre la faim et pour le développement (CCFD) voit le jour. [...] le CCFD est le premier mouvement de solidarité exclusivement tourné vers l'action internationale. À une époque où le slogan « la Corrèze avant le Zambèze » recevait pourtant encore un certain écho. (*La Croix*, 27 décembre 2003, p. 8)

2. Les Français ne sont jamais aussi bons que lorsqu'ils sont au centre des grands enjeux scientifiques, économiques, politiques, culturels mondiaux. « La Corrèze avant le Zambèze ? » Non, monsieur Cartier, à l'heure de la mondialisation, il faut tenir compte des deux. (*Le Figaro*, 8 janvier 2007, p. 14)

— EN SITUATION DE DÉFIGEMENT.

3. La notion de proximité pourrait se pervertir si son usage aboutissait à privilégier la Corrèze avant le Zambèze, si elle se restreignait à un concept étroit de l'altérité, si l'attention pour le proche anéantissait le souci du lointain et surtout si elle signifiait un repli sur soi. (*Les Echos*, 30 juillet 2002, p. 47)

## corsage

**avoir du corsage**, loc. verb. "être particulièrement flatteur (en parlant d'un vin)". « L'expression [...] était en usage dans le langage parlé des amateurs jusque dans les années 1950. Considérée comme fantaisiste et peu précise par les œnologues, on ne l'entend plus guère aujourd'hui » (M. Coutier, *Dictionnaire de la langue du vin*, Paris, CNRS Éditions, 2007, p. 138 ; avec une attestation de 1927). ~ **avoir de la cuisse*** ; □ **avoir de la fesse***.

1. Il a [le cornas] du corsage, de la moelle, du bouquet : charnu comme un bourgogne, il est moins chargé, moins compact, moins mystérieux aussi que le roi des vins. (R. de Campelonne cité par C. Forot, *Odeurs de forêt et fumets de table*, 1988, p. 37)

2. Le vocabulaire œnologique emprunte au féminin bien des expressions. [...] Pour qualifier les qualités du contenu, on évoque [...] la cuisse*, la robe et même le corsage. (*Sud Ouest*, Médoc/Agriculture, 26 décembre 2002)

V. encore *cuisse*, ex. 2.

## cosmétique

**effet cosmétique**, loc. nom. “artifice destiné à rendre une chose plus attrayante qu'elle ne l'est en réalité”. Métaphore empruntée à la parapharmacie. ~ **poudre aux yeux.**

1. La Turquie se livre à l'égard de l'Europe à une danse ambiguë de séduction afin d'obtenir [...] un vote positif du Parlement européen sur l'union douanière [...]. Concessions de taille selon les parlementaires turcs. Effets cosmétiques, selon les députés de Strasbourg. (*Le Point*, 4 novembre 1995)

2. M. Alain Bocquet. – Ce ne sont pas les « mesurettes » proposées à l'occasion de cette révision constitutionnelle qui renforceront le contrôle de notre assemblée et des citoyens sur la politique européenne. Elles ne peuvent avoir qu'un effet cosmétique quand le véritable problème tient à la concentration du pouvoir entre les mains de la Commission de Bruxelles, de la Banque centrale européenne et du Conseil réunissant les chefs d'État ou de Gouvernement [...]. (Assemblée nationale, *Compte rendu intégral*, 1re séance du 26 janvier 2005)

## coton-tige

□ **(être) épais/maigre comme un coton-tige** ; □ **(être) taillé comme un/dans un coton-tige**, loc. verb., loc. adj. “(être) filiforme, fluet, très maigre”. Par hyperbole. ~ □ **être taillé dans une allumette*** ; □ **être taillé comme un/dans un/en bâton* de sucette** ; □ **être épais comme un câble* de frein à main** ; □ **(être) maigre comme un cent de clous*** ; □ **(être) épais/maigre comme un cure-dent(s)*** ; □ **(être) taillé comme un/dans un cure-dent(s)*** ; □ **être taillé comme un cure-pipe*** ; **(être) maigre comme un fil* (de fer)** ; □ **(être) épais/plat comme une affiche*** ; □ **passer entre le mur et l'affiche* sans la décoller** ; **rayer les baignoires.**

1. Mon amoureux était comme toi quand je l'ai connu, [il] pouvait manger n'importe quoi et restait maigre comme un coton-tige... (Message, 25 avril 2007, <tykayn.deviantart.com/>)

2. Je m'appelle Olivier, j'ai 19 ans [...], je suis taillé comme un coton tige : 1 m 85 pour 55 kg [...]. (Message, 2 septembre 2007, <forum.judgehype.com/>)

3. Zinédine Zidane semblait amaigri, émacié, épais « comme un Coton-tige », comme on taquine à La Castellane. « C'est juste une impression, corrige l'ex-footballeur. C'est le maillot noir aussi, je vous rassure ; parce que dessous, c'est un peu plus... » Ironiquement, ZZ faisait allusion à sa ceinture abdominale. (*L'Équipe*, 7 septembre 2007, p. 24)

## couche

**en remettre (/rajouter) une couche**, loc. verb. “recommencer, répéter avec insistance ; revenir à la charge”. Par métaphore de *couche* (*de peinture*).

1. Mais si Suzon vient d'en remettre une couche, c'est plus pour raison familiale que par méchanceté :
– N'oublie pas HMS ! Tu sais que mon frère est lino chez eux !
– Promis, je fais le maximum ! (J.-L. Vigla, *Crime pur-sang à Alençon*, 1999, p. 23)

2. Moi, ça m'a fait marrer qu'il réagisse de cette manière. Alors j'en ai rajouté une couche, car j'avais bien compris qu'il n'avait rien compris. Je l'ai traité de pédant. Et

là, il m'a carrément sauté dessus. Il avait compris « pédé ». (C. Couderc, *Mon père, cet inconnu*, 2004 [2002], p. 10)

3. Frédéric revint sur ses pas, écarta les gens et commença à les séparer.
– C'est bon, Joël, lâche-le, tu n'as pas à faire ça aujourd'hui, pas ici.
L'autre voulait en remettre une couche, se sentant [...] soutenu par le nombre. (Le petit Olivier, *Farine et châtiment*, 2002, p. 35)

## coucher

**se coucher moins bête** (ou synonyme) **que quand on s'est levé/que la veille**, loc. verb. Pour indiquer qu'on enrichit ses connaissances, à l'annonce d'une chose qu'on ignorait. ~ **mourir* moins bête ; on en apprend tous les jours**.

1. J'aurai au moins appris ça et je me suis couchée moins bête que je me suis levée. (Ancienne gérante d'hôtel à Montmartre, environ 70 ans, dans le train Paris-Strasbourg, le 4 janvier 1993)

2. Les buveurs de chopine considéraient avec admiration cet homme qui avait vu des choses aussi étonnantes.
– En votre compagnie, fit l'un d'eux, on perd pas son temps. Ce soir, je me coucherai moins con que quand je me suis levé. (J. Anglade, *Un lit d'aubépine*, 1995, p. 43)

3. Mais tu vois, si être intello ça veut dire aimer s'instruire, être curieux, attentif, admirer, s'émouvoir, essayer de comprendre comment tout ça tient debout et tenter de se coucher un peu moins con que la veille, alors oui, je le revendique totalement : non seulement je suis intello, mais en plus je suis fière de l'être... (A. Gavalda, *Ensemble, c'est tout*, 2005 [2004], p. 260)

## coucou

**régularité (/précision) de coucou suisse**, loc. nom. Pour signifier une précision exemplaire, une régularité sans faille. Par référence aux qualités reconnues à l'industrie horlogère suisse. ~ **régularité d'horloge**.

1. A 6 heures du matin, le capitaine Fournier attend dans le hall moelleux et feutré du Dorchester. Avec une précision de coucou suisse, les deux colonels le retrouvent et l'invitent à reprendre place dans la voiture. (P. Bonnecarrière, *Qui ose vaincra*, 1971, p. 288, GRL)

2. Sortir ! C'est pour cela que le dimanche a été institué, qu'une fois par semaine le dimanche revient avec une régularité d'horloge, de coucou suisse. (M. Jourdain, *Lettres mortes*, 1999, p. 185, GRL ; lettre du 19 mars 1979)

3. Le mouvement de bascule, entre marchés d'actions et d'obligations, a la régularité d'un coucou suisse. Dès que les indices boursiers baissent – et ils dégringolent régulièrement depuis cet été – les investisseurs se précipitent sur des produits plus sûrs, les obligations. (*La Tribune*, 2 octobre 1998)

4. Dans sa confortable maison entourée d'arbres, Irving abat le travail avec une régularité de coucou suisse, une machine à débiter du best-seller : tous les quatre ou cinq ans, entre 500 et 1 000 pages. (*Libération*, 20 mars 2000)

5. Cette année, il a un goût de framboise. L'an dernier on parlait de banane. Ainsi, bon an mal an, le beaujolais joue l'alternance avec une régularité de coucou suisse. (*Sud Ouest*, 17 novembre 2007, p. 18)

— **ponctuel/réglé comme un coucou suisse**, loc. adj. "(en parlant d'une personne) très ponctuel, très régulier". ~ **réglé comme une horloge**.

6. Ponctuel comme un coucou suisse. Quand Edouard Balladur indique : 10 h 10 sur sa feuille de campagne, c'est 10 h 10. Et pas une seconde de plus quand il se pointe, hier, sur le marché du Carreau du Temple, quasi désert. Il est le seul chaland. Difficile donc de rater le candidat à la candidature RPR pour la mairie de Paris. (*Libération*, 19 avril 2000)

7. Film du jour : *Match Point*, de Woody Allen, dont personne ne sait rien, si ce n'est qu'il est le millésime 2005 d'un réalisateur réglé comme un coucou suisse livrant sa copie pile* poil à l'heure, en attendant le prochain, puis le prochain et celui d'après, ad vitam æternam – or l'éternité, c'est long, surtout vers la fin, ainsi que le révéla un célèbre amuseur juif new-yorkais à lunettes. (*L'Express*, 20 octobre 2005, p. 59)

— **réglé comme un coucou suisse**, loc. adj. "(en parlant d'une action, d'un processus) qui se déroule dans un ordre parfaitement régulier". ~ **réglé comme du papier à musique/comme une horloge**.

8. Avec des disques solides et réguliers, des concerts réglés comme des coucous suisses, le guitariste [Ben Harper] s'est forgé un public aussi fidèle que lui. (*Le Progrès*, 14 novembre 2003, p. 20)

**remonté comme un coucou (suisse)**, loc. adj. "plein d'énergie ; agité, excité". Variante plaisante de **remonté comme une pendule**. ~ **remonté à bloc**.

9. Il reste alors cinq minutes de jeu dans cette prolongation. Remonté comme un coucou, Cazal redonne l'avantage (26-25), puis Bertrand Gille « donne un supplément d'âme », comme le dira ensuite le coach, en portant le score à 27-25. (*Libération*, 5 février 2001)

10. – Tu crois que Varda pourrait passer la voir ? […]
– Faut laisser un peu de temps : Dallas est remontée comme un coucou… (G. Mordillat, *Les Vivants et les Morts*, 2006 [2004], p. 220)

11. Remonté comme un coucou suisse, Pezzutti a mené une lutte de haut vol avec Gilles Nantet. Si le Savoyard a rapidement pris la mesure de sa nouvelle BMW en s'offrant les deux premiers scratches, il n'a rien pu faire, par la suite, face au festival de son rival. (*Le Progrès*, 20 mars 2006, p. 30)

12. Le problème de ses deux frères de 30 et 26 ans est qu'ils pensent avoir agi de bon droit, assumant dans cet acte le rôle de chef de famille délaissé par le père, parti sous d'autres cieux. Remontés comme des coucous suisses dans ce procès dont ils ne semblent pas comprendre le sens, les deux vocifèrent beaucoup, s'énervent plus qu'il ne faut et devront à tour de rôle quitter la salle pour se calmer dans les couloirs du palais de justice d'Agen. (*Sud Ouest*, 28 juillet 2007, p. 3)

## Coué

**méthode Coué**, loc. nom. "méthode consistant à répéter inlassablement ce dont on veut se convaincre". Par référence ironique ou plaisante à la technique de psychothérapie par autosuggestion consciente, mise au point à Nancy dans les années 1900 par le pharmacien Émile Coué de La Châtaigneraie (1857-1926).

1. Adepte désenchanté de la méthode Coué, je rabâchais que le pire était derrière moi. (T. Rozo, *Comme des squales*, 1993, p. 19)

2. La prudence est fille de l'anxiété contrôlée et l'anxiété incontrôlée est mère de la panique. La différence entre les deux tient à la confiance en soi. On parvient à cette confiance par une technique qui rappelle la bonne vieille méthode Coué. Quoi qu'il arrive, on se répète : « Je suis formidable, je suis formidable », et on po-si-ti-ve. (*Sud Ouest dimanche*, 10 septembre 2000)

3. Élément primordial des relations publiques, le discours emprunte largement à la méthode Coué. Alors que la reprise économique était incertaine, les patrons ont usé et abusé des mots « performance » et « confiance ». (*Le Monde*, 20 mars 2005, p. 1)

V. encore *pays*, ex. 5.

## couille

■ **à couilles rabattues**, loc. adv. "de façon impétueuse, sans retenue". Cette locution adverbiale, qui démarque plaisamment à *bride abattue*, s'entend surtout dans **baiser à couilles rabattues** (attesté en 1738 sous une forme voisine : « Foutez, foutez, madame, à couillons rabattus ! » Grandval père, *La Comtesse d'Olonne*, DDL).

1. – [...] Ah, ces célibataires, ça se croit tenu de baiser à couilles rabattues. (F. Ryck, *Prière de se pencher au-dehors*, 1981 [1978], p. 155)

2. [...] voici quelques cas typiques qui nous permettront de bien reconnaître le bonheur le jour où il nous tombera dessus à couilles rabattues. (P. Desproges, *Manuel de savoir-vivre à l'usage des rustres et des malpolis*, 1981, p. 53)

3. [...] ils s'aiment et se le prouvent sans désemparer à couilles rabattues [...]. (*Libération*, 28 août 2001, p. 4)

4. « L'accusé a vécu une fuite en avant, dans une bulle, dans une enflure, y compris corporelle, et dans une bouffissure de puissance. Il buvait et mangeait comme un cochon et baisait à couilles rabattues. » L'intervention surprend dans le prétoire, chacun se regarde pour être sûr d'avoir bien entendu. Le psychiatre a, semble-t-il, volontairement choisi des mots chocs. (*Le Monde*, 15 mars 2002, p. 14)

■ **avoir de la couille**, loc. verb. "avoir de l'allure, de la classe". À l'inverse de *c'est de la couille*, cette locution est méliorative ; elle s'appuie sur les valeurs viriles et valorisantes de *couille* en français non conventionnel. ~ □ **avoir de la gueule ; en jeter**.

5. [...] soit Lance [un coureur cycliste] est [...] le plus grand champion de tous les temps. Soit, depuis toutes ces années, il a triché et bluffé [...] ce qui en ferait le plus grand pirate [...] de l'histoire du cyclisme. Dans les deux cas [...], moi, je dis : ça a de la couille ! (A. de Caunes, dans *L'Équipe*, 27 septembre 2005, p. 12)

6. Jean-Patrick Zapetti, de Bron-Parilly (Rhône), Sharon Stone [...] accrochée à son bras. Ça, ça aurait de la couille. (L. Chalumeau, *Maurice le Siffleur*, 2006, p. 34)

□ **(avoir des/les) yeux en couilles d'hirondelle**(s), loc. verb. ~ ■ **(avoir des/les) yeux** [v. *œil*] **en trous de pine (/de bite)**.

7. [...] tout ce que mon organisme a ingéré depuis hier soir, 8 h, c'est des cafés et des clopes. Donc je déguste un Mcdo en douzième vitesse [...] avec ça, mon estomac va se mettre à gondoler, je le sens bien, donc je vais refaire du café et m'étonner d'avoir

les mains qui tremblent, j'ai les yeux en couilles d'hirondelle et la tête dans le cul*, profond [...]. (Blog « Ju's journey », 20 avril 2004, <julietterobert.com/>)

8. Dialogue (vécu) :
– b'jour... t'as bien dormi ?
– benvi, pourquoi ?
– paske t'as un peu « les yeux en couilles d'hirondelles ». (« Plaisir d'écrire », 16 février 2005, <www.affection.org/>)

9. J'aime un de mes collègues qui me dit toujours en souriant, certainement avec un sixième sens quant à la nuit que je viens de passer « tu as les yeux en couilles d'hirondelles ». (Message, 5 février 2006, <www.lagrandegrange.com/>)

■ **avoir/mettre les couilles à l'envers**, loc. verb. "bouleverser, mettre de mauvaise humeur ; ne pas être en forme, être de mauvaise humeur". La locution est suffisamment lexicalisée pour s'appliquer à une femme (voir l'exemple 11).

10. [...] et puis, vaut mieux avoir les couilles à l'envers que pas en avoir du tout, n'est-ce pas ? (Message, 4 août 2004, <www.forum-auto.com/>)

11. Personnes que j'estime beaucoup [...]. Quelqu'un qui a toujours les couilles à l'envers, mais malgré ça c'est une fille formidable avec qui je me régale en cours et en dehors des cours ! (Message, 8 août 2007, <titkeke01.skyrock.com/>)

12. [...] Alien n'a rien à faire dans un tel film ! Ça me fout les couilles à l'envers ça, voilà comment détruire toute une série culte comme Alien, en le ridiculisant dans de vulgaires produits de consommation (Message, 1er septembre 2007, <www.scifi-universe.com/>)

■ **couille de loup**, loc. nom. "personne que l'on méprise". Intensif de *couille* "imbécile".

— COMME TERME D'ADRESSE.

13. Qu'est-ce que tu dis ? [...] Tu t'es regardé, au moins, couille de loup ? (R. Péaud, *Kyrie rira bien le dernier*, 2001, p. 218, GRL)

— **(c'est de la) couille de loup**, loc. phrast. Pour dire le peu de cas que l'on fait d'une chose ou d'une personne. Intensif de *c'est de la couille* "c'est une fadaise, une chose sans valeur".

14. – Couille de loup ! Les RG, à part diviser par quatre le nombre de jambes de manifestants... (M. Embareck, *Le Futon de Malte*, 2007, p. 74)

■ **couilles croisées**, loc. adj., loc. nom. "(personne) timide, mal à l'aise". Expression lancée par Coluche en 1980 (le « slip "couilles croisées" de Playtex », jeu de mots sur le soutien-gorge *Cœurs croisés* de la marque Playtex). ~ **constipé**.

15. « Votre collaboratrice prénommée Nina traite avec une légèreté irresponsable des problèmes essentiels pour l'avenir de l'Europe. Si c'est tout ce que le "lacanisme" a à apporter au débat politique, je préfère mille fois les TCC [théories comportementales et cognitivistes] », écrit à l'ALP [Agence lacanienne de presse] M. Edmond Barbeau, retraité de l'Éducation nationale, Villeurbanne.
Tout à fait, mon barbeau, je danse sur un volcan. Et qu'ils mangent de la brioche ! Je suis ici pour ça. Les couilles croisées peuvent aller se rhabiller. (Nina Vézes des Silves, dans *Agence lacanienne de Presse*, n.s., n° 53, 29 mars 2005, <www.forumpsy.org/>)

**■ gonfler les couilles à qqn**, loc. verb. "énerver, importuner, excéder". Variante intensive de **gonfler**, de même sens. ~ **■ faire chier** ; □ **faire gerber/suer** ; **casser les pieds** ; **■ casser les couilles** ; □ **les casser à qqn**.

16. – Commissaire, […] Estalère ne veut pas faire équipe avec Favre, il dit qu'il lui gonfle les couilles. Qu'est-ce qu'on fait ?
– Permutez, faites équipe avec Favre.
– Il me gonfle les couilles. (F. Vargas, *Pars vite et reviens tard*, 2004 [2001], p. 200)

17. « […] Mangeons, buvons pendant qu'ils œuvrent pour aller à leur paradis ! En ce qui me concerne, pour ne pas les rencontrer dans l'au-delà, je transgresserais tous les interdits religieux dont ils nous gonflent les couilles ! » (R. Si Ahmed, *Tanekra. La Kabyle révoltée*, 2004, p. 28, GRL)

18. Ça me gonfle les couilles ce genre de commentaire, on dirait celui d'un concurrent frustré […]. (Message, 5 mai 2006, <www.cowcotland.com/>)

19. […] j'ai pété les plombs*. Il faut dire qu'on venait de me traiter de « connard qui me gonfle les couilles » (excusez-moi, je cite). (« Mon parcours professionnel », <www.fierdetreroutier.com/>, consulté le 20 mars 2008)

**■ ma couille**, loc. interj. Terme d'adresse. Déjà dans cet emploi en 1535 (les gouvernantes de Gargantua, jouant avec son membre viril, nomment ce dernier « ma petite andoille vermeille, ma petite couille bredouille », Rabelais, *Œuvres complètes*, éd. M. Huchon, Paris, Gallimard, 1994, p. 35).

— À tonalité amicale (et vulgaire).

20. […] ils [des concurrents du Vendée Globe] laissent entendre leur envie de tout larguer, leur impatience à courir le vaste monde […]. Ou s'apostrophent façon dur de dur. « Ça va ma couille » […]. (*Libération*, 10 novembre 2000, p. 38)

21. Puis, se levant et prenant Michel [Rocard] sous le bras en se dirigeant vers la sortie : « Viens ma couille, on va parler un peu. » (Propos d'un animateur de télévision à un ancien Premier ministre, dans *Le Monde*, 9 avril 2001, p. 2)

22. Une fois certain qu'il s'agissait bien de moi, Jo a rangé son arme et nous nous sommes embrassés chaleureusement. « Ça va ma couille ? ». Quand il vous aimait bien, il vous appelait « ma couille ». (N. Aurousseau, *Bleu de chauffe*, 2007 [2005], p. 88)

— À tonalité amoureuse.

23. Ma petite caille. Ma petite couille. Ma chatte. Mon trésor. Love. (C. Loeb, « Saint-Valentin (et Rintintin) », *Bon chic chroniques*, 1993, p. 32)

**■ mes couilles sur ton nez**, loc. phrast., loc. interj. Riposte brutale et désobligeante à un interlocuteur. Expression diffusée par « les Guignols de l'Info » sur Canal+ : « Je t'emmerde moi… mes couilles sur ton nez ! » (marionnette de J. Chirac).

— VARIANTES DÉVELOPPÉES. **■ et mes (/tes) couilles sur ton (/mon) nez (ça te/me) fera des lunettes / ■ et mes couilles sur ton nez ça fait (/ça ferait) un dindon/t'aurais l'air d'un dindon.**

24. C'est ça… et tes couilles sur mon nez ça peut faire de jolies lunettes, hein… (Message, 12 janvier 2006, <histrion.agapi.free.fr/>)

25. *Mes couilles sur ton nez ça fait un dindon.*
Ça vient d'où ça ? Un pote m'a dit pareil l'autre jour ! (Message, 10 mai 2006, <blogs.nofrag.com/>)

■ **sans couilles**, loc. adj., loc. nom. Pour donner à entendre qu'un homme manque de caractère ou de courage, qualités symboliquement associées à la virilité.

26. [...] exploitation de l'univers, mais à froid, mais sans risques personnels, sans courir d'aventures sentimentales, nos capitaines d'industrie sans couilles et sans prestige et notre prolétariat conscient et asexué œuvrant de compagnie à la trituration des secrets du cosmos, tous associés en vue d'un résultat d'argent calculé d'avance et prévu dans les statistiques et réalisable dans un temps record [...]. (B. Cendrars, *Le Lotissement du ciel*, 1949, p. 189, GRL)

27. Porte-drapeau de la bigoterie fanatique autant que de la technicité obtuse, « Bibi » défendait la terre d'Israël avec la subtilité d'un fermier du Middle-West en lutte contre l'Etat fédéral et les « intellectuels sans couilles » de la côte Est. (*Le Monde*, 14 juillet 1999, p. 14)

28. Dès que j'eus reçu le mail d'une nouvelle assemblée générale, les « sans couilles » se faufilèrent dans le paysage de ma boîte aux lettres pour crier leur volonté de défier le mouvement étudiant ! Il faut dire que nous sommes l'une des rares assos [associations] de notre faculté à résister. (Message, 24 mars 2005, <voldemots.blogspot.com/>)

29. A la fédération de l'UMP, chacun se souvient du truculent député débarquant le pantalon sur les genoux devant son ancienne suppléante [...], qui [...] l'avait traité de « député sans couilles ». « Le voici, le député, il en a deux, et elles sont bien pendues ! » avait fanfaronné le Max. (*Le Monde*, 24 décembre 2005, p. 17)

— DANS UNE INSULTE.

30. [...] ah, les vaches, et les petits cons dans ton genre je me les veux à ma pogne, tu vas voir ton cul ! Apatride ! Vermine ! Sans couilles ! Gonzesse ! Il se monte, il se monte, il écume tout en marchant. Pépère regarde, étonné. « Was denn ? Was geht's schlecht mit ihm ? Warum ist er so böse ? » (F. Cavanna, *Les Russkoffs*, 1979, p. 239, FT)

V. encore *raisin*, ex.

■ **se bouffer les couilles**, loc. verb. "contenir difficilement son impatience". Par hyperbole. ~ **ronger son frein**.

31. – Quand tu penses à tous ces cons qui sont en train de se bouffer les couilles à attendre le Karmapa, a gloussé Jean-Mi [...], je suis mort de rire. (V. Ravalec, *Nouvelles du monde entier*, 2006 [2004], p. 220)

■ **se mordre les couilles de qqc**, loc. verb. "regretter vivement d'avoir dit ou fait (ou de ne pas avoir dit ou fait) quelque chose". Variante aggravée de **se mordre les doigts**. ~ **se repentir**.

32. Quand on connaît le % [pourcentage] de femmes patronnes c'est cool de se dire qu'une petite Franc-Comtoise a été choisie parmi les grands barons de l´industrie française. « Les faiseurs de rois » de l'UIMM [Union des industries et métiers de la métallurgie] doivent se mordre les couilles (passez-moi l´expression). (Message, 5 juillet 2005, <delvolve.typepad.com/>)

33. Trente secondes après je me mords les couilles d'avoir plaisanté [...]. (A. Gautré, *La Brèche-au-loup*, 2006, p. 81, GRL)

■ **tenir qqn par les couilles/par la peau des couilles**, loc. verb. "avoir à sa merci". Développement expressif de **tenir qqn**. Une forme proche est attestée en 1949 (« La panique irait comme une épidémie, irait gagnant le lit conjugal et le lit de l'amant, les standards téléphoniques et les chambres-fortes. "Je vous ai par les couilles, tas de nouilles !" », C. Plisnier, *La Matriochka*, Paris, Corrêa, p. 135, GRL). Cf. l'anglo-américain *to get somebody by the balls*.

34. – [...] L'enfoiré pleine peau [un policier]. Il me tient par les couilles. Si je lui obéis pas, il m'envoie rebondir en cabane pour vingt piges... (P. Gauckler et J. Houssin, *Franck le menteur*, 1989 [1988], p. 30)

35. – Et là, fit Adèle [...], si on fait pas de conneries, le maire, on le tient par les couilles, c'est moi qui te le dis ! (J.-J. Reboux, *La Cerise sur le gâteux*, 1996, p. 54)

36. Les bouchers, dans ce domaine [l'os à moelle], sont en position de monopole. Ils trônent sur des gisements énormes. Ces gars-là vous tiennent par les couilles. (A. Schifres, *Dictionnaire amoureux des menus plaisirs*, 2005, p. 299)

37. [...] laisse tomber, je préfère ne pas en parler. Elle me tient par la peau des couilles et sait que je ne peux rien révéler sur elle. (Message, 22 mai 2006, <mossian.blogspirit.com/>)

V. encore *lapin*, ex. 8.

## couleur

□ **hisser les couleurs** / □ **faire le salut aux couleurs**, loc. verb. "avoir une érection (d'un homme)". Métaphore du mât où est monté le drapeau, qui a pu naître dans la langue des casernes. ~ ■ **être au beau fixe*** ; ■ **être au garde-à-vous** ; ■ **l'avoir en l'air** ; ■ **marquer midi*** ; ■ **dresser/monter la tente*** ; ■ **monter le chapiteau*** ; ■ **présenter les armes**.

1. [...] je la saisis dans mes bras et la presse contre moi. Alors là, c'est le vrai salut aux couleurs. (San Antonio, *Les morues se dessalent*, 1988, p. 65)

2. [...] c'est vrai qu'en général, quand ma femme me présente son joli postérieur, je ne peux résister et automatiquement je fais le salut aux couleurs ! (Message, 15 avril 2005, <www.ilimeet.fr/sexualite/forum/>)

## couloir

**un/l'éléphant dans un couloir**, loc. nom. "un objectif qu'on ne peut manquer". Par hyperbole. Fréquemment dans des locutions verbales du type **rater un éléphant dans un couloir**, pour signifier une maladresse insigne.

1. [...] il est tellement myope qu'il raterait un éléphant dans un couloir. (C. Mégret, *Le Carrefour des solitudes*, 1958, p. 370, GRL)

2. – Bah ! dit-il, qu'il choisisse [pour un duel] le pistolet ou l'arme blanche, je m'en tirerai : même au canon de montagne, il raterait un éléphant dans un couloir. (A.D.G., *Le Grand Sud*, 1989 [1987], p. 572)

3. – Il est seul ?
– Affirmatif ! [...]
– Vous pouvez le toucher ?

– Un éléphant dans un couloir.
– Feu vert.
Le tireur respire, se concentre et le coup part. (S. Pessarossi, *Pourquoi t'es là ?*, 2001, p. 48, GRL)

4. C'est ainsi que les défauts [d'une équipe de rugby] pointés du doigt samedi dernier, et aussi visibles qu'un éléphant dans un couloir, ont été corrigés. (*Sud Ouest*, 2 novembre 2007, p. 11)

**une/la vache dans un couloir**, loc. nom. "id.". Par hyperbole. Fréquemment dans des locutions verbales du type *rater une vache dans un couloir*, pour signifier une maladresse insigne.

5. On vous file un objectif à bout portant. Pratiquement, la vache dans un couloir. Occasion inespérée et unique, qui ne se représentera jamais. (J. Amila, *Pitié pour les rats*, 1985 [1964], p. 128)

6. Des chasses ! elle qui n'avait jamais été capable de tirer un lapin à dix pas, qui loupait même les faisans à l'arrêt, qui aurait manqué une vache dans un couloir. (É. de Neyrat, *Les Badauds de l'enfer*, 1975, p. 243, GRL)

7. Prudent, il l'est toujours, l'inspecteur Puymichel. D'autant qu'il n'aime pas trop jouer à la guerre. Se jeter dans les encoignures comme les flics de télévision. « Bâti comme vous êtes », dirait Duvert. Hé oui, justement, une vache dans un couloir. (J.-P. Demure, *Le Fils du vent*, 1983, p. 108)

8. Les attaquants de Ligue 1 seraient-ils aussi maladroits qu'un artilleur ratant une vache dans un couloir avec un canon de 75 ? (*L'Équipe*, 25 décembre 2005, p. 4)

9. [...] Lilian Thuram [un footballeur] qui, de l'aveu de ses propres partenaires, serait capable de rater une vache dans un couloir... (*Libération*, 3 juin 2006, p. 39)

## coup

**avoir le coup pour** + proposition infinitive, loc. verb. "être habile à, avoir le secret de, posséder l'art de". Attesté dans Larchey 1872 (« On dit *il a le coup* pour *il a le dernier mot, du savoir faire* »). ~ **avoir le chic**.

1. Quelquefois, elle pratique un de ces humours glauques ! Heureusement, j'ai le coup pour lui renvoyer des vannes, moi aussi ! (A. Dona, *Mamie a eu quinze ans*, 2007 [2006], p. 19)

2. Excellentes, ces rillettes, Marie a le coup pour les réussir. (J.-L. Rader, *Au sacrifice de la terre*, 2006, p. 11, GRL)

— PAR ANTIPHRASE.

3. Sympa comme fille mais alors, elle a le coup pour téléphoner quand il faut pas. (P. Cauvin, *Monsieur Papa*, 1990 [1976], p. 17, FT)

**rattraper (/arranger) le coup**, loc. verb. "réparer une maladresse ; redresser une situation malheureuse ; corriger un défaut".

4. Pour le deuxième, en veste ultra-longue, qui la ramène aussitôt après, histoire de rattraper le coup, gagnant en assurance et en perversité, je prends le temps de viser soigneusement les orties. Pour l'y aplatir face la première, de tout son long [...]. (Bayon, *Le Lycéen*, 1987, p. 190)

5. Je suis gênée, mon entrée en conversation avec le jeune homme blond est ratée, et je ne peux pas rattraper le coup. Le vieux nous observe. (D. Letessier, *La Reine des abeilles*, 1989, p. 151, GRL)

6. Le prévenu a senti l'aubaine et fait une demande de mise en liberté. Un avocat général a tenté de rattraper le coup [...] : trop tard. (*Libération*, 5 septembre 1998)

7. Heureusement, le patron du magasin m'a arrangé le coup en substituant au ressort d'origine (bon jusqu'à environ 75 kg) un ressort en titane [...]. (Message, 8 février 2000, <www.velo101.com/>)

8. A hauteur du lieu-dit l'Etang-Neuf, c'était la sortie de route, dans une ligne droite, accotement mordu, coup de volant pour rattraper le coup, un arbre tapé sur le côté. (*Le Progrès*, Ain, 16 novembre 2005, p. 9)

V. encore *jeu*, ex. 1.

## coupable

**responsable(,) mais pas coupable**, loc. adj. Pour signifier que l'on accepte de rendre compte de ses actes tout en se considérant comme innocent. Cette formule est souvent interprétée comme une dérobade. Diffusée en 1991 à la suite d'une déclaration de Georgina Dufoix, ministre des Affaires sociales et de la Solidarité nationale de 1983 à 1986, à propos de l'« affaire du sang contaminé » (d'août à octobre 1985, des patients, principalement des hémophiles, avaient reçu des transfusions alors qu'il y avait un risque de contamination), elle fait écho à un passage d'A. Camus (*Le Mythe de Sisyphe*, 1942, p. 95, FT : « Toutes les morales sont fondées sur l'idée qu'un acte a des conséquences qui le légitiment ou l'oblitèrent. Un esprit pénétré d'absurde juge seulement que ces suites doivent être considérées avec sérénité. Il est prêt à payer. Autrement dit, si, pour lui, il peut y avoir des responsables, il n'y a pas de coupables »), comme il a été suggéré dans le courrier des lecteurs du *Monde*, 22 février 1999, p. 13.

1. [...] c'est surtout dans l'affaire dite du « sang contaminé » que M$^{me}$ Dufoix fut à maintes reprises mise en face de ses responsabilités pour la période où elle occupait les fonctions de ministre des Affaires sociales. Elle reconnut qu'elle avait sous-estimé le risque de contamination des hémophiles, mais ajouta aussitôt qu'elle se sentait « responsable, mais pas coupable ». (*Le Monde*, 1$^{er}$ février 1992, p. 4)

2. [...] Microsoft ne serait pas à l'origine de l'infection : le virus aurait infecté le prestataire de service [...]. Cependant, même « responsable mais pas coupable », Microsoft ne sort pas grandi de cette histoire : le moindre éditeur sérieux n'envoie pas le master d'un CD-ROM au pressage sans l'avoir contrôlé par au moins un antivirus à jour. (*Les nouvelles.net*, 16 juin 2002, <www.lesnouvelles.net/articles/>)

3. L'accusé, ivre au moment des faits, a reconnu les faits, sans pouvoir toutefois expliquer son geste. Il a répété être « responsable mais pas coupable » et vouloir être acquitté. (*Agence France Presse*, 10 mars 2006)

## courage

**mère courage**, loc. nom. “femme particulièrement courageuse dans la vie de tous les jours”. Par référence à la pièce de théâtre éponyme (1939) de B. Brecht, grand classique du théâtre populaire. La référence, qui est d'ailleurs plus au titre qu'au personnage principal de la pièce, est sensible dans l'exemple 3 (majuscules et sans marque du pluriel).

1. Une femme extraordinaire que Kathleen Behan, née en 1889 à Dublin [...] considérée en Irlande comme une « Mère courage » [...] ! (*Le Monde*, 23 janvier 1987, p. 20)

2. [...] je ne peux m'empêcher de penser aux femmes extraordinaires que j'ai vu débattre pendant trois jours sur leurs droits, reprenant article par article la proposition de constitution afghane, réclamant avec force et dignité ce qui est du droit humain et du droit citoyen, des mères courage dont la force et la volonté font regarder tout à coup leurs compatriotes avec colère car les hommes en Afghanistan sont aussi les acteurs de la ruine de leur pays. (N. Barrière, janvier 2004, <sisyphe.org/>)

3. Elles sont toutes, à leur manière, même maladroite, des Mère Courage. Séverine, Noémie et Aurélie n'ont pas encore 25 ans, pas de travail et elles n'ont pas non plus véritablement construit de foyer pour le moment. Mais elles ont toutes déjà un enfant. (*Le Monde*, 20-21 janvier 2008, p. 7)

— SUR CE MODÈLE. **père courage** ; **fille/fils courage** ; **frère/sœur courage** ; **veuve courage**. Plusieurs ouvrages ont pour titre l'une ou l'autre de ces locutions, ainsi *Les Frères courage* de René Charrier (1994), *Père courage* d'Edgar Maufrais (2007), *Sœur Courage*, de Jacques Séguéla et Marguerite Tiberghien (2006).

4. Non, je ne suis plus seule : une lettre, une image,
Ton portrait qui sourit ! Bonsoir, « mon fils Courage » ! (Poème, 20 janvier 1961, <eider.chez-alice.fr/lapoesie/poemes/poeme76.html>)

5. [...] il [un acteur égyptien] a joué des rôles de père courage au cinéma comme à la télévision. (*Le Monde*, 1er août 1998, p. 8)

6. Ne te tracasse pas trop pour tes tests, je suis sûre que cela se passera bien, je suis persuadée que tu es une fille courage déjà rien que le fait d'être venue parler sur le forum est un signe de ton courage. (Message, 24 juin 2005, <forum.doctissimo.fr/sante/handicap/>)

7. Tu es ma « sœur courage », je te souhaite le meilleur pour la suite. (Message, 22 septembre 2006, <dioscures.canalblog.com/>)

8. Je n'ai pas osé suivre ce frère Courage [Jean Duvignaud]. Et c'est après lui que j'ai entrepris ouvertement de « dépasser » le marxisme. (E. Morin, dans *Le Nouvel Observateur*, 15 mars 2007)

9. La vie tourmentée d'une femme algéroise, tour à tour maman-gâteau, veuve-courage, pied-noir-nostalgie, racontée par l'un de ses fils après son départ pour le pays d'où on ne revient jamais. (Z. Hubert, *Ma Mère juive d'Algérie*, 2007, 4e de couverture, GRL)

## courir

**cours toujours**, loc. phrast., loc. interj. Pour signifier que les efforts de quelqu'un sont restés vains. ~ **tu peux toujours courir** ; **peine perdue** ; **vas-y voir**.

1. L'affaire a passé dans les journaux. Il y a eu des recherches. Cours toujours ! On n'a retrouvé ni les bijoux ni les voleurs. (H. Troyat, *Les Ailes du diable*, 1966, p. 235, GRL)

2. Depuis ce matin je n'arrête pas d'y penser [au décès d'un teckel] rendez-vous compte deux mois jour pour jour c'est dur vous savez j'essaie de pas y penser mais cours toujours c'est plus fort que moi. (J.-N. Blanc, *La Petite Piscine au fond de l'aquarium*, 2007, p. 82)

□ **(de) chez court vite** (ou **cours vite**), loc. adv. Pour signifier l'origine douteuse d'une marchandise. L'image évoque un voleur en fuite avec son butin. ~ **tombé du camion***.

3. – Vends enceintes pour ordinateur. Neuves encore emballées. Prix imbattable : 5 €
– C'est louche 5 €. C'est tombé du camion* ou tu les as eues chez cours vite. (Messages, 19 novembre - 8 décembre 2004, <nicetriathlon.forumactif.com/>)

4. [...] tu peux avoir des PC complets et performants à 300 €, mais bon, ça vient de chez court-vite ! (Message, 18 août 2006, <www.infos-du-net.com/>)

5. Pour t'décider faudra faire vite
Ma marchandise
Faut que j'te l'dise
Arrive en bloc de chez cours vite. (« Loulou d'Banlieue », 21 septembre 2007, <poeme-humour.jepoeme.com/>)

## course

□ **faire ses courses**, loc. verb. "voler, dérober". Par euphémisme.

Le 1er août [...], la police [...] verbalise le conducteur d'une voiturette. Motif : pneus lisses. Un peu plus tard, un vol est commis dans un garage [...] : deux roues de voiturette. [...] le conducteur et un complice [...] étaient tout bonnement allés « faire leurs courses » après s'être fait verbaliser. (*Ouest France*, 11-12 août 2007, p. 85N00)

## court

**(elle est) courte, mais bonne**, loc. phrast., loc. adj. Pour souligner, quand on l'entend ou quand on la rapporte, qu'une plaisanterie ou une information est particulièrement réjouissante. Comparer avec l'aphorisme **les plaisanteries les plus courtes sont les meilleures**. Attesté en 1887 (« [...] les libertins de notre époque désirent que le tout soit contenu dans un peu : "COURTE MAIS BONNE" », Rachilde, *Le Tiroir de Mimi-Corail*, Paris, Monnier, p. 4, GRL) ; en 1909 (« Comment cette horde de pillards s'est-elle abattue sur l'Assistance publique ? L'histoire est courte mais bonne. Mesureur venait d'être balancé par ses électeurs du deuxième, – salement. Que devenir ? Travailler ? Pas si vite quand on est politicien », E. Lacotte, *Nos seigneurs républicains*, Paris, Éditions des Guêpes, p. 218, GRL).

1 [...] le maître du cru nous annonça :
– Il y aura du jus, cette année !
Cette information, courte, mais bonne, [...] je vous la confirme [...]. (A. Blondin, *Ma vie entre des lignes*, 1982, p. 190)

2. – Alors, mon bon : où en sommes-nous ?
– Je vous la fais courte ou longue, M'sieur l'Dirlo ?
– Courte, mais bonne [...] ! (V. Gielly, *Mords-moi le yi-king*, 2002, p. 146, GRL)

## couteau

**couteau suisse**, loc. nom., loc. adj. Stéréotype des appareils ou dispositifs à caractère pratique et à fonctions multiples. Par référence au couteau de poche, qui était à l'origine le couteau d'officier suisse, dont le brevet a été déposé en 1897.

1. Demain, on verra peut-être apparaître ce que Bernard Cathelat appelle « la voiture couteau suisse ». Lors du dernier Salon de Genève, Mercedes en a donné un avant-goût. Son « Vario research car » est un prototype capable, selon l'humeur de son propriétaire, de se transformer en quelques minutes en berline, en cabriolet, en break ou en pick-up. (*Le Monde*, 11 septembre 1995, p. 1)

2. Les hackers franchissent une nouvelle étape dans la sophistication des attaques. Bien que l'on ne puisse pas le qualifier de virulent, le trojan Phatbot [un virus] intrigue les experts en sécurité… […] il dispose […] de la capacité de contourner les systèmes d'antivirus, pour peu qu'ils ne l'aient pas repéré, et de les désactiver. / Ainsi, le trojan, qui a retenu l'attention des autorités gouvernementales américaines du département de la sécurité intérieure, s'est vu qualifier de « couteau suisse virtuel des logiciels d'attaques ». (« Phatbot, cheval de Troie », 22 mars 2004, <crea-news.com/>)

3. Et l'assurance vie ? Le placement financier préféré des Français a d'incontestables atouts, mais il n'est pas pour autant le couteau suisse de l'épargnant. En cause notamment, ses frais d'entrée, mais aussi sa fiscalité les premières années. (*Mieux vivre votre argent*, 1er décembre 2006, p. 46)

4. Ce couteau suisse [l'iPhone d'Apple] permet […] de téléphoner, d'envoyer des textos, de photographier, de surfer sur Internet, de consulter les cours de la Bourse en direct, de visionner des vidéos, d'écouter de la musique compressée… (*Le Monde 2*, 16 février 2008, p. 27)

— MOINS USUEL. Appliqué à une personne providentielle.

5. Rares sont les compliments si appuyés de la part d'Henry Broncan envers un de ses joueurs. Mais le « sorcier » adore celui qui fait office de « couteau suisse », Raphaël Bastide. La semaine dernière, il a inscrit son quatrième essai de la saison sur une action lumineuse. (*Sud Ouest*, Gers, 9 décembre 2006)

□ **ne pas être le couteau le plus affûté du tiroir**, loc. verb. "ne pas être des plus malins". S'oppose à *fine lame*. ~ **n'avoir pas volé le Saint-Esprit***.

6. On visite un site avec une image (un peu bidouillée) au format JPEG, et *paf*, un pirate en profite pour injecter un logiciel qui tourne sur votre machine… Le pire, c'est que le code permettant cela est maintenant public. Paul Festa, pourtant pas le couteau le plus affûté du tiroir, finit par voir la lumière et affirme que *Firefox* [un logiciel de navigation] pourrait s'engouffrer dans la brèche. Et comment ! (« Les standards du web », 23 septembre 2004, <standblog.org/>)

## couvercle

**mettre le (/un) couvercle sur** + groupe nominal, loc. verb. "empêcher d'évoluer, bloquer, verrouiller une situation, un processus". Métaphore domestique.

1. […] l'armée commença à mettre le couvercle sur la Révolution culturelle et à y couper court. (J. Marabini, *Mao et ses héritiers. Ombres chinoises sur le monde*, 1972, p. 34, GRL)

2. Enfin, le [...] chef d'état-major des armées françaises [...] a déclaré hier que l'Otan « va mettre le couvercle » sur la RFY [République fédérale de Yougoslavie] et le Kosovo pour que les forces serbes ne puissent plus bouger. (*La Croix*, 30 avril 1999, p. 5)

3. Lilian [un coureur cycliste] avait déjà mis un couvercle sur la course dans la mesure où ses 56 points d'avance [...] lui assuraient, quoi qu'il arrive, le gain de l'épreuve. (*Le Télégramme*, 6 août 2002)

— VARIANTES DÉVELOPPÉES. **mettre le (/un) couvercle sur la marmite (/la cocotte/la chaudière)** + complément déterminatif.

4. L'affaire est « sensible » surtout depuis que les députés UMP ont mis un couvercle sur la marmite amiante en refusant [...] la création d'une commission d'enquête parlementaire. (*L'Humanité*, 14 avril 2005, p. 8)

∞ DANS UN CONTEXTE MÉTAPHORIQUE, PAR PLAISANTERIE.

5. Il se vantait aussi qu'avant lui j'étais une vraie cocotte-minute et qu'heureusement il était arrivé pour mettre le couvercle. (E. Hanska, *J'arrête pas de t'aimer*, 1981, p. 47)

## crabe

**debout les crabes (la mer monte)**, loc. phrast. Invitation plaisante à sortir du lit. Par référence au titre éponyme du film (1983) de Jacques Grand-Jouan.

1. – Debout les crabes !
Des compartiments qui servent de dortoirs, fermés par un simple rideau sur tringle, les marins sortent, dégringolés des couchettes en étages. (Y. Pagniez, *Français d'Indochine*, 1953, p. 223, GRL)

2. Dès l'aube, Michel était venu tambouriner à la porte de son frère. Michel dormait encore.
– Eh frangin, debout les crabes ! La mer monte ! (L. Coué, *Chrysalis*, 2002, p. 59, GRL)

3. Il est temps de se bouger et d'arrêter de traînasser [...]. « Debout les crabes, la mer monte ! » comme qui dirait. C'était la phrase préférée de mon père, Paul. Toute notre adolescence, c'est avec ça qu'il nous a réveillées, mes sœurs et moi [...]. (C. Krug, *Demain matin si tout va bien*, 2006 [2004], p. 53)

## crapaud

**(avoir l'air d') un crapaud sur une boîte d'allumettes**, loc. verb., loc. nom. À propos d'une personne juchée sur quelque chose (notamment sur un vélo) et qui paraît inélégante, déplacée et un peu ridicule ; employé aussi par moquerie en parlant d'un homme qui forme un couple avec une femme particulièrement replète.

1. – [...] Il ferait mieux de se payer un clou ["une bicyclette"]. Pas un spécial course, il aurait l'air là-dessus d'un crapaud sur une boîte d'allumettes, mais une bonne machine d'entraînement. (R. Fallet, *Au Beau Rivage*, 1970, p. 89)

2. – [...] Je vais remonter la selle de mon vélo. J'avais l'air d'un crapaud sur une boîte d'allumettes. (R. Sabatier, *Les Noisettes sauvages*, 1974, p. 308)

3. La position de conduite est droite. D'ailleurs, il vaut mieux se tenir bien droit sur ce genre de moto sous peine de ressembler à un crapaud sur une boîte d'allumettes [...]. (« Essai Suzuki DL 1000 », 21 avril 2003, <www.lerepairedesmotards.com/>)

4. Quand il avait quatorze ans, couché sur sa meule comme un crapaud sur une boîte d'allumettes (c'était une expression de l'époque...), il était le roi des petites départementales de Touraine [...]. (A. Gavalda, *Ensemble, c'est tout*, 2005 [2004], p. 271)

**la bave (/le venin) du (noir) crapaud n'atteint pas la blanche colombe**, loc. phrast. Pour marquer, avec dédain ou indifférence, que l'on reste insensible à une attaque, à une insulte. Attesté en 1935 (« Dans un interstice j'ai glissé : "La bave du crapaud n'atteint pas la blanche colombe." C'était digne. Papa n'apprécia pas ma repartie et me gifla sur la figure. En plein », H. Calet, *La Belle Lurette*, Paris, Gallimard, 2004, p. 120).

5. – Quel est votre sentiment sur toutes ces accusations ?
– Le venin du crapaud n'atteint pas la blanche colombe. (*La Hulotte*, 1er trimestre 1982, p. 2-3)

6. Quand elle est en difficulté, elle ne répond jamais de façon frontale. C'est son côté « la bave du noir crapaud n'atteint pas la blanche colombe ». (*Le Parisien*, 29 septembre 2006, p. 3)

— VARIANTE PONCTUELLE, PAR JEU DE MOTS.

7. [...] il est insolent de juger les juges. Refoulé par le principe soi-disant républicain, le soupçon d'incompétence, telle la bave du crapaud, n'atteint pas la blanche hermine. (*Le Monde*, 6 décembre 2001, p. 16)

## cravate

▪ **cravate de notaire**, loc. nom. "position sexuelle dans laquelle l'homme se masturbe entre les seins de sa partenaire". Sans doute par une vague analogie avec la cravate que les notables, notamment les notaires, étaient naguère seuls à porter au quotidien.

1. Pour les curieux, *Super Positions* explique par le menu l'art de la « paresseuse » ou de la « cravate de notaire » à travers les pays et les siècles. (*L'Express*, 13 décembre 2004, p. 20)

2. – [...] Allez, viens, je te fais passer un bon moment.
– Non, c'est gentil. Merci.
– Je vais te faire cravate de notaire. (J.-M. Villemot, *Les Petits Hommes d'Abidjan*, 2006, p. 49)

3. – Il [un notaire] a été découvert nu, une cravate autour du cou. Mise en scène à caractère sexuel évident. Vous connaissez la signification...
– Ne vous fatiguez pas, commissaire. Comment avoir été mariée pendant vingt-huit ans à ce joyeux drille en ignorant l'expression ? Comment appelle-t-on cette position, la « cravate de notaire » en politiquement* correct ? Une masturbation entre les seins de sa partenaire, je suppose. (M. Embareck, *Le Futon de Malte*, 2007, p. 29)

**marchand de cravates**, loc. nom., loc. adj. "hâbleur". La locution renvoie à l'image désuète du vendeur à la sauvette proposant des cravates (dans un parapluie ouvert) et qui essaye d'attirer la clientèle par son boniment. ~ **baratineur**.

4. C'est sans doute parce qu'il est ennuyeux à mourir que Romano Prodi a une chance de l'emporter sur Silvio Berlusconi aux élections en Italie. Face au président du Conseil, dont le côté marchand de cravates commence à lasser, « il professore » a un côté rassurant : lui au moins ne promet pas monts et merveilles à un pays dont la situation économique est devenue l'une des plus mauvaises en Europe. (*Le Figaro*, 7 avril 2006, p. 1)

**vendre des cravates**, loc. verb. "bonimenter, faire l'article". Même image que dans *marchand de cravates*. ~ **baratiner**.

5. [...] un personnage bedonnant, roublard et truculent, doué d'un entregent de marchand de cravates à la sauvette : Andry-Farcy, conservateur du musée de Grenoble. (J.-P. Crespelle, *Montparnasse vivant*, 1962, p. 81, GRL)

6. Michel Rocard se perdait dans des phrases obscures. Balladur, c'était du sirop. Juppé, une mitraillette. Jospin évoquait une glacière et Raffarin avait l'air de vendre des cravates... Avec Dominique de Villepin, nous sommes entrés en littérature. (R. Belleret, dans *Le Monde*, 2 février 2007, p. 32)

## créneau

**monter au créneau**, loc. verb. "s'engager, se mobiliser, intervenir dans une action qui a un caractère de lutte ; adopter une attitude offensive". Par métaphore du vocabulaire de la poliorcétique. La forme **monter aux créneaux** est moins usuelle. ~ **monter au filet**.

1. En paradoxe apparent nous constatons qu'au moment où le français s'américanise chaque jour un peu plus, les Bretons, les Occitans, les Basques montent aux créneaux pour défendre les parlers locaux. (J. Cau, *Pourquoi la France*, 1975, p. 111, GRL)

2. Le mouvement fait appel à lui sans cesse pour monter au créneau avec ses armes spécifiques : articles, conférences, cours, interventions, secrétariat d'association ou de périodique. (P. Ory, *Nizan. Destin d'un révolté*, 1980, p. 171, GRL)

3. La moindre alerte sur tout ce qui pourrait porter entrave au succès du vin fait monter au créneau des milliers de viticulteurs [...]. (*Le Figaro*, 23 janvier 2004, p. 10)

4. Jean-Charles [...] possède plus de mille animaux dans sa ferme à Ozillac. [...] l'homme est un spécialiste des espèces rares. Il est notamment monté au créneau pour sauver le coq de Barbezieux, un volatile d'un noir ébène [...]. (*Sud Ouest*, Charente-Maritime, 6 mars 2007, p. 7)

5. Les leaders politiques montent aux créneaux. (O. Tity Faye, *Guinée. Chronique d'une démocratie annoncée*, 2007, p. 118, GRL)

V. encore *boulon*, ex. 8 ; *sketch*, ex. 4 ; *Totor*, ex. 1.

## crever

▲ **crève salope**, loc. phrast., loc. interj. Injure grossière à l'adresse d'une personne (ou d'une institution), l'expression marque aussi le rejet de toute forme d'autorité et elle est particulièrement attestée en 1968. Un tract d'avril de cette même année, diffusé à Bordeaux par un « Comité de salut public des vandalistes » et construit sur le mode *ne dites plus [...] mais dites [...]*, proposait de substituer *crève salope !* à des formules telles que *monsieur le professeur*, *bon-*

*soir papa, pardon m'sieur l'agent* ou *merci, docteur* (reproduit dans R. Viénet, *Enragés et Situationnistes dans le mouvement des occupations*, 1968).

1. Tout en vert, botté, casqué, la boîte cylindrique de son masque à gaz et sa musette grise accrochées à son ceinturon… Wesichskrütnein… Charabia ja ja. Crève salope ! Il pédale encore. (J. Ravelin, *C'était une autre fois*, 1965, p. 68, GRL)

2. J'aurais pu me mettre à étudier ce genre de question pendant mes huit ans de maladie, faire des statistiques, des comparaisons… Ça me ferait maintenant un petit bagage […] l'occase qu'on m'offre une petite planque, une chaise percée à l'université de Nanterre… crève salope ! avec la retraite à soixante piges. (A. Boudard, *L'Hôpital*, 1986 [1972], p. 258)

3. Je v'nais de manifester au Quartier [latin].
J'arrive chez moi fatigué, épuisé,
mon père me dit : Bonsoir, fiston, comment qu'ça va ?
J'ui réponds : Ta gueule sale con, ça t'regarde pas !
et j'ui ai dit : Crève salope ! (Renaud, « Crève salope ! », 1982, dans *Le Temps des noyaux*, 1988, p. 53)

4. Comble du sadisme, il l'embrasse sur le front, annonçant pour seule oraison : « Crève salope ». Et de conclure benoîtement : « Sous l'effet de la colère, il y a des gens qui lancent : je vais le tuer. Moi je l'ai fait, j'étais sincère. » (*Le Progrès*, Rhône, 23 octobre 2003, p. 4)

## crevette

**devenir crevette**, loc. verb. "prendre une teinte rose, notamment sous l'effet du soleil". Par référence à la crevette rose.

1. Je […] bondis jusqu'à la salle de bains pour remplir la baignoire. Mais celle-ci était déjà pleine et, dedans, il y avait un homme, nu […].
« Aoh ! m'accueillit-il, ne vous excusez pas, je me sentais devenir crevette à attendre votre réveil. Je vous laisse la place et je vous chauffe un café. »
Il déplia son corps effectivement rosâtre, une carapace de muscles modestes, une verge au repos qui me parut exagérément longue. (J. Jouet, *Des ans et des ânes*, 1988, p. 148-149)

2. Moi je bronze pas au soleil, je crame… et je deviens crevette ! Donc avant de partir pour les Baléares, j'avais prévu le coup et j'ai été faire des séances d'UV. (Message, 23 février 2006, <smouchforum.free.fr/>)

## croire

**vous ici, je vous croyais au zoo/aux eaux/zozo**, loc. phrast. Expression qui se prononce en insistant sur les liaisons et qui joue sur l'homophonie de *au zoo* et *aux eaux* avec *zozo* ("sot") comme l'indique la graphie des exemples 1 et 3. Employée pour manifester son étonnement de rencontrer quelqu'un, elle se dit surtout pour le plaisir de l'allitération.

1. – Vous ici ! Mais je vous croyais zozo !
– Ce n'est pas le moment de rigoler, mademoiselle Paulette. (G. Pichard et G. Wolinski, *Paulette*, t. 1, 1978, p. 65)

2. […] les […] ministres détournent l'argent du contribuable et se retrouvent au tribunal en se saluant jusqu'à terre, vous ici chère amie quelle surprise je vous croyais zaux zeaux […]. (« Les Infos », <singevert.free.fr/>, consulté le 2 décembre 2004)

— VARIANTES PONCTUELLES.

3. Tiens donc Gillou toi zici, je te croyais zozo… (Message, 19 mars 2005, <www.opiom.net/>)

4. Quel zazard, je te croyais au zoo. (Message, 2 septembre 2007, <amitie.wazami.com/>)

## croquis

**faire un croquis**, loc. verb. "expliquer par le détail, donner des explications supplémentaires à quelqu'un qui aurait déjà dû comprendre ce dont il est question". Variante du plus usuel **faire un dessin**, avec la même connotation de légère ironie ou d'impatience.

1. – Faut-il que je te fasse un croquis ? N'as-tu pas compris ce qu'elle attendait ? (P. Vialar, *Cinq hommes de ce monde : John, Fritz, François, William, Ivan*, 1954, p. 261, GRL)

2. – […] Tu commences à saisir ?
– Toujours pas, dit Masson.
– Je vais te faire un croquis, papa. (A. Hardellet, *Le Seuil du jardin*, 1990 [1966], p. 150)

3. Je n'ai pas eu besoin de te faire un croquis : tu as vite compris que je n'étais pas né baron, seulement, tu n'imagines pas ce que j'étais, tout môme ! […] Si tu m'avais vu, à douze ans, le chômage, les grèves, les mains violettes au fond des poches percées. Du vrai Zola. Du *Germinal*. (R. Bésus, *Le Maître*, 1968, p. 73, GRL)

## cuillère

□ **dormir (/s'endormir/se coucher) en (petite) cuillère**, loc. verb. "dormir à deux, sur le côté, encastrés l'un dans l'autre, ventre contre dos". Par analogie de forme avec les cuillères rangées l'une contre l'autre dans une ménagère ou un tiroir (cf. « je serais bien une cuillère à dessert. J'aurais toujours des trucs délicieux sur moi et je pourrais dormir en cuillère dans le tiroir à couverts », message, septembre 2006, <www.pasfolle.net/>). La locution semble particulièrement utilisée au Québec, où elle est attestée en 1880 (« […] tu seras obligé de partager le lit de mon homme de cœur. Vous pourrez coucher tous les deux en cuillers », *Le Vrai Canard*, 4 septembre, p. 2 ; communication du Trésor de la langue française au Québec, université Laval). La métaphore analogue, **dormir en fourchette**, relevée à l'oral, n'a pu être attestée à l'écrit.

1. […] c'est l'un contre l'autre que nous nous sommes endormis. En cuillère. Moi devant avec ses bras autour de ma taille, lui derrière avec son sexe encastré là où je pense. (C. Krug, *Demain matin si tout va bien*, 2006 [2004], p. 28)

2. On les voit aussi [un couple, dans une émission de télévision] dormir en cuillère. (Message, 6 octobre 2006, <www.televore.com/>)

3. […] je te demande. « Tu veux bien me prendre dans tes bras, couché sur le lit ? J'aimerais me coucher en petite cuillère et sentir ton corps contre le mien, tes bras me serrant fort. » (« Tendresse et envie », 12 décembre 2006, <missgatitta.canalblog.com/>)

**être né avec une cuillère d' (/en) argent dans la bouche**, loc. verb. "être issu d'une famille riche". Calque, dont les médias sont particulièrement friands, de l'anglais *to be born with a silver spoon in one's mouth.* Attesté en 1847 (« L'Anglais, pour signifier que les hommes naissent, les uns heureux et les autres malheureux, dit que l'un naît avec une cuiller d'argent dans la bouche, et l'autre avec une cuiller de bois », J. F. Gangler, *Lexicon der Luxemburger Umgangssprache*, p. 526, GRL).

4. – […] mon beau-père, qui est un homme formidable, qui a tout construit par lui-même. Il n'est pas né avec une cuiller d'argent dans la bouche, vous savez. (R. Badinter, dans *Le Monde*, 31 janvier 1986, p. 27)

5. – Mes frères et moi, nous ne sommes pas nés avec une cuillère d'argent dans la bouche. Très tôt, on a senti qu'il nous faudrait nous battre deux fois plus que les autres. (Z. Zidane, dans *L'Humanité*, 12 janvier 2004, p. 2)

6. La cheminée et les moulures, c'était le rêve d'Isabelle […]. Elle disait, pour parler de ceux qui étaient nés avec une petite cuillère en argent dans la bouche : C'est des gens « cheminée-moulures ». (N. Kuperman, *J'ai renvoyé Marta*, 2007 [2005], p. 72)

7. S'il est né à Neuilly […], ce n'était que par accident et pas avec une cuiller en argent dans la bouche. (*La Charente libre*, 23 février 2007, p. 3)

— VARIANTE. **être né avec une cuillère d'or/dorée dans la bouche**. Attesté en 1922 (« Mon petit monsieur, vous avez de la chance ! Vous êtes né la cuiller d'or dans la bouche », Rachilde, *L'Hôtel du Grand Veneur*, Paris, J. Ferenczi, p. 133, GRL).

8. […] Claude Évin, qui n'est pas vraiment né […] avec une cuillère d'or dans la bouche, pourrait se vanter d'avoir grimpé rapidement tous les échelons d'une carrière politique en or. (*Le Canard enchaîné*, 19 octobre 1988, p. 7)

9. Moi, voyez, je la trouve plutôt modeste [M^me^ Thatcher]. Parce qu'enfin elle n'est pas née avec une cuiller dorée dans le bec, et regardez un peu ce qu'elle est devenue : le plus grand homme politique de l'après-guerre. (C. Sarraute, dans *Le Monde*, 4 mai 1989, p. 26)

## cuire

□ **mal cuit**, loc. adj. "débile, demeuré". Voir le suivant.

1. Lilou citant avec admiration le nom de Milos Forman, Ronet lui cloue le bec. Il n'a pas envie d'entendre parler de ce « communiste mal cuit ». (R. Forlani, *Toujours vif et joyeux !*, 2003, p. 461)

□ **n'être pas fini de cuire** (et variantes), loc. verb. Pour désigner un être simplet, niais. Métaphore de la gestation comparée à une cuison. À rapprocher de Furetière 1690 : « On dit qu'un homme […] n'a pas la teste bien *cuite*, pour dire qu'il est un peu extravagant, qu'il n'est pas assez meur ». Déjà au XVI^e^ s., « teste mal cuite » (Di Stefano 1991) évoque une certaine extravagance ; voir P. Rézeau, dans *Cahiers de linguistique de Louvain*, t. 26 (2000), p. 164-165. ~ □ **être bas de plafond** ; □ **n'avoir pas inventé l'eau tiède** ; □ **il lui manque un quart d'heure de cuisson*** ; □ **il lui a manqué un fagot*** ; □ **avoir été bercé trop près du mur** ; □ **avoir été démoulé trop chaud** ; ▲ **fini* au pipi**.

2. Et pourtant, quelle tranche de vie, et de rire, cette histoire [une comédie] de noce bretonne qui rappellera forcément quelque chose à chacun. […] où se croisent pêle-mêle un serveur maladroit, un cuisinier « pas fini de cuire » […], une serveuse un peu « à l'ouest* », un frère qu'on n'attendait pas. (*Le Télégramme*, 16 février 2003)

## cuisse

**avoir de la cuisse**, loc. verb. "allier la consistance et la nervosité (en parlant d'un vin)". « Cette expression […] ne fait pas partie du vocabulaire des dégustateurs professionnels et des œnologues, qui la jugent trop imprécise et fantaisiste » (M. Coutier, *Dictionnaire de la langue du vin*, Paris, CNRS Éditions, 2007, p. 174 ; avec une attestation de 1927). ~ **avoir du corsage*/□ de la fesse***.

1. On lui sert un ballon de bourgueuil au comptoir. […] le bourgueuil a de « la cuisse » […]. (R. Fallet, *L'Angevine*, 1987 [1982], p. 96)

2. Plus personne n'ose recourir aux vieilles métaphores qui entretenaient le folklore, sinon la connaissance, et qui en disaient plus sur le buveur que sur la boisson. Si quelqu'un déclare qu'un vin est affriolant ou caressant, qu'il a de la cuisse ou du corsage*, voire de la fesse* ou du nombril, on a envie de poser son verre pour observer l'interlocuteur. (*Le Monde*, 7 novembre 1987, p. 17)

3. Le millésime 2003 semble mettre tout le monde d'accord. Derrière des fragrances de fraise, le [beaujolais] primeur a de la cuisse. (*Le Progrès*, 22 novembre 2003)

V. encore *corsage*, ex. 2 ; *fesse*, ex. 2.

## cuisson

□ **il lui manque un quart d'heure de cuisson**, loc. phrast. Pour désigner un être simplet, niais. Même métaphore que dans **n'être pas fini de cuire***. ~ □ **être bas de plafond** ; □ **n'avoir pas inventé l'eau tiède** ; □ **il lui a manqué un fagot*** ; **avoir été bercé trop près du mur**.

1. De quelqu'un qui « n'a pas inventé la poudre » […], on entend dire, en Savoie, qu'« il a été bercé trop près du mur » […], on dit encore qu'« il lui manque un quart d'heure de cuisson ». (L. Annequin, dans *L'Humanité*, 30 juillet 1993, p. 9)

2. Un secoué du ciboulot. Un trop cuit par moment et parfois, il lui manque un quart d'heure de cuisson. (Message, 6 septembre 2006, <forums.france2.fr/>)

## cul

■ **avoir la tête dans le cul**, loc. verb. "avoir l'esprit embrumé, sous l'effet de la fatigue ou de divers excès ; être mal réveillé". ~ □ **syndrome céphalorectal*** ; **être dans le cirage** ; □ **être dans le coaltar*/le gaz*/les vapes** ; **être vaseux** ; □ **avoir la tête dans le pâté*** ; □ **avoir la tête en vrac***.

1. […] elle avait passé la soirée précédente avec Rachid à se déglinguer à la Carlsberg […]. En émergeant le matin même, elle avait la tête dans le cul et arborait une moue boudeuse. (M. Villard, *Rouge est ma couleur*, 1996, p. 12)

2. Je murmure « Allô » et une voix d'ours me décolle le tympan : « Oulala, j'ai la tête dans le cul », dit la voix. (M.-A. Guillaume, *L'Odeur de l'homme*, 2006 [2005], p. 54)

3. Pour ce tout nouveau poste, je devais me lever à cinq heures du mat' […]. Ça démarrait trop tôt pour moi, j'étais dans le gaz* et j'oubliais tout le temps quelque chose […]. J'avais la tête dans le cul. (C. Montana, *Carla on my mind*, 2005, p. 116)

V. encore *couille*, ex. 7 ; *gaz*, ex. 3 ; *heure*, ex. 2.

— PAR ELLIPSE. ■ **la tête dans le cul**.

4. […] toute la soirée s'était passée dans des bars supersympas […]. Tant et si bien que c'est un peu la tête dans le cul qu'ils étaient arrivés à Roissy […]. (V. Ravalec, *Nouvelles du monde entier*, 2006 [2004], p. 155-156)

□ **avoir le cul dans l'eau**, loc. verb. "échouer". À rapprocher de *tomber à l'eau* (en parlant d'un projet).

5. – Verlaine [une personne recherchée], me dit Tony. Si on l'a pas, ou si les autres l'ont avant nous, on a le cul dans l'eau. (H. Pagan, *Je suis un soir d'été*, 2003 [1983], p. 41)

■ **avoir le cul dans l'œil/dans les yeux**, loc. verb. "être sexuellement très excité(e) ou très excitant(e)". ~ ■ **avoir les yeux qui sentent le cul** ; ■ **avoir les yeux qui crient braguette*** ; ■ **sourire* en cuisses ouvertes**.

6. Well (affiches [publicitaires d'une marque de lingerie féminine], nov. 02) / Juxtaposition du visage et du buste (généreux) d'une jeune et jolie femme. Message subliminal : « Derrière un visage, toujours imaginer le corps. » Oblitération du visage-âme par le buste-corps. Concept voisin de l'expression charmante : « Elle a le cul dans les yeux. » (Message, 5 novembre 2002, <www.lameute.fr/publicites/>)

■ **avoir le cul verni / être un cul verni**, loc. verb. "avoir beaucoup de chance". Attesté en 1914 (Esnault 1965, s.v. *verni*, qui explique ainsi la métaphore « parce que le malheur "glisse" sur un vernis » ). ~ ■ **avoir le cul bordé de nouilles**.

7. Moi, je suis un cul verni. Tellement verni que j'aurais pu me laisser aller aux trucs faciles. Regardez, à Monaco, on a tout. Du blé, du soleil, la chance de vivre dans l'un des plus beaux endroits du monde, des facilités, des opportunités, des connaissances, etc. Bref, tout pour avoir une vie sociale épanouie, hein ? Mais, cette alléchante vie sociale peut t'amener à te brûler les mains et le cœur. Alors, un jour, je me suis dit qu'il fallait que je fasse un choix. Bref, me sortir les doigts du cul ou pas ! Faire juste le choix d'être capable de prendre un axe, de s'y tenir et d'avancer. (*L'Humanité*, 7 octobre 2000)

8. Première mission du jour récupérer un colis que Hugues nous a transmis depuis la Suisse. Nous le récuperons de justesse car celui-ci était déjà dans la pile « Retour à l'expéditeur » […]. La poste australienne est très rapide et ne laisse pas traîner les choses ! Nous avons le cul vernis [*sic*]… (Joëlle et Michel, *Voyage en Australie, 2005-2006*, 3 février 2006, <joelle-et-michel.kaywa.ch/>)

■ **avoir les yeux qui sentent le cul**, loc. verb. "être sexuellement très excité(e) ou très excitant(e)". ~ ■ **avoir les yeux qui crient braguette*** ; ■ **avoir le cul dans l'œil/dans les yeux** ; ■ **sourire* en cuisses ouvertes**.

9. Autant un mec je prendrais pas [en auto-stop], mais une gonzesse qui a les yeux qui crient braguette* et qui sentent le cul. (Message, 11 septembre 2005, <www.forum-auto.com/>)

10. Dans le genre insupportable, il y a celui qui te regarde droit dans les yeux et te balance : « La vérité, tu as les yeux qui sentent le cul ! » ou « Je le lis dans tes yeux, tu as trop envie de moi ». Quel bouffon, s'il ne sait pas distinguer une grosse crève qui te file les yeux brillants et un désir incontrôlable, il est bien mal barré dans la vie. (« Le pire de la drague », <mescopines.ados.fr/love/>, consulté le 3 juillet 2006)

■ **ça me fait mal au cul (de/que** + proposition), loc. phrast. Pour signifier son profond désaccord avec un état de fait ; pour marquer son opposition ou sa réprobation.

11. [...] en tant qu'ancien juriste, ça me fait mal au cul qu'on adopte une constitution dont on sait qu'elle a des lacunes. (« Blog politicodramaticomique », 17 mai 2005, <www.baptonnet.net/>)

12. Dire que je paye des impôts pour ce club en tant que contribuable parisien ! Ça me fait mal au cul. (Message, 24 novembre 2006, <www.liberaux.org/>)

13. Quand je vois mon interne qui ce matin est allé se coucher après 125 heures à l'hosto cette semaine... Et quand on se dit qu'il a bossé autant qu'un métier quelconque pendant 1 mois en 1 semaine et qu'il va gagner 1350 euros. Et ben ça me fait mal au cul et il faut vraiment changer les choses, c'est pas possible ! (Message, 12 mars 2007, <www.e-carabin.net/>)

■ **ça me ferait mal au cul (/aux fesses) (de/que** + proposition), loc. phrast. ~ **ça me ferait mal au ventre/**□ **aux seins**.

— Pour marquer son embarras, sa peine ou son dégoût.

14. HALPERN. Mais tu vas me lâcher la grappe, ouais ?
STÉPHANIE. Surtout ne t'avise pas de revenir ici ! Je ne veux plus jamais te revoir.
HALPERN. Ça me ferait mal au cul de revoir ta gueule !! (É. Rochant, *Un monde sans pitié*, 1990, p. 14)

15. Il était une fois un jeune garçon qui se baladait dans sa FNAC habituelle, au rayon jeux vidéos. [...] 44 € pour une nouveauté sans test, il se dit que ça lui ferait mal au cul que ce soit une daube. (« Coup de gueule », 1er mars 2006, <adamhunter.free.fr/>)

16. Va pas me coller une étiquette de FN ça me ferait mal aux fesses quand même. (Message, 1er mai 2006, <www.forum discussions.com/>)

17. – [...] Traînez pas. Parce que moi, comprenez, faut que je sache. Que j'aille pas rater l'affaire de votre faute. Ça, pardon d'être vulgaire, mais vraiment, ça me ferait mal au cul. (L. Chalumeau, *Les Arnaqueurs aussi*, 2007, p. 191-192)

— Pour marquer son incrédulité.

18. – Parce que sinon, le rigolo, qu'est-ce que tu sais foutre, il [un policier] a demandé.
– Je suis écrivain, j'ai dit.
Il a cligné de l'œil et il s'est marré.
– Ben ça, ça me ferait mal au cul. Celle-là, elle est bonne, il a fait.
Il s'est adressé à son copain en me montrant du pouce.
– T'as entendu ça ? C'est la meilleure... (P. Djian, *Zone érogène*, 1986, p. 71)

■ **coincé du cul**, loc. adj. "emprunté, inhibé, complexé". Variante développée de **coincé**. ~□ **coincé/constipé du bulbe*** ; **constipé** ; □ **cul cousu** ; □ **cul serré**.

19. – Jeune, vieille ?

– Dans les 35, 36…
– Maquée ?
– Mariée ouais, mais coincée du cul. Faut dire que…
– Quoi ? Comment elle est ? Mettable au moins ?
– Je dirais pas ça, non. Pas vraiment le cageot, mais y'a les planches. Et puis un vrai glaçon. (P. Avignon, *Les Mensonges des hommes*, 2004, p. 22, GRL)

20. Effrayée par mai 68, la France était une rombière frileuse, coincée du cul et pincée du langage… (Blog, 30 avril 2005, <www.michel-edouard-leclerc.com/>)

21. Ce blog est réservé à des gens TRÈS éduqués, coincés du cul et qui écrivent parfaitement ! Mais chaque citoyen a droit à sa liberté d'expression non ? (Message, 17 décembre 2006, <blogs.lexpress.fr/>)

**cul à cul**, loc. adj., loc. adv. Pour qualifier la manière de progresser dans un embouteillage, les véhicules se suivant sans intervalle.

22. […] un parcours de sept kilomètres, en trois heures, tellement il y avait de bagnoles sur deux files cul à cul […]. (G. Ripault, *Pornoccident, ô mon amour*, 1977, p. 192, GRL)

23. « En juillet-août, il y a huit kilomètres de bouchon sur la nationale [à la frontière espagnole], raconte un habitué. Trois heures d'attente, cul à cul, sous le cagnard. » (*Libération*, cahier spécial, 16 août 2006, p. 1)

24. En fait, depuis que le boulevard est passé de trois à deux voies, les embouteillages sont très nombreux et beaucoup de gens, lorsqu'ils sont « cul-à-cul », continuent d'avancer. Ce qui n'arrange rien à l'affaire. (*Midi libre*, Lunel, 27 juillet 2007)

□ **cul cousu**, loc. nom., loc. adj., "(personne) au comportement rigide". ~ **constipé** ; □ **cul serré** ; ■ **coincé du cul**.

25. La marquise est ce que nous appelons ici un cul cousu, et je ne prêtais pas davantage attention à ses propos de prude […]. (R. Jean, *L'Or et la soie*, 1983, p. 19, GRL)

26. MASSE […] Vous faites partie de la tribu des empotés, des nez sales, des culs cousus, hein ? (J. Mondoloni, *Voyages*, 2005, p. 92, GRL)

■ **dans ton cul**, loc. phrast. Repartie grossière en réplique à la question « où ? ». Souvent abrégé, dans le cyberlangage, en **DTC**.

27. Déclaration à la sous-préfecture de Grasse.
ASSOCIATION DES SYMPATHISANTS DU « DANS TON CUL ! » (ASDTC). *Objet :* rassembler les personnes qui répondent oralement par l'expression « Dans ton cul ! » aux questions qui leur sont posées avec le mot « où » par leur proche entourage, dans le milieu non professionnel ; peut, en outre, adhérer à la présente association toute personne sympathisant avec cette pratique verbale, sans toutefois la pratiquer ellemême. *Siège social :* 11, rue de la République, 06370 Mouans-Sartoux. *Date de la déclaration :* 12 décembre 2005. (*Les Journaux officiels*, 21 janvier 2006, <www.journal-officiel.gouv.fr/association/>)

28. Vous discutez tranquillement sur un salon de discussion sur Internet et tout d'un coup, vous vous demandez : où ? Vous posez innocemment la question et quelqu'un vous répond abruptement : dtc ! Oui, c'est arrivé à tout le monde, même à moi. Mais qu'est-ce qui se cache derrière ces trois petites lettres d'apparence grossière ? (*Index*, <axolotl.thekrooners.net/>, consulté le 22 février 2007)

V. encore *bite*, ex. 6.

**■ laid/moche/vilain comme un cul**, loc. adj. "particulièrement laid". Attesté en 1585 (N. de Cholières dans Di Stefano 1991). Enregistré dans Oudin 1640 : « *Elle est laide comme un cul* [...] fort laide. » ~ □ **laid à faire louper une couvée de singes**.

29. Mademoiselle Praline, ça ne vous dit rien comme nom ? (faut dire qu'ici, tout le monde l'appelle « la Roucoulou » parce qu'elle peut vous imiter n'importe quel cri d'oiseau) ça m'étonne que vous ne la connaissiez pas... une sale vieille, moitié corbeau moitié hibou, laide comme un cul et méchante comme pas une ! (D. Depland, *La Mouche verte*, 1973, p. 101, GRL)

30. – Arrête de pleurnicher, t'es vilain comme un cul quand tu fais tes grimaces ! (R. Fallet, *La Soupe aux choux*, 1981 [1980], p. 171)

— VARIANTE DÉVELOPPÉE. **■ laid/moche/vilain comme un cul de singe**, loc. adj. Par croisement avec **laid comme un singe**.

31. – Il gueule tout le temps, ce petit monstre. [...] Laisse-le crever, bois un godet ! C'est une saloperie, ce mouflet ! Il est moche comme un cul de singe et y fera pas de vieux os ! (P. Damaisin, *L'Épornopée*, 1972, p. 19, GRL)

32. Avant, même avec un appareil à 10 000 euros et une pellicule de la Nasa, si vous étiez laid comme un cul de singe, vous le restiez sur la photo [...]. Désormais, un algorithme développé par un chercheur israélien peut modifier assez subtilement les distances entre des dizaines de points du visage pour le rendre beau sans le changer notablement. L'art du portrait photographique connaît ainsi son apogée. (*Sud Ouest*, 24 décembre 2006, p. 2)

33. [...] parlons de moi maintenant. [...] Peu d'amis, la vie sexuelle d'un koala, la profonde croyance qu'on est moche comme un cul de singe [...] mais curieusement, un grand attachement à la vie. Finalement je m'en sors bien. (Blog, 25 janvier 2007, <lecrachoir.over-blog.net/>)

**■ on va pas te** (/**nous**, etc.) **faire un trou au cul, (t'/on**, etc., **en a déjà un**), loc. phrast. Pour donner à entendre que, dans une situation délicate ou risquée, il n'y a rien à redouter.

34. [...] les détails on s'en fout, tout ce qui nous intéresse c'est que la gonzesse en question elle habite un duplex à Montmartre où on pourra se planquer autant de temps qu'on voudra. Pas de raison de se biler, dans la vie tout s'arrange. À quoi bon, sincèrement, se fabriquer des cheveux blancs ? À notre âge ? Ils vont pas nous faire un trou au cul ? On en a déjà un !... (B. Blier, *Les Valseuses*, 1972, p. 426)

35. Je me dis [...] : « Qu'est-ce que tu risques ? On n'te fera pas un trou au cul, t'en as déjà un. » (San-Antonio, *Un os dans la noce*, 2003 [1974], p. 98)

36. Encore un silence. Et c'est le bosco qui aboie :
– Parle, vingt dieux, on va pas te faire un trou au cul, pour ce qu'on bouffe, t'en as assez d'un même s'il est pas large !
– Il m'a proposé le paquet si je me démerdais pour qu'on foute la cargaison à la mer. (B. Clavel, *Cargo pour l'enfer*, 1993, p. 208)

— VARIANTE. **■ ça ne te fera pas un deuxième trou au cul**, loc. phrast.

37. [...] elle pense à ce que son grand-père lui disait toujours pour l'encourager à faire ce dont elle avait peur :

– Vas-y, qu'est-ce que tu risques ? Ça ne te fera pas un deuxième trou au cul... (G. Mordillat, *Les Vivants et les Morts*, 2006 [2004], p. 585)

■ **poser un cul**, loc. verb. "s'asseoir ; faire une halte".

38. Aller en soirée, ne pas boire d'alcool, poser un cul et ouvrir l'œil : c'est tout. (Blog, 7 juin 2002, <thecrobard.propagande.org/gothik/>)

39. 18 h 00, retour à la maison pour poser un cul. Et en profiter pour prendre l'apéro avec le voisin. (Blog, 26 mars 2003, <www.xstarsnews.com/>)

40. J'en peux plus ! j'ai fait tout le tour ! je pose un cul ! Séquence bronzage... (Le blog de Skifuss, 29 janvier 2007, <blog.ifrance.com/>)

41. [...] on rejoint la crête, avec de belles vues dans les trouées entre les arbres. Enfin, on aperçoit la tour de guet du sommet et on rejoint une piste [...]. En quelques minutes, on atteint la plate-forme herbeuse sommitale du Meguillou où on peut poser un cul en jouissant du panorama vers l'Ouest. (*Randonnée cévenole*, <randonnee.cevenole.free.fr/>, consulté le 9 avril 2007)

□ **qui laisse/met (/■ fout) le cul par terre**, loc. adj. "étonnant, stupéfiant". ~ **renversant** ; □ **surlecutant**.

42. Moi j'ai décroché mon biniou
Papa prit son accordéon
Le voisin du dessous son violon
On a fait un bœuf du tonnerre
Un truc qui vous fout le cul par terre. (P. Perret, « La télé en panne », 1983, *Chansons de toute une vie*, 1993, p. 429)

43. [...] entré quasi clandestinement dans l'atmosphère cinématographique, un objet non identifié prend soudain tout le landerneau du cinéma au dépourvu, et en laisse quelques-uns – pour dire crûment les choses – le cul par terre. (*Le Monde*, 28 mars 2001, p. 31)

■ **remettre le trou du cul dans la raie**, loc. verb. "remettre les idées, les choses en place, à leur juste place".

44. La première [citation] « remet le trou du cul dans la raie » (désolé pour cette expression popu [...]) à bien des intervenants... « On ne peut pas aimer le foot et avoir un comportement de supporter [...] et en même temps considérer ses semblables comme de pauvres petits lobotomisés [...]. » (Message, 25 mars 2005, <www.cahiersdufootball.net/>)

45. [...] 10 jours de conversation avec un arbre, ça vous remet le trou du cul dans la raie. (Blog, 28 janvier 2006, <blog.ufo.gayattitude.com/>)

■ **se sortir les doigts du cul**, loc. verb. "passer à l'action, donner toute sa mesure ; cesser de tergiverser ou de paresser". Parallèle, dans un registre trivial, à l'invitation faite à un enfant à ne pas se gratter le nez. L'expression aurait été employée en 1997 par le sélectionneur de l'équipe de France de football, Aimé Jacquet ; elle a été, en tout cas, attribuée à sa marionnette des « Guignols de l'Info » sur Canal+ : « On se sort les doigts du cul et on se met au boulot ! ». C'est aussi une réplique culte de la série Kaamelott (2006), dans la bouche du roi Arthur s'adressant à son armée : « Sortez-vous les doigts du cul ! ». Cf. aussi la rengaine « On a gagné les doigts dans le nez ! Ils ont perdu les doigts dans le cul ! » de certains supporters après une victoire de leur équipe favorite. Emprunt probable à l'anglais *take (/pull) your finger out !* attesté vers 1930 dans la *Royal Air Force* (Partridge 1984). ~ ■ **se bouger/se remuer le cul/les fesses ; ne pas rester les mains dans les poches.**

46. Va falloir se sortir les doigts du cul et se mettre à bosser sérieusement ! (*Forum des IUPiens RT d'Avignon*, 5 décembre 2002, <forum.lixium.fr/>)

47. Allez, au boulot les gars, va falloir se sortir les doigts du cul ! (Message, 29 septembre 2006, <en.440forums.com/>)

48. Dans l'armée, la meilleure façon de marcher, c'est d'encaisser, sans réfléchir. Un seul mot d'ordre : « Se sortir les doigts du cul », soit, dit plus élégamment, dépasser ses limites. (*Le Monde*, supplément 19-20 novembre 2006, p. 7)

V. encore ex. 7 ci-dessus ; *beurrer* ex. 2.

— PAR ELLIPSE. □ **se sortir les doigts.**

49. Pourquoi le forum est il si mort ? Sortez-vous les doigts et posez-les sur le clavier ! (Message, 1er mai 2004, <forum.chez.com/noscommentaires/>)

■ **se sortir les pouces du cul**, loc. verb. "id.". Cf. l'anglo-américain *take your thumbs out of your ass.*

50. Votre journal me laisse tout simplement sceptique quant à votre réelle envie d'arrêter de fumer. [...] Je vous encourage donc à [...] arrêter de lire des bouquins sur le mal-être des fumeurs. Comme disait l'autre, « sortez-vous les pouces du cul » et tâchez de faire preuve d'un peu de volonté. (Message, 25 juin 1998, <www.atoute.org/>)

51. Le problème du chômage en France est un peu conjoncturel, mais il est surtout structurel. C'est la responsabilité des dirigeants économiques et politiques de se sortir les pouces du trou du cul (comme disent les Ricains) et de faire en sorte d'investir pour préparer l'avenir. (Message, 10 août 2006, <blog.monolecte.fr/>)

□ **trou du cul du monde/de la France...**, loc. nom. "endroit isolé". ~ **trou perdu.**

52. [...] Pithiviers (Loiret), une petite bourgade du Gâtinais qu'elle qualifiera plus tard de trou-du-cul-du-monde. (G. Dormann, *Le Bal du dodo*, 1989, p. 108)

53. [...] sur le disque, il s'autoparodie en Monsieur Eddy, tombeur de ces dames*, buveur de whisky [...], et il reconnaît bien volontiers que s'il va enregistrer à Muscle Shoals, c'est que « dans le trou du cul des Etats-Unis, vous travaillez, vous rentrez à l'hôtel pour regarder la télé, alors qu'en France je suis sollicité par des amis ». Mais il s'arrête aussitôt, Eddy Mitchell est avare de confidences personnelles [...]. (*Le Monde*, 8 juin 1993, p. 16)

54. Vous avez entendu parler des raves ? Oui, moi aussi, depuis quelques semaines ça donne des titres sur France Info du style « la rave qui a débuté hier à trou du cul de la France et qui réunit 10 000 jeunes [...] est étroitement surveillée par le préfet du coin qui a mis en place un dispositif spécial. Pour l'instant aucun incident n'est à déplorer ». (*L'Agitateur*, 22 juillet 2001, <www.agitateur.org/>)

55. L'aéroport venait d'être refait, si bien que vous n'aviez plus l'impression d'arriver dans le trou-du-cul du monde comme un chercheur d'or, mais bien dans un endroit civilisé. (V. Ravalec, *Nouvelles du monde entier*, 2006 [2004], p. 19)

56. Ce matin, Marie Cosnay demande à ses ados [ses élèves] de lui raconter l'histoire d'Arachné. Et voici qu'ils se mettent à narrer les bisbilles de la célèbre tisseuse avec

Athéna dans une langue de fabuliste du XVII^e^. Un élève ose traduire « campagnes écartées » par « trou du cul du monde » ! Les autres s'étranglent : « Mais ça va pas ? » (*L'Express*, 16 mai 2005, p. 100)

## cure-dent

□ **(être) épais/maigre/gros comme un cure-dent(s)** ; □ **(être) taillé comme un/dans un cure-dent(s)**, loc. verb., loc. adj. "(être) filiforme, fluet, très maigre". Par hyperbole. ~ □ **être taillé dans une allumette*** ; □ **être taillé comme un/dans un/en bâton* de sucette** ; □ **être épais comme un câble* de frein à main** ; □ **(être) maigre comme un cent de clous*** ; □ **être épais/maigre comme un coton-tige*** ; □ **être taillé comme un/dans un coton-tige*** ; □ **être taillé comme un cure-pipe*** ; **(être) maigre comme un fil* (de fer)** ; □ **(être) épais/plat comme une affiche*** ; □ **passer entre le mur et l'affiche* sans la décoller** ; **rayer les baignoires.**

1. LUCIA : [...] il est maigre comme un cure-dent, il a le front haut, les ongles cassants et il tousse.
CLARA : Erreur. Il est dur, costaud et il monte mes cinq étages en trois minutes sans s'essouffler. (E. Roblès, *La Fenêtre*, à la suite de *Un château en novembre*, 1984, p. 148, GRL)

2. Un vrai poids plume. Un mètre soixante-sept pour cinquante-huit kilos. Maurice Barthélemy [...] incarne Casa, un boxeur qui doit combattre le champion du monde en titre, Jimmy la Renta. Barthélemy, malgré tout conscient de ses limites musculaires, en a fait le boxeur le plus mauvais de tous les temps. « Un personnage burlesque dans l'esprit de ceux interprétés par Chaplin, explique l'acteur-réalisateur. Lui aussi est monté sur le ring et il était gros comme un cure-dent ! » (*Le Figaro*, 1^er^ juillet 2004)

3. « Nous déjeunons chez McDo une fois par semaine, on y dépense chacun environ 9 euros », dit Juliette, épaisse comme un cure-dent mais pas en reste devant son menu Royal Deluxe (1 260 calories). (*Libération*, 23 mai 2006, p. 23)

4. [...] je ne rentrais pas dans leur fringues. [...] j'ai 22 ans mais je ne suis pas taillée dans un cure-dent et j'ai de bonnes rondeurs ! (Message, 27 avril 2007, <forum.aufeminin.com/>)

## cure-pipe

□ **être taillé comme un cure-pipe**, loc. verb. "être filiforme, fluet, très maigre". Par hyperbole. ~ □ **être taillé dans une allumette*** ; □ **être taillé comme un/dans un/en bâton* de sucette** ; □ **être épais comme un câble* de frein à main** ; □ **(être) maigre comme un cent de clous*** ; □ **être épais/maigre comme un coton-tige*** ; □ **être taillé comme un/dans un coton-tige*** ; □ **(être) épais/maigre comme un cure-dent(s)*** ; □ **(être) taillé comme un/dans un cure-dent(s)*** ; **(être) maigre comme un fil* (de fer)** ; □ **(être) épais/plat comme une affiche*** ; □ **passer entre le mur et l'affiche* sans la décoller** ; **rayer les baignoires.**

[...] j'ai pensé à la volée que je lui mettrais, moi qui suis taillé comme un cure-pipe et qui suis si adepte de la non-violence [...]. (Blog, 15 octobre 2007, <e-moune.blogspot.com/>)

## curseur

**placer/pousser le curseur trop loin**, loc. verb. "exagérer". Métaphore du langage de la technique (et de la bureautique), où *curseur* désigne un repère que l'on peut déplacer. ~ **pousser le bouchon un peu loin**.

1. [...] le directeur de la rédaction avait indiqué que France 2 n'avait « pas vraiment » commis une erreur, même si elle avait « placé le curseur trop loin [...] ». (*Le Monde*, 9 février 2004, p. 22)

2. Il ne faut pas être naïf, on ne reviendra pas au football associatif, aux déplacements en car et en wagons de deuxième classe, aux salaires de cadre moyen pour les joueurs internationaux. Mais si on pousse le curseur trop loin, si le résultat des compétitions est dicté par le budget des clubs, le public finira par se lasser [...]. (*L'Expansion*, 1er mai 2006, p. 8)

3. Mais on ne s'étonnera pas que dans un pays où « libéral » en est venu à servir d'insulte, certains cherchent, par contrecoup, à pousser le curseur trop loin du côté desdites idées libérales. (Blog, 20 janvier 2007, <rebonds.blogs.liberation.fr/>)

# D

## dame

**grande dame**, loc. nom. Pour qualifier une femme particulièrement remarquable.

1. Elle [Ella Maillart] surgit soudain, se fichant comme de l'as de pique de ses quatre-vingt-douze ans, fière et droite sur sa canne, prenant d'un coup d'œil la mesure du visiteur, comme si elle le voyait du dedans. C'est une grande dame. (*Le Monde*, 22 septembre 1995, p. 12)

2. [...] une comédienne unique dans le théâtre français. Une grande dame. (*L'Express*, 26 juillet 2007, p. 68)

— SUIVI D'UN COMPLÉMENT DÉTERMINATIF précisant le domaine dans lequel une femme excelle.

3. Je ne la goûtais guère [Edwige Feuillère] quand tout le monde disait qu'elle était la grande dame du cinéma français ; mais maintenant qu'elle joue des rôles comiques, baroques ou monstrueux, je raffole d'elle [...]. (J. Dutourd, *Le Paradoxe du critique*, 1972, p. 166, GRL)

4. Oum Keltoum : grande Dame de la chanson égyptienne. Reconnaissable au mouchoir dans sa main. (M. Lebkiri, *Kif-kif piment comme il respire*, 2000, p. 186, GRL)

5. C'est [Kristen Noguès] une grande dame de la musique bretonne et celtique qui vient de décéder. (*Ouest France*, 6 juillet 2007)

**le chéri de ces dames**, loc. nom. Pour qualifier un homme qui a la faveur (ou les faveurs) des femmes. Attestée en 1908 (« un aimable *dos vert* s'appelle *Fou d'amour de la Bastille*, un autre chéri de ces dames s'appelle *l'amour de Grenelle* », E. Laurent, *Le Criminel aux points de vue anthropologique, psychologique et social*, Paris, Vigot, p. 80, GRL), la locution a été diffusée par le refrain de la chanson créée par Maurice Chevalier en 1935, *Prosper* (*Prosper / Yop la boum ! / C'est le chéri de ces dames...*, Pénet 2004, p. 868), « ces dames » désignant à l'origine les prostituées. *Le Tombeur de ces dames* est le titre français d'un film de Jerry Lewis *The Ladie's Man* (1961).

6. [...] Johnny Depp est devenu un acteur culte pour une génération entière de cinéphiles. Il demeure le chéri de ces dames. (*Le Figaro*, 15 septembre 2001, p. 91)

7. [...] Franck Michaël, le chéri de ces dames, donnera un concert le 14 décembre prochain, à 20 h 30. (*Midi libre*, Béziers, 1er novembre 2006)

— VARIANTE. **le tombeur de ces dames.**

8. – Tu as couché avec un garçon ? […]
– C'est le copain de Jérôme, Gabriel.
– Ah bon ! Le « tombeur de ces dames ». Il a enfin fini par t'ajouter à son palmarès, celui-là ! (C. Lévy, *Marine, autopsie d'un amour*, 2005, p. 204-205, GRL)

9. Ses anciennes compagnes, qui sont nombreuses, le qualifient en toute logique « d'homme à femmes » et lui reprochent son penchant pour la boisson qui le rend violent. Si cet ancien ouvrier […] n'a guère l'allure d'un tombeur de ces dames, il concède son attrait pour la bouteille. (*Le Progrès*, Jura, 14 décembre 2005, p. 8)

10. Tombeur de ses adversaires sur le ring, Lundy se croit également le tombeur de ces dames, mais le sourire carnassier qu'il a greffé sur son visage peine à masquer un don Juan à la petite semaine. (*L'Équipe*, 27 avril 2006, p. 10 ; critique de film)

V. encore *cul*, ex. 53.

## date

□ **(être) proche de la date de péremption** ; **avoir atteint/avoir dépassé** (/**passé**) **la date de péremption**, loc. verb., loc. adj. Pour signifier qu'une personne atteint ou a atteint un âge au-delà duquel on cesse d'exercer (physiquement) de l'attrait. Par allusion aux indications portées sur certains produits du commerce (aliments, médicaments, etc.).

1. – Je suis plus proche de la date de péremption que de la date de mise en bouteille. Oui, je prends de la bouteille. Dans ma tête je suis encore d'une jeunesse que démentent, malheureusement, les années qui passent. La constatation qui en ressort c'est qu'il reste peu ou pas de célibataires « consommables » de ma génération. (Message, 2 février 2003, <www.ciao.fr/>)

2. Carmen Cru disparaît avec son créateur. La vieille dame avait l'âge, elle avait même largement passé la date de péremption. Mais Lelong, à 55 ans et 7 albums, était loin d'avoir donné tout ce qu'il pouvait. *Fluide Glacial* vient de perdre un de ses piliers. (« Lelong et Carmen Cru sont morts », <www.fluideglacial.tm.fr/>, consulté le 6 décembre 2004)

— SUR LE MÊME MODÈLE. □ **avoir dépassé la date limite de fraîcheur**, loc. verb. "n'être plus très jeune".

3. Ce soir, la plupart des clients ont dépassé la date limite de fraîcheur, et les seuls jeunes sont moches comme des poux. (D. Daeninckx, *Éthique en toc*, 2000, p. 113)

4. Des petits de trois ans bouche ouverte devant des films d'animation des années 20 […]. Ça se passe comme ça au Festival du film de La Rochelle. Point besoin d'avoir dépassé la date limite de fraîcheur pour y trouver son bonheur. (*Sud Ouest*, Charente-Maritime, 5 juillet 2006, p. 5)

## daube

□ **c'est de la daube**, loc. phrast. Si *daube* "chose ou personne sans valeur, camelote" est bien attesté dans le français non conventionnel, on le rencontre fréquemment en locution phrastique depuis la fin du XX$^{e}$ siècle.

— "(en parlant d'une chose) c'est médiocre, sans intérêt". ~ ■ **c'est de la merde ; c'est nul.**

1. Il examinait le rosier. Eût-il été seul, il serait allé chercher une loupe pour mieux compter les boutures.
– Ce n'est pas de la daube, décida-t-il enfin d'un ton quelque peu gourmand. (J. Mariolle, *Les Louchetracs*, 1969, p. 28)

2. – Tu trouves pas que c'est faux c't air là ? [...].
– T'as raison, Louison. C'est d'la daube. (P. Merle, *Le Déchiros*, 1991, p. 188)

3. Les bateaux télécommandés n'étaient pas au point [...]. « C'était nul, leurs bateaux c'est de la daube ! » (*Le Progrès*, 23 juillet 2002)

V. encore *puer*, ex. 1.

— "(en parlant d'un fait) c'est sans fondement".

4. – T'as vraiment couché avec Odile ou c'est de la daube ? (G. Lecouvreur, *Parkinson le glas*, 2002, p. 100)

## déboîter

□ **ça déboîte,** loc. phrast., loc. interj. Pour exprimer son enthousiasme. Souvent sous une forme développée : **ça déboîte sa (/ta) mère / ça déboîte sa (/ta) race**, etc. Renouvelle le paradigme déjà très riche des formulations superlatives. ~ □ **c'est de la balle*** ; □ **c'est de la bombe*** ; □ **c'est de la boulette*** ; **c'est mortel** ; □ **ça déchire*** ; □ **ça démoule*** ; **ça envoie*** ; □ **ça pète*** ; □ **ça tue***.

1. J'vais commencer par un spécial Punk français parce que ça déboîte grave de chez* grave. (Message, 19 septembre 2004, <www.gamers.fr/>)

2. Un univers [...] où excentricité et talents se mélangent. La scène est ouverte aux professionnels et amateurs. [...] sept jeunes de 12 à 15 ans, élèves à Pop Circus, diront que la vie d'artiste « c'est trop bien » voire que « ça déboîte ». (*Sud Ouest*, 27 octobre 2005, p. 5)

3. Un concert des Roots c'est 6 ou 7 musiciens sur scène et ça déboîte sa maman. (Message, 9 août 2006, <www.allocine.fr/>)

## debout

**debout là-dedans,** loc. interj. Invitation énergique ou plaisante à sortir du lit. Du langage des casernes. Attesté dans Bauche 1920 s.v. *dedans*.

1. La porte de la chambre s'ouvrit bientôt, l'interrupteur claqua et la lumière obligea Julien à refermer les yeux un instant.
– Debout là-dedans ! cria le chef. Il s'approcha du lit qu'occupait Maurice, empoigna le drap et les couvertures qu'il rejeta au pied du lit. (B. Clavel, *La Maison des autres*, 1991 [1962], p. 96)

2. Un escadron de CRS [...] entoure les roulottes et commence à tambouriner sur les tôles déglinguées : « Debout là-dedans ! Tout le monde dehors ! » (*Le Monde*, 28 août 2005, p. 7)

3. La sonnette retentit une troisième fois, puis la voix du facteur surgit de la cour.
– [...] Debout, là-dedans, il est bientôt dix heures ! (J.-P. Nozière, *Je vais tuer mon papa*, 2007, p. 62)

— Invitation à réagir, à se prendre en main, à sortir de sa léthargie. Par métaphore.

4. DEBOUT LÀ DEDANS ! il est temps de se réveiller… de vivre pour nous et non pas pour la société ! Qu'en penses-tu ? (Message, 5 octobre 2007, <azaliah.mabulle.com/>)

## déchirer

□ **ça déchire**, loc. phrast., loc. interj. Pour exprimer son enthousiasme. Souvent sous une forme développée : **ça déchire sa (/ta) mère** ou **ça déchire sa (/ta) race**. Renouvelle le paradigme déjà très riche des formulations superlatives. De l'anglo-américain *it rocks*. ~ □ **c'est de la balle*** ; □ **c'est de la bombe*** ; □ **c'est de la boulette*** ; □ **c'est une tuerie*** ; **c'est mortel** ; □ **ça arrache* du pâté** ; □ **ça déboîte*** ; □ **ça démoule***; □ **ça envoie***; □ **ça pète*** ; □ **ça tue***.

1. Salut ! La Ruda [groupe musical] c'est génial ! Des tonnes de bonne humeur dans un CD qui casse tout ! De quoi vous sortir vite fait de la mélancolie et vous faire oublier tous vos petits malheurs ! Et la Ruda en concert, ça déchire ! (Message, 22 décembre 2003, <musique.krinein.com/>)

2. Pour les pâtes à la carbo[nara] : en plus de la crème fraîche, verser un jaune d'œuf… Ça déchire tellement c'est bon ! (Message, 11 mai 2004, <fashion.hosmoz.net/>)

3. Une sonnette se mit à sonner (allitération en « s »… c'est là qu'on reconnaît les vrais écrivains : ils font plein de figures de style, c'est hyper cool, et ça déchire sa mère). (Message, 29 janvier 2005, <www.comlive.net/>)

4. […] j'ai eu la belle surprise de trouver, sur la console de l'entrée, une cartouche contenant neuf paquets de cigarettes blondes, plus un paquet à moitié entamé et six briquets […]. Et Miette [qui a cessé de fumer] sifflotant dans le jardin ! Ça, ça déchire ! (A. Dona, *Mamie a eu quinze ans*, 2007 [2006], p. 103)

5. A part ça, ces temps-ci je découvre la culture théâtrale antique, et Aristophane, je dirais que ça déchire ta mère. […] Moi, j'adore. (Message, 6 février 2007, <acharniens2007.wordpress.com/>)

V. encore *bombe*, ex. 7 et 12 ; *démouler*, ex. 1.

## décodeur

**ne pas avoir** (ou verbe du même paradigme) **le décodeur / avoir besoin du décodeur**, loc. verb. "ne pas avoir ou réclamer les moyens de comprendre ce que quelqu'un dit ou écrit". Du langage de la télédiffusion, où le décodeur permet l'accès aux chaînes (cryptées). ~ **ne pas avoir le mode d'emploi**.

1. […] une conversation énigmatique où il était question de sound system, guest DJ, after et autres anglicismes pour lesquels Cheryl ne possédait pas le décodeur intégré. (E. Christa, *Les Ravies au lit*, 2000, p. 89)

2. C'était une phrase un peu alambiquée, mais René et Madeleine n'eurent pas besoin de décodeur, car à aucun moment ils ne s'étaient fait la moindre illusion sur les intentions de leurs visiteurs. (G. Alle, *Il faut buter les patates*, 2001, p. 126)

3. – […] Tu te souviens de son raid situ ["situationniste"] à la DRAC de PACA ?
– Le quoi à la quoi de quoi ? J'ai pas mon décodeur. (P. Garcette, *Guère épais*, 2001, p. 90)

4. Seuls les initiés ont pu comprendre ce qui se trame vraiment au sein de la communauté de communes de Miribel et du Plateau […]. Et encore, à entendre les commentaires d'élus […] en fin de séance : « Je ne savais pas qu'il fallait venir avec son décodeur ! » (*Le Progrès*, 20 février 2003, p. 19)

**passer le décodeur à qqn**, loc. verb. "donner les moyens de comprendre ; expliquer".

5. – Jaloux ! s'exclama-t-elle. Avoue-le, tu voudrais bien avoir autant de voix que moi !
L'assemblée éclata de rire et Mary sentit que quelque chose lui échappait. Elle se pencha vers Louis Brancieux.
– Vous ne voulez pas me passer le décodeur ?
L'ex-instituteur se pencha à son tour et lui dit à l'oreille :
– C'est Michel Bignon, il se présente à toutes les élections mais il n'est jamais élu. (J. Failler, *Brume sous le grand pont*, 1997, p. 142)

## découpe

**vendre à la découpe**, loc. verb. Métaphore du langage de la boucherie. ~ **vendre par appartement***.

— Domaine économique, notamment immobilier. "vendre un groupe par filiales ou par secteurs d'activité".

1. Une entreprise [Taittinger] va disparaître, vendue à la découpe, comme un immeuble. (*Le Nouvel Observateur*, 7 juillet 2005, p. 54)

2. Aujourd'hui, on ne délocalise plus les entreprises en difficulté, [...] on vend à la découpe celles réalisant des produits à deux chiffres, quitte à les envoyer dans le mur une fois qu'on s'est rempli les poches ! (*L'Humanité*, 5 juin 2007, p. 28)

3. [...] nos appartements sont vendus à la découpe à des prix au-dessus du marché, qui ne nous permettent pas d'acheter. (Message, 23 septembre 2007, <www.bulle-immobiliere.org/>)

— AU FIGURÉ. "démembrer, démanteler".

4. Faute de solution miracle, personne à Bruxelles ne donne plus cher de la survie à terme de la Constitution. Renégocier le traité a été exclu. Le « vendre à la découpe » pour n'en garder que les meilleurs morceaux ou faire revoter Français ou Néerlandais sont deux scénarios jugés irréalistes. (*Agence France Presse*, 28 juin 2005)

5. Que craignait le recteur Morvan quand il distillait de petites phrases assassines sur [...] « la République vendue à la découpe » ? (*Le Nouvel Observateur*, 8 mars 2007, p. 108)

**vente à la découpe**, loc. nom. ~ **vente par appartement***.

— Domaine économique, notamment immobilier "vente d'un groupe par filiales ou par secteurs d'activité".

6. La vente à la découpe est-elle synonyme de départ des locataires en place ? Pas systématiquement. (*Le Monde*, 20 septembre 2004, p. 4)

7. L'intersyndicale [...] s'inquiète d'une éventuelle « vente à la découpe » du groupe. (*Le Figaro*, 17 juin 2006, p. 30)

— AU FIGURÉ. "démembrement, démantèlement".

8. Avant la réunion publique, elle [une femme politique] aiguise ses attaques contre un « PS en vente à la découpe » [...]. (*Ouest France*, 26 septembre 2007)

## dedans

□ **être à fond dedans**, loc. verb. “être complètement pris dans l’action ; être captivé, emballé”.

1. [Le tagueur] est avant tout dans une quête de l’action. [...] « Les trois secondes qu’on a pour faire le tag, il faut être à fond dedans, il ne se passe plus rien d’autre [...]. » (G. Boudinet, *Pratiques tag. Vers la proposition d’une “transe-culture”*, 2002, p. 25, GRL)

2. Qu’est-ce que tu as pensé du concert ?
*Martin* : Il y avait peu de public mais ça bougeait pas mal quand même. Moi j’étais à fond dedans, des bonnes sensations* [...]. Je bouge tout le temps sur scène et là on avait de la place, donc c’était terrible. Non je suis super content, j’espère qu’on va continuer dans cette voie. (« After Show », 1er août 2006, <pierrotlalune.blogspot.com/>)

3. [...] il y a ces mimiques qu’il m’adresse quand il est temps de se quitter... il y a ces goûts qui sont les nôtres, qu’on partage, il y a ces coïncidences d’envies. Je suis enfin « crazy about him »... « in love », « à fond dedans » comme diraient certains... (Blog d’Oly, 11 janvier 2007, <www.madmoizelle.com/>)

## défriser

■ **(ça) me défrise les poils du cul**, loc. verb., loc. phrast. Pour signifier son agacement et son mécontentement. Variante développée et grossière de **(ça) me défrise**.

1. S’il y a un truc qui me défrise les poils du cul, c’est les gonzesses qui font passer la téloche avant leur vie de couple. (« Télé, ton univers impitoyable... », 13 octobre 2006, <jacquesdanyels.over-blog.com/>)

2. [...] l’acariâtre pimbêche [...] avait commencé comme secrétaire sténodactylo quelques décennies auparavant. Je n’ai rien contre les autodidactes, mais les promotions* canapé, par contre, ça me défrise les poils du cul [...]. (Yfig, *Et pendant ce temps là, les têtards dans la mare se marrent*, 2006, p. 62, GRL)

## De Gaulle

**mains/bras en (/à la) de Gaulle**, loc. nom. “mains, bras levés faisant le V de la victoire”. Par allusion à un geste caractérisque du général de Gaulle (1890-1970) lors de ses apparitions en public.

1. Des deux mains en de Gaulle-sur-le-champ-de-foire, il calme la rumeur. L’apaise, la dompte, la neutralise, l’endort, la réduit à rien. (San-Antonio, *Un os dans la noce*, 2003 [1974], p. 28)

— □ **tire-bouchon à la de Gaulle**, loc. nom. “tire-bouchon dont deux bras faisant levier se dressent quand on l’enfonce”. Par référence au précédent.

2. Le tire bouchon à la De Gaulle, avec les deux bras ? Mais il faut utiliser les deux mains, dans ce cas. (Message, 13 juin 2007, <www.cafardcosmique.com/>)

∞ VARIANTE.

3. Il y a aussi le tire-bouchon « papillon ». Il possède deux bras et un mécanisme d’engrenage monté sur la tige. Il est généralement appelé « Charles de Gaulle » en

référence à la célèbre posture du Général. (*Cuisine TV*, <www.cuisine.tv/>, consulté le 25 juillet 2007)

## dehors

**être enfermé / s'enfermer dehors**, loc. verb. "se trouver malgré soi (généralement pour avoir oublié sa clé) à la porte de chez soi". *Enfermer qqn dehors* est attesté en 1515 (« Et suis, dist elle, toute certaine qu'il vous enfermera dehors, et par ainsi nous serons vangiez », P. de Vigneulles, *Les Cent Nouvelles nouvelles*, p. 316, FT). *Enfermés dehors* est le titre d'un film d'Albert Dupontel (2006).

1. Il en avait vu d'autres : un jour, en descendant la poubelle, il s'était enfermé dehors en pyjama. (H.-F. Blanc, *Combat de fauves au crépuscule*, 1991 [1990], p. 9)

2. Elle rentrait chez elle, elle avait oublié ses clefs et je faisais ma ronde. [...] elle m'avait demandé de voir si je ne pouvais pas essayer de bidouiller sa serrure avec mon passe.
– Je suis comme qui dirait enfermée dehors ! (A. Nolent, *Résidence surveillée*, 1993, p. 53)

3. [...] un petit garçon de 7 ans est venu [...] demander à téléphoner à son papa, parce qu'il se trouvait par inadvertance enfermé dehors avec sa maman. (*Sud Ouest*, éd. Landes, 18 décembre 2000, p. D)

4. Le maître des lieux, excédé, aurait alors convié son invité à quitter la maison [...]. Sonné, incrédule et enfermé dehors, l'invité aurait à son tour « pété un plomb* » en se vengeant sur la porte d'entrée. (*Midi libre*, Narbonne, 8 novembre 2006)

## délire

**c'est quoi, ce délire ?** loc. phrast. Pour signifier son désaccord avec une assertion, son opposition à une action. ~ □ **(faudrait/faut) arrêter la colle***.

1. Pour certains commerçants, l'affaire est déjà entendue : « Les pièces de 1 et 2 centimes [d'euro] vont bientôt disparaître », explique un maraîcher. [...] Mais déjà un jeune homme intervient : « C'est quoi ce délire ? Il n'y a rien de changé par rapport aux francs ! Avant, il y avait 8 pièces, de 5 centimes à 10 francs ; aujourd'hui, il y a 8 pièces, de 1 centime à 2 euros [...]. » (*Le Figaro*, 16 février 2002, p. 7)

2. C'est quoi ce délire ? Vous les supprimez où vos fonctionnaires ? dans l'armée ? chez les profs ? la police ? les infirmières ? (Message, 8 septembre 2005, <forums.france5.fr/ripostes/>)

3. Mario se prenant à douter, tout à coup. « Non mais c'est quoi ce délire ? » (L. Chalumeau, *Les Arnaqueurs aussi*, 2007, p. 323)

V. encore *épisode*, ex. 4.

## démerder (se)

□ **démerden/démerdieren sie sich** (la première voyelle est parfois sans accent), loc. phrast. Pour dire son refus de prendre en compte les difficultés de l'interlocuteur et l'inviter à se débrouiller tout seul. Ces formes impératives de pseudo-verbes allemands calqués sur le français *se démerder*, offrent un caractère à la fois ludique et euphémique. ~ □ **démerdez-vous**.

1. [...] je me souviens clairement d'une petite fille, assise près de moi [à l'école primaire], gentille et douce, mais bouchée à l'émeri, qui, devant une question de calcul, posa froidement la soustraction : 23 – poule. Ma mère [institutrice] en vacilla de chagrin. Enlever un nom d'un nombre, il fallait l'inventer. Tous les préceptes de l'École Normale, tous les inspecteurs, tous les conseillers aux appellations innombrables, n'avaient pas prévu ce coup-là, et c'eût pourtant été leur boulot. Qu'y avait-il lieu de faire pour remettre en selle l'enfant qui était visiblement tombée de son cheval ? Les donneurs de leçons, justement, fermaient soudain leurs gueules et regardaient ailleurs. Demerden sie sich, vous qui avez été assez cons pour rester maîtres d'école. (L. Porcher, *Récits d'une enfance vendéenne*, 2000, p. 88)

2. En langues, la formulation des objectifs laisse, malgré tout, seul devant la préparation des cours [...]. « On connaît les objectifs des programmes, mais les activités de communication, c'est *démerden sie sich* [...] » (Groupe collège, Allemand). (A. Barrère, *Les Enseignants au travail*, 2002, p. 55, GRL)

3. [...] j'ai saisi l'opportunité d'une foire aux vins [...] pour choisir quelques flacons dans le calme et la solitude. Une solitude colossale puisque je me suis retrouvée en face d'une forêt de bouteilles, et « démerden sie sich ». (*Sud Ouest*, 22 septembre 2002, p. 12)

4. On rencontre cette attitude partout, y compris chez des membres du corps médical : le « Allez voir un psy » qui clôt un certain nombre de consultations de généralistes et qui signifie « je ne sais pas » remplace un « Demerdieren sie sich » qui serait plus honnête. (Message, 28 août 2003, <forum.aceboard.net/>)

5. – Y a pas d'« mais » [...]. *Démerden sie sich !* (M. Embareck, *Le Futon de Malte*, 2007, p. 61)

## démouler

□ **ça démoule**, loc. phrast., loc. interj. Pour exprimer son enthousiasme. La métaphore rappelle, avec une autre valeur, *ça dépote*. Souvent sous une forme développée : **ça démoule sa (/ta) mère** ou **ça démoule sa (/ta) race**. Renouvelle le paradigme déjà très riche des formulations superlatives. ~ □ **c'est de la balle*** ; □ **c'est de la bombe*** ; □ **c'est de la boulette*** ; **c'est mortel** ; □ **ça arrache* du pâté** ; □ **ça déboîte*** ; □ **ça décoiffe** ; □ **ça déchire*** ; □ **ça déménage** ; □ **ça envoie*** ; □ **ça pète*** ; □ **ça tue***.

1. On obtient quoi en mixant deux anciens d'Helloween et le chanteur de Ark ? On obtient Masterplan, et on se demande comment on a pu vivre sans jusque là. [...] Masterplan c'est trop de la balle*, ça déchire* sa mère et ça démoule sa race [...]. (Message, 30 octobre 2003, <www.coredumped.net/>)

2. [Des cornichons] avec du pain de mie, du beurre salé et du thon à la tomate, ça démoule ta mère. (Blog, « La liberté par les cornichons », 20 octobre 2005, <poipoi panda.blogspot.com/>)

3. C'est beau, c'est sanglant, les héros ont de vraies sales gueules comme on n'en voit pas souvent, ça a la classe, bref, ça démoule. (Message, 7 juin 2007, <light.factornews.com/>)

## dent

**aller chercher qqc avec les dents**, loc. verb. "faire le maximum d'efforts pour atteindre un objectif". Métaphore à mettre en rapport avec certains jeux de société (cf. *aller chercher avec les dents* une pièce de monnaie au fond d'une poêle noircie ou d'une bassine remplie d'eau, *aller chercher avec les dents* la jarretière de la mariée), mais qui marque aussi un défi pour tenter l'impossible comme la locution voisine *prendre la lune avec les dents* (attesté au XVI$^{e}$ s., Cholières, dans Di Stefano 1991).

1. Le président du RPR, Philippe Séguin, a assuré [...] que le mouvement néogaulliste est « toujours d'actualité ». Il a lancé un défi à ceux qui le croiraient affaibli : « S'ils veulent nous prendre des sièges, il faudra qu'ils viennent les chercher avec les dents. » (*Le Monde*, 1$^{er}$ novembre 1997, p. 8)

2. Les vrais bonheurs vont se chercher avec les dents, pas avec des raisonnements. (Daniel Herrero, ancien joueur et entraîneur de rugby, 27 février 2003, <www.bayonne.cci.fr/>)

3. Marco [un handballeur] n'est pas un homme à baisser les bras, les ballons il va les chercher avec les dents s'il le faut [...]. (Interview, 2 novembre 2006, <www.lormont-handball.fr/>)

4. Pfff... les cours particuliers au noir, j'en ai donné quand je débutais, mais il faut vraiment aller les chercher avec les dents quand on est prof de français. (Message, 10 novembre 2006, <embruns.net/logbook/>)

5. Il y a huit mois seulement, on allait voir ce qu'on allait voir, triomphait le chef de l'Etat : un « choc de confiance » dès l'été, une croissance qu'il irait « chercher avec les dents », une relance du pouvoir d'achat [...]. (*Le Monde*, 10 janvier 2008, p. 2)

□ **avoir les dents qui rayent le parquet** (**/le plancher**), loc. verb. "être (extrêmement) ambitieux". Généralement péjoratif. Amplification de **avoir les dents longues**.

6. [...] les jeunes battants de la nouvelle génération politique dont les longues dents raient le parquet. (Senatus Populusque Romanus, *Bal tragique à la Concorde*, 1985, p. 82-83, GRL)

7. – [...] Il a des ambitions politiques. [...] On dit qu'il se présentera aux législatives. C'est le genre de mec qui a les dents qui rayent le parquet, tu vois ? (C. Aubrun, *Photos à mateurs*, 2001, p. 110)

8. Alec est un pauvre mec dont les canines rayent le plancher. [...] Alec s'est marié avec France pour rafler ces labos [...]. (J.-M. Villemot, *Abel Brigand*, 2002, p. 78)

9. Pourquoi partir [à Paris], alors ? Parce que « même si je n'ai pas les dents qui rayent le parquet, on ne peut pas faire carrière à Berlin », regrette la jeune femme de 28 ans. (*Challenges*, 22 mars 2007, p. 79)

V. encore *pression*, ex. 2.

— VARIANTE DÉVELOPPÉE PONCTUELLE.

10. Copé [un homme politique] se coltine une image de « type avec les dents qui rayent le parquet de l'appartement de dessous » [...]. (*Libération*, 25 juillet 2001, p. 36)

**avoir** (**/se caler**) **une dent creuse**, loc. verb. "avoir faim ; manger (un peu)". Par euphémisme. Cf. Oudin 1640 : « *Il n'y en a pas pour sa dent creuse* [...] cela ne suffit pas pour le rassasier. »

11. Pourquoi n'y a-t-il plus, bordel de Dieu, des compartiments avec couloir, main courante et tout, je me sens coincé là-dedans, j'étouffe moi parmi tous ces glands affalés saucissonnant et pas même à l'horizon un vendeur ambulant de dégoûtation-

nants sandwiches pain de mie caoutchouteux – histoire de me donner une contenance tout en me calant une dent creuse. (J.-C. Grumberg, *La nuit tous les chats sont gris*, 1987, p. 115)

12. Rendez-vous était pris à l'heure de l'apéro [...]. Histoire de se caler une dent creuse, un hot dog était offert à ceux qui le désiraient. (*Ouest France*, 31 janvier 2006)

— **avoir une dent creuse pour** + groupe nominal, loc. verb. "avoir un faible pour (tel ou tel aliment)".

13. Ma copine a une dent creuse pour la crème glacée. Elle en a trouvé une au tofu, sans lactose, avec glucose/fructose [...]. (Message, 11 septembre 2000, <membres.lycos.fr/>)

**les dents du bonheur/de la chance**, loc. nom. "léger écartement que présentent parfois les incisives supérieures, et qui est réputé porter chance". Cf. **les initiales* de la chance.**

14. Et les deux incisives d'en haut, séparées par un léger écartement, ajoutaient à ces traits si contrastés les dents de la chance. (P. Hériat, *Les Enfants gâtés*, 1939, p. 49, GRL)

15. Nous n'irons plus au bois... Nous ne jouerons plus à la marelle... ni à colin-maillard [...]. Nous ne dormirons plus avec les petites filles qui avaient les dents du bonheur... (M. Audiard, *La Nuit, le Jour et toutes les autres nuits*, 1980 [1978], p. 13)

16. Elle avait la bouche trop grande, le front étroit, un appareil pour tenter de resserrer ce que l'on nomme joliment « les dents du bonheur ». (G. Mordillat, *Vive la Sociale !*, 1987 [1981], p. 99)

17. [...] elle avait un visage astucieux et un sourire qui exhibait des dents largement séparées au milieu : « les dents du bonheur ». (C. Vallières, *Ce toit fragile où veillent les vautours*, 1984, p. 185, GRL)

18. La femme est blonde, jeune, cheveux en liberté, bouche pulpeuse, dents de la chance, pas un bijou, sans doute nue, mais elle est assise, et on ne distingue qu'un bout de genou et la courbe du dos. (*L'Humanité*, 16 février 2007)

## depuis

**depuis tout(e) petit(e)**, loc. adv. "dès le plus jeune âge". Par ellipse de tours du type *depuis que je suis/qu'il (qu'elle) est tout(e) petit(e).*

1. – Je suis fille de sabotier. Depuis toute petite, le bois et moi... (H. Vincenot, *Le Pape des escargots*, 1972, p. 65, FT)

2. « J'adore la fête depuis tout petit. Enfin, c'est ma mère qui le dit. Lorsque je suis monté sur un char de la cavalcade, la première fois, j'avais 4 ans. » (Un écolier de 10 ans, dans *Sud Ouest*, Mont-de-Marsan, 12 juillet 1994)

3. Eliane parle breton depuis toute petite et ne manquerait pour rien au monde une répétition du cercle celtique. (*Le Télégramme*, 18 novembre 2005)

4. Nicolas Sarkozy, candidat à l'Elysée depuis tout petit, était ces derniers temps en difficulté. (*Le Monde*, 25 novembre 2006, p. 29)

**de (/depuis) tout petit**, loc. adv. "dès l'enfance".

5. – [...] Il ne dit rien !
– Ah mais ça, de tout petit, déjà. Toujours été secret, Armand. (L. Chalumeau, *Maurice le Siffleur*, 2006, p. 104)

## descendre

**l'ai-je bien descendu ?** loc. phrast. Pour manifester son inquiétude face au regard que les autres peuvent porter sur soi. Par allusion à la phrase devenue célèbre que Cécile Sorel prononça au cours d'un spectacle, dont le texte était de Jean Rieux, au Casino de Paris le 26 octobre 1933, après avoir descendu le grand escalier d'or.

1. Le narcissisme est la rançon du rendez-vous quotidien avec douze millions de spectateurs potentiels. Les messieurs de l'antenne se soumettent chaque jour à cette anxieuse interrogation : « L'ai-je bien descendu ? » (*L'Événement du jeudi*, 14 novembre 1985, p. 103)

2. Toute la solidité, toute la grâce d'une des jeunes personnalités du jazz actuel [le guitariste Charlie Hunter] qui défend toujours l'invention, mais sans céder aux postures égotistes et à l'habituel l'ai-je bien descendu des grands techniciens. (*Le Figaro*, 23 août 2004, p. 11)

3. J'aime beaucoup un auteur comme Du Bellay, mais il y a chez lui un côté fixé sur le style, un « l'ai-je bien descendu ? ». (Albert Manguel, écrivain argentin, dans *Le Point*, 21 décembre 2006, p. 181)

**terminus, tout le monde descend**, loc. phrast. Pour signifier la cessation d'une activité, l'arrêt d'un processus, voire la mort. Métaphore du langage des chemins de fer.

4. Un an à peine c'étaient les grèves de 36 et juste après c'était la guerre et là – tout doux mon bon ami – terminus tout le monde descend. (A. Adelmann, *Le Caïffa*, 1973, p. 27, GRL)

5. Le gamin [un joueur de tennis] arrive en finale [...]. Il part disputer les qualifications de l'Open d'Australie. Varicelle. Terminus, tout le monde descend. Pause obligatoire. Trois mois. (*Le Nouvel Observateur*, 25 mai 2005, p. 92)

6. Plus que 4 semaines de stage [...], puis les examens et encore 3 dernières semaines de stage et hop ! Terminus tout le monde descend, le 15 juin ! Ça va si vite ! (Blog, 18 mars 2007, <ilfautquecasorte.over-blog.net/>)

7. Terminus, tout le monde descend. Ainsi, après seize années d'intense activité (1991-2007), les « Foulées » viennent de quitter la scène sportive salindroise. (*Midi libre*, Gard, 31 octobre 2007)

## descente

**une descente en pente d'arrosoir**, loc. nom. Pour qualifier, de façon superlative, la facilité avec laquelle quelqu'un boit beaucoup d'alcool. Variante de **avoir une bonne** (/**une sacrée**, etc.) **descente** "avoir une grande capacité à ingurgiter des boissons alcoolisées".

1. Mona est prête pour le bar. Elle a passé deux ans à *la Fiesta*, ça l'arrange même, vu qu'elle a une descente en pente d'arrosoir. (J. Cordelier, *La Dérobade*, 1976, p. 55)

**une descente que j'aimerais (/qu'on aimerait) pas remonter à/en vélo**, loc. nom. "id.".

2. – [...] Pas mal de bide mais des épaules et la démarche d'un ancien poids lourd. Une descente que j'aimerais pas remonter en vélo... (H. Pagan, *Tarif de groupe*, 1993, p. 115)

3. […] il n'est tout de même pas un ivrogne, quoi qu'en dise Béatrice. Quoi qu'en dise également Jean-Paul, lequel prétend qu'il a été baptisé avec une queue de morue, ou qu'il a une descente qu'on n'aimerait pas faire à vélo. (J.-M. Laclavetine, *Le Rouge et le Blanc*, 1994, p. 132)

4. – […] Et putain, elle a une descente que j'aimerais pas remonter à vélo. (A. Schifres, *La Chute des corps*, 2003, p. 270)

5. […] c'est pas pour dire mais le Theo il a une descente que j'aimerais pas remonter à vélo. (Message, 15 mars 2006, <www.peche2caps.net/>)

— AVEC DÉTACHEMENT DU GROUPE NOM.

6. ULRIKA VON GLOTT – Le monsieur, admiratif : « Hé ben, quelle descente ! Je voudrais pas la remonter en vélo. » (*L'Ultima Récital*, spectacle écrit et réalisé par Marianne James et Véronique Vola, 2002)

∞ DANS UN DIALOGUE.

7. – Il est à l'hôpital. La soirée lui a pas réussi. Faut dire qu'il avait une sacrée descente…
– J'aurais pas aimé la remonter à vélo. (T. Rozo, *Comme des squales*, 1993, p. 254)

— VARIANTE PONCTUELLE.

8. – Tiens Gé, tu tombes bien, c'est ma tournée.
Gé prend le pastis et hop ! d'un coup il avale. Il a une descente que j'aimerais pas remonter en charreton, je me dis. (S. Dotti, *Contes du vieux Nice*, 2003, p. 82, GRL)

## dessous

□ **être coiffé (/peigné) comme un dessous de bras**, loc. verb. "être mal coiffé, ébouriffé, avoir les cheveux emmêlés". ~ □ **s'être coiffé avec un clou/un oreiller*/un pétard/un râteau/les pieds (/pattes) du réveil***.

1. – Et à part être coiffée comme un dessous de bras, est-ce qu'elle était bien en dessous ?
– Figure-toi que j'ai pas eu le temps de m'en apercevoir. (*Marche à l'ombre*, film de M. Blanc, scénario de M. Blanc et P. Dewolf, 1984)

2. Coiffée comme un dessous de bras, habillée comme un sac, elle enchaîne les lieux communs sans intérêt. […] Quelles que soient les fringues qu'on lui met sur le cul, elle ressemble immanquablement à une Zézette de banlieue* customisée par Emmaüs. Le caddie en moins. (« Tiens voilà du boudin », 5 avril 2004, <bonbonze.net/>)

3. Aucun témoin, sauf une vendeuse : « le » laideron du stand parfumerie, la mocheté coiffée comme un dessous de bras. (*Le Progrès*, Rhône, 11 mai 2005, p. 38)

V. encore *Q.I.*, ex. 2.

## détail

**(le bon) Dieu est dans le(s) détail(s)**, loc. phrast. "la qualité, la valeur, l'excellence d'une chose passe par l'attention portée aux détails qui la constituent". *Dieu est dans les détails* est le titre d'une chanson d'Alain Manaranche (1989). Cf. l'allemand (rare) *Gott steckt im Detail* et l'anglais *God is in the details.*

1. L'érudit arpenteur Gérard Macé plie et replie les œuvres des autres à la manière d'un origami. [...] Macé explique les textes au sens étymologique du mot. Comme Jabès, il sait que Dieu est dans le détail. (*Libération*, 26 février 1998)

2. « Less is more », avait coutume de dire Mies [Mies van der Rohe, architecte germano-américain], formule intraduisible sinon par une lourde périphrase du type « Moins on en met, mieux c'est ». On lui prête aussi de façon abusive le fameux dicton « Dieu est dans les détails » qui lui va cependant comme un gant. D'un côté la recherche de la structure la plus dépouillée. De l'autre l'attention portée aux plus infimes fragments de l'édifice, meubles et rideaux compris. (*Le Monde des livres*, 24 février 2006, p. 10)

3. Dieu est dans les détails et ce qu'il y a de plus, avec la petite robe noire du créateur, c'est que l'ensemble lui aussi est divin. C'est-à-dire simple. Mieux : simplissime. (A. Schifres, *Inventaire curieux des choses de la France*, 2008, p. 202)

— VARIANTE PONCTUELLE.

4. Je crois que « le bon Dieu est entre les détails ». S'il était dans les détails, je crois qu'il n'aurait jamais créé le monde. (G. Antoine, « Stylistique des formes et stylistique des thèmes », dans G. Poulet (dir.), *Les Chemins actuels de la critique*, 1967, p. 310, GRL)

**le diable est dans le(s) détail(s)**, loc. phrast. "id.". Par opposition à la précédente, cette formule indique que l'on s'expose à des déconvenues en n'accordant qu'une attention insuffisante aux détails. *Le Diable est dans les détails* est le titre d'un roman de M. Durin-Valois (2003). Cf. l'allemand *der Teufel steckt im Detail* et l'anglais *the devil is in the details.*

5. [...] il ne semble d'ailleurs pas [...] que le procureur indépendant dispose d'éléments très nouveaux sur la « saga Lewinsky », en dehors de témoignages précis et scabreux sur la nature des rencontres entre Monica Lewinsky et le président. La publication du rapport in extenso devrait cependant se révéler plus gênante pour le président et, de facto, pour les démocrates, puisque, comme le disent les Anglo-Saxons, « le diable est dans les détails ». (*Le Monde*, 12 septembre 1998, p. 2)

6. Angela Merkel a annoncé hier après-midi le « grand succès » que représenterait le compromis obtenu entre les pays du G8 sur le réchauffement climatique. [...] Comme d'habitude dans ce genre de cénacle, le diable est dans le détail. Le texte adopté par le G8 stipule en effet que les huit « envisagent » d'adopter des mesures afin de réduire leurs émissions de $CO_2$ de moitié d'ici à 2050. La formulation permet à chacun, si ce n'est de crier victoire, à tout le moins de sauver la face. (*L'Humanité*, 8 juin 2007, p. 14)

7. M. Jacques Lamblin. – [...] Comment, dans un pays où vivent, dans l'intimité de nos familles, 10 millions de chiens [...], prendre des dispositions préventives pour éviter les accidents [...] ? [...] Il faudra veiller à ce que des décrets d'application précisent les conditions dans lesquelles l'évaluation comportementale devra être conduite, et par qui, la manière dont les formateurs des maîtres seront eux-mêmes formés, ainsi que celle dont les ventes et cessions de chiens seront encadrées. Comme vous le savez, Madame le ministre, même s'il ne mord pas, le diable est dans les détails... (Assemblée nationale, *Compte rendu analytique officiel*, séance du 28 novembre 2007)

## détente

**long à la détente**, loc. adj. "qui met beaucoup de temps à réagir". Variante, formelle et sémantique, du plus ancien *dur à la détente*.

1. Vous êtes long à la détente, dit Ludovic [...]. (J.-N. Blanc, *Chiens de gouttière*, 1989, p. 44)

2. Depuis quelques jours ma connexion internet met beaucoup de temps à s'activer. [...] quand je démarre mon pc, [...] il faut que j'attende au moins 5 min pour que la connexion parvienne à se faire. (Message, 16 juillet 2007, <www.infos-du-net.com/>)

3. [...] le comble de cette grosse compagnie de bus, c'est qu'elle n'a toujours pas de numéro vert. De plus, le service des standardistes téléphoniques est parfois complètement inefficace et vraiment long à la détente. (*Petit Futé. Nouvelle Zélande 2007-2008*, 2007, p. 550, GRL)

## deuspi

□ **en deuspi**, loc. adv. "en vitesse ; rapidement ; précipitamment". La locution reprend le verlan de *speed* "vitesse". ~ □ **dare-dare** ; **en cinq sec** ; **en deux-deux*** ; □ **en deux secondes* sept** ; **en moins de deux**.

1. Je passe juste en deuspi pour vous dire mon poids de ce matin 58 kilos tout rond enfin ! Plus que 4 kilos à perdre ! (Message, 13 mai 2006, <blog.aufeminin.com/>)

2. J'avais pas vu la date arriver, mais je tourne le pilote de mon émission TV demain, et j'avais plein de boulot à finir. En deuspi comme ils disent les jeunes. (*In Mr Poulpe we trust*, 19 juin 2006, <blog.jolipoulpy.com/>)

— VARIANTE GRAPHIQUE. **en despi**.

3. Voilà, ce soir, repréparation pour mon exposé de demain en histoire... Et écriture d'un essai pour l'anglais (en fait j'avais oublié que j'avais ce truc à faire donc je vais le faire en despi...) (« Journal de Pandaline », 24 novembre 2003, <pandaline.greatestjournal.com/>)

## deux

□ **à deux balles/deux ronds/deux sous/deux thunes**, loc. adj. "bon marché ; sans valeur, sans intérêt". Emploi figuré et péjoratif de locutions désignant une faible somme d'argent.

1. Un grand dégingandé, vêtu d'un costard élimé, avec des yeux bigles planqués derrière des lunettes à deux thunes. (Georgius, *À toi de donner*, 1959, p. 30)

2. L'habituelle frite à deux sous est molle, grasse [...] et son odeur de mauvaise huile s'accroche à vos habits. La frite Chartier est d'un grade plus élevé : petite, grillée, peu huileuse [...]. (*Le Nouvel Observateur*, 20 octobre 1975, p. 60)

3. Elle jette un œil subit à sa tocante à deux ronds. (J.-L. Degaudenzi, *La Lamentable Épopée de Doris et Alexandre*, 1990, p. 49)

4. Et tant pis pour les faux papiers ! On avait décidé de s'en foutre... Bien obligés de faire sans, puisqu'ils voulaient pas qu'on s'y réintègre, ces glandards arrogants, dans leur société à deux thunes !... On verrait plus tard à résoudre ce problème, qu'une occasion se présente... Y avait qu'à se tenir à carreau, éviter toute connerie [...]. (B. Blier, *Les Valseuses*, 1972, p. 204)

5. Si le morceau *Remballe* [de Fabe] met en boîte, avec un humour irrésistible, les bluffeurs du hip-hop (« Remballe tes rimes à deux balles, ta maison de disque à deux balles, ton directeur artistique à deux balles, tes meufs à poil à deux balles dans tes clips à deux balles »), le propos général est clair : disséquer le mode de fonctionnement du système et sa logique inique. (*L'Humanité*, 1er juillet 2000)

6. Par acquit de conscience, j'ai rappelé Arthur pour vérifier que c'était bien lui qui venait de me jouer un tour à deux balles. Il m'a juré [...] que ce n'était pas lui. (C. Krug, *Demain matin si tout va bien*, 2006 [2004], p. 109)

V. encore *calcaire*, ex. 3 ; *plaisir*, ex. 4.

□ **chausser du deux**, loc. verb. "(en parlant d'une personne) manquer d'envergure". ~ **petite pointure**.

7. Red Hot Chili Peppers. La grosse, grosse affaire de la semaine. [...] En comparaison, Red Jam chausse du deux. Mais qu'importe. Leurs reprises des Red Hot fait parfaitement l'affaire au fond des arrière-salles, là où le rock'n'roll se régénère à la pompe à bière. (*Le Progrès*, 1er juin 2006, p. 34)

— □ **ta mère, elle chausse du deux**, loc. phrast. Insulte rituelle de la série *ta mère...* reprise et popularisée par les « Guignols de l'Info », sur Canal+ (voir l'exemple 8).

8. Le phénomène a traversé l'Atlantique il y a quelques années. « Avant, c'était en anglais. Il y en a même eu en arabe. On s'amuse à en sortir pendant des heures », raconte Younes, vingt-trois ans, qui pratique les « ta mère » depuis des années dans sa cité de Corbeil. Des cités, les « ta mère » sont passées aux cours de récréation il y a environ un an, lorsque les Guignols les ont médiatisées (Les fans ont retenu : « ta mère, elle chausse du deux. ») (*Le Monde*, 2 septembre 1995, p. 8)

9. « Ta mère, elle chausse du deux », autrement dit, elle a un pied tellement petit qu'elle ne peut même pas « prendre son pied ». Donc elle est nulle, ce qui provoque la réaction violente immédiate du fils [...]. (M. Rouche, dans M.-L. Martinez et J. Seknadjé-Askénazi (dir.), *Violence et Éducation. De la méconnaissance à l'action éclairée*, 2001, p. 213, GRL)

□ **en deux-deux** (ou **en deux deux**), loc. adv. "rapidement ; précipitamment". Le numéral *deux* entre dans un certain nombre d'expressions exprimant la rapidité : *en moins de deux, en deux temps trois mouvements, en deux coups de cuiller à pot*, etc. Mais si elle s'insère dans ce paradigme, la locution analysée ne doit peut-être au numéral que son vêtement graphique : il pourrait s'agir d'une forme de l'apocope redoublée du verlan *deuspi*. ~ □ **dare-dare** ; **en cinq sec** ; □ **en deuspi*** ; □ **en deux secondes* sept**.

10. J'ai toujours la pêche. Un coup de blues et en deux-deux je vous remets d'aplomb. (*Sud Ouest*, Angoulême, 20 août 2004)

11. Un bon conseil, ne venez pas me courir sur le haricot, car les ignares égoïstes de votre acabit, je les écrase en deux-deux. (Message, 7 octobre 2004, <chictype.hautetfort.com/>)

12. Réveil à 8 h pour une matinée en voiture, un repas avalé en deux deux avant d'aller se changer en 4e vitesse à l'hôtel et de poser ses fesses sur les chaises juste avant l'entrée de la mariée dans l'église. OUF ! (*Ophildesmots*, 23 janvier 2006, <ophildesmots.mabulle.com/>)

13. [...] juste une note rapidos comme ça en deux deux, avant que je tombe raide endormie sur mon matelas. (Blog *CasinoAddict*, 23 mars 2006, <casinoaddict.hautetfort.com/>)

## diable

**il faut une longue cuillère pour dîner/manger avec le diable** (et variantes), loc. phrast. Pour signifier qu'il faut être extrêmement prudent, lorsqu'on est amené à faire une alliance risquée, si l'on veut éviter de tomber sous l'emprise de son partenaire. Proverbe attesté aussi en anglais, notamment dans *La Comédie des méprises* (IV, 3) de W. Shakespeare : « Vraiment, c'est qu'il faut une longue cuiller à l'homme qui doit manger avec le diable ».

1. Raymond Barre a ouvert l'exécutif aux maires socialistes de la banlieue, au grand dam du RPR, fort réticent devant ce compromis « historique ». Mais Raymond Barre n'en a eu cure. Les problèmes sont si graves, explique-t-il, qu'ils nécessitent la mobilisation de toutes les énergies. Revanche de l'histoire : en 1986, lui qui se refusait « à manger la soupe avec le diable même avec une grande cuillère », vient d'instaurer à Lyon une nouvelle cohabitation. (*Le Monde*, 17 octobre 1995, p. 9)

2. On sait [...] qu'en cas de duel gauche-FN, de 40 % à 50 % des voix de droite se reportent désormais sur le candidat du Front national. [...] Il est bien clair que pour la droite, par conséquent, la perspective d'une victoire vaut bien un déjeuner avec le diable, fût-ce avec une longue cuillère. (*L'Humanité*, 10 mai 2002)

3. [...] cette longue femme blonde, aux cheveux courts en pétard, aux bottes de motard et aux mains manucurées, n'était pas, a priori, « formatée » pour faire de la pub. « Pour ma mère, sourit-elle, la pub, c'était l'enfer de la consommation, la superficialité, la frivolité... » Or, personne ne l'ignore, pour dîner avec le diable, il faut une longue cuillère. (*Les Echos*, 11 mai 2006, p. 12)

— EN CONTEXTE MÉTAPHORIQUE.

4. Dîner avec le diable exige, dit-on, que l'on se serve d'une longue cuillère : faute de cette prudence, certains hommes politiques sentent un peu le roussi. (*Le Figaro*, 25 mai 2000)

**le diable bat sa femme et marie sa fille/ses filles** (et variantes), loc. phrast. Pour faire observer qu'il pleut et fait soleil en même temps. Attesté dans Oudin 1640 : « le Diable bat sa femme [...] *il pleut & fait Soleil en mesme temps* », p. 164. *Il pleut, il fait soleil, le diable bat sa femme* est le titre d'un ouvrage de M. Mauron (1975).

5. Le diable bat sa femme et marie sa fille au réveil, mais déjà, il ne fait plus que marier sa fille, il va faire chaud. (N. Franc de Ferrière, lettre du 1er août 1956, <www.imbert-vier.org/>)

6. Un peu plus loin, moitié pluie et un peu de soleil d'orage, le diable – comme on dit – mariait ses filles. A-t-on jamais remarqué que, quand cela arrive, il y a toujours quelqu'un qui prend l'air grave pour le faire remarquer ? C'est le patron de la guinguette qui le fit en essuyant ses verres. (J. Vautrin, *Billy-ze-kick*, 1974, p. 175)

7. [...] il pleut, il vente, il neige et fait soleil. Vous savez ce genre de journée où [...] le diable bat sa femme. (*Sud Ouest*, Dordogne, 14 avril 2006, p. 2)

## Dieu

**il y a un (bon) Dieu pour les ivrognes** (ou synonyme), loc. phrast. Pour signifier que les ivrognes paraissent échapper à des accidents comme s'ils faisaient l'objet d'une protection particulière. Attesté av. 1783 sous la forme *il y a un Dieu…* (« On joua effectivement, ensuite, ce proverbe, qui est intitulé : *Il y a un Dieu pour les ivrognes.* Mon idée étoit de faire voir dans cette espèce de petit drame, un homme à qui il arrive plusieurs accidens très-fâcheux en s'enivrant souvent, et qui en est toujours sauvé par d'heureux hazards », C. Collé, *Journal historique ou Mémoires critiques et littéraires […]*, t. 3, 1807, [Paris], Imprimerie bibliographique, p. 257, GRL) ; en 1817 (« Un ivrogne se laissa tomber de la seconde galerie dans la première. On sait qu'il y a un dieu pour les ivrognes ; il ne se fit donc aucun mal ; mais celui sur qui il tomba n'était sans doute pas ivre, car il eut un bras cassé », *Quinze jours à Londres, à la fin de 1815, par M.* ***, seconde édition revue et corrigée, Paris, Eymery et Delaunay, p. 82, GRL) ; en 1865 sous la forme *il y a un bon Dieu…* (« Bah ! reprit-il, si, comme ils disent, il y a un bon Dieu pour les ivrognes, pourquoi qu'il n'y en aurait pas un itou pour les amoureux ? », J. Barbey d'Aurevilly, *Œuvres : Un prêtre marié*, Paris, Lemerre, 1881, p. 289, GRL).

1. On va balancer le soûlard ! il cuvera sur le quai, n'importe où ! Cependant, comme elles atteignent la porte, la veuve s'arrête. Elle considère la pauvre tête de l'homme et dit qu'on ne peut pas jeter ça dehors. Il est tout mouillé, il risque de prendre froid. « Il y a un bon Dieu pour les ivrognes », siffle Suzette […]. (H. Queffélec, *Tempête sur Douarnenez*, 1968 [1951], p. 122)

2. […] il fallut bientôt se rendre à l'évidence : l'ivrogne était indemne.
– Tiens, voici les clés, […] elles étaient dans sa poche. Non, il n'a rien, le cochon. Il y a un bon Dieu pour les poivrots.
– Eh bien, je ne le félicite pas, ton bon Dieu. (M. Beti, *Perpétue et l'habitude du malheur*, 1974, p. 25, GRL)

3. – […] Droit dans une barrière dont vous avez fait du petit bois. Vous auriez pu vous tuer, monsieur, tuer votre passager. La vouâture aurait pu prendre feu. Vous vous en tirez à bon compte, à croire qu'il y a un Bon Dieu pour les pochards […]. (É. de Neyrat, *Les Badauds de l'enfer*, 1975, p. 257, GRL)

4. Ma consommation excessive sera la cause d'une chute de six mètres, une seule en seize années de travail à risque, accident dont je me sortirai avec une fracture du coude et du poignet. Quand on dit qu'il y a un bon Dieu pour les alcooliques… (Étienne C., *Oui ! Il y a une vie après l'alcool…*, 2007, p. 35, GRL)

## dindon

**cou de dindon**, loc. nom. "cou d'une personne dont la peau distendue est fripée et plissée". Par comparaison avec l'anatomie du volatile. Attesté en 1843 (« […] son gilet blanc sale et son jabot de grosse mousseline recroquevillée qui s'unissait imparfaitement à sa cravate cordée autour de son cou de dindon », H. de Balzac, *Le Père Goriot*, p. 58, FT).

1. Son uniforme lui est devenu trop grand. Les lourdes épaulettes dorées écrasent ses épaules maigres. Hors de son col large et rond, émerge un cou de dindon décharné. (H. Troyat, *Les Héritiers de l'avenir*, t. 2, *Cent un coups de canon*, 1969, p. 358, GRL)

2. Mickie s'en fout de vieillir, mais elle refuse d'en porter les stigmates, les paupière en capote de fiacre, le cou de dindon, les poches, les taches… (G. Mordillat, *Les Vivants et les Morts*, 2006 [2004], p. 595)

3. Plusieurs muscles à qui on ne demandait rien, se complaisent à déformer notre visage, le tirant vers le bas : le muscle peaucier du cou, situé sur les faces latérales du cou, se contracte, tire sur la peau des joues et va concourir à former les bajoues (qui sont également dues à un déplacement graisseux), les cordes platysma, qui vont du menton à la pomme d'Adam vont se rétracter pour créer 2 cordes pendant sous le menton. On les appelle, au choix, les fanons ou le cou de dindon. (Dr P. Touron, « Actualités en médecine esthétique », 23 août 2007, <www.dermatologie-esthetique.com/>)

## diptère

□ **sodomiser les diptères**, loc. verb. "s'attarder à d'infimes détails ; faire des histoires pour peu de chose". Doublet peu usuel, plaisant et pseudo-savant de ■ **enculer les mouches** ; à rapprocher de **diptéro(-)sodomite** (en gréco-latin de cuisine). ~ **chercher la petite bête**.

1. […] « l'Auteur minuscule » qui […], disciple de Nabokov, préfère, plutôt que d'« enculer les mouches », « sodomiser les diptères ». (*Le Monde des livres*, 25 octobre 2002, p. 2 ; critique d'un ouvrage de J.-P. Dufreigne)

2. […] Philippe qui a une petite tendance ce matin à sodomiser les diptères à propos des notions du passé, présent et futur […]. (F. Bonne, *A.N.P.E. mon amour*, 2006, p. 192, GRL)

— VARIANTE DÉVELOPPÉE. □ **sodomiser les diptères en plein vol**.

3. […] cela leur permettait, en sodomisant les diptères en plein vol, de détourner l'attention de sujets qui fâchent*, comme le chômage, la banqueroute qui [se] pointait à l'horizon, ou l'insécurité qui ne baissait que dans les discours. (« Je t'aime, moi non plus… », 12 juin 2004, <www.omnigauche.com/>)

## dire

**c'est dire si…**, loc. "autant dire que". Pour introduire une précision. Attesté en 1854 (« Or, nous courions depuis le matin, exposés à l'air vif des lacs et des montagnes ; c'est dire si nous avions l'appétit aiguisé », C. de Saint-Julien, *Voyage pittoresque en Russie*, Paris, Belin-Leprieur et Morizot, p. 106, GRL).

1. Tchao, pantin. Ça, c'était son expression amicale, réservée aux intimes. C'est dire si elle lui servait peu souvent. (A. Page, *Tchao pantin*, 1982, p. 52)

2. J'ai cent ans et j'suis bien content
J'suis assis sur un banc
Et je regarde mes contemporains
C'est dire si j'contemple rien (Renaud, « Cent ans », dans *Le Temps des noyaux*, 1988, p. 26)

3. Dans un joyeux tintamarre, les jeux, courses en sac, courses de pédalos sur gazon – c'est dire si personne ne s'est pris au sérieux – se sont succédé, mêlés de chants et de danses. (*La Nouvelle République*, éd. Loir-et-Cher, 19 juillet 2006, p. 7)

**je te ferai(s) dire**, loc. phrast. En incise ou pour introduire une proposition comportant une information ou une déclaration présentée de façon critique. ~ **je te ferai savoir ; je te signale**.

4. – C'est à cette heure-ci que tu arrives, créature ! La rentrée, c'était la semaine dernière, je te ferai dire. (S. Ereis, *Le Coming in*, 2003, p. 21, GRL)

5. Tu nous attends peut-être au tournant, mais je te ferai dire que tu as fait une super faute de grammaire dans ton dernier message. (Message, 3 février 2006, <www.fond-ecran-image.com/>)

6. – [...] Je bronze.
– Ben, je te ferais dire d'arrêter parce que t'es tout marron déjà ! (A. Gavalda, *La Consolante*, 2008, p. 351)

**maintenant que tu le dis/que vous le dites**, loc. phrast. Pour exprimer le souvenir ou la prise de conscience d'une réalité sur laquelle l'interlocuteur vient d'attirer l'attention.

7. – Oui... maintenant que tu le dis... c'est bien ce nom-là qui a été prononcé. (C. Gillard, *Échec aux rois de la drogue*, 1970, p. 259, GRL)

8. – Oui, je suis de plus en plus souvent absent.
– C'est vrai, Fernand, maintenant que vous le dites, j'avais bien cru remarquer... (P. Mertens, *Les Bons Offices*, 1974, p. 284, GRL)

9. – L'idée ne m'en serait pas venue mais, maintenant que vous le dites, je crois... en effet... (G. Croussy, *Le Sphinx*, 1985, p. 91, GRL)

10. – Tu n'entends rien ? demanda-t-elle.
À part le chuintement des roues de vélos ou le sifflement des roulettes de rollers sur le quai [...], non, je n'entendais rien.
– Ton portable...
– Maintenant que tu le dis... (P. Dessaint, *Loin des humains*, 2007 [2005], p. 23)

□ **on va dire**, loc. verb.

— Pour marquer une hésitation ; pour masquer sa pensée ; parfois cheville du discours, à simple valeur phatique.

11. [...] on ne trouve la vérité que dans les confessionnaux et dans les livres. Certains livres. On va dire, pour simplifier, les beaux. (*Le Point*, 12 décembre 2003, p. 145)

12. *On va dire* signifie généralement que 1) on hésite à dire, 2) on pense exactement le contraire de ce qu'on dit, 3) on n'a rien à dire. Prenons le cas d'une jeune chanteuse, entre guillemets [...], que l'on interrogerait sur la précocité de sa vocation, on va dire. Question de l'intervieweur : « Pourquoi une telle précocité, on va dire ? » Réponses de l'interviewée : 1) « J'avais envie d'être célèbre, on va dire » 2) « J'avais une vraie vocation depuis toute petite, on va dire » 3) « J'étais jeune, on va dire. » (*Télérama*, 17 décembre 2003, p. 186)

13. Pour les trottoirs, entre parenthèses, la moto-crottes, c'est plutôt utile, on va dire. (*Télérama*, 17 décembre 2003, p. 186)

14. – Ouais, ça faut qu'on réfléchisse. Estime-toi déjà heureux d'avoir réussi à racheter ta dette. On va dire, pour les trois briques, on te bute pas. C'est déjà bien, ça, non ? (L. Chalumeau, *Maurice le Siffleur*, 2006, p. 179)

— Suivi d'un complément direct ou d'une proposition complétive. Pour nuancer une affirmation, pour marquer une approximation.

15. Mais il était là, lui.
Mon siamois !
Et ses yeux ont brillé, brillé. Et il a fait un… On va dire que ce fut un feulement. (R. Forlani, *Gouttière*, 1989, p. 153)

16. Il était… On va dire sept heures. L'heure de l'apéro. (G. Alle, *Il faut buter les patates*, 2001, p. 40)

**on va le dire comme ça / on va dire ça comme ça**, loc. phrast. Pour marquer une distance par rapport à ce qui est dit, notamment en soulignant un euphémisme ou une antiphrase. ~ **on peut voir ça comme ça**.

17. – Vous n'avez pas remarqué les graffitis hostiles au gouvernement sur le mur qui longe votre trottoir ? Vous n'êtes pas très observateurs…
– Des gamins, sans doute, continua madame Wagon, c'est terrible comme les gens éduquent mal leurs enfants de nos jours !
– Oui, des gamins, on va dire ça comme ça… (J. Hock, *Mémoires d'un poisson rouge*, 2005, p. 203, GRL)

18. j'ai dû tout réinstaller [sur un ordinateur] j'ai perdu trop de temps alors que j'avais […] l'oral le lendemain pas du tout de panique quoi on va le dire comme ça (CLAPI, corpus « Conversations à table entre étudiantes », 2005-2006)

19. Le FMI [Fonds monétaire international] n'est pas habituellement, on va le dire comme ça, le lieu traditionnel où s'expriment le mieux les convictions socialistes. (François Rebsamen, sur Canal+, le 11 juillet 2007 à 7 h 45)

**qu'est-ce que ça dit**, loc. phrast. "comment se présentent les choses ? qu'en est-il ?".

20. Rudi traverse l'atelier de bobinage. Le silence le surprend. D'habitude, le bruit des machines empêche de s'entendre à plus de trente centimètres. […]
– Qu'est-ce que ça dit ? crie Lorquin de la porte de l'atelier.
– RAS ! répond Rudi. (G. Mordillat, *Les Vivants et les Morts*, 2006 [2004], p. 195-196)

## discute

□ **taper la discute**, loc. verb. "converser, bavarder". Sur le modèle de *(se) taper l'incruste** ; *discute* est un déverbal de *discuter*.

1. Sortie du collège […]. Des petits groupes d'adolescents « tapent la discute ». On parle vacances, lycée, mais surtout pas du brevet. (*Libération*, 29 juin 2001, p. 14)

2. – […] ils tapent la discute au bord de la piscine. (L. Chalumeau, *Les Arnaqueurs aussi*, 2007, p. 221)

3. A la fin du concert, en dehors du stade, je tape la discute avec le chanteur du groupe […]. (*Journal de Muse*, 28 février 2007, <www.sousous.org/>)

## Disneyland

**c'est Disneyland**, loc. phrast., loc. interj. Pour évoquer un monde considéré comme merveilleux. *Disneyland* est le nom du premier parc d'attraction Disney, créé au sud de Los Angeles vers 1955.

1. Michel Houellebecq est un être simple et frais : il voit les petites prostituées asiatiques sourire, il en conclut qu'elles sont heureuses ! Il ne voit pas ce qu'il y a de « répréhensible » ! C'est Disneyland ! Alors il joue les haut-parleurs. Porte-parole des mafias proxénètes en toute bonne conscience, il encaisse les droits d'auteur de la parole patriarcale. (Isabelle Alonso, dans *Chiennes de garde & fières de l'être*, 2 octobre 2001, <www.chiennesdegarde.org/>)

2. « […] ces écoles qui préparent les cadres sont payantes, et donc très peu accessibles aux jeunes des milieux défavorisés », dénonce Gildas. « Enfin une fois que vous y êtes, c'est Disneyland ! On vous déroule le tapis rouge, vous avez les meilleurs profs, tous les sports et la possibilité de poursuivre vos études dans 80 écoles dans le monde […]. » (*Aujourd'hui en France*, 25 janvier 2006, p. 6)

3. La beauté des lieux a séduit mes trois artistes. Jamais ils n'auraient osé penser se retrouver dans un tel endroit pour enregistrer un premier disque.
– C'est Disneyland ! S'est exclamé Roy. (N. Bouiges, *Le paradis n'est jamais loin*, 2006, p. 232, GRL)

4. « Attention, il ne faut pas croire que c'est Disneyland », tempère [une déléguée syndicale]. Mais elle reconnaît que, contrairement à la tradition française, le dialogue social [dans un laboratoire pharmaceutique] est basé sur la concertation. (*Le Parisien*, 14 mars 2007, p. 3)

## disquette

□ **mettre une disquette/des disquettes (à qqn)**, loc. "raconter des histoires, des bobards". Métaphore de l'informatique.

1. […] il faut aussi que les politiques arrêtent de mettre des disquettes aux gens […]. (Message, 19 mars 2006, <www.zdnet.fr/>)

2. Garçon manqué<br>
Mais qui se fait respecter<br>
J'suis une boxeuse<br>
Fonçeuse sans oublier racailleuse […]<br>
Pourquoi une meuf devrait danser<br>
Un mec boxer, travailler<br>
On vous a mis une disquette<br>
Et ce n'est pas une minette<br>
C'est la société<br>
J'suis désolée<br>
Mais c'est la vérité<br>
Et vous ne pouvez pas le nier. (Sarah Malak, $3^{e}$ C, collège Sainte-Geneviève, Rennes, <www.ste-genevieve.org/>, consulté le 20 avril 2007)

3. Tout le monde veut maigrir même ma voisine qui pourrait se cacher derrière un arbuste sans qu'on la voie. C'est carrément devenu un phénomène de mode. À cause de qui ? Des mannequins qui pavanent leurs corps maigres sur les podiums. Parfois on nous l'impose même, comme pour les danseuses ou actrices. Chimène Badi et Amel Bent disaient être fières de leurs rondeurs et regardez-les maintenant. Est-ce qu'elles se sont fait mettre des disquettes par la société ? J'en sais rien. En tout cas moi je pèse 49,7 kg, et j'ai beau me goinfrer, j'ai jamais réussi à atteindre les 50 pour 1 m 62. (Message sur le *Forum des stars*, 23 avril 2007, <www.staronthenet.com/>)

## divers

**divers et variés**, loc. adj. postposée. Renforcement tautologique de **divers**. Attesté en 1803 (« SENSIBILITÉ. C'est le plus brillant attribut de la vie. C'est cette admirable propriété dont les développements divers et variés sont désignés sous les noms d'impressions, de sensations, de perceptions, d'idées, de sentimens, de passions, d'affections, etc. », J. L. Moreau, *Histoire naturelle de la femme*, t. 1, Paris, L. Duprat, Letellier et comp., p. 112, GRL).

1. Le malheureux ne cessait de plier et déplier des cartes de formats divers et variés. (A. Jardin, *Bille en tête*, 1986, p. 109, FT)

2. Au-delà des concerts, expositions et manifestations diverses et variées [...] c'est une bière qui veut faire entrer Anvers dans l'histoire : la bière Rubens. (*Agence France Presse*, 21 juillet 1993)

3. Ces jeunes travailleurs [...] devront, durant la saison, accomplir des tâches diverses et variées : l'entretien, l'accueil et le gardiennage au camping [...] ; le nettoyage des plages [...], mais aussi des abords du camping [...]. (*Le Télégramme*, 25 juin 2006)

4. Chaque mois une conférence est donnée par une médiatrice culturelle sur des thèmes divers et variés, tels que le pop art, le fauvisme ou encore l'impressionnisme. (*La Nouvelle République*, éd. Indre-et-Loire, 26 juin 2006, p. 6)

## division

... **combien de divisions ?** loc. Pour s'enquérir de l'importance (ou du réseau d'influences) d'une personne ou d'un groupe de personnes. Par allusion à la réplique goguenarde que Staline aurait faite, le 13 mai 1935, au Premier ministre français Pierre Laval, qui lui demandait de faire un geste en direction du Vatican : « Le pape, combien de divisions ? ».

1. Pie XII apprit que Staline avait dit de lui : « Combien de divisions blindées possède-t-il ? » Quand Staline est mort, le pape a dit : « Maintenant il voit mes légions ». (J. Green, *Vers l'invisible, 1958-1967*, 1967, p. 48, GRL)

2. Jeunes contre vieux : combien de divisions ? Si la guerre des générations doit avoir lieu, son analyse polémologique risque de buter sur le profil exact des belligérants. (*Le Point*, 6 avril 1996)

3. La droite niçoise, combien de divisions ? (*Libération*, 27 mai 2002, p. 15)

4. Les revues françaises, combien de divisions ? [...] depuis une décennie, elles semblent en perte de vitesse. (*Le Monde des livres*, 8 septembre 2006, p. 11)

## doigt

**doigt d'honneur**, loc. nom. "geste d'insulte consistant à lever le majeur, les autres doigts repliés, la paume de la main vers soi, le coude légèrement relevé en direction de celui que l'on insulte". Version diminutive de **bras d'honneur**, mais tout aussi insultante, surtout employée dans la loc. verb. **faire un doigt (d'honneur) à qqn**.

1. L'ancien trésorier du PS [...] est arrivé [...] sous les applaudissements des élus de la gauche [...] et les claquements de pupitres de la droite, qui a lâché un « voyou ! » et « rendez l'argent ! », tandis qu'un parlementaire irascible lui faisait un doigt d'honneur. (*Le Monde*, 20 février 2000, p. 7)

2. Samuel et Anne n'entrent pas dans les catégories les plus exposées aux frappes policières. Le premier est étudiant en histoire de l'art, la seconde magistérienne en biologie à l'Ecole normale supérieure. Timides et propres sur eux, ils ne sont pas du genre à faire un doigt aux pandores. Le 7 octobre, ils comparaissaient pourtant devant le tribunal correctionnel de Lyon pour « outrages à policiers et rébellion avec violences ». (*CQFD*, octobre 2003, <www.cequilfautdetruire/>)

3. – Tu es sûr que le doigt que tu as fait à ce pauvre type était indispensable ?
– Ta gueule. (C. Krug, *Demain matin si tout va bien*, 2006 [2004], p. 179)

4. [...] le bras d'honneur, ça veut dire un peu la même chose que le DOIGT d'honneur. C'est une variante en fait. [...] avec une amie, on a récemment constaté que le bras d'honneur se perdait petit à petit au profit du doigt d'honneur. Et nous avons de ce pas décidé de le réhabiliter en l'utilisant le plus possible. Vous pouvez adhérer au mouvement quand vous l'voul [v. *vouloir*] ! (Message, 9 janvier 2007, <bazarbizar.canalblog.com/>)

5. Un jeune homme de 19 ans, qui circulait mercredi avec sa mère en voiture, comme passager [...], n'a pas apprécié qu'un autre automobiliste adresse à sa mère un doigt d'honneur en la doublant. Il a forcé le malotru à s'arrêter et lui a asséné deux coups de cutter sur le front. (*Le Parisien*, 14 septembre 2007, p. 2)

V. encore *battre*, ex. 20 ; *lapin*, ex. 9.

**sixième doigt**, loc. nom. "cigare ou cigarette (à propos de grands fumeurs)".

6. Eric Hall s'admire sous toutes les coutures. Caricatures et photos, principaux ornements d'un bureau minuscule, lui renvoient mieux qu'un miroir son image. Un petit corps, un visage rond, des sourcils en virgule, un crâne interdit de cheveux ; des chemises colorées à en donner mal aux dents (toutes estampillées Yves Saint Laurent), des chaussures luisantes. Et puis, bien sûr, sixième doigt à la main gauche, un cigare. (*Le Monde*, 23 août 1997, p. 16)

7. Il fut un temps où Hollywood fumait* comme une cheminée d'usine. Humphrey Bogart ne tournait jamais sans son « sixième doigt » à la main droite, Audrey Hepburn portait le fume-cigarette comme un bijou [...]. (*Télérama*, 9 août 2006, p. 19)

8. Tu sors de chez toi l'air de rien, tout entourée de buée et d'obscurité, avec ton éternel point fumant, ton sixième doigt, ta clope. (« Planes & cigarettes », 16 août 2006, <joshuabedroom.canalblog.com/>)

## domino

**théorie des dominos**, loc. nom. "succession d'événements en cascade ; réaction en chaîne". La locution a désigné une théorie géopolitique, formulée dans les années 1950 aux États-Unis à propos de la situation en Asie, selon laquelle un changement idéologique dans un pays peut faire tache d'huile dans les pays voisins. L'exemple 1 fait référence à cet emploi. Cf. en anglais *domino theory* ou *domino principle.*

1. Appliquant à cette région du monde la théorie des dominos utilisée naguère en Asie du Sud-Est, les Américains voyaient déjà les hordes khomeinistes submerger le Koweit et l'Arabie saoudite, une autre république islamique s'établir au Liban, le régime jordanien aux abois, la perspective finale de ce scénario-catastrophe étant la destruction d'Israël. (*Le Monde*, 12 janvier 1987, p. 1)

2. M. Philippe de Villiers. – […] Le quinquennat agira sur nos institutions conformément au principe de la théorie des dominos, l'un entraînant l'autre dans sa chute. Il aboutira rapidement à un régime dans lequel le Premier ministre n'aura plus vraiment de rôle et où le Président se retrouvera le chef de la majorité parlementaire. (Assemblée nationale, *Compte rendu intégral*, 2e séance du 14 juin 2000)

3. […] le leader européen de l'aéronautique civile et militaire vient toutefois de faire à son tour l'amère expérience de la théorie des dominos : qu'un client s'effondre et toute la chaîne de ses fournisseurs en subit les conséquences. (*L'Expansion*, 4 mars 2003)

4. […] un jour, allez savoir, il y a eu comme un grand […] « marre de tout et de tous ». […] tout s'est mis à partir en vrac à toute vitesse, une vraie réaction thermonucléaire en chaîne, un champ de mines, la théorie des dominos en live*. (Blog, 16 février 2007, <lavitanuda.canalblog.com/>)

## donne

**changer la donne**, loc. verb. "modifier l'état d'un rapport de forces ; changer les données d'un problème, le cadre d'une situation". Métaphore empruntée au vocabulaire des jeux de cartes.

1. […] le monde étriqué de sa jeunesse, la donne qu'il n'avait pas cherché à changer et dont, pour cadre de sa réflexion pourtant si libre, il avait accepté les limites sans plus guère les remettre en question. (J. Gracq, *En lisant, en écrivant*, 1980, p. 189, FT)

2. Les friches industrielles rongent certains départements comme celui de la Seine-Saint-Denis. D'autant que certaines municipalités hésitent à modifier l'affectation de leur sol. Crainte de perdre une identité, crainte aussi de changer la donne électorale avec l'arrivée de populations nouvelles. (*Le Monde*, 26 juillet 1989, p. 1)

3. Nous sommes forcément déçus de ce résultat ! […] J'ai le sentiment que le premier but est marqué sur un coup franc où il n'y avait pas de faute. Cet élément change la donne du match. (*PSG on line*, 11 décembre 2006, <psgonline91.com/>)

## dormir

□ **aller se faire dormir les yeux / aller faire dormir les (/ses) yeux**, loc. verb. "aller se coucher". On pourrait croire la locution issue du langage que tiennent les mamans à leurs petits enfants, mais elle semble plutôt avoir son origine dans le français non conventionnel.

1. – […] J'vais me faire dormir les yeux maintenant ! (P. Merle, *Le Déchiros*, 1991, p. 136)

2. Je m'étends et juste avant de me faire dormir les yeux, je gamberge à une revanche. (R. Lageat, *Des Halles au Balajo*, 1993, p. 170)

3. Vers 1 h 30-2 h, ces noctambules, rassasiés de musiques, sont repartis faire « dormir les yeux » en souhaitant que la prochaine édition [de la Fête de la musique] soit aussi festive. (*Le Télégramme*, 28 juin 2005)

4. Assez de questions pour ce soir. Je vais aller faire dormir mes yeux, en rêvant de ma belle étoile et de la douceur de ses mains et de sa peau. (Message, 19 novembre 2006, <universalite.over-blog.com/>)

□ **dort-en-chiant**, loc. nom., loc. adj. "lambin, paresseux, nonchalant". Image populaire, aujourd'hui vieillissante, qui témoigne d'une mollesse insigne.

Attesté en 1849 (« On dit d'un homme lent : C'est un dort-en-chiant », Pierre Jannet *et alii*, *Bibliotheca scatologica*, Paris, impr. de Guiraudet et Jouaust, p. 113, GRL).

— En parlant d'une personne ou d'un groupe de personnes.

5. On n'a pas encore de dates [pour une tournée], c'est la faute à la prod ["production"] un peu dort-en-chiant [...] qui est plus occupée à emménager son nouveau studio que de promouvoir ses artistes. (Message, 26 novembre 2002, <en.440forums.com/>)

6. Un mois d'attente ! Comme disait mon père pour les dort-en-chiant de cet acabit : « Toi, on t'enverra chercher la mort* ! ». (Message, 2 décembre 2006, <passouline.blog.lemonde.fr/>)

∞ Emploi interjectif ou comme sobriquet (parfois sous la variante **dors-en-chiant**).

7. Ce qui le [le père] mettait en joie aussi c'était le vocabulaire du livre [*La Terre*] : pas gêné pour une miette Zola, il écrivait « merde » et tout ! Comme dans la vie ! Et il avait des inventions épatantes : un type appelait quelqu'un « Dort-en-chiant ». Il se fendait la pipe, ça l'enchantait. Après il appelait ma mère comme ça : « Dort-en-chiant ! Dort-en-chiant ! » – elle était pas contente !... (C. Duneton, *Le Diable sans porte*, 1981, p. 247)

8. On a beaucoup de surnoms pour le personnel [...]. On a : le « grand », le « petit », le « nain furieux » [...], « crâne d'obus », la « marmotte », « dors-en-chiant », « nénesse », « gugusse » [...]. (D. Brigot, *Chef d'établissement SNCF 1953-1993*, 2003, p. 82, GRL)

V. encore *coin*, ex. 10.

— En parlant de la façon de s'exprimer.

9. Je suis allé voir ton blog... J'ai perdu mon temps. C'est fait de pièces rapportées volées ici et là. C'est [...] semblable au journal plein d'acné qu'on faisait quand j'allais au lycée. C'est écrit dans le style dort-en-chiant ! (Message, 21 juin 2007, <www.marianne2.fr/>)

## dose

□ **avoir sa dose**, loc. verb. "être fatigué (de qqc, de qqn)". De *dose* "quantité minimale de ce que l'on peut supporter". ~ **en avoir assez** ; □ **en avoir sa claque** ; **en avoir marre** ; □ **en avoir ras le bol**.

1. Terminé pour moi les campeuses,
j'ai eu ma dose,
me parlez plus d'auto-stoppeuses,
ça m'rend morose ! (Renaud, « L'auto-stoppeuse », 1980, dans *Mistral gagnant*, 1986, p. 89)

2. Mon père a accusé un sérieux coup de barre. Il n'avait pas l'habitude de veiller. Comme une bougie, il s'est éteint. Il avait sa dose, ça se voyait sur ses traits : « On s'en va, j'ai sommeil [...] ! » (S. Loupien, *Sexties*, 1993, p. 52-53)

3. D'un équilibre impressionnant, Auguin [vainqueur du Vendée Globe en 1997] réfléchit finement à ce qui lui arrive. Il sait déjà qu'il ne recommencera pas la grande boucle – « j'ai ma dose ». (*Le Monde*, 19 février 1997, p. 14)

4. Moi, j'en ai eu ma dose, de me faire croquer par ces grands chiens qui s'en prennent aux plus petits qu'eux ! (S. Scotto, *Saucisse président*, 2007, p. 81)

— EN PARTICULIER. **avoir sa dose / en tenir une bonne dose**, loc. verb. "être ivre". De *dose* "quantité de ce que l'on absorbe". Attesté dans les variantes *avoir pris une bonne dose* en 1744 (« Les hurons ont pris [...] une bonne Dose : sont saouls », Peter W. Halford, éd., *Le français des Canadiens à la veille de la conquête*, Ottawa, 1994, p. 91) ; *en avoir une petite dose* en 1782 (« THÉRÈSE. Il en a une petite dose. / BLAISE. Oui, mais à travers son vin, on voit qu'il est une bonne personne », C.-J. Guillemain, *Boniface Pointu et sa famille*, Toulouse, Broulhiet, 1788, p. 32) et dans la variante *en avoir une dose* en 1837 (« Oh ! si vous le voyiez !... Il en a une dose... Il est rond comme une pomme d'api... », Vanderburch, *L'Avoué et le Normand*, dans DDL). ~ □ **être bourré** ; □ **être plein.**

5. Il semblait moins ivre que Fane, mais il en tenait pourtant une bonne dose : il s'y était repris à quatre ou cinq fois pour décapsuler sa canette [...]. (P. Pelot, *L'Été en pente douce*, 1987 [1981], p. 111)

6. – [...] Je te paie un verre ?
– Si t'arrives à lever le bras. Car laisse-moi te dire que t'as déjà ta dose.
– T'occupe, le vieux. (F. Vargas, *Pars vite et reviens tard*, 2004 [2001], p. 11)

## douille

□ **mettre une douille** / (**se**) **prendre une douille**, loc. verb. "infliger/recevoir une amende, une défaite, une correction". De l'argot vieilli *douille* nom fém. "paiement, règlement d'un compte, d'une facture, d'un dû" (Cellard/Rey 1991 ; *douille* "argent" est attesté av. 1827, dans TLF).

1. Reste que je suis fier de ne pas avoir pris une « douille » sur le central. J'avais un peu peur d'affronter un joueur comme ça et j'ai su faire jeu égal. (Arnaud Clément, joueur de tennis, dans *Reuters – Les Actualités en français*, 26 mai 1999)

2. Les pandores sont très courageux au bistrot, mais ne leur demandons pas d'entrer dans une cité remplie de petits Maghrébins, il est plus facile de mettre une douille à un bon père de famille sur une nationale. (Message, 4 août 2004, <forum.doctissimo.fr/sante/securite-routiere/>)

3. La raison d'être de ce « langage » [des SMS] est qu'au tout début d'Internet, il n'y avait pas de haut débit. [...] il s'agissait d'en écrire le moins possible pour se faire comprendre le mieux possible, sous peine de se prendre une douille au niveau facture téléphonique. (Message, 3 novembre 2005, <forum.hardware.fr/>)

4. Concrètement, que risque-t-on à ne pas valider dans un bus avec Navigo ? Parce que ce serait le pompon de se prendre une douille alors qu'on le paie tous les mois. (Message, 18 février 2006, <caelle.canalblog.com/>)

5. Passer son temps à critiquer ma conduite trop brusque et se prendre une douille pour excès de vitesse ! Ça fait mal au cul, hein ? (Message, 22 septembre 2007, <correspondant-de-presse-64.over-blog.com/>)

## droite

**la droite de la droite**, loc. nom. "les groupes ou partis situés entre la droite et l'extrême droite, ou à l'extrême droite, sur l'échiquier politique". Euphémisme surtout en usage dans les médias. Antonyme de **la gauche* de la gauche**.

1. Le président du conseil général de Vendée se fait fort de réorganiser autour de lui la droite de la droite, aux dépens du Front national. (*Le Monde*, 11 février 1995, p. 7)

2. Pendant que les candidats socialistes cherchent toujours les moyens de ne pas se faire doubler par la gauche* de la gauche, la droite de la droite est engagée dans un autre combat. (*Les Echos*, 16 février 2006, p. 12)

3. Les politiques ne s'affichent guère avec une association [SOS Éducation] dont l'idéologie, à la droite de la droite, renvoie aux néoconservateurs américains. (*Libération*, 6 novembre 2006, p. 14)

## Dubout

**couple à la Dubout**, loc. nom. "couple (mari et femme) au disparate criant". Albert Dubout (1905-1976) est surtout connu pour avoir été un grand dessinateur humoristique (pour sa présentation du couple, voir l'exemple 4).

1. Et tous ces couples à la Dubout ! Parce que le conjoint, même s'il est maigre, accompagne son malade. J'ai vu une fois une jeune femme très grosse, avec un mari normal. Elle regardait les vitrines de mode. Elle a dit : « Tu me paies ce pull-over ? » Et lui, sèchement : « Non. – Pourquoi ? – Il est trop cher. – Je sais bien, ce n'est pas parce qu'il est cher que tu refuses de me l'acheter, c'est parce que je suis trop grosse. » (R. Grenier, *Un air de famille*, 1979, p. 113, GRL)

2. Dans l'établissement microscopique [un restaurant parisien], où plane une incomparable odeur de graillon, officie un couple à la Dubout, qui sert généreusement une cuisine infâme. (*L'Express*, 15 mai 2003, n° spécial, p. 202)

3. Sur le ring, c'est un couple à la Dubout avec Raymonde, 130 kg, et Marcel, 60 kg. Une histoire d'amour en 12 rounds. (*Paris-Normandie*, 26 juin 2006)

4. Dubout cultive le champ du délire avec une sorte de joie féroce. Une de ses veines comiques est l'image du couple inégal : la femme énorme, mafflue et revêche, flanquée d'un avorton de mari qu'elle terrorise. Cette image qu'on est aujourd'hui convenu d'appeler par son nom (« un couple à la Dubout ») est en fait une idée très ancienne et se rattache au thème du monde renversé, aussi vieux que les images elles-mêmes. (L. Beaumont-Maillet, dans *Chroniques de la Bibliothèque nationale de France*, n° 35, été 2006, p. 21)

— PAR MÉTAPHORE.

5. [...] la France ne saurait rester stupidement enfermée dans le « couple » franco-allemand (à la Dubout). (*Les Echos*, 12 mars 1993, p. 34)

6. Le Monténégro forme avec la précédente [la Serbie] un couple à la Dubout au sein de la République fédérale de Yougoslavie. (*Le Point*, 1er mars 1997)

## dur

**dur(,) dur** ou **dure(,) dure**, adj. Exprime la difficulté, l'effort, la fatalité, parfois avec un léger recul ironique de la part du locuteur. *Dur-dur* est le titre d'une chanson, interprétée par le groupe éphémère *Alex et les Lézards* (1980) et mentionnée dans le *Guide du tube* (Paris, R. Laffont - Seghers 1987) ; celui-ci précise que la chanson a été inspirée « par le "dur, dur" inventé par Martin Lamotte qui ponctuait ainsi chacun de ses sondages d'opinion du Collaro Show [une émission de télévision] ». L'exemple 5 évoque lui aussi le rôle de cette émission dans la diffusion de cette formule.

— EMPLOI ADJ. (ÉPITHÈTE OU ATTRIBUT).

1. Aujourd'hui, nous avons fait des textes sur la musique, et pour demain, chaque classe doit choisir cinq disques. Nous en avons choisi six mais ça a été dur, dur ! (« *22 lycéens* », 1987, p. 116)

2. Dure dure, la vie de Jean-Claude ! Livreur de pizzas la nuit, il arrondit ses fins de mois en faisant le jour le mime-statue dans les squares. (*Le Progrès*, 5 juillet 2002)

∞ **dur dur de** + proposition infinitive.

3. Dur, dur de faire carrière, de s'imposer dans un monde d'hommes. Toutes les femmes qui en veulent vous le diront. (C. Sarraute, *Dites-donc !*, 1985, p. 122)

4. Dur dur d'être président ! (*Le Télégramme*, 17 décembre 2003)

V. encore *souci*, ex. 9.

— EMPLOI EN INTERJECTION. Noter l'exemple suivant, en 1882 : « [...] i' commence à chialler [*sic*], tu penses, dur, dur ! » (*Le Gaulois*, 3 octobre, dans L. Larchey, *Nouveau supplément du dictionnaire d'argot*, Paris, E. Dentu, 1889, p. XXXI).

5. – Ah ! « Dur, dur ! », comme dans l'émission de divertissement télévisuel dont je tairai le nom pour ne pas faire de publicité à Collaro. (P. Desproges, *Manuel de savoir-vivre à l'usage des rustres et des malpolis*, 1981, p. 121)

6. – Autrefois tu mourais alcoolique à cinquante ans.
– Dur, dur.
– À cinquante ans, tu vois, j'étais pas mort. Alors, j'ai pas cessé de boire. (F. Caradec, *La Compagnie des zincs*, 1986, § 18)

7. Dans quelques minutes, José va monter dans le TGV, direction La Rochelle. Trois heures sans cigarette, dur, dur... (*Le Parisien*, 5 décembre 2003, p. 16)

8. Oh ! Dur, dur ! C'est notre avant-dernier soir... Ça passe trop vite, ces vacances ! (A. Dona, *Mamie a eu quinze ans*, 2007 [2006], p. 163)

## durit, durite

□ **péter une durit**(e), loc. verb. "perdre le contrôle de soi-même ; avoir un comportement déraisonnable". Issu du vocabulaire de la mécanique. ~ □ **péter un boulon*/un câble*/un fusible*/un joint*/un plomb*** ; □ **fondre un plomb*** ; □ **monter dans les tours***.

1. – J'ai vu Pontet. Il a perdu trente kilos, [...] sa femme a pété une durite. Elle tourne en rond [...] en voiture à pédales. Il a assez payé et nous aussi. (D. Picouly, *Le Champ de personne*, 1995, p. 260)

2. Bon, allez, il est temps que je rentre à la maison [...] parce que là, je commence à cogiter un peu trop et je vais péter une durit. (A. Gavalda, *Je voudrais que quelqu'un m'attende quelque part*, 2001 [1999], p. 59)

3. – T'es con, non ?… Me fais jamais des coups pareils, t'es folle ou quoi ? […]
– C'est bon, là. Tu vas pas nous péter une durite toutes les cinq minutes. On peut bien se marrer, non ? (R. Péaud, *Kyrie rira bien le dernier*, 2004, p. 202, GRL)

4. « Pas de problème, j'ai le rythme et physiquement, je tiens le choc même après 80 jours de mer. Je me surprends par mon calme et j'arrive même à me demander comment j'ai fait pour ne pas péter une durite […]. » (Le navigateur J. Le Cam, cité par *La Nouvelle République*, 27 janvier 2005, p. 1)

# E

**eau**

□ **avoir la tête pleine d'eau**, loc. verb. "être idiot". Version populaire et dépréciative de l'hydrocéphalie.

1. [...] quelques mains indélicates auraient plongé dans le bassin [...] et dérobé les poissons rouges qui s'y trouvaient [...]. C'est à croire que les auteurs ont vraiment la tête pleine d'eau. (*Sud Ouest*, Haute-Saintonge, 12 mars 2002)

2. Les mecs du PS donnent vraiment l'impression d'avoir la tête pleine d'eau. Alors que le gouvernement lamine méthodiquement les acquis sociaux qui ont mis un siècle à se construire, le PS s'indigne que Raffarin ait pu dire que les « socialistes préféraient leur parti à leur patrie » ! (« Une balle dans le genou », 12 juin 2003, <lahaine.free.fr/>)

— □ **une tête pleine d'eau**, loc. nom. "un idiot".

3. Si votre enfant est un salaud
un vrai connard, une tête pleine d'eau
faites-en donc un militaire (Renaud, « Trois matelots », 1985, dans *Mistral gagnant*, 1986, p. 178)

**garder la tête hors de l'eau ; maintenir la tête (de qqn) hors de l'eau**, loc. verb. "se maintenir ou maintenir quelqu'un aux limites d'une situation difficile ; empêcher de sombrer".

4. Donner 50 ou 70 F par enfant et par mois, comme on le fait encore dans de nombreux départements, est absurde. Avec de telles sommes, on maintient la tête hors de l'eau de quelqu'un pendant quelques semaines, mais on ne lui permet pas de se tirer d'affaire. (R. Lenoir, *Les Exclus, un Français sur dix*, 1974, p. 83, GRL)

5. J'ai dit, en gros : « Patron, on n'a plus le droit, comme en période d'expansion, de faire la fine bouche. Il faut garder la tête hors de l'eau. » (H. Castillou, *Le Dompteur*, 1979, p. 236, GRL)

6. La plupart des employés d'ONG rencontrés tiennent le même discours : les ONG, c'est ce qui permet au pays de garder la tête hors de l'eau. (S. Trannin, *Les ONG occidentales au Cambodge, la réalité derrière le mythe*, 2005, p. 72, GRL)

— DANS UN CONTEXTE MÉTAPHORIQUE.

7. Moi, tout de même, grâce à mon travail acharné, à la lutte que je menais contre les difficultés de toutes sortes et pour remonter le courant si régulièrement descendu par

Bert et maman, je parvenais à me maintenir la tête hors de l'eau. (P. Vialar, *Cinq hommes de ce monde : John, Fritz, François, William, Ivan*, 1954, p. 436, GRL)

8. Alors, c'est au seul Claude Chabrol que la compétition [au festival de Venise] doit, dans le creux de cette vague, d'avoir gardé la tête hors de l'eau. Le nouvel opus, adapté du roman éponyme de Charlotte Armstrong, se nomme *Merci pour le chocolat*. (*Le Monde*, 5 septembre 2000, p. 34)

**mettre/maintenir/enfoncer la tête (de qqn) sous l'eau**, loc. verb. "mettre ou maintenir quelqu'un dans une situation difficile, dans un état d'infériorité ou de dépendance".

9. [...] le taux de participation à la grève (30 %) [a] été encore inférieur à celui de la précédente grande journée du 21 octobre 1986 (35 %). Il s'agit d'une participation moyenne qui n'autorise pas le gouvernement à enfoncer la tête sous l'eau des syndicats, comme vient de le faire, maladroitement, M. de Charette en parlant de la grève « la plus faible » depuis vingt ans. (*Le Monde*, 17 octobre 1987, p. 27)

10. [...] une hiérarchie [...] qui s'imagine encore qu'il suffit d'appliquer les dernières découvertes des laboratoires de pédagogie pour sauver cette école qu'elle croit défendre quand elle lui enfonce la tête sous l'eau, fait des dégâts conséquents. (D. Catteau, *Laissez-les enseigner*, 2007, p. 161, GRL)

— DANS UN CONTEXTE MÉTAPHORIQUE.

11. Le prolétariat étant désormais noyé, submergé au-dessous du niveau de l'homme, il s'agit désormais de lui maintenir la tête sous l'eau. Que le peuple comprenne donc la faiblesse intrinsèque de qui le domine ainsi. En réalité, les rois eux-mêmes, sous leurs couronnes de fer, sont aux abois. (M. Clavel [1970], cité dans J. Lebrun, *Lamennais ou L'Inquiétude de la liberté*, 1981, p. 203)

**sortir la tête de l'eau**, loc. verb. "voir la fin d'une situation difficile".

12. A Tallinn, à Riga et à Vilnius, les Mercedes et autres voitures de luxe tiennent le haut du pavé, les touristes sont conviés dans des centres-villes flambant neufs, mais les retraités, les laissés-pour-compte du communisme sont dans la misère ; les classes moyennes peinent à sortir la tête de l'eau. (*Le Monde*, 10 décembre 1997, p. 2)

— **sortir à qqn la tête de l'eau**, loc. verb. "aider quelqu'un à se tirer d'affaire".

13. Tout ira pour le mieux dans le pire des mondes jusqu'à son dérapage [de Boris Eltsine] et cette mort politique de 1987. C'est son ennemi intime, Gorbatchev, qui lui sortira la tête de l'eau. (J. Séguéla, *Vote au-dessus d'un nid de cocos*, 1992, p. 133, GRL)

## éclat

□ **prendre un éclat**, loc. verb. "être distancé (au score ou dans une course)". Esnault 1964 enregistre, dans le domaine du sport (cyclistes routiers, 1922), *en avoir un éclat dans l'œil* "avoir une défaillance".

1. Le coup fatal est ensuite intervenu avec l'exclusion de Jackson Richardson (37^e^), puis une blessure à l'épaule qui l'a empêché de revenir sur le terrain. Les Bleus ont alors pris un éclat, craquant pour la première fois de la rencontre (21-26, 34^e^). (*L'Équipe*, 5 février 2005)

2. La baisse de régime du Motor de Detroit a été patente au cours du deuxième acte, les hommes de Larry Brown multipliant les pertes de balle, défaillant au rebond, et

enchaînant les mauvais choix pour prendre un éclat de 14 points. Le sort de la rencontre était joué, Miami parvenant sereinement à entretenir l'écart après la pause. (*Voila.fr*, 2 juin 2005, <sports.voila.fr/>)

3. [...] Popovych est le prototype du coureur de grand tour, mais il lui arrive de prendre des éclats [...]. (*Agence France Presse*, 14 juillet 2006)

## éclate

□ **c'est l'éclate (totale)**, loc. phrast. "c'est le summum de l'euphorie, du plaisir". ~ **c'est l'extase ; c'est le pied.**

1. [...] j'mets une cassette de Starshooter
dans mon Blaupunkt.
Ell' m'dit : j'préfère le rock'n roll,
c'est plus l'éclate. (Renaud, « L'auto-stoppeuse », 1980, dans *Mistral gagnant*, 1986, p. 89)

2. A Val-Thorens, aux Menuires, comme ailleurs, les accueils pour surfeurs se sont développés et, devant cette nouvelle clientèle, certes jeune, le légendaire conservatisme montagnard n'a pas tenu longtemps. Tous y sont venus, « forcément », entend-on ici ou là. Mais la tension entre les « nains à bonnet » – comme on les appelait autrefois – et les bipèdes a du mal à s'estomper. Marc et ses congénères s'en foutent, eux le clament : « Ce qu'on recherche, c'est l'éclate totale, le grand pied, la jouissance. » (*L'Humanité*, 5 avril 1997)

3. Ça, c'est un concert comme on les aime ! [...] Y'a sans doute 1 000 personnes dans la place ! Ne me demandez pas comment on arrive à danser dans un espace aussi serré, mais toujours est-il que c'est l'éclate totale ! (Blog, 4 décembre 2005, <chrysander.blogspot.com/>)

4. « On a joué notre meilleur volley, on aime ce genre de match, c'est l'éclate ! », rigolait le Martiniquais. (*L'Équipe*, 1er avril 2007, p. 17)

— PAR ELLIPSE. □ **l'éclate (totale)**.

5. – Je t'assure, je me suis fait la piste noire ! Je skie comme une bête. Et avec Ben, l'éclate ! (Marine, *Crâne pas, t'es chauve !*, 1991, p. 97)

6. Du sexe, encore du sexe, mais surtout plus de sentiments ! L'éclate totale ! (T. Flamant, *Shania Hunt cherche l'âme sœur*, 2004, p. 27, GRL)

## économie

**il n'y a pas de petites économies**, loc. phrast. Pour signifier que toute dépense que l'on peut s'éviter est un avantage. Attesté en 1829 (« Il n'est pas de petites économies dans une administration aussi vaste que celle du ministère de la Guerre », *Journal des sciences militaires*, t. 15, p. 7, GRL) ; en 1859 (« – Non, dit Cerise, arrêtez-vous à la barrière, nous monterons bien à pied la rue de Paris. Il n'y a pas de petites économies. Hors barrières, l'heure de fiacre se paye cinquante centimes de plus », P. A. Ponson du Terrail, *Rocambole*, t. 1, p. 174, FT). À comparer avec **il n'y a pas de petits profits.**

1. C'est volontairement que je n'ai pas allumé dans le couloir : pas de petites économies. (M. Toesca, *Le Cirque de famille*, 1974, p. 12, GRL)

2. Les temps difficiles, les périodes de pénurie, les crises, les guerres font renaître les économies de bouts de chandelles ou de ficelles*, les habitudes d'économie et de parcimonie. « Un sou est un sou, il n'y a pas de petites économies ». « Le moindre déchet leur est de conséquence », disait en outre l'abbé Bossuet, parlant des pauvres. (J.-C. Beaune, Le *Déchet, le Rebut, le Rien*, 1999, p. 38, GRL)

3. – Il n'y a pas de petites économies... a répondu mon maître qui sait qu'un bon adage pallie le manque de conversation. (S. Scotto, *Saucisse président*, 2007, p. 24)

## ecstasy

□ **sous ecstasy** / □ **sous ecsta**, loc. adj., loc. adv. "comme sous l'effet d'un psychostimulant, d'un empathogène". ~ □ **sous acide*** ; **sous amphétamines*** ; □ **sous taz*** ; **défoncé** ; □ **foncedé**.

1. J'en ai marre de travailler sans aucune conviction. [...] J'en ai marre du rire de chèvre* sous ecstasy de ma nouvelle responsable. (« Le blues du taf », 10 mai 2005, <zelia.joueb.com/>)

2. Gulda [pianiste autrichien] n'enregistra hélas jamais l'intégralité des sonates pour piano de Mozart, mais l'on retrouva miraculeusement ces documents bruts de 1980 [...]. On découvre ici un Mozart sous ecstasy, insolent et d'une absolue liberté. (*Le Figaro*, 12 août 2006, p. 48)

3. [...] le guitariste est totalement possédé, il se roule par terre en jouant et en hurlant des trucs inintelligibles mais qui rappellent vaguement le cri du coyote sous ecsta. (Blog « Ju's journey », 13 février 2007, <julietterobert.com/>)

## eczéma

**donner** (ou verbe du même paradigme) **de l'eczéma à qqn**, loc. verb. À propos de quelqu'un ou de quelque chose que l'on ne supporte pas. La locution s'appuie sur le fait que ce que l'on ne supporte pas déclenche une allergie (cf. **donner des boutons, de l'urticaire**) ou peut rendre malade, faire vomir. ~ **en faire un herpès*** ; **en faire une jaunisse**.

1. [...] ceux dont le moindre gros mot risque de friper les oreilles, ceux qui, d'habitude, ne peuvent supporter la moindre allusion un peu leste, [...] ceux avec lesquels il faut, partout et toujours, user de précautions de toutes sortes, ceux à qui le seul vocable d'anarchie donne de l'eczéma [...]. (J.-J. Gautier, *Paris sur scène*, 1951, p. 218, GRL)

2. Voyez les communistes. Chacun sait que les Verts leur donnent de l'eczéma. (G. Suffert, dans *Le Figaro*, 23 juin 1999, p. 1)

3. Ce natif d'Orthez n'est pas du genre casanier. Le simple mot « routinier » lui donne de l'eczéma. (*Sud Ouest*, Pyrénées-Atlantique, 12 mars 2005, p. 9)

4. – Attends, me dis pas ça à moi ! Les Roumains dans l'Europe, ça me file de l'eczéma. (L. Chalumeau, *Les Arnaqueurs aussi*, 2007, p. 390)

## effort

**après l'effort(,) le réconfort**, loc. phrast. Pseudo-adage, jouant sur la rime intérieure, indiquant qu'après avoir payé de sa personne on peut bénéficier d'une détente ou d'une récompense méritée.

1. Après l'effort, le réconfort, chacun pourra en effet reprendre des forces [après une après-midi de danse] grâce à un goûter. (*Le Progrès*, 16 juillet 1999)

2. Après l'effort le réconfort. L'adage n'a sans doute jamais été aussi vrai qu'hier soir en mairie où les vainqueurs du cross de Brest [...] étaient conviés à venir chercher coupes, médailles et autres récompenses. (*Le Télégramme*, 18 décembre 2003)

3. [...] la troisième mi-temps* n'a pas engendré la mélancolie. Un succulent cassoulet a été partagé par les deux équipes à l'issue du match : après l'effort, le réconfort. (*Midi libre*, Carcassonne, 14 mars 2007)

— VARIANTE LIBRE.

4. Après l'effort ce fut le moment du réconfort. (P. Nonnenmacher, *Le Diable dans les côtes*, 2003, p. 73)

— PAR PLAISANTERIE.

5. Avant l'effort, le réconfort. Nous ne sommes pas encore en carême, que diable ! [...] Revenons à l'essentiel, qui est la cuisine. Aujourd'hui, Lucullus dîne chez Lucullus ! (G. Matzneff, *Voici venir le Fiancé*, 2006, p. 13)

## égal

**plus égaux que d'autres**, loc. adj. Formule paradoxale qui dénonce des inégalités en contradiction manifeste avec la loi naturelle et civile (cf. la *Déclaration universelle des droits de l'homme* selon laquelle « Tous [les hommes] sont égaux devant la loi »). La locution est attestée, en anglais, dans *Animal Farm* (*La Ferme des animaux*) de G. Orwell (1945) ; dans cette allégorie politique, les principes adoptés par la société des animaux sont progressivement modifiés et finissent par se réduire à : « *All animals are equal. But some are more equal than others.* »

1. [...] c'est toujours le grand écart patrimonial. Il y a d'évidence des Français nettement plus égaux que d'autres sur le plan de la richesse. (*Le Monde*, 5 septembre 1996, p. 28)

2. L'un des plus sûrs moyens d'être décoré [de la Légion d'honneur] est d'accomplir une carrière sans vagues. Mais pas n'importe laquelle. Certaines catégories de citoyens sont à l'évidence plus égales que d'autres. (R. Belleret, dans *Le Monde*, 4 février 2005, p. 16)

3. En principe, tous les avions sont donc égaux. Mais il y en a de plus égaux que d'autres. Certains pays, par exemple, ou certains constructeurs imposent des critères particulièrement sévères en matière de sécurité. (*Le Canard enchaîné*, 9 mars 2005, p. 4)

— **moins égaux que d'autres**, loc. adj. "id.". Moins usuel.

4. Dans une société libre, l'égalité est impossible. Dans une société libre, certains sont « moins égaux que d'autres » et la seule liberté que possèdent les faibles c'est de rester faibles. (C. Rouvier, *Les Idées politiques de Gustave Le Bon*, 1986, p. 156, GRL)

## église

**remettre l'église au milieu du village**, loc. verb. "s'en tenir au sens commun, à l'ordre établi ". Souvent dans un contexte polémique. Une forme proche est attestée en 1820 (« J'aime beaucoup le proverbe *du clocher au milieu de la* *paroisse.* Si vous n'avez qu'un flambeau pour éclairer vos convives, vous le mettez au milieu de la table », P. L. de Rigaud Vaudreuil, *Promenade de Bagnères-de-Luchon à Paris, par la partie occidentale de la chaîne des Pyrénées, la Gascogne, le Languedoc, la Guienne, la Saintonge, le Poitou, la Bretagne et la Normandie*, Paris, A. Égron, p. 156, GRL).

1. Il faut dans notre vie publique comme dans notre vie personnelle « remettre l'église au milieu du village ». Des chefs d'industrie comme des secrétaires syndicaux sont en train de le rappeler. (C.-F. Ducommun *et al.*, *De la démocratie industrielle*, 1959, p. 97, GRL)

2. Je veux remettre l'église au milieu du village : c'est à l'intérieur de ce système économique tel qu'il est que le politique peut intervenir. (Francis Mer, dans *L'Humanité*, 7 mars 2005, p. 6)

— **garder/laisser l'église au milieu du village**, loc. verb. "ne rien changer, ne rien bousculer".

3. « Faut pas non plus que les jeunes croient tout savoir – affirme M. Paulet. Faut laisser l'église au milieu du village. [...] Il y a beaucoup trop de laisser-aller aujourd'hui. » (C. Lalive d'Épinay, *Vieillir ou La Vie à inventer*, 1991, p. 142, GRL)

4. Dès lors que les nouvelles technologies de la communication et de l'information s'affranchissent volontiers de normes juridiques parfois, des frontières en toute occasion, il faut donc vouloir « laisser l'église au milieu du village », selon la forte expression française. Nous avons à travailler dans la réalité [...]. (Sénat, Rapport de Jean-Pierre Masseret, 22 avril 1997)

5. Il a le beau rôle ce mec ! Incroyable ! Cela ne va plus avec sa femme mais il tient à garder « l'église au milieu du village » et ne veut en aucun cas briser son couple. Alors il ne peut rien te promettre... (Message, 7 juillet 2005, <forum.doctissimo.fr/psychologie/>)

## éléphant

**pantalon patte(s) d'eph**, loc. nom. Abréviation de **pantalon à pattes d'éléphant** "pantalon dont le bas de la jambe est très large". Par analogie avec les pattes de l'animal. ~ **pantalon trompette***.

1. Le début des années 90 a vu reparaître les pantalons « patte d'eph » [...]. (*Sud Ouest*, 14 août 1994)

2. Et voilà qu'un jour votre fille a sorti d'un placard un vieux pantalon « patte d'eph ». La maison est conservatrice. « Tu mettais ça, maman ? Mais c'est génial ! Tu me le donnes ? [...]. » (*La Croix*, 19 juillet 1997, p. 10)

3. Dans son pantalon moule-burnes [v. *mouler*] à pattes d'eph [...]. (*Libération*, 4 mai 2002, p. 40)

4. Pantalons pattes d'eph, cols pelles* à tarte, rouflaquettes, ces deux flics sont de gentils tocards [...]. (*Libération*, 10 août 2002, p. 25 ; critique d'une série télévisée)

V. encore *pelle*, ex. 4.

— PAR ABRÉVIATION. **patte(s) d'eph**.

5. [...] la sobriété d'un patte d'eph très seventies [...]. (*Le Figaro*, 12 mars 1997)

6. Echappés d'un décor des années 70, col pelle* à tarte et pattes d'eph, les sept musiciens de « Ouf la puce » optent pour le mélange des genres. (*Le Télégramme*, 8 juillet 2006)

V. encore *naphtaline*, ex. 4 ; *pelle*, ex. 5 ; *trompette*, ex. 5.

## Émile

□ **je te/vous le donne en mille, Émile**, loc. phrast. "je te/vous défie de le deviner". Amplification de **je te le donne en mille**, fondée sur l'assonance. Cf. « dans le mille, Emile » (*Le Régiment illustré*, 24 avril 1897, p. 15). *Émile* est un prénom, qui a été très populaire et souvent employé pour évoquer le Français moyen.

1. – Je veux être le candidat des minorités. Et les minorités ajoutées les unes aux autres, ça fait quoi ? Je vous le donne en mille, Émile. Ça fait la majorité ! (Coluche, dans F. Tenaille, *Le Roman de Coluche*, 1986, p. 86)

2. [...] je m'endors. Qu'est-ce y m'réveille ? J'te le donne en mille, Émile : Berthe ! (San-Antonio, *La Fête des paires*, 1986, p. 140)

3. [...] comme ça il pourra utiliser cet argent honnêtement gagné pour aider les plus démunis qui se trouvent en particulier, je vous l'donne en mille Émile, dans les réserves indiennes... [à propos du film *Ocean's Eleven*] (« Ben moi j'dis ça », 16 février 2004, <www.famille-pasco.net/>)

— VARIANTE. □ **je te/vous le donne en mille, Mimile.**

4. Les médias français flinguent Chavez car il est (je te le donne en mille, Mimile) : antilibéral. Et [...] le credo, la nouvelle religion, c'est le libéralisme. (Message, 29 novembre 2007, <forums.france3.fr/>)

## émue

□ **vive Zému**, loc. phrast., loc. interj. Écho plaisant ou ironique à la déclaration « je suis ému » (et variantes conjuguées), prononcée avec un [z] de liaison. La locution est signalée avec un exemple non daté, mais en référence à la guerre de 1914-1918, dans M. Cohen, *Nouveaux regards sur la langue française*, Paris, Éditions sociales, 1963, p. 107. Allusion à la blague selon laquelle, à un discours commençant par « Je suis ému », la foule des auditeurs enthousiastes répond par le cri : « Vive Zému ! »

1. « Moment d'émotion à Cannes » [...]. Vous fûtes ému ? Ce n'était rien à côté des professionnels de la profession. « Vive Zému ! » est leur unique slogan dès qu'ils sont en nœud pap. (A. Schifres, dans *L'Express*, 30 mai 1996, p. 162)

2. La voilà bien, la fée Communication : on prononce ces trois mots et on croit qu'ils auront un effet magique, on se tient quitte d'explication politique. « Vous êtes ému, vive Zému ! » Nous sommes au niveau de la cour de récréation ou de celle de la caserne. (P. Meyer, dans *Le Point*, 22 février 1997, p. 105)

3. [...] le Principal s'avance vers l'orateur, lui serre longuement la main et, dans le silence respectueux, laissa tomber [...] : « Je suis ému ! »
[...] Un élève de seconde, un peu frondeur, N. B..., de Champagnac-les-Mines, a le fâcheux réflexe de s'écrier : « Vive Zému ! »

Cette impudence verbale suffit pour qu'il soit définitivement exclu du collège. (J. Mallouet, *Années vertes, années noires*, 2001, p. 162-163, GRL)

## encéphalogramme

**encéphalogramme plat**, loc. nom. "absence totale d'action, d'intérêt". Par métaphore : dans le domaine médical, l'électroencéphalogramme plat est considéré comme le signe de la mort cérébrale.

1. Encéphalogramme désespérément plat sur le front des créations d'emplois. (*Le Monde*, 4 septembre 1996, Supplément, p. II)

2. « Les politiques actuelles de gauche et de droite ne sont pas loin de donner l'image d'un encéphalogramme plat » […] « Je crains qu'avec le quinquennat "sec" nous ne retombions dans un régime des partis, type IV^e République ». (Le comte de Paris, dans *Le Figaro*, 17-18 juin 2000)

3. Si vous vous sentez le courage de replonger dans un pop-corn movie à l'encéphalogramme plat et aux rebondissements téléphonés, allez-y [voir le film *Le Smoking*], mais personnellement je frise l'overdose. (*CinémAsie*, 22 août 2003, <www.cinemasie.com/>)

## encore

■ **encore, encore**, loc. phrast., loc. nom. Pour exprimer (le paroxysme de) l'amour physique. Attesté av. 1708 (« Une abbesse de Passy, / Moins belle que l'aurore, / Disoit d'un ton radouci / A son amoureux transi : / Encore, encore, encore », F. de Maucroix, *Œuvres diverses* publiées par Louis Paris, t. 1, Reims, Brissart-Binet, 1854, p. 243, GRL) ; en 1886 (« Ah, ton corps, qu'il repose / Sur mon âme morose / Et l'étouffe s'il peut, / Si ton caprice veut, / Encore, encore, encore ! », P. Verlaine, « Séguidille », in *Parallèlement*, dans *Œuvres poétiques complètes*, R. Laffont, « Bouquins », p. 265) ; en 1929 (« […] l'Italien, en vitesse, viole les jumelles qui demandent "encore, encore". L'Italien va répondre dignement au chœur des deux insatiables », R. Crevel, *Êtes-vous fous ?*, p. 64, FT). ~ □ **crier maman***.

1. Avec Nicole, en dehors du « encore ! encore ! », il fallait bien que je lui débite quelque chose. (A. Boudard, *La Cerise*, 1963, p. 179)

2. La femme pourra avantageusement dire : « Oh oui oh lala ah oui ah oui ah oui, encore, encore, apothéose ! » Afin de ménager la sensibilité de l'homme, elle aura intérêt à ajouter encore : « Oh ! Albert, c'est la première fois que je connais un tel bonheur dans les bras d'un homme. » Une simple phrase comme celle-ci suffit à ensoleiller la journée d'un honnête homme, sauf s'il ne s'appelle pas Albert. (P. Desproges, *Manuel de savoir-vivre*, 1981, p. 82)

3. Elle n'a qu'un seul mot
« Encore encore »
Elle n'a qu'un seul cri
« L'amour d'abord » (*Marionnettiste*, chanson de P. Bachelet [musique], paroles de J. P. Lang, 1985)

## encre

□ **pour l'encre et le papier**, loc. adv. Après une indication numérique correspondant à une très mauvaise note. Pour signifier le peu de valeur d'une épreuve scolaire ou d'un travail faisant l'objet d'une évaluation notée.

1. Edgar [personnage du roman *Fantômes* de Dominique Fabre] a quinze ans. Il a l'âme romantique mais la parole agressive. « Mathématiques, deux sur vingt, géographie, zéro virgule cinq pour l'encre et le papier » [...]. (*Le Monde*, 30 mars 2001, p. 3)

2. C'est bof bof [*Rock'n'Roll. La discothèque idéale*, de Philippe Manœuvre]. On ne dirait pas le livre d'un spécialiste, c'est plein de platitudes et d'inexactitudes. A recommander peut-être aux fans du gourou Manœuvre (joli nom pour un gourou). Par contre les vrais amateurs de rock risquent, comme moi, d'être déçus. J'ai mis un [sur dix] comme à l'école : pour l'encre et le papier. (Message, 25 janvier 2006, <www.fnac.com/>)

## encrier

**rester dans l'encrier**, loc. verb. "ne pas avoir été écrit, ne pas avoir été publié". Métaphore de l'encrier dans lequel on trempait naguère la plume pour écrire. Attesté en 1885 (« Les mouvements des planètes peuvent se conserver très longtemps. Si ce n'est pas prouvé pour l'avenir, ce l'est du moins pour le passé. Mais un très long temps ne paraît pas un temps très bien défini, et la proposition pouvait, sans inconvénient, rester dans l'encrier », M. Marie, *Histoire des sciences mathématiques et physiques*, t. VI, Paris, Gauthier-Villars, p. 73, GRL).

1. [...] grand-maman, grand-mère, grand-croix, grand-route, pas grand-chose, à grand-peine... On pense que l'e final muet est resté dans l'encrier [...]. (*La Croix*, 8 novembre 2003, p. 19)

2. Les remarques acides sur les « shootés » à l'eau bénite auraient pu rester dans l'encrier de l'auteur qui ne devrait pas perdre une seconde de vue qu'il s'agit là d'un pèlerinage millénaire [Saint-Jacques-de-Compostelle]. (Message, 14 janvier 2004, <www.amazon.fr/>)

3. eh oui, [dans *Fraçais*, coquille pour *Français*] le N était resté dans l'encrier... ou plutôt dans le clavier : c'est corrigé. (Message, 8 décembre 2006, <forum.ripp-it.com/>)

## enculer

■ **qu'on l'encule**, loc. phrast. Réplique vulgaire (parfois attribuée à Jean Cocteau) à quelqu'un qui vient de dire **un ange passe**.

1. Dans le petit salon, un silence riche, apaisant. Everett Thompson posa son verre sur la table. Il plaisanta :
– Un ange passe.
– Qu'on l'encule. (J. L. de Vilallonga, *Furia*, 1974, p. 15, GRL)

2. Je vais de ce pas m'acheter un carnet pour noter tout ça, ça changera des « un ange passe – qu'on l'encule » qui commencent à être un peu lourdingues. (Message, 5 avril 2006, <www.bandecon.com/>)

## enfant

**grands enfants**, loc. nom. Pour signifier, chez des adultes, la persistance de caractéristiques propres à l'enfance ou le manque de maturité. Le plus souvent la locution offre une valeur dépréciative dénotant des préjugés xénophobes ou racistes, surtout dans des tournures telles que *être/passer pour de grands enfants* ou *prendre/tenir pour de grands enfants*. Attesté en 1782 (« Milord Chesterfield, après avoir encensé de son mieux notre nation, a fini par dire à l'oreille de son fils, que les femmes parmi nous sont de grands enfans qu'il faut amuser avec deux hochets, la vanité et la galanterie », L.-S. Mercier, *Tableau de Paris*, p. 152, FT).

1. Quand les Blancs, à leur tour, passeront pour de grands enfants.
[...] Quand les bandits feront figure d'incorrigibles espiègles.
Quand ouvriers et paysans ne s'échineront que pour le sport. (M. Leiris, *Frêle bruit*, 1976, p. 245, FT)

2. Les Américains, qui sont de grands enfants, [...] aiment [...] la pensée de Deleuze et de Guattari, dont ils font depuis des années une consommation hallucinante, dans le domaine des arts plastiques en tous cas. (*Le Monde*, 24 février 2000, p. 31)

3. Dans le regard des anciens colons, cette phrase paternaliste et insupportable : « Ce sont de grands enfants ! » (*La Nouvelle République*, 23 juin 2006)

## enjeu

**l'enjeu prime sur le jeu**, loc. phrast. Pour signifier que, dans une compétition sportive, les adversaires recherchent la victoire à tout prix. Employé notamment à propos des sports collectifs les plus médiatisés.

1. M. Michel Sergent. – [...] Le second volet de la sécurisation de la pratique sportive concerne la sécurité publique dans et autour des enceintes. La violence dans le sport participe, dans une certaine mesure, des mêmes tendances sociales que le dopage, lorsque l'enjeu prime sur le jeu. (Sénat, *Compte rendu intégral des débats*, séance du 30 novembre 2002)

2. Comme nous l'avons dit, à partir d'un certain niveau de compétition, l'enjeu prime sur le jeu, et seule la victoire* est belle. Espérons que nous saurons tirer les leçons de cette défaite et rebondir favorablement. (« Quart de finale [rugby] », <www.e-monsite.com/>, consulté le 12 septembre 2006)

## enrhumer

**quand** (/**lorsque**) + nom (propre) + **s'enrhume,** nom (propre) + **tousse** (/ **éternue**) ; **quand** + nom (propre) + **tousse** (/**éternue**), nom (propre) + **s'enrhume**, loc. phrast. Pour signifier que deux êtres ou deux choses sont extrêmement liés et que la situation de l'un(e) influe sur l'autre. Métaphore fondée sur le lien fréquent entre le rhume et la toux (ou l'éternuement). Attesté en référence au XVII$^{e}$ s. (« La cour imite le roi et, comme on le dit alors, "lorsque le Roy tousse, la Cour éternue, la bourgeoisie s'enrhume et le marchand fait complainte" », E. Collet, éd., *Progrès en dermato-allergologie, Dijon, 2002*, John Libbey Eurotext, p. 41, GRL) ; en 1869 (« Il [le lecteur] pourrait s'enrhumer, et quand le public s'enrhume, c'est l'auteur qui tousse », M. F. A. de Lescure, préface aux *Nouveaux Mémoires du maréchal duc de Richelieu*, Paris, E. Dentu, t. 1, p. V, GRL).

1. Des frères jumeaux ? Justement, il en connaissait ! Deux frères-pareils. Quand l'un des deux s'enrhumait à Londres, l'autre éternuait à Rome. Combien de fois n'ai-je pas entendu ce genre d'anecdote ! (M. Tournier, *Le Vent Paraclet*, 1977, p. 189, FT)

2. Quand l'Amérique s'enrhume c'est toute la planète qui éternue. Alors, forcément, lorsque le patron de la Réserve fédérale (Fed) prend la parole, le monde entier est suspendu à ses lèvres. (*Libération*, 8 mai 2003)

3. Quand Renault tousse, c'est toute la France s'enrhume. (D. Röseberg dir., *Images de la France en République démocratique allemande*, 2004, p. 53, GRL)

4. [...] le trop vieil adage qui voudrait que « quand Zurich éternue, la Suisse s'enrhume ». (Flash n° 14 – École polytechnique fédérale de Lausanne, 14 novembre 2006, <actualites.epfl.ch/>)

5. « Quand Zanzibar tousse, l'Afrique s'enrhume », disait-on au XIX<sup>e</sup> siècle. (J.-L. Guébourg, *Petites îles et archipels de l'Océan indien*, 2006, p. 285, GRL)

6. Quand Wall Street s'enrhume, la Bourse de Paris, possédée en large partie par des fonds anglo-saxons, tousse. (*Libération*, 2 janvier 2008, p. 3)

## entendre

**(quand on voit ce qu'on voit/quand on sait ce qu'on sait,) quand on entend ce qu'on entend, on a raison de penser ce qu'on pense...** loc. phrast. Pour signifier l'assurance tranquille de celui qui est certain du bien-fondé de ses opinions. Expression d'allure populaire, reposant sur un paralogisme, dont l'origine n'est pas éclaircie, et qui a été diffusée par « Les Guignols de l'Info » sur Canal+ (« Ah, mon cher Jean-Mimi, quand on voit ce qu'on voit, quand on sait ce qu'on sait, on ne peut pas s'empêcher de penser ce qu'on pense »).

1. Il [Jean-Pierre Chevènement] est « du Haut-Doubs » et il aime ça ! Au point de le répéter à chaque occasion et d'emprunter quelques expressions du cru, avec l'accent. Ainsi celle-ci : « Quand on voit ce qu'on voit, quand on entend ce qu'on entend, on se dit qu'on a bien raison de penser ce qu'on pense et de n'en rien dire »... (*Le Monde*, 12 février 2000, p. 12)

2. – Quand on sait ce qu'on sait et qu'on entend ce qu'on entend, avait-elle décrété après une précédente aventure [...] où l'avait entraînée Gabriel, on ne partira plus ! (C. Chollet, *Un petit lapsus très suspect*, 2001, p. 189)

3. Autorité s'empourpra :
– Vous m'accusez ?
– Je vois ce que je vois, dit Bracke. Et comme dit la mère de ma femme : quand on voit ce qu'on voit, quand on entend ce qu'on entend, on a raison de penser ce qu'on pense... (G. Mordillat, *Comment calmer M. Bracke*, 2003, p. 68-69)

## entrefesses

□ **sur ces entrefesses**, loc. adv. "sur ces entrefaites". Par jeu de mots un peu libre.

1. Sur ces entrefesses, Berthe et sa frangine font retour [...]. (San-Antonio, *Les huîtres me font bailler*, 1995, p. 57)

2. Donc après quelques heures de préparatifs, je m'en vais de ce pas plonger dans les sources chaudes. Sur ces entrefesses étaient arrivés deux chasseurs et deux gardes-chasse venus eux aussi profiter des sources. (« Kyrghyzistan », 20 décembre 2004, <www.travelpod.com/>)

## envers

□ **(la/le) faire à l'envers à qqn**, loc. verb. "tromper, mystifier". Probablement par métaphore de la même locution évoquant la sodomie (cf. *enculer*).

1. Y a c'connard qui veut me la faire à l'envers j'le vois venir à des kilomètres
Il sait pas qu'i' s'avère qu'au bout du compte c'est moi qui vais lui mettre [...]. (« Faut de tout pour faire un monde », paroles d'Aketo, Black Renegat, El Tunisiano, musique d'Eben, dans *Du rire aux larmes*, 2001, <www.paroles.net/chansons/>)

2. [...] franchement t'es amoureux d'elle mais ça se voit dans ce que tu écris qu'elle te prend pour un bouche-trou comme tu dis. Donc pourquoi ne pas lui faire à l'envers, je m'explique : je serais à ta place, je la reprendrais et je resterais avec elle jusqu'au jour où je me trouverais une autre femme qui, elle, serait vraiment sincère. (Message, 28 avril 2005, <forum.doctissimo.fr/doctissimo/fidelite-infidelite/>)

3. Assez vite, il allait quand même falloir éclaircir les choses. Leur dire qu'en fait, le plan Camargue, là, dont ils avaient parlé, ça allait pas être possible. [...] Jorge donc un peu pris de remords à l'idée de le leur faire à l'envers. (L. Chalumeau, *Les Arnaqueurs aussi*, 2007, p. 351)

**se mettre la tête à l'envers**, loc. verb. "s'enivrer ; se droguer". □ **se péter** (■ **la gueule**) ; **se défoncer**.

4. Et puis, il y a l'alcool. « Les mecs, ils embarquent plus d'alcool que de bouffe. Tout est bon pour se mettre la tête à l'envers. J'avais un pote qui voulait arrêter la pêche. Il a pris la mer en disant : "C'est ma dernière marée." Il dormait dans sa couchette, il y a eu une grosse échancrure dans la coque. Le mec de quart était torché, il n'a pas senti que le bateau coulait. Mon pote est mort, avec les deux autres marins. Alors à vingt ans, j'ai décidé d'arrêter la mer [...]. » (*L'Humanité*, 9 août 2002)

5. J'ai même réussi à lever une fille un soir où un pote fêtait sa première paye. Je ne m'étais jamais autant mis la tête à l'envers dans ce troquet que ce soir là. (Blog, 24 novembre 2005, <blog.js-zone.net/>)

6. Le langage aussi a changé. Avant, les jeunes nous disaient prendre un joint pour « se détendre ». Aujourd'hui, s'ils consomment de la drogue, « c'est pour se déchirer, se mettre la tête à l'envers ». (Un gendarme, dans *Midi libre*, 13 novembre 2006)

7. Tenez, l'autre jour, je regardais le match de foot avec des potes, on s'est mis la tête à l'envers avec des bières. (Message, 20 mars 2007, <www.programme-presidentiel.com/>)

## envoyer

□ **ça envoie**, loc. phrast., loc. interj. Pour exprimer une performance spectaculaire. ~ □ **ça déboîte*** ; □ **ça déchire*** ; □ **ça décoiffe** ; □ **ça dégage** ; □ **ça déménage** ; □ **ça démoule*** ; □ **ça en jette** ; □ **ça pète*** ; □ **ça tue***.

1. Jamel règle les basses en montant le volume, et ça envoie ! (A. Dacheville, *Une autre vie*, 2003, p. 69, GRL)

2. Alors là mes amis ! Ça [un album musical] envoie, mais ça envoie ! Du bonheur pour les tympans. (Message, 12 décembre 2005, <www.sephoramusic.com/>)

3. Sur 800 m, elle était partie vraiment sur du très lourd : 4′ 11″ à mi-course, ça envoie ! (L'entraîneur d'une championne de natation, dans *L'Équipe*, 10 décembre 2006, p. 18)

— SOUVENT SUIVI D'UN COMPLÉMENT OU D'UN ADV. □ **ça envoie du (/le) bois/ de la bûchette** ; □ **ça envoie du gros*/du lourd*** ; □ **ça envoie sa mère** ; □ **ça envoie du (/le) pâté** ; **(de) la rillette** ; **du (/le) steak** ; □ **ça envoie carrément/ grave/sec/sévère**.

4. Si le groupe [de rock] n'a rien perdu de sa rage et de sa puissance, les mélodies se font plus prégnantes. A vérifier sur scène, demain soir. Mais attention aux tympans sensibles, ça envoie un max. (*Sud Ouest*, 21 janvier 2005, p. 27)

5. Nombreuses sont les occasions de pouvoir se réunir autour d'une bonne bouteille [...]. C'est l'anniversaire de notre très cher président [...]. Nous avons donc loué un bar pour la soirée à la hauteur de l'événement. Comme on dit par chez nous : « ça va envoyer du pâté ». (Message, 7 février 2007, <flmba.hautetfort.com/>)

6. Ça envoie du bois ! foncez l'acheter [un album de musique] ! (Message, 25 avril 2007, <musique.fluctuat.net/>)

7. En tout cas pas de méprise, graphiquement, ça [un jeu vidéo] envoie ! [...] Faut pas venir me raconter des cracks [*sic*], graphiquement ça envoie sévère ! (« Gamelkultblog », 31 mars 2007, <www.gamekult.com/>)

8. On se rend compte aujourd'hui que, lorsque Ribéry, Nasri, Cissé ou Niang sont à leur meilleur niveau ou pas loin, ça envoie quand même le bois ! (« Pierrot le foot », 30 avril 2007, <fr.sports.yahoo.com/>)

## épicier

**compte d'épicier**, loc. nom. Surtout au pluriel. "compte établi de façon mesquine voire sordide". Sur le modèle du plus ancien **compte d'apothicaire** et influencé par un sens vieilli et péjoratif d'*épicier* "personne à l'esprit étroit, vulgaire, sans goût artistique" (TLF). Attesté en 1921 (« Si ensuite le pays retombait aux mains des bolchevistes, si l'aventure de Kerensky recommençait, qu'importe ! L'Idée aurait triomphé ; la Sacro-Sainte Démocratie régnerait, sanglante, sur les ruines du monde slave. Tout le reste est compte d'épicier, comme dit le diplomate », R. Vallery-Radot, *Devant les idoles*, Paris, Perrin et Cie, p. 37, GRL).

1. Pour réduire la subvention [d'une maison pour enfants], les fonctionnaires divisaient le nombre d'enfants que nous accueillions par le nombre d'adultes de permanence, et ils marchandaient : « [...] Vous avez trois personnes, vous n'avez que six mères et enfants, pendant une heure, tandis qu'après, vous en aurez vingt-cinq, pendant 1 heure et demie... Eh bien, vous n'avez qu'à fermer pendant les deux premières heures et vous en aurez vingt-huit... » Comme si on pouvait faire ces comptes d'épicier avec du vivant ! (F. Dolto, *La Cause des enfants*, 1985, p. 527, FT)

2. Petit pays, petites gens, petits esprits [...], sans ingéniosité, sans projet d'avenir, rien que de la magouille et des comptes d'épicier. (A. Weckmann, *La Roue du paon*, 1988, p. 139)

3. Et toujours à propos de ses soldats, il [Napoléon] lui arrive de faire des comptes d'épicier : « J'ai 25 000 hommes à dépenser par mois. » (*Le Figaro*, 11 août 1997)

## épisode

**avoir manqué/raté un épisode (/des épisodes)**, loc. verb. Pour signifier que l'on est pas au courant d'une situation, que l'on n'est pas à jour dans ses informations. Emploi figuré renvoyant aux feuilletons (notamment aux séries télévisées) diffusés par épisodes.

1. [Un lecteur]. […] Depuis, le titre a baissé de près de 50 % et je n'ai plus d'information sur cette société. Dois-je vendre mes actions ou en racheter pour faire une moyenne à la baisse ?
VF. Vous avez raté un épisode, cher lecteur, car, dans notre enquête […], nous avons conseillé d'acheter cette valeur qui se paie peu cher […]. (*La Vie financière*, 17 mai 2002, p. 103)

2. – J'ai pris ce qu'il me semblait nécessaire pour partir en voyage.
– Pour partir où ? Attends ! Là, j'ai dû manquer un épisode. Où et quand penses-tu, ou plutôt pensais-tu partir ? (B. Grousset, *Les Ailes de l'ange*, 2006, p. 74, GRL)

3. Pour ceux qui auraient manqué un épisode, nous sommes entrés dans l'année du chien depuis dimanche dernier. Il n'est pourtant pas trop tard pour en profiter : le Nouvel An chinois se fête pendant quinze jours. (*Sud Ouest*, 4 février 2006, p. 26)

4. […] c'est quoi ce délire* ? le père Noël n'existe pas ? j'ai dû rater un épisode moi… (« Même pas vrai ! », 14 décembre 2006, <deedeeparis.com/>)

## équipe

**on ne change pas une équipe qui gagne**, loc. phrast. Pseudo-adage indiquant qu'il n'y a pas lieu de modifier en profondeur un groupe consacré à une tâche déterminée dans laquelle il réussit pleinement. Métaphore du domaine sportif.

1. Par superstition – on ne change pas une équipe qui gagne – Feldman reprend, de la distribution de *Pussycat*, Peter Sellers, Peter O'Toole et le fétiche-maison Woody Allen […]. (M. Lebrun, *Woody Allen*, 1979, p. 36, GRL)

2. J'appelle le Parquet, on me dit de poursuivre avec une prolongation de garde à vue, au motif qu'on ne change pas une équipe qui gagne. (H. Pagan, *Dernière station avant l'autoroute*, 1997, p. 107)

3. On ne change pas une équipe qui gagne, c'est bien connu. C'est pourquoi la journée complète sera animée par l'humoriste Claude Fabien, […] qui, depuis des années, donne une autre dimension aux rues du village […]. (*La Nouvelle République*, « La Fête du pain à Briantes », Indre, 15 juin 2006, p. 11)

V. encore *yoyo*, ex. 10.

## errer

**dans quel état j'erre ?** loc. phrast. Pour marquer, de façon ludique, que l'on se sent un peu perdu, que l'on s'interroge sur son identité. Jeu de mots inusable, par homophonie avec *dans quelle étagère*. *Dans quel état j'erre. Trésors de l'homophonie* est le titre d'un ouvrage de T. Leguay (2000).

1. […] les championnats de France d'athlétisme ont été formidables. On était venu y voir des performances […] et on y a entendu de la métaphysique. Ainsi Marc Raquil […], auteur de l'anthologique « Je sais d'où je viens, mais où je vais, c'est

encore un peu flou. » [...] Il aurait pu d'ailleurs ajouter : « Et dans quel état j'erre ? », si on considère son parcours un rien chaotique [...]. (*Libération*, 19 juillet 2004, p. 22)

— SOUVENT DANS UNE SUITE D'INTERROGATIONS PLAISAMMENT EXISTENTIELLES.

2. Où suis-je, dans quel état j'erre ? (*20 ans*, janvier 1994, p. 53)

3. [...] l'introspection romantico-sentimentale chère à tant de romanciers allemands, qui suis-je où vais-je et dans quel état j'erre, est en général d'une bêtise à pleurer, surtout quand elle se la joue métaphysique. (*L'Humanité*, 22 août 2002)

∞ ASSOCIÉ AU CALEMBOUR **où cours-je ?** (par homophonie avec *courge*).

4. [...] on pardonne volontiers à l'auteur encore débutant ses maladresses et ses outrances théâtrales ; [...] il sait éviter les écueils du burlesque nostalgique et nous ramène d'une main ferme jusqu'au cœur même du problème :
Qui suis-je ?
Où cours-je ?
En quel état j'erre ? (A. Pavy, *Jonathan*, 1977, p. 92, GRL)

5. Les pilules que l'on m'offre à l'hôpital et que je mélange au vin ont le sens de la litote et de l'euphémisme. Du Noctran pour la nuit, ô Panthéon des dieux modernes ! De l'Urbanil pour le sens civique, de l'Equanil pour être d'humeur égale [...]. Je déambule en charentaises et pyjamas. [...] Qui suis-je, où cours-je, dans quel état j'erre ? (F. Valabrègue, *La Ville sans nom*, 1989, p. 17, GRL)

6. – Comment vous êtes-vous décidé dans le choix du métier [d'astrophysicien] et pourquoi ?
– Interrogations sur « d'où viens-je, ou vais-je, ou cours-je, et dans quel état j'erre ». Lecture d'ouvrages de vulgarisation de physique et d'astrophysique [...]. (P. Z., novembre 2004, <www.lesia.obspm.fr/>)

— AVEC RETOUR AU SENS CONCRET DU MOT *étagère*.

7. Je me scrute, m'interroge. Je me pose plein de questions (ne posez pas la question de savoir dans quel état j'erre, c'est sur celle du haut, car c'est là que sont les confitures). (« La vie est un jeu d'enfant », 1er mai 2006, <fennelin.blogspot.com/>)

## erreur

**cherchez l'erreur**, loc. phrast. Pour souligner une distorsion, un hiatus. Par référence aux jeux d'observation où il faut chercher une erreur intentionnellement glissée dans un dessin ou une photographie. *Cherchez l'erreur* est le titre d'un film de S. Korber (1980).

1. On ne savait plus où donner du « Bonsoir, monsieur (ou madame) le Ministre ». Jean-Pierre Fourcade avait à sa droite Jack Lang et à sa gauche Simone Veil (cherchez l'erreur). (*Le Monde*, 11 août 1987, p. 11)

2. Pierre de Marivaux était un écrivain politique. C'est en tout cas ce qu'il convient d'admettre à la lecture de sa pièce « L'Ile aux esclaves » commise en 1725. Certes l'action se déroule dans la Grèce antique... mais les personnages sont marquises et chevaliers. Cherchez l'erreur... (*Sud Ouest*, Rochefort, 10 février 1996)

3. La montée des marches [au festival de Cannes] a duré un quart d'heure, la standing ovation cinq minutes, le photo call dix minutes, la conférence de presse une heure. Faisons le calcul : une heure et demie autour de 20 minutes d'un film [*Gangs*

*of New York* de M. Scorsese] qui sort fin 2002 ! Cherchez l'erreur. (VinCy, « Cannes : le gang de Scorsese », 21 mai 2002, <fr.movies.yahoo.com/>)

4. [...] nos sureffectifs dans les bureaux expliquent souvent les manques d'effectifs sur le terrain. 180 000 agents de Bercy quand le ministère des Finances suédois fonctionne avec 300 titulaires. Cherchez l'erreur... (*Le Figaro*, 24 mai 2004)

5. Ces deux meurtres dont vous me parlez sont si bizarres... Je n'ai jamais rien entendu de pareil [...]. Cela fait un peu « cherchez l'erreur », si vous voulez mon avis... (J.-M. Villemot, *Les Petits Hommes d'Abidjan*, 2006, p. 167)

## escalope

□ **faire l'escalope**, loc. verb. "s'exposer au soleil longuement et de façon méthodique, de manière à obtenir un bronzage intense". Même image que **se faire rôtir au soleil**.

1. [...] me voilà avec un carcinome basocellulaire [...]. Je paie la note car il faut dire que dans mon adolescence j'ai pas mal fait l'escalope sur la plage et grillé à la montagne. On ne communiquait pas alors sur les méfaits du soleil à haute dose ! (Message, 26 février 2006, <www.eco-bio.info/>)

— EN CONTEXTE LIBRE.

2. [...] la plage j'y vais pas l'été à cause d'une invasion d'escalopes [...]. (Message, 22 mai 2006, <www.clubic.com/>)

□ **rouler une escalope**, loc. verb. "donner un baiser lingual profond". *Escalope* ne paraît pas employé au sens de "langue" ailleurs que dans cette locution. Par analogie de forme ; comparer avec □ **rouler une saucisse***. ~ □ **rouler une galoche** ; □ **une gamelle** ; □ **un palot** ; □ **un patin** ; □ **une pelle**.

3. Elle me colle ses douces lèvres sur la bouche... que je lui roule une escalope, là, devant ses amis, qu'ils sachent au moins de quoi il retourne. (A. Boudard, *La Métamorphose des cloportes*, 1987 [1962], p. 212)

## essence

**être/tomber en panne d'essence ; n'avoir plus d'essence dans le moteur**, loc. verb. "avoir une défaillance ; manquer d'énergie". Surtout en usage dans les milieux sportifs. *Tomber en panne d'essence* est une « expression cycliste » selon *Le Monde* du 8 avril 1997, p. 25. ~ **mou du genou**.

1. « J'ai essayé de faire la course mais j'ai rapidement compris que je n'avais pas les jambes pour la faire. Je n'avais plus d'essence dans le moteur et sur un tel circuit ça ne pardonne pas [...]. » (L. Jégou, coureur cycliste, dans *Le Télégramme*, 6 août 2002)

2. L'Angleterre est en panne d'inspiration et peut-être même en panne d'essence. [...] C'est alors qu'entre le jeune Rooney [...], ses interventions sont aussi claires et tranchantes qu'à l'accoutumée. (*FIFA World Cup*, 16 juin 2006, <fifaworldcup.yahoo.com/>)

3. Franck Ribéry [...] n'a plus d'essence dans le moteur. Son entourage laisse discrètement entendre que le Marseillais paye les conséquences du ramadan ; il règle plus sûrement la note d'une année 2006 complètement dingue [...]. (*Libération*, 10 octobre 2006)

— DANS UN CONTEXTE MÉTAPHORIQUE.

4. « Est-ce que, à bientôt trente ans, je n'ai plus d'essence dans le moteur ? Ce n'est pas grave : je passerai à la pompe… d'autant que je suis sponsorisé par une marque d'essence […]. » (T. Munster, tennisman autrichien, dans *Le Figaro*, 31 mai 1997)

## état

**états généraux**, loc. nom. "rassemblement de toutes les forces vives intéressées à une cause, pour arrêter un programme d'action". Par référence emphatique aux États généraux de 1789.

1. Dans l'esprit du ministre, « la commission Fauroux pourrait être amenée à différer la publication de son rapport pour éviter toute confusion avec les Etats généraux de l'enseignement supérieur ». Mais il n'est pas sûr que tous les membres de la commission voient avec plaisir le rapport « vendu par appartements* ». (*Le Monde*, 11 mai 1996, p. 8)

2. […] la tenue d'états généraux de toute la gauche qui devraient même se tenir au niveau européen. (*Libération*, 18 septembre 2002)

3. […] les quatrièmes « états généraux de l'écriture interactive », sur le thème « Cité et création numérique » […]. (*Le Figaro*, 23 septembre 2002, p. 28)

4. Autre suggestion : la tenue des états généraux de l'alimentation durable, sachant que cette question dépasse de beaucoup les intérêts nationaux. (*Libération*, 10 août 2007, p. 20)

## étoile

**(avoir) des étoiles plein les yeux** / **(avoir) les yeux pleins d'étoiles**, loc. verb., loc. nom. Pour signifier l'étonnement admiratif, l'émerveillement, le ravissement. Attesté vers 1845 (« Je te caresse éperdument ; j'ai les yeux pleins d'étoiles, la bouche pleine de parfums ; je suis dans les nuées des anges, je sens que je meurs et que je meurs d'une mort qui est la vie », lettre de V. Hugo à Léonie Biard, dans R. Escholier, *Un amant de génie. Victor Hugo*, 1953, p. 342, GRL) ; la variante **les yeux remplis d'étoiles** est attestée en 1854 (« Car, aux yeux du Seigneur, tes yeux remplis d'étoiles, / Que sur le crucifix tu baisses en priant, / Valent tous les soleils et les astres sans voiles », *Les Poésies de Théodore de Banville, 1841-1854*, Paris, Poulet-Malassis et de Broise, 1857, p. 377, GRL) ; **le regard plein d'étoiles** en 1884 (« Le profond regard plein d'étoiles / De celle que nous chérissons », J. Richepin, *Les Blasphèmes*, Paris, M. Dreyfous, p. 16, GRL). Dans certains contextes contemporains, la locution peut être influencée par l'anglais *star-eyes*. ~ **être aux anges ; ne pas toucher terre ; (être/flotter) sur un (petit) nuage* (rose)**.

1. Il [un vainqueur de la Coupe de l'America] se considère plutôt comme le héros malgré lui d'aventures qu'il raconte avec des étoiles dans les yeux. (*Le Monde*, 23 février 2000, p. 24)

2. […] enfant qui regarde le père Noël avec la bouche grande ouverte et les yeux pleins d'étoiles. (Message, décembre 2006, <www.mamanpourlavie.com/>)

3. Halle Berry, actrice américaine, était à Cannes en 2006. Elle s'en souvient, des étoiles plein les yeux. (*20 Minutes*, 14 mai 2007)

4. Bref, 2 h 20 de spectacle dont on ressort des étoiles plein les yeux. Un show survitaminé à ne pas rater ! (*Le Petit Journal*, 11 juin 2007, <www.lepetitjournal.com/>)

5. Même au vingtième [concert], j'étais toujours autant transportée, bouleversée, j'en ressortais avec les yeux pleins d'étoiles. (Olivia Ruiz, 3 août 2007, <www.parismatch.com/>)

**(avoir/être) la tête dans les étoiles,** loc. verb., loc. nom. "id.". *La tête dans les étoiles* est fréquemment utilisée comme titre (pièce de théâtre, émission de radio, articles de presse…), souvent en référence à l'astronomie et à la restauration gastronomique. ~ **être aux anges ; ne pas toucher terre ; (être/flotter) sur un (petit) nuage* rose.**

6. Il y a des matins où je ne pense qu'aux problèmes rencontrés […] et il y a des matins où je suis la tête dans les étoiles […]. (S. Otsmane, « Un brevet de pistage », février 2007, <www.dobermann-club-france.asso.fr/>)

7. […] j'ai rencontré un mec pour qui j'ai eu le coup de foudre, je pensais 24h/24 à lui, j'avais la tête dans les étoiles quand il me frôlait […]. (Message, 25 juillet 2007, <forum.doctissimo.fr/psychologie/histoires-d-amour/>)

8. C'est sous un soleil radieux que les enfants […] ont pu défiler vendredi 15 février à l'occasion du carnaval. […] ils avaient « la tête dans les étoiles ». (*Centre Presse*, Rodez, 25 février 2008)

— "être perdu dans ses rêves, se laisser aller à son imagination".

9. Kempff était un pianiste inspiré, individualiste, sensible, rêveur qui jouait la tête dans les étoiles […]. (*Le Monde*, 3 avril 1999)

10. Ces journées [de repos], qui semblent vides parce que nous avons la tête dans les étoiles, sont en réalité le point de départ des projets les plus fous : tout voyage commence dans le rêve. (C. Marthaler, *Le Chant des roues*, 2002, p. 218, GRL)

11. […] beaucoup, je le crains, ne regardaient rien du tout, plongés dans leur journal, ou dans leurs discussions, ou bien la tête dans les étoiles. (*Libération*, 26 octobre 2007, p. 26)

**avoir la tête dans les étoiles et les (deux) pieds sur (la) terre (/dans la boue)** (et variantes), loc. verb. "se montrer à la fois idéaliste et réaliste, imaginatif et pragmatique". La locution reprend une image traditionnelle de l'inspiration littéraire : « […] les esprits froids, tranquilles, et qui se possèdent toujours, sont incapables de faire de bons vers ; leur poésie est lâche, flasque, et ne fait aucune impression : au lieu que celle de ces hommes doués d'une imagination vive et forte, et qui, semblables à la Discorde d'Homère, ont sans cesse la tête dans les cieux et les pieds sur la terre, vous agite, vous tourmente, vous entraîne, comme un torrent impétueux & vous fait partager l'enthousiasme qui les domine. » (*Les Œuvres de Sénèque le philosophe*, traduites en français par feu M. La Grange, t. 5, 1778, p. 81, GRL).

12. Face à l'évolution de la société réunionnaise […], le personnage de Tonin représente […] le Réunionnais authentique bien ancré dans ses racines et la tête dans les étoiles. (J.-L. Gaillard, *Français et créole de la Réunion*, 2003, p. 570, GRL)

13. Une étudiante […] prépare une thèse sur l'ancien député-maire de La Rochelle […] « […] Les pieds sur terre et la tête dans les étoiles : je crois que ça le résume très bien […]. » (*Sud Ouest*, 3 février 2006, p. 5)

14. André Téchiné qui nous l'avait présentée [une comédienne] au bord de la piscine d'une villa sur les hauteurs de Cannes, il y a 21 ans, la voyait « les deux pieds dans la boue et la tête dans les étoiles ». (*L'Indépendant*, 2 septembre 2006)

15. « Un bricoleur est rarement indemne de poésie », dit Colette. D'où l'expression « bricoleur dans l'âme ». Les mains dans le cambouis, la tête dans les étoiles, il construit des cabanes en rêve et coud la nuit des robes de fée. (A. Schifres, *Inventaire curieux des choses de la France*, 2008, p. 430)

— Pour signifier la condition de l'homme entre les réalités matérielles et la transcendance.

16. La mise en examen visuelle, à cent cinquante-trois années-lumière de notre globe, de l'ombre d'une planète extrasolaire a de quoi gonfler de fierté l'humanité tout entière. [...] nous nous trouvons un peu bêtes, avec nos guerres, misères et peurs en tous genres. Ainsi va notre espèce, la tête dans les étoiles et les pieds dans la merde. (*L'Humanité*, 17 novembre 1999)

17. Un berger, c'est cela : un homme les pieds sur la terre qui s'occupe des bêtes. [...] L'homme trait d'union, entre Dieu et sa création, les pieds dans les cailloux, la tête dans les étoiles. (M. Chenot, *Une journée de marche sur le sentier des Lauzes*, 2003, p. 114, GRL)

## évêque

**à chaque mort d'évêque / toutes les morts d'évêque**, loc. adv. "très rarement". La locution, qui semble de diffusion géographique restreinte, est fondée sur la relative rareté de cet événement, les évêques n'étant habituellement qu'au nombre de un par diocèse. Employée surtout dans le Sud-Est et en Corse, la locution correspond à l'italien *(ad) ogni morte di vescovo* ; on rencontre aussi **à chaque mort de pape**, calque de l'italien *(ad) ogni morte di papa*. ~ **chaque fois qu'il lui tombe un œil ; quand tu te brûles*** (**/quand il se brûle**) ; **(une fois) tous les tremblements de terre ; tous les trente-six du mois**.

1. À sa librairie, beaucoup venaient simplement pour discuter avec lui. Il en était heureux et même s'ils ne lui achetaient un livre que, selon son expression, « toutes les morts d'évêque », il les déclarait ses meilleurs clients. (A. Varenne, *Nous vivrons ensemble*, 2005, p. 29, GRL)

2. Dorénavant le site devrait être mis à jour régulièrement et non à chaque mort d'évêque. (Message, 28 février 2007, <13770.org/>)

3. Bien sûr, pour faire une jolie table, vous voulez ressortir l'argenterie des grands jours, les fragiles cristaux à pied, la sublime nappe de roses blanches, brodée main. Sauf que, comme vous sortez tout ça une fois toutes les morts d'évêque, il va falloir leur redonner un coup de propre. (*Le Cannois*, 20 décembre 2007, <www.lecannois.fr/>)

## évier

□ **boire comme un évier**, loc. verb. "boire beaucoup". Variante domestique de □ **boire comme un trou**. Attesté en 1922 (« Cette jeunesse boit comme un évier, et des liqueurs sans marques », P. Morand, *Ouvert la nuit*, p. 106, GRL). ~ □ **pomper comme les Shadocks***.

Et mon Poppy est parti avec sa bordée. Naturellement, ils ont bu comme des éviers, la bière, ça n'apparaît pas, mais ça vous saoule très bien. (M. Bédu, *La Vie dure*, 1973, p. 79)

## exprès

□ **t'es bête (/■ con), ou tu le fais exprès ?** loc. phrast. Question employée par moquerie et/ou colère comme réplique pour marquer son désaccord total avec le comportement ou les assertions, que l'on estime empreints de sottise ou de naïveté, de l'interlocuteur.

1. – T'es pas facile, Sweetie, tu sais ? J'sais pas quoi faire avec toi, tu m'fous dans une putain de situation que j'connais pas !
– Et ça te fait plutôt bander, on dirait.
– Han, han... dis-moi, j'ai deux places pour le prochain concert de Billy Idol et... ben... disons que j'ai envie de bander pendant le spectacle, alors, ça m'arrangerait que tu sois là... question d'hygiène. Enfin... tu comprends, quoi ?
– ... ? ... T'es con ou tu le fais exprès ?
– D'après toi ? (M. Lunel, *Les anges dansent et les anges meurent*, 1990, p. 121-122)

2. T'es bête ou tu le fais exprès ?
Ceux qui veulent faire médecine on les en empêche ? Justement pas. Tout le monde peut venir mais la sélection se fait sur un concours où les places vont évidemment aux mieux classés. Ce système devrait être appliqué dans chaque branche plus ou moins bouchée. C'est scandaleux de laisser les étudiants s'orienter n'importe comment en sachant qu'il y aura rien derrière pour eux. (*Le Blog de Aliocha*, 20 mars 2006, <blogs.nofrag.com/>)

3. – [...] une question se pose. Que signifie : « ils n'ont rien à faire/foutre ici » ?
– T'es con ou tu le fais exprès ? Il y en a qui ont rien à foutre ici parce qu'ils n'ont pas le niveau, et d'autres qui l'ont et qui sont tout à fait à leur place. (*Le forum des étudiants de Sciences Po*, 29 mars 2006, <forum-scpo.com/>)

# F

## face

□ **dans ta face**, loc. adv. Pour signifier que quelque chose (une réplique, une information, etc.) est perçu comme un coup violent au visage. Notamment dans la loc. phrast. **prends ça dans ta face** (voir l'exemple 1). Cf. l'anglais *(take that) in your face*. ~ **dans la figure, en pleine figure.**

1. Prends ça dans ta face
Quelle que soit ta race. (*Blanc et Noir*, chanson du groupe NTM, 1991)

2. [...] si on ne doit acheter qu'un jeu pour l'instant [...], c'est celui là. C'est plus qu'une simple claque : c'est « un vrai coup de boule dans ta face » [...]. Rapide, fun, long et beau [...] ! (Message, 24 avril 2004, <forum.tt-hardware.com/>)

3. – Et 29 piges dans ta face... ça fait quel effet ?
– Ben... euh... Rien de plus... On verra l'année prochaine si je survis... (Message, 17 juillet 2007, <le-tiroir-du-buffet.blogspot.com/>)

— LOC. PHRAST. ~ **attrape ça.**

4. Jacques Attali a la gâchette facile. Au lendemain de la remise de son rapport sur « la libération de la croissance française » [...], un expert, quelques personnalités de droite et plusieurs dirigeants socialistes en ont pris pour leur grade [...] sur Europe 1. / [...] Réglons [...] le sort de l'expert. C'est Elie Cohen qui subit les foudres de l'ancien sherpa de Mitterrand pour avoir osé dire que le rapport ne serait jamais appliqué. « Je n'ai pas pris dans la commission tous les économistes qui ont souhaité en faire partie. » Dans ta face. « Il voulait venir, M. Cohen ? », demande Elkabbach. « Je vous ai répondu », cingle Attali. (*Liberation.fr*, 24 janvier 2008)

## fâcher

**sujet qui fâche**, loc. nom. Le plus souvent au pluriel "sujet (surtout dans les relations politiques ou sociales) facteur de dissensions plus ou moins graves". Attesté en 1931 sous la variante « Parlons pas de ce qui fâche » (A. Brun, *Le français de Marseille*, Marseille, Institut historique de Provence, p. 103).

1. M. Balladur et M. Chirac s'entendent au moins sur une chose : éviter que l'Europe n'entre dans le débat présidentiel. Il est vrai que l'Europe est, à droite, un sujet qui fâche [...]. Pourtant, il faut parler de l'Europe. Car les années qui viennent vont être décisives. (É. Guigou, dans *Le Monde*, 11 mars 1995, p. 15)

2. Le texte mis sur la table tentait donc d'établir des propositions consensuelles, et d'éviter les sujets qui fâchent [...]. (*Libération*, 7 janvier 2003, p. 4)

3. Sur les retraites, sujet qui fâche s'il en est, il [le Premier ministre] affiche sa « détermination forte » mais se garde bien de détailler ses projets et son manque d'idées. (*Le Canard enchaîné*, 15 janvier 2003, p. 1)

4. [...] délocalisations. Un sujet qui fâche pendant la campagne électorale. (*Le Figaro*, 29 mars 2007, p. 23)

V. encore *diptère*, ex. 3.

## facile

**c'est facile, (c'est pas cher) et ça peut rapporter gros**, loc. phrast. D'après un slogan publicitaire (vers 1980) pour le Loto national (voir l'exemple 2) ; repris à propos de ce qui permet de gagner facilement de l'argent ou d'obtenir de sérieux avantages.

1. Le roman historique, c'est facile et ça peut rapporter gros quand on a la manière. (*Le Canard enchaîné*, 10 décembre 1986, p. 7)

2. – [...] il est simple de répondre à mes questions. Et ensuite de se taire. Sans compter que l'obéissance, c'est comme le loto, c'est facile et ça peut rapporter gros. (J. A. Lion, *Poulets et Perroquets*, 1986, p. 218)

3. Et vous allez le découvrir à la fin de cette histoire incroyable mais vraie, c'est pas cher, c'est facile et ça peut rapporter gros. (J. Séguéla, *Vote au-dessus d'un nid de cocos*, 1992, p. 131, GRL)

4. Le [vêtement] très court, par exemple. Facile, pas cher et qui peut rapporter gros. (*Le Figaro*, 11 octobre 2002, p. 17)

## facture

**garantir sur facture**, loc. verb. "assurer fermement, certifier". Renforcement plaisant ou ironique de **garantir** ; du vocabulaire du commerce où l'on peut souvent bénéficier du service de garantie sur présentation de la facture. Attesté en 1872 (« – Monsieur, venez chez moi ! / – Adressez-vous à moi !... / – Moi seul ai le véritable et infaillible traitement !... / – Je garantis sur facture une santé immuable... », P. Véron, *Les Marchands de santé*, Paris, Lévy, p. 36, GRL).

1. Moi qui suis sensible aux ambiances, je peux te garantir sur facture que celle de l'Institut Rotberg n'est pas folichonne [...]. (San-Antonio, *Bons baisers où tu sais*, 1987, p. 18)

2. Chaque fois que l'on pense que les jeux sont faits, on se trompe lourdement. [...] En 2002, on nous garantissait sur facture que le deuxième tour verrait s'affronter Jospin et Chirac. Et en 2007, on s'apprête à nous refaire le même coup ! (Marielle de Sarnez, dans *Le Figaro*, 16 août 2006, p. 6)

— AU PARTICIPE PASSÉ EN EMPLOI ADJ. **garanti sur facture**. "assuré ; sûr et certain ; authentique". Attesté en 1905 (« L'amie [...] disparaît et fait place à l'épouse garantie sur facture et à vendre à prix fixe. Je n'aurai pas l'amie, que je voudrais ; et l'on m'offre l'épouse, dont je ne veux pas », G. Darien, *L'Épaulette. Souvenirs d'un officier*, Paris, Fasquelle, p. 396) ; en 1914 (« A quand le véritable crâne préhistorique donnant – garanti sur facture – la conformation idéalement scientifique ? Ils n'en sont pas à un squelette près, ces truqueurs »,

É. Bayard, *L'Art de reconnaître les fraudes. Peinture, sculpture, gravure, meubles, dentelles, céramique, etc.*, Paris, R. Roger et F. Chernoviz, p. 84, GRL).

3. De même qu'il eût été indécent de confier un commandement important à un officier non estampillé par l'École de guerre, on estime nécessaire de ne promouvoir que les universitaires garantis sur facture. (S. Jeanneret, *L'École et l'esprit civique*, 1943, p. 153, GRL)

4. Elle tire de son sac deux ou trois photos.
« Amenée par sa mère... Quatorze, ou quinze ans... Vierge garantie sur facture ! [...]. » (J. Bassan, *La Possession*, 1972, p. 338, GRL)

5. Mais voici mieux, c'est vrai ce que je vous raconte là, garanti sur facture. Au mariage du prince Charles, dans la cathédrale St Paul, les services de Mitterrand ont exigé qu'on installe sous sa chaise dorée un téléphone en liaison directe avec notre force de frappe. (C. Sarraute, *Dites-donc !*, 1985, p. 87)

6. Maurice c'est du pareil au même que les autres, c'est mon instinct qui me le dit, mais c'est garanti sur facture. (C. Breillat, *36 fillette*, 1987, p. 188)

— EMPLOI SUBST.

7. [...] ils s'étaient propulsés en finale de leur tournoi [de tennis] respectif en un minimum de temps et un maximum d'efficacité [...]. Elle avec son coup de patte révisé dans les usines Bollettieri. Lui avec son coup de poignet bricolé dans l'atelier familial. La grosse industrie et le petit artisanat produisant en quelque sorte la même qualité de vitesse et de perforation. Du garanti sur facture. / Steffi Graf et Magnus Larsson avaient ainsi soldé leur note des demi-finales sans la moindre contestation. (*Le Monde*, 7 juin 1994, p. 16)

— LOC. NOM. DÉRIVÉE. **garantie sur facture**. "gage d'excellence, d'authenticité".

8. Son affection avait commencé avec les draps tachés de sang : il était fier comme s'il m'avait dépucelée lui-même. Son côté corse. Fier au point de faire visiter notre lit. « Un cachet de garantie sur facture ! » il tonitruait. Je rigolais. (A Loesch, *La Grande Fugue*, 1973, p. 224, GRL)

9. Frédéric Buter [...] a fait ses premières armes chez un sellier de Deauville, puis il s'est fixé à Saumur, « parce que c'est un nom, une garantie sur facture à l'étranger, même si la ville n'a jamais connu la même concentration d'artisans que, par exemple Walsall, en Angleterre, qui compte une soixantaine de selliers... » (*Le Monde*, 9 avril 1994, p. 8)

## fagot

□ **avoir eu un fagot de trop** (et variantes), loc. verb. Pour désigner une personne aux cheveux roux. Métaphore de la gestation comparée à une cuisson (cf. *avoir/mettre un petit pain au four* "être/mettre enceinte").

1. [...] on dit d'un rouquin : « Il a eu un fagot de trop. » (*L'Humanité*, 18 août 1993, p. 11 ; lecteur de Saint-Brieuc)

2. [...] un mec si rouquin, qu'un fagot de plus et il crâmait ! (*Opéra farfelu*, 11 septembre 2005, <opera-farfelu.over-blog.com/>)

3. Cuire avec un fagot de trop. [...] En Bresse, les roux avaient droit à cette formule qui les comparait à un pain trop cuit. (G. Taverdet, *Le Parler bourguignon*, 2005, p. 67-68)

□ **il lui a manqué un fagot**, loc. phrast. Pour désigner un être simplet, niais. Même métaphore que dans **n'être pas fini de cuire***. ~ □ **être bas de plafond** ; □ **il lui manque un quart d'heure de cuisson*** ; □ **n'avoir pas inventé l'eau tiède** ; □ **avoir été bercé trop près du mur** ; ▲ **fini* au pipi**.

4. « Il n'est pas trop cuit. Il lui a manqué un fagot », se dit dans mon coin à propos de quelqu'un qui n'est pas trop futé et que l'on compare à un pain sorti trop tôt du four. (*L'Humanité*, 18 août 1993, p. 11 ; lecteur de Saint-Brieuc)

## faim

**c'est fin, c'est très fin, ça se mange sans faim**, loc. phrast. Clin d'œil à une réplique culte de Thérèse mangeant un chocolat dans la pièce *Le Père Noël est une ordure* (1979) et dans le film qui en a été tiré (1983).

1. [...] finalement le coulommiers, le pâté de campagne, le Kiri et autres amuse-gueules à 70 % de matières grasses passent très bien « c'est fin, ça se mange sans faim »... (« Les Nouvelles de l'Ouest », 22 novembre 2002, <sofetcie.free.fr/>)

**comme un mort de faim**, loc. adv. "avec l'avidité et la hargne de quelqu'un qui est décidé à mettre toute son énergie pour parvenir à ses fins, pour obtenir la victoire". Fréquent dans les commentaires sportifs.

2. Une partie de nerfs. La finale du simple messieurs, hier à Roland-Garros, fut plus qu'une partie de tennis. Ce fut un suspense insupportable, un thriller comme en réserve quelquefois le sport. Il faudrait des lignes et des lignes pour raconter ces dix balles de match sauvées par Magnus Norman accroché à son morceau de finale comme un mort de faim. (*L'Humanité*, 12 juin 2000)

3. [...] l'équipe de France demeura soudée, battante, entamant le tie-break comme une morte de faim, refusant de se laisser envahir par la peur de tout perdre sur quelques ballons. (*L'Équipe*, 14 septembre 2003)

4. Cette étape, dite de transition, était sans doute la dernière chance pour bien des coureurs de gagner et c'est pourquoi, en dépit de la fatigue générée par les deux journées précédentes, tant de concurrents se sont jetés sur les routes de la Drôme provençale comme des morts de faim. (*Reuters. Les Actualités en français*, 16 juillet 2006)

5. A nous, maintenant, de gagner. Nous sommes comme des morts de faim. (*Le Parisien*, 30 novembre 2006, p. 21)

V. encore *minable*, ex. 7.

## faire

**ça le fait**, loc. phrast. "c'est acceptable ; c'est très bien ; ça a de l'allure".

1. Le ragga ça l'fait,
Le ragga ça l'fait
Raggamuffin muffin muffin, ça l'fait en effet. (*Le Ragga ça l'fait*, chanson de Saï-Saï, 1995)

2. Est-ce que ça l'fait ? Ouais, ouais,

Faut que ça l'fasse. Je suis en place. (*Est-ce que ça l'fait ?*, chanson de Doc Gyneco, 1996)

3. Au fait j'ai oublié de te dire que j'ai un deuxième prénom que ma mère elle m'a donné pour que je m'intègre et m'adapte facilement c'est Léon, du coup ça fait Kamel Léon, et pour s'intégrer comme animal reconnais qu'il n'y a pas mieux. En même temps ce deuxième prénom je l'ai toujours caché à cause du caméléon, mais là je me dis que comme nom de scène ça peut le faire, tu crois pas maman ? (Y. B., *Allah superstar*, 2003, p. 53)

4. [...] je ne me suis jamais senti aussi chez moi qu'ici. La preuve, ça fait trois ans que j'y habite. Je paye huit cents balles, enfin je veux dire cent dix euros et avec mon RMI et mes pourboires de la rue, ça le fait. (CharlÉlie Couture, « Le Chanteur des rues », dans C. Ferniot, *La Rue*, 2003, p. 70)

5. Avec les 200 dollars que je vais recevoir de mon père, ça devrait le faire. (A. Dona, *Mamie a eu quinze ans*, 2007 [2006], p. 31)

V. encore *bonheur*, ex. 4 ; *problemo*, ex. 4.

— **ça le fait bien**, loc. phrast. "id.".

6. Le Tour de France, dans les étapes de montagne, c'est le plus beau Salon international de la caravane. [...] Le Mirage, d'un ton beige vieilli par les ans, a une allure [...] quasi surannée. Mais en lui ajoutant un auvent de fortune, drap, plaid ou drapeau, ça le fait bien aussi. (*Libération*, 22 juillet 2003, p. 24)

7. Pénible est l'ascension [dans le showbiz], dure est la chute. Mais quand ça le fait, ça le fait bien. (*Midi libre*, 28 février 2007)

— **ça le fait moyen**, loc. phrast. "ça ne va pas ; ce n'est pas bien ; ce n'est pas acceptable". ~ □ **c'est nul**.

8. [...] je te déconseille fortement la CBR [une moto] : se faire emmancher par une mobylette alors qu'on a une 125 « sportive » ça le fait moyen. (Message, 21 novembre 2003, <www.forum-moto.com/>)

9. [...] toujours est-il qu'envoyer un animal de compagnie par la poste ça le fait moyen. C'est pas vraiment au niveau confort, etc., mais c'est l'idée de les transporter comme de la marchandise... (Message, 26 mars 2004, <www.acsn.org/>)

**faire** + adj. num. ordinal ou **dernier**, loc. verb. "être classé (premier, second, etc.)". Attesté en 1934 (« Mais surtout, il y avait son grand exploit, "la fois que j'ai fait second dans la roue d'Ellegard, le champion du monde d'alors, je te parle de 1911 au Vél' d'Hiv'" », G. Chevalier, *Clochemerle*, p. 79, FT).

10. – Et à l'école, tu travailles bien ? il m'a demandé.
– Ben oui, j'ai dit.
C'est vrai, j'avais fait sixième en grammaire ce mois-ci. (Goscinny et Sempé, *Histoires inédites du petit Nicolas*, t. 2, 2006 [av. 1965], p. 248)

11. – [...] là, j'étais assez... j'étais très bon, je crois que j'ai fait premier tout le temps. Après, cours moyen deuxième année, là, ça s'est un peu gâté [...]. (P. Bourdieu, *La Misère du monde*, 1993, p. 725 ; interview)

12. Blessée au dos [...], la Mayennaise a décidé d'aborder cette finale [de lancer du marteau] sans objectif précis, sauf « essayer de ne pas faire dernière », sourit-elle. (*L'Équipe*, 3 septembre 2005, p. 10)

13. « Même si j'aurais préféré faire première [...], je vais pas en pleurer parce que je suis troisième ! [...] » (Laure Manaudou, championne de natation, dans *L'Équipe*, 6 août 2006, p. 11)

**je sais ce que je fais**, loc. phrast. Riposte manifestant l'impatience devant une réflexion importune sur le bien-fondé d'un comportement. Attesté en 1663 (« CHRYSALDE, à Arnolphe. Je suis surpris, pour moi, du grand empressement / Que vous nous faites voir pour cet engagement, / Et ne puis deviner quel motif vous inspire... ARNOLPHE. Je sais ce que je fais, et dis ce qu'il faut dire », Molière, *L'École des femmes*, acte 5, sc. 7, FT).

14. Dès ce matin, papa a commencé les préparatifs [du sapin de Noël], maman lui a dit qu'il aurait dû s'y prendre plus tôt, mais papa a dit qu'il allait très bien se débrouiller et qu'il savait ce qu'il faisait et il a pris la voiture pour aller acheter l'arbre de Noël [...]. (Goscinny et Sempé, *Histoires inédites du petit Nicolas*, t. 2, 2006 [av. 1965], p. 30)

15. [...] chacun son boulot. [...] Si j'emploie des gaines téléphoniques, je sais ce que je fais. (P. Djian, *37°2 le matin*, 1989 [1985], p. 72)

16. Elle secoua négativement sa tête butée et soupira :
– Tout beau, l'ami ! Tout beau, je sais ce que je fais ! (San-Antonio, *La vieille qui marchait dans la mer*, 1991 [1988], p. 56)

□ **tu me fais quoi, là ?** loc. phrast. Pour demander à l'interlocuteur de s'expliquer davantage sur un comportement qui surprend. Cette interrogation est habituellement sentie comme agressive.

17. Sébastien réagit à son tour : « C'est quoi ce bordel, tu me fais quoi là ! Tu me fais une crise de jalousie ?! ». (*Opération séduction 2. Episode n° 6*, 25 juillet 2003, <www.realtv-fr.net/>)

18. – Si tu veux jouer au père, t'as des enfants pour ça.
Pourquoi j'ai dit ça ?
Il me lance un coup d'œil, surpris [...].
– Tu me fais quoi, là ? (A. Page, *Je suis rien*, 2003, p. 389)

## faux

**faux nez**, loc. nom. Organisation ou personne apparemment indépendante, derrière laquelle s'en cache une autre. Par métaphore du faux nez qui travestit un personnage (clown, comédien, etc.). ~ **homme de paille**.

1. [...] une administration publique peut, un temps ou de façon plus durable, s'associer à une association. Mais les règles du jeu doivent être claires. La nécessité de transparence est absolue : l'association ne doit pas être le faux-nez de l'administration ; ses membres doivent réellement s'autogérer. (J.-C. Gaudibert, *L'Hydre aux œufs d'or*, 1980, p. 96, GRL)

2. Érap, groupe parapublic, devient l'actionnaire principal de la SLN, avec 70 % du capital. Elf-Aquitaine conserve 15 % des parts. Au total, l'État contrôle désormais, avec un « faux nez », 85 % de la Société Le Nickel. (E. Fottorino, *Le Festin de la terre*, 1988, p. 181, GRL)

3. Frank Vidal jure ses grands dieux : lui et le mouvement dont il est président, Droit de chasse, n'ont rien à voir avec le Mouvement national républicain. Pourtant, ce petit parti de chasseurs, qui a l'intention de présenter 150 candidats aux législatives,

apparaît bien comme un faux nez du MNR et un moyen de récolter des fonds publics par le biais du financement des partis. (*Le Monde*, 16 mai 2002, p. 8)

4. N'ayant pas d'explication à la mise en cause d'Yvan Colonna [un accusé] par ses amis, Me Garbarini émet alors l'hypothèse osée d'un assassinat téléguidé par l'Etat et exécuté « par un faux nez » pour « créer un électrochoc » en Corse. (*Libération*, 13 décembre 2007)

— EN APPOSITION AVEC VALEUR D'ADJ.

5. Il est probable que la confédération chrétienne [la CFTC] ait accepté de soutenir la position cégétiste d'exclusive contre les autres organisations. En effet, l'hostilité est vive à l'égard « des syndicats faux nez ». La CGT va jusqu'à reprocher à la délégation patronale de « vouloir imposer ses hommes de main ». (L. Dumond et A. Gueslin, *Michelin, les hommes du pneu*, 1993, p. 147, GRL)

— PAR EXTENSION. "artifice destiné à leurrer quelqu'un".

6. M. Roland Muzeau. – [...] Nous savons aussi, parce que nous l'avons démontré abondamment dans la discussion générale, qu'il s'agit ici non pas d'une véritable proposition de loi, mais de ce que l'on peut appeler un « faux nez », c'est-à-dire d'un projet de loi que le Gouvernement, particulièrement préoccupé de ses effets d'annonce en matière de politique du logement, n'aurait sans doute pas osé présenter et dont il a confié la soutenance à quelques élus sénatoriaux. (Sénat, *Compte rendu intégral des débats*, séance du 12 novembre 2002)

## femme

□ **à nous les femmes qui fument (et qui pètent dans la soie)**, loc. phrast. Souhait masculin stéréotypé de conquêtes féminines faciles (les femmes qui fument étant naguère considérées comme les plus faciles). Attesté en 1918 (« Chalchat nous y promet [dans un nouveau cantonnement] monts et merveilles [...], des vins de marque, des maisons pleines de civils accueillants, la musique du régiment tous les jours, des rues animées et des béguins à faire. La grande vie, quoi ! "A nous le Champagne et les femmes qui fument !" », A. Pézard, *Nous autres à Vauquois*, Presses universitaires de Nancy, 2001, p. 239) ; en 1925 (« *A nous les femmes du monde !... ou les femmes qui fument !* : allons faire la bombe », L. Valbert, *L'Argot en cinq sec*, France-Édition, p. 150).

1. Avant 1914, les femmes qui fumaient étaient l'exception ; cette manie était réservée aux artistes et aux putains. « A nous les femmes qui fument et qui pètent dans la soie ! » s'exclamait le troufion partant en permission. (J. Renoir, *Le Cœur à l'aise*, 1978, p. 124, GRL)

2. [...] cette phrase fétiche du papa, lorsqu'il était en veine de plaisanterie : « À nous les femmes qui fument et qui pètent dans la soie ! » (R. Heyer, *Abécédaire pour une enfance sundgauvienne*, 2001, p. 85)

3. Et comme dit si bien mon paternel : « A nous les femmes qui fument et qui pètent dans la soie ». C'est élégant hein ? (Message, 9 février 2008, <laflote.eu.org/>)

## fendre

■ **ça me** (**/te**, etc.) **fend le cul** (**de** + infinitif), loc. phrast. "ça m'étonne, ça me surprend vivement ; ça m'exaspère, ça m'agace". Sur le modèle formel de *fendre le cœur*, mais l'image est à rapprocher aussi de **scier à la base**, □ **scier les pattes**. Une forme approchante, avec le verbe *scier*, est attestée en 1859 (« Que Carthage, par moments, me scie le trou du c… ! », G. Flaubert, *Correspondance*, t. 4, p. 311, FT). ~ ■ **ça me troue***.

1. – Alors, c'est toi la Rose Tango… Merde alors. Ça me fend le cul. (E. Hanska, *Fascination*, 1986, p. 165)

2. Ça me fend le cul de voir mes amis, à qui je demande pour faire des sorties quelconques, me répondre : « Je peux pas, je travaille, blablabla ». C'est l'été ! (Message, 27 juillet 2004, <panorama.pingouin.ca/>)

3. Je l'aime bien mais elle est trop froide surtout avec ses enfants, […] de là à abandonner son fils faut le faire ! Ça me fend le cul ! (Message, 16 septembre 2007, <forum.ados.fr/>)

## fer

**bras de fer**, loc. nom. "épreuve de force ; confrontation qui ne peut s'achever que lorsqu'un adversaire a pris le pas sur l'autre".

1. L'épreuve de force, le bras de fer entre ultras et disons provisoirement libéraux dans le corps des officiers supérieurs et l'état-major pourrait bien avoir eu lieu en septembre 1976. (J. Rony, *La Lente Rupture. L'Espagne du franquisme à la démocratie*, 1977, p. 159, GRL)

2. Un point d'interrogation s'était installé dans le regard du flic. Ça devait être son genre ; interroger muettement. Tout dans le regard, on verra qui craquera le premier. Lambert n'avait pas envie d'engager une partie de bras de fer. (A. Page, *Tchao pantin*, 1982, p. 101)

3. La journée de la Saint-Sylvestre avait été marquée par une accentuation du bras de fer entre la direction de la SNCF et les syndicats. (*Le Monde*, 2 janvier 1987, p. 14)

## fermer

□ **être fermée pour travaux**, loc. verb. "(en parlant d'une femme) ne plus souhaiter avoir de rapports amoureux". Par référence aux panneaux portant l'inscription « fermé(e) pour travaux ». Comparer avec □ **fermer boutique***.

Elle a quitté Gilbert il y a cinq mois, un homme marié dont elle est restée la maîtresse pendant quatre ans. […] Depuis, avec les hommes, elle est « fermée pour travaux », comme elle dit, et le ravalement n'est pas près d'être achevé. (C. Krug, *Demain matin si tout va bien*, 2006 [2004], p. 40-41)

## fesse

□ **avoir de la fesse**, loc. verb. "avoir de la chair (en parlant d'un vin)". Variante ludique d'expressions canoniques du vocabulaire de la dégustation : **être charnu, être enveloppé ; être bien en chair**. ~ **avoir du corsage*/de la cuisse***.

1. Doudou me verse un grand verre d'un petit vin de la Loire qui a, selon lui, « plus de fesse qu'il n'en a l'air ». (F. Dorin, *Les Jupes-culottes*, 1984, p. 208)

2. – Marlène ? Qu'est-ce que tu en penses ?
– Bien… Très bien.

Je ne vais quand même pas lui dire qu'il a de la cuisse* ou qu'il est lourd de la fesse ! (C. Frédric, *Mirror*, 2000 [1998], p. 84)

V. encore *cuisse*, ex. 2.

— DANS UN JEU DE MOTS.

3. Un dictionnaire loin d'être cul-cul. Un ouvrage qui, comme les bons vins, a de la fesse. (*Le Figaro*, 22 avril 2004, p. 7 ; critique de *Le Prose en 555 variations*)

## feu

**allumer/mettre (/■ foutre) le feu**, loc. verb. "mettre beaucoup d'ambiance (dans un concert, un spectacle)". « Ce soir on vous met le feu / C'est nous les Marseillais » est le refrain d'une chanson du groupe IAM (*Le Feu*, 1993, repris comme hymne des stades et des manifestations, voir l'exemple 5) ; *Allumer le feu* est le titre d'une chanson de Johnny Hallyday (1998). Comparer avec les plus anciens **ça chauffe** ou **chauffer la salle**.

1. – Cinq mille, qu'on était [à un concert]. Gé-nial ! Ces mecs-là, y savent te foutre le feu. (J.-C. Izzo, *Total Khéops*, 1995, p. 87)

2. Mais ceux qui ont mis le feu, c'est Raggasonic avec un reggae aux accents rap et hip hop. (*Sud Ouest*, Marmande, 14 juillet 1998)

3. Après les Rolling Stones, Johnny Halliday, Céline Dion, Tina Turner et AC/DC, Aïda et Verdi sauront-ils à leur tour allumer le feu ? (*Le Monde*, 14 septembre 2001, p. 34 ; à propos de la programmation de *Aïda*, de Verdi, au Stade de France)

V. encore *boulette*, ex. 3.

— DANS UN JEU DE MOTS.

4. Bigofones [un groupe de musiciens] aura la mission d'allumer le feu (musical) jeudi soir à l'occasion du traditionnel feu d'artifice. (*Ouest France*, Ille-et-Vilaine, 10 juillet 2006)

— DANS UN SLOGAN.

5. A 16 heures, on peut estimer le cortège à près de 2 000 hommes et femmes. Un long ruban bruyant, jeune souvent, et comportant de nombreuses femmes. « La mayonnaise a pris », lance un délégué CGT tout heureux. En passant devant les presses qui s'arrêtent l'une après l'autre retentissent encore les cris de « solidarité ». Et puis des nouveaux slogans : « Ce soir, on vous met le feu », ou encore « Allez Douai, allez, allez ». (*L'Humanité*, 14 mars 1997)

— **mettre le feu**, loc. verb. "animer avec ardeur une épreuve, une compétition, par des actions qui peuvent être décisives".

6. Le pack tricolore a franchi la ligne d'avantage à maintes reprises, étouffant les tentatives adverses de créer des brèches près des points de rencontre. Cette domination a étouffé tous les espoirs anglais de jeu de mouvement, sans compter l'excellent comportement défensif du reste de l'équipe. / En attaque, elle a permis aux demis [...] de « mettre le feu » en lançant efficacement les trois-quarts. (*Le Monde*, 10 février 1998, p. 27)

7. Face à ces Parisiens bien peu inquiétants, les joueurs de Galice prenaient de plus en plus le jeu à leur compte. Et ils ne se privaient pas de mettre le feu dans la surface parisienne. (*Le Figaro*, 8 mars 2001)

8. Enfin ce fut au tour de Medhi Baala de mettre le feu au Stade de France, où les 70 000 spectateurs aux couleurs des anneaux olympiques l'ont porté jusqu'aux derniers mètres du 1500 m (3e dans l'excellent temps de 3'30"80, son nouveau record de l'année). (*Fédération française d'athlétisme*, 1er juillet 2005, <www.athle.com/>)

9. Sur le dernier Dauphiné libéré, il [un coureur cycliste] a littéralement mis le feu à la course. (*Ouest France*, 18 juillet 2006)

V. encore *caravane*, ex. 1.

□ **y a pas le feu au lac**, loc. phrast. "rien ne presse". Renforcement de **y a pas le feu**, attesté en Suisse romande depuis le milieu du XIXe siècle ; une formule proche est attestée en 1756 (« *Mar brûlo pa*, la mer ne brûle pas [...] façon de parler adverbiale & populaire pour dire, *il n'y a rien qui presse si fort* », P.-A. Boissier de Sauvages, *Dictionnaire Languedocien-François*, Nîmes, Michel Gaude, p. 295). À l'oral, l'expression est parfois articulée, en dehors de la Suisse, avec une inflexion traînante qui tente de reproduire l'intonation des Suisses romands.

10. – [...] i' m'faut quéques artiques pour l'ouverture [de la chasse].
– L'ouverture, l'ouverture, elle est dans quinze jours. Pas l'feu au lac ! (M. Embareck, *2 - 1 = 0*, 1989, p. 72)

11. – On a déjà perdu assez de temps... Vas-y, double-les !
– Attends... Y'a pas le feu au lac ! (S. Rouch, *Meufs mimosas*, 1998, p. 37)

12. – Tu n'y vas pas ?
– Y a pas le feu au lac.
– Mais c'est peut-être très urgent !
– Rien n'est jamais urgent, ici. (D. Cozette, *Quand je serai jamais grande*, 2004 [1999], p. 108)

13. J'ai essayé de compter combien je pouvais coûter par mois à ma mère. Enorme ! Quand je pense que je lui ai commandé un scooter pour mes seize ans... En même temps, c'est dans un an et « y a pas le feu au lac » comme dirait la mère de Vaness qui est suisse. (A. Dona, *Mamie a eu quinze ans*, 2007 [2006], p. 115)

∞ SUR CE MODÈLE, avec le même sens :

14. – [...] Et ce que je veux, c'est pas seulement les mille briques, mais le salut des condés !... Sans trop se mouiller, et autrement peinard !... Dix ans, vingt ans, s'il le faut ! Y a pas le feu au robinet. (J. Amila, *La Bonne Tisane*, 1975 [1955], p. 30)

15. Cet accent suisse, qui parfois amuse, exaspérait pour le moment de façon prodigieuse notre héros [...].
– [...] Et où on va maintenant ?
– On retourne à la gare, lâcha Charbo, et vite.
– Faut pas être pressé, dit le chauffeur, y'a pas le feu dans les montres. (A.D.G., *L'otage est sans pitié*, 1976, p. 228)

∞ EN CONTEXTE POSITIF. "il y a urgence".

16. Il est drôlement prévenant, le garde des sceaux. Quand il aura fini ses consultations auprès des gardiens de prison, il n'y en aura pas un seul, je cite, qui pourra

dire : Vauzelle ne m'a pas demandé ce que j'avais sur le cœur. Ça risque de prendre un bon moment et il y a le feu au lac. (*Le Monde*, 10 octobre 1992, p. 12)

## feuille

**feuille de route**, loc. nom. "ensemble d'instructions, de consignes, de préparatifs en vue d'une entreprise, du bon déroulement d'une action, d'un comportement à tenir". Attesté dans son sens de base, dans le domaine militaire, en 1803 (« *Feuilles de route.* Ces sortes de feuilles sont délivrées par les commissaires des guerres [...] pour les hommes de leur arrondissement allant rejoindre leurs corps ou leur poste », P. N. Quillet, *État actuel de la législation sur l'administration des troupes*, Paris, Ant. Bailleul, p. 239, GRL) ; en 1866 (« Janvier est sur son déclin et je vis encore au jour le jour, sans plan régulier, sans prévoyance, sans feuille de route », H.-F. Amiel, *Journal intime pour l'année 1866*, Paris, Gallimard, 1959, p. 71, GRL).

1. Voir refuser à trois collègues leur feuille de route sous prétexte qu'ils ont commis des fautes lors d'étapes précédentes a le don d'irriter les pilotes de motos. (*Le Monde*, 14 janvier 1987, p. 9)

2. Il faudrait donc se concentrer sur les programmes des candidats [aux élections présidentielles], la démocratie y gagnerait certainement [...]. Mais au fait, de quels programmes véritablement parler ? Lorsqu'on examine les feuilles de route des principaux candidats, on est frappé par leur similitude. (*La Croix*, 11 mars 2002, p. 30)

3. [...] le gouvernement finalise actuellement la feuille de route de la Sécurité sociale pour l'an prochain. (*La Tribune*, 22 septembre 2006, p. 5)

□ **un deux-feuilles / un trois-feuilles**, loc. nom. "un joint d'une taille respectable, roulé dans l'assemblage de deux ou de trois feuilles de papier à cigarette".

4. Elle ondule vers la chambre [...] et commence à rouler un deux-feuilles pur sans mélanger l'herbe à du tabac de cigarette, parce que c'est moins mauvais pour la santé. (*Le Scarabée*, 10 juillet 2003, <www.scarabee.com/>)

5. En tout cas c'est d'la bonne qui circule j'en ferais bien un trois-feuilles. (Message, 9 mars 2004, <www.gobages.com/>)

— DANS LA MÊME SÉRIE, PAR EXAGÉRATION.

6. [...] boire une Kro [Kronenbourg] en moins de trois secondes ou rouler un douze-feuilles les yeux bandés. (Message, 24 mars 2006, <www.forum-auto.com/>)

7. Sans dec... J'sais pas ce que vous fumiez, mais j'achète de suite, arf... Là, pour l'instant, j'suis sous le choc : j'apprends que le Conseil constitutionnel a validé le CPE [contrat première embauche]. Je meurs de rire. Jaune. [...] à ce stade et ce soir, permettez-moi d'écraser un six-feuilles et de partir d'un grand éclat de rire. (Message, 30 mars 2006, <karlzero.podemus.com/>)

## ficelle

**bouts de ficelle/de ficelles** (moins usuel), loc. nom. "expédients". Le bout de ficelle est le prototype d'une chose toujours utile mais sans valeur.

1. Ce système [de santé en France] fonctionne en réalité avec des bouts de ficelles et des millions d'heures supplémentaires. (*La Nouvelle République*, dans *AFP Général*, 27 décembre 2002)

2. [...] une troupe d'une dizaine d'auteurs libres et lumineux qui fait des prouesses avec des bouts de ficelle. (*Le Figaro*, 20 juillet 2003, p. 28)

3. Logée dans une HLM [...], elle vit de bouts de ficelle, avec un mari resté handicapé. (*Challenges*, 22 mars 2007, p. 62)

4. [...] ce film qui a mis cinq ans à voir le jour, faute de financements. Comme quoi, c'est parfois avec des bouts de ficelle qu'on fait les meilleurs films. (*Le Parisien*, 24 mars 2007, p. 33)

V. encore *économie*, ex. 2.

**de bouts de ficelle**, loc. adj. "insignifiant, mesquin".

5. [...] mon père et ma mère [...] se sont chamaillés durant des mois pour savoir qui emporterait la poêle Tefal et qui garderait le frigo. Mon père, il était si détérioré par ce marchandage de bouts de ficelle, qu'il avait fini par couper la poêle Tefal en deux avec sa scie à métaux. (J. Lanzmann, *Rue des Mamours*, 1982 [1981], p. 50)

6. – C'est quoi que tu lui proposes [à un enfant à naître]... Un avenir de bouts de ficelle ? Non merci. Ni pour lui, ni pour moi. (T. Topin, *Un gros besoin d'amour*, 1988, p. 104)

7. Je connais leurs manigances [...], les querelles d'héritage, les mesquineries de bouts de ficelle. (C. Avel, *L'Apocalypse sans peine*, 2006, p. 95)

8. Les images exposées sont d'inspiration diverse [...]. Reste aussi au photographe à abandonner sa technique de bouts de ficelle pour obtenir des photos de meilleure qualité. (*Le Monde*, 30 septembre 2006, p. 29)

## ficher

□ **je t'en fiche**, loc. phrast., loc. interj. Pour marquer son désaccord avec quelqu'un ; pour présenter un fait comme contraire à ce qui était attendu. Attesté en 1777 (« Ah ! oui ; va, je t'en fiche, tutoyer ! Non Madame, je ne vous tutoyerai point ; quoique cela soit plus joli », Beaumarchais, *Correspondance*, t. 3, Nizet, 1972, p. 88). ~ □ **je t'en fous*** ; □ **je t'en foutrais** ; ■ **va te faire foutre** ; □ **des queues**.

1. On croit pouvoir se fier au terrain, et puis, j't'en fiche, il a plu, le sol est détrempé, il y a du brouillard, une vraie purée de pois [...]. (P. Reby, *L'Amour mensonge*, 1974, p. 150, GRL)

2. Ah ! je suis désolé ! Je croyais être capable de vous vider mon sac, comme ça, de but en blanc ; mais j't'en fiche ! je suis encore coincé par ma satanée pudeur ! (F. Dorin, *Les Jupes-culottes*, 1984, p. 5)

3. Pour briser la chaîne des catastrophes, le voici à New York en route pour aller voir [...] un vieux copain qui va sûrement lui remonter le moral. Je t'en fiche : notre malchanceux tombe au beau milieu d'un règlement de comptes [...]. (*Le Figaro*, 24 juin 2006, p. 64)

## fil

□ **avoir les fils qui se touchent,** loc. verb. "déraisonner". Image du court-circuit dans une installation électrique. ~ □ **disjoncter** ; □ **être (complètement) à la masse*** ; □ **péter ses/les boulons*** ; □ **péter les plombs*** ; □ **fondre les plombs*** ; □ **péter un câble*/un fusible*.**

1. « François, t'as les fils qui se touchent. Tu peux pas t'adresser aux saints et nier l'existence de Dieu. » Si ça m'amuse de discuter le bout de gras avec Ses saints plutôt qu'avec Lui ? Où est le mal ? (T. Rozo, *Comme des squales*, 1993, p. 84)

2. « Votre intérêt c'est de continuer à voir prospérer ces problèmes pour en tirer des bénéfices », a estimé M. Copé avant de lancer : « Des fois on se demande s'il n'y a pas des fils qui se touchent ». (*Agence France Presse*, 20 janvier 2004 ; débat télévisé entre MM. Copé et Le Pen)

3. Piqué au *Monde* en date du 1er juillet : « Le patron du Medef, Ernest-Antoine Seillière, a dénoncé sur Radio Classique "les gens qui vivent de l'assurance chômage au lieu de vivre de leur travail". » De deux choses l'une : soit le baron s'est fait violer par un technicien du spectacle dans son enfance, soit il a les fils qui se touchent. (*L'Organe magazine*, 4 juillet 2004, <www.webzinemaker.net/>)

— PAR JEU DE MOTS OU DANS UN CONTEXTE MÉTAPHORIQUE.

4. Il arrive parfois que le cervoliste ait les fils qui se touchent. Il devient alors monomaniaque et insulinodépendant, capable de s'isoler des mois entiers [...]. (*Sud Ouest*, Charente-Maritime, 30 mars 2002)

5. J'ai beau me concentrer du mieux que je peux, je ne retiens rien. C'est le vide absolu dans les deux hémisphères. Je dois avoir des fils qui se touchent là-haut et qui court-circuitent l'appareil. (C. Krug, *Demain matin si tout va bien*, 2006 [2004], p. 138)

**(être) maigre comme un fil**, loc. verb., loc. adj. "(être) filiforme, très maigre". Par hyperbole. Attesté en 1883 (« [...] on distinguait la tête pointue et chauve du juge de paix et la face enluminée de son greffier. [...] Le juge, long et maigre comme un fil, s'inclina silencieusement », A. Theuriet, *Le Secret de Gertrude*, Paris, E. Dentu, p. 141, GRL). ~ □ **être taillé dans une allumette*** ; □ **être taillé comme un/dans un/en bâton* de sucette** ; □ **(être) maigre comme un cent de clous*** ; □ **être épais comme un câble* de frein à main** ; □ **(être) épais/maigre comme un coton-tige*** ; □ **(être) taillé comme un/dans un coton-tige*** ; □ **(être) épais/maigre comme un cure-dent(s)*** ; □ **être taillé comme un cure-pipe*** ; □ **(être) taillé comme un/dans un cure-dent(s)*** ; □ **(être) épais/plat comme une affiche*** ; □ **passer entre le mur et l'affiche* sans la décoller** ; **rayer les baignoires.**

6. C'est à la Faculté de Droit de Paris que René Pleven rencontra Anne Bompard.
– Il était maigre comme un fil, il préparait son doctorat et moi ma licence. (F. Giroud, *Nouveaux portraits*, 1954, p. 213, GRL)

— **(être) maigre comme un fil de fer**, loc. verb., loc. adj. "id.".

7. Manette et moi. On ne pouvait imaginer deux petites filles plus différentes. J'étais grande et maigre comme un fil de fer, elle était trop petite pour son âge [...]. (M. Saint-Lô, *Le Désamour*, 1974, p. 115, GRL)

8. J'ai passé ces années, maigre comme un fil de fer, à avaler huile de foie de morue, fortifiants divers, vitamines, calcium et Dieu sait quoi encore. Rien n'a réussi à me donner le goût de la nourriture […]. (N. Jean, *Une enfance tunisienne*, 2004, p. 89, GRL)

9. J'ai par exemple un ami maigre comme un fil de fer, il a un problème de cholestérol, et moi, grosse comme je suis, que dalle à ce niveau-là. (Message, 5 décembre 2007, <boardreader.com/>)

— **fil de fer** (ou **fil-de-fer**).

∞ LOC. NOM. "personne filiforme, fluette, très maigre". Souvent comme surnom. Dans Bruant 1901 : « INDIVIDU GRAND ET MAIGRE. *Fil de fer* », s.v. *maigre* ; en 1911 (« Tu sais comme il est maigre ? – Un échalas. – Pis, un fil de fer », É. Bergerat, *Souvenirs d'un enfant de Paris*, 1911, p. 132, GRL).

10. Emile, très maigre, très grand, donnait l'impression d'être faible. […] Son allure d'anémique lui avait valu le surnom de « Fil de Fer ». (P. Soupault, *Le Temps des assassins. Histoire du détenu n⁰ 1234*, 1945, p. 136, GRL)

11. […] le premier violon, qui n'avait pas vingt ans, que je surnommai illico la môme fil de fer tellement elle paraissait fragile et qui ressemblait comme une sœur à ma gentille petite cousine Rosy […]. (B. Cendrars, *Bourlinguer*, 1948, p. 234, FT)

V. **encore** *puer*, ex. 2.

∞ LOC. ADJ. INVAR. "(en parlant des jambes) filiformes, très maigres". L'emploi substantif correspondant est mentionné dans Larchey 1872 : « FILS DE FER. – Jambes excessivement minces ».

12. La rousse, c'est Zazou, la régulière à Lenouif. […] L'autre, la petiote aux cuisses fil-de-fer, c'est Blanche de Castille, une junk de Madrid qu'est montée à Paris faire langues vivantes. (F. Lasaygues, *Vache noire, hannetons et autres insectes*, 1985, p. 126)

13. A son entrée au « Figaro » en 1959, le dessinateur [Jacques Faizant] ne faisait pas encore de politique – du moins à la pointe de son crayon –, mais il avait déjà trouvé ses personnages, notamment sa vieille dame, robe noire et jambes « fil de fer ». (*Associated Press*, French Worldstream, 14 janvier 2006)

14. Je suis pas baraqué, mais j'ai pas les jambes fil de fer non plus… (Message, 18 juin 2007, <www.commeuncamion.com/>)

**sur le fil**, loc. adv., loc. adj. "de justesse". Du vocabulaire du sport. Le *fil* matérialise l'arrivée dans certaines épreuves de course à pied. La locution est parfois interprétée comme une forme abrégée de *sur le fil du rasoir*, notamment lorsque l'issue d'une compétition est restée longtemps incertaine.

15. Victoire sur le fil de Saint-Etienne face à Nantes (1-0) mais pas de vainqueur en revanche entre Troyes et Auxerre (1-1). (*L'Équipe*, 5 mars 2006>)

16. Cet homme n'est pas aux abois. Certes, six mois après la victoire, sur le fil, de sa coalition, qui va des sociaux-libéraux aux nostalgiques du marxisme, l'état de grâce est passé. […] Mais Romano Prodi semble n'en avoir cure. (*L'Express*, 8 novembre 2006, p. 130)

17. A Gerland, les Rhodaniens étaient pourtant menés de deux buts à 20 minutes du coup de sifflet final avant de renouer avec leurs bonnes vieilles habitudes du retour sur le fil (3-2). (*Radio France sport*, 1er septembre 2007, <www.radiofrance.fr/thematiques/sport/>)

## film

▪ **film de boule(s)**, loc. nom. "film pornographique". Variante récente de ▪ **film de cul** (cf. *boule*, n. m. "fondement, postérieur, cul" dans Goudaillier 1997, qui donne le mot comme issu du « dialecte kalderash (tsigane) »). La graphie la plus courante, **film de boules**, est sans doute par confusion avec *boules* nom fém. pl., synonyme populaire de *testicules*. ~ **film X**.

1. FILM DE BOULES : film à caractère pornographique, en argot carcéral. (J.-M. Thiébaud, *Prison et justice. Mode d'emploi pour les détenus et leurs familles*, 2000, p. 206, GRL)

2. – Je me sens toujours coupable lorsque je regarde un film de boules…
– Un film de boules ?
– Un film porno. Bref, je me sens coupable, mais ça m'excite quand même. (P. Avignon, *Dialogues du pénis*, 2002, p. 215, GRL)

3. Arrêtez de mater des films de boule [diffusés] en crypté, ça fait mal aux yeux ! (Message, 2 juillet 2004, <www.webzinemaker.com/>)

4. Et se préparant à tourner un bon petit film de boules, comme ça, incognito. (V. Ravalec, *Nouvelles du monde entier*, 2006 [2004], p. 86)

5. Durex propose un site dédié aux hommes pour prendre soin de son sexe, le tout dans une ambiance sonore digne des meilleurs ascenseurs* ou des pires films de boule ! Ce qui paraît finalement une bonne manière de faire du marketing […] pour un vendeur de préservatifs, non ? (« Vous saurez tout sur le zizi », 25 janvier 2007, <www.lets-jam.com/>)

— DANS UN JEU DE MOTS.

6. […] un film de boules. Mais non, pas un documentaire sur la pétanque, un film X ! (Message, 19 juin 2006, <blog-perso.onzeweb.info/>)

▪ **film de cul**, loc. nom. "film pornographique". De *cul* "sexe, envisagé sous l'aspect érotique et/ou pornographique". ~ **film X**.

7. […] *L'Empire des sens* est le premier érotique/porno, un vrai film de cul assimilable par les culs serrés de la culture […]. (*Libération*, 11 février 2000, p. 46)

8. Présenté, surtout par la rumeur, comme un film de cul chic* avant sa sortie, le dernier film de Stanley Kubrick est aujourd'hui un film culte choc. (*L'Humanité*, 14 janvier 2003)

## fin, nom fém.

**il n'y a que la fin de triste**, loc. phrast. Pour signifier que les choses n'ont pas toujours un dénouement heureux ou qu'après une période agréable, il faut retomber dans le quotidien ; pour stigmatiser l'insouciance. Attesté au début du XX$^{e}$ siècle (H. Cormeau, *Terroirs mauges*, Paris, Georges Crès et C$^{ie}$, 1912, t. 1, p. 508).

1. A 3 jours de la fin de nos animations, nous avons vraiment le sentiment que tout est passé trop vite. De toute façon, il n'y a toujours que la fin de triste ! (Message, 28 août 2002, <nassaramitie.apinc.org/>)

2. « C'est super, avec le réchauffement de la planète, le poireau poussera toute l'année », lance à la foule le grand fou, Jean Poireau I$^{er}$, maître du grand Lavanrac [anagramme de *carnaval*]. En lançant ses sornettes, il espère que son règne sera éter-

nel… Pourtant, chaque année, il n'y a que la fin de triste ! (*Ouest France*, Le Mans, 4 février 2007)

## finir

▲ **fini au pipi** (et variantes), loc. adj. Insulte présentant une personne comme dégénérée, tarée. Formule qui renouvelle avec une trivialité accusée le paradigme des synonymes d'*avorton*. ~ □ **pas fini de cuire*** ; □ **il lui a manqué un fagot*** ; □ **avoir été bercé trop près du mur**.

1. – Combien t'as de balles dans ton pétard […] ? reprit le grand rouquin avec un mauvais sourire.
– Chais pas, fit calmement Rock […]. Mais même s'il m'en reste qu'une, elle est pour ta gueule de fini à la pisse. (L. Chalumeau, *Neuilly brûle-t-il ?*, 1997, p. 137)

2. L'ÉPICIER COLLIGNON *(à propos de Lucien)* : Alors celui-là, s'il a pas été fini au pipi ! (*Le Fabuleux Destin d'Amélie Poulain*, film de J.-P. Jeunet, 2001)

— VARIANTE DÉVELOPPÉE.

3. Un bar, c'est tout ce qu'il me faut. J'arrête la Porsche devant. […] tous les gamins […], bande de petits gorets finis à la pisse d'âne, s'agglutinent autour. (T. Amant, *Sexworkers*, 2003, p. 111-112, GRL)

— Pour signifier qu'une chose présente de graves défauts de réalisation.

4. […] sa deuxième console [de jeux vidéo] est un produit fini à l'urine, elle ne cesse d'aller au SAV [service après-vente] ! (Message, 4 avril 2006, <www.jeuxvideo.com/>)

□ **pas fini**, loc. adj. "immature (en parlant d'un adolescent ou d'un adulte)". Souvent péjoratif.

5. […] l'auditoire […] n'y perçoit que malice et fraîcheur. C'est du « haut les mains / peau d'lapin / la maîtresse en maillot de bain » à usage des adultes pas finis, ce sont des chansons en pâtés de sable, décors de coquillages […]. (*Le Progrès*, 21 novembre 2002, p. 12)

6. […] surnommé PUTIN (prononcez *poutine*), il avait pris de l'âge tout en conservant le visage pas fini d'un adolescent sournois. (« Blattes, cafards et cancrelats », <members.aol.com/nuisibles/>, consulté le 4 août 2003)

## fixe

■ **être au beau fixe** ; ■ **mettre au beau fixe**, loc. verb. "être en érection ; donner une érection". Métaphore tirée des indications barométriques, avec remotivation de *fixe*. ~ ■ **l'avoir en l'air** ; ■ **être au garde-à-vous** ; ■ **hisser les couleurs** ; ■ **marquer midi*** ; ■ **dresser/monter la tente*** ; ■ **monter le chapiteau*** ; ■ **présenter les armes** ; ■ **avoir (/attraper) des coliques* bâtonneuses**.

1. – Il ne m'avait même pas dit que vous étiez aussi jolie, fais-je. Autrement j'aurais mis mon costume des dimanches pour vous accueillir.
Alors, là, les gars, j'ai droit à l'œillade […] qui met les cœurs en émoi et les falzars au beau fixe. (San-Antonio, *Le Loup habillé en grand-mère*, 1973 [1962], p. 157)

2. TROISIÈME SOLDAT. – […] Six mois sur une île, sans avoir vu une fille ! On a de ces matins, mon pote, on se réveille, on est au beau fixe ! On amènerait bien le petit au

cirque, seulement, c'est tous les jours relâche* ! (F. Raynaud, « La Tomate », dans *Heureux !*, 1975, p. 270)

3. Tout le monde a entendu parler de la mise en scène d'Olivier Py bien avant le soir de la première. Le maître d'œuvre se distingue une nouvelle fois par certains aspects provocateurs de son travail. Le Venusberg et son cortège de bacchantes délurées et de personnages mythologiques l'ont incité à engager un acteur de l'industrie du porno pour le bref rôle muet de Zeus afin que ce dernier apparaisse nu et au beau fixe sur scène au cours du premier acte aux côtés de figurantes en tenue d'Eve. (« Une vision de Tannhäuser », 30 août 2005, <www.resmusica.com/>)

## flan

□ **en faire (tout) un flan**, loc. verb. "en faire toute une histoire". Métaphore qui s'insère dans le paradigme alimentaire : □ **en faire un beurre/(tout) un cake*/ un fromage/un plat/une tartine.** ~ □ **en faire six/dix caisses** ; □ **faire un caca* nerveux** ; □ **en faire (tout) un pataquès*** ; □ **en faire une galère*** ; ■ **en chier une pendule**.

1. « [...] Pour de petites affaires comme celles-ci et si les mineurs ont reconnu les faits, mieux vaut régler le problème au niveau local sans en faire tout un flan en convoquant les enfants au tribunal [...]. » (Une commerçante de Morestel, dans *Le Figaro*, 27 avril 2002)

2. Ils me font bien rire avec leurs caricatures [de Mahomet] ! Quand le pape a été caricaturé on en a fait un flan ? (Message, 7 février 2006, <www.blue-hardware.com/>)

3. Après avoir craché sur un arbitre marocain [...], Fabien Barthez avait été suspendu pendant près de six mois et condamné par la justice sportive – le conseil fédéral – à dix actions d'intérêt général au bénéfice du milieu amateur du football. Encouragé par des proches à faire amende honorable avant qu'on ait statué sur son sort, il avait préféré prendre l'affaire de haut : « Personne n'est malade, il n'y a pas de mort. On en fait tout un flan, je ne vois pas pourquoi. [...] Je ne regrette pas, on est des hommes et, comme on dit, on en a entre les jambes. » (*Le Monde*, 30 juin 2006, p. 30)

## flèche

**ne pas être une flèche**, loc. phrast. "manquer de vivacité, notamment sur le plan intellectuel". Par métaphore de la flèche, arme de jet joignant la vitesse à l'efficacité.

1. « Scolairement, j'étais pas une flèche. J'ai dû m'y reprendre à trois fois pour avoir mon bac [...]. » (Homme d'affaires nantais, dans *L'Express*, 2 février 2006, p. 12)

2. À la communale, on l'appelait « Crâne d'os ». Pas une flèche, mais fort comme un Brestois. (J.-B. Pouy, *Le Petit Bluff de l'alcootest*, 2006, p. 16)

3. [...] Jacques pourrait suggérer au docteur Lubin qu'il a attrapé une « crise de palu ». On sait jamais... C'est pas une flèche, ce Lubin. Ça vaut le coup d'essayer. (B. Constantine, *Allumer le chat*, 2007, p. 118)

## fleuve

**ne pas être un long fleuve tranquille**, loc. verb. "ne pas aller sans difficultés (en parlant d'un parcours, d'un processus)". L'expression s'est diffusée à partir du titre *La vie est un long fleuve tranquille,* film de F. Quentin et É. Chatiliez (1988).

1. Le président du groupe communiste à l'Assemblée nationale juge que le retour annoncé de la droite au pouvoir ne serait pas un long fleuve tranquille. (*Les Echos*, 11 février 1993)

2. Croche-pied en Béarn, valse des étiquettes prévisible au Pays basque… les élections n'ont rien d'un long fleuve tranquille. (*Sud Ouest*, éd. Béarn, 23 mars 2004)

3. […] devenir instituteur n'a pas été un long fleuve tranquille […]. Des années difficiles mais qu'aujourd'hui, Vincent ne regrette pas du tout. (*Le Télégramme*, 27 août 2006)

## flip

□ **coup de flip**, loc. nom. "sentiment d'angoisse, d'anxiété ; moment de dépression, de cafard". Si *flip* "déprime" est bien attesté, il est particulièrement fréquent dans cette locution. ~ □ **coup de calgon** (v. *calcaire*) ; **coup de blues*** ; □ **coup de grisou*** ; □ **coup de mou**.

1. Médecin, entré en médecine « sur un coup de flip » selon ses dires, après tout de même une hypokhâgne et une khâgne au lycée parisien de Condorcet […]. (J. Le Bohec, *L'Implication des journalistes dans le phénomène Le Pen*, 2004, p. 94, GRL)

2. Quelques semaines après son arrivée, il y a dix ans, elle a eu un coup de flip, et elle a été jusqu'à acheter le billet d'avion de retour. Il a réussi à la retenir. (B. Constantine, *Allumer le chat*, 2007, p. 187)

3. […] je suis issu d'une famille anxieuse qui, inconsciemment, me communique son stress. […] Il y a 1 mois de cela, suite à une intervention chirurgicale bénigne, je me suis fait un coup de flip énorme avec crise de spasmophilie en pleine nuit. (Message, 7 mai 2007, <forum.doctissimo.fr/psychologie/stress-anxiete-angoisse/>)

## foin

□ **avoir le foin qui sort** (ou verbe du même paradigme) **de la charrette**, loc. verb. "avoir les poils du pubis qui dépassent du maillot, du slip, du string". Par référence à l'image, aujourd'hui en voie d'obsolescence dans le paysage français, du foin qui dépasse d'une charrette mal peignée. ~ □ **avoir le persil* qui dépasse du cabas**

1. […] j'ai pris rendez-vous chez l'esthéticienne pour les poils du maillot. Comme dit un de mes amis, j'avais « le foin qui sortait de la charrette ». L'expression n'est pas très jolie mais elle est imagée. (C. Krug, *Demain matin si tout va bien*, 2006 [2004], p. 22)

2. […] remédier dans les plus brefs délais à un léger problème de maillot pour l'été à venir […] « le foin déborde de la charrette » ce qui, vous en conviendrez, est particulièrement charmant… (Message, 27 décembre 2006, <philoo.blogspot.com/>)

3. Daniel, tu pourrais épiler le maillot, t'as le foin qui dépasse de la charrette… (« Album photos de pêche », <www.pecheaveyron.com/>, consulté le 4 janvier 2007)

## foire

**foire à tout**, loc. nom. "manifestation commerciale, souvent organisée par une municipalité, lors de laquelle des particuliers vendent des objets dont ils veulent se défaire". S'inscrit, avec une valeur de pseudo-hyperonyme, dans le paradigme *foire à* + subst. déterminé. Si le berceau de la locution (et son lieu d'élection) semble la Haute-Normandie et l'ouest de la région parisienne (voir les exemples 1, 2 et 7), elle semble avoir essaimé dans le reste de l'Hexagone.

1. Le splendide parc [...] permet d'organiser différentes manifestations : kermesse communales [*sic*], feu d'artifice traditionnel de notre Fête nationale du 14 juillet, des foires à tout... (A. Poulin, *Montville, son histoire*, 1988, p. 193, GRL )

2. – [...] Ce manuscrit [...] fut ensuite vendu lors d'une foire à tout à Cany-Barville [Seine-Maritime], avec une caisse de vieux livres. (M. Bussi, *Code Lupin*, 2006, p. 27, GRL)

3. Les bénévoles de la Ligue nationale contre le cancer organisent [...] une foire à tout à la Maison des syndicats [de Bergerac] au profit des malades. (*Sud Ouest*, Dordogne, 5 novembre 2007, p. 12)

4. Foire à tout [à Saint-Claude], organisée par le Secours catholique [...]. (*Le Progrès*, Jura, 17 novembre, 2007, p. 32)

— En lien synonymique avec *brocante* et *vide-grenier(s)*.

5. Foires à la brocante, foires à tout, bourses ou vide-greniers se multiplient sur tout le territoire, pour atteindre 5 000 manifestations en 1994 contre 3 800 en 1990. (*L'Express*, 28 novembre 1996, p. 84)

6. Toutes les brocantes n'offrent pas un égal intérêt. Ainsi, les innombrables vide-greniers, qui permettent aux particuliers de se défaire d'une foule d'objets (jouets en plastique, vieux bouquins, vêtements usagés, etc.), s'épuisent inéluctablement au fur et à mesure de leur prolifération. Reste [...] l'espoir, toujours vivace, de dénicher un trésor [...]. A condition bien sûr de se lever de bon matin, comme le font du reste nombre de marchands, visiteurs assidus de ces foires à tout. (*Le Monde*, 28 juin 2004, p. 2)

7. L'œuvre [*Mythologies*, de Roland Barthes] était d'abord politique, elle finit par ressembler, avec le temps, à un merveilleux bric-à-brac, un étonnant vide-greniers, un magasin d'enfance, une foire à tout – ainsi qu'on appelle, en Normandie, ces improbables et modestes brocantes où les électrophones à piles côtoient les autos miniatures [...]. (J. Garcin, préface à *Nouvelles Mythologies*, 2007, p. 9)

## fois

**c'est fois deux/trois**, etc., loc. phrast. "c'est deux, trois fois plus". Formulation reprise à l'enseignement de l'arithmétique ; littéralement "c'est multiplié par deux, par trois, etc.".

1. Difficile de mesurer avec précision la fréquentation des différents sites [du marché de Noël à Metz] et les retombées économiques induites. Selon les activités « c'est fois deux, voire fois trois pour le chiffre d'affaires », explique Yves Stenger, président de l'Association des commerçants de la place Saint-Louis et environ[s]. (*Vivre à Metz Magazine*, n° 290, 2003, p. 3-4, <www.mairie-metz.fr/>)

2. Si tu vas dans un petit resto, tu peux super bien manger pour pas cher. Maintenant tu fais le même repas mais au Ritz ou un 6 [*sic*] étoiles, eh bien le prix c'est fois dix au moins, pourtant t'as la même chose. (Message, 6 novembre 2004, <www.noyaucentral.net/>)

3. Il ne comprend pas que la ville ait perdu son casino, et avec lui 50 % du budget municipal. Pourquoi seulement 250 morts ont été annoncés. « C'est fois deux, fois cinq ! » (Un maire de Louisiane après le passage du cyclone Katrina, dans *Libération*, 23 septembre 2005, p. 4)

## fomec

□ **faire fomec**, loc. verb. "être invisible". De FOMEC (fond *ou* forme, ombre, mouvement, éclairage, couleur), formule mnémotechnique militaire de camouflage.

1. Ambiance au marché [...] samedi dernier, haut lieu de contact entre la population [de Goussainville] et les prétendants à la mairie [...]... A noter que Cécile Madura, conseillère régionale [...], a fait fomec : absente du marché, samedi comme il y a 15 jours. (*RoissyMail*, n° 148, 12 juin 2006, <www.roissymail.com/>)

□ **tenue fomec**, loc. nom. "tenue par laquelle on pense passer inaperçu". ~ **couleur de muraille**.

2. J'ai beau avoir adopté la tenue « fomec » (sacoches usées, sweat-shirt de récupération, boue artistiquement plaquée), mon vélo chargé [...] dénote en rapport au clou local. Il dénote surtout avec les innombrables carrioles, aux chevaux indolents, chargés de toute la production agricole du pays. (Fred Ferchaux, « Tous les chemins mènent en Roumanie », 1993, <fred.ferchaux.free.fr/>)

## fonte

**lever (/soulever) de la fonte**, loc. verb. "faire des exercices physiques pour développer sa musculation". Par extension du sens premier "pratiquer l'haltérophilie", la *fonte* désignant les poids et haltères ; *lever la fonte* est attesté en ce sens en 1932 (« On lève la fonte avec entrain », *L'Auto*, 13 janvier 1932, dans Petiot 1982).

1. Au moindre effort, voilà que des masses de chair au repos se bandaient, changeaient de place et allaient justement se nouer où il ne fallait pas, faisant exploser les coutures et craquer le tissu. / A force de manger et de soulever de la fonte, il était devenu tellement beau, Max, que dans la vie courante c'en était presque une infirmité. (J. Alisier, *L'Ardoise*, 1986, p. 23, GRL)

2. Les marins ne sont pas toujours rigoureux en matière de préparation physique. Loïck Peyron avouait que lever de la fonte n'a jamais été sa tasse de thé. (*Le Télégramme*, 24 octobre 2006, p. 36)

V. encore *bronzage*, ex. 1.

## force

**en force**, loc. adv. Pour indiquer la prédominance ou l'excellence d'une personne ou d'un groupe de personnes. Par ellipse de locutions verbales du type

**arriver/être/passer/revenir en force** ou nominales comme **passage/retour en force**.

1. Médecine : les filles en force ! / Ce n'est pas la première fois que les filles tirent leur épingle du jeu en matière de réussite scolaire ; aujourd'hui c'est en médecine qu'elles se distinguent. (Titre et sous-titre, <www.etnoka.fr/>, consulté le 3 novembre 2006)

2. « Les jeunes en force » se mobilisant pour la 3e année consécutive, demain [pour le téléthon]. (*Le Télégramme*, 1er décembre 2006)

## four

■ **avoir une brioche au four**, loc. verb. "être enceinte". Métaphore du vocabulaire de la boulangerie-pâtisserie, fournisseur de quelques autres images anatomiques ou érotiques comme *baba, miches, mille-feuilles, avoir le petit pain* ou *tremper son biscuit*.

1. [...] ils se précipitent sur la première starlette venue [...]. C'est comme ça que maman a eu une brioche au four, moi en l'occurrence ! (J. Mogane, *Une étrangère au paradis*, 1979, p. 39, GRL)

2. – [...] Ah. Je dois vous confier quelque chose. (Ça y est, se dit Zek, Poely a une brioche au four.) Je crois qu'elle va rester là-bas, à Baltimore. (A. Schifres, *Les Yeux ronds*, 1988, p. 298)

— EN CONSTRUCTION IMPERSONNELLE.

3. D'ailleurs, j'ai découvert cette « tradition » [d'offrir des dragées lors d'un mariage] sur le forum car chez moi, cela ne se fait pas du tout. S'il y avait eu des sachets de dragées à mon mariage, je crois que les gens se seraient même limite demandé s'il n'y avait pas « une brioche au four » comme on dit. (Message, <www.aufeminin.com/>, consulté le 30 août 2004)

4. Mon épouse m'a annoncé une bonne nouvelle ce jour : il y a peut-être une brioche au four... (Message, 27 novembre 2005, <docteurvincent.blogspot.com/>)

## fourmilière

**coup de pied dans la fourmilière**, loc. nom. "prise de position novatrice ou action soudaine, qui dérange la routine d'un groupe". Une forme proche est attestée en 1864 (« [...] j'allais donner du pied dans la fourmilière de ceux qui, ne faisant pas, nuisent, par naturelle prédestination, à qui veut faire », F. Nadar, *À terre & en l'air. Mémoires du « Géant »*, Paris, E. Dentu, p. 108, GRL).

1. Quel coup de pied dans la fourmilière ! On arrête des Européens « au-dessus de tout soupçon », un ou deux curés ; une filière conduit jusque dans l'entourage du maire d'Alger. (H. Le Mire, *Histoire des parachutistes français*, 1980, p. 310, GRL)

2. La police pense donc avoir donné un « sérieux coup de pied dans la fourmilière » d'un « très important » trafic de drogue international [...]. (*AFP Général*, 8 novembre 2002)

3. Il faut dire que, n'en déplaise aux jusqu'au-boutistes du système actuel, elle [la recherche française] avait bien besoin d'un coup de pied dans la fourmilière. (*Le Figaro*, 20 mars 2007, p. 14)

## fourneau

**aller (/être…) aux fourneaux**, loc. verb. "s'attacher concrètement à un travail particulièrement accaparant". Métaphore du vocabulaire de la restauration. ~ **aller au charbon ; être à la manœuvre**.

1. Raffarin, lui, est aux fourneaux. La première réforme mal engagée, c'est lui qui la prendra dans la gueule. (*Le Nouvel Observateur*, 11 juillet 2002, p. 39)

2. L'action, c'est elle qui incite Jacques Chirac à quitter les cimes pour revenir aux fourneaux. (*L'Est républicain*, cité par *AFP Général*, 4 janvier 2003)

## foutage

□ **foutage de gueule**, loc. nom. "moquerie ; duperie ; supercherie". Dérivé de □ *se foutre de la gueule de qqn* "se moquer de lui". *Y a du foutage de gueule dans l'air* est le titre d'un film de Djamel Bensalah (1996).

1. […] il répond, dubitatif et hésitant, par des hum-hum et des heu-heu d'encouragement, esquissant un rire rengorgé, allant du foutage de gueule au réel embarras […]. (*Sud Ouest*, Gironde, 17 mai 2000)

2. […] si l'on considère que globalement, ma présentation correspondait aux exigences du concours, que les compétences et les savoirs affichés n'étaient pas nuls, et que, ma foi, tout cela faisait un cours honorable, on ne peut que prendre cette note pour du foutage de gueule (j'ai cherché une façon policée de le dire, mais je n'ai pas trouvé…). (J. Latreille, *Mon professeur bien hai… mé*, 2001, p. 147, GRL)

3. en prépa c'était mais horrible un foutage de gueule jamais vu ça (CLAPI, corpus « Conversations à table entre étudiantes », 2005-2006)

4. – Quelle est votre réaction après l'accord de la nuit dernière ?
– Le foutage de gueule atteint un niveau inégalé […]. Au total, entre le 1^er^ janvier 2005 et la fin 2006, la consultation du généraliste sera passée de 20 à 21 euros, tandis que le spécialiste a vu son tarif faire des bonds, de 23 à 28 euros. C'est vraiment la politique du deux poids, deux mesures. (*Libération*, 3 mars 2006)

V. encore *vent*, ex. 4.

## foutre

□ **je t'en fous**, loc. phrast., loc. interj. Pour présenter un fait comme contraire à ce qui était attendu. Attesté *ca* 1740 (« MONSIEUR GRIPIGNI. Qu'elle est douce ! De par tous les diables ! madame Amboisel, pas un bougre n'en tâtera : je veux l'entretenir. MADAME AMBOISEL. Je t'en fous ! ce n'est pas là mon compte », Grandval, « L'Appareilleuse », dans *Le Théâtre gaillard revu et augmenté*, t. 1, 1865, s.l., p. 157). ~ □ **je t'en fiche*** ; □ **des queues**.

1. Lui qui avait voulu préparer Polytechnique, commis de restaurant ! Quel salaud son père ! C'était un drôle de tour qu'il lui avait joué. Il ne le lui pardonnerait jamais. L'hôtellerie, le plus beau des métiers : je t'en fous ! (R. Guérin, *L'Apprenti*, 1946, p. 16)

2. Livide à chaque nouvelle sonnerie du téléphone, on aurait dit qu'elle reconnaissait les appels de sa rivale. Et lui, ce con, il aurait pu mentir au moins, mais je t'en fous. Il prenait son air constipé et répondait par oui, non, peut-être et terminait par « je te rappellerai plus tard ». (E. Hanska, *Les Amants foudroyés*, 1984, p. 183)

3. Il a un sursaut pour se redresser. J't'en fous ! Ses semelles patinent sur le carrelage. (F. Lasaygues, *Vache noire, hannetons et autres insectes*, 1985, p. 55)

4. André prit cette Bible [...] et il lut, pour calmer sa peur. Tintin. Je t'en fous. La Bible ne tient pas la route. (R. Ehni, *Rahab et les héritiers de la gloire*, 1988, p. 154, GRL)

## frais

**coup de frais**, loc. nom.

— "fait d'éprouver une vive sensation de fraîcheur". Sur le modèle de **coup de froid**.

1. Marie-Ange se mit du savon au bois de santal en plein dans l'œil gauche, le plus faible, celui qui larmoyait toujours pour un rien, un coup de vent, un coup de frais. (R. Meunier, *Le Voyage irlandais*, 1977, p. 84, GRL)

2. Petit coup de frais en ce début de semaine. Ça se rafraîchit. Les fortes chaleurs comme ces derniers jours s'envolent [...]. (*Ouest France*, 9 août 2004)

∞ PAR MÉTAPHORE.

3. [...] il ne s'agit certes pas d'un retour à la guerre froide, mais les relations américano-russes connaissent un coup de frais. (*Le Point*, 1er mars 2007, p. 57)

— "fait de rénover, de renouveler quelque chose". Sur le modèle de **coup de jeune**.

4. Sur ce dossier justement [le musée Matisse de Nice], Paul Guerrier a « l'impression qu'on s'est engagé dans un truc fou sans que l'on puisse reculer. Franchement, on aurait pu conserver le musée tel qu'il était et lui donner un coup de frais ». (*Le Monde*, 3 février 1993, p. 15)

5. Voilà un ouvrage [*Demain la francophonie*, de Dominique Wolton] qui donne un coup de frais, un coup de jeune à la francophonie ! (*La Croix*, 16 mars 2006, p. 18)

6. La grille des programmes de la saison 2006/2007 est en ligne sur le site et à l'antenne dès le 4 septembre. [...] Toutes les émissions ont pris un coup de frais, alors attendez-vous à beaucoup de changement pour la rentrée de votre webradio. (*Frequence3*, 4 septembre 2006, <www.frequence3.fr/>)

∞ "brin de toilette".

7. Nombreux sont aussi les adeptes du « au cas où ». Ces précautionneux accumulent, dans leur tiroir, une foule d'objets hétéroclites censés les prémunir contre toutes les petites « catastrophes » de la vie quotidienne : aspirine pour les maux de tête, vitamines pour les « coups de pompe », rasoirs, peignes et brosses à dents pour les coups de frais, tournevis pour les coups de main, trousse à couture pour les accrocs, collants de rechange pour les « échelles ». (*Le Monde*, 5 janvier 1994, p. 2)

## France

**marche en France**, loc. phrast., loc. interj. Réaction d'une personne à une autre qui lui marche sur le(s) pied(s) par mégarde. Vieilli. ~ **mes pieds (ne) sont pas des boulevards**.

1. Or le quartier auquel je pense,
Est le plus banal des quartiers.

On y sait dire : « Marche en France ! »
Quand on vous monte sur les pieds. (F. Carco, *Ombres vivantes*, 1948, p. 185, GRL)

2. « *Marche en France !* » (Le jour où le type dont j'écrasais le pied m'a dit ça, j'étais tellement ravi de la beauté de la chose que j'oubliai de descendre du pied.) (Cavanna, *L'Œil du lapin*, 1989 [1987], p. 347)

**pauvre France, à qui donnes-tu tes bons de tabac**, loc. phrast. Pour déplorer la façon dont la société française évolue et, par extension, pour déplorer une situation quelconque. Vieillissante, la locution est souvent plus ludique qu'acrimonieuse.

3. Il [Pétain] lance presque autant de gros mots que son collègue de l'Institut, Paul Valéry, et il aime répéter de vieux slogans de garnison : « Pauvre France, à qui donnes-tu tes bons de tabac ! » ou bien « Vous connaissez le règlement : Faites votre punition d'abord, vous réclamerez ensuite ». (J. Galtier-Boissière, *Tradition de la trahison chez les maréchaux*..., 1945, p. 87, GRL)

4. Bourgeoisie socialisante qui se permet de juger avec impudence le phénomène d'abandon de la responsabilité parentale, du haut de leur [*sic*] loft dans le 16e ou de leur villa à Saint-Tropez. « Pauvre France à qui donnes-tu tes bons de tabac ». (Message, 16 février 2001, <echo.levillage.org/>)

5. [...] j'ai de la haine pour un certain nombre de choses comme la méchanceté, l'hypocrisie mais alors la « connerie pudibonde »... Je vais dire comme l'arrière-arrière-arrière grand-mère de mon père : « Pauvre France ! à qui donnes-tu tes bons de tabac ! » (Le Blog de Denisp, 21 février 2007, <fr.blog.360.yahoo.com/>)

**travailler pour la France**, loc. verb. "faire des enfants". Reprise, le plus souvent plaisante ou ironique, d'un slogan nataliste (voir l'exemple 8).

6. Et c'est reparti, les pilules à la poubelle, bonjour capote pendant quelque temps et ensuite, on travaille pour la France, nos retraites et le reste ! (J. Van der Elst, *Souvenirs*, 2002, p. 221, GRL)

7. Chez moi, dans la famille, on n'a pas trop travaillé pour la France, déjà tous divorcés pour mes deux frères et moi, à part ma sœur, et on n'a tous fait qu'un seul enfant... (Message, 30 octobre 2003, <forum.doctissimo.fr/grossesse-bebe/fertilite-infertilite/>)

8. La guerre [de 1914-1918] ne fit évidemment qu'assombrir [...] la perspective : les dirigeants se mirent à répéter sur tous les tons que « la grossesse est le service national des femmes ». Pour encourager les naissances, les autorités françaises mirent en circulation des cartes postales exhortant les soldats en permission à « œuvrer à la repopulation » et demandant aux jeunes femmes de « travailler pour la France ». (M. Mazower, *Le Continent des ténèbres. Une histoire de l'Europe au XXe siècle*, trad. par R. Bouyssou, Paris/Bruxelles, Institut d'histoire du temps présent/Complexe, 2005, p. 92)

— **repeupler la France**, loc. verb. "faire des enfants ; *par extension* faire l'amour". Sans doute avec jeu de mots sur *France*, prénom féminin, dans l'exemple 10.

9. Dans le grand parc de la Feydelie où se rassemblait la kermesse, sous les branches basses de mes cèdres et dans l'épaisseur des taillis de châtaigniers, les gars et les filles, de tous âges et conditions, s'accouplaient en soufflant ; ils besognaient à repeupler la France. (M. Blancpain, *La Saga des amants séparés*, 1969, p. 279, GRL)

10. Pi, j'ai voulu r'peupler la France
Même que la France était pas d'acc
Je m'suis endormi sans résistance
Comme un sac. (Renaud, « Pochtron ! », 1983, dans *Mistral gagnant*, 1986, p. 138)

11. – Je suis jeune maman d'un petit Anthony de 2 mois.
– Bon allez, plus que deux et tu auras bien travaillé pour la France. (Messages, 6 février 2007, <www.serieslive.com/>)

12. Changer de galipettes ne se décide pas comme ça d'un coup, ni ne s'improvise, genre : « Jean-Bernard, j'aimerais beaucoup qu'à partir de maintenant, on s'entraîne à repeupler la France sur un mode rodéo. » (*Pour Elles*, <pourelles.orange.fr/>, consulté le 21 novembre 2007)

## frelon

□ **avoir/mettre des frelons dans la culotte**, loc. verb. "être sexuellement excité ; aiguiser l'appétit sexuel". La première locution est peut-être une réminiscence de J. Steinbeck (« *Curley's got yella-jackets in his drawers* », voir l'exemple 1, où d'ailleurs « dans la culotte » fournirait une meilleure traduction). ~ **ça le/la démange**.

1. – J'vois ce que tu veux dire. [...] Curley a, comme qui dirait, un nid de frelons dans ses culottes [...]. Chaque fois qu'il y a un gars ici, elle s'amène. [...] A ce qu'on dirait, elle n'peut pas s'éloigner des hommes. (J. Steinbeck, *Des souris et des hommes*, trad. de M. E. Coindreau, 1949, dans *En un combat douteux..., Des Souris et des hommes, Les Raisins de la colère*, 1989, p. 362, GRL)

2. [...] le Viagra, ça vous met des frelons dans la culotte... (Message, 28 janvier 2008, <www.skipass.com/>)

**nid de frelons**, loc. nom. "groupe de personnes malveillantes, dangereuses ou très difficiles, créant une situation critique à laquelle il est n'est pas aisé de faire face". Par métaphore. Attesté en 1896 (« Pope avait troublé là un nid de frelons ; et cette partie de son œuvre lui valut de nombreuses et violentes attaques », *Revue des cours et conférences*, Paris, Boivin, t. 1, p. 377, GRL). Cf. l'anglais *the hornets' nest*. *Nid de frelons* est le titre français d'un roman policier de M. Avallone (1969), dont le titre anglais est *The Horrible Man* (1967). ~ **guêpier**.

3. Quand le commandant Frèrejean retourna, l'année suivante, en Mauritanie [...], il ne dirigea plus d'expédition à grand rayon, mais de simples tournées de police. On lui refusa même le plaisir de détruire « le nid de frelons », Ould Aïda [...] et son entourage de bandits [...]. (G. Vuillemin, « Un pionnier de la Mauritanie : le commandant Frèrejean », dans *Revue d'histoire des colonies*, t. 36, 1949, p. 20, GRL)

4. Quant à la Ligue arabe, c'est un nid de frelons au sein duquel toutes les tendances ne font que s'entre-déchirer [...]. (Y. Courrière, *Les Fils de la Toussaint*, 1973, p. 102, GRL)

5. – Quels conseils donnez-vous à votre successeur [...] ?
– [...] Il a déjà tout compris de la complexité de ce groupe de presse. Il saura sans conteste évoluer dans ce nid de frelons. (A. Minc, dans *Le Figaro*, 12 février 2008, p. 26)

## frère

**frère trois points**, loc. nom. (le plus souvent au pl.). Sobriquet du franc-maçon (les trois points disposés en triangle, symbole maçonnique par excellence, servant d'abréviation, notamment dans une signature). L'aspect péjoratif de la locution semble quelque peu estompé de nos jours (malgré l'exemple 2). Attesté dans Bruant 1901.

1. On notera pour la petite histoire de la Justice que le Premier Président […] était le frère du Président du Conseil : le « frère trois points » Camille Chautemps. (H. Charbonneau, *Les Mémoires de Porthos*, 1967, p. 92, GRL)

2. Les circulaires du Grand Orient de la fin du XIX^e siècle en vinrent à de tels abus [dans l'usage des abrégés triponctués] que les anti-maçons surnommèrent leurs adversaires les « Frères trois points », expression demeurée en usage dans un sens péjoratif. (A. Mellor, *La Vie quotidienne de la Franc-maçonnerie française du* XVIII^e *siècle à nos jours*, Paris, Hachette, 1973, p. 75)

3. – […] Ah, nous sommes tous frères, mais frères trois points. Maçons, tous ! (A. de Saint-André, *L'Ange et le réservoir de liquide à freins*, 1994, p. 290)

4. Pour mémoire, en 1911, on comptait [à Nantes] 19 « frères trois points » parmi les 36 conseillers municipaux de l'époque. (*L'Express*, 14 novembre 2002, p. 5)

5. – Entre les lignes, le journaliste semble invoquer une hypothétique piste [criminelle] chez les frères trois points… (M. Embareck, *Le Futon de Malte*, 2007, p. 74)

## frime

□ **taper la frime**, loc. verb. "se comporter avec ostentation ; crâner". ~ **faire de l'épate ; en mettre plein la vue**.

1. On s'tapait la frime avec nos costumes mauves,
Le rythm'n blues c'était pas d'la guimauve.
Le rythm'n blues, le rythm'n blues
Les belles gonzesses qui nous suivaient partout,
Toutes ces belles gonzesses elles étaient folles de nous,
Du rythm'n blues (*Le Rythm'n blues*, chanson de Michel Jonasz, 2002)

2. C'était pas le genre à taper la frime avec son mobilier. J'avais vu que l'entrée de la cuisine et le salon mais je suppose que le reste était du même tonneau. (N. Aurousseau, *Bleu de chauffe*, 2007 [2005], p. 94)

3. Je fais attention à ce que je dis, à la façon dont je le dis, aux mots que j'emploie par peur de ne pas être comprise ou de sembler « taper la frime »… (Blog, 23 janvier 2006, <egoornot.canalblog.com/>)

## froid

**coup de froid**, loc. nom. "baisse soudaine et sensible de l'activité d'un secteur économique ou de la bonne qualité de relations humaines". Métaphore de *coup de froid* "abaissement brutal de la température ; impression qu'il produit", à comparer avec les emplois figurés de *gel, refroidissement*.

1. […] un sérieux coup de froid pour l'antenne [RTL], avec une chute d'audience brutale sanctionnée à la fin de l'année par la démission de son directeur […]. (*La Croix*, 6 février 2000, p. 14)

2. [...] la mort de l'agent [secret] italien a, en tout cas, provoqué un coup de froid entre Rome et Washington. (*Le Point*, 10 mars 2005)

3. Il n'y a pas qu'aux Etats-Unis que les dépenses de construction, et tout particulièrement de construction résidentielle, enregistrent un « coup de froid ». En France, plusieurs indicateurs laissent aussi présager une décélération brutale. (*Le Monde*, 17 novembre 2006, p. 13)

— DANS UN CONTEXTE MÉTAPHORIQUE.

4. Coup de froid ou simple rhume ? Le marché financier a en tout cas connu son premier véritable repli depuis la rentrée [...]. (*Les Echos*, 15 octobre 1996, p. 21)

## fromage

□ **avoir du fromage (blanc/mou) dans la tête** (et variantes), loc. verb. "être inconsistant, irréfléchi, sans suite dans les idées". Le mot *fromage (mou)* est ici choisi en raison de la consistance molle du produit qu'il désigne. Attesté en 1914 (« le fromage blanc que j'ai dans la cervelle », *Lettre*, dans L. Sainéan, *L'Argot des tranchées*, Paris, Manucius, 2006 [1915], p. 77). ~ □ **avoir du mou de veau dans la tête** ; □ **avoir de la pâte à modeler dans la tête** ; □ **avoir du yaourt* dans la tête** ; ■ **chier* (qqc) dans la tête à qqn.**

1. – [...] il faut dire que c'est pas de la cervelle qu'il a dans le crâne, mais du fromage blanc... (P. Paoli, *Bal à Bâle*, 1962, p. 98)

2. FRANK. [...] Mais, bon sang, Tikides, t'as du fromage mou dans la tête... (A. Corneau, « Série noire », dans *L'Avant-scène cinéma*, 1979, p. 39)

3. J'aperçus alors, dans un coin de la chambre, des tapis de prière roulés. Je les défis. À l'intérieur, d'autres tracts. Une centaine. Le titre de ceux-là était en arabe. Le texte, en français, était bref : « Montrez que vous n'avez pas un morceau de fromage à la place du cerveau ! Lancez une pierre, amorcez une bombe, déposez une mine, détournez un avion ! » Ce n'était pas signé, bien sûr. (J.-C. Izzo, *Chourmo,* 1996, p. 195)

4. Les Européens d'aujourd'hui avaient du fromage blanc dans le ciboulot [...]. (G. Matzneff, *Voici venir le Fiancé*, 2006, p. 28)

5. [...] une sorte de lycéen semi-cultivé avec du fromage blanc tout mou dans la tête. (Message, 25 octobre 2006, <lapinos.hautetfort.com/>)

6. Vous n'auriez pas un petit fromage dans la tête pour écrire des âneries pareilles ! (Message, 13 mars 2007, <www.lavoixdunord.fr/forum/>)

□ **les fromages qui puent**, loc. nom. "les Français (perçus par certains étrangers, notamment par les Anglo-saxons)". Formule empruntée au personnage Sylvestre de la World Company dans « les Guignols de l'Info » sur Canal+.

7. [...] je suis sur Montréal, et l'horloge indique 6 h de moins qu'à Paris, donc là, il est près de 18 h chez moi et ça doit pas être loin de minuit chez « les fromages qui puent ». (Message, 19 novembre 2005, <www.repaire.net/>)

8. Originalement conçu comme un guide de survie à l'usage de Britanniques perdus chez les fromages qui puent, « God save la France » rencontra un énorme succès, né du bouche à oreille. [...] ce best-seller reflète parfaitement le fossé séparant les froggies des rosbifs. (Critique littéraire, 21 septembre 2006, <classeoucrasse.over-blog.com/>)

## fumer

**fumer comme une cheminée (d'usine)**, loc. verb. "fumer beaucoup (la cigarette, la pipe)". Par analogie avec l'abondante fumée d'une cheminée d'usine. Attesté en 1880 (« [...] le gros homme, tout en fumant comme une cheminée de fabrique », G. de Maupassant, *Contes et Nouvelles*, t. 1, p. 303, FT). ~ **fumer comme un pompier/un sapeur**.

1. – C'est un truc bourgeois de s'arrêter de fumer, de veiller à sa santé comme à ses économies.
– Et fumer comme une cheminée, ça ne sert qu'à rapporter beaucoup de fric à l'État [...] ! (Demouzon, *Section rouge de l'espoir*, 1983 [1979], p. 19)

2. Elle râlait tout le temps à cause de la manie qu'il avait de fumer la pipe comme une cheminée parce que l'odeur lui empoisonnait la baraque. (F. Seguin, *L'Arme à gauche*, 1990, p. 82)

3. Elle fume comme une cheminée, tire sur des joints, couche un peu [...]. (*Libération*, 25 novembre 2004, p. 40)

V. encore *doigt*, ex. 7.

**fumer comme une locomotive**, loc. verb. "id.". Par comparaison avec les locomotives à vapeur d'antan. Vieillissant. Une comparaison similaire est attestée dès 1840 (« Rollinat fume comme un gros bateau à vapeur et moi comme un gros poêle », G. Sand, *Correspondance*, lettre à Maurice Dudevant, p. 125, FT) ; en 1871 (« Le Colonel était assis devant un bureau couvert de papiers, et fumait comme une locomotive », F. W. Hackländer, *La Vie militaire en Prusse*, trad. par le capitaine Léon Le Maître, t. 1, Paris, Hachette, p. 11) ; en 1890 (« [...] nous nous arrangeons de façon à ne pas crever de faim ; nous buvons un petit coup de temps en temps et nous fumons comme des locomotives. Réellement, pour des forçats, nous ne sommes pas mal », G. Darien, *Biribi. Discipline militaire*, Paris, Albert Savine, p. 228) ; en 1936 (« J'ai fumé de l'eucalyptus / Et je m'en vais à la dérive / Fumant comme une locomotive / Avec aux lèvres un rictus », *Le Tango stupéfiant*, chanson de H. Cor et P. Olive). ~ **fumer comme un pompier/un sapeur**.

4. [...] j'ai un ami qui se promène dans l'opium comme un poisson dans l'eau. Il y entre, il y reste six mois à fumer comme une locomotive et il en sort du jour au lendemain sans le moindre malaise. (R. Desnos, *Le vin est tiré*, 1943, p. 21, FT)

— EN CONSTRUCTION LIBRE.

5. Vous l'aimez, vous, le ministre de la santé [Michèle Barzach] ? Moi, oui, encore assez. Elle est jolie à croquer. Elle a de la jugeote et du doigté. Et franchement elle est pas trop casse-pieds. Grâce à Dieu, ma santé, elle s'en fout ! Ce qui l'inquiète, c'est celle de son Jacquot. Paraît qu'elle lui a interdit de fumer en public. Mauvais pour son image. Locomotive, oui. A vapeur, non. Ça le met d'une humeur, je vous raconte pas ! (C. Sarraute, dans *Le Monde*, 20 janvier 1988, p. 46)

## fun

□ **pour le fun**, loc. adv. "pour le plaisir, pour s'amuser". *Fun* est un emprunt à l'anglo-américain.

1. M. Bernard Frimat. – [...] l'élu qui se trouvera en situation d'incompatibilité ne devra plus renoncer obligatoirement à l'un de ses mandats les plus anciens. Or c'était un gage de sincérité et de clarté à l'égard des électeurs. L'élu pourra se présenter devant le suffrage universel, solliciter la confiance des électeurs uniquement pour le *fun*. Puisque nous parlons le langage des jeunes à défaut d'adopter des amendements visant à favoriser leur arrivée. (Sénat, *Compte rendu intégral des débats*, séance du 12 juin 2003)

2. Loufiat de cocktails offre [...] un poste d'observation privilégié, et j'ai un copain qui pratique ce sport de temps en temps, juste pour le fun. (M.-A. Guillaume, *L'Odeur de l'homme*, 2006 [2005], p. 181)

3. Il [un restaurateur] extrait lui-même son huile de pistache ou s'amuse à la cuisine à l'azote et au chlorure de sodium, pour le fun. (*Midi libre*, Uzège/Lunel, 29 décembre 2006)

V. encore *lune*, ex. 7.

## fusible

□ **péter les fusibles**, loc. verb. "perdre tout contrôle de soi-même ; ne plus savoir ce qu'on fait, où on en est". Image du court-circuit dans une installation électrique. ~ □ **avoir les fils* qui se touchent** ; □ **disjoncter** ; □ **fondre un plomb/les plombs*** ; □ **péter les plombs*/un plomb*** ; □ **péter un câble*** ; □ **monter dans les tours***.

1. A Bordeaux, le 16 juillet [1942], Antoinette et Henry, leurs parents, ont été raflés, puis, le 18, déportés vers Drancy et, le 19, envoyés à Auschwitz. « Là, excusez-moi le terme, j'ai pété les fusibles. Les larmes coulaient. Je me suis mis à taper contre les murs. C'est ça la violence historique qui peut atteindre un homme et le marquer à jamais. » (*Le Monde*, 20 décembre 1997, p. 11 ; compte rendu du procès Papon)

2. J'pète les fusibles j'rap' à la chaîne en gros j'rap' à l'usine. (*Suzy*, chanson de Diam's, 2003)

3. Je connais nombre de scientifiques brillants qui sont devenus paranos dans la recherche industrielle ; certains ont même pété les fusibles à force de travailler pour des dirigeants incompétents [...]. (G. Cannac, *Le Schisme*, 2004, p. 77, GRL)

4. Cela [une pièce de théâtre] démarre comme un classique du répertoire avec des tirades en vers, jusqu'à ce que tout dérape et qu'un comédien confonde « irascible » avec « péter les fusibles ». (*Ouest France*, 20 octobre 2006)

□ **péter un fusible**, loc. verb. "id.". ~ □ **fondre un plomb*** ; □ **être (complètement) à la masse*** ; □ **péter un plomb*** ; □ **péter un câble*** ; □ **péter une durit(e)*** ; □ **avoir les fils* qui se touchent** ; □ **monter dans les tours***.

5. En 1980, dans le métro parisien, je remarquais un homme assis en face de moi qui lisait un livre au titre étonnant : « Ils n'étaient pas seuls sur la lune » de George Leonard (Éditions Belfond « Initiation et connaissance »). [...] J'ai cru que l'auteur avait pété un fusible. C'est le genre de livre à offrir un premier avril [...]. (P. Lheureux, *Lumières sur la lune*, 2001, p. 136, GRL)

6. Joé Seeten [...] avait manifestement une [...] autre vision de la trajectoire empruntée par le jeune Anglais [dans le Vendée Globe], demandant au PC Presse si ce dernier « n'avait pas pété un fusible ». (*News Press*, 23 novembre 2004)

— LOC. NOM. DÉRIVÉE. □ **pétage de fusible(s).** ~ □ **pétage de boulon(s)*** ; □ **pétage de plomb(s)*.**

7. Il faut beaucoup aimer Jean-Louis Debré, Rantanplan d'utilité publique. Il est admirable de transparence. Dès que l'Elysée adopte une stratégie anti-Jospin, lui aboie avec tout le zèle et l'efficacité d'un fin tacticien. [...] il s'apitoie, [...] remuant sa formule comme chien de chasse sa queue : « Il a pété les plombs*, il a pété les plombs ! » Cette métaphore électricienne qui se veut diagnostic politique et arme politicienne le ravit manifestement. Au point qu'il ne cesse d'entonner, pas seul, mais plus fort, ce chant délicieux et fort harmonieux du « pétage » de fusibles. (P. Georges, dans *Le Monde*, 16 juin 2001, p. 34)

8. Ce n'est pas l'endroit ici pour que je raconte par le menu les centaines de choses que vous ne savez pas de moi, mais qui m'ont conduit à ce grand moment de pétage de fusibles. (Blog, 16 février 2007, <lavitanuda.canalblog.com/>)

## fusil

**fusil à tirer dans les coins**, loc. nom. "arme imaginaire permettant d'atteindre les adversaires ou les objectifs les mieux dissimulés". Une variante est attestée en 1897 (« On leur commandera d'aller prendre la clef* du champ de tir chez le fourrier ; ils iront quérir la trajectoire chez l'armurier, les gants de cinq pouces chez le capitaine d'habillement, le fusil cintré pour atteindre dans les coins, la machine à visser les marques extérieures de respect, le nécessaire à dorer sur tranches le livret individuel, le truc qui transforme les sous-pieds en biftecks aux pommes », Le joyeux Monthabor, *La Vie au régiment*, Paris, Librairie illustrée, s.d., p. 58). Voir d'autres objets aussi introuvables que saugrenus s.v. *banane, clé, corde, machine, marteau* et *persil*.

1. Si on t'avait dit il y a dix ans qu'on ferait vivre un homme avec le cœur d'un autre, tu l'aurais cru ? Et le fusil à tirer dans les coins ? (H. Parmelin, *La Femme-crocodile*, 1968, p. 121, GRL)

2. « [...] Bien sûr, on ne peut empêcher les gens de faire des clubs, des associations. Mais il vaudrait mieux mettre ces efforts en commun. » Plutôt que de jouer à chacun pour soi, avec des fusils à tirer dans les coins. (*Le Monde*, 2 avril 1987, p. 8)

3. M. Jospin chasse avec un fusil à tirer dans les coins [...]. Plutôt que de répondre à ceux qui représentent la partie moderne de la gauche, il préfère s'adresser à ce qui n'est qu'un prurit électoral. Il s'est trompé de film. (N. Mamère, dans *Libération*, 3 juillet 1999, p. 14)

4. [...] le grand Alexandre [Vialatte] décrypte son monde comme on regarderait le spectacle d'un cirque en tournée. Avec tendresse et circonspection. Par la bande, avec un fusil à tirer dans les coins et un sourire aux lèvres, il traque les mirages de la science, de l'idéologie, du progrès, les idées reçues, les modes, la publicité, les fausses valeurs littéraires, le star-système. Et pense au jour où Brigitte Bardot sera vieille. Nous y sommes. (*L'Express*, 30 novembre 2000, p. 88)

5. C'est comme son nouveau slogan de campagne [d'un candidat aux élections présidentielles] : « la rupture tranquille » ! Et dire que des cerveaux d'élite ont sans doute phosphoré des semaines durant pour accoucher de ce monstre sémantique, de cet oxymoron de comptoir [...] : la rupture tranquille ! Pourquoi pas l'eau en poudre*, le cercle carré, les villes à la campagne, le nègre blanc, le fusil à tirer dans les coins ? (*Le Nouvel Observateur*, 7 décembre 2006, p. 56)

## fusion

**en fusion**, loc. adj. Pour qualifier l'ambiance surchauffée et la ferveur du public lors d'un événement sportif ou d'un spectacle. Par hyperbole.

1. Devant un public en fusion, Rossi remporte « son » Grand Prix, interrompu par la pluie au 17e tour. En tête avant la coupure, il voit Abe, Xaus et Bayliss lui passer devant à la reprise mais parvient à reprendre la main à deux tours de la fin. (*L'Équipe*, 6 septembre 2004, p. 19)

2. Une salle en fusion remplie par plus de 2 500 personnes. Pour suivre un match de basket-ball de toute beauté. Non, la scène ne se déroule pas à La Rochelle, mais à Poitiers, la ville « du sport qui gagne » [...]. (*Sud Ouest*, 19 mars 2005, p. 22)

3. [...] l'ambiance à couper au couteau d'une scène chauffée à blanc à laquelle répond une fosse en fusion, poings levés lors de pogos ["mouvements de danse effectués sur place"] endiablés pour accompagner ces chants repris comme des hymnes [...]. (*L'Humanité*, 16 novembre 2007, p. 23)

# G

## gagnant

**gagnant-gagnant** (ou **gagnant gagnant**), loc. adj. invar., loc. nom. Pour signifier que tout le monde sort gagnant d'un compromis ou qu'une opération est favorable à tous en raison d'intérêts convergents. S'oppose à *donnant-donnant* et aux plus rares *gagnant-perdant* et *perdant-perdant*. Cf. l'anglo-américain *win-win*.

1. Nous sommes progressivement passés d'une conception de la négociation comme un jeu à somme nulle (ce que je gagne, l'autre le perd) à une vision de jeu à somme non nulle (chacun peut y gagner) ; l'on en vient lentement du « donnant-donnant » au « gagnant-gagnant ». (L. Dirn, *La Société française en tendances*, 1990, p. 173, GRL)

2. Il serait […] souhaitable d'instituer un dispositif incitatif afin que les jeunes puissent s'orienter à tout moment vers d'autres dispositifs de formation. Le mécanisme doit être perçu par les jeunes, les entreprises et les structures qui accompagnent ces derniers comme un dispositif « gagnant-gagnant ». (*Compte rendu n°* 8, Commission des Affaires culturelles, familiales et sociales, 23 juillet 2002, <www.assemblee-nationale.fr/>)

3. Suscitez un vif désir de faire ce que vous proposez. / Exemple : « touche mes castagnettes moi je touche à tes ananas » (gagnant-gagnant). (*Fanny Berrebi*, 7 mai 2006, <fannypigiste.hautetfort.com/>)

## galère

□ **en faire une galère**, loc. verb. "en faire toute une histoire". D'un sens figuré de *galère* "situation particulièrement pénible". ~ □ **en faire un beurre** ; □ **en faire (tout) un cake*** ; □ **en faire (tout) un flan*** ; **en faire un fromage** ; □ **en faire un plat** ; □ **en faire six/dix caisses** ; □ **en faire une tartine** ; □ **en faire un pataquès*** ; ■ **en chier une pendule**.

1. Non c'est vrai, deux points [dans un sondage] de plus ou de moins pour le PS, on ne va pas en faire une galère. (C. Sarraute, dans *Le Monde*, 6 février 1986, p. 32)

2. Quand j'ai voulu m'inscrire au machin de couture pour au moins voir du monde, il m'a fait une galère pas possible ; il ne veut jamais sortir… (« Mother's blues », 6 novembre 2006, <historianman.over-blog.net/>)

**être en galère (de qqc)**, loc. verb. "être dans une situation défavorable, voire de détresse ; être en manque (de quelque chose)". Même origine que le précédent.

3. […] Djamila, qui a été récemment mise à la porte de l'appartement conjugal par un mari violent […] est toujours en galère. (*La Croix*, 2 novembre 1996, p. 18)

4. […] c'est vrai que sans argent de nos jours c'est pas évident. Les soirées tournent souvent autour de plusieurs verres, d'une entrée au cinéma voire même en boîte. Tes amis le savent que tu es en galère de thunes ? (Message, 2 août 2006, <forum.doctissimo.fr/psychologie/>)

5. Quand il est en galère de quelque chose, il sait décrocher le téléphone. La fois d'avant, j'ai passé une heure au téléphone à lui expliquer comment graver un CD. Et pas une seule fois un « comment ça va ? ». (« Ah… les hommes », 10 octobre 2006, <imlovinit.canalblog.com/>)

## gamelle

□ **accrocher une gamelle à qqn** ; □ **avoir une gamelle au derrière/■ au cul**, loc. verb. "mettre quelqu'un dans une situation difficile, trouble, qui peut nuire à son image, à sa réputation, à son avenir ; supporter un handicap en raison de son passé". Variante de **accrocher une casserole**.

1. – Vous êtes bien gentil, Cadin, et en plus, vous êtes fidèle à votre réputation de fouille-merde… J'ai lu les rapports des PJ de Lille et Strasbourg à votre sujet… Vous ne m'accrocherez pas de gamelle : ici, nous sommes affligés d'un amour irraisonné pour les histoires simples. (D. Daeninckx, *Le Bourreau et son Double*, 1986, p. 67)

— VARIANTE PONCTUELLE INTENSIVE.

2. […] il était convenu que Forbani ne serait pas tenu au courant. Qu'il fallait plutôt s'en méfier. Car il n'avait pas une gamelle au cul, mais une lessiveuse. (R. Lemoine, *Profession barbouze*, 1980, p. 169, GRL)

## gant

**écraser** (/**tuer**) **une mouche** (/**un moustique**) **avec un gant de boxe** ; **prendre** (ou synonyme) **un gant de boxe pour tuer une mouche** (/**un moustique**), loc. verb. "employer des moyens disproportionnés à une situation donnée, et moins efficaces que des moyens plus modestes". Version moderne et sportive du *pavé de l'ours*. ~ **écraser une mouche avec un bazooka*** ; **écraser une mouche avec un marteau*** ; **écraser une mouche avec un marteau-pilon*** ; **prendre un marteau-pilon* pour enfoncer un clou**.

1. C'est un droit de réponse très personnel que j'exerce à l'endroit de Monsieur Le Pen […]. C'est le pied de nez d'une Française enfin libre au matamore des « Français d'abord » qui met des gants de boxe ridicules pour écraser la petite mouche que je suis. (*Playboy France*, juillet 1987, p. 130 ; interview de la première épouse de J.-M. Le Pen)

2. Le survol de Paris par des avions non identifiés – cinq ou six passages depuis fin juillet – est en passe de devenir une affaire nationale. […] L'astronaute français Patrick Baudry […] estime […] que la seule solution serait d'installer un avion-radar AWACS au-dessus de Paris. […] « Mais cela reviendrait à écraser une mouche avec un gant de boxe », a admis le spationaute. (*Le Monde*, 18 août 1988, p. 8)

3. Cheeseman détruit tout pour attraper sa proie. Mais n'est-ce pas prendre un gant de boxe pour tuer une mouche ? (Site de vidéos, <www.persomobiles.fr/>, consulté le 26 septembre 2007)

## garage

▲ **garage à bite(s)**, loc. nom. Désignation vulgaire, dégradante et machiste, de la femme. À rapprocher de l'ancien *étable à vits* (Étienne Jodelle, XVI$^{e}$ siècle, dans J.-C. Carrière, *Les Mots et la chose*, 1991, p. 45).

1. [...] il s'en est passé des drôles, à Cambrai. En septembre 2001, à l'occasion d'une perquisition, les gendarmes, surpris, étaient tombés sur une vidéothèque bien particulière mise à la disposition des employés municipaux par l'amicale du personnel : *Garage à bites, Dépravations humides, Rêves d'anus.* Les titres semblaient choisis pour fouetter la productivité dans les bureaux, ou du moins stimuler les fantasmes sur les collègues [...] belle initiative en faveur de la formation continue du personnel communal [...]. (*Le Canard enchaîné*, 27 novembre 2002, p. 5)

— DANS UNE INSULTE.

2. Ainsi [...] Wlady [...] s'en est-elle donné à cœur joie, allant jusqu'à traiter l'entreprenante Julie [...] de « garage à bites ». Et quand ledit garage lui demanda des explications, Wlady [...] osa un « écoute, j'ai un peu de distinction, moi ». (*Libération*, 23 avril 2005, p. 30 ; critique d'une série télévisée)

## garçon

**plaisanterie de garçon de bain**, loc. nom. "plaisanterie manquant de finesse et/ou d'un goût douteux". Par référence à la faible considération traditionnellement accordée aux garçons de bain. ~ **astuce vaseuse**.

1. Il y a du désordre plus que de la fantaisie, des calembours miteux et des plaisanteries de garçon de bain. (*Le Monde*, 15 juillet 1987, p. 12 ; critique d'un film)

2. Il riait haut et fort en commandant de la bière, lançait des plaisanteries de garçon de bain et s'efforçait de passer pour un matelot en bordée. (J. Failler, *On a volé la Belle Étoile !*, 1996, p. 66)

3. [...] florilège de jeux de mots, calembours, plaisanteries de garçon de bain ne dépassant pratiquement jamais le niveau de la ceinture. (*Sud Ouest*, 28 février 2001, p. 23 ; critique de l'émission de Philippe Bouvard, « Les Grosses Têtes »)

— VARIANTES. **astuce/blague/persiflage/rigolade de garçon de bain**.

4. [...] ne se permet-il [Bill Clinton] pas avec Hillary – car ses apartés avec Hillary sont, désormais, dans le domaine public – des blagues de garçon de bain ? (B.-H. Lévy, dans *Le Point*, 12 septembre 1998, p. 114)

5. Enfin, comme dans toute entreprise en crise, la nouvelle équipe de direction [de France Télécom] peut diminuer les coûts de fonctionnement : les frais de personnels, les commissions des banques d'affaires, les missions des consultants, etc. « Mais c'est une astuce de garçon de bain, reconnaît un proche du dossier, alors que l'entreprise compte 112 000 personnes au statut de fonctionnaires. » (*Le Figaro Économie*, 31 octobre 2002, p. 2)

6. « Le projet Peyrefitte était une rigolade de garçon de bain à côté de celui de M. Sarkozy [...]. » (N. Mamère, cité par *Le Monde*, 16 janvier 2003, p. 10)

7. [...] des remarques mesquines, du persiflage de garçon de bain [...]. (R. Belleret, *Sixties*, 2004, p. 187)

## gauche

**la gauche de la gauche**, loc. nom. "les groupes ou partis situés entre la gauche et l'extrême gauche, ou à l'extrême gauche, sur l'échiquier politique". Euphémisme surtout en usage dans les médias. Antonyme **la droite* de la droite**.

1. Depuis que la S.F.I.O. [Section française de l'Internationale ouvrière] est morte ils [les communistes] sont obligés de jouer tous les rôles à la fois, ils font la gauche de la gauche et sa droite, tour à tour. (S. de Beauvoir, *Les Mandarins*, 1954, p. 172, FT)

2. Quand on veut bien oublier qu'il est à la gauche de la gauche, quand on veut bien oublier un moment ses théories de fils à papa honteux de l'être sur la lutte des classes, il est très supportable. (R. Forlani, *Toujours vif et joyeux !*, 2003, p. 144)

3. La « gauche de la gauche » n'a jamais été quelque chose d'homogène [...]. Pour un électeur de la gauche de la gauche, comment s'y reconnaître parmi ces cinq candidatures ? (*Le Figaro*, 3 février 2007, p. 7)

V. encore *droite*, ex. 2.

## gaufrette

□ **pas piqué des gaufrettes**, loc. adj. "puissant, parfait, remarquable". Variante de **pas piqué des hannetons** et **pas piqué des vers**.

1. [...] elle avait la gifle facile. Je me souviens d'en avoir pris une pas piquée des gaufrettes pour avoir très fièrement dit *Bon Dieu*, un juron que j'avais dû entendre dire [...] mais dont je ne comprenais absolument pas le sens à mon âge, évidemment ! (O. Champenois, *Le Vol du canard*, 2007, p. 17, GRL)

2. Cliquez sur le drapeau français, vous aurez alors droit à une magistrale traduction automatique pas piquée des gaufrettes. Un pur délice... (« La Tribu des Zinzins », 23 juin 2007, <tribudeszinzins.blogspot.com/>)

3. Je les ai tous félicités [les joueurs de l'équipe de France de rugby], surtout mon petit chouchou Sébastien Chabal, qui nous a fait une chevauchée héroïque qui n'était pas piquée des gaufrettes. (La ministre Roselyne Bachelot, le 12 août 2007, à l'émission *Stade 2* sur France 2)

## gaulois

**nos ancêtres les Gaulois**, loc. nom. Symbole des rudiments de l'histoire enseignée à l'école primaire, souvent dénoncé pour ses relents de colonialisme lorsque cet enseignement s'adresse (ou s'adressait) à des enfants dont les racines (ou celles de leurs ascendants) sont hors de l'Hexagone. La locution est attestée, mais sans toutefois cette valeur symbolique, en 1823 (« César en est-il un moins grand général, parce que, depuis ses campagnes contre nos ancêtres les Gaulois, on a inventé la poudre à canon ? », Stendhal, *Racine et Shakspeare*, Paris, Michel Lévy, 1854, p. 17, GRL).

1. Nos ancêtres les Gaulois
Eurent tort d'être grands-papas
C'est de leur faute si on est là (B. Vian, « Faut rigoler », dans *Chansons*, 1994 [1958], p. 255)

2. En ce temps-là [au début du XX$^{e}$ siècle] [...] l'affaire Dreyfus divisait les Français et les missionnaires commençaient à peine à entretenir les petits colonisés de Madagascar de « nos ancêtres les Gaulois ». (*Sud Ouest*, La Rochelle, 31 juillet 1995)

3. En 1957, il [Henri Salvador] fabrique aussi avec Boris Vian *Faut rigoler* : « J'avais entendu aux Antilles un prof parler à sa classe de "nos ancêtres les Gaulois". Je me retourne : il n'y avait que des petits Noirs. J'ai raconté cette histoire à Boris, et voilà, il a écrit ça tout de suite. » (*Le Monde*, 2 janvier 2001, p. 9 ; v. ex. 1 ci-dessus)

4. Et puis, dès 1963, alors qu'il s'agit simplement, au départ, de réviser les manuels d'histoire et d'oublier un peu « nos ancêtres les Gaulois » qui n'ont pas encore tout à fait disparu des textes proposés aux petits écoliers algériens, la question de la langue, celle des langues, se pose. (P.-J. Rémy, « Discours de réception d'Assia Djebar à l'Académie française », dans *Le Figaro*, 23 juin 2006, p. 35)

**village gaulois**, loc. nom. Parfois péjoratif. Symbole du repli identitaire et de l'obstination. Par référence au village gaulois, incarnant la résistance à l'occupant romain, dans les aventures d'Astérix le Gaulois, série de bandes dessinées de Goscinny et Uderzo. ~ **syndrome (d') Astérix***.

5. S'il n'en reste qu'un ce sera celui-là. Le village des Billaux, aux portes de Libourne, incarne sans doute le « village gaulois », dans sa résistance réitérée aux pressions [...] des pré-études d'aménagement foncier. (*Sud Ouest*, Libourne, 21 octobre 1995)

6. Alors à quoi tient ce si précieux modèle français qui ferait de notre village gaulois un refuge aussi précieux que celui d'Ulysse, et qui serait tellement supérieur au modèle anglo-saxon ? (*Les Echos*, 2 juin 2005, p. 14)

— EMPLOI ADJ.

7. Il y a toujours un côté frondeur en France. Un côté rebelle, village gaulois, capable de tenir tête aux puissants. (*Libération*, 13 septembre 2003, p. 3)

8. La France est donc plus « village gaulois » que jamais. Impatiente de retrouver une place majeure dans le concert des nations sans pour autant jouer la même partition que les autres, vieille constante de la politique hexagonale. (*Le Monde* 2, 24 juin 2006, p. 8)

## gaz

**avoir quelque chose sur le gaz**, loc. verb. "avoir quelque chose en préparation". Métaphore d'origine culinaire, qui renouvelle le plus ancien **avoir quelque chose sur le feu**.

1. [...] la patronne a pris la direction de la faculté de médecine. Dans ma tête, j'en ai profité pour récapituler ce qu'on avait sur le gaz. (G. Mordillat, « Mme Gore », 2001, dans *Scandale et folies*, 2007, p. 207)

□ **être dans le gaz**, loc. verb. "être sous l'effet d'une grande fatigue, être dans un état d'hébétude ; être mal réveillé". ~ ■ **avoir la tête dans le cul*** ; □ **avoir la tête dans le pâté*** ; □ **avoir la tête en vrac*** ; **être dans le cirage** ; □ **être dans le coaltar*/les vapes** ; **être vaseux**.

2. « [...] J'ai passé quatre rounds en enfer, et je peux vous dire que les deux premiers rounds [...], je ne les ai pas vus tellement j'étais dans le gaz [...]. » (Témoignage d'un boxeur, dans *La Nouvelle République*, 22 mars 2005, p. 19)

V. encore *cul*, ex. 3.

— VARIANTE. **avoir la tête (/le cerveau) dans le gaz.**

3. Maniaco-dépressive, elle multiplie les séjours en hôpital psychiatrique. Elle a le cerveau dans le gaz quand François, lui, a la tête dans le cul*. (*Le Nouvel Observateur*, 26 août 2004, p. 99)

4. J'arrive donc ce jour-là vers 11 heures, la tête dans le gaz et l'esprit déjà occupé à me demander quel film je vais bien pouvoir télécharger aujourd'hui, histoire de mettre à profit ma journée de travail. (L. Villiers, *Mon autre*, 2005, p. 69, GRL)

## gendarme

□ **écrire comme un gendarme**, loc. verb.

— "offrir un style sans relief et un contenu inintéressant". Attesté en 1897 (« Je viens de lire attentivement cette fameuse *Eglé* [roman de M. Saint-Georges de Bouhélier] que vous languissiez si fort de me voir lire. [...] Le style lui est égal : "On a compris que la beauté d'une poésie réside surtout dans la claire eurythmie morale, dans son mouvement et dans les pensées qui l'animent." Ce qui veut dire qu'on peut penser comme un commis de nouveautés et écrire comme un gendarme, puisque c'est sincère, Mossieu ! », L. Bertrand, *Terre de résurrection*, 1947, Paris, La Nouvelle France, p. 66, GRL).

1. Certains ont su m'avertir de mes faiblesses et me faire convenir que j'avais tendance à écrire comme un gendarme. (J. Bousquet, *D'un regard l'autre, 1948-1949*, 1982, p. 12, GRL)

— "taper sur un clavier de machine à écrire ou d'ordinateur avec un seul doigt".

2. [...] je suis en Croatie [...]. Retour a Paris le 7 ou il me tarde de retrouver ce bon vieux clavier azerty car la j'ecris comme un gendarme (a un doigt). (Message, 5 septembre 2007, <www.myspace.com/>)

**entre deux gendarmes**. Symbole, naguère infamant, du délinquant escorté (ou ramené chez ses parents) par la police ou la gendarmerie.

3. – Un jour, dit Valentin, j'ai vu Virole entre deux gendarmes. (R. Queneau, *Le Dimanche de la vie*, 1951, p. 208)

4. [...] autrefois pesaient sur nos turbulences la menace parentale et immanente d'avoir à « revenir entre deux gendarmes » [...]. (P. Georges, dans *Le Monde*, 20 décembre 1996, p. 36)

5. – J'aurais dû l'empêcher de partir [se livrer au braconnage], disait-elle. Si ça se trouve, je ne le reverrai qu'entre deux gendarmes. Quelle honte pour nous ! (M. Boussuge, *Adieu lou païs*, 2002, p. 243)

## genou

□ **de mes genoux**, loc. adj. Pour marquer le mépris. Par euphémisme de ▪ **de mes deux**.

1. Peut-être que sur place, se targuant de son titre, de sa mission quasi officielle, elle [une journaliste, envoyée spéciale] glanerait des infos qu'on n'avait pas cru bon de

me confier, à moi, le correspondant de mes genoux. (J.-B. Pouy, *Le Petit Bluff de l'alcootest*, 2006, p. 39)

□ **haut (/grand) comme trois pommes à genoux**, loc. adj. "de petite taille". Renforcement de **haut comme trois pommes**.

2. Une petite fille [...] plus* petite que petite. Haute comme trois pommes à genoux [...]. (R. Forlani, *Quand les petites filles s'appelaient Sarah*, 1989 [1987], p. 122)

3. [...] Christine [...], haute comme trois pommes à genoux. (M. Marin, *Le Saut de l'ange*, 1990 [1987], p. 204)

— VARIANTE PONCTUELLE.

4. Haute comme trois goyaves à genou[x], elle [...] avait attaché ses cheveux en couettes avec un ruban rosé. (A.D.G., *J'ai déjà donné...*, 2007 [2004], p. 123)

— VARIANTES ARGOTIQUES OU POPULAIRES. ■ **haut (/grand) comme trois bites/couilles/pines à genoux.**

5. Tu t'faisais des airs à bouffer le monde entier [...]. Y aura suffi d'un manouche haut comme trois couilles à genoux pour te moucher le bec. (J. Houssin, *Plus noir qu'un Dobermann*, 1981, p. 65)

6. Le Guytou, y te lui en allongerait bien deux ou trois de tourlouses ["gifles"], à cette graine de loubard. Que ça leur tient bec et que c'est haut comme trois pines à genoux. (J.-L. Degaudenzi, *La Lamentable Épopée de Doris et Alexandre*, 1990, p. 79)

V. encore *salsifis*, ex.

## gens

**les vrai(e)s gens**, loc. nom. Pour opposer, selon les contextes, les travailleurs aux décideurs, les citoyens aux gouvernants, les « anonymes » aux célébrités, etc. Souvent en corrélation avec l'expression *la vraie vie**. ~ **la France d'en bas***.

1. [...] des leurres télévisés avaient été mis en place, destinés à entretenir artificiellement l'image d'une France profonde présente sur le petit écran et à laquelle le téléspectateur moyen pouvait s'identifier. C'est ainsi qu'avaient été convoqués, dans les magazines politiques, des « panels » sociologiquement représentatifs. C'est ainsi que s'étaient multipliés les reality shows. Mais le salarié, celui qui conduit la machine, trie le courrier, grimpe aux poteaux électriques ou enseigne à nos gosses, celui là, c'était le grand absent. On l'avait escamoté. Comme si, entre le SDF et « l'élite », il n'y avait plus de travailleurs. Aujourd'hui, « les vrais gens », c'est la classe ouvrière, c'est le peuple à la recherche d'une dignité retrouvée. (*L'Humanité*, 12 décembre 1995)

2. Le pays réel les attend là, juste de l'autre côté de la porte capitonnée du bureau ministériel. Il suffit de la franchir, de partir, de fuir, en abandonnant à leur triste sort dossiers, téléphones et conseillers. A eux la vraie vie*, à eux les vrais « gens ». La consigne vient d'en haut : lors d'une réunion du conseil des ministres, Jacques Chirac a enjoint aux membres du gouvernement d'aller davantage sur le « terrain », à l'écoute des Français et des autorités locales. (*Le Monde*, 12 mars 1996, p. 8)

3. Il faudrait que ces gars sortent un jour de leurs bureaux. On devrait les obliger à rencontrer des « vrais gens » [...]. (P. Pellerin, *Tout va bien*, 2001, p. 63)

4. [...] filmer la vie réelle, saisir au plus près l'existence quotidienne des « vraies gens ». (*La Croix*, 16 mars 2002, p. 20)

5. Idéal [le camping] pour celui qui a une vocation rentrée de concierge. Il dispose à portée de fusil d'un échantillon de vrais gens. (*Libération*, 15 juillet 2006, p. 22)

## gland

▪ **détendu du gland**, loc. adj. "particulièrement détendu, décontracté (en parlant d'un homme)". Reprise d'une réplique, quelque peu égrillarde, du film de B. Blier, *Les Valseuses* (1974) : « On n'est pas bien là, à la fraîche, détendu du gland ? » ~ ▪ **détendu de la nouille***.

1. [...] espèce de boutonneux, sors boire une bière et sois plus détendu du gland. (Message, 19 avril 2003, <www.linux-nantes.org/>)

2. – [...] Même, je te trouve super détendu du gland, tu me passes l'expression. Et franchement, pour te connaître quand même un petit peu, depuis le temps, ça te ressemble pas. (L. Chalumeau, *Les Arnaqueurs aussi*, 2007, p. 178)

3. Je me baladais dans les bois, tranquille, détendu du gland, et d'un coup je marche sur un truc [...], ça m'a fait mal au pied. (Message, 7 mai 2007, <forum.starshine-online.com/>)

## globalement

**globalement positif**, loc. adj. "dans la bonne moyenne, pas trop mauvais". Aujourd'hui banalisée, la formule est reprise, souvent avec une connotation légèrement plaisante ou ironique, de Georges Marchais appréciant par cet euphémisme le bilan de l'URSS en mai 1979.

1. Le rapport que le Conseil national d'évaluation vient de publier sur l'université de Limoges est globalement positif. (*Le Monde*, 16 octobre 1987, p. 25)

2. Un bilan globalement positif, puisque la fréquentation [du Festival du film de Pessac] égale celle de l'an dernier. (*Sud Ouest*, 8 avril 1999)

3. [...] bien que 52 % des sondés aient une image globalement positive des maisons de retraite, le placement des personnes très âgées dans ce type d'institutions reste un choix « de raison » et non « de cœur ». (*La Croix*, 1er mars 2005, p. 12)

## gloire

**être parti pour la gloire**, loc. verb. "être plus ou moins ivre". Attesté dans Delvau 1867. ~ **être éméché ; avoir son pompon**.

1. Vers trois heures de l'après-midi, alors que nous étions tous joyeusement « partis pour la gloire », il se présenta [...]. (R. Fournier, *Inutile et adorable*, 1963, p. 163, GRL)

2. Depuis une heure, une bière n'attend pas l'autre. Archibald est parti pour la gloire. (A. Major, *La Chair de poule*, 1973, p. 125, GRL)

## gnaque

□ **avoir la gnaque**, loc. verb. "être animé par la volonté de gagner et de se surpasser ; être combatif, agressif". Locution originaire du sud-ouest de la France, où elle est attestée en français depuis 1979 (voir DFR 2001), et qui s'est diffusée à partir des milieux du rugby. Les variantes graphiques (*gnac, gnaque, gniac, gniak, gniaque, niac, niaque*) et, parfois, morphologiques (*le gnac, le gniac, le niac*) du substantif (en locution ou non) montrent qu'il est encore en cours d'intégration dans le lexique du français. ~ □ **avoir la frite/la patate, avoir la pêche,** □ **avoir la rage ; en vouloir.**

1. Ça n'avançait pas trop, on désespérait et on est tombé sur Chuck. Il joue super bien, il a la niaque et le groupe a enfin trouvé son style et son équilibre. Musicalement on se comprend tout de suite. (*Punk Sincerity – The Marx Mallows*, 15 juillet 2003, <punksincerity.propagande.org/>)

2. Pourquoi, sur les terrains de sport, au boulot, à l'école, certains ont-ils la « niaque » et d'autres pas ? Hélène Mathieu, coach et enseignante, affirme que l'esprit de compétition se nourrit de croyances. Croire qu'on ne va être aimé que si l'on gagne, croire au regard du Pygmalion, croire qu'on n'est jamais assez à la hauteur. (*L'Express*, 23 août 2004, p. 24)

3. [...] metteurs en scène qui ont la gnaque et critiques qui ont la dent dure. (*Libération*, 25 novembre 2004, p. 32)

4. [...] une centenaire à la vie bien remplie, « une battante », selon son fils Yves, qui a « toujours eu la gniac », complète sa fille Yvette. (*Ouest France*, éd. Vendée Littoral, 21 avril 2005, p. VWR08)

□ **avoir le/du gnac**, loc. verb. "id.".

5. Là aussi il y a eu beaucoup de déception pour ces jeunes qui avaient un bagage pour quelque chose et qui... ont travaillé... et s'ils n'ont pas eu le « gnac » pour faire autre chose, les uns ont accroché, les autres se sont dégoûtés [...]. (P. Bourdieu, *La Misère du monde*, 1993, p. 528 ; interview d'un Béarnais)

6. [...] il avait du gnac, il en voulait. Il se voyait parti pour une grande carrière [...]. (S. Loupien, *Sexties*, 1993, p. 134)

## go

□ **j'y go,** loc. phrast. "j'y vais (pour indiquer un déplacement ou utilisé comme formule d'adieu)". Franglais ludique.

1. J'y go [à une exposition], les 5 billets sont dans mon sac, prête à être sur place très très tôt. (Forum *Vive les rondes*, 3 juillet 2006, <www.vivelesrondes.com/>)

2. Le sculpteur [...] se spécialise petit à petit dans la confection de moutons. [...] une des plus grandes foires aux moutons du Grand Ouest vient de lui demander de venir avec ses bêtes. « J'y go », a-t-il immédiatement répondu. (*Ouest France*, 1^er^ mars 2006)

3. Bien sûr que j'irai voir : dès que tu me donnes le top départ j'y go ! (Blog, 14 mars 2007, <unblog.fr/>)

— DANS UN JEU DE MOTS. **j'y go d'agneau/de mouton.**

4. Bon j'y go (d'agneau) pour 2 h de philo. Pas envie d'arriver en retard. (Blog, 5 février 2007, <bebopalula.canalblog.com/>)

5. Bon, allez, j'y go... d'agneau évidemment ! (Blog de Jfred, 20 mai 2007, <jfred.fiftiz.fr/>)

V. encore ex. 2 ci-dessus.

## gondole

**tête de gondole**, loc. nom. Par référence aux têtes de gondole des magasins où sont exposés les produits destinés à attirer le client.

— "personnage vedette".

1. […] Jérôme Bonaldi, ex-tête de gondole de Canal+ […]. (*Sud Ouest*, éd. Charente-Maritime, 7 juillet 2003)

2. Bien que leur image fasse aussi l'objet d'une exploitation spécifique, les grands champions sont de plus en plus utilisés comme « têtes de gondole » ou « ambassadeurs » de la présence globale d'une marque […]. (*Les Echos*, 20 juin 2006, p. 13)

— "produit vedette".

3. Si elle [une chaîne de télévision] met autant d'argent dans ce domaine [la fiction], dont les têtes de gondole se nomment *Julie Lescaut*, *Navarro* et autres *Femme d'honneur*, c'est parce qu'il rapporte […]. (*Sud Ouest*, 6 avril 2006)

## gonfler

□ **se la gonfler**, loc. verb. "se donner un air important, faire le malin, jouer un personnage". Le pronom *la* est peut-être ici le substitut de *la tête* (cf. *avoir la grosse tête*). ~ **crâner ; frimer ; se la jouer ;** □ **se la péter* ;** □ **se la racler* ;** □ **se la raconter* ;** □ **en installer ; faire de l'épate**.

1. Elle déteste… Les soi-disant bogoss ["beaux gosses"] qui se la gonflent alors qu'ils ont le QI* d'une huître ! (« Profil », 13 juin 2006, <gaufrette885.skyrock.com/>)

2. C'est pas pour dire, mais il se la gonfle un peu. (Message, 29 juin 2006, <www.rap2k.com/>)

■ **se gonfler les couilles**, loc. verb. "id.".

3. […] à l'armée, mon capitaine avait prononcé une phrase que je trouve totalement adaptée à la situation actuelle de la police : « Ce n'est pas parce que vous allez devenir officiers qu'il faut vous gonfler les couilles et vous prendre pour les maîtres du monde. » (Message, 25 avril 2007, <lebleu.bleublog.ch/>)

## gonzesse

□ **on (n') est pas des gonzesses**, loc. phrast. Affirmation, pour un homme, de sa virilité, de son courage ou encouragement entre hommes à se montrer énergiques et virils. Formule fondée sur l'opposition machiste entre l'homme, qui doit être fort et endurant, et la femme, réputée faible et sensible.

1. Le brigadier Gourdon est en civil, il revient de la Préfecture. Congé exceptionnel. Il faut calmer l'opinion, les syndicats, il faut attendre que l'affaire se tasse. Tout ça, c'est pas conséquent. Les gens veulent être protégés, et dès qu'un flicard consciencieux fait son job avec fermeté, on est pas des gonzesses, merde ! c'est les articles diffamatoires, les protestations, les convocations à la Préfecture. (H. Prudon, *Mardi-gris*, 1978, p. 10)

2. Les [hommes] violents sont de tout âge et de toute condition. […] on trouve des fonctionnaires, des ouvriers, un technicien du bâtiment, un étudiant. Pourquoi donc ces M. Tout-le-monde en viennent-ils aux coups ? « Le plus souvent par incapacité à exprimer leurs émotions, dit Bruno. Depuis leur plus tendre enfance, on apprend aux garçons à cacher leurs sentiments. "Vous n'êtes pas des gonzesses", leur serine-t-on. Cette éducation réussit si bien que certains n'arrivent plus jamais à dire leur

angoisse, à expliciter un problème conjugal. Alors ils s'emportent, et les muscles parlent [...]. » (*Le Monde*, 31 mars 1989, p. 32)

3. À trois ou quatre copains nous l'avons accompagné à la gare [...]. Pourtant le voir monter dans le train avec son baluchon nous crevait le cœur.
– Allez, les vieux gars, on va pas s'attendrir, on n'est pas des gonzesses... On se rencontre... on se quitte... c'est la destinée. (A. Vers, *C'était quand hier ?*, 1990, p. 102)

4. Sur les terrains [de sport] et dans les vestiaires, ce sont les petits couplets machistes qui résonnent : les « on n'est pas des gonzesses » des mâles virils s'élèvent là ou on ne pratique pas des « jeux de fillettes ». (M. Caillat, *Sport et civilisation*, 1996, p. 62, GRL)

## gorge

□ **gorge profonde**, loc. nom. Pour désigner un informateur anonyme. Par allusion au surnom donné au mystérieux informateur des journalistes du *Washington Post* dans l'affaire du Watergate en 1973. Ce surnom était lui-même emprunté au titre d'un film américain à caractère pornographique de Gerard Damiano (*Deep throat*, 1972).

1. M. Conde passe pour avoir été la « gorge profonde » de journaux complaisants, désireux de révéler certaines « affaires ». (*Le Monde*, 25 septembre 1999, p. 6)

2. Ces terrifiantes révélations étaient fondées sur les déclarations d'une « gorge profonde », présentée comme un ancien des services secrets de l'armée, dénommé « le Général ». Un général, une gorge profonde, des services secrets... Comment ne pas établir une correspondance avec l'affaire qui déchire actuellement le monde politique et donne une piètre image de notre pays ? (« Le gang des manipulateurs », 29 mai 2006, <blog.ouest-france.fr/>)

3. Son heure de gloire [du journal nantais *La Lettre à Lulu*] ? « Lorsqu'une "gorge profonde" locale s'est manifestée pour dénoncer le harcèlement moral exercé par un chef de service du conseil régional. Une fois l'affaire portée sur la place publique, il a démissionné », rapporte La Casinière [responsable du journal]. (*L'Express*, 10 août 2006, p. 26)

## goulot

□ **tutoyer le goulot**, loc. verb. "être un grand buveur, une grande buveuse". Variante de **tutoyer la/une bouteille**.

1. [...] durant une période de sa vie, Stark prend la fâcheuse habitude de tutoyer le goulot. Une sale manie qui donnera lieu toutefois à de passionnants épisodes [...]. (*Iron Man*, <comicverse.free.fr/>, consulté le 2 octobre 2003)

2. Cette nuit il avait largement « tutoyé le goulot » comme il disait [...]. Il était donc à prévoir que ses réactions seraient fortement diminuées par son état. (J. de Nezel, *L'Arbre céleste*, 2004, p. 239, GRL)

## goût

**goût de revenez-y** (/**de retournez-y**), loc. nom. "ce qui donne envie de recommencer". Par métaphore du sens concret "saveur qui incite à reprendre d'un aliment, d'une boisson". Cf. en 1751 : « *Pets de jeunes filles* / Quand ils sont mûrs, ils ont un petit goût de revas-y qui flatte les véritables connaisseurs »

(P.-T.-N. Hurtaut, *L'Art de péter*, Paris, Payot, 2006, p. 97) ; attesté en 1835 (« AUGUSTINE, *qui s'est délectée à boire*. Il est gentil votre vin, monsieur Théodore, il est bien doux. / THÉODORE. Ma foi… mon verre a filé au galop sans dire gare. (*Il tend son verre.*) / HIPPOLYTE. Eh bien ! redoublons… / AUGUSTINE, *tendant le sien*. Par la même occasion. / HIPPOLYTE. Il paraît qu'il a un petit goût de revenez-y », Rougemont et Courville, *Mon ami Polyte*, Paris, Magasin théâtral, s.d., p. 9).

1. C'est [un film] pourtant, précisément, le plus ensoleillé de tous et, ne serait-ce que pour avoir un petit goût de revenez-y après les vacances, on prendra un plaisir extrême à ces paysages bleus et blancs des îles de la mer Egée. (*Les Echos*, 13 septembre 1993, p. 38)

2. Soirée [musicale] de joie, de bonne humeur, qui laissa un goût de « revenez-y ». (*Sud Ouest*, Villeneuve-sur-Lot, 16 juin 2004)

3. […] de la musique, des chansons, rien ne manquait pour laisser à chacun un goût de « retournez-y » l'an prochain. (*La Nouvelle République*, éd. Vienne/Civray, 31 août 2006, p. 12)

4. Merci pour cette jolie promenade qui a un goût de « revenez-y » avec vous… (Message, 12 septembre 2006, <sabine.fotopages.com/>)

■ **ta bite a (comme) un goût** (et variantes), loc. phrast., loc. adj. Pour qualifier une personne à l'air emprunté, dégoûté ou une situation qui laisse une impression désagréable. Attesté dans un discours indirect en 1995 ( [*Gérard* :] « Ça suffit ! Ma belle, pendant des années, à chaque fois que tu me voyais, tu me regardais avec l'air de dire que ma bite avait un goût, et maintenant tu t'habilles en arbre de Noël pour venir dîner avec moi… », *Le bonheur est dans le pré*, film d'Étienne Chatiliez, extrait disponible sur <merdeaceluiqui lelira.wordpress.com/>). La locution a connu un certain regain sous la variante développée **monsieur, votre bite a un goût** dans le film de C. Merret-Palmair, *Les Portes de la gloire* (2001), comme en témoignent plusieurs exemples ci-dessous.

5. Celui-là, je le classe dans la catégorie « TAC » [tête à claques]… ses petits jeux de mots, son sourire pincé style « Monsieur votre bite a un goût » (Message, 27 février 2003, <www.misterdim.com/>)

6. Les répliques cultes [dans *Les Portes de la gloire*] pleuvent moins que dans ces deux derniers films cités mais quelques perles font mouche, notamment le « Arrête de faire ta tête de "Monsieur, votre bite a un goût" » […]. (Message, 6 mars 2006, <travisisdead.blogs.allocine.fr/>)

7. Tu n'as pas à t'excuser. Moi aussi j'en ai plein [d'acteurs] qui me font cet effet « ta-bite-a-un-goût ». (Message, 5 août 2006, <surlarouteducinema.hautetfort.com/>)

8. Arrête donc avec tes petits airs de monsieur votre bite a un goût et retourne te coucher. (Commentaire sur une vidéo, 23 mars 2007, <wideo.nouvellestar.fr/video/>)

9. C'est un peu monsieur ma bite a un goût, tout ça… ça fait un peu intello surfeur… (Message, 26 septembre 2007, <www.surf4all.net/>)

## gramme

□ **route à quatre grammes**, loc. nom. “route secondaire, à l’écart des grands axes”. C’est, littéralement, une route sur laquelle on peut rouler en voiture après avoir bu plus que de raison, sans trop de risque d’être surpris par un contrôle d’alcoolémie (pour laquelle la tolérance est fixée en France au taux de concentration dans le sang de 0,5 grammes par litre).

1. Elle habite avec son copain Cédric et leur petit garçon Alexis dans le fin fond des Deux-Sèvres, avec les jolies routes à 4 grammes pour y aller […]. (Message, 11 juillet 2006, <lateteenbas.spaces.live.com/>)

2. Ce sont [les *demi-routes*, terme de l’Ouest pour désigner des routes secondaires] des voies qui permettent d’échapper aux gendarmes pour les contrôles d’alcoolémie… (Quant aux gendarmes, qui connaissent évidemment ces demi-routes, ils les appellent les « routes à quatre grammes » !) (*Glossaire des odonymes français et dialectaux […]*, par F. Wronecki et V. Habracken, <perso.orange.fr/wronecki/>, consulté le 13 août 2006)

□ **se mettre deux/trois/quatre grammes**, loc. verb. “s’enivrer”. Même origine que ci-dessus. ~ □ **se mettre une mine*** ; □ **se mettre la (/une) race***.

3. Même sans Ricard, on sait se mettre 2 grammes […]. Vive la mirabelle ! (Message, 13 mai 2006, <www.meedio-france.com/>)

4. […] se mettre 3 grammes dans les dents. Peu importe le flacon pourvu qu’on ait l’ivresse. (Message, 17 avril 2007, <forums.eurosport.fr/>)

## gratte-cul

**rouge comme un gratte-cul**, loc. adj. “rouge (d’émotion, de colère, de honte)”. Cette comparaison agreste, fondée sur la couleur du fruit de l’églantier, semble surtout en usage, aujourd’hui, dans le sud de la France. Attesté en 1881 (« Parmi les comparaisons fondamentales, il faut citer d’abord : *Triste comme un bonnet de nuit,* […] *bête comme un chou, poilu comme un ours, rouge comme un gratte-cul, ami comme cochon, libre comme l’air* », L. Rigaud, *Dictionnaire des lieux communs*, Paris, Ollendorff, p. 62) ; en 1931 (« Marius. – Tu ne vois pas que tu risques de le tuer ? Du temps qu’il regardait dans ton corsage, il soufflait, il suait, il était rouge comme un gratte-cul », M. Pagnol, *Marius*, I, 2, p. 89, FT).

1. Malgré l’obscurité […], le Robert s’aperçut que […] la Ginette était rouge comme un gratte-cul. (G. Suire, dans *Sud Ouest*, Gironde, 3 avril 1999)

2. […] je me rappelle en particulier du jour où le PDG, excédé et rouge comme un gratte-cul, avait hurlé […] que « si nous n’étions pas contents, il allait publier les salaires de chacun ». Ce à quoi un collègue délégué […] avait rétorqué sous les huées de la CGT : « Commencez donc par publier le vôtre, et on verra après ! » (« Ah, les joies de l’usine ! », 6 juillet 2006, <correspondant-de-presse-64.over-blog.com/>)

## grec

□ **roulette grecque**, loc. nom. “fait, pour un homosexuel, d’avoir des rapports non protégés avec un partenaire atteint du sida”. Sur le modèle de *roulette russe*, l’adjectif *grec* renvoyant à la réputation de pédérastie des anciens Grecs.

[…] une tendance répandue dans certains milieux, à jouer avec le risque de contamination. Des homosexuels s'adonnent maintenant régulièrement à ce qu'ils appellent la « roulette grecque », à savoir des rapports non protégés avec des hommes porteurs du VIH [virus de l'immunodéficience humaine]. ( *Le Monde*, 3-4 juin 2007, p. 9)

## grenu

**idée (/pensée/question**, etc.) **aussi sotte que grenue**, loc. nom. Jeu de mots inusable sur *saugrenue*.

1. […] on choisissait la personne ou l'animal que M. Steindel, par d'habiles questions posées à l'assemblée, devrait identifier. […] Serge offrit le nombril de Bonaparte, plaisanterie dont on rit si bien qu'il en fallut accepter l'idée, quoiqu'elle fût « aussi sotte que grenue » […]. (R. Étiemble, *Peaux de couleuvre*, 1948, p. 347, GRL)

2. […] j'ai eu l'idée aussi sotte que grenue d'embarquer le cadavre […]. (San-Antonio, *Un os dans la noce*, 2003 [1974], p. 184)

3. Pourquoi, me direz-vous, cette pensée aussi « sotte que grenue » […] ? (*La Nouvelle République*, éd. Cher/Sports, 21 février 2005, p. 4)

— VARIANTES. … **sotte et grenue** / … **plus sotte que grenue**.

4. Quelqu'un dans mon entourage a eu l'idée sotte et grenue de dire à mes enfants et à leur bande de copains qu'on allait visiter le zoo du coin. Je ne suis pas fana des zoos en tant que tels (les animaux en cage ont rarement l'air épanoui), mais en plein mois d'août, je redoutais la cohue des vanille-fraise engoncés dans des bobs Ricard accompagnés de morveux surexcités. (« Devoir de vacances », 6 août 2005, <standblog.org/>)

5. Une proposition de loi dont la teneur était plus sotte que grenue, ou sans doute le fruit de quelques élucubrations catégorielles […]. (*News Press*, 3 février 2006)

## gris

**travail au gris**, loc. nom. "condition d'un salarié dont le travail n'est qu'en partie effectué et rémunéré selon les dispositions légales". Sur le modèle de *travail au noir*.

1. Récemment cependant a commencé à apparaître une nouvelle forme d'emploi irrégulier, que les observateurs ont baptisé « le travail au gris », partiellement en règle. (*La Tribune*, 22 avril 1998)

2. « […] La mairie incite maintenant les hôteliers au dialogue social. Nous demandons aussi la création de groupements d'employeurs : ça assurerait aux salariés de faire la saison d'été à Lourdes et la saison d'hiver dans les stations de ski. » Y a-t-il ici beaucoup de travail au noir ? « Plutôt du travail au gris. Les heures supplémentaires pas payées, ou parfois en fin de saison dans une enveloppe. » (*L'Humanité*, 3 août 2004)

3. « On observe de plus en plus de travail au gris, dissimulé, constate André Cano : le contrat existe, mais il est sous-estimé en nombre d'heures. Le travail au sifflet* se développe : on appelle l'employé quand on a besoin de lui, quand le client est là. » (*L'Express*, 11 juillet 2005, p. 90)

## grisou

□ **coup de grisou**, loc. nom. “accès de mélancolie, de cafard, de dépression”. Métaphore empruntée au vocabulaire de la mine, dans laquelle *grisou*, rapproché par son profil phonétique de la famille de *gris* “morne, triste, ennuyeux”, reçoit un sens figuré particulier. *Coup de grisou* est le titre d’une chanson interprétée par E. Piaf, paroles de H. Contet (1943). ~ □ **coup de calgon** (v. *calcaire*) ; **coup de blues*** ; □ **coup de flip*** ; □ **coup de mou**.

1. […] Arnold Sheffer […] vivait mal la désertion de Jicky Juillet […]. Tant et si bien qu’au bout de quelques semaines il fut atteint d’un joli coup de grisou dont il ne parlait à personne. (E. Hanska, *Fascination*, 1986, p. 107)

2. – […] Il y a un moment, j’ai eu un sacré coup de grisou, je ne savais plus où j’étais… Ça a passé… (F. Cyriaque, *L’Enfant au piano*, 2004, p. 332, GRL)

3. J’ai eu un gros coup de grisou, ça va mieux maintenant. (Message, 27 novembre 2007, <forum.doctissimo.fr/psychologie/depression-deprime-stress/>)

## gros

□ **envoyer du gros**, loc. verb. “être particulièrement puissant, impressionnant, spectaculaire”. ~ □ **envoyer du lourd*** ; **y aller à fond**.

1. En constante évolution, le groupe présente aujourd’hui une version contemporaine de son univers musical. N’hésitez pas à les découvrir en live*, « ils envoient du gros… » (« Les musiques francophones font danser la planète », 16 mars 2006, <www.francomix.com/>)

2. Nous courrons tous avec les mêmes quads […]. Forts d’environ 20 chevaux pour 158 kg à sec, ils s’avèreront largement suffisants pour « envoyer du gros » ! (*Esprit-Racing*, 13 février 2007, <www.moto-net.com/>)

3. Sous la banderole des 25 kilomètres, le peloton conserve deux minutes d’avance sur le groupe Moreau. Pourtant, le Belfortain et ses équipiers envoient du gros ! (« 11$^{e}$ étape : Marseille-Montpellier », 19 juillet 2007, <www.lequipe.fr/Cyclisme/direct/>)

— DANS UNE CONSTRUCTION IMPERSONNELLE.

4. Pour Denis, François, Enak, Candice, Laurent et les autres, tous jeunes Savoyards de la Haute-Maurienne, un seul mot de ralliement, « ça envoie du gros ! », une expression qui veut aussi bien dire « étonne-toi ! » que « pas de limites ! ». « Ça envoie du gros ! » est aussi le nom donné à l’équipe créée en 1995 par un groupe d’amateurs de sensations extrêmes […]. (*Le Monde*, 7 août 2005, p. 27)

5. C’est du tout bon. J’adore l’évolution que ce groupe [musical] a suivie. Niveau instrument, ça envoie du gros de tous les côtés. (Message, 6 mars 2007, <www.metalorgie.com/>)

**pêche au gros**, loc. nom. “recherche de partis avantageux, de personnalités de premier plan, d’un enjeu important”. Métaphore du vocabulaire de la pêche (de plaisance).

6. […] synergies accrues entre les agences françaises [d’un groupe international de publicité], pêche au gros de grands clients et rayonnement accru du groupe français à l’international […]. (*Les Echos*, 15 juin 2004, p. 17)

7. – Nous ne sommes pas équipés pour aller à la pêche au gros […].

Pour le juge il nous fallait encore beaucoup plus de preuves. (A. Colpin, *Nom d'un chien !*, 2005, p. 166, GRL)

8. Salins à la pêche au gros [titre] / En affrontant Montbrison, avec eux sur la première ligne, les Salinois ont l'occasion de mettre à distance un sérieux adversaire. (*Le Progrès*, Jura, 3 novembre 2007, p. 25)

— **pêcher au/le gros**, loc. verb. "rechercher des partis avantageux, des personnalités de premier plan, des enjeux importants".

9. En 1982, il est propulsé enfin au 36, quai des Orfèvres, dans une grande brigade, pour pêcher le gros, pour jouer au gendarme et au voleur, côté gendarme s'entend. (*Libération*, 16 juin 1998)

10. [...] la belle Monica, à supposer seulement que ce soit son vrai nom, est une ravissante aventurière qui pêche au gros dans les palaces. (L. Chalumeau, *Les Arnaqueurs aussi*, 2007, p. 234)

## grosso merdo

■ **grosso merdo**, loc. adv. "en gros ; approximativement ; sans entrer dans les détails". Variante ludique et grossière de **grosso modo** (paronymie et latin macaronique).

1. G. continue de se montrer cordial, met les pieds sur la table quand il préside des séances de travail [du service culturel du journal *Le Matin*], fume sans discontinuer et aime à dire *grosso merdo*. (R. Camus, *Vigiles. Journal 1987*, 1989, p. 419, GRL)

2. Ouais, les autoroutes, c'est 400 tués, grosso merdo 50 % avec des poids lourds, 50 % qui s'endorment [...]. (P. Dermagne, *La Route, jeu et enjeux de société*, 2005, p. 38, GRL)

3. Brigitte fulmine : « C'est simple. Grosso merdo, je trouve qu'il s'agit d'un faux problème social ! Dans ce monde où [...] les Américains arrêtent de fumer et vendent leur tabac en Afrique, on a créé un nouveau consensus social autour d'un pseudo-débat de société. [...] Le clivage, aujourd'hui, c'est fumeurs, non-fumeurs. Du coup, les vrais problèmes, on les voit même plus. On croit faire sa petite guérilla sanitaire et on attend le bus avec les pots d'échappement dans la gueule ! » (*24 Heures*, 12 décembre 2005, p. 3)

V. encore *banane*, ex. 2.

## gueule

□ **(c'est) tout pour ma (ta/sa**, etc.**) gueule**, loc. phrast. Pour qualifier une situation qui n'attire que des déboires.

1. Enfin c'est vrai que celui qui ripe à moto, c'est tout pour sa gueule alors qu'en voiture, c'est souvent pour celle des autres... (Message, 21 janvier 2006, <www.econologie.com/>)

2. Un cycliste roule sans coque autour de lui, à l'inverse de l'automobiliste, en cas de pépin, c'est tout pour sa gueule. (Message, 12 juin 2006, <padawan.info/>)

3. « Il a dû repartir, il a été appelé par l'école de son fils. » Les trois gars situés derrière moi ont commencé à rigoler, et l'un d'eux s'est exclamé : « Oh, pas de chance pour le gosse. Moi, si mon père était appelé par l'école, c'était tout pour ma gueule ». (*Actes de la recherche en sciences sociales*, décembre 2006, p. 65, GRL)

■ **grande gueule, petite bite**, loc. phrast. Adage employé pour signifier que les actions d'un homme ne sont pas à la hauteur de ses déclarations. Parfois atténué en □ **grande gueule, petit slip**.

4. C'est une caractéristique des jeunes de nos jours : « grande gueule, petite bite ». En gros, ils l'ouvrent à tout bout de champ, mais quand il faut agir, plus personne [...]. (Message, 8 avril 2006, <allpsg.waib.com/>)

5. Ma seule consolation : au pouvoir il ne fera rien de plus que ce que fait Chirac maintenant. Comme on dit : grande gueule, petite bite. (« La Sarkozette », 4 septembre 2006, <queernation.hautetfort.com/>)

— EN CONSTRUCTION LIBRE, à propos de la sexualité masculine.

6. [...] si vous trouvez que j'en parle trop, c'est que je ne pense qu'à ça, [...] en réalité, comme la plupart des mecs, j'ai une grande gueule & une petite bite, alors j'en parle... (É. Low, *Moi somnambule*, 2004, p. 70, GRL)

□ **tout pour la gueule**, loc. phrast. Symbole de la bonne chère ; souvent abrégé sous le sigle **TPLG** (moins souvent **TPG**). Cette expression, bien connue des pieds-noirs (voir l'exemple 10), est un écho moderne du célèbre « Tout pour la trippe », littéralement "tout pour le ventre", qui ponctue le chapitre 57 du *Quart Livre* de Rabelais (1552). Elle est attestée av. 1830 (« Les lazzis du Vaudeville allaient leur train. Il y avait alors [sous la Terreur] dans Paris trois restaurateurs bien connus. Rault, Méot et Juliette. Les Italiens donnèrent un opéra dont le titre était ROMÉO ET JULIETTE, ou TOUT POUR L'AMOUR – Le Vaudeville en afficha ainsi la parodie : RAULT, MÉOT ET JULIETTE, ou TOUT POUR LA GUEULE », *Mémoires de l'exécuteur des hautes-œuvres...*, publ. par A. Grégoire, Bruxelles, chez H. Tarlier, p. 105, GRL).

7. Le système D fleurit, D comme débrouille ou démerde, les groupes T.P.G. (tout pour la gueule) ou T.P.V. (tout pour mon ventre) sillonnent la campagne. (AREMORS, *Études et documents sur Saint-Nazaire et le mouvement ouvrier de 1939 à 1945*, 1986, p. 128, GRL)

8. Car à quoi bon avoir une cave, si l'on ne peut en partager les plaisirs avec de vrais amis ? [...] « Tout pour la gueule ! » résumaient en chœur les convives lorsque Sabine découpait la première tranche de foie gras, tandis que je versais dans les verres un ou deux doigts de monbazillac. (J.-M. Laclavetine, *Le Rouge et le Blanc*, 1994, p. 69)

9. Après les vendanges c'est au tour des châtaignes [...] et encore une fois, tout pour la gueule dans ce club où le bon vivre est érigé en religion. (« Les amoureux des 203-403 », bulletin trimestriel, n° 76, hiver 2005, <les203.free.fr/lectures.htm>)

10. Ça y est c'est reparti sur la bouffe ! je me rappelle le glacier de Bab-el-Oued [...] qui vendait des glaces à manger sur la tête d'un teigneux... c'était trop bon... [...] bref... tout pour la g... ces P[ieds] N[oirs].
Hé ouais...! tout pour la gueule t'ias [*sic*] raison. Comme elle disait ma mère « ce qui est pris, n'est plus à prendre » (Messages, 25 septembre 2007, <forums.france3.fr/france3/Les-Pieds-Noirs-Le-documentaire/>)

— Comme dénomination d'un groupe d'amateurs de bonne chère. Attesté en 1925 (« Un journal de Nice nous annonçait l'an dernier, avec fierté, qu'il s'était créé là-bas une société du nom de T.P.L.G., ce qui signifiait Tout pour la Gueule », *La Nouvelle Revue française*, t. 24, p. 1039, GRL).

11. M^e^ Jossomme rappelle à l'envi que « ce quartier a toujours été festif et vivant » depuis que son père avait créé en 1924, l'association « TPLG », sigle de « Tout pour la gueule ». A l'origine donc, il s'agissait avant tout de regrouper les habitants du secteur pour « faire ripaille ». (*Sud Ouest*, Gironde/Saint-Médard-en-Jalles, 1^er^ janvier 2004, p. 6)

12. L'association des TPLG a fait sa première sortie officielle [...]. TPLG ? Pour « Tout pour la gueule », club de joyeux lurons, retraités pour la plupart. (*Le Progrès*, 25 décembre 2004)

□ **tout pour ma (ta/sa**, etc.) **gueule**, loc. phrast. Symbole de la gloutonnerie et, plus généralement, de l'égoïsme forcené. Attesté en 1908 (« Le pilote du train blâma l'excès de nourriture : – Tout pour leur gueule, ces Anglais ; ils mangent avant de s'embarquer, ils remangent en débarquant, ils dînent dans le train et ils ont des provisions dans leur valise », P. Hamp, *Marée fraîche*, p. 47, FT).

13. Bravo l'armée ! la nôtre et celle des autres, c'est la même... Bravo les maroquins de la curée ! imposteurs ! tout-pour-ma-gueule !... (M. Frot, *Nibergue*, 1969, p. 121, GRL)

14. [...] une nouvelle génération de footballeurs : à la fois tout pour ma gueule et touchez pas à mes proches, à la fois m'en fous le club et vive ma cité. (*Libération*, 9 août 1999)

15. Gauche / droite même combat*, tout pour leur gueule et les yeux pour pleurer pour la France d'en-bas [v. *bas*] qui est dans la m... ! Alors votez bien qui vous voulez... on sera roulé dans la farine de toute façon. (Message, 12 avril 2007, <blogs.alsapresse.com/>)

— LOC. NOM. Parfois abrégé sous le sigle **TPMG**.

∞ Emploi comptable.

16. Au fur et à mesure des journées, on commence à connaître tout le monde. C'est un éventail de visages et de caractères différents. [...] il y a les amis et les « ennemis », les gentils et les méchants, les sans-gêne, les radins, les râleurs, les serviables et les TPMG (= les Tout Pour Ma Gueule). (« Le récit de nos aventures », juillet 2006, <www.bonneetoile.com/>)

V. encore *poche*, ex. 2.

∞ Emploi non comptable.

17. Puis on vit dans une société du chacun pour soi du tout pour sa gueule [...]. (Message, 3 septembre 2005, <forum.doctissimo.fr/psychologie/celibat/>)

18. [...] sa réflexion n'est que l'aboutissement logique d'une tendance de fond qui vise à privilégier le « tout pour ma gueule ». (Message, 5 novembre 2007, <egoborone.free.fr/>)

— VARIANTES DÉVELOPPÉES.

19. [...] c'est vraiment un bouffon de service ce mec, tout pour sa gueule rien pour les autres. (Message, 24 septembre 2007, <www.sportvox.fr/>)

20. En fait ils me font penser aux gens qui mettent des cadenas sur les velibs le soir pour être sûr d'en avoir un le lendemain, c'est le même état d'esprit, l'égoïsme à l'état pur, tout pour ma gueule et j'emmerde le monde. (Blog, 19 octobre 2007, <www.leblogdedenis.com/>)

## gueux

**un froid de gueux**, loc. nom. "un froid intense". Littéralement, un froid comme celui auquel est exposé celui qui vit dans la misère. ~ **froid de canard** ; **froid de loup**.

1. A moins qu'on n'y soit forcé, ou que, dehors, il fasse un froid de gueux ou un temps mortel, on aime beaucoup mieux s'empiler sur le pont, en plein air. (J. Merrien, *La Vie quotidienne des marins au Moyen Âge. Des Vikings aux galères*, 1969, p. 105, GRL)

2. [...] en novembre 1944, Maurice Thorez rentrait de Moscou. Des milliers de Normands habitaient des bâtiments désaffectés. Ou dans la rue. Il allait beaucoup pleuvoir, avant un froid de gueux. Les villes manquaient de charbon, d'électricité, de farine et de lait. (*Le Monde*, 21 novembre 1994, p. 39)

3. [...] sa masure, traversée par un froid de gueux à 4 000 mètres d'altitude [...]. (*Le Point*, 5 octobre 2001)

4. Mais il fait un froid de gueux, mon amie ! Ne marchez pas tête nue, vous risqueriez de mourir... Tenez, prenez ma chapka au moins... (A. Gavalda, *Ensemble, c'est tout*, 2005 [2004], p. 106)

**un métier/un travail de gueux**, loc. nom. "un métier pénible, un travail éprouvant". Littéralement, un travail pénible comme celui auquel peut être astreint celui qui doit gagner sa vie coûte que coûte.

5. [...] la culture gaucho, imprégnée de valeurs chevaleresques, interdit une telle situation [la culture de la luzerne]. Pas question, pour de fiers cavaliers aux mœurs semi-nomades, de mettre pied à terre pour faire un travail de gueux. (*Le Monde*, 20 février 2001, p. 6)

6. C'est [la grande restauration] un métier admirable. Mais un métier de gueux. (*Le Figaro*, 16 décembre 2006)

7. J'avais trouvé chez un Marocain du marché de grosses pistaches très vertes et bien fraîches, et la préparation avait été un travail de gueux. Les décortiquer, les faire bouillir rapido pour les éplucher, les réduire en poudre... j'y avais passé un temps fou. (C. Pelletier, *Tirez sur le caviste*, 2007, p. 83)

# H

## hache

**à la hache**, loc. adv. "brutalement, sans ménagement ; sans y mettre les formes". L'expression est fréquente dans les commentaires économiques et politiques.

1. Le resserrement a été opéré « à la hache », puisque le gouvernement, hors son chef, passe de quarante et un membres [...] à trente-deux [...]. (*Le Monde*, 9 novembre 1995, p. 6)

2. [...] plutôt que de régler, comme si souvent, la question budgétaire à la hache, il [le gouvernement] a voulu préparer les esprits à des choix douloureux. Dans tous les ministères, c'est d'ailleurs la formule en vogue : il faut faire de la pédagogie... (*Le Monde*, 16 mai 1996, p. 13)

3. Soumis à la pression concurrentielle et aux exigences des analystes financiers, les géants de l'industrie taillent à la hache dans leurs effectifs. (*La Tribune*, 25 septembre 1996)

4. « M$^{me}$ la ministre, vous resterez celle qui aura laissé des déserts judiciaires dans le monde rural », a lancé le socialiste Arnaud Montebourg qui a multiplié les prises de paroles contre les fermetures « à la hache » d'environ 200 tribunaux d'instance sur quelque 470, là où sont traités les litiges de la vie quotidienne (endettement, tutelle). (*Centre Presse*, 16 novembre 2007)

## haleine

**(avoir une) haleine à décoller les affiches/le papier peint/la tapisserie**, loc. verb., loc. nom. "(avoir) très mauvaise haleine". Par hyperbole. ~ **(avoir une) haleine à tuer les mouches.**

1. Oui, oui, je suis une accro à tous les fromages... Et je vous recommande tout particulièrement celui-là. Sauf évidemment si [...] vous ne supportez pas d'avoir une haleine à décoller les affiches murales et si l'odeur du fromage vous rappelle irrésistiblement un vestiaire de salle de sport... (Message, 17 octobre 2001, <www.ciao.fr/>)

2. Mon collègue de taf ["travail"] en face de moi qui a une haleine à décoller la tapisserie... (Message, 8 juillet 2004, <forum.hardware.fr/>)

3. [...] je ne bois pas de bière... La bière ça fait grossir, ça fait transpirer et ça file une haleine à décoller le papier peint. (Message, 10 septembre 2007, <www.discutons.org/>)

4. J'ai [...] retrouvé mes copains pour une nuit de folie. Résultat : je me suis couchée à midi et demi, cuvant mon vin/vodka/champagne et avec une haleine à décoller le

papier peint ; je pense qu'il va me falloir un mois pour récupérer ! (Blog, 2 janvier 2008, <dinedine32.skyrock.com/>)

**(avoir une) haleine de cheval**, loc. verb., loc. nom. "(avoir) mauvaise haleine". La locution semble particulièrement utilisée au Québec.

5. Samedi, au réveil de la sieste, je n'étais pas dans une forme olympique. Au contraire. Petits yeux, gros cheveux, et haleine de cheval. (Blog, 21 mai 2000, <www.u-blog.net/>)

6. Dans la série « Ils ne savent plus quoi inventer », voici le téléphone détecteur de petites mauvaises odeurs [...]. Il s'agit d'un combiné classique, mais doublé d'un capteur qui analyse les gaz ambiants. Il est donc capable de détecter aussi bien une odeur de transpiration (niveau jaune) qu'une haleine de cheval (niveau orange) ou qu'un trop-plein d'alcool (niveau rouge). (*01 Informatique*, 24 septembre 2004)

7. Les pires sont les mangeurs de fourmes d'Ambert. [...] ils ont une arme à courte distance effroyable... une haleine de cheval ayant des aigreurs d'estomacs. (Message, 27 mars 2007, <forum.framasoft.org/>)

— VARIANTES.

∞ **(avoir une) haleine de chacal**, loc. verb., loc. nom. "id.".

8. [...] on ne sera pas obligé de supporter la vue de ce salaud, de respirer son haleine de chacal et d'entendre sa voix de maquereau. (J. Cau, *La Pitié de Dieu*, 1961, p. 251, GRL)

9. A priori, la docteure X. a décidé de relever ce « nouveau challenge de santé publique » et combattre « ce fléau qui affecte des millions de personnes à travers le monde » : l'halitose, plus communément appelée haleine de chacal. (*Libération*, 7 février 2004, p. 27)

∞ **(avoir une) haleine de fennec**, loc. verb., loc. nom. "id.".

10. « Tian » était affligé d'une dentition approximative qui lui donnait une haleine de fennec. (M. Breuzard, *Le Roman de Clément Varennes*, 2005, p. 204, GRL)

11. Fais gaffe, personnellement, c'est quand j'arrête de fumer que j'ai une haleine de fennec. (Message, 23 novembre 2006, <blog.gayattitude.com/>)

∞ **(avoir une) haleine de hyène**, loc. verb., loc. nom. "id.".

12. Trop de pression. J'arrive au taf ["au travail"], j'ai qu'une envie : c'est de dormir. Du coup, je passe ma journée à regarder l'horloge de mon bureau en bouffant des cookies et en fumant des clopes, j'ai une haleine de hyène et j'ai pris 8 kilos. (Blog, 13 octobre 2006, <journald-unetrainee.hautetfort.com/>)

13. Ma fifille a une haleine de hyène au réveil, je voudrais savoir si je dois l'emmener chez le médecin [...]. (Message, 5 août 2007, <forum.doctissimo.fr/sante/sante-enfant/>)

∞ **(avoir une) haleine de poney**, loc. verb., loc. nom. "id.".

14. Jérôme minimise sa consommation d'alcool, mais son haleine de poney mort le trahit. (*L'Humanité*, 29 août 2002)

15. Binet leur ouvrit la porte. [...] Il avait des cernes, noirs et gonflés. Une haleine de poney. (J. Schwartzmann, *Mo money mo problems*, 2006, p. 178, GRL)

16. Et si vous ne mangez plus de plats à base d'oignon, ail ou même fromage, de peur d'avoir une haleine de poney, [...] il existe des gélules à base d'huiles essentielles qui

luttent efficacement contre ces mauvaises odeurs. (« Une haleine fraîche du matin au soir », 27 avril 2007, <www.france5.fr/maternelles/>)

— VARIANTES MOINS USUELLES.

∞ **(avoir une) haleine de chameau**, loc. verb., loc. nom. "id.".

17. [...] ma tête ressemble à une ogive nucléaire prête à exploser [...] et je suis affligé d'une haleine de chameau éthylique. (P. Day, *Lapin*, 2003, p. 145, GRL)

∞ **(avoir une) haleine de coyote**, loc. verb., loc. nom. "id.".

18. Mais la brosse à dents « pro » ? Ça voudrait donc dire qu'il y a des brosseurs de dents professionnels ? Bonjour monsieur, j'ai un peu forcé sur l'escargot au beurre aillé et j'ai une haleine de coyote que ma fiancée supporte difficilement, pourriez-vous me faire un nettoyage de mon modeste palais ? Bien sûr, monsieur, détendez-vous, ça ne vous fera pas mal. (*Ouest France*, 3 décembre 2005)

∞ **(avoir une) haleine de mammouth**, loc. verb., loc. nom. "id.".

19. Je suis veuve, petite, laide, grassouillette, j'ai des oignons aux pieds et, à en croire certains matins auto-incommodants, une haleine de mammouth. (M. Barbery, *L'Élégance du hérisson*, 2006, p. 15)

20. [...] une partie de rami endiablée avec un personnage local plein de gouaille à l'haleine de mammouth [...]. (« Le blog d'un grincheux grave », 14 mai 2007, <grincheux.typepad.com/>)

∞ **(avoir une) haleine de putois**, loc. verb., loc. nom. "id.".

21. « Tu cocottes, Coco ! » Que celui qui n'a jamais pensé ça d'un voisin de bureau nous jette le premier déodorant. Pas évident, pourtant, d'en faire la réflexion à l'intéressé, même en prenant des gants. Alors à qui, quand et comment dit-on la vérité à propos d'une haleine de putois, de pieds qui schlinguent, d'un nez morveux ? (*Libération*, 15 août 2006, p. 15)

## halte

**halte au feu**, loc. interj. Pour appeler à cesser un comportement excessif ou dangereux. Du langage militaire où *halte feu !* est l'ordre de cesser le tir.

1. Il [un professeur d'histoire] mélange les époques, se souvient juste que côté divin il y a eu de l'abus depuis tout le temps et que ça peut plus durer. Les gros, les nantis, les archevêques, les politiques et Jésus, halte au feu ! (M. Quint, *Lundi perdu*, 1997, p. 127)

2. Alors que la présidence française de l'Union européenne entre dans sa phase finale, la crainte d'une crise majeure de la cohabitation est prise très au sérieux par l'Elysée. Ordre a donc été donné aux responsables gaullistes de crier halte au feu, pour stopper, quand il en est encore temps, « le processus d'escalade ». (*Libération*, 28 septembre 2000, p. 2)

3. – Mais t'es dingue, Rudi ! T'es complètement dingue ! s'emporte-t-elle.
Rudi fait volte-face :
– Eh, du calme... Halte au feu ! (G. Mordillat, *Les Vivants et les Morts*, 2006 [2004], p. 161)

4. Halte au feu ! Les vieux sont dans le collimateur. Et l'ostracisme à leur encontre prend de l'ampleur. Dramatiquement. Il ne fait pas bon, par les temps qui courent, s'éterniser au-delà de 65 ans dans la sphère économique à des postes de premier plan. (*Le Nouvel Economiste*, 19 janvier 2006, p. 1)

## haut

**le haut conserve** (/**protège**) **le bas**, loc. phrast. Un physique (et particulièrement un visage) disgracieux peut valoir à une femme sinon de rester vierge, du moins de ne guère susciter de concupiscence. Des formes proches sont attestées au XVII^e^ siècle ; en 1608 (« C'est un masche-coulis : le haut garde le bas / Et empesche d'aller aux amoureux combats. / Helas ! que fera donc la pauvre infortunée ? », T. Sonnet de Courval, *Satyre menippée ou discours sur les poignantes traverses et incommodités du mariage*, Bruxelles, impr. Mertens, 1864, p. 67) ; en 1611 (« Elle a les dents à maschecoulis, le haut defendant le bas », R. Cotgrave, *A Dictionarie of the French and English Tongues*, Hildesheim, Olms, 1970, s.v. *dent* ; aussi s.v. *maschecoulis*) ; cette même forme est reprise dans Oudin 1640 : « *Le haut deffend le bas*, pour dire qu'une femme est fort laide ». L'expression semble aujourd'hui de diffusion restreinte. ~ **remède à l'amour**.

1. Si elles [les filles] sont laides, le mot *irréprochable* fait recette auprès des timides et comme selon ce qu'on dit, le *haut leur a conservé le bas*, il se présente toujours quelque parti convenable. (P. Magnan, *La Maison assassinée*, 1985 [1984], p. 61)

2. La secrétaire était du genre revêche à moustache [...], elle appartenait à cette catégorie de femmes dont le haut protège le bas. (San-Antonio, *Chauds, les lapins !*, 1986, p. 60)

**sortir** (d'un débat, d'un conflit, d'une situation défavorable) **par le haut**, loc. verb. "parvenir à un accord satisfaisant, à une situation honorable pour tous".

3. M. Jacques Blanc. – [...] Nous sommes également sortis par le haut d'un débat trop longtemps faussé sur les problèmes de la chasse. Vous y avez contribué, monsieur le rapporteur. Des étapes fortes ont été franchies : les chasseurs peuvent aujourd'hui se sentir reconnus en tant qu'acteurs de la protection de l'environnement. (Sénat, *Compte rendu intégral des débats*, séance du 10 février 2005)

4. Le ministre de l'Intérieur a déclaré le week-end dernier que les émeutes signifiaient l'échec de trente ans de politique de la ville. Comme s'il souhaitait tourner une page de son gouvernement, considérée ici comme la dernière chance de sortir par le haut d'une situation alarmante. (*L'Humanité*, 2 novembre 2005)

— LOC. NOM. DÉRIVÉE. **sortie par le haut**.

5. M. Patrick Braouezec. – [...] Les emplois-jeunes ont joué un rôle important dans la relance économique et le retour de la confiance. Dans le contexte actuel, il importe de soutenir cette confiance. La volonté politique qui a permis le lancement du programme doit maintenant en assurer une sortie par le haut pour les jeunes concernés. (Assemblée nationale, *Compte rendu analytique*, séance du 2 octobre 2001)

6. [...] Lyon bafouille son football. En janvier 2006, l'équipe avait déjà connu un creux, dont elle était sortie par le haut : un cinquième titre de champion de France consécutif, et un quart de finale de la Ligue des champions [...]. (*Le Monde*, 21 février 2007, p. 21)

## hautbois

**jouez (/sonnez) hautbois, résonnez musettes**, loc. phrast. Symbole plaisant ou ironique de l'allégresse. Passage emprunté d'un cantique populaire célébrant la joie de Noël : « Il est né le divin Enfant, / Jouez hautbois, résonnez musettes… ». ~ **roulez (/battez) tambours, sonnez trompettes***.

1. Sonnez, hautbois, résonnez musettes… Un mois jour pour jour après son précédent record (414,3 le 15 décembre), la Bourse de Paris a atteint, le jeudi 15 janvier, un nouveau sommet historique […]. (*Le Monde*, 17 janvier 1987, p. 26)

2. Travaux immenses à la fin du printemps et dans le courant de l'été, et le 31 août, jouez hautbois, résonnez musettes, changement d'enseigne en grande pompe. Exit Rallye, et vive Géant Casino. (*Sud Ouest*, Angoulême, 11 novembre 1994)

3. Longtemps espérés, les voici, les voilà, les soldes d'été ! Sonnez hautbois, résonnez musettes, la chemisette ne coûte plus rien, le bermuda est dérisoire et la jolie veste, là, avec le petit revers et le col droit, est à la portée de toutes. (*Le Télégramme*, 2 juillet 2004)

4. Réjouissez-vous, jouez hautbois, résonnez musettes, chantez votre allégresse, astiquez vos zygomatiques car il est sorti, ça y est, et disponible dans tous les kiosques : *Le Monde diplomatique* est chez votre marchand de journaux ! *Le Monde diplomatique*, le seul mensuel vraiment sérieux au format réellement idoine pour dissimuler *Fluide glacial* et le lire en toute quiétude même en première classe du TGV. (*Le ouèbe Fluide Glacial.com*, septembre 2006, <www.fluideglacial.com/>)

— DANS UN CONTEXTE MÉTAPHORIQUE.

5. Jouez hautbois, résonnez musettes. Bernard Laporte l'annonçait depuis des mois. Aujourd'hui, Clément Poitrenaud retrouve enfin l'équipe de France [de rugby]. Auréolé de louanges. Attendu comme le Messie. (*Le Figaro*, 15 février 2003)

— EMPLOI SUBST.

6. Elle l'a dit à son mari [qu'elle est enceinte]. Elle avait imaginé tout un tas de manières possibles pour le lui annoncer joliment.
Des mises en scène, des tons de voix, des jouez-hautbois-résonnez-musettes… (A. Gavalda, *Je voudrais que quelqu'un m'attende quelque part*, 2001 [1999], p. 21)

## herbe

**entendre pousser l'herbe / entendre l'herbe pousser**, loc. verb.

— "posséder des dons de perception exceptionnels". Souvent employée dans les contes et légendes pour signifier le pouvoir merveilleux d'un personnage, la locution peut aussi qualifier le talent poétique. Elle a des équivalents dans diverses langues, notamment en allemand (*das Grass wachsen hören*) ; on la voit attestée en français en 1835 (« Les bruits les plus lointains parvenaient à ses oreilles ; ses autres organes venaient aussi d'acquérir une puissance de perception qu'il avait peine à comprendre. Il entendait l'herbe pousser, et les calices des fleurs s'entr'ouvrir sous les chaudes émanations du soleil », A. Royer, « Afrasiab et Mounédja », dans *Revue de Paris*, t. 13, p. 111-112, GRL), mais elle y est certainement antérieure.

1. Claude Vigée lui aussi, comme tant de poètes, entend l'herbe pousser. Il écrit :
J'écoute
Un jeune noisetier
*Verdir*. (G. Bachelard, *La Poétique de l'espace*, 1957, p. 163, GRL)

2. Heimdallr, qui pourtant est loin d'être le seul parmi les dieux scandinaves, et qui est loin d'être le plus important, a l'ouïe si fine qu'il entend pousser l'herbe sur la terre et la laine sur le dos des moutons. (C. Godin, *La Totalité*, t. 2, 2003, p. 156, GRL)

— Pour qualifier une nature calme et silencieuse et le plaisir que l'on peut y trouver.

3. Les petits zoziaux, la tranquillité, entendre l'herbe pousser, un morceau de lagon dans le jardin… Que du bonheur* ! (Blog, 13 mars 2007, <www.margouillette.com/>)

4. […] lors de ces concours [de radioamateurs] on voit pousser des stations un peu exotiques : un champ magnifique où régnait le calme et où l'on entendait pousser l'herbe, transformé, avec quelques tentes, des pylônes de plusieurs mètres de hauteur, des dizaines d'antennes dans tous les sens, les groupes électrogènes qui ronronnent et des types qui braillent dans un micro […]. (« L'émission d'amateur en phonie », <f6kfv.free.fr/>, consulté le 14 novembre 2007)

**herbe qui fait rire**, loc. nom. Dénomination euphémique du cannabis, dont l'absorption provoque notamment l'hilarité. Calque de l'anglais *laughing grass*, de même sens.

5. […] le terme *lascars* désigne, en langage des cités, des individus de sexe mâle âgés de 15 à 25 ans, habillés en extra-large, amateurs de hip-hop, de verlan et d'herbe qui fait rire. (*Libération*, 7 février 2000)

6. […] comme tous les ados de son espèce, coiffé de dreadlocks, il devait consommer un peu trop d'herbe qui fait rire […] et ne rien ficher à son lycée. (A.D.G., *J'ai déjà donné…*, 2007 [2004], p. 22)

7. Mon fils vient de perdre un copain de 26 ans […] accident causé par un jeune de 19 ans très éméché avec en plus de l'herbe qui fait rire. (Message, 31 mars 2007, <jeanmarcmorandini.tele7.fr/>)

## Herbert

**tu rêves, Herbert,** loc. phrast. Pour inviter l'interlocuteur à réagir, à passer à l'action ; pour lui signifier qu'il se fait des illusions. Souvent à la forme interrogative. Variante développée de *tu rêves*, avec calembour sur *réverbère*. *Tu rêves Herbert* est une chanson de Pierre Dudan (1955).

1. – Personne n'est à personne, Robert fera ce qu'il voudra.
– Eh bien William, tu fonces Alphonse ? tu rêves Herbert ? Robert est à toi. (J.-L. Bory, *Tous nés d'une femme*, 1976, p. 229, GRL)

2. On se plaignait du *basic english* […] mais il existait aussi un *basic french*, et c'étaient les Français eux-mêmes qui le parlaient. La transmission ? Qui osait encore parler de transmission ? La Rochefoucauld, Racine, *tu rêves, Herbert ?* Qui diable étaient ces extra-terrestres ? (G. Matzneff, *Voici venir le Fiancé*, 2006, p. 58)

3. Le plein emploi ? mais tu rêves, Herbert. (Message, 31 janvier 2007, <www.forum-auto.com/>)

## herpès

**en faire un herpès**, loc. verb. "être très inquiet à propos de quelque chose, très contrarié par quelque chose ou quelqu'un". Variante moins fréquente de **en faire une jaunisse, en faire une maladie**. L'herpès est parfois une réponse physique de l'organisme à un stress pychologique (cf. « La première crise d'herpès aux lèvres est apparue pendant leur première séparation. […] "Moi mon mari je l'ai pas fait tuer, j'ai préféré faire un herpès", dit-elle », P. Jaeger, dans *Revue française de psychosomatique*, 2002, n° 21, p. 140). ~ **donner de l'eczéma***.

1. – Ben, Steph, y a pas de quoi en faire un herpès. Tu feras bientôt partie du club et c'est tout.
– Quel club ? j'ai demandé.
Il m'a alors expliqué qu'au lycée, les enfants de divorcés se regroupaient en une sorte d'association secrète à but non lucratif. (P. Adler, *Bonjour la galère !*, 1985 [1984], p. 29)

2. Factures, factures, factures… et factures. / À en crever, en faire un herpès généralisé sans s'en rendre compte. (Blog, 9 mars 2007, <unautrelapin.spaces.live.com/>)

## heure

**de bonne heure (et) de bonne humeur**, loc. adv. Pour signifier que l'on commence sa journée tôt le matin et de bon cœur. Cette locution à caractère ludique, avec effet de rime intérieure, est parfois rattachée à la langue des casernes comme finale d'une séquence parodique d'un patronyme à particule, du type : patronyme à particule + ***de** corvée **de** chiottes **de**main matin, **de** bonne heure, **de** bonne humeur !*

1. Eh bien, ce matin, dimanche 24 février 1974, m'étant levé de bonne heure et de bonne humeur, quoique l'âme vacante […]. (J.-L. Curtis, *Une éducation d'écrivain*, 1985, p. 13, GRL)

2. Départ à 5 h 45, de bonne heure, de bonne humeur ! On rentre dans le bus, bon, un peu mort au début, tout le monde avait un peu la tête dans le cul* ! (« Voyage scolaire », 14 mai 2005, <rosedamour.hautetfort.com/>)

3. Environ 45 bénévoles […] se sont relayés tous les jours, par tous les temps, pour effectuer le comptage [des oiseaux migrateurs, à l'Aiguillon-sur-Mer, Vendée], de bonne heure et de bonne humeur. (*Ouest France*, 20 novembre 2006)

4. Le secret de sa longévité [d'une centenaire] : de bonne heure et de bonne humeur ! (*Midi libre*, 7 janvier 2007)

## heureux

**alors, heureuse ?** loc. phrast. Pour s'inquiéter du bonheur d'une femme. Emploi au second degré d'une formule, teintée de machisme, traditionnellement prêtée à un homme s'adressant à la femme avec laquelle il vient de faire l'amour : « Jadis, quand un tarzan était fier de sa performance, il nous demandait, à nous les filles : "Alors, heureuse ?" » (M.-A. Guillaume, *L'Odeur de l'homme*, 2006 [2005], p. 84).

1. – Il lui dit aussi des trucs, style : alors heureuse ?… Tu vois le genre que je veux dire.

– Ah ouais, c'est sa grande spécialité, je dis. C'est comme ça qu'il l'a emballée, le premier coup. (R. Péaud, *Kyrie rira bien le dernier*, 2004, p. 90, GRL)

3. Alors, heureuse ? Oui, Laurence aime les fleurs et son métier qu'elle a choisis un peu tardivement après avoir fait de la décoration d'intérieur. (*La Nouvelle République*, éd. Indre-et-Loire/Joué-lès-Tours, 21 janvier 2005, p. 11)

4. Rencontre juste après la proclamation des résultats.
Alors, heureuse ?
Très heureuse. C'est la troisième fois que je participe à l'élection de miss Morbihan. (*Le Télégramme*, 14 août 2006)

5. Alors, heureuse ? Eh bien oui ! justement, c'est son « bonheur » que Ségolène Royal a d'abord exprimé, le soir de son investiture par les militants socialistes. (*Télérama*, 22 novembre 2006, p. 11)

## Hexagone

**les quatre coins de l'Hexagone**, loc. nom. "toute la France métropolitaine et continentale". La locution *les quatre coins de* et le substantif *Hexagone* sont si bien lexicalisés et démotivés que leur juxtaposition passe habituellement inaperçue (mais voir l'exemple 2).

1. Soir après soir, dans les préaux des écoles [...], dans les banquets de province [...], dans les tête-à-tête publics, aux quatre coins de l'Hexagone [...]. (B. Fessard de Foucault, Avant-propos à M. Jobert, *Parler aux Français*, 1977, p. 25, GRL)

2. Même ailleurs, aux quatre coins de l'Hexagone (tant pis pour la géométrie !), le flux des souvenirs a déferlé [...]. (M. Bailly, *La Jarjille*, 1980, p. 11)

3. Une trentaine de groupes de supporters, venus des quatre coins de l'Hexagone, s'est retrouvée, samedi, à Paris. (*Le Parisien*, 23 janvier 2007, p. 29)

**les six coins de l'Hexagone**, loc. nom. "id.". Variante du précédent, à partir du sens littéral d'*hexagone*.

4. C'est par centaines [...] que les messages d'encouragement s'entassent sur nos tables. Ils viennent des six coins de l'Hexagone et des quatre coins de la planète... (J. Doléans, *La Fin d'un Monde*, 1988, p. 288, GRL)

5. [...] le facteur ne cesse de m'apporter, de la part d'auditeurs des six coins de l'Hexagone, des exemples nouveaux et savoureux. (P. Meyer, *Nous vivons une époque moderne*, 1991, p. 83)

6. [...] la crainte du gouvernement de voir s'allumer les feux de la contestation sociale aux six coins de l'Hexagone. (*La Tribune*, 15 novembre 1996)

7. Une ambiance chaleureuse que l'on retrouve dans les six cent trente maisons de la presse présentes aux six coins de l'Hexagone. (*Midi libre*, Béziers, 26 janvier 2007)

## hier

**(c'est) pour hier**, loc. phrast. Pour indiquer qu'il n'y a pas de temps à perdre, que tout se fait en retard et dans l'urgence.

1. Une urgence...
« C'est pour hier, mon pote [...]. Tu es déjà en retard. » (J.-M. Villemot, *Ce monstre aux yeux verts*, 2004, p. 252)

V. encore ex. 3 ci-dessous.

— VARIANTE. **(c'est) pour avant-hier**.

2. [...] tout, enfin, est *toujours* pressé. « C'est pour avant-hier, bien sûr », ponctue l'un d'entre eux [un journaliste] à la fin de chaque coup de fil. (*Le Monde*, 1er mars 1992, supplément, p. 19)

3. Et la précipitation également, les urgences, la folle cavalerie des jours, les exigences de l'heure, rendez-moi ce travail pour demain, pour ce soir, pour hier, pour avant-hier, qu'est-ce que vous fichez nom de dieu [...]. (J.-N. Blanc, *La Petite Piscine au fond de l'aquarium*, 2007, 211)

## horreur

**horreur et stupéfaction**, loc. phrast., loc. interj. Pour feindre l'effroi, la stupeur. Attesté en 1870 au sens concret (« on peut remarquer avec horreur et stupéfaction de jeunes hommes, presque des enfans de dix-huit à vingt ans, qui rougissent jusque dans le blanc des yeux lorsqu'on les regarde fixement », M. du Camp, « La Mendicité à Paris », dans *Revue des deux mondes*, t. 87, p. 205).

1. Quand la grande vérité fut dite, on s'aperçut, quand elle fut dite haut et clair, la grande vérité, on s'aperçut, mille tonnerres, on s'aperçut, horreur et stupéfaction, on s'aperçut qu'on n'avait pas inventé d'oreille pour l'entendre. (R. Norge, *Les Cerveaux brûlés*, 1969, p. 110, GRL)

2. Horreur et stupéfaction ! Des ministres gagnent moins que d'autres (*Challenges*, 12 janvier 2006, p. 18 ; titre)

3. J'avais écrit tout un roman et je prévoyais de mettre plein de photos du mariage mais horreur et stupéfaction : j'ai tout perdu ! (Blog, 17 août 2007, <le-cycle-des-saisons.over-blog.net/>)

**horreur et putréfaction**, loc. phrast., loc. interj. Pour feindre l'effroi, l'indignation. Attesté indirectement en 1933 (« Quelques personnes éclatent de rire ; d'autres s'écrient : Horreur ! et quelques-unes murmurent : Putréfaction ! », R. Queneau, *Le Chiendent*, éd. 1974, Paris, Gallimard, coll. « Folio », p. 73).

4. Horreur et putréfaction. Comment décliner une invitation aussi aimablement formulée ? ! (M. Gotlib, *J'existe. Je me suis rencontré*, 1994 [1993], p. 149)

5. Nous entrons dans une boutique pour faire deux trois courses. Horreur et putréfaction ! Les prix ! Le triple, le quadruple, le quintuple de ce que je redoutais ! Mais que mangent donc les gens ici ? (C. de Bonviller, *Ciel, mon mari veut naviguer*, 2005, p. 142, GRL)

6. Les vrais amateurs de chocolat sont des maniaques de l'étiquetage [...]. A priori, la liste des ingrédients [d'une certaine tablette de chocolat] a tout pour rassurer [...]. Mais à côté de ces ingrédients figurent d'autres indications [...] « Cendres, 1,8 gr. » Des cendres dans le chocolat ! Horreur et putréfaction ! On croit avaler du chocolat. Et c'est des cendres qu'on fait descendre. (A. Rémond, dans *La Croix*, 6 mars 2006, p. 2)

## huile

□ **envoyer qqn acheter (/chercher) de l'huile de coude**, loc. verb. "envoyer un naïf (en particulier un apprenti, une jeune recrue ou un débutant) à la recherche d'une chose qui n'existe pas. Attesté en 1879 (« Les soldats, par exemple, envoyaient les conscrits naïfs [...] acheter pour deux sous d'huile de coude », V. Fournel, *Les Rues du vieux Paris, galerie populaire et pittoresque*, Paris, Firmin-Didot, p. 215, GRL). À comparer avec *la clé* du champ de tir*, *la corde* à tourner le vent*, *la pince à friser le persil** ou *le marteau* à bomber les glaces*.

1. Elle me rappela que René était le petit-fils de la mère Marie, la plus proche voisine de notre ferme des Places-Corbes, chez qui, lorsque j'étais tout enfant, on m'envoyait chercher de l'« huile de coude » [...]. (J. Cressanges, *La Petite Fille aux doigts tachés d'encre*, 1985, p. 198, GRL)

2. Malgré son air de petite femme, Lola fait montre de rare candeur, aussi aimons-nous lui jouer des tours : l'envoyer acheter de l'huile de coude au bazar [...]. (O. Laplaze-Estorgues, *Des friches et des lettres*, 2005, p. 107, GRL)

— VARIANTE. ... **le/un bidon d'huile de coude**.

3. – [...] Les garçons vont finir par te monter des bateaux.
– C'est déjà fait. L'autre jour, Marc m'a envoyé chercher le bidon d'huile de coude.
– Ha ha ha ! Tu as cherché longtemps ?
– Assez. C'est Simon qui m'a expliqué. (M. Mirej, *La Jument de Lune*, 2005, p. 122, GRL)

□ **(être) à l'huile et au vinaigre**, loc. verb., loc. adj. "être bisexuel(le)". ~ □ **bique* et bouc** ; □ **(être) à poil* et à plume** ; □ **(être/marcher) à voile* et à vapeur**.

4. Ils le sont tous à la télé : à l'huile et au vinaigre ! Je ne pouvais rester bêtement hétéro. (« Elle et lui », 21 mai 2003, <www.webzinemaker.com/>)

□ **faire de l'huile**, loc. verb. "avoir peur ; s'inquiéter, se tracasser". Fréquente dans les milieux sportifs, la locution est probablement le condensé d'une expression plus longue, exprimant elle aussi la peur, du type « si on lui mettait une olive entre les fesses, il en sortirait de l'huile » (cf. « Mi-temps [d'un match de basket], deux points de retard pour Bourges. Les basketteuses se passent des mains aux fesses pour s'encourager. "Et nous, on serre les nôtres, tremble un voisin. Si ça continue, on va faire de l'huile" », *La Nouvelle République*, éd. Cher, 2 mars 2006, p. 3).

5. Zingaro faisait de l'huile. Il fouettait. Il était glacé, perdu, foutu. Il ne savait pas quoi faire et ça commençait à sentir le roussi pour lui : des mecs se mettaient à l'accuser directement, à le mettre en cause, lui, nommément. (Bayon, *Le Lycéen*, 1987, p. 42)

6. Il [un joueur de football] a perdu beaucoup de ballons, n'a pas su décaler ses attaquants et a fait de l'huile en plusieurs occasions. (*L'Équipe*, 29 septembre 2004, p. 2)

7. Et il les planta là [...], content de lui, après avoir quand même fait de l'huile pendant une grosse demi-heure [...]. (L. Chalumeau, *Maurice le Siffleur*, 2006, p. 179)

# I

## ici

**ici et maintenant**, loc. adv. Pour marquer que la prise en compte de l'instant présent prime toute autre considération. Adaptation de l'expression latine *hic et nunc* (laquelle ne sort guère, de nos jours, des pages roses du Petit Larousse), d'abord utilisée par les philosophes, ainsi : « Je suppose, en d'autres termes, que la vertu attractive des corps, partout et et toujours, comme ici et maintenant, augmente avec la masse et diminue avec la distance. » (*Dictionnaire des sciences philosophiques par une société de professeurs et de savants*, t. 3, Paris, Hachette, 1847, p. 283, GRL). *Ici et maintenant* est le titre d'un ouvrage d'entretiens de François Mitterrand avec Guy Claisse (1980), cf. l'exemple 1.

1. France socialiste puisque tu existes / Tout devient possible ici et maintenant (Refrain de l'hymne créé au Congrès de Nantes à l'occasion du centenaire du Parti socialiste, 1977, <centenaire.parti-socialiste.fr/>, consulté le 25 juillet 2007)

2. Si nous ne commençons pas ici et maintenant à nous préoccuper des enfants qui nous entourent […], l'action collective […] restera lettre morte. (*La Croix*, 27 août 1999, p. 17)

3. […] une nouvelle génération d'écrivains s'est imposée en Italie […]. Peu soucieux de postérité, ils veulent être lus ici et maintenant. (*Le Monde*, 22 mars 2002, p. 3)

## idée

**c'est quoi l'idée ?** loc. phrast. "de quoi s'agit-il ?".

1. Dans l'univers volatil de la photo de mode, c'est une tendance qui fait florès […]. C'est quoi l'idée ? Le jeune homme dans sa version porno star et/ou prostitué. (*Libération*, 24 mars 2001)

2. – C'est quoi l'idée ? Je suis un monstre qui méprise la vie humaine […] ? (J.-H. Oppel, *Chaton : trilogie*, 2006 [2002], p. 330)

3. – C'est quoi l'idée ?
– L'idée c'est qu'ils se marient au plus vite et après on se démerdera. (G. Mordillat, *Les Vivants et les Morts*, 2006 [2004], p. 359-360)

**fausse bonne idée**, loc. nom. "idée, à première vue originale et attrayante, qui se révèle moins pertinente ou moins féconde que prévu". Formule paradoxale qui est devenue un cliché. Attesté en 1948 (« Me voici en route pour la gare des Batignolles, escorté d'une voiture de son et caressant naïvement ma fausse bonne idée. [...] J'enregistre avec passion le dialogue de ces baleines bonasses [des locomotives à vapeur]. À leurs pupitres, les chauffeurs [...] ont les yeux sur moi, mais se lassent vite. On sent bien que la locomotive ne doit pas aimer faire l'artiste », P. Schaeffer, *À la recherche d'une musique concrète, 1er Journal (1948-1949)*, 1952, p. 19, FT).

4. La Marlboro était une prétentieuse cigarette pour femmes, munie d'un embout carmin pour dissimuler toute trace de rouge à lèvres. La fausse bonne idée par excellence. Les femmes de cette époque ne fumaient que pour singer les hommes. On stoppe donc la fabrication, mais on garde le nom. (J. Séguéla, *Hollywood lave plus blanc*, 1982, p. 78, GRL)

5. Le ministre chargé des transports [...] a qualifié, le mardi 25 août, de « fausse bonne idée » celle d'une candidature unique de la majorité dès le premier tour de l'élection présidentielle. (*Le Monde*, 27 août 1987, p. 7)

6. Il [un critique gastronomique] en profite pour dénoncer « les fausses bonnes idées » et « les tics à la mode ». « La confiture d'oignons ou les chutneys n'ajoutent rien de valable à un foie gras. Le vinaigre balsamique qu'on trouve en France a un goût puissant qui pollue les plats. Quant aux légumes dits oubliés, ils auraient dû le rester. » (*Le Figaro*, 13 janvier 2007, p. 44)

## importer

□ **n'imp**, loc. interj. Forme abrégée de **n'importe quoi**.

1. C'est clair que ça devient vraiment n'imp ce film. Déjà que c'est pas crédible 3 secondes ces histoires [...] mais alors la fin... un grand moment de ridicule. (« Les infiltrés de Martin Scorcese », 5 décembre 2006, <forum.fluctuat.net/cinema/>)

□ **c'est (du) n'imp**, loc. phrast. "c'est n'importe quoi".

2. Sérieusement, on fait tout un foin sur Booba [un chanteur de rap] par exemple, mais ça veut rien dire ses textes, c'est n'imp. (Message, 23 février 2007, <forum.narutotrad.com/>)

3. Je trouve que c'est du n'imp d'avoir lancé ce sujet pour nous dire à la fin qu'on a tous été piégés [...]. (Message, 12 mars 2007, <www.soignants.com/>)

## incruste

□ **(se) taper l'incruste**, loc. verb. *Incruste* est un déverbal de *s'incruster*. *L'Incruste – Fallait pas le laisser entrer* est le titre d'un film de Corentin Julius et Alexandre Castagnetti (2004).

— "s'installer chez quelqu'un de façon prolongée en prenant ses aises".

1. Avant c'est elle [la grand-mère] qui venait à la maison. Elle se tapait l'inscruste à longueur d'année. (Y. Queffélec, *Disparue dans la nuit*, 1994, p. 68)

2. Je ne voudrais pas « taper l'incruste » comme disent les « djeunz' » ["jeunes"], mais bon, je ne peux m'empêcher de raccrocher les wagons sur un sujet qui me tient à cœur et me semble être lié de très près à l'exercice de la démocratie. (« C'est pour dire », 25 décembre 2004, <gponthieu.blog.lemonde.fr/>)

3. Musset chez Pirandello : « Le Manège » est un chassé-croisé du dépit amoureux. La pièce s'ouvre sur un type qui tape l'incruste chez une ex. (*Le Point*, 11 mars 2005, p. 109 ; critique de la pièce *le Manège* de Florian Zeller)

4. Le tableau fait peur à voir : ses potes désargentés tapent l'incruste dans son appartement, son assistant est incompétent, son patron la considère comme de la matière hautement remplaçable [...]. (*Télérama*, 2 mai 2007, p. 121)

— "s'introduire indûment dans une réception, une fête, un spectacle".

5. – Cette présence des casseurs se traduit plus souvent par du pillage que par un affrontement avec les forces de l'ordre...
– Cela rentre dans la logique d'une plus grande mobilité, et c'est aussi lié au phénomène de l'« incruste », très important en banlieue. L'« incruste », ça consiste, quand vous voyez une fête, à vouloir entrer. S'il faut payer, vous arrivez à dix, quinze ou vingt pour « taper l'incruste », entrer sans payer. Les pillages qui ont lieu à l'occasion des manifestations relèvent un peu de ce phénomène : on va imposer sa présence dans la manifestation pour profiter de l'occasion. (*Le Monde*, 8 décembre 1998, p. 17)

6. Depuis quelque temps, il [un rappeur] tape l'incruste dans les concerts des autres [...] et retourne le public à son avantage. (*Libération*, 21 janvier 2006, p. 24)

## initiale

**les initiales de la chance**, loc. nom. "les initiales (du nom et du prénom) formées de la répétition de la même lettre, dont on dit qu'elles sont un gage de chance et de succès". Cf. **les dents* du bonheur/de la chance**.

1. La famille de Mathias Mondain aurait fait rougir de plaisir Debré et ses disciples. Huit gosses et une épouse, Marie, qui portait vaillamment le neuvième au cœur de son ventre rebondi. Ils avaient tous les deux les initiales de la chance, doublées. (J. Houssin, *Le Dobermann et le Phénix*, 1981, p. 79)

2. Bruno Boyer (on notera au passage les initiales de la chance) est né à Clermont-Ferrand, [...] il est, depuis le 3 juillet 2000, hôtelier-restaurateur à Dore-l'Église. (*Journal du parc naturel régional Livradois-Forez*, printemps-été 2001, p. 5)

## instant

**instant t/T**, loc. nom. Pour désigner un instant précis. Empruntée au vocabulaire de la physique, la locution est en fait employée avec une valeur comparable à *jour J* ou *heure H*. « Instant T » est le nom d'un théâtre lyonnais et d'une troupe poitevine ; par jeu de mots, divers salons de thé à travers la France sont à l'enseigne de « L'Instant Thé ».

1. Que dire de plus ? Nous restons là, cois devant le spectacle offert par la montagne. Voilà, c'est pour vivre cet instant T que je parcours la montagne. (Message d'un skieur, 19 octobre 2004, <www.skipass.com/>)

2. [...] une équipe visiteuse très accrocheuse, qui retarde au maximum l'instant T où elle va lâcher le match. (*Le Télégramme*, 23 octobre 2005)

3. [...] la base de données est mise à jour en temps* réel à chaque arrivée d'un ouvrage et à chaque vente. Il est ainsi possible de savoir à un instant T dans quel magasin est répertorié tel ou tel ouvrage. (*ZDNet France News*, 11 octobre 2006)

## instruire

■ **je (ne) parle pas aux cons, ça les instruit**, loc. phrast. Pour rembarrer quelqu'un sans ménagement et de façon outrageante ; la seconde proposition confirme et aggrave l'insulte. Formule attribuée à M. Audiard (M. Audiard, *Audiard par Audiard*, 1995, p. 79).

1. Les robes estivales [...] partent comme des petits pains [à la braderie]. On s'arrache également les tee-shirts à message. « Ceux qui se vendent très bien : "Ma passion c'est de faire le con", "Je ne parle pas aux cons... ça les instruit" [...]. » (*Sud Ouest*, La Rochelle, 23 juillet 1996)

2. Ce dérapage verbal [d'un prévenu] est d'ailleurs détaillé. « Alors que M. Batailler [...] essayait de renouer le dialogue avec vous, vous lui avez répliqué [...] : "Je ne réponds pas aux cons, ça les instruit." [...]. » (*Le Figaro*, « Le Figaro entreprises », 20 janvier 2003)

3. S'il faut utiliser la vulgarité pour que tu comprennes quelque chose, je peux le faire aussi... parce qu'un moment y en a marre de dialoguer avec les bourriques ! car au final dans ce forum y a que toi [...] qui te plains... alors fous-moi la paix toi aussi... je parle pas aux cons ça les instruit ! (Message, 6 mars 2003, <lacocottedechainee.free.fr/>)

## insu

**à l'insu de mon (/ton/son**, etc.**) plein gré**, loc. adv. "à mon (ton, son...) insu et malgré moi (toi, lui...) ; involontairement". Oxymoron souvent employé par ironie. Formule reprise au coureur cycliste R. Virenque, compromis dans une affaire de dopage lors du Tour de France en 1998, qui, avant de passer aux aveux en 2000, avait utilisé cette formule pour indiquer qu'il ne s'était pas dopé intentionnellement.

1. [...] tu vois un peu le degré d'intimité que j'ai avec mes potes de la DST à l'insu de mon plein gré. (Y.B., *Allah superstar*, 2003, p. 249)

2. S'il est suivi pendant deux mois par une équipe [de télévision] de la société de production de Karl Zéro, c'est qu'il a accepté ce harcèlement télévisuel, à l'insu de son plein gré, et un gros chèque dont la valeur tournerait, dit-on, autour de 300 000 euros. (*Télérama*, 22 janvier 2003, p. 174)

3. [...] si l'État est de plus en plus pingre pour la recherche publique, il est de plus en plus généreux pour les recherches privées [...]. Le résultat, c'est que, à l'insu de leur plein gré, les contribuables financent des recherches dont les axes sont définis par l'industriel, et dont les résultats sont propriété exclusive de l'industrie. (*Sauver la recherche*, 11 mars 2004, <recherche-en-danger.apinc.org/>)

## interdire

**il est interdit d'interdire**, loc. phrast. Pour marquer son refus de toute coercition. L'expression est apparue en mai 1968 ; voir par exemple *Les Citations de la révolution de mai*, recueillies par A. Ayache, Paris, J.-J. Pauvert, 1968, p. 101 : « Il est strictement interdit d'interdire. Loi du 13 mai 1968. »

1. En effet, quand on écrivait sur les murs de la Sorbonne : « L'imagination au pouvoir », ou « Il est interdit d'interdire », on était dans la ligne d'un enfant révolté contre tout, et qui, plus encore que changer le monde, selon Marx, voulait (disait-on)

« changer la vie ». (R. Étiemble, *Rimbaud, système solaire ou trou noir ?*, 1984, p. 131, GRL)

2. Nous ne sommes plus en mai 1968, mais la ritournelle « Il est interdit d'interdire » semble s'être refait une nouvelle jeunesse : il est interdit de réformer. (*Le Figaro*, 7 juin 2003, p. 1)

3. Je me souviens que sur le mur du théâtre en face de chez nous, là où d'ordinaire était écrit « Il est interdit d'afficher », quelqu'un [en mai 1968] avait biffé « afficher » et l'avait remplacé par « interdire ». Il est interdit d'interdire : la langue se vrillait en une spirale qui promettait d'être sans fin. J'ai adoré cette expression. (Camille Laurens, dans *Le Monde*, 19 août 2005)

4. Je me souviendrai toujours de ce gros motard [...] roulant sur le trottoir de la rue Étienne-Marcel, moi, obligé de m'écarter promptement pour n'être pas renversé, murmurant à son passage : « Vous êtes sur un trottoir ! » et m'entendant répondre, dans un hurlement surgi du fond du casque : « Fasciste ! » Interdit d'interdire, que voulez-vous ! (D. Noguez, *Vingt choses qui nous rendent la vie infernale*, 2005, p. 33)

— SUIVI D'UN COMPLÉMENT D'OBJET.

5. Il est interdit d'interdire le passage des trains de déchets nucléaires. Ainsi en a décidé le tribunal administratif de Bordeaux [...]. (*Libération*, 8 janvier 2004, p. 13)

## Iznogoud

**syndrome Iznogoud**, loc. nom., "fait de mobiliser toutes ses ressources et toutes ses forces en vue de prendre la place de son supérieur hiérarchique". La locution se réfère à l'obsession du Grand Vizir Iznogoud (personnage créé par R. Goscinny en 1962), qui veut **devenir calife à la place du calife**.

1. Le vice-président américain Al Gore a la tête du gendre idéal. On l'a souvent vu avec Bill Clinton, l'un et l'autre en train de sourire à la foule, exhibant de concert leur dentition parfaite. Eh bien, cet Al Gore n'est qu'un Judas. Il vient de juger « inexcusable » la liaison du président avec Monica Lewinsky [...]. / Il faut savoir qu'Al Gore est candidat à l'investiture démocrate pour l'élection présidentielle de l'an 2000, à ce titre atteint du syndrome « Iznogoud », très connu des lecteurs de bandes dessinées. (*L'Humanité*, 18 juin 1999)

2. Il existe [...] plusieurs figures d'abus de pouvoir au féminin. La paranoïa, d'abord : je souffre d'une demande d'amour exorbitante qui ne peut être satisfaite tant elle est énorme. Frustrée, je persécute en retour, de préférence des femmes, puisque je les connais mieux... Courant, également : le syndrome Iznogoud. Vouloir le pouvoir comme une fin en soi, et s'affoler une fois qu'on l'a. « *Cela relève de l'hystérie, et ce n'est pas seulement féminin*, explique Jean-Pierre Winter [...] ». (*Le Point*, 21 octobre 2004, p. 92)

— AVEC MÉTAPHORE FILÉE.

3. [...] des prétendants casqués [dans une course automobile] fatalement atteints du syndrome Iznogoud. Ils se voient calife à la place du calife. (*Le Figaro*, 10 mars 2006, Sports, p. 15)

# J

## jambe

**mise en jambes**, loc. nom. "fait de s'échauffer avant l'effort, avant une épreuve ; fait de se mettre en train". Métaphore du langage du sport. ~ **mise en bouche* ; tour de chauffe***.

1. A 19 heures, une série : Les Grandes Maladies. Premier volet, le choléra. Viendront, les vendredis suivants, la tuberculose, le paludisme, la lèpre… / Après cette petite mise en jambes, qui ne vous a pas rendu particulièrement guilleret, on enchaîne sur le magazine *Reportage*, consacré cette semaine à la vague des faillites, les PME au bord du désastre. (*Le Monde*, 12 août 1996, p. 5)

2. Étudiants et lycéens ont effectué mardi une mise en jambes avant la grande journée anti-CPE [contrat première embauche] de jeudi, avec plusieurs milliers de manifestants dans les rues, des centaines de lycées perturbés et une majorité d'universités tournant au ralenti. (Message, 21 mars 2006, <forum.x2board.org/>)

— PAR EXTENSION. "ce qui permet de se mettre en train".

3. Du « Pétard du matin n'arrête pas le pèlerin ! », qu'assis sur un sac de Prégyplac il claironnait en roulant son cône de mise en jambes, jusqu'à la petite sieste d'après casse-croûte, un sacro-saint rituel ponctuait nos journées rythmées par la valse des cassettes. (M. Embareck, *Une rue à ma fenêtre*, 1991, p. 60)

□ **troisième jambe**, loc. nom. "pénis". Variante de *jambe du milieu* (attesté dans Rabelais), à comparer avec *vingt-et-unième doigt*.

4. – Hé ! Tu le passes, ce catgut ! Sinon l'animal [un malade sur la table d'opération] va repartir avec un moignon qui pissera le sang ! Déjà que sa mémère risque de ne pas apprécier de se retrouver avec un unijambiste !… Encore que… du moment qu'on ne touche pas à sa troisième jambe. (M.-F. Hans, *Du côté de la vie*, 1990, p. 108)

5. Est-ce le goût du risque ? Les jeunes Hongrois raffolent d'une émission de radio qui leur propose de tester la fidélité de leur partenaire en direct. […] A ton avis, Edina, c'est important ou non de parler de la taille de la troisième jambe des garçons ? (*Libération*, 21 juin 1998)

□ **se réveiller avec une troisième jambe**, loc. verb. "(en parlant d'un homme) être en érection au réveil, notamment en cas de frustration sexuelle". ~ □ **se réveiller sur la béquille***.

6. Il rentre que vendredi et moi là j'en peux plus. Je fais des rêves érotiques la nuit [...] et lui il se réveille avec une troisième jambe. (Message, 2 août 2005, <forum.doctissimo.fr/doctissimo/fantasmes/>)

## jambon

□ **prendre qqn pour un jambon**, loc. verb. "ne pas prendre quelqu'un au sérieux ; prendre quelqu'un pour un nigaud". ~ **prendre qqn pour une poire/pour un pigeon.**

1. Il devait pourtant en manquer un [joueur] au départ de l'aventure [...]. « J'ai été pris pour un jambon », lâchait alors [l'] entraîneur [...]. (*L'Équipe*, 28 mai 2006, p. 8)

2. – Mais enfin, capitaine... de quoi me parlez-vous ? Mise en examen... juge d'instruction... homicide ! [...] Pas de cadavre, pas d'assassin ! Faut quand même pas me prendre pour un jambon, merde ! (M. Keriel, *Béhême pour perpète*, 2006, p. 146, GRL)

3. Viendra alors le moment de rappeler à votre concessionnaire de ne pas vous prendre pour un jambon et de lui demander, s'il lui plaît, de bien vouloir procéder à l'échange de la pièce que le constructeur a reconnue comme défectueuse. Gratuitement, si possible. (*Le Quotidien Auto*, 19 décembre 2006, <automobile.nouvelobs.com/>)

## Jeanne d'Arc

**se prendre pour Jeanne d'Arc**, loc. verb. "se croire investi d'une mission providentielle ; se considérer comme un personnage important". Par référence à Jeanne d'Arc (1412-1431), héroïne française. *Tu te prends pour Jeanne d'Arc ?* est le titre d'une une pièce de théâtre de C. Tyrene (2005).

1. Comme l'un des miens avait parlé de « la mission du général de Gaulle », M. Wilkie insinua que je me prenais pour Jeanne d'Arc. (C. de Gaulle, *Mémoires de guerre*, t. 2, 1956, p. 28, FT)

2. – Khrouchtchev s'est baladé sans escorte dans Paris [...].
– Oui [...], il a même causé à une fille du lycée, Monique Chouquet. Y a eu la photo dans *Match*. Depuis, cette Monique Chouquet, il faudrait presque lui parler à la troisième personne. Elle se prend pour Jeanne d'Arc, presque. (J.-L. Curtis, *Cygne sauvage*, 1962, p. 32, GRL)

— **se prendre pour Jeanne d'Arc, entendre des voix**, loc. verb. "avoir des hallucinations auditives". Par allusion ironique ou plaisante aux voix qui ont guidé Jeanne d'Arc.

3. J'ai revu Lainé [un militant breton]. Il est quelque part en Bretagne. Mais il est devenu complètement mystique. Déjà, en Irlande, dans sa roulotte, il entendait des voix : il se prenait pour Jeanne d'Arc ! (« Entretien avec Glenmor », 6 janvier 2004, <www.istorhabreiz.fr/>)

4. Chantal m'avait abordé en me demandant :
– Clara avait-elle un enfant ?
– Que dis-tu ? Tu connais Clara ?
– Quelle Clara ? De qui parles-tu ?
– Mais enfin, c'est toi qui viens de me demander si Clara avait un enfant !
– Mais pas du tout ! Tu te prends pour Jeanne d'Arc. Tu entends des voix ! (J.-H. Martin, *Les Bords de la gravière*, 2006, p 79, GRL)

5. Ces dernières années, on s'est souvent pris pour Jeanne d'Arc : dans tous les disques, on entendait des voix. Une, en fait : celle de Ian Curtis. (Message, 3 juin 2006, <cocosuodo.magicrpm.com/>)

∞ VARIANTE PONCTUELLE ACTUALISÉE.

6. UGÈNE. T'as entendu ? […] c'est lui ! Il m'appelle ! […].
ZABELLE. T'es comme Jeanne d'Arc ! T'entends des hippopotames maintenant ! (G. Mordillat, « L'Hippopotamour », dans *Scandale et folies*, 2007, p. 170)

## Jésus

**beau comme un Jésus**, loc. adj. "beau, mignon". Affectueuse lorsqu'elle qualifie un enfant, l'expression peut être ironique à l'égard d'un adulte. Attesté en 1833 (« il est beau comme un vrai Jésus », A. de Musset, *Fantasio*, II, 7, dans *Comédies et Proverbes*, Paris, Charpentier, t. 1, 1859, p. 291, GRL). ~ **beau/joli comme un cœur**.

1. Ils mettent leurs vêtements civils dans leur valdingue ["valise"]. On leur file un uniforme kaki. Short anglais. Écussons belges ou français. Chemise de scout et petit foulard. L'est beau comme un Jésus […]. (E. Hanska, *La Mauvaise Graine*, 1978, p. 94)

2. […] un homme, et quel homme, tenez je ne saurais mieux dire, beau comme un Jésus […]. (P. Georges, dans *Le Monde*, 27 mars 2002, p. 36)

3. Les plus grands [à l'école], eux, rigolaient, parlant de mettre le Jésus dans la crèche et me conseillaient de prendre gare à mes fesses si un type me trouvait « beau comme un Jésus ». (G. Mordillat, *Rue des Rigoles*, 2002, p. 76)

**Jésus, Marie, Joseph**, loc. interj. Pour marquer la surprise, le désarroi, la peur, l'inquiétude. Vieilli. Cette banalisation de l'oraison jaculatoire est attestée en 1822 (« Ah ! Jésus, Marie, Joseph ! quelle menace vous me faites là ! », Pigault-Lebrun, *Jérôme*, Paris, t. 2, p. 11, GRL) ; pour d'autres attestations anciennes, mais postérieures, voir Enckell 2004, p. 309.

4. M. JOSSE. Que dites-vous là ?
SÉVERIN. Jésus, Marie, Joseph et les saints du paradis, tous mes cheveux se dressent de frayeur. (A. Camus, *Les Esprits*, 1953, II, 2, dans *Théâtre, récits, nouvelles*, 1962, p. 479, GRL)

5. Une violente pétarade […] cloua les dîneurs sur place.
– Jésus-Marie-Joseph, dit Maman Legrand en se signant. (Viard & Zacharias, *Le Roi des Mirmidous*, 1966, p. 96)

6. Toutes les marches du grand escalier étaient verglacées. […] La patronne valdingue à la renverse, jurant :
– Jésus, Marie, Joseph ! (G. Mordillat, « Mme Gore », 2001, dans *Scandale et folies*, 2007, p. 215 et 216)

## jeter

□ **(il n') y a rien à jeter**, loc. phrast. "tout est bon". Employée par plaisanterie à propos du physique avantageux d'une femme, l'image a été diffusée par G. Brassens (« Tout est bon chez elle, y a rien à jeter / Sur l'île déserte il faut tout emporter », refrain de « Rien à jeter », 1969, dans *Poèmes et chansons*, 1991 [1973], p. 217).

1. Une de ces frangines étranges dont il est quasiment impossible d'affirmer si elles sont incroyablement belles ou franchement bléchardes ["laides"]. Côté rondeurs, y a rien à jeter. (J. Houssin, *Bille en tête*, 1984, p. 57)

2. – [...] J'ai eu le béguin pour vous. Oh, là, là... Tous les midis devant le poste... ! Je vous ai écrit pour faire l'émission... J'ai même envoyé des photos... À l'époque je pouvais, y avait rien à jeter, 98/70/95... Je croyais que ça vous tenterait... Et puis non... Pourtant, vous n'auriez pas été déçu... (M. Quint, *L'Éternité sans faute*, 2000, p. 229)

3. À vous belle blonde, vêtue d'un manteau blanc et d'un jean bleu, vue dans le RER E le 24 novembre à 9 h 48 en direction de Villiers-sur-Marne. Une vision enchanteresse comme sortie d'un conte d'Andersen ; comme dirait trivialement mon ami Fabien, il n'y a rien à jeter. (« Rencontres », 24 novembre 2006, <www.metrofrance.com/>)

## jeu

... **ce petit jeu**, loc. nom. Pour qualifier un manège, une tactique qui manque de franchise ou qui use de détours puérils.

1. Parfois, [...] lorsque nous avions été obligés de céder à nos partenaires sur tel ou tel point, nous nous précipitions pour chercher du secours auprès de notre administration, qui tentait de rattraper le coup* dans sa propre négociation avec ses partenaires étrangers. Tous les pays, à un moment ou à un autre, ont joué à ce petit jeu. (*Le Monde*, 13 décembre 1988, p. 23)

2. – Écoutez, messieurs, jouons franc jeu. Je sais pertinemment que vous savez de quoi il retourne. [...] Alors je vous demande de cesser ce petit jeu de la langue de bois et de m'aider, je ne suis pas votre ennemi. (M. Barbey, *Commerce historique*, 2005, p. 195, GRL)

## joint

□ **péter un joint**, loc. verb. "perdre le contrôle de soi-même ; avoir un comportement déraisonnable". Issu du vocabulaire de la mécanique (*péter un joint de culasse*). ~ □ **péter un boulon*/un câble*/un plomb*/une durit(e)*** ; □ **fondre un plomb*** ; □ **perdre ses/les boulons*** ; □ **monter dans les tours***.

1. – « Contre-nature » ! Tu attiges, Polo chéri. C'est pas toi, la nuit dernière, qui prétendait qu'entre *nature* et *contre-nature*, il n'y avait pas plus de différence qu'entre *amiral* et *contre-amiral* ? Il y a des fois où je me demande si tu n'as pas pété un joint, mon grand. (« Les Chroniques imaginaires », 20 décembre 1994, <www.jp-m.eu/>)

2. M. Renaud Donnedieu de Vabres. – En constatant tous ces dérapages, en avez-vous conclu que le préfet sur place avait « pété un joint », qu'il s'occupait de ce dont il n'était pas chargé, qu'il n'était pas le patron de la police judiciaire, qu'il vous embêtait ? Vous êtes-vous demandé, pourquoi ce type ne saute-t-il pas ? (Assemblée nationale, *Rapport sur le fonctionnement des forces de sécurité en Corse*, séance du 12 juillet 1999)

□ **péter ses joints**, loc. verb. "id.". ~ □ **perdre ses/les boulons***.

3. Il était sur le point de péter tous ses joints et tenait une pêche d'enfer. (J. A. Lion, *N° 5 paysage*, 1988, p. 114)

## jonc

■ **se peler le jonc**, loc. verb. "avoir très froid". Variante développée de □ *peler* "avoir très froid" ; *jonc* est l'une des dénominations du pénis en argot. ~ ■ **se peler les miches** ; ■ **(il) fait frisquet de la nouille*** ; ■ **se geler les couilles**.

1. Ce que ça caillait. / Il enfila par-dessus son blouson de jean le col roulé que lui avait offert Béné pour ses vingt-quatre ans : [...] « Si t'es bien couvert, tu te pèles pas le jonc. » (G. Guégan, *Sur le sentier de la guerre*, 1993, p. 69)

2. [...] c'est une station de ski, [...] on s'y pèle le jonc à cette époque de l'année [en hiver], et [...] plus au sud on trouve de charmantes villes comme Saint-Raphaël... où l'accueil est bon, et la douche chaude. (Message, 14 septembre 2005, <randoartistes.mon-blog.org/>)

3. [...] ces pubs avec des bars tout en longueur, où on se pèle le jonc à cause de la clim [...]. (Message, 26 septembre 2006, <bandler.blogspirit.com/>)

## jour

adj. ou nom + **un jour** + même mot répété + **toujours**, loc. Pour indiquer la pérennité d'une situation. *Femme un jour, femme toujours* est le titre d'un livre de N. de Rotschild (1997).

1. Punk un jour, punk toujours ! (P. Manœuvre, *L'Enfant du rock*, 1986 [1985], p. 49)

2. Je l'ai toute de suite reconnue [une amie d'enfance], elle n'a pas changé. Aussi tarte que dans mon souvenir. Tarte un jour, tarte toujours. (P. Fonteneau, *Les Fils perdus de Sylvie Derijke*, 2006, p. 87)

3. Stagiaires un jour, stagiaires toujours. (Slogan sur une banderole de manifestants du collectif « Génération précaire », Paris, 3 décembre 2006)

4. Et ils étaient partis, gentiment, lentement [...].
– Fous un jour, fous toujours, m'a glissé le grand-père. (J.-B. Pouy, « La Décharge », dans M. Villard, J.-B. Pouy, *Tohu-bohu*, 2008, p. 108)

## jument

▲ **jument de brasseur**, loc. nom. Dans des comparaisons explicites ou implicites, en parlant de femmes corpulentes et fessues. La jument de trait est le prototype d'un physique imposant.

1. Avec les dames-bouchères : [...] joues couperosées, pétard de jument de brasseur, démarche chaloupée, je portais la conversation sur le plan de la cuistance et la... bagatelle : « Le plaisir de la table a du bon ! Le bien-manger est une des formes – et non la moindre – de l'art de vivre... Une bonne table rend joyeux, optimiste et prépare à l'amour... Certaines façons d'aimer ne peuvent être qu'après un gueuleton arrosé de grands crus, n'est-il pas vrai ? » (M. Ciantar, *La Mongolique*, 1949, p. 273, GRL)

2. Courte sur pattes, boulue, des fesses comme une jument de brasseur qui montent à l'assaut des épaules, si dodues qu'elle paraît bossue par derrière, bossue devant, vu l'opulence de ses avantages : Mlle Polichinelle [...]. (M. Jouhandeau, *Réflexions sur la vie et le bonheur*, 1958, p. 209, GRL)

3. [...] derrière le Moulin de la Galette, Utrillo a placé ses petits personnages, en majorité féminins, généralement représentés de dos, avec des croupes de jument de

brasseur, qui faisaient dire à Suzanne Valadon avec malice : « Voilà tout ce qu'Utrillo a compris des femmes. » (R. Passeron, *La Gravure française au XX^e siècle*, 1970, p. 106, GRL)

4. L'hôtel de Frédéric était à deux pas, un *petit* hôtel tenu par une jument de brasseur, épaisse et lente, toujours enchifrenée. (C. Baroche, *Plaisirs amers*, 1984, p. 36, GRL)

# K

**Kärcher** [kaʀʃɛʀ]

**passer (/décaper/nettoyer) au Kärcher (/Karcher)**, loc. verb. Usitée principalement par les médias et les hommes politiques, cette locution de type métaphorique s'est largement diffusée, en juin 2005, à la suite d'une déclaration controversée du ministre de l'Intérieur d'alors, à La Courneuve (Seine-Saint-Denis), après la mort d'un enfant, tué par deux balles perdues lors d'une rixe entre bandes rivales (voir l'exemple 4). *Kärcher* est la marque déposée de nettoyeurs hydrauliques à haute pression ; le mot est souvent écrit sans majuscule. *Faut-il passer la banlieue au Kärcher ?* est le titre d'un ouvrage de Roland Castro (2007).

— "faire subir une rénovation complète, un changement radical à qqn".

1. Marie-France Garaud, la douairière entremetteuse [...]. Côté look, il faudrait la passer au Karcher. Mais elle n'est pas aussi réac que son chignon le laisserait supposer, susurre un proche de Charles Pasqua. (*Libération*, 3 juin 1999)

— "mettre tout en œuvre, sans ménagement, pour écarter les responsables d'une situation inacceptable". ~ **faire le ménage**.

2. Christian Cotten [...], connu pour la littérature vengeresse qu'il adresse régulièrement à la presse, [...] compte bien « nettoyer au karcher les élites politiques françaises ». (Le texte entre guillemets est extrait de *Libération* du 23 janvier 2002 [p. 15-16], <www.argus-presse.fr/>)

3. Pour la première fois de leur histoire si discrète, au milieu des années 1990, les hauts responsables de la maçonnerie française [...] ont passé leurs obédiences respectives « au Kärcher ». (*Le Figaro*, 21 juin 2003, p. 22)

∞ LOC. NOM. **nettoyage au Kärcher (/Karcher)** "fait de tout mettre en œuvre, sans ménagement, pour écarter les responsables d'une situation inacceptable". ~ **coup de balai ; coup de torchon ; grande lessive***.

4. M. Philippe Martin. – Ma question s'adresse au ministre d'Etat, ministre de l'Intérieur. [...] le doute s'installe sur le sens qu'il convient de donner à certaines de vos déclarations et sur l'efficacité réelle de votre action. On connaît votre style, mais tout de même : parler de « nettoyage au karcher » peut en réjouir certains, mais consterne ceux qui placent au cœur de leur engagement républicain le respect et la dignité de la personne. (Assemblée nationale, *Compte rendu intégral*, séance du 22 juin 2005)

— "expurger ou édulcorer un document en le modifiant sans ménagement".

5. M. Muzeau. – […] Depuis plusieurs années, nous avons droit aux mêmes discours […] : il ne peut exister d'avenir que par la souplesse, la libéralisation des droits du personnel, la casse du Code du travail. Nous pourrions établir une liste à la Prévert de ce que vous avez déjà nettoyé au karcher, en matière de droit du travail ! (Sénat, *Compte rendu analytique officiel*, séance du 28 juin 2005)

— "épurer sans ménagement pour revenir à l'essentiel".

6. Dans son projet présidentiel, Alain Madelin proposera de passer les institutions « au karcher » pour en effacer les scories d'« ancien régime », une image qu'il affectionne, décidément. (*Le Figaro*, 2 août 2001)

7. [Dans le film *John McCabe*] Altman décape au kärcher la mythologie du western, mais son objectif n'est pas seulement de détruire : ce réalisme absolu rêve de réinventer un cinéma juste, avec des personnages conformes à notre époque mais qui accompliraient les mêmes actions que les héros d'antan. (*Le Petit Bulletin*, 6 décembre 2006, p. 7)

— "examiner avec un vif esprit critique".

8. Il y avait le Lagarde et Michard. Voici maintenant le Jourde & Naulleau, qui se présente comme un « petit précis de littérature du XXI$^{e}$ siècle » […]. Ils passent donc au Kärcher quinze de nos gloires germanopratines […]. (*L'Express*, 23 février 2004, p. 93)

9. Pas franchement subtil, mais authentiquement hilarant, ce vaudeville moral qui passe au Kärcher l'actualité du monde agricole. (*L'Express*, 16 août 2004, p. 18)

∞ LOC. ADJ. **au Kärcher** "qui ne fait grâce de rien, sans concession". ~ **décapant.**

10. […] un rapport au Kärcher intitulé « Entreprises publiques et Etat actionnaire : pour une gouvernance plus responsable ». (*L'Express*, 24 juillet 2003, p. 75)

## kilo

**en faire des kilos**, loc. verb. "en faire beaucoup, en faire trop". Pour exprimer l'excès, la démesure, l'exaspération. ~ **en faire des tonnes***.

1. – J'suis vraiment désolée, tu sais.
Elle en remettait. Elle en faisait des kilos, sauf dans la conviction. (A. Page, *Tchao pantin*, 1982, p. 55)

2. Il [un homme politique] exagère, il en rajoute, en fait des kilos, des montagnes, des tonnes*. Il use de toutes les ficelles, de toutes les formules. (*Le Monde*, 30 mai 1997, p. 32)

3. Le numéro du 23 janvier 1991 [du *Canard enchaîné*] a pour "une" : « Halte au bourrage d'écran ! ». On peut notamment y lire, en page 3, un article intitulé : « De l'émotion pour faire de l'audience. En manque d'infos, les télés en ont fait des kilos ». (M. Hecker, *La Presse française et la première guerre du Golfe*, 2003, p. 113, GRL)

4. Au début, elle en faisait des kilos, Zazie, avec des tas de jeux de mots qui donnaient à ses chansons un côté sympathique, certes, mais un peu fabriqué. Aujourd'hui, Isabelle [de] Truchis de Varenne[s], son nom pour l'état civil, propose une écriture toujours faite de tournures amusées, aux contours plus réfléchis, signe d'une démarche moins légère et donc plus intéressante. (*L'Humanité*, 11-12 septembre 2003)

## kilomètre

**musique au kilomètre**, loc. nom. "musique commerciale, fabriquée à la chaîne". ~ **musique d'ascenseur* ; musique au mètre***.

1. On mange sur des tables en bois aux couleurs vives des plats aux teintes rebondissantes. Aux murs sont épinglées des photos de Cadillac bleu pâle et de révolutionnaires cambrés dans la pose. La bière se boit avec du citron. Le décor, les serveuses au pair et la musique au kilomètre ne se font jamais payer très cher. (*Le Monde,* 14 août 1996, p. 15)

2. [...] la société Mood Media sonorise quelque 2 500 surfaces commerciales, à la ville comme à la campagne. [...] pourtant, on se défend de produire de la musique au kilomètre. (*L'Express*, 26 septembre 2002, p. 48)

3. La légèreté du disque compact permet les paris les plus fous ; ou les plus grotesques ! [...] le mélomane boulimique [...] peut s'empiffrer de Tout Wagner ou Tout Chostakovitch. Le musicien russe compose de la musique au kilomètre, des heures d'écoute... pas forcément passionnantes. On sera mieux inspiré d'oser le récent Tout Bach [...] : pas moins de 170 CD. Avec Bach, c'est comme dans le cochon* : tout est bon ! (*Le Figaro Magazine*, 28 octobre 2006)

## Kleenex

**salarié (/employé/travailleur) Kleenex**, loc. nom. "salarié dont le contrat de travail est sous le signe de la précarité". Par référence à l'appellation commerciale de mouchoirs en papier jetables. Comparer avec **jeter comme des mouchoirs* en papier, jeter comme des savonnettes***.

1. Au service commercial de la gare TGV, Paul raconte combien le rapport de forces né des grèves de 95 lui a « changé la vie ». Jusqu'à janvier, il était « contractuel ». Treize années comme « employé Kleenex », flexible et « virable à souhait ». Il a « tout fait, même le ménage ». Dans la foulée du mouvement social, la CGT s'en mêlant, il est devenu titulaire à plein temps. (*L'Humanité,* 17 octobre 1996)

2. « Dans les années 80, le malaise des cadres était dû à la hausse de la pression fiscale. Dans les années 90, il est dû au chômage. A partir du moment où ils ont l'impression d'être des "salariés-kleenex" comme les autres, on ne voit plus pourquoi ils défendraient un système auquel ils ne croient plus », résume Claude Cambus, secrétaire général de la CFE-CGC [Confédération française de l'encadrement-Confédération générale des cadres]. (*Le Monde,* 5 février 1997, p. 16)

3. M. Jacques Mahéas. – Vous dites que ce CPE [contrat première embauche], c'est mieux que rien. Nous, nous disons que c'est pire que tout ! C'est mieux que rien ? C'est même bien pour le patronat, évidemment ! Mais c'est pire que tout pour les jeunes, car vous les dupez. Vous avez inventé le jeune travailleur-Kleenex : on se sert et on jette ! (Sénat, *Compte rendu intégral des débats*, séance du 28 février 2006)

— AVEC UN TERME DÉSIGNANT UN MÉTIER PRÉCIS.

4. Barbara sourit et évoque avec philosophie la suite de sa carrière cinématographique : « Il y a beaucoup d'actrices "Kleenex". Alors on verra... Je crois que de toute manière je vais reprendre la fac [...] ». (*Sud Ouest*, Pau, 27 mai 1994)

— AVEC UN TERME RENVOYANT À UN GROUPE DE PERSONNES.

5. […] les représentations négatives de la jeunesse fleurissent : « Bof génération », « Génération Kleenex »… Pas une semaine sans qu'une nouvelle stigmatisation dévalorisante n'intervienne […]. (*La Croix*, 4 septembre 2001, p. 23)

## Kronenbourg

□ **abdominaux Kronenbourg** / □ **abdos Kro** / □ **muscle Kronenbourg**, loc. nom. "ventre d'homme un peu lâche et rebondi ; bedaine". L'alcool et particulièrement la bière (*Kronenbourg* ici) peuvent entraîner cet état (même image en anglais *beer belly* ou en allemand *Bierbauch*, littéralement « ventre de bière ») ; dans **abdos Kro**, l'image est doublée d'une rime intérieure qui ajoute à son côté plaisant. ~ □ **durillon de comptoir** ; □ **œuf colonial**.

1. Pascal Delcroix est mon meilleur ami, quoiqu'il prétende souvent me réduire au rôle peu reluisant de faire-valoir, compère un tantinet répugnant et épris de boisson, ce qui lui permet d'opposer ses pectoraux d'ancien para à mes abdominaux Kronenbourg […]. (A.D.G., *On n'est pas des chiens*, 1982, p. 20)

2. On lui est tombé dessus avec une classe folle. Il a rien vu venir, faut dire qu'on a un peu l'expérience. L'âge, ça sert pas qu'à vous arrondir le muscle Kronenbourg. (L. Simon, *Les Ripoux 1. L'Embrouille*, 1985, p. 11)

3. […] deux gros cons de commerciaux habitués au TGV en 1re classe qui s'approprient le peu de place [dans une rame de métro] en imposant leurs abdos-Kro et leurs attachés-cases en skaï aux pauvres minables qui osent partager ce trajet. (Blog, 9 novembre 2004, <mumetc.free.fr/>)

4. Les jambes gainées de chaussettes de foot, tirées bien haut sur les tibias, il se met à sauter lui aussi, son bermuda trop large dévoilant par là-même ses « abdos Kronenbourg ». (*Le Parisien*, 23 mars 2007, p. 35)

# L

## là-bas

**comme là-bas (dis)**, loc. adv. Euphémisme d'abord employé par les « rapatriés » d'Algérie, après l'indépendance en 1962. L'utilisation de cette locution dans une publicité, aujourd'hui vieillissante, pour du couscous en boîte, a beaucoup fait pour sa diffusion.

— Pour désigner l'Algérie et, par extension, les pays du Maghreb.

1. [...] Hanane la Casablancaise débarque à Paris. Voix rocailleuse et accent du bled « comme là-bas » [...]. (*Le Point*, 20 août 1999)

2. Le narguilé, c'est le dernier loisir branché. [...] Aujourd'hui, rien de plus tendance que de s'affaler sur un divan en fumotant un narguilé, comme là-bas dis. (*Le Figaro*, 10 octobre 2000)

3. La cerise sur le gâteau [à la foire de Bordeaux] étant ici l'expo [...] du pays invité d'honneur, à savoir le Maroc. Une vraie petite médina avec son souk débordant de boutiques et lieux d'animation. Comme là-bas ! (*Sud Ouest*, Bordeaux, 20 mai 2006)

— Pour désigner un pays ou une région dont on est éloigné.

4. Les fumets de l'Amérique se font plus présents encore à la carte [d'un restaurant palois] avec des salades composées [...]. Pour les estomacs plus solides, on décline les gros burgers « comme là-bas-dis » à la lisière des 60 francs. (*Sud Ouest*, Pau, 7 octobre 1997)

5. [...] les descendants d'une poignée d'Aveyronnais qui, en 1881, s'exilèrent en Argentine [...] et vivent dans la vénération de leurs ancêtres en préparant, en pleine pampa, des confits d'oie et de la saucisse sèche « comme là-bas ». (*Le Figaro*, 10 avril 1999)

6. Un nouveau restaurant va voir le jour [...]. L'enseigne « Chez Papa » va proposer des spécialités du Sud-Ouest... [...] il y a encore du pain sur la planche pour les ouvriers chargés de donner aux lieux un air convivial, clair et avenant. Comme là-bas, dis... (*La Nouvelle République*, éd. Indre/Châteauroux, 5 septembre 2006, p. 5)

## lâcher

□ **lâche-moi le slip**, loc. phrast. "laisse-moi tranquille". Par hyperbole. L'expression a connu une large diffusion, notamment auprès des enfants, à partir des bandes dessinées de Zep (Philippe Chapuis), qui en fait l'une des répliques favorites de son héros Titeuf, et dont un album s'intitule d'ailleurs

*Lâchez-moi le slip* (2000). ~ ■ **lâcher la grappe** ; □ **lâcher les baskets/les pompes** ; □ **lâcher le coude** ; □ **lâcher la gourmette** ; □ **fiche la paix,** ■ **foutre la paix.**

1. Tachan aime le rire, la provocation [...]. Il vient de sortir un « maxi CD », soit treize minutes de nouveautés parmi lesquelles *Sleep, sleep, sleep* (« ... lâche-moi donc le slip » !). (*Le Monde*, 2 octobre 1989, p. 25)

2. Je t'ai dit que tu me soûlais. Alors lâche-moi le slip s'il te plaît ! Tu penses de moi ce que tu veux, je m'en fous. (Message, 17 février 2005, <www.forum-auto.com/>)

**lâcher l'affaire**, loc. verb. "ne plus s'occuper d'une chose ; laisser tomber, abandonner".

3. Les jeunes gens invités à quitter les lieux semblent s'orienter vers un « déménagement » en douceur [...]. « On va faire ce que la justice demande, on va lâcher l'affaire et la vie continue ». (*Sud Ouest*, Langonnais, 28 mars 2000)

4. Les Niortais [une équipe de volley-ball], en déplacement à Périgny, ont totalement lâché l'affaire face à un des mal classés du championnat [...]. (*La Nouvelle République*, éd. Deux-Sèvres, 4 avril 2005)

5. « On s'en va, on lâche l'affaire ». Une à une, les filles désertent le bout de l'avenue [...] où un cortège de lycéens [...] a tourné mercredi au caillassage de policiers et de voitures. (*Agence France Presse*, 22 mars 2006)

V. encore *Q.I.*, ex. 7.

## langue

**langue de belle-mère**, loc. nom. "sifflet qui déroule un long appendice de papier sous l'effet du souffle ; cet accessoire, en tant que symbole des ambiances de fête". En botanique, la langue de belle-mère (ou *sansevieria*) est une plante grasse dont les feuilles allongées se terminent en pointe. L'image renvoie, par jeu de mots, aux propos désagréables que sont parfois censées répandre les belles-mères.

1. La boue durcie par le vent glacé était constellée de confetti et d'abominables tronçons de serpentins qui y grouillaient comme des vers. On avait également étripé sur les trottoirs des accessoires de cotillon de toutes sortes : faux nez, chapeaux de marquis et cette espèce de mirliton à moustache qu'on appelle langue de belle-mère et qui tire une langue longue d'un empan quand on souffle dedans. (J. Giono, *Le Moulin de Pologne*, 1952, p. 170, GRL)

2. [...] les clients, coiffés de chapeaux pointus, s'arrosent de confettis. Glacée d'effroi, Clotilde observe nos deux compères soufflant dans des langues de belle-mère. Le gros pas-beau paie le champagne. (B. Lafont, *Le Roman de ma vie*, 1997, p. 73)

3. R2K doit remplacer un confrère malade pour assurer le passage à l'an 2000 dans sa banque. Il y aura du champagne, des langues de belle-mère et une télé pour regarder, entre deux contrôles, les succès et les bogues des réveillons du monde entier. (*Les Echos*, 24 décembre 1999)

4. Surprise ! Joie ! Sortez les cotillons, les langues de belle-mère et le Champomy : le 19/20 de France 3 fête ses vingt ans. (*Libération*, 4 novembre 2006, p. 24)

**la langue de** + nom d'un écrivain qui a illustré sa langue d'origine avec une maîtrise incomparable et l'a portée à un rare niveau d'excellence. Appellation emphatique, un tantinet précieuse, appartenant principalement au registre écrit. On a retenu ici les locutions concernant les principales langues dont le berceau est l'Europe, sans entrer dans le détail des nombreuses variantes, souvent ludiques et parfois ironiques, du type : pour l'anglais, *la langue de Lady Di/de Stephen King/d'Elvis Presley/de John Lennon/des Beatles* ; pour le portugais, *la langue de Linda de Souza*, ou encore, pour le français, *la langue de Jacques Brel*, comme dans *L'Express*, 22 novembre 2004, p. 32 : « [...] c'est certain : depuis l'élargissement de l'Union et l'entrée en force des pays d'Europe centrale, la langue de Jacques Brel est de plus en plus menacée. Sur les 25 000 fonctionnaires des 10 nouveaux Etats membres, la moitié sont anglophones, un quart germanophones et seulement 16 % francophones ».

— **la langue de Camoens**, loc. nom. "la langue portugaise, le portugais". Attesté en 1826 (« Manoel a donné plusieurs volumes [...] où le talent poétique se montre au plus haut degré : tout en suivant Horace pour guide, il conservait son originalité, et, comme l'a fort bien dit un écrivain judicieux, on croit sentir que le poète de Tibur se serait exprimé ainsi dans la langue de Camoens au seizième siècle », Ferdinand Denis, *Résumé de l'histoire littéraire du Portugal...*, Paris, Lecointe et Durey, p. 462, GRL).

5. [...] un ensemble de cent quatre-vingt-cinq millions de locuteurs dans la langue de Camoens et du Nobel 1998 de littérature, José Saramago. (*Le Monde*, 26 novembre 1998, p. 26)

6. [...] les livres en portugais sont toujours plus vendus que les livres en créole, y compris au Cap-Vert où la langue de Camoens garde le monopole de l'écrit. (N. Quint, dans D. Caubet *et al.*, *Codification des langues de France*, 2002, p. 446, GRL)

— **la langue de Cervantès**, loc. nom. "la langue espagnole, l'espagnol". Attesté en 1826 (« faire fleurir dans les anciennes colonies de l'Espagne la langue de Cervantès et de Lopez de Wega », *La Revue américaine*, t. 1, p. 157, GRL).

7. Le plus délicat de la mission restait à faire, car il ignorait tout de la langue de Cervantès. (J. Gisclon, *La Désillusion. Espagne 1936*, 1986, p. 170, GRL)

8. Dans le restaurant [du centre routier de Barbezieux], c'est la langue de Cervantès qui domine. Entre jeux de cartes, discussions animées autour du football, et blagues grivoises en direction des serveuses, les chauffeurs espagnols tuent le temps. (*La Charente libre*, 2 août 2007, p. 3)

— **la langue de Cicéron**, loc. nom. "la langue latine, le latin". Attesté en 1749 (« Quelle perte pour la Langue & la Poësie angloise, si Adisson [...] se fût borné à la Poësie Latine ! Il n'auroit certainement pas, tout bon Poëte Latin qu'il fût, embelli la langue de Cicéron & de Virgile », Antoine Yart, *Idée de la Poësie angloise*, Paris, Chez Claude Briasson, t. 2, p. 75, GRL). ~ **la langue de Virgile.**

9. C'est à l'Académie que Charles Perrault déclenche en 1687 la querelle des anciens et des modernes, en lisant un panégyrique en français du Roi-Soleil : *Le Siècle de Louis le Grand* (les éloges au monarque [...] étaient jusque-là plutôt rédigés dans la langue de Cicéron). (*Le Monde*, 11 octobre 1995, p. 24)

10. Moi je l'avoue, j'y perds un peu mon latin. J'entends partout autour de moi des jeunes et des moins jeunes s'inquiéter, s'interroger, voire se réjouir d'une réhabilitation de la langue de Cicéron. Une de mes tantes me confiait récemment : « C'est vrai, c'était quand même bien la messe en latin ! » (*La Croix*, 9 décembre 2006)

V. encore ex. 22 ci-dessous.

— **la langue de Dante**, loc. nom. "la langue italienne, l'italien". Attesté en 1761 (« Point de mots [...] qu'on ne puisse, à l'exemple des anciens, rendre avec une forte noblesse, dans la langue de *Dante*, de *Lopès de Véga*, & de *Shakespear* », Abbé S.-A. Irail, *Querelles littéraires ou Mémoires...*, Paris, Chez Durand, t. 2, p. 142, GRL).

11. [...] elle [*la Tosca*] me parut plus singulière, encore, chantée en allemand, que peut l'être Wagner dans la langue de Dante. (J. Gracq, *Carnets du grand chemin*, 1992, p. 31, FT)

12. Maîtrisant à merveille la langue de Dante, celui-ci [le vice-président du Languedoc] fait un interprète de choix [...]. A la réception d'après-match, son discours en italien fut très applaudi. (*L'Indépendant*, 7 septembre 2007)

— **la langue de Goethe**, loc. nom. "la langue allemande, l'allemand". Attesté en 1833 (« lecteurs anglais auxquels la langue de Goethe est étrangère », *Revue encyclopédique*, t. 59, p. 200, GRL).

13. Même l'allemand parlé par la noblesse balte, qui croyait maîtriser à la perfection la langue de Goethe, a pris quelques couleurs locales. (F. de Sivers, *Parlons estonien*, 1993, p. 12, GRL)

14. On disait la langue de Goethe démodée et boudée par les collégiens et lycéens. A contre-courant, la municipalité [d'Étampes] a ouvert deux sections de sensibilisation à l'allemand dans les écoles élémentaires. (*Le Parisien*, 7 septembre 2007, p. 2)

— **la langue d'Homère**, loc. nom. "la langue grecque, le grec". Attesté en 1788 « Ptolémée Philadelphe qui, le premier, ordonna de le traduire [l'ouvrage de Moyse et de ses successeurs] dans la langue d'Homère, de Sophocle & de Platon », E. de Pastoret, *Moyse, considéré comme législateur et comme moraliste*, Paris, Buisson, p. 550, GRL) ; en 1846 (« [...] ce doux accent romain qui fait la langue de Dante aussi sonore que la langue d'Homère », A. Dumas père, *Le Comte de Monte-Cristo*, p. 255, FT).

15. A l'Europe, les Grecs doivent aussi un nouvel élément de leur vie quotidienne : *Taxis*, acronyme de Tax Information System, qui signifie *ordre* dans la langue d'Homère. (*Libération*, 3 juin 1999)

16. De toutes les régions, l'Alsace demeure la terre d'élection pour le pélargonium. C'est le « bec de cigogne » dans la langue d'Homère. Il orne depuis cinq siècles les maisons à colombages de Colmar et de Strasbourg et de tous les villages du vignoble alsacien. (*Ouest France*, 21 mai 2005)

— **la langue de Molière**, loc. nom. "la langue française, le français". Attesté en 1853 (« On dit à chaque instant dans la conversation : C'est une question *palpitante d'actualité*. Cette expression absurde est un des plus frappants exemples de l'altération que subit la langue de Molière et de Racine », William Duckett,

*Dictionnaire de la conversation…*, 2e éd., t. 1, Paris, p. 109, GRL). ~ **la langue de Voltaire.**

17. De nombreux journaux écrits dans la langue de Molière paraissaient autrefois en Russie. En renouant avec la tradition, le nouvel hebdomadaire [*La Gazette de Moscou*] vise un marché potentiel de deux millions de francophones. (*Le Monde*, 8 mai 1997, p. 27)

18. […] les autorités flamandes n'encouragent pas réellement le bilinguisme, même si 98 % des élèves ont quelques heures consacrées à la langue de Molière dans leur horaire habituel. (*La Charente libre*, 24 septembre 2007, p. 52)

V. encore ex. 20 ci-dessous.

— **la langue de Shakespeare**, loc. nom. "la langue anglaise, l'anglais". Attesté en 1761 (voir *supra* s.v. *langue de Dante*).

19. Comme nous passions presque tout notre temps entre Français, notre appréhension de la langue de Shakespeare en serait restée là si, avec toute la bonne volonté du monde, nous n'avions essayé de percer la barrière pour comprendre ce que racontaient nos disques chéris. (P. Manœuvre, *L'Enfant du rock*, 1986 [1985], p. 38)

20. […] cet inimitable accent qu'ont les dépositaires de la langue de Shakespeare quand ils veulent parler celle de Molière. (*Midi Libre*, 22 septembre 2007)

— **la langue de Virgile**, loc. nom. "la langue latine, le latin". Attesté en 1749 (voir *supra* s.v. *langue de Cicéron*). ~ **la langue de Cicéron**.

21. La langue de Virgile est devenue un usage courant pour les sociétés du CAC 40, et même les PME, pour informer actionnaires et clients. On ne compte plus les groupes qui ont adopté un patronyme latin. (*Le Figaro*, 3 août 2004)

22. […] emprunter des voies originales pour faire connaître et aimer la langue de Cicéron et de Virgile. (*Sud Ouest*, Pyrénées-Atlantique, 19 mai 2005, p. 24)

— **la langue de Voltaire**, loc. nom. "la langue française, le français". Attesté en 1777 (« Et si j'ai bégayé la langue de Voltaire / Je vais le lire encor pour apprendre à mieux faire », *Œuvres de M. de La H[arpe]*, Yverdon, t. 1, p. 246, GRL). ~ **la langue de Molière**.

23. Celui-ci [Jacques Chirac] a aussi enfourché l'un de ses chevaux de bataille et s'est fait le défenseur de sa langue maternelle en demandant à un journaliste français qui voulait poser une question en anglais de passer à la langue de Voltaire. (*Reuters – Les Actualités en français*, 2 février 1996)

24. Les retrouvailles sont chaleureuses et la conversation s'engage à bâtons rompus dans la langue de Voltaire. (J.-P. Roux, *L'Europe de la défense. Il était une fois*, 2005, p. 109, GRL)

## lapin

□ **(avoir des) dents de lapin**, loc. verb., loc. nom. "(avoir les) incisives supérieures particulièrement longues (prognatie supérieure, en termes d'orthodontie)". ~ □ **pelle* à tarte**.

1. C'était un jeune homme aux dents de lapin dans un visage maigre […]. (M. Déon, *Les Poneys sauvages*, 1970, p. 308, GRL)

2. *V* [un roman de Thomas Pynchon] sort en 1963. Succès immédiat, un million d'exemplaires vendus. De l'auteur, on ne connaît qu'une photo en noir et blanc prise en 1955 : un premier de la classe avec une coupe en brosse, des dents de lapin, le regard éteint et des oreilles en chou-fleur. (É. Neuhoff, dans *Le Figaro*, 4 janvier 2001, p. 5)

3. Considéré comme un des meilleurs films de la collaboration Chase-McCarey, *A visage découvert* conte les aventures d'un couple dont le mari a des dents de lapin et la femme un très grand nez. (*Le Monde*, 25 août 2004, p. 16)

4. [...] un drôle de petit bout de femme. A peine 1,56 m pour 45 kg. Des dents de lapin. Un nez futé. La langue bien pendue. (*Le Figaro*, 16 septembre 2006, p. 17)

**fou comme un lapin**, loc. adj. "agité, affolé ; pris d'un accès de folie ; complètement fou". Par référence à la course apparemment désordonnée du lapin de garenne lorsqu'il est poursuivi.

5. Fou comme un lapin, l'enrhumé fonce vers les deux braillards de la clinique, s'accroche à un pan de leurs blouses pour les dégringoler de leur banquette. (A. Bastiani, *Le Grand Embouteillage*, 1974, p. 162, GRL)

6. Nijinski verra une foule de sommités, dont le grand Bleuler, [...] « catatonique » selon Kraepelin, [il] devint « schizophrène » avec Bleuler, avant de bénéficier des « chocs » insuliniques du bon docteur Sakel. On reste confondu devant la liste des charlatans qui paradèrent devant lui, et convaincu qu'on serait devenu fou comme un lapin à ce même régime. (*Le Monde*, 9 octobre 1993, p. 14)

7. C'est quand même un film extraordinaire [*Freud, passions secrètes* de J. Huston]. Montgomery Clift, barbu, lui-même fou comme un lapin, est le détective. C'est une débauche de messieurs très stricts, en redingotes noires et chapeaux haut de forme, qui examinent des jeunes femmes très perturbées en chemises de nuit de dentelle blanche. (*Le Monde*, 20 avril 2006)

8. Avec Robert Forrest, il l'avait joué le mieux possible. Il le tenait par les couilles*. Et les couilles, en l'occurrence, c'était sa sœur, folle comme un lapin, une dingue irrécupérable. (J.-B. Pouy, « Voir Naples et attendre », dans M. Villard, J.-B. Pouy, *Tohu-bohu*, 2008, p. 68)

— EMPLOI INSOLITE AU FÉM.

9. Sur la page d'accueil de son site Internet, elle fait un doigt* au passant, hilare, depuis l'autre rive. La mamie indigne de la littérature brésilienne [Hilda Hist] s'est désassemblée le 4 février dernier à l'âge de 73 ans, à moitié inconnue chez elle [...] et folle comme une lapine [...]. (*Libération*, 12 février 2004, p. 7)

— VARIANTE INTENSIVE. **fou comme trente-six lapins**. "id.".

10. [...] les gros fous. Emma les appelle les chroniques mais pour le commun des mortels, ils sont tous fous comme trente-six lapins. (N. Raoult-Caïn, *Un mardi chez les fous*, 1992, p. 26, GRL)

11. Qui a inventé cette expression, si vive, aussi visuelle qu'un dessin animé : *Fou comme trente-six lapins* ? Comme on dit, cela défie le commentaire. (G. Mounin, « Une vieille dame inventive », dans G. Cahen, *Le Plaisir des mots*, 1995, p. 94)

**heureux comme un lapin**, loc. adj. "très heureux". Comparaison à valeur intensive. L'image, apparemment insolite, s'appuie sur des représentations positives de l'animal, cf. *Le Petit Lapin*, chanson de Gérard Lenorman (paroles de C. Arabian), 1975 : « Un petit lapin / Qui s'était levé bon matin / Courait dans la rosée, le thym / La bouche en cœur / En chantant des chansons / Il était heureux / Comme un lapin peut être heureux [...] », disponible sur <fr.lyrics-copy.com/gerard-lenorman/le-petit-lapin.htm>). ~ **heureux comme un poisson dans l'eau**.

12. [...] ma grand-mère maternelle [...] était très gaie avec toujours le même caractère. [...] Elle avait toujours une blague ou un bon mot à me raconter [...] : j'étais heureuse comme un lapin. (Mme Santos, née en 1928, résidente à l'abbaye de Saint-Maur-des-Fossés, <www.deja2000.net/senior/>, consulté le 13 décembre 2006)

□ **lapin de six semaines**, loc. nom. "niais, nigaud". La métaphore souligne le manque de maturité (un lapin atteignant l'âge adulte vers 6 mois, soit 24 semaines). ~ □ **blanc-bec** ; □ **perdreau* de l'année**.

13. Faut-il être un lapin de six semaines pour croire que le cannabis ne circule pas dans les établissements pénitentiaires. (*Sud Ouest*, Lot-et-Garonne/Agen, 21 septembre 2006, p. 3)

14. Longtemps, on a cru à un canular ? [...] on se disait que chez TF1, ils nous prenaient pour des lapins de six semaines ? (*Libération*, 23-24 juin 2007, p. 26)

— COMME TERME D'INSULTE.

15. L'ex-mari, exaspéré, [...] insulte une gendarmette [...] : « Espèce de grande gigue. Pauvre tache. » Il n'aurait fait que répondre à une précédente insulte de cette dernière : « lapin de six semaines ». (*Ouest France*, 21 septembre 2005 ; scène située à Guipavas, Finistère)

## lavabo

**chanter** (ou verbe du même paradigme) **en lavabo**, loc. verb. "chanter sur des paroles peu compréhensibles, parfois des onomatopées, avec les intonations de l'anglais ; chanter dans un anglais approximatif". Par allusion aux borborygmes d'un lavabo qui se vide. Employé notamment à propos du rock'n'roll français de la période yéyé. ~ **chanter en yaourt***.

1. Les sixties furent-elles naïves ? Des « louloutes » en bas blancs sautent de joie. Le yé-yé ? C'est « bath ». Les parents ? Des « croulants ». Ces jeunettes allongent leur trait d'eye-liner en lisant distraitement « Mademoiselle Age tendre ». L'oreille collée au transistor à piles, elles écoutent des chanteurs à banane, fredonnant en « lavabo » un franglais incompréhensible. (*Le Nouvel Observateur*, TéléObs, 2 juillet 2005, p. 66)

2. Groupe rock diverses influences (batteur, guitariste, basse) cherche chanteur/euse [...]. Si vous [...] savez chanter en lavabo pour la recherche des lignes de chants c'est un plus pour nous, à bientôt. (*Petites Annonces gratuites de l'Atelier du chanteur*, 18 décembre 2007, <chanteur.net/>)

— **anglais lavabo** (ou **anglais-lavabo**), loc. nom. "anglais approximatif". Notamment en parlant des paroles de certaines chansons. ~ **anglais yaourt***.

3. Il débitait les paroles en anglais-lavabo, incapable d'imiter la sourde menace contenue dans le titre fétiche des Hell Angels américains. (M. Embareck, *Sur la ligne blanche*, 1984, p. 104)

4. Chacun des quinze titres qui le composent [un album musical] aboutit soit à la remise en cause des formes classiques de la chanson, soit à sa parodie, comme sur ce *We Gonna Love Me*, un rock'n'roll chanté en anglais lavabo. (« Fragile : Têtes raides », 30 novembre 2005, <www.lesinrocks.com/>)

## lavement

□ **(ça l'a pris/être pressé) comme un lavement**, loc. phrast. "(ça l'a pris) soudainement, tout d'un coup ; être très pressé". Image du lavement dont les conséquences se manifestent de façon soudaine et impérieuse. Déjà en 1739 (« [...] je suis plus pressée que quelqu'un qui auroit un lavement dans le cul », F. de Graffigny, *Correspondance*, t. 2, Oxford, The Voltaire Foundation, 1989, p. 180) ; attesté dans Puitspelu 1894 *pressé comme un lavement*. ~ ■ **ça l'a pris comme une envie de chier/de pisser** ; □ **ça l'a pris comme la colique**.

1. Tout d'un coup il vendit son fonds [de quincaillerie], acheta un petit pavillon sur la route du Monestier, ne sortit que deux heures par jour, laissa pousser sa barbe et brûla sa chandelle jusqu'à trois heures du matin. « Ça l'a pris comme un lavement », déclarait son propre beau-frère. (A. Vialatte, *Badonce et les Créatures*, 1982 [1937], p. 105-106)

2. – [...] c'est demain que j'en veux.
– Tu es pressé comme un lavement ! (P. de Gorsse, *Les Pays de Garonne*, 1963, p. 22, GRL)

3. [...] sa femme [...] prit Maman à témoin dans l'escalier en disant : « Rien à faire avec un mari pareil, il est toujours pressé comme un lavement » [...]. (I. Markevitch, *Être et avoir été*, 1980, p. 113, GRL)

## le

**redis-le me le**, loc. phrast. "redis-le moi encore une fois". Pour le plaisir de l'allitération et de l'assonance. Attesté dans une chanson au début du XX<sup>e</sup> s. (F. Pazdirek, *Manuel universel de la littérature musicale*, GRL) ; en 1919 (« GASTON. Dis-moi que tu es à moi... rien qu'à moi !... GOBINETTE. Tu le sais bien !... GASTON. [...] J'aime que tu me le répètes... Oh ! redis-le-me-le, dis ! », Piwitt, *Lyon pendant la guerre*, Lyon, éd. de Guignol, p. 129) ; en 1930 (« Notons aussi le redoublement de *le* et la présence de *me* dans la formule de plaisanterie "redis-le-*me-le*", par laquelle on redemande burlesquement une parole qui est censée vous avoir comblé d'aise », J. Damourette et E. Pinchon, *Des mots à la pensée. Essai de grammaire de la langue française*, Paris, D'Artrey, t. 6, p. 327). Une forme voisine a été diffusée avec *Redis-le me*, chanson de l'opérette (puis du film) *Ignace*, interprétée par Fernandel et Marie Bizet en 1935 (paroles de Jean Manse, musique de Roger Dumas), voir Pénet 2004, p. 872 ; elle a été plaisamment détournée par Pierre Dac dans le 1er numéro de *L'Os à moelle* (13 mai 1938), p. 1 : « Redis le Moelleux ».

1. MULHIERR : [...] Toi, c'est pas la peine que je te cause, tu en sais autant que moi.
SHANTANT : Ça ne fait rien, redis-le me le. (R. Queneau, « Les Temps mêlés », 1941, dans *Œuvres complètes*, Paris, Gallimard, t. 2, 2002, p. 1044)

2. – C'est incroyable ce que les réactions des blogueurs montrent combien les Français ne sont pas dérangés qu'on les trompe, qu'on les vole et qu'on leur mente systé-

matiquement. On dirait même que certains en sont fiers, comme si ça faisait terroir, couleur locale, que ça sentait le bon fromage de pays ou je ne sais quoi… C'est vraiment aberrant !
– Oh oui Arthur : redis-le me le ! (Messages, 25 octobre 2006, <www.agoravox.fr/>)

— VARIANTE MOINS USUELLE. **redis-le moi le.**

3. Alors aligne les tes fadaises, tire sur ta guimauve, déconne au kilomètre, farfouille la synonymie des dictionnaires, recommence Balzac et les Rougon, multiplie les redis-le-moi-le […]. (M. Bédu, *La Vie dure*, 1973, p. 17)

4. Y'a que toi pour me dire des trucs comme ça. REDIS-LE MOI LE ! (Message, 20 juin 2007, <philippe.typepad.com/>)

**refais-le me le**, loc. phrast. "recommence encore une fois (parfois dans un contexte érotique, voir les exemples 5 et 6)". Pour le plaisir de l'allitération et de l'assonance. La variante *refais-le-moi le* est attestée avant 1909 (« *Nanna*. – Tu aurais bien ri toi-même d'entendre leurs débats et tout le remue-ménage, entrecoupé par le portefaix de polissonneries qui s'ajustaient au mieux avec celles de Madonna Refais-le moi le ! », G. Apollinaire éd., « La Vie des nonnes », dans *L'Œuvre du divin Arétin*, Paris, Bibliothèque des curieux, t. 1, p. 72 ; mais Apollinaire reprend là un titre de chanson paillarde (on notera que la fin du passage, dont on a respecté la ponctuation, est traduit « … avec celle de Madame Mets-le-me-le » par A. Bonneau, dans Pierre Arétin, *La Vie des nonnes*, Paris, éd. Allia, 1995, p. 102, GRL) ; en 1936 (« – […] Quand c'est qu'ça va commencer, c'truc-là. Y es-tu, toi ? Allez, une, deusse : *Re-Re-refais-le-moi-le…* Et en manière de protestation, ils entonnèrent la chanson canaille », Fernand Fleuret, *Cinéma*, dans J. Prieur, *Le Spectateur nocturne*, 1993, p. 187, GRL).

5. Si t'avais vu […] quand j'y passais mon genou elle gémissait comme une génisse et je sentais sur mes poils la douceur de son duvet. Ah, dis, chéri, refais-le me le ! (R. Guérin, *Les Poulpes*, 1953, p. 252)

6. « Mon Bébert !… Refais-le-me-le, mon Bébert chéri ! » Non, elle ne devait pas l'appeler Bébert, dans l'intimité. Ce n'était pas dans ses façons de dame. (R. Fallet, *L'Amour baroque*, 1990 [1971], p. 165)

7. J'ai pas compris ta question mdr ["merci de répondre"] refais-le me le. (Message, 4 mai 2006, <www.cleargay.ch/>)

— VARIANTE MOINS USUELLE. **refais-le moi le.**

8. Heu… refais-le moi le car je n'ai rien compris à ce que tu veux dire. (Message, 21 septembre 2005, <webmaster-hub.com/>)

verbe à l'impératif 2$^{e}$ personne + **le me / moi le**. Variations ponctuelles non lexicalisées, sur le modèle des précédents. Attesté en 1938 (« […] j'avais envie de lui répondre, histoire de plaisanter un peu : "Montre-le moi-le !" », F. Dard, *La Peuchère*, 2002, p. 35).

9. Merci beaucoup quand même (j'ai peut-être mal compris ce que tu voulais me dire, si c'est le cas, dis-le moi le). (Message, 21 avril 2007, <forum.hardware.fr/>)

10. Si vous connaissez des blogs photos susceptibles de m'inspirer, faites-le me le savoir par un commentaire. (Message, 16 juin 2007, <lejongleurdemots.over-blog.com/>)

11. [...] être traducteur au Conseil de l'Europe, ce n'est pas 25 euros la page, croyez-le me le ! (Message, 6 octobre 2007, <passouline.blog.lemonde.fr/>)

## léger

**faire (du) léger**, loc. verb. "agir avec mesure et discrétion ; éviter de trop en faire".

1. – Une fois dans la chambre, tu te démerdes, j'te fais confiance. Si le mec veut pas consommer, tu t'arranges pour lui faire une branlette sous la table, [...] mais fais gaffe à pas te faire piquer. [...] je te préviens, tu fais du léger, t'écrases. (J. Cordelier, *La Dérobade*, 1976, p. 261)

2. – Moi aussi, je me maquille, reprit Rima. C'est du covermark, hein, que vous mettez ? Un bon produit. Ça résiste aux pires projecteurs, pour la télé je prends ça. Pour la scène, non, j'ai mon éclairagiste, qui fait du léger. Alors là, j'utilise un fond de teint normal. (A. Vergne, *L'Innocence du boucher*, 1984, p. 52)

3. – La première soirée, on m'a fait faire léger : trois mille la passe en hôtel cinq étoiles... Un amuse-gueule ! (M. Marin, *Tristes plaisirs*, 1990 [1989], p. 93)

## lendemain

□ **lendemain de (la) veille**, loc. nom. "mal à la tête pour avoir trop bu la veille". ~ □ **gueule de bois** ; □ **mal aux cheveux**.

1. Presque tous les adultes ont connu au moins une fois dans leur vie ce qu'on appelle « le lendemain de veille », c'est-à-dire le lendemain pénible qui suit une fête bien arrosée. Si la « gueule de bois » classique est sans conséquence, il en va autrement si elle est fréquente ou si elle fait suite à une consommation d'alcool trop élevée [...]. (*Guide familial des symptômes*, 2005, <recherche.e-sante.fr/>)

2. Pour ceux qui pense[nt] que le lendemain de veille se traite avec de l'aspirine... Détrompez-vous. Bien que l'aspirine puisse soulager les maux de tête qui accompagnent souvent la matinée qui suit la fête, son effet irritant sur l'estomac en fait un deuxième choix. L'acétaminophène qui n'a pas d'effet irritant sur l'estomac, représente le meilleur traitement des maux de tête causés par un lendemain de veille. (*Site Santé*, <www.sitesante.com/>, consulté le 1er octobre 2006)

— VARIANTES DÉVELOPPÉES. groupe nominal + **de lendemain de (la) veille**.

3. Ludo me trouve une tête de lendemain de la veille et j'ai un geste pour dire, oui, t'as deviné, j'ai forcé sur la Trappiste [marque de bière belge]. (M. Quint, *Le Bélier noir*, 1997 [1994], p. 56]

4. Mais pour cette réunion de reprise, où ils avaient la gueule de bois des lendemains de veille, les participants ont préféré n'aborder que des questions d'étiquette et d'organisation interne. (*Le Figaro*, 19 janvier 2001)

5. Dimanche [...]. Les cloches de la cathédrale [de Strasbourg] s'en donnent à la volée. Carillon dans ma pauvre tête de lendemain de veille. Plus jamais de riesling. (C. de Biéville, dans *Libération*, 9 février 2002, p. 37)

6. Si tu aimes les tisanes voici une recette que j'ai justement dégusté[e] aujourd'hui contre un petit mal de tête du lendemain de la veille [...]. (Message, 24 septembre 2005, <lemondedallie.canalblog.com/>)

## lessive

**grande lessive**, loc. nom. "opération destinée à assainir une situation ou un milieu considérés comme pervertis, corrompus ou en déliquescence". Un emploi figuré est attesté en 1847 (« [...] une grande lessive intérieure me serait utile », G. Flaubert, *Correspondance*, t. 2, p. 51, FT). *La Grande Lessive* est le titre d'un film de J.-P. Mocky (1968). Par allusion à la grande lessive qui se déroulait naguère au lavoir deux ou trois fois par an et durait plusieurs jours. La locution peut être connotée de façon positive ou négative. ~ **nettoyage au Kärcher***.

1. Allons, liquidons tout, faisons la grande lessive des pavés natals, des vagues copains et des amis à la mie de pain. (R. Fallet, *Carnets de jeunesse 2*, 1992 [1948], p. 304)

2. Le Grand-Duché serait-il donc unanime pour défendre un système bancaire qui contribue à assurer à ses habitants le revenu le plus élevé du monde ? Plus vraiment. Le 6 octobre, les badauds qui déambulaient dans la petite capitale ont découvert avec ahurissement un cortège emmené par Attac et plaidant pour la « grande lessive » d'une place financière qui compte deux cents établissements bancaires [...]. (*Le Monde*, 5 novembre 2001, p. 16)

3. L'ampleur de la déroute [à la suite d'un match de rugby] pouvait présager une grande lessive. Il n'en est rien. [...] les sélectionneurs n'ont procédé qu'à deux changements. (*Le Figaro*, 13 novembre 2006)

## ligne

**faire bouger** (ou synonyme) **les lignes**, loc. verb. "bousculer les schémas établis, les situations figées, les idées reçues, aller contre la routine". L'expression est particulièrement utilisée dans le domaine politique.

1. Charles Pasqua avait rêvé de faire bouger les lignes. De rassembler des gens de droite et de gauche pour la défense de la souveraineté de la France et les valeurs de la République. (*Le Figaro*, 15 mai 1999)

2. Réformer, c'est sans doute faire bouger les lignes. (G. Valance, dans *L'Expansion*, 1er mai 2003, p. 7)

3. Il [José Bové] s'est lancé seul, [...] « prêt » à incarner la candidature unique de la gauche radicale à l'élection présidentielle de 2007 [...]. Pour « forcer le destin et faire bouger les lignes à gauche », explique-t-il. (*Le Monde*, 25-26 juin 2006, p. 8)

V. encore *pédale*, ex. 4.

**franchir la ligne jaune**, loc. verb. "avoir un comportement qui dépasse les limites permises par les convenances ; aller au-delà de ce qui est admis, autorisé". Par référence au franchissement, par un véhicule, d'une ligne continue (naguère jaune, aujourd'hui le plus souvent blanche) sur la chaussée, ce qui constitue une infraction au Code de la route.

4. Mgr Vingt-Trois s'étonne du moment choisi par le père La Morandais pour annoncer son départ [...]. Mgr Vingt-Trois ajoute que la fonction de ce dernier demandait « une certaine réserve déontologique » et qu'il avait « plusieurs fois franchi la ligne jaune ». (*Le Monde*, 28 avril 1995, p. 34)

5. Comme l'Allemagne, la France a franchi la ligne jaune l'an dernier, avec un déficit public qui a représenté 3,1 % de son produit intérieur brut... Les 10 autres membres de l'euro ont, eux, respecté ce critère du pacte de stabilité. (« Économie Matin », 18 mars 2003, <www.radiofrance.fr/>)

6. Tous les coups sont-ils permis ? « S'il m'arrive de franchir la ligne jaune, c'est en connaissance de cause, assure-t-il [un animateur de la télévision]. Et puis je dis parfois des choses très dures, mais avec la manière. Sur une bonne centaine d'invités, à peine trois ou quatre [...] sont partis fâchés. » (*Télérama*, 14 avril 2004, p. 90)

V. encore *tour*, ex. 3.

**franchir** (ou synonyme) **la ligne blanche**, loc. verb. "id.". Moins usuel.

7. [...] Janine Pichon, préfet du Gers, a présidé une nouvelle séance de travail destinée, selon la FDSEA [fédération départementale des syndicats d'exploitants agricoles], à « empêcher la grande distribution de franchir la ligne blanche au moment des opérations promotionnelles de fin d'année ». (*Sud Ouest*, Gers, 3 octobre 1995)

8. [...] il est difficile outre-Atlantique d'obtenir un consensus sur la limitation du temps de travail. [...] Pour les uns, c'est leur vie qui est en jeu, s'ils passent la ligne blanche. (*Libération*, 2 octobre 2000, p. 5)

9. M. Jean-Luc Warsmann. – Plus encore que sa gravité, ce qui est important, c'est la rapidité avec laquelle la sanction est prononcée et exécutée. Ce n'est qu'ainsi que nous montrerons aux victimes combien nous avons pris en compte leur situation et que nous rappellerons aux délinquants qu'ils ont franchi la ligne blanche. (Assemblée nationale, *Compte rendu intégral*, 1re séance du 26 novembre 2003)

**franchir** (/**dépasser**, etc.) **la ligne rouge**, loc. verb. "id.". Calque de l'anglais *red line*, d'abord attesté (en 1855, OED) pour désigner l'infanterie britannique.

10. Il ne s'agissait pas pour lui [le président de la République] d'intervenir directement, mais de rappeler le gouvernement à ses devoirs et de faire savoir à tous ceux qui manifestent sur la voie publique qu'il existe « une ligne rouge à ne pas franchir ». (*Le Monde*, 22 octobre 1991, p. 34)

11. Mais les centaines de milliers d'Algériens en colère qui ont défilé hier sont venus rappeler [...] que certaines lignes rouges avaient été franchies et que le peuple algérien [...] n'acceptait plus de subir la trique ou d'écouter les beaux discours de ses dirigeants. (*Les Echos*, 15 juin 2001, p. 72)

12. Est-ce que l'attitude des médias dans ce conflit social n'a pas incité certains grévistes à dépasser la ligne rouge pour que leurs revendications soient enfin médiatisées ? (Message, 22 mai 2003, <www.antidotes-web.net/>)

13. La liberté de la presse [marocaine] s'étend [...]. Il n'y a surtout plus de sujet tabou [...]. Autre nouveauté, lorsqu'ils [certains hebdomadaires] dépassent la ligne rouge et sont poursuivis, les procès sont médiatisés et des comités de soutien voient le jour. (*Le Figaro*, 26 novembre 2005)

## limite

□ **être** (/**faire**) **limite** + nom ou adj., loc. verb. "être quasiment un(e) + nom ou adj.". Calque de l'anglais *border*. ~ □ **être bord*** + nom ou adj.

1. Il y a quand même une différence entre faire des fautes et ne pas relire ce que l'on écrit... Je m'arrête là car je finirais par être limite con avec ce genre de personnage. (Message, 12 juillet 2005, <www.3dchips-fr.com/>)

2. Je suis du genre à aimer le cabotinage de Nicholson, mais là, ça tue complètement son perso[nnage], il ne fait pas peur, pire, il fait limite bouffon par certains moment. (Message, 8 décembre 2006, <www.mad-movies.com/>)

— SOUVENT EN EMPLOI IMPERSONNEL.

3. Les conditions n'étaient pas idéales. Il y avait de la pluie et du brouillard. C'était limite dangereux. (*Le Progrès*, 8 mars 2004, G, p. 15)

4. Cela fait tout de même bizarre de voir l'allure de ce restaurant dans une avenue aussi distinguée. C'est limite self, voire légèrement en dessous avec des nappes en papier orange délavé, des couverts en inox antédiluviens. (*Le Figaro*, 4 juillet 2007, p. 13)

## limonade

□ **mauvaise limonade**, loc. nom., loc. phrast. Pour indiquer une situation critique, désagréable. Probablement d'après *être dans la limonade* "être dans les ennuis, la misère" (depuis 1879, TLF), la locution semble particulièrement en usage dans le sud de la France.

1. Soudain Hélène se lève et lance, dramatiquement :
– On a oublié l'Estafette à côté du dépôt des fourgons !
Mauvaise limonade ! (M. Lebrun, *Loubard et Pécuchet*, 1996 [1982], p. 131)

2. On arrive très rapidement à la station [de métro] Réformés. Là, mauvaise limonade pour le troisième âge, les escaliers roulants sont en panne… […] Je donne le bras à la petite vieille pour l'aider à monter […]. (P. Carrese, *Trois jours d'engatse*, 1995, p. 35)

3. […] sa gamine, la belle Aurore, s'est fait gauler à la sortie de la faculté d'Aix avec une vingtaine de grammes de haschisch […]. Mais vu qu'elle était de nationalité sénégalaise, expulsion au bled automatique ! […] finies les belles études d'économie en France. Mauvaise limonade, le retour au pays ! (F. Henry, *Natchave !*, 2006 [2004], p. 241-242)

## lit

**femme qui rit, femme au lit / femme qui rit, à moitié dans ton lit**, loc. phrast. Adage un tantinet sexiste selon lequel les femmes cèderaient au charme des hommes qui ont de l'humour.

1. Je sais ce qu'il pensait :
– Femme qui rit, femme au lit.
Il est plein de formules de ce genre […] qu'il applique avec confiance. Moi, en couchant avec lui, je lui ai prouvé que ses trucs marchent. (J.-P. Énard, *La Ligne de cœur*, 1977, p. 19, GRL)

2. Les filles, il [Jules-Edouard Moustic] les fait marrer mais, assure-t-il, profite peu de cet atout : « Femme qui rit, à moitié dans ton lit, c'est ce que dit le dicton. Je les faisais rire mais je ne devais pas avoir de lit, ou alors à une place. » (*Sud Ouest dimanche*, Magazine, 18 juillet 2004, p. 8)

3. Un pote avait un t-shirt avec dessus « C'est pas parce que je suis acteur porno que je suis un garçon facile »… / Femme qui rit, à moitié dans ton lit ! (Message, 15 août 2006, <www.frenchtouchseduction.com/>)

□ **prendre son lit en marche,** loc. verb. "être ivre". Métaphore fondée sur la sensation, chez une personne qui a trop bu et qui se couche, du lit qui semble animé de mouvement, qui tangue. ~ □ **avoir/mettre ses chaussures à bascule** ; □ **avoir du vent dans les voiles**.

4. *Ernest* : J'ai l'impression que ton casque, toi, tu l'avais ce matin en te réveillant... Tu tenais une sacrée muffée, hier au soir !
*Henri Neveu* : Oh, dis ! Ça me ferait mal, non !
*Ernest* : T'as dû prendre ton lit en marche ! (*Rue des prairies*, film de D. de la Patellière, dialogues de M. Audiard, 1959)

5. Hier soir, j'étais tellement noire qu'en rentrant dans ma chambre tout tournait, tout filait très vite devant mes yeux : j'ai pris mon lit en marche. (G. et A. Tabet, *La Casbah de papa*, 1967, p. 307, GRL)

6. [...] M. Allos [...] pensa aux trois cuites qu'il avait prises dans sa vie. « C'est comme ça, on prend son lit en marche, le plafond se met à tourner. » (F. Mattei, « Une nuit très longue », dans *La Revue de Paris*, juin 1969, p. 104, GRL)

**live** [laiv]

**en live,** loc. adv. Dans le domaine musical. "en public (par opposition à *en studio*)". Cf. l'anglais *live*.

1. « [...] je viens d'enregistrer Sémiramis de Rossini en "live" pour Erato, j'en suis presque honteux. Samuel Ramey le chante comme personne, c'était à lui de le graver. » (Jean-Philippe Laffont, dans *Le Monde*, 17 février 1987, p. 10)

2. Aujourd'hui exilé à Manhattan, il [CharÉlie Couture] vient de sortir « NewYorCœur ». Un album rock assez littéraire, militant et politique, qu'il présente ici en live. (*Le Figaro*, 2 novembre 2006, p. 35)

V. encore *arracher*, ex. 2 ; *brutal*, ex. 4 ; *gros*, ex. 1.

— "en direct (et en continu)". ~ **en temps* réel**.

3. Nous avons tous, en direct, en live si ce mot a encore un sens télévisuel, été les propres reporters de notre propre stupéfaction horrifiée [...] devant ce qui est arrivé là-bas [à New York, le 11 septembre] et qui n'a guère d'autre nom que celui d'une guerre sans nom. Nous avons tous, accrochés à nos écrans, [...] redécouvert la terreur, cette voisine de siècle désormais. (P. Georges, dans *Le Monde*, 13 septembre 2001, p. 36)

4. « Au total, ce sont plus de 400 000 heures de Loft Story qui ont été diffusées en live sur Club-Internet.fr » [...]. Les internautes qui ont suivi le Loft en live étaient à 70 % connectés en haut débit, ce type de connexion permettant une qualité d'image proche de la télévision et en plein écran. (*Club-Internet*, 5 juillet 2002, <www.t-online.fr/>)

5. « Ah... Miette, au fait... euh... j'oubliais... J'ai pensé que... Et si on arrêtait de fumer, cette semaine ? »
J'ai cru qu'elle allait me faire un infarctus *en live* ! (A. Dona, *Mamie a eu quinze ans*, 2007 [2006], p. 100)

6. La modernité des Tupperware, c'est la façon interactive de présenter le produit. Le style « Magique, j'ôte le couvercle du bol / Merveilleux, je referme le couvercle » a cédé la place à une préparation en live par les invitées, de trois recettes Tupperware [...]. Au bout d'une heure et en dégustant les rillettes de saumon, on passe commande. (*Libération*, 16 octobre 2006)

□ **partir en live**, loc. verb. ~ □ **partir en cacahuète(s)*** ; ■ **partir en couille(s)** ; **(se) barrer/partir en sucette*** ; □ **partir en vrille***.

— EN PARLANT D'UN INANIMÉ. "se dégrader ; capoter ; échouer".

7. [...] c'est terminé entre nous depuis 10 mois. Snif, je l'ai largué, de toute façon il en aime une autre maintenant, mais ça a été ma plus belle histoire même si c'est parti en live... (Message, 5 octobre 2005, <www.1001-votes.com/>)

8. [...] le cabaret des paroles improbables, décapant pot-pourri d'artistes et d'histoires où conteurs, comédiens, rockers se côtoient le temps d'une soirée qui peut, à tout moment, partir en « live » sur une improvisation ou un dérapage imprévu. (*Ouest France dimanche*, 22 avril 2007)

V. encore *domino*, ex. 4.

— EN PARLANT DE PERSONNES OU D'ATTRIBUTS DE LA PERSONNE. "ne plus se maîtriser ; échouer".

9. Jean-Luc est persuadé que ceux qui se sont inscrits en masse après la révolte des banlieues peuvent très bien ne pas aller voter. « Il faut alerter la gauche. Elle doit écouter, proposer un vrai projet, sinon on va partir "en live" [...]. » (*L'Humanité*, 20 mai 2006)

10. D'ailleurs, malgré son image de mec très sérieux [...], il peut aussi péter les plombs* et vite partir en live. (*L'Équipe*, 18 décembre 2006, p. 15)

11. Le ventre serré, le cœur battant, les joues chaudes, les sphincters partis en *live*, il introduisit sa clé électronique dans la fente et ouvrit la porte. (L. Chalumeau, *Les Arnaqueurs aussi*, 2007, p. 123)

## louche

**à la louche**, loc. adv. Pour qualifier une évaluation approximative, grossière. Par métaphore. ~ **à vue de nez ; au pif ; au pifomètre**.

1. Quant à l'exposition potentielle des agents SNCF aux convois contaminés, le rapport ne peut que l'évaluer à la louche. (*Libération*, 13 mai 1998)

2. L'Etat français gère ses effectifs... à la louche. (*Le Monde*, 19 septembre 2000, p. 8 ; titre)

3. Comment assurer des notes justes à 500 élèves d'un établissement, alors que beaucoup restent à peine connus de la vie scolaire ? On peut penser que cette notation se fera « à la louche », devant les difficultés à définir et à mettre en œuvre sur la durée un véritable barème. (« La note de vie scolaire », compte rendu de P. Bride, dans *Cahiers pédagogiques*, 2 septembre 2006, <www.cahiers-pedagogiques.com/>)

— VARIANTE INTENSIVE. **à la grosse louche**, loc. adv. "de façon très approximative".

4. L'auteur nous propose la thèse suivante, que je résume à la grosse louche [...]. (Message, 9 août 2001, <www.charles-trenet.net/>)

5. Pour le stationnement, 5 000 $m^2$, à la grosse louche ça fait 200 places. (*Le Progrès*, Ain, 17 avril 2005, p. 16)

## lourd

**c'est du lourd**, loc. phrast. "c'est important, c'est sérieux ; c'est grave ; c'est du solide". ~ **c'est du brutal***.

1. – […] En tout cas, ce matin, c'est du lourd : homicide dans un lotissement. (M. Gillio, *Le Blues du corsaire*, 2005, p. 49, GRL)

2. Certains, petits joueurs comme Bruce Willis, ont pour seule ambition de sauver le monde. Là, c'est du lourd, il faudra sauver l'univers [dans le film *Le Retour du Jedi*]. (*L'Humanité*, 6 juin 2005)

3. *L'attachée de presse* : « Tu sais Cédric, tu devrais vraiment venir à (insérez ici le nom du salon, de la conf' de presse, de l'événement, etc.)… »
*Cédric* (feignant l'ennui) : « Hmm, pourquoi pas… mais pour voir quoi ? »
*L'attachée de presse* (murmurant presque) : « Je peux pas te dire, mais c'est du lourd. »
*Cédric* (soudain curieux) : « Euh, ok, mais dis m'en plus, c'est si important que ça ? »
*L'attachée de presse* (susurrant dans le combiné) : « Oui, je devrais même pas t'en parler… » (« Microsoft met la musique dans sa poche », 15 septembre 2006, <blog-high-tech.lci.fr/>)

4. Attention, c'est du lourd, ce soir, chez les Ferrière. Dépression, anorexie, suicide, vol : tout y passe et le télespectateur trépasse. (*Télérama*, 18 avril 2007, p. 82)

V. encore *chez*, ex. 3.

□ **envoyer du lourd**, loc. verb. "être particulièrement puissant, impressionnant, spectaculaire". ~ □ **envoyer du gros*** ; **y aller à fond**.

5. T'as plus qu'à installer un tremplin au milieu de la pente et tu peux envoyer du lourd ! (*Le SurfBlog*, 11 mai 2007, <www.surf-blog.net/>)

6. Avec ses guitares acérées, ses rythmiques puissantes et une voix tout à la fois élégante et électrique, le groupe développe une musique essentielle […]. Cette soirée promet d'envoyer du lourd, alors soyez de ceux qui pourront dire : « J'y étais ! » (*La Cigale de Nyons*, 23 juillet 2007, <www.info-groupe.com/>)

— DANS UNE CONSTRUCTION IMPERSONNELLE.

7. Une autre particularité de cette [moto] est sa compacité. […] Quelques coups de kick mettent en branle le monocylindre. Rien qu'en entendant les claquements secs de la mécanique, on sent bien que ça va envoyer du lourd. (« DRZ 110 », <www.minimoto.fr/>, consulté le 8 août 2007)

## Lulu

■ **(l'avoir) dans le cul, Lulu**, loc. verb., loc. phrast. Souvent dans **(tu l'as) dans le cul, Lulu**. Pour souligner un échec, une déconvenue. Développement de **(l'avoir) dans le cul**, avec rime intérieure.

1. Cette fois, je sais en plein pourquoi je me trouve sur ce banc, démuni, écœuré, indécis […]. Dans le cul, Lulu ! (San-Antonio, *Les morues se dessalent*, 1988, p. 73)

2. […] tu l'as dans l'cul Lulu, par ici la monnaie, pompe-moi le nœud et je te fais la ristourne du siècle, c'est ma semaine de bonté. (J.-H. Oppel, *Brocéliande sur Marne*, 1994, p. 71-72)

3. Par mesure de précaution pour le bien de mon entreprise… Je ne peux pas poser de vacances cet été… Ça veut dire que je l'ai dans le cul Lulu… (Message, 13 avril 2006, <www.szigetfestival.com/>)

— Par allusion au dialogue du film *Le Dîner de cons* (1998) de Francis Weber (François Pignon à Lucien Cheval : « Dans le cul l'OM [Olympique de Marseille], dans l'cul Lulu, dans l'cul ! »).

4. La deuxième mi-temps fut marquée de chants très bien repris par le parc [des Princes] [...] « ce soir on encule, ce soir on encule l'OM », [...] et le maintenant traditionnel « dans l'cul lulu » [...]. (« PSG-Marseille », 25 janvier 2003, <www.authentiks.fr/>)

## lumière

**ne pas avoir la lumière à tous les étages/dans toutes les pièces**, loc. verb. "être intellectuellement limité ; ne pas avoir toutes ses facultés ; ne pas avoir les idées claires". À comparer avec **ce n'est pas une lumière/une cent watts.** Cf. l'anglais *the lights are up but there's no one upstairs.*

1. [...] il n'est qu'à se reporter aux jugements portés par ces mêmes médias [...] : des gens à la « comprenette » limitée, n'ayant pas la lumière dans toutes les pièces. (*Forum des associations solidaires de l'Yonne*, 1er juin 2005, <yonne.lautre.net/>)

2. Bon, il a pas la lumière dans toutes les pièces. Ok, mais c'est pas une raison pour se foutre de lui... (Message, 16 juin 2005, <forum.doctissimo.fr/doctissimo/prostitution/>)

3. Bienvenue dans le manga kawaï, avec son univers rose bonbon, son humour gaga et ses héroïnes acidulées qui n'ont visiblement pas la lumière à tous les étages. Succession de nunucheries insipides pas franchement désopilantes [...]. (« Le manga qui vous laissera Gros-Jean comme devant », 25 août 2005, <www.parutions.com/>)

4. Un chauffeur de taxi m'a dit une fois, en parlant du conducteur devant nous qui ne semblait pas très sûr de lui : « Il n'a pas la lumière à tous les étages, celui-là ! ». (Message, 3 octobre 2006, <forum.wordreference.com/>)

5. J'avais de gros soupçons, mais aujourd'hui, je suis certain qu'elle n'a pas la lumière à tous les étages. (*BuroNews*, 28 novembre 2006, <www.blogg.org/>)

## lune

**coup de lune**, loc. nom. "action ou décision soudaine et irréfléchie". Pris au premier degré, *coup de lune* est l'équivalent nocturne de *coup de soleil*, mais il renvoie aussi, par métaphore, à l'influence que l'on a pu prêter à la lune sur le comportement humain (cf. *bien/mal luné, lunatique*). Attesté avant 1738 (« Un coup de lune vient de faire faire une sottise nouvelle à un de nos compatriotes qui n'est pas né pour honorer notre patrie », *Nouvelles de la Cour et de la ville, concernant le monde, les arts, les théâtres et les lettres, 1734-1738, publiées d'après une correspondance inédite*, Paris, E. Rouveyre, 1879, p. 34, GRL). *Le Coup de lune* est le titre d'un roman africain de G. Simenon (1933). ~ **coup de tête**.

1. Celui-ci prétend vouloir vivre hors la loi et se tailler un Empire en Afrique. Ses hommes finissent par l'abattre avec son adjoint [...]. / Ce genre d'incidents, sans doute imputable au « coup de lune », n'était évidemment pas propre à rassurer une opinion publique métropolitaine de plus en plus sensibilisée aux abus d'une colonisation qu'elle n'appelait pas encore « colonialisme ». (V. Monteil, *Les Officiers...*, 1955, p. 42, GRL)

2. Un coup de lune, deux ans auparavant, l'avait conduit dans ce bout du monde, à 20 000 kilomètres des rillettes et des fillettes de Montlouis [...]. (A.D.G., *Joujoux sur le caillou*, 1987, p. 11)

3. Comment la France pouvait-elle rejeter un traité [sur l'Europe] qui [...] portait si profondément sa marque ? Comment pouvait-elle renoncer, sur un coup de lune, au droit d'aînesse que lui valaient sa qualité d'initiatrice de la construction européenne et le fait de l'avoir porté sans défaillir d'étape en étape ? (J.-F. Poncet, ancien ministre, dans *Le Figaro*, 31 mai 2007, p. 15)

**voir la lune en plein jour**, loc. verb.

— "voir les fesses nues d'une personne". Vieillissant. Par analogie de forme, *lune* est employé av. 1872 (Larchey citant P. de Kock) au sens de "derrière".

4. « Mais on voit la lune en plein jour ! » s'écriait aussi mon arrière-grand-mère quand je déambulais toute nue en fredonnant mon ami Pierrot. (*L'Humanité*, 5 septembre 2002)

5. Elle enfile à la hâte un vieux tee-shirt qui lui sert de chemise de nuit [...].
Franck grimace :
– Tu pourrais te mettre quelque chose sur le cul ? [...] Imagine que ce soit quelqu'un d'autre que moi qui ait sonné [...], il aurait vu la lune en plein jour... (G. Mordillat, *Les Vivants et les Morts*, 2006 [2004], p. 49)

6. Le Piéton de Royan a bien cru voir la lune en plein jour [...]. Un individu avait en effet entrepris de se déshabiller consciencieusement, dos à la route, sous le regard goguenard d'une bande d'amis. (*Sud Ouest*, Royan, 4 septembre 2006)

7. Au Japon, beaucoup de jeunes femmes branchées n'hésitent pas à exhiber leurs dessous juste pour le fun* mais toujours en faisant croire qu'elles ne l'ont pas fait exprès. [...] Par exemple, habillées d'une micro-jupe, elles font tomber « par inadvertance » leur portable dans la rue. [...] « oups ! j'ai fait tomber mon portable ! Ohhh ! Il faut que je le ramasse ! ». Toutes innocentes, elles se penchent alors un peu trop en avant... Résultat : elles permettent à de nombreux passants de « voir la lune en plein jour ». (« La mode au Japon », 4 novembre 2006, <pinkdiamant.canalblog.com/>)

∞ PAR ELLIPSE. **la lune en plein jour** "les fesses nues exposées à la vue de quelqu'un".

8. Werther me prend la tête. Et le reste. Tout le reste. En bloc et en détail. J'ai toujours eu horreur des hommes qui ont un gros cul. Et celui-là qui se trimbale les miches à l'air, je l'aime. Cette partie de lui qui n'a pas eu droit au soleil m'arrive dans la vue. La lune en plein jour. Bouffie de suffisance. (E. Hanska, *Les Amants foudroyés*, 1984, p. 9)

— "avoir des hallucinations". À comparer avec *faire voir la lune en plein midi* "faire croire des choses invraisemblables". ~ **voir voler des éléphants roses** ; **voir des rats**.

9. [...] il est allé à une soirée. Il était seul, il avait bu, il avait fumé. Un de « vos potes » présents [...] a cru bon de lui faire une petite blague, et lui a mis un de ces cachets dans son verre [...], tu sais ceux qui font voir la lune en plein jour. (« Le coin sombre », 1er février 2005, <sabbat.bloghotel.net/>)

## lunettes

□ **serpent à lunettes**, loc. nom. "personne qui porte des lunettes". Employé notamment dans le langage des enfants, généralement par moquerie. Attesté en 1918 (« "[...] un jeune homme [...] avec des bicyclettes sur le nez !" [...] Le

Colonel, lui, a fini par me dire, de sa voix mordante, avec une saccade de sa mâchoire de bois : "Ch'lchat... v's avez l'air... d'ssserpâlunettes !" », A. Pézard, *Nous autres à Vauquois*, Presses universitaires de Nancy, 2001, p. 238). ~ □ **quatre-z-yeux** [v. *quatre*].

1. [...] si Jacques Sémelin est désormais aveugle, il ne l'est devenu que progressivement. Un drame qu'il évoque pour la première fois, pour en tirer d'autres raisons de lutter. A l'école, raconte-t-il, « certains garçons me traitaient de "serpent à lunettes". Un jour, je leur ai répliqué que j'en avais assez et que, de toute façon, j'allais les battre ! Et je me suis mis à bien travailler ! » (*Le Monde*, 7 avril 2000, p. 12)

2. Malgré les nouvelles montures fines et quasiment transparentes, une loupe est une loupe, et ceux qui les portent, ce sont des lunetteux, ou bien des « Quatres* Yeux », voire des « serpents à lunettes » [...]. (« Verba volant, scripta manent », 28 mars 2006, <benitezja.blogspot.com/>)

## lustre

□ **c'est à se cogner le derrière au lustre**, loc. phrast. "c'est insensé". « Se taper le derrière au lustre » est une formule de Jacques Lacan (intervention au colloque international de Royaumont [10-13 juillet 1958] reprise dans « Perspectives structurales », *La Psychanalyse*, n° 6, 1961, p. 169). L'expression est sur le modèle de **c'est à se taper le cul par terre**, naguère abrégé **c'est astap**. ~ □ **à se cogner le derrière au plafond*** ; □ **à se taper le derrière (/■ le cul) contre la suspension***.

1. Ce qui peut se dire comme âneries à la télé, c'est à ne pas croire ! C'est à se cogner le derrière au lustre. (C. Sarraute, *Dites-donc !*, 1985, p. 130)

2. Effectivement, on peut dire que ton site a bien évolué et est vraiment super chouette. Le top du top, c'est quand même de voir que tu reçois même des messages d'encouragement [...], c'est à se cogner le derrière au lustre. (*Le Livre d'or de la SPH*, <www.virtualsined.com/>, consulté le 29 février 2008)

## lycée

**et lycée de Versailles**, loc. phrast. "et vice versa". Calembour fondé sur une homophonie approximative ; cf. *vicé Versailles* dans Puitspelu 1894, p. 322.

1. Moi, quand je suis survolté, je bouge toujours, de bas en haut, d'arrière en avant et lycée de Versailles. (San-Antonio, *Un os dans la noce*, 2003 [1974], p. 70)

2. MARYSE. [...] D'un oiseau, on peut toujours faire une fleur. Et vice et versa.
AURÉLIE *(riant)*. Et lycée de Versailles... comme disait mon frère Edmond ! (V. Feyder, *Le Chant du retour*, 1989, p. 16, GRL)

3. On sait tous qu'on ne fait pas de politique à l'école... mais on ne va tout de même pas se laisser imposer une réforme par un ministre de droite si on est de « sensibilité » de gauche et lycée de Versailles... (P. Foubert, *Le Malaise enchanté ou l'Enseignement dans tous ses états*, 2001, p. 28, GRL)

4. Vous avez remarqué ? La droite utilise les mêmes méthodes que la gauche... et lycée de Versailles. (Message, 6 août 2004, <www.liberation.fr/>)

# M

## machin

**machin chose** (parfois avec trait d'union ou en seul mot).

— Nom propre (habituellement avec majuscule). PARFOIS PÉJ. Substitut (parfois partiel) d'un nom de personne, de lieu, ou plus rarement de marque, que l'on ignore, que l'on ne se rappelle pas ou que l'on ne prend pas la peine de préciser. Variante intensive de **machin**. *Machin* et *chose* sont attestés en séquence en 1879 (« en réalité, il s'appelait Roger de Bully ; mais […] il signait toujours « de Beauvoir » […]. Je racontai l'affaire dans *les Guêpes*, et je dis : "Les amis de M. Roger de Beauvoir sont fort embarrassés : on l'appelle provisoirement Machin, Chose ou Psit." », A. Karr, *Le Livre de bord*, Paris, Calmann-Lévy, 1880, p. 93-94, GRL) ; en syntagme en 1893 (« l'ambassadrice de Machin-Chose », G. Courteline, *Messieurs les ronds-de-cuir*, Paris, Calmann-Lévy, 1908, p. 106). *Le Grand Machin Chose* est le nom d'une fanfare nantaise. ~ **truc-chose*** ; □ **trucmuche**.

1. Maintenant m'amie qu'ta place est faite
Chez les gentils,
Qu' tu as r'trouvé pour l'éternelle fête,
Papa Zutty,
Chauff' la place à tous les vieux potaches,
Machin Chose, et Luter et Longnon,
Et ce gras du bide de Moustache,
Tes fidèl's compagnons. (G. Brassens, « Élégie à un rat de cave », 1979, dans *Poèmes et chansons*, 1981, p. 287)

2. – […] Tu m'en parlais, quand j'étais petite ? Tu m'en parlais de mon grand-père d'Istan-machin-chose ?
– Is-tan-bul. Non, pas vraiment… (J. Benoziglio, *Cabinet portrait*, 1980, p. 217)

3. […] Pierre Truc, Jeannot Muche, Robert Machinchose, et Philippe et Catherine Hugot […]. (Bayon, *Le Lycéen*, 1987, p. 198)

4. – […] Ah, tu veux parler de cette asperge anémique ? Ingrid machin chose ? (J.-P. Demure, *Aix abrupto*, 1987, p. 222)

5. […] sempiternels [crus] « château trucmuche » ou « domaine machin chose » […]. (*Les Echos*, 15 février 2002, p. 85)

6. Qu'on cesse de dire que le bridge est affaire de vieux snobs ou de désœuvrés mondains [...]. Les parties chez la préfète ou la générale Machin-Chose sont devenues rares. (*Sud Ouest*, Béarn, 9 janvier 2004)

7. C'est une publicité. Qui vante un produit de beauté pour hommes [...]. Sachez, mesdames et messieurs, que « chaque soin Machinchose contient des extraits d'herbe à bison, source de vitalité ». (A. Rémond, dans *La Croix*, 21 avril 2004, p. 2)

V. encore ex. 20 et 21 ci-dessous.

— N. m. Substitut, à valeur d'exemple, d'une suite quelconque de lettres et/ou de chiffres.

8. Prenons par exemple le dossier Machinchose, que vous avez sélectionné en cliquant sur l'icône dans la partie gauche de la fenêtre. (*Hebdo micro*, 30 janvier 2003)

— ADJ. INVAR., PARFOIS PÉJ. Substitut d'un adjectif que l'on ne prend pas la peine de préciser.

9. [...] certaines analyses prétentieuses-sociologico-ethno-machin-chose dont on nous abreuve les oreilles [...]. (*L'Humanité*, 28 juin 2004, p. 19)

10. C'est un beau titre, *Desert Inn*. Un titre qui fait rêver. Un parfum de motel, de road machin-chose. (*Libération*, 21 octobre 2005, p. 28)

**machin chouette** (parfois avec trait d'union ou en seul mot).

— Nom propre (habituellement avec majuscule). PARFOIS PÉJ. Substitut (parfois partiel) d'un nom de personne, de lieu, ou parfois de marque, que l'on ignore, que l'on ne se rappelle pas ou que l'on ne prend pas la peine de préciser. Variante intensive de **machin**, attestée en 1888 (« – Bougre ! Ça ne *fouette* pas qu'un peu, ici ! Ohé, mon père Frédéric, machin-chouette, si on renouvelait l'atmosphère ? Y a de quoi en crever, ma parole d'honneur ! », G. Courteline, *Le Train de 8 h 47*, Paris, Albin Michel, 1905, p. 164). ~ **truc-chouette*** ; □ **trucmuche**.

11. [...] il n'avait pas hésité à tenter de franchir frauduleusement la ligne de démarcation. Il avait acheté deux billets pour Saint-Machin-Chouette. (L. Malet, *120, rue de la Gare*, 1991 [1943], p. 27)

12. – [...] Je les voyais bien les autres, Maud Machin-Chouette et Denise Trucmuche et Nadine Je-ne-sais-pas-quoi [...]. (C. de Rivoyre, *Les Sultans*, 1964, p. 62, FT)

13. Le film commença. La barbe, avec leur générique ! Suzy Machinchouette pour le maquillage, Jérôme Truquechose opérateur et patati patata, tout le monde s'en contrefiche. (J.-L. Bory, *Un prix d'excellence*, 1979, p. 137, FT)

14. « [...] On frime à Cannes parce qu'on a des vêtements prêtés par Saint Laurent, Yamamoto ou machin chouette. On a des bagnoles avec des drapeaux. Tout le monde pense qu'on est bourré de pognon mais souvent on titille le revenu minimum. » (Un metteur en scène, *Agence France Presse*, 25 mai 1995)

15. Dernier modèle Citroën, nouveau [téléphone] portable [...], énième lessive Machin-Chouette : la déferlante publicitaire se poursuit sur nos écrans. (*La Croix*, 25 novembre 1999)

16. [...] la réclame pour les régimes amaigrissants ou le camembert Machinchouette. (*Sud Ouest*, 9 janvier 2005)

— ADJ. INVAR. Substitut d'un adjectif que l'on ne se donne pas la peine de préciser.

17. [...] Nikon moteur, pellicules machin-chouette et même l'infra-rouge. (H. Pagan, *Les Eaux mortes*, 1986, p. 208)

18. Assez d'interprétations socio-psycho-machin-chouette du phénomène *Loft Story* et regardons les choses en face : c'est avant tout une opération commerciale destinée à générer des profits [...]. (*Sud Ouest*, 15 juillet 2001)

**machin truc** ou **machintruc**

— Nom propre (habituellement avec majuscule). PARFOIS PÉJ. Substitut (parfois partiel) d'un nom de personne, de lieu, ou parfois de marque, que l'on ignore, que l'on ne se rappelle pas ou que l'on ne prend pas la peine de préciser. Variante intensive de **machin**.

19. – Gros, faudra qu't'apprennes la politesse toi-même.
– Sachez que je suis capable de parler à la fois à la duchesse de Machintruc et au plus cave des péquenauds. (R. Fallet, *Banlieue sud-est*, 1947, p. 46)

20. [...] au milieu de la place où le pavé imperceptiblement se bombe comme ce torse entretenu par la méthode machintruc ou machinchose [...]. (J. Almira, *Le Voyage à Naucratis*, 1975, p. 26, GRL)

21. [...] au moment de nommer quelqu'un [...] il peut vous échapper les Machin, Truc, Machin-Chose ou même Machin-Truc-Chose... (J. Jouet, *Des ans et des ânes*, 1988, p. 103)

22. Toujours l'impression (à vérifier) que des érudits locaux, ayant découvert un journal de jeune fille, en ont extraits les pages qui avaient, dans leur perspective historique, « de l'intérêt », et les ont publiés dans des revues savantes : « Les Cent Jours à Bordeaux vus par Mlle Durand de Machin Truc », *Bulletin de la Société historique d'Aquitaine*... (P. Lejeune, *Le Moi des demoiselles*, 1993, p. 44, GRL)

23. Tu vas me faire le plaisir de m'amener ce Mickey Machintruc que je l'interroge ! (T. Topin, *Sur un air de Navarro*, 2006, p. 90)

— ADJ. INVAR., PARFOIS PÉJ. Substitut d'un adjectif que l'on ne prend pas la peine de préciser.

24. Pommard, son héros [d'un roman policier] est un obscur soutier du showbiz, mégalo-parano-psycho-machin-truc, qui se met brusquement à détruire tous les disques qu'il a produits. (*Le Monde*, 2 mars 1996, p. 7)

25. Enfin, la silicose... On interdisait, aux Charbonnages de France, l'usage du mot. Il fallait le remplacer par un autre, moins propre à susciter la colère et les demandes d'indemnité. On avait bricolé [...] quelque chose de plus présentable, entre broncotruc et pneumo-machin. À la fin, ça n'avait plus du tout l'air d'une maladie, plutôt d'un médicament. (M. Desplechin, *Traversée du Nord*, 2002, p. 71)

**machine**

**avoir dormi dans une machine à laver**, loc. verb. "avoir passé une très mauvaise nuit". Métaphore du dormeur au sommeil agité (comme peut l'être le linge dans une machine).

1. Le Rugby ça commence dans les vestiaires et ça fini au Club House ! [...]. Puis tu te fais beau, avec une gueule un peu cassée, t'ajustes une cravate et là tu pars au Club House refaire le match autour d'une bière avec ton adversaire qui redevient ton ami. / Le lendemain t'as la gueule de bois et en plus tu crois que tu as dormi dans une machine à laver [...] ! (Message, 23 février 2007, <welcometorugbylespins.blogs.paramourdurugby.com/>)

**machine à donner des coups** (+ complément déterminatif), loc. nom. "personne ou groupe de personnes dont la force, parfois la brutalité, ne ménage pas l'adversaire". Attesté en 1878 (« cette machine à donner des coups de sabre et des coups de lance, qui est le nomade turk ou mongol », *Congrès provincial des orientalistes français [Saint-Etienne, 1875]*, Saint-Étienne, Théolier frères, t. 2, p. 229, GRL).

2. Je m'étonne qu'un corps si bien musclé [...] se dissolve à ce point. [...] Cette machine à donner des coups de poing, de boule, de pied, s'étend, s'allonge, se déplie [...]. (J. Genet, « Journal du voleur », 1949, dans *Journal du voleur, Querelle de Brest, Pompes funèbres*, 1993, p. 124, GRL)

3. Cette treizième victoire consécutive [...] a démontré que les Bleus [...] tenaient le choc face à une sélection que l'on présentait, très grossièrement, comme une machine à donner des coups. (*Le Progrès*, Rhône, 17 novembre 2003, p. V)

4. Quant au manifeste des « 143 rebelles » [...], c'était très brutal. Ils ont commis une faute en transformant la primaire en machine à donner des coups. (Un homme politique, dans *Libération*, 11 octobre 2007, p. 9)

— VARIANTE DÉVELOPPÉE. **machine à donner des coups de pied au derrière** (/■ **au cul**), loc. nom. "appareil fantaisiste sinon imaginaire, destiné à distribuer des coups de pieds au derrière". Attesté en 1938 (« Des êtres comme M. Dulac sont des êtres pour qui il aurait fallu, simplement, comme disait Maurice Baud, une machine à donner des coups de pied au derrière... », A. Cingria, « À propos de "Notre Terre et ses Gens" », dans *Œuvres complètes*, Lausanne, L'Âge d'Homme, s.d. [1978 ?], t. 5, p. 275, GRL). Voir d'autres objets aussi introuvables que saugrenus s.v. *banane, clé, corde, fusil, marteau* et *persil*.

5. Et le marché noir continue... Il faudrait inventer la machine à donner des coups de pied au cul... (R. Sabatier, *La Souris verte*, 1990, p. 258)

6. Le loup [...] est expédié au loin par une machine à donner des coups de pied au cul [...]. (« Trois petits cochons », <www.ac-creteil.fr/>, consulté le 26 février 2008)

7. [...] les inventions débridées de Tinguely ou Goldberg (la-machine-à-donner-des-coups-de-pied-au-derrière-pour-penser-à-mettre-les-lettres-à-la-poste). (A. Villani, « Concept général de machine et machine désirante », <www.ac-nice.fr/>, consulté le 26 février 2008)

**machine à perdre (les élections)**, loc. nom. "engrenage politique malheureux qui peut conduire à un échec électoral (du parti auquel on appartient)". Métaphore surtout en usage dans le monde politique et dans les médias.

8. M. Millon, sur Antenne 2, a souligné dans le même sens : « L'opposition est devenue une machine à perdre les élections [...]. » (*Le Monde*, 11 avril 1989, p. 8)

9. Voilà plusieurs mois que le président du groupe UMP à l'Assemblée tire la sonnette d'alarme* sur les dangers des divisions qui risquent d'enclencher « la machine à perdre », expression qu'il affectionne. (*La Tribune*, 9 janvier 2007)

— VARIANTE MOINS USUELLE. **machine à faire perdre**.

10. Le Front national s'est imposé avant tout comme une machine à faire perdre la droite. (*La Croix*, 9 mars 1998, p. 1)

11. Mardi 9 janvier, les députés UMP ont sorti du garage un vieil engin, bien connu des partis politiques : « la machine à faire perdre » (son propre camp). (R. Bellet, dans *Le Monde*, 11 janvier 2007)

## magique

**c'est magique**, loc. phrast. "c'est extraordinaire". Renouvelle une longue série d'hyperboles du même type qui ne sont plus perçues comme telles aujourd'hui : *charmant*, *envoûtant*, *féérique*, *merveilleux*, etc.

1. Des millions de Barbie vendues. Chez Mattel, Noël c'est magique. (*Télérama*, 18 décembre 2002, p. 125)

2. Je suis sur la terrasse, devant le lac… Si tu le voyais ! C'est magnifique, c'est sublime, le soleil est couché, les montagnes sont noires mais l'eau est scintillante… elle dégage une lumière bleutée, c'est irréel, c'est comme si le lac était éclairé de l'intérieur, tu comprends ?… C'est magique… (C. Clerici, *L'Envol*, 2005, p. 32, GRL)

3. […] dix filles et deux garçons, de la seconde à la terminale, qui jouent une version revue et corrigée des *Précieuses ridicules*. […] « C'est trop bien, c'est magique. On a rarement l'occasion de vivre des moments pareils. » (*Sud Ouest*, Périgueux, 4 février 2005)

4. […] tous les classiques du genre y sont passés. « Il fallait entendre ces 250 personnes chanter en chœur *Peau d'âne*, c'était magique ! » (*Le Parisien*, 18 mars 2007, p. 3)

## maillon

**le maillon faible**, loc. nom. "l'élément le plus fragile d'un groupe humain". L'exemple 1 est une allusion à l'émission de télévision éponyme diffusée sur TF1 à partir de juillet 2001. Calque de l'anglais *weak link*.

1. Evidemment qu'on le savait. Mais le dire n'est pas autre chose que le pauvre bafouillement du candidat, justement à un jeu télévisuel, vivant à la fois l'élimination et l'humiliation publique. De qui *La Marseillaise* ? De Leconte, de Rouget, tous deux de Lisle ? Et hop, terminé, vous êtes le maillon faible, vous êtes nul […] au revoir ! (P. Georges, dans *Le Monde*, 29 janvier 2003, p. 40)

2. Le Premier ministre s'est mis en tête de remanier son propre cabinet à Matignon. […] il a fini par reconnaître que Pierre Steinmetz constituait bien « le maillon faible » de son cabinet […]. (*Le Canard enchaîné*, 23 juillet 2003, p. 2)

3. Les enseignants de la Roseraie ont organisé une opération collège mort hier […]. « Regardez ce quartier ! Beaucoup d'argent est investi pour la rénovation urbaine. On refait les murs, et nous, au collège, on resterait le maillon faible ? » (*Ouest France*, 21 mars 2007)

## main

**(là) où la main de l'homme n'a jamais mis le pied**, loc. Pour qualifier plaisamment un lieu inexploré. Habituellement attribuée à Claude Farrère (« La forêt vierge est une forêt où la main de l'homme n'a jamais mis le pied »), la locution se trouve déjà dans Henry Hentsch, *Deux années au Dahomey, 1903-1905*, Paris, 1905, p. 74 : « nous avons voulu nous rendre à Savalou, en traversant une partie de la brousse où la main de l'homme blanc n'a jamais mis le pied » (GRL).

1. Le beige, c'est la nature abstraite et élémentaire, celle des sables du désert, des terres arides, lieux primordiaux et essentiels où la main de l'homme n'a jamais mis le pied. (*Sud Ouest*, 8 mai 1994)

2. Le voyage, c'est accepter les incertitudes, aller dans des terres qui ont l'air a priori hostiles, ne pas être passif : si je peux aller dans des endroits où la main de l'homme n'a jamais mis le pied, comme on dit, je trouve ça passionnant. (C. Villers, dans *La Nouvelle République*, 29 juin 2005)

3. Tous deux s'extasiaient devant des lichens poussant sur des parois verticales, là où la main de l'homme n'avait jamais mis le pied. (*Télérama*, 10 janvier 2007, p. 174)

## mal

**là où ça fait mal**, loc. adv. Pour évoquer une question délicate, que l'on évite généralement d'aborder (souvent avec des verbes du paradigme de *appuyer* ou *taper*). Métaphore médicale. ~ **point sensible**.

1. Plus avance le film [*2 × 50 ans de cinéma français* de Jean-Luc Godard et Anne-Marie Miéville], plus on se dit qu'à sa façon Godard est aussi peu récupérable que Guy Debord, qu'il continue de toujours mettre le doigt là où ça fait mal, là, par exemple, où une certaine logique technocratique et mercantile accouche du plus glacial des libéralismes… (*L'Humanité*, 26 mai 1995)

2. La crudité idéologique de *Plateforme* engendre des réactions prudentes, sur le mode : oui, ce que dit Houellebecq est parfois à la limite de l'ignoble, mais il pose les vraies questions, il touche là où ça fait mal. (P. Jourde, *La Littérature sans estomac*, 2003 [2002], p. 267)

3. Un débat sans langue de bois, qui se démarque des poncifs bon teint. Une pensée libre et nerveuse qui appuie là où ça fait mal. (*Libération*, 27 mai 2006, p. 36)

V. encore *moule*, ex. 2.

**on est mal**, loc. phrast. Pour signifier qu'une situation devient délicate, difficile, critique. Par ellipse de phrases du type *on est mal parti*.

4. – Oooh, bônneu mèrrre… Ça va être chaud*… On est mal, là, mon pote, on est mal… Moi, je retourne au taf, c'est plus calme. (A. Gavalda, *Ensemble, c'est tout*, 2005 [2004], p. 390)

5. Je commence à me faire du souci car on prend du retard sur le programme. Si la grève dure, on est mal pour le bac. (Une lycéenne, dans *Sud Ouest*, Langonnais, 9 décembre 2005)

6. – […] j'étais hier au marché de Lamotte-Beuvron, les clients en parlaient [de la grippe aviaire]. Tout dépend de la suite, dans les prochaines semaines […]. S'il y a

d'autres cas... on est mal. Souvenez-vous de la vache folle. (Un volailler, dans *La Nouvelle République*, éd. de Loir-et-Cher/Romorantin, 20 février 2006, p. 8)

## malice

**la police, pleine de malice**, loc. nom. Développement plaisant de *la police*, avec effet de rime intérieure, repris de scies en boucle un peu vieillotes, du type : « Hiereu soir – tantan – tantan – dans la rue Babazout' – tantan – tantan – uneu femme et son fils – tantan – tantan – furent assassinés – tantan – tantan – Et la police – tantan – tantan – toujours plein' de malice – tantan – tantan – affichait des affiches – tantan – tantan – sur lesquelles on lisait – tantan – tantan – Hiereu soir » ou « Hier au soir – 3 rue de la gare – on a r'trouvé – un squelette désossé – et la police – toujours pleine de malice – a fait des affiches – qui disaient ceci – Hier au soir » (d'après <www.echolalie.org/wiki/index.php?ListeDeTrucsZenBoucle>).

1. La police, pleine de malice, [...] compara les écritures et mit la main sur le coupable. (J. Doniès, « Guerre 1939-1945. Témoignage », 1991, <www.michel-elbaze.fr/>)

2. Mais bien sûr la police, pleine de malice, finira par démasquer les deux coupables. (D. Gauer, « La Tête d'un inconnu du Nord-Express », 2003, <angellier.biblio.univ-lille3.fr/>)

3. [...] l'autre jour, la police pleine de malice a arrêté un bougre qui envoyait des e-mails incendiaires [...] signant nombre de ses missives injurieuses ou menaçantes du nom d'Hitler. (S. Scotto, *Saucisse président*, 2007, p. 54)

## maman

□ **crier maman**, loc. verb. Pour exprimer le paroxysme de l'amour physique chez une femme. L'interjection *maman* traduit chez l'enfant ou l'adulte une émotion très forte, sans qu'il y ait nécessairement référence à leur propre mère. Attesté en 1909 (« Le jeune homme fut triomphant / Sans lui laisser dans la lutte / L'temps d'crier : Maman ! », dans la chanson de P. Marinier et H. Christinié, *Ah ! Voui !*, dans Pénet 1998, p. 1090) ; cf. aussi la chanson de G. Brassens « Je m'suis fait tout p'tit devant un'poupée [...] Qui fait "maman" quand on la touche » (1955). ~ ■ **encore* encore.**

1. [...] elle est entrée dans une cabine pour envoyer un petit message, je suis bien obligé de la trouver parfaite, pour autant que la perfection ait une signification en esthétique, bien obligé de constater qu'une force me pousse vers elle et que j'entrerais bien dans la cabine pour lui faire crier maman ou autre chose si elle le désire car dans la variété des cris poussés par les demoiselles quand on les prend il ne faut pas avoir d'idées préconçues. (C. Coffinet, *La Danse du cobaye*, 1976, p. 87, GRL)

2. De longs cheveux d'or, des yeux clairs, pas franchement rayonnants d'intelligence, mais quand elle les ferme pour crier « maman » [...], où est l'importance, réponds ? (San-Antonio, *Le Casse de l'oncle Tom*, 1987, p. 173)

V. encore *pois*, ex. 5.

■ **rentrer** (ou verbe du même paradigme) **comme papa dans maman (un jour/soir de paye)**, loc. verb., loc. adv. "(rentrer) facilement, aisément, sans problème". Par métaphore. ~ **comme une lettre à la poste ; comme sur des roulettes.**

— À PROPOS D'UN PROCESSUS CONCRET.

3. Prends un mac. [...] Ça va rentrer comme papa dans maman un soir de paye, tu seras pas emmerdé. (Conseil à un acheteur d'ordinateur, 7 août 2002, <forums.macgeneration.com/>)

4. La place est limite en taille, aussi je décide d'appliquer mon légendaire talent du « je me gare dans un mouchoir* de poche ». J'entame un habile créneau et un homme, [...] me fait un clin d'œil accompagné d'un signe du pouce signifiant que tout est rentré comme papa dans maman. (Message, 13 août 2005, <www.coindenappe.com/>)

5. Je voulais commencer par les bagues en bronze pour pouvoir remonter les lames sur le pont avant. Je présente une bague dans un trou de lame, mais ça veut pas rentrer. Pas de prob, je vais y faire passer un ancien axe et avec un écrou au bout, en vissant ça devrait rentrer comme papa dans maman... (« Restauration d'un Dogde WC52 », 23 octobre 2005, <wc52.over-blog.com/>)

6. Placez les roulements au congélateur pour qu'ils se contractent et ainsi qu'ils rentrent comme papa dans maman. (*Forum moto*, 29 juin 2006, <www.crazymoto.net/>)

— À PROPOS D'UNE ATTITUDE, D'UN COMPORTEMENT.

7. L'ouverture de la serrure [lors d'un cambriolage] ? Du beurre pour la Pendule. [...] Comme s'il appuyait sur le bouton de la sonnette ! Et la Pendule se félicitait déjà du sérieux de ses prévisions : « ... Comme papa dans maman un jour de paye », murmura-t-il en tirant la porte à lui. (C. Lépidis, *La Main rouge*, 1978, p. 25, GRL)

8. La Boute prend en main la commande du déclencheur [d'un appareil photo].
– Bon, on y va ? [...] On en met combien, à ton avis ?
– Je sais pas trop... Quinze ou vingt secondes. Disons vingt.
– Ça marche.
– Ça va Jeckel ?
– Comme papa dans maman. (R. Péaud, *Kyrie rira bien le dernier*, 2001, p. 104, GRL)

9. Ce qui est vraiment effrayant dans le processus des sectes est parfois qu'ils te distribuent des prospectus sur lesquels il est écrit qu'il faut se méfier des sectes et qu'il y a un meeting à ce sujet organisé par la scientologie (!)... et là, les gens y vont par curiosité et malgré le fait qu'ils connaissent la scientologie de nom et qu'ils se méfient, ils rentrent dedans comme papa dans maman. (Message, 20 août 2004, <www.france-jeunes.net/>)

## mamma

**mamma mia**, loc. interj., loc. phrast. Pour marquer la surprise, l'étonnement, la stupéfaction. Emprunt à l'italien, attesté en 1950 dans Enckell 2004.

1. La taille cambrée, les bras levés pour mettre en valeur une poitrine de bronze. Et ces yeux de feu. Et cette bouche ardente [...]. Mamma mia. (J.-P. Demure, *Razzia sur la paroisse*, 2005 [1983], p. 74)

2. Mamma mia, il y avait tellement de monde là-haut que j'ai failli redescendre en vitesse, mais à quoi bon...? Ils étaient toute une bande installés devant la télé [...]. (P. Djian, *37°2 le matin*, 1985, p. 276)

3. *Mama mia*, pensa Gabriel qui se dénicha soudain une âme de rital décoiffé par la fulgurante accélération de sa Ferrari. (O. Thiébaut, *Les Pieds de la dame aux clebs*, 1996, p. 72)

4. *Mamma mia !* Quel tableau !!! Une vraie scène d'une litho de Dubout ! (F. Henry, *Natchave !*, 2006 [2004], p. 45)

5. Là, au moment de sortir, Bastien a attrapé Justine façon tango et lui a roulé une pelle, *mam[m]a mia…* ! (M. Quint, *Sur les trois heures après dîner*, 2004, p. 48)

## mammouth

▪ **branler le mammouth**, loc. verb. "être inoccupé ; ne rien faire". Sur le modèle formel de **peigner la girafe**.

1. Il faudra un jour vous le dire, qu'à IBM on se fait chier à rien foutre, alors oui c'est bien payé et ça rend bien sur le CV, mais ensuite, quelle expérience en tirez-vous ? Vaut-il mieux branler le mammouth et brasser* du vent ou réaliser, construire réellement quelque chose ? (Message, 25 février 2003, <www.e-blacksheep.org/>)

2. Quand je bossais, j'avais guère plus à raconter que : « Aujourd'hui, je suis allé au boulot. C'était une journée longue et chiante. » La routine, quoi. Maintenant que je branle le mammouth toute la sainte journée, il n'y a plus de routine, ou presque. L'ingestion d'un yaourt aux fruits, l'achat d'un pot de Nutella en promo ou encore la fin d'un rouleau de papier toilette constituent autant d'événements dans le vide abyssal d'une journée, et méritent d'être racontés. (*Le Blog de Tryphon, le blog qui pète le fion*, 5 février 2006, <www.20six.fr/tryphon/>)

— LOC. NOM. DÉRIVÉE. ▪ **branlage de (/du) mammouth**.

3. La vérité, Mesdames, Messieurs, est que je m'emmerde au bureau. Pourtant, j'ai tout de la jeune Parisienne active : 29 ans, un travail depuis plus de 5 ans, un bel ordinateur devant lequel m'asseoir… Pourtant, mes journées entières se partagent entre le peignage de la girafe et le branlage du mammouth. (Blog, 4 avril 2002, <monavissurtout.blogspot.com/>)

4. Le Haut Conseil pour le Branlage de Mammouth n'existe pas, mais il existe bien (encore) un appendice de la Banque de France chargé de décider du taux directeur appliqué dans le pays… Taux qui est désormais décidé à Bruxelles. (Message, 7 avril 2006, <beta.blogger.com/>)

## manche

▪ **avoir le manche**, loc. verb. "avoir une érection". Sur *manche* nom masc. "pénis", attesté en 1456 en contexte métaphorique (*Cent nouvelles nouvelles*, p. 482, Nancy, ATILF - Base textuelle du moyen français) ; cf. *roidir le manche* (fin XVI^e^ s., Cholières, dans Di Stefano 1991). ~ ▪ **avoir le barreau* ;** ▪ **avoir le bâton* ;** ▪ **avoir la gaule ;** ▪ **avoir le gourdin ;** ▪ **avoir le piquet* ;** ▪ **avoir la queue de vache ;** ▪ **avoir le bambou/la barre (à mine)/la tringle/la trique**.

1. Elle se déhanche et t'as le manche
Elle fait son numéro et t'as le barreau* (Forum sur l'écriture, 30 août 2006, <thierry.francois.free.fr/>)

2. C'est comme le matin quand tu te réveilles, t'as le manche, c'est naturel. (Message, 4 novembre 2006, <www.rap2k.com/>)

**tenir le couteau par le manche**, loc. verb. "être en position de force ; être en passe de réussir". L'image parle de soi ; elle est proche de *être du côté du manche*. Dans l'exemple 3, la métaphore est remotivée. Attesté en 1870 (« quand il s'agit d'une association entre le fort et le faible, le premier obtient ordinairement la part du lion, par le simple fait qu'il tient, comme on dit, "le couteau par le manche" », É. Tallichet, *Les Chemins de fer suisses et les passages des Alpes*, Lausanne, Bureau de la Bibliothèque universelle, p. 165, GRL). ~ **tenir le bon bout**.

3. – Je comprends parfaitement ton point de vue, assure-je, malheureusement pour toi, le mien diverge, et comme c'est moi qui tiens le couteau par le manche, c'est toi qui risques de saigner. (San-Antonio, *Plein les moustaches*, 1985, p. 159)

4. [...] pour la première fois, ce sont les Israéliens qui tiennent le couteau par le manche : Damas est à portée de main et Le Caire devient atteignable. (P. Hazan, *1967, la guerre des Six-Jours. La Victoire empoisonnée*, 2001, p. 128, GRL)

5. Malgré tout, en l'état actuel des choses, le maire sortant [...] semble tenir le couteau par le manche. (*Sud Ouest*, Saint-Jean-de-Luz, 16 mars 2001)

## mandoline

□ **jouer de la mandoline** ; **se jouer un air de mandoline**, loc. verb. Pour évoquer les caresses du clitoris. Métaphore analogue, sur le plan visuel, dans les tableaux de Balthus *La leçon de guitare* (1934) et *Jeune fille à la mandoline* (2000, inachevé). Attesté dans Lacassagne 1928 « jouer de la mandoline "se masturber (se dit seulement pour la femme)" ».

1. S'endormir dans les bras de sa p'tite sœur d'amour. Doux et chaud. Comme quand on était mômes. J'ai dit d'amour. Pas de cul [...]. Se jouer un air de mandoline chacune dans son coin et basta. En attendant on est des anges. (E. Hanska, *J'arrête pas de t'aimer*, 1981, p. 12)

2. Quand je parvenais à faire grimper mes partenaires aux rideaux, je redoublais d'ardeur et, mentalement, je vociférais à l'adresse de Barbara : « [...] si t'es en manque, c'est bien fait pour ta gueule, t'as qu'à jouer de la mandoline... » [...]. / Fureur sexuelle apaisée, je gambergeais, je « flash-baquais ». (A. Vers, *C'était quand, hier ?*, 1990, p. 260)

3. [...] le Dr Gérard Leleu [...] enseigne aux hommes l'art de la caresse clitoridienne et les raffinements du plaisir clitoridien... ce que les Italiens appellent « jouer de la mandoline ». (« Les rêves secrets du clitoris », <www.doctissimo.fr/html/sexualite/>, consulté le 12 septembre 2006)

## manger

**on pourrait manger (la soupe) dessus**, loc. phrast. À propos d'une surface soigneusement nettoyée et astiquée. Attesté en 1687 (« les maisons sont très belles & bien bâties, les rües fort spacieuses, & un pavé si propre qu'on y pourroit manger dessus », Durand de Dauphiné, *Un Français en Virginie. Voyages d'un François exilé pour la Religion, avec une description de la Virginie et Marilan dans l'Amérique*, d'après l'édition originale de 1687, avec une introduction et des notes par Gilbert Chinard, Paris, E. Droz / Baltimore, Johns Hopkins Press, 1932, p. 52, GRL).

1. Et allez donc que je te brique [la voiture], et fier comme un pou, « on pourrait manger la soupe dessus », une vraie petite ménagère. (C. Rochefort, *Les Petits Enfants du siècle*, 1961, p. 66)

2. J'ai changé mon boîtier [d'ordinateur] : maintenant j'ai une tour avec un ventilo devant, derrière et sur les côtés [...]. À l'intérieur, tous les composants sont nickel, pas de poussière, on pourrait manger dessus. (Message, 9 novembre 2004, <www.infos-du-net.com/>)

3. [...] je passe un temps fou à nettoyer les wc, sanitaires, on pourrait manger dessus [...]. (Message, 11 juillet 2007, <forum.doctissimo.fr/viepratique/travail/>)

## manière

**faire une bonne manière à qqn**, loc. verb. "(en parlant d'un homme) avoir des gestes entreprenants à l'égard d'une femme, voire la posséder sexuellement ; (en parlant d'une femme) accorder ses faveurs à un homme". Attesté à Marseille en 1925 (« – Mais alors, il a fallu [pour voler un porte-monnaie] qu'il vous passe la main sous les jupes ? – Bien sûr, té ! Mais je croyais qu'il voulait me faire une bonne manière ! », E. Ramond, *Histoires marseillaises*, Paris, Les Éditions de France, p. 4). Originaire du sud-est de la France, cet euphémisme est un emploi par restriction de *bonne manière* "geste aimable, comportement obligeant" (de même origine, attesté en 1880 dans TLF).

1. Probable que, si j'y avais pas été, il lui aurait fait une bonne manière, vite fait, sur la table de la cuisine [...]... (San-Antonio, *Deuil express*, 1992 [1954], p. 18)

2. – [...] Moi, ses micmacs avec Antoine m'avaient jamais semblé naturels. Il lui aurait fait une bonne manière entre deux coups de rouge que ça m'aurait pas surpris... (R. Rabiniaux, *La Bataille de Saumur*, 1971, p. 200)

3. Blanche, qui balaie, époussette avant l'ouverture, vend des merdes avec une distinction rare, repasse le froc de son patron et de temps à autre lui fait une bonne manière, Blanche s'occupe aussi de la comptabilité et des déclarations de revenus. (M. Déon, *Les Vingt Ans du jeune homme vert*, 1977, p. 134, GRL)

## manivelle

■ **démarrer à la manivelle**, loc. verb. "masturber". Par métaphore du moteur qu'on lance en actionnant la manivelle. **S'achever à la manivelle** "se masturber" est attesté en 1944 (R. Guérin, *La main passe*, 1996 [1944], p. 51).

1. – Dis donc, Marcel ! Un peu paresseux, ton petit copain. Plus fort avec les oreilles qu'avec la queue. Imagine-toi que nous y serions encore. J'ai dû le démarrer à la manivelle.
Elle avait du vocabulaire cette Nadia ! (L. Tamain, *De la gangue à la pierre*, 1983, p. 186, GRL)

2. – [...] vous avez tenté de le démarrer à la manivelle ?
– Plus d'un quart d'heure, m'sieur l'agent. J'en avais la crampe de l'écrivain. [...]
– Mais j'ai pas joui ! protesta le client. (San-Antonio, *Renifle, c'est de la vraie*, 1988, p. 19-20)

— EN CONTEXTE MÉTAPHORIQUE.

3. [...] son service trois pièces, service incompris s'il en est par sa femme, qui a passé l'âge de faire démarrer les moteurs à la manivelle. (J. de Bougues-Montès, *Chez Auguste*, 1982, p. 159)

## marchand

**discussion** (/**négociation**, etc.) **de marchand(s) de tapis**, loc. nom. "négociation serrée et souvent mesquine". La vente d'un tapis s'accompagne souvent de longs marchandages, notamment en Orient. L'image est péjorative.

1. Une vraie discussion de marchands de tapis, au bout de laquelle chacun reste sur ses positions, attendant que l'autre se ravise. (Y. de Brémond d'Ars, *Remue-ménage*, 1966, p. 140, GRL)

2. [...] sans compter la discussion de marchands de tapis sur les dix-huit grandes villes à la direction communiste que les socialistes revendiquent. (*Minute*, 18 décembre 1982, dans *La Revue du traducteur*, mars 1983, p. 40)

3. En réalité, les réunions se déroulent plus calmement que la vigueur du ton adopté en public ne le laisse entendre. Pour le PCF qui, depuis le début des pourparlers, affirme vouloir en rester au niveau des principes, la discussion de marchand de tapis en cours est à peu près inavouable. (*Libération*, 28-29 janvier 1989, p. 6)

4. Les négociations de marchands de tapis sur les 35 heures annulent tous les efforts qui ont été faits depuis deux ans. (*Le Monde*, 28 septembre 2001, p. 16)

5. [...] le partage des tranches horaires [entre chaînes de télévision] a fait l'objet de négociations de marchands de tapis [...]. (*Ouest France*, 2 février 2007)

V. encore *bas*, ex. 2.

**discuter** (/**marchander**/**négocier**) **comme un/des marchand(s) de tapis**, loc. verb. "négocier avec âpreté".

6. Il veut me donner vingt-cinq dollars et moi, j'en veux trente. On discute comme des marchands de tapis. (H. Jelinek, *Dans la nuit des deux mondes*, 1975, p. 154, GRL)

7. Mendès a déjà capitulé mentalement. À Genève, il n'a qu'un seul but : marchander comme un marchand de tapis. Il solde l'Empire de la France. Il liquide les colonies. Tout ce qu'il demande, c'est un petit rabais par ici, un dessous de table par là ! (P. A. Ladame, *Il faut unir l'Europe, mais quelle Europe ?*, 1990, p. 131, GRL)

8. « Ma mutuelle m'a dit que ce ne serait pas pris en charge et m'a conseillé de négocier. Mais franchement, c'est délicat. On ne discute pas avec son chirurgien comme avec un marchand de tapis », raconte Christiane, qui a finalement payé les 280 € de sa poche. (*La Croix*, 30 janvier 2008)

## marche

▪ **descendre** (/**sauter**) **en marche**, loc. verb. "s'interrompre au milieu d'un processus et, en particulier, pratiquer le coït interrompu, notamment à des fins anticonceptionnelles". ~ ▪ **sauter à contre-voie***.

1. [...] elle baisait champion, Lisa, un délice. [...] L'inconvénient c'est qu'elle me forçait à descendre en marche au bon moment. Ça gâchait le reste. – Fais attention... ôte-toi... qu'elle me murmurait. (D. Apruz, *La Bêlamour*, 1970, p. 261, GRL)

2. Jean-Paul a envie d'avoir des enfants très vite. Ça fait quatre ans qu'il saute en marche, je le comprends. (J. Cordelier, *La Dérobade*, 1976, p. 88)

3. Sais-tu comment je t'ai conçu, garçon ? A l'époque, la pilule s'appelait « descendre en marche »... (C. Baroche, *Plaisirs amers*, 1984, p. 166, GRL)

4. [...] il restait des obstacles à vaincre. Le premier : la terreur d'être enceinte. Non seulement l'homme « correct » était tenu de « descendre en marche » mais la femme, comptant les jours, vivait les yeux rivés au calendrier. (A. Vers, *C'était quand, hier ?*, 1990, p. 92)

## marcher

**ça (ne) se verra pas en marchant vite**, loc. phrast. Pour rassurer une personne dont l'apparence ou la tenue vestimentaire n'est pas irréprochable (ou pour se rassurer soi-même). Attesté en 1863 (« Il s'était lui-même coupé les cheveux, mais d'un seul côté, il avait oublié l'autre ; on lui en fit la remarque. "En marchant vite, ça ne se verra pas", répondit-il », A. de Rochefort, *Mémoires d'un vaudevilliste*, Paris, Charlieu et Huillery, p. 236, GRL) ; en 1936 (« ça n's'verra pas en marchant vite », A. Maugarny, *Banlieue sud de Paris*, p. 44).

1. Le dimanche, j'avais un costume marin, me venant je ne sais d'où, que Zélie m'avait « arrangé ». Il avait dû faire plusieurs saisons, sans s'occuper si son porteur grandissait [...].
– En marchant vite, ça se verra pas ! m'a-t-elle dit un jour où j'osais me plaindre. (V. Guilbaud, *Une enfance vendéenne*, 1991, p. 125)

**marcher tout seul**, loc. verb. "(en parlant d'un fromage) être coulant ; être grouillant de vers". Attesté, à propos d'un autre aliment, en 1810 (« Le Pâté de viande de M. Francis [...] commençait à marcher tout seul », *Almanach des gourmands*, 7, p. 130, dans DDL) ; à propos de fromage en 1858 (« Nous ne dirons rien de ce fromage : il complète le repas du riche [...] ; nous parlerons de celui qui marche tout seul sur la devanture du marchand, et dont l'ouvrier fait avec un morceau de pain un repas », *Bulletin général de thérapeutique médicale, chirurgicale, obstétricale et pharmaceutique*, t. 55, p. 431, GRL) et dans Larchey 1872 (« MARCHER TOUT SEUL. – se dit du fromage et des aliments corrompus où les vers grouillent assez pour donner à cet objet matériel une sorte de vie, au figuré, *pour le faire marcher* »).

2. À la fin du repas, le patron nous avait proposé de goûter ce qu'ils appelaient le fromage qui marche tout seul. [...] Ils l'appelaient ainsi à cause des vers vivants qui se trouvaient à l'intérieur, et qu'il fallait manger : c'était le meilleur. (C. Montana, *Malabar trip*, 2003, p. 97-98)

3. A dix neuf heures, le brave et courageux mari s'installe devant un saucisson d'âne, du jambon de sanglier (pauvres bêtes) et un camembert qui marche tout seul. Un demi-verre de côtes du Rhône pour faire couler [...]. (Blog, 11 janvier 2007, <ducotedechezmamedjo.blog50.com/>)

■ **un intellectuel assis va moins loin qu'un con qui marche**, loc. phrast. Pour exprimer avec ironie la supériorité de l'action sur la réflexion. Pseudo-adage tiré d'un film dialogué par Michel Audiard (« *François Jonsac* : Je crois, docteur, que l'homme de Néanderthal est en train de nous le mettre dans l'os... Un intellectuel assis va moins loin qu'un con qui marche... », *Un taxi pour Tobrouk*, film de Denys de la Patellière, 1960) ; les exemples suivants représentent des variantes.

4. Le nouveau slogan des Jeunes Radicaux de Charente-Maritime ? « Un con qui marche ira toujours plus loin qu'un intellectuel assis », extrait d'un dialogue de M. Audiard dans *Un taxi pour Tobrouk*. Stéphane Leroy, président du mouvement dans le département [...] explique : « C'est une première. Cela peut choquer mais cette affiche a été choisie pour faire réfléchir. En politique, on ne doit pas se contenter de discussions stériles, mais on doit s'engager, avancer [...]. » (*Sud Ouest*, Charente-Maritime, 5 avril 2000)

5. Selon le principe établi voulant que deux intellectuels assis aillent moins vite qu'une brute qui marche, le skinhead situationniste a à cœur de mettre la théorie à l'épreuve de la pratique et méprise ceux dont les prétentions théoriques dissimulent la peur de l'action, ou pire, la non-application au quotidien de leurs beaux principes, y compris au sein de sa classe. (*Appel aux parlementaires européens*, 27 février 2004, <paris.indymedia.org/>)

## marée

□ **prendre la marée**, loc. verb. "perdre ses moyens ; subir un revers ; être en situation d'échec". ~ **aller à vau-l'eau ; prendre l'eau ; boire la tasse**.

— Dans le vocabulaire du rugby. L'image est celle d'une équipe perméable aux assauts de l'adversaire.

1. Face à une formation solide et soucieuse de ne pas prendre la marée [...], Agen a beaucoup tenté, sans réel succès. (*Sud Ouest*, 6 décembre 2004, p. 10)

2. Leur défense sera vraiment la clé du match. Réussir absolument le premier placage pour éviter de prendre la marée [...]. (*Le Progrès*, 22 octobre 2005, p. 24)

3. Ce soir, les Oyonnaxiens peuvent prendre la marée. Ils peuvent aussi rêver d'une énorme performance. (*Le Progrès*, 20 janvier 2007, p. 1)

∞ EN CONTEXTE MÉTAPHORIQUE.

4. Mais nous sommes toujours resté solidaires, à aucun moment nous n'avons baissé les bras. Si ç'avait été le cas, quand ils ont commencé à prendre le large, nous aurions alors pu prendre la marée. (Un rugbyman, dans *Libération*, 17 février 2003, p. 27)

∞ VARIANTE PONCTUELLE.

5. 15 novembre 1977 : Patrick Vilquin et la sélection française prennent la marée noire (30-3). (*Charente libre*, 11 novembre 2006, p. 43)

— Hors contexte sportif.

6. – [...] À mon âge, les neurones prennent la marée [...]. (M. Embareck, *Le Futon de Malte*, 2007, p. 89)

## marge

**à la marge**, loc. adv. et adj.

**1.** LOC. ADV.

— "à l'écart de la société ou d'un groupe donné, soit volontairement soit par inadaptation".

1. Il [Brassens] refuse de s'embrigader et exalte ceux qui vivent à la marge [...]. (*Le Télégramme*, 12 février 2003)

2. Constituée d'inédits, « Expression libre 2 » [une compilation] fait la part belle à des artistes rap évoluant « à la marge ». (*Le Télégramme*, 26 mai 2003)

3. Dans l'Eglise, elle [une femme candidate à la prêtrise] se situe « à la marge », dans les réseaux contestataires [...]. (*Le Monde*, 27 mai 2005)

— "de façon négligeable, très secondaire, accessoirement".

4. [...] l'augmentation de l'essence pourrait décourager certains inconditionnels de la voiture [...]. La déléguée [...] estime que, « s'il y a une modification, ce sera à la marge, ceux qui prennent encore la voiture n'ont pas d'autres choix ». (*Le Figaro*, 10 septembre 2005)

5. La crainte que le H5N1, une épizootie qui ne touche pour l'instant les hommes qu'à la marge, se mue en une pandémie [...]. (*Agence France Presse*, 23 septembre 2005)

6. [...] la nouvelle bibliothécaire est jeune et moche et elle l'aide, elle le drague un peu, à la marge. (C. Avel, *L'Apocalypse sans peine*, 2006, p. 45)

∞ **corriger** (ou verbe du même paradigme) **à la marge**, loc. verb. "rectifier, aménager de façon superficielle, sans reprendre les choses au fond".

7. L'hôpital public n'a nul besoin d'une nouvelle loi hospitalière qui modifierait à la marge les règles existantes. Il a besoin d'un changement de cap qui passe par la mobilisation de tous ceux et de toutes celles qui y travaillent. (*Le Figaro*, 8 octobre 1999)

8. Or, dans le programme socialiste, ce n'est plus la justice sociale qui est première, mais l'ordre, le qualificatif « juste » indiquant qu'on essaiera de corriger à la marge les inégalités les plus criantes du système. (*L'Humanité*, 10 juin 2006, p. 10)

**2.** LOC. ADJ.

— EN PARLANT D'UNE PERSONNE OU D'UN GROUPE DE PERSONNES OU D'UNE MANIFESTATION DE L'ESPRIT. "à l'écart de ce qui est habituellement reçu".

9. « L'énergie rock » vient au secours du ghetto classique qui s'étiolait dans ses querelles de chapelles. On privilégie des artistes « à la marge ». (*Le Figaro*, 25 mars 1997)

10. L'artiste américano-cubaine de 43 ans, Coco Fusco [...] s'attache aux cultures souvent considérées « à la marge ». (*Le Figaro*, 14 juin 2006, p. 10)

— EN PARLANT D'UN INANIMÉ. "secondaire, accessoire".

11. « Longtemps à la marge, cantonné au bal musette, il commence à devenir un instrument parmi les autres », commente Eric Callégari, soudain intarissable sur les origines et l'histoire du piano à bretelles. (*Sud Ouest*, Gers, 5 avril 2003)

12. Une baisse de fréquentation [dans des centres de loisirs pour enfants] qui ne s'explique pas vraiment si l'on se fie à l'argumentaire de la mairie qui parle d'un mouvement « à la marge » [...]. (*Sud Ouest*, Villeneuve-sur-Lot, 6 août 2005)

∞ **correction** (ou substantif du même paradigme) **à la marge**, loc. nom. "rectification de détail, aménagement superficiel, qui ne reprend pas les choses au fond".

13. [...] sous réserve de corrections à la marge, les chiffres étaient donc les suivants [...]. (*L'Humanité*, 27 février 2003)

14. [...] une retouche à la marge et une modification sémantique ont suffi pour rendre négociable ce qui ne l'était pas. (*Le Figaro*, 25 avril 2003)

**à la marge de**, loc. prép. "à la limite de, en dehors de".

— EN PARLANT D'UNE PERSONNE OU D'UN GROUPE DE PERSONNES.

15. Jeunes à la marge de la société [...]. (*Sud Ouest*, Béarn, 29 novembre 1999)

∞ DANS UNE MÉTAPHORE FILÉE.

16. « Ce sont des gens [des squatteurs] qui sont complètement marginalisés. Mais, et cette expression n'est pas de moi, s'ils sont à la marge, ils sont quand même dans la page », poursuit Jean-François Durand. (*Sud Ouest*, Bergerac, 24 novembre 1999)

— EN PARLANT D'UN INANIMÉ.

17. L'incendie [...] est stoppé à la marge du village. (*Sud Ouest*, Médoc, 17 juillet 1999)

18. [...] un cliché tenace selon lequel le pourtour sud-méditerranéen se situerait à la marge de la globalisation. (*La Tribune*, 26 juin 2006, p. 6)

**avoir de la marge**, loc. verb. "en être loin". Métaphore de la marge envisagée ici comme un espace créant une distance par rapport à la réalité.

19. Car j'aurais aimé être la résultante de toutes [les femmes de Malraux] : intelligente et cultivée comme Clara, élégante et musicienne comme Madeleine, belle et sensuelle comme Josette, brillante et romanesque comme Louise. J'avais de la marge : des lunettes et des pantalons de velours taille basse. Les cheveux qui pendouillaient. (A. de Saint-André, *Il n'y a pas de grandes personnes*, 2007, p 31-32)

— EMPLOI IMPERSONNEL. **il y a de la marge / il y a une** + adj. + **marge** "il s'en faut de beaucoup, il y a loin, la différence est grande". Attesté en 1835 (« Il y a de la marge entre la honteuse monarchie de Louis XV et la tyrannie ignoble et sanglante du régime Conventionnel », de Barante, *Mélanges historiques et littéraires*, Paris, Chez Ladvocat, t. 2, p. 211, GRL).

20. Du rêve à la réalité il y a une sacrée marge. (*L'Équipe*, 28 août 2006, p. 8)

21. [...] entre s'amuser et abuser, il y a de la marge... (*Midi libre*, Lozère/Millau, 26 mars 2007)

## Margot

**faire pleurer Margot**, loc. verb. "attendrir par des histoires à l'eau de rose ; émouvoir, bouleverser le lecteur (surtout à propos d'articles de presse)". Par allusion, avec détournement du sens initial, à « Vive le mélodrame où Margot a pleuré » (A. de Musset, *Nouvelles Poésies*, 1842 ; voir J.-C. Bologne, *Les Grandes Allusions*, Paris, Larousse, 1989, p. 165). ~ **faire pleurer (dans) les chaumières***.

1. *Contrejour* [un film] n'échappe pas aux conventions du sentimentalisme à faire pleurer Margot. (*Le Figaro*, 9 juin 1999)

2. – […] Je t'ai raconté cette anecdote, c'était pour faire pleurer Margot mais en réalité, ça n'a aucune importance… (A. Gavalda, *Ensemble, c'est tout*, 2005 [2004], p. 362)

3. Il n'y en a que pour les malheurs de l'ours polaire ! Pas un article, pas un reportage télé consacré au réchauffement de l'Arctique qui n'évoque sa possible disparition. Et de faire pleurer Margot en montrant les images d'une ourse à la dérive sur son growler ["petit iceberg"] accompagnée de son ourson. (*Le Point*, 16 décembre 2004)

## marin

▪ **fais/faites pas chier le marin (la mer est mauvaise)**, loc. phrast. "ne m'importunez pas". Forme développée de **fais/faites pas chier**.

1. – Vous serez davantage en forme lorsque vous m'aurez balancé ce que vous savez et qui vous tracasse, vieux, assuré-je. […]
– Faites pas chier le marin, je ne sais rien ! bougonne-t-il. (San-Antonio, *Renifle, c'est de la vraie*, 1988, p. 131)

2. – […] va à Orléans, termine ton enquête et fais pas chier le marin. (E. Hanska, *Le Bal des dégoûtantes*, 1997, p. 95)

3. […] j'sais pas trop quoi vous dire là maintenant, et pis d'abord on s'connaît pas alors faites pas chier le marin, la mer est mauvaise. (« 12e Rock festival de Fontenay-le-Comte », 15 avril 2001, <rockfestival.free.fr/>)

## marquer

**c'est pas/□ y a pas marqué … sur mon front/là**, etc., loc. phrast. La locution renvoie à l'image du front sur lequel on peut imprimer une marque (comme dans l'*Apocalypse*, chap. 7), et l'inscription imaginaire de termes révélateurs ou dévalorisants sur le visage d'une personne est attestée de longue date ; en 1630 (« Je sortis tout effarouché, et portant quasi escrit sur le front la cause de mon esmotion, mais je taschay neantmoins à la cacher », M. Aleman, *Le Gueux, ou la vie de Guzman d'Alfarache,* trad. par J. Chapelain, Lyon, Rigaud, 1639, p. 291) ; en 1834 (« Des *charrieurs*, qui proposent aux physionomies bien lourdes, bien niaises, et sur lesquelles il est écrit : *attrapez-moi*, l'échange de pièces de 20 francs pour 10 francs », Chabot, « Une infirmerie de prison », dans *Paris, ou le livre des Cent-et-un*, t. 15, Paris, Ladvocat, p. 53).

— Pour indiquer que les apparences d'une personne n'indiquent pas nécessairement sa qualité ou son identité profonde.

1. Beaucoup [d'envoyés spéciaux] n'ont effectivement pas l'allure qu'on attend du grand reporter. La quarantaine bedonnante, petits ou physiquement sans relief, il n'y a pas marqué « baroudeur » sur leur visage. (*Le Figaro*, 3 août 1999)

2. Je suis lesbienne, mais c'est pas marqué sur mon front. (Alice, dans *Le Télégramme*, 21 mars 2003)

— "il ne faut pas me prendre pour…". Souvent dans un contexte polémique. À l'oral, s'accompagne généralement d'un geste de la main vers le front. ~ **□ y a pas écrit… (sur mon front)**.

3. Ils [une agence immobilière] nous prennent vraiment pour des pommes, là c'est pas marqué « pigeon » ! (N. Ours, *Haute Saison – quinzaine uniquement*, 2005, p. 57)

## Marshall

**plan Marshall**, loc. nom. "plan d'urgence". Par analogie du plan Marshall, plan d'aide économique à l'Europe, mis en place en 1948 à l'initiative du général américain George Catlett Marshall.

1. La question figurait parmi les urgences de la campagne électorale présidentielle. Le candidat Jacques Chirac avait alors brandi le slogan ronflant d'un « plan Marshall pour les banlieues ». (*Le Monde*, 7 octobre 1995, p. 9)

2. Pour commencer, il faut que la République se donne clairement une orientation pédagogique [...]. Un grand plan Marshall de l'éducation populaire à la citoyenneté. (*Libération*, 18 mai 2002, p. 6)

3. Les Verts parisiens militent pour un « plan Marshall » pour l'isolation thermique qui devrait s'appliquer en premier lieu aux bâtiments publics de la ville. (*Le Monde*, 8 août 2007, p. 6)

## marteau

**écraser** (/**tuer**) **une mouche** (/**un moustique**) **avec un marteau** ; **prendre** (ou synonyme) **un marteau pour tuer une mouche** (/**un moustique**), loc. verb. "employer des moyens disproportionnés à une situation donnée, et moins efficaces que des moyens plus modestes". Version adaptée du *pavé de l'ours*. ~ **écraser une mouche avec un bazooka*** ; **écraser une mouche avec un gant* de boxe** ; **écraser une mouche avec un marteau-pilon***; **prendre un marteau-pilon* pour enfoncer un clou**.

1. [...] des moyens « tout sécuritaire » fort coûteux et aussi « faiblement productifs » que d'écraser une mouche avec un marteau ! (S. Mayeur, *Guide opérationnel de la qualité*, 2004, p. 90, GRL)

2. M$^{me}$ Martine Billard. – Avec cet article [...], on a voulu tuer une mouche avec un marteau ! Bien sûr, il existe des abus, mais ils sont limités. (Assemblée nationale, *Compte rendu analytique officiel*, 2$^{e}$ séance du 19 janvier 2006)

3. [...] les nuances qu'apporte la vraie vie, décision à l'amiable, éviter de sortir le marteau pour écraser un moustique [...]. (Message, 20 juin 2007, <www.maitre-eolas.fr/>)

□ **le marteau à bomber les glaces (le verre/les vitres)**, loc. nom. Expression plaisante, pour désigner une chose qui n'existe pas et à la recherche de laquelle on invite un naïf (en particulier un apprenti ou un débutant). À comparer avec *la clé* du champ de tir, la corde* à tourner le vent, l'huile* de coude, la machine à cambrer les bananes*, la machine* à donner des coups de pied au derrière* ou *la pince à friser le persil**.

4. Au registre des canulars étalonnés figurent la clef [v. *clé*] du champ de tir et le marteau à bomber les glaces. (P. Grison, *Des mets et des mots lyonnais*, 1999, p. 49)

5. [...] les chineurs se sont déplacés nombreux pour chercher et parfois trouver [...] le porte-parapluie en cuivre pour mettre à l'entrée du bar, le marteau « à bomber le verre » qu'aura cédé en plaisantant pour quelques euros le vendeur néophyte qui a vidé son grenier pour l'occasion. (*La Charente libre*, 6 juin 2007, p. 20)

6. Moi j'aimerais bien qu'on m'offre [pour Noël] le dernier modèle de marteau à bomber le verre... (Message, 13 septembre 2007, <www.infos-du-net.com/>)

## marteau-pilon

**écraser** (/**tuer**) **une mouche** (/**un moustique**) **avec un marteau-pilon ; prendre** (ou synonyme) **un marteau-pilon pour écraser** (/**tuer**) **une mouche** (/**un moustique**), loc. verb. “employer des moyens disproportionnés à une situation donnée, et moins efficaces que des moyens plus modestes”. Version moderne et machiniste du *pavé de l'ours*. ~ **écraser une mouche avec un bazooka* ; écraser une mouche avec un gant* de boxe ; écraser une mouche avec un marteau***.

1. La première erreur américaine avait été d'intervenir massivement, de vouloir écraser un moustique avec un marteau-pilon. (M. Niedergang, *Les Vingt Amériques latines*, 1962, p. 579, GRL)

2. La gigantesque machine législative et judiciaire mise en marche par les Américains pour éliminer leurs communistes ne revêtait pas un caractère d'absolue nécessité. C'était, comme on a pu le dire, écraser une mouche avec un marteau-pilon. (J.-P. Török, *Pour en finir avec le maccarthysme*, 1999, p. 52, GRL)

3. [...] si une personne présente un œdème après une piqûre d'abeille, le corps réagit un peu comme un « marteau pilon pour écraser une mouche », il dépense beaucoup d'énergie et... rate la mouche puisque la première victime est la personne : le moyen de défense devient la maladie. (*Le Champ psychologique*, 23 juillet 2003, <www.champsy.com/>)

4. [...] le point d'exclamation, sorte de marteau-pilon pour écraser une mouche [...]. (J.-L. Benoziglio, *La Voix des mauvais jours et des chagrins rentrés*, 2004, p. 114)

5. A mon avis, avec ces nouvelles mesures, on est en train de prendre un marteau-pilon pour écraser un moustique. (*Le Figaro*, 3 novembre 2006)

V. encore *bête*, ex. 4.

— VARIATIONS SUR DES ENGINS DE CHANTIER.

6. Or, alors que les problèmes se concentrent sur quelques km, on propose, pour les supprimer, une nouvelle autoroute de transit entre Thionville et Toul. Excuse-moi, mais j'ai l'impression que l'on cherche à écraser une mouche avec une pelle mécanique. (Message, 24 novembre 2003, <forum.sara.free.fr/>)

7. Mais pour un message qui ne comprend qu'un paquet unique, utiliser TCP [Transmission Control Protocol] revient à tenter d'écraser une mouche avec un rouleau compresseur. (D. Seba, *CISCO, installation, configuration et maintenance de réseaux*, 2003, p. 142, GRL)

8. [...] je trouve la méthode un peu démesurée, genre on écrase une mouche avec un marteau-piqueur. (Message, 25 septembre 2005, <www.presse-citron.net/>)

9. C'est dommage, mais bon, va convaincre le patron qu'utiliser Word pour taper des circulaires, c'est comme utiliser un bulldozer pour tuer une mouche. (Message, 14 février 2006, <www.clubic.com/>)

10. J'ai l'impression que t'as tenté d'écraser une mouche avec une pelleteuse là. (Message, 13 mai 2007, <www.forum-auto.com/>)

— VARIANTES. **prendre un marteau-pilon pour écraser une noisette/une noix ; prendre un marteau-pilon pour casser des cacahuètes.**

11. Mesure-t-on la distance d'un pas en nanomètres ? (Il y en aurait environ 750 millions). Calcule-t-on la masse du corps humain en nombre d'atomes ? Non, car assurément cela serait difficile à comprendre, il y en aurait trop. C'est un peu le problème du Becquerel qui est une unité toute petite. Les appareils de mesure sont si précis qu'on sait néanmoins détecter un Becquerel ou mesurer une longueur d'un nanomètre. Mais prend-on un marteau-pilon de 100 tonnes pour écraser une noisette ? (*La Lettre des écologistes*, 9 octobre 1997, <www.ecolo.org/>)

12. M. Jack Ralite. – [...] Cet amendement, c'est un marteau-pilon pour casser des cacahuètes ! (Sénat, *Compte rendu intégral des débats*, séance du 19 janvier 2004)

13. [...] les moyens employés dans un affrontement doivent être à la mesure de la dimension du conflit : en d'autres termes on ne doit pas se servir d'un marteau pilon pour écraser une noix ! (« Le temps des imprécateurs », 29 septembre 2006, <www.golias-editions.fr/>)

**enfoncer un clou avec un marteau-pilon** ; **prendre** (ou synonyme) **un marteau-pilon pour enfoncer un clou**, loc. verb. "id.".

14. – Et vous, vous ne pouvez pas dire les choses sans gueuler comme un putois, vous ne pouvez pas essayer de trouver calmement une solution qui arrange tout le monde, au lieu de prendre un marteau-pilon pour enfoncer un clou ? (F. Dorin, « L'Intoxe », dans *L'Avant-scène théâtre*, 1983 [1980], p. 99)

15. M. Jérôme Lambert. – [...] L'argument utilisé par le président Clément était donc déplacé : c'est un peu comme si l'on voulait enfoncer un clou avec un marteau-pilon ! Je conçois que vous vouliez faire passer cette mesure, mais gardez, de grâce, le sens de la proportion – qui me semble un peu perdu de vue dans toute cette proposition. (Assemblée nationale, *Compte rendu analytique officiel*, 1re séance du 14 décembre 2004)

## masque

**avoir le masque (des mauvais jours)**, loc. verb. "faire grise mine, parce qu'on est contrarié, furieux ou soucieux". ~ □ **faire la gueule** ; ■ **tirer une sale gueule**.

1. Patrese a encore explosé les chronos, suivi de Mansell. Prost est très mécontent, il a le masque et trouve que sa voiture « c'est de la m... ». (*France-Soir*, 17 juin 1991, p. 11)

2. [...] le directeur danois, qui avait tout prévu pour ce contre-la-montre par équipe [...], avait le masque des mauvais jours. (*Le Progrès*, Rhône, 6 juillet 2005, p. 34)

3. [...] c'est son adversaire [...] qui avait le masque à la sortie du court, un masque bien moins guilleret que celui de Zorro qu'il arborait à son entrée pour célébrer Halloween. (*L'Équipe*, 2 novembre 2006, p. 14)

## masse

□ **(complètement) à la masse**, loc. adj. Pour signifier que quelqu'un a un comportement contraire au bon sens, à la logique, à la raison. Être mis « à la masse » (en électricité) peut entraîner une commotion. ~ □ **disjoncter** ; □ **avoir les fils* qui se touchent** ; □ **fondre/péter les plombs*** ; **péter un câble*/un fusible*/un plomb***.

1. André, lui, poussait un gros soupir de soulagement. Faisant semblant de râler, pour la forme, empruntant le langage en relief de Rachid :
« Il est complètement à la masse, mon fils ! Le mois dernier, il ratonnait, et maintenant, il fait du "rock couscous" ! » (C. Roudé, *Rue Paradis*, 1987 [1986], p. 166)

2. Il me raconte, Nanard, qu'il tronche de loin en loin une gonzesse pas toute jeune du tout et complètement à la masse. Pleine aux as. Fait pas la moindre attention au fric qu'elle craque, paraît-il... (J.-L. Degaudenzi, *Zone*, 1987, p. 143)

3. [...] cette fille complètement à la masse [...]. (*Libération*, 14 mai 2001, p. 39)

4. A chaque fois que le Premier ministre peut avancer, il choisit le statu quo [...]. Ça montre à quel point il est à la masse ! (Une étudiante, dans *Challenges*, 30 mars 2006, p. 18)

V. encore *plomb*, ex. 10.

## mater dolorosa

**mater dolorosa**, loc. nom. "femme plongée dans la douleur". Tirée de l'hymne latine *Stabat mater dolorosa,* la locution a d'abord désigné une représentation artistique de la Vierge éplorée au pied de la Croix. Elle a parfois une connotation péjorative (ainsi dans les exemples 1 et 3).

1. L'entrevue avec papa dans son gourbi sentant le clou de girofle et le vieux chicot, c'était déjà trop. Mais maman dans son rôle de mater dolorosa... (R. Forlani, *Papa est parti, maman aussi*, 1988 [1986], p. 134)

2. Dans ce décor de salon hyperréaliste [...] s'enchaînent des scènes [...] pour dire la chute d'un monde. Les humains y roulent au tapis comme de pauvres culbutos, une mater dolorosa déchirée, un patriarche larmoyant et dégoulinant de cynisme [...]. (*Sud Ouest*, Gironde, 15 octobre 2005, p. 25)

3. [...] le commissaire Friedman ne voit qu'une solution : réinterroger la veuve et passer outre ses mines de mater dolorosa. (M. Embareck, *Le Futon de Malte*, 2007, p. 56)

## mauvais

**un homme qui aime (/n'aime pas)** + subst. déterminé **ne peut (pas) être complètement (/totalement) mauvais** (et variantes), loc. phrast. Pour marquer plaisamment que l'on apprécie une personne telle qu'elle est. Sur le modèle de la boutade : « Un homme qui déteste les enfants et les chiens/animaux ne peut être complètement mauvais ». Calque de l'anglais « Any man who hates dogs and babies can't be all bad » (Leo C. Rosten, 1939, à propos de W. C. Fields auquel cette boutade est souvent attribuée ; voir *The Concise Oxford Dictionary of Quotations*, Londres, 2e éd., 1981, p. 197).

1. – C'est un garçon qui ne suce pas que des glaçons.
– Un homme qui boit ne peut être foncièrement mauvais, énonça-t-il en se marrant [...]. (A.D.G. *Les Billets nickelés*, 1988, p. 388)

2. [...] ce Grimaud [...] aimait Proust ; un homme qui fréquente Céleste Albaret ne peut pas être foncièrement mauvais. (F. Chandernagor, *La Sans Pareille*, 1988, p. 278, GRL)

3. Un homme qui aime le maroilles ne peut pas être complètement mauvais. (Message, 13 août 2003, <embruns.net/>)

4. Il est connu des auditeurs de France Culture pour animer les matinales [...]. Quoiqu'en dise le Rassemblement des auditeurs contre la casse de France Culture, un jeune homme qui se lève si tôt ne peut pas être totalement mauvais. (*Libération*, 15 avril 2005, p. 28)

5. [...] j'ai du Ricard, du Cinzano, du Lagavulin, du Talisker, du Laphroaig : qu'est-ce que tu veux ? [...]
J'ai choisi du Laphroaig en pensant qu'un type qui possède chez lui ce genre de whisky ne peut pas être complètement mauvais. (J.-N. Blanc, *La Petite Piscine au fond de l'aquarium*, 2007, p. 168)

— SUR CE MODÈLE, à propos d'une chose.

6. Une encyclopédie économique qui choisit de marquer l'année 1930 par le succès de Marlène Dietrich dans *L'Ange bleu*, de préférence à la baisse générale du prix des matières premières, ne peut pas être totalement mauvaise. (*Libération*, 17 décembre 1998)

7. Cela dit, un film [*Pas de repos pour les braves*, d'A. Guiraudie] qui en pince pour les R 16 [automobiles de marque Renault] jaune citron ne peut être complètement mauvais. (*Libération*, 21 mai 2003, p. 32)

V. encore *plafond*, ex. 4.

## méchanceté

**la méchanceté conserve / la méchanceté, ça conserve**, loc. phrast. Pour stigmatiser le comportement acariâtre de certaines personnes, que l'âge n'atténue en rien.

1. Il n'y avait pas de racines plus profondes et pourtant, de plus menacées. [...] et tous ceux qui tentaient de les arracher de la terre l'avaient également trouvé sur leur chemin. Et tout restait toujours à faire, et il était pourtant si vieux... Enfin, il paraît que la méchanceté conserve, pensa-t-il. Je dois en avoir alors pour un bout de temps... (R. Gary, *Les Racines du ciel*, 1956, p. 237, GRL)

2. Clémence fatigue. Elle parle moins, n'a plus envie de jouer aux dames. Seule Josèphe (la méchanceté conserve) va, pleine de bons pieds et de bons yeux. Mais Mme Bompiani est morte, et aussi Mme Rouquette. (A. Audouard, *Abeilles, vous avez changé de maître*, 1981, p. 98, GRL)

3. Depuis plus de dix ans, la famille la plus trash de la télévision américaine n'a pas pris une ride. Ce qui tendrait à prouver que la méchanceté conserve. Les amateurs de la série « pour adultes » de Matt Groening pourront le vérifier avec ces huit épisodes, dont un inédit sur chaque cassette, qui conjuguent l'amour à la sauce piquante et l'humour à la hussarde. (*Le Monde*, 5 avril 1999, p. 36)

4. [...] à quatre-vingt-dix ans, on ne peut que constater que [...] la méchanceté, ça conserve. C'est aussi de l'énergie. (S. Sogalen, *Cactus*, 2005, p. 203, GRL)

## meilleur

**le meilleur (ne) vaut rien**, loc. phrast. Pour exprimer, de façon parfois désabusée, la faible estime dans laquelle on tient telle ou telle catégorie de personnes ou de choses. Attesté, d'abord sous des formes approchantes, en 1508 (« LUCIFER [...] Brief, telz joueurs sont gens de bien. / SATHAN. Vrayment, le meilleur n'en vault rien », É. d'Amerval, *Le Livre de la deablerie*, 1991, Genève, Droz, p. 202) ; en

1550 (« sans faire tort à nul, pour bien louer à la verité l'homme et la femme, l'on ne peult faillir de dire que le meilleur n'en vault rien », M. de Navarre, *L'Heptaméron*, p. 998, FT) ; en 1610 (« Je vous le dis des danses, Philothee, comme les medecins disent des potirons et champignons, les meilleurs n'en valent rien, disent-ils », François de Sales, *Introduction à la vie dévote*, seconde édition, Lyon, Pierre Rigaud, p. 443) ; en 1648 (« Folle donc qui s'y fie et qui ne cognoit bien / Que de tous les Amants le meilleur ne vaut rien », C. de L'Estoile, *L'Intrigue des filous*, III, 2, p. 58, FT).

1. L'érudit patron de la Maison de la presse [...] ne prête plus, lui, qu'une attention détachée et sceptique aux choses de la politique : « Comme disait mon grand-père, en politique le meilleur ne vaut rien... J'attends avec une certaine ironie ce qui va sortir des urnes. Je redoute une énorme abstention au second tour. » (*Le Monde*, 24 mars 1988, p. 15)

2. [...] à sa façon, il veut nous faire profiter de sa connaissance du peuple allemand : « Méfiez-vous de tous les Allemands. Le meilleur ne vaut rien ! » (J. Sagnes, *Souvenirs de captivité 1940-1945*, 1989, p. 25, GRL)

— **le meilleur (/la meilleure) (ne) vaut pas grand-chose**, loc. phrast. "id.".

3. La bonne femme haussa les épaules.
– [...] les hommes, sauf votre respect, le meilleur il vaut pas grand-chose. (Exbrayat, *Félicité de la Croix-Rousse*, 1988 [1968], p. 73)

□ **parler meilleur (à qqn)**, loc. verb. "parler (à qqn) avec respect". Locution issue de la langue dite des banlieues.

4. J'avais 17 ans. C'était avec un garçon qui nous avait manqué de respect. Je lui ai dit de parler meilleur, il m'a mis une claque, je lui ai rendu. [...] Après, il y avait du monde autour, je commençais à m'énerver, il a arrêté. Il voulait pas se choper la honte. (*Libération*, 29 mai 1999 ; propos de Celia, 18 ans, née à Argenteuil)

5. La loi du 9 septembre 2002, qui renforce la répression de l'outrage – « par paroles, gestes ou menaces » – à une personne chargée d'une mission de service public, notamment les enseignants (six mois de prison, 7 500 euros d'amende), suscite l'indignation des linguistes. « L'insulte est pénalisée, mais on manque totalement de critères », estime Dominique Lagorgette. [...] Les tribunaux chargés de son application sauront-ils faire le distinguo entre *parle-moi meilleur, on n'a pas élevé les cochons ensemble* et *ayez l'obligeance de ne pas me tutoyer* ? (*Libération*, 22 mars 2003, p. 47)

6. J'ai bien aimé quand tu lui as demandé de « parler meilleur », j'ai senti qu'il avait été impressionné. (Message, 30 octobre 2007, <www.canardplus.com/forums/>)

## mélanger

■ **on se mélange ?** loc. phrast. Invitation peu délicate à l'amour physique. Attesté en 1930 (« – A propos, ma beauté, t'as pas envie qu'on se mélange un peu ? / – Tu y tiens ? / – Ah ! dis donc, t'es pas bien induqué [*sic*], alors toi ! On a son amour-propre quand même. Si c'est que ma petite gueule revient pas à monsieur, j'peux toujours envoyer une autre dame, t'sais ! », J. Galtier-Boissière, *La Vie de garçon*, Paris, Éditions de France, p. 104, GRL).

1. [...] des soldats l'interpellent :

– Alors poupée ? Tu viens qu'on se mélange ? Les coolies la prennent pour une pute […]. (M. Guillot, *Les Juteux*, 1966 [1962], p. 173, GRL)

2. FRANCK. Alors, la môme, on se mélange ? Ça te dirait de faire la bête à deux dos avec mézigue ? (*Il lui caresse le menton. Elle se rejette en arrière, le regarde longuement, d'un regard de plus en plus triste.*) Ben quoi, ben quoi, tout le monde le sait, que t'as toujours la main à la braguette ! (A. Corneau, « Série noire », dans *L'Avant-scène cinéma*, 1979, p. 51-52)

## même

**je veux la/le même**, loc. phrast. Emploi décalé et plaisant, par référence aux caprices des (grands) enfants.

1. Coup de foudre [devant le château de Maisons-Laffitte, Yvelines] ! Le milliardaire [chinois] tend un doigt tremblant d'enthousiasme et dit, tel un magnat texan du pétrole : « Je veux le même ! » (*Le Figaro*, 22 octobre 2005)

2. – Monsieur Zoualem, quelle bonne surprise. Comment allez-vous ?
– Impec. Et vous ? La forme ? La mine que vous avez, je vais vous dire, je veux la même ! (L. Chalumeau, *Les Arnaqueurs aussi*, 2007, p. 22)

**même pas mal / même pas peur**, loc. phrast., loc. interj. Par ellipse de « je n'ai même pas (eu) mal/peur ». Pour affirmer, parfois en niant l'évidence, que l'on sort sans dommages d'une situation difficile. De la langue des enfants. *Même pas mal et autres paris stupides* est le titre d'un ouvrage de P. Delepierre (2001) ; *Dodgeball – Même pas mal !* est le titre d'un film américain (*Dodgeball – A True Underdog Story*) réalisé par R. Marshall Thurber (2004).

3. 4e minute [d'un match] : déboulé furieux de Patrick Guillou. Même pas peur : Boutruche va au contact […]. (*Le Télégramme*, 6 septembre 2002)

4. C'était de la soupe […], super lourde sur les skis, très pénible pour tourner. D'autant que mes skis sont fartés pour la poudreuse. Donc je n'avançais pas du tout… […] Tombé une fois, même pas mal… (« Peut-être même que je le pense », 17 mars 2004, <www.romain.info/>)

5. Avez-vous remarqué l'air insolent des chahuteurs lorsqu'ils sont sortis de l'établissement ? Même pas peur ! (*Le Monde*, 24 mars 2005, p. 30)

6. Nouvel exercice pour les pompiers […]. Des enfants volontaires joueront les victimes qui seront évacuées par la fenêtre assurées à l'aide d'une corde : « Même pas peur ». (*La Charente libre*, 22 février 2007, p. 17)

V. encore *accrocher*, ex. 3.

## menton

**se tapoter le menton**, loc. verb. "avoir des doutes ; se poser des questions". Par référence à un geste trahissant la perplexité.

1. Le pire drame d'un festival, sa punition, c'est de mobiliser un public non musicien. Il est plus joueur, plus préoccupé. Parce qu'enfin, sur le papier, on peut bien se tapoter le menton en se demandant qui aura l'idée, à Uzeste, en plein après-midi, sous les pins, de participer au débat : « Identité occitane, citoyenneté et nation française ». Ou « Paroles de femmes », le tout entre un concert (sous les chênes celui-là) de Jacques Di Donato et un artifice opéra de Patrick Auzier. Eh bien, allez-y, vérifier [*sic*] : trois

cents personnes, à l'heure la plus incongrue, seront là pour parler. (*Le Monde*, 21 août 1996, p. 19)

2. *Nice Matin*, qui rappelle que les estimations économiques sont le plus souvent erronées, se tapote le menton d'un air sceptique : « On lira avec précaution les prévisions présentées hier. Peut-être l'investissement repartira-t-il, peut-être la consommation se portera-t-elle un peu mieux, mais personne n'est en mesure de nous montrer des signes probants de cette nature qui nous permettraient de considérer cette reprise comme une évidence ». (*Journal et revue de presse RFI*, 10 mars 1997, <doc-iep.univ-lyon2.fr/Ressources/>)

3. Sur les bords de la Seine, les éminences qui n'ont pas quitté la capitale [pour partir en vacances] se tapotent le menton. Que faire d'Anjouan [île de l'océan Indien demandant son rattachement à la France] ? (*Le Figaro*, 7 août 1997)

## merci

**merci pour lui (/elle/eux)**, loc. phrast., loc. interj. "ne t'inquiète pas, ne vous inquiétez pas pour lui". Détournement d'une formule de politesse vers une connotation plaisante ou ironique.

1. Voilà quelques semaines, M. Le Pen était peut-être considéré comme un pestiféré. Il est apparemment en voie de guérison accélérée, merci pour lui. (*Le Monde*, 11 avril 1986, p. 10)

2. En plus, la brigade [de gendarmerie] détient un évadé de première main qui ne devrait pas… Merde ! Où il est, celui-là ?
Il dort, merci pour lui. (F. Fossaert, *Touche pas à ma cible*, 1987, p. 173)

3. La bande dessinée se porte bien, merci pour elle. (*Sud Ouest*, 13 octobre 2006, Pyrénées-Atlantique, p. 9)

□ **merci qui ? / merci mon chien ?/!** loc. phrast. Dans la bouche des parents ou autres adultes invitant les enfants à nommer la personne remerciée, pour leur inculquer le code de l'exacte politesse.

4. – Dis merci à ta tante ! me dit mon père.
– Merci ! dis-je.
– Merci qui ? dit mon père.
– Merci ma tante ! dis-je. (J. L'Hôte, *Confessions d'un enfant de chœur*, 1990 [1965], p. 139)

5. – […] Tu gagnes un circuit 24. Qu'est-ce qu'on dit au Père Noël ?
– Merci.
– Merci qui ?
– Merci monsieur le Père Noël. (A. Begag, *Béni ou le Paradis privé*, 1989, p. 16)

6. […] le code qui impose de faire suivre toute formule de politesse de la désignation du destinataire. Dans l'éducation des enfants, cela donnait naguère les fameuses formules interrogatives ou ironiques : « Merci qui ? » ou « Merci mon chien ! » (car il fallait dire : « Merci maman », « merci grand-père » ou « merci madame Michu »). (D. Noguez, *Vingt choses qui nous rendent la vie infernale*, 2005, p. 140)

— VARIANTE RÉUNISSANT LES DEUX FORMULES. **merci qui ? merci mon chien ?** "id.". Attesté en 1911 (« – Merci qui ? Merci, mon chien ! », Castigat et Ridendo, p. 166).

7. – Merci ! chuchote-t-il.

– Merci qui ? Merci mon chien ? Alors, ça vient ? (R. La Canne, *Tu peux pas savoir…*, 1989 [1988], p. 197)

8. Les remerciements doivent, selon les règles de politesse françaises, s'accompagner du nom de la personne à qui on les adresse. Vous vous rappelez mes « merci qui ? – Merci mon chien… ? » (B. Coulon-Mrosowski, *Savoir vivre avec les Allemands*, 2003, p. 31, GRL)

— PAR EXTENSION, à valeur ludique.

9. Un petit malin a enfin inventé la bulle de savon qui ne crève pas mais rebondit et se colle partout, merci qui ? Catchabulle, 3,50 euros, à la Samaritaine. (*Le Figaro*, 7 mai 2002, p. 23)

10. Avec mon permis de conduire rétréci à un point (merci qui ?) je n'avais que deux solutions. Ou m'inscrire à un stage rédempteur pour récupérer quatre points : coûteux et culpabilisant. Ou anticiper le pire, la perte de l'ultime point, et essayer une voiture sans permis. (*Ouest France*, 21 juillet 2006)

11. De nombreux élus de la communauté de communes du pays de Lunel assisteront au congrès des maires de France. Avec d'autant plus d'empressement qu'à cette occasion, ils seront invités le 22 novembre à Matignon. Merci qui ? (*Midi libre*, 12 novembre 2006)

## merde

▪ **avoir (de) la merde au cul**, loc. verb. "être dans une situation fâcheuse, compromettante". C'est la même image, mais inversée, que la vieille locution *se tirer d'une affaire les braies nettes*. ~ □ **ne pas avoir les cuisses propres** ; □ **(être) dans le coaltar***.

1. […] il comprendra, le Président, qu'un instant ou l'autre, je me suis planqué la merde au cul, que je n'ai pas bondi comme il fallait au devant des balles […]. (A. Boudard, *La Cerise*, 1984 [1963], p. 69)

2. Un pestiféré, voilà ce que j'étais devenu. Un lépreux. Quelqu'un qui a la merde au cul ! (P. Siniac, *Viande froide*, 1985, p. 155)

3. […] elle a de la merde au cul la France profonde, elle pue la vinasse, elle est pédophile, elle a pas trois mots, un peu simplette […]. (« Maman la France », 14 février 2007, <mamilitance.blog.lemonde.fr/>)

— ▪ **merde au cul(,) ma chemise colle**, loc. phrast., loc. interj. Développement ludique de **merde au cul**. La formule a appartenu au répertoire enfantin des transgressions verbales, dont l'exemple 4 illustre une séquence rimée. On en trouve une variante ponctuelle dans *Rock'n roll ta chemise colle quand tu pètes elle se décolle*, titre d'une bande dessinée de Ceppi et Vepy (*Métal hurlant*, 1er octobre 1979).

4. Mon père me demandait :
« Ça va, Anatole ? »
Je lui répondais :
« Merde au cul, ma ch'mise colle. »
Et ensemble :
« Souviens-toi du pont d'Arcole ! » (H. Calet, *Le Tout sur le tout*, 1980, p. 47, GRL)

5. Les taudis, l'entassement des familles ouvrières, l'absence de confort dans leurs tristes logis, témoignaient du mépris des couches privilégiées à l'égard des classes laborieuses. Chair à canon, chair à travail, nous les ouvriers nous étions du bétail. Après sa toilette, sommaire et matinale, Gavroche, humilié, aurait pu s'écrier : « Merde au cul, ma chemise colle. » (G. Navel, *Passages*, 1982, p. 187, GRL)

∞ Pour signifier l'embarras de quelqu'un qui est dans une situation compromettante.

6. Il est pâle… l'émotion du contrebandier passant la douane, merde au cul ma chemise colle ! (A. Boudard, *L'Hôpital*, 1972, p. 311, GRL)

■ **c'est toute une merde pour**, loc. phrast. "c'est très difficile, très compliqué de". Le choix de ce terme marqué souligne la difficulté et le côté souvent exaspérant d'une entreprise. ~ □ **c'est tout un cirque/toute une histoire pour**…

7. […] il fallait que j'attende que ça vienne [l'inspiration], je ne pourrais rien faire sans ça, c'est toute une merde pour donner le meilleur de soi-même, c'est ce qu'il y a de plus dur au monde. (P. Djian, *Zone érogène*, 1986 [1984], p. 45)

8. Pour tourner à gauche par exemple : Rétro central en levant la tête, rétro gauche en tournant la tête, tourner la tête pour voir l'angle mort et mettre seulement le clignotant… Toute une merde pour pas grand-chose finalement, mais bon… auto-école… (Message, 8 août 2004, <www.forum-auto.com/>)

9. Qui plus est, XP [un système informatique] a une interface complètement différente et ça me gêne beaucoup. J'y peux rien, mais je déteste ce genre de changements, ça a déja été toute une merde pour me faire bouger de 98 [un système informatique plus ancien]. (Message, 30 janvier 2005, <www.candiulb.be/>)

■ **ne pas se prendre pour de la** (/**pour une**) **merde**, loc. verb. "se prendre pour quelqu'un d'important". Effet de litote. ~ **ne pas se prendre pour n'importe qui ; ne pas se prendre pour la queue d'une cerise ; avoir la grosse tête**.

10. – Oui, finit-elle par admettre. C'est un gars bien, Henri. Assez prétentieux, parce que, dis donc, il ne se prend pas pour de la merde. (M. Lévi-Provençal, *Le Manque à aimer*, 1971, p. 182, GRL)

11. Gisèle ne se prend pas pour de la merde. Elle est nulle en classe, une véritable pitié, mais assez belle au physique […]. (Bayon, *Le Lycéen*, 1987, p. 140)

12. C'est qui ce taré qui écrit avec ses pieds ? il se prend pas pour une merde. (Message, 16 avril 2006, <www.lorgane.com/>)

□ **ni merci(,) ni merde**, loc. phrast. Pour signifier le manque de politesse, et parfois l'ingratitude, d'une personne expéditive, négligente ou dédaigneuse dans ses contacts avec autrui.

13. Il ramasse ses appareils [photo] et disparaît en roulant des épaules dans la foule colorée.
– Ni au revoir, ni merci, ni merde, ni mâche ! explose Sandrine en cognant la table du poing. (J.-P. Demure, *Aix abrupto*, 1987, p. 83)

14. « Nous n'obtenons pratiquement jamais de réponse. Ni merci ni merde… » (*Le Monde*, 26 août 2000, p. 11)

15. Avant c'était limite si elle me traitait comme son chien… ni merci ni merde… « je vous préviens vous ne partirez pas tant que ce dossier ne sera pas envoyé ! » (« Après la soirée… », 13 août 2006, <www.blogg.org/>)

— VARIANTE DÉVELOPPÉE. ■ **ni merci, ni foutre, ni merde**.

16. C'est assez vexant, on a l'impression de bosser pour rien ; qu'on est juste là pour satisfaire du client qui ne dira ni merci, ni foutre, ni merde. (Message, 4 janvier 2005, <www.bessab.com/>)

■ **semer la (/sa) merde**, loc. verb. "mettre la pagaille". ~ ■ **foutre le bordel** ; □ **semer (/■ foutre) le brin***.

17. Je vais même te donner de l'argent, tu m'entends, Alfred, parce que je veux pas que tu sèmes ta merde ici. (A.D.G., *La Divine Surprise*, 1971, p. 113)

18. – Maintenant, tu vas m'expliquer ce qui s'est passé, m'a dit Georges. Ça t'amuse de semer la merde comme ça ? (G. Dormann, *Mickey, l'ange*, 1977, p. 70)

19. Il faut toujours que tu sèmes ta merde partout toi ! (Message, 7 avril 2003, <forum.touslesdrivers.com/>)

## merder

■ **avoir merdé son coup**, loc. verb. "avoir échoué". Variante de **avoir loupé/raté son coup**, de même sens, par croisement avec ■ *merder* "éprouver de la difficulté à faire quelque chose".

1. […] 4 bombes qui n'explosent pas ou mal moi je vois ça plutôt comme le signe qu'il n'y a qu'un artificier et qu'il a merdé son coup. (Message, 28 juillet 2005, <embruns.net/>)

2. Ça c'est évident, d'ailleurs, ils [les concepteurs d'un jeu vidéo] ont merdé leur coup parce que le titre du jeu suivant passe aussi en accéléré pendant une courte fraction de seconde (Message, 1er avril 2006, <forum.hardware.fr/>)

3. La photo n'est pas nickel, je la trouve légèrement floue… Faut dire qu'être en vacances avec des gens qui ne sont pas fans de photo, ça veut dire se dépêcher et j'ai un peu merdé mon coup. (Message, 13 octobre 2007, <www.clubic.com/>)

## merdeux

□ **bâton merdeux**, loc. nom. "affaire complexe, délicate et risquant d'apporter des ennuis, qu'on ne sait comment aborder". Cette locution métaphorique est attestée, mais à propos d'une personne, en 1741 (« Vas-t-en au diable, fagot d'epine. Ah, non, non, "baton merdeux" va bien mieux », F. de Graffigny, 26 mars, *Correspondance*, t. 3, Oxford, The Voltaire Foundation, 1993, p. 138) ; en 1746 (« La reine d'Espagne est un bâton merdeux qu'on ne sait par quel bout prendre. Elle a toujours eu, vous le savez, la fureur de peter plus haut que le cul », *Lettres de M. de Marville, lieutenant général de police, au ministre Maurepas (1742-1747)*, t. 3, 1905, p. 59 ; ce passage est probablement du marquis d'Argenson).

1. Au tribunal, les réunions s'enchaînaient. « Tout le monde tergiversait et se refilait ce bâton merdeux », témoigne un magistrat. (*Libération*, 16 juin 2003)

2. « Je rêvais d'une [caméra] Paillard, mais elle était trop chère. […] Cette Emel, c'était un vrai bâton merdeux, on ne pouvait la poser nulle part. » (Un Palois, dans *Sud Ouest*, Pyrénées-Atlantique, 25 octobre 2005, p. 24)

3. Quel bâton merdeux ce dossier. (M. Embareck, *Le Futon de Malte*, 2007, p. 56)

— EN CONTEXTE MÉTAPHORIQUE.

4. [...] la vie serait ainsi une sorte de palindrome puisque, par quelque bout qu'on le prenne, elle ressemble toujours à un bâton merdeux. (*Libération*, 9 mars 2005, p. 4)

## mère

□ **sa/ta mère**, loc. nom. en emploi adv. "beaucoup, énormément". Employé après certains verbes (transitifs, intransitifs ou impersonnels, voir notamment s.v. *déboîter*, *déchirer*, *démouler*, *envoyer* et *tuer*), *sa/ta mère* donne au verbe une valeur intensive (méliorative ou dépréciative). Cette construction est probablement une adaptation de l'arabe maghrébin, comme *sa/ta race** ; si elle est caractéristique du français dit « des banlieues », elle ne s'y limite pas. Voir D. Caubet, « Du *baba* (papa) à la mère, des emplois parallèles en arabe marocain et dans les parlures jeunes en France », dans *Cahiers d'études africaines*, 163-164, 2001, p. 735-748.

1. Vendredi soir : départ pour Ouistreham histoire de passer 3 jours au bord de la mer, à faire des BBQ ["barbecues"] et aller au casino. Sauf s'il pleut sa mère. (Blog, 4 mai 2006, <morgane-inthecity.blogspot.com/>)

2. Tu fais revenir deux gros oignons avec une grande cuillère à soupe de cumin dans un peu d'huile. Tu pleures ta mère, ça pique... (Message, 9 mai 2007, <delhicieux.blogspot.com/>)

3. [...] la critique classique qu'on peut faire à toutes les religions : le dogme, ça craint sa mère. (Message, 11 août 2007, <www.comlive.net/>)

4. C'est beau sa mère dites-moi. Ça confirme ce que je pensais des Polonais. (Message, 26 août 2007, <www.2m3.net/>)

— VARIANTE DÉVELOPPÉE PONCTUELLE, PAR PLAISANTERIE.

5. [...] c'est le matin, il fait froid sa mère et humide sa grand-mère (d'où les rhumatismes). Les muscles aussi sont froids et humides. (Forum *Alpinisme*, avril 2006, <skirando.camptocamp.com/>)

## mérou

□ **bouche/lèvres de mérou**, loc. nom. "(bouche aux) lèvres proéminentes et pulpeuses". L'expression, dépréciative, s'applique notamment à l'épaississement des lèvres obtenu par la chirurgie esthétique. Par analogie avec les contours massifs de la bouche de ce poisson. ~ □ **bouche/lèvres de canard*** ; □ **lèvres en rebord de pot de chambre**.

1. Pour satisfaire le « désir pulpeux », une seule méthode : l'injection de graisse synthétique ou naturelle. Mais prudence est mère de sûreté : mieux vaut en faire pas assez que trop si on ne veut pas voir sa cliente repartir avec une « bouche de mérou ». (*Libération*, 4 mars 2003)

2. Sa peau est (presque) parfaitement lisse, ses rides ont (presque) complètement disparu, et il est difficile de lui donner les 69 ans que l'état civil s'acharne à vouloir lui attribuer : seules ses lèvres de mérou trahissent l'intervention d'un chirurgien. (*Challenges*, 7 juillet 2005)

3. Elle est naturelle cette bouche de mérou ? […] il me semble que, starlette, elle n'avait ni cette poitrine, ni cette bouche ! (Message, 6 juillet 2007, <forum.doctissimo.fr/people-stars/jet-set/>)

4. Seules les lèvres ayant été pulpeuses et s'étant amincies avec l'âge pourront avec un produit de comblement redevenir pulpeuses. / L'aspect « bouche de mérou » s'obtient par l'injection d'un produit […] (comme par exemple l'huile de silicone). (« Chirurgie plastique », <www.lelouarn.net/>, consulté le 8 février 2008)

## messe

**raconter la messe (à qqn)**, loc. verb. "bercer de belles paroles, baratiner". ~ **raconter des bobards/des histoires.**

1. Mais comme le dit Pierre Carrier […] qui vient de doter l'Hôtel Albert Ier [de Chamonix] d'une deuxième étoile au Michelin […] « le Lyon-Turin, ça fait vingt ans qu'on l'étudie, mais rien n'avance : il faut arrêter de nous raconter la messe ». (*Télérama*, 29 mars 2000, p. 36)

2. Sur le chemin du retour, Kim tente de s'approcher d'Arnaud et ce dernier lui répond d'un ton sec : « Non, non je suis désolé ça marche pas comme ça ! T'as embrassé un trou du cul et après tu viens me raconter la messe, dans ce cas là tu le gardes pour toi […]. » (*Île de la tentation*, 30 août 2003, <www.realtv-fr.net/>)

3. Celui-là [un match] on va le gagner. C'est tout. Qu'est-ce que vous voulez que je vous dise de plus ? Que je raconte la messe ? (Fabien Barthez, footballeur, dans *Ouest France*, 20 juin 2006)

4. […] il est clair qu'y a plus que de l'amitié entre nous. Il m'arrive de lui raconter la messe de temps en temps du genre « j'aime tout chez toi… » mais elle me prend pas au sérieux comme si j'me foutais de sa gueule. (Blog, 1er août 2006, <www.infos-du-net.com/>)

## météo

**la/les fille(s) de la météo**, loc. nom. "la/les présentatrice(s) de la météo à la télévision". La plupart du temps, les prévisions météorologiques sont présentées à la télévision par des femmes. *La Fille de la météo* est une chanson du Belge Jean-Louis Fonck (groupe Sttellla, 1999).

1. La fille de la météo prévoit toujours le temps d'hier, peut-être parce que c'est plus simple et certainement plus sûr. (M. Adam, *La Névrose et autres nouvelles*, 2002, p. 36, GRL)

2. Moi je vis ma vie sans inhibition
Sans complexe ni dépression (y'a pas d'raison, non !)
Je n'écoute la fille de la météo (Oh ! Oh !)
Que lorsqu'elle me dit qu'il fait beau (et qu'il fait chaud !) (Pierre Perret, « Une minute de soleil en plus », 2005, <www.paroles.net/chansons/>)

3. […] il […] sourit jusqu'aux oreilles, et minaude encore plus que la fille de la météo. (*Libération*, 8 février 2007, p. 16)

4. « Ouais, j'ai dit. […] il va y avoir des averses et des gelées nocturnes. » […] Pia et moi, on a continué un moment à déconner et à jouer aux filles de la météo à la télé […]. (K. Mazetti, *Entre Dieu et moi, c'est fini*, 2007, p. 20)

## mètre

**musique au mètre**, loc. nom.

— « Dans le jargon des illustrateurs sonores, la "musique au mètre" désigne les bandes, réalisées par des maisons de production spécialisées, qui imitent certains genres musicaux, et parfois même le style d'un groupe de rock, mais sont libres de droits. » (*Le Monde*, 19 août 1996, p. 4). Attesté en 1949 (« cette musique au mètre et au chronomètre laisse principalement place, pour le compositeur, à l'habileté, au métier, à l'intelligence, au procédé », A. Cuvelier, *La Musique et l'Homme ou Relativité de la chose musicale*, Paris, PUF, p. 234, GRL).

1. [...] en France, [...] le poste « musique » est souvent mal traité. Les deux cas classiques sont le recours à un studio d'enregistrement qui fournira à la fois des fichiers de sonorisation et de la « musique au mètre », ou l'incorporation d'une musique importée par ailleurs. (*La Création multimédia et de jeux vidéo en France*, avril 2002, p. 45, <www.clve.fr/TextesJV/>)

— "musique sans grande originalité". ~ **musique au kilomètre*** ; **musique d'ascenseur***.

2. [...] à la télévision, c'était reposant, on ne voyait qu'un orchestre, des violonistes, le cou de travers, et une musique au mètre, il ne savait pas quoi, de grands airs mous qui enflaient et désenflaient, tout ce dont il avait besoin. (C. de Rivoyre, *Les Sultans*, 1964, p. 171, FT)

3. [...] la musique-au-mètre dont nous inondent les États-Unis. (*Le Monde diplomatique*, juin 2001, p. 5)

4. Pourquoi utiliser une sorte de musique-au-mètre, inadéquate, au lieu de musiques de l'époque, mixées à bon escient et parcimonieusement ? C'eût été bien plus judicieux et plaisant pour nous, téléspectateurs. (*Le Monde*, 29 mai 2005, p. 2)

## Mickey

**attraper** (ou verbe du même paradigme) **la queue de (/du) Mickey**, loc. verb. "attraper au passage la queue en peluche (ou un objet similaire) qui, dans les manèges forains, vaut à l'enfant qui la décroche un tour de manège gratuit".

1. [...] un petit manège pour enfants. Des têtes rieuses et la queue du Mickey qui virevolte. (*Le Télégramme*, 16 décembre 2002)

2. Sur un manège pour les tout-petits, les parents guettent chaque passage de leur progéniture qui, pour une fois, les regarde de haut, perchée sur un vaisseau spatial, un chien orange ou une moto. Papa ou maman prodiguant de bons conseils pour qu'il ou elle attrape la queue du Mickey. Et toute la famille exulte sans retenue lorsque le bambin brandit fièrement le bout de peluche noire. Il l'a eu, il l'a eu ! (*Charente libre*, 25 juillet 2005)

— AU FIGURÉ. Symbole de la chance, de la réussite. ~ **décrocher la timbale/le pompon**.

3. Depuis un an [...], les deux copains ont décroché la queue du Mickey à quatre reprises et empoché [au PMU] près de 700 000 francs. (*Sud Ouest*, éd. Bordeaux, 8 novembre 1996)

4. [...] la logique du recrutement est avant tout une logique de compétence. Mais, à compétence égale, c'est le plus motivé qu'on embauche. Autant la compétence se révèle déterminante lors des entretiens préliminaires, autant les [...] finales opposent des candidats ayant des compétences égales. Dans ces circonstances, c'est celui qui sait dire « J'ai envie » qui attrape la queue du Mickey. (*Le Figaro*, 14 mars 2005, p. 10)

— EN CONTEXTE MÉTAPHORIQUE.

5. Ils se sont réveillés au lever du soleil, ont avalé le petit déjeuner et endossé le cartable. Dès 9 h, les enfants étaient sur le pied de guerre [pour la rentrée scolaire]. Depuis hier, c'est parti pour un nouveau tour. Mais cette fois, sans la queue de Mickey. (*Ouest France*, 1er septembre 2000 ; actualité quotidienne de La Roche-sur-Yon)

6. Le TFC [Tours Football Club] a donc décroché la queue du Mickey qui lui donne le droit de faire un tour gratuit en Ligue 2. (*La Nouvelle République*, 1er juin 2006)

## midi

■ **avoir l'aiguille à midi / marquer midi**, loc. verb. "être en érection". Métaphore de la position des aiguilles d'une pendule ; à comparer avec l'antonyme *six* heures et demie*. Attesté en 1824 *il est midi* (DDL) ; en 1897 *marquer midi* (Lermina 1897 s.v. *érection*). ~ ■ **l'avoir en l'air** ; ■ **être au beau fixe*** ; ■ **être au garde-à-vous** ; ■ **hisser les couleurs** ; ■ **dresser/monter la tente*** ; ■ **monter le chapiteau** ; ■ **présenter les armes** ; ■ **avoir (/attraper) des coliques* bâtonneuses**.

1. – [...] Et le Grand Roussel ? Lui, suffit qu'il se dise en se levant pour aller gratter ["travailler"] : « Il a beau être que six plombes, moi, je marque déjà midi ! » pour qu'il rigole toute la journée. (J. Damien, *L'Amerloc*, 1951, p. 144)

2. « En voiture, Simone ! Pressons, pressons, touchez, j'ai l'aiguille à midi ! [...]. » Moite de partout, Marie-Thérèse, de sa main rèche, vérifiait que Momone ne mentait pas, à propos de l'heure qu'affichait son aiguille. (H. Jaouen, *L'Allumeuse d'étoiles*, 1997 [1996], p. 111)

3. A Cannes, en mai dernier, *Blissfully yours* fut un des premiers films projetés de la sélection *Un certain regard*. Ce fut toute une affaire, il n'était plus question que de ce miracle thaïlandais où l'on voyait, entre autres merveilles contemplatives, une érection en temps* réel [...]. Chez le Jean Genet de *Querelle*, quand les marins bandent ils disent : « Je marque midi ! » Ce film aussi, donc, marquait midi [...]. (*Libération*, 9 octobre 2002, p. 4)

V. encore *colique*, ex. 2.

## miette

□ indication horaire **+ et des miettes**, loc. adv. "et un peu plus". Par glissement de *miette* "petit fragment" dans un emploi temporel. ~ □ **et des bananes*** ; □ **et des briquettes** ; □ **et des brouettes** ; **et des poussières**.

1. Elle [une séance de cinéma] est consacrée au court métrage espagnol. Trois heures et des miettes, une longue session, comme ces aficionados les aiment. (*Libération*, 8 décembre 2004, p. 11)

2. Un coup d'œil sur le réveil m'apprend qu'il est naze lui aussi, comme tout le reste. Il marque dix heures et des miettes. (Message, 12 mai 2005, <www.libragora.net/>)

3. Il est 19 h 47 et depuis 2 heures et des miettes, j'attends vainement devant France 2 que démarre Stade 2. (Message, 3 juin 2007, <www.tvblabla.net/>)

## milieu

**au milieu de nulle part**, loc. adv. "dans un endroit éloigné de tout". Calque de l'anglais *in the middle of nowhere.*

1. […] les deux serveurs […] se demandent ce que je peux faire ici, seul ; je comprends qu'ils ne soient pas dépaysés par la musique que Radio-Berry Sud distille à l'Escargot, la musique de Bagdad Café tourné dans le Deep South américain, le Sud profond, « In the middle of nowhere », au milieu de nulle part. Un blues languissant et mélancolique. (P. Amar, *Scènes de la vie de province*, 1989, p. 12, GRL)

2. Fin octobre 1996, Jacques Rossi est revenu à Norilsk, l'enfer inventé par Staline au milieu de nulle part, dans la zone boréale de la Sibérie, où il avait été détenu pendant plus de dix ans, de 1939 à 1950. Ville-goulag jusqu'en 1956, qui compte aujourd'hui plus de 400 000 habitants venus travailler sur (et sous) cette terre où rien ne pousse, mais qui s'est révélée être prodigieusement riche en minéraux […]. (*Le Monde*, 31 octobre 1997, p. 31)

3. Prendre une douche relève de l'exploit. On ne s'imagine pas ce que c'est que de rouler toute une journée, coucher dans son camion et pas avoir de place pour se laver. […] Même prendre le temps d'aller aux toilettes est un problème quotidien quand tu dois attendre au milieu de nulle part dans un entrepôt à 15 kilomètres de la ville. (« 42 heures dans la vie d'un camionneur », <membres.lycos.fr/>, consulté le 13 juillet 2004)

4. Un bout de roche [Nauru, dans le Pacifique Sud] au milieu de nulle part, colonisé au fil des millénaires par des coraux sur lesquels s'accumulent les fientes des oiseaux. (*L'Express*, 7 mars 2005, p. 70)

V. encore *perpète*, ex. 26.

## Mimile

**facile(,) Mimile**, loc. phrast., loc. adj. Pour souligner la facilité, la simplicité. Renforcement ludique de **facile**, avec effet de rime intérieure ; *Mimile* est un hypocoristique du prénom *Émile*.

1. – C'est fou.
– Qu'est-ce qui est fou ?
– Ben tout ça. Facile, Mimile. […] On carotte un grand patron, un des mecs les plus enviés de France et de Navarre […], comme ça, tranquilles. (J.-B. Pouy, *Larchmütz 5632*, 1999, p. 114)

2. Je suis sûr que ça va être facile mimile pour vous, mais moi je reste perplexe. (Message, 31 octobre 2003, <www.toutjavascript.com/>)

3. Heureusement que c'est pas un cours de zouk, j'aurais pas supporté la proximité du collé-serré*. […] Pas de base en avant, pas de base en arrière, petit tour sous le bras, pieds qui swinguent en bas… facile Mimile ! (Blog, 1er juin 2007, <lolacherche1gars.canalblog.com/>)

**tranquille(,) Mimile**, loc. phrast., loc. adj. Pour souligner la facilité, la satisfaction. Renforcement ludique de **tranquille** (fréquent de nos jours dans ces emplois), avec effet de rime intérieure. ~ **à l'aise, Blaise ; cool, Raoul ; tranquille le chat***.

4. Nous y voilà, ça y est ! Finalistes de la Coupe du monde pour la deuxième fois en 8 ans, tout simplement. [...] C'est reparti pour un tour après un petit match de 94 minutes où l'on était assez tranquilles-mimiles. (Message, 6 juillet 2006, <thegiao2001.typepad.fr/>)

5. Pendant toute mon enfance, ma mère [...] avait pour sale habitude de me crier dessus dès qu'elle me voyait désœuvrée. Si elle avait le malheur de passer devant moi alors que j'étais tranquille mimile sur le canap à buller [...], j'avais droit à « T'as rien de mieux à faire ? » (Blog, 6 janvier 2007, <www.menageredemoinsde50ans.com/>)

6. Donc... tranquille « Mimile »... Pas d'affolement... Tout va bien ! On a le temps ! (« Les promenades d'ailleurs », 19 novembre 2007, <lesmicrostrottoirsbidochons.blogs.nouvelobs.com/>)

## minable

□ **mettre minable**, loc. verb. Surtout en usage dans les milieux sportifs.

— "infliger une défaite à, écraser". Cette locution et la suivante semblent originaires de la partie méridionale de la France où quelques dictionnaires régionaux les ont relevées dans le courant des années 1990 (au moment même où elles commençaient d'ailleurs à se dérégionaliser, voir les exemples 1 et 4) : « *se mettre minable* = se saouler inconsidérément » (R. Covès, *Sète à dire*, Montpellier, 1995, p. 188), « *se mettre minable / se faire mettre minable*, c'est se faire battre de manière ridicule dans la lutte, le match... » (D. Armogathe, J.-M. Kasbarian, *Dico marseillais*, Marseille, 1998, p. 159) ou encore « *minable* adj. ivre-mort. *A la partie, ils se sont mis minables* » (*Vocabulaire toulousain de survie*, 1998, disponible sur <occitanet.free.fr/tolosan/lexique.htm>) ; dans les deux cas, l'adjectif évoque l'image d'un effondrement lamentable. Si ces locutions sont en lien évident avec *mettre une mine* (à qqn)* et *se mettre une mine**, l'état de la documentation laisse mal entrevoir dans quel sens ce lien doit être établi ; on peut simplement supposer que ces dernières, si elles sont postérieures, représentent une remotivation (explicite s.v. *mine*, ex. 3) à partir de *mine* "engin explosif" (cf. *boulet, exocet, obus, fusée, missile* "tir puissant [au football]"). ~ **enfoncer** ; □ **mettre une mine* à qqn**.

1. Quelques minutes avant de monter prendre le départ de la course de sa vie, celui-ci [un champion de ski acrobatique] fend la foule des spectateurs pour aller lancer son cri de guerre [...] : « On va tous les mettre minables. » (*Le Monde*, 18 février 1995, p. 30)

2. On a été mis minable par les Blacks. Wouf, impressionnante leur puissance ! (Message, 12 novembre 2006, <www.chauffeurdebuzz.com/>)

3. Joachim Noah a déploré avoir été « mis minable » par son adversaire [...]. (*Agence France Presse*, 2 février 2007)

— "couvrir de ridicule".

4. Ces visages [...] coincés sur le plateau [de TF1] comme des narcisses fanés par l'ennui avant l'âge, attristaient sans indigner. Après tout, se disait-on, s'ils ont envie de se mettre minable[s] [...], pourquoi s'énerver ? (*Libération*, 6 juillet 1998)

5. Guy a un peu peur que son chien [...] le mette « minable. Il y a du monde, il risque d'être dévarié ["perturbé"]... » Le chien est en effet plus habitué aux truffières d'Uzès qu'à la place Questel de Nîmes, où se déroule [...] la seconde Journée du terroir [...]. (*Midi libre*, Nîmes, 11 février 2007)

□ **se mettre minable,** loc. verb.

— "se dépenser jusqu'à être à bout de forces". Surtout en usage dans les milieux sportifs. ~ **se défoncer**.

6. Sorti en vainqueur de l'arène d'Olympiakos-Le Pirée (2-1), l'Olympique de Marseille a pleinement réussi son retour sur la scène européenne, démontrant, dans un contexte délicat, un art du dépassement de soi et une science tactique consommée [...]. « Le groupe de l'an passé aurait certainement réalisé un résultat comparable, mais avec d'autres arguments. Ce soir, son successeur s'est "mis minable" pour tordre le cou à la hiérarchie », indiquait, radieux, Bernard Tapie. (*L'Humanité*, 15 septembre 1994)

7. J'ai des souvenirs [...] de matchs du championnat d'Allemagne où les mecs se jetaient comme des morts de faim* sur la balle, de la première à la dernière minute, c'est ça pour moi de l'engagement, se mettre minable, vomir du sang. Quitte à perdre, autant le faire la tête haute. (Message, 10 avril 2006, <s171687233.onlinehome.fr/forumFCMetz/>)

8. « [...] On prend du plaisir. Il y a de la solidarité. A Juvisy, tout le monde s'est mis minable pour l'équipe [...]. C'est super pour un entraîneur de constater ce désir. » (Un entraîneur sportif, dans *Midi libre*, 20 octobre 2006)

9. « [...] Finalement, je me suis mis minable pour pas grand-chose au bout. » (Un coureur cycliste, dans *Le Progrès*, 8 février 2007)

— "s'enivrer". ~ □ **prendre une caisse*** ; □ **se péter (la gueule)** ; **se défoncer**.

10. Hier au « Rendez-vous des amis »
Ouh la la ! je m'suis mis minable
Putain d'mufflée que j'me suis pris
Lamentable... (Renaud, « Pochtron ! », 1983, dans *Mistral gagnant*, 1986, p. 136)

11. Ce jus, fraîchement recueilli, est frais et doux. Mais une fois fermenté, il acquiert un degré d'alcool de 8 à 10 % et s'appelle : vin de palme. Il constitue alors une boisson alcoolisée propre à griser les têtes noires qui en sont friandes et « s'en mettent minables ». (R. Chardon, *Mes carnets de bords. Sept ans, onze navires, 1953-1960*, 2005, p. 140, GRL)

12. « Dix heures de train, c'est long. On s'ennuie. Alors on boit », admet l'un des prévenus. Erwan, 21 ans, admet « s'être mis minable » ce samedi-là. (*Ouest France*, 9 décembre 2006)

13. [...] un nouveau mode de consommation importé d'Angleterre : le binge-drinking, que l'on pourrait traduire par la « biture* express ». Chez ces jeunes, pas de vin à table ou d'apéritif comme pour leurs parents, mais une quête d'ivresse rapide et intense : c'est l'alcool-défonce [v. *alcool*] que l'on boit en fin de semaine entre amis, pour « se mettre minable » à l'abri du regard des adultes... (« Jeunes et alcool : la biture express », 12 janvier 2007, <squewel.blogspot.com/>)

**mine**

□ **mettre une mine à qqn**, loc. verb. "mettre un concurrent en situation d'échec par une attaque soudaine". Surtout en usage dans les milieux sportifs. Voir le commentaire s.v. *minable*. ~ **enfoncer ; mettre minable***.

1. « [...] Dans le final, Morel m'a mis une mine [...], je n'ai rien pu faire. C'est tout de même un très beau cyclo-cross [...]. » (Un coureur cycliste, *Le Progrès*, Ain, 17 décembre 2003, p. 20)

— □ **mettre une mine**, loc. verb. "mettre toutes ses forces dans une attaque soudaine ; (au football) tirer au but avec puissance". ~ **se défoncer**.

2. « Puis Raphaël m'a dit : "Si tu ne t'échappes pas, ce soir tu prends ta valise et tu rentres à la maison." Il y avait une légère montée, j'ai mis une mine et je suis parti. » (Un coureur cycliste, dans *L'Équipe*, 15 juin 2003)

3. « J'ai mis une mine ! » [titre]. Chez les Robert, on a de la dynamite dans le pied gauche [...].
– Bertrand, racontez-nous votre but ?
« Quand j'ai vu que le défenseur était assez statique devant moi, j'ai choisi de prendre l'intérieur. Il y avait un trou, un peu d'espace, j'ai accéléré et j'ai frappé. J'ai mis une mine, quoi ! » (*Soccer's. Le Forum du foot*, 19 mars 2005, <www.soccers.fr/>)

4. « [...] Le temps était idéal, et je souhaitais absolument battre le record. [...] mais je savais qu'il fallait mettre une mine d'entrée. Ensuite, j'ai maîtrisé mon rythme. » (Un coureur à pied, dans *Ouest France*, 26 juin 2006)

□ **se mettre une mine**, loc. verb. "s'enivrer". ~ □ **se mettre minable*** ; □ **se mettre deux/trois/quatre grammes*** ; □ **se mettre la (/une) race*** ; □ **prendre une caisse*** ; □ **se péter (la gueule) ; se défoncer**.

5. J'ai appris que j'allais devoir quitter ma bonne vieille zone industrielle où je vais bosser tous les jours pour aller me confiner dans une tour de la Défense... [...] Je ne verrai plus les piliers de comptoir du bar du coin. Je ne verrai plus les manutentionnaires se mettre une mine au Ricard à midi (mais comment ils font pour conduire leur chariot après ?) (Blog, 2 juillet 2003, <perso.orange.fr/arachnomorphe/>)

6. [...] y'a pas à dire, se mettre une mine avec ses boss, c'est drôle, puis c'est bon pour l'esprit d'équipe ! Bref, cette excellente soirée s'est tout de même terminée dans la salle de bains, où je suis restée assise contre la baignoire pendant une heure, tellement mon lit tournait... Et encore heureusement que mon collègue m'a poussée à rentrer, sinon j'ose même pas imaginer mon état... (« 5 jours à Deauville aux frais de la princesse », 25 septembre 2006, <chic-et-choc.over-blog.com/>)

7. A l'occasion de la Saint-Valentin, près d'un millier d'étudiants [...] se sont retrouvés sur une péniche parisienne. « Open-bar 22 h 30 à 23 h 30 », annonçait le carton d'invitation. [...] Une formule qui séduit ceux qui veulent danser ou discuter comme ceux qui préfèrent « se mettre une mine » (se saouler). Lesquels n'hésitent pas, compte tenu de la courte durée de l'open-bar, à arriver déjà « chargés » d'une bonne dose d'alcool. (*Le Monde*, 11 mars 2007, p. 16)

## minute

**n'être pas à la minute**, loc. verb. "avoir le temps". Abréviation de **n'être pas à la minute près**. Cf. *être à la minute* "être exact", attesté en 1806 (DDL). ~ **n'être pas à la seconde***.

1. [...] les Bigoudens se sont fait virer [...] par des Paimpolais énervés qui voulaient annoncer sans attendre leur concours de chants de marins, qui se tiendra l'été prochain. On n'était pourtant pas à la minute, mais c'est vous dire la pression. (*Ouest France*, 14 décembre 2002)

— EN EMPLOI IMPERSONNEL. **ce n'est pas à la minute**, "rien ne presse". Par jeu de mots dans l'exemple suivant.

2. Envoyé par la chambre des notaires, celui-ci annonce l'organisation d'un Forum des métiers le… 8 octobre [...]. Bien que ce ne soit pas « à la minute », comme on dit dans leurs études, votre Theo se devait [...] d'encourager une telle diligence. (*La Nouvelle République*, 2 avril 2004)

— PAR ELLIPSE. **à la minute**, loc. adv. "dans l'immédiat ; sur le champ".

3. « [...] Une embauche était de toute façon prévue, pas à la minute, mais prévue [...]. » (Un syndicaliste, dans *Midi libre*, Sète, 24 mars 2007)

## misère

**comme la misère sur le pauvre monde**, loc. adv. "brutalement, soudainement". Attesté sous une forme voisine en 1792 *tomber comme la misère sur les pauvres* (DDL) ; en 1876 (« La famille Holcome s'étant jetée, comme la misère sur le pauvre monde, sur les petites provisions de biscuit, de café et de sucre que nous avions apportées de chez Titus, il n'en resta plus une parcelle au bout de cinq ou six jours », *Voyages, chasses et guerres*, par le marquis de Compiègne, Paris, Plon, 1876, p. 48, GRL) ; en 1897 (« enlevez la portion et tombez sur la soupe comme la misère sur le pauvre monde, ou le soldat français sur l'ennemi », Le joyeux Monthabor, *La Vie au régiment*, Paris, Librairie illustrée, s.d., p. 94). ~ □ **comme la vérole sur le bas-clergé**.

1. Les puces, à cette époque, constituaient un vrai fléau [...]. Elles te tombaient dessus comme la misère sur le pauvre monde. (J. Durand, *André Bouix, gardian de Camargue*, 1980, p. 24)

2. Tu aimes ça, la soupe de poisson ? Mais… ne te jette pas dessus comme ça, on dirait la misère sur le pauvre monde ! (G. Del Pappas, dans *Libération*, 4 août 2000, p. 7)

3. [...] bien entendu, en dépit de tous nos avertissements, vous avez fondu [pendant les vacances] sur la tong comme la misère sur le pauvre monde. Résultat, plus aucune chaussure vaguement fermée ne semble vous aller [...]. (*Les Echos*, 3 septembre 2004, p. 5)

## mi-temps

### troisième mi-temps

— LOC. NOM. FÉM. "détente, et notamment libations, réunissant joueurs et supporters après un match ou, par extension, les participants de toute autre activité collective". L'expression serait due à Denis Lalanne, journaliste sportif et écrivain : « La troisième mi-temps ne sachant dire son nom, il convenait de lui en donner un. L'expression m'a été soufflée en 1961 par René Crabos [ancien joueur et président de la Fédération française de rugby de 1952 à 1962], le sage de Saint-Sever-sur-Adour, lorsqu'il me parla des *"trois temps du rugby"* » (D. Lalanne, *Le Temps des Boni*, 2002 [2000], p. 361).

1. Ce que nous pouvions ramener de nos souvenirs nous paraissait aussi émouvant que les parties [de rugby] elles-mêmes. Les joueurs avaient trouvé une formule pour désigner ce qui se passait depuis la sortie du vestiaire jusqu'au lever du jour. C'était la troisième mi-temps. (K. Haedens, *Adios*, 1974, p. 313, GRL)

2. En face c'est le *Café des Lions*, où jadis une redoutable équipe de foot abusait des troisièmes mi-temps. (F. Rieu, *La Cavale du chômeur*, 1987, p. 16)

3. M. Jean-Claude Gayssot, *ministre de l'Équipement, des Transports et du Logement.* – [...] Il s'agit, en particulier, d'éviter que la fameuse « troisième mi-temps » ne soit suivie de ces terribles accidents où sont en cause à la fois la vitesse, l'alcool et la fatigue. (Sénat, *Compte rendu des débats*, séance du 19 mai 1999)

4. Finaliste de la Coupe du monde, le XV de France a été reçu hier à l'Élysée par Jacques Chirac pour « une troisième mi-temps façon républicaine ». La réception a débuté dans la bonne humeur par une photo de famille sur les marches de l'Élysée, côté jardin. Surprise : les joueurs ont repris en chœur un *Happy Birthday* de circonstance, Jacques Chirac fêtant son 67$^{e}$ anniversaire. (*L'Humanité*, 30 novembre 1999)

5. Chaque réunion est organisée autour d'un thème défini à l'avance et d'intervenants choisis pour illustrer ce sujet. Après chaque intervention, le public est invité à poser des questions, en présence d'un modérateur pour éviter les débordements ou les digressions. / Les rencontres sont souvent animées par de la musique ou du théâtre, et suivies d'une « troisième mi-temps » gastronomique, où se retrouvent invités et public [...]. (*Le Café littéraire de Metz*, <cafe.litteraire.metz.free.fr/>, consulté le 28 mai 2002)

6. Emma lui avait expliqué à quoi ressemblait la troisième mi-temps sur les chantiers de fouilles archéologiques... Pour rien au monde, il ne l'aurait laissée partir seule. (A. David, *Pure fiction*, 2006, p. 108, GRL)

V. encore *effort*, ex. 3.

— LOC. NOM. MASC. "temps consacré au travail, généralement en dehors, et parfois en complément, d'activités exercées à plein temps". Pour souligner qu'une personne est très occupée et très active.

7. Le troisième mi-temps de Marc Jakubowicz [titre] [...] « J'avais donc deux mi-temps, mais je m'ennuyais, s'amuse-t-il, alors quand, en 1994, j'ai eu l'occasion de me lancer dans l'aventure Rose Pomme [une marque de lingerie], je n'ai pas hésité. » (*Le Progrès*, 18 novembre 2003, p. 25)

8. À mi-temps, je m'occupe de mon site [...]. Un autre mi-temps est consacré à l'écriture d'articles sur le sujet pour la presse en ligne et papier. Et il faut bien un troisième

mi-temps pour l'écriture de livres chez différents éditeurs. (Olivier Andrieu, éditeur du site *www.abondance.com*, <www.lerucher.com/>, consulté le 5 septembre 2005)

9. Maxime a publié son premier polar, et publiera bientôt le deuxième. Il travaille à mi-temps sur le MSA [*le Monde de San-Antonio*], à mi-temps aussi il est secrétaire des Amis de San-Antonio. Son troisième mi-temps est consacré à son métier d'enseignant et il s'occupe à plein temps de sa famille. (Blog, 13 septembre 2007, <maximegillio.blogspirit.com/>)

## mobilisation

**la mobilisation n'est pas la guerre**, loc. phrast. Pour souligner qu'il faut distinguer les préliminaires ou les préalables des faits ou des actions qui les suivent ; pour nier une relation de dépendance entre deux faits ou deux événements qui, habituellement, se suivent ou s'enchaînent. Par allusion à la formule diffusée par voie d'affichage, avec la signature de Raymond Poincaré, pour rassurer la population lors de la mobilisation générale en août 1914.

1. POINCARÉ. [...] Qu'est-ce que c'est ?
LE SECRÉTAIRE. L'armistice !
POINCARÉ. Déjà ! Enfin, de même que la mobilisation n'est pas la guerre, l'armistice n'est pas la paix. (J. Prévert, « La bataille de Fontenoy », *Spectacle*, 1951, p. 139, FT)

2. *Archimède :* Oh, mon pauvre ami, vous devez avoir le foie comme une champignonnière. Je suis sûr qu'avec un stéthoscope, on les entendrait pousser, vos granules.
*Monsieur Pichon* : Je vous préviens, j'aime pas ce genre d'astuce !
*Archimède* : C'que j'en dis... C'est pour l'avenir de Bichette.
*Monsieur Pichon* : Ces astuces-là aussi, j'les aime pas !... La mort, c'est sérieux. C'est pas un sujet de plaisanterie.
*Archimède* : La mobilisation n'est pas la guerre, mon cher. (*Archimède le Clochard,* film de G. Grangier, dialogues de M. Audiard, 1958)

3. Dans le concert des violoneux qui jouent, sous Matignon, la ballade du bon Jospin, avec fifres et tambourins, trémolos et pizzicati, que de louanges, que d'émerveillements ! Ah voilà bien un beau gouvernement ! Pluriel, équilibré, neuf et même nouveau, jeune, rénové, resserré. Et ainsi de suite [...]. / Mais tout comme la mobilisation n'est pas la guerre, un gouvernement n'est pas une réussite garantie sur bonne mine ou belle allure. Il lui reste maintenant à gouverner. (P. Georges, dans *Le Monde,* 6 juin 1997, p. 36)

## moi

**de vous à moi**, loc. adv. Pour marquer ou entraîner la connivence avec l'interlocuteur. La variante *entre vous et moi* est attestée en 1639 (DDL). *De vous à moi* est le titre d'un ouvrage de W. d'Ormesson (1973). ~ **entre nous soit dit**.

1. – Moi, j'ai rien contre les Arabes, de vous à moi, mais les délinquants, je les renverrais dans leur pays... (C. Breillat, *Police,* 1985, p. 182-183)

2. De vous à moi, j'aime mieux continuer à rêver dans mon lit que sur Internet. (Jean Chalon, dans *Le Figaro,* 6 mars 2000, p. 25)

3. « Pardonnez-moi de vous poser cette question, je ne suis pas flic, mais, de vous à moi, ce livre ? L'avez-vous lu ? » (F. Marmande, dans *Le Monde,* 25 janvier 2007, p. 2)

V. encore *prise*, ex. 3.

## moins

**avoir le moral à moins** + numéral, loc. verb. "être dans le désespoir le plus profond". Forme intensive de **avoir le moral à zéro**. ~ **avoir le cœur en bandoulière*** ; □ **avoir le moral* dans les (/au fond des) chaussettes**.

1. Toujours aussi à l'aise dans mes Santiags. Quand t'as le moral à moins quinze les autres le sentent à peine. (E. Hanska, *J'arrête pas de t'aimer*, 1981, p. 88)

2. […] aujourd'hui dimanche il fait gris, froid, il pleut, je n'ai […] vu aucun adulte de la journée et en plus les enfants partent demain chez leur père… ; (c'est lui qui m'a quittée pour vivre avec quelqu'un d'autre…) bref j'ai le moral à moins 50… (Message, 26 octobre 2004, <www.aufeminin.com/>)

**coup de moins bien**, loc. nom. "moment d'abattement, de méforme, en particulier chez les sportifs". Par euphémisme. Sur le même modèle que *coup de barre*.

3. […] ils sont victimes de ce « coup de moins bien » qui est le risque du métier. « Je n'ai plus de force, il n'y a rien d'autre à ajouter », explique Ludovic Auger. Lors de Paris-Roubaix, le coureur s'est brisé la clavicule et a été immobilisé un mois : cela a nui à sa préparation. (*Le Monde*, 12 juillet 1997, p. 22)

4. […] Florent Marée, gymnaste de talent, sélectionné olympique et mondial, vice-champion d'Europe à la barre fixe par équipe, a ces temps-ci l'esprit vagabond. A vingt-deux ans, il est victime d'un coup de moins bien. (*L'Humanité*, 19 octobre 2002)

5. Si j'ai un coup de moins bien, si j'ai le moral* dans les chaussettes, je m'accroche et je brave les éléments car à chaque fois quelque chose ou quelqu'un a su me tirer vers le haut […]. (Message, 30 octobre 2003, <www.atoute.org/>)

6. Apathique en défense, incapable de hausser son niveau de jeu, il [le Boulazac Basket Dordogne] faisait peine à voir. Mais toutes les équipes ont droit au coup de moins bien. C'est humain. (*Sud Ouest*, éd. Dordogne, 14 avril 2007, p. 12)

## moitié

□ **moit-moit / moit' moit'**, loc. adv. "(à) parts égales". Abréviation de **moitié-moitié**. ~ **fifty-fifty ; cinquante-cinquante**.

1. Vieux comme mes robes [sous-titre]
Lui et lui se sont rencontrés dans un bistrot et comme lui (le premier) était caissier dans une grande surface, lui (le second) lui a proposé un deal : « Tu ne passes pas tout sous la douchette à codes barres et on fait moit' moit' sur le butin. » […] L'un et l'autre, sans doute abasourdis de voir le parquet ricaner de ce procédé « archi-connu » sont condamnés à deux mois de prison avec sursis. (« Brèves de prétoire », *Le Télégramme*, 17 décembre 2003)

2. Kif kif, moit-moit, 50-50… Dites-le comme vous le voulez, le programme du premier trimestre […] se coupe en deux : théâtre et musique, musique et théâtre. (*La Nouvelle République*, Cher/Saint-Amand, 17 septembre 2004, p. 13)

— EN PARTICULIER (à propos d'une pizza), loc. adj., loc. nom. "comportant deux garnitues, à parts égales".

3. Sur le modèle napolitain ou marseillais (la « moit'-moit' », pizza moitié fromage, moitié anchois que l'on déguste dans la rue), elle [la pizza] ne se conçoit que sur le mode de la finesse, voire de l'ascèse. (*Le Figaro*, 25 novembre 2000)

4. […] la pizza « moit-moit » (moitié moitié) aux anchois et fromage […]. (*Le Point*, « Villes. Spécial Marseille », 10 juin 2004)

## moment

**à ce moment-là**, loc. adv. "dans ces conditions, puisque c'est ainsi, alors". Glissement du sens temporel au sens logique.

Xavier Mazini disant, justement, à propos de muscu, s'ils avaient rien à faire dans l'immédiat, il irait bien à la salle, s'entraîner une petite heure, avant le déjeuner. Jérôme Fringand dit, « à ce moment-là, ce que tu fais, tu me déposes au studio. Repasse me prendre à trois heures. » (L. Chalumeau, *Maurice le Siffleur*, 2006, p. 23)

## monde

**refaire le monde**, loc. verb. "discuter, débattre longuement, de façon plus ou moins oiseuse". Par hyperbole.

1. Cinquante individus – tarés, sales, abrutis de drogue, habitués de ces discussions en piaule de cité où pendant des heures et des heures on refait le monde, s'excitant et se surexcitant – ont obtenu un résultat remarquable ; ils nous ont convaincus de l'utilité des BAPU (Bureau d'aide psychologique universitaire). (J. Bertolino, *Les Trublions*, 1968, p. 324, GRL)

2. Deux traîne-patins sont installés sur un banc. Ils parlent fort, refont le monde, boivent du pinard pour se chauffer la gueule. (Demouzon, *Château-des-rentiers*, 1982, p. 105)

3. Chez White, on devait se déchausser en entrant. On passait une heure ou deux dans son salon. On parlait poésie. On refaisait le monde en chaussettes. (C. Laborde, *L'Os de Dionysos*, 1987, p. 115)

4. […] les mordus de ce loisir [la pétanque] qui se retrouvent quotidiennement sur le site pour jeter quelques boules et refaire le monde. (P. Secondy, dans *Midi libre*, Garrigues, 26 janvier 2007)

**tout le monde il est beau, tout le monde il est gentil**, loc. phrast. Expression ironique pour marquer un optimisme béat et naïf. Repris du titre d'un film de Jean Yanne (1972).

5. Le nucléaire c'est donc un non définitif à l'anarchisme décentralisateur, à l'ultra-démocratie velléitaire qu'incarne si parfaitement M. Carter, où « tout le monde, il est beau, tout le monde, il est gentil », à l'ultra-égalitarisme coupeur de têtes. (P. Chaunu, *Histoire et imagination. La Transition*, 1980, p. 88, GRL)

6. D'accord, côté hétéros, il y a des coureurs, des pervers et des malades. Mais n'essayez pas de nous faire gober que, côté homos, tout le monde il est beau, tout le monde il est gentil. (C. Sarraute, *Dites-donc !*, 1985, p. 30)

7. D'autres employés la trouvaient trop naïve et presque trop « sociale » : « Elle pense que tout le monde il est beau, tout le monde il est gentil, ce qui lui joue des tours, soupire […] sa vendeuse Carmen, ce n'est pas un patron, c'est mère Teresa. » (*Le Monde*, 14 juin 2006, p. 22)

— AVEC ELLIPSE DE *il*.

8. Tout le monde est beau, tout le monde est gentil, mais tout le monde peut disjoncter. (H. Dreikaus, dans *Dernières Nouvelles d'Alsace*, 10 février 2005, TE 7)

— VARIANTE PONCTUELLE.

9. [...] ainsi se présente le problème du consommateur : tout le monde il est gentil, tout le monde il est consommateur et, en tant que tel, rançonné, mais seuls quelques « consommateurs » se partagent la rançon générale. (A. Wurmser, *Cent cinquante nouveaux « Mais »* [Extraits de *L'Humanité*, mai 1969-janvier 1974], 1974, p. 326, GRL)

**tout le monde sont là**, loc. phrast. Pour signifier que l'on n'attend plus personne. Forme agrammaticale populaire (chère au parler lyonnais de Guignol) ou de la langue des enfants, parfois employée sur un ton ludique par les adultes. *Tout le monde sont là* est le titre français du roman d'Ed Mac Bain, *Hail, Hail, the Gang's all Here* (1971), traduit par M. Charvet (1972).

10. Surprise : comme si de rien n'était, tout le monde sont là. Ou presque. (M. Duhamel, *Raconte pas ta vie*, 1972, p. 461, GRL)

11. Il faisait transport d'enfants en semaine [...]. Au-dessus de sa tasse de café, Eugène vit deux fois 12 enfants bleus.
Le plus grand fit rebondir un ballon de foot sur le parquet.
Ils mâchaient tous du chewing-gum en cadence.
– Tout le monde sont là ! dit le jeune Rémi Piedzack, en étirant le sien. (J. Vautrin, *Billy-Ze-Kick*, 1974, p. 62-63)

12. – Tout le monde sont là, dis-je à Anita.
Elle me jeta les bras autour du cou. (H. Pagan, *Les Eaux mortes*, 1986, p. 53)

## monnaie

**partir sans attendre la monnaie (de sa pièce)**, loc. verb. "s'esquiver pour ne pas s'exposer à une riposte utilisant les mêmes procédés désagréables, les mêmes arguments frappants que ceux que l'on a soi-même utilisés ; partir rapidement". Symétrique de **rendre à qqn la monnaie de sa pièce**.

1. Quand j'en ai eu marre, je lui ai fait comprendre qu'elle pouvait rentrer à pieds [*sic*]. Elle m'a giflé et s'est enfuie en courant, sans attendre la monnaie. (J.-L. Lahaye, *Cent familles*, 1985, p. 391-392)

2. Un faux appel de l'ouvreur [...] et l'arrière [...] mystifiait la défense [...] et filait sans attendre la monnaie au milieu des « barres ». (*L'Indépendant*, 30 octobre 2006 ; reportage sur un match de rugby]

## moquette

□ **fumer la moquette**, loc. verb. "fumer de la marijuana, du haschisch".

1. Elle était étourdie. Souvent dans la lune. On lui disait, eh, Magali, t'as encore fumé la moquette, et elle revenait sur terre avec l'air de quelqu'un qui sort d'un bain trop chaud. (M. Nimier, *Un enfant disparaît*, dans *Le Monde*, 13-14 juillet 2003, Supplément, p. 5)

2. Non, Suzy n'a pas fumé la moquette. Mais quand cette dame très digne, bardée de bijoux scintillants, parle de ses perroquets, elle côtoie les cieux. (*La Nouvelle République*, Indre-et-Loire, 22 décembre 2004, p. 5)

3. Je m'interroge en outre sur la cohérence de ses convictions [...]. J'en suis à me demander si, ce jour-là, avant de prendre la parole, il n'avait pas fumé la moquette. (*Le Nouvel Observateur*, 1er mars 2007, p. 52)

— AVEC JEU DE MOTS.

4. Et dire que la reine Victoria fumait la moquette… Stupéfiant ! (*Télérama*, 1er janvier 2003, p. 97)

## moral

□ **avoir le moral dans les (/au fond des) chaussettes,** loc. verb. "être (complètement) démoralisé". Métaphore plaisante, à comparer avec *avoir l'estomac dans les talons*. ~ **avoir le moral à zéro/à moins*** + numéral ; **avoir le moral en bandoulière***.

1. Je suis triste de réintégrer ce foyer […]. Freddy et Richard ont, comme moi, le moral dans les chaussettes. (J.-L. Lahaye, *Cent Familles*, 1985, p. 288)

2. S'agit-il de se hasarder dans un de ces lieux de police qui n'a plus de commissariat que le nom ? Peinture écaillée, moral dans les chaussettes, locaux surpeuplés ou sous-peuplés, cahier de doléances plutôt que main courante ? (P. Georges, dans *Le Monde*, 15 mai 1996, p. 32)

3. Les heures sup, le patron parle de les payer mais rien ne vient. […] Il m'a fait signer un contrat à durée indéterminée. Sur le papier, il a marqué temps partiel mais il n'y a pas de nombre d'heures inscrit. […] Je ne travaillais plus qu'un jour par semaine au lieu de quatre. Mon salaire est tombé à 1 200 F. J'avais le moral dans les chaussettes mais j'ai rien pu faire. J'ai protesté mais il ne voulait pas me licencier. (*Libération*, 8 juin 1998)

4. Les salariés de Delphi, à Villeron, ont le moral au fond des chaussettes depuis l'annonce en début de semaine de la faillite volontaire de leur maison mère américaine. (*Le Parisien*, 13 octobre 2005, p. 1)

V. encore *moins*, ex. 5.

— VARIANTES.

∞ □ **avoir le moral dans les chaussures/les godasses/les pompes.** Antonyme de **être bien dans ses baskets/ses pompes.**

5. Qu'est-ce que tu crois vieille lulu avec tes idées de flingage et ton moral dans les pompes. (E. Hanska, *J'arrête pas de t'aimer*, 1981, p. 122)

6. Enfin bref, tout allait bien. J'étais arrivé avec le moral dans les pompes et je repartais avec une pêche d'enfer ! (J. Van der Elst, *Souvenirs*, 2002, p. 205, GRL)

7. Ma morosité m'entraîne soudain à broyer du noir. J'ai le moral dans les chaussures, sans explication, tout d'un coup. Pour la première (et seule) fois, j'ai envie, d'abord, que le voyage se termine, vite. (P. Lemonnier, *Le Chemin oublié de Compostelle*, 2004, p. 187, GRL)

8. Si vous avez le moral dans les godasses et une sacrée envie de rigoler, allez voir les Svinkels. Ce n'est pas un conseil d'ami mais quasiment une prescription médicale. (*Libération*, 14 avril 2005, p. 31)

9. Mardi 3 mai, Dominique Dord (UMP, Savoie) résume le sentiment général. « Il faut être super-prudent, il y a encore huit jours on avait le moral dans les godasses, on ne peut pas crier victoire aujourd'hui. » (*Le Monde*, 8 mai 2005, p. 8)

∞ □ **avoir le moral dans les baskets.**

10. Il fallait que Paulo ait le moral dans les baskets pour me sortir une tirade pareille. (S. Rouch, *Zoé s'en va-t-au ciel*, 1997, p. 38)

11. Tout aurait été pour le mieux dans le meilleur des mondes si la foule des grands jours avait été au rendez-vous, las ! ce fut bien loin d'être le cas. Autant dire que les fidèles de service du Comité, qui à la caisse ou à la buvette, étaient, comme d'habitude, à la tâche, avaient le moral dans les baskets [...]. (*Le Progrès*, 7 juillet 2004)

12. « Contre le stress, la morosité, les fourmis dans les pieds et le moral dans les baskets », l'association Blues en Chenin propose une soirée en compagnie des plus grands bluesmen de l'Hexagone, à Saint-Lambert-du-Lattay. (*Ouest France*, 23 août 2006)

∞ □ **avoir le moral dans les bottes/(tout) au fond des bottes.**

13. Certains [élèves] pouvaient à peine aligner deux phrases. Leur univers était noirissime. Lorsque je leur ai proposé de raconter une rencontre, j'ai eu droit à vingt-deux histoires de dégringolade, toutes sur le même modèle : le personnage espère la rencontre, la rencontre a lieu, et c'est une catastrophe. Le soir, j'avais le moral dans les bottes. (*Libération*, 25 mai 1998)

14. Secteur le plus touché par la sécheresse : le Sud. Premiers à souffrir de la sécheresse, les agriculteurs ont le moral dans les bottes. (*Ouest France*, 13 septembre 2005)

15. 8,5° à cinq heures cet après-midi en Alsace (en plaine) et averses, tout comme ces derniers jours ; un peu désespérant... le moral est au fond des bottes. (Message, 1er juin 2006, <www.uk.gardenweb.com/>)

16. [...] sur le front de la fièvre catarrhale ovine (FCO), de nouvelles analyses positives [...] ont conduit le ministère de l'Agriculture à classer de nombreux cantons du Villefranchois et de la partie septentrionale du département en zone réglementée. [...] Les négociants en bestiaux, avaient le moral tout au fond des bottes. (*Centre Presse*, 5 décembre 2007)

— SUR CE MODÈLE. (**avoir** + groupe nominal +) **dans les chaussettes**, loc. adj. ou adv. “au plus bas”.

17. – J'ai passé plusieurs jours avec la fièvre à 38°5, j'avais les défenses immunitaires dans les chaussettes. (Homme, environ 65 ans, Strasbourg, 15 janvier 2005)

## morale

**la morale est sauve**, loc. phrast. Pour signifier qu'une action ou une situation est conforme à ce qui est considéré comme bon, comme juste et convenable. Attesté en 1904 (« Comme on ne voulait pas admettre que des hommes eussent jamais autorisé le fils à tuer le père, on expliqua le silence de la loi sur le parricide en disant que le législateur ne prévoyait pas l'impossible : la morale était sauve », G. Glotz, *La Solidarité de la famille dans le droit criminel en Grèce*, Paris, A. Fontemoing, p. 321, GRL). Fréquemment employé par ironie.

1. Et, tandis que lèche-cocu
Se prosternait cornes au cul
Devant ses éventuelles victimes,
Par surcroît, l'on couchait aussi –
La morale était sauve ainsi –
Avec sa femme légitime. (G. Brassens, « Lèche-cocu », 1976, dans *Poèmes et chansons*, 1981, p. 277)

2. – Tu sais, ce n'est pas tout à fait correct de dévergonder des filles de ton âge.
– Oh, mais n'ayez aucune crainte ; la morale est sauve ! Elle pourrait être ma mère, lui chuchotai-je. (A. Jardin, *Bille en tête*, 1986, p. 64, FT)

3. C'est une belle histoire d'amour qui aboutit à la réalisation d'un fabuleux hold-up. [...] Par amour, la secrétaire comptable donne tous les renseignements permettant à une bande de malfaiteurs de dérober 146 250 000 francs dans les coffres de la Banque de France. Mais la morale est sauve : l'histoire se terminera devant une cour d'assises. (*Le Monde*, 17 octobre 1996, p. 9)

**mort**, nom fém.

**c'est pas la mort**, loc. phrast. "ce n'est rien du tout ; ce n'est pas grand-chose". Forme abrégée, et plus courante, de **c'est pas la mort d'un homme** ; □ **y a pas mort d'homme**.

1. On se demande comment ils font pour habiter dans des salauderies pareilles, une vraie honte. Ça fait bien voir que c'est pas des gens comme nous. Et pensez-vous qu'ils feraient quelque chose pour que ça change, je sais pas moi, acheter un peu de ciment, c'est pas la mort, arranger ça. (A.D.G., *Cradoque's band*, 1972, p. 15)

2. – C'est loin d'ici ?
– C'est bien un peu loin mais c'est pas la mort. (C. Duneton, *L'Ouilla*, 1977, p. 139, GRL)

3. Ce n'est pas le nombre d'heures de cours qui est contesté [par des enseignants] « 32 heures, c'est pas la mort », mais leur répartition. (*Le Monde*, 17 octobre 1998, p. 3)

□ **ça fout la mort**, loc. phrast. Pour signifier qu'une situation provoque de l'inquiétude, de l'angoisse. Par hyperbole.

4. 8 h 50 : je suis toujours à 800 m de chez moi, après le camion des éboueurs, c'est le bus qui bloque la rue, l'embouteillage dès le réveil, ça fout la mort. (Message, 11 octobre 2004, <dixminutes.ouvaton.org/>)

5. Ça fout la mort cette annulation impromptue [d'une manifestation]. Y a des gens qui viennent de loin [...]. Sur la place Bellecour, y avait quasiment pas un Lyonnais. Un peu de courage ! Y avait des CRS. Et alors ? (Message, 12 mai 2007, <rebellyon.info/>)

6. L'homme multipliait les missions d'intérim et avait même été « emploi jeune » à la ville de Lyon. Apparemment, Florent Laville était très apprécié dans le quartier et notamment des enfants. Un groupe de jeunes présent lors de notre visite évoque le décès de l'homme. « Ça fout la mort de savoir que quelqu'un l'a tué. Il était gentil et toujours prêt à rendre service », lance l'un d'entre eux. (*Lyon Capitale*, 26 juillet 2007, p. 9)

**(il n') y a pas mort d'homme**, loc. phrast. Pour minimiser l'importance d'une faute, d'un manquement ou d'un dommage. Attesté en 1838 (« Madame la marquise de Lucchesini [...] annonçait trente-deux ans, tandis que son extrait de baptême disait cinquante. Mais il n'y a pas mort d'homme dans la découverte d'un petit mensonge comme celui-là », la Comtesse d'Abrantès, *Histoire des salons de Paris. Tableaux et portraits du grand monde, sous Louis XVI*, Bruxelles, Société belge de librairie, t. 6, p. 189, GRL).

7. [...] la situation du PSG [Paris Saint-Germain, club de football] a été jugée suffisamment critique pour inciter le président Laurent Perpère à revoir les objectifs à la

baisse. [...] « Il nous reste énormément de travail [...] a reconnu le président. Concernant le championnat, il n'y a pas mort d'homme, nous voulons terminer dans les trois premiers. Je reste confiant, même si je suis forcément préoccupé par nos derniers résultats. » (*Le Monde*, 23 novembre 2000, p. 27)

8. Il [un animateur de télévision] a lancé l'autre jour [...] « Je n'ai rien besoin d'autre » au lieu de « Je n'ai besoin de rien d'autre ». Il n'y a pas mort d'homme ni crime majeur, je vous le concède [...]. Mais tout de même. (*Le Progrès*, A 69, 6 octobre 2005, p. 42)

9. Il n'y a pas mort d'homme. C'est un match de foot. [...] J'ai revu la vidéo le lendemain. C'était un jour sans. (*L'Équipe*, <www.lequipe.fr/Football/>, consulté le 7 février 2007)

**on t' (/l') enverra chercher la mort** (et variantes), loc. phrast. Pour signifier, et parfois stigmatiser, la nonchalance extrême d'une personne. La locution semble vieillissante. Attesté en 1792 (« Ah ! te v'là, toi. Il feroit bon t'envoyer chercher la mort ; on auroit tout au moins l'tems de se r'connoître ! », J. C. Gorgy, *'Ann'quin Bredouille*, À Paris, Chez Louis, t. 4, p. 175, GRL).

10. – Alors, ça vient ? cria la blonde Irène. Celui-là, on l'enverrait chercher la mort. (Z. Oldenbourg, *Réveillés de la vie*, 1956, p. 271, GRL)

11. On t'enverra chercher la mort. Ma grand-mère me le disait souvent, quand je mettais trop de temps pour lui rapporter quelque chose. Ce qui voulait dire que j'avais été bien longue. (Message, 1er janvier 2005, <proverbes.dotnet11.hostbasket.com/>)

12. – Juste une question, c'est toi qui est toujours en retard ?
– Oui c'est elle. On l'enverra chercher la mort. (Messages, le second étant dû à une tierce personne, 8 juillet 2006, <heure-bleue.blogspirit.com/>)

13. [...] les Français [...] utilisent une expression aux accents mystiques pour houspiller les mous : « Je t'enverrais chercher la mort, t'es pas prêt de la ramener », disent-ils. (Message, 7 février 2007, <www.cafebabel.com/>)

V. encore *dormir*, ex. 6.

## mot

□ **dire deux mots à (une femme)**, loc. verb. "faire l'amour avec (une femme)". S'il est naturel qu'un tel acte fasse l'objet d'un dialogue préliminaire, et que *mot* ait donc là son sens obvie, on ne peut écarter tout à fait le rapprochement avec un autre sens de la même locution "consommer (une nourriture ou une boisson)". Attesté dans Lermina 1897 s.v. *coïter : dire deux mots* "posséder une femme". Déjà sous une forme non figée au XVIe siècle, vraisemblablement avec une connotation érotique (« LA FILLE. Sans faintise / Nous dirons vous et moy beau pere / Deux mots a la nouvelle guise. / *Ils chantent tous deux ensemble.* Jay prins amours a ma devise », *Le Recueil Trepperel*, pièce XXIX, av. 1525, Genève, Slatkine Reprints, 1966).

1. Putain, la gonzesse sur l'affiche du ciné, j'lui dirais bien deux mots, tu vois ? (Sapho, *Ils préféraient la lune*, 1986, p. 89)

2. Elle me plaît bien celle-là. Je lui dirais bien deux mots en particulier. (*C'est pas du gâteau !*, <dansmesnuits.free.fr/>, consulté le 6 juillet 2005)

## motive

□ **coup de motive**, loc. nom. "fait de se décider à passer à l'action". *Motive* est l'apocope de *motivation*.

1. Un dessin inachevé. […] j'ai eu mon compte avec ce dessin… Enfin sait-on jamais, je peux me prendre un coup de motive et le finir ! (Blog, 4 novembre 2006, <jesus graphik.blogspot.com/>)

2. […] il y a encore cette foutue barrière toute rouillée, donc si quelqu'un avait un gros coup de motive pour la virer, ça serait cool. (Message, 21 juin 2007, <skatecergy-pontoise.tchatcheblog.com/>)

## mouche

**après moi (/nous**, etc.) **les mouches**, loc. phrast., loc. interj. Pour signifier qu'on se moque de ce qui peut survenir de fâcheux quand on ne sera plus là ; *par extension* pour signifier qu'on profite du présent sans se soucier du lendemain. La locution semble particulièrement en usage en Belgique et dans le nord de la France. ~ **après moi le déluge**.

1. […] refus de solutions hasardeuses, mises en œuvre en application de deux attitudes aux effets trop souvent désastreux : celle du « après moi, les mouches » ou celle de l'autruche… (M.-J. Potin, communiqué des Verts de l'Aisne, 27 avril 2003, <les.verts.aisne.free.fr/>)

2. Tant qu'il avait trois francs en poche, Aliocha Voronin était un prince et après lui les mouches. (M. Quint, *Corps de ballet*, 2006, p. 67)

**au poil, dit la mouche** (**, je vole**), loc. phrast. Renforcement ludique de **au (petit) poil** "très bien". Chère aux enfants de naguère, la locution, dont l'origine n'a pu être élucidée, est aujourd'hui vieillie ; l'exemple 5 fait peut-être partie du discours initial duquel est tirée la locution.

3. – Ça va, Olivier ?
– Oui, ça boume, c'est au petit poil.
– Au poil dit la mouche. (R. Sabatier, *Les Fillettes chantantes*, 1980, p. 172)

4. […] j'avais perdu les coord[onnées] de Canhard […]. Depuis j'ai retrouvé les anciennes coords. Au poil dit la mouche, je vole. (Message, 30 mai 2006, <forum.doctissimo.fr/doctissimo/>)

— VARIANTE DÉVELOPPÉE PONCTUELLE.

5. Donc encore plus simple [pour brancher un flash], puisque n'importe quel cordon prolongateur fera l'affaire… au poil (… dit la mouche, s'élance et… se casse la gueule…) ! (Message, 24 février 2008, <35mm-compact.com/>)

**la mouche dans le lait**, loc. nom. Pour marquer une incongruité. Cette image apparaît dans une comparaison explicite, avec d'autres connotations, en 1841 (« pus souvent qu'y répondra… va donc, faux bédouin !… mal blanchi… avec ta figure de réglisse et ton burnous blanc, t'as l'air d'une mouche dans une tasse de lait… », E. Bourget, « Pannotet aux Champs-Elysées », dans *Album comique, répertoire des scènes, chansonnettes et romances*, Chez l'éditeur, t. 1, p. 185). Comparer avec **comme un cheveu sur la soupe**.

6. *Antoine Beretto* : Oui, t'as raison... En cinq ans, pas un mouvement d'humeur... Pas une colère... Même pas un mot plus haut que l'autre ! Et d'un seul coup, crac ! La fausse note... La mouche dans le lait... Ah, j'te jure que ça m'a secoué, hein !... (*Ne nous fâchons pas*, film de G. Lautner, dialogues de M. Audiard, 1966)

7. L'éducation des bonnes manières est très importante. Si elle n'a pas été prodiguée étant jeune, rien ne nous empêche de se [*sic*] parfaire au fil du temps... et de nos rencontres. / Inutile de paraître « la mouche dans le lait » des milieux que nous fréquentons. « J'ai découvert la vraie classe, raconte ce journaliste, quand ce vieux marquis m'a confié qu'il utilisait sa pince à sucre quelles que soient les circonstances, notamment et surtout quand il était seul. » (*Les Bonnes Manières*, <www.affection.org/>, consulté le 10 novembre 2004)

8. On avait pourtant fait l'éloge de l'acoustique de la salle d'audience. Et puis, en début de semaine, la mouche dans le lait. Un maudit vent de noroît [...] rendait impossible l'écoute des débats. (*Ouest France*, 24 mars 2007)

## moucher

**mouche ton nez et dis (/va dire) bonjour à la dame**, loc. phrast. Formule qui symbolise l'enfance en tant qu'elle est un temps d'apprentissage de la vie en société. *Dis bonjour à la dame* est le titre d'un roman de San-Antonio (1975).

1. – Tu n'es pas joli quand tu pleures ; allez, mouche ton nez et va dire bonjour à la dame ; il connaissait l'expression et ne chercha pas du regard [...] la dame dont il était question [...]. (M. Manière, *Le Sexe d'un ange*, 1976, p. 65, GRL)

2. [...] l'enfant, après avoir entendu mille fois : mouche ton nez, dis bonjour à la dame, accède à l'humain quand il devient propre, débarrassant parents et nourrice de la corvée des couches. (J.-J. Brochier, *Une enfance lyonnaise au temps du Maréchal*, 1984, p. 24)

3. Trop petite, toujours trop petite pour les bons trucs. J'en avais marre. Mouche ton nez et dis bonjour à la dame. (E. Hanska, *Barbe à papa*, 1987, p. 90)

4. – Réponds quand on te cause, disait ma mère, comme dans le temps, tout petit : « Mouche ton nez et dis bonjour à la dame. » (Y. Gibeau, *Mourir idiot*, 1988, p. 136)

— DANS UN SOBRIQUET, AVEC JEU DE MOTS.

5. Les hommes suivaient : Baptiste Jambe-de-laine, Pierrot-la-Science, V.-O. Delnay, Benoît Braemuche-ton-nez-dit-bonjour-à-ladame [*sic*]. (J. Guernec, *Les Propos de Coco-Bel-Œil*, 1947, p. 80)

## mouchoir

**dans un mouchoir (de poche)**, loc. adv. "dans un espace très réduit". Par exagération. Calque probable de l'anglais où *pocket-handkerchief* désigne un tel espace depuis 1866 (OED ; voir l'exemple 1).

1. Saint-Lô conquis le 18 juillet, une violente attaque de rupture est encore déclenchée à la fin du mois, avec l'appui de 3 000 avions. Plus de 1 800 bombardiers, agissant sur un étroit secteur, réalisent ce que les Américains appellent un « bombardement dans un mouchoir de poche ». (Général J. Hébrard, *L'Aviation des origines à nos jours*, 1954, p. 143, GRL)

2. En ville, la petite AX [une automobile] est un régal [...]. Elle se gare dans un mouchoir. (*VSD*, 6 novembre 1986, p. 56 ; publicité)

3. La cuisine [d'un restaurant] tient dans un mouchoir de poche, de trois mètres carrés. (*Libération*, 14 juin 2002, p. 38)

4. […] les quatre mille âmes du bled tenaient dans un mouchoir de poche […]. (J.-P. Nozière, *Je vais tuer mon papa*, 2007, p. 42)

V. encore *maman*, ex. 4.

— AU FIGURÉ.

5. – […] Je manœuvre dans un mouchoir, car je n'ai pas les moyens d'enquêter. Il me faut comprendre, d'abord, et je n'ai pas tout compris. (J. A. Lion, *Poulets et Perroquets*, 1986, p. 48)

6. Des bruits couraient que selon un sondage des R.G. le résultat [des élections] allait se jouer dans un mouchoir de poche, qu'il risquait d'y avoir photo* […]. (V. Ravalec, *La Vie moderne*, 1996, p. 77)

7. A l'issue du vote […] trois des huit candidats se trouvaient dans un mouchoir de poche. (*Le Monde*, 12 avril 2007)

**jeter (/traiter) qqn comme un (/des) mouchoir(s) en papier**, loc. verb. "écarter ou rejeter quelqu'un sans ménagements". S'emploie notamment pour dénoncer le manque de considération envers des personnes que l'on prive de leur travail. ~ **salarié (/employé/travailleur) Kleenex***.

8. Pourquoi […] Agassi est-il relégué au rang de faux espoir ? […] Comment un garçon de dix-neuf ans peut-il supporter d'être traité comme un mouchoir en papier, d'être rejeté avant d'avoir vraiment servi ? Assurément mal ! D'autant que pour la première fois il s'était astreint – sans résultats probants – à un sévère entraînement physique […] pour être capable de tenir la distance des cinq manches dans les tournois du grand chelem. (*Le Monde*, 31 août 1989, p. 13)

9. Hier, les employeurs jetaient sans état d'âme, comme des mouchoirs en papier usagés, les vieux salariés (souvent dès l'âge de 50 ans), à grands renforts de primes et incitations à la préretraite, voire de licenciements secs. (R. Gossard et J. Huguenin, *La Révolte des "vieilles". Les Panthères grises toutes griffes dehors*, 2002, p. 135, GRL)

10. – […] Maintenant les jeunes, les filles comme Dallas qui ont été jetées [licenciées] comme des mouchoirs en papier dont tout le monde se fout, c'est peut-être pire encore. (G. Mordillat, *Les Vivants et les Morts*, 2006 [2004], p. 266)

**mettre qqc dans sa poche et son mouchoir par-dessus** (et variantes), loc. verb. "garder quelque chose pour soi, ne pas en faire état". Attesté au sens littéral en 1837 (« l'officier le plus grand de l'armée, un gaillard de six pieds deux pouces, gros à proportion, un colosse vivant ; il aurait pu mettre Hémeré [un soldat de petite taille] dans sa poche et son mouchoir par-dessus », E. Blase, *La Vie militaire sous l'Empire*, Paris, Au bureau de l'Album des théâtres, t. 1, p. 306, GRL) ; en 1861 (« LA BONNE. Mets ça dans ta poche, ton mouchoir pardessus », H. Monnier, *La Religion des imbéciles*, Paris, Dentu, s.d., p. 80) ; en 1875 (« survient-il un orage, le marsupiau fourre ses enfants dans sa poche et son mouchoir par-dessus », A. Joly, « Le Professeur de zoologie », dans *Almanach de la jeune chanson française* [pour] *1876*, Bernardin-Béchet, p. 18).

11. – Ton comportement engage notre association, souviens-t'en […]. Mets ça dans ta poche et ton mouchoir par dessus, et à l'avenir, regarde bien où tu mets les pieds. (J. Mariolle, *Les Louchetracs*, 1969, p. 92)

12. [...] il est tout à fait banal de voir un homme politique changer son fusil d'épaule, retourner sa veste, mettre sa prétendue conviction dans sa poche et son mouchoir par-dessus. (A. Figueras, *J'accuse Michel Debré*, 1971, p. 20, GRL)

13. Mettez une fois pour toutes votre sentimentalité d'universitaire dans la poche de votre vareuse avec votre mouchoir par-dessus. Nous sommes toujours en guerre. (P. Daix, *La Porte du temps*, 1984, p. 250, GRL)

14. [...] mettre ses craintes, ses dégoûts et ses moqueries dans sa poche avec son mouchoir par-dessus. (C. Sarraute, *Dites-donc !*, 1985, p. 29)

15. Et t'as encore grandi, t'as enfoui maman et papa au fond de ta mémoire, et t'as mis ton mouchoir par-dessus. (G. Lecouvreur, *Parkinson le glas*, 2002, p. 121)

**mettre un mouchoir sur qqc**, loc. verb. "dissimuler quelque chose, ne pas en faire état". À comparer avec *jeter un voile sur qqc.*

16. Pour le plaisir de faire un carton [sur les foulques], tout simplement ! Tirer 100 coups de fusil, voire plus, en une heure ou deux, émoustille nombre de chasseurs et leur fait mettre un mouchoir sur les notions d'éthique. (Message, 12 décembre 2000, <ornithologie.free.fr/>)

17. Bretteurs en diable, les Gascons du bas Armagnac et d'ailleurs affirment avoir mis un mouchoir sur leurs bisbilles locales pour « tirer dans le même sens » [... (*L'Express*, 1er juin 2006)]

18. [...] les ténors socialistes avaient réussi à mettre un mouchoir sur leurs ambitions et donc sur leurs divisions internes. (*Libération*, 19 février 2008, p. 12)

## mouillé

**au doigt mouillé**, loc. adv. "sans mettre en œuvre des moyens compliqués ; au jugé ; à l'estime". D'après une méthode peu sophistiquée employée pour déterminer approximativement le sens du vent. Le *doigt mouillé* a désigné autrefois une « manière entre enfants de décider certains litiges, et où un d'eux, après avoir mouillé un de ses doigts, les présente tous à ses camarades pour qu'ils en choisissent chacun un ; celui qui prend le doigt mouillé gagne ou perd suivant ce qui a été convenu » (Littré) ; cette locution se rencontre surtout dans *tirer* (ou *jouer*) *au doigt mouillé*, attestée par exemple en 1909 (« "Tirons au sort et mettons-nous à l'œuvre." On tire au doigt mouillé, seul mode praticable dans l'obscurité, et le sort favorise M. de Montmorency », O. Despatys, *La Révolution [...] d'après les Mémoires d'André Gaillard*, Paris, Plon-Nourrit et Cie, p. 130, GRL). ~ □ **au pif**.

1. Si la mer restait une école d'esthétique, de retour à l'essentiel, à la lenteur songeuse, à la sagesse démodée et fruste ? [...] Si la brume tombe, trouvera-t-il le chenal du port, au doigt mouillé ? (B. Poirot-Delpech, dans *Le Monde*, 17 juillet 1996, p. 11)

2. Le message est récurrent : pour la Coupe du monde [de football], pas question de badiner avec la sécurité. Hier encore, devant la presse réunie au Stade de France, le ministre de l'Intérieur, Jean-Pierre Chevènement, l'a répété à sa manière : « On ne peut se permettre de gérer au doigt mouillé » face à un « événement unique, aux dimensions exceptionnelles dans l'espace et dans le temps ». (*L'Humanité*, 21 janvier 1998)

3. On se demande [...] quelle haute autorité de l'audiovisuel, et en vertu de quel sondage au doigt mouillé, a pu décider trois jours durant qu'il n'existait plus sur la terre

entière qu'un seul événement – la mort d'un pape – qui fût digne de notre intérêt. (*Politis*, 7 avril 2005)

4. [...] ce succès bien parisien pour un raout ayant dépassé les 15 000 personnes au doigt mouillé. (*Libération*, 24 janvier 2006, p. 29)

5. Connaître une personne depuis plus de vingt ans, c'est naviguer au doigt mouillé, sans sextant ou baromètre pour se faire une idée de la mer, des marées, de l'humeur du jour. (*MegaphoneMusic*, 5 février 2007, <20six.fr/megaphonemusic/>)

— EMPLOI SUBST.

6. Les statistiques étant peu fiables et l'évaluation du revenu national soviétique tenant du « doigt mouillé », il semble que la part du PNB [produit national brut] accordée aux pays en développement reste nettement inférieure à la moyenne de 0,35 % des pays industriels de l'Ouest. (*Le Monde*, 9 décembre 1988, p. 6)

**pétard mouillé**, loc. nom. "fait, événement ou acte qui n'a pas l'impact attendu". Emploi figuré, attesté en 1898 (« Le 1er janvier dernier, divers journaux [...] annoncèrent que je m'apprêtais à produire [...] un reçu donné par le comandant Esterhazy à l'ambassadeur d'Allemagne. [...] pétard mouillé, pièces fausses, telles étaient les qualifications sous lesquelles ce reçu, ou la production éventuelle de ce reçu, étaient présentés au public », 6e interrogatoire de M. Leblois, dans *Affaire Dreyfus. L'Instruction Fabre...*, Paris, Éd. du Siècle, 1901, p. 201, GRL). ~ **faire long feu**.

7. La nouvelle en question est sans intérêt. Elle bondit sur les téléscripteurs, s'empare des journaux et occupe l'histoire du monde, le temps de devenir un pétard mouillé. La civilisation de masse privilégie l'événement médiocre, l'amplifiant d'autant mieux qu'il est nul [...]. (R. Borde, *L'Extricable*, 1964, n.p.)

8. L'Académie Goncourt, qui devait décerner son prix 1999 lundi 8 novembre, l'a attribué de manière tout à fait inattendue, sans prévenir aucun autre jury des prix d'automne, mardi 2 novembre. [...] Quand on a perdu toute réelle influence intellectuelle, quand on n'est plus qu'une machine à faire plus ou moins vendre un livre, n'importe lequel, pourvu qu'il porte la bande rouge « prix Goncourt », quand on est seulement désiré par des éditeurs soucieux de terminer leur année avec des bénéfices, que reste-t-il pour sortir de la routine et être remarqué ? Une seule solution : faire un « coup » médiatique [...]. Malheureusement pour les Goncourt, leur bombe fait un peu l'effet d'un pétard mouillé, car elle a malencontreusement éclaté le jour de la démission du ministre de l'Économie, des Finances et de l'Industrie, Dominique Strauss-Kahn. (*Le Monde*, 4 novembre 1999, p. 18)

9. Une nouvelle candidature du président de la République [...] ? Il faut éviter de lancer ce genre de pétard mouillé, pas très réaliste. (*Paris-Normandie*, 1er septembre 2006)

— DANS UN CONTEXTE MÉTAPHORIQUE.

10. Comment s'appelait cette fille déjà ?... Josiane ou Liliane, un nom poussiéreux. Une snob, une coincée de partout, une allumeuse de pétards mouillés. Mais Jack en était tellement mordu que le jour où elle l'a plaqué il est tombé dans un truc inexplicable, une sorte d'état d'implosion spontané. (F. Lasaygues, *Le Chien de Goya*, 1991, p. 207)

## mouiller

**mouiller la chemise**, loc. verb. "se dépenser sans compter ; s'engager pleinement dans une action, sans se ménager". Attesté au sens concret en 1916 (« E. A… écrit, le 18 mai 1916, à sa "chère Lina" qu'un petit lieutenant "service, service" leur fait "mouiller la chemise à couper du bois dix heures par jour […]" », J. Maurin, *Armée, guerre, société, soldats languedociens, 1889-1919*, 1982, p. 632, GRL) ; on observe que *la* au lieu de *sa chemise* révèle une origine méridionale. La locution est fréquemment utilisée de nos jours par les gens du spectacle et dans les milieux politiques ; elle est parfois remotivée avec retour au sens concret (voir l'exemple 4). ~ **transpirer** ; **se donner à fond** ; □ **se défoncer**.

1. Mais le menuisier qui détaille ses petites histoires, il faut qu'il mouille la chemise avant de serrer dans un dossier un chef-d'œuvre, comme aurait dit le compagnon Agricol Perdiguier qui, lui au moins, savait s'adresser aux hommes. (A. Ferry, *Le Devoir de rédaction*, 1983, p. 43, GRL)

2. Le président de chaîne, Yan Bouyrgues, mouilla la chemise et procéda lui-même au ménage. Alcine Tolana lui apparut comme une révélation. Que rêver de mieux pour diriger les informations générales que le Monsieur Météo d'une région où il faisait toujours beau ! (D. Daeninckx, *Zapping*, 1992, p. 11)

3. Lors de la première journée de sa visite officielle en Inde, le Premier ministre a mouillé la chemise en faveur des entreprises françaises. (*La Nouvelle République*, Indre, 7 février 2003)

4. […] on peut dire que les comédiens ont « mouillé la chemise », – ce qui était réel – tant ils vivaient leur rôle. (*Sud Ouest*, Blaye, 9 novembre 2004)

5. L'ex-ministre de l'Aménagement du territoire, à la tête d'une fédération azuréenne de l'UMP qui revendique plus de 10 000 adhérents, a mouillé la chemise pendant la campagne présidentielle dans un département où un électeur sur quatre votait FN en 2002. (*L'Humanité*, 29 mai 2007)

**mouiller sa chemise**, loc. verb. "id.".

6. Et brusquement l'orchestre, qui était entré dans le demi-jour, éclata au même moment que le plein feu, amplifié, répercuté par les bouches de parchemin vibrant des haut-parleurs, tonitruant de cuivres, hystérique d'un jazz mis à la portée du commun, guidé par son chef décidé à mouiller sa chemise. (P. Vialar, *Les Quatre Zingari*, 1958, p. 322, GRL)

7. Des gars qui mouillent leur chemise. Qui disent ce qu'ils ont dans le ventre. Qui s'exposent en pleine lumière. Pour le meilleur comme pour le pire. J'ai vu des types sincères, convaincus, faux culs, inquiétants, émouvants. La vie, quoi. La politique. (A. Rémond, *Les Mémoires de mon œil*, 1993, p. 101)

8. Libéré du carcan de la guitare qui l'accompagne à ses débuts, Jacques Brel joue des largesses de son physique, des bras immenses, une bouche contorsionniste, et la sueur qui colle les cheveux au front. Il faut, disait-il, « savoir mouiller sa chemise ». (*Le Monde*, 5 octobre 1998, p. 5)

9. M^me^ Dominique Voynet, *ministre de l'Aménagement du territoire et de l'Environnement*. – J'ai éprouvé beaucoup de plaisir à entendre M. Boyer se demander si on pouvait laisser tomber ces personnes avec lesquelles on avait travaillé […], qui

avaient contribué à enrichir le projet, qui avaient retroussé leurs manches, mouillé leur chemise [...]. (Sénat, *Compte rendu des débats*, séance du 25 mars 1999)

**mouiller le maillot**, loc. verb. "id.". Locution originaire du vocabulaire des sportifs.

10. À Saint-Étienne, les *stars* se devaient autrefois d'être du cru [...] et l'on n'y prisait guère les athlètes achetés à prix d'or, à l'exception de ceux, fort rares, sachant en toute occasion *mouiller le maillot*. (L. Bourg, *Fragments d'une ville fantôme*, 1992, p. 16, GRL)

11. Quelle que soit la formule, il reste une condition indispensable, c'est que l'animateur de la collection accepte de « mouiller le maillot » en attirant et en entretenant l'attention de la presse et des libraires, en suscitant expositions, débats et autres manifestations [...]. (Rémy Cazals, dans *Traces de 14-18. Actes du colloque de Carcassonne*, éd. par S. Caucanas et R. Cazals, Carcassonne : Les Audois, 1997, p. 43)

12. Je ne fais pas de différence entre les élus locaux et l'Elysée, ils jouent tous avec nos pépettes, nous, on mouille le maillot. (Un rappeur, dans *Libération*, 20 octobre 2006, p. 15)

## moule

**casser le moule**, loc. verb. "sortir des sentiers battus, innover, notamment dans le domaine artistique". Métaphore du sens de base "détruire le modèle qui permet de reproduire le même objet".

1. Ceux qu'on a appelés les « nouveaux barbares » se libéraient du carcan suisse-allemand et même des harmonies minimales italo-japonaises. Ou bien ils jouaient la couleur, les formes libres, les juxtapositions, les asymétries forcées. Désespérant de convaincre le grand nombre, ils forçaient sur la note discordante, pour casser le moule, et marquer une étape dans l'histoire des formes. (*Le Monde*, 4 mars 1996, p. 18)

2. [...] jusqu'en 1973-1974, la violence montrée dans les films était une violence « cinématographique » plutôt granguignolesque et relativement superficielle et édulcorée, dirais-je. Ici [dans *Massacre à la tronçonneuse*], Tobe Hopper saturé de ces codes, casse le moule, cherche la surenchère, provoque le malaise et entaille l'Amérique d'une plaie profonde là où ça fait mal* : c'est-à-dire à son image... (« Texas, face de cuir et tronçonneuses... », 29 août 2005, <damoonindamoon.blogspot.com/>)

3. Pendant cinq à six ans, nous avons créé une petite équipe créative et un peu arrogante : notre idée était de « casser le moule » en utilisant les nouveaux formats, le 16 millimètres, les caméras légères... (*Télérama*, 16 août 2006, p. 13 ; interview de Ken Loach)

## mouler

▪ **moule-bite / moule-bonbons / moule-boules / moule-burnes / moule-couilles**, adj. et nom masc. Pour désigner un vêtement masculin (pantalon, caleçon, etc.) très ajusté. ~ **poutre* apparente**.

— EMPLOI ADJ. INVAR.

1. Et, au premier plan, sur la patinoire [...], des anges passent, les patineurs. Ils ont ces ridicules et intemporelles panoplies, juste-aux-seins et collants moule-bites [*sic*] qui vous plaisent tant. (*Libération*, 18 février 2000, p. 6)

2. Ce festival de classic rock, comme ils disent, rassemble des groupes de vieux encore verts qui jouent [...] pour un public éclectique et nombreux, avec de vrais moustachus [...] portant veste en jean pleine de patchs d'*Iron Maiden* et pantalon moule-burnes. (*Schwung festival*, 18 avril 2005, <murke.blogspot.com/>)

3. Pour courir, j'ai mon cardio, mes jolies Nike Perseus [...], mon caleçon moule-bonbons et un peu de motivation. (« Les haltères, c'est du passé ! », 15 mai 2005, <212t.viabloga.com/>)

4. Tout en marchant vers eux [...], Adrien prit la résolution de s'empêcher de rire quand il les verrait de face, avec leurs strings moule-burnes [...]. (L. Chalumeau, *Les Arnaqueurs aussi*, 2007, p. 272)

V. encore *éléphant*, ex. 3 ; poutre, ex. 4.

— EMPLOI SUBST. "slip ; slip de bain".

5. [...] éphèbes imberbes aux dessous transparents, moule-couilles et dentelle. (*Libération*, 7 avril 2005, p. 25)

6. Pendant l'été, France 3 essaie de faire partager un moment de vacances aux téléspectateurs en direct d'une plage. Mardi après-midi, l'*Été de tous les records* était à Cabourg. [...] Caro, blonde platine, présente un nouveau record qui a lieu dans une piscine. « Comme vous pouvez le voir, ils n'ont pas le traditionnel "moule-bite" mais des combinaisons... » Là, elle s'interrompt et comprend qu'elle n'aurait pas dû. (*L'Humanité*, 4 août 2005, p. 17)

7. Et puis faut dire qu'ils avaient l'air con, tous ces blaireaux avec leurs moule-boules rayés, quand même ! (« De la culture du heavy metal », 11 juin 2006, <lebourgeoisie.free.fr/doggyblogg/>)

8. [...] tu savais que les gens bien disent « moule-couilles » au lieu de « slip de bain » ?... (Message, 1er décembre 2006, <nanounanou.over-blog.org/>)

## mourir

**mourir guéri (/en bonne santé)**, loc. verb. Pour signifier qu'une action entreprise pour améliorer une situation peut provoquer la ruine de ce que l'on veut préserver. Cet oxymoron est une métaphore médicale, explicite dans les exemples 1 et 4. Attesté avant 1794, dans un trait d'esprit : « On disoit à Delon, médecin, mesmériste : Eh bien M. de B... est mort, malgré la promesse que vous aviez faite de le guérir. Vous avez, dit-il, été absent, vous n'avez pas suivi les progrès de la cure : il est mort guéri. » (Chamfort, *Œuvres complètes*, t. 2, À Paris, Chez Maradan, 3e éd., 1812, p. 223, GRL).

1. Ministre des Finances, René Pleven estime qu'en appliquant les médications de Mendès France, le malade a de grandes chances de mourir guéri. (A. Gourdon, *Mendès France*, 1977, p. 38, GRL)

2. La masse salariale globale du FC Nantes a été multipliée par trois en cinq ans, sans parvenir à freiner l'appauvrissement de l'effectif. La rumeur, démentie par la direction, annonce même le départ de joueurs, à l'occasion du marché d'hiver. / A l'image du reste du football français, aujourd'hui globalement bénéficiaire, le FC Nantes risque de mourir en bonne santé. (*Le Monde*, 17 novembre 1998, p. 26)

3. C'est, historiquement, d'abord aux années Thatcher que les Britanniques doivent d'avoir retrouvé la santé. N'en déplaise aux esprits chagrins, l'Angleterre n'est pas « morte guérie ». Tony Blair a eu le courage de ne pas disloquer, comme certains le lui recommandaient, l'héritage de la Dame de fer. (*Le Figaro*, 27 décembre 2003, p. 26)

4. En effet, il faut éviter de faire comme ce médecin qui annoncerait que « son malade est mort guéri » en choisissant des modes de transports, certes plus respectueux de l'environnement, mais mortels pour les entreprises françaises face à une concurrence étrangère n'ayant pas les mêmes contraintes. Comme toujours, il est probable que les solutions se trouveront à mi-chemin entre les souhaits des écologistes, et les contraintes économiques des entreprises et du marché du travail. (*L'Indépendant*, Perpignan, 10 octobre 2007)

**mourir moins bête**, loc. verb. Pour indiquer qu'on enrichit ses connaissances, à l'annonce d'une chose qu'on ignorait. ~ **on en apprend tous les jours ; se coucher* moins bête que quand on s'est levé/que la veille.**

5. Le petit calcul qui va suivre n'est qu'une suite d'estimations. Si je me suis trompé dans un calcul, ou que j'ai omis quelque chose, faites-le moi savoir, et si, effectivement, je me suis trompé ou que j'ai oublié quelque chose, alors je rectifierai et mourrai moins bête ! Le but est de calculer, par rapport au salaire brut d'un salarié, le montant approximatif qui va revenir à l'État au travers des charges sociales [...]. (« Les taxes de l'État », <pascalgilles.free.fr/societe/taxes.html>, consulté le 28 août 2003)

6. On l'ignorait (on mourra moins bête) : François Le Lionnais (1901-1984), éminent oulipiste ["membre de l'OuLiPo"], tenait une chronique relative aux échecs dans les volumes de la collection l'Empreinte [...]. (Blog, 19 janvier 2007, <www.lekti-ecriture.com/>)

## mousquetaire

**quatrième mousquetaire**, loc. nom. Par allusion au roman d'Alexandre Dumas *Les Trois Mousquetaires*. Pour désigner tantôt Aramis, le dernier venu après Porthos et Athos, tantôt d'Artagnan lui-même.

— "le quatrième élément d'un groupe comportant, selon les points de vue, trois ou quatre membres".

1. Les Nuls n'ont pas changé. On les retrouve à la radio, tels qu'on les avait quittés à la télévision. Insolents et grossiers [...]. Quand ils sont en forme, Alain, Dominique et Chantal font assaut de vents et de boums. Leur péché mignon. Une tradition même : avant sa mort, le quatrième mousquetaire du trio, Bruno Carette, interprétait chaque soir sur Canal+ le fameux Misou Misou. Un pétomane mélomane. (*Le Monde*, 12 décembre 1994, p. 18)

2. Ils [les fournisseurs d'Internet] ne sont que quatre : Orange, Free et Neuf Cegetel comptant chacun plus de deux millions de clients, le quatrième mousquetaire, Alice, en revendiquant 600 000. (*Le Figaro*, 7 mai 2007, p. 31)

— DANS LA LANGUE DU SPECTACLE. "le quatrième élément d'un ensemble cohérent". Cf. le *quatrième mur** au théâtre.

3. Le jeu à deux ne se construit pas seulement sur le rapport des deux acteurs qui échangent leurs gestes et leurs répliques. Il implique une construction triangulaire

qui s'appuie sur les deux acteurs et sur le public. Et le public est, pour le jeu à trois, le quatrième mousquetaire. (M.-T. Serrière, *Le T.N.P. et nous*, 1959, p. 145, GRL)

4. La magie [...] tient beaucoup au « quatrième mousquetaire » du film, son personnage principal en fait : la musique. (*Télérama*, 2 mai 2007, p. 136)

## moutarde

□ **arriver comme la moutarde après le repas** (et variantes), loc. verb. "arriver trop tard". Peu usuel. Attesté déjà en 1532 (« comme la moutarde après dîner », Rabelais, FEW 6/3, 273a, MUSTUM). ~ **arriver après la bataille* ; arriver comme les carabiniers**.

1. Trente ans plus tard, René Heyer a enquêté sur cette décharge maudite et suivi la bataille pour l'assainissement du terrain engagée en 2000 [...]. « Greenpeace, dit-il, est arrivé comme la moutarde après le repas. » (*Dernières Nouvelles d'Alsace*, 17 décembre 2006, p. TE 2 ; citation reprise de Pierre Kohler, ministre de l'Environnement du Jura suisse, à propos de la même affaire, dans *La Tribune*, 18 janvier 2002, p. 28)

2. [...] le père Chaumier accoucha sa femme de deux jumeaux [...] et le docteur Rosenberg [...] prévenu par un commis, se présenta à la ferme comme la moutarde après le dessert. (D. Lemaire, *Les voyages conservent la jeunesse*, <perso.chello.fr/>, consulté le 10 janvier 2007)

## mouton

**mouton noir**, loc. nom. "personne que l'on considère comme indésirable, voire nocive, dans un groupe". Calque d'anglais *black sheep*, de même sens. ~ **brebis galeuse**.

1. [...] elle pervertissait les autres, un mouton noir, voilà ce qu'on l'avait accusée d'être ! (I. Monési, *Nature morte devant la fenêtre*, 1966, p. 120, FT)

2. Sachant ce qui l'attendait, chacun apprenait le braille avec fébrilité, à l'exception de l'un d'entre eux, Desmond, qui était le seul à refuser de jouer le jeu – être aveugle, ou le devenir, avec le sourire – et se retranchait dans un mutisme désespéré qui en faisait déjà le mouton noir de la famille et le fit plus tard rejeter par elle. (J. Rolin, *L'Organisation*, 1996, p. 115, FT)

3. Et s'il faut des années pour restaurer l'image du patronat, il suffit d'un mouton noir pour la ternir d'un seul coup. (*Le Figaro*, 2 juin 2006, p. 21)

— Fréquent dans les médias, à propos d'un État considéré comme en marge de la communauté internationale.

4. [...] Athènes accède à son tour [...] à la zone euro. Un événement historique. Tout juste deux décennies après son adhésion à la Communauté, l'ancien « mouton noir » de la Communauté rejoint la cour des grands. (*Les Echos*, 29 décembre 2000, p. 5)

5. « Vous avez en réalité 24 pays qui voteront "oui" [au référendum sur la Constitution européenne] et puis le mouton noir [la France] qui aura tout bloqué », déclare Jacques Chirac lors de son entrée en campagne sur TF1, le 14 avril. (*Le Télégramme*, 23 mai 2005)

## mule

□ **charger la mule**, loc. verb.

— "exagérer ; se montrer trop ambitieux ; alourdir la charge de travail d'une personne". ~ **charger la barque*** ; **en rajouter**.

1. Le scénariste [...] a chargé la mule : abusée par son oncle à 14 ans, Isa a eu un fils de ce viol ; son petit copain la bat et lui pique ses maigres économies de caissière ; elle ne connaît pas son père [...]. (*L'Express*, 22 août 2005, p. 40)

2. En rogne contre ce qu'ils [les chefs d'établissement] estiment être un désengagement de l'État. Impression que le ministère a chargé la mule. (*Ouest France*, 19 octobre 2006)

— "boire (des boissons alcoolisées) exagérément ; s'enivrer". Prolongement métaphorique d'un sens ancien du verbe (*charger* "s'enivrer" est attesté depuis le XVI^e^ siècle). ~ □ **prendre une caisse*** ; ■ **se bourrer la gueule**.

3. On n'a pas quitté le bistrot et on a chargé la mule... (J. de Bougues-Montès, *Chez Auguste*, 1982, p. 33)

4. Décidément, elle se dit, not' maire a trop chargé la mule. L'est bourré comme un régiment de sapeurs, pour sûr. (J.-J. Dupuis, *La Gigue des féroces*, 1988, p. 84)

5. [...] les faits qu'on leur reprochait [à des prévenus] avaient tous un dénominateur commun : l'alcool, facteur de violence. Or, par les temps qui courent, il ne fait pas bon se présenter devant un tribunal parce qu'on a trop chargé la mule. (*Sud Ouest*, Béarn, 11 juin 2003)

6. Faut dire que, ce matin, j'étais pas vraiment dans mon assiette. Because hier soir, on a fêté la promotion d'une collègue [...]. Et j'ai comme qui dirait un peu chargé la mule... (B. Constantine, *Allumer le chat*, 2007, p. 58)

— PAR ANALOGIE. "prendre des produits dopants".

7. Maradona, dans le langage coloré du milieu [du sport], pourrait avoir un peu trop chargé la mule. Un soupçon de dopage à l'éphédrine flotte sur sa marmite. (P. Georges, dans *Le Monde*, 2 juillet 1994, p. 24)

8. Jean-Philippe [...], polytoxicomane, avait déjà « chargé la mule » : 4 bouteilles de bière, une injection de cachets dilués, une pilule d'ectasy et des joints. Un cocktail détonant pour tout un chacun, mais presque courant pour lui. (*Le Progrès*, 11 mai 2004, p. 7)

## mulot

□ **manchot du mulot**, loc. adj. "qui manque d'aisance dans le maniement d'un ordinateur". *Mulot* est employé ici comme synonyme plaisant de *souris d'ordinateur*. Cf. « Les Guignols de l'Info » sur Canal+ : « Y'a qu'à cliquer sur un mulot [...] C'est la révolution ! » (marionnette de J. Chirac).

1. Les jeunes bacheliers, ingénieurs de demain, sont pas manchots du mulot. Alors pour trouver ce site y faut pas beaucoup de temps... (Message, 17 novembre 2003, <inside.insa-lyon.fr/>)

— EMPLOI SUBST.

2. Même aux manchots du mulot, ce CD-Rom apportera beaucoup, car sa navigation « s'apprivoise » vite. (*Libération*, 25 mai 2001, p. 29)

## mur

□ **quatrième mur**, loc. nom. "mur imaginaire qui sépare les acteurs des spectateurs". Dans la perspective d'André Antoine, dit Antoine (1858-1943), considéré de nos jours comme l'inventeur de la mise en scène moderne, le spectacle doit se dérouler sans interaction entre la scène et les spectateurs, comme si le public était absent et remplacé par un quatrième mur.

1. « La recherche des rapports entre théâtre et spectateurs, dit le metteur en scène, cette complicité entre spectateurs et comédiens nous intéresse beaucoup. Il faut revenir à la source du théâtre. Beaucoup de spectacles laissent une place trop réduite au spectateur. Moi j'ai envie d'ouvrir ce quatrième mur [...]. » (*Sud Ouest*, 10 mai 1997)

2. Diderot annonce le « quatrième mur » que le metteur en scène russe Stanislavski formalisera un siècle et demi plus tard, conduisant les comédiens à travailler sur trois cent soixante degrés. Peter Brook résume abruptement : « La mise en scène moderne a commencé le jour où on a osé tourner le dos. » (*Le Monde*, 8 décembre 2000, p. 21)

3. Le fameux quatrième mur du théâtre, ce mur virtuel entre scène et salle, explose littéralement sur fond de musique et voix off d'une *Traviata* de légende. L'émotion finit par déborder. Un ange passe. Triomphe pour les comédiens. (*La Tribune*, 16 décembre 2003, p. 22)

4. « Sauf qu'ici le traditionnel "quatrième mur" entre la salle et la scène n'existe plus, précise Sisley. Entre le comique et les spectateurs, le rapport est frontal, l'interactivité obligatoire. » (*Télérama*, 12 juillet 2006, p. 48)

# N

**NAC, N.A.C.** [nak]

Acronyme de ■ **nul à chier** "très médiocre, du plus bas niveau". L'exemple 4 donne à penser que la locution était déjà en usage aux environs de 1990. Parfois prolongé en **nacbar** (acronyme de *nul à chier, bon à rien*) ; *NAC* est par ailleurs l'acronyme de *nouveaux animaux de compagnie.*

1. Le gameplay ["le fonctionnement d'un jeu vidéo"] est toujours aussi NAC, les joueurs courent comme si ils [*sic*] tractaient des remorques, le rapport ballon-joueurs est enfantin… (Message, 1^er^ novembre 2001, <www.gamekult.fr/>)

2. – C'est nac, cette musique ! lança Vogt en faisant une grimace.
– Nac ?
– Nul À Chier. (J.-M. Villemot, *Abel Brigand*, 2002, p. 76)

3. Elles sont comme ça, les gerces ["filles"], à cet âge-là. Un seul objectif : ressembler aux photos de Claudia Choufleur. Et leurs petits mecs, c'est pareil : le louque Tom Crouze, sinon t'es ringue ["ringard"], t'es naque ! (traduque : *naque*, ou plutôt *n.a.c.*, signifie *nul à chier* ; eh ! les croulants, faut suivre l'évolution du vocabulaire, aussi). (*La Chronique de l'actualité crapuleuse*, <perso.wanadoo.fr/libertaire/>, consulté le 27 septembre 2003)

4. A Matignon, il [Alain Bauer] est l'inventeur du « NAC » pour « Nul à chier ». Quand Michel Rocard teste devant lui un discours qu'il juge mauvais, il emploie cet effet sonore pour dire ce qu'il en pense. (*Le Point*, 18 janvier 2007, p. 37)

**naphtaline**

**sentir la naphtaline**, loc. verb. "ne plus être dans l'air du temps ; être daté, désuet, dépassé". La naphtaline est un produit antimite, autrefois très utilisé, dont l'odeur est forte et tenace ; elle permettait de conserver à l'abri des mites des vêtements que l'on ne portait pas ou qu'on ne portait plus, mais qui finissaient par se démoder. Emploi figuré attesté en 1935 (« Certains penseront que les positions définies jusqu'ici tendent à rendre une raison et une vie au vieux spiritualisme. Mais le spiritualisme sent la naphtaline », E. Mounier, *Révolution personnaliste et communautaire,* Paris, Aubier, p. 113, GRL).

1. C'est donc les yeux fermés que l'on assiste à ce spectacle où ceux qui furent de jeunes comédiens de café-théâtre prennent le premier grand coup de vieux de leur carrière. Les voilà embarqués dans une aventure qui sent la naphtaline, la vieille ficelle, bref le vieux théâtre. (*Le Monde*, 20 octobre 1989, p. 14)

2. M. Jacques Myard. – […] « Il faut être moderne ». Modernité, voilà le mot lâché, le joker qui doit faire taire toutes les critiques, car si vous êtes contre, vous vous mettez hors jeu : vous êtes ringard.
M. Gérard Gouzes. – Il est vrai que votre propos sent la naphtaline ! (Assemblée nationale, *Compte rendu analytique officiel*, 1re séance du 15 juin 2000)

3. En 2005, ils étaient une trentaine d'adhérents à se gratter la tête autour des tables pour faire coup double avec une boule. Ça sent la naphtaline, diront certains. Et ils auront tort, car au billard-club on mise sur les jeunes […]. (*Sud Ouest*, 30 décembre 2005)

4. […] ressortez vos pattes d'ef [v. *éléphant*] et vos rouflaquettes, ce soir, c'est le grands retour de […] flamboyants représentants des seventies. Ça va sentir la naphtaline… (*Télérama*, 25 juillet 2007, p. 108)

## neuf

□ **neuf-un** "Essonne" ; □ **neuf-deux** "Hauts-de-Seine" ; □ **neuf-trois** "Seine-Saint-Denis" ; □ **neuf-quatre** "Val-de-Marne" ; □ **neuf-cinq** "Val-d'Oise". Depuis quelques années, les deux chiffres du numéro minéralogique de ces départements d'Île-de-France sont parfois épelés au lieu d'être prononcés comme on le fait traditionnellement du nombre qu'ils forment « quatre-vingt-onze, quatre-vingt-douze, quatre-vingt-treize, quatre-vingt-quatorze et quatre-vingt-quinze ». Cette façon d'épeler est traditionnelle dans la désignation de certains régiments : le *quatre-six* (J. Romains, *Sur les quais de la Villette*, Figuière, 1914, p. 34) ou le *quinze-deux* (Y. Gibeau, *Les Gros Sous*, Calmann-Lévy, 1953, p. 170-171), etc.

**neuf-un**, loc. nom.

1. Elle a passé sa jeunesse dans une barre de l'Essonne […]. À 18 ans, la bachelière part s'installer à Paris […] pour préparer le Conservatoire. « En quittant Athis, je n'ai pas ressenti de rupture. J'avais toujours vécu à la cité mais je ne lui avais jamais appartenu. » Jamais de tee-shirt floqué « neuf-un », jamais défoncée au shit dans le hall d'entrée, jamais de bande de copines, juste une meilleure amie, Stéphanie. (*Le Nouvel Observateur*, 17 avril 2003, p. 16)

**neuf-deux**, loc. nom.

2. […] né dans le « neuf-deux » (92) d'un père malien et d'une mère guadeloupéenne […]. (*L'Humanité*, 21 avril 2001, p. 42)

3. Aucun des 250 jeunes de l'école de tennis [de Meaux] n'a pu échapper à Yannick Noah, que leurs parents évoquent encore, la larme à l'œil : « Je l'ai vu faire des matches au pied de la cité dans le "neuf-deux", pour une association », se souvient Paul, saluant l'« homme de cœur ». (*La Croix*, 23 mai 2003, p. 15)

**neuf-trois**, loc. nom.

4. On entend la voix rauque de Joey Starr qui chauffe : « Tous les gens du neuf-trois, on est encore là […]. » (*Libération*, 2 avril 1998, p. 38)

5. […] les habitudes et le langage du neuf-trois (lire 93) […]. (*Le Figaro*, 27 mars 2002, p. 27)

6. À Montreuil, dans le « 9-3 », trois jeunes septuagénaires [...] ont décidé de réaliser une maison de retraite pour elles-mêmes et leurs amies. (*Le Monde*, 27 septembre 2003, p. 28)

V. encore ex. 8 ci-dessous et *race*, ex. 4.

— **neuf cube** (ou **neuf-cube**), loc. nom. Variante ludique du précédent, le dernier chiffre étant interprété comme un exposant.

7. Mais, à peine tombée la dernière tirade [de Marivaux], Cendrillon retrouve son accent du « neuf cube » pour houspiller sa partenaire. (*La Croix*, 7 janvier 2004, p. 23)

8. Le département de la Seine-Saint-Denis, alias le « 9 Cube » ou « 9-3 », accolé au nord-est de Paris, incarne, à lui seul et malgré ses richesses, toutes les difficultés urbaines avec 1,4 million d'habitants de 80 nationalités différentes. (*L'Humanité*, 5 novembre 2005, p. 8)

9. Je suis blanc et clairement discriminé : je n'ai *jamais* été contrôlé. Je me promène pourtant dans tous les endroits infréquentables (je vis même dans le neuf-cube) et pourtant... (Message, 15 novembre 2005, <www.lemonde.fr/web/article/reactions/>)

10. Une virée en Seine-Saint-Denis (le « neuf cube », comme il dit) où le président du conseil de surveillance d'Axa [...] présente sa « charte de la diversité ». (*Télérama*, 3 janvier 2007, p. 73)

**neuf-quatre**, loc. nom.

11. Dans le « neuf-quatre », Alain Audoubert est réélu à Vitry-sur-Seine [...]. (*Le Monde*, 13 mars 2001, p. 10)

12. [...] le quotidien très quotidien d'un hôtel de police, sis à Créteil dans le neuf-quatre. (*Libération*, 17 avril 2001, p. 34)

**neuf-cinq**, loc. nom.

13. « Val d'Oise, neuf-cinq, quatre-vingt-quinze solutions pour deux cents problèmes ». C'est l'hymne sarcellois. (*Le Parisien*, 30 juin 2001, p. 6)

14. Deux sont d'origine espagnole et le troisième est un bon titi parisien du neuf-cinq. (*Le Progrès*, 30 juillet 2003, p. 10)

## neveu

**mon neveu**, loc. interj. Pour souligner l'intensité, le caractère exceptionnel de quelque chose. ~ **mes aïeux** ; **(ah) mes amis** ; **(ah) ma mère** ; **(ah) mes enfants**.

1. Dans la matinée, une voiture haut-parleur allemande parcourut les rues de la ville, braillant que les forces ennemies avaient été rejetées à la mer [...], tout cela [...] entremêlé de sévères avertissements.
Il était même question de peine de mort.
– Eh ben, mon neveu ! fis-je. (B. Deflandre, *La Soupe aux doryphores*, 1987 [1985], p. 286)

**un peu(,) mon neveu**, loc. phrast. Formule plaisante d'approbation avec effet de rime intérieure. Par antiphrase. Attesté en 1823 dans un jeu de mots (« HYPOLITE. C'est-il Dieu possible ! Comment ? celle que j'aime et qui m'aime, c'est ma tante ? / ADRIEN. Un peu, mon neveu... Eh ! bien, qu'en dis-tu ? », M.-A. Désaugiers et C. Nombret Saint-Laurent, *Les Couturières*, Paris, J.-N. Barba, p. 45) ; en 1829 (« – Je parie que vous avez du buis de Pâques à la tête de votre lit ? – Un peu, mon neveu ! », *Mémoires de Vidocq*, Paris, Tenon, t. 3, p. 181-182, GRL). ~ **et comment**.

2. – […] tu trouves pas ça marrant, toi ?
– Un peu, mon neveu ! (San-Antonio, *Passez-moi la Joconde*, 1982 [1954], p. 107)

3. – Tu sais ce qu'on pourrait faire ? On pourrait aller le voir pour l'apéro et puis dîner ailleurs. […] ça te dit ?
– Un peu, mon neveu. (A. Vergne, *Le Somnambule*, 1977, p. 85)

4. Les comptes [des voix, lors d'une élection] sont bons : « Je crois que je suis en tête. »
« Un peu mon neveu », répond une militante entre deux bises. (*Sud Ouest*, Gironde, 22 mars 2004, p. 10)

V. encore *bleu*, ex. 5.

— PAR JEU DE MOTS.

5. – Camille ?… Vous le connaissez ?
– Un peu, mon neveu !… C'est mon oncle ! (J.-A. Varoux, *Globule à l'heure Hasch*, 1975, p. 134)

## nez

**en se pinçant le nez**, loc. adv. "avec réticence, à contrecœur". Notamment pour marquer des réserves à propos de déclarations ou d'engagements. Par référence à un geste qui trahit le dégoût. ~ **avec des pincettes**.

1. Aux critiques des antimondialistes […], les socialistes opposent finalement peu de choses. Si ce n'est, comme à Matignon, l'épouvantail Tony Blair, terriblement « mondialo-enthousiaste », explique-t-on en se pinçant le nez, quand les socialistes français, eux, cherchent à « orienter les forces qui sont à l'œuvre dans la globalisation de l'économie ». (*Le Monde*, 25 juillet 2001, p. 1)

2. […] bien des électeurs ont voté pour lui en se pinçant le nez. (*L'Humanité*, 31 janvier 2003)

3. Les éditorialistes des médias dominants, tels des entomologistes penchés sur un insecte qu'ils croyaient disparu, tentent de défigurer le « non » massif de la France. […] Extraordinaire suffisance de notables qui ne comprennent pas – et supportent encore moins – que le peuple (mot qu'ils n'utilisent qu'en se pinçant le nez) ait refusé de se ranger aux prescriptions du « cercle de la raison » européiste. (Ignacio Ramonet, dans *Le Monde diplomatique*, juin 2005, p. 1)

4. Dans le passé, soit la LCR [Ligue communiste révolutionnaire] a appelé à voter à gauche directement en se pinçant le nez, soit elle ne le faisait pas sans pour autant appeler à l'abstention, en disant au PS : « Allez gagner nos voix au second tour, on ne vous empêche pas de le faire. » (*Libération*, 14 avril 2007, p. 2 ; interview d'Olivier Besancenot)

□ **jusqu'aux trous de nez**, loc. adv. "autant qu'il est possible, au maximum". ~ □ **jusqu'aux amygdales*** ; □ **jusqu'aux yeux** ; □ **jusqu'à la gauche**.

5. […] elle est donc compromise jusqu'aux trous de nez dans cette affaire d'escroquerie […]. (A. Boudard, *La Fermeture*, 1986, p. 268)

6. […] elle ne réussit à « se faire », comme elle disait, qu'un seul mannequin homme, « car ces gars-là, mon vieux, sont pédés jusqu'aux trous de nez ». (P. Besson, *La Paresseuse*, 1990, p. 97, GRL)

— □ **enceinte jusqu'aux trous de nez**, loc. adj. "dans un état de grossesse très avancé". ~ □ **enceinte jusqu'aux amygdales*/jusqu'aux dents/jusqu'aux yeux** [v. *œil*] ; □ **violemment enceinte.**

7. […] une jeune maman enceinte jusqu'aux trous de nez […]. (*Libération*, 9 mai 1998)

8. […] toutes ces nanas enceintes jusqu'aux trous de nez ! [je] suis ravie pour elles, mais à la limite, y'a que la grossesse des femmes que je connais qui m'intéresse… (Message, 28 février 2007, <forum.doctissimo.fr/grossesse-bebe/desir-enfant/>)

□ **tordre du (/le) nez sur/devant qqc**, loc. verb. "ne pas apprécier, faire le dégoûté à propos de quelque chose ou de quelqu'un". La locution précise celle, plus générale, de *faire la moue*. ~ **froncer le nez**.

9. […] les filles de ferme… on ne tordait pas le nez dessus, d'autant qu'elles étaient plus facilement compréhensives […]. (M. Chabot, *L'Escarbille*, 1978, p. 60)

10. On ne peut devenir maire […] si on avoue publiquement une profonde aversion pour le ballon rond, et il est de bon goût, une fois élu, d'assister au match sans tordre du nez. (*Le Monde*, 27 mai 1995, p. 12)

11. Et si l'on peut tordre du nez devant les quelque 500 appellations françaises, réjouissons-nous plutôt : leur pléthore illustre l'adéquation entre cépages, terrains, climat et savoir-faire des vignerons. (*Le Figaro*, 30 avril 2005, p. 21)

## nickel

**nickel chrome**, loc. adj. invar. "parfait, impeccable". De *nickel-chrome*, alliage métallique présentant une surface particulièrement polie. ~ **tip-top**.

— EN PARLANT D'UN INANIMÉ CONCRET.

1. […] les femmes qui, dès lundi, briquaient comme des sous neufs les classes et leur mobilier. Les femmes de ménage qui vont vous offrir, les enfants, une rentrée nickel chrome. (*Sud Ouest*, Rochefort, 1er septembre 1998)

2. En 2002, il se prend au jeu de rallye automobile : plus question d'une piste nickel chrome, mais de virages incertains, de gravillons ici, de dévers et de côtes là. (*La Nouvelle République*, éd. Indre, 28 septembre 2006, p. 2)

— EN PARLANT (DE L'ACTIVITÉ) D'UNE PERSONNE.

3. « Nous sommes nickel-chrome sur ce dossier », se réjouit Léon Gendre, président de la communauté de communes de l'île de Ré. (*Sud Ouest*, La Rochelle, 28 juillet 2003)

4. Avec Dujardin c'était nickel chrome, il savait immédiatement le matériel qu'il fallait et il le faisait livrer rapidement. (N. Aurousseau, *Bleu de chauffe*, 2007 [2005], p. 12)

5. Denis Loré, lui [un toréador violemment heurté par un taureau], s'est relevé impavide et apparemment nickel chrome. (*Libération*, 19 mai 2005, p. 38)

V. encore *talweg*, ex. 2.

## niveau

**refaire les niveaux**, loc. verb. "resservir à boire". Métaphore du vocabulaire technique de l'entretien (notamment de l'automobile).

[…] deux femmes ont hélé le patron depuis une table du fond. […] Remettez-nous les petits frères.
Le patron connaissait la musique. Il est allé jusqu'à leur table avec sa bouteille de pastis.
Je vous refais les niveaux ?
Pas plus haut que le bord, a dit l'une.
Je ris car l'alcool perd nos fils, a renchéri l'autre.
Je me suis retourné pour observer les joyeuses drilles. Elles étaient hilares et heureuses de l'être. (J.-N. Blanc, *La Petite Piscine au fond de l'aquarium*, 2007, p. 126)

## Noël

**c'est Noël**, loc. phrast. Pour qualifier une situation exceptionnellement bonne. ~ **c'est Byzance**.

1. – On vire facilement les danseuses ?
– Elles débarquent de Pologne ou de Russie, habituées au pain sec et aux coups durs. Pour elles, la revue, c'est Noël ! […] Si, par malheur, elles râlent d'être sous-payées et exploitées, on décrète qu'elle ont trois kilos de trop, et hop ! dégagées ! (C. Pelletier, *Le Chant du bouc*, 2002 [2000], p. 23)

— SOUVENT DANS LA VARIANTE DÉVELOPPÉE **c'est Noël avant l'heure**, loc. phrast. Pour marquer la surprise devant la remise de cadeaux inattendus ou la concession de largesses inespérées.

2. « C'est un peu Noël avant l'heure », observe un conseiller à Matignon. Le montant des crédits de l'Etat pour les prochains contrats de plan Etat-régions sur la période 2000-2006 s'élèvera à 120,3 milliards de francs (18,34 milliards d'euros). […] beaucoup plus que la promesse du gouvernement faite en avril de débloquer 105 milliards. (*Le Monde*, 23 novembre 1999, p. 13)

3. M. Roland Muzeau. – […] Décidément, pour certains […], c'est Noël avant l'heure ! Hier, M. Seillière feignait le mécontentement, il disait les entrepreneurs « à la limite de l'indignation ». Depuis l'annonce par le Premier ministre du contrat 2005 parachevant la mise à mort des 35 heures, M. Seillière ne cache plus sa satisfaction. (Sénat, *Compte rendu intégral des débats*, séance du 16 décembre 2004)

4. […] je suis repartie les bras remplis ! enfin… le coffre surtout.
Regardez plutôt, on dirait que c'est Noël avant l'heure ! Est-ce que je mérite vraiment tout ça moi ?! (Message, 27 octobre 2005, <bouquetdebamboo.canalblog.com/>)

## nœud

□ **avoir les genoux qui font des nœuds / faire des nœuds avec ses genoux**, loc. verb. "se montrer intimidé, perdre ses moyens". Métaphore illustrant une situation embrouillée. ~ □ **s'emmêler les pinceaux**.

[…] je bredouille : « Chais pas, faut voir, je vais réfléchir », en faisant des nœuds avec mes genoux. (M.-A. Guillaume, *L'Odeur de l'homme*, 2006 [2005], p. 136)

## noir

**noir(,) c'est noir**, loc. adj., loc. phrast. "noir intense". Par allusion au titre d'une chanson interprétée par Johnny Hallyday, « Noir, c'est noir, / Il n'y a plus d'espoir » (1966).

1. […] Zizi Jeanmaire arrive droite comme un « i », ses guiches en accent aigu accrochent ses pommettes, très hautes, le casque de cheveux – noir, c'est noir – souligne le teint blanc, les yeux pâles, inattendus. (*Le Monde*, 7 novembre 2000, p. 37)

— AU FIGURÉ. "noirceur extrême ; situation difficile ou pénible".

2. S'il nous est arrivé de déplorer le trop facile « happy end » de nos téléfilms, on grince un peu des dents devant le « noir c'est noir » – et même supernoir – des Allemands donnant dans le réalisme. (*La Croix*, 21 juin 1996, p. 23)

3. Noir c'est noir : les arbitres portent désormais du jaune, mais ils pourraient remettre leur tenue noire, tant le temps est à l'orage pour leur corporation. (*La Nouvelle République*, 21 mai 2005, p. 2)

4. Ce que l'on peut reprocher au film [*Mon trésor*], tout en comprenant ses intentions, c'est son radicalisme, son côté « noir, c'est noir ». Aucun de ses personnages n'est authentiquement positif […]. (Message, 8 juin 2005, <dvdtoile.com/>)

▲ **noir (/obscur) comme (dans) le cul d'un nègre (/d'une négresse)**, loc. adj. " très noir ; totalement obscur ". La comparaison porte la marque du racisme ; elle date de l'époque coloniale. Cf. « on ivoyait comme dans le trou du cu d'un nègre » (Lettre de D. Quey, 30 novembre 1915, dans J. Lorie, *Poilus savoyards (1913-1918). Chronique d'une famille de Tarentaise*, Chambéry, Gens de Savoie, 1981, p. 128 ; *sic* pour l'orthographe).

5. […] sur le coup de minuit, […] il faisait plus noir que dans le cul d'une négresse. (J. Damien, *L'Amerloc*, 1951, p. 41)

6. […] dans le fond-là du bistrot… que c'est obscur comme le cul d'un nègre. (L.-F. Céline, *Maudits Soupirs pour une autre fois*, 1985 [av. 1961], p. 158)

7. Au milieu de la nuit – quelle heure il est ? fait plus noir que dans le trou du cul d'un nègre… –, il a bien fallu qu'il se décide […]. (C. Giudicelli, *Station balnéaire*, 1986, p. 166)

8. On est arrivé dans une cave où il faisait aussi noir que dans le cul d'un nègre, comme dit mon papa […]. (J.-P. Nozière, *Je vais tuer mon papa*, 2007, p. 221)

□ **noir comme (dans) le cul d'un bouc/d'un ours**, loc. adj. "id.".

9. Il poussa la porte et trébucha contre un tas de sabots et de galoches.
– Boudiou ! C'est noir comme le cul d'un bouc chez toi, la Renaude. On se casse la goule de partout. (J. Lanzmann, *Le Jacquiot*, 1986, p. 99)

10. On s'est arrêtés au bord de la route. Il faisait noir comme dans le cul d'un ours. (H.-F. Blanc, *Jeu de massacre*, 1993 [1991], p. 106)

□ **noir comme le derrière (/■ le cul) du diable**, loc. adj. "id.". Cf. « Sade, écrivant à sa femme de sa cellule en demandant un gâteau glacé : "Je veux qu'il soit au chocolat, et noir en dedans, à force de chocolat, comme le cul du diable l'est de fumée" » (*Le Monde*, 10 juillet 1998, p. 6). ~ **noir comme dans un four**.

11. [...] Paris, pendant la guerre, ne se compare à rien. Qu'il a fait de chemin dans nos cœurs, en quatre ans... Il est noir, la nuit tombée, et nous pestons bien haut : « Noir comme le derrière du diable ! » (Colette, *Paris de ma fenêtre*, 1942, dans *Œuvres*, éd. sous la dir. de C. Pichois, Paris, Gallimard, 2001, t. 4, p. 687-688)

12. En quelques minutes, nous faisons connaissance, dans ce chemin de banlieue, noir comme le derrière du diable, où souffle un petit vent de pôle nord. (Y. Pagniez, *Évasion 44*, 1949, p. 57, GRL)

13. Pour atteindre ma retraite, je devais gravir un escalier noir comme le cul du diable, puis traverser une sorte d'antichambre sans davantage de jour. (J. Anglade, *Le Pain de Lamirand*, 2004 [2000], p. 160, GRL)

## noisette

□ **avoir une noisette dans la tête** (/**le crâne**/**le ciboulot**), loc. verb. "être complètement stupide ; être lent à comprendre". L'image évoque celle du grelot, insigne ancien de la folie. ~ **avoir un grain** ; □ **avoir un pois* chiche** (/**un petit pois**) **dans la tête**.

1. Des gros bras avec une noisette dans le ciboulot. (R. Esnault, *Opération "Naphtaline"*, 1972, p. 32, GRL)

2. [...] le métier de metteur en scène à plein temps consiste à courir dans tous les sens. Ce que je déteste. N'ayant dans la tête qu'une petite noisette, j'aime me concentrer sur un seul problème. Là, pas question. Il faut tout faire à la fois. (N. de Buron, *Arrête ton cinéma !*, 1996 [1995], p. 233)

3. [...] on m'a souvent dit que j'avais « un petit pois* ou une noisette dans le crâne » parce que trop souvent, « je ramène ma fraise » avec mes idées « à la noix ». (Message, 6 juillet 2006, <www.evene.fr/>)

— VARIANTE PONCTUELLE. **cervelle-noisette**, loc. nom.

4. Le catch payait mieux, le cinéma, champion de France amateur, des combats à la télé... Il était un costaud parmi d'autres, il vivait avec eux, s'y sentait bien souvent. Parfois, il y avait des hargneux, des types qui aimaient la châtaigne, des gars à la cervelle-noisette, mais pas plus qu'ailleurs. (P. Cauvin, *Pourquoi pas nous ?*, 1989 [1978], p. 29)

## nombril

□ **ceinture en peau de nombril**, loc. nom. Pour désigner, souvent par dérision, la mode féminine appelée aussi *nombril à l'air*, dans laquelle un vêtement, couvrant normalement le haut du corps, est très court et laisse voir la peau au niveau de la ceinture. À comparer avec □ *casquette en peau de fesses* désignant un crâne chauve.

1. [...] l'épiderme [...] ne s'embarrasse plus de l'alibi des saisons chaudes pour damer le pion au textile : rien de plus troublant pour l'observateur impartial (mais pas asexué) que les ceintures en peau de nombril qui remplacent le skaï ou le crocodile. (P. Bouvard, dans *Le Figaro*, 29 septembre 2001)

2. Faudra-t-il se cacher pour ne pas livrer aux regards un ventre rayé et gonflé de vie pendant les dernières semaines de cette odyssée [la grossesse], tandis que les ceintures en peau de nombril fleurissent un peu partout en raison d'une mode ? (Message, 1er février 2006, <forums.france2.fr/>)

3. Ça avait quand même une autre classe que certaines tenues avec ceinture « en peau de nombril » […]. (Message, 16 septembre 2007, <blogpub.canalblog.com/>)

## nouille

□ **avoir bu l'eau des nouilles**, loc. verb. "parler ou agir sottement, de façon idiote, stupide".

1. Une cloche synthétique annonce enfin l'arrivée du tram. « T'as bu l'eau des nouilles ou quoi ? » s'énerve […] le conducteur […]. Dans sa vieille Twingo hybride, Sara [une infirmière] sursaute, elle n'arrive jamais à repérer la file réservée aux VPP « les voitures particulières prioritaires », et se retrouve parfois à croiser les rails. (*Libération*, cahier spécial, 25 avril 2003, p. 3)

2. « Le parler que j'ayme, disait l'auteur des *Essais*, c'est un parler simple et naïf, tel sur le papier qu'à la bouche ; un parler succulent et nerveux, non tant délicat et peigné comme véhément et brusque. » […] Montaigne, un homme du vin qui n'a pas bu l'eau des nouilles… (J. Berthomeau, 28 septembre 2005, <www.berthomeau.com/>)

3. Pour prouver que l'auteur n'a pas forcé sur le saké (la boisson locale à napalmiser tous les dragons des légendes) et bu l'eau des nouilles, tout plein de photos qui accompagnent ce qu'on veut bien croire mais qu'on préfère voir […]. (Compte rendu de l'ouvrage *Allo… la terre ? Ici, Tokyo*, 27 mars 2007, <www.femmexpat.com/>)

■ **chaud de la nouille**, loc. adj. "(en parlant d'un homme) porté sur les plaisirs sexuels". Formule fondée sur l'argot *nouille* "pénis".

4. Une femme libérée sexuellement (sans tabous à la gomme) […], c'est bien sûr important pour un chaud de la nouille comme moi. (Message, 14 avril 2007, <www.forum-auto.com/>)

5. – Mais que vois-je ? On a décidé d'attirer du public avec des scènes chaudes […].
– […] je viens rectifier le tout, les gars chauds de la nouille : on peut entrevoir ici le charme d'une rencontre, la douceur d'un instant volé et ma Marion a la délicatesse de partager ce petit bout de vie avec nous, ce qui est une preuve d'amour […]. (Messages, 31 mai 2007, <poneypropylene.blogspot.com/>)

■ **détendu de la nouille**, loc. adj. "particulièrement détendu, décontracté". ~ ■ **détendu du gland***.

6. J'aime penser. / J'aime critiquer. / J'aime réfléchir. / Mais je le fais mieux quand je suis bien détendu de la nouille. (« On s'la joue artiste parce que la vie c'est compliqué » 14 novembre 2007, <leclubdeschevreuils.free.fr/>)

7. *La brune* : […] Je peux pas me lâcher comme ça, hop, au premier coup. Non, je ne peux pas. Et avec lui, je sais qu'il va nous falloir un peu plus de temps pour arriver à être complètement détendus de la nouille. (« Variation(s), ponlompompon… », 30 novembre 2007, <laflote.eu.org/>)

■ **(il) fait frisquet de la nouille**, loc. phrast. "il fait un froid vif". Variante développée de **(il) fait frisquet**, reposant sur une métaphore analogue à ■ **se peler le jonc*** ou ■ **se geler les couilles**.

8. Veux du soleil ! / Veux l'été ! / Marre de l'hiver où il fait frisquet de la nouille et on se pèle trop ! (Blog, 24 novembre 2006, <0o.marvelous.o0.cowblog.fr/>)

9. Bordel, faisait frisquet de la nouille today à Nancy (Message, 17 janvier 2008, <www3.tubededentifrice.com/>)

— ■ **frisquet de la nouille**, loc. adj. "(en parlant du temps) d'un froid vif".

10. Météo : frisquette de la nouille. / Humeur momentanée : bosseuse. (Blog, 9 novembre 2005, <pouetpouetpowaaa.canalblog.com/>)

**manger** (/□ **bouffer**) **des nouilles**, loc. verb. Symbole d'une nourriture de base, vite monotone, à laquelle on est réduit par manque de moyens financiers. ~ **manger** (/□ **bouffer**) **des patates*** (**à l'eau**) ; **se serrer la ceinture**.

11. À chaque fois qu'un écrivain envoie son manuscrit à une maison d'édition, il rêve que l'éditeur va adorer et le publier immédiatement. C'est un peu comme un rmiste qui joue au loto et s'imagine qu'il va enfin gagner la cagnotte. Toutes ces années à bouffer des nouilles enfin terminées ! À moi les prix littéraires, le champagne coulant à flot, les émissions littéraires et les adaptations cinématographiques ! Pierrette [*sic*] et le pot au lait, quoi ! (Message, 21 juin 2002, <www.dtext.com/>)

12. Même si l'économie du court-métrage reste précaire, les cinéastes en herbe ne sont plus condamnés à bouffer des nouilles jusqu'à la fin de leurs jours. (*L'Humanité*, 31 janvier 2004)

13. Ça allait me coûter la peau des fesses, mais je ne voyais pas comment j'aurais pu maintenant me dérober. Deux journées comme celle-là et je finirais le mois en mangeant des nouilles. (P. Dessaint, *Loin des humains*, 2007 [2005], p. 166)

V. encore *patate*, ex. 8.

□ **nouille trop cuite**, loc. nom. "personne molle (et niaise)". Variante développée de **nouille** (au figuré). ~ **plat de nouilles**.

14. Non mais dites-moi, les autres utilisateurs : je suis une nouille trop cuite, et tout le monde comprend tout, ou alors, vous profitez de mes questions pour ne pas en poser et tout comprendre quand même ? (Parce que je suis presque la seule à poser des questions. Donc soit je suis une cruche, soit…). (Message, 1er novembre 2007, <blog.culturetroc.com/>)

15. Claire, une nouille trop cuite, toujours collée à sa mère. (G. Mordillat, « Dom », dans *Scandale et folies*, 2007, p. 277)

16. J'ai mal aussi dans mes jambes surtout, la nuit parfois des crampes, la fatigue… elle prend le dessus en ce moment, le matin passe encore mais a-p ["l'après-midi"] une vraie nouille trop cuite. (Message, 14 janvier 2008, <forum.doctissimo.fr/sante/thyroide-problemes-endocrinologiques/>)

■ **s'en battre/s'en secouer la nouille**, loc. verb. "n'en avoir rien à faire ; s'en désintéresser complètement". ~ ■ **s'en battre/secouer la coquillette*** ; ■ **s'en battre* les couilles** ; ■ **s'en beurrer* les noisettes** ; ■ **s'en (contre)foutre**, ■ **s'en branler**, ■ **s'en pignoler***, □ **s'en taper** ; □ **n'en avoir rien à battre** ; ■ **n'en avoir rien à branler/à foutre** ; □ **n'en avoir rien à cirer** ; ■ **R.A.B.***

17. […] je réussis à conserver une information aussi dénuée d'intérêt pour moi que la liste des vainqueurs de la Star Ac'. Parce qu'entre nous, je m'en bats la nouille […]. (Blog, 16 novembre 2006, <www.chimineks.net/>)

18. Tu écris comme tu parles, tu racontes ta vie sur le forum mais on s'en secoue la nouille… (Message, 19 janvier 2007, <radiopulse.fr/>)

19. Moi j'aime pas les vacances avec les parents, et les scouts, je m'en secoue la nouille. (Message, 20 août 2007, <www.adojeunz.com/>)

20. […] la transition entre les plans, il s'en bat la nouille […] et se lance dans des enchaînements de champ/contre-champ défiant réellement toutes les lois de la logique et du bon sens […]. (« Nom de code : Ninja », <www.nanarland.com/Chroniques/>, consulté le 25 février 2008)

■ **se secouer/se tripoter la nouille**, loc. verb. "(en parlant d'un homme) se masturber ; *au figuré* s'activer en vain, perdre son temps".

21. Si vous voulez simplement critiquer pour critiquer, sans volonté de faire avancer les choses, je vous recommande […] d'aller vous secouer la nouille autre part qu'ici. (Message, 6 juillet 2003, <www.asmodee.com/jeux-de-roles/forum/>)

22. Je suis globalement bon public, un rien me fait rire, je suis pas un critique maniéré qui se secoue la nouille 20 ans sur l'intérêt de tel plan ou tel plan. (Message, 8 juin 2005, <www.kwoon.info/>)

23. […] le travail souterrain, patient, divers, dédié au public, aux écoles, aux rencontres que font et ont envie de faire tellement d'exploitants de salles [de cinéma] se voit de plus en plus nié aujourd'hui. […] Ce tissu de salles, que le monde entier nous envie, est notre cœur, nos poumons. Sinon… Sinon on va tous finir devant notre home cinéma à se tripoter la nouille. (« Message de Mathieu Amalric, césar 2008 du meilleur acteur », février 2008, <ww.cahiersducinema.com/>)

■ **se tortiller la nouille**, loc. verb. "délibérer ; ergoter ; chicaner". Variante développée de *tortiller*. Surtout en construction négative. À comparer avec ■ *tortiller du cul*.

24. […] pas la peine de se tortiller la nouille toute la journée, c'est plié* depuis des semaines… Sauf miracle. (Message [à propos du résultat d'une élection], 22 avril 2007, <www.surf4all.net/>)

25. Enfin bref, on va pas se tortiller la nouille pendant des heures non plus. J'applaudis à l'article, point. (Message, 29 novembre 2007, <jeuxvideo.fluctuat.net/>)

## nuage

**(être/flotter) sur un (petit) nuage rose**, loc. verb., loc. adv. "(être) ravi, enchanté, dans l'extase". Variante développée de **être sur un (petit) nuage**. ~ **être aux anges ; ne pas toucher terre ; (avoir) des étoiles* plein les yeux / (avoir) les yeux pleins d'étoiles* ; (avoir/être) la tête dans les étoiles***.

1. Je me revois, mort de trac mais voguant sur un petit nuage rose, pénétrer dans ce bureau où m'attendent messieurs Guy Tosi, directeur littéraire, et Laleure, son adjoint. (G. Morris-Dumoulin, *Le Forçat de l'Underwood*, 1993, p. 60, GRL)

2. […] le Premier ministre pourrait demeurer en toute sérénité sur le petit nuage rose où il s'est installé. Six Français sur dix ne souhaitent-ils pas lui accorder les dix ans qu'il demande pour réaliser une société de plein-emploi ? (*La Tribune*, 6 septembre 1999)

3. Junichiro Koizumi flotte sur un nuage rose. Le premier ministre japonais est quasi assuré d'être réélu demain à la tête de son parti, […] majoritaire au Parlement. (*Le Figaro*, 19 septembre 2003, p. 2)

4. Une fois par mois, les adhérents du club de la Source vive font une sortie […]. La dernière avait pour destination un lieu magique et enchanté : le plus grand music-hall du sud de la France « Les folies du lac » à Châteauneuf-sur-Isère… « Les messieurs du club étaient sur un petit nuage rose », explique Jeanine Laforest, responsa-

ble de ces sorties. Et on les comprend : de superbes créatures vêtues de strass, de paillettes ont évolué devant eux pour leur plus grand plaisir ! (*Le Progrès*, 13 avril 2006, p. 8)

# O

## œil

■ **avoir des/les yeux en trous de pine** (**/de bite**), loc. verb. "avoir de petits yeux, notamment au réveil ou après des excès". Déjà en 1881 (« On dit encore, dans le même sens : *yeux en trou de pipe*. Cette dernière expression présente une variante, grâce au changement d'une seule lettre, variante que je ne puis citer », Rigaud 1878, p. 390) ; dans Bruant 1901 : « *œil petit* : châsse en trou de p… ». ~ □ **(avoir des/les) yeux en couilles* d'hirondelle(s)**.

1. Vincent me disait toujours : « Moi, j'ai peut-être des yeux en trous de bite, mais toi, comme piment, tu es plutôt servi ! » (C. Néron, *La Grande Marrade*, 1965, p. 424)

2. Ta mère… je te dis un secret parce que tu le répéteras pas… ta mère elle était pas jolie… t'as son nez : un nez pointu et t'as ses yeux : des yeux en trou de pine […]. (C. Giudicelli, *Station balnéaire*, 1986, p. 45)

3. Le lendemain […], je m'endormis sur mes livres… j'avais la bouche pâteuse… yeux en trous de bite… (A. Boudard, *L'Éducation d'Alphonse*, 1987, p. 51)

4. – […] elle avait les mirettes en trou de pine, je me souviens maintenant […]. (J.-H. Oppel, *Ambernave*, 1995, p. 37)

V. encore *patibulaire*, ex. 3.

— Par croisement avec **(avoir des/les) yeux en couilles d'hirondelle**.

5. Bas sur pattes, large d'épaules, la bedaine en avant, le poil dru, ni lavé ni rasé, le regard par en-dessous, des petits yeux en trou de pine d'hirondelle […]. (J.-N. Blanc, *Chiens de gouttière*, 1989, p. 92)

□ **enceinte jusqu'aux yeux**, loc. adj. "dans un état de grossesse très avancé". Une forme approchante est attestée en 1455 (« Elle [la reine] est plaine jucques aux yeulx », J. Le Prieur, *Le Mystère du roy Advenir*, Genève-Paris, Droz-Minard, 1970, p. 78). ~ □ **enceinte jusqu'aux amygdales*/jusqu'aux dents/jusqu'aux trous de nez*** ; □ **violemment enceinte**.

6. Mariette, sans moraliser, peut annoncer :
– Je viens de croiser la petite Marland. Elle est enceinte jusqu'aux yeux, la gosse ! (H. Bazin, *Jour* ; [suivi de] *À la poursuite d'Iris*, 1971, p. 54, GRL)

7. Celui qui le premier a pu dire d'une femme qu'elle était « enceinte jusqu'aux yeux » avait d'abord un regard de peintre ou de cinéaste. (G. Mounin, « Une vieille dame inventive », dans G. Cahen, *Le Plaisir des mots*, 1995, p. 95)

8. La fille […] déboutonna les brandebourgs de son manteau. Elle était enceinte jusqu'aux yeux. (P. Garnier, « Le commerçant », dans C. Ferniot, *La Rue*, 2003, p. 119)

9. Une mère enceinte jusqu'aux yeux, qui menace d'accoucher […]. (*Le Progrès*, Ain, 21 décembre 2006)

## œuf

□ **œufs au/sur le plat**, loc. nom. "poitrine féminine menue, peu développée". Cette métaphore culinaire est attestée dans Larchey 1883 : « ŒUFS SUR LE PLAT (Elle a deux – ) : Elle a la poitrine peu développée ». ~ □ **plate comme une planche (à pain/à repasser)** ; □ **plate comme une limande** ; □ **plate* comme une punaise** ; □ **plate* comme une sole**.

1. – […] Tu n'aimais pas les femmes qui ont une poitrine comme des œufs au plat, tu te souviens ? Moi, je prends toujours ce qui vient, le tout venant, tu saisis ? Je ne ferme jamais boutique. (J. Cayrol, *Le Vent de la mémoire*, 1952, p. 39, GRL)

2. […] votre copine avec ses œufs sur le plat, ça va plaire automatiquement. C'est ça qu'on aime aujourd'hui, quasiment des planches à pain, des sacs d'os. (D. Apruz, *La Baleine*, 1968, p. 203, GRL)

3. Girard […] interpelle Renée Leprince dont les quinze ans se manifestent en gonflant légèrement sa blouse sous la poussée de jeunes seins :
– Dis donc, ce ne sont encore que des œufs sur le plat ! (J. Teisserenc, *Les Oubliés du Nord-Annam*, 1985, p. 65, GRL)

4. Elle avait peu de poitrine (« Des œufs au plat », dit-elle), bien qu'elle fût très sensible à mes caresses en cet endroit […]. (M. Braudeau, *L'Objet perdu de l'amour*, 1988, p. 195, GRL)

5. Non content d'être apostat et divorcé, ce fils couchait avec des femmes qui avaient le tort irrémédiable, aux yeux de son père, d'avoir en guise de poitrine des œufs sur le plat ! (F. Weyergans, *Franz et François*, 1999 [1997], p. 61)

## oiseau

(**donner à qqn des**) **noms d'oiseaux**, loc. verb., loc. nom. "(accabler d') injures". Intensif de **traiter de tous les noms**, fondé sur le fait que les noms d'oiseaux, utilisés péjorativement, constituent un riche répertoire d'injures (*bécasse, buse, butor, dinde, oie, tête de piaf, serin, vautour*, etc.). Attesté en 1912 (FEW 25, 783a, AUCELLUS) ; dans un contexte métaphorique en 1908 (« – Jacques, un fainéant ! Vous saurez, Madame, qu'il n'en est pas, en tout cas, à regretter les plumes dont vous parlez, et dont mademoiselle votre fille peut bien continuer à se parer, tant qu'elle voudra. Une petite grue ! / – Les noms d'oiseaux, maintenant !… C'est charmant. / M$^{me}$ Dorly, le jabot enflé, rompit, avec une méprisante majesté », V. Margueritte, *Jeunes filles*, p. 219, GRL).

1. Des hommes le traitaient d'embusqué, de salaud et d'autres noms d'oiseaux, mais rien n'y faisait […]. (B. Deflandre, *La Soupe aux doryphores*, 1987 [1985], p. 24)

2. Hurlements, interjections, échanges de noms d'oiseaux : l'hémicycle [du Palais-Bourbon] a exhalé une odeur de soufre tout l'après-midi […]. (*Le Monde*, 8 juillet 1994, p. 8)

3. Depuis, l'ancien président et son successeur […] ne se parlent plus que par hommes de lois [*sic*] interposés, papier bleu d'huissier et plaidoiries d'avocats. Et les

noms d'oiseaux volent bas : « staliniens », « putschistes », « fascistes »... (*Sud Ouest*, La Rochelle, 25 novembre 2004)

4. Christian ramasse [...] une flopée d'insultes, se faisant traiter de « facho », de « stal », et d'autres noms d'oiseaux nettement moins politisés. (R. Bernard, *Chronique ordinaire d'un lycée différent*, 2007, p. 120, GRL)

## oreille

□ **(avoir les) oreilles dans le sens de la marche**, loc. verb., loc. nom. "(avoir les) oreilles plus ou moins plaquées".

1. Lui, si riant d'ordinaire, si jovial, si bruyant même, a la mine triste, le teint bis, les épaules tombantes, le dos voûté. Même les oreilles semblent dans le sens de la marche aujourd'hui, alors qu'en temps ordinaire, on les prendrait pour des aérofreins. (J. de Bougues-Montès, *Chez Auguste*, 1982, p. 99)

— □ **balancez les oreilles dans le sens de la marche**, loc. phrast. Injonction des petits gradés apprenant naguère aux jeunes recrues à marcher au pas.

2. Comment dire les plaisanteries éternelles :
« Balancez les oreilles dans le sens de la marche »
Le sergent-chef enjoué passe la revue d'armes :
« J'entends la poussière dans vos boîtes de culasse ». (M. Fombeure, *Aux créneaux de la pluie*, 1946, p. 156, GRL)

3. Les quolibets fusèrent :
– Comme les copains maintenant ! Au pas s'il vous plaît ! Et que ça saute ! Nom de Dieu ! Une, deux ! Balancez les oreilles dans le sens de la marche ! (H. Charbonneau, *Les Mémoires de Porthos*, 1969, p. 269, GRL)

V. encore *bouc*, ex. 1.

□ **(avoir les) oreilles face à la route**, loc. verb., loc. nom. "(avoir les) oreilles décollées". ~ **avoir des paraboles* à la place des oreilles / (avoir les) oreilles en parabole(s)* ; oreilles en contrevents* ; oreilles en feuilles de chou.**

4. Bras levés et oreilles face à la route, le président Christophe Salengro [...] se fraie un passage dans l'avenue Gaston-Vasseur, sous les vivats d'une foule en délire. Nous sommes à Quend-Plage-les-Pins, chaleureuse station balnéaire de la Côte d'Opale. Son coucher de soleil (digne de Miami Beach), ses moules-frites, ses vingt-trois troquets... Et son festival du film grolandais. (*Télérama*, 4 octobre 2006, p. 62)

□ **avoir qqc entre les (deux) oreilles**, loc. verb. Formule par laquelle on laisse entendre que quelqu'un est, selon le sémantisme du complément, intelligent ou borné. *Entre les deux oreilles* désigne ici la tête, considérée comme le siège de l'intelligence. Cf. le slogan : « France Inter, pour ceux qui ont quelque chose entre les oreilles » (vers 1980), clin d'œil à des expressions du type ■ **avoir qqc entre les jambes, en avoir.**

5. J'vous emmerde avec ma morale à la gomme ?
Tant pis. J'dis c'que j'ai à dire et merde à ceux qu'ont d'la laine de verre entre les oreilles ! J'ai entendu dire kêk part que le bonheur c'est d'être soi-même à fond la gamelle. (F. Lasaygues, *Vache noire, hannetons et autres insectes*, 1985, p. 212)

6. Assas, 4 décembre 1986, nous sommes en état de siège. [...] Dehors, paradent les derniers des Mohicans : le crâne rasé, la mâchoire prognathe, le front fuyant, le

regard de ceux qui n'ont qu'un ou deux neurones entre les oreilles, ils veillent et attendent l'envahisseur de gauche. (*Le Monde*, 15 janvier 1987, p. 6)

— □ **ne pas avoir grand-chose entre les deux oreilles**, loc. verb. "être bête, borné (d'une personne)". ~ □ **être bas de plafond** ; □ **avoir la casquette au ras des pâquerettes** ; □ **avoir l'intelligence près de la moquette**.

7. [...] il était trop brave, je dirais même à la limite du gogol. Cette faiblesse de raisonnement mis[e] à part, je n'avais pas à me plaindre de lui [...] et s'il n'avait pas grand-chose entre les oreilles, ce n'était pas toujours un inconvénient. (C. Pelletier, *Tirez sur le caviste*, 2007, p. 17)

**avoir une oreille qui traîne**, loc. verb. "être attentif à une conversation sans en avoir l'air".

8. – [...] J'ai toujours une oreille qui traîne quand on me parle fric. (R. Chandler, *Le Grand Sommeil*, trad. par B. Vian, 1948, p. 87, FT)

9. On se tient au courant, l'œil aux aguets, l'oreille qui traîne pour saisir au vol les occasions de logements vacants. (S. Chalvon-Demersay, *Concubin, concubine*, 1983, p. 106, GRL)

10. Moi qui ai toujours une oreille qui traîne [...] j'entends bien, émaillant le bla-bla des conversations, ce qu'il convient d'appeler le racisme ordinaire, l'antisémitisme de papa ou l'homophobie de bistrot [...]. (S. Scotto, *Saucisse président*, 2007, p. 12)

□ **et avec les oreilles, qu'est-ce que tu sais faire** (/**tu fais quoi**) **?** (et variantes), loc. phrast. Pour riposter ironiquement ou plaisamment à un interlocuteur, notamment à un hâbleur. *Et avec les oreilles vous ne savez rien faire ?* est le titre d'un film d'Eddy Matalon (1974).

11. Au restaurant, deux messieurs sont assis face à face. Le premier, qui est très maladroit et par surcroît très enrhumé, laisse tomber ses lorgnons dans le potage de son vis-à-vis, éternue dans son assiette, et renverse la carafe de vin sur son pantalon. À chaque fois, il se confond en excuses.
Alors l'autre, doucement :
– Et avec les oreilles, vous ne savez rien faire ? (*Revue de la pensée française*, mars 1950, p. 32, GRL)

12. Cohn fut flatté. Il était agréable de se sentir apprécié par un connaisseur.
– Très joli.
– N'est-ce pas ?
– Et avec les oreilles, vous ne faites rien ? (R. Gary, *La Tête coupable*, 1968, p. 194, GRL)

13. On voit que tu es mal embouché, mais bon ça c'est à la portée de premier venu. Et avec les oreilles, qu'est ce que tu sais faire ? (Dialogue, 3 janvier 2004, <www.commentcamarche.net/>)

14. [...] je prends avec hilarité connaissance de ton post ["message"] disant que Reclus faisait... « l'apologie du flou ». Et avec les oreilles, tu fais quoi ? (Message, 7 décembre 2006, <endehors.org/>)

15. – Attention, il y a [dans un duduk, sorte de flûte] un second trou dessous, et comme je ne comprenais pas comment on pouvait le fermer avec le doigt [...], je me suis renseigné, en fait, on l'obstrue avec le genou [...].
– Avec le genou ? Et avec les oreilles, tu fais quoi ? (Messages, 20 mai 2007, <lesdiablotintines.blogspot.com/>)

■ **se la mettre derrière/sur l'oreille**, loc. verb. Pour signifier, pour un homme, la privation de relations sexuelles ou la déconvenue d'une sollicitation amoureuse. Dans son sens de base, la locution évoque le geste de quelqu'un qui place une cigarette sur son oreille pour la fumer plus tard. ~ ■ **se la mettre sous le bras** ; ■ **repartir la bite sous le bras.**

16. Mais il ne l'aurait pas comme ça ! Miss Tennessee 2002 n'était pas de ce genre-là ! Il l'épouserait ou il pourrait se la mettre sur l'oreille. (F. Bourtayre, *Tremblement de terre et autres complications*, 2002, p. 150, GRL)

17. Il n'a fait que me cirer les pompes, ce qui m'amuse cinq minutes puis finit par me saouler. [...] Il m'a sorti la totale mais au final, se l'est mise derrière l'oreille et n'a même pas eu droit à mon numéro de téléphone... Trop c'est trop... (Le blog de Gajulie, 3 octobre 2005, <gajulie.over-blog.com/>)

18. Plusieurs programmes de prévention sont mis en place pour faire face à l'épidémie de VIH [virus de l'immunodéficience humaine] qui touche le monde entier ! Dans ce domaine encore, il y a plusieurs écoles ! Différentes solutions telles que l'abstinence avant le mariage, encouragée notamment en Inde et en Indonésie ; la fidélité ; ou encore l'utilisation systématique de la capote, conseillée dans les pays européens. [...] Mais toi, tu préfèrerais pratiquer avec une capote ou te la mettre derrière l'oreille ? (*AOL Sexe & sentiments*, <aolsentiments.aol.fr/sentiment/sexe/>, consulté le 11 mars 2007)

— **tu peux te la mettre sur l'oreille**, loc. phrast. Pour rembarrer quelqu'un sans ménagement.

19. Alors je vais tenter d'être clair : ta suggestion de camping, tu peux te la tailler* en pointe et te la mettre sur l'oreille pour la fumer plus tard, ainsi que tout autre conseil [...] que tu serais prêt à me donner et que je ne t'ai en aucun cas demandé. (Message, 24 janvier 2007, <petaramesh.org/>)

□ **tailler les oreilles en pointe à qqn**, loc. verb. S'emploie dans un contexte de menace, pour indiquer que l'on est prêt à passer à des voies de fait. Attesté au sens propre en 1935 (« Mes Sénégalais leur ont fait la leçon. Ils les mettent en rang. Ils en taquent un [...]. Après ils lui ont taillé les oreilles en pointe. Ah moi j'ai été obligé de foutre le camp avant la fin », M. Fombeure, *Soldat*, Gallimard, p. 135).

20. [...] le brigadier s'est fâché et il a agité son parabellum :
– Allez, fous le camp ou ça va chauffer. Les hussards bleus ou pas bleus, on leur taille les oreilles en pointe, ici. (R. Nimier, *Le Hussard bleu*, 1977 [1950], p. 77)

21. Un vrai agent, avec un bâton blanc et une pèlerine, en hiver, comme dans les films de la nouvelle vague. Il mettait ses bras en croix, tel un chef d'orchestre, avec son bâton en guise de baguette. Les voitures s'arrêtaient, les enfants traversaient, il faisait un quart de tour, les enfants s'arrêtaient, les voitures traversaient. Il nous connaissait tous par notre prénom. Pour plaisanter, il menaçait de me tailler les oreilles en pointe. Je ne comprenais pas très bien ce qu'il voulait dire par là : les oreilles en pointes [*sic*] !? Avec quoi ? Avec un couteau ? Des ciseaux ? Peut-être pensait-il que j'étais un âne ?! (*Chemin des écoliers*, 23 juin 2004, <ericatlan.free.fr/>)

22. – Eh bien, lance Bello, tu lui diras de ma part, au directeur départemental du travail, qu'il ferait bien d'apprendre son métier avant de dire des conneries ! Sinon on

se fera une joie de lui tailler les oreilles en pointe ! (G. Mordillat, *Les Vivants et les Morts*, 2006 [2004], p. 492)

23. Si elle apprend que j'ai mis sa photo en ligne je vais me faire tailler les oreilles en pointe ! (Message, 8 avril 2005, <forums.macgeneration.com/>)

## oreiller

□ **s'être coiffé avec un oreiller,** loc. verb. "être mal coiffé ; être ébouriffé ; avoir les cheveux emmêlés". L'image est celle d'une personne qui ne s'est pas coiffée, une fois sortie du lit. ~ □ **se peigner avec un clou/avec un râteau** ; □ **s'être coiffé avec un pétard/les pattes/**les **pieds du réveil*** ; □ **être coiffé comme un dessous* de bras.**

1. [...] un grand blond au long nez, cheveux coiffés en arrière mais sans gomina, et avec des épis rebelles, ce qui accentuait l'impression qu'il se coiffait avec un oreiller. (J. Rouaud, *Pour vos cadeaux*, 1998, p. 56)

2. « Oh je vous reconnais, vous êtes celui qui se coiffe avec son oreiller ! » [...] Waow. Ma coiffeuse [...] se souvient de moi, et de mes cheveux doux, et de ma technique de coiffage : l'oreiller. (Blog, 29 mars 2007, <blog.jolipoulpy.com/>)

## os

**(tu vas/tu veux) perdre un os,** loc. phrast., loc. verb. Pour faire entendre à une personne maigre (qui n'a plus que *la peau et les os*) qu'il lui faut éviter de perdre encore du poids. Par hyperbole.

1. Delmas portait des chemises aux encolures trop larges dans lesquelles flottait son maigre cou de cygne. Ce détail vestimentaire ne faisait qu'accentuer l'impression de fragilité qu'il dégageait. Azoulay, à qui cette faiblesse n'avait pas échappé, prenait plaisir à tourmenter son subalterne : « Alors, m'sieur Delmas, on a encore maigri pendant la nuit ? Attention, si ça continue, vous allez perdre un os ! » (J.-P. Dubois, *Une vie française*, 2004, p. 77)

2. – Elle fait régime, a grincé Lila, avec un petit sourire moqueur.
– Hééé, c'est pas vrai Zahra, tu fais régime ? j'ai demandé, amusé, tu veux perdre un os ?... (É. Pacquart, *Block system*, 2004, p. 86, GRL)

3. [...] je me dis quand je ne mange presque pas qu'il faut que je fasse des efforts pour aller mieux mais surtout pour ne plus entendre de remarque désagréable du genre « mais tu as vu comment tu es maigre ?! » ou « tu attends quoi, de perdre un os ! » (Message, 2 décembre 2006, <forum.doctissimo.fr/sante/anorexie-boulimie/>)

## ou

**c'est ou +** *nom* **+ ou +** *même nom répété*. Pour signifier plaisamment qu'un choix n'est pas possible.

Avec un grand-père commandant la flotte du Pacifique face au Japon lors de la Seconde Guerre mondiale et un père commandant de sous-marin, il n'avait pas le choix [pour ses études] : c'était la Navy ou la Navy. (*Libération*, 13 février 2008, p. 38)

## où

**c'est quand qu'on va où ?** loc. phrast. Pour exprimer ironiquement la perplexité devant un avenir incertain ; pour souligner l'absurdité d'une situation qui n'évolue pas. *C'est quand qu'on va où ?* est une chanson de Renaud (1994).

1. […] en 1997, au moment de la dissolution [de l'Assemblée nationale], la droite cumulait les handicaps tant son bilan était jugé médiocre et son projet sans souffle. La députée RPR Roselyne Bachelot avait alors résumé la situation de manière humoristique en posant la question : « C'est quand qu'on va où ? » (*L'Expansion*, 11 mai 2000)

2. Explique-moi Jacques, c'est quand qu'on va où ?
J'ai retrouvé quelques similitudes dans les paroles d'une chanson de Renaud avec les questions posées à Jacques Chirac par le fameux panel d'étudiants représentatifs choisis par la Sofres. (« Chroniques salées », 17 avril 2005, <jbblog.typepad.com/>)

— VARIANTE. **c'est quand qu'on arrive où ?**

3. Les gens disent des gros mots, on les publie dans les journaux. On joue avec les noms propres. On fait des fautes de français exprès. Mais derrière le langage bête, il n'y a pas que des questions idiotes. « C'est quand qu'on arrive où ? » (*Le Monde*, 7 décembre 1996, p. 16)

**t'es où ?** loc. phrast. Stéréotype de la vacuité du discours de certains échanges sur téléphones portables.

4. Bref, le bus daigne arriver, ça va être charmant […]. On va devoir également supporter les vieilles qui déblatèrent sur la jeunesse, ça non, c'est plus c'que c'était. Les maniaques des portébeubles [téléphones portables] qui vont recevoir quatorze coups de fil d'affilée, t'es où ? Dans l'bus. (P. Pellerin, *Tout va bien*, 2001, p. 62)

5. […] le trait délicat de cet infatigable observateur du quotidien [le dessinateur Sempé] a croqué avec malice et justesse une nouvelle manie du piéton de Paris : le téléphone portable. Quai de la Mégisserie, un perroquet ne cesse de crier : « Allô, t'es où ? Allô, t'es où ? », sous le nez d'une horde de passants occupés à téléphoner. (*Le Figaro*, 23 décembre 2003, p. 21)

6. – Allô… Allô… Oui, c'est moi, t'es où ?… Quoi ? Je t'entends vachement mal… (A. Dona, *Mamie a eu quinze ans*, 2007 [2006], p. 59)

7. Le progrès, ce que c'est bien quand même. Beaucoup avaient laissé le spiritisme aux guéridons enfiévrés […], lorsque vouloir communiquer avec les morts comportait une part d'effroi et de secret. Tout semble désormais d'une parfaite banalité à en croire un lecteur qui arpentait le cimetière Saint-Marc, le jour de la Toussaint. Là, horreur, malheur, le voilà qui surprend dans la foule un homme, portable greffé sur l'oreille et contemplant les tombes, demander, l'air habité : « T'es où, là ? » (*Le Télégramme*, 6 novembre 2006)

V. encore *voir*, ex. 3.

## oublier

□ **oublie-moi**, loc. phrast. Riposte agressive pour éconduire un interlocuteur ou en prenant congé de lui. ~ □ **arrache-toi** ; □ **dégage !** □ **(fais-moi) de l'air !** □ **du balai !** □ **du vent !**

1. Je levai lentement mes fesses du siège, en approchant mon visage du sien […].

– On s'est assez vus. J'ai autre chose à faire. Oublie-moi. (J.-C. Izzo, *Chourmo*, 1996, p. 60)

2. Quel sens donner aux images de Milan Maros [footballeur d'origine tchèque], l'attaquant lyonnais, se pinçant le nez et agitant la main devant le Camerounais de Rennes Stéphane Mbia, comme pour éventer une mauvaise odeur ? [...] Après les excuses embarrassées du club lyonnais sur son site Internet (« Baros a simplement voulu lui exprimer ce qu'il ne sait pas dire en français : "Oublie-moi et fais-moi de l'air !"), l'incompréhension demeure. (*Le Figaro*, 21 avril 2007, p. 16)

3. – Mais qu'il est con !
Il l'attrape par un bras :
– Tu veux que je t'en retourne une ?
– Oublie-moi, j't'emmerde. Tu percutes : je t'em-mer-de. (G. Mordillat, « Dom », dans *Scandale et folies*, 2007, p. 274)

## ouest

□ **(être) (carrément/complètement) à l'ouest**, loc. verb., loc. adj. "(être) à côté de la réalité, (avoir un comportement) un peu fou, (être) sous l'effet de la drogue ou de l'alcool". Attesté dans Merle 1996. Probablement calque de l'anglais *to go west*, qui a pénétré en français d'abord parmi les usagers de drogue (voir C. Duneton, dans *Le Figaro littéraire*, 10 mars 2005, p. 7 et OED). *Carrément à l'ouest* est le titre d'un film de Jacques Doillon (2001). ~ □ **(être) dans les choux** ; □ **(être) à côté de ses pompes** ; □ **(être) déjanté**.

1. J'ai pris du pinard pour oublier [...] si bien qu'arrivé au dessert, j'étais carrément à l'Ouest. (C. Montana, *Malabar trip*, 2003, p. 55)

2. [...] j'ai sauté sur le téléphone pour vérifier, en pleine nuit, qu'Aglaé était à Paris. C'est bien elle qui a décroché, totalement à l'Ouest. (C. Krug, *Demain matin si tout va bien*, 2006 [2004], p. 160)

3. Il faut dire que je reviens de loin : ado plutôt timide et introvertie, je garde de très mauvais souvenirs de mes années d'école de commerce où je ne parvenais à exprimer ni mon humeur ni ce que je ressentais vis-à-vis des autres ou de moi-même. En gros, j'étais à l'ouest. [...] Une thérapie et quelques années plus tard, la donne n'est plus la même. (Blog, 27 avril 2006, <blogs.lexpress.fr/>)

4. – [...] ce mec-là est au bout du rouleau, il devrait être suivi. Comme toi. Vous devenez complètement à l'ouest [...] ! (N. Aurousseau, *Bleu de chauffe*, 2007 [2005], p. 76)

V. encore *cuire*, ex. 2.

— VARIANTE PONCTUELLE INTENSIVE. **à l'ouest de l'ouest**. L'exemple 5 est une allusion à la chanson *Je suis dans un état proche de l'Ohio* de Serge Gainsbourg (1983).

5. J'ai aperçu Quentin [...], il était à l'ouest de l'ouest, dans un état plus proche d'Hawaï que de l'Ohio. (P. Labro, *Manuella*, 2005 [1999], p. 88)

6. [...] on a tombé une bouteille de rouge puis on a dû en rouler trois derrière. J'étais complètement à l'ouest de l'ouest. Donc je ne me souviens de rien ! (Interview de Jean-Louis Murat, 3 novembre 2003, <www.concertandco.com/>)

## ouf

□ **truc de ouf**, loc. nom. "chose étonnante, incroyable, qui dépasse l'entendement". La locution peut être connotée de façon positive ou négative. *Ouf* est le verlan de *fou*. ~ **histoire de fou**.

1. [...] ses amis à Paris lui ont dit tu vas voir, c'est un truc de ouf [la drague en Amérique], mais même ça, le mythe du Français bon baiseur, s'il a jamais existé, c'est fini. (*Libération*, 6 septembre 2002, p. 46 ; critique d'une série télévisée)

2. Magnifique, merveilleux, quel talent ! [...] C'est un truc de ouf ! de la balle* ! (signé Quentin) (Livre d'or du site *Balade dans les Iles*, 21 janvier 2003, <www.i-services.net/membres/livredor/>)

3. Elsa, 15 ans, pas du tout politisée, s'est retrouvée bloquée dans le Collège de France cerné par les CRS une partie de la nuit. « Des étudiants étaient venus la chercher à la porte du lycée », explique sa mère. Après un moment de panique, la jeune fille est rentrée à l'aube, fière d'avoir vécu « un truc de ouf ». (*Le Figaro*, 15 mars 2006)

4. Les sentiments et les réflexions au retour [d'une promenade en offshore] divergeaient selon l'âge : « Un truc de ouf » disent les plus jeunes. « Des sensations incroyables », entend-on encore. Certains restent sans voix, le temps de récupérer. (*Le Télégramme*, 15 août 2006)

5. Ne cherchez pas à parler le jeune, par pitié. Entendre le mot « relou » ["lourd"] dans la bouche de ma mère me heurterait [...] au plus haut point ! [...] Quand on dit « truc de ouf » c'est du second degré. (Message, 30 août 2006, <www.lemonde.fr/web/article/reactions/>)

## oui

□ **oui qui ?** loc. phrast. Dans la bouche des parents ou autres adultes invitant les enfants à nommer la personne remerciée, pour leur inculquer le code de l'exacte politesse. Attesté en 1929 (« Alcmène. – Prenez-moi dans vos bras. / Jupiter. – Volontiers, petite Alcmène. Tu t'y trouves bien ? / Alcmène. – Oui. / Jupiter. – Oui qui ! / Alcmène. – Oui, Jupiter chéri... », J. Giraudoux, *Amphitryon 38*, Paris, Grasset, p. 210, GRL). ~ **merci* qui ?**

1. « Sont-ce là les Comfrantois ? » demande-t-il à nouveau. Les Francs-Comtois baissent la tête et disent : « Oui. » L'ogre : « Oui qui ? » Les Francs-Comtois : « Oui, oncle Fouchs. » (J. Egen, *Les Tilleuls de Lautenbach*, 1979, p. 155, FT)

2. – [...] C'est compris ?
– Oui
– Oui qui ?
– Oui, madame. (C. Krug, *Demain matin si tout va bien*, 2006 [2004], p. 78)

## outil

□ **déballer ses outils** ; **remballer ses outils**, loc. verb. "(en parlant d'un homme) se déshabiller/se rhabiller, lors d'un rapport sexuel". Locution fondée à partir de *outil* "pénis" (depuis le XIII^e^ s., TLF).

Gérard et Géraldine se regardèrent, la faim de l'autre dans les yeux [...]. Ce jour, ce dimanche, la terre s'est arrêtée pour Gérard et Géraldine, le ciel n'avait plus le même bleu, le soleil brillait davantage et, avec cette chaleur et toute cette énergie, Gérard avait envie de déballer ses outils : 9 mois plus tard naquit le petit Antonin. (*Mammouth Bleu*, septembre 2005, <www.mammouthbleu.com/>)

## ouvrier

**être dur à l'ouvrier**, loc. verb. "être intraitable, intransigeant ; manquer d'indulgence". Employé au second degré ; intensif de **être dur** (envers qqn). Attesté en 1875 (« On dit et l'on répète : Paris est dur aux inventeurs, dur au pauvre, dur à l'ouvrier. Cela est faux. [...] en temps normal et à condition de vouloir travailler, on peut y vivre sans peine : il a des salaires pour tous les labeurs, il a des moyens d'existence pour toutes les bourses », M. Du Camp, *Paris, ses organes, ses fonctions et sa vie dans la seconde moitié du XIX^e^ siècle*, Paris, Hachette, t. 6, p. 246, GRL).

– La faute à qui, Maria ? Si tu t'étais pas entiché de la Marie-Jo, on serait pas là comme des blaireaux au milieu de la nuit... je serais dans mon plumard, tranquille comme Baptiste...
Gérard eut toutes les peines du monde à terminer sa phrase, tellement il était ivre.
– T'es dur à l'ouvrier, Gégé, fit Albert. Remue pas le couteau dans la plaie. (G. Lecouvreur, *Parkinson le glas*, 2002, p. 17)

# P

## pack

□ **par pack(s) de douze**, loc. adv. "en nombre, en grande quantité". Par référence au conditionnement de nombreux produits de consommation courante.

1. [...] des nouvelles qui frisent le ridicule et donnent envie d'envoyer des baffes par packs de 12 [...]. (Message, 23 novembre 2004, <akosh.pcinpact.com/>)

2. Serai-je longtemps à la hauteur des attentes de mes milliers de lecteurs ? Je me suis engagé à leur livrer de la culture et de l'intelligence par pack de douze. (*Journal de Franssoit*, 22 décembre 2005, <franssoit.blogspot.com/>)

3. Pas de baston, pas de blagues vaseuses [...] mais du bonheur par pack de 12. A lire avec l'esprit léger. (Critique d'un manga, 7 octobre 2006, <www.manga-news.com/>)

— VARIANTES.

∞ DANS LA MÊME SÉRIE.

4. Le temps d'écrire ce post ["texte publié sur un blog"] j'ai éternué 10 fois par packs de 5, j'ai utilisé un nombre indécent de mouchoirs, et la gorge m'a gratté en permanence et me gratte encore. (Blog, 21 mars 2005, <lataiedoreiller.blogspot.com/>)

∞ **par paquet(s) de douze.**

5. Les photos, beaucoup de photos, des tas de photos [...]. Il faudrait les déblayer par paquets de douze, au pifomètre, mais je les épluche une par une et je les garde. (M.-A. Guillaume, *L'Odeur de l'homme*, 2006 [2005], p. 74-75)

## pagaille

**ça fait pagaille**, loc. phrast. "cela a une apparence désordonnée ; cela n'est pas conforme aux convenances". ~ **ça fait désordre** ; □ **ça la fout mal**.

1. Le cas le plus hilarant : Michel Droit joue les fortes têtes [...]. En plusieurs occasions inattendues, l'académicien s'est fait une réputation de personnage imprévisible. Comme dit l'autre, tout ça fait un peu pagaille. (*Le Canard enchaîné*, 18 mars 1987, p. 3)

2. Le territoire [...] occupé par les partisans n'était pas d'un seul tenant. Les unités étaient disloquées un peu partout, [...] ce qui faisait un peu pagaille. (M. Fauquier, *Itinéraire d'un jeune résistant français, 1942-1945*, 2005, p. 162, GRL)

3. Notre sapin est seulement de trois couleurs, vert, rouge et blanc. Il est aussi aéré car je n'aime pas les sapins chargés, je trouve que ça fait pagaille et je m'en lasse plus vite. (Blog, Noël 2007, <luluneuneu.over-blog.com/>)

## paillasson

**mettre la clé sous le paillasson**, loc. verb. "mettre soudainement fin à son activité". Variante de **mettre la clé sous la porte**. ~ **fermer boutique**.

1. A quarante-sept ans, je n'ai plus qu'un désir : être tranquille. Dès que mes filles seront établies, je mets la clef sous le paillasson et je profiterai encore un peu de la vie qui me reste. (J. Chalon, *Les Bonheurs défendus*, 1969, p. 183, GRL)

2. Plus d'un bookmaker avait dû mettre la clé sous le paillasson depuis le vote de la loi du 2 juin 1891 instaurant le pari mutuel. (P. Daudy, *Le Criminel précautionneux*, 1978, p. 24, GRL)

3. La rue la plus littéraire de Londres, qu'un roman de Helene Hanff, *84 Charing Cross Road*, a immortalisée [...], change d'identité, comme les rues alentour. Les librairies mettent la clé sous le paillasson, faute de pouvoir payer des loyers devenus exorbitants, pour laisser la place à des chaînes de bars ou des boutiques de souvenirs. (*Magazine littéraire*, janvier 2002, p. 14)

4. [...] le journal a mis la clé sous le paillasson faute d'annonceurs privés. (*Le Figaro*, 18 novembre 2006, p. 4)

## paille

**avoir de la paille dans les/ses sabots**, loc. verb. "être ou paraître mal dégrossi, rustre, naïf". La paille (ou le foin) dans des sabots de bois permettait d'éviter de se blesser les pieds et de les tenir au chaud ; image d'une réalité rurale désuète comme dans d'autres locutions voisines (*arriver avec ses gros sabots*, *voir venir qqn avec ses gros sabots*), la locution renvoie ici à une perception péjorative des paysans.

1. Un détenu : « Vous avez vu les nouveaux surveillants. Ils ont encore de la paille dans leurs sabots. Où est-ce qu'ils ont été les chercher ? [...] » (J.-P. Montaron, *Les Jeunes en prison*, 1977, p. 250, GRL)

2. C'est fini le temps où les Parisiens qui avaient oublié d'où ils venaient se gaussaient des provinciaux et imaginaient les Bretonnes en Bécassines avec de la paille dans les sabots. (Billet, 14 janvier 2008, <www.lalorgnette.fr/rennes/>)

□ **(avoir) la paille aux fesses**, loc. verb. "subir un échec ou une déconvenue ; être éconduit brutalement". Variante euphémique de **avoir la paille au cul**, lequel est attesté au sens de "être réformé, congédié, mis hors service" (à propos des « gens du Sénat » dans « Adieux du Parlement », 1720, in *Recueil Clairambault-Maurepas*, t. 3, Quantin, 1880, p. 190) ; Delvau 1867 l'explique « par allusion au bouchon de paille qu'on met aux chevaux à vendre ». L'expression est à rapprocher de l'ancien *(avoir) la pelle au cul*, de même sens. On entend aussi la variante **(avoir) la paille aux fesses et le feu dedans**, cf. Rolland 1883, p. 293 : « Bon voyage, bon vent, / La paille au derrière / Et le feu dedans. »

3. [...] le premier centurion romain qui osa monter à l'assaut du réduit de Vercingétorix était un certain Fabius, Lucius de son prénom. « C'est vrai, expliqua M. Chirac,

il était d'une petite cavalerie romaine, et il est reparti d'ici la paille aux fesses. » (*Le Monde*, 7 juin 1989, p. 2)

4. [...] encaisser deux essais et terminer la rencontre [de rugby] la paille aux fesses [...]. (*Sud Ouest*, Landes, 4 mai 2004, p. 13)

5. Il a su se sauver la vie à chaque instant. Il reproche aux supplétifs de ne pas avoir su le faire. Eux, se sont sauvés la paille aux fesses. (P. Gabaston, *La 317e section, film de guerre*, 2005, p. 120, GRL)

**paille de fer**, loc. nom.

— Pour qualifier une voix éraillée. Dans des métaphores mal lexicalisées.

6. [...] une voix travaillée à la paille de fer [...]. (A. Page, *Je suis rien*, 2003, p. 154)

7. Le concert de la Cigale est passé trop vite. Il [le chanteur Arno] a une voix magnifique, un mélange de paille de fer, de clope et de vodka, mais quel résultat ! Arno t'es beau ! et on t'aime. (Message, 17 novembre 2004, <www.arno.be/forum/>)

∞ EMPLOI APPOSÉ AVEC VALEUR D'ADJ.

8. Sur cette scène alsacienne, il cause, il cause [le chanteur] Bénabar, blague entre les morceaux, son timbre paille de fer et ses mèches en pétard : « Tiens, on dirait que ce soir, j'ai la voix d'Annie Girardot. » (« Bénabar sur Webdo », 14 mars 2002, <www.benabar.net/>)

— Pour qualifier des cheveux (ou un autre élément du système pileux) crépus ou raides. Par analogie avec les filaments emmêlés et/ou la rugosité de la paille de fer. Attesté en 1931 (« La marche officielle de l'exposition coloniale de 1931 [une chanson] évoque "Nénufar, le petit négro", venu visiter l'exposition, "nu comme un ver, le nez en l'air et les cheveux en paille de fer" », *Le Monde*, 11 octobre 2006, p. 11).

9. [...] arrière-bon-papa [...] sa moustache en paille de fer [...]. (J.-L. Costes, « Mon grand-père [...] », août 2001, <www.dtext.com/>)

10. Cheveux en paille de fer, robe austère et verrues de circonstance [...]. (Critique du film *Nanny McPhee*, 6 février 2006, <www.ecranlarge.com/>)

∞ EMPLOI APPOSÉ AVEC VALEUR D'ADJ.

11. Il m'a râpé les joues avec sa barbe paille de fer. (« Femme », <www.femme.lycos.fr/>, consulté le 15 octobre 2006)

**une paille**, loc. phrast. "rien du tout". Par antiphrase, pour marquer ironiquement un fort contraste. ~ **trois fois rien ; rien que ça**.

12. Eugène non plus ne mettait jamais les pieds à l'église, attendant au café que la messe soit finie pour suivre les enterrements, et tout ce qui m'était demandé était d'offrir ma vie (plus exactement ma mort) en échange de sa conversion. Une paille. (H. Tournaire, *Jules empaillé*, 1977 [1975], p. 44-45)

13. « Maurice Ulrich annonce en jubilation que l'exercice 1978 d'Antenne II [...] va se solder par un gain de près de trente millions de francs ! » Lourds. Ça fait trois milliards. Une paille ! (C. Autant-Lara, *Télémafia*, 1981, p. 52, GRL)

14. Sauf que sa dotation horaire globale [d'un lycée] devrait être amputée de 10 % dès la rentrée prochaine. Une paille. (*Sud Ouest*, Béarn, 11 février 2005)

15. Comment cette aisance de lecture a-t-elle été obtenue ? Assurément, par un effort [...] intense soutenu pendant dix ans, une paille ! (*Le Figaro littéraire*, 8 février 2007, p. 8)

## pain

□ **pain d'épices**, loc. adj. "bronzé ; basané". Par analogie de couleur. *Couleur de pain d'épice* est attesté en 1745 (« mademoiselle d'Osier avoit de sa nature, le teint de la peau, un peu beaucoup couleur de pain d'épice », Caylus, « Aventures des bals de bois », dans *Œuvres badines*, t. 10, Paris, Visse, 1787, p. 99) ; *face de pain d'épices*, en 1855 (« le conducteur [...] marcha droit au mulâtre et, sans lui dire un mot, de son doigt étendu lui montra la porte ouverte [...]. – C'est bien fait, s'écria un petit jeune homme de vingt ans, à la face rose et aux longs cheveux blonds. La face de pain d'épices a ce qu'elle mérite ! », P. Chasles, *Mœurs et voyages ou Récits du monde nouveau*, Paris, E. Didier, p. 119, GRL).

Suzanne, ma libraire pain d'épices [...]. Créole d'un mètre soixante, séparée depuis trois ans d'une sorte d'aventurier sur le tard, qui navigue quelque part dans les Caraïbes [...]. (J.-L. Vigla, *Crime pur-sang à Alençon*, 1999, p. 47)

## palali

**(et) palali (et) palala**, loc.

— Évocation d'un bavardage, d'une suite de paroles considérées comme oiseuses, qu'on ne se donne pas la peine de rapporter. ~ **et patati et patata** ; **(et) patali* (et) patala** ; □ **et patin* couffin**.

1. À la télé même topo, l'aut' trouduc de la météo qui se pointe avec une gueule comme si y venait de creuser sa propre tombe ah dites donc c'est pas de chance pour la moitié nord... ah pauvres gens on est pas gâté, et pis l'anticyclone machin des Essores qui va venir faire sa dépression au début de la semaine prochaine, palali palala. (Message, 15 juin 2002, <www.sabirs.net/>)

2. [...] *et patati et patata*, c'est-à-dire *cause toujours tu m'intéresses* [...]. Ça m'a rappelé que Guylène disait *et palali et palala*, je ne l'avais jamais entendu sous cette forme-là auparavant. C'était du temps où qu'on était bien jeunes, qu'on savait pas ce qu'on allait faire dans la vie [...]. (*Journal LittéRéticulaire*, 3 janvier 2006, <www.berlol.net/>)

3. [...] subitement [...], je l'intéressais, dis donc, on se demande pourquoi. Venez donc sur mon yacht, palali palala [...]. (L. Chalumeau, *Les Arnaqueurs aussi*, 2007, p. 19)

∞ EMPLOI SUBST. MASC. ~ **blablabla.**

4. [...] en fait c'est pas du « palalipalala » hein, c'est des vraies paroles, mais autant, des fois, je comprends assez bien l'anglais, autant là, à part le titre de la chanson, je distingue aucun mot. (Message, 15 décembre 2006, <breathoffire.power-heberg.com/forum/>)

— Pour abréger l'énumération de considérations ou de détails qu'il n'est pas utile de développer. ~ **et caetera** ; **(et) patali* (et) patala.**

5. [...] il va de soi que les personnages sont pure pâte à roman. Ergo, toute ressemblance et palali et palala, avec des personnes contemporaines des deux ou trois sexes serait purement fortuite. (J. Vautrin, *Bloody Mary*, 1979, p. 9, FT)

## Pampelune

**Pampelune derrière la lune** (et variantes), nom de lieu. Symbole d'un lieu imaginaire. Pour désigner un lieu éloigné, *Pampelune* est attesté en 1456 (« il feroit plus de voye / Qu'i n'y a jusqu'a Pampelune », *La Farce de Maitre Pathelin*, p. 80, Nancy, ATILF - Base textuelle du moyen français) ; le renforcement ludique, avec assonance, est attesté en 1928 (« sans pus s'occuper de nos pommes que si nous avions été à Pampelune, dix kilomèt' derrière l'lune... », M. Stéphane, *Ceux du trimard*, p. 73), mais le modèle est ancien, ainsi dans Oudin 1640 : « en Papagosse [*variante* Patagosse] où les chiens chient la poix, i. *en un lieu inconnu* ». ~ □ **Perpète*/Perpette-les-Alouettes/les Andouillettes**/etc. ; □ **Pétaouchnok** ; □ **Trifouillis-les-Chaussettes** [v. *Trifouillis*].

1. « Vous êtes à Pampelune, dit Laurence, cent lieues derrière la lune ?
– Non, seulement j'ai froid. » (Étiemble, *L'Enfant de chœur*, 1971 [1937], p. 66)

2. [...] une marque rarissime [de cigarettes] qu'on ne vit jamais fumer que par lui – des paquets vert amande au graphisme vieillot qu'il prétendit une fois à notre demande venir de Russie, mais une autre fois, avec le même sérieux, de Pampelune derrière la lune. (J. Rouaud, *Les Champs d'honneur*, 1990, p. 10, FT)

3. Quand un enfant demandait à ses parents où habitait un tel et que ceux-ci ne voulaient pas répondre, ils répondaient « à Pampelune, cent lieues derrière la lune ». (L. Recrop, *Souvenirs d'un homme dont la mémoire flanchait*, 2002, p. 11, GRL)

## pantoufle

□ **jouer comme une pantoufle**, loc. verb. "jouer très mal (à un jeu de société, à un sport) ; être mauvais acteur, mauvais musicien". ~ □ **jouer comme un pied** ; □ **jouer comme une chaussette***.

1. Ah, une chose encore, le Patron veut A comme vedette féminine. Quoi ? Et qu'est-ce qu'on en a à foutre qu'elle joue comme une pantoufle ? On fait pas de l'Art et Essai nous, et si tous ces couillons la réclament on va la leur donner, un point c'est tout. (J.-L. Benoziglio, *La Boîte noire*, 1974, p. 92, GRL)

2. A ces moments-là, si on m'avait demandé de faire le quatrième à un bridge, et quoique je joue comme une pantoufle, j'aurais accepté avec enthousiasme. (J. Dutourd, *Les Matinées de Chaillot*, 1978, p. 163, GRL)

3. Thésée va jouer comme une pantoufle, il est ivre mort, en coulisse. Jamais le metteur en scène n'aurait dû confier le rôle à un alcoolique. (Michel Cournot, dans *Le Monde*, 21 juillet 1987, p. 11)

4. Amé [Amélie Mauresmo, championne de tennis] va perdre, elle joue comme une pantoufle. (Message, 21 janvier 2007, <forums.eurosport.fr/>)

## papier

**vendre du papier**, loc. verb. Pour désigner péjorativement une activité journalistique plus tournée vers la quantité d'exemplaires écoulés que vers la qualité ou l'intérêt du contenu.

1. [...] on peut distinguer deux catégories de presse, celle qui cherche à vendre du papier, disons à recevoir des bénéfices et celle qui cherche à répandre des idées. (A. Sauvy, *Mythologie de notre temps*, 1965, p. 256, GRL)

2. Dire qu'il y a encore des crétins pour s'interroger, dans les médias, sur les résultats de la prochaine présidentielle ! Et je te calcule, à coups de sondages, les chances de Rocard. Et je te soustrais le report des voix de mon Jacquot sur Raymond-le-Gros ! Ça rime à quoi ? A vendre du papier. (C. Sarraute, dans *Le Monde*, 31 mars 1987, p. 44)

3. [...] les journalistes en mal de copie ressortent les vieilles affaires de terrorisme non élucidées. L'actualité du pays est soporifique, il faut vendre du papier. (J.-H. Oppel, *Barjot !*, 1988, p. 130)

4. Selon le SNES [Syndicat national des enseignements de second degré], les fameux palmarès des lycées ne servent qu'à vendre du papier et de fausses idées. (*L'Humanité*, 10 juin 2004, p. 10)

## pâquerette

**cueillir la pâquerette**, loc. verb. "faire l'amour". Image bucolique, variante de **effeuiller la marguerite**.

1. Là il y avait surtout et aussi le matelas. Un profond où l'on s'enfonçait, où l'on pouvait cueillir la pâquerette, s'aimer et s'aimer [...]. (A. Le Breton, *2 sous d'amour*, 1986, p. 291)

2. Et les conscrits, ces nigauds encocardés, lâchaient des plaisanteries bien triviales, bien grasses, ne pensaient qu'à cueillir la pâquerette [...]. (G. Boutet, *Mémoires de femmes*, 2003, p. 283, GRL)

3. *homme seul* souhaiterait aller cueillir la pâquerette pour le prochain printemps. âge requis 55-65 ans. aix les bains (Petite annonce, <www.marmotte.com/>, consulté le 14 décembre 2004)

## parabole

**avoir des paraboles à la place des oreilles / (avoir les) oreilles en parabole(s)**, loc. verb., loc. nom. "(avoir les) oreilles décollées". ~ **oreilles en contrevents* ; oreilles* face à la route ; oreilles en feuilles de chou**.

1. [...] y en a marre de cette pression sociale sur les oreilles décollées, pourquoi ce serait forcément moche ? [...] Mais [...] si quelqu'un est hypercomplexé et malheureux à cause de ça, c'est sûr que ça ne sert à rien de les garder ses ptites oreilles en parabole [...]. Personnellement j'avoue en avoir un peu souffert dans mon enfance mais aujourd'hui je suis contente de ne pas avoir subi l'opération, je les aime beaucoup mes ptites oreilles décollées ! (Message, 14 février 2006, <forum.hardware.fr/>)

2. [...] c'est du moins ce que je me dis dans mes moments de déprime, quand les points noirs fleurissent et quand j'ai l'impression d'avoir des paraboles à la place des oreilles. (K. Mazetti, *Entre Dieu et moi, c'est fini*, 2007, p. 17)

3. Je trouve ton chien trop mimi sur la photo […], il ressemble à la mienne [une chienne] sauf que la mienne a des paraboles à la place des oreilles. (Message, 19 décembre 2007, <be.1cheval.com/membre/>)

## parachute

**parachute en or / parachute doré**, loc. nom. "indemnités importantes, en supplément des indemnités légales, réservées au dirigeant d'une entreprise au moment de son départ, quel que soit le résultat de sa gestion". La forme anglaise d'origine, *golden parachute,* a souvent été employée dans la presse (v. *cacahuète*, ex. 11).

1. Calpers [fonds de pension américain] n'a pas digéré que le numéro deux du groupe [Walt Disney], Michael Ovitz, quitte l'entreprise un an seulement après son embauche avec un parachute en or massif de 93 millions de dollars, soit cent quatre-vingts vies entières de travail payées au Smic. (*Le Monde,* 22 février 1997, p. 1)

2. M. Augustin Bonrepaux. – […] nous évoquerons aussi cet autre cadeau qu'on appelle « indemnités de licenciement », termes qui me semblent peu appropriés lorsqu'on fait référence à un pactole de plusieurs dizaines de millions. L'expression « parachute doré » utilisée par les Anglo-Saxons est nettement mieux adaptée : puisque le PDG, pilote de l'entreprise, échoue dans le projet pour lequel il a été mandaté, abandonne ses salariés à leur sort, et quitte l'avion avec un parachute de plusieurs dizaines de millions de francs, dont une part non négligeable est nette d'impôt ! (Assemblée nationale, *Compte rendu analytique*, 1re séance du 19 octobre 1999)

3. Le golden parachute (parachute en or), qui consiste en une indemnité de licenciement fixée à l'avance, redevient à la mode. « Certains négocient une indemnité équivalente à quatre ans de salaire quand la moyenne admise tourne autour de deux ans », note l'avocat Arnaud Kriger. (*L'Expansion,* 12 octobre 2000)

4. – Alors je vous demande : qu'est-ce que c'est que ce système qui permet aux dirigeants d'entreprise de s'offrir des « parachutes dorés » alors qu'ils ruinent les boîtes dont ils ont la charge et n'ont jamais d'autres idées, pour s'en sortir, que de licencier en masse le personnel ? (G. Mordillat, *Les Vivants et les Morts*, 2006 [2004], p. 656)

— "solution de repli particulièrement avantageuse".

5. P[aris] M[atch]. – Cela signifie-t-il qu'un jour, de Matignon, vous irez au Sénat, autrement dit, d'un palais à un autre, au risque de choquer les Français qui, eux, lorsqu'ils perdent leur job, n'ont pas de tel parachute doré ? (Interview de J.-P. Raffarin, 29 septembre 2004, <www.ambafrance.org.br/afr/actualite/france/france22.htm>)

□ **sauter sans parachute,** loc. verb. "avoir des rapports sexuels non protégés". Jeu de mots sur *sauter* "avoir des rapports sexuels" et *sauter en parachute.*

6. Le désir devenant difficile à contrôler, nous avons préféré nous abstenir plutôt que de sauter sans parachute. (C. Krug, *Demain matin si tout va bien*, 2006 [2004], p. 28)

## parcours

**tenir le parcours,** loc. verb. "avoir suffisamment de résistance pour aller jusqu'au bout (d'une épreuve) ; avoir du répondant". Du vocabulaire sportif où le parcours désigne, dans certaines épreuves, la distance réglementaire que doit parcourir un concurrent. ~ **tenir le coup/la distance/la longueur**.

1. […] le petit gazier, il doit pas tenir le parcours avec son monument de gonzesse !… Drôlement baraquée, la nana ! (A. Simonin, *Hotu soit qui mal y pense*, 1973 [1971], p. 66)

2. J'intitulai mon récit *La Roue*. J'étais étonné et fier d'avoir pu « tenir le parcours » sur un nombre de feuillets qui me paraissait respectable. (G.-E. Clancier, *Un jeune homme au secret*, 1989, p. 223, GRL)

3. Szabo […] filme [dans *La Tentation de Vénus*] avec soin les relations chaotiques de son chef d'orchestre hongrois, mal considéré, mal payé, avec sa lumineuse diva suédoise, sur le point d'atteindre la limite d'âge et cependant éblouissante. Niels Arestrup tient le parcours avec beaucoup de force et de dignité – ce n'est pas si simple. (*Le Monde*, 21 septembre 1991, p. 14)

## parenthèse

□ **parenthèse enchantée**, loc. nom. "période exceptionnelle ; moment privilégié". La formule aurait été créée par Françoise Giroud (voir l'exemple 3) pour évoquer les années qui se situent entre la diffusion de la pilule anticonceptionnelle (loi Neuwirth en 1967) et l'apparition du sida dans les années 80. *La Parenthèse enchantée* est le titre d'un film de Michel Spinosa (2000) dont l'action se déroule pendant cette période.

1. « […] dans deux ou trois ans, il se dégagera deux familles de télévision avec les broadcast classiques pour les grands événements et la télé *one to one* créée avec l'Internet », explique Patrick Vallée, directeur général-adjoint de CanalWeb. « […] il est clair qu'à court ou moyen terme il y aura des logiques de groupe comme sur la bande FM dans les années 80 », analyse Michel Field. Et d'ajouter sans détour : « Pour l'instant, nous vivons sans complexes une petite parenthèse enchantée en occupant le terrain et en faisant vivre cet espace pour mieux le valoriser. » (*Le Monde*, 29 mai 2000, p. 5)

2. […] il [Woody Allen] garde toujours sa patte, cette touche qui fait que chacun de ses films a quelque chose […] qui le rend unique. […] Je n'oublierai jamais à quel point je lui dois de beaux moments. Des petites parenthèses enchantées. (N. Houguet, *L'Amérique que j'aime*, 2004, p. 171, GRL)

3. Avec le développement du sida, la « parenthèse enchantée » (selon l'expression de Françoise Giroud) de la liberté sexuelle s'est refermée, mais l'air qui se respire restera inchangé : la vie est devenue un mixte où se mélangent problèmes sérieux et « bonnes bouffes », recherche de vérité et clins d'œil de connivence. (J.-P. Meyer, *Chercheur de chemins*, 2005, p. 172, GRL)

4. Il [Michel Polnareff] devient ce fantôme de la chanson française, disparu aussi vite que la fameuse parenthèse enchantée du début des années 70, et dont on annonce le retour […]. (*Le Petit Bulletin*, 21 mars 2007, p. 3)

## parfait

**personne n'est parfait**, loc. phrast. Formule utilisée, avec une légère ironie, pour se disculper à l'avance ou pour disculper quelqu'un. Elle est employée dans le film de Billy Wilder *Certains l'aiment chaud* (1959), comme le rappelle par exemple R. Fallet, *L'Angevine* : « Rappelle-toi la fin du film *Certains l'aiment chaud*, avec Marilyn. Le milliardaire veut à tout prix épouser le travesti qui finit, pour s'en débarrasser, par gueuler : "Mais enfin c'est impossible ! Je ne suis pas une femme !" Et le milliardaire indulgent lui répond : "Personne n'est parfait". In English : Nobody is perfect. » Cette réplique montre bien, selon le commentaire qu'en fait A. Vialatte dans *La Porte de Bath-Rabbim*, 1986 [av. 1971], p. 237-238, que « l'essentiel est chose subjective » et « que les grands esprits ne s'attachent jamais aux bagatelles ». La forme **nul n'est parfait** (voir l'exemple 2) est déjà attestée au XVIe s. : en 1504 (« Fille ne doit se mocquer d'ame : / Nul n'est en ce monde parfait », *Le Doctrinal des filles à marier*, dans *Recueil de poésies françoises des XVe et XVIe siècles*, t. 2, Jannet, 1855, p. 21) ; en 1592 (« nul n'est parfaict au monde », B. de Monluc, *Commentaires*, Gallimard, « La Pléiade », 1964, p. 346).

1. On peut lui faire confiance : il se tient fort bien à table, il possède un solide coup de fourchette, il fait honneur aux bouteilles et surtout (voilà pourquoi on l'invite !) au dessert il ne se fait point prier pour pousser une chanson. Malheureusement (personne n'est parfait !) il affiche des opinions beaucoup trop républicaines dans un milieu où l'on ne semble nullement disposé à les accepter. (H. Frossard, *Louis Pergaud*, 1982, p. 18, GRL)

2. Cela fait bien longtemps que je n'ai pas été primaire et viscéral. Que voulez-vous, nul n'est parfait. Pour me faire pardonner je vais l'être outrancièrement. (A. Gillot-Pétré, *Ma gueule d'atmosphère*, 1987, p. 162)

3. M. Bertrand ne connaissait pas Claude Simon (personne n'est parfait), aussi se fit-il un devoir de le découvrir. Il opta pour *Leçon de choses.* Et là, abomination de la désolation [...] ! Il y avait dans *Leçon de choses* une dame et un monsieur minutieusement décrits alors qu'ils étaient en train de se donner du bon temps, nus sur un lit. (*L'Événement du jeudi*, 8 octobre 1987, p. 105)

4. José Bové [...] a sauvé le Larzac, il a combattu la malbouffe, il a fédéré les altermondialistes. Certes, diront certains, il était l'ami de François Mitterrand. Personne n'est parfait... (*Libération*, 1er février 2007)

V. encore *vie*, ex. 8.

## parole

**sur ces fortes paroles**, loc. adv. Pour marquer une distance légèrement ironique par rapport à ce qui vient d'être dit. Par antiphrase. Attesté en 1922 (« Si à l'heure prévue personne ici n'est réveillé, Omar viendra nous secouer : je l'en ai prié, et soyez sans crainte, il n'y manquera pas ! Sur ces fortes paroles, nous nous allongeons dans la paille et j'éteins la bougie », M. Heim, *Sur les pentes du Pamir*, Châteauroux, Société d'imprimerie / Paris, Sansot, p. 157, GRL). Variantes développées : **sur ces paroles démocratiques** ; **sur ces fortes paroles franchement républicaines**.

1. – Mouais, fit-il [...]. Comme d'habitude avec toi, mon vieux Machin, c'est bien compliqué...
Nous arrivions au bureau sur ces fortes paroles [...]. (A.D.G., *Les Billets nickelés*, 1988, p. 55)

2. [...] à la fin de la journée, un nouveau chapitre avait été ajouté à la défense et à l'illustration des privilèges parisiens. [...] Mais il fallait bien laisser à Charles Pasqua, arrivé peu avant la clôture, le dernier mot. [...] « Paris doit se réformer, s'alléger, se déconcentrer, faire le tri entre l'essentiel et l'accessoire pour ne conserver que

l'essentiel. » Sur ces fortes paroles, qui ont fait l'effet d'une douche froide, la séance a été levée. (*Le Monde*, 2 avril 1994, p. 13)

## partie

**c'est pas une partie de plaisir**, loc. phrast. "c'est une occupation pénible, prenante, délicate". Attesté en 1897 (« Il a craint d'éloigner cette clientèle [de partisans] en lui disant : Mes bons amis, la vie n'est pas une partie de plaisir, – il s'en faut de beaucoup », E. Demolins, *À quoi tient la supériorité des Anglo-Saxons*, Paris, Firmin-Didot, p. 330, GRL). Par euphémisme. ~ **c'est pas la joie** ; **c'est pas le pied** ; **c'est pas de la tarte**.

1. À l'arrière les femmes remplaçaient les bonshommes, elles ne chômaient pas. Rien que la blanchisserie, c'était pas une partie de plaisir. Pas de machine, pas d'électricité, lavage et repassage garantis main. (R. Lageat, *Robert des Halles*, 1980, p. 14)

2. Si pour le poète, l'homme libre toujours chérira la mer, le travail du marin pêcheur n'est pas une partie de plaisir. (*L'Humanité*, 3 juin 2003)

3. Aux joueurs [de Feurs] de se réveiller et d'offrir un match plein à leurs supporters pour bien préparer la suite. Mais il est clair que l'affrontement ne sera pas une partie de plaisir. (*Le Progrès*, 6 février 2007)

## partir

**ça partira comme c'est venu**, loc. phrast. Pour minimiser une situation fâcheuse d'origine mal établie et souhaiter le retour à la normale. Attesté en emploi personnel en 1900 (« Mais si le médecin commande une médication compliquée, le vieux hoche la tête et pense : Il se trompe avec tous ses remèdes de pharmacien et mon mal partira comme il est venu », C.-L. Philippe, *La Mère et l'enfant*, Rennes, La Part Commune, 1999, p. 71, GRL) ; en 1915 (« Papa doit être bien ennuyé [...]. J'espère tout de même qu'avec un peu de soins, ses rhumatismes partiront comme ils sont venus », R. Garnung, *Je vous écris depuis les tranchées*, Paris, L'Harmattan, 2003, p. 20). Cf. en 1833 (« Ne voir que soi, ne se lier que pour soi, est un mauvais calcul : l'amitié partira comme elle est venue », *Œuvres complètes de Sénèque le philosophe*, publ. par C. du Rozoir, Paris, C.L.F. Panckoucke, t. 5, p. 45, GRL).

1. – [...] Entre Leslie et moi, c'est clair* qu'il y a un froid pour le moment. C'est peut-être des enfantillages, des embrouilles de collégien, et ça partira comme c'est venu. (Un champion de 400 m, dans *L'Équipe*, 1er juillet 2005, p. 10)

— Souvent à propos d'une affection, d'une maladie.

2. [...] après examen ophtalmologique complet, plutôt pour dédramatiser la situation et rassurer le patient, celui-ci s'entendait dire : « ce n'est pas grave, cela partira comme c'est venu... » Mais des hémorragies sous-conjonctivales survenaient à répétition chez certains patients, ce qui était plus angoissant pour eux. (C. Orsoni-Dupont, dans *La Phytothérapie européenne*, 2003, <cat.inist.fr/>)

3. J'ai été consulter différents médecins [pour des éruptions de boutons], fait des prélèvements et la réponse qui revient sans cesse c'est ça partira comme c'est venu ! en attendant lorsque j'ai des fortes poussées cela est très gênant et fait très mal. (Message, 3 juin 2006, <www.vulgaris-medical.com/>)

4. Je souffre de colite, ça partira comme c'est venu. (Message, 22 février 2007, <poupabellissima.skyblog.com/>)

## patali

**(et) patali (et) patala**, loc. Variante de **(et) patati (et) patata**. *Et patati et patala* est attesté dans Bauche 1920 s.v. *patati*. *Patali* et *patala* sont attestés avant 1922 (« Françoise crut sans doute que son incomplète éducation seule l'avait privée jusqu'ici de ce bel usage. Et sur ses lèvres où j'avais vu fleurir jadis le français le plus pur, j'entendis plusieurs fois par jour : "Et patati patali et patata patala." », M. Proust, *À la recherche du temps perdu.* « Le Temps retrouvé », Paris, Gallimard, 1927, p. 75, GRL). ~ **(et) palali* (et) palala**.

— Évocation d'un bavardage, d'une suite de paroles considérées comme oiseuses, qu'on ne se donne pas la peine de rapporter. ~ □ **et patin* couffin**.

1. – Coucou !
– Ah ! la voilà.
Et patali patala me revoici plongée à fond de ballon, jusqu'au trognon, dans le contexte. (M. Sergent, *Normal*, 1991, p. 75)

2. Ils avaient mis les chaises en rond, et que je te cause et que je te cause, et patali et patala [...] ! (A. de Saint-André, *L'Ange et le Réservoir de liquide à freins*, 1994, p. 77)

3. Ce projet, c'est bidon, de la gesticulation, pour faire croire que ce gouvernement est courageux, qu'il prend des mesures visibles et patali patala, de la com[munication] quoi ! (Message, 13 juillet 2004, <forum.hardware.fr/>)

∞ EN CONSTRUCTION DÉTACHÉE. **patali... patala** (avec effet de rime dans l'ex. suivant).

4. [...] comme dans toute surpate, larcins multiples... Et soudain, le scandale : « On m'a volé ceci ! – Patali. – On m'a pris cela ! – Patala... – Au voleur ! », les invités protestent... Le coiffeur, alerté, se rue dans sa chambre... Hurlements : « Ma cassette ! Ma cassette ! » (Bayon, *Le Lycéen*, 1987, p. 287)

∞ EMPLOI SUBST. MASC. ~ **blablabla**.

5. – C'est pas bientôt fini ces patali-patalas, mes jeunes demoiselles ? (A. de Saint-André, *L'Ange et le Réservoir de liquide à freins*, 1994, p. 167)

— Pour abréger l'énumération de considérations ou de détails qu'il n'est pas utile de développer. ~ **et caetera**.

6. Tiens, en voilà encore une qui devrait écrire ses mémoires, ce serait amusant. « Votre mari m'aimait beaucoup, vous savez, madame. Il m'aimait beaucoup, je vous assure... » Et patali et patala [...]. (D. Martin, *Le Jéroboam*, 1969, p. 258, GRL)

7. Pendant une partie du dîner, il m'a chanté tes louanges : « jeune, gai, charmant, intelligent, je comprends qu'il soit votre meilleur ami », et patali et patala. (J.-L. Curtis, *L'Horizon dérobé*, 1978, p. 251, GRL)

## pataquès

□ **en faire (tout) un pataquès**, loc. verb. "en faire (toute) une histoire". De *pataquès* "situation embrouillée". ~ □ **en faire un beurre** ; □ **en faire (tout) un**

**cake*** ; □ **en faire (tout) un flan*** ; □ **en faire un fromage** ; □ **en faire tout un plat** ; □ **en faire une galère*** ; □ **en faire six/dix caisses.**

1. M. Le Roux croit – à tort – que ses concurrents ont déjà déposé leur liste [de candidature aux élections municipales], et la journée se passe. « Je suis désolé de ne pas faire l'union, mais je n'en fais pas un pataquès », se souvient le maire sortant, qui a dû, quand même, rêver à un beau conseil municipal tout rose. (*Le Monde*, 31 mars 2001, p. 7)

2. – […] si je ne dors pas, je pourrais regarder la télé.
– Pff, elle n'est ni branchée, ni réglée sur la réception locale. A Paris, j'étais sur le câble ; ici, faut repasser en hertzien, c'est tout un pataquès, rétorqua-t-il visiblement agacé. (C. Hyommeph, *Gros et détails*, 2003, p. 59, GRL)

3. Samuel. – […] Qu'est-ce tu crois ? Qu'on n'écrit que pour l'école ? Et ton journal intime ? Tu t'le fais corriger peut-être ?
Alissa. – Manquerait plus que ça ! Déjà que ma mère m'en fait tout un pataquès. (D. Flau-Chambrier, *Nora*, <www.educnet.education.fr/theatre/printemps/nora.htm>, consulté le 2 juillet 2005)

4. Comment préparer au mieux la rentrée des petits en maternelle et en primaire ? […] C'est ce que nous avons demandé à une pédiatre. « Ne pas en faire un pataquès ! La rentrée est un événement des plus normals [*sic*] », annonce d'emblée Isabelle […], pédiatre. (*Ouest France*, 31 août 2005)

## patate

□ **avoir les patates au fond du filet**, loc. verb. "être très fatigué, épuisé (notamment après des rapports sexuels)". L'image renvoie à des pommes de terre dans un filet à provisions, mais à travers un jeu de mots sur *patates* "testicules" et *filet* "slip ou caleçon". ~ **être sur les genoux** ; **être sur les rotules**.

1. Ayons une pensée pour les *patates*, utilisées dans cette expression fameuse, pour exprimer une grande fatigue : « J'ai les patates au fond du filet ». (J.-C. Carrière, *Les Mots et la chose*, 1991, p. 82)

2. La jubilation en bandoulière […], il [un écrivain] nous conduit par les vocables de son univers d'arsouilles, mi-polar, mi-biographie, pour nous laisser, comme on disait en langage argotique, les patates au fond du filet. (F. Ceresa, dans *Le Figaro*, 28 octobre 2004, p. 44)

3. […] notre parcours du Tendre fut si éprouvant qu'il a les patates au fond du filet et prend un peu de repos. (*Le Royaume des Crons* [feuilleton], <www.lpce.com/>, consulté le 10 janvier 2007)

■ **avoir les patates au fond du sac**, loc. verb. "chez l'homme, éprouver un vif besoin de faire l'amour ; n'avoir pas fait l'amour depuis longtemps".

4. […] je vous quitte, j'ai les patates au fond du sac et je compte bien y remédier avec une fille de joie ce soir. (Message, 17 décembre 2005, <forum.doctissimo.fr/doctissimo/prostitution/>)

5. Le Cap d'Agde, ah oui c'est bien ! les plages sont maculées de préservatifs usagés, la moindre femme qui bronze nue est aussitôt entourée d'une horde sauvage de 12 mecs en rut, profil « j'ai les patates au fond du sac […] ». (Message, 9 novembre 2006, <forums.voissa.com/>)

**manger** (/□ **bouffer**) **des patates** (**à l'eau**), loc. verb. Symbole d'une nourriture de base, vite monotone, à laquelle on est réduit par manque de moyens financiers. ~ **manger** (/□ **bouffer**) **des nouilles* ; se serrer la ceinture**.

6. J'épouse une femme pleine d'ambition
Qui veut faire de l'épate
Pour s'acheter la télévision
On bouffe que des patates. (P. Perret, « Plein la poire », 1971, dans *Chansons de toute une vie*, 1993, p. 237)

7. [...] je préfère rouler dans ma Laguna et bien manger et faire des cadeaux aux personnes que j'aime plutôt que de rouler dans la dernière BMW, et manger des patates à l'eau tous les soirs et rechigner pour payer le moindre truc en compagnie d'amis ou de collègues. (Message, 18 septembre 2003, <www.forum-auto.com/>)

8. Mais il est vrai que la deuxième [maison à vendre] nous tente bien... Mais on va bouffer des nouilles* et des patates à l'eau pendant quelques années. (Message, 7 mars 2007, <forum.hardware.fr/>)

□ **mettre la patate**, loc. verb.

— "intensifier une action". ~ **faire du forcing**.

9. A priori, difficile de saisir la différence majeure entre le reggae black et le reggae blanc. Eux l'ont fait : « Nous faisons du reggae blanc, c'est-à-dire plus festif, plus pêchu, comme des gens qui manquent de soleil parfois et qui ont besoin de se réchauffer les mains, comme des gens qui ne sont pas assommés par 40° à l'ombre. On peut mettre la patate. » (William, bassiste d'un groupe basque, dans *Sud Ouest*, Pyrénées-Atlantique, 21 juin 2004, p. 18)

10. « On va mettre la "patate" toute la semaine et la semaine suivante si le gouvernement refuse de retirer le CPE [contrat première embauche] », promettent les lycéens de Lanion. (*Ouest France*, 22 mars 2006)

— EN PARTICULIER. "mettre les gaz, accélérer". ~ □ **mettre la gomme**.

11. Observe longuement tes angles avant de griller, toi aussi, le feu rouge.
Relancé vers Haussmann, retiens-toi encore, cependant, de mettre la patate. (É. Holder, *Nouvelles du Nord*, 1998, p. 10)

□ **se crever la patate**, loc. verb. "se fatiguer, s'épuiser". Intensif de **se crever**. ~ **se crever le cul**.

12. – [...] ils méritent pas qu'on se crève la patate pour eux. (C. Chollet, *Un petit lapsus très suspect*, 2001, p. 172)

□ **(se) passer/renvoyer/repasser** (ou synonyme) **la patate chaude / renvoyer qqc comme une patate chaude**, loc. verb. Pour désigner une situation, un problème, un cas difficile qu'on ne peut ou ne veut pas assumer et qu'on cherche à faire assumer par d'autres. Calque de l'anglo-américain *to drop something like a hot potato*, lequel est attesté depuis 1846 (OED). ~ □ **refiler** (/**repasser**) **le bébé* à qqn** ; □ **refiler le paquet à qqn**.

13. Personne ne veut prendre la sale décision, la décision difficile. La patate chaude tourne de mains en mains. (B. Jarrosson, *Décider ou ne pas décider. Réflexions sur les processus de la décision*, 1994, p. 94, GRL)

14. Les cultureux, protestant de leur innocence, l'envoyèrent foutre sa pagaille à l'office de tourisme qui refile la patate chaude à la Direction de l'Équipement […]. (P. Garcette, *Guère épais*, 2001, p. 90)

15. « On cherche désespérement des lits, en permanence, a témoigné un cadre infirmier de Marseille. Ce ne sont plus des patients mais des patates chaudes qu'on se refile d'un service à l'autre. » (*Le Monde*, 10 juin 2003, p. 7)

16. Effrayé, le ministère de l'Education [de Roumanie] a décidé de repasser la patate chaude au Parlement pour un débat national. (*Le Point*, 30 novembre 2006, p. 68)

## pâté

□ **avoir la tête dans le pâté**, loc. verb. « "Avoir la tête dans le pâté", c'est être mal réveillé » (*L'Humanité*, 15 juillet 1993). ~ ■ **avoir la tête dans le cul*** ; **être dans le cirage** ; □ **être dans le coaltar*/le gaz*/les vapes** ; **être vaseux** ; □ **avoir la tête en vrac***.

1. J'arrive le premier un quart d'heure en retard, la tête un peu dans le pâté, les autres se succèdent jusqu'à midi passé, dans un état pire que le mien, et nous partons en autocar avec plus d'une heure de retard. (P. Molle, *Mémoires d'outre mers*, 2005, p. 188, GRL)

2. « J'adore cette façon de partager la vie du quartier, le rythme des gens. Ceux qui viennent le matin prendre un jus ou un demi et qui ont la tête dans le pâté, comme moi. On se réveille ensemble… ! » (Gérante de bar-PMU à Bègles, dans *Sud Ouest*, Gironde, 6 décembre 2005)

3. Hier matin, j'ai failli m'endormir pendant que je faisais cours. J'ai suggéré de faire une petite pause et un stagiaire (mignon et sympa) m'a dit « Viens, je t'offre un café »… je devais vraiment avoir la tête dans le pâté. (Blog, 27 juillet 2006, <armonisglob.canalblog.com/>)

■ **(il) y a une couille dans le pâté**, loc. phrast. "il y a une difficulté imprévue, un ennui inattendu". Intensif de **il y a une couille**, sur le modèle de *il y a un os dans le pâté*. ~ □ **(il y a) un os dans le boudin*** ; □ **il y a un lézard** ; **il y a un souci*** ; ■ **il y a une couille dans le potage***.

4. Après quelques longues conversations téléphoniques, elle s'aperçut qu'il y avait une couille dans le pâté […]. (E. Hanska, *Fascination*, 1986, p. 19)

5. […] le prix [d'un appartement] semble trop bas pour qu'il n'y ait pas comme on dit chez nous « une couille dans le pâté ». (Blog, 19 avril 2006, <edwoodjr.blogspot.com/>)

6. […] je suis catapultée « responsable du département » ; t'imagines ça […] ; le revers de la médaille c'est que s'il y a une couille dans le pâté, comme on dit vulgairement, c'est pour ma pomme […]. (Message, 26 août 2006, <carareglisse.unblog.fr/>)

7. Débrancher la cosse de ta batterie ça ne crée aucun problème, même si tu n'as pas besoin de le faire […]. A moins qu'il y a[it] une couille dans le pâté et que quelque chose consomme du courant, te vidant la batterie. (Message, 16 mai 2007, <www.autocadre.com/>)

□ **sentir le pâté**, loc. verb. "se gâter, aller mal". Métaphore actualisant **sentir mauvais**.

8. De jour en jour, la tension monte, malgré Serge, toujours confiant. « Le projet n'est pas en danger, les fonds sont là […]. » […] Philippe est au bord de la crise de nerfs.

« Ton projet, il sent le pâté ! [...] lance-t-il à Serge [...] ». (*Le Figaro*, 23 septembre 2003, p. 26)

— EN EMPLOI IMPERSONNEL. **ça sent le pâté.**

9. Il y a campagne et campagne. Et parfois, ça sent le pâté. Hier, devant les maires de Charente [...], Jacques Chirac s'apprêtait à lancer un dernier appel à la mobilisation pour le oui au référendum sur le quinquennat [...]. Mais son discours [...] a cette fois, dérapé sur la réalité [...]. (*Libération*, 22 septembre 2002, p. 4)

10. Ça sent le pâté pour les [footballeurs] Ploërmelais qui ont raté le coche dimanche dernier à Morlaix. (*Le Télégramme*, 9 mai 2003)

11. Le mec roulait sans permis. C'était une infraction. Ou bien avec un faux. C'était une infraction aussi. Quelque chose sentait le pâté [...]. (L. Chalumeau, *Maurice le Siffleur*, 2006, p. 159)

## patibulaire

**pas tibulaire, mais presque**, loc. adj. Calembour (diffusé par Coluche, voir l'exemple 1). Pour souligner avec ironie la mine plus ou moins inquiétante de quelqu'un.

1. [...] deux ou trois aînés de la bande ont eu l'idée de s'associer avec un serrurier pour vendre des œilletons de porte et des serrures renforcées. Michel sera du démarchage. Avec un rôle précis : il pénètre dans les immeubles, habillé comme un voyou, l'air pas tibulaire, mais presque, selon la formule de l'un de ses sketches, sonne aux portes des appartements, de préférence occupés par des femmes. Quand on lui ouvre, il invente une excuse, il s'est trompé, demande un renseignement dérisoire, en prenant bien soin de regarder par-dessus l'épaule de son interlocutrice. (P. Boggio, *Coluche*, 1991, p. 25, GRL)

2. Ce matin, 8 h 10 : commissariat de mon quartier. Trois types sont là... La quarantaine, un peu bougons et mal réveillés, pas tibulaires mais presque... L'un tape furieusement sur sa machine...
– Bonjour, excusez-moi, je viens chercher un certificat de résidence... C'est bien ici ?...
– Attendez, ça ne commence qu'à 8 h 30. (Blog, 1er mars 2005, <blog.gayattitude.com/>)

3. J'aime bien ton illustration, la mine pas tibulaire mais presque, les cheveux en bataille, la bebar ["barbe"] de 3 jours et les yeux [v. *œil*] en trou de bite... c'est tout toi ça ! (Message, 30 novembre 2006, <www.lecarnet.info/>)

## patin

□ **et patin couffin**, loc. Caractéristique du Sud-Ouest de la France, où elle est attestée depuis 1926 (voir DRF 2001), cette locution est aussi connue en dehors de cette aire.

— Évocation d'un bavardage, d'une suite de paroles considérées comme oiseuses, qu'on ne se donne pas la peine de rapporter. ~ **et patati et patata** ; **(et) patali* (et) patala** ; **(et) palali* (et) palala**.

1. – Qui c'est, Nina ? insista Betty.
– Ma femme, soupira Platteau. Plus chiante qu'elle, tu trouveras pas. À l'heure qu'il est, elle doit déjà être en train de pleurnicher auprès de ses copines comme quoi on

lui avait bien dit de ne pas se coller avec un Français, et patin couffin. J'ai fait une sacrée connerie en l'épousant. (C. Bravo, *Avenida B*, 1991 [1990], p. 28-29)

2. [...] Gildas me balance, en disant qu'il ne comprend pas comment Étienne Mougeotte peut laisser à des gens comme moi le soin d'animer des débats sérieux comme celui sur la Corse, que je ne suis pas apte, que je n'ai pas les qualités nécessaires, et patin-couffin... (C. Dechavanne, *La Fièvre du mardi soir*, 1992 [1991], p. 78)

3. Je ferai remarquer pour ma part [...] (patati patata).
Ainsi de suite, patin couffin, Martin et son chien. (J.-N. Blanc, *La Petite Piscine au fond de l'aquarium*, 2007, p. 43)

— Pour abréger l'énumération de considérations ou de détails qu'il n'est pas utile de développer. ~ **et caetera ; palali* palala**.

4. – J'ai vérifié l'Infogreffe. La Fondation Élise-Bartocq repose sur une banale association type 1901. À vue de nez, fausses factures, frais de fonctionnement vertigineux, indemnités de représentation exponentielles, abus de confiance et patin couffin. (M. Embareck, *Dans la seringue*, 2002 [1999], p. 110)

5. – [...] Faut pas s'étonner. Avec toutes les saletés qu'ils balancent dans l'atmosphère, la pollution des villes, les usines chimiques... *et patin couffin*... un jour il y aura une catastrophe. (P. Le Loarer, *Souris des villes et rats des cimes*, 2004, p. 155, GRL)

## patrouille

□ **être pris par la patrouille**, loc. verb. Par référence aux patrouilles de policiers ou de militaires dont la mission est de constater et de réprimer des infractions.

— "être pris sur le fait et pénalisé pour une faute, une tricherie (langue des sportifs)".

1. Un joueur sanctionné par l'arbitre pour une vilenie qu'il croyait commettre en douce a été « pris par la patrouille », tel le bidasse en fausse perm' coincé dans un estaminet par la police militaire. (*Le Monde,* 21 novembre 2000, p. 36)

2. White est pris par la patrouille pour un coup de genou et est pénalisé, l'occasion pour Skrela d'ouvrir le score pour Paris. (Commentaire d'un match de rugby, 15 janvier 2006, <www.rugbyrama.com/>)

3. – Il ne faut pas non plus dire que les 100 meilleurs [coureurs cyclistes] au niveau mondial sont tous dopés. [...] Maintenant, avec tous ces leaders étrangers pris par la patrouille, ce n'est pas très rassurant. Le cyclisme fait sa révolution trop lentement. (*Libération*, 3 juillet 2006, p. 18)

∞ **se faire prendre par la patrouille,** "id.". Moins usuel.

4. C. J. Hunter, champion du monde du lancer du poids à ses moments perdus, venait de se faire prendre par la patrouille-éprouvette. Ou du moins cela venait de se savoir. Le brave garçon était tombé, et pas qu'un peu, dans la marmite à nandrolone. Mille fois la dose, il avait usé et abusé, C. J. ! (P. Georges, dans *Le Monde*, 28 septembre 2000, p. 40)

— "être sanctionné pour avoir commis un délit".

5. Quant à l'amende pour excès de téléchargement qui vise le téléchargeur « simple », on ignore toujours à la fin des débats s'il pourra être pris par la patrouille

après un, deux, dix, 100 ou plus téléchargements d'œuvres (les limites devant être fixées par le Conseil d'État, sic…) Ce qu'on sait en revanche […] : l'amende de 38 euros est un leurre grossier et grotesque. (« L'actu des loisirs numériques », 17 mars 2006, <www.lavienumerique.com/>)

## patte

■ **casser les pattes arrière à qqn**, loc. verb. Dans des rodomontades, pour évoquer la fougue virile dans l'amour physique.

1. *Serge* : Allo ! Je suis un copain de Dov. Il dit que t'aurais rien contre un petit cinq à sept avec un mec bien monté. […] Tu sais quoi ? Je vais te casser tes petites pattes arrière. Et puis je vais te faire bouffer ton polochon. (*La vérité si je mens* 2, film de Thomas Gilou, 2001)

2. Twicky, ramène jamais ta mère en soirée, elle risquerait de se faire casser les pattes arrière par beaucoup de monde ! (Message, 23 juillet 2006, <www.e-carabin.net/>)

**deux pattes**, loc. nom. Appellation populaire la plus répandue, avec *deuche* (et *deudeuche*), de la 2 CV Citroën (automobile dont le moteur est à deux cylindres).

3. – Tu as une bagnole neuve ?… Et l'autre, tu l'as enterrée ?
– C'est quoi ? Une Cadillac ?
– Vous êtes cinglés… c'est seulement une deux pattes, protesta Félisse […]. (J. M. Soyez, *Le Créa*, 1976, p. 222, GRL)

4. Son rêve serait de voir sa fille se marier en 2 CV, « comme dans les vieux films français ». En attendant, il bichonne sa deux-pattes. (*Libération*, cahier spécial, 29 juillet 2002, p. 6)

5. […] la 2 CV Citroën. La « deux pattes », la « deudeuche », quoi. (*La Nouvelle République*, Maine-et-Loire/Saumur, 3 décembre 2004, p. 6)

□ **faire aux pattes**, loc. verb. Souvent en emploi passif. "appréhender, arrêter ; terrasser". Attesté en 1888 (« *faire aux pattes*, saisir son adversaire par les jambes et le renverser », dans É. Chautard, *La Vie étrange de l'argot*, Paris, 1931, p. 271) ; Bruant 1901 *faire aux pattes* "terrasser en saisissant par les jambes".

6. – On l'a fait aux pattes, à vingt mètres d'ici, dit un sergent au lieutenant, mais on ne peut pas s'expliquer, on ne sait pas un mot d'allemand. (J. Davray, *Le Bruit de la vie*, t. 4, « Les astres meurent », 1957, p. 403, GRL)

7. « Et maintenant, a dit notre chef, je vais vous parler du salopard que vous avez fait aux pattes… » (J. David, *Assassin*, 1965, p. 122, GRL)

8. Une fois franchi le mur d'enceinte qui entourait l'infirmerie, […] il regretta un instant d'avoir plongé dans cette aventure. Et qu'allait dire le médecin-chef de la prison de Raincour s'il était fait aux pattes ? (A. Le Breton, *Bontemps et les Holdopeuses*, 1984, p. 7)

— □ **être fait aux pattes**, loc. verb.

∞ "être pris par surprise, être attrapé, être coincé".

9. D. l'a confié à ses intimes, il n'a pas l'intention d'être « fait aux pattes », ni humilié par le PC ; le pays apprendra donc que le Conseil des ministres a été annulé. (A. Gourdon, *Mendès France*, 1977, p. 248, GRL)

10. – […] On dit que le cardinal Liénart soutient les grévistes.
– Il les comprend, Victoire, mais il ne les soutient pas. Il ne le peut pas. La misère que le patronat chrétien a laissée s'installer a été récupérée par les communistes. Et le communisme, c'est le marxisme. Donc, l'athéisme. Le cardinal ne peut pas le cautionner.
– Il est fait aux pattes, alors ? demande Victoire avec une irrévérence tranquille. (G.-L. Niquet, *Les Enfants du beffroi*, 2003, 115-116, GRL)

11. Roman Polanski a beaucoup de mal à résister à une femme. Lorsque, la semaine passée, trois d'entre elles se liguèrent pour lui tendre un guet-apens, il était fait aux pattes. (*Le Figaro Magazine*, 15 octobre 2005, p. 8)

∞ "être ivre". Moins usuel. Probablement parce que l'alcool « coupe les jambes » ; comparer avec *casse-pattes* "alcool fort" (populaire et vieilli). ~ □ **avoir mis ses chaussures à bascule**.

12. À peine arrivons-nous à la table que je saisis en un clin d'œil toute l'ampleur du désastre. Marguerite et sa copine sont déjà faites aux pattes, beurrées comme des quiches, rondes comme des queues de pelles. (P. Adler, *Les Amies de ma femme*, 1987, p. 101)

## paupière

**panne de paupière**(s), loc. nom. "sommeil contre lequel on ne peut lutter". Métaphore des paupières qui ont de la difficulté à s'ouvrir. ~ **panne d'oreiller** ; **panne de réveil**.

1. Sabine prolongeait de quelques secondes supplémentaires cette ivresse d'une promenade dans le matin dominical, avant de subir cet ennui d'une employée à qui le chef osera peut-être dire : « Vous êtes en retard, on a eu une panne de paupières ? » […]. (Y.-M. Ergal, *Les Sept mois de Sabine Noël*, 1986, p. 21, GRL)

2. Le portable sonne encore. « Ré-veil ! Tu sais l'heure ? Bon tu regarderas la définition du mot dans le dictionnaire […] », explique-t-il [un entraîneur sportif] à un de ses « pensionnaires » qui a visiblement eu une panne de paupière. (*Sud Ouest*, Pyrénées-Atlantique, 3 septembre 2003)

3. Des amitiés sont nées au fil des festivals [du film à La Rochelle] et notamment durant la nuit blanche. « Il s'y crée une ambiance vraiment particulière », raconte Véronique, la Poitevine, « au bout du troisième film, on commence à lutter contre la panne de paupière. Pour se tenir en éveil, certains commentent, applaudissent, chantent […]. » (*Charente libre*, 1er juillet 2006, p. 29)

## pauvre

**les bons pauvres**, loc. nom. "les pauvres qui se résignent à leur sort". S'est dit traditionnellement, et de très longue date, des pauvres soumis et reconnaissants envers leurs protecteurs.

1. L'Italie a changé et, avec elle, un esprit boy-scout qui animait les intellectuels de gauche devant leurs bons pauvres, c'est-à-dire devant les prolétaires. Le néo-réalisme est allé au peuple. Il y est allé comme à la sainte Table, dans une sorte d'extase qui abolissait la méchanceté. (R. Borde et A. Bouissy, *Le Nouveau Cinéma italien*, 1963, p. 98)

2. Les bons pauvres ne savent pas que leur office est d'exercer notre générosité ; ce sont des pauvres honteux, ils rasent les murs ; je m'élance, je leur glisse dans la main une pièce de deux sous et, surtout, je leur fais cadeau d'un beau sourire égalitaire. (J.-P. Sartre, *Les Mots*, 1964, p. 24, FT)

3. [...] ces bien-pensants qui choisissaient leurs pauvres, les bons pauvres, si bien décrits par Mauriac dans *Le Pharisien*. (*L'Express*, 28 mars 2005, p. 86)

## pays

**causer/parler du pays à qqn**, loc. verb.

— LE SUJET DÉSIGNE UNE PERSONNE. "réprimander ; agonir ; traiter brutalement". Par antiphrase de *parler du pays* "évoquer des souvenirs agréables à celui qui est loin de son lieu d'origine".

1. – Va falloir se bouger un peu, les gars, décida-t-il. Le Dugommier va pas tarder à rappliquer. Faudra qu'on lui parle un peu du pays [...]. (M.-E. Grancher, *Pas de bégonias pour Madame Dugommier*, 1950, p. 118)

2. – Ton père [...] va t'en causer ce soir [du carnet de correspondance scolaire].
Il y a longtemps que je sais que « causer » n'est pas un synonyme de « parler ». Ça veut plutôt dire « causer du pays ». Cette étrange contrée inconnue dont on ne rapporte que des ennuis. (D. Picouly, *Le Champ de personne*, 1995, p. 46)

∞ **entendre causer/parler du pays**, loc. verb. "se faire réprimander ; se faire agonir". ~ **se faire remonter les bretelles ; se faire secouer les puces**.

3. En fait, sur les 132 absents, certains, fatigués par quatre longues journées de congrès, avaient quitté Rimini dès avant leur élection dans la nouvelle structure. Signe de la mauvaise humeur, de l'indifférence et du manque d'enthousiasme qui ont caractérisé ce dernier congrès communiste, ceux-là, comme on dit vulgairement, vont entendre parler du pays. (*Le Monde*, 6 février 1991, p. 11)

4. « [...] si j'avais vendu aux gens le pain dégueulasse qu'on leur vend en grande surface, j'aurais entendu parler du pays. » (Un boulanger d'Orthez, partant à la retraite, dans *Sud Ouest*, 8 janvier 2004)

5. [L'entraîneur] Albert Emon : « Je n'ai rien à reprocher aux joueurs », tentait de positiver le technicien marseillais. « En fait, je suis déçu pour eux, car je pense qu'ils méritaient au moins le nul. Qu'ils jouent tout le temps comme ça et ce sera parfait. » Une sorte de méthode Coué* pour un entraîneur qui risque pourtant d'entendre parler du pays à son retour dans la cité phocéenne. (*Radio France Sport*, 12 novembre 2006, <web1.radio-france.fr/>)

— LE SUJET DÉSIGNE UNE PARTIE DU CORPS. "faire souffrir". Peu usuel.

6. – Comment va ton bras ?
– Il me parle un peu du pays.
– On te le soignera. (L. Malet, *Nestor Burma court la poupée*, 1989 [1971], p. 996)

## peanuts

**c'est peanuts**, loc. phrast. Pour indiquer une somme dérisoire, une quantité négligeable, une chose sans importance. De l'anglais *it's peanuts*, de même sens.

1. [...] cette réduction [des charges sociales], « c'est peanuts » dans une PME où la masse salariale est limitée à 30 % du chiffre d'affaires. (*La Tribune*, 27 décembre 1996)

2. Trente millions de centimes [dans une vente aux enchères], c'est peanuts, c'est misérable. (*Libération*, 24 octobre 2000, p. 7)

3. Et dans un tel contexte, sept points d'avance, c'était « peanuts ». (*Le Télégramme*, 27 mars 2006)

— PAR ELLIPSE. ~ **des clopinettes.**

4. [...] il sera possible d'assister à certains matches [...] pour la modique somme de 2,5 euros. Autant dire « peanuts ». (*L'Humanité*, 3 septembre 2002)

## pêche

**la pêche à la ligne**, loc. nom. Pour qualifier l'abstention lors d'une consultation électorale. Très employée par les médias, l'image souligne que l'électeur est plus intéressé par ses loisirs que par la fréquentation de son bureau de vote. « La figure de l'absentionniste apparaît pour la première fois sous la plume du journaliste Octave Mirbeau, qui, dans *Le Figaro* du 14 juillet 1889, recommande à l'électeur de partir "tranquillement pêcher à la ligne" plutôt que d'exercer un droit illusoire. L'image de l'absentionniste pêcheur à la ligne perdra au fil du temps son contenu subversif, au grand dam des libertaires, mais restera francophone. Des abstentionnistes italiens on dit qu'ils sont allés "à la mer" et des norvégiens qu'ils "votent pour leur canapé" » (*Le Monde*, 6-7 mai 2007, p. 12).

1. La gauche et les écologistes se sont partagés entre les partisans de la pêche à la ligne et ceux du vote blanc. (*Le Monde*, 13 avril 1993, p. 7)

2. On n'avait jamais aussi peu voté à Dieppe que dimanche à l'occasion de cette élection cantonale partielle. Une majorité d'inscrits (57,38 % !) ont préféré aller à la pêche à la ligne plutôt que de se déplacer jusqu'aux isoloirs où il n'y avait pas foule... (« Les Informations dieppoises », 8 octobre 2002, <www.infos-dieppoises.fr/>)

3. Reste à savoir si les électeurs sensibles à la pêche à la ligne les jours d'élection voudront se déplacer [...]. (*Sud Ouest*, Gers, 16 février 2004)

4. L'histoire retiendra (Ne riez pas !) qu'il [J.-P. Raffarin] fut le premier Premier ministre à appeler les électeurs à l'abstention ! (La pêche à la ligne plutôt que le non !) (*Charlie Hebdo*, 1er juin 2005, p. 4)

## pêcheur

**le parti des pêcheurs à la ligne**, loc. nom. Pour désigner les abstentionnistes lors d'une consultation électorale.

1. [...] un *landslide,* comme disent les Anglo-Saxons. Un raz de marée d'abstentionnistes. Le parti des pêcheurs à la ligne a connu son plus grand triomphe puisque plus d'un électeur sur deux a mieux aimé aller taquiner moralement le goujon qu'alimenter civiquement les urnes. (*Le Canard enchaîné*, 28 septembre 1988, p. 1)

2. Ou l'on interdit les sondages. Ou on les autorise. Mais, en interdire la publication en le seul hameau France, à l'heure du village planétaire, revient en une tentative prométhéenne de péter contre le tonnerre. Presque aussi imbécile que ce qualificatif rituel, entendu ce matin, sur le « parti des pêcheurs à la ligne ». Il se trouve qu'hier

soir, on descendit, en télévision et par film, les gorges du Montana. *Au milieu coulait la rivière !* Et rien que pour une scène d'anthologie, la prise d'une gigantesque truite arc-en-ciel, « cet instant de pure perfection » et de pure beauté, on adhère immédiatement au parti. (*Le Monde*, 24 mai 1997, p. 38)

3. Maire et député hier, ministre aujourd'hui, Jean-Claude Gayssot a pourtant toutes les complaisances pour le parti des pêcheurs à la ligne ; qu'il considère droits dans leurs bottes « quand le débat politique n'attire pas assez les citoyens ». (É. Favard, *Ces têtes qui dépassent*, 2005, p. 220, GRL)

4. Se déplaçant massivement aux urnes, les Français ont donc fait démentir [*sic*] l'adage qui veut que le soleil favorise le parti des pêcheurs à la ligne. (*24 Heures*, 23 avril 2007, p. 2)

— **les pêcheurs à la ligne**, loc. nom. "les abstentionnistes".

5. « L'Humanité » confirme : ce sera, non pas une invitation aux pêcheurs à la ligne, mais une « campagne active » pour que l'abstention soit un nouveau succès. (D. Pado, *Les 50 jours d'Alain Poher*, 1969, p. 225, GRL)

6. Il y aurait aussi beaucoup de « pêcheurs à la ligne » en cas de référendum : selon un sondage [...] paru dans *La Croix* du 20 juin [...], les abstentions, votes blanc[s] et nul[s] s'élèveraient à 56 % des inscrits. (*Le Monde*, 21 juin 2000, p. 7)

7. Les « pêcheurs à la ligne du premier tour » détiennent une grande partie du résultat. C'est vers eux [*sic*] que devraient maintenant s'adresser les candidats. (*La Marseillaise*, 12 mars 2008, <journal-lamarseillaise.com/>)

## pédale

**en avoir (encore) sous la pédale**, loc. verb. "avoir (encore) de l'énergie, des ressources". Métaphore issue du vocabulaire du cyclisme. ~ **en avoir (encore) dans la/les chaussette(s)* ; en avoir (encore) sous le pied* ; en avoir (encore) sous la semelle* ; en avoir sous le capot***.

1. Comme pour brouiller les pistes, Djian [un écrivain] insinue qu'il en a encore sous la pédale. Et qu'il faudra encore compter avec lui pour un moment. (*Le Point*, 19 juillet 2002)

2. [...] ce film [*Match Point* de Woody Allen] est l'excellente surprise de cette fin d'année et ouvre une brèche dans l'œuvre un peu monolithique de notre petit chauve préféré, preuve qu'il en a encore sous la pédale (il a d'ailleurs fait dans la foulée un deuxième film à Londres où il avoue s'être éclaté et avoir rajeuni de 20 ans). (*Grenier Live in Marseille*, 29 octobre 2005, <www.u-blog.net/>)

3. Le candidat qui gagnera la présidentielle sera celui qui en aura encore sous la pédale. (*Le Journal du dimanche*, 4 mars 2007, p. 34)

**en garder sous la pédale**, loc. verb. "économiser son énergie, ses ressources, en vue d'une épreuve ultérieure". ~ **en garder dans la/les chaussette(s)* ; en garder sous le pied* ; en garder sous la semelle***.

4. « Il faut que Jospin montre qu'il en garde sous la pédale », observait [...] un [...] de ses conseillers. Comment « donner envie » aux électeurs de continuer avec la gauche au-delà d'une législature ? Si le gouvernement et les députés de la majorité « plurielle » comptent bien faire du bilan de législature un de leurs principaux arguments de campagne électorale en 2002, ils savent que cela ne suffira pas. A Matignon

comme au PS, on réfléchit donc à « déplacer les lignes* », à s'extraire de cet horizon imposé. (*Le Monde*, 2 août 2000, p. 8)

6. En revanche, dans la grandiose 5^e^ de Prokofiev, il aurait fallu en garder un peu « sous la pédale » car les tuttis sont à la limite de l'assourdissant. (« L'Orchestre de Paris à Mogador », dans *Le Figaro*, 21 septembre 2002)

## pédaler

**descendre de (/du) vélo pour se regarder pédaler**, loc. verb. Locution plaisante par sa contradiction interne. Attestée en référence au milieu du XX^e^ siècle (« Lorsque je fréquentais l'école primaire, au tournant des années 1950 et 1960, circulaient dans les cours de récréation des plaisanteries pas toujours très fines sur le thème du comble. L'une d'elle m'est revenue [...] : Quel est le comble du cycliste ? C'est de descendre de vélo pour se regarder pédaler », D. Lahaury, dans *Bulletin des bibliothèques de France*, 2002, n° 1, p. 18, <bbf.enssib.fr/>).

— Symbole du narcissisme, de l'introversion. ~ **se prendre pour sa photo***.

1. « En fait, il est tellement à l'écoute de ses sensations que ça lui nuit. Il se met dans un schéma de course et n'arrive pas à s'en sortir. Or la démarche n'est pas bonne. On ne peut pas descendre du vélo pour se regarder pédaler. » (Un entraîneur à propos d'un nageur, dans *L'Équipe*, 23 juillet 2003)

2. Pour quelqu'un qui a tendance à descendre de vélo pour se regarder pédaler, à trop se regarder vivre au lieu de vivre tout court [...]. (Blog, 4 avril 2006, <mushroomh.blogspot.com/>)

— "prendre du recul par rapport à ce que l'on fait".

3. Découvrir que les autres ont les mêmes problèmes que soi, c'est « descendre du vélo pour se regarder pédaler ». (*01 Informatique*, 5 novembre 2004)

4. Écrire est une introspection permanente et un exercice solitaire... Il est difficile de prendre le recul nécessaire, de s'autoévaluer, de descendre de vélo pour se regarder pédaler. Il est difficile de progresser seul, loin du regard des autres. (Blog, 17 janvier 2007, <ludionlibre.blog.lemonde.fr/>)

5. [...] c'est en reconnaissant ses erreurs que l'on progresse... certains feraient bien de descendre de leur vélo pour se regarder pédaler. (Blog, 17 février 2008, <www.lessablesrivegauche.fr/>)

∞ PAR ELLIPSE.

6. Lorsque je proposais aux jeunes professeurs de lycées et collèges d'analyser leurs pratiques récentes, ils appelaient cela « se regarder pédaler ». Regardons-nous pédaler, donc. (F. François, « La relation éducative est-elle nécessairement conflictuelle ? », juin 2006, <www.cemea.asso.fr/>)

**pédaler à vide/dans le vide**, loc. verb. "avoir le cerveau qui fonctionne mal ; perdre ses moyens ; agir en vain, sans résultats utiles". Métaphore tirée du vocabulaire du cyclisme. ~ □ **avoir un petit vélo* dans la tête ; pédaler dans la choucroute/la semoule/le yaourt ;** □ **être dans le potage**.

7. [...] il dit le temps ça passe vite. Imbécile, depuis que tu es parti, le temps est bloqué, je pédale dans le vide. (C. de Rivoyre, *Le Petit Matin*, 1968, p. 40, GRL)

8. Dès que je tombe sur un répondeur automatique, je me bloque, je panique [...]. Dans ma tête, ça pédale à vide. Impossible de rassembler les quatre mots qu'il va falloir balancer à la seconde et à la commande. (C. Sarraute, *Allo Lolotte, c'est Coco*, 1987, p. 94)

9. Face à des adversaires très coriaces [...] l'ASBH [l'équipe de rugby de l'Association sportive Béziers Hérault] a longtemps pédalé à vide. (*Sud Ouest dimanche*, Sports, 4 décembre 2005, p. 10)

10. [...] je n'avais rien compris, j'avais la tête dans le guidon, je battais la campagne en pédalant à vide : je déraillais. (Message, 27 août 2007, <www.rue89.com/>)

## pédé

▲ **ne pas être un** + nom + **de pédé**(**s**), loc. verb. Pour présenter, d'une façon insultante pour les homosexuels, une réalité concrète ou abstraite comme mâle, virile, puissante ou forte.

1. La couleur de ma Séville : vert pomme. Et là, ça craint un peu. Autant la Séville, c'est pas de la voiture de pédé, autant dans cette couleur, c'est pas facile à assumer. (Message, 15 juillet 2002, <www.ciao.fr/>)

2. Doctor Stax, on m'appelle.
Je suis pas un chien de pédé. Répétez-le.
Pas un chihuahua à sa mémère qui éternue en plein soleil. (M. Villard, « El cador passa », dans M. Villard, J.-B. Pouy, *Tohu-bohu*, 2008, p. 51)

— SOUVENT EN EMPLOI IMPERSONNEL. ▲ **c'est pas un truc de pédé**(**s**).

3. Cela m'a un peu fait penser à mes collègues actuels qui, quand je suis arrivé dans ce service, me servaient des « 'tain c'est pas un truc de pédé ça au moins ! » dix fois par jour en me regardant gêné et en disant « Ooups désolé, je disais pas ça pour toi, Mat ! ». (Blog, 13 février 2005, <blog.matoo.net/>)

∞ PAR PLAISANTERIE.

4. Au niveau des slogans, nous sommes servis : ils sont parfois très drôles comme celui des pacifistes homosexuels « La guerre c'est pas un truc de pédés ». (F. Valandré, *France Intox*, 2006, p. 29, GRL)

▲ **pédé comme un sac à dos**, loc. adj. Pour souligner que quelqu'un est homosexuel. À rapprocher de formules plus anciennes telles que *donner du dos* ou *savoir se retourner*. Expression attestée dans le téléfilm *Juste une question d'amour...* de C. Faure, sur un scénario de P. Pauquet (1999), qui aborde la question de l'homosexualité masculine. ~ ■ **ramasser la savonnette*** ; ▲ **pédé comme un phoque**.

5. – Tu veux dire... que...
– Que je suis pédé comme un sac à dos, oui, c'est à peu près ça. C'est même carrément ça. (« Le coming-out de Lug », 14 juin 2002, <www.monchoix.net/>)

6. Je suis maudite. [...] Je n'ai rien contre ce garçon qui, de par sa musique, son déhanché venu d'ailleurs, sa faculté à glorifier la femme ronde et le fait que je le trouve mignon, doit être au moins pédé comme un sac à dos. Car oui, j'ai toujours pu repérer et m'acoquiner en moins de deux minutes trente avec le seul gay présent dans une foule de dix mille personnes. (*Le Journal provisoire de KQ*, 12 janvier 2008, <torifairy.free.fr/>)

## peigne

**avoir le peigne dans le maillot**, loc. verb. « Avoir le peigne dans le maillot » c'est-à-dire « avoir l'air décontracté » (*Le Figaro*, 14 juin 2006, p. 10).

— PAR ELLIPSE. ~ **les doigts dans le nez.**

1. […] Jean-Louis Trintignant revient dans le désordre sur quelques épisodes marquants de sa longue carrière : le vedettariat acquis grâce à *Un homme et une femme*, son vingt-septième film (« avant, j'étais sans doute moins bien payé que l'électricien ou le machiniste »), le bonheur d'être dirigé par François Truffaut dans *Vivement dimanche !* (tourné, selon ses dires, « facile, le peigne dans le maillot ») […]. (*Libération*, 7 septembre 2006, p. 25)

2. Facile, les deux doigts dans le nez et le peigne dans le maillot comme dirait ma prof de compta. (*Le Site du zéro*, <www.siteduzero.com/>, consulté le 15 mars 2007)

**le peigne (coincé) dans le maillot de bain**, loc. nom. Pour évoquer la mise et l'équipement stéréotypés du séducteur de plage.

3. Fini le temps des minets MNS [maîtres nageurs sauveteurs] le peigne coincé dans le maillot de bain, le teint hâlé et la mèche mouillée : s'ils sont plutôt bien balancés, les nouveaux sauveteurs des plages n'en font pas un fromage. (*Sud Ouest*, éd. Biarritz, 25 avril 1998)

4. […] un bataillon de « machos » qui avaient été éduqués depuis toujours comme les tarzans de la jungle, le peigne dans le maillot de bain, à passer et repasser devant les filles […] en prenant des poses d'Apollon (j'exagère à peine…). (Message, 12 juillet 2005, <www.debats.ch/>)

5. Quel est l'équipement indispensable que tout plaisancier se doit d'emmener partout ? À part le peigne dans le maillot de bain ? Mais oui, le téléphone portable bien sûr. (Message, 15 août 2005, <connerie.hautetfort.com/>)

## peinture

**ne (plus) tenir que par la peinture**, loc. verb. "être, malgré les apparences, dans un état de vétusté et de délabrement avancé". Une forme proche est attestée en 1842 (« Cette petite salle […] garnie de boiseries peintes en gris, était si humide que les panneaux du bas offraient aux regards les fendillements géométriques du bois pourri quand il n'est plus maintenu que par la peinture », H. de Balzac, *Ursule Mirouët*, 1842, p. 860, FT).

1. Le Général-Richard, sans être de ces navires pourris, dont on dit que leurs tôles ne tiennent que par la peinture, était déjà vieux […]. (R. Vercel, *Au bout du môle*, 1960, p. 164, GRL)

2. […] l'enfant venait de descendre de voiture – une de ces reliques américaines qui ne tiennent plus ensemble que par la peinture et quelques vis, mais enfin qui roulent –, suivie d'une volumineuse femme et de deux jeunes garçons. (M. Huriet, *La Fiancée du roi*, 1972, p. 54, GRL)

3. Regroupés cette fois à l'échelle de la compagnie, susceptibles de recevoir un appui feu aérien, nos Casques bleus sont aujourd'hui en moins mauvaise position qu'hier. Les Crusader ou même les Super-Etendard « ne tiennent plus que par la peinture », selon l'expression de leurs propres pilotes. Avec l'aide éventuelle des vieux Jaguar et

la couverture des Mirage 2000, ils représentent quand même une meilleure assurance-vie que celle de l'ONU. (*L'Express*, 4 février 1993, p. 44)

4. Et pour ses cent ans, l'Automobile Club de l'Ouest s'est offert un village tout neuf. Il est vrai que les chalets du précédent ne tenaient plus que par la peinture : le tout datait de 1955. (*La Tribune de Genève*, 21 juin 2007, <leblogamoteur.blog.tdg.ch/24-heures-du-mans/>)

— VARIANTE PONCTUELLE.

5. Marisa Berenson… Figée par le chagrin dans la séquence finale [du film *Barry Lyndon*], on dirait qu'elle ne tient que par le maquillage. (Forum *Cinéma*, 4 septembre 2007, <www.thisisnotawebsite.com/>)

— AU FIGURÉ. "être complètement dépassé et proche de l'effondrement".

6. Eltsine n'était ni un intellectuel ni un visionnaire. Mais il avait assez de bon sens pour comprendre que l'Union soviétique ne survivrait pas au communisme. Que la prison des peuples ne tenait plus que par la peinture. Il en tira les conséquences. Avec un formidable culot. Pour cela, pour cela au moins, il a bien mérité de l'Histoire. (*Le Nouvel Observateur*, 3 mai 2007, p. 76)

7. La maison Bush ne tient plus debout que par la peinture (Titre, 26 octobre 2007, <aladin13.blogspot.com/>)

□ **pot de peinture**, loc. nom. "femme au maquillage outrancier". Métaphore péjorative qui assimile un visage maquillé de façon trop voyante et celle qui le porte à un pot de peinture ; l'image est du même ordre que dans *se peinturer* "se maquiller grossièrement", mais plus appuyée. La comparaison est explicite dans l'exemple 10. ~ □ **maquillée à la truelle***.

8. […] des belles, des pas belles, des loubardes, des filles à papa […], des natures [*sic*], des pots de peinture […]. (D. Rondeau, *L'Âge-déraison*, 1982, p. 150)

9. Ils franchirent les caisses sous les regards appuyés de toutes les caissières. 08 38 balança à un pot de peinture derrière sa caisse un « Rien à déclarer » faussement décontracté. (Géant Vert Inc, *Casse-bonbons*, 1987, p. 54)

10. […] à l'autre bout du comptoir, un ricanement rauque. C'est la vieille bourgeoise décrépie, maquillée comme un pot de peinture, qui se tenait silencieuse depuis le début. (B. Dawson, *Peut-être*, 2004, p. 84, GRL)

— COMME SOBRIQUET.

11. Elle adore se tartiner. Du bleu sur les paupières, de la poudre de riz blanche sur les joues, du rouge carmin sur les lèvres et sur les ongles […]. Sa fille tient d'elle et n'échappe pas au surnom de pot de peinture que lui ont attribué les commis de la boutique. (D. Besnehard, *Pupuce*, 1997, p. 51)

## pelle

**col en pelle à tarte**, loc. nom. "col de chemise large et très allongé". Par analogie de forme.

1. […] la gardienne avait donné un coup de sifflet et d'autres salutistes en uniforme, avec leur petit chapeau sur la tête, leur col en pelle à tarte qui rebique et le S de l'Armée du Salut sur l'épaule, s'étaient lancées à sa poursuite. (O. Dutaillis, *Le Simulateur*, 1987, p. 15, GRL)

**col pelle à tarte**, loc. nom. "ce col, à la mode vers 1970".

2. [...] le défilé et l'exposition du vestiaire des Deschiens. Cette garde-robe est devenue un véritable « must » : les robes en nylon fleuri de Yolande Moreau, les polos à trous-trous et les chemises à col pelle à tarte de Bruno Lochet, les blouses de quincaillier d'Olivier Saladin, ont fait école... (*Le Monde*, 5 mai 1995, p. 28)

3. La France pompidolienne et provinciale, les cols pelle à tarte et les pantalons ramasse-miettes [...]. (*Le Progrès*, 2 juin 1999)

4. [...] Mike [...] apporte à ses tenues un soin méticuleux inspiré des crooners américains qu'il admire : vestes cintrées à revers pailletés, chemises de satin à col pelle-à-tarte ou jabot, pantalons pattes d'éléphant*, bottines à haut talon. (O. Lebleu, *Mike Brant. La Voix du sacrifice*, 2000, p. 48, GRL)

5. Maurice Gibb, le chanteur du groupe Bee Gees, est mort d'une crise cardiaque à l'âge de cinquante-trois ans. C'était l'époque des pattes d'éph' [v. *éléphant*], cols pelle à tarte largement échancrés, histoire d'apercevoir une chaîne en or sur le torse un peu, mais pas trop, velu du chanteur. (*L'Humanité*, 13 janvier 2003)

V. encore *éléphant*, ex. 4 et 6.

□ **pelle à tarte**, loc. nom. "dent de devant (incisive supérieure) de dimensions qui dépassent la moyenne". ~ □ **dents de lapin***.

6. – Tu reveux du bayonne ? il demande [...] Il y a de la mortadelle aussi [...].
– Pas de nouveau ?
Il fait non, en tirant sur le gras avec les dents. Des grandes pelles à tarte [...]. (H. Pagan, *Je suis un soir d'été*, 2003 [1983], p. 37)

## pelleteuse

**à la pelleteuse**, loc. adv.

— "en très grande quantité". Variante intensive de **à la pelle**.

1. [...] des régimes à la pelle, des kilos perdus à la pelle... et repris à la pelleteuse. (*Forum du gros*, archives de l'années 2006, <www.gros.org/>)

— "grossièrement, sans entrer dans le détail, sans finesse ; brutalement, sans ménagement". ~ **au bulldozer***.

2. Le même script travaillé à la pelleteuse par n'importe qui d'autre que Joe Dante, on n'ose même pas imaginer le résultat. (*Libération*, 21 octobre 1998)

3. « J'ai considéré que cette entreprise n'avait pas été gérée ou qu'elle l'avait été très discrètement. J'ai pensé qu'il fallait que j'y aille à la pelleteuse », explique-t-il. Il réduit le nombre de salariés de 1 000 à 600 et augmente de 75 % la rémunération de ses cadres en deux ans. (*Le Monde*, 30 mai 2001)

V. encore *schmilblick*, ex. 4.

∞ EMPLOI ADJ.

4. Il pense sincèrement qu'une grande majorité des enseignants fait un boulot formidable, « mais 1 % d'erreurs pénalise 130 000 à 140 000 élèves, ce n'est pas acceptable ». Un calcul à la pelleteuse, qui fait mal. L'absentéisme des profs, évalué à « 12 % », se situe en réalité à 6 %. (*Le Monde*, 25 mars 2000)

**ne pas y aller avec le dos de la pelleteuse**, loc. verb. "réaliser qqc sans finesse, sans subtilité ; dépasser les bornes". Variante intensive de **ne pas y aller avec le dos de la cuillère.** ~ **y aller fort.**

5. Oui, je n'y vais pas avec le dos de la pelleteuse, mais j'aime les images fortes. (Message, 3 avril 2006, <www.vs-webzinz.com/forum/>)

6. Les scénaristes de ce conte enneigé n'y vont pas avec le dos de la pelleteuse et jouent à fond du contraste entre urbanité froide et bonne vieille Amérique provinciale, ses maisonnettes enguirlandées, ses chandails tricotés main. (*Télérama*, 31 octobre 2007, p. 110)

## peluche

□ **à peluche/p'luche/pluche,** loc. phrast., loc. interj. "au revoir". Variante ludique de *à plus*, lui-même ellipse de *à plus tard*. La forme *à pluche* est de loin la plus fréquente sur la Toile.

1. Merci d'avance pour toutes les réponses ! Merci. À peluche. (Message, 10 mai 2006, <www.justneuf.com/>)

2. Merci de vos réponses [...]. À pluche et merci. (Message, 14 mai 2006, <www.auto-evasion.com/>)

3. J'en discuterais bien plus longuement, mais par « écran interposé » j'aime pas trop ça.
Bises, à pluche. (Message, 27 mars 2007, <catalogue-fr.com/>)

4. [...] mais pour le moment, j'ai cette impression que toutes les portes seront fermées. Bon ben à p'luche. (Message, 22 avril 2007, <lagent009-agent009.blogspot.com/>)

## pencher

**il/elle va tomber (/tombera) du côté où il/elle penche,** loc. phrast. Pour traduire la fragilité d'un équilibre. Métaphore de l'arbre qui tombe du côté où il penche. Attesté en 1863 (« on fait tomber l'art du côté où il penche, et comme il penche en ce siècle du côté de la véhémence et de l'imagination, on entasse l'emphase et la couleur », H. Taine, *Histoire de la littérature anglaise*, t. 1, Paris, L. Hachette, p. 375, GRL).

1. Toute la question est de savoir quand le Parti républicain tombera du côté où, manifestement, il penche. (« Journal de 20 h », sur TF1, 26 novembre 1988)

2. [...] on a le sentiment que « le marché va tomber du côté où il penche », pour reproduire le mot d'un professionnel. (*Investir*, 7 juin 2002)

3. Les cantons de Bruz, Le Sel-de-Bretagne et Rennes-Centre penchent à gauche ; le canton de Cancale penche à droite. Basculeront-ils du côté où ils penchent ? (« Cantonales : les clefs du second tour », *Ouest France*, 23 mars 2004)

4. [...] la directive Bolkestein [...] a montré comment l'Europe peut facilement tomber du côté où elle penche. (*Le Monde*, 2 avril 2005, p. 15)

## pendule

**remonter la pendule à qqn,** loc. verb. "redonner de l'énergie, du courage à quelqu'un". Attesté dans une métaphore en 1889 (« L'oxygène agit donc [...] suivant la comparaison de Pflüger, comme pour remonter la pendule vitale », F. Viault, *Traité élémentaire de physiologie humaine*, Paris, O. Doin, p. 456, GRL). Dans Bruant 1901 : « STIMULER. *Remonter la pendule* ». ~ **donner du □ pep/du ressort**.

1. Si j'avais eu un autre tempérament, ce con-là m'aurait miné le moral. Mais le ciel de Paris qui chialait juste un grain m'a remonté la pendule. Cette putain d'odeur d'asphalte qu'on ne trouve nulle part ailleurs [...] m'a sauté aux naseaux. J'ai fermé les yeux pour mieux respirer cette merveille [...]. (E. Hanska, *Les Amants foudroyés*, 1984, p. 53)

2. « Certaines fois, on les [des demandeurs d'emploi] ramasse à la petite cuillère. Alors, je les secoue. Je passe parfois une séance entière à leur redonner confiance, à remonter la pendule [...]. » (*Le Progrès*, 7 janvier 1997)

3. Sans aucun doute, la présence de Lance Armstrong [un champion cycliste] suffit à remonter la pendule de son équipe. (*L'Équipe*, 19 juillet 2006, p. 3)

## perdre

**un(e) de perdu(e), un(e) de perdu(e)**, loc. phrast. Pour évoquer, avec lucidité et résignation, une déception amoureuse ou une rupture. L'expression, parfaitement tautologique, prend le contre-pied de *un(e) de perdu(e), dix de retrouvé(e)s*.

1. Enfin bon, les soirées copines, y'a pas à dire, y'a rien de mieux pour se remonter le moral et se dire qu'après tout, ben, un de perdu, un de perdu. (« Où sont les hommes », 17 décembre 2005, <larcenette.free.fr/>)

2. Une de perdue, une de perdue. Sa petite amie le quitte, alors pour conjurer le chagrin, l'éternel étudiant en philo (il a trente ans) décide d'écrire un livre sur Kierkegaard. (*Libération*, 7 septembre 2006, p. 5)

3. *Votre copine vous a piqué le surfer que vous aviez repéré ?* Un de perdu... un de perdu. (« Les 10 commandements pour s'amuser au ski », 7 janvier 2007, <imlovinit.free.fr/>)

## perdreau

□ **ne pas être un perdreau de l'année**, loc. verb. "avoir un certain âge ; ne plus être un débutant ; avoir déjà vécu des expériences diverses". La locution repose sur une tautologie, le *perdreau* étant précisément une perdrix de l'année. Le perdreau, animal jeune, est un gibier moins méfiant que la perdrix. *Le Perdreau de l'année* est le titre d'une pièce de Tristan Bernard (1926). ~ **□ avoir *n* heures de vol ; ne pas être né de la dernière pluie ; □ lapin* de six semaines**.

1. C'était cela qui lui plaisait en lui, et sa jeunesse, bien sûr ! Un perdreau de l'année, voilà ce qu'il était !... (P. Vialar, *La Cravache d'or*, 1968, p. 192, GRL)

2. Harold Pinter n'est pas un perdreau de l'année. Il est né à Londres en 1930 et Paris faisait sa connaissance, étonné, ravi, il y a plus de quarante ans [...]. (*Le Figaro*, 8 novembre 1997)

3. Comment dis-tu « Ce n'est pas un perdreau de l'année » en italien ? avait un jour, égayée par ce pléonasme à plume, demandé Mathilde à Raoul [...]. (G. Matzneff, *Voici venir le Fiancé*, 2006, p. 17)

4. […] l'homme n'était pas un perdreau de l'année : déjà dix-huit condamnations sur son casier, dont sept avec rébellion ou outrage […]. (*La Nouvelle République*, éd. Deux-Sèvres, 23 octobre 2006, p. 4)

## père

**c'est le père Noël**, loc. phrast. Riposte ironique pour éviter de décliner son identité. ~ **c'est le pape.**

– Qui est à l'appareil ? m'a demandé le Docteur.
– Ben, c'est moi !
– Qui vous ?
J'ai répondu :
– C'est le Père Noël ! Alors, vaudrait mieux m'écrire si t'as quelque chose à me demander ! (G. Mordillat, « Mme Gore », 2001, dans *Scandale et folies*, 2007, p. 250)

## perfusion

**sous perfusion / sous perf**, loc. adj., loc. adv. "dans un état critique, soutenu artificiellement et dépendant d'un concours extérieur". Métaphore médicale. Fréquent dans les commentaires économiques.

1. Tahiti, nourrie sous perfusion par les espèces sonnantes et trébuchantes du franc pacifique, dégrisée par la montée du chômage, ulcérée par la présence jugée encombrante des Blancs de métropole – les « Popaa », – a fini par jeter à la poubelle la carte postale où la mer est si bleue, le sable si blanc… (*Le Monde*, 3 novembre 1987, p. 8)

2. Le 15 mai 1982, alors que le franc, sous perfusion, est de plus en plus souvent malmené sur les marchés des changes, le Premier ministre convoque à déjeuner Jean Peyrelevade, son stratège économique, et ses deux acolytes, Henri Guillaume et Daniel Lebègue. (F.-O. Giesbert, *Le Président*, 1990, p. 150, GRL)

3. Trente ans après le génocide dont on fait enfin le procès, le Cambodge reste sous perfusion humanitaire. (*L'Express*, 16 novembre 2006, p. 60)

4. En maintenant l'agriculture sous perf, la droite lui a coupé toute possibilité d'évoluer, de muter, de s'adapter. L'Europe paye très (très) cher pour maintenir dans le statu quo une agriculture de musée. (Message, 3 mars 2007, <www.libe.fr/>)

## perpète

□ **perpète/perpette les alouettes/les andouillettes/les bains/la galette/les oies/les olivettes/les oubliettes**. Souvent avec des traits d'union.

**1.** LOC. ADV. (habituellement sans majuscules).

— Dans **à perpète…** "très loin dans l'espace". Renforcement ludique et rajeunissant de la locution vieillotte **à perpète**, avec souvent un effet de rime intérieure.

1. […] à 8 heures 45, la queue d'automobiles commençait sur l'autoroute avant la sortie Nord, où des panneaux indiquaient déjà que le parking était plein ! Nous nous sommes donc résignés à aller nous garer à « Perpette-les Olivettes ». Bref, bonne petite marche pour nous remettre dans une autre queue, celle des billets. (*Jaguar Genevensis & British Cars*, 27 mars 2004, <jaguar-gen.webdhb.com/>)

2. Sur le site, ils disent 15 minutes en voiture. OK mais tu dois encore garer ta caisse (au parking, d'accord mais c'est quand même encore à perpète-les-andouillettes) + trajet à pied. (Message, 10 mars 2005, <forum.aceboard.net/>)

3. Pas besoin de partir à perpète la galette pour se faire des super batailles de neige et prendre de jolies photos [...]. (Message, 16 mars 2005, <www.skyblog.com/>)

4. Le responsable des ressources humaines m'a parlé d'un poste à l'international [...]. J'ai refusé. Avec les traites de la maison, des enfants scolarisés et un mari qui travaille, qu'est-ce que j'allais bien faire à Perpète-les-Oies ? (*Libération*, 2 mai 2005, p. 3)

5. [...] je suis à perpette les oubliettes avec des potes, dans une île au sud de l'Afrique. (Message, 13 juillet 2007, <bienvenuechezharrypotter.aceboard.fr/>)

6. J'ai choisi Aurillac. Je suis de Corrèze et ma ville m'a été « soufflée » par un Palois. Snif. Mais bon je vais pas me plaindre non plus. Je pars pas à perpette les alouettes ! (Message, 4 septembre 2007, <www.concours.mobilite-territoriale.net/>)

7. Heureusement que l'achat inespéré d'un beau parasol jaune vous a permis de profiter du soleil sans aller le chercher à « perpette les oies » ! (Message, 29 septembre 2007, <gris-bleu.over-blog.com/>)

8. Mais je n'ai pas envie d'être mutée à perpette les bains... Quand on vit en Aquitaine on a pas trop envie de la quitter [...]. (Message, 3 décembre 2007, <forum.doctissimo.fr/viepratique/scolarite-education/>)

9. Qui c'est qui va se taper 20 minutes de route aller, 20 minutes de route retour pour aller laver ses fringues à Perpète-les-Olivettes [...] ? (Message, 12 décembre 2007, <luftschloss.free.fr/>)

— Le plus souvent dans **depuis/jusqu'à perpète...** "très loin dans le temps (passé ou à venir)".

10. [...] il m'a fallu batailler ferme pour pas que ce soit reporté [l'entretien d'une voiture] à « perpette les bains ». (Message, 29 août 2002, <www.forum-auto.com/>)

11. [...] je pratique cette astuce [pour nettoyer une casserole] depuis perpète les andouillettes. (Message, 25 juin 2003, <www.lesradins.com/>)

12. [...] bon sang on n'a qu'une fois 20 ans ! Si on se sent déjà vieux pépère marié/fiancé depuis perpète la galette de quoi on se plaint ? (Message, 4 septembre 2003, <forums.remede.org/>)

13. Je ne vais pas rentrer dans les détails, mais sachez que c'est à cause de l'imprimeur que le mag[azine] a déjà 2 mois de retard et que là pour la 3$^{e}$ fois on est obligé de repousser la sortie jusqu'à perpète la galette ! (Message, 16 mars 2005, <forums.lvei.net/>)

14. Cap ou pas cap de rester amis jusqu'à perpette les bains des [*sic*] pieds ? (Message, 25 août 2005, <www.blogg.org/>)

15. Bah voilà, je voulais vraiment présenter mes excuses pour n'avoir pas mis d'articles depuis Perpète les Oies.... (Message, 6 février 2006, <okabe.skyrock.com/>)

16. [...] je me demande bien comment on va faire pour se débarrasser d'une dette qu'on aurait pu combler depuis perpète-les-bains [...]. (Message, 23 avril 2006, <www.expat-blog.com/>)

17. Pourquoi et comment ces gars-là, ils cramponnent le pavé politique depuis perpette les oubliettes ? C'est parce qu'ils vénèrent démesurément le pouvoir. (F. Abdelkrim, 24$^{e}$ rencontre annuelle des musulmans de France, 13-16 avril 2007, <ramf-uoif.fr/>)

18. J'ai laissé tomber ce blog depuis Perpette les Olivettes ! C'est la première fois que j'y retourne […]. (Message, 13 juin 2007, <mimitedu13.skyrock.com/>)

19. Sachant que l'homme de ma vie n° 1 est mon p'tit Demi et que j'l'ai pas vu depuis perpette les alouettes […]. (Blog, 18 janvier 2008, <eragon08.skyrock.com/>)

**2.** Nom de lieu. Toponyme fantaisiste, désignant un endroit retiré, sans intérêt. ~ **Pampelune* derrière la lune** ; □ **Pétaouchnok** ; □ **Trifouillis-les-Oies** ; □ **Trifouillis-les-Chaussettes** [v. *Trifouillis*].

□ **Perpète/Perpette-les-Alouettes.**

20. Envoie nous une carte postale.... de Perpète les Alouettes bien sûr… New York c'est d'un banal ! (Message, février 2008, <fr.answers.yahoo.com/>)

□ **Perpète/Perpette-les-Andouillettes.**

21. La télévision d'il y a 10 ans rassemblait la famille autour d'elle, maintenant Noël n'est plus une fête […]. Pourquoi nous assaillir à 20 h avec PPDA [un journaliste] qui va nous expliquer la fabrication du foie gras à Perpète-les-andouillettes ? Alors, je vous dirais, le soir de Noël, louez un bon DVD ou une bonne VHS ! Au moins vous passerez un bon moment. (« Noël à la télé », 1er mars 2004, <www.ciao.fr/>)

22. Le club des danseurs Salsa de Perpette-les-Andouillettes… ça vous intéresse pas ? (Message, 21 mars 2005, <acid-burn.c0wb0ys.org/>)

□ **Perpète/Perpette-les-Bains(-de-Pieds).**

23. Nous ne sommes pas engagés dans une maison que nous avons choisie à « Perpète-les-Bains ». Nous sommes chacun chez soi. Nous nous voyons quand nous en avons envie. (S. Chalvon-Demersay, *Le Triangle du XIVe. Des nouveaux habitants dans un vieux quartier de Paris*, 1984, p. 125, GRL)

24. – Faut aller à 50 km pour trouver un bar.
– Euh, il travaille à Perpette-les-bains-de-pieds ? (Messages, 12 août 2007, <www.gamerz.be/>)

□ **Perpète/Perpette-la-Galette.**

25. Il serait injuste de ne pas profiter de notre élan voyageur pour réhabiliter la très lointaine Perpette-la-galette, charmant patelin perdu dont la spécialité supposée est une galette à laquelle je n'ai jamais eu le bonheur de goûter […]. (F. Rollin, « L'œil du larynx », 20 janvier 2007, <www.radiofrance.fr/>)

26. […] elle habitait et enseignait à Perpette-la-Galette, un bled paumé au milieu* de nulle part […]. (Blog, 29 mars 2007, <petronille-dans-la-tourmente.over-blog.com/>)

□ **Perpète/Perpette-les-Oies.** Par croisement avec **Trifouillis-les-Oies.**

27. Les catéchèses [aux Journées mondiales de la jeunesse de Paris en 1997] avaient lieu juste à côté des hébergements, et pas à Perpette-les-oies comme ici. (Participante aux JMJ de Rome, dans *Sud Ouest*, 21 août 2000)

— VARIANTE. □ **Perpète-les-Ouilles.**

28. […] je finis par trouver l'abbaye… Bel endroit, certes. Aussi animé qu'un congrès de clercs de notaires, mais charmant. Reposant, quoi […] J'aurais pu m'en douter : une abbaye, à Perpète-les-Ouilles en plus, c'est sûr que fallait pas trop compter sur une ambiance rave party, surtout en plein milieu de la semaine. (Blog, 17 juillet 2007, <karmara.canalblog.com/>)

□ **Perpète/Perpette-les-Olivettes**. *Perpette les olivettes* est le titre d'un recueil de poèmes de Brigitte Boudjellal (1991).

29. […] on allait en vacances dans le bled de mes grands-parents à Perpette-les-olivettes dans la Meuse […]. (Message, 23 février 2007, <doriannn.blogspot.com/>)

30. Ahh les campagnes politiques… Tout ça pour une mairie à Perpète-les-Olivettes ou une autre à Bourg-en-Bresse, quel cirque ! (Message, 21 février 2008, <www.jogg.com/>)

□ **Perpète/Perpette-les-Oubliettes.**

31. Au lieu d'un trois pièces à Perpète-les-Oubliettes, deux ou trois châteaux pas trop mal situés, quelques rafiots de luxe, et les voyages qui vont avec, sans même parler des matelas de biffetons planqués dans le grand silence blanc des banques suisses. Ben, non, ça c'est pas de la fraude, c'est juste assurer l'avenir de sa petite famille, vous comprenez ? (Blog, 3 mai 2007, <prs57.over-blog.com/>)

## persil

□ **avoir le persil qui dépasse du cabas**, loc. verb. "avoir les poils du pubis qui dépassent du maillot, du slip, du string". Métaphore ménagère, fondée sur l'argot *persil* "toison pubienne de la femme". ~ □ **avoir le foin* qui sort de la charrette**.

1. Dans un centre [d'épilation au laser] j'ai payé ça 900 €. Franchement ça change la vie… Plus de problème genre « ah non je peux pas aller à la piscine, j'ai le persil qui dépasse du cabas…! » (Message, 4 avril 2007, <www.beaute-test.com/>)

2. […] le persil qui dépasse du cabas ça donne un air écolo sur la plage… (Message, 14 juin 2007, <www.comlive.net/>)

□ **la machine (/le fer/la pince) à friser le persil**, loc. nom. Expression plaisante, pour désigner une chose qui n'existe pas et à la recherche de laquelle on invite un naïf (en particulier un apprenti ou un débutant). À comparer avec *la clé* du champ de tir, le bidon d'huile* de coude, la corde* à tourner le vent, la machine à cambrer les bananes*, la machine* à donner des coups de pied au derrière* ou *le marteau* à bomber les glaces*.

3. Un nouvel apprenti, piégé par ses camarades, est envoyé […] à l'atelier pour demander « la pince à friser le persil ». (*L'Aubier*, septembre 1999, p. 6, <www.aubier.ch/>)

4. Il est effectivement très beau ton zouti ["outil"] !
Je te l'échange contre un hachoir à farine comme neuf (il était vendu, à l'époque, en lot avec une machine à friser le persil et je n'avais besoin que de cette dernière). (Message, 15 novembre 2003, <www.cyberbricoleur.com/>)

5. […] celle qui marche à tous les coups, c'est d'aller chercher le « fer à friser le persil »… (Forum *Armees.Com*, 3 avril 2006, <www.armees.com/>)

## pet

□ **ne pas valoir un pet de coucou**, loc. verb. "n'avoir aucune valeur, être sans intérêt". Renouvelle, avec plus de légèreté, le plus ancien *ne pas valoir le pet d'un âne mort*, attesté en 1735 (Le Roux, dans DDL). ~ □ **ne pas valoir un pet de lapin** ; □ **ne pas valoir une queue de cerise**.

1. […] il m'a avoué que c'était elle, sa reine, celle qui lui racontait tout sur les nuages, le vent […] et que sans elle, il avait jamais valu un pet de coucou, de toute façon. (H. Pagan, *Je suis un soir d'été*, 2003 [1983], p. 68-69)

2. Ma conclusion, ce jeu ne vaut pas un « pet de coucou », si vous voulez le faire, faites-le vous prêter mais ne dépensez pas un cent pour ce jeu […]. (« Critiques de jeux d'aventure », <www.atlantisamerzoneetcie.com/>, consulté le 22 octobre 2004)

## péter

□ **ça pète**, loc. phrast. Pour exprimer son enthousiasme. Même passage au figuré que *éclater*, qui connaît des emplois analogues. Renouvelle le paradigme déjà très riche des formulations superlatives. ~ □ **c'est de la balle*** ; □ **c'est de la bombe*** ; □ **c'est de la boulette*** ; □ **c'est une tuerie*** ; **c'est mortel** ; □ **ça arrache* du pâté** ; □ **ça déboîte*** ; □ **ça déchire*** ; □ **ça déménage** ; □ **ça démoule*** ; □ **ça envoie*** ; □ **ça tue***.

1. […] un [élève de] 6$^{e}$ qui regardait des « flashcards » ["cartes illustrées utilisées à des fins pédagogiques"] que j'avais dessinées en voit une qui lui plaît et dit aux autres « oh, ça pète ! », puis, à moi « vous dessinez trop bien ! » Ce fut là que je compris que « ça pète » était quelque chose de positif. Ouf ! […]
En tout cas, accompagner mes [élèves de] 3$^{e}$ en Normandie, ça pète ! (Message, 14 avril 2005, <talula.tooblog.fr/>)

2. Ce jeudi, premier jour du festival […] ! Le dossier de presse avait bien prévenu qu'Imperial Crowns n'était pas un groupe de blues à proprement parler. Mais wooouaah, « ça pète », comme dit un monsieur tout de noir vêtu, debout devant la scène. (*Sud Ouest*, Charente, 29 juillet 2005)

3. Les couleurs sont vives, chatoyantes. Elles offrent un heureux contraste sur les murs gris et froids du nouvel hôpital […]. Et les réactions des patients, depuis le début de la semaine, sont largement positives. Enfin des couleurs ! Ça pète ! (*Midi libre*, Rodez, 9 décembre 2006)

□ **se la péter**, loc. verb. "se donner un air important, faire le malin, jouer un personnage". ~ **crâner** ; **frimer** ; **se la jouer** ; □ **se la gonfler*** ; □ **se la racler*** ; □ **se la raconter*** ; □ **en installer** ; **faire de l'épate**.

4. *Vinz* (à un policier) : Ton prénom c'est Starsky ou c'est Hutch ? Je confonds toujours.
*Hubert* : Laisse couler, tu vas te faire embarquer, ça sert à rien.
*Vinz* : Regarde ce trou du cul qui se la pète à la Clint Eastwood. (*La Haine*, film de M. Kassovitz, 1995)

5. J'avais de plus en plus de mal à supporter la population de vilains trouducs qui se la pètent rue de Lappe, le royaume des branchouilles, Bastille, à mon avis, le lieu le plus superficiel de Paris. (P. Pellerin, *Tout va bien*, 2001, p. 13)

6. Au travers des textes, plus francs du collier que finement ciselés, se dessine une personnalité tonique aussi, moquant les mecs qui se la jouent et les « franco-français » qui se la pètent. (Critique d'un CD de Zora, chanteuse roubaisienne d'origine algérienne, dans *Télérama*, 12 février 2003, p. 52)

7. – Moi les p'tites nanas qui s'la pètent ça m'intéresse pas du tout. (F. Bégaudeau, *Entre les murs*, 2006, p. 124)

8. Bon, d'accord, les miennes [des chaussures] sont toujours de couleur pas trop discrète. Et puis faut quand même un peu de temps pour les faire. Alors, au début, tu marches bizarre, le temps de t'habituer, et tes copains s'imaginent que tu te la pètes grave ! Je peux quand même pas les mettre pour dormir, histoire qu'elles vieillissent plus vite ! Alors j'ai trouvé un truc : je les passe plein de fois en machine pour les délaver. Comme ça elles ont l'air moins neuves. (A. Dona, *Mamie a eu quinze ans*, 2007 [2006], p. 70)

9. [...] une belle et arrogante pimbêche. Aujourd'hui [...] on dirait d'elle qu'elle se la pète un peu. (*Midi libre*, 14 mars 2007)

V. encore *arrondir*, ex. 2 ; *chaussette*, ex. 14 ; *chèvre*, ex. 3 ; *plaisir*, ex. 4.

## petit

▪ **si vous faites des petits, vous m'en mettrez un de côté** (/**gardez-m'en un**) (et variantes), loc. phrast. Moquerie à l'adresse d'un couple d'amoureux.

1. Il les interpella : « Ça va, la jeunesse ? » et avec un regard de maquignon, il ajouta : « Si vous faites des petits, vous m'en garderez un ! » (L. Gardel, *L'Été fracassé*, 1973, p. 46, GRL)

2. HENRI. [...] Eh bien, vous êtes mignons, comme ça, tous les deux ! Et si vous faites des petits, vous m'en mettrez un de côté ! (J. Balasko, *Nuit d'ivresse*, 1990, p. 57)

3. – ...je dois dire que Gaston dans la paille, héhé, donne vraiment envie d'aller faire des galipettes avec !
– Si vous faites des petits, garde m'en un stp [s'il te plaît]. (Messages, 8 février 2008, <www.levioloncelle.com/forum/>)

## peu

**c'est pas un peu fini ?** loc. phrast. Pour dire son impatience de voir cesser un comportement qu'on estime lassant ou inadmissible. ~ **c'est pas bientôt fini ?**

1. [...] et papa a crié :
– C'est pas un peu fini, non ? C'est lourd, ce machin, et j'attends qu'on veuille bien s'occuper de moi, ou je vais tout lâcher ! (Goscinny et Sempé, *Histoires inédites du petit Nicolas*, t. 2, 2006 [av. 1965], p. 338)

2. Sbritzky se retourne alors vers moi et me demande en hurlant si c'est pas un peu fini de gueuler comme ça sur ce palier : on s'entend plus chez lui, merde. (J.-L. Benoziglio, *Cabinet portrait*, 1981 [1980], p. 79)

3. « C'est pas un peu fini là maintenant ? » [...] Nous sommes dans le métro parisien [...]. « Ça fait deux minutes que vous êtes en train de lire sur mon journal, là ! Ça vous dérange pas, hein ? » (*Libération*, 27 avril 2004, p. 28)

## peur

**se faire peur**, loc. verb. "éviter de peu un revers, un échec, un désagrément ; s'inquiéter, s'affoler".

1. Elle avait une expression perdue, il l'a mise sur le compte de l'anxiété de l'attente de son diagnostic. [...] comme on le fait à un enfant, il lui a envoyé une tape légère sur une fesse en lui disant : « Allez, ce n'est rien, tu t'es fait peur, ça arrive. Tu verras,

les radios seront bonnes et tu n'auras pas besoin de venir me voir ». (J. Allier, *La Ronde des lettres*, 2004, p. 158, GRL)

2. Vainqueur d'un petit point seulement en Ecosse (18-19), l'Irlande s'est fait peur. (*Le Figaro*, 10 mars 2007)

3. Sur fond de piraterie informatique et fric-frac en tout genre, les candidats [à l'élection présidentielle] ont dû vraiment payer de leur personne. Voynet s'est fait un peu peur, mais elle aura ses parrainages : 468 étaient validés à la fin du week-end. (*Le Canard enchaîné*, 14 mars 2007, p. 3)

## phare

□ **le pied dans le phare**, loc. adv. "en appuyant à fond sur l'accélérateur". Hyperbole de **pied au plancher,** de même sens.

1. [...] une voiture, ma première, ma seule deuche, qui a fait [...] Toulouse-Nice le pied dans le phare pour rejoindre ma chérie le week-end [...]. (Blog, 27 septembre 2006, <elmanublog.free.fr/>)

— DANS UNE MÉTAPHORE.

2. Il [Hubert Selby] flirte avec les limites, il joue sur le fil du rasoir avec un bonheur jubilatoire jusque dans la vie de ses personnages qui, pour la plupart, sont franchement bien allumés. On peut même dire, sans exagérer, qu'ils roulent sur la jante tout en gardant le pied dans le phare et l'aiguille du compteur de vitesse dans la boîte à gants. (Commentaire d'un internaute, 25 août 2004, <www.amazon.fr/Last-Exit-Brooklyn-Selby-Hubert/>)

## phase

**être en phase (avec qqn)**, loc. verb. "partager les idées, les préoccupations de quelqu'un ; être en accord, en harmonie avec quelqu'un". Du vocabulaire des sciences et des techniques, notamment de la physique. ~ **avoir le feeling avec qqn ; être sur la même longueur d'onde**.

1. Dans la mesure où les étudiants et les lycéens savaient bien que j'étais sur la même longueur d'ondes [*sic*], dans la mesure aussi où c'étaient des étudiants remarquablement maîtres d'eux-mêmes, d'une grande sagesse, d'un esprit indiscutablement pacifique et respectueux de la démocratie, je me sentais bien en phase. [Propos de F. Mitterrand à l'émission « Découvertes » d'Europe n° 1, le mardi 9 décembre] (*Le Monde*, 11 décembre 1986, p. 7)

2. Nous sommes en phase. Nous marchons à colin-maillard, yeux bandés cherchant l'avenir, et l'autre nous guide de ses mots. [...] C'est ainsi qu'on parcourt un chemin à deux, dont la seule sincérité est garante du succès. (D. Berch, *Je t'm, voilà c'est dit, et pour la vie*, 2004, p. 98, GRL)

3. Les Français de Tunisie sont en phase avec la métropole, et toutes les sensibilités politiques du centre ont leur homologie dans le petit monde provincial du Protectorat. A ceci près que s'ajoute l'ombre portée de l'Italie [...]. (S. La Barbera, *Les Français de Tunisie, 1930-1950*, 2006, p. 7, GRL)

4. Givors / Les jeunes danseurs de hip-hop en phase avec le public. (*Le Progrès*, 9 avril 2007 ; titre)

## photo

**(il n') y a pas photo**, loc. phrast. Pour exprimer qu'il n'y a pas le moindre doute à avoir sur un choix à faire, une décision à prendre. La locution est empruntée au vocabulaire des courses de chevaux où sa formulation est positive : *il y a photo (à l'arrivée)* ; parfois avec référence au contexte d'origine (ainsi dans l'exemple 4).

1. – [...] les hommes sont tous les mêmes, conclut-elle tristement, avant de lui signifier de s'asseoir normalement et d'enlever ses mains. [...]
Turgot eut donc toute latitude pour protester que non seulement entre Jean-Marie et lui il n'y avait pas photo, mais qu'il était même le contraire exact de son ex [...]. (P. Lapeyre, *Welcome to Paris*, 1994, p. 21)

2. [...] la mère se relève. Elle va chercher dans le buffet son plat à huîtres. Le chef-d'œuvre du père [le père est chaudronnier] : 55 centimètres, chromé sur 3 microns, découpe Versailles, poignées coquilles Saint-Jacques, avec triple filet de bordure. [...] Y a pas photo ! On n'est pas sur la même planète. Chez les filles, tout le monde est d'accord. Impossible de sortir « ça » devant des invités. Les plats en Inox, c'est la fierté de la m'am [maman]. (D. Picouly, *Le Champ de personne*, 1995, p. 167)

3. M. Alain Bocquet. – [...] Pour nous, entre l'être humain et les profits financiers, il n'y a pas photo ! Que comptez-vous faire pour empêcher les délocalisations, qui vident nos entreprises nationales et désertifient nos territoires régionaux ? (Assemblée nationale, *Compte rendu analytique officiel*, 2e séance du 2 mars 2004)

— DANS UN TOUR POSITIF.

4. [...] le péché originel dans lequel vous, moi et Patricia Martin clapotons – surtout Patricia Martin – et auquel nous sommes voués dès notre naissance, mais libérés par la Passion et la Résurrection du Christ, du moins pour vous et moi, car, pour Patricia Martin, on dit qu'il y aura photo à l'arrivée... (P. Meyer, *Dans le huis clos des salles de bains*, 1993, p. 59-60)

5. L'art moderne, [...] ça le laisse aussi perplexe qu'hilare. Son truc, c'est plutôt le classique, « entre Beethoven et le rap, y a photo » [...]. (*Télérama*, 21 février 2007, p. 23)

V. encore *mouchoir*, ex. 6.

**se prendre pour sa photo**, loc. verb. "se complaire dans l'autosatisfaction". L'image renvoie à la photo soigneusement étudiée, où le sujet est à son avantage, où il prend la pose. ~ **descendre de vélo pour se regarder pédaler*** ; ■ **ne pas se prendre pour une merde.**

6. Le voisin du sixième, celui qui se prend pour sa photo et qui répond à peine quand on lui dit bonjour [...]. (P. Meyer, *Heureux habitants de l'Aveyron*, 1990, p. 206)

7. Paradoxalement, il faut, semble-t-il, dans un premier temps construire un ego sans frustrations et bien structuré pour ensuite comprendre son inconsistance, son insignifiance et ses limites, et ne pas s'identifier à lui. Autrement dit, pour ne pas se prendre pour sa photo. (J. Deperne, dans *Actualité des religions*, mars 2000, <pagesperso-orange.fr/>)

8. Il [Bernard Pivot] se défend pourtant d'avoir envers la langue une position conservatrice et fermée, affirmant apprécier la nouvelle expression « se prendre pour sa

photo », par exemple, ou encore « être pété de thunes* » [...]. (C. Monpetit, dans *Le Devoir*, 16 novembre 2007, <www.ledevoir.com/>)

## piano

**sourire de piano**, loc. nom. "large sourire". L'image est fondée sur l'argot *piano* "ensemble des dents et, particulièrement, dents de devant", lui-même par métonymie de *touche de piano* "grande incisive" (attesté en 1858, selon Duneton 1990). Attesté en 1926 (« Son nez pointu, son œil malicieux, son large sourire de piano à queue (comme il [l'acteur Prince Rigadin] se plaît à dire lui-même) », *Mon Ciné*, n° 2986, 11 août 1927, disponible sur <heronniere.chez-alice.fr/rigadin.htm>).

1. Sa grande bouche se fend d'un sourire de piano bien entretenu. (P. Damaisin, *L'Épornopée*, 1972, p. 49, GRL)

2. Hugo lui saisit la main, y déposa un baiser, le retint quelques instants en exhibant un sourire de piano. (C. Chollet, *Un petit lapsus très suspect*, 2001, p. 70)

## pied

**conduire/rouler (avec) un œuf sous le pied**, loc. verb. "conduire une automobile très prudemment, notamment sur route enneigée ou verglacée". Cette locution, qui correspond à *marcher sur des œufs* dans le vocabulaire piéton, est ici l'antithèse de **conduire le pied au plancher, le pied dans le phare*** ou **avec un parpaing sur l'accélérateur**.

1. Première consigne aux conducteurs : « Rouler un œuf sous le pied. » Résultat : on avance au pas, et il faut deux à trois fois plus de temps que d'habitude pour parcourir un itinéraire. (*Le Monde*, 15 janvier 1987, p. 28)

2. Attention : hiver ! [...] Conduire : un œuf sous le pied ! Sur route glissante, les brusques changements d'allure ou de direction sont à l'origine de perte d'adhérence. Il faudra donc adopter une conduite « coulée ». Imaginez que vous avez un œuf sous l'accélérateur et le frein... (*Dernières Nouvelles d'Alsace*, 25-26 décembre 2003, p. TE 4)

3. [...] soucieux de ma sécurité, mais aussi de ma consommation d'essence, je conduis, comme on dit, avec un « œuf sous le pied ». (Blog, 13 juin 2006, <blog.pressenormande.com/>)

4. La légère déception causée par mes relevés de consommation s'explique par ma conduite d'alors, « avec un œuf sous le pied » [...]. (F. Roby, *Vers la voiture sans pétrole*, 2006, p. 183, GRL)

— VARIANTE. **avec un oursin sous le pied.**

5. J'ai une [Alfa Romeo] 156 SW 2.0 JTS Selespeed et même avec un oursin sous le pied j'arrive pas à 10 litres au cent ! Une Alfa essence, ça boit, c'est comme ça ! (Message, 31 mai 2005, <www.alfagtpassion.com/>)

**en avoir (encore) sous le pied**, loc. verb. "avoir (encore) de l'énergie, des ressources". ~ **en avoir (encore) dans la/les chaussette(s)* ; en avoir (encore) sous la pédale* ; en avoir (encore) sous la semelle* ; en avoir sous le capot***.

6. Au commencement était Mégalo Show, prologue quasi chorégraphique, solo sur toute la largeur du plateau, et cette assertion : « Les gens m'adorent, les jeunes, les vieux, les vieilles... Je suis en pleine forme ! » Quand on se lance ainsi, il faut être

certain d'en avoir sous le pied. Bedos a méticuleusement soigné son retour à l'exercice solitaire du rire : mimiques à qui mieux mieux, faux sourire enjôleur, la main ouverte, le geste ample, et de sévères retrouvailles avec la méchanceté. (*Le Monde,* 27 septembre 1995, p. 28)

7. [...] ce fut une course tactique au déroulement idéal. Franchement, je ne pensais pas être en forme à ce point. J'espère que cette course [un 800 m] ne laissera pas trop de traces, mais j'en avais encore sous le pied à la fin. (*Fédération française d'athlétisme,* 28 août 2003, <www.athle.com/>)

8. Vingt ans après sa naissance, Dim up reste synonyme de liberté de mouvement, d'allure sexy et continue de pratiquer un militantisme refusant toute guerre des sexes [...]. En dépit de la concurrence [...], Dim up en a encore sous le pied, affirme la directrice artistique, expliquant le succès du produit par un bon rapport qualité-prix. (*Stratégies*, 21 septembre 2006)

**en garder** (/**garder qqc**) **sous le pied**, loc. verb. "économiser son énergie, ses ressources, en prévision d'épreuves ultérieures". Attesté dans le langage des coureurs automobiles au sens de "conserver une réserve d'accélération". ~ **en garder dans la/les chaussette(s)*** ; **en garder sous la pédale*** ; **en garder sous la semelle***.

9. « C'est vrai que la rentrée sociale sera probablement difficile. C'est pour cela que Michel Rocard s'est peut-être gardé quelque chose sous le pied pour l'automne. Mais c'est vrai que l'augmentation du SMIC n'est pas suffisante et qu'elle est de nature à décevoir une partie de notre électorat. » (*Le Monde,* 3 juillet 1989, p. 6)

10. Passer du 400 au 200 mètres ne demande pas de modification de foulée. En fait, selon les techniciens, cela va beaucoup mieux dans ce sens, les pros du tour du piste ayant, de toute façon, une pointe de vitesse non négligeable. « En plus, sur 200, poursuit Maïsetti, il ne sert à rien de partir à fond et de terminer à fond. C'est à la sortie du virage que se fait la différence. Il faut, si je puis dire, en garder sous le pied. » (*L'Humanité,* 2 août 1996)

**pied nickelé**, loc. nom. Souvent au pl. "individu de faible envergure qui se fourvoie dans des situations louches et ridicules". Par allusion aux trois Pieds nickelés, héros des fameuses bandes dessinées de Louis Forton (1879-1934), publiées à partir de 1908 et poursuivies notamment par René Pellarin (1900-1998) sous le pseudonyme de Pellos.

11. [...] trois pieds nickelés spécialisés dans les visites nocturnes de mairies ou d'écoles de l'Agenais. (*Sud Ouest*, Lot-et-Garonne, 22 janvier 1997)

12. Le tribunal a semble-t-il pris en compte l'état psychiatrique du jeune homme [...], décrit comme un « pied nickelé » par le procureur et comme « l'idiot du village » par son avocate. (*Le Télégramme*, 24 avril 2004)

13. Face au défi terroriste, les gendarmes de l'Elysée, avides de succès immédiats, se seraient comportés comme « des Pieds nickelés ». (*Le Figaro*, 25 janvier 2005, p. 8)

14. Au bureau de recrutement, nous fûmes reçus d'une manière ironique. L'un des militaires dit à son voisin, « vise ces deux pieds nickelés-là, il ne leur manque qu'un cor de chasse au cul. » (R. Attal, *Constantine. Le Cœur suspendu*, 2006, p. 88-89, GRL)

— EN APPOSITION, AVEC VALEUR D'ADJ.

15. Alors que *Le Silence des agneaux* jouait sur la peur, la terreur même, *Hannibal* se satisfait pleinement de ses effets comiques. Ridley Scott met en scène avec un plaisir manifeste un tueur en série pied-nickelé s'efforçant de séduire le spectateur plutôt que de le glacer. (*Le Monde*, 28 février 2001, p. 30)

## piège

□ **piège à filles**, loc. nom. La locution offre un caractère machiste plus ou moins accusé.

— "automobile dont l'apparence est susceptible de valoir à son conducteur des conquêtes féminines". ~ □ **aspirateur* à nanas** ; ■ **bite à roulettes***.

1. Ce caractère provocant lui conférera d'ailleurs [à la Jaguar Type E] une image sulfureuse qui, masquant injustement ses qualités, la fera davantage considérer comme un piège à filles que comme la voiture de sport la plus avancée de son temps. Il est vrai que cette grande séductrice n'avait pas sa pareille pour transfigurer le plus falot des conducteurs en Don Juan. (*Le Figaro*, 25 juin 2001)

2. Toyota souhaite être à la mode avec le nouveau modèle de la Corolla. Le film [publicitaire] met en scène une voiture socialement valorisante, vrai piège à filles. (*Stratégies*, 4 octobre 2002)

— Pour signifier le pouvoir séducteur de l'homme. Par allusion au passage de la chanson de J. Dutronc et J. Lanzmann, *Les Plays-boys* (1966) : « j'ai un piège à filles qui fait crac boum hue ».

3. [...] elles se ramènent dare-dare, tout excitées, à la sortie du boulot tu les as devant ta porte, une fois que t'es en face, t'as gagné, parce qu'à ce moment-là, toi, tu es là, t'as des bras, des lèvres, ton piège à filles qui fait crac boum huue [...]. (F. Delay, *Le Aïe Aïe de la corne de brume...*, 1975, p. 123, FT)

4. – Je ne dis pas cela pour votre Mélisende, c'est sûrement une femme très bien, mais à l'avenir, mon cher, lorsque vous sortirez votre piège à filles, veillez donc à garder votre langue. (J. Lanzmann, *La Horde d'or*, 1994, p. 171, FT)

5. D'ailleurs adopter le look basketteur [pour draguer] ne se résume pas seulement à la couleur de la peau. Cet autre grand Noir qui rôde dans le Forum [des Halles] a raté son piège à filles : sa tenue est terne, le T-shirt usagé, le chaloupage pas tout à fait au point. La jolie brune qu'il a abordée, tente comme elle peut de s'en débarrasser avant de se réfugier dans une boutique. (*Libération*, 21 janvier 2006, p. 27)

— "ce qui est susceptible de séduire la clientèle féminine". Par référence au précédent.

6. Son piège à filles [à un couturier] ? Des coupes qui sculptent le corps. (*L'Express*, 11 septembre 2003, p. 6)

7. Nissan dévoile enfin la version coupé-cabriolet de sa craquante citadine. Piège à filles, cette auto devrait faire des ravages auprès de la gent féminine. (*Le Point*, 10 novembre 2005)

## pignoler

■ **s'en pignoler**, loc. verb. "n'en avoir rien à faire ; s'en moquer". Par métaphore de l'argot *se pignoler* "se masturber" (attesté dans R. Kesselring, *Putain* *d'amour*, 1986, p. 176). ~ ■ **s'en branler** ; □ **s'en taper** ; ■ **s'en battre* les couilles** ; ■ **s'en battre/secouer la coquillette*** ; ■ **s'en battre/s'en secouer la nouille*** ; ■ **s'en beurrer* les noisettes** ; ■ **s'en (contre)foutre** ; □ **n'en avoir rien à battre** ; ■ **n'en avoir rien à branler/à foutre** ; □ **n'en avoir rien à cirer** ; ■ **R.A.B.***

1. On s'en pignole complètement des obligations contractuelles du revendeur [...]. (Courriel, 15 juillet 2002, <www.mail-archive.com/linux06@linuxfr.org/>)

2. Moi, un pote et sa nana on va se faire un camping (prévu pour le 20 juillet, je vous tiens au courant même si tout le monde s'en pignole) [...]. (Message, 3 juillet 2007, <www.infos-du-net.com/>)

## pile

**pile poil** ou **pile-poil**, loc. adv. "exactement, précisément". Composé augmentatif de *pile* et de *au poil*, de même sens ; parfois écrit *pil poil* ou *pil-poil*. Diffusé par « les Guignols de l'Info » sur Canal+ ; cf. « Pile poil, exactement moi » (Les Guignols de l'Info, *L'Agenda secret de Jacques Chirac*, 1994, n.p.).

1. [...] il a trouvé inutile de faire trois fois le tour du pâté de maisons pour arriver « pil poil » à l'heure convenue. (*Le Monde*, 20 mai 1995, p. 37)

2. [...] pile-poil dans la trajectoire de la balle [...]. (J.-J. Reboux, *La Cerise sur le gâteux*, 1996, p. 107)

3. Il repensait à son match, il avait fait un grand match, le public ne s'y était pas trompé. [...] Ses passes, comme toujours, avaient été lumineuses. Ça collait pile poil avec Espy [...]. (P. Dessaint, *Du bruit sous le silence*, 1999, p. 12)

4. Le concert de Céline Dion fut exécuté pile-poil, très pro, et s'acheva par une belle ovation. (G. Alle, *Il faut buter les patates*, 2001, p. 170)

5. [...] les dates concordent pile-poil. (P. Delepierre, *Même pas mal et autres paris stupides*, 2003 [2001], p. 25)

6. J'étais conviée à 21 heures et je serais arrivée pile poil à l'heure si je ne m'étais pas cachée derrière l'ascenseur une petite demi-heure pendant laquelle j'ai pu épier les invités sans être vue. (C. Krug, *Demain matin si tout va bien*, 2006 [2004], p. 19)

V. encore *bonheur*, ex. 6 ; *coucou*, ex. 7.

— PAR JEU DE MOTS.

7. Cela ne s'écrit guère « on a gagné, on a gagné ! », et se chante encore plus mal. Alors n'écrivons ni ne chantons trop fort. Parce que la pièce [de monnaie, lors d'un tirage au sort] aurait pu tomber sur l'autre face, comme « d'hab », et qu'elle eut cette fois le bon goût de retomber pile-poil. (P. Georges, dans *Le Monde*, 5-6 juillet 1998, p. 11)

## pilotage, pilote

**mettre (/enclencher) le pilote (/pilotage) automatique** ; **être en pilotage automatique**, loc. verb. "se comporter à la façon d'un automate (notamment lorsqu'on est très fatigué)". Déjà relevé en 1975 **mettre le pilotage automatique** "se laisser aller, se détendre, être en roue libre" (*Dico Plus*, n° 1, 1977, p. 19). Du vocabulaire de l'aviation. ~ **marcher au radar**.

1. Le bar est presque vide [...]. Bernie est en pilotage automatique. Paupières de plomb, les gestes cotonneux. Il doit en être à son quatrième Valium. (F. Lasaygues, *Bruit blanc*, 1987, p. 127)

2. Après la teuf ["fête"] d'hier soir, je suis tellement déjanté ["en dehors de la réalité"] qu'aujourd'hui j'enclenche le pilote automatique. Ce soir, je mets un bémol... Au plumard à 20 h. (*20 Ans*, novembre 1987, p. 100)

3. Il avait invité Yvonne [au déjeuner] pour la remercier et, il faut bien l'avouer, pour qu'elle se cogne la conversation à sa place. Grâce à elle, il allait pouvoir se mettre en pilotage automatique. (A. Gavalda, *Ensemble, c'est tout*, 2005 [2004], p. 272)

4. Malgré tout, j'ai mes états de grâce. Le matin, dans le coltar [v. *coltar*], en pilote automatique, j'arrive à faire simultanément un certain nombre de choses ébouriffantes. Comme enfiler une chaussette et verser du café dans un bol, tout en ouvrant le frigo avec le pied sans chaussette. (M.-A. Guillaume, *L'Odeur de l'homme*, 2006 [2005], p. 52)

## pine

■ **pine d'huître**, loc. nom. Insulte mettant en cause la virilité de celui auquel elle s'adresse. Repris du sobriquet, qui correspond à un totem parodique du scout Ouin-Ouin, personnage d'Antoine de Caunes dans l'émission *Nulle part ailleurs* sur Canal+ (avant 2001). ~ ■ **petite bite***.

1. J'étais folle de rage [...] et je n'ai pas pu m'empêcher de hurler dans l'escalier « Pine d'huître ! » avant de claquer violemment la porte sur un Léon déconfit. (C. Krug, *Demain matin si tout va bien*, 2006 [2004], p. 117)

2. Loyalement qu'il dit. Loyalement toi-même ! Pine d'huître, va ! (« Le combat de l'huître », <campingcar.enliberte.free.fr/>, consulté le 8 janvier 2007)

V. encore *un*, ex. 5.

## piquet

■ **avoir le piquet**, loc. verb. "être en érection". Même métaphore, avec jeu de mots sur *piquet* "jeu de cartes", depuis le XVII$^{e}$ s. (« *jouer au Piquet* [...] faire l'acte venerien », Oudin 1640) ; cf. Lermina 1897 et Bruant 1901 : « COÏT. *Partie de piquet.* » ~ ■ **avoir la barre (à mine)/le bambou/le barreau*/le bâton*/la gaule/le gourdin/le manche*/le petit pain/la queue de vache/la tringle/la trique ; ■ dresser/monter la tente* ; ■ monter le chapiteau***.

1. [...] une grosse bosse sur le pantalon. À chaque fois que j'ai le piquet, c'est la honte... (Message, 15 octobre 2006, <www.jeuxvideo.com/forums/>)

2. J'aime pas avoir le piquet le matin quand je me lève. (Message, 30 juin 2007, <forumfootball.forumactif.com/>)

## pire

**(c'est) pire que pire**, loc. phrast., loc. adj. Pour signifier une situation particulièrement désastreuse. La locution est particulièrement en usage au Québec. Attesté en 1866 (« Là, c'est pire que pire. Les plus rudes lames que j'aie vues de ma vie. Des parages d'enfer », V. Hugo, *Les Travailleurs de la mer*, Paris, Hetzel, p. 318, GRL). ~ **(c'est) pire que tout**.

1. […] sept récoltes : une excellente en 1956, deux médiocres, quatre mauvaises, l'avant-dernière étant pire et la dernière, celle de 1960, pire que pire […]. (C. Rougeron, *La Guerre nucléaire*, 1962, p. 199, GRL)

2. Au fil des années, sœur Marie-Élisabeth a constaté la sérieuse dépendance des étudiants au tabac : « C'est pire que pire ! Les jeunes fument de plus en plus, les filles autant que les garçons. Leur santé en prend un coup ! » (*Ouest France*, 16 octobre 2003)

3. Appartement tout petit pour grande famille, les huissiers qui font coucou, papa qui attend toujours une vaine augmentation, les difficultés scolaires du fils […]. Tout, quoi ! Tout ce dont une journée normale est faite dans la France d'en bas*. Mais là, franchement, ça devient pire que pire. (*Le Progrès*, 17 octobre 2004, p. 10 ; critique d'une pièce de Coline Serreau, *Lapin Lapin*)

4. Alors je continue vaillamment à recevoir *Télérama*, car j'ai feuilleté les concurrents, et alors là, c'est pire que pire. (*Télérama*, 23 janvier 2008, p. 4 ; courrier d'un lecteur)

## piscine

**atteindre (/toucher) le fond de la piscine**, loc. verb. "atteindre le dernier degré (physiquement, moralement, économiquement)". Variante développée et imagée de **toucher le fond**, de même sens. ~ **boire la tasse**.

1. « […] Beaucoup d'entreprises, après être passées de l'attente de la reprise à la frilosité, ont pris conscience qu'elles touchaient le fond de la piscine. Et qu'elles devaient rebondir », explique ce praticien de la gestion des sureffectifs. (*Les Echos*, 5 mai 1994, p. 6)

2. […] voilà trois nouvelles industrielles positives, alors que Tarbes n'en avait pas connu depuis vingt ans ! Nous avons touché le fond de la piscine. Maintenant, nous remontons ! (Le président de l'agglomération du Grand Tarbes, dans *L'Express*, spécial Pau-Tarbes-Côte basque, 22 septembre 2005, p. 9)

3. « Le fond de la piscine » est une image collée aux états dépressifs, mais qui peut aussi être une allégorie pour diverses situations problématiques. (J.-M. Lange, *Une introduction à la psychologie relationnelle*, 2005, p. 137, GRL)

4. « Si les prix [du foncier viticole] étaient orientés à la hausse de 1995 à 2000, ils s'inversent depuis 2001-début 2002. 2006 sera une année charnière, je pense que le fond de la piscine est atteint », analyse [un] spécialiste des transactions viticoles […]. (*Sud Ouest*, 16 mai 2006)

## pisser

□ **pisser un bock**, loc. verb. "uriner". La locution évoque le bock de bière, sa couleur et sa contenance. ~ **pisser un coup**.

1. […] il poussa une porte généreusement barbouillée de peintures vives et sans poignée, histoire de pisser un bock. (H. Lacroix, *Raideur digeste*, 1976, p. 176, GRL)

2. – Oh ? Y s'en va […].
– Nan, il va pisser un boc [*sic*], fillette ! (M. Sergent, *Normal*, 1991, p. 164)

— VARIANTE PONCTUELLE PARONYMIQUE. **pisser un broc**.

3. Après le café, […] cet emmerdeur a voulu se débarbouiller à un lavabo, pisser un broc puis se recoiffer. (M. Embareck, *Le Futon de Malte*, 2007, p. 84)

## pissotière

▪ **de pissotière**, loc. adj. " détestable, exécrable ; de mauvais goût". ~ ▪ **de chiotte(s)***.

1. [...] un symbolisme de pissotière, qui veut toujours voir des intentions, des dessous, des allusions, des allégories, des majuscules, familles de mon cœur, prêtes à adorer à deux genoux la moindre crotte de bique sous-titrée. (M. Raphaël, *Le Festival*, 1950, p. 179-180)

2. Il s'appelait, dans ce temps-là, Pompidou. [...] Bien plus occupé était-il de massacrer joyeusement Paris avec ses buildings américains. [...] D'américaniser la France entière. Et les Français avec. D'autoriser – car c'est lui – les monstrueuses tours de La Défense, ce New York de pissotière – et la « Tour Montparnasse... ». (C. Autant-Lara, *La Rage dans le cœur. Chronique cinématographique du 20e siècle*, 1984, p. 467, GRL)

3. A quatorze ans, mon prof disait que je faisais des dessins de pissotière qui ne me mèneraient jamais à rien. » (Un auteur de bandes dessinées, dans *Ouest France*, 14 juillet 2002)

— EN PARLANT DE PERSONNES, RARE.

4. Des bribes de musique parvenaient à se glisser sous la porte. Là-haut, des Marylin de banlieue* et des Mireille de pissotière faisaient semblant. Semblant comme tout le monde. Les uns faisaient semblant de s'amuser, d'autres faisaient semblant d'être choqués. Bof. Tout le monde fait semblant et la vérité, c'est que tout le monde s'en fout. (A. Page, *Tchao pantin*, 1982, p. 18)

## placard

**sortir du placard**, loc. verb. "révéler ses orientations sexuelles (précisément bisexuelles ou homosexuelles) et les assumer en tant que telles". Calque de l'anglais *to come/to get out of the closet*, de même sens. ~ **faire son coming out**.

1. [...] les hommes gais entendent aussi, consciemment ou non, effacer l'image efféminée des stéréotypes, tandis que les lesbiennes veulent retirer aux hommes le monopole du stade. Le cas du célèbre joueur de football, David Kipay, qui est publiquement sorti du placard et a raconté dans son autobiographie-best seller ses difficultés de joueur professionnel homosexuel dans un univers de « vrais hommes », les a encouragés, ainsi que la mode macho, à revenir sur les terrains de sport. (A.-E. Dreuilhe, *La Société invertie*, 1979, p. 72, GRL)

2. Cette championne a en effet été la seule à déclarer ouvertement son homosexualité. C'est un sacré tabou dans le monde du sport de compétition, commente l'ancien recordman néerlandais de saut en hauteur sorti du placard en 1986, Eric Rollenberg : Les athlètes ont peur de perdre leurs sponsors. L'une des maîtresses de cérémonie demandait pourtant, de façon vibrante : Que serait le sport féminin sans les lesbiennes ? (*Libération*, 11 août 1998)

3. Il a fallu du cran au jeune agent de la Guardia civil de Palma de Majorque (îles Baléares) qui a décidé de « sortir du placard » pour demander à partager un logement de fonction dans une caserne avec son compagnon. (*Le Monde*, 7 novembre 2002, p. 6)

— LOC. NOM. DÉRIVÉE. **sortie du placard.** ~ **coming out**.

4. L'idée [d'une série télévisée] ? A Los Angeles, on suit les aventures d'une bande de copines, surtout lesbiennes, cherchant le grand amour, le bon coup, la sortie du placard – bref : une place dans la vie. (*Libération*, 4 septembre 2004, p. 27)

## placer

**en placer une**, loc. verb. "prendre la parole ; participer à la conversation après avoir dû attendre plus ou moins longtemps". *En* représente *parole*.

1. Il parle, parle... qu'on ne peut plus en placer une. Il devrait la fermer, au contraire [...]. (A. Boudard, *La Cerise*, 1963, p. 66)
2. J'ai dû attendre qu'il s'arrête de sourire pour pouvoir en placer une [...]. (P. Djian, *Maudit manège*, 1986, p. 42)
3. [...] ça donne une occasion à Papa de raconter sa journée, alors que d'habitude, il ne peut pas en placer une ! (*La Croix*, 31 janvier 2007)

## plafond

□ **(à) se taper (/se cogner) le cul/le derrière/les fesses au plafond**, loc. verb. Pour signifier, en bonne ou en mauvaise part, qu'une chose est extraordinaire, incroyable. Attesté en 1931 (« Et je me pensais, en rigolant en dedans : tout de même quand même, des raisons pareilles, si c'est pas à grimper vitement sus l'ormoire pour s'en taper le cul au plafond jusqu'à ce qu'il en fume – ou fasse des étincelles ! », M. Stéphane, *Sirènes de cambrouse et margots des bois*, Paris, Nouvelle Revue critique, p. 184). Variante de **se taper le cul par terre**. ~ □ **à se cogner le derrière au lustre***; □ **à se taper le derrière (/■ le cul) contre la suspension***.

1. – [...] peut-être qu'on ne paie pas, qu'on consomme à l'œil... le monde renversé, quoi ! A s'en taper le derrière au plafond !... (A. Arnoux, *Zulma l'infidèle*, 1960, p. 172, GRL)
2. J'ai une nouvelle à vous annoncer. Je sais pas comment faire. C'est tellement fantastique, tellement inattendu ! J'ai peur que vous sautiez en l'air et que vous vous cogniez le derrière au plafond en apprenant ça. Bon, alors, cramponnez-vous à votre volant, si vous me lisez en bagnole. [...] Un savant américain a réussi, après des années de recherches, un truc pas croyable. Il a... Allez, je me lance : il a changé de l'or en plomb. (C. Sarraute, dans *Le Monde*, 13 mars 1987, p. 32)
3. Quand on gagne 600 000 euros par mois comme Zizou, ça me fait vomir pour les RMIstes fascinés par un muscle défaillant de sa cuisse. C'est vraiment à se taper le derrière au plafond. (Guy Gilbert, 6 juin 2002, <jean-yves.larbanet13.club.fr/lemotdumois.htm>)
4. Un film où Kate Beckinsale est d'une beauté à se taper le cul au plafond ne peut pas être foncièrement mauvais* non plus. (*MadMovies – le quotidien du fantastique*, 30 avril 2004, <www.mad-movies.com/>)

## plaisir

**on n'a que le plaisir qu'on/que l'on se donne**, loc. phrast. Invitation à profiter des plaisirs de l'existence, qui équivaut souvent à un *Carpe diem* à la petite semaine. Déjà à la fin du XVI$^{e}$ siècle, Jean Passerat, dans son *Ode du premier jour* *de may*, écrivait : « En ce monde n'a du plaisir / Qui ne s'en donne » (*Anthologie de la poésie française*, sous la dir. de R. Kanters et M. Nadeau, *Le* XVI$^{e}$ *Siècle*, Éd. Rencontre, 1967, p. 333). Attesté en 1866 (« Il vous a dit [...] qu'après avoir [...] loyalement amassé sa fortune "dans les affaires !" (toujours les affaires !) il veut jouir un peu de la vie... qu'on n'a dans ce monde que le plaisir qu'on se donne, etc. », M$^{me}$ Marie Rattazzi, *Mariages de la créole*, t. 1, Bruxelles, p. 35, GRL). ~ **on n'a que le bon temps* que l'on (/qu'on) se donne** ; **y a pas de mal à se faire du bien**.

1. Canine se décida pour un T-shirt moulant en coton élastique qui ne gênait pas les mouvements et dont le col en V soulignait la beauté de sa gorge que Gunn [un chien] matait sans vergogne ; vicieux comme un chanoine, il adorait assister aux séances d'habillage et de déshabillage de sa maîtresse. On n'a que le plaisir qu'on se donne ! (Oppel & Dorison, *Canine et Gunn*, 1983, p. 156)

2. « Noël pour moi c'est tous les jours ! Les huîtres, j'en mange depuis samedi. C'est pas réservé au jour de Noël, on n'a que le plaisir que l'on se donne », philosophe joyeusement le viticulteur. (*Sud Ouest*, Charente, 26 décembre 2002)

3. – On n'a jamais que le plaisir qu'on se donne, crois-moi Adèle, et la jeunesse est trop courte pour qu'on la consacre à un seul homme, ne fût-il pas ennuyeux comme un parapluie, suivez* mon regard ! (M. Breuzard, *Le Roman de Clément Varennes*, 2005, p. 53, GRL)

4. Heureusement, j'ai acheté mon billet à l'avance et j'entre donc sans attendre [à la Foire de Paris], par la grande porte, telle une VIP à deux* balles. On [n'] a que le plaisir qu'on se donne, alors j'me la pète* 10 secondes et j'aime ça. (Blog, 14 mai 2007, <www.sisterofnight.com/>)

## plantade

**totale plantade**, loc. nom. "échec complet". Le néologisme *plantade*, dérivé de *(se) planter* "se tromper, échouer", est attesté dans un emploi voisin, en contexte libre, en 1985 (« c'est un peu vachard pour lui qu'avait rien à voir dans tout ça. C'est la plantade sur toute la ligne », F. Lasaygues, *Vache noire, hannetons et autres insectes*, 1985, p. 156). ~ **total plantage*** ; **bide** ; **fiasco**.

1. Sous couvert d'égalitarisme et de mixité, on ne peut que constater la totale plantade de cette belle idéologie dans la pratique. Plutôt que de persévérer dans l'erreur, peut-être faudrait-il revenir aux classes par niveau : une classe de bons, une classe de moyens, une classe en difficulté par année. (Message, 6 septembre 2006, <archivesgb.mediatiquementoff.net/>)

2. Bon ben autant pour moi ! Totale plantade sur c'coup... (Message, 26 octobre 2007, <www.renaud-camus.org/>)

3. Bonne idée de départ alourdie par des gags affligeants et un sens de la comédie très émoussé. Totale plantade. (*Télérama*, 12 décembre 2007, p. 122 ; critique du film *La Totale* de Claude Zidi)

## plantage

**total plantage**, loc. nom. "échec complet". Dérivé de *(se) planter* "se tromper, échouer", *plantage* est attesté en contexte libre en 1982 (Colin 1990). ~ **totale plantade*** ; **bide** ; **fiasco**.

1. […] j'ai essayé de passer le concours [d'une école d'ingénieurs] une 1re fois en candidat libre (session 2004) : admissible, mais total plantage à l'oral. (Message, 30 novembre 2004, <edp.ipbhost.com/>)

2. Août m'a l'air pas trop mal parti pour les spécialistes de prévisions saisonnières ! Faut espérer pour vous que ça va continuer car il faut bel et bien avouer que le mois de juillet a été un total plantage ! (Message, 8 août 2006, <forums.infoclimat.fr/>)

**plat**, adj.

□ **plate comme une punaise** / □ **plate comme une sole**, loc. adj. "(en parlant d'une femme) qui a les seins peu développés". Par analogie de forme ; la seconde locution est une variante de **plate comme une limande**. Attesté dans Oudin 1640 « *Plat comme une punaise*, ou *comme le ventre d'une accouchée* […], fort plat » ; cf. au figuré « […] Bazin René, académicien français d'une platitude de sole » (R. Fallet, *Chroniques littéraires du Canard enchaîné (1952-1956)*, 2004 [1952], p. 120). ~ □ **plate comme une planche (à pain/à repasser)** ; □ **œufs* au plat**.

1. C'est dans ces temps-là que je me suis vu assiégé par la grande Dany. Pas du tout mon type, garçonne, rude et criarde, pas froid aux yeux, rien pour me plaire. Plate comme une punaise des bois, alors que j'ai toujours été très porté sur la poitrine des femmes. Y a rien de plus beau, je trouve, qu'un fort balcon bien lourd et bien rond. C'est toute la femme, la poitrine. (M. Bédu, *La Vie dure*, 1973, p. 152)

2. Quand nous étions jeunes, nous faisions des concours pour savoir qui avait la plus grosse poitrine […]. Elle était fière d'être plate comme une sole. (J.-J. Bricaire et M. Lasaygues, « La Berlue ou le Masculin singulier », dans *L'Avant-scène théâtre*, 1985 [1984], p. 24)

3. Elle était mince, les jambes maigres […], plate comme une sole, pas le moindre embryon de poitrine, aucune ébauche de ces rondeurs modérées qui font tout le charme de la féminité. (T. Luciani, *Le Vent de l'été*, 2005, p. 69, GRL)

4. Ma sœur a 10 ans et demi et elle se comporte parfois comme si elle en avait 15 […]. Dernier truc en date : l'obsession du soutien-gorge, et surtout de faire dépasser sa bretelle pour que tout le monde la voie ! (je précise qu'elle est plate comme une sole…). (Message, février 2007, <fr.answers.yahoo.com/>)

**plat**, nom masc.

**passer les plats**, loc. verb. "donner à son ou à ses interlocuteurs l'occasion de s'exprimer ; assurer les liaisons entre les séquences d'une émission de radio ou de télévision". Métaphore du service de table.

1. […] elle avait convié les candidats, leur posant les mêmes questions, avec de temps en temps une feinte impatience. Elle passait les plats. (*Le Monde*, 12 avril 1995, p. 29)

2. Il [un animateur de télévision] fait obligeamment passer les plats, met en valeur ses invités, laisse ses jeunes chroniqueurs apporter la note de piment nécessaire. Mais, en coulisses, il n'en pense pas moins. (*Le Figaro*, 19 septembre 2007, p. 20)

— PÉJORATIF. "servir de faire-valoir à quelqu'un ; être le larbin de quelqu'un". ~ **servir la soupe à qqn**.

3. [...] je ne regarde jamais le journal télévisé, sur aucune chaîne : les larbins endimanchés qui se chargent de passer les plats me filent des boutons [...]. (« Les Chroniques imaginaires de Rien à cirer », 31 octobre 1994, <www.jp-m.eu/>)

4. C'est aujourd'hui le rôle de la critique cinématographique : passer les plats, résumer l'histoire, gommer toutes les questions, mettre en valeur le produit promu à force de millions... (« La critique passe-plats », 21 janvier 2008, <jmolivier.blog.tdg.ch/>)

## pleuvoir

■ **en Bretagne, il (ne) pleut que sur les cons**, loc. phrast. Pseudo-adage quelque peu polémique, qui remet en cause une opinion répandue sur le climat breton. Formule attribuée à O. de Kersauzon (voir l'exemple 2).

1. [...] cette phrase que j'avais vue sur le dos d'un jeune véliplanchiste de Trestel : « En Bretagne, il ne pleut que sur les cons ». Sans commentaire. (A. Fagnot, *Le Vieux vivant*, 2006, p. 24, GRL)

2. – Que dites-vous à ceux qui disent qu'il fait mauvais en Bretagne ?
– Cela fait cinquante ans que je démens et ça ne changera pas ! J'ai coutume de dire la phrase d'Olivier de Kersauzon : « Il pleut que sur les cons ». Et aussi qu'il fait beau plusieurs fois par jour en Bretagne, sauf qu'en ce moment il fait beau tout le temps ! (P. Poivre d'Arvor, dans *Ouest France*, 20 juillet 2006)

3. [...] on voit Nicolas Sarkozy dire à un pêcheur « je vous amène le beau temps. » « En Bretagne, il pleut que sur les cons ! », lance le marin pêcheur. Après une petite hésitation, le président lui glisse « il doit pleuvoir souvent alors. » (*Liberation.fr*, 9 novembre 2007)

## plier

**c'est plié** ; **tout est plié**, loc. phrast. Pour signifier qu'une chose est menée rondement, terminée promptement ou comme réglée à l'avance. Originaire du Sud-Ouest, la locution s'est répandue à la fin des années 1990 à partir du langage des chroniqueurs sportifs (du type « le match est déjà plié », « le match est plié d'avance »). ~ **bouclé** ; **emballé**.

1. 18 h 15, tout est plié. Le générique [du film *La Pêche d'enfer*] envoyé. Place aux autographes pour l'invité et pour l'animateur. (*Sud Ouest*, Cognac, 5 avril 1995)

2. Le Premier ministre aime en effet donner le sentiment que ses arbitrages sont le résultat de discussions collégiales, où tous les ministres doivent pouvoir donner leur avis. Jusqu'alors, la règle avait été respectée. Rien de tel, cette fois-ci. « Tout était déjà plié », reconnaît un directeur de cabinet. Le ministre de l'Economie n'a pas attendu la fin de la réunion des ministres pour lever le voile sur les grandes lignes du projet de budget 2000. (*Le Monde*, 16 septembre 1999, p. 6)

3. [...] en trois jours, c'était plié, et, hop [...] salut, bye-bye [...]. (J.-B. Pouy, *Larchmütz 5632*, 1999, p. 188)

V. encore *nouille*, ex. 24.

— PAR ELLIPSE.

4. Les anguilles, il leur coupe la tête et la queue, paf ! paf ! fini, plié. (C. Nicolas, *Dehors et pas d'histoires*, 1998, p. 105)

**plomb**

□ **fondre les plombs**, loc. verb. "perdre tout contrôle de soi-même ; ne plus savoir ce qu'on fait, où on en est". Image du court-circuit dans une installation électrique. ~ □ **disjoncter** ; □ **être (complètement) à la masse*** ; □ **péter les fusibles*** ; □ **péter les plombs** ; □ **avoir les fils* qui se touchent**.

1. [...] le maire de la commune [du Lavandou], Gil Bernardi, a pris, mercredi, le plus étrange des arrêtés : « Il est interdit à toute personne ne disposant pas de caveau de décéder sur le territoire de la commune. » Plus facile à interdire qu'à faire, certes, en vertu du principe assez établi qu'aucun des humbles mortels ne maîtrise parfaitement ni le jour, ni l'heure, ni l'endroit. [...] On pourrait donc supposer, avec tout l'infini respect dû à sa noble fonction, que M. le maire du Lavandou a, arrêté fait foi, nettement fondu les plombs. Et qu'il semble mûr pour le cabanon, avec, de préférence, accès direct à la plage. (P. Georges, dans *Le Monde*, 22 septembre 2000, p. 40)

2. J'avais prévenu Abdel, je lui avais dit : « Ferme-la, ça va lui faire plus de mal que de bien, remue pas le couteau dans la plaie. » [...] Je persiste à penser qu'il aurait mieux fait de la fermer parce que c'est à partir de là que Dujardin a fondu les plombs. (N. Aurousseau, *Bleu de chauffe*, 2007 [2005], p. 37)

3. – Il paraît que madame a fondu les plombs quand elle est revenue dans sa loge. Comme ça, sans raison... une crise. La grosse crise de rage [...]. Et elle a tout cassé. Pas plus compliqué. (D. Villard, *La Petite Aiguille*, 2006, p. 17, GRL)

— □ **fondre un plomb**, loc. verb. "id.". ~ □ **péter un câble*/une durit(e)*/un fusible*/un joint*** ; □ **péter un plomb**.

4. Allant au-devant des journalistes qui l'accompagnent, le candidat socialiste [...] leur donne, tout de go, son diagnostic sur le président de la République [...] : un homme « vieilli », « usé », « fatigué ». [...] François Bayrou [...] a été le premier à s'inquiéter de la tournure de la campagne : « Je ne sais quel mélange d'ivresse des sondages et de vieille haine a produit cette réaction chez Jospin, mais il a vraiment fondu un plomb. » (*Valeurs actuelles*, 15 mars 2002)

5. Employé dans une entreprise de Nersac [Charente] depuis une dizaine d'années, il a « fondu un plomb » en fin de semaine dernière. Mu par une folle colère, il a donné du poing sur un écran tactile [...]. Coup de l'opération : 4000 €. (*Sud Ouest*, 1er août 2006, p. 3)

□ **péter les plombs**, loc. verb. "id.". ~ □ **disjoncter** ; □ **être (complètement) à la masse*** ; □ **fondre les plombs** ; □ **avoir les fils* qui se touchent** ; □ **péter les fusibles*** ; □ **péter ses/les boulons*** ; □ **monter dans les tours*** ; □ **avoir reçu***.

6. – Hein... ? Tu te fous de ma gueule ? T'as pété les plombs ou quoi ? T'as pas intérêt à faire le con, mon pote, tu t'es mis dans un sacré merdier avec ton Jordan. (T. Benacquista, *Les Morsures de l'aube*, 1992, p. 88)

7. C'est nouveau, ça vient de sortir et ça se répand dans notre langue à la vitesse de l'éclair. C'est une même expression à plusieurs variantes. EDF devrait pouvoir toucher des droits d'auteur. Ces métaphores électriques font fureur dans les cours de récréation, dans les bureaux et à la télévision : après avoir été « allumé », voilà qu'on « pète les plombs », qu'on « disjoncte » à tout va ! Les Inconnus l'ont décliné, eux, autrement. Dans un sketche, ils parlaient de ceux qui ont « pété un boulon* ». « Péter les plombs », « disjoncter », c'est, au premier degré, sortir de la normalité, faire aux autres le coup soudain de l'orage dans un ciel serein. (*L'Humanité*, 3 juin 1993)

8. Je lui montre mon pistolet, il me dit t'es fou, déjanté, tu pètes les plombs, coco, reprends-toi. (H. Prudon, *Nadine Mouque*, 1995, p. 130)

9. [...] il avait surpris une conversation, apparemment le concernant, entre la commerciale et un des patrons, oui, tu sais, il a dû péter les plombs, dérailler complètement, c'est peut-être une maladie, en tout cas, il a disjoncté [...]. (V. Ravalec, *La Vie moderne*, 1996, p. 156)

10. Les Surveillants étaient outrés : « Mais il est braque ! », « Complètement à la masse*, ce type ! », « Il a pété les plombs ! », « Un vrai dingue ! » [...]. (G. Mordillat, *Comment calmer M. Bracke*, 2003, p. 190-191)

V. encore *couille*, ex. 19 ; *fusible*, ex. 7 ; *live*, ex. 10 ; *string*, ex. 2 ; *tension*, ex. 7.

— VARIANTES. □ **sauter les plombs / □ se faire sauter les plombs.**

11. Je regarde ce guignol qui saute les plombs à jets continus, grand déconnologue devant l'Éternel. (P. Merle, *Le Déchiros*, 1991, p. 223)

12. Ce soir, exceptionnellement, il ne s'fera pas sauter les plombs. Il a de quoi rêver, de quoi chanter. Allez savoir, il arrivera peut-être à dormir. (M. Villard, *Démons ordinaires*, 1992, p. 56)

— □ **péter un plomb**, loc. verb. "id.". ~ □ **péter un boulon* / péter un câble*/ une durit(e)*/un fusible*/un joint*** ; □ **monter dans les tours*** ; □ **fondre un plomb**.

13. Et là, la collaboratrice du maire elle pète carrément un plomb [...] et elle me dit que les petits cons dans mon genre ça lui fait pas peur [...]. (Y. B., *Allah superstar*, 2003, p. 40)

14. [...] de temps à autre, l'un d'eux pète un plomb, prend un fusil et tire sur n'importe qui ou presque [...]. (L. Vincol, *Entre ordures d'en haut et ordures d'en bas*, 2005, p. 277, GRL)

V. encore *dehors*, ex. 4.

— LOC. NOM. DÉRIVÉE. □ **pétage de plomb(s)**, "perte de tout self-control". ~ □ **pétage de boulon(s)*** ; □ **pétage de fusible(s)***

15. Pierre Marcelle a tenu la chronique télévision de *Libération*, pendant deux ans. [...] Il s'empeigna [*sic*] avec Pradel, s'engueula avec Poivre, en vint aux injures avec Mireille Dumas, se farcit Jean-Pierre Pernaud, [...] tacla Delarue, etc. Toutes choses reconnues d'utilité publique, mais à consommer avec modération, sous peine de pétage de plombs. (*Le Monde*, 24 avril 1998, p. 7)

16. [...] une rumeur, une de plus : Lionel Jospin serait en crue. Il sortirait de son lit jusque-là tranquille. Et la moindre contrariété, le moindre contradicteur, le moindre conflit le mettrait hors de lui, révélant aux foules apeurées et attristées la vraie nature du vrai Jospin. A l'ancienne, cela se traduit manque de sang-froid et de maîtrise. Et à la moderne, pétage de plombs. (P. Georges, dans *Le Monde*, 12 avril 2001, p. 34)

17. Philippe Joïadé, suite à un nouveau « pétage de plomb et quelques jours d'ivresse », a retrouvé du soutien dans ce centre psychiatrique de proximité. Mais un soutien qui risque de ne pas durer. Le personnel et les patients ont appris, il y a quelques jours à peine, la fermeture définitive du centre vendredi 31 janvier. (*L'Humanité*, 29 janvier 2003)

18. « En plein pétage de plombs », selon ses dires, le prévenu dérobe [...] deux véhicules à Plougastel-Daoulas puis à Camaret. [...] La course poursuite ne s'achèvera que par la perte de contrôle de sa voiture, qui finira sa course dans le fourgon des gendarmes. (*Le Télégramme*, 4 mars 2004)

19. Les dernières minutes [d'un match] sombraient dans le n'importe quoi, les Girondins frisant le pétage de plombs intégral [...]. (*Sud Ouest dimanche*, 21 mars 2004)

## plombier

**plombier polonais**, loc. nom. Prototype du travailleur étranger dont le statut précaire et le salaire très bas constituent une menace pour le modèle social français. Les controverses provoquées par une directive européenne proposée par le commissaire Frits Bolkestein sont à l'origine de la diffusion de cette formule en 2005.

1. Pour les tauliers ["patrons"], c'était impeccable d'avoir des peintres pakistanais, des maçons turcs, des plaquistes roumains, et bien sûr ces fameux plombiers polonais dont les médias se sont subitement emparés mais dont personnellement je n'ai jamais vu l'ombre sur les nombreux chantiers où je suis passé [...]. (N. Aurousseau, *Bleu de chauffe*, 2007 [2005], p. 37-38)

2. Plus que la crainte de voir nos voisins et autres plombiers polonais envahir la Suisse, c'est surtout la crainte de voir nos enfants ne pas pouvoir sortir de la Suisse qui doit animer notre réflexion. Où se situera la plus forte croissance dans les années à venir ? (Message, 1er septembre 2005, <infrarouge.tsr.ch/>)

3. [...] l'armée aussi pourrait recruter du personnel en Inde ou en Chine pour dix fois moins cher... La délocalisation à domicile, en quelque sorte, le plombier polonais à la puissance 10 dans nos casernes et sur nos chars... Au fait... Et si c'était la baisse du coût des légionnaires qui avait poussé l'Empire romain à recruter des « barbares » comme mercenaires, juste avant sa chute ? (« Le ministère de la Défense va privatiser tout son parc de véhicules particuliers », 9 décembre 2006, <www.liberation.fr/>)

4. La figure mythique du plombier polonais a dominé la campagne référendaire sur le projet de Constitution européenne [...]. (N. Baverez, « Le plombier polonais », dans J. Garcin (dir.), *Nouvelles Mythologies*, 2007, p. 25)

## plus

**plus** + adj. ou adv. **que** + adj. ou adv. répété. Marque du superlatif. Sur le modèle de **plus blanc que blanc**.

1. Il court, tout au long de ce film, un humour complètement désespéré, plus noir que noir. (*Sud Ouest*, Bordeaux, 19 juin 1996)

2. Plus bête que bête [le sketch d'un imitateur], un peu comme [...] les apostrophes sommaires et si convenues sur l'argent des contribuables. (*Le Télégramme*, 9 juin 2003)

3. Son regard brillait comme le charbon. [...] Elle avait les lèvres plus rouges que rouge, un grain de beauté sous la pommette gauche. (P. Pelot, *Méchamment dimanche*, 2005, p. 230)

4. S'il ne doit pas y avoir de petits et de grands élus [...], alors que penser des citoyens que nous sommes, plus petits que petits. (*Sud Ouest*, 27 février 2006)

5. Un regard transparent, venu de plus loin que loin [...]. (J.-P. Géné, dans *Le Monde 2*, 21 avril 2007, p. 20)

V. encore *genou*, ex. 2.

## pneu

□ **(faire) chauffer les pneus**, loc. verb. "(s') échauffer ; (se) mettre en train". Par référence aux sports mécaniques. ~ **tour de chauffe*** ; □ **chauffer les semelles***.

1. Je suis arrivé [au restaurant] en tout début de service, l'ensemble du personnel était dans l'entrée en train de faire chauffer les pneus. (*Le Figaro*, 15 mai 2004, p. 14)

2. Nous descendons place de la Mairie [au Puy-en-Velay] puis nous remontons à la cathédrale : un va-et-vient pour rien, ça chauffe les pneus. Que de marches et d'escaliers… (*Pèlerin randonneur*, 6 juillet 2006, <perso.orange.fr/jean-marie.infpelran/>)

## poche

**les linceuls n'ont pas de poches**, loc. phrast. Pour signifier que la jouissance des biens matériels s'arrête avec la mort et qu'il faut en profiter pendant la vie. La diffusion de cet adage (cf. l'allemand *ein Leichentuch hat keine Tasche* et l'anglais *a shroud has no pockets*), doit beaucoup au film de Jean-Pierre Mocky *Un linceul n'a pas de poches* (1973), adapté du roman éponyme d'Horace McCoy (1946), traduit de l'anglais *No pockets in a shroud* (1937). ~ **au diable l'avarice**.

1. Alors, pour ne pas se laisser envahir par des émotions contraires à sa nature, en lui-même il se répétait : « Qui a dit que les linceuls n'ont pas de poches ? » (M. Grisolia, *Les Seconds Rôles*, 1992, p. 202, GRL)

2. C'est vrai, les linceuls n'ont pas de poches, ça sert à rien de pas donner et de tout garder. J'aime pas les TPMG (Tout pour ma gueule*). (Message, 31 août 2006, <forum.doctissimo.fr/>)

3. « A quoi serviront nos possessions le jour de notre mort ? Les linceuls n'ont pas de poches, dit le bon sens populaire, qui ajoute : on n'a jamais vu un coffre-fort suivre un corbillard » (François de Witt, journaliste économique, cité le 2 février 2008, <www.boursorama.com/>)

— VARIANTE **les cercueils n'ont pas de poches**.

4. Certes, il aurait pu descendre dans un hôtel plus modeste […], mais « au diable les varices », l'argent est fait pour être dépensé, les cercueils n'ont pas de poches […]. (G. Matzneff, *Voici venir le Fiancé*, 2006, p. 155)

5. Monnaie, monnaie ! savent-ils ces imbéciles que les cercueils n'ont pas de poches […]. (Message, 10 juin 2007, <mima56.spaces.live.com/blog/>)

6. Bajaj-Renault-Nissan : la deuxième voiture la moins chère du monde ! / C'est déjà difficile d'éviter les cercueils* ambulants « made in China » qui finiront par arriver en France, alors à mon avis ce genre d'auto, c'est encore pire et on est pas près de les voir sur nos routes… Les cercueils n'ont pas de poches… Mieux vaut une bonne occasion avec un minimum de sécurité qu'une voiture neuve qui vous écrabouillera au premier virage. (Message, 10 janvier 2008, <news.caradisiac.com/>)

## poil

**chercher le poil dans l'œuf/des poils sur les (/des) œufs** , loc. verb. "pinailler ; chercher la petite bête". Attestée en 1848 (E. Cappelletti, *Vocabolario milanese-italiano-francese*, Milan, p. 282, GRL), la locution *chercher le poil dans* *l'œuf* est peut-être un calque de l'italien *cercare il pelo nell'uovo*. Même image déjà dans Oudin 1640 « chercher à Tondre sur un œuf [...] *vouloir une chose impossible* » ; cf. **couper les cheveux en quatre**.

1. Je fais très attention à n'apporter que des corrections que je peux justifier par la suite et à ne surtout pas chercher des poils sur les œufs, car je sais parfaitement, étant traductrice moi-même, qu'il est très désagréable de se voir accuser d'avoir fait du mauvais boulot alors qu'en fait, il ne s'agit que de préférences stylistiques discutables, par exemple. (Message, 22 février 2004, <www.nakedtranslations.com/>)

2. Le film s'en tire à merveille même dans une séquence très difficile, où l'image était très surexposée (on n'en dira pas plus). A vouloir chercher le poil dans l'œuf, on remarque juste deux ou trois petits défauts de compression en cours de route, qui sont vite oubliés. (Critique d'un film sur DVD, <www.dvdfr.com/>, consulté le 4 septembre 2006)

3. [...] de gentils enquiquineurs, toujours à chercher des poils sur des œufs. (*Midi libre*, éd. Uzège, Nîmes, 1er juillet 2007)

— DANS UNE MÉTAPHORE FILÉE.

4. Aline cherche peut-être des poils sur les œufs, mais elle trouve le mets un peu trop salé [...]. Mais avec ses copines attablées sous le marché couvert hier matin, Aline aux yeux bleus ne boude pas pour autant son plaisir à déguster l'omelette pascale. (*Sud Ouest*, éd. des Landes, 17 avril 2006, p. 4)

□ **(être) à poil et à plume**, loc. verb., loc. adj. "(être) bisexuel(le)". *À poil et à plume. Homosexuels et bisexuels célèbres* est l'intitulé d'un ouvrage de M. Larivière (1987). ~ □ **bique* et bouc** ; □ **(être) à l'huile* et au vinaigre** ; □ **(être/marcher) à voile* et à vapeur**.

5. Dans [...] *Le Livre de Qabus*, composé au XIe siècle à l'intention de son fils, l'émir Kaykaous ben Eskandar propose une solution libérale : à poil et à plume, comme on disait au grand siècle : « En été, consacre-toi aux garçons, et en hiver aux femmes. » (R. Étiemble, *L'Érotisme et l'Amour*, 1987, p. 43, GRL)

**poil à gratter**, loc. nom. Pour désigner ce qui dérange ou irrite et, éventuellement, ce qui stimule. Métaphore tirée des farces des enfants. Fréquent dans la langue des journalistes.

6. [...] la définition que certains CJD [membres du Centre des jeunes dirigeants] donnent de leur Mouvement : « poil à gratter du patronat ». (P. Bernoux, *Les Nouveaux Patrons*, 1974, p. 63, GRL)

7. [...] décidé à ne pas être une « courroie de transmission » du gouvernement, le MJS [Mouvement des jeunes socialistes] ne renonce pas à jouer, avec mesure, le rôle de poil à gratter. (*Le Monde*, 14 février 1998, p. 6)

— EMPLOI ADJ. INVAR.

8. « Entre le dit et le non-dit, il y a la gamme infinie du suggéré, les hochements de menton, les mouvements du bras, les clins d'œil », explique doctement l'ancien directeur de cabinet, qui, malgré une parfaite maîtrise de ce langage hypocrite du pouvoir, n'a pourtant pas réussi à faire exiler à Washington le chroniqueur poil-à-gratter de RTL, Philippe Alexandre, comme il l'avait délicatement suggéré à Jacques Rigaud, le PDG de la radio périphérique. (*Le Monde*, 21 novembre 1987, p. 4)

9. Michel Denisot a annoncé qu'il allait cesser de trousser, chaque dimanche, les dessous plus ou moins chics de la télévision. C'est bien dommage. Cet homme-là a une façon de poser aux gens du PAF [paysage audiovisuel français] des questions poil-à-gratter qui sont d'ordinaire fort réjouissantes. (*Le Monde*, 11 juin 1996, p. 29)

10. D'abord réticentes, les Américaines ont été conquises [par *Big Love*]. Et savourent actuellement la deuxième saison de cette série poil à gratter. (*Télérama*, 12 septembre 2007, p. 85)

**un poil**, loc. adv. Suivi d'un adj. ou d'un adv. "légèrement, un tant soit peu".

11. [...] on a réussi à localiser le nid de ces néfastes un poil trop tard. (J. Houssin, *Mongol*, 1990, p. 155)

12. Plutôt mignonne, d'ailleurs. Un poil trop grande, les mains un soupçon viriles [...]. (P. Merle, *Le Déchiros*, 1991, p. 18)

13. [...] des sujets divers, à l'intitulé simpliste – voire un poil racoleur [...]. (*Télérama*, 9 août 2006, p. 120)

## point

□ **la mettre au point mort**, loc. verb. "se taire". Métaphore du langage de la mécanique ; *la* représente ici l'organe de la parole : la *langue* et, par métonymie, la *bouche*/la *gueule*. ~ **la mettre en veilleuse**.

1. Mais voilà que je me suis laissé emporter, comme d'habitude [...]. Mes belles promesses de la mettre au point mort, j'ai un de ces mal à les tenir. (R. Esnault, *Opération "Naphtaline"*, 1972, p. 116, GRL)

2. – Taisez-vous ! lui chuchota Sandrine à l'oreille. Vous allez tout faire rater !
– C'est vrai [...], mets-la un peu au point mort, tu veux ! (A. Varoux, *Tête à claques*, 1982 [1979], p. 68)

nom (ou adj.) + **point com**, loc. nom., loc adj. Pour évoquer plaisamment les pratiques des internautes. Par allusion à la désignation des sites commerciaux sur la Toile.

3. [...] l'un de ces clients qu'elle [une patronne de brasserie] appelle « trouduc point com », patrons des start-up qui fleurissent dans le quartier [...]. (*Télérama*, 11 décembre 2002, p. 125 ; présentation du téléfilm *La Grande Brasserie*, 2002)

4. « Ça [une conversion soudaine à l'islam] ressemble à une "conversion.com" : je clique, je me convertis », insiste le président [du tribunal]. (*Le Monde*, 1er avril 2004, p. 17)

5. – [...] Ah, je suis « affairé.com », ici. Pas une minute à moi... (J.-M. Villemot, *Les Petits Hommes d'Abidjan*, 2006, p. 116)

6. Le lendemain, les flics se résignèrent à le relâcher [...]. Il gagna son gîte, passablement abattu, prêt à se connecter sur dépression.com. (M. Villard, *Entrée du diable à Barbèsville*, 2008, p. 31)

## poireau

■ **souffler dans le poireau à qqn**, loc. verb. "faire une fellation". Attesté en 1864-1866 (« DORANTE [...] Mais pourquoi cesses-tu de me souffler dans le poireau ?... ça allait bien. SYLVIA C'est pour respirer un peu, mon chéri », Lemercier de Neuville, « Les Jeux de l'amour et du bazar », dans *Théâtre éroti-*

*que français du* XIX$^{e}$ *siècle*, présenté par J.-J. et M. Pauvert, Paris, Sortilèges, 1994, p. 251). Cf. aussi l'anglais *blow job*. ~ ■ **souffler dans le biniou***.

1. – [...] Les Halles, c'est chouette, c'est ma vie... la rue Saint-Denis, les putes... Les putes, j'm'en ferais crever. Tout mon fric... [...] Oui m'sieur. Tout mon fric ou presque, je le dépense à me faire pomper, me faire souffler dans le poireau... (A. Vers, *C'était quand, hier ?*, 1990, p. 232)

2. Cette même marionnette de Le Lay affirmera : « Etienne baisse ton froc. Je te souffle dans le poireau et t'as les couilles qui tournent ! », avant de proposer à Etienne Mougeotte une carotte pour... Ce dernier refusant, offusqué, sauf « lorsque vous aurez atteint les 65 % de parts de marché ». Bref, pas de quoi fouetter un PDG [...], TF1 jouant les vierges effarouchées est sans doute encore plus drôle que les Guignols. (*L'Humanité*, 14 octobre 1995)

## pois

□ **avoir un pois chiche (/un petit pois) dans la tête**, loc. verb. "être complètement stupide, écervelé". L'image évoque celle du grelot, insigne ancien de la folie. ~ **avoir un grain** ; □ **avoir une noisette* dans la tête**.

1. On flashe à haute voix sur nos dernières vraies nuits d'amour, concluant qu'en général les mecs à grosse bite ont un pois chiche dans le cigare [...]. (E. Hanska, *J'arrête pas de t'aimer*, 1981, p. 127)

2. – Tout va très bien. Guido, il a un pois chiche dans la tronche, mais il est brave. (R. Merle, *Treize reste raide*, 1997, p. 233)

3. – [...] j'ai été convoquée par ma nouvelle directrice, elle a décrété que je travaillais comme une oie, que j'avais un petit pois dans la tête [...] et que les erreurs que je commettais étaient inadmissibles. (C. Cognard, *Quinqua kleenex*, 2007, p. 80, GRL)

4. Pour perdre son permis lorsque celui-ci conditionne son boulot, faut avoir un pois chiche dans la tête. (Message, 22 février 2008, <www.forum-auto.com/>)

— VARIANTES PONCTUELLES.

5. Elle n'avait pas bougé. La main sur la poitrine, elle remontait son soutien-gorge ou se grattait le bout du sein. Peut-être était-elle perplexe ? Peut-être pas. C'était une très jolie poupée. Une de celles qui disent « Maman* » quand on les couche. Avec une matière grise de la valeur d'un petit pois derrière son joli front. (L. Malet, *Micmac moche au Boul' Mich*, 1991 [1957], p. 752)

6. [...] cinq sur dix [filles] avaient un pois dans le crâne pour faire ding-ding et deux autres rien du tout [...]. (S. Japrisot, *La Passion des femmes*, 1986, p. 86)

7. [...] un gros con de milicien avec un pois chiche sous le béret basque avé la francisque ! (P. Ascaride, *Au vrai chichi marseillais*, 2004 [2000], p. 80)

8. – [...] Mais t'as quoi dans la tronche, Zak, un petit pois vinaigrette ? Gling gling ? (B. Aubert, « Le dealer », dans C. Ferniot, *La Rue*, 2003, p. 38)

V. encore *noisette*, ex. 3.

□ **avoir un pois chiche (/un petit pois) à la place du cerveau/en guise de cervelle**, loc. verb. "être complètement stupide".

9. [...] je devenais le lapin pas malin pris dans les phares d'une voiture, paralysé de trouille. J'avais déjà eu l'occasion de remarquer que l'amour ne rendait pas très

intelligent. Alors moi, avec mon pois chiche en guise de cervelle, je devenais débile profonde. (E. Hanska, *Les Amants foudroyés*, 1984, p. 183)

10. Ceux qui insinuaient que la cervelle de Norbert Barbillat était grosse comme un pois chiche, n'étaient ni plus ni moins que des mauvaises langues, des malfaisants, des spécialistes de l'intox à outrance, des forts en gueule, des jaloux, des envieux, des traîne-patins ou des fout-la-merde. (R. Balducci, *Le Café des veuves*, 1991, p. 11)

11. Un frimeur, ce Momo. Il ne sait pas très bien ce qu'il raconte avec son pois chiche à la place du cerveau. Il avale n'importe quoi. (Y. Queffélec, *Disparue dans la nuit*, 1994, p. 14)

12. Théo [...] se souvenait de Stu Sutcliffe, le premier guitariste, mais sur le nom du batteur, il était sec. Il n'avait jamais pu encadrer les batteurs, des enclumeurs de merde avec un pois chiche à la place du cerveau. (M. Villard, *Rouge est ma couleur*, 1996, p. 177)

V. encore *silence*, ex. 5.

## poisson

**avoir une mémoire de poisson rouge**, loc. verb. "avoir une mauvaise mémoire ; avoir la mémoire courte". Par référence à une croyance selon laquelle la capacité mémorielle du poisson rouge serait limitée à quelques secondes.

1. Le consommateur est bête. En effet, le consommateur est un consommateur. Le consommateur a le droit de vote, et c'est inquiétant, car il a une mémoire de poisson rouge. (« Le Vortex de l'info », 30 octobre 2005, <www.jofission.net/>)

2. [...] un hamster dans sa roue, parcourant le même chemin, mais heureusement doté d'une mémoire de poisson rouge, ce qui lui fait dire à chaque tour « oh, chic, une mangeoire ! » (« Trous de mémoire(s) », 26 septembre 2006, <blogue.bricabrac.free.fr/>)

— DANS UNE MÉTAPHORE.

3. En collaboration avec la Fondation nationale des sciences politiques, la BNF [Bibliothèque nationale de France] espère [...] élaborer à propos de la Présidentielle 2007 des archives pertinentes, sachant que le web a une mémoire de poisson rouge et que, comme le rappelle *Le Monde*, la pléthore de sites qui avait suivi le référendum sur le TCE [Traité constitutionnel européen] en 2005 a disparu sans laisser de trace quelques mois plus tard. (Message, 2 novembre 2006, <politique.fluctuat.net/>)

**donner à manger aux poissons** (et variantes), loc. verb. "avoir le mal de mer et vomir (par-dessus le bastingage)". Attesté en 1896 (« La mer est toujours houleuse [...]. Il me semble qu'un café me remettra le cœur en place. Hélas ! c'est une illusion : quelques minutes après, je me vois obligé de faire partager mon repas aux poissons », dans P. Jacquier et M. Pranal, *Gabriel Veyre, opérateur Lumière. Correspondance, 1896-1940*, Actes Sud, Arles-Lyon, 1996, p. 35) ; en 1904 (« On nous prédit que la mer sera mauvaise. Arrive l'heure du souper [...]. J'y vais bravement, mais à peine ai-je déplié ma serviette que je vois trouble ; tout tourne autour de moi ; je n'ai que le temps de [...] remonter sur le pont au grand air, payer mon premier tribut à la mer et donner à manger aux poissons », [René Suaudeau] *Au Pays des Caraïbes*, Fontenay-le-Comte (Vendée), Impr. Lussaud, p. 9).

4. La seule fois où j'ai donné à manger aux poissons ça a été sous l'eau, dans une mer calme et chaude, au terme d'une plongée d'une heure et quart en Thaïlande. Ce n'était pas proprement du mal de mer, mais le fait que l'embout de mon détendeur avait décidé de divorcer du reste et que j'ai bu la tasse. (« Mal de mer et plongée », 30 octobre 2002, <www.plongeur.com/>)

5. Comme toujours, il [le repas] était copieux, appétissant ; pourtant, ma belle-mère n'y toucha pas. Elle avait un épouvantable mal de mer [...] mais ne pouvait rien restituer et n'aurait pas pu davantage « donner à manger aux poissons », comme disait mon père en riant, car il avait le pied marin, lui ! (L. Legrand, *Le Roman du petit nhaquê*, 2004, p. 61, GRL)

6. Avec le mal de dos, le mal de mer constitue l'autre enfer des solitaires [dans les courses à la voile]. « [...] donner à manger aux poissons, ce n'est jamais agréable », glisse Jeanne [...]. (*Le Figaro*, 24 août 2005, Sports, p. 8)

## politiquement

**politiquement correct**, loc. adj. "qui a recours à l'euphémisme et travestit des termes trop précis désignant des réalités ou des situations qui peuvent choquer". Particulièrement employée par les médias, la locution est un emprunt à l'américain *politically correct*.

1. La démocratie participative, l'expression directe, voilà le langage « politiquement correct » du moment. (C. Cumunel, *Lettre urgente aux cadres qui en ont ras le bol*, 1993, p. 164, GRL)

2. – Et la guerre, tu t'en fous ? Les dictateurs ? La torture ? La politique ? [...].
– Non, non, je ne m'en fous pas, simplement je ne sais pas quoi dire... J'aurais trop peur de dire des bêtises, des banalités, des phrases connes et politiquement correctes. (A. Gavalda, dans *Libération*, 16 septembre 2000)

3. « Plus de 100 % de nos bénéfices viennent des microprocesseurs » [...]. Une formule politiquement correcte pour expliquer que la firme perd de l'argent sur ses autres activités. (*Le Figaro*, 19 juillet 2001)

4. [...] des chansons poétiques, aux textes solides, pas toujours politiquement corrects, souvent incisifs, toujours ciselés au mot près. (*La Nouvelle République*, éd. Maine-et-Loire/Saumurois sud, 12 mai 2006, p. 6)

— EMPLOI SUBST. MASC.

5. La guerre d'Algérie était restée en travers de la gorge de mon grand-père et il détestait me voir jouer « avec les bicots et les bicotes ». À cette époque, le politiquement correct existait encore moins que les pesticides. Les gens parlaient dru voire sale mais ça ne les empêchait pas de vivre ensemble. (D. Sylvain, *Mon Brooklyn de quatre sous*, 2006, p. 10-11)

6. Où est donc passée la subversion ? Sous le boisseau du politiquement correct, l'époque est peu propice aux coups d'éclat. (*Télérama*, 9 août 2006, p. 8)

7. La moralité du tiroir-caisse est une idée à la mode [...]. Ainsi le politiquement correct s'est-il fait une place dans nos assiettes : entre le bœuf label France et le café garanti guarani, le grand écart est déchirant. Faut-il mastiquer français ou déglutir équitable ? (F. Forestier, « Le commerce équitable », dans J. Garcin (dir.), *Nouvelles Mythologies*, 2007, p. 70-71)

V. encore ex. 10 ci-dessous ; *cravate*, ex. 3 ; *thermomètre*, ex. 3.

**politiquement incorrect**, loc. adj. "qui s'oppose à un certain consensus, aux valeurs reçues ; qui n'est pas conforme à l'ordre établi". *Politiquement incorrect* est le titre d'une bande dessinée de Martin Veyron (1995).

8. Comment conserver l'idée que « le sida concerne tout le monde » [...] quand seule une minorité de la population est plus particulièrement exposée ? Comment s'adresser directement à des « groupes à risques » même si cette notion quasi taboue a quelque chose de « politiquement incorrect », déjà socialement marginalisés, sans renforcer dans la population générale les réactions de rejet et de stigmatisation ? (*Le Monde*, 30 novembre 1995, p. 10)

9. N'ayant jamais eu l'occasion de se rendre lui-même à Cuba, pays politiquement incorrect, il se contentait d'en acheter [des cigares] à Genève chez le célèbre Davidoff. (H. Charef, *Couscous amer*, 2002, p. 143, GRL)

— EMPLOI SUBST. MASC.

10. Autre intérêt d'Arsenik [un groupe de rap], il double son discours de la revendication du politiquement incorrect : « on s'excuse pas ». Le politiquement correct appartient à ceux, bien polis, de la Cité et non de la marge, de l'autre cité, celle des banlieues défavorisées. (D. Lance, *Vous avez dit élèves difficiles ? Éducation, autorité et dialogue*, 2007, p. 134, GRL)

## pomme de terre

**vive la France et les pommes de terre frites**, loc. phrast., loc. interj. Exclamation plaisante, souvent gouailleuse ou chauviniste, et qui a vieilli. Attesté en 1886 (« Vive la France et les pommes de terre frites » (inscription de tatouage), dans *Dictionnaire encyclopédique des sciences médicales*, dir. par Amédée Dechambre *et al.*, Paris, 3e série, t. 16, p. 135, GRL).

1. – Allez ! [...] Laisse-moi me débrouiller, tu ne regretteras pas. A bientôt la noce, et vive la France et les pommes de terre frites ! (H. Queffélec, *Tempête sur Douarnenez*, 1968 [1951], p. 348)

2. On le fait crier [un Algérien] : « Vive la France ! » Il crie Vive la France une fois, deux fois, trois fois, etc. Puis, un moment, on lui fait crier : « Vive les pommes de terre frites ! » Ne connaissant pas le français, il ne peut répéter. Il est alors descendu. (Comité Résistance spirituelle, *Des rappelés témoignent*, 1957, p. 32, GRL)

3. Nous [...] triomphâmes devant l'usine à gaz en hurlant : « Vive la France et les pommes de terre frites ». Les passants trouvaient cela très bien : « Allez-y, les gars, on les aura !... » (B. Taslitzky, *Tu parles*, 2004, p. 12, GRL)

4. [...] le cri de ralliement bien de chez nous « Vive la France et les pommes de terre frites ». (Delfeil de Ton, dans *Le Nouvel Observateur*, 8 mars 2007, p. 96)

— VARIANTE PONCTUELLE.

5. Au lycée, où mon frère, de cinq ans plus âgé que moi, prenait contact avec l'opinion enfantine, reflet des opinions paternelles, plusieurs de ses camarades ricanaient [...] et quand il criait : « Vive la République ! » ils répliquaient avec dérision : « Vive la République et les pommes de terre frites ! » (A. Siegfried, *Mes Souvenirs de la IIIe République*, 1946, p. 91, GRL)

**vive la joie et les pommes de terre frites**, loc. phrast. "id.". Attesté « sous le second Empire » (« Sous le second Empire, il [le peuple de Paris] s'écriait joyeusement : "Pan ! dans l'œil !" ou : "Et ta sœur !" scie qui, comme "Vive la joie et les pommes de terre frites !" a persisté bien après l'Empire », M. Allem, *La Vie quotidienne sous le second Empire*, Paris, Hachette, 1948, p. 165, GRL ; « On disait aussi : "Et ta sœur ?..." ou bien "Vive la joie et les pommes de terre frites !" Et toute la France suivait, et à la Cour, l'Impératrice le disait aussi », M. Garçon, dans *Les Annales. « Conferencia ». Revue mensuelle des lettres françaises*, décembre 1952, p. 39).

6. Vive la joie ! et... les pommes de terre frites ! Je suis majeur ! (O. Barbarat, *Les Parquets du ciel*, 1992, p. 66, GRL)

— VARIANTES PONCTUELLES.

7. Tintin. – Pif ! Paf ! Pan !... Je suis mort !... Vive le général Alcazar et les pommes de terre frites ! (Hergé, *L'Oreille cassée*, 1947 [1943], p. 21)

8. LA FOULE. – Hourrah ! Hourrah ! La vie est belle !
CRI-CRI. – Ce n'est qu'un au revoir mes frères. Vive le général et les pommes de terre frites ! (G. Ascaride, *Phylactère s'en va-t-en guerre*, 1973, p. 74, GRL)

9. Vive la détection et les pommes frites ! (Message, 5 mars 2006, <www.lefouilleur.com/>)

10. Vive la France ! Vive le gaz ! Vive la grève et les pommes frites ! (Blog, mars 2007, <lesarbresdestrasbourg.blogspot.com/>)

## pompier

▪ **bouche à (faire des) pompiers**, loc. nom. "large bouche, aux lèvres pulpeuses". Issue des phantasmes masculins, la locution désigne littéralement une bouche qu'on estime propice à la fellation (pour une attestation voilée de *pompier* en ce sens, voir Esnault 1919, p. 435 : « *pompier (faire un)*, Boire au goulot ; marins, 17-18. – Ce dérivé de *pomper* était, sauf erreur, comme *boire au goulot*, une locution réservée »).

1. Cette lèvre supérieure qui avançait légèrement, large, charnue. Une bouche à pompiers, lui avait lancé un type dans la rue, un jour. (M. Raphaël, *Ainsi soit-il*, 2004 [1950], p. 81)

2. Elle a [...] des lèvres assez épaisses et brillantes – une bouche à faire des pompiers. (« Dans la chaleur de la nuit », 24 novembre 2006, <histoiresdeq.canalblog.com/>)

▪ **lèvres à (faire des) pompiers**, loc. nom. "lèvres pulpeuses". Cf. le précédent.

3. Ah ! ces lèvres ! [...] elle mordait ardemment dans ses biscottes [...]. Des lèvres à faire des pompiers qu'elle avait, pas d'erreur ! Je voudrais bien être biscotte... (R. Guérin, *L'Apprenti*, 1946, p. 240)

## porte

**fermer des portes**, loc. verb. "procéder par élimination des hypothèses invalides, dans le cadre d'une investigation".

1. Les enquêteurs se sont trouvés face à de multiples portes toutes frappées du sceau de l'incertitude. C'est donc « pour fermer des portes » qu'ils se sont intéressés aux patients ou anciens patients de l'hôpital. (*Sud Ouest*, 25 décembre 2004, p. 7)

2. – Où en êtes-vous dans l'enquête Alziari ? lance Preuilly de la Claise tout en connaissant d'avance la réponse.
– On ferme des portes, lâche machinalement le patron de la PJ, employant ainsi la formule aussi creuse que d'usage employée par tous les flics de France lorsque les investigations piétinent. (M. Embareck, *Le Futon de Malte*, 2007, p. 50)

**mettre (/coincer/glisser) le (/un) pied dans la porte**, loc. verb. "s'insinuer, s'introduire, pénétrer". Par allusion aux méthodes intrusives des vendeurs ou démarcheurs à domicile. L'exemple 3 fait référence à cet emploi. Cf. l'anglo-américain *foot-in-the-door procedure, foot-in-the-door technique.*

3. [...] je vendis d'abord des Encyclopédies au porte à porte. [...] Le directeur des ventes nous avait enseigné l'art du pied dans la porte [...]. (C. Roy, *Moi je*, 1969, p. 240, GRL)

4. En fait, les projets [pour réduire le trou de la Sécurité sociale] foisonnent. Même les labos pharmaceutiques tentent de glisser le pied dans la porte. (*Le Point*, 27 février 1999)

5. Pour l'heure, les groupes de pression favorables à la levée de l'embargo [américain sur Cuba] rappellent que Fidel Castro n'est pas immortel. Autant, selon eux, mettre le pied dans la porte aujourd'hui pour être présent lorsque l'économie post-communiste se développera. (*La Croix*, 29 juin 2000, p. 4)

6. « Cet amendement vise à mettre un pied dans la porte pour lancer le débat, et prendre enfin des mesures dans ce domaine », ajoute-t-elle [une députée]. (*Le Figaro*, 25 novembre 2004, p. 7)

— DANS UN CONTEXTE MÉTAPHORIQUE.

7. Deux Chypriotes grecs militant pour le droit de la libre circulation dans l'île [...] se sont dit [...] que c'était le moment de coincer un pied dans la porte entrouverte. Pour plus de sûreté, ils y ont mis les deux. Dans le plat. (*Le Figaro*, 26 septembre 2003)

8. Maintenant qu'ils ont mis un pied dans la porte, ils entendent bien la faire sortir de ses gonds : forts du succès de la mobilisation de mardi [...], les syndicats de salariés et les organisations de jeunes se réunissent [...] pour décider de la suite à donner au mouvement. (*Les Echos*, 9 mars 2006, p. 4)

## portefeuille

**se mettre en portefeuille**, loc. verb. Se dit d'un camion dont la remorque, lors d'un accident, fait une rotation de 90° à 180°. Par analogie de forme avec un portefeuille qui se replie.

1. La pluie tombait abondamment [...]. Un chauffeur [...] n'a pu contrôler son semi-remorque [...]. L'ensemble routier s'est mis « en portefeuille » à 90°, le tracteur finissant sur la glissière centrale en béton. (*Sud Ouest*, Pyrénées-Atlantique, 15 octobre 1996)

2. Mais pour une raison indéterminée, un camion qui arrivait sur les lieux de la collision a freiné et s'est mis en portefeuille. (*Dernières Nouvelles d'Alsace*, 16 décembre 2006, p. ST 3)

— **camion en portefeuille**, loc. nom. Pour désigner un camion ainsi accidenté.

3. On ne compte plus [en raison de la neige] les camions en portefeuille, leur remorque s'étant mise en travers de la chaussée glissante. (*Agence France Presse*, 24 janvier 2005)

4. Les services de l'autoroute nous signalent un camion en « portefeuille » dans la bretelle d'entrée sur A 72 [...]. (Message, 2 août 2005, <www.hyrondelle.net/>)

— **mise en portefeuille**, loc. nom. Pour désigner ce type d'accident.

5. Aujourd'hui, les technologies de freinage à commande électronique E.B.S. permettent une réactivité optimale. Le contrôle dynamique aide au maintien de la trajectoire, prévenant le renversement et la mise en portefeuille des ensembles articulés. (*Renault Trucks*, <www.renault-trucks.fr/>, consulté le 8 janvier 2007)

## porteur

**porteur d'eau**, loc. nom. Pour désigner celui qui apporte son concours à un leader en se chargeant des tâches subalternes. Métaphore de la langue du cyclisme. À comparer avec *porteur de valises*.

1. Jean-Pierre Chevènement [...] a estimé [...] que « le problème, c'est la refondation de toute la gauche, pas la refondation du Parti socialiste ». « Nous ne sommes pas prêts à servir de porteurs d'eau à la gauche caviar », a-t-il ajouté [...]. (*Le Monde*, 4 juillet 1995, p. 7)

2. [...] il suffit de peu de chose pour tuer dans l'œuf la reprise encore fragile de la croissance... « Il y a des dossiers minés dans tous les tiroirs, s'emporte un porteur d'eau de l'équipe Raffarin. Ces deux dernières années, les socialistes ont tout laissé filer ! » (*L'Expansion*, 1er juillet 2002, p. 10)

3. Mais, comme la participation au gouvernement Jospin l'a montré, les communistes n'ont guère le choix qu'entre la position de porteur d'eau du PS et celle d'aiguillon. (*Libération*, 21 janvier 2003, p. 14)

4. M. André Flajolet. – J'ai été profondément blessé par vos propos [...] car je ne suis le porteur d'eau de personne. J'essaie modestement de participer à l'élaboration de la loi, je croyais que vous vous en étiez aperçu en commission [...]. (Assemblée nationale, *Compte rendu analytique officiel*, 2e séance du 17 mai 2006)

5. [...] le fils cadet du Président a fait à 21 ans une entrée fracassante en politique. [...] Venu, disait-il, en simple « militant » [...], le voilà trois semaines plus tard en première ligne. [...] « En tout cas, après ce week-end, on ne peut plus le considérer comme un porteur d'eau en politique. La chrysalide est devenue papillon », s'enflamme un admirateur. (*Libération*, 12 février 2008, p. 4)

## poser

**ça vous pose un (/son) homme**, loc. phrast. "cela met en valeur une personne, lui donne de la considération". Plaisant ou ironique. Une forme proche est attestée en 1842 (« c'est une manière ingénieuse et détournée que prend un critique pour entretenir un public [...] de ses petites affaires, de son caniche, de son épouse ! Nouveau genre : Ça pose un homme », L. Reybaud, *Jérôme Paturot à la recherche d'une position sociale*, p. 74, FT).

1. « Je cherche des indices anatomiques fiables de la dominance cérébrale. » Et ça, croyez-moi, c'est le genre de phrase qui vous pose un homme et inspire définitive-

ment le respect. (J.-P. Dubois, *Éloge du gaucher dans un monde manchot*, 1988 [1986], p. 160)

2. Avouer en société […] qu'on a dévoré de la panse de brebis farcie du côté d'Aberdeen vous pose son homme. (*Le Monde*, 3 septembre 1997, p. 23)

3. Faire l'acteur, j'y avais renoncé depuis ma catastrophique prestation dans *Le Marchand d'étoiles*. Mais jouer dans un film de Jean-Luc Godard ça vous pose un homme. (R. Forlani, *Toujours vif et joyeux !*, 2003, p. 503)

4. Reste qu'un pseudonyme de cette trempe, aux résonances irlandaises, ça vous pose un homme. (*Le Nouvel Observateur*, 30 novembre 2006, p. 132)

## pot

**couvert comme un pot de miel**, loc. adj. "chaudement vêtu, emmitouflé". Image domestique, à caractère régional (notamment Languedoc), du pot de miel soigneusement fermé.

1. […] j'ai assisté le maître au jardin. Ce sont les moments avec lui que je préfère. Debout, ou agenouillés, en bras de chemise, ou couverts comme des pots de miel, accomplissant les tâches horticoles de la saison. (P. Fréha, *Tournesol*, 2001, p. 23, GRL)

2. Enfin soigne-toi bien […]. Tu es couverte comme un pot de miel, j'espère. (Message des Alpes-de-Haute-Provence, 10 janvier 2006, <forum.aceboard.net/>)

3. Ça fait des années que j'ai les jambes lourdes et les pieds gonflés. L'hiver je ne sens plus mes pieds et j'ai les doigts gelés avec souvent des engelures (quand je ne suis pas couvert comme un pot de miel). (Message, 23 juillet 2006, <forum.doctissimo.fr/forme-beaute/>)

4. – Être couvert comme un pot de miel ? Tiens, tu es la 2e personne qui me le dit, ce serait une expression familiale ?
– Je connais ça depuis toujours. (Messages, 27 juillet 2007, <forum.aceboard.net/>)

□ **curieux comme un pot de chambre**, loc. adj. "très curieux ; très indiscret". La comparaison s'appuie sur le fait que les vases de nuit d'autrefois s'ornaient parfois en leur fond d'un œil peint.

5. Je brûlais d'envie de les escorter. Mais je savais bien que si je demandais la permission, on me la refuserait en me reprochant[,] selon la formule consacrée, d'être *curieux comme un pot de chambre*. Aussi m'éclipsai-je en douceur […]. (J. Cazalbou, *La Porte du Casteras*, 1969, p. 74, GRL)

6. Elles qui aimaient tellement savoir ce qui se passe… à venir donner un coup d'œil sur tout ce qui peut se voir… Elles qui mettent leur nez partout, curieuses comme des pots de chambre… (P. Borde, *Au pays des tendres souvenirs*, 2007 [2006], p. 187, GRL)

— LOC. NOM. DÉRIVÉE. □ **curiosité de pot de chambre**.

7. Il faut éprouver une véritable curiosité de pot de chambre pour s'en aller aux antipodes visiter à la boussole des trous perdus […]. (P. Autin-Grenier, *L'éternité est inutile*, 2002, p. 108-109)

## potage

■ **une couille dans le potage**, loc. nom. "une difficulté imprévue, un ennui inattendu". Renforcement de *couille*, en ce sens. ~ □ **(il y a) un os dans le boudin*** ; ■ **il y a une couille dans le pâté*** ; **(il) y a un souci***.

1. Ça leur donnait une heure et demie pour faire quarante bornes, ce qui était suffisant. Mais il ne fallait aucune couille dans le potage. (J.-B. Pouy, *Larchmütz 5632*, 1999, p. 108)

2. [...] pour les non-anglophones, [...] bug en anglais veut dire insecte et en français ça désigne une couille dans le potage en langage informatique... (« Un bug dans mon PC », 18 mai 2003, <www.toobab.org/>)

3. Elle a regardé sa montre quand nous sommes entrés, Plumier et moi.
Une seule expression m'est venue à l'esprit. Elle me paraissait appropriée à la situation. J'ai pensé : il y a une couille dans le potage. (J.-N. Blanc, *La Petite Piscine au fond de l'aquarium*, 2007, p. 30)

## pou

**pou de la route**, loc. nom. "très petite automobile". Appliquée à un véhicule, la locution a d'abord désigné la Ford modèle T (créée aux États-Unis en 1908), voir l'exemple 1. Cf. l'anglais *road louse*. ~ **pot de yaourt***.

1. Le HM-14 [un petit avion] dit Pou-du-ciel par analogie avec la Ford T dite Pou-de-la route à l'époque [...]. (« Clichés de colibris », octobre 2002, <www.pilotlist.org/> ; légende de photographie)

2. En 1953 Renzo Rivolta, un fabricant italien de réfrigérateurs industriels mettait sur le marché sa petite Isetta. En 1955 il vend sa licence à BMW, en Allemagne, et à Velam, en France. Les « poux » de la route sont nés. (Message, 22 juillet 2006, <sitesdejamy.skynetblogs.be/>)

3. On sait même qu'il est venu [au tribunal] en Smart ! Oui, l'amateur de bolides est venu avec ce petit pou de la route ! (Blog, 10 janvier 2007, <francoisquinqua.blog.lemonde.fr/>)

4. C'est surtout la taille de ces poux de la route que je déteste. Trop claustro à l'intérieur. (Message, 20 juillet 2007, <passionautomobile.phpnet.org/>)

## pouce

**sucer qqc de son pouce**, loc. verb. "trouver quelque chose tout seul, deviner ou inventer de toutes pièces". La locution est surtout en usage dans le nord de la France et en Belgique.

1. – Vous me demandez comment je le sais ? Ne vous fatiguez pas les méninges, mon vieux. Je ne l'ai pas sucé de mon pouce, c'est Armanjéo qui m'a affranchie ! (J. Failler, *Brume sous le grand pont*, 1997, p. 238 ; auteur né à Quimper)

2. J'ai pu apprécier cette problématique [de la vérité historique] en écrivant, pour *Les Voyages d'Alix* de Jacques Martin une *Marine antique* [...]. Quand on avait trouvé des documents intéressants à mettre en image, tout l'environnement restait à sucer de son pouce par le dessinateur, obligé d'extrapoler le connu ou le plausible. (M. Henniquiau, courrier du site *Peplum*, 22 février 2004, <www.peplums.info/>)

3. M. Marc-Philippe Daubresse [né à Lille]. – Dans le passé, on construisait 40 000 logements sociaux par an, soit 200 000 logements en cinq ans. Nous en proposons 500 000 [...]. Je ne l'ai pas sucé de mon pouce, comme on dit, c'est M. Delebarre, président de l'USH [Union sociale pour l'habitat], qui l'a proposé, après avoir interrogé les bailleurs sociaux sur les objectifs qu'ils pensaient raisonnables pour les cinq prochaines années [...]. (Assemblée nationale, *Compte rendu analytique officiel*, 3^e^ séance du 3 décembre 2004)

## poudre

□ **ne pas avoir inventé l'eau en poudre**, loc. verb. "être peu intelligent, peu doué, simple d'esprit". Ce produit appartient au paradigme des inventions saugrenues comme *la corde* à tourner le vent, la machine à cambrer les bananes*, le marteau* à bomber les glaces* ou *la pince à friser le persil**. ~ **ne pas avoir inventé la poudre/le fil à couper le beurre.**

1. Ah ça c'est sûr qu'avec sa tronche, elle a pas dû inventer l'eau en poudre ni la machine à cintrer les bananes*... (Blog, 23 août 2006, <raphmonster.spaces.live.com/>)

2. D'accord, elle avait pas l'air bien dégourdie – elle avait pas inventé l'eau en poudre ou la machine à couder les bananes* – mais j'en avais absolument rien à battre. (« Les passions de Roland », 28 août 2006, <sexe.fluctuat.net/>)

V. encore *fusil*, ex. 5.

## pourrir

**le poisson pourrit par la tête**, loc. phrast. Adage donnant à entendre que la déchéance d'une organisation commence par ceux qui la dirigent. *Le poisson pourrit par la tête* est le titre d'un ouvrage de José Frèches et Denis Jeambar (1992). La locution est attestée sous des formes voisines au XVI$^{e}$ s. : « Teste au poisson première put » (A. de Baïf, dans Littré) ; « Le poisson commence a sentir tousjours par la teste » (G. Bouchet, dans Di Stefano 1991).

1. On retrouve ici l'ordinaire discrédit jeté sur le cerveau (le poisson pourrit par la tête, dit-on souvent chez Poujade), dont la disgrâce fatale est l'excentricité même de sa position [...]. (R. Barthes, *Mythologies*, 1957, p. 208, GRL)

2. Le poisson UNR [Union pour la nouvelle république] a pourri par la tête, mais j'ose croire qu'une bonne partie du corps est restée saine. (J. Soustelle, *La page n'est pas tournée*, 1965, p. 199, GRL)

3. Noël Mamère, visant Jacques Chirac, estime que, « puisque le poisson est en train de pourrir par la tête », un grand débat est nécessaire sur le financement des partis et la rémunération de leurs élus. Pourquoi pas sous la forme d'une commission indépendante de l'exécutif, comme le proposait, mercredi dans *Libération*, le président de l'Union syndicale des magistrats, Valéry Turcey. (*Le Monde*, 30 septembre 2000, p. 7)

**pourrir par la tête**, loc. verb. "id.".

4. Chose significative : ce n'est pas par la tête que les civilisations pourrissent. C'est d'abord par le cœur. (A. Césaire, *Discours sur le colonialisme*, 1955, p. 26, FT)

5. Vous vous êtes dressés contre l'absurde, contre le non-sens, contre la caricature qu'avaient donnée de nous-mêmes et de notre tradition scientifique des générations d'universitaires pédants [...]. Et, dans cette société qui pourrissait par la tête, nul secteur n'était plus atteint que cette « université » peuplée de mandarins au grand cœur, de règlements tatillons, d'obséquiosité et de bêtise académique. (M. Crozier, *La Société bloquée*, 1970, p. 237, GRL)

6. A un membre de l'establishment qui lui demande pourquoi les Français ne veulent plus travailler, elle [la présidente des patrons français] lance : « Il y a un proverbe chinois qui dit : "Le poisson pourrit par la tête..." » Comprenez : les élites donnent le mauvais exemple ! (*Le Nouvel Observateur*, 30 juin 2005, p. 66)

## pousser

**ça nous pousse,** loc. phrast. Formule de résignation au temps qui passe, dans la bouche des adultes. Attesté en 1781 (« VIEUX-CANON / Comme la v'là grandie ! Ça nous pousse, ça, Thomas ! », C.-J. Guillemain, « L'Enrôlement supposé », dans *Suite du répertoire du Théâtre français*, Paris, V$^{ve}$ Dabo, t. 72, 1822, p. 34, GRL) ; sous une forme développée en 1833 (« Quant à M$^{e}$ Cruchot, il embrassa la jeune fille tout bonnement sur les deux joues, et dit : "Comme ça nous pousse, ça ! Tous les ans douze mois." », H. de Balzac, *Eugénie Grandet*, p. 1049, FT). ~ **ça (ne) nous rajeunit pas.**

1. – Ça fait un bail !
– Quatre ans ? Cinq ans ? [...]
– C'que l'temps passe !
– Ça nous pousse.
– Eh ! oui !
– C'était le bon temps, va ! (Bachellerie, *Il court, il court, le cadavre*, 1985, p. 87)

— DANS UN JEU DE MOTS. Attesté en 1899 (« – Ça pousse, ça pousse ! et ça nous pousse aussi... Les deux que tu as connus sont grands maintenant, ils vont à l'école », P. Neveux, *Golo*, Paris, p. 93).

2. – Et Raymonde ! Mon Dieu, je l'ai vue si petite !
– Elle est moins grande que Marcelle.
– Les enfants, ça pousse si vite !
– Hé mon Dieu oui... Ça pousse, ça nous pousse. (T. Monnier, *Moi – 2. La Saison des amours*, 1950, p. 76, GRL)

3. André admirait sa mère qui osait parler à ce patron de saloon, les mains dans son gilet.
– Ça pousse.
– Ça nous pousse, monsieur Edgard. (J. Cayrol, *Les Enfants pillards*, 1978, p. 42, GRL)

## poussière

**balayer** (ou verbe du même paradigme)/**cacher** (ou verbe du même paradigme) **la poussière sous le tapis**, loc. verb. Pour signifier qu'une situation est ambiguë et qu'on ne tient pas à l'ébruiter ; pour dissimuler des faits dont on a honte, une situation qu'on assume mal. Surtout utilisé par les journalistes et les politiques. Calque de l'anglais *to sweep* (ou *to push*) *under the carpet*, lequel est attesté depuis 1963 (OED). ~ □ **cacher la merde au chat**.

1. Les établissements privés ont à rendre compte à leurs actionnaires et peuvent laver leur linge sale en famille. Ceux qui évoluent dans la sphère publique doivent faire appel à l'Etat, lui-même responsable des fonds publics devant les parlementaires. Aucune opération de nettoyage ne pouvant de ce fait être dissimulée, la tendance des pouvoirs publics est de pousser le plus longtemps possible la poussière sous le tapis. (*Le Monde*, 3 mars 1997, p. 1)

2. Le mot est mou, donc à la mode : l'« incivilité » fait le bonheur des bonnes consciences et des statisticiens de l'insécurité urbaine. Comme ils dissimuleraient la poussière sous le tapis, ils glissent derrière cette commodité les petites agressions qui rendent la vie crispante. On y trouve de tout : déprédations, crachats, insultes, coups.

Des faits qui ne viennent jamais gonfler les chiffres de la violence. (*Le Figaro*, 7 octobre 1998)

3. […] le souci du gouvernement […] étant de ne pas inquiéter l'électeur, il fut décidé de cacher la poussière sous le tapis. (*Le Point*, 8 décembre 2000)

4. « Depuis trois mois, depuis que le "Prestige" a sombré au large de la Galice, nous vivions dans l'inquiétude. […] Ils ont voulu cacher la poussière sous le tapis et voilà le résultat. » (Pêcheur basque, dans *Sud Ouest*, Pyrénées-Atlantique, 11 février 2003)

— PAR ELLIPSE.

5. « Nous avons [en Algérie] la chance d'avoir des ressources minières très importantes, sous-exploitées. Pour des raisons diverses qui vont de l'obstination aveugle à la politique de l'autruche, en passant par celle de la "poussière sous le tapis", on s'est bouché les yeux sur ces moyens-là. » (Le Premier ministre algérien, dans *Le Monde*, 1er novembre 1991, p. 1)

## poutre

□ **poutre apparente**, loc. adj. invar. Pour qualifier un vêtement masculin (pantalon, caleçon, etc.) moulant étroitement le sexe. (V. synonymes s.v. *mouler*). Par analogie avec les poutres apparentes, à la mode dans la rénovation de l'immobilier dans les années 1960.

1. Au milieu des années soixante-dix, l'apparition des mini-bikinis donne le coup de grâce. Là, autant dire qu'il ne reste plus rien sur la peau. Les corps, donnés en pâture, ne sont plus à deviner. On flirte avec le naturisme. C'est l'heure de gloire des *Bronzés*, de Christian Clavier tous poils pubiens dehors, des poses avantageuses avec le « maillot poutre apparente »… (*L'Humanité*, 6 août 1999)

— SOUS UNE FORME ABRÉGÉE.

2. […] le côté cocasse de la photo est sympa. Et le slip poutre-app' est un bonheur. (Message, 29 août 2005, <www.sanspretention.com/>)

3. […] une vraie star (genre un mec boule à zéro avec une mouche, un pantalon noir « poutrapp » et une petite chemise, et qui se la racontait* grave !) (Blog, 23 décembre 2005, <chevchris.spaces.live.com/>)

— EMPLOI SUBST. "organes sexuels ainsi mis en évidence".

4. Chez les hommes […] qu'y a-t-il de plus élégant qu'un jean moule* burnes avec poutre apparente, je vous le demande. (Message, 21 novembre 2005, <forum.doctissimo.fr/doctissimo/fantasmes/>)

## pouvoir, verbe

**tu peux causer/parler**, loc. phrast. Riposte à un interlocuteur qui dénonce un comportement auquel lui-même n'a pas échappé ou n'échappe pas.

1. LA MÈRE : J'ai reçu une carte postale d'Alphonse.
MAGIS : Ah, l'oncle Alphonse. Toujours aussi feignant ?
JUSTINE : Tu peux causer, toi. A vingt-deux ans, même pas fichu de trouver une situation. (F. Marceau, « L'œuf », dans *Théâtre*, 1965 [1956], p. 25, GRL)

2. – […] Tu es jolie quand tu ris. Tu devrais rire plus souvent.
– Tu peux parler. Tu ne ris jamais. (J. A. Lion, *Les Truands du temple*, 1987, p. 124)

3. – C'est à cette heure-ci que t'arrives ?
– Dis donc, tu peux parler. Où-ce que t'étais hier toute la journée ? (L. Chalumeau, *Les Arnaqueurs aussi*, 2007, p. 342)

## prendre

**je le prends d'où ça vient**, loc. phrast. Pour marquer son indifférence à une critique, à une attitude offensante. Attesté en 1931 (« Quand quelqu'un vous fait une *mauvaise manière*, pour marquer qu'on ne s'en vexe pas, on dit : *on le prend d'où ça vient* », A. Brun, *Le français de Marseille*, Marseille, Institut historique de Provence, p. 125).

1. – [...] vous m'avez porté un gros coup avec votre mauvaise humeur hier matin. Je suis trop sensible ; je devrais le prendre d'où ça vient, mais je ne peux pas m'empêcher d'y penser. (H. Jelinek, *Portrait d'un séducteur*, 1965, p. 86, GRL)

2. Depuis quelques jours je me dis qu'il y a vraiment trop de cons sur terre... et tu viens confirmer ce que je pensais... Prends ça d'où ça vient... c'est-à-dire de très très très bas... [...] Vive les vacances ! (Message, 29 juillet 2005, <www.femiboard.com/>)

3. [...] tu as un vrai talent de goujat [...]. Enfin, je le prends d'où ça vient, car visiblement tu n'as même pas compris [...]. (Message, 11 septembre 2006, <forum.doctissimo.fr/viepratique/travail/>)

## pressé

**l'alcool tue lentement, mais on n'est pas pressé**, loc. phrast. Pseudo-adage, reposant sur un détournement des implications de la première proposition, employé pour motiver, sur le ton de la dérision, le fait de consommer de l'alcool. Vieilli.

1. – Faites le mélange ! conseilla-t-elle. Ça saoule plus vite !
– Ça serait bien dommage ! dit quelqu'un.
– L'alcool tue lentement, mais on n'est pas pressé ! reprit une autre voix. (F. d'Eaubonne, *Les Tricheurs*, 1959, p. 205-206)

2. Boire, quand je suis arrivé à Paris, il n'y avait que ça à faire comme action réelle. Au début, on n'était pas des alcooliques ou des ivrognes mais on buvait beaucoup. [...] Quand Mendès-France a fait afficher *L'alcool tue lentement* sur tous les murs, c'est quasiment devenu une réaction politique. On écrivait en dessous : *On n'est pas pressés*. (R. Rumney, *Le Consul*, 1999, p. 27)

3. Il y a quelques années, se retrouvant à Paris, il avait pu lire sur des affiches : « Arrêtez de boire, l'alcool tue lentement. » Des taggers avant l'heure avaient barbouillé en dessous : « On s'en fout, on n'est pas pressé. » (*Les Echos*, 5 février 2001, p. 66)

4. « L'alcool tue lentement » était-il écrit, il y a quelques années, sur une affichette placardée dans toutes les rames de métro. Et un galopin avait ajouté au marqueur : « On n'est pas pressés ! » (E. Pierrat, « Fumer tue », dans J. Garcin (dir.), *Nouvelles Mythologies*, 2007, p. 130)

## pression

**mettre** (ou synonyme) **la pression à qqn**, loc. verb. "user de tous les moyens pour amener quelqu'un à faire ce que l'on veut au moment où on le veut". Très employé dans la langue du sport, où *pression* est en passe de remplacer l'anglicisme *pressing*.

1. Ne tombez pas dans un[e] espèce de proaméricanisme primaire. Les Américains ont beaucoup de faiblesses. Ne croyez pas que leur système de carrière de chercheur soit le plus intelligent qui existe. Après votre thèse, vous avez un petit poste d'assistant professeur tout à fait provisoire, vous ne savez pas de quoi demain sera fait et vous êtes très tendu : on vous met une forte pression. Le résultat est néfaste sur des tas de plans. (Pierre-Gilles de Genne, dans *Le Nouvel Observateur*, 14 mars 2002, p. 149)

2. C'est l'enfer [...] depuis l'arrivée de la nouvelle directrice, regard dur, jupe fendue et dents* qui rayent le parquet. Celle-ci « met la pression » sur tout le monde pour atteindre les rendements stakhanovistes qu'elle exige du personnel. (*Le Monde*, 20 septembre 2002, p. 34)

3. Mon père, d'origine très modeste, a bénéficié de l'ascenseur* social. Il était chercheur au CNRS, dans un laboratoire de psycho-sociologie. Il me mettait la pression. Il me lisait *Les Misérables*, pour que je sois nourri de textes sacrés. (Yves Pagès, dans *Télérama*, 20 février 2008, p. 18)

— EMPLOI PRON. RÉFLÉCHI.

4. Wilfried [un candidat au bac], lui, en bon scientifique, se base sur les coefficients : « Il ne faut pas se mettre la pression sur une épreuve [la philosophie] qui compte deux fois moins que les maths ou la physique [...] ». (*Sud Ouest*, Marennes-Oléron, 11 juin 1994)

## prise

**nez en prise de courant**, loc. nom. "nez retroussé". Par analogie, les narines étant particulièrement visibles dans ce cas, avec les trous d'une prise de courant.

1. Les cheveux bruns, longs, raides, brillants, qui mangent les joues, les seins hauts, la fesse mignonne dans le blue-jean, un petit nez en prise de courant, de beaux yeux noirs, une nana, quoi. (G. Dormann, *Mickey, l'ange*, 1977, p. 18)

2. [...] sa sœur, Josianne, qui a le nez en prise de courant [...]. (Message, 31 juillet 2005, <www.comlive.net/>)

3. Vive les femmes qui [...] ont un vrai nez ! J'ai horreur des nez en prise de courant. De vous à moi* : j'ai toujours préféré Irène Papas à Marylin Monroe, je la trouve à tous points de vue cent fois plus érotique. (Message, 9 mars 2006, <passouline.blog.lemonde.fr/>)

## prix

**payer le prix fort**, loc. verb. "payer très cher ; subir pleinement les conséquences de quelque chose". Emploi figuré.

1. Les journaux d'information pensent que Hitler a payé le prix fort à Staline mais qu'en même temps il laisse le maître de la Russie soviétique pénétrer en Europe centrale. Hitler a peut-être gagné sa liberté d'action à l'Ouest mais en revanche il laisse la porte ouverte à la réalisation des desseins expansionnistes de Staline [...].

(J. Meurant, *La presse et l'opinion de la Suisse romande face à l'Europe en guerre, 1939-1941*, 1976, p. 154, GRL)

2. Je regarde en face de moi mon amour congédié. Je vais sans doute raquer le prix fort comme d'habitude. Pas la moindre ristourne sur les peines de cœur. C'est quoi au juste ce qui nous a entamés si profond ? Le quotidien ? Le manque de blé ? Les mensonges ? (E. Hanska, *J'arrête pas de t'aimer*, 1981, p. 114)

3. [...] les Etats-Unis ont cru que le 11 septembre et la guerre totale contre le terrorisme les autorisaient à s'affranchir des règles du droit. En Irak, ils paient aujourd'hui le prix fort, en termes de crédibilité morale et politique. (*Le Figaro*, 20 mai 2004)

4. Le Portugal avait payé et paye toujours le prix fort de cette politique [ultralibérale] avec un chômage florissant. (*L'Humanité*, 23 mars 2005, p. 2)

**valoir son prix**, loc. verb. "coûter cher". Emploi par restriction de *valoir son prix* "avoir une certaine valeur, coûter un certain prix", lequel est attesté en 1616 (« De vray, elles [les choses nécessaires à la vie] sont mesprisées comme estant communes à beaucoup. Mais la nécessité que l'on en a quelquefois, les fait connoistre et valoir leur prix », A. de Montchrestien, *Traicté de l'oeconomie politique*, p. 377, FT) ; à comparer avec *peser son poids*.

5. Catherine suggéra : « C'est peut-être un grand-oncle navigateur qui l'a rapporté des îles à vos parents ? – Justement non, répliqua la cliente avec un peu d'irritation, ma mère m'a souvent dit qu'il lui avait coûté cher, c'est un oiseau qui vaut son prix, un perroquet. » (G. Rohou, *Mer belle à peu agitée*, 1987, p. 71, GRL)

6. Il a une robe de chambre qui doit valoir son prix, des pantoufles à monogramme [...]. (R. Forlani, *Toujours vif et joyeux !*, 2003, p. 105)

## problemo

□ **no problemo**, loc. phrast. "tout va bien ; il n'y a pas de problème". La formule est une réplique culte du film *Terminator* 2 (1991) ; elle est, par ailleurs, utilisée à tout propos par le célèbre personnage de dessin animé Bart Simpson, ce qui a pu contribuer à sa diffusion. Emprunt à l'anglo-américain, lui-même par hispanisation plaisante de l'anglais. ~ □ **ça craint pas** ; □ **no souci*** ; **(y a) pas de souci*** ; □ **t'inquiète**.

1. – Oui, le Monde Réel, c'est bien comme ça qu'on dit maintenant dans le langage d'Internet, le MR, le Monde Réel.
– Ah oui.
– No problemo, c'est ça ?
– Oui, oui, d'accord papa, cesse de frimer, t'es toujours dans le coup, très bien, tu connais le cyberlangage, bravo. (P. Labro, *Manuella*, 2005 [1999], p. 120)

2. – Iouri, j'ai besoin de ton avis.
– No problemo, Max. (F. Forestier, *Rue des rats*, 2006 [2005], p. 212)

3. Aujourd'hui : neige à 1 500 m : le Semnoz est à 1 600/1 800... donc no problemo pour la neige. (Message, 30 mars 2005, <www.itisphoto.com/>)

4. On parle de se retrouver à midi au *Baron rouge*. Midi, c'est dur pour un dimanche mais ça peut le faire*. Je [...] reçois le coup de fil de la personne organisatrice peu avant midi. Un lever difficile (gueule de bois) l'oblige à repousser légèrement l'heure du rendez vous. On doit se retrouver à 12 h 30. No problemo. Je me mets alors en

marche sous la pluie et le vent, arrive un peu en avance. (Blog, 3 décembre 2006, <mafenetre.canalblog.com/>)

## profil

**montrer** (ou synonyme) **son meilleur profil à qqn / montrer qqn (sous) son meilleur profil / se montrer sous son meilleur profil**, loc. verb. “montrer quelqu'un ou quelque chose à son avantage ; se montrer à son avantage”. Au sens concret, c'est un souci que l'on a notamment lorsqu'on est photographié ou filmé.

1. Il s'agissait de présenter le leader « sous son meilleur profil », ce qui permettait de réduire la justification de l'alliance avec les communistes à l'affirmation constante des vieux slogans de l'Union des gauches […]. (J. Vaudiaux, *Le Progressisme en France sous la 4e République*, 1968, p. 212, GRL)

2. […] il me téléphone pour m'annoncer qu'il a reçu son blé et qu'il m'invite à dîner au Balzar. Tient à me montrer son meilleur profil. Moi j'ai le choc. Il est passé par Rome et s'y est fait mettre une coupe de minet à la glauque qui lui va pas du tout. (E. Hanska, *J'arrête pas de t'aimer*, 1981, p. 116)

3. A deux mois du référendum sur la Constitution européenne […], l'Europe fait ce qu'elle peut pour se montrer sous son meilleur profil. (*Libération*, 1er avril 2005, p. 18)

4. […] la « ville blanche » [Pondichéry] offre son meilleur profil, avec ses rues ombragées tirées au cordeau et ses façades à colonnades fraîchement chaulées et dévorées par les bougainvillées. (*Le Figaro*, 7 octobre 2006)

## profond

□ **se la mettre** (ou verbe du même paradigme) **profond**, loc. verb. “se tromper lourdement”. Variante elliptique et intensive de *se mettre le doigt dans l'œil*, avec influence formelle de ■ **le/la mettre profond**, variante intensive de **le/la mettre** “pénétrer sexuellement”. ~ **se mettre le doigt dans l'œil jusqu'au coude.**

1. – […] On veut aider la justice et voilà le résultat.
– Mais vous allez aider, Roubaud, et beaucoup même.
– Ouais ? Je crois que vous vous le fourrez profond, commissaire. (F. Vargas, *Pars vite et reviens tard*, 2004 [2001], p. 280-281)

2. […] de toute façon on les emmerde car on a trouvé, poil au nez, donc ils se le mettent profond ! (Message, 9 septembre 2005, <www.x-en-colere.org/>)

3. […] si ils [*sic*] s'imaginent qu'on va leur être fidèle après leur attitude, ils se le mettent profond. (Message, 7 décembre 2005, <www.nonoche.com/>)

## programme

**vaste programme**, loc. phrast. Allusion à une repartie attribuée au général de Gaulle à la déclaration : « Mort aux cons ! », dans des circonstances qui ont été rapportées de diverses manières (voir les exemples 1, 2, 4 ci-dessous et l'exemple 7 s.v. *con*). L'une des sources de cette repartie est cette anecdote, qui date des années 1941-1942 du séjour londonien du général de Gaulle, et que raconte F. Coulet dans *Vertu des temps difficiles*, Paris, 1966, Plon, p. 165 : « […] le Général poussa la porte et trouva Roustan en conversation véhémente avec son ami Jean Pompéi. Celui-ci [...] n'avait pas entendu la porte s'ouvrir et concluait une critique générale des hommes et des choses par un retentissant "Et puis, mort aux c... !" À quoi de Gaulle, impassible, répondit : "Lourde tâche !" – Ravis, les deux amis eurent le tort de diffuser l'anecdote et l'ennui de la retrouver, vingt ans plus tard, déformée comme beaucoup d'autres, dans divers recueils. »

1. L'euphorie d'un banquet du Rassemblement du peuple français avait provoqué chez un convive le cri de guerre en forme de toast : « Mort aux cons* ! » et le général de Gaulle s'était empressé de constater : « Vaste programme, cher ami ! » L'étendue d'un tel génocide a de quoi laisser rêveur. (J. Cardonnel, *J'ai épousé la parole*, 1972, p. 97, GRL)

2. Je vais donc vous parler des comédiens, des metteurs en scène, des directeurs, des critiques, des publics, des professeurs, des ministres, du Conservatoire, et de mille autres choses. « Vaste programme ! » comme aurait dit, paraît-il, le général de Gaulle après avoir lu sur un mur, en 1968, des graffiti clamant : « Mort aux cons* ! » (R. Manuel, *Merci Molière !*, 1985, p. 12 GRL)

3. [...] le problème fondamental de l'incommunicabilité entre les sexes. Vaste programme [...]. (*Libération*, 5 octobre 1988, p. 43)

4. [...] connaissez-vous « ce mot merveilleux » du Général ? « Vaste programme ! », se serait-il exclamé en entendant le cri de : « Mort aux cons* ! » Son condisciple et confident Pierre Billotte authentifie le trait (*Trente ans d'humour*, Mangès édit., 1978). Des témoins fiables jurent que la repartie aurait un autre père, de moindre mémoire. Tel est le grand chic, sachant qu'on ne prête qu'aux riches : se voir attribuer les trouvailles de devanciers moins en vue, ou des apocryphes plausibles. (B. Poirot-Delpech, dans *Le Monde*, 8 novembre 1995, p. 14)

5. [...] une « journée de la courtoisie au volant et sur la route ». Vaste programme... (*Midi libre*, 5 avril 2007)

V. encore *con*, ex. 5 et 7.

## promesse

**les promesses n'engagent que ceux qui les écoutent** (et variantes), loc. phrast. Maxime politique, paradoxale et cynique, attribuée à Henri Queuille, président du Conseil sous la IV^e^ République, et souvent reprise depuis lors. Plusieurs des exemples suivants attestent des variantes.

1. M. Jean-Pierre Demerliat. – [...] il ne fait aucun doute que le taux réduit de TVA dans la restauration n'est pas pour demain. Force est de reconnaître qu'au regard des choix fiscaux du gouvernement cette proposition n'était, à l'évidence, qu'une promesse électorale qui n'engage que ceux qui se sont laissé aller à y croire. (Sénat, *Compte rendu intégral des débats*, séance du 15 décembre 2003)

2. M$^{me}$ Nelly Olin, *ministre déléguée*. – [...] Dans le cadre du comité consultatif du secteur financier, la profession bancaire s'est engagée à garantir la réalisation du droit au compte pour tous [...].
M. Noël Mamère. – Comme aime à le dire l'un de vos amis : « les promesses n'engagent que ceux qui les reçoivent » ! Alors, les promesses de la profession bancaire... (Assemblée nationale, *Compte rendu analytique officiel*, séance du 6 décembre 2004)

3. Gotham City est une citée sombre rongée par le crime et la corruption. Le maire promet que tout rentrera dans l'ordre… Les promesses n'engagent que ceux à qui on les fait n'est-ce pas ? (Critique du film *Batman*, 27 novembre 2005, <membre.cducinema.com/>)

4. Qu'en cette année électorale […] les politiques prennent leurs responsabilités et nous fassent enfin des promesses un peu conséquentes, qu'ils nous surprennent. Après tout, ils ne courent aucun risque : on sait bien que les promesses n'engagent que ceux qui les écoutent. (J.-B. Barrière, dans *Libération*, 15 août 2006, p. 22)

5. « Maintenant, nous n'avons encore rien vu de concret et […] j'ai des doutes. Et encore une fois, les promesses n'engagent que ceux qui y croient ». (Le trésorier d'une association sportive, *Sud Ouest*, Saintes, 12 janvier 2007, p. 5)

## promotion

**promotion-canapé** (ou **promotion canapé**), loc. nom. "fait d'obtenir de l'avancement dans la hiérarchie en accordant ses faveurs à un(e) supérieur(e)". *Promotion canapé* est le titre d'un film de D. Kaminka (1990).

1. La période des promotions, augmentations individuelles et autres primes au mérite est particulièrement propice au déchaînement des manifestations de jalousie. Lorsqu'une femme bénéficie de l'une de ces récompenses, il arrive bien souvent qu'un collègue bienveillant multiplie les propos salaces sur les vertus de la « promotion canapé ». (*Le Monde*, 27 avril 1994, p. 2)

2. Pour maintenir l'ordre moral – celui de la performance –, selon lequel « il ne faut pas mélanger le labeur et les passions », la finance londonienne entretient à grand prix des services de déontologie. Leur tâche est de circonscrire les tentations créées par une ambiance sous pression, mûre pour les *love stories* ou les promotions-canapé, comme on dit vulgairement. (*Le Monde*, 31 mars 1998, p. 20)

3. C'était dur pour maman, j'ai pensé, elle disait souvent que le bureau c'était promotion canapé […]. (D. Fabre, *Fantômes*, 2003, p. 242)

V. encore *défriser*, ex. 2.

## prout

▲ **prout (-prout) ma chère** (, **j'te jette un cil**), loc. phrast. Pour désigner une personne au comportement précieux et, par ironie, un homosexuel. Souvent prononcé avec une intonation affectée. Vieillissant. Attesté en 1932 (« Je suis la tante Once-more ! Je suis la tiens-donc-celle-là ! Je suis la prrout-ma-chère ! », Colette, *Le Pur et l'Impur*, *Œuvres*, t. 3, Gallimard, « La Pléiade », 1991, p. 636) ; en 1936 (« Quelqu'un dit aux îl's Maurice, / J'ai vu des gens empalés, / Chacun dit c'est sanguinaire / Mais un jeune homme ravi / S'écria : Et prout' ma chère / Si vous voulez mon avis… / Ça vaut mieux que d'attraper la scarlatine », chanson d'André Hornez, *Ça vaut mieux que d'attraper la scarlatine*, dans Pénet 2004, p. 891). ~ ▲ **un peu comme* ça**.

1. Le douanier n'insista pas et passa son chemin. Un peu plus loin, il fut rejoint par celle des lopettes que Tino avait fâcheusement arrangée, le soir du « Corsaire » et qui, munie d'un filet, faisait – proutt, ma chère ! – ses commissions […]. (M.-É. Grancher, *Le Vampire bien-aimé*, 1950, p. 217)

2. – Oui, tiens, excuse-moi, j'y vais carrément : tu fais tante !
– Tante ? Oh quel vilain mot…

– Oui, tata, tantouse, pédé, pédale, « prout, ma chère, j'te jette un cil ! ». (R. Sabatier, *Boulevard*, 1956, p. 171-172)

3. Affectant la démarche dansante que l'on attribue aux pédérastes, il fit le tour du vigneron en accompagnant son mouvement de « prout ma chère » dans la tradition des tapettes de café-concert. Il conclut son numéro d'un « je te jette un cil » parfaitement gracieux. (J. Renoir, *Le Cœur à l'aise*, 1978, p. 148, GRL)

— EMPLOI VERBAL.

4. Il était en smoking, tout sourire, et que j'te prout-prout ma chère par-ci et que j'te prout-prout ma chère par-là, au bras de Noureev. (Blog, 3 juin 2007, <punching.blog.lemonde.fr/>)

## puer

**ça pue**, loc. phrast. Pour caractériser une chose ou, plus souvent, une situation que l'on estime sans intérêt, douteuse, désagréable, malsaine. Par métaphore du sens de base de *puer* "sentir mauvais". ~ **ça craint**.

1. – J'crois que t'as pas bien compris ce que Robert vient de t'expliquer. Alors je vais te causer dans ta langue. Ton groupe [de musiciens], c'est de la daube*, ça pue ! Tes paroles [de chansons] sont vachement négatives, salingues ! (L. Fétis, *Le Mal du double bang*, 1992, p. 149)

2. Oui la tecktonik, ça pue. Pourquoi ? Parce que c'est dansé par des fils* de fer anorexiques et boutonneux [...]. (Blog, 4 octobre 2007, <www.greymondain.fr/>)

3. A Rennes aussi, ça pue depuis qu'un centre de rétention de 60 places a ouvert ses portes en août 2007. (« Le 69.3 », 8 octobre 2007, <www.le69-3.org/>)

4. Construites en 1986 [...], les colonnes de Buren avaient déclenché un tollé général à peine le projet évoqué. « Qui va payer cette saloperie ? » jurait ainsi un détracteur, sur des palissades taguées au feutre devant le Palais-Royal. « Ça pue ! » renchérissait un autre. (*Le Parisien*, 30 décembre 2007, p. 24)

5. « Là, on s'est dit que ça puait vraiment », raconte au *Monde*, sous couvert d'anonymat, un des responsables [...] de la banque qui ont coordonné [...] les opérations ayant permis de découvrir la fraude. (*Le Monde*, 5 février 2008, p. 3)

— DANS UN CONTEXTE MÉTAPHORIQUE.

6. Ça pue au sommet de l'État, ça pue vraiment. Sans qu'on soit bien sûr d'où vient cette odeur nauséabonde : Élysée ou Matignon ? (B. Langlois, dans *Politis*, 4 mai 2006)

— VARIANTES DÉVELOPPÉES. **ça pue des bras (/■ du cul/□ de la gueule/des pieds)**, loc. phrast. "id.".

7. – C'est bizarre ton histoire. [...] Ça pue de la gueule, ton histoire, Schoelcher. (A. Bellot, *L'Histoire des pingouins*, août 2000, <tnemeth.free.fr/>)

8. Tu sais quoi ? Le logiciel libre ça pue des bras, c'est [*sic*] ressemble à rien, et ça n'a aucun avenir dans l'industrie. (Message, 10 novembre 2004, <www.glazman.org/>)

9. Ça pue des pieds [...]. Je reviens de vacances et j'ai le répondeur plein, la boîte aux lettres pleine (de factures) et le frigo vide. (Message, 21 juillet 2005, <forum.doctissimo.fr/>)

10. Ça pue du cul cette série à deux francs six sous […]. (Message à propos d'une série télévisée, 12 janvier 2008, <www.femme-en-ville.com/>)

## pulpe

□ **secouer la pulpe (du fond)**, loc. verb. Variante intensive de **secouer**, la métaphore s'appuie sur le slogan publicitaire des années 1990 « Il faut bien secouer Orangina, sinon la pulpe elle reste en bas ».

— "remuer, agiter avec force".

1. « On se retrouve aussi chaque année en mars aux sports d'hiver, nous sommes fous de tout ce qui glisse, qui vole, bref, de tout ce qui nous secoue la pulpe. » (Un groupe d'amis aux environs de la trentaine, *Sud Ouest*, Lot-et-Garonne, 1er janvier 2006)

2. Oui je dis qu'il faut être un peu piqué sur les bords pour plancher ["faire de la planche à voile"] à Vesoul. Soit c'est le mini et il faut pomper comme un malade et se tordre le cou dans toutes les directions pour ne pas la rater cette foutue risée. Soit c'est « massacre à la tronçonneuse » avec les vents de samedi. On s'est fait secouer la pulpe du fond comme jamais. (« Quel week-end ! », 23 mai 2006, <tropheedeslacs.free.fr/>)

— "inciter à l'action, faire réagir ; réprimander".

3. Leader de la « brit-pop », le groupe de Manchester n'en finit pas de secouer la pulpe du rock contemporain. (*L'Humanité dimanche*, 30 octobre 1997, p. 66)

4. – Il faut sortir, se sermonnait-elle.
– Mais je n'aime pas ça…
– Pourquoi tu n'aimes pas ça ? […] Tu as peur ?
– Oui. […] J'ai peur qu'on me secoue la pulpe…
Ce genre de conversation entre elle et sa pauvre conscience lui grignotait le cerveau des heures durant… (A. Gavalda, *Ensemble, c'est tout*, 2006 [2004], p. 218)

## pulser

**ça pulse**, loc. phrast. "il y a du rythme, du tonus (d'une musique)". L'expression fait écho à **ça balance, ça chauffe, ça swingue**.

1. Clou du spectacle : Kiemsa, alors là, c'est trop ! ça bouge, ça pulse, c'est vivant, ce groupe originaire de la Mayenne balance la sauce, et déchaîne le public. (Message, 27 août 2007, <www.blogg.org/>)

2. Ça pulse dans la vallée de la Bruche […]. Le groupe Nadelrok est l'étoile montante dans la constellation musicale de la vallée de la Bruche. Il commence à rencontrer le succès […]. (*Dernières Nouvelles d'Alsace*, 5 novembre 2007, p. RE 7)

— PAR EXTENSION. "il y a du mouvement, de l'ambiance, du tonus, de l'effervescence".

3. Ah ! ça pulse, dans tous les sens, à travers tout ça ! (*L'Art en Belgique. Flandre et Wallonie au XXe siècle, un point de vue*, 1990, p. 94, GRL)

4. Ariel [une marque de produits de lessive] se contente de slogans qui pourraient faire penser à ceux d'un chewing-gum – genre « ça pulse, ça flashe, ça rafraîchit, ça explose » – qui viennent s'incrire sur des images rapides de jeunes gens au physique

avantageux, plus occupés à onduler en rythme qu'à « faire une machine ». (*Les Echos*, 10 novembre 1999)

5. Avant, Naruto ça pulsait, c'était de la bombe*, on pouvait plus s'arrêter, à la fin d'un épisode on [n'] en pouvait plus et on voulait absolument le suivant ! Là, à la fin d'un épisode, je me dis « ouais, bon, ben à la semaine prochaine » ! (Message, 7 août 2007, <forum.mirage-team.com/>)

## putain

▪ **putain d'Adèle**, loc. interj., loc. phrast. Juron exprimant les sentiments les plus variés : étonnement, admiration, joie, exaspération, etc. Ce renforcement de **putain**, dans lequel *Adèle* renvoie peut-être à un refrain de chanson, semble surtout en usage dans le Midi (voir DFR 2001). *Putain d'Adèle !* est le titre d'un roman de P. Vavasseur (2006).

1. – Écoute-moi bien, dit Gonzalès, t'es complètement hors du coup, compris ? [...] Alors ne va pas maintenant te mettre des idées dans la tête, comme d'aller te dénoncer à ma place, ou je ne sais quelle connerie...
– Je ferai ce que tu voudras, je le jure, mais il faut que je sorte Gin de la clinique.
– Quand t'as une idée dans le crâne, tu l'as pas dans le cul, putain d'Adèle ! (T. Topin, *55 de fièvre*, 1984 [1983], p. 170-171)

2. Et on se claqua les paumes comme deux Nègres du Bronx.
J'étais ému. Lui, guère embarrassé de sentiments.
– Putain d'Adèle... C'est l'fun de t'revoir... (M. Embareck, *Sur la ligne blanche*, 1984, p. 65)

3. Dehors, ça hurle à la mort. Y a des appels, des galopades. Putain d'Adèle, faut absolument que je mette mon grain de sel. (San-Antonio, *Les morues se dessalent*, 1988, p. 206)

4. [...] j'assure mon flingue et la torche à deux mains, et je balance un grand coup de pompe dans la porte... elle s'ouvre... oh-putain-d'Adèle !... deux gaspards ["deux rats"] me filent entre les jambes... (V. Gielly, *Mords-moi le yi-king*, 2002, p. 50, GRL)

# Q

## Q.I.

□ **(avoir) le Q.I. d'une huître (/d'une moule)**, loc. verb., loc. nom. "être particulièrement sot ; être intellectuellement limité". À comparer avec *raisonner comme une huître* (attesté en 1842, voir Duneton 1990). ~ □ **avoir du mou de veau dans la tête** ; □ **avoir le charisme* d'une huître (/d'une moule)**.

1. Cantonné dans les rôles de gentillet aux pectoraux d'athlète et au Q.I. d'huître [...]. (*Le Progrès*, Lyon, 17 mars 2004, p. 19)

2. Mais si, vous savez, la grande conne avec le QI d'une huître et peignée comme un dessous* de bras [...] ... Qui s'en souvient encore 5 ou 6 ans après ? (Message, 14 décembre 2004, <www.pcinpact.com/>)

3. Non, mais je vous assure ! Il faut vraiment l'entendre. « C'est pas pour dire du mal », mais voici une personnalité médiatique dont le QI n'a rien à envier au QI d'une huître ! (Message, 3 février 2006, <vic57.skyblog.com/>)

4. Parfois on a beau être sorti de Centrale Lyon, on a le QI d'une moule d'Oléron. (Message, 19 juin 2006, <thegiao2001.typepad.fr/>)

5. Je parie que vous en avez marre des blondasses qui font de la pub pour du shampooing à la télé ! [...] Elles sont fades, ont le QI d'une moule commune et sont siliconées ! Alors que MOI ! Moi je vous propose une alternative ! Une rouquine piquante, non retouchée, pas trop conne et qui ne se prend pas la tête ! (« In Bed with me », 13 juillet 2006, <fille-du-vent.skynetblogs.be/>)

V. encore *gonfler*, ex. 1 ; *Vierge*, ex. 2.

— VARIANTES.

∞ □ **(avoir) le Q.I. d'un bigorneau/d'un bulot/d'une méduse.**

6. [...] oui, il faut avoir un QI de bulot pour conduire saoul, et celui d'un bigorneau pour pas mettre de capote [...]. (Message, 12 février 2005, <chocoslip.bmxinfo.com/>)

7. Si elle comprend pas l'humour, c'est qu'elle a le QI d'un bulot cuit... Lâche* l'affaire ! (Message, 25 janvier 2006, <www.infos-du-net.com/>)

8. Pour cette mission, Bond ne sera pas tout seul : il sera en effet accompagné de la vénéneuse Vesper Lynd [...]. C'est un personnage à part entière, avec ses peurs et une vraie psychologie développée, et qui s'éloigne considérablement d'une quelconque James Bond-girl, avec le QI d'une méduse anesthésiée. (« Casino Royale », 26 novembre 2006, <canard-peinard.info/>)

V. encore *chier*, ex. 3.

∞ □ **(avoir) le Q.I. d'un pot de yaourt.**

9. – […] C'est LE militaire con et borné. […] Il a le QI d'un pot de yaourt […]. (Y. Cehenne, *Le bonheur a les yeux bleus*, 2004, p. 23-24, GRL)

## quartier

**avoir/donner** (ou verbes des mêmes paradigmes) **quartier libre**, loc. verb. Du langage des casernes.

— "avoir/donner un laps de temps que l'on a toute liberté d'organiser à sa guise".

1. […] les lycéens bédéphiles auront quartier libre jusqu'à 19 heures. (*Sud Ouest*, Poitou-Charentes, 19 janvier 2001)

2. […] outre-Rhin, la journée scolaire commence très tôt, à 7 h 30, et se prolonge jusqu'à 13 heures ou 14 heures, laissant aux enfants quartier libre l'après-midi. (*Le Figaro*, 23 août 2001)

3. Depuis le mois de juillet, la Malaisie a donné quartier libre à son million de fonctionnaires le samedi matin afin, selon le gouvernement, de renforcer les liens au sein des foyers et de promouvoir le tourisme […]. (*Le Télégramme*, 2 octobre 2005)

∞ **quartier libre**, loc. nom. "laps de temps que l'on a toute liberté d'organiser à sa guise".

4. Après une heure de quartier libre, les randonneurs ont repris le car de retour, fatigués mais satisfaits. (*Le Télégramme*, 7 avril 2004)

5. Le comité des fêtes de Canteleu organise une sortie à Paris le dimanche 9 juillet. Au programme, diverses visites en autocar et quartier libre. (*Paris-Normandie*, 6 juillet 2006)

— "avoir/donner toute liberté de prendre des initiatives". ~ **avoir/donner carte blanche.**

6. La Maison de l'enfance qui montre aussi aux enfants des panneaux explicatifs sur l'évolution des jouets au fil de l'histoire, a donné quartier libre à […] une mère de famille au foyer, pour qu'elle installe tous les trésors qu'elle conserve depuis longtemps. (*Sud Ouest*, Mont-de-Marsan, 6 décembre 1999)

## quatre

▲ **quatre et trois font sept**, loc. nom. Pour traduire la démarche inégale d'une personne qui boite. Attesté en 1891 (« Oui, Jambe-de-Laine, la boscotte, la chanteuse !… Mam'zelle Quatre-et-trois-font-sept ! », O. Méténier, *La Lutte pour l'amour*, Charpentier, p. 128). Enregistré dans Lermina 1897 s.v. *bancal*. ~ ▲ **cinq* et trois font huit** ; ▲ **sept* et trois font dix.**

1. – […] il boitousait ["boitait"] si bas. Quatre et trois font sept, que les drôles ["enfants"] l'appelaient… (M. Clément-Mainard, *La Foire aux mules*, 1989 [1986], p. 399)

□ **quatre-z-yeux**, loc. nom. "personne qui porte des lunettes ; lunettes". Attesté en 1844 (« Voyez donc ce grand escogriffe avec ses quatre-s'yeux », *Catéchisme poissard*, dans Duneton 1990, p. 120). ~ □ **serpent à lunettes***.

2. Qu'est-ce que c'est que les feuilles de papier timbré-là, onc ?… Passe-moi voir mes quat'z'yeux, Polyte, que je voye (lisant) : « Vente d'une maison sise à Saizerais… à monsieur et madame Hippolyte Coyotte. » (G. Chepfer, « Le Frère de lait », *Saynètes, paysanneries* 2, 1945, p. 94, FT)

3. Reste que ces gros verres ronds, c'est vrai que ça change. Pas seulement le visage. Et pas seulement celui qui les porte. Jusque-là, du temps des fines lunettes, quand je pensais : Lange, je ne les voyais pas, ou pas souvent. […] Mais avec ses « quatre-z-yeux » doubles verres, ma Lange, c'est plus difficile. (A. Stil, *Beau comme un homme*, 1977, p. 66)

4. Je me souviens d'une partie très animée où les « non-binoclards » l'avaient finalement emporté sur le score de 5 à 4 contre une équipe de « quatre z'yeux » hyper motivée […]. (Message, <www.trictrac.net/>, consulté le 7 août 2006)

V. encore *lunettes*, ex. 2.

## quelqu'un

**tu devrais/vous devriez voir quelqu'un**, loc. phrast. "se faire soigner, consulter un spécialiste (notamment, de nos jours, un psy)". Formulation dont le caractère vague est plus ou moins intentionnel dans la mesure où l'on tient à ménager l'interlocuteur, en particulier dans le cas de troubles psychiques. Attesté en 1765 (« M. LE VAGIN. En vérité, Madame, il faudroit faire quelque chose. / LA COMTESSE. J'ai tout fait. / M. LE VAGIN. Voir quelqu'un. / LA COMTESSE. J'en ai tant vû… / M. LE VAGIN. On ne se laisse point ainsi. / LA COMTESSE. Les Médecins sont des sots », *La Comtesse, comi-parade*, A Londres, p. 5) ; en 1786 (« CÉCILE, *au Chevalier*. Vous ne pouviez arriver plus à propos. J'allois avoir une foiblesse. / LE CHEVALIER. Seriez-vous incommodée ? / VICTORINE, *à Cécile*. Il faut prendre garde ! / LE CHEVALIER, *à Cécile*. Il faut voir quelqu'un ! », J.-L. Gabiot de Salins, *L'Orgueilleuse*, Paris, Petite Bibliothèque des théâtres, p. 17) ; en 1818 (« THOMAS. Vous devriez voir quelqu'un. F. VALENTIN. Qui ça ? THOMAS. Ecoutez ; ce que je vous en dis, moi, c'est uniquement pour vous […]. Nous avons dans ce village un médecin très habile », Désaugiers et Gentil, *Les Deux Valentin*, Paris, Chez M$^{me}$ Huet Masson, p. 35, GRL).

1. – […] J'ai grossi parce que je ne peux pas m'empêcher de bouffer tout un tas de saloperies. La dame de la cellule de reclassement m'a conseillé d'aller voir quelqu'un…
– D'aller voir qui ?
– Un psy. (G. Mordillat, *Les Vivants et les Morts*, 2006 [2004], p. 294)

2. Le toubib m'a arrêté trois semaines dans un premier temps. Quand je suis venu le revoir trois semaines plus tard, pieds nus et en pyjama, il m'a dit : « Ça ne s'arrange pas, monsieur Mamout, il va falloir songer à voir quelqu'un. »
– Qui ça *quelqu'un* ?
Il a été franc : « Un psy. » (N. Aurousseau, *Bleu de chauffe*, 2007 [2005], p. 28)

## quéquette

■ **branle-quéquette**, n. m. "bon à rien". Variante de **branleur**. ~ ■ **branle-tétons*** ; □ **jean-foutre**.

1. Qu'on ne s'y trompe pas. Powell n'est pas un énième groupe de rock mélodique ni le nouveau « branle quéquette » d'une scène dont la tendance est plutôt à reluquer ses pompes. Le groupe laisse parler ses émotions, n'a pas la prétention d'accoucher de titres tirés par les cheveux. (Critique d'un CD, 22 janvier 2005, <www.bokson.net/rock/>)

2. Tu as raison Zack il faut les mener à la trique ces branle-quéquette de lycéens, c'est fini les vacances, c'est fini les blocages d'établissements. (Message, 31 août 2006, <forum.hiwit.com/>)

## queue

**prends la queue**, loc. phrast. Riposte à un propos désobligeant, équivalant à « tu n'es pas le seul à me le dire ; on me l'a déjà dit ».

– Je t'emmerde.
– C'est ça, mais prends la queue. (M. Villard, *Entrée du diable à Barbèsville*, 2008, p. 188)

# R

**R.A.B.** [ɛʀabe]

▪ Abréviation, sous forme de sigle, de **rien à branler (/à battre/à braire/à brosser)**, loc. phrast. À propos de quelque chose ou de quelqu'un dont on n'a rien à faire ; surtout dans le langage masculin. ~ ▪ **s'en battre* les couilles.**

1. Oh et puis, comme dirait Habib, R.A.B. (Sapho, *Ils préféraient la lune*, 1986, p. 76)

2. – [...] On n'a qu'à dire la vérité, le [un policier] lâcher, le changer, même ! Après tout, il n'appartient pas à la compagnie, R.A.B., ça ne vous atteindra pas. (É. Kristy, *Circulez !*, 1987, p. 25)

**race**

□ **sa/ta race**, loc. nom. en emploi adv. "beaucoup, énormément". Employé après certains verbes (transitifs, intransitifs ou impersonnels, voir notamment s.v. *déboîter*, *déchirer*, *démouler* et *tuer*), *sa/ta race* donne au verbe une valeur intensive (méliorative ou dépréciative). Cette construction est probablement une adaptation de l'arabe maghrébin, comme *sa/ta mère** ; si elle est caractéristique du français dit des banlieues, elle ne s'y limite pas. V. D. Caubet, « Du *baba* (papa) à la mère, des emplois parallèles en arabe marocain et dans les parlures jeunes en France », dans *Cahiers d'études africaines*, 163-164, 2001, p. 735-748.

1. [...] la serpillière poilue (le chien [...]) a trouvé un nouveau truc : elle se met à la porte, et elle pleure sa race tant que je ne cède pas pour la faire entrer dans la maison. (Blog, 21 avril 2006, <chez-mari.spaces.live.com/>)

2. Donc en plus de moins manger, elle s'était mise à la gym [pour maigrir]. Elle avait chié sa race, ça Mario voulait bien croire quand elle le racontait. (L. Chalumeau, *Les Arnaqueurs aussi*, 2007, p. 105)

3. Ça m'est arrivé aussi (perte de connaissance), mais d'une façon autrement plus ridicule : j'avais l'habitude de descendre de mon skate en le virant vers l'arrière. Je l'ai fait dans une pente, j'ai pas réussi à arrêter de courir et je me suis cogné contre une pierre. J'étais avec ma mère en promenade, elle a flippé sa race. (Message, 14 août 2007, <www.comlive.net/>)

4. La militante féministe [secrétaire d'État à la Politique de la ville] préfère lancer à ses interlocuteurs : « Tu pleures ta race ! » plutôt que « C'est incroyable ! [*sic*] » Le 18 juillet dernier, lors d'une visite dans un centre de recrutement de l'armée du 9-3 [v. *neuf*], elle s'exclamait : « Une armée où il y a de la couleur, c'est de la bombe* ! » (*Le Parisien*, 7 septembre 2007, p. 17)

5. Y'a trop de trucs sur ce site, c'est trop d'la balle*, je kiffe ["j'aime"] sa race [...]. (Message, 12 septembre 2007, <www.lejapon.org/info/>)

6. Depuis deux jours il pleut sa race sur Marseille. Conclusion hâtive : le soleil est en grève. (Message, 22 novembre 2007, <www.pointscommuns.com/>)

— □ **ta race**, loc. nom. Employé après certains verbes de mouvement, pronominaux ou intransitifs, *ta race* est l'équivalent de *toi*.

7. Mais barre ta race Guillaume. Tu ne sais pas lire [...]. (Message, 7 novembre 2005, <profile.myspace.com/>)

8. Viens sur mon space ["espace d'expression personnelle sur la Toile"] y a enfin du nouveau. [...] Si ça t'intéresse amène ta race ! (Message, 26 novembre 2007, <profile.myspace.com/>)

□ **se mettre la (/une) race**, loc. verb. "s'enivrer". ~ □ **se mettre deux/trois/quatre grammes*** ; □ **se mettre une mine***.

9. Se mettre la race au rouge c'est quand même assez hardcore ["osé"], surtout si c'est de la piquette [...]. (Message, 3 novembre 2004, <www.maximakina.net/>)

10. [...] on s'est refait inviter à l'ambassade de Grande-Bretagne [...] où on s'est mis une race sévère... fallait défendre l'honneur français, face aux envahissants anglais, qui ont une bonne descente... (Blog, 26 mars 2006, <ferdinandbrunet.spaces.live.com/>)

11. Du vieux rock [...] excellent pour danser ! On décide de se mettre la race classe cette fois, avec du vin d'Egypte et me voilà chaude comme la braise pour aller sur la piste. (« Ma première soirée en Egypte », 26 mai 2007, <brecouilles.info/myriam/>)

## racler

□ **se la racler**, loc. verb. "se donner un air important, faire le malin, crâner". ~ **se la jouer** ; □ **se la gonfler*** ; □ **se la péter*** ; □ **se la raconter*** ; □ **en installer** ; **faire de l'épate**.

1. Moi j'pense que le string c'est bien et tout mais faut pas en abuser en le faisant dépasser. Très franchement je trouve que ça fait pute, surtout quand c'est des gamines qui font ça pour se la racler. (Message, 23 décembre 2005, <www.tasante.com/>)

2. J'veux pas me moquer mais bon, à part pour se la racler comme un jacky ["adepte, sans talent et frimeur, du tuning"], ça sert a rien d'avoir des millions de watts dans une voiture. (Message, 11 avril 2006, <naturalsoundsystem.free.fr/>)

## raconter

□ **se la raconter**, loc. verb. "se donner un air important, faire le malin, crâner". ~ □ **en installer** ; **faire de l'épate** ; **frimer** ; □ **se la gonfler*** ; **se la jouer** ; □ **se la péter*** ; □ **se la racler***.

1. Entré en équipe de France en 1994, [Djamel] Bouras aura connu une irrésistible ascension : il est le septième judoka français à enlever une médaille d'or olympique. « Je n'ai pas vraiment eu le temps de préparer ce match après la demi-finale, a expliqué le vainqueur. Il y a un an, je l'avais rencontré. Il avait déjà triché. Je l'ai vu devant moi, là, il se la racontait... Et puis j'ai senti qu'il était en train de craquer. Je l'ai vu. » (*L'Humanité*, 24 juillet 1996)

2. Le logo [de Radio France] a été présenté par son concepteur qui, pour justifier de son travail (et de son budget public !), n'a rien trouvé de mieux que de dire : « Il ne faut pas se la raconter, un logo c'est toujours un nom dans un carré ou dans un rond ». Effectivement, c'est dans deux carrés que l'on retrouvera le nom des différentes chaînes : ça vaut bien les 70 000 euros minimum qu'aura coûté la seule conception du logo du service public de radio ! (*Action-Critique-Médias*, 5 septembre 2005, <www.acrimed.org/>)

3. [...] une fille comme Alex sait qu'elle est mignonne et elle se la raconte trop. (J. J. Ouaknine, *Autoportrait de l'artiste en clown*, 2005, p. 120, GRL)

4. Alain [...] n'est pas un « m'as-tu-vu », un homme qui se la raconte. (*L'Équipe*, 17 mars 2006, p. 13)

V. encore *poutre*, ex. 4.

## radar

**avoir disparu des (écrans) radar(s) / être sorti des écrans radar(s)**, loc. verb. "ne plus se manifester ; être sans réaction ; ne plus susciter d'intérêt". Métaphore de la langue de la navigation aérienne et maritime. ~ **être aux abonnés absents** (vieillissant).

1. Où est passée l'Europe ? Elle semble avoir disparu des radars des économistes, des stratégistes et autres spécialistes [...]. La courbe des indices boursiers sur le Vieux Continent ressemble à un électroencéphalogramme plat. (*Les Echos week-end*, 8 octobre 2004, p. 7)

2. Déjà mis à contribution mercredi dans les Antilles, le gaucher lyonnais [un footballeur] a eu du mal à épouser le rythme (pourtant lent) de la rencontre. Il est monté en régime au fil de la première mi-temps [...]. Mais il a curieusement disparu des écrans radars en cours de seconde période, peut-être victime de la fatigue tropicale. (*Sud Ouest dimanche*, 13 novembre 2005, Sports, p. 3)

3. Théâtre depuis plus de trois ans d'une hécatombe silencieuse, le Darfour soudanais est sorti des écrans radars. Qu'attend le monde pour prendre la mesure du calvaire à huis clos de cette région vaste comme la France ? (*L'Express*, 20 avril 2006, p. 61)

## raisin

■ **raisins de Corinthe**, loc. nom. "testicules". Par exagération. Employé en parlant des enfants (*le vermicelle* de contrebande et les deux raisins de Corinthe*) ou, comme une insulte, pour signifier le manque de virilité.

Les Guignols de l'info s'en donnent déjà à cœur joie. Ce jeudi soir, M. Mégret y était traité de « trou de balle » et M. Le Pen, jugé coupable d'avoir « les jetons », était devenu « une fiote avec deux raisins de Corinthe dans le calebard », autrement dit « un sans couilles* » selon la terminologie de M^me^ Rouyereng [*sic* ; Catherine Rouayrenc est l'auteur des *Gros Mots*, Paris, PUF, Que-sais-je ?, 1996]. (*Le Monde*, 3 mai 1997, p. 30)

## ramasse

□ **à la ramasse**, loc. adj. "à la traîne, en retard ; dépassé par les événements". Métaphore péjorative, tirée du vocabulaire du ski.

1. Noir de chez* noir, avec scènes de castagne époustouflantes, un polar des bas-fonds où s'affrontent un flic [...], une ordure soignée et un ex-boxeur à la ramasse. (*Libération*, 25 janvier 2001, p. 8 ; critique d'un film policier)

2. Le bas de la hiérarchie adolescente [dans un collège], qui se reconnaît et se rassemble. Ils sont à la ramasse sur le plan vestimentaire [...]. (L. Bronner, dans *Le Monde des livres*, 23 septembre 2005, p. X)

3. J'ai eu une période... noire, profondément noire. J'étais à la ramasse. Une vraie loque. Enfin, je crois... Je ne suis pas tout à fait sûr. On me l'a raconté parce que, moi, je n'ai aucun souvenir de ces quelques mois de... disons de déprime. (L. Robin, *Les Balades de Clodomir Selvius*, 2006, p. 68, GRL)

4. Nonoss marchait derrière les autres. Peu concerné [...], il traînait à la ramasse en bougonnant. (M. Villard, *Compagnons des forêts*, 2006, p. 36)

5. [...] ça n'aura échappé à personne, [le Tour de France] est à la ramasse : le dopage, toujours et encore... (*Le Canard enchaîné*, 25 juillet 2007, p. 8)

## rame

**sortir les rames**, loc. verb.

— "être à la peine ; se donner du mal". ~ **ramer, galérer**.

1. Hier, j'ai quasiment terminé le rapport de stage ! Il manque plus que la conclusion, ouf ! [...] Ça peut sembler simple au départ mais en fait c'est une galère par moment : comment relater une expérience personnelle sans employer la première personne, le « je » quoi ! [...] Je peux vous dire qu'hier, j'ai souvent sorti les rames... (Message, 2 août 2006, <facattitude.midiblogs.com/>)

∞ DANS UN JEU DE MOTS.

2. Alain Gérard savoure sa revanche. A 63 ans, le sénateur RPR a lavé l'affront que lui avait infligé le socialiste Bernard Poignant en emportant la mairie de Quimper en 1995 avec 24 voix d'avance. [...] Les inondations à répétition lui ont permis de noyer la réputation de l'équipe municipale sortante, accusée de n'avoir pas construit les bassins de retenue nécessaires pour protéger des eaux la ville et ses habitants. La gauche a sorti les rames, Alain Gérard a mis le turbo. (*Libération*, 20 mars 2001, p. 13)

∞ VARIANTE DÉVELOPPÉE PONCTUELLE.

3. 18 heures. Chaque recoin du forum de la Fnac est investi comme lors d'un concert des Stones. Moins rock'n'roll mais plus consensuelle, la paire Gérard Jugnot-Jean Dujardin, venue présenter leur dernier film *Il ne faut jurer de rien*, ratisse large. [...] 18 h 30. L'attaché de presse a sorti les rames format galère romaine, les têtes d'affiche se font désirer, il faut meubler. (*Sud Ouest*, Gironde/Bordeaux, 14 septembre 2005, p. 10)

— Pour signifier qu'une action ou un processus est d'une lenteur excessive.

4. [...] l'équipe se tourne enfin vers l'univers du jeu vidéo classique, hors connexion : « Le grand problème de Banja, c'est que, pour bien en profiter, il faut une connexion Internet à haut débit. Sinon, tu sors les rames : au moins quinze minutes pour télécharger le jeu la première fois, sans compter les chargements supplémentaires en cours de jeu [...]. » (*Le Monde*, 11 août 2001, p. 9)

∞ VARIANTE DÉVELOPPÉE PONCTUELLE.

5. Depuis quelques mois je réalise mes montages vidéos sur PC [...]. Ça va nickel pour les petits fichiers de 3 minutes, mais pour les plus gros genre 26 minutes je peux sortir les rames, la pagaie, voire même le radeau de secours. (Message, 11 novembre 2006, <www.blog2manu.com/>)

## ramer

□ **arrête de ramer (, on est sur la plage/t'attaques la falaise/t'es sur le sable)**, loc. phrast. Pour dire qu'il est inutile de poursuivre un effort, de continuer ce qui est entrepris. Avec jeu de mots sur *ramer* "manœuvrer les rames" et, en français familier, "s'épuiser, se fatiguer". *Arrête de ramer, t'es sur le sable* est le titre français (1979) d'un film américain d'Ivan Reitman et *Arrête de ramer, t'attaques la falaise* le titre d'un film de Michel Caputo (1979).

1. Il y aura des mots de passe : *Arrête de ramer, tu attaques la falaise*, ou bien : *Le pessimisme comme principe d'action*. Il y a le choix. (G. Dorman, *Mickey, l'ange*, 1977, p. 101)

2. – Eh bien, merde pour le scandale ! s'écria-t-il. Je largue ma femme et je t'épouse. J'aurai alors tout mon temps pour m'occuper de toi et te tirer du guêpier où tu t'es fourrée.
– Allez ! Mon con ! Arrête de ramer ! Au panier, les salades ! (J. Mogane, *Une étrangère au paradis*, 1979, p. 348, GRL)

3. Ça commençait à me gonfler de doubler ma pensée d'écriveuse par des soirées de ménagère proprette et économe [...]. Arrête de ramer Lucette t'attaques la falaise. (E. Hanska, *J'arrête pas de t'aimer*, 1981, p. 53-54)

— PAR ELLIPSE.

4. Elle insistait (arrête, tu es sur le sable). (A. Bucher, *Pays à vendre*, 2005, p. 177)

## rare

**c'est rien de rare**, loc. phrast. "cela ne vaut pas grand-chose ; cela n'a rien d'exceptionnel". Attesté en 1931 (« *c'est rien de rare ; rappelez-vous que c'est rien de rare*, euphémisme courant pour dire : c'est une traînée », A. Brun, *Le français de Marseille*, Marseille, Institut historique de Provence, p. 127).

– Alors, quelle est l'embrouille ?
– Rien de rare, répondit Guigou. On a trouvé un macchabée qui flottait près de Jarre. Un plongeur qui s'est noyé.
– Un meurtre ?
– J'en sais rien. Non. Un accident, sans doute. (F. Thomazeau, *Qui a noyé l'homme-grenouille ?*, 1999 [1997], p. 22)

## rat

**la vie des rats**, loc. nom. "longtemps, indéfiniment". La locution paraît caractéristique du Sud-Est de la France, où elle est fréquemment relevée dans les glossaires régionaux.

1. [...] *long comme* (ou *durer*) *la vie des rats, il y en a pour la vie des rats* ("pour longtemps"), etc. L'origine de ces expressions mériterait un examen, qui serait en partie d'ordre littéraire et sociologique. (P. Zumthor, « Survivances du patois dans le parler local [de Saint-Gingolph, Haute-Savoie] », dans *Neophilologus*, 1957/1, p. 162)

2. Je me souviens aussi du rempailleur de chaises [...]. La tante disait [...] que des chaises restaurées par le père Bosse ça durait la vie des rats à condition que les chats ne s'amusent pas à y faire leurs griffes. (G. Ginoux, *Gens de la campagne au Mas des Pialons*, 1997, p. 145-146)

3. [...] un pollen [...] déposé pour la vie des rats sur les étagères [...]. (A. Bernard, *L'Oubli de la natation*, 2004, p. 169, GRL)

## râteau

□ **(se) prendre/(se) manger un râteau**, loc. verb. "subir un échec brutal ; en particulier, être éconduit (en parlant d'un amoureux, d'un dragueur)". Métaphore du râteau (outil de jardin), sur lequel on marche par mégarde et dont on reçoit le manche en pleine figure. Un croisement secondaire est possible (notamment dans l'emploi par ellipse *le râteau !*), avec *rater* "échouer". ~ □ **prendre un bide/une gamelle/une pelle/une tôle*/un vent* ; se ramasser**.

1. Un garçon [...] a envie de sortir avec une fille. Et puis, il y renonce parce qu'il se dit : « Je vais prendre un râteau ». (*Télérama*, 31 mars 1993, p. 24)

2. Comment ne pas perdre la face quand, après une tentative maladroite de drague, on vient de se prendre un râteau devant tout le monde ? (*Libération*, 10 mars 2001, p. 24)

3. Je crois que tout le monde a vécu au moins une fois dans sa vie [...] ce que les collégiens appellent « se prendre un râteau » [...]. La honte. (S. Pollet, *Facile à dire !*, 2005, p. 23, GRL)

4. Mario répétant presque au mot près ce qu'il avait entendu des producteurs de ciné dire à la télé ou dans les bars de Cannes, période du Festival, chaque fois qu'il y en avait un qui venait de prendre un râteau, un film qui faisait zéro, que les gens voulaient pas voir parce qu'il était trop nul. (L. Chalumeau, *Les Arnaqueurs aussi*, 2007, p. 411-412)

## ravioli

**c'est lundi, c'est raviolis**, loc. phrast. Clin d'œil à une réplique culte du film *La vie est un long fleuve tranquille* de F. Quentin et É. Chatiliez (1988).

1. Harm est dans la cuisine en train de faire à manger.
– Ça sent bon ici, dis-je en approchant.
– C'est lundi, c'est raviolis, me répond-il en riant. J'espère que vous aimez, ajoute-t-il. Je le regarde en train de faire la cuisine [...]. (*Une rencontre inattendue*, 5 janvier 2004, <www.jaghm.net/Fanfics/>)

2. Des œufs ! Vous avez bien lu. Des festivaliers qui attendaient d'entrer sur le site ont été canardés avec ces projectiles. Faut vous calmer, les gars. Lundi, c'est raviolis. C'est pas omelette. (*Le Télégramme*, 18 août 2004)

## recevoir

□ À l'infinitif passé, **avoir reçu**. Pour signifier que quelqu'un a un comportement contraire au bon sens, à la logique, à la raison. Par ellipse de locutions du type *avoir reçu un coup sur la tête*. ~ □ **être à la masse** ; □ **être jeté** ; □ **disjoncter** ; □ **péter les plombs*/un câble*** ; □ **monter dans les tours***.

« […] quand il [Paul Delvaux] peint pas des gonzesses à poil dans un décor de ruines gréco-romaines, c'est des trains qui arrivent dans une gare – ou qui en partent, parfois c'est dur à dire. Mais toujours en pleine nuit. »
Jorge dit « Ah ouais. » Et puis, plus fort que lui, disant aussi : « T'as des mecs qui ont reçu, quand même. » (L. Chalumeau, *Les Arnaqueurs aussi*, 2007, p. 148)

## refaire

**□ refaire le portrait/■ la gueule (/□ le faciès/□ la tronche) à qqn**, loc. verb. "casser la figure à quelqu'un ; rosser quelqu'un". Par antiphrase. Même image que dans **□ arranger* le portrait/■ la gueule à qqn. ~ astiquer qqn.**

1. De temps à autre il s'emportait, refermait son sac, se levait, s'apprêtait à lui « faire » sa « fête », disait qu'il en avait « jamais entendu de pareil », qu'il « mériterait une bonne correction bien placée » malgré le fait qu'il fût « bel et bien bourré », « un bon gnon bien mis » pour lui « refaire le portrait », « enseigner la politesse », et le « botter là où je pense », disait-il. (P. Gaboriau, *Clochard*, 1993, p. 74)

2. C'est l'heure de la prière. Il [un taliban] se tourne vers La Mecque et fait la « Prière du voyageur ». Indifférent, le chauffeur arrose le moteur brûlant. « Tu n'as pas fait ta prière, je vais te casser la figure », menace Abdoul, dont l'obsession semble être décidément de refaire le portrait de tous ceux qui osent se mettre en travers de sa route. (*Le Monde*, 15 octobre 1996, p. 2)

3. – Quand un mec avec un flingue dans sa chaussure cherche un ex-élève dans le coin, c'est rarement pour lui remettre le prix Nobel, ce serait plutôt pour lui refaire la gueule au rasoir. (J.-F. Lauret, *Epsilon*, 2002, p. 92, GRL)

4. Cinq zombies [dans un jeu vidéo] qui veulent te bouffer tout cru ? […] je préfère des ennemis avec une apparence glauque mais « réaliste » qui se précipitent sur toi de tous les côtés en criant et en ayant une jolie petite tronçonneuse pour te refaire la tronche. (Message, 4 janvier 2004, <www.gamers.fr/forums/>)

5. Le procès des agresseurs de David Gros, passé à tabac parce que homosexuel en 2004 à Marseille, vient de s'achever. […] Les agresseurs, armés de barres de fer et d'un casque de moto, avaient décidé ce soir-là de se lancer dans une « chasse aux pédés ». Avant de laisser David Gros pour mort, le groupe d'agresseurs a déclaré « sale pédé, on va te refaire la gueule ». (*Communiqué SOS Homophobie*, 5 avril 2006, <www.france.qrd.org/actualites/>)

V. encore *calmer*, ex. 2.

## regarder

**se regarder (en face) dans la glace/dans une glace/dans un miroir**, loc. verb. Pour signifier l'introspection. La métaphore est souvent employée dans des locutions développées (*oser/pouvoir/avoir le courage de se regarder…*), mettant l'accent sur la sincérité requise par cette démarche. Attesté en 1835 (« Quand la société […] aura le courage de se regarder en face dans ce miroir », *Revue belge*, t. 1, p. 280, GRL) ; en 1859 (« – […] Il me semble qu'à leur place, je n'oserais pas me regarder dans une glace de peur d'y voir auprès de mon image d'autrefois, mon image du présent », Raoul Bravard, *Une petite ville*, Paris, Michel Lévy frères, p. 143, GRL).

1. Les Bretons, rappelle J. Costa-Lascoux, ont commencé à changer lorsqu'ils ont accepté de se regarder dans un miroir et de voir l'image qu'ils renvoyaient : alcoolisme, techniques de cultures archaïques, religion superstitieuse. (S. Mappa, *Ambitions et illusions de la coopération Nord-Sud*, 1990, t. 4, p. 22, GRL)

2. [...] il y a des choses qu'on peut pas laisser passer. Parce que après, sinon, tu peux plus te regarder dans la glace. (J.-C. Izzo, *Total Khéops*, 1995, p. 296)

3. La signature d'une pétition a parfois quelque chose de rassurant. On peut se regarder dans sa glace et se dire qu'on est toujours de gauche. (*Le Monde*, 8 juillet 2004, p. 1)

4. – Eh bien, moi, je préférerais être virée qu'accepter de faire ce que tu suggères de faire. Tu crois que tu pourrais te regarder dans une glace après avoir fait ça ? (G. Mordillat, *Les Vivants et les Morts*, 2006 [2004], p. 114)

**se regarder dans la glace/dans une glace/dans un miroir**, loc. verb. Pour signifier le narcissisme. Attesté en 1833 (« cette admiration que les littérateurs de nos jours éprouvent à se regarder dans la glace », *Nouvelle Revue germanique*, t. 13, p. 291, GRL).

5. Et, comme son narcissisme le pousse à se regarder dans la glace [...], l'intéressé finira par se croire important. (*Le Monde*, 11 novembre 1998, p. 34)

**tu m'as/vous m'avez/**etc. **bien regardé ?** loc. phrast. Pour signifier à l'interlocuteur qu'il se trompe, que son jugement est erroné. ~ **tu ne t'es pas regardé / vous ne vous êtes pas regardé ; qu'est-ce que tu crois/qu'est-ce que vous croyez ?**

6. « Moi, tubard ? Tu m'as bien regardé ? Tu veux que je te casse la gueule ? » (J. Rousselot, *Le Luxe des pauvres*, 1956, p. 76, GRL)

7. – Me laisser faire ? Est-ce que vous m'avez bien regardée, monsieur Natte ? (M. Jouhandeau, *Cocu, pendu et content*, 1960, p. 53, GRL)

8. Que cette série, au demeurant fort bien faite, n'ait pas pu se trouver un public démontre que les lecteurs, même les plus jeunes, répugnent à s'identifier à des enfants. Des adolescents responsables comme les New Teen Titans de DC, sûr, mais des enfants ! Nous ? Vous nous avez bien regardés ? (G. Courtial, « L'Histoire des Marvels comics », 2000, <g.courtial.free.fr/marvel10b.htm>)

9. – Vous allez me violer ?
Ruben part d'un grand rire :
– Vous m'avez bien regardé ? (G. Mordillat, « Ruben Black, sa vie, son œuvre », dans *Scandale et folies*, 2007, p. 316)

## relâche

**afficher relâche / faire relâche / jouer relâche**, loc. verb. "ne rien faire (en parlant d'une personne) ; ne pas remplir sa fonction, s'arrêter (en parlant d'une chose)". Du vocabulaire du théâtre, d'après **faire relâche** "ne pas donner momentanément de représentations". Attesté en 1851 (« un de ces repas durant lesquels les assiettes et les couverts *faisaient relâche*, comme disait mademoiselle Mimi », H. Murger, *Scènes de la bohème*, Paris, Michel Lévy, p. 227) ; **jouer relâche** est attesté, au sens de base, en 1880 (« Le théâtre qui devait nous divertir aujourd'hui joue relâche », N. Barret, *Nouméa aller et* *retour*, Paris, Périnet, p. 159, GRL) ; par plaisanterie en 1897 (« Petite actrice dans un théâtre où l'on joue relâche », A. Allais, dans DDL) ; **afficher relâche** est attesté au sens de base en 1892 (« A cinq heures j'étais prête à envoyer dire d'afficher relâche », L.-H. Lecomte, *Une comédienne au XIXe siècle, Virginie Déjazet. Étude biographique et critique*, Paris, L. Sapin, p. 425, GRL). ~ **être aux abonnés absents.**

1. On croirait jamais, à nous voir, que nous sommes à l'orée d'un monstre coup de main [...]. Incohérence biscornue des instants creux avant les instants capitaux. On joue relâche, quoi ! (San-Antonio, *Plein les moustaches*, 1985, p. 34)

2. Ce soir, Roland est parti voir un match de hockey avec les deux petites. Le hockey ne m'intéressant pas, j'ai joué relâche. (A. David, *Il boit, elle dérive. Une douloureuse quête d'identité*, 1994, p. 70, GRL)

3. Mais la voici qui reviendrait en force, cette chienne de pluie. [...] Il serait bien étonnant que quelqu'un échappe au ciel couleur de plomb, alors que la pluie n'entendrait pas jouer relâche de l'Aquitaine au Massif central. (*Le Parisien*, 8 juin 2000, p. 3)

4. Rappelons que la police municipale joue relâche le dimanche, jour où les parcmètres sont également gratuits. (*Le Progrès*, 26 octobre 2004, p. 8)

5. La Saint-Valentin ? [...] La maladie des oublieux, des smicards du sentiment, le minimum annuel, le sou du pauvre. Logiquement, votre bien-aimé(e) devrait, ce jour-là vous demander grâce, de lever un peu le pied, de faire relâche. (*Le Figaro*, 7 février 2007, p. 13)

V. encore *bourre*, ex. 4 ; *fixe*, ex. 2.

## relever

**à se (/s'en) relever la nuit**, loc. adj. "extrêmement bon ; extraordinaire". Surtout en parlant de ce qui donne du plaisir ou flatte les sens. ~ **à se rouler par terre.**

1. Sur la route de Figueras, [...] découvrez la cuisine toute simple, désarmante de vérité, avec des poissons formidables et des petites spécialités comme ces arêtes d'anchois séchées, à se relever la nuit. (*Le Figaro*, 18 mars 2006, p. 40)

2. De magnifiques pains mais aussi quelques douceurs à s'en relever la nuit, notamment des tartes aux fruits sublimes, bien garnies et à la pâte croustillante et légèrement caramélisée par le sucre glace... (« Le Panetier », 15 novembre 2006, <miam.over-blog.net/>)

**(il n') y a pas de quoi se (/s'en) relever la nuit**, loc. phrast. Pour signifier que quelque chose n'a rien d'extraordinaire. ~ **(il n') y a pas de quoi se rouler* par terre.**

3. Le sexe ? Pas de quoi se relever la nuit ! (L. Combelle, *Liberté à huis clos*, 1983, p. 94, GRL)

4. Le titre [*Ne réveillez pas un flic qui dort*] est bien trouvé en ce qu'il laisse entendre, assez charitablement, qu'il n'y a pas de quoi se relever la nuit, bien que le film soit dédié à Jean Gabin et nous propose deux « monstres sacrés » à l'affiche. (*Le Monde*, 17 décembre 1988, p. 22)

5. J'ai serré la main de Jean-Pierre Mocky… Oui je sais… y'a pas de quoi s'en relever la nuit, mais bon, mes restes de provincial font que je m'émerveille encore un peu de croiser des vedettes […]. (Message, 22 avril 2006, <stefmarechalle.free.fr/>)

## religion

**se faire une religion**, loc. verb. "se forger une opinion définitive". D'un sens affaibli du mot *religion* appliqué aux idées profanes. À rapprocher de la loc. phrast. *ma/ta/sa religion est faite.*

1. […] les comparaisons internationales tendent à démontrer que le marché de la distribution alimentaire n'est pas plus concentré en France qu'à l'étranger. Se faire une religion sera d'autant moins aisé pour le gouvernement que, dans ce domaine, les considérations économiques ne sont pas exemptes d'arrière-pensées politiques. (*Les Echos*, 2 septembre 1997)

2. Le monstre existe pourtant. On peut le rencontrer […] à l'entrée de l'exposition officielle consacrée au « Monstre du loch Ness », à Drumnadrochit. Un musée dont la conception est une prouesse de fieffés casuistes. De précautionneux points d'interrogation ornent ses portes et un commentaire à la rhétorique insidieuse (il n'affirme pas plus qu'il ne dément) n'aide guère le visiteur à se faire une religion. (*Le Monde*, 26 mars 1998, p. 7)

3. Depuis le 11 septembre, le monde politique s'est fait une religion. Pour la plupart des dirigeants, des élus, des conseillers, des experts, voire des commentateurs, les jeux sont faits, l'élection présidentielle est jouée, Jacques Chirac a gagné. (*Libération*, 6 octobre 2001, p. 44)

4. Le parquet s'est fait une religion : des policiers sont prêts à tout, y compris à produire de faux témoignages, pour « couvrir » leurs collègues. (*Le Parisien*, 6 décembre 2006, p. 18)

## remuer

**avoir le nez qui remue** (et variantes), loc. verb. "donner à voir que l'on ment". Du langage utilisé par les adultes s'adressant aux enfants. Attesté en 1838 (« MARGUERITE. T'es du complot avec les autres… tu voulais me faire des infidélités ! Mouton je le sais, ton nez remue », Cogniard frères, *Les Enfans du délire*, Magasin théâtral, s.d., p. 10) ; sous des formes voisines en 1821 (« Quand on questionne un enfant sur une espièglerie qu'il soutient n'avoir pas faite, on prétend lire son mensonge sur son nez, et on lui dit : Vous mentez, car *votre nez branle* », P.-A. Leboux de La Mésangère, *Dictionnaire des proverbes français*, Paris, Treuttel et Würtz, p. 322) et en 1905 (« Son mensonge le faisait rougir. / – Hum ! hum ! […] votre nez tord, mon gaillard… Ne rencontrâtes-vous point plutôt quelque appétissante naïade qui vous fit tourner la tête ? », R. Duquesne, *Monsieur Homais voyage*, Paris, Librairie universelle, p. 177). ~ **avoir le nez qui s'allonge***.

1. *Christine* : S'il veut mentir, ça se voit tout de suite, il rougit avant d'ouvrir la bouche.
*Geneviève* : On a envie de lui dire que son nez remue ! (J. Renoir, *La Règle du jeu*, 1939)

2. – Je viens voir si vous pouvez me prêter la tondeuse à gazon, j'ai dit.
– C'est pour ton père ? a demandé M. Blédurt.

Alors, moi, j'ai pas su quoi dire, et M. Blédurt m'a dit de ne pas mentir, parce qu'il le verrait tout de suite : mon nez se mettrait à remuer ! Ça, ça m'a fait rigoler, parce que c'était ce qu'on me disait quand j'étais petit […]. Une fois, même, je m'étais mis devant la glace et j'avais dit des tas de gros mensonges pour voir si mon nez remuait, et bien sûr, c'était des blagues. (Goscinny et Sempé, *Histoires inédites du petit Nicolas*, t. 2, 2006 [av. 1965], p. 343-344)

■ **se remuer le cul** (ou synonyme), loc. verb. "bouger, se déplacer ; se montrer actif". Variante développée de **(se) remuer**. ~ ■ **se bouger* le cul** ; □ **se magner**.

3. Dominique ne m'a jamais laissé tomber. Avec lui, c'est simple. Je reste six mois sans le voir, et je l'appelle pour du travail. Il se remue le cul et il me trouve du travail. (J. Bany, *Auteuil première*, 1975, p. 97, GRL)

4. Après la guerre il s'était remué à merveille le popotin et avait chopé le gros lot en faisant du maquereautage en grand […]. (P. Siniac, *Le Tourbillon*, 1976, p. 186-187)

5. – […] Elle a même un avocat, un gros de Paris qui ne se remue guère le dargif. (A.D.G., *Balles nègres*, 1981, p. 15)

6. […] jamais je n'aurais accepté de me remuer les fesses si lui, Réquichot, et […] Albert, ne m'avaient gonflé la tête en me félicitant et congratulant […]. (P. Léon, *Comme la peste*, 1992, p. 14)

7. Je donnais des leçons aux autres, mais je ne savais même pas plier une chemise. Quand mon lavabo était bouché, au lieu de me remuer le derrière ou d'appeler le plombier, je me couchais avec une compresse sur la tête. (H.-F. Blanc, *Démonomanie*, 1995 [1993], p. 90)

8. – Tout le monde veut être heureux.
– Suffit pas de vouloir, faut se remuer le cul, combien j'en entends qui disent qu'ils aiment la pêche et qui y vont pas, combien ? (J.-M. Gourio, *Brèves de comptoir 4*, 1996 [1995], p. 11)

## renard

□ **aller au renard / lâcher un renard**, loc. verb. "vomir". Ces locutions, comme les suivantes, attestent la vitalité de *renard* en lien avec "vomissement". On trouve en ce sens *écorcher le renard* depuis le XV^e siècle (mais le rapprochement avec cet animal reste mal expliqué). Bruant 1901 enregistre en ce sens *piquer un renard*.

1. […] elle a été au renard… dégueulé sur les pavetons […]. (A. Boudard, *L'Éducation d'Alphonse*, 1987, p. 133)

2. Une pointe d'aigreur […]. Je me suis détourné pour lâcher un renard, une maigre fusée tout en bile […]. (J. Houssin, *Mongol*, 1990, p. 167)

□ **claquer/lâcher une peau de renard**, loc. verb. "id.".

3. […] surtout ne vous laissez pas influencer par cet homme qui revient de la Jordanie où il a commis des faits d'une barbarie dont peu pourraient supporter la description sans claquer une peau de renard… (Message, 24 avril 2004, <www.webdonline.com/>)

— PAR ELLIPSE. □ **claquer/lâcher une peau**.

4. La dernière fois que j'ai claqué une peau c'est quand j'ai fêté mon permis moto. […] j'suis resté à l'apéro de 12 h à 17 h environ. On sort du bistrot avec mon

pote, comme y faut, correct… chez lui un pétard + une bière… Pan. Le renard. (« Comment vomir proprement », 28 novembre 2003, <forum.aceboard.net/>)

5. […] on a bien cru qu'il allait lâcher une peau et pis non il s'en est remis après un « petit » rot. (« Réveillon du 31 décembre 2006 », 5 janvier 2007, <remillkirch.blogspot.com/>)

□ **queue de/du renard**, loc. nom. "vomissement". Attesté en 1861 (« La trace d'un vomissement s'appelle […] *queue du renard* », L. Larchey, *Les Excentricités du langage français*, 2e édition, Paris, Aux Bureaux de la Revue anecdotique, p. 210).

6. Dès les premières lueurs de l'aube, ces plafonds qui tourbillonnent autour de vous, ce haut-le-cœur permanent qui vous assaille, donnent le signal de la déroute. Il faut réagir vite. La queue du renard est encore la meilleure solution. Pour la provoquer, outre les habituels et horribles procédés mécaniques, quelques catalyseurs : café salé, grains de café à croquer, infusion d'asarêt ou de feuilles de hêtre. (*L'Événement du jeudi*, 26 décembre 1985, p. 100)

7. Il saute sur le sol [en descendant de l'avion] comme un Tarzan boiteux et y perd la moitié de son copieux déjeuner […].
– Quelle queue de renard ! (D. Guirous et N. Galan, *Si la Cococour m'était contée*, 1987, p. 164-165)

8. Après avoir ruiné sa moquette du salon en vomissant une queue de renard, Nadine s'est décidée à m'envoyer un courrier électronique m'indiquant qu'elle ne comptait pas venir travailler avant mardi prochain. (Blog, 28 septembre 2007, <www.chondre.com/>)

## reposer

■ **repose-bite**, loc. nom. "urinoir mural". Peu usité.

Jérôme est dans ces chiottes depuis pas mal de temps, trop longtemps pour une simple envie de pisser. J'entre, je donne une balle à la dame-pipi. Il est seul, au-dessus d'un repose-bite, il attend les hommes qui ne pissent pas. (D. Belloc, *Képas*, 1989, p. 46)

## république

**(se) passer/vivre une belle/bonne république**, loc. verb. "passer du bon temps, ne pas s'en faire". L'expression, marquée géographiquement (partie méridionale de la France), est d'origine mal déterminée. ~ **se la couler douce** ; **se la faire belle.**

1. […] son frère […] était un peu le scandale de la famille. On disait de lui qu'il avait « vécu de belles républiques » […]. (M. Rouanet et H. Jurquet, *Apollonie*, 1984, p. 249)

2. Avec dix balles, il [un enfant] a de quoi se passer une bonne république. (J.-P. Demure, *Découpe sombre*, 1988, p. 54)

3. « Il avait eu une sacrée bonne vie, s'était passé une belle république. Une vie de coq en pâte, sauf la dernière semaine, bien sûr, où il avait bien un peu souffert », surenchérissait sa femme dans un dernier sanglot. (P. Cloux, *Un vin de paille*, 2004, p. 105)

4. [...] on avait choisi des plats qui se nourrissent du solide terroir, par-delà les régimes diététiques et politiques. Pour passer ensemble une bonne République, fi de la ligne [...]. (*Le Progrès*, Haute-Loire/Yssingeaux, 5 février 2007, p. 10)

5. [...] il n'a rien de princier le matou... Mais il passe une belle république ! ( « Chroniques du Crabillou », 31 mars 2007, <chroniquesducrabillou.blog50.com/> ; légende d'une photo représentant un chat qui dort)

## respect

**(total) respect**, loc. phrast., loc. interj. Pour marquer l'excellence d'une personne ou d'une chose. Calque de l'anglais, *total respect* a pénétré le français par les rappeurs.

1. – Vous êtes journaliste ?
– Plus ou moins. Je travaille pour la télé...
– *Témoin n$^{o}$ 1* ?
– Exactement !
Le type, scié, cherchait déjà la caméra.
– Respect ! (C. Pelletier, *Lavande tuera*, 1997, p. 93)

2. Submergée par sa joie de vivre, Vanessa entend faire partager son nirvana à la terre entière ! C'est beau tout simplement. Total respect, miss Paradis ! (*L'Humanité*, 17 octobre 2000, p. 22)

3. Bien noté par Parker, un aimable vin, qui avait oscillé jusque-là dans des limites de prix décentes, peut franchir toutes les limites, dopé par le snobisme des uns, la spéculation intelligente des autres [...]. Moins de 80 sur 100 : le vin est condamné à mort. Entre 80 et 90 : peut vivre, mais sous surveillance. Plus de 90 : bienvenue au club. Au-dessus de 96 : total respect ! (*Le Monde*, 20 septembre 2002, p. 16)

4. Au-delà de son talent de comédien, ce type [Jean Yanne] est de la trempe des Pierre Dac, Francis Blanche et Pierre Desproges. « Respect ! » comme disent les rappeurs ! (*Le Monde télévision*, 30 novembre 2002, p. 2 ; lettre d'un lecteur)

5. TOTAL RESPECT. 49 points (sur 52 possibles) en treize matchs, c'est pour l'instant le meilleur résultat obtenu [...]. (*Le Télégramme*, 5 février 2003)

6. Quant à moi, j'étais tout en denim avec des mocassins de Huron, coiffé de mon panama qui inspirait total respect aux foules indigènes. (A.D.G. *J'ai déjà donné...*, 2007 [2004], p. 98)

V. encore *bonheur*, ex. 4.

## ressortir

**c'est (de) la malice (/la méchanceté) qui ressort**, loc. phrast. Pour présenter sans bienveillance les symptômes ou maladies dont une personne est atteinte, à la fois comme un châtiment mérité et comme une marque d'infamie ; s'emploie aussi comme riposte plaisante à quelqu'un qui se plaint d'un bobo.

1. Grand-mère ne s'était pas levée.
– Elle a encore ses névralgies, expliquait tante Lucie [...].
– C'est sa méchanceté qui ressort ! (B. Deflandre, *La Soupe aux doryphores*, 1987 [1985], p. 71)

2. J'ai un drôle de bouton sur mon bras qui est apparu je ne sais trop comment… comme dirait mon ancien voisin, c ['est] la méchanceté qui ressort… (Blog « Ça plane pour moi », 6 janvier 2006, <sage-comme-une-image.skynetblogs.be/>)

3. Oui je connais un bon dermato sur Niort […], côté perso j'en suis satisfaite, par contre délais importants… courage ! ton petit grain de beauté c'est peut-être tout simplement de la malice qui ressort ! (Message, 20 février 2007, <forum.aufeminin.com/>)

## rester

**après moi** (**/toi/vous**, etc.) (**,**) **s'il en reste**, loc. phrast. Formule (qui démarque l'expression suivante) symbolisant l'égoïsme forcené. Attesté en 1812 (« Or après moi, s'il en reste, / Voilà ce que, d'un ton leste, / Dit, à chaque instant, celui / A qui le besoin d'autrui / Ne donne d'inquiétude / Et qui se fait une étude / De ne penser que pour lui », *Mercure de France*, Paris, t. 51, p. 55) ; en 1919 (« un grand malfoutu l'avait invitée. Alors […] il avait foncé sur le couple. Un coup de coude pour les séparer, puis empoignant sa proie, il avait dit : – Après moi s'il en reste ! », G. Chéreau, *Le Monstre*, Paris, Flammarion, p. 44, GRL). ~ **chacun pour soi ; après moi, le déluge**.

1. Les trois brutes […] déplient largement leurs bagages et prennent toute la place. « Après vous, s'il en reste », rouspète Marcelle. (J. Saveria, *Ni sains ni saufs*, 1954, p. 119, GRL)

2. Enfin, pour limiter les dégâts considérables, on a sonné la retraite totale : sauve-qui-peut, chacun pour soi, taïaut, après moi s'il en reste […]. (Bayon, *Le Lycéen*, 1987, p. 25)

— PAR PLAISANTERIE OU IRONIE.

3. Je trouve un de mes collègues dans le bureau du gardien de la morgue. Ils font la belote comme deux bougres, rigolant, buvant le godet…
– Après vous, s'il en reste ! je lance. (San-Antonio, *Descendez-le à la prochaine*, 1975 [1953], p. 174)

4. Tu parles d'un beaujolais ! A votre bonne santé, mon général, après vous s'il en reste ! (J. Laurent, *Les Corps tranquilles*, 1958, p. 45, GRL)

**après vous** (**,**) **s'il en reste**, loc. phrast. Formule employée plaisamment pour manifester sa courtoisie ou souligner la courtoisie de quelqu'un. Attesté en 1808 (« Chers amis, ma main toujours leste / Va tâcher de cueillir quelques fleurs, / Après vous s'il en reste », N. Brazier, « Après vous s'il en reste », dans *Le Caveau moderne, ou Le Rocher de Cancale*, Paris, t. 3, p. 30).

5. Pour son passage à « L'Heure de vérité » […], l'as des sondages et le champion toutes catégories du parler vrai [Michel Rocard] a fait preuve d'une sérénité suspecte. Des questions abruptes, difficiles, voire provocatrices ? Mais comment donc, messieurs les journalistes, après vous s'il en reste. (*Le Monde*, 7-8 décembre 1986, supplément, p. 31)

— PAR IRONIE.

6. – Pour qui il est celui-là, t'en veux, toi ?
– Après toi s'il en reste… On ironisait.

Les obus éclatèrent loin derrière, dans la rizière. (G.-L. Descamps, *Commandos d'Indochine*, 1951, p. 49, GRL)

## retôt

□ **être en retôt**, loc. verb. "avoir de l'avance". Locution emblématique des créations enfantines, qui est en fait le quatrième terme du paradigme *tard, en retard, tôt*. Attesté en 1896 (« La petite fille (six ou sept ans) qui me disait un jour "Nous étions arrivées à l'école en *retôt*" n'avait pas la moindre intention de créer un mot, ni le moindre soupçon qu'elle en créât un [...] : elle me disait cela tout naturellement, comme une chose qui allait de soi », V. Henry, *Antinomies linguistiques*, Paris, F. Alcan, p. 70-71, GRL).

1. « Il est en retôt ou en retard ? » (P. Aymard, *Les Jeux de mots de l'enfant*, 1975, p. 166, GRL)

2. « Aujourd'hui, il est en retôt », lance un enfant de cinq ans en voyant arriver, pour une fois à l'heure, celui qui est toujours en retard. (H. Landroit, *Cinquante jeux*, 1997, <users.skynet.be/>)

3. Julien (5 ans), à son papa qui l'accompagne à l'école : « On est en retôt ou en retard ? » (École maternelle du Centre, Saint-Sébastien-sur-Loire, av. juillet 2005, <perso.orange.fr/jt/mots.htm>)

## retourner

**retourner comme une chaussette**, loc. verb. "faire changer d'avis, manipuler (une personne) ; modifier (une chose)". Image de la chaussette que l'on remet à l'endroit. Attesté depuis 1919 (Esnault 1919). ~ **retourner comme une crêpe**.

1. [...] on te nous dépêche des experts toutes catégories par villes et banlieues, bardés d'interrogatoires et de bandes magnétiques, afin de bien décortiquer ce que nous pourrions receler en ce for intérieur, que les burgraves psychologiques vous retournent comme chaussettes... (M. Bédu, *La Vie dure*, 1973, p. 291)

2. À présent, parmi les professeurs de Vincennes, nouvelle pirouette, le climat a changé : bien plus, il s'est retourné comme une chaussette. (M. A. Macciocchi, *Pour Gramsci*, 1974, p. 308, GRL)

3. Mais le Cercle des entrepreneurs ne s'arrête pas là, il propose également de « retourner comme une chaussette » la réglementation du marché du logement [...]. (*Le Monde*, 27 janvier 2004)

4. L'idée [d'une série télévisée] consiste ici à retourner comme une chaussette un concept de série américaine à succès. (*Libération*, 6 février 2006, p. 26)

## rêve

**dans tes rêves**, loc. adv., loc. phrast. Équivalent de **tu rêves**. *Dans tes rêves* est le titre d'un film de D. Thybaud (2005). ~ **reviens sur terre** ; □ **t'as vu la Vierge***.

— Dans un dialogue, pour signifier à quelqu'un qu'il se fait des illusions.

1. – Dites, est-ce que vous pensez qu'on peut la gagner, l'UEFA [une coupe d'Europe de football] ?

– Dans tes rêves, mon petit. (Message, 3 octobre 2007, <www.olympique-et-lyonnais.com/>)

∞ En réponse à quelqu'un pour l'éconduire.

2. – Tu me donnes ton adresse Hotmail ?
– Ouais, dans tes rêves, coco… (Messages, 26 décembre 2004, <www.adoskuat.com/>)

— Pour donner à entendre que ce dont il est question est chimérique.

3. Un boulot ? Dans tes rêves ! (*Politis*, 19 avril 2007 ; titre)

4. […] ils s'imaginaient que la France terre d'accueil (dans tes rêves) allait tout leur donner […]. Mais dans les centres ils sont remis sur pied, pour être expulsés. (« Les sans-papiers », 27 août 2007, <www.planetforums.fr/>)

## réveil

□ **se peigner (/coiffer) avec les pieds (/pattes) du réveil**, loc. verb. "être mal coiffé, être ébouriffé, avoir les cheveux emmêlés". ~ □ **se peigner avec un clou/avec un râteau** ; □ **s'être coiffé avec un oreiller*/avec un pétard** ; □ **être coiffé comme un dessous* de bras.**

1. Il remet souvent la même cravate et coiffe avec un réveil ses cheveux gras mouillés. (*Le Canard enchaîné*, 13 novembre 2002, p. 1)

2. Il se souvient de ce que son père lui disait, au sortir de sa couche : « Tu t'es encore coiffé avec les pieds du réveil ! » (B. Boutier, *Le Vieillard*, 2003, p. 125, GRL)

3. Ce jeune auteur compositeur interprète, tout de noir vêtu, à la coupe de cheveux peaufinée avec les pieds du réveil, débarque, guitare électrique en main, sur une scène où il est à l'aise. (*Le Progrès*, 3 avril 2005, p. 11)

## rêver

**j'en ai** (/**vous en avez**, etc.) **rêvé,** + groupe nominal + **l'a fait**, loc. phrast. Pour saluer une réalisation particulièrement attendue. D'un slogan publicitaire pour des appareils de la marque Sony.

1. Ma déclaration d'impôt en ligne : j'en ai rêvé, Bercy l'a fait. (*Le Journal du Net*, 13 mars 2000, <www.journaldunet.com/>)

2. Elles en rêvaient, la municipalité l'a fait. Les marchandes de Dzoumogné ne vendront plus leurs fruits et légumes à même le sol sous le badamier. Depuis plus d'un mois elles disposent en effet d'un vrai marché. (Message de Bandrele [Mayotte], 27 août 2002, <membres.lycos.fr/>)

3. Des musées virtuels de rêve.
Vous en rêviez ? Le Web l'a fait. Quelques sites ont réuni des œuvres et des artistes éparpillés dans le monde entier. (*Le Meilleur du Web*, <www.linternaute.com/>, consulté le 7 juillet 2003)

4. – […] Tu devrais me remercier. T'en as rêvé, moi je te le fais. (L. Chalumeau, *Les Arnaqueurs aussi*, 2007, p. 374)

## rhume

□ **attraper un rhume (de culotte)**, loc. verb. "contracter une maladie vénérienne". *Rhume de culotte* est attesté, ainsi que *rhume de chat*, av. 1907 (DDL), relayant en ce sens l'ancien *rhume ecclésiastique* (en 1718, FEW).

1. – Une chaude-pisse ? [...] Où qu't'as attrapé ça ? [...] Tu t'étais pas nettoyé, après ?
– Non.
– Jeunesse ! C'est comme ça qu'on attrape les rhumes ! (R. Fallet, *Banlieue sud-est*, 1947, p. 246)

2. Une fille aux hanches pleines roula vers lui, la bouche professionnellement ouverte et proposa une gâterie-maison (vingt balles seulement chéri, c'est pas cher et sous la ramée). Bencau pensa aux rhumes de culotte qui s'attrapent si vite. (N.-L. Bernheim et M. Cardot, *Mersonne ne m'aime*, 1979, p. 138-139)

## rideau

□ **les rideaux collent aux fenêtres (/à la fenêtre)**, loc. phrast. Pour dire que les vêtements collent aux fesses, notamment quand on est trop longtemps assis par temps chaud. S'emploie de nos jours surtout à propos d'une femme, tandis que **avoir les bonbons* qui collent au papier** est du registre masculin.

1. *Lus ridèus attrapon a la fenestra* [...]. Les rideaux collent à la fenêtre (se dit quand la chemise colle aux fesses). (P. Miremont, *Biais de dire en Périgord*, 1974, p. 40, GRL)

2. Pfeuf... y fait déjà une chaleur... je sais pas vous les gars, mais moi... j'ai les bonbons* qui collent au papier. Et vous les filles ? z'avez pas les rideaux qui collent aux fenêtres ? (Message, 18 juillet 2006, <www.f1video.net/>)

3. En plus ma mamie ce que j'adore c'est qu'elle a plein d'expressions rigolotes. Elle dit, alors que je tirais discrétos sur mon maillot de bain qui me collait aux fesses : « T'as les rideaux qui collent aux fenêtres, Emy ? » (Message, 20 juillet 2006, <www.voyage-bons-plans.com/>)

4. – Bonsoir, vous dansez mademoiselle ?
– Pourquoi faire ? Allez, ripe tes galoches, mon gars, fait d'jà assez chaud, j'ai les rideaux qui collent aux f'nêtres, moué ! (Attention à la marche, *Slow d'enfer*, paroles de M. Alberola *et al.*, 2006, <www.bide-et-musique.com/>)

## rien

**admettons/mettons que je n'ai rien dit**, loc. phrast. Pour se rétracter, retirer ce qu'on vient de dire, mais sans pour autant affirmer le contraire. Attesté au début du XIX^e siècle (« – Citoyen, je t'ai déjà déclaré que je n'avais pas à te rendre compte de mes sentiments. – Eh bien, mettons que je n'ai rien dit », *Mémoires pour servir à l'histoire de la Révolution française, par Sanson, exécuteur des arrêts criminels pendant la Révolution*, t. 1, 2^e édition, Paris, Les marchands de nouveautés, 1831, p. 92, GRL) ; en 1891 (« – [...] Nous savons tous, n'est-ce pas, madame, par expérience, ce que c'est que la vérole... Vous protestez ?... Mettons que je n'aie rien dit », Princesse Sapho [Léon Genonceaux], *Le Tutu*, Paris, Tristram, 1991, p. 168).

1. – Elles sont un peu mignonnes, non ? la Mitzi et la Rosa.
– Sans doute, répondit le jeune homme, mais c'est pas pour nos gueules [...].

– C'était pour que tu saches que tu avais une touche. Mettons que je n'ai rien dit. (A. Blondin, *L'Europe buissonnière*, 1949, p. 304)

2. iTruc. Euh ? c'est quoi un MD ? (Merci de ne pas utiliser trop d'abréviations qui nuiraient à la compréhension de votre question).
AliGator. MD est une abréviation officielle pour « MiniDisc ».
iTruc. Oh ben si c'est officiel admettons que je n'ai rien dit. (Forum Macintosh, 12 mars 2004, <www.macfr.com/>)

— PAR ELLIPSE. **j'ai rien dit.**

3. – Bon, tout est réglo. Vous êtes d'accord pour le partage ?
– Moi, j'aurais voulu plus de matériel photo, dit Marius [...].
– Écoute, on avait dit partage égal [...].
– Bon j'ai rien dit. C'est OK [...]. (Sapho, *Ils préféraient la lune*, 1986, p. 107)

4. Vronski doubla la Mobylette en la serrant contre le trottoir. Le conducteur cria « ducon ! ». Vronski serra davantage jusqu'à ce que la Mobylette soit obligée de s'arrêter. Il ouvrit la vitre droite du 4 x 4, se pencha :
– Je descends te casser la gueule ?
Le type à la Mobylette ploya le dos et rentra la tête entre les épaules. Le teint gris de peur. Il bredouilla « bon, okay, okay, j'ai rien dit ». (J.-P. Nozière, *Je vais tuer mon papa*, 2007, p. 300)

□ **circule(z), y a rien à voir**, loc. phrast. Par référence à l'injonction faite par les policiers aux curieux et aux badauds pour éviter les attroupements. La formule a été souvent utilisée par Coluche dans ses sketches et a servi de titre de film, de roman, etc.

— À propos d'une chose que l'on veut tenir secrète.

5. En refusant de répondre au juge d'instruction [...], le patron de la DST [...] « a fait son métier », affirme Pasqua avec un superbe aplomb. Circulez, y a rien à voir. (*Le Canard enchaîné*, 17 décembre 1986, p. 3)

6. [...] l'autorité tire argument d'elle-même. La curiosité devient suspicion, la divergence d'opinion, provocation. Circulez il n'y a rien à voir. C'est comme ça parce que c'est comme ça. (F. Doubin, *Cours citoyen, le monde nouveau est devant toi*, 1988, p. 83, GRL)

7. Le « plaider-coupable » est un jugement à l'abri de tout regard extérieur, le procureur propose une peine que le justiciable, aidé de son avocat, a la liberté d'accepter ou de refuser. La décision est enregistrée lors d'une séance publique. Mais le fond de l'affaire n'est pas publiquement évoqué. « Circulez, y'a rien à voir ! » résume la formule. (*Ouest France*, 27 janvier 2007)

— À propos d'une chose jugée sans intérêt.

8. – Il vous a fait lire ses œuvres ?
– Oui, mais vous m'avez compris. Au bout de deux pages, circulez, y a rien à voir. (E. Hanska, *Fascination*, 1986, p. 112)

9. Faut-il pour autant déclarer qu'hier tout était beau et qu'aujourd'hui « Circulez, y a rien à voir » ? (R. Doisneau, *À l'imparfait de l'objectif*, 1995 [1989], p. 17)

10. Les linguistiques [*sic*] occitans sont tous des faignants. Depuis Mistral, ils n'ont produit que des règles d'orthographe tordues, mais pas un seul dictionnaire à la page, pas un seul roman de gangsters et de putes ou d'aventures à la Arsène Lupin,

à la Jack London ou à la Jules Verne. Ils savent, grâce à Mistral, le nom de toutes les pièces qui servent à atteler les bœufs et les mulets et à les faire travailler, mais pour les bagnoles, les fusées, les porte-avions, les mitraillettes, le cinéma ou les boîtes de nuit, c'est zéro patate et circulez y a rien à voir. (Y. Rouquette, *La Mallette*, 1994, p. 65)

— VARIANTES CONTEXTUELLES.

∞ □ verbe + **y a rien à voir**.

11. [...] tous les ahuris se sont tournés vers moi [...]. Je leur ai indiqué la sortie :
– Bon, allez, barrez-vous. Y'a rien à voir. Ça sera demain dans vos journaux. (P. Djian, *Zone érogène*, 1986 [1984], p. 155)

12. [...] la radio n'interrompt les marches militaires que pour diffuser des avis du style restez chez vous, y'a rien à voir [...]. (P. Canal, *L'Homme qui a vu Durand*, 1987, p. 151)

∞ □ **circulez, y a rien à** + verbe.

13. Circulez, y a rien à entendre ! Selon *Le Provençal* [...] les cassettes enregistrées par la police lors du casse de la Caisse d'épargne à Marseille sont difficilement exploitables. (*Le Canard enchaîné*, 18 mars 1987, p. 5)

14. Je ne sais pas... J'ai l'impression que tout s'éparpille, tu vois ? Il ne reste plus qu'ironie, dérision, ricanement. Et pourtant j'ai besoin de croire et d'appartenir.
Je sais, ce n'est plus d'époque, circulez, il n'y a rien à croire, rien n'appartient plus à personne [...]. (C. Courchay, *Avril est un mois cruel*, 1987, p. 68)

**ne** + verbe + **rien à rien**, loc. verb. "absolument rien". Surtout dans :

— **ne comprendre rien à rien**, loc. verb. "être particulièrement obtus". Attesté en 1828 (« MESSIDOR. Ces gens-là ne comprennent rien à rien. Si nous n'avions pas déployé de la vigueur dans le temps, y aurait-il aujourd'hui des colonels dotés et des barons de l'empire ? », Loeve-Veimars, Romieu, Vanderburch, *Scènes contemporaines*, Paris, U. Canel, p. 135) ; en 1835 (« la minorité stupide de la Chambre, qui au fond ne comprend rien à rien », Stendhal, *Lucien Leuwen*, Lausanne, Éd. Rencontre, t. 2, 1961, p. 290), et déjà en 1766 dans la loc. synonyme *n'entendre rien à rien* (*Letters of the Marquise Du Deffand to the Hon. Horace Walpoole*, London, vol. I, 1810, p. 11, GRL).

15. L'autre a pas été capable de voir la chance qu'il tenait à ce moment-là. Décidément, ce type comprenait rien à rien. (P. Djian, *37°2 le matin*, 1989 [1985], p. 116)

16. [...] il pigeait jamais rien à rien (il connaissait même pas son signe astrologique !). (F. Seguin, *L'Arme à gauche*, 1990, p. 35)

17. J'ai essayé de lui faire comprendre que j'aimais pas son genre [...] et il voyait pas où je voulais en venir, d'ailleurs, il ne comprenait rien à rien. Tant pis, j'ai décidé de me servir de lui, la bêtise est un bon instrument [...]. (C. Pelletier, *Tirez sur le caviste*, 2007, p. 71)

— **ne connaître rien à rien**, loc. verb. "être particulièrement ignorant (dans tel ou tel domaine)". Attesté en 1923 (« Henriette ne connaît rien à rien », J. Cocteau, *Thomas l'imposteur*, Paris, La Nouvelle Revue française, p. 148, GRL).

18. Moi je m'en fous et je connais rien à rien mais l'amour alors là imbattable je sais l'amour par cœur. (E. Hanska, *J'arrête pas de t'aimer*, 1981, p. 81)

19. Il faut arrêter de penser que l'on n'y connaît rien à rien. En fonction de la réaction de son corps, on peut se préparer des plans d'entraînement cohérents. (Témoignage d'un marathonien, dans *La Charente libre*, 5 novembre 2005, p. 41)

□ **rien dans la tête, tout dans le slip** (et variantes), loc. phrast. Expression employée pour donner à entendre qu'un homme est écervelé, stupide ou inculte et surtout intéressé par les choses du sexe. Dans l'exemple 20, le recours au français non conventionnel rend la formule plus frappante en raison de la rime intérieure.

20. Rien dans l'cigare mais tout dans l'calbar. L'intelligence du plumard. Pas la peine de lui raconter le cinoche si on prend pas son pied le cheval mange pas de cette avoine. Avec sa petite gueule d'ange* il se défoule au dodo. (E. Hanska, *J'arrête pas de t'aimer*, 1981, p. 118)

— VARIANTES AGGRAVÉES.

21. L'homo flicus, c'est dit, ne sent pas sa fin prochaine. Rien dans la tête, tout dans les couilles – et encore. (F. Combet, *Mort et passion de Félix C. Scribator*, 1971, p. 172, GRL)

22. Fred [...] se pavane avantageusement devant les filles. Rien dans la tête, tout dans le cul, et du succès dans la séduction. (A. Major, *La Chair de poule*, 1973, p. 100, GRL)

— SUR LE MÊME MODÈLE, en jouant sur l'opposition entre l'intellect et la force physique.

23. [...] Pat, le pote Pat, comme on dit, une bête baraquée comme un déménageur, rien dans le cigare, tout dans le jean et les baskets [...]. (M. Charef, *Le Thé au harem d'Archi Ahmed*, 1983, p. 27)

24. Dans le reportage, il est dit que les femmes de footballeurs parlent d'elles-mêmes en termes très péjoratifs « des blondasses, des pétasses ». Portez-vous un regard aussi cruel sur les compagnes de joueurs que vous fréquentez ?
[...] Aux yeux de certains, on passe encore pour des « shampouineuses ». Nos maris ne sont guère mieux lotis. Ne dit-on pas d'un sportif qu'il a « tout dans les jambes et rien dans la tête » ? Tout cela relève du cliché. (*Le Monde*, 12 juin 1995, p. 23)

25. Encore un maît' nageur qu'a rien dans la tête, tout dans les muscles ! Si ça s'trouve, y lit même pas *Télérama* ! (Message, 12 janvier 2004, <forums.macgeneration.com/>)

26. [...] « l'image d'Epinal » du Barbare gaulois, germain, belge ou breton, à savoir « rien dans la tête, tout dans les poings [...]. (C. Pérez, *La Perception de l'insularité [...]*, 2005, p. 316, GRL)

(**un**) + groupe nominal, **sinon rien**, loc. phrast. Pour signifier un choix exclusif, une option sans compromis ni concession. D'après un slogan publicitaire pour une marque déposée d'apéritif (*Un Ricard, sinon rien*), diffusé à partir de 1984.

27. Un cinéma ruiné économiquement et dévalué artistiquement par perte de ses différences et de ses prérogatives vis-à-vis de la télé, de la publicité, du clip, de toute cette pseudo-culture de l'image qui n'est qu'un culte idolâtre de l'imagerie, et un sociologisme de docudrama. En forçant à peine le trait, le cinéma italien, c'était devenu « Moretti sinon rien ». (*Le Monde*, 5 septembre 1996, p. 22)

28. Deux buts sinon rien. Telle semble être la règle que s'est donnée l'équipe de France pour assurer sa victoire finale. (*Label France*, septembre 1998, <www.diplomatie.gouv.fr/>)

29. Les « amis » du chef de l'Etat n'ont déposé aucun amendement, pas plus que les socialistes, respectant ainsi la consigne donnée par M. Chirac et M. Jospin : un quinquennat « sec », sinon rien ! (*Le Monde*, 1er juillet 2000, p. 7)

30. Pour Lionel Jospin, c'est « président, sinon, rien ! » Yoyo renonce à l'Elysée, et il ne veut pas être ministre. C'est dommage, je croyais qu'il voulait être « utile »... (Blog de D. Safon, 28 septembre 2006, <danielsafon.hautetfort.com/>)

## rire

**avoir fait l'école du rire**, loc. verb. Pour signifier le manque de drôlerie ou d'humour d'une personne. Par antiphrase. Si diverses écoles du rire ont été créées en France ces dernières années, la locution renvoie ici à une école fictive. Par ailleurs, en dehors de ce contexte ironique, *école du rire* est attesté au XVIIIe siècle dans le style soutenu (« La comédie alors [avec Molière] est le plaisir du sage ; / L'homme de tout état, de tout rang, de tout âge, / A l'école du rire y forme sa raison », M. de Chabanon, « Épître de la comédie », cité dans L. J. M. Charpentier, *Le Gradus français*, Paris, Alexandre Johanneau, 1822, p. 318, GRL).

1. Et Christian [...] ne croit pas un mot aux projets formulés par l'administration, aux balivernes des ingénieurs qui, selon lui, ont tous fait « l'école du rire ». (*Libération*, 9 juillet 2002, p. 16)

2. Ha ha ha... que d'humour ! Comme dirait ma nièce de 12 ans... t'as fait l'école du rire toi, non ? (Message, 9 octobre 2005, <www.comlive.net/>)

3. Avec tout le respect que je dois aux personnes qui veulent m'aider réellement [...], à toi je ne peux répondre qu'une chose : « t'as bouffé un clown* » ou « t'as fait l'école du rire ? » [...] Désolée mais c'est un problème sérieux, comiques s'abstenir ! (Message, 5 août 2007, <www.commentcamarche.net/>)

4. Il est comique le monsieur... Il a dû faire l'école du rire pour oser tenir des propos pareils... (Message, 2 décembre 2007, <ww.zdnet.fr/membres/>)

— DANS UNE MÉTAPHORE FILÉE.

5. Je vois que certains ont fait l'école du rire, mais n'ont visiblement pas obtenu leur diplôme ! (Message, 11 septembre 2006, <www.skipass.com/>)

6. Tu dois avoir fait l'école du rire, mais vu le niveau tu n'es pas sorti premier de ta promo. (Message, 2 octobre 2007, <forum.touslesdrivers.com/>)

— **ne pas avoir fait l'école du rire**, loc. verb. "se montrer grincheux, rébarbatif ; manquer d'humour".

7. « Il n'a pas fait l'école du rire, confirme un concurrent américain, mais il est reconnu dans l'industrie comme un grand professionnel [...]. » (*L'Expansion*, 1er septembre 2003, p. 101)

8. Bolton qui accéda en 2001 au poste de sous-secrétaire d'État en charge du contrôle de l'armement et de la sécurité internationale est mieux connu comme le plus belliqueux et [...] le plus dénué d'humour de toute l'administration Bush. C'est vrai qu'il n'a pas fait l'école du rire ! (J.-F. Coulon, 14 avril 2005, <questionscritiques.free.fr/>)

9. […] la chef des infirmières qui les accueille s'appelle madame Brecker et on comprend de suite qu'elle n'a pas fait l'école du rire. (M. Villard, *Entrée du diable à Barbèsville*, 2008, p. 95)

**mort de rire**, loc. adj. Employé, notamment en incise ou comme épithète, pour signifier que quelque chose est amusant. Par hyperbole. Abrégé en **MDR** dans le cyberlangage.

10. […] ça m'a fait du bien de lire cette BD… mort de rire de chez* mort de rire… J'ai passé un super moment […]. (Message, 12 avril 2004, <www.sceneario.com/>)

11. La Zazonie, vous ne connaissez pas encore ? C'est le monde de Zazon, tendance absurde, option fantaisie, que de nombreux blogueurs ont découvert sur le Net depuis un an […]. « Mdr » (mort de rire), vous l'avez certainement été en 2004 au vu de certains des mini-happenings de cette jeune femme dans « Nous ne sommes pas des anges », l'émission présentée par Maïtena Biraben sur Canal+ […]. (*Le Monde*, 10 juin 2007, p. 4)

12. « L'enterrement de maman » : mort de rire ! Devant le cercueil, la foule était compacte et il a fallu aux 600 personnes venues assister à « L'enterrement de maman » bien s'accrocher pour suivre les tribulations de la famille à la recherche d'un lieu pour laisser maman. Car la troupe Cacahouète […] court de partout. Dépose le cercueil sur une benne de raisin, le met à la poubelle, propose au boulanger de le mettre dans son four, veut prendre le tram. C'est jubilatoire, délicieusement subversif. Ça crache, vomit, s'envoie en l'air et ça fait du bien. (*Midi libre*, 9 septembre 2007)

13. Pour les ados de 15 ans et plus sont prévus : patinoire, bowling-kebab et tournoi de foot, ainsi qu'une sortie à Caen et une soirée « Mort de rire ». (*Ouest France*, 27 octobre 2007)

**rires en boîte**, loc. nom. pl. "rires pré-enregistrés qui scandent une émission de variétés".

14. Certains films ou pièces théâtrales […] sont envahis par des rires et des applaudissements enregistrés. Si encore existait une synchronisation, mais nous avons la désagréable habitude d'entendre souvent des rires forcés, ridicules et peu en rapport avec les répliques. Ces « rires en boîte » ne reflètent absolument pas l'image que nous sommes en droit d'espérer de la télévision. (*Sud Ouest*, Gironde, 29 juillet 1994 ; courrier d'un lecteur)

15. […] la recette des séries yankees : une tranche de comique de répétition entre deux tartines d'humour graveleux, baignant dans une mayonnaise de rires en boîte. (*L'Équipe*, 8 juillet 2004, p. 8)

16. […] le moment où la télé a commencé à s'échouer sur les trottoirs de la vulgarité avec ses rires en boîte et ses plans de coupe débilitants. (*Libération*, 1er janvier 2005, p. 19)

## rivière

**rivière parisienne**, loc. nom. "entrejambe de la femme". Métaphore d'origine mal expliquée, surtout utilisée à propos des spectacles de cabaret. L'expression désigne précisément, chez une artiste de cabaret, une conformation du bassin telle que l'intérieur des cuisses ne se rejoint pas, laissant ainsi un espace dans lequel l'entrejambe est particulièrement mis en évidence.

1. J'aime les femmes qui ont les jambes courtes, les genoux bas, les cuisses serrées l'une contre l'autre, sans "rivière parisienne" (c'est ainsi qu'on définit l'écart en termes de métier), les fesses cambrées et rondes, l'échine longue, les épaules étroites, la poitrine basse. (Alain Bernardin, directeur du *Crazy Horse Saloon*, dans J. L. de Vilallonga, *Gold Gotha*, 1972, p. 208, GRL)

2. – C'est à cause de mon cousin… Toute la famille s'inquiète, il a disparu. Si vous m'aidez à le retrouver, je vous demanderai de me tatouer une coccinelle sur la rivière parisienne. (E. Hanska, *Le Bal des dégoûtantes*, 1997, p. 44)

3. Cheryl se pencha pour caresser Léon [un chien] qui enfouit son museau humide le long de sa rivière parisienne. (*ibid.*, p. 62)

## rock'n'roll

□ **être rock'n'roll**, loc. verb. Par référence à la danse de ce nom, au rythme très enlevé.

— Surtout en emploi impersonnel. "être mouvementé, agité".

1. Lafesse [pseudonyme de l'humoriste Jean-Yves Lambert] profite de son temps libre pour peaufiner le scénario de son premier long métrage […]. « Il y sera question d'Adam et Eve arrivant au paradis, au bord de la mer, en Bretagne. » […] Voilà qui promet d'être rock'n'roll. (*Le Télégramme*, 21 août 2004)

2. Même si en privé, il [N. Sarkozy] se dit persuadé que quand la candidate socialiste va se lâcher, ce sera « rock'n'roll », il a fait preuve hier d'une impeccable courtoisie à son égard […]. (*Le Figaro*, 1er décembre 2006)

V. encore *arracher*, ex. 2.

— "se montrer original, faire bouger les choses".

3. Il faut voir de quel air lugubre le premier ministre [Lionel Jospin] a affirmé que Delanoë avait donné « un nouveau souffle » à Paris et l'avait fait « de façon assez festive ». Michel Drucker a eu cette formule : « Il est assez rock'n'roll, le maire. » (*Le Monde*, 27 novembre 2001, p. 34)

## rogné

□ **complètement rogné**, loc. adj. "complètement ivre". ~ □ **fait aux pattes*** ; □ **complètement torché** ; □ **se mettre minable***.

1. Des photos de moi bourré, je dois en avoir en stock, […] j'étais sur un canapé complètement rogné. J'ai dormi trois heures sur ce canapé […]. (Message, 5 avril 2003, <forums.nintendo-difference.com/>)

2. Retour de soirée d'intégration… une tuerie*… Petit apéro préparé avec un pote… On est arrivé à la fac complètement rognés… on a continué, normal… eh bien résultat, j'ai piqué […] quelques bouteilles de bon champagne au big boss de mon institut, et dragué un de mes profs […]. (Message, 28 octobre 2005, <www.tasante.com/>)

3. Pendant le trajet, biture dans la voiture […], arrivée Béziers complètement rogné pour ma part ! (Blog, 15 janvier 2007, <fr.muestrarios.org/>)

## roi

□ **le roi dec**, loc. nom. "le dernier des imbéciles". Abréviation de **roi des cons**. *Nicolas Leroidec* est le nom d'un personnage du feuilleton *Bons baisers de partout*, de P. Dac et L. Rognoni, diffusé sur France Inter entre 1965 et 1974.

1. – Toute façon, c'est un roi dec ton prof d'histoire [...]. (C. Van de Putte, *Les filles c'est vraiment des pauvres types*, 2001, p. 106)

2. – Vraiment le roi dec, celui-là.
– Ça montre juste le Q.I. du bonhomme. (Messages, 18 juin 2007, <www.forum-auto.com/>)

## Rolls

**la Rolls(-Royce) de** + groupe nominal, loc. nom. "le sommet, le nec plus ultra de". Par référence au prestige attaché aux automobiles de la marque britannique Rolls-Royce.

1. Durant la journée, il y avait une lumière formidable dans la baraque, des grandes taches claires et des zones d'ombre en veux-tu en voilà. Cette ambiance en aurait fait baver plus d'un. C'était la Rolls-Royce des ambiances pour un écrivain. (P. Djian, *37°2 le matin*, 1989 [1985], p. 364)

2. [...] je teste des nouveaux Varilux, la Rolls du verre progressif. « Vous allez vous habituer, c'est l'affaire d'une heure ou deux », disent les opticiens qui n'en portent pas. (M.-A. Guillaume, *L'Odeur de l'homme*, 2006 [2005], p. 68-69)

3. « Jacques [Dutronc], me dit-elle [Marthe Keller], c'est la Rolls des acteurs. Il est toujours à l'heure sur le plateau. » (*Paris Match*, 29 juillet 2006, p. 88)

4. [...] la « Rolls » de la gastronomie truffière : le filet de bœuf façon Wellington. (*Sud Ouest*, Boulazac, 3 février 2007, p. 24)

## roue

**roue de bicyclette**, loc. nom. "au tennis, score de six jeux à zéro dans un set". Locution déjà attestée en 1924 (Esnault 1965) ; cf. aussi **double roue de bicyclette** (6-0, 6-0), dans *Dico Plus*, juin 1977 ou simplement **bicyclette** (*Le Monde*, 29 mai 1993, p. 14). Comparer avec **bulle** "zéro" en argot scolaire et avec le plaisant **paire de lunettes** "double zéro, deux fois zéro".

1. Là oui, d'accord, mais en simple, la Navratilova, mon Lendl, il se la ramasse en roue de bicyclette ce qu'on appelle, 6-0, 6-0. (*Le Monde*, 25 juin 1986, p. 48)

2. Mais le pire de tout, c'est de prendre une double roue de bicyclette, ce qui signifie perdre le match sans avoir emporté le moindre jeu. (A. Thibaut, *Le Sport, du jeu au spectacle*, 1999, p. 39, GRL)

3. 6-0. Un score de tennis, une roue de bicyclette, mais de premier set seulement. (*Le Figaro*, 12 octobre 2002, p. 34)

## rouler

**à se rouler par terre**, loc. adj.

— "étonnant, stupéfiant, très drôle". Attesté en 1856 (« C'était à se rouler par terre à force de rire », L. Beauvallet, *Rachel et le Nouveau-Monde*, Paris, Alexandre Cadot, p. 85, GRL) ; en 1899 (« 25 juillet – Spectacle extraordinaire dans la rue. Défilé, musique en tête, d'une "société des frères d'armes du Danemark". Cette dénomination est [...] à se rouler par terre », L. Bloy, *Journal 1*, p. 345, FT). ~ **à tomber* par terre**.

1. – [...] Il est souvent arrivé à M. Lecourt de dire à des amis en riant qu'il avait dans sa voiture de quoi tuer la moitié de Louviers.
– À se rouler par terre, en effet. (J. A. Lion, *Les corbillards reviennent à vide*, 1989, p. 32)

2. [...] une nana qu'elle avait vue un jour à La Coupole et qui portait une mini-jupe (c'était en 1948). Tous les yeux étaient braqués sur ses cuisses, et un mec a eu une réflexion que la grand-mère trouve à se rouler par terre ; il a dit : « Mais c'est ras-la-touffe ! » (Marine, *Crâne pas, t'es chauve !*, 1991, p. 36)

3. [...] la caméra n'a qu'à suivre les Nicholas Brothers. Leurs incroyables acrobaties s'intègrent à la danse en toute harmonie. Hammer explique : « Quand je regarde leurs films, je me sens comme un gosse dans une fabrique de bonbons. Je me demande comment on peut inventer des figures pareilles. C'est à se rouler par terre. S'ils dansaient encore aujourd'hui, leur spectacle serait le plus couru du monde ! » (*Le Monde*, 21 juin 1993, p. 15)

— PAR RESTRICTION, en parlant d'un aliment, d'une boisson. "extrêmement bon ; extraordinaire".

4. Je file à Barbès, et commence une tournée de troquets. Il y avait de petites Suze à se rouler par terre. (R. Fallet, *Banlieue sud-est*, 1947, p. 3)

5. [...] des fondues superbes et des fromages fermiers à se rouler par terre. (*L'Express*, 10 octobre 2002, p. 67)

6. Les blinis de sarrasin avec pommes tièdes et sorbet marbré coing-caramel sont à se rouler par terre [dans un restaurant nantais]. (*Le Point*, 30 novembre 2006, p. 224)

**(il n') y a pas de quoi se rouler par terre**, loc. phrast. Pour signifier que quelque chose n'a rien d'extraordinaire. ~ **(il n') y a pas de quoi se (/s'en) relever* la nuit**.

7. Sur TF1, les enfants auront du Dorothée Club, encore du Dorothée Club, toujours du Dorothée Club... Une vraie indigestion... [...] Que dire de l'ensemble des programmes, si ce n'est ce que nous répétons depuis plusieurs années déjà : il n'y a pas de quoi se rouler par terre. (*L'Humanité*, 22 décembre 1990)

## roulette

□ **bisou à roulettes**, loc. nom. "baiser lingual". À rapprocher de *rouler un patin* ; par jeu de mots avec *patin à roulettes*.

1. C'est l'expression que je viens d'apprendre à l'instant : « bisou à roulettes », en regardant une émission que je découvrais, *Total in Love* sur *NRJ 12*. (Message, 5 août 2006, <blog.lesperlesduchat.com/>)

■ **bite** (ou synonyme) **à roulettes**, loc. nom. Désignation péjorative de l'automobile, lorsqu'elle est considérée comme un symbole de la virilité. □ **aspirateur* à nanas/à belettes** ; □ **piège* à fille**.

2. [...] sa grosse bagnole de maquereau [...]. Il était tellement parti qu'il l'a tapée contre une camionnette à l'arrêt, sa belle auto, sa bite à roulettes. (A. Vergne, *La Somnambule*, 1977, p. 68)

3. [...] la voiture, dans les mains de certains hommes, devient très vite pour eux un instrument leur permettant de revendiquer et montrer leur virilité, faisant ressortir leur agressivité. Leur voiture devient ainsi un phallus à roulettes ! (Message, 21 janvier 2005, <forum.doctissimo.fr/sante/securite-routiere/>)

## roussette

**vidé comme une roussette**, loc. adj. "très fatigué, épuisé". Probablement parce que les poissonniers tranchent la tête (à l'aspect repoussant) de la roussette, avant de l'exposer sur leurs étals.

1. – Tu ne m'as pas l'air dans ton assiette...
– Je suis vidé comme une roussette, fit-il avec un faux sourire. (P. Dessaint, *Loin des humains*, 2007 [2005], p. 105)

2. Bon bon je me sens vidée comme une roussette... [...] Bonne soirée les filles. (Message, 14 mars 2007, <forum.magicmaman.com/votrevie/>)

## rue

□ **être à la rue**, loc. verb. "ne pas être en forme ; ne pas être au niveau". Emploi figuré de *être à la rue* "être sans toit ; être démuni". Notamment dans la langue des sportifs. ~ **être largué**.

1. « La journée de repos a finalement été mauvaise, explique-t-il [un champion de tennis]. Jeudi, mon entraînement s'est très bien déroulé, j'étais en pleine forme. Mais là, j'étais à la rue... » (*L'Humanité*, 6 juin 1992)

2. David Moncoutié : « [...] L'an dernier, j'étais à la rue sur le Tour. Cette année, j'ai de bonnes jambes. Alors, pourquoi pas me concentrer sur le [classement] général, même si c'est difficile. » (*L'Équipe*, 15 juillet 2004)

3. [...] au fur à mesure de mes révisions, j'étais content de pas avoir fait l'interro surprise à tel point j'étais à la rue. (Blog, 20 mars 2006, <moiseland.free.fr/>)

4. Pour dire aujourd'hui la nullité, l'égarement physique, intellectuel, l'incapacité fonctionnelle caractérisée, on dit « à la rue ». (D. Péron, dans *Libération*, 4 novembre 2007)

## Russe

**en baver (/■ en chier) comme un/des Russe(s)**, loc. verb. "avoir des conditions de vie très difficiles ; peiner". Fondée sur un sens de *russe* "jeune recrue, bleu" (attesté en 1910, dans Esnault 1965), aujourd'hui disparu, cette locution vieillie est probablement née dans l'argot des soldats, par allusion aux corvées de casernement.

1. Traîner ce fardeau [une valise] jusqu'à la consigne de la gare de Lyon. J'en chie comme un Russe. (R. Fallet, *Carnets de jeunesse 2*, 1992 [1948], p. 176)

2. J'en bavais comme un Russe, ainsi qu'on disait alors. (A. Simonin, *Confessions d'un enfant de La Chapelle*, 1977, p. 237)

3. Il est formidable, le père à Grugeot. Il en chie comme un Russe depuis qu'il est rentré arpette à douze ans, il en a pissé des lames de rasoir toute sa vie d'atelier [...]. (P. Cauvin, *C'était le Pérou*, 1984 [1980], p. 58)

4. – Attention à ce que vous dites ! Il ne faudrait quand même pas trop croire au Père Noël. Vous n'êtes que des deuxièmes pompes, j'espère que là où je vous envoie vous en chierez comme des Russes. (F. Joly, *L'Homme au mégot*, 1990, p. 83)

5. La vérité, c'est que [...] les autres [footballeurs] en chient comme des Russes. (*Libération*, 27 mai 2006, p. 23)

# S

**sac**

**poser (/déposer) le sac**, loc. verb.

— "faire grève (chez les agents de conduite de la SNCF)". Locution diffusée lors de la grève de décembre 1986 et janvier 1987 ; Esnault 1965 mentionne la tournure voisine **mettre sac à terre**, attestée en 1923 dans la marine au long cours au sens de "refuser un embarquement". Dans les deux cas, *sac* fait référence au bagage contenant les affaires personnelles qui symbolise les contraintes propres à des activités professionnelles non sédentaires.

1. La grève est partie de la base, à un moment où personne ne s'y attendait. Pour la SNCF, c'est une dizaine de jeunes [...] qui ont, les premiers, décidé de « déposer le sac » pour exprimer le ras-le-bol « trop longtemps contenu » comme ils l'expliquent eux-mêmes. (*L'Événement du jeudi*, 31 décembre 1986, p. 5)

2. Les conducteurs de train ont décidé de « poser le sac », lorsqu'ils ont compris que la future grille des salaires, avec son avancement au mérite, diminuerait encore leurs chances – déjà faibles – de progresser. (*Le Monde*, 31 janvier 1987, p. 18)

— "faire halte ; s'arrêter ; s'installer pour un temps plus ou moins long (quelque part)". ~ □ **planter sa tente**, □ **poser son lit ; se poser**.

3. Comment ce petit métallo de la banlieue lyonnaise a-t-il été amené à poser le sac chez les Indiens ? Certes, au départ, il avait déjà choisi, il le dit lui-même, de vivre une autre vie. (L. Doucet, *Vous avez dit Guyane !*, 1981, p. 75, GRL)

4. Il y a pas mal de villes dans lesquelles on se dit qu'on aurait du mal à rester une semaine. Ça tient à la taille des rues, à la gueule des coiffeurs et au silence des troquets. Dans d'autres coins, on a envie de poser le sac, comme ici à Grenoble. (*Libération*, 19 octobre 1987, p. 39)

5. Cinq mille jeunes passent chaque année au Sillon [...]. Ils ont souvent besoin de poser le sac quelques jours pour se reposer, dialoguer et peut-être changer de vie. (G. Lanciau, *Délégué du Secours catholique, c'est un métier, ça*, 2001, p. 133, GRL)

6. Son maçon de grand-père quittait chaque année l'Italie pour franchir les Alpes à pied et venir travailler en France. Son père, maçon lui aussi, a préféré poser son sac et a fondé une famille à Annonay, en Ardèche. (*Le Monde*, 23 avril 2001, p. 11)

7. T'es pas le roi, Gabriel, avec tes deux nanas qui te couvent comme un prince ? T'as encore envie de prendre la route, après ça ?
T'as envie de poser ton sac, Gabriel. Mais voilà, la vie n'est pas un roman. (G. Lecouvreur, *Parkinson le glas*, 2002, p. 75)

□ **sac à sapin**, loc. nom. Pour signifier qu'un vêtement sans forme, en particulier une robe, peut parfois offrir une apparence festive. Image renouvelée et revalorisée du *sac à patates*. Commercialisé pour les fêtes de fin d'année, le sac à sapin, jaune doré, est destiné à décorer, puis à mettre au rebut le sapin de Noël.

8. Elle est sympa Esther habillée en sac à sapin ! (Message, 11 novembre 2005, <blog.babs668.gayattitude.com/>)

9. Après la robe sac à patates très remarquée de la 1/2 finale, mon p'tit doigt m'a dit que la looseuse portera avec grâce le sac à sapin ! (Message, 20 décembre 2006, <www.jeanmarcmorandini.com/>)

## Sainte-Anne

**être bon (/mûr) pour Sainte-Anne** (et variantes), loc. verb. Pour signifier le dérangement mental d'une personne. Sainte-Anne est un centre hospitalier parisien dont les services sont spécialisés en psychiatrie et neurologie. La locution renouvelle **être bon (/mûr) pour Charenton***.

1. – Mais quand on en est là, ma vieille, pensa-t-elle, on est mûre pour Sainte-Anne. (C. Francillon, *Les Gens du passage*, 1959, p. 166, GRL)

2. – Et si je dis des conneries exprès, comme ça ?
– Ben, alors là, t'es bon pour Sainte-Anne [...]. (M. Moussy, *Les 400 coups. Récit d'après le film de François Truffaut*, 1959, p. 148, GRL)

3. [...] elle est devenue folle [...] et elle a pris ses quartiers à Sainte-Anne. (Y. Queffélec, *Les Affamés*, 2007 [2004], p. 169)

4. Il parlait, parlait, parlait, un peu à la manière [...] d'une hystérique bonne pour Sainte-Anne, pendant que je dodelinais du chef, comme ces chiens factices, vous vous souvenez, qu'il y avait dans les années 70 sur la plage arrière des voitures. (Message, 5 juillet 2006, <passouline.blog.lemonde.fr/>)

5. François Berléand [un comédien] reste persuadé qu'il aurait pu finir à Sainte-Anne. Il végétait dans une classe pour « débiles », un psy l'a sauvé. (*Libération*, 24 août 2006, p. 32)

V. encore *Charenton*, ex. 4.

## Saint-Esprit

**n'avoir pas volé le Saint-Esprit**, loc. verb. "ne pas se montrer très futé". La locution, qui semble surtout usuelle en milieu rural et dans la partie septentrionale de la France, fait référence à la scène évangélique de la Pentecôte. Attesté en 1837 (« Il a passé à Saint-Cyr ben honnêtement (il n'a pas volé le Saint-Esprit) », *Revue du Centre*, n° 4, p. 18, GRL). ~ □ **il était (/n'était pas) derrière la porte / il était en retard le jour de la distribution** ; □ **ne pas être le couteau* le plus affûté du tiroir**.

1. Il surnommait même l'une d'elles « la belle et la bête », la plus accrocheuse, fort belle en effet, mais qui n'avait pas volé le Saint-Esprit. (M. Auclair et F. Prévost, *Mémoires à deux voix*, 1978, p. 232, GRL)

2. « Christian est arrivé chez moi à 14 ans. Il n'avait pas volé le Saint-Esprit », confie cet éleveur de 78 ans [à Moulins-Engilbert, Nièvre] pour expliquer que son ancien commis n'était pas bien futé. (*Le Parisien*, 14 mai 2006, p. 13)

3. Cette année là, bien que futurs bacheliers, nous n'avions pas volé le Saint-Esprit. (Blog, 9 juillet 2007, <gcharpentier.unblog.fr/>)

## saler

□ **saler la soupe**, loc. verb. "se doper". Image culinaire, qui banalise l'emploi de produits dopants, utilisée dans l'argot des coureurs cyclistes.

1. Il est des gentlemen du genre forcené, qui accumulent les kilomètres à l'entraînement, et vont même jusqu'à se « charger », à « saler la soupe » à pleines mains pour réaliser des temps inférieurs à ceux de leurs petits copains. (R. Fallet, *Le Vélo*, 1973, p. 106)

2. [...] Jacques Anquetil, qui avait « trop salé la soupe » (traduire : avait abusé du dopage et était incapable de dormir), obligeant le journaliste à jouer aux cartes toute la nuit [...]. (*Le Monde*, 5 juillet 1996, p. 20)

3. Il [un coureur cycliste] s'est entraîné jusqu'à la syncope. Mais, à refuser obstinément de « saler la soupe », il n'a récolté que des sarcasmes et un abonnement aux places arrière du peloton. (*L'Express*, 15 juillet 1999)

4. Déjà dans les années 50, on parlait de « saler la soupe » dans l'argot du sport... alors vous pensez bien à quel point le phénomène a dû prendre de l'ampleur en une cinquantaine d'années. (Message, 17 juillet 2004, <forum.generationmp3.com/>)

## salle

■ **salle de jeu**, loc. nom. "sexe de la femme envisagé sous l'aspect érotique". (Notamment dans **(à) ras la salle de jeu**, loc. adv., loc. adj. "extrêmement court (d'une jupe, d'une robe)". ~ ■ **au ras du bonbon** ; ■ **ras le bonbon**.)

1. Elle arrive pile à l'heure, rien à redire, jupe ras la salle de jeu sur d'interminables jambes, mais maquillage discret. (Blog, 22 février 2007, <mapril74.free.fr/>)

2. Toujours en kimono mais la ceinture défaite, le truc assez ouvert pour qu'on lui voie tranquille l'entrée de la salle de jeu et tout l'espace qu'il y avait entre ses deux nibards. (L. Chalumeau, *Les Arnaqueurs aussi*, 2007, p. 412)

3. [...] Fergie revient avec un nouvel opus du nom de *Fergalicious*. La fausse jeune se contente de s'exhiber en robe ridiculement courte (à ras la salle de jeu comme dirait l'autre) nous montrant ses jambonneaux [...]. (*Wok'n'woll*, 18 mars 2007, <woknwoll.over-blog.org/>)

## salope

▲ **toutes des salopes**, loc. phrast. Adresse méprisante, équivalant à une injure machiste grossière, adressée aux femmes en général ou à l'une d'elle en particulier.

1. – [...] À sept, huit cocus par mois, on fait les frais... Les bonnes femmes, toutes des salopes !... Tu peux pas savoir ce qu'on voit... (G. Dormann, *Mickey, l'ange*, 1977, p. 241)

2. Que de fois j'ai entendu dire par des copains parlant des femmes, souvent même des leurs : « Toutes des salopes ! » (G. Béart, *L'Espérance folle*, 1989 [1987], p. 281)

3. L'homme attrape [en regardant avec ses jumelles] de-ci de-là d'autres femmes qui, à chaque étage, se rabattent vers les ascenseurs. [...] Une blonde, surtout, avec un tablier de nylon rose serré à la taille, et un bout de culotte à fleurettes lorsqu'elle se penchait pour essorer sa serpillière. Toutes des salopes. (A. Demouzon, *Paquebot*, 1989, p. 15)

— VARIANTE DÉVELOPPÉE. ▲ **toutes des salopes (/des putes), sauf ma mère (qui est une sainte)**. Cette variante est le plus souvent employée au second degré, ce qui atténue la connotation injurieuse et grossière de la locution de base.

4. Cela fait penser à la célèbre formule prêtée au mâle méditerranéen : « Toutes des putes, sauf ma mère... » Or, précisément par sa mère, Louis avait du sang méditerranéen, puisqu'il était castillan. (J. Markale, *Le Chêne de la sagesse. Un roi nommé Saint-Louis*, 1985, p. 79, GRL)

5. – Toutes les femmes sont des putes sauf ma mère !!!
Nous y voilà. Qui a dit ça ? Dents de lapin. Le curé sans soutane, en ricanant dans son blouson de cuir anglais. Ce doit être de l'humour. (M. Marin, *Tristes plaisirs*, 1990 [1989], p. 65)

6. [...] un reportage du magazine *Ville lumières* [...] raconte « l'amour en banlieue » [...]. Pour les garçons, il existe deux types de filles : « celles qui ne pensent qu'au cul » et les autres. Au bout du compte, « toutes des salopes... sauf ma mère ». (*L'Événement du jeudi*, 9 juillet 1992, p. 47)

## salsifis

□ **salsifis de contrebande**, loc. nom. Pour laisser entendre que le sexe d'un homme ou d'un enfant est très petit. *Salsifis* "pénis peu viril" est attesté depuis le XIX^e siècle (Guiraud 1978) ; *de contrebande* ajoute une note ironique. ~ □ **vermicelle* de contrebande**.

[...] « t'es encore grand comme trois bites à genoux*, qu'est-ce que tu leur ferais à ces greluches, avec ton salsifis de contrebande ? » (H. Prudon, *La Sainte Journée*, 2006, p. 30)

## sans

**sans moi (en tout cas)**, loc. adv. Pour marquer fermement son désaccord. Par ellipse de phrases du type *ce sera/cela se fera sans moi*.

1. « Sans moi en tout cas », semble avoir dit Philippe Leroux, l'entraîneur des filles du 4 x 100 m. Les championnes du monde de Paris ont du talent mais pêchent par un manque d'altruisme pouvant aller jusqu'à de sordides querelles sur le partage des primes. Leroux a toujours eu du mal à réunir ses filles. (*Libération*, 28 juin 2004, p. 27)

2. Sans moi. De toute façon pour voir une moitié de la France accuser l'autre de tous les maux pendant 5 ans quelque soit le résultat, vivre cette ambiance de match entre l'OM et PSG, dans la rue, au travail, dans les amphis, ne font pas partie de ma conception de la politique. (Message, 23 avril 2007, <perso.argentine-news.com/>)

3. Je laisse ça [le vélo de course] aux retraités du dimanche matin, qui font mon admiration, bon courage les gars, mais sans moi. (A. Rémond, *Le cintre était sur la banquette arrière*, 2008, p. 165 ; texte écrit en 2006)

## saucisse

**moi saucisse**, loc. "moi aussi". Calembour (cher aux enfants et parfois aux plus grands), à partir du cuir *moi-s-aussi*. Attesté en 1883 (« Tu sais, dans les temps, moi saucisse, / J'leur z'y [aux filles] faisais d'l'œil, censément », M. Boniface, *L'Obélixe dit par Coquelin Cadet*, Bruxelles, H. Kistemaeckers, GRL).

1. – Ah ! les vaches ! Ah ! la vache ! Là-bas, ils rigolent... disait le père. Je vais y aller là-bas, rigoler, moi saucisse. (J. Audiberti, *Le Nâ*, 1944, p. 79, GRL)

2. Moi saucisse j'y serai, et je pense arriver dans la matinée [...]. (Message, 4 mai 2004, <forumdcp.aceboard.fr/>)

3. Oh, c'est [une chanson] magnifique ! Comment on fait pour télécharger ? On ne peut pas peut-être ? J'ai envie de l'écouter encore et encore (moi saucisse !). (Message, 1er octobre 2007, <crazy-julien.xooit.com/>)

□ **on n'emmène pas de(s) saucisses quand on va à Francfort**, loc. phrast. Pour signifier qu'il est inutile de s'embarrasser de quelque chose, en voyage, lorsqu'on peut trouver mieux sur place.

4. Première étape : Manly, de l'autre côté de la baie de Sydney et à un quart d'heure de ferry. Pour commencer, il a fallu que je me trouve une planche parce que je n'en avais pas emmené avec moi. Est-ce qu'on emmène des saucisses quand on va à Francfort ? J'ai trouvé la mienne dans le premier surfshop venu et qui m'a fait halluciner. (*Australie 1997*, 18 mars 2003, <www.surf4all.net/>)

— AVEC JEU DE MOTS SUR *saucisse* "imbécile ; personne dégingandée".

5. *Nathalie* : [...] pourquoi tu m'as monté cette singerie ?
*Quinquin* : [...] J'ai des envies de voyages... L'Océanie, Bora-Bora, les vahinés... Tu connais ?
*Nathalie* : Pourquoi ? Tu veux m'emmener ?
*Quinquin* : On n'emmène pas des saucisses quand on va à Francfort. (*Le Pacha*, film de G. Lautner, dialogues de M. Audiard, 1968)

■ **rouler une saucisse**, loc. verb. "donner un baiser lingual profond". Vieillissant. Attesté en 1883 (Colin 1990). Comparer avec ■ **rouler une escalope***. ~ ■ **rouler une galoche** ; ■ **une gamelle** ; ■ **un palot** ; ■ **un patin** ; ■ **une pelle**.

6. Dépêche-toi mon amour
Elle a le feu au tambour
Elle me roule une dernière saucisse. (P. Perret, « Dépêche-toi mon amour », 1971, dans *Chansons de toute une vie*, 1993, p. 231)

7. – [...] sûr qu'ils vont s'embrasser sur la bouche. En français, se rouler une pelle, ou une saucisse. (R. Fallet, *Le beaujolais nouveau est arrivé*, 1986 [1975], p. 228)

□ **saucisse à pattes**, loc. nom.

— Pour qualifier un chien court sur pattes, notamment un teckel. ~ □ **saucisson* à pattes**.

8. Mme Gouttenoire […] ne se séparait jamais d'un affreux roquet à l'œil pleurard. […] M. Gouttenoire […] m'invita à dîner […] au grand hôtel du coin, en compagnie de Mme Gouttenoire et du roquet saucisse-à-pattes. (A. de Buron, *Un bipède galonné*, 1971, p. 56 et 68, GRL)

9. Vous ne voyez pas ce que c'est un teckel ? Mais si voyons ! La saucisse à pattes ! Ah, ben vous voyez que vous savez ce que c'est ! (Message, 14 mai 2005, <www.ciao.fr/>)

10. […] magasins de vêtements pour chiens […], mais plutôt pour chiens du genre saucisse à pattes […]. (Blog, 29 septembre 2007, <sushimaki.wordpress.com/>)

∞ VARIANTE DÉVELOPPÉE. **saucisse à pattes Louis XV**, loc. nom. Pour qualifier un tel chien, dont les pattes sont plus ou moins arquées. Par allusion aux courbes harmonieuses des pieds du mobilier de style Louis XV.

11. – Alors toutes les petites saucisses à poil ras et court sur pattes que leur propriétaires appellent des Jacks, c'est quoi ?
– … les saucisses à pattes Louis XV ? (Messages, 25 janvier 2008, <fox-terriers.aceboard.fr/>)

— Pour qualifier une personne, le plus souvent par dénigrement. Moins usuel. Attesté en 1916 (« Ah ! Tu t'rappelles, saucisse à pattes ! », H. Barbusse, *Le Feu*, p. 37, FT).

12. […] Gaëtan […] avait entrepris de raconter à sa façon d'où venait la famille de Thérèse tout en la traitant, elle, on ne sait pourquoi, de putain défrisée et de saucisse à pattes. (G. Dormann, *Le Bal du dodo*, 1989, p. 95)

13. « Pendant tout mon apprentissage dans un garage, personne ne m'a appelé par mon prénom [Mohamed] : c'était toujours "Zouzou", "grande saucisse à pattes", "Chaoui" ou "Rachid" ». (*Le Monde*, 26 août 1998, p. 8)

## saucisson

□ **saucisson à pattes**, loc. nom. Pour qualifier un chien court sur pattes. ~ □ **saucisse* à pattes**.

1. […] un de ces chiens corniauds qui ont l'air de saucissons à pattes mais qui tiennent mieux la piste des sangliers que les plus illustres des chiens de meute. (G. Simenon, *Maigret et son mort*, [1948], cité dans J. Fabre, *Enquête sur un enquêteur, Maigret*, 1981, p. 223, GRL)

2. – Et le chien ? demanda Mary.
– Ben tiens, j'l'oubliais, celui-là, c't'espèce de saucisson à pattes qui passait sa vie à gueuler derrière sa barrière… (J. Failler, *Brume sous le grand pont*, 1997, p. 61)

3. […] Nicole, la soixantaine BCBG. Accompagnée de Poupy, son saucisson à pattes […]. (*Libération*, 25 octobre 2001, p. 17)

4. La mode serait plutôt au saucisson à pattes. Les teckels de tout poil ont envahi les quartiers branchouilles de la capitale depuis deux ou trois saisons, suivis de près par de nombreux magasins de fringues pour ces bébés à quatre pattes de ces dames. (« Mes deux neurones », 9 avril 2003, <yoda.zoy.org/>)

## sauver

**se sauver en courant**, loc. verb. "se dérober". Par hyperbole.

1. En fait, j'ai fini par me sauver en courant parce que je ne supportais pas l'horizon définitif de cette vie débile [...]. (Message, 30 septembre 2004, <www.france5.fr/>)

2. [...] dès lors que je me sentais sur le point de tomber amoureux, je me sauvais en courant [...]. (« Vers des relations affectives plus épanouissantes », 5 décembre 2004, <gendertrouble.org/>)

## savoir

**je (ne) sais pas (pour) toi (/vous) ; toi (/vous), je ne sais pas**, loc. phrast. Pour prendre son interlocuteur à témoin ; avec ellipse d'une subordonnée (du type **je ne sais pas, vous**, *ce que vous faites/feriez/auriez fait*).

1. Vous je sais pas, mais moi je n'ai jamais répondu aux propositions d'un monsieur qui aurait eu le culot de ne pas me faire un frais... Des frais ! Nous les honnêtes femmes, les petits cadeaux, on les aime gros. (C. Sarraute, dans *Le Monde*, 22 novembre 1991, p. 46)

2. « Je vous conseille la formule », dit le serveur [...]. Je ne sais pas vous, mais moi, ils me les brisent avec leur salade à la noix ! (C. Loeb, *Bon chic chroniques*, 1993, p. 186)

3. Vous, je ne sais pas, mais moi, j'aime mon dentiste. (L. Pidolle, *L'Alsamanach 1999*, 1998, p. 49)

4. – Il [un enfant] est infernal ! dit sa mère. Infernal !
– Ils sont tous pareils !
– Eh bien, je ne sais pas vous, mais moi je ne suis pas prête d'en faire un autre ! (G. Mordillat, *Les Vivants et les Morts*, 2006 [2004], p. 275)

5. Mais, entrer chez un boucher et lui demander des os [à moelle] sans lui prendre en même temps du gîte ou de l'entrecôte, je ne sais pas vous, je n'ai jamais osé. (A. Schifres, *Dictionnaire amoureux des menus plaisirs*, 2005, p. 301)

## savonner

**savonner la planche à qqn**, loc. verb. "agir dans le but d'empêcher qqn de réussir dans une entreprise". ~ **tirer le tapis* sous le(s) pied(s) de qqn**.

1. La critique de Michel Rocard est plus sévère. Il accuse carrément Giscard d'avoir voulu « savonner la planche sur laquelle la gauche pourrait être amenée, un jour, à monter [...]. » (M. Bassi, *Valéry Giscard d'Estaing*, 1968, p. 100, GRL)

2. Nous avons acquis la conviction que le mouvement syndical classique, qui se décharge sur les politiques du soin d'évaluer les priorités et les contraintes, crée des situations dangereuses : il « savonne la planche » des gens mêmes qu'il a encouragés à gouverner, et pour comble il dénonce leurs trahisons. (H. Hamon et P. Rotman, *La Deuxième Gauche*, 1982, p. 252, GRL)

3. Le départ de François Henrot, à peine nommé comme futur président de France Télécom, illustre [...] les contradictions qui règnent au sein du gouvernement d'Alain Juppé. [...] Après avoir donné à François Henrot des assurances sur la volonté de changement de statut, ils ont laissé François Fillon lui « savonner la planche ». [...] Le gouvernement veut-il ou non d'une réforme libérale qui consiste à ouvrir le secteur des télécoms à la concurrence ? (*Le Monde*, 11 septembre 1995, p. 12)

## savonnette

**acheter** ou **vendre (/lancer) comme des savonnettes**, loc. verb. Pour dénoncer l'assimilation à des produits de marketing de tout ce qui n'est pas de la marchandise.

1. Nous avons été élevés dans l'idée que le marché et la politique ce n'est pas la même chose. Puis on est passé à une logique où, selon une expression triviale, on a vendu les hommes politiques « comme des savonnettes » et enfin à une autre où l'on n'a plus cru aux hommes politiques. (*Le Monde*, 6 juillet 1993, p. 2)

2. La nécessité de simplifier outrancièrement le discours pour [...] séduire le plus grand nombre, de concilier les contraires dans l'opinion, de séduire plus que de convaincre s'est combinée avec la nouvelle donne libérale quand la politique s'identifie à la soumission à l'orthodoxie budgétaire. Avec le libéralisme, la sphère politique devient elle-même une imposture ; au nom de la démocratie, on vend des idées comme des savonnettes. (« Discours sur l'Europe », 20 juillet 2004, <www.voxnr.com/>)

3. Certains sponsors s'inquiètent des retombées de la mauvaise image des vedettes mercenaires [des footballeurs], achetées comme des savonnettes. (*Le Monde*, 30 novembre 2005, p. 24)

4. Les Sicav finissent par se vendre comme des savonnettes, avec des méthodes commerciales dignes des hypermarchés. (*Mieux vivre votre argent*, 1<sup>er</sup> mars 2006)

5. C'était vraiment des bonnes années [les sixties]. Il n'y avait pas de soucis, pas de bagarres, pas de barrières. On les voyait [les chanteurs], on les touchait [...]. C'est ça la différence avec maintenant. Il y a le fric, cette distance. Les chanteurs sont souvent sophistiqués, comme des savonnettes qu'on lance. (Une fan des sixties, dans *Le Progrès*, 9 décembre 2006)

— **jeter comme des savonnettes** (moins usuel), loc. verb. Pour dénoncer l'assimilation de personnes à une quantité négligeable. ~ **jeter comme des mouchoirs* en papier ; salarié Kleenex***.

6. M. Michel Dreyfus-Schmidt. – [...] nous vous proposons de dire ici que des actions de formation sont à mettre en œuvre en vue de favoriser l'évolution professionnelle au-delà de l'âge de 50 ans. On a tendance, dans les entreprises, à jeter les gens comme des savonnettes (*Protestations sur les travées de l'UMP.*). (Sénat, *Compte rendu intégral*, séance du 10 juillet 2003)

▪ **ramasser la savonnette**, loc. verb. "(en parlant d'un homme) avoir des rapports homosexuels passifs". Image tirée de certaines scènes de douches collectives, notamment en milieu militaire ou carcéral (à quoi renvoie l'exemple 2). À rapprocher de « PÉDÉRASTE. *Qui ramasse des marrons* ou des *épingles* » (Bruant 1901). ~ ▲ **pédé* comme un sac à dos.**

7. « *[...] certains sont très jolis garçons [...]. On leur apprendra des trucs pour se désennuyer sans jouer aux cons.* » (John « Pudenda » Thincock, dans *Godigay*, sous le titre « Allons, petit, viens ramasser la savonnette ! », et dix autres textes de la même farine.) (M. Mourier, *Godilande ou Journal d'un mort*, 1974, p. 89, GRL)

8. [...] si par exemple vous êtes prêt à craquer pour un motif de cœur entouré d'un rectangle noir, abstenez-vous : ce tattoo ["tatouage"] désigne en prison celui qui, sous la douche, a pour tâche de ramasser la savonnette... (*HAPPE:N*, juin 2005, <www.happen.fr/>)

9. Homo déclaré, il a mené récemment une campagne hystérique pour expliquer au monde incrédule que le héros de *Prison Break* adorait ramasser la savonnette. (*Technikart*, 10 avril 2007, <www.technikart.com/>)

## schmilblick

**faire avancer le schmilblick,** loc. verb. “faire progresser une recherche, une enquête ; faire avancer les choses”. Créé en 1957 par Pierre Dac et Francis Blanche (voir A. Vialatte, *Chroniques de La Montagne 1952-1961*, Paris, Robert Laffont, 2000, 14 mai 1957), le mot a été repris dans un jeu télévisé présenté par Guy Lux, à l'automne 1969 : le but du jeu était de découvrir l'objet qui portait par convention le nom de *schmilblick*. Toute question posée par un participant qui recevait une réponse affirmative lui permettait de faire une proposition ; à défaut d'avoir trouvé, il avait la consolation d'*avoir fait avancer le schmilblick. Le Schmilblick* est le titre d'un sketch de Coluche (1975). La forme en *-ick* est de loin la plus représentée à l'écrit, notamment dans la presse ; on enregistre aussi quelques formes en *-ic* ou en *-ik*.

1. – […] Et l'autre ordure, tu as du nouveau ?
– Pas vraiment. Dudrand nous a rendu un beau rapport, mais ça ne fait pas avancer le schmilblic. (T. Jonquet, *Le Manoir des immortelles*, 1986, p. 115)

2. Tu vois, on débloque gentiment : la converse cucul-la-praline en plein. Ça passe le temps sans faire avancer le schmilblick. L'avantage, c'est qu'insensiblement je fourbis mes batteries. (San-Antonio, *Bons baisers où tu sais*, 1987, p. 88)

3. Depuis ses balbutiements, la science a, elle aussi, ses faussaires. Le comble, c'est qu'ils font parfois avancer le schmilblick… (*L'Événement du jeudi*, 2 juin 1988, p. 113)

4. « J'ai considéré que cette entreprise n'avait pas été gérée ou qu'elle l'avait été très discrètement. J'ai pensé qu'il fallait que j'y aille à la pelleteuse* », explique-t-il. […] Il réduit le nombre de salariés de 1 000 à 600 et augmente de 75 % la rémunération de ses cadres en deux ans. « Je ne pouvais faire avancer le Schmilblick qu'avec ceux qui travaillaient bien. Tout le monde en a profité […]. » (*Le Monde*, 30 mai 2001, p. 10)

5. Il faut hélas déplorer que les vertueuses invocations de l'honneur, la vérité, tout ça, ne fassent guère avancer le schmilblik comme disait l'autre. (*Libération*, 18 juin 2003, p. 6)

6. Des lecteurs, désireux de faire avancer le schmilblick, me confient leurs combines pour ouvrir les huîtres sans couteau. (A. Rémond, *Le cintre était sur la banquette arrière*, 2008, p. 181 ; texte écrit en 2007)

## science

**la science des ânes** (**/des imbéciles**), loc. nom. Pour qualifier péjorativement l'écriture sous son aspect calligraphique ou l'orthographe sous son aspect puriste. L'âne est traditionnellement le symbole de l'ignorance, notamment dans le domaine de l'enseignement scolaire (cf. *bonnet d'âne, pont-aux-ânes*).

1. La chronologie n'est plus guère appréciée. Elle est la science des pions si l'écriture est la science des ânes. (R. Kopp, C. Pichois, *Les Années Baudelaire*, 1969, p. 119, GRL)

2. « L'écriture est la science des imbéciles » a dit un irréfléchi qui écrivait mal. Il n'est pas donné à tous de calligraphier, mais il y a un minimum de netteté, de régularité,

de lisibilité, de visibilité que doit présenter l'écriture de la secrétaire de direction. (A. Pratte, *Secrétaire aujourd'hui, collaboratrice demain*, 1969, p. 36, GRL)

3. Je proclamais alors que l'orthographe était la science des ânes. Mais je suis accablée, aujourd'hui, par mes ignorances. Mes amis le savent, à qui j'envoie de longues lettres, bourrées de fautes. (J. Cressanges, *La Petite Fille aux doigts tachés d'encre*, 1985, p. 150, GRL)

4. P. E. – [...] Je pense au merveilleux professeur de grammaire et de philologie dont je suivais l'enseignement à la Sorbonne. Quand on lui apportait en tremblant une thèse, en s'excusant par avance des fautes d'orthographe qui avaient pu échapper à la lecture : « Laissez, laissez, disait-il, ne les corrigez surtout pas : cela fera quelque chose à dire aux ânes du jury ! »
M. B. – Tu connais l'adage : « L'orthographe est la science des ânes. » Ils étaient en troupeau dans le jury qui m'a recalé. (P. Encrevé, M. Braudeau, *Conversations sur la langue française*, 2007, p. 108)

5. Parmi les [matières] les plus rébarbatives, figuraient l'orthographe. J'avais entendu qu'on l'appelait la « science des imbéciles », et me targuais donc de lire beaucoup, tout en écrivant avec énormément de fautes, ce que je trouvais très chic [...]. (A. de Saint-André, *Il n'y a pas de grandes personnes*, 2007, p. 17)

— Pour qualifier péjorativement ou ironiquement diverses disciplines ou techniques.

6. Me réfugier dans le professorat d'Histoire, parce que sécheresse, objectivité, science des ânes, peu de servitude scolaires, et vacances ! (J. Ameline, *Automaïeutique*, 1968, p. 258, GRL)

7. La préhistoire [...] ! la science des imbéciles et des ratés par excellence. (J. Demélier, *Le Sourire de Jonas*, 1975, p. 166, GRL)

8. « La technique, je l'avais, mais c'est la science des ânes ; en travaillant, n'importe qui peut le faire, explique Ceccarelli. Mais trouver, avec d'autres musiciens, seize mesures dont on peut être fier, ça c'est inexplicable. Il faut se surprendre et c'est le jazz qui le permet. » (*Le Monde*, 6 avril 1999, p. 21)

9. Député retraité après vingt-quatre ans de service dans les Vosges, il [Philippe Séguin] a remis sa toge de conseiller à la Cour des comptes. Il enseigne la géopolitique, « la science des ânes », à l'université de Québec [...]. (*Libération*, 22 avril 2003, p. 32)

10. Le droit, c'est que du « par-cœur ». Faux. A la « science des ânes », le doyen oppose « l'école de pensée où l'on apprend à raisonner sur du concret ». (*Le Progrès*, éd. Ain, 22 septembre 2006, p. 11)

## scotcher

**rester scotché**, loc. verb. Emplois figurés de *rester scotché* "rester fixé, collé avec du scotch (ruban adhésif de marque déposée)".

— "être bloqué, immobilisé, arrêté".

1. [...] elle reste scotchée à 5 % dans les sondages. (*Libération*, 16 décembre 2000)

2. [...] Marie-France n'a pas un tempérament à rester scotchée dans un fauteuil. (*Sud Ouest*, Gironde, 1er novembre 2005, p. 7)

3. Un revers qui les condamne [une équipe de rugby] à rester scotchés à la dernière place [...]. (*Sud Ouest*, Gaillac, 6 novembre 2006, p. 12)

∞ PAR RESTRICTION. "ne pas quitter des yeux un écran (de télévision, d'ordinateur)". ~ □ **patate de canapé**.

4. [...] une saga moderne [...] qui suscite, chez le téléspectateur lambda, l'envie irrépressible de connaître le meurtrier [...] et donc la tentation de rester scotché devant le poste. (*Libération*, 26 juin 2004, p. 28)

— "faire une fixation (sur) ; faire un blocage psychologique".

5. Devenu militant de l'association SOS-Attentat, Guillaume Denoix de Saint-Marc explique comment il a l'impression de ne pas avoir vieilli depuis ce 19 septembre 1989, où a explosé le vol UT 772 Brazzaville- N'Djamena-Paris au-dessus du désert du Ténéré. « Le temps ne s'est pas écoulé, je reste scotché à cette date. » (*Le Monde,* 10 mars 1999, p. 12)

6. Daniel Prévost a trente-six ans lorsqu'une vieille tante lui glisse que son père, rejeté et occulté, était... un ouvrier algérien. « Le choc fut total. J'avais tout en moi mais enfoui, refoulé, à l'image de ce flash d'un homme brun de grande taille me prenant dans ses bras à la sortie de l'école... » Après cette révélation, il reste « scotché ». Il attendra dix ans pour presser une marraine de lui lâcher le nom de ce père et pour, enfin, entamer des recherches. Avec, pour seul outil, l'annuaire du téléphone. (*Le Monde,* 27 décembre 2001, p. 9)

7. « Nous n'allons pas rester scotchés sur un calendrier qui n'a pas été tenu », explique Alain Trautmann, porte-parole de *Sauvons la recherche*. (*Le Figaro*, 28 juin 2005)

— "rester coi ; être effaré, abasourdi". ~ **être sidéré**.

8. Je suis resté scotché devant la nouvelle : Ségolène Royal n'a pas d'opinion sur la Turquie. Interloqué par cette attitude je suis resté perplexe devant mon clavier pour commenter cette info [...]. (Message, 15 octobre 2006, <aiglon78.noosblog.fr/>)

V. encore *seul*, ex. 1.

**sec**

■ **baiser** (ou verbe du même paradigme) **à sec**, loc. verb. Pour exprimer, avec trivialité, le mépris le plus profond envers quelqu'un ou une menace insultante. ~ ■ **sans vaseline***.

1. Il me fonçait dedans, avec la belle ardeur de ses vingt-cinq piges, comme un sourdingue. « Le vioque, qu'il devait penser, je vais le punir, l'étendre », et il me ménageait pas en paroles non plus :
– Te tire pas, qu'il me disait, j'vais te caresser un peu, vicieuse ! te fourrer à sec ! ça te rappellera ta jeunesse... J'te promets qu'on va faire l'amour à l'hôtel d'en face !
Personne m'avait encore jamais lancé des vannes pareils... J'allais le buter sur place, le flinguer, là, sur le tas. (A. Simonin, *Touchez pas au grisbi*, 1953, p. 31, GRL)

2. Les deux hommes [...] avaient [...] la mine de ces vrais gourmets qui ne peuvent tolérer quelqu'un d'autre à leur table. La paix des braves, en apparence. En réalité, ce qui se jouait dans leur tête respective, en ces moments privilégiés, tenait peu de la sympathie. « Je l'encule à sec », se disait Berthold devant l'œil ébahi de Marty. Berthold prenait l'admiration de Marty pour de l'envie [...]. (D. Pennac, *La Petite Marchande de prose*, 1989, p. 235, FT)

3. Nous sommes arrivés à la route nationale près de la casse de Pontet. Le copain de maquis de mon père, celui qui a voulu faire démarrer une Studebaker à Serge. « Un jour on le baisera à sec, ce profiteur ! » À force d'entendre mon frère dire ça, je me demande toujours quand on le baisera. J'ai hâte. (D. Picouly, *Le Champ de personne*, 1995, p. 237)

## seconde

□ **en deux secondes sept**, loc. adv. "rapidement ; en toute hâte ; sans attendre". ~ **en cinq sec(s)** ; □ **en deuspi*** ; □ **en deux-deux*** ; **en moins de deux** ; **vite fait**.

1. [...] dans la série *SOS 18* qu'il m'est arrivé de regarder, [il y a] pas mal d'incohérences. Une femme, médecin des pompiers, arrive sur un AVP [accident sur la voie publique], elle prend de pouls d'une victime et en deux secondes sept, elle dit « bon celle-ci on peut plus rien, elle est morte ». (*Forum des ambulanciers privés*, 4 avril 2007, <ambulances.forumpro.fr/La-vie-du-forum-c1.htm>)

2. Et voilà. Encore un membre de la communauté Mac qui vient en aide à un autre en deux secondes 7. (Message, 15 mai 2007, <forums.macgeneration.com/>)

3. Vanessa, bien que charmante, demeure aussi lourde qu'un char d'assaut. Ainsi elle attaque férocement, mais n'est guère douée pour la fuite. [...] lors de la rotation, l'héroïne ne peut riposter. De plus, elle ne recule que de quelques pas et reste donc à portée de tir. Résultat, elle se fait laminer en 2 secondes 7. (Test d'un jeu vidéo, <www.emunova.net/>, consulté le 26 juillet 2007)

**n'être pas à la seconde**, loc. verb. "avoir le temps". Abréviation de **n'être pas à la seconde près**. ~ **n'être pas à la minute***.

4. – On n'est pas à la seconde, Serge, le Vietnam peut attendre un peu, on a beaucoup de choses à régler déjà sur Paris. (V. Ravalec, *Recel de bâtons*, 1995, p. 50)

5. L'avis d'un prof vous intéresse peut-être. L'examinateur n'est pas à la seconde : ce qui compte c'est la qualité de l'explication. [...] La gestion du temps fait partie de l'épreuve donc il faut accélérer ou ralentir son débit de parole en fonction de ce qu'on a à dire. (*Forum littéraire*, 28 mai 2007, <www.etudes-litteraires.com/>)

## sel

**mettre** (ou verbe du même paradigme) **du sel dans/sur la plaie**, loc. verb. "aviver la douleur, la peine ou l'angoisse de quelqu'un". ~ **remuer le couteau dans la plaie**.

1. Le rire de Kantor [Tadeusz Kantor, homme de théâtre polonais], forçant à la lucidité, met du sel sur la plaie, rappelle que la mort ne nous quitte pas des yeux, que l'agitation de l'amour et de l'ambition va se dissoudre et que seule restera en mémoire une image éphémère. (*Le Monde*, 11 décembre 1990, p. 1)

2. Il y a peu, Charles Aznavour, qui refuse pourtant de jeter du sel sur la plaie, regrettait qu'une délégation turque soit restée assise, lors de l'élection de Miss Europe, quand tous se levaient pour applaudir la « vedette » venue saluer la nouvelle Miss. Il est vrai que le crooner d'origine arménienne a chanté, il y a vingt ans, « *Ils sont tombés* », en mémoire du génocide. « La délégation devait s'en souvenir », a glissé le chanteur, déçu. (*Le Point*, 28 avril 2005, p. 54)

3. Dans le genre je-remets-du-sel-dans-la-plaie, je te citerai un mien ami défunt, Philippe, punk de la première heure :
– La seule chose qui a changé à Longjumeau en 81, c'est qu'il y a eu un car de flics en plus au coin de la rue… (*Le Blog de Dominique Strauss-Kahn*, message, 26 avril 2006, <www.blogdsk.net/>)

**semelle**

□ **chauffer les semelles,** loc. verb. "marcher sur place pour s'échauffer". Métaphore de l'échauffement avant une marche ou une course à pied. ~ □ **(faire) chauffer les pneus*.**

1. Sur le quai de la gare à battre et à chauffer les semelles pour courir plus vite t'accueillir à la descente du wagon. (Message, 14 février 2006, <amourpointcom.canalblog.com/>)

2. […] tous les coureurs sont sur le point de départ, à chauffer les semelles de leurs chaussures. (*Marathon du vignoble d'Alsace*, 1er novembre 2006, <www.marathon-alsace.com/>)

— □ **faites chauffer les semelles,** loc. phrast. Invitation à danser tout son saoul.

3. Balboa […] Niveau 3 : Vous pratiquez le balboa de façon intensive, vous le dansez en soirée sans problème, vous connaissez les subtilités du balboa ! choisissez les bonnes chaussures et faites chauffer les semelles ! (« Destination Swing », Toulouse, 2006, <www.144danceavenue.com/>)

4. La répartition en deux groupes de niveau permet aux débutants d'apprendre [le rock]. On y rencontre des personnes extérieures à l'école, et rassurez-vous : il y a autant de garçons que de filles. Rockeurs, rockeuses : faites chauffer les semelles ! (École nationale d'ingénieurs des travaux agricoles de Clermont-Ferrand, <www.enitac.fr/>, consulté le 10 janvier 2007)

— □ **faire chauffer les semelles** (et variantes), loc. verb. "se préparer activement (à un départ, à une activité)".

5. Artistes méconnus […], c'est le moment de faire chauffer la semelle de vos chaussures en courant au casting d'Amnésia pour leur prochain spectacle : « 2057 Avenue ». Ne courez pas trop vite quand même, c'est pour l'automne 2003… (*Association d'idées*, juin 2002, <www.associationdidees.com/>)

6. Faites chauffer les semelles parce qu'on a rendez-vous le 22 novembre à 19 h 30 à la *Flèche d'or* pour la grande première […]. (Message, 20 novembre 2006, <www.myspace.com/>)

**en avoir (encore) sous la semelle,** loc. verb. "avoir (encore) de l'énergie, des ressources". Métaphore d'origine sportive. ~ **en avoir (encore) dans la/les chaussette(s)* ; en avoir (encore) sous la pédale* ; en avoir (encore) sous le pied* ; en avoir sous le capot*.**

7. Les champions aiment se faire mal pour réussir quelque chose de grand. Pour illustration, écoutons Yannick Noah : « La douleur c'est notre baromètre. Si tu ne te fais pas mal, c'est que tu en as encore sous la semelle, ça n'est pas bien. » (P. Cruellas, *Le Temps autrement*, 1999, p. 113, GRL)

8. […] le tandem […] se présente comme un épisode honorable du rock français. Les mélodies, accrocheuses, s'accompagnent de crescendos efficaces. Les orchestrations

à l'épure servent une voix qui possède l'accent des chants marins [...]. Et l'écriture en a sous la semelle. Ça sent le cuir vieilli. (*Libération*, 7 juin 2005, p. 34)

9. Pour les fans de polars, citons *American Gangster* qui prouve que Ridley Scott en a encore sous la semelle [...]. (Blog, 15 janvier 2008, <bertyone.blog.commeaucinema.com/>)

**en garder sous la semelle**, loc. verb. "économiser son énergie, ses ressources, en vue d'une épreuve ultérieure". ~ **en garder dans la/les chaussette(s)* ; en garder sous la pédale* ; en garder sous le pied***.

10. [...] les premières côtes avaient surpris les concurrents et dès le premier kilomètre, le peloton avait déjà éclaté. Il faut dire que l'essentiel des difficultés se situe dans les deux premiers kilomètres et il faut que les coureurs qui savent gérer leurs ressources en gardent sous la semelle pour le reste du parcours. (*Sud Ouest*, 30 mars 2005, p. 17)

11. [...] le quadra[génaire], qui persiste à se définir comme un « chansonnier faisant de la chansonnette », à califourchon entre « éthique et business », certifie en garder sous la semelle : « On parle souvent du côté impudique de mes textes, mais je suis au frein à main. Et si, un jour, je lâchais les chiens, ça deviendrait complètement punk. » (*Libération*, 18 août 2006, p. 22)

12. Cet échauffement commence vraiment à me fatiguer ! On n'peut pas s'arrêter un peu, non ? Histoire de souffler quelques minutes, d'en garder sous la semelle avant le match ? (L. Bénézech, *Anatomie d'une partie de rugby*, 2007, p. 56, GRL)

13. [...] les manifestations ont toutes été plus fournies les unes que les autres, dégageant bien souvent une ambiance électrique, reflétant le débat sur les stratégies à adopter pour gagner. Certains agents de la fonction publique, notamment territoriale, plaidaient pour reconduire la grève, d'autre, préférant « en garder sous la semelle » le temps que s'ouvrent et se mènent des négociations. (*L'Humanité*, 21 novembre 2007, p. 2)

**mettre la semelle**, loc. verb. "conduire (un véhicule) à toute vitesse, en appuyant à fond sur l'accélérateur". ~ **écraser le champignon ; pied au plancher ; avoir un parpaing sur l'accélérateur ; □ à fond la caisse.**

14. Sur l'autoroute, j'ai mis la semelle, sans pourtant taper dans la zone rouge. (H. Pagan, *Tarif de groupe*, 1993, p. 72)

15. Les réglages carburateurs sont très goulus sur les 105, et mettre la semelle veut dire plus de 20 litres aux 100 [...]. (Message, 25 mai 2006, <www.virus-alfa-romeo.com/>)

**mettre la semelle (à qqn)**, loc. verb.

— "au football, toucher un adversaire avec le dessous de la chaussure, qui comporte des crampons, au risque de le blesser ; s'engager physiquement sans retenue".

16. Carton jaune pour Faty, qui a mis la semelle. (« Rennes–Lyon », 2 octobre 2005, <sports.voila.fr/fr/football/>)

17. Lui [un footballeur] n'a pas peur des contacts, n'hésite pas non plus à mettre la semelle ou à se jeter corps et âme dans les batailles. (*L'Équipe*, 2 juin 2006, p. 4)

— AU FIGURÉ. "attaquer, écraser sans ménagement (un adversaire, un contradicteur, un concurrent)".

18. […] une chaîne de télé trop heureuse de mettre la semelle à ses concurrents […]. (*Libération*, 31 décembre 1998)

19. « Nous, on est conscients de nos qualités. Mais peut-être y a-t-il autour de nous des gens qui le sont moins… » Ça n'est pas vraiment dans ses habitudes, mais Florian Maurice sait aussi mettre la semelle à l'occasion ! Au sens figuré, bien sûr, et en direction d'un public clairsemé et pas vraiment enthousiaste, plutôt critique même, voire cinglant… (*L'Équipe*, 4 décembre 2003)

20. « […] On a bien senti que la partie civile voulait voir Fabien retourner en prison. Ils ont mis la semelle ! » (Un avocat, dans *L'Indépendant*, 9 décembre 2006)

## sensation

**avoir de bonnes sensations**, loc. verb. "se sentir parfaitement à l'aise dans une activité, dans une épreuve". Fréquent dans la langue des sportifs.

1. L'équipe de France [de cyclisme sur piste] n'a certes signé que le septième temps, mais en 4 mn 7 s : « Je n'avais jamais roulé aussi vite, avoue le Nayais [un jeune champion], mais j'étais bien, j'avais de bonnes sensations et j'y ai pris du plaisir ». (*Sud Ouest*, 31 août 2004, p. 15)

2. L'un est originaire du Mans, l'autre de Dijon… C'est pourtant une même passion, pour la mer en général et la voile en particulier, qui les a réunis à Saint-Nazaire. « J'ai fait mon premier stage à l'âge de 14 ans aux Glénans, à l'occasion de vacances en famille, raconte Matthieu. J'ai tout de suite ressenti de bonnes sensations. » (*Ouest France*, 7 juin 2005)

3. Dès le début de la seconde mi-temps, Doudou se lance dans une impossible course-poursuite. Il a repris sa place au milieu du terrain [de football]. Il se sent lucide, il a de bonnes sensations comme on dit aujourd'hui dans les émissions sportives de la télé où l'on se prend au sérieux. (J. Rouil, *Les Rustres*, 2006, p. 151, GRL)

V. encore *dedans*, ex. 2.

## sentir

□ **si tu (ne) te sens pas bien, fais-toi sentir par un autre** (et variantes), loc. phrast. Riposte, sous forme de jeu de mots, employée de façon plaisante ou ironique. Attribué à Francis Blanche (ainsi dans F. Blanche, *Les Pensées*, Paris, Le Cherche midi, 1984, p. 51).

1. Les murs portaient des inscriptions : « Menteurs, soyez précis », « N'abusez pas de vos torts », « Si vous ne vous sentez pas bien, faites-vous sentir par un autre. » (A. Vialatte, *Les Fruits du Congo*, 1951, p. 29, GRL)

2. Si tu te sens pas bien, fais-toi sentir par quelqu'un d'autre (Message, 11 juin 2005, <www.comlive.net/>)

3. Ne méprisez pas les pauvres usagers [des transports publics] et si vous ne vous sentez pas bien faites vous sentir par un autre ! (Message, 26 juillet 2007, <airfou. blogspot.com/>)

4. Les gens ont beaucoup trop le temps de penser à leurs problèmes… Dans l'action, pas le temps de se tâter le pouls pour savoir comment on se sent… et comme disait

ma grand-mère : « Si tu te sens pas bien, fais toi sentir par les autres ». (Message, 12 décembre 2007, <forum.doctissimo.fr/psychologie/>)

5. Le soleil brille. Rien que ça déjà ça donne le moral ! C'est vrai on peut pas toujours se plaindre ! J'ai perdu mon pouvoir d'achat ! Bon peut-être quelqu'un va vous le retrouver ! Vous vous sentez pas bien ? Faites vous sentir par quelqu'un d'autre ! (Message, 8 février 2008, <www.orangeblog.fr/>)

**tu te sens (pas) bien ?** loc. phrast. Pour interpeller ironiquement le locuteur sur sa réelle conscience de la situation. ~ **ça va pas la tête** ?

6. – Dis, depuis quand je te dois des explications sur ce que je fais ? Non, tu te sens bien ? (A. Bastiani, *Arrête ton char, Ben Hur !*, 1954, p. 114)

7. – De quoi ? ricana l'homme, tu te sens pas bien, la grosse ? Va te faire aimer, ça te donnera des couleurs ! (A. Bastiani, *Le Pain des jules*, 1967 [1960], p. 167)

## sept

**(jouer au) jeu des sept erreurs**, loc. verb., loc. nom. Pour souligner la similitude de deux œuvres, de deux choses, et éventuellement pour en signaler les différences ponctuelles. Par référence au jeu d'observation consistant à trouver sept différences entre deux images juxtaposées.

1. Michaël Denard porte avec héroïsme un costume dont il faut connaître la provenance pour ne pas en rester ahuri : c'est l'exacte copie d'un tableau [...] des plus délirants de l'abondante iconographie sébastienne. Le saint y est représenté en matelot : béret à pompon rouge, marinière ouverte sur un T-shirt rayé, jambes nues, sauf chaussettes (une bleue, une rouge) et fixe-chaussettes. Au jeu des sept erreurs, vous trouverez tout de suite : le tableau exhibe l'anatomie virile du saint, Michaël porte un chaste slip (au regret de Bob Wilson). (*Le Monde,* 2 avril 1988, p. 18 ; critique d'une mise en scène du *Martyre de saint Sébastien*)

2. Comme les deux précédents billets de la nouvelle série, le Gustave Eiffel [billet de 200 F], permettra de jouer au « jeu des sept erreurs » avec les sept signes de sécurité que les Français ont déjà appris à connaître sur les Saint-Ex et les Curie [...]. (*Sud Ouest*, Gironde, 29 octobre 1996)

3. Il aura fallu attendre que Jacques Audiard en tourne un *remake* [...] pour que Warner décide de sortir en France le DVD de *Mélodie pour un tueur*. Évidemment, le jeu des sept erreurs est tentant entre l'original et la copie, d'autant que quatre scènes au moins sont effectivement très proches, y compris dans leur mise en scène. (*Le Petit Bulletin,* 13 décembre 2006, p. 6)

▲ **sept et trois (font) dix**, loc. phrast. Pour traduire la démarche inégale d'une personne qui boite. ~ ▲ **cinq* et trois (font) huit** ; ▲ **quatre* et trois font sept**.

4. [...] Maleyran [un boiteux] n'est revenu qu'une dizaine de minutes plus tard [...]. Il avait l'arme à la bretelle, sept et trois dix ; sept et trois dix ; il boitillait dans le sable, heureux, soulagé. (J. de Bougues-Montès, *Chez Auguste*, 1982, p. 145)

## Séraphin

**c'est la fin, Séraphin / Séraphin, c'est la fin,** loc. phrast. Renforcement ludique de *c'est la fin*, avec effet de rime intérieure. Attesté en 1900 dans un jeu de mots (« FLAMBEAU. Séraphin, c'est la fin ! Flambé, Flambeau ! Bonsoir ! »,

E. Rostand, *L'Aiglon*, Paris, Charpentier et Fasquelle, p. 230, GRL ; dans la bouche du personnage Séraphin Flambeau).

1. [...] le peuple, la masse inerte, la quantité négligeable cesse de trembler et de geindre : Séraphin, c'est la fin ! (G. Cherpillod, *Jules Vallès, peintre d'histoire*, 1991, p. 86, GRL)

2. Éduquer, civiliser, c'est transmettre. Dès que la transmission ne s'opère plus, *c'est la fin, Séraphin* ! Or l'actuel mot d'ordre est le décervelage. Le but est de crétiniser les gens, de leur faire perdre l'habitude d'écrire, de les réduire aux sms et aux e-mails ; bientôt ils interdiront les plumes, les stylos ! (G. Matzneff, *Voici venir le Fiancé*, 2006, p. 259-260)

**c'est le fin du fin, Séraphin**, loc. phrast. Renforcement ludique de *c'est le fin du fin*, avec effet de rime intérieure

3. Bon allez hop j'en ai soupé de ma playlist ["liste de fichiers d'un lecteur numérique"] donc je me suis lancé dans une nouvelle. Alors là c'est le fin du fin Séraphin, on tape dans le haut du panier, changement de technique oblige. (Message, 11 avril 2007, <morning-chronicle.the-talk.net/>)

## seringue

**chanter comme une seringue**, loc. verb. "mal chanter". Attesté en 1646 dans un texte en poitevin « Y chonte quem'ine seringue [...] Et saute quem'ine boudingue [*Je chante comme une seringue* [...] *Et saute comme une baudruche*] » (*Rolea*, éd. par P. Gauthier, La Crèche (Deux-Sèvres), Geste éditions, 2002, p. 229 et en 1808 (D'Hautel, dans TLF), la locution reste inexpliquée. ~ **chanter comme une casserole***.

1. En 1950, Juliette Gréco chante pour la première fois à l'étranger, à Bruxelles : « J'étais ravie, nous n'avions pas encore de chocolat ni d'oranges à Paris. C'était loin, la Belgique, à l'époque. » Elle enchaîne sur le Brésil. « Je chantais comme une seringue, mais des centaines de personnes m'attendaient à l'entrée du théâtre à Rio, car ils pensaient que je chantais nue, puisque j'étais existentialiste. » (*Le Monde*, 14 février 1995, p. 30)

2. On peut juste [...] regretter certains défauts d'interprétation : Magali Noël, insupportable, chante comme une seringue et Robert Hossein [...] en fait des tonnes*. (*Le Monde*, 13 février 2006, p. 19 ; critique du film *Du rififi chez les hommes*)

**être/mettre dans la seringue**, loc. verb. "être/mettre dans une situation qui ne laisse aucune liberté de manœuvre". La locution est employée principalement dans des commentaires politiques. *Dans la seringue* est le titre d'un roman de M. Embareck (1999).

3. L'objectif est de créer une situation telle qu'il n'est plus possible de revenir en arrière de la part de ceux qui y sont engagés. À bien des égards les représentants socio-professionnels servent à mettre les élus locaux dans la seringue. Lors de la régionalisation du Ve Plan, cette tactique a toutefois un inconvénient : elle achève de déconsidérer l'institution. Commence le temps des désillusions et du désintérêt. (P. Grémion, *Le Pouvoir périphérique. Bureaucrates et notables dans le système politique français*, 1976, p. 90, GRL)

4. Le gouvernement est « dans la seringue » ! Qu'il s'agisse du budget de l'Etat ou des comptes de la Sécurité sociale, il va devoir, dans les mois à venir, gérer les finances publiques au plus juste. (*Le Monde*, 30 juin 1997, p. 6)

5. – Je suis dans la seringue. Je n'ai pas le choix. (G. Mordillat, *Les Vivants et les Morts*, 2006 [2004], p. 131)

6. Les Français, selon l'expression familière qu'ils emploient, pensent qu'ils sont désormais dans la seringue, avec une seule issue possible, imposée d'avance par les pressions extérieures. (V. Giscard d'Estaing, intervention à la Convention de l'UMP sur l'Europe, 24 septembre 2005, <www.libertepolitique.com/>)

7. M. Jean-Pierre Guillon. – [...] Globalement, ne nous racontons pas d'histoire, nous sommes dans la seringue. Si l'on s'énerve le lundi sur l'Etat, le mardi sur la fiscalité, le mercredi sur la défiscalisation, c'est parce que l'on est dans la seringue et notre travail collectif est d'en sortir. (Sénat, colloque *L'Élu local au cœur de la décentralisation*, 3 novembre 2005)

## service

**faire le service minimum** / (moins fréquent) **faire service minimum**, loc. verb. "se montrer particulièrement discret, ne pas donner toute sa mesure, rester en deçà d'une prestation attendue (en parlant d'une personne)". Par référence au service minimum mis en place pendant les grèves, les congés, le week-end.

1. De leur côté, les élus gersois auront mis assez peu d'empressement à s'engager dans cette campagne. La plupart auront fait « service minimum ». (*Sud Ouest*, éd. Gers, 11 juin 1999)

2. Les médias chinois [lors du décès d'un dirigeant du PC chinois] ont fait le service minimum [...]. La retransmission de CNN a été coupée, ainsi que tous les sites Internet qui pourraient utiliser des images d'archives. (*Le Point*, 20 janvier 2005)

3. « Je déteste faire de la promo. » [...] Pour la sortie de « Moscou » [un album], il [un chanteur] a fait le service minimum. (*Le Nouvel Observateur*, 2 juin 2005)

## servir

**on n'est jamais si bien (/mieux) servi que par soi-même**, loc. phrast. "mieux vaut agir soi-même qu'attendre que les autres le fassent pour soi". Souvent par plaisanterie ; cette maxime est, dans certains contextes, une variante familière de **charité bien ordonnée commence par soi-même**. Attesté en 1821 (« en fait d'éloges, on n'est jamais mieux servi que par soi-même », A. Wafflard et M. Fulgence, *Le Voyage à Dieppe*, dans P. Lepeintre Desroches, *Fin du répertoire du Théâtre-Français, avec un nouveau choix des pièces des autres théâtres*, Paris, V$^{ve}$ Dabo, t. 26, 1824, p. 232, GRL).

1. Cet amour-propre, les sans-pareil[s] ne le connaissent que trop, et ils l'expriment dans des formules roublardes où éclate sa laideur caricaturale « Charité bien ordonnée commence par soi-même ». « On n'est jamais si bien servi que par soi-même. » « Aide-toi et le ciel t'aidera. » Cette caricature, ils la retrouvent de gré ou de force chaque fois qu'ils se placent devant leur miroir. (M. Tournier, *Les Météores*, 1975, p. 198, FT)

2. On continue à pied [après avoir abandonné une voiture en mauvais état] car on n'est jamais si bien servi que par soi-même. (P. Siniac, *Luj Inferman' ou Macadam Clodo*, 1982, p. 9)

3. [...] les chaînes de télévision possèdent chacune leur label discographique [...]. Mais, si l'on n'est jamais mieux servi que par soi-même, chacune s'est associée au savoir-faire d'Universal Music [...]. (*Le Monde*, 12 janvier 2002, p. 6)

4. Dans le nouveau contrat avec l'exploitant [d'une piscine], la mairie a d'ores et déjà prévu de s'occuper elle-même de l'assurance contre les dommages causés à l'établissement. On n'est jamais mieux servi que par soi-même. (*Le Parisien*, 16 mars 2007, p. 2)

## seul

□ **ne pas être tout seul**, loc. verb. "être sous l'emprise de l'alcool". Par euphémisme.

1. [...] je reconnais une cliente que j'ai l'habitude de voir [...] et là un homme lui parlait et sentait l'alcool à plein nez, bref il n'était pas tout seul lui non plus ! et à leurs paroles j'ai compris que c'était le mari. J'étais scotchée* (c'est le cas de le dire !), car elle, elle faisait comme de si de rien n'était, elle parlait avec amour à son mari et pourtant je sentais que le « jus de raisin » le rendait agressif. (Message, 3 octobre 2006, <madamebricolage.blogs.allocine.fr/>)

□ **ne pas être (tout) seul dans sa tête**, loc. verb. "être un peu fou, un peu dérangé". Prise à la lettre, la locution évoque des troubles de la personnalité assez précis (voir l'exemple 2) ; on observe cependant, dans la plupart de ses attestations, qu'elle dénote simplement la folie douce ou l'absence de bon sens. ~ □ **avoir des papillons dans le compteur** ; □ **avoir une araignée au plafond** ; □ **avoir un petit vélo* dans la tête** ; □ **travailler du bigoudi***.

2. Elle s'appelle Mireille ! C'est la vieille qui tient l'épicerie du coin. Pas toute seule dans sa tête... elle ronchonne toute seule des fois. (Blog, 8 décembre 2005, <georgeet sesamis.skyblog.com/>)

3. Ils sont pas seuls dans leur tête dans le bahut [...]. Son humour était peut-être quelque peu insolent mais je ne pense pas qu'il méritait huit jours d'exclusion ! (Message, 30 mai 2006, <www.affection.org/>)

4. Le grand malade qui s'est levé un matin avec ce concept [d'un jeu vidéo] est clairement pas tout seul dans sa tête, mais on va pas s'en plaindre. (« Tests », 19 décembre 2006, <www.mondeswii.com/>)

**se boire/se manger tout seul** (et variantes conjuguées à la 3$^{e}$ personne, avec accord de l'adjectif), loc. verb.

— Pour indiquer qu'un aliment se mange ou se boit aisément.

5. J'aime bien le concept de saucisse. C'est utiliser la matière animale à son rendement optimal : trois restes de viande et de gras, un bout d'intestin et voilà ! Et pis ça a quand même souvent une texture sympa. Je veux dire, ça se mange tout seul, c'est du prémâché. (Blog, 4 décembre 2006, <vegetaline.imr-network.net/>)

— Pour indiquer qu'un aliment est un régal et, dans le cas d'une boisson, que l'on peut être tenté d'en boire plus qu'il ne conviendrait.

6. [...] la tarte aux pommes au calvados pour le dessert se mange toute seule ! (Message, 24 avril 2004, <www.restosaclermont.com/>)

7. – Oh ! c'est du sucre et du fruit [...]. Ça se mange tout seul...
– Alors, le pot [de confiture de mûres] ne va pas durer longtemps ! (G.-P. Gleize, *La Vie en plus*, 2005, p. 270, GRL)

8. Le p'tit problème du vin d'orange, c'est que ça se boit tout seul ! Si l'on n'y prend pas garde, la bouteille s'évapore le temps d'un apéro ! (Blog, 13 avril 2007, <zounetterecettes.canalblog.com/>)

9. Il faut dire que la bière maison est bonne et légère (se boit toute seule...), que l'on peut en déguster plusieurs sortes pour varier les plaisirs [...]. (*Petit Futé. Alpes 2007-2008*, 2007, p. 410, GRL)

**couler/descendre tout seul** (et variantes conjuguées à la 3e personne, avec accord de l'adjectif), loc. verb.

— Pour indiquer qu'un aliment se mange ou se boit aisément.

10. – Jamais ils mangeront ce cageot, remarqua Esprit.
– C'est ce que tu crois. Mais les huîtres, ça coule tout seul. (C. Plume, *Le Camarguais*, 1965, p. 215, GRL)

11. Mon père se laissait faire. Il tenait ses yeux fermés presque toujours. Je lui disais : « Veux-tu un peu de bouillon ? Ou de la compote ? Ça coule tout seul. Il faut que tu manges, tu guériras plus vite. » (R. Vrigny, *La Nuit de Mougins*, 1963, p. 85, GRL)

12. [...] je m'arrête près de l'un des camions qui proposent grillades, boissons, glaces... Je commande un hamburger maison, fait de saucisse grillée, ketchup, pain grillé, avec plein d'oignons [...]. C'est bien bon et avec un coca glacé ça descend tout seul vu la chaleur. (Blog, 1er mai 2003, <www.lomic-online.com/>)

— Pour indiquer qu'un aliment est un régal et, dans le cas d'une boisson, que l'on peut être tenté d'en boire plus qu'il ne conviendrait.

13. Hé bé ! elle descend toute seule la verveine espagnole. (Message, 19 décembre 2007, <www.moto-journal.fr/>)

14. Donc c'est parfois un casse-tête pour leur donner à manger [à des chats difficiles sur la nourriture]. Heureusement une fois par semaine, le samedi souvent ils ont de l'escalope de dinde [...] et là ça descend tout seul. (Blog, 16 février 2008, <histoiresdaiguilles.over-blog.com/>)

15. Attention c'est trompeur [un cocktail], ça coule tout seul. (Commentaire sur une recette de cocktail, <www.1001cocktails.com/>, consulté le 4 mars 2008)

## sévère

□ **l'avoir sévère**, loc. verb. "être (ou se sentir) victime de qqc ou de qqn et se montrer mécontent, déçu, frustré". ~ **l'avoir mauvaise ; la trouver saumâtre**.

1. Trezeguet et Raul [footballeurs professionnels] l'ont sévère de ne pas [être] appelés dans leurs sélections respectives, les deux pensent à [...] prendre leur retraite internationale. (Message, 5 octobre 2007, <www.parlonsfoot.com/archives/>)

2. En secret elle rêve d'être gogo danseuse [...] mais elle est pas assez grande, alors elle l'a sévère et elle fait la gueule. (Blog, 10 février 2008, <getdrunkordietrying.blogspot.com/>)

3. Les profs du primaire l'ont sévère (*Libération*, 2 avril 2008, p. 13 ; titre)

□ **prendre sévère**, loc. verb. "subir un échec ; être sévèrement sanctionné ; éprouver de graves désagréments". L'apparence elliptique de la locution est due à l'emploi absolu de *prendre* et à l'emploi adverbial de *sévère*. ~ □ **prendre cher*** ; □ **déguster** ; □ **écoper** ; □ **morfler** ; □ **trinquer**.

4. Hum... j'suis en L [terminale littéraire], si j'rate la philo, j'vais prendre sévère. (Message, 16 avril 2005, <www.jeuxvideo.com/forums/>)

5. Même s'il estime « avoir pris sévère » lors de sa condamnation, Stéphane dit être vacciné « de toute envie de déconner. Quand tu as été une fois en prison, tu n'as plus envie d'y retourner. La prochaine fois que je bois un coup de trop, dans la vie, je reste dormir chez le pote [...]. » (*PresseOcean.fr*, 19 décembre 2007, <www.presseocean.fr/Bracelet-electronique-la-prison-a-domicile-/>)

## Shadock

**pomper comme un/des (/les) Shadock(s)**, loc. verb. Par référence aux personnages d'un dessin animé du service de la recherche de l'ORTF, dont la première diffusion date de 1968 (les *Shadocks* devaient constamment actionner un mécanisme maintenant en l'air leur planète) ; avec jeu de mots sur *pomper* "boire" dans le second emploi.

— "pomper énergiquement, pomper à de nombreuses reprises".

1. [...] après bien des protestations, des pétitions [...] on se mit à creuser. Hélas ! arrivé à quelques mètres de profondeur, on tomba sur une nappe d'eau. Alors on se mit à pomper, pomper, pomper comme des Shadocks et les entrepreneurs s'aperçurent que si le niveau baissait celui du prix de revient montait [...]. (J. Brandicourt, *Amiens, Somme (80)*, 1972, p. 90, GRL)

2. [...] pendue au plafond, une de ces infernales lampes Coleman où il faut pomper comme un Shadock pour avoir de la lumière. (A.D.G., *C'est le bagne !*, 1988, p. 19)

3. Le skipper suisse eut, en plus, son lot de problèmes techniques : fuite des tuyaux de ballast qui l'obligèrent à « pomper comme un Shadock » [...]. (*L'Équipe*, 9 février 2005, p. 14)

— "boire à s'enivrer". ~ □ **boire comme un évier***.

4. [...] on pompe comme les shadocks quand on piccole [*sic*] et qu'on se fait une opération bourre-la-gueule. (*20 Ans*, novembre 1987, p. 102)

## si

**avec des si on couperait des arbres/du bois/des bûches** (et variantes), loc. phrast. Pour ramener à la réalité celui qui échafaude des hypothèses sans tenir compte de la réalité. Par jeu de mots sur *si* et *scie*. ~ **avec des si on mettrait Paris en (/dans une) bouteille**.

1. Il est bel et bien parti. Je ne pensais pas que ça arriverait. C'est arrivé, point. Et si, et si, et si... Je sais bien qu'avec des « si » on couperait des bûches, mais rien ne m'empêche de mettre notre séparation à profit pour me reconstruire. (C. Krug, *Demain matin si tout va bien*, 2006 [2004], p. 94)

2. Avec des « si » on couperait tellement de bois ! (C. Villa-Mele, « Les Mirifiques Aventures de maître Antifer », <www.oeildusphinx.com/antifer.html>, consulté le 4 janvier 2007)

3. « Avec des "si" on couperait tous les arbres de la forêt » / Qui n'a pas un jour dans sa vie utilisé cette expression très populaire [...] ! (Blog, 15 juin 2007, <patreunion.centerblog.net/>)

4. Ben j'ai répondu « non », mais avec des « si », on couperait beaucoup de bois. (Message, 8 février 2008, <www.accros.com/>)

## sifflet

**travail au sifflet**, loc. nom. "dans une activité rémunérée, aménagement des horaires de travail en fonction des seuls impératifs de l'employeur". Le sifflet symbolise une direction autoritaire n'admettant qu'une obéissance passive.

1. [...] le « travail au sifflet » consistant à renvoyer les salariés chez eux en cas de baisse de la production, puis à les rappeler brusquement en cas de hausse, devra être exclu. (Assemblée nationale, rapport d'information de M. Gérard Fuchs, 12 décembre 1997)

2. Veut-on des horaires qui collent parfaitement aux charges de travail ? [...] Des outils existent qui permettent de le faire. [...] Dans tous les cas, cette précision conduit à créer des emplois du temps très complexes, qui varient fortement d'une période à l'autre. Et cela a un coût : les salariés n'apprécient guère ces horaires, ils n'aiment pas le travail au sifflet, d'où des taux d'absentéisme [...] et de *turn-over* élevés dans les entreprises qui les pratiquent. (B. Girard, *Votre entreprise a signé un accord sur les 35 heures... et maintenant ?*, 2000, p. 155, GRL)

V. encore *gris*, ex. 3.

## signer

**signer à/des deux mains**, loc. verb. Pour signifier une approbation sans réserve. Attesté en 1841 (« cet étrange programme que tout le monde pouvait à coup sûr signer des deux mains », M. de Carné, *Du gouvernement représentatif en France et en Angleterre*, Paris, Olivier-Fulgence, p. 275, GRL).

1. Des cravates en grappes, des foulards de soie, et puis des innombrables pompes alignées en bas de l'immense placard mural... portes à glissières... Tout le fond de la pièce ! [...] Il a fallu qu'il touche des belles affaires, des drôles de paquets de fafiots pour s'installer, se fringuer pareil ! J'en suis ébaubi, j'en bave. Je le signe à deux mains mon engagement dans l'équipe. (A. Boudard, *La Cerise*, 1963, p. 82)

2. Certains socialistes sont imprévisibles. Battus en 1986, ils riaient. Vainqueurs en 1988, ils voudraient que l'on pleure. Et pourtant, n'aurions-nous pas tous signé des deux mains, il y a six mois, avec le dieu, ou le démon des élections, un pacte qui nous aurait promis le maintien de François Mitterrand à la présidence de la République et le départ de la droite du gouvernement ? C'est fait ! Et voilà que certains font la fine bouche, parce que nous ratons la majorité absolue de treize voix... (Lionel Jospin, dans *Le Monde*, 21 juin 1988, p. 1)

3. [...] les organisateurs [...] se déclarent prêts à signer des deux mains pour un tel succès, l'an prochain. (*Le Télégramme*, 11 août 2004)

**signer tout de suite pour qqc**, loc. verb. Pour signifier que l'on considère une éventualité comme pleinement satisfaisante. Fréquent dans un contexte sportif.

4. Les Pumas [les joueurs Argentins], eux, avaient décidé de faire fi de ces considérations arithmétiques. Pour poursuivre leur route, une victoire suffisait à leur bonheur. Le deuxième-ligne Pedro Sporleder l'avait clairement annoncé avant le match : « Même pour un point d'écart, je signe tout de suite. Les calculs, on verra plus tard. » (*Le Monde*, 19 octobre 1999, p. 5)

5. Arrivé en Lorraine au pire moment – la relégation –, le bouillant entraîneur du FC Metz a réussi là où beaucoup d'autres auraient trébuché. Depuis, « se maintenir » est sa seule ambition. « En football, il ne faut pas rêver, même si ça peut faire du bien. Je signe tout de suite pour une quinzième place [la position actuelle du club] en fin de saison », déclarait-il au lendemain de la dernière prestation de ses joueurs, défaits au Mans 2-0. (*Le Point*, 21 novembre 2003)

6. S'exprimant sur le métier d'enseignant, [il] a exprimé sa joie de l'avoir exercé : « Travailler avec les enfants [...], c'est enrichissant ; si c'était à refaire, je signe tout de suite. » (*Le Télégramme*, 4 juillet 2005)

■ **t'as signé, c'est pour en chier**, loc. phrast. Pour inviter, sans grande délicatesse, une personne à assumer les conséquences d'un engagement qu'elle a pris et dont elle regrette la pénibilité. La locution est très probablement issue du milieu militaire (voir les exemples 7, 8 et 10).

7. – T'es jamais crevé Popaul ?
– Si, mais moi je ne dis rien parce que ça ne change rien et c'est mon métier. Tu le sais bien, toi qui dis souvent « t'as signé, c'est pour en chier ». (R. Dutronc, *Il était une fois... en Mauritanie*, 1984, p. 142, GRL)

8. Au journal, certaines femmes sont montées en grade, à qui on demande, le plus souvent, de se conformer au modèle masculin. À elle, on reproche, au contraire, d'avoir de trop bons rapports avec ses collaborateurs, de prendre plaisir à travailler. Elle cite une phrase dont on appréciera l'élégance : « C'est comme dans l'armée, t'as signé, c'est pour en chier. » (F. Barret-Ducrocq et E. Pisier, *Femmes en tête*, 1997, p. 404, GRL)

9. [...] un mariage ça coûte cher et un divorce encore plus, je sais de quoi je parle. Comme on dit, t'as signé c'est pour en chier. Alors il faut réfléchir et ne pas se lancer trop vite pour ne rien regretter... (Message, 18 février 2007, <www.infos-du-net.com/>)

10. Une phrase typique de l'armée : « si t'as signé, c'est pour en chier », mais quand j'y repense, y a pas que dans l'armée que je l'ai entendue. (Message, 9 novembre 2007, <www.ame-soeur.com/>)

## silence

**silence assourdissant / assourdissant silence**, loc. nom. Pour donner à entendre qu'une chose importante n'est pas exprimée, qu'elle est passée sous silence. La locution connote le regret ou la désapprobation. Oxymoron attesté d'abord sans cette valeur dans des textes littéraires ; ainsi en 1925 (« Je parle durement aux morts parce qu'il faut leur parler dur, / Debout sur des toits glissants, / Les deux mains en porte-voix et sur un ton courroucé, / Pour dominer le silence assourdissant / Qui voudrait nous séparer, nous les morts et les vivants », J. Supervielle, « Les Colonnes étonnées, Le Portrait », dans *Gravitations*, Paris, Gallimard, coll. « Poésie », 1966, p. 90) ; voir aussi « Je suis plein du silence assourdissant d'aimer », L. Aragon, *Le Fou d'Elsa*, Paris, Gallimard, 1963, p. 90.

1. Dans ma France, ses banlieues et villes « difficiles », ce n'est pas le bruit des explosions sporadiques qui est le plus dangereux et le plus blessant pour la démocratie, c'est le silence assourdissant derrière les volets où se taisent ces hommes et ces femmes, convaincus « qu'ils n'ont rien à dire ». (Jean-Louis Borloo, dans *Le Monde*, 29 juillet 1995, p. 9)

2. Dans la rue piétonne [...] un beau député de base RPR s'en allait [...], de boutique en boutique, « expliquer » la baisse du taux du Livret A. Mais rien n'y faisait. Il avait beau « expliquer » sans relâche, on n'entendait plus que l'assourdissant silence de ses électeurs, qui était à sa manière une autre forme d'aveu. (*Le Monde*, 5 février 1996, p. 39)

3. Dimanche soir, je suis allé assister à un concert de Brian Wilson à l'Olympia. Ce concert était entouré d'un assourdissant silence médiatique. (P. Mikaïloff, *Some clichés. Une enquête sur la disparition du rock'n'roll*, 2005, p. 155, GRL)

4. Les exclusions de Juifs des différentes composantes de la Famille française, leur retranchement de la vie publique, et de la vie économique, le ralliement à la Révolution nationale établirent une sorte de SILENCE assourdissant à l'égard des Juifs. (N. Bel-Ange, *Quand Vichy internait ses soldats juifs d'Algérie*, 2006, p. 46, GRL)

**silence d'église/de cathédrale**, loc. nom. "absence complète de bruit et d'agitation ; silence profond, notamment en tant que manifestation de recueillement, d'attention ou de concentration". Attesté en 1910 (« les grandes forêts des Balkans dont son automobile trouble le silence de cathédrale », A. Hepp, *Fernand de Bulgarie intime*, Paris, F. Juven, p. 197, GRL). ~ **silence religieux**.

5. Rien. Pas un bruit. Silence d'église. Elle s'avance un peu plus pour voir de quoi y r'tourne.
Et alors, alors, il germe une autre idée dans le petit pois* à Ségolène. (J. Vautrin, *Canicule*, 1983, [1982], p. 46)

6. [...] après avoir confirmé les résultats de l'élection [municipale], il a prononcé un ultime discours dans un silence de cathédrale. (*Sud Ouest*, éd. Béarn, 19 juin 1995)

7. La ville de Chicago s'est endormie sur de beaux rêves, dimanche 1^er^ juin, aux premières heures de la nuit. [...] Michael Jordan [...] l'a soulagée d'une intense et profonde angoisse en bouclant par un panier décisif, dans l'ultime dixième de seconde de jeu, la première des sept manches des finales NBA [National Basket Association] disputée par les Bulls face aux Utah Jazz. / Deux points marqués dans un silence d'église, puis salués par un interminable hurlement d'allégresse. 84-82, un succès longtemps indécis, souvent incertain et finalement arraché d'un cheveu. (*Le Monde*, 4 juin 1997, p. 31)

8. Dans le « cube » de Jeppe Hein, exposé à Beaubourg, l'artiste danois met tous nos sens à l'épreuve. On avance prudent, zigzaguant, dans un silence d'église. Aujourd'hui, c'est un parcours « Shining » ; demain un itinéraire « Jardin à la française ». (*Télérama*, 26 octobre 2005)

9. [...] un groupe stupide profite d'un silence de cathédrale pour lancer un chant que personne ne souhaite entendre. (*Paris-Normandie*, 21 août 2006)

## singe

■ **chauve/nu comme un cul de singe**, loc. adj. "complètement chauve". Attesté en 1910 au sens de "glabre" (« tu ne m'as pas regardé ? Rasé comme un cul de singe », J.-H. Rosny aîné, *La Vague rouge*, p. 132, GRL). Par référence aux particularités anatomiques de certaines espèces de singe. ~ □ **chauve comme une boule de billard/comme mon genou/comme un œuf**.

1. Il est chauve comme un cul de singe. (R. Jouglet, *Le Mal du siècle*, 1960, p. 72, GRL)

2. [...] s'il lui avait fallu s'arracher les cheveux chaque fois qu'un de ses tauliers tournait à l'aigre, il aurait le caillou nu comme un cul de singe. (L. Calaferte, *Septentrion*, 1963, p. 171, GRL)

— EN CONTEXTE LIBRE.

3. Le poil qui vous manque donne à votre figure un aspect de cul de singe ! (R. Azais, *Requiem pour un comte défunt*, 2004, p. 100, GRL)

**cri de (/du) singe**, loc. nom. Surtout au pl. "manifestation de racisme de la part de spectateurs (lors de matchs de football), sous forme de cri imitant celui des singes, lancé à l'encontre de joueurs de couleur".

4. Contre Lille, chaque fois que je touchais la balle, les spectateurs faisaient des cris de singe [...]. (L. Thuram, dans *Le Monde*, 24 décembre 1996, p. 20)

5. [...] fachos pur jus, pratiquants assidus du salut nazi et du cri de singe [...]. (*Libération*, 21 novembre 2005, p. 42)

6. Cris de singe, jets de bananes, insultes, crachats envers les joueurs de couleur... ou l'histoire d'un racisme ordinaire qui se répand dans les stades de football en Europe. (*Le Figaro*, 2 mars 2006, p. 12)

7. [...] entendre des cris de singes tomber des tribunes dès qu'un joueur de couleur touche le ballon. (*Sud Ouest*, 19 avril 2006, p. 5)

## sinus

□ **s'en mettre plein les sinus**, loc. verb. "priser abondamment de la drogue". À comparer avec **jusqu'aux trous de nez***.

1. Le lendemain, Cyd nous amène chez des amis à elle... Cocaïne et héroïne sur la table... Traînées blanches... [...] Ils sniffent... Ils s'en foutent plein les sinus. (P. Sollers, *Femmes*, 1983, p. 392, GRL)

2. Un député centriste [italien], connu pour son engagement contre la drogue [...] a dû transporter aux urgences à cinq heures du matin une (très) jeune prostituée roumaine victime d'une overdose. [...] quand la jeune personne sort du coma, on en apprend de belles : d'abord, elle avait fait venir une copine dans la suite du parlementaire, décidément insatiable, et tout le monde s'en mettait plein les sinus [...]. (*Libération*, 11-12 août 2007, p. 23)

## six

□ **six heures et demie**, loc. Pour qualifier une absence d'érection. Métaphore de la position des aiguilles d'une pendule ; à comparer avec l'antonyme *marquer midi**.

[…] la pendule de Fanch, aux alentours de son soixantième anniversaire […] s'était bloquée sur six heures et demie. Vrai qu'il n'avait plus la tête ni le reste à ça. (H. Jaouen, *L'Allumeuse d'étoiles*, 1997 [1996], p. 111)

## sketch

□ **c'est un sketch**, loc. phrast. "c'est une (mauvaise) plaisanterie". Variante rajeunie de **c'est de la comédie ; c'est du cinéma ; c'est un gag**.

1. « C'est un sketch, ce match ! » laissait échapper le capitaine rennais […] après avoir récolté sa cinquième faute à quelques minutes du coup de sifflet final. (*24 Heures*, 17 décembre 2005, p. 17)

□ **être un sketch à soi tout seul**, loc. verb. "être drôle, exceptionnel, extraordinaire (en parlant d'une personne)". En bonne ou en mauvaise part.

2. […] si vous voulez rire, y a un resto dans le centre [de Tourcoing] près de l'église, avec un serveur qui est un sketch à lui tout seul : maladroit, blagueur, etc. (Message, 20 juin 2007, <www.concours.mobilite-territoriale.net/>)

3. Putain tu es un sketch à toi tout seul ! J'ai jamais dit qu'une idée minoritaire était fausse ! (Message, 26 juin 2007, <street-melody.forumactif.com/>)

□ **halte au sketch**, loc. interj. Pour inviter quelqu'un à changer de comportement, à cesser de tenir des propos exagérés ou inacceptables. ~ **arrête ton cinéma**.

4. […] plus ça change, plus il faut payer cher, plus il faut que tout un chacun, particulièrement les classes moyennes […] mettent la main à la poche pour aider les plus défavorisés, les plus démunis, les plus faibles […]. S'il existait une opposition en France, on la verrait monter au créneau* pour crier : halte au sketch, halte au misérabilisme, halte à cette mendicité par procuration. Nous sommes déjà suffisamment sollicités de la sorte dans le métro par de vrais mendiants. (*L'Insolent*, 9 mars 2001, <www.europelibre.com/>)

5. […] Ford [le constructeur d'automobiles] rêvait d'un félin bondissant sur les grilles de départ. Il n'aura aligné [au Grand Prix de Formule 1 en 2004] qu'un matou neurasthénique, une danseuse aux pieds plats à l'entretien devenu déraisonnable. Halte au sketch ! Mi-septembre, 2004, le géant américain quittait la F 1. (*Le Figaro*, 10 mars 2005, p. 31)

— VARIANTE. □ **ça suffit le sketch**.

6. Là, le grand con dit, perdant patience lui aussi : « Bon, ça suffit le sketch. C'est quoi cette histoire d'enchères ? Ce sera pour acheter quoi ? » (L. Chalumeau, *Les Arnaqueurs aussi*, 2007, p. 370)

## ski

**croiser les (/ses) skis**, loc. verb. "commettre un erreur". Du vocabulaire du ski, où pareille situation (sauf quand elle évoque une figure acrobatique) fait chuter le skieur. La métaphore, qui fait partie de l'argot des motards (voir l'exemple 1), a quelque peu pénétré la langue quotidienne. ~ **se mélanger les pédales ; se planter**.

1. Le parisien Laurry Fremy (N° 91), loupe son freinage dans le même virage « J'ai croisé les skis et ma moto s'est relevée » explique-t-il. (Message, 19 octobre 2005, <www.cybermotard.com/>)

2. BONGOS [le module d'extension d'un logiciel] semble en effet correspondre a mon idée. Par contre je vais jouer le lourd en sollicitant un p'tit tuto [tutorial "guide"] d'installation, histoire de pas « croiser les skis ». (Message, 16 novembre 2006, <forum.judgehype.com/>)

**mes skis se croisent**, loc. phrast. Pour rejeter avec ironie le côté aventureux d'une proposition.

3. Face à l'idée de « rallonger de six mois la période de référence des jours de RTT 2007 jusqu'au 30 juin 2008, mes skis se croisent », s'est exclamé Mme Parisot [présidente du MEDEF, "Mouvement des Entreprises de France"]. (*Agence France Presse*, 18 décembre 2007)

## slip

□ **c'est la fête du slip**, loc. phrast. Symbole de la détente sans retenue, du défoulement. L'origine de la locution est mal établie : « d'où vient l'expression "fête du slip" ? Après enquête, on hésite toujours entre souvenirs de chambrée militaire et évocation de fêtes organisées dans les slipways, ces cales de lancement de navires qui, lorsqu'elles sont à sec, sont transformées en immenses clubs » (*Libération*, 20 juin 2006, p. 20).

1. Dans *Nadia se marie* [...] Titeuf a décidé de passer la vitesse* supérieure et de sortir avec cette peste de Nadia, dont il est malheureusement amoureux. Une chose est sûre : ça va pas être la fête du slip. (*L'Express*, 6 septembre 2004, p. 54)

2. la TNT c'est pas la fête du slip, c'est sûr... mais Direct 8 est parfois pas mal, ils ont une émission littéraire (le mercredi ?) qui n'a rien à envier à celles des hertziennes, c'est-à-dire qu'elle est pas fabuleuse mais elle se laisse regarder. (Message, 30 novembre 2005, <blogtv.telerama.fr/>)

3. Pour la troisième année consécutive, voici la fête nationale du slip, qui exalte l'expression c'est la « fête du slip », symbole de lâchage total. (*Libération*, 20 juin 2006, p. 20)

4. [...] la directrice Manu qui, lorsque les enfants [d'un centre de loisirs] étaient trop dissipés, disait : « C'est pas la fête du slip ici ! » (*La Nouvelle République*, éd. Vienne/Poitiers, 8 septembre 2006, p. 9)

— □ **c'est la fête à son slip**, loc. phrast. Variante actualisée. Pour signifier qu'une situation est exceptionnellement bonne.

5. [...] compte dix départs par jour [d'un hôtel de luxe] en moyenne. Vingt ou trente mille euros par client. [...] Les bonnes journées, alors là, laisse tomber. Des Russes ou des Emiratis qui sont restés deux jours, là, l'autre [le directeur de l'hôtel], lui, c'est la fête à son slip. (L. Chalumeau, *Les Arnaqueurs aussi*, 2007, p. 12)

□ **claquer du slip**, loc. verb. "être remarquable". ~ **formidable / géant / génial / super ; en jeter**.

6. [...] je suis fan de cette chanson ! Elle claque du slip ! (Message, 7 juillet 2006, <kib2.free.fr/>)

## soigner

**mais je me soigne**, loc. phrast. Pour indiquer que l'on tente de modifier sa manière d'être, de se corriger. Souvent par antiphrase. *Je suis timide… mais je me soigne* est le titre d'un film de Pierre Richard (1978) et *La télé rend fou mais je me soigne* le titre d'un essai de Bruno Masure (1988).

1. Dans la famille, nous avons le sens du sacrifice. Moi aussi. Mais je me soigne. C'est chiant les gens qui se sacrifient pour vous ; vous leur devez tout et ils vous reprochent le moindre abandon. (H. Dreikaus, *Le Monde d'Huguette*, 1997, p. 29)

2. – Vous proposez à Arles plusieurs expositions en noir et blanc dont les images remontent souvent aux années 60 ou 70. Avez-vous la nostalgie de cette période ?
– Sans doute, mais je me soigne. (Raymond Depardon, dans *Le Temps*, 8 juillet 2006)

— **mais moi je me soigne**, loc. phrast. Riposte par laquelle on se blanchit d'un reproche fait par l'interlocuteur, en lui suggérant qu'il n'est pas à l'abri de ce qu'il dénonce chez autrui.

3. – Eh bien, on peut dire que vous n'êtes pas d'un naturel curieux !
– Si, mais je me soigne, moi ! lança-t-elle avec un air de défi. (D. Chifflot, *Un raccourci saisissant*, 2000, p. 101)

## soir

**pas ce soir, chéri**, loc. phrast. Cliché dénotant le manque de libido d'une femme, fréquemment assorti d'une explication destinée à masquer le véritable motif du refus (**j'ai la migraine/mal à la tête**, etc.).

1. […] ce benêt mangé par ses draps, […] ce pauvre type qui encaisse sans se plaindre mes : « Non, pas ce soir, je suis fatiguée », […] ce mari à la noix […]. (C. de Rivoyre, *La Mandarine*, 1972 [1957], p. 122)

2. Je marche sur des nuages doux comme des agneaux. Parfois je me torture pour lui faire le coup du « pas ce soir chéri ». Pas de plaisir sans peine ni de passion sans frustration. Élémentaire mon cher Watson. (E. Hanska, *Les Amants foudroyés*, 1984, p. 74)

3. Le sexe guérit même le mal de tête, si l'on en croit une étude de la Rutgers University (New Jersey), estimant que l'effet d'un orgasme est identique à celui de deux aspirines. Car, durant l'acte sexuel, le cerveau produit en abondance des endorphines, équivalents naturels des opiacés comme la morphine, qui ont un puissant effet analgésique et relaxant. Voilà enfin un argument imparable pour répondre à la fameuse phrase : « Pas ce soir, chéri, j'ai la migraine »… (*L'Express*, 16 août 2004, p. 50)

4. Poupée gonflable Winnie / Description : Elle ne vous fera jamais le coup de la migraine ni du « non, chéri pas ce soir ! ». Elle est belle, pulpeuse, douce, offerte et toujours consentante. Elle est coquine et sensuelle en diable. 69,00 € (« Gadgets », <www.sexyharmonie.com/>, consulté le 17 janvier 2007)

— De la part d'un homme, avec des connotations ironiques liées aux stéréotypes masculins : **pas ce soir, chérie…**

5. Pas ce soir, chérie, il y a les Jeux à la télé ! (Légende d'un dessin humoristique de Martirena, dans *Courrier international*, 17 août 2004)

6. Merci à Matthieu de nous avoir envoyé sa photo avec son super T-shirt personnalisé « Pas ce soir chérie, il y a match ». (Message, 26 avril 2007, <tshirt.ctonstyle.fr/>)

## solitude

**un grand moment de solitude**, loc. nom. Moment de gêne intense, de honte, précisément lorsque l'on n'est pas seul mais sous le regard, parfois critique, d'autrui. Emploi paradoxal par rapport au sens de base de la locution ("situation d'abandon, de déréliction"), lequel reste de loin le plus usuel. ~ **ne plus savoir où se mettre**.

1. Le buraliste ne panique pas et se sert de ce qu'il a sous la main pour se défendre, en l'occurrence un balai. Dans ce grand moment de solitude, le jeune homme [un braqueur] essaie quand même dans un dernier élan de s'emparer de la caisse. Mais Denis ne le laisse pas faire et lui donne des coups de balai. Le butin échappe alors aux mains du braqueur. (*Le Progrès*, Rhône, 6 février 2004, p. 14)

2. Ce qui la guette [une conseillère à l'emploi], c'est plutôt un ras-le-bol diffus. « Sur 15 personnes dans la matinée, je peux rendre un service à l'une, zéro aux autres. Je passe par tous les stades psychologiques. » Pour peu qu'entre deux l'informatique plante, qu'il n'y ait plus d'argent pour une formation proposée deux jours auparavant… et c'est le grand moment de solitude. (*L'Express*, 23 mars 2006, p. 124)

3. Un grand moment de solitude comme lorsqu'on découvre que la chaussette qu'on a mise est trouée, et qu'elle est dans l'étrier du gynécologue. (Blog, 5 janvier 2007, <feeine.canalblog.com/>)

## solo

**en solo**, loc. adv., loc. adj. "seul". Du langage de la musique et des spectacles.

1. Le train repart. On tire nos bottes et on s'allonge, chacun sur une banquette, de tout notre long. On se prélasse en solo dans le compartiment vide. (B. Blier, *Les Valseuses*, 1989 [1972], p. 70)

2. Maintenant j'ai une belle chaîne avec cœur stéréo et j'écoute en sourdine en douce et en solo les rengaines que t'aimais. (E. Hanska, *J'arrête pas de t'aimer*, 1981, p. 92)

3. L'assistant maternel profite des conseils avisés de sa moitié, non sans avoir auparavant tenté une expérience en solo. (*Sud Ouest*, 25 janvier 2007)

— PAR RESTRICTION "qui vit seul(e) ; célibataire".

4. Vivre en solo, oui, mais pas seul. Plus sociables que jamais, les célibataires en profitent pour se faire plein d'amis. (*L'Express*, 16 février 2006, p. 24)

5. Les adeptes de la vie en solo [titre]. Ils sont plus de 8 millions en France, encore montrés du doigt alors que pour beaucoup il s'agit d'un statut consenti. Les nouveaux solitaires vivent seuls et revendiquent ce choix, loin de la vieille fille ou du vieux garçon du siècle dernier qui subissait son sort. (*Le Monde* 2, 10 novembre 2007, p. 27)

V. encore *blues*, ex. 4.

## soluble

groupe nominal + **est-il (/elle) soluble dans** + groupe nominal **?** loc. verb. Pour (s') interroger sur la compatibilité entre deux choses.

1. La démocratie est-elle soluble dans le monde chinois ? (*La Croix*, 3 octobre 1996, p. 28)

2. Le marxisme est-il soluble dans la cocaïne ? L'arrestation en Colombie d'un baron de la drogue brésilien pourrait bien apporter la preuve définitive que les forces armées révolutionnaires de Colombie (FARC) sont plus engagées dans le trafic international de substances illicites qu'elles ne veulent bien l'avouer. (*Le Monde*, 26 avril 2001, p. 5)

3. Les hommes deviendraient-ils solubles dans la mode ? (*L'Express*, 18 septembre 2003, p. 48)

4. La corrida est-elle soluble dans le théâtre ? Sans doute pas, tant elle constitue déjà un rituel théâtral complexe intransposable. (*Libération*, 12 mai 2004, p. 33)

V. encore *truelle*, ex. 2.

## sortie

**sortie de route**, loc. nom. "échec, défaite". Métaphore de *sortie de route* "fait pour un véhicule de quitter accidentellement la route".

1. Le défenseur central [de l'équipe de France de football] [...] se délecte à l'avance de la suite du tournoi qui condamne les perdants à une sortie de route irrémédiable. (*Le Monde*, 27 juin 1998, p. 4)

2. [...] le Dow Jones a battu jeudi un nouveau record. Cette nouvelle série de résultats n'a toutefois pas été exempte de sorties de route. (*Investir Hebdo*, 28 octobre 2006)

3. Cela sent l'écurie. La fin du spectacle et l'entrée dans l'ère de la nécessaire réconciliation qui devra suivre la longue [...] campagne d'investiture socialiste [...]. Comme si [...] tous avaient saisi qu'à continuer à ce degré d'animosité les socialistes risquaient la sortie de route. (*Libération*, 8 novembre 2006, p. 3)

## sortir

**sorti de là**, loc. adv. "cela dit, à part ça". Attesté en 1903 (« avec sa morgue et ses prétentions vocales, le baron des Atours est bien ridicule, mais sorti de là, il faut dire, pour être juste, qu'il est un brave homme », J.-K. Huysmans, *L'Oblat*, Paris, P.-V. Stock, p. 316, GRL).

1. C'était un cas. Sorti de là, rien dans le citron, un con 100 %. (Bayon, *Le Lycéen*, 1987, p. 375)

2. Ce que l'on peut en dire [des mégalithes] est assez succinct et facilement résumable par une phrase de Flaubert qui en son temps visita Carnac : les pierres de Carnac sont de grosses pierres. Sorti de là, on a pu retrouver sous certains sites des ossements, ce qui a parfois fait penser qu'il s'agissait de sépultures [...]. (V. Ravalec, *Nouvelles du monde entier*, 2006 [2004], p. 205)

**sortir couvert**, loc. verb. "utiliser un préservatif (en parlant d'un homme)". ~ **mettre un chapeau**.

3. [...] grande distribution de préservatifs de façon à, comme dirait l'autre, « sortir couvert ». (*Sud Ouest*, Sarlat, 1er décembre 2001)

4. Qui doit accumuler les fantasmes sexuels désormais interdits ? Qui doit sortir couvert et baiser capoté ? (M. Lermite, *Grosse flemme et petit coup de blues*, 2005, p. 23, GRL)

5. Le pharmacien rappelle aussi : « Ces distributeurs [de préservatifs] ont une mission de prévention [...] et n'ont pas été installés pour faire du profit. Aujourd'hui plus que jamais il est important de sortir couvert. » (*Ouest France*, 19 octobre 2005)

6. [...] ne pas fumer, ne pas boire, ne pas conduire vite, sortir « couvert » [...]. (*Libération*, 19 avril 2006, p. 6)

— PAR JEU DE MOTS.

7. [...] il a lu sur un panonceau de bienvenue [dans un magasin] « La syphilis est de retour », suivi de quelques vagues conseils pour se prémunir. C'est vrai qu'avec le temps qu'il fait en ce moment, il vaut mieux sortir couvert. (*Sud Ouest*, Auch, 25 juillet 2002)

**souci**

**avoir un souci (avec qqn ou qqc)**, loc. verb. "éprouver une difficulté". ~ **avoir un problème (avec qqn ou qqc)**.

1. – [...] Vous l'avez rejeté [un chèque] et je vais avoir comme un petit souci... (P. Pellerin, *Tout va bien*, 2001, p. 13)

2. – [...] Belle comme elle est, pourquoi il n'en veut pas, Edgar ? Tu sais, toi ?
– La seule fois où j'en ai parlé avec lui, il m'a répondu qu'elle avait un souci côté sexe.
– Tu crois qu'elle est frigide ? (C. Krug, *Demain matin si tout va bien*, 2006 [2004], p. 43)

3. Cette vie à la campagne peut paraître idyllique. J'aime bien ma guinguette, les clients sont sympas. Je suis indépendante, je n'ai pas d'employeur sur le dos. Mais j'ai un gros souci, je suis devenue depuis quelques mois la bête noire de la maire. (*Libération*, 18 octobre 2004, p. 4 ; témoignage)

— **(il) y a un souci**, loc. verb. "il y a une difficulté". ~ □ **il y a un lézard** ; □ **(il y a) un os dans le boudin*** ; ■ **(il) y a une couille dans le pâté*/dans le potage*** ; **il y a un bug***.

4. [...] dès qu'il y avait un souci du type flic en tournée ou vieux blaireau qui veut jouer les justiciers, il [un voleur] mettait en branle ses longues jambes pour décamper rapidos. (C. Montana, *Carla on my mind*, 2005, p. 10)

— **(y a) pas de souci**, loc. phrast. "il n'y a pas lieu de s'inquiéter". Abondamment utilisé depuis quelques années à la place de **y a un problème / (y a) pas de problème**. ~ □ **ça craint pas** ; □ **no problem** ; □ **no problemo*** ; □ **t'inquiète**.

5. Les Mogs et KRO Kc étaient à l'affiche du centre d'animation, samedi soir. Un concert avec les régionaux de l'étape pour chauffer la salle [...]. Vous voulez des décibels ? Pas de souci, nous en avons en magasin et dans l'arrière-boutique. (*Sud Ouest*, Cognac, 1er novembre 1994)

6. « Les réserves... » il soulève un sourcil, esquisse un sourire entendu, « il n'y a pas de souci, ça regorge, une vraie mine d'or... » (G. Phélip, *Kanaky Kanaky Kanaky*, 2001, p. 60, GRL)

7. Alors, on sèche l'atelier, ma vieille ? [...] T'en fais pas pour ta flemmingite aiguë. Le chef, pas de souci, je l'ai dans la poche. (O. Gosse, *Tralala...*, 2004, p. 25)

V. encore *chambre*, ex. 3.

∞ □ **no souci** (/**soucy**), loc. phrast. Variante du précédent. Franglais ludique. Le substantif est souvent prononcé à l'anglaise, [susai] ou encore [susɑj], comme le suggèrent les graphies des exemples 9, 10 et 12. *No soucy !* est le titre d'un album d'Ophélie Winter (1996). Cf. □ **no problem** et □ **no problemo***.

8. [...] il s'agit de viser l'objectif « zéro stress » ou « no souci » ! Le client doit se sentir bien, car le bien-être conditionne ses achats... et leur montant ! (*L'Entreprise*, 1er mai 2002, p. 40)

9. Entre deux tâches d'apprenti-ouvrier agricole sur TF1, le fort sympathique Jordy (Jordaille ?), affirme toujours qu'il n'y a « pas de souci », donc, en français, « no souçaille ». Mais ça doit quand même être dur* dur, voire duraille, de devenir un fermier après avoir été un enfant star (in french, baby star) à l'âge de cinq ans... (*Le Progrès*, 9 mai 2005, p. 28)

10. La maîtresse m'a remis son cahier de dessin et de nouveau elle me note : très lente ! [...] Pour le reste, no souçaï. Visiblement donc ça va, on s'en sortira [...]. (Message, 9 février 2007, <forum.magicmaman.com/>)

11. Il y a deux ans, elle travaillait comme hôtesse d'accueil [...]. Et elle avait envoyé sa photo à la boîte de production de « L'Ile de la Tentation ». Elle espérait être choisie comme tentatrice. « Lorsqu'on m'a rappelé, j'avais rencontré Olivier », précise-t-elle. No soucy ! La belle blonde de Ferney-Voltaire et son chéri, mécanicien auto à Meyrin, sont « engagés » pour se mesurer à la tentation. (*La Tribune de Genève*, 17 septembre 2007, p. 25)

12. – Et pour rentrer, après ?
– No soussaille ! J'me débrouille. Biz. (J. Bouchon, *La Vie avant soi*, 2008, p. 159, GRL)

**poser un souci**, loc. verb. "créer une difficulté". ~ **poser (un) problème**.

13. « Hugues [un enfant handicapé] suit une scolarité normale. Depuis la maternelle, les écoles de Biganos ont tout fait pour s'adapter. Reste que le transport pose un souci particulier. » (*Sud Ouest*, Bassin d'Arcachon, 30 novembre 2004)

## souffler

**ça ne se fait pas en soufflant dessus**, loc. phrast. "cela ne se fait pas tout seul ; cela demande un effort". Attesté en 1895 (W. Gottschalk, *Die sprichwörtlichen Redensarten der französischen Sprache*, Munich, M. Hüber, 1930, p. 157).

1. – Toute une vie à se crever pour en arriver là...
– Tu n'es pas le seul. Et ceux qui n'ont pas de jardin sont plus à plaindre que nous.
– Le jardin, il ne se fait pas en soufflant dessus. (B. Clavel, *Les Fruits de l'hiver*, 1968, p. 9, FT)

2. – Quand est-ce qu'on mange ?
– Chaque chose en son temps. Un pot-au-feu, ça s'fait pas en soufflant dessus ! (O. Barbesolle, H. Coupé, *Les Sans-amour*, 2000, p. 415, GRL)

3. Les gosses du quartier [...] ont décidé de prendre en charge l'organisation complète d'un thé dansant pour les plus anciens [...]. Mais pour des gosses de 9 à 15 ans, ce genre de manifestation ne se fait pas en soufflant dessus. (*Sud Ouest*, Saint-Jean-de-Luz, 19 février 2002)

## soupe

**aller à la soupe**, loc. verb. "se rallier au pouvoir en place, en dépit des opinions qu'on affiche, afin de profiter des avantages matériels qu'offre une telle attitude". S'il n'est peut-être pas le créateur de cette expression, de Gaulle a du moins contribué à sa diffusion dans les années 50. ~ **par ici la bonne soupe**.

1. [...] ce qui avait frappé le Général, ce qui l'avait amené à dissoudre par la suite le RPF [parti politique du Rassemblement du peuple français], ç'a été, bien sûr, l'éclatement de ses élus, le fait que, comme il l'a dit, par une expression qui a été souvent reprise, ils soient allés « à la soupe » [...]. (E. Michelet, *La Querelle de la fidélité. Peut-on être gaulliste aujourd'hui ?* [Entretiens avec A. Duhamel], 1971, p. 90, GRL)

2. « L'entourage de Le Pen est corrompu et détraqué », a déclaré Jacques Médecin au *Quotidien.* « Les amis de Le Pen ne sont jamais allés à la soupe. Tout le monde ne peut en dire autant chez Médecin », a répondu Jean-Pierre Stirbois. (*L'Événement du jeudi*, 5 décembre 1985, p. 19)

3. Les automnes littéraires se suivent et se ressemblent, auxquels tous les ans, en novembre, l'attribution d'une série de « prix » met un point final. [...] Il est regrettable [...] que des écrivains de race, usés par des années de méconnaissance acharnée, choisissent au bout du compte d'aller à la soupe comme n'importe quel littérateur à gages. (Max Genève, dans *Le Monde*, 14 novembre 1998, p. 15)

## sourire

□ **sourire à quatre quatre-vingt-dix (/quatre quatre-vingt-quinze) ; sourire à quatre-vingt-quinze**, loc. nom. Pour qualifier un sourire de façade.

1. Au comptoir, une petite pépée brune [...]. Elle nous fait un sourire à quatre-vingt-quinze.
– Et pour ces messieurs, ce sera ? (A. Bastiani, *Arrête ton char, Ben hur !*, 1954, p. 125)

2. – C'est marrant, chéri, depuis que les gens de l'immeuble savent qu'on est ensemble, ils ont plus de respect pour moi et me saluent dans l'escalier en me faisant un sourire à quatre quatre-vingt-dix. (J. Risser, *Le Bada*, 1971, p. 40)

3. Chez les dames régnaient le sourire à quatre quatre-vingt-quinze et la robe de lamé. (M. Bédu, *La Vie dure*, 1973, p. 118)

4. Elle lui balança son sourire à quatre quatre-vingt-quinze en pleine poire pour le remercier. (A. Le Breton, *2 sous d'amour*, 1906, p. 090)

V. encore *vainqueur*, ex. 1.

**sourire Aquafresh ; sourire Ultrabrite (/Ultrabright)**, loc. nom., loc. verb. Le second élément est souvent sans majuscule. "(arborer un) sourire éclatant – et commercial – comparable à celui des affiches, photos et films publicitaires pour des dentifrices". *Aquafresh* et *Ultrabrite* sont des noms déposés. Locutions nouvelles venues dans le paradigme **sourire Colgate** et **sourire Gibbs**, qu'elles rajeunissent.

— EMPLOI NOMINAL.

5. [...] le sourire Ultrabright, sous des sourcils ultrablonds [...]. (*Libération*, 27 juin 1988)

6. Comme d'hab, [l'élection à la télévision de] miss France est insipide et ce fut un beau défilé de courges, c'était que du bonheur* que d'entendre leurs réponses débiles et de voir leur sourire aquafresh… (Message, 4 décembre 2005, <rase-toi-les-pattes.hautetfort.com/>)

7. Une pléiade d'artistes plus ou moins talentueux et au sourire « ultrabrite » s'est produite dans des costumes impeccables, au milieu de décors superbes et sous des lumières étincelantes. (*L'Humanité*, 13 avril 2006)

8. […] le beau Markus et son torse bronzé, obnubilé par cette Sara à laquelle il jette de grands sourires Aquafresh […]. (K. Mazetti, *Entre Dieu et moi, c'est fini*, 2007, p. 12)

— EMPLOI VERBAL.

9. Dans *La Petite Maison dans la Prairie*, on coupe du bois, on se jette un coup d'eau froide sur un torse poilu et musclé, on sourit ultrabrite […]. (Message, 29 novembre 2006, <lameilleurefacondemarcher.over-blog.com/>)

10. James Franco sourit aquafresh tout du long [dans un film]. (Message, 6 mai 2007, <bytournel.free.fr/>)

■ **sourire en cuisses ouvertes**, loc. nom. "sourire aguichant et hardi qu'une femme adresse à un homme". ~ ■ **avoir le cul* dans l'œil/dans les yeux** ; ■ **avoir les yeux qui sentent le cul*** ; ■ **avoir les yeux qui crient braguette***.

11. – […] j'ai écrit par la suite un roman définitif […].
– J'ai envie de le lire, moi, ce roman définitif, dit Simone avec un sourire en cuisses ouvertes […].
– Si une femme le demande, alors c'est différent, dit Renaud […]. (C. Rochefort, *Le Repos du guerrier*, 1965 [1958], p. 151-152)

12. Même si je dois être le seul dans mon siècle, je hais les minijupes, les décolletés plongeants et les sourires en cuisses ouvertes de celles qui les portent. (*Création-réaction littéraire*, « Et se meurt l'espoir vert… », texte de Brigitte Niquet, 11 septembre 2002, <pleutil.net/>)

13. C'est pas papa qui laisse maman, c'est les deux qui ont décidé de se quitter ensemble.
Angélina, la serveuse, celle qui lui fait des sourires en cuisses ouvertes comme dit ma mère quand elle s'amuse à faire sa jalouse, est venue nous débarrasser de nos restes de pizzas froides. (C. Gars, *Avec l'un sans l'autre*, <www.e-dito.com/>, consulté le 6 décembre 2007)

**sourire (numéro) un/deux/trois**, etc., loc. nom. "sourire épanoui, engageant ou aguichant". Attesté en 1878 (« Quand le duc le veut, il éteint à demi ses yeux, et met sur ses lèvres son sourire numéro un », F. Platel, *Portraits d'Ignotus*, Paris / Meaux, Impr. de C. Cochet, p. 174, GRL).

14. – C'est pour un cadeau ?
– Oui.
– De mariage ?
– Oui, non, je ne sais plus. D'anniversaire.
– Les messieurs ne savent jamais très bien (un sourire un peu plus gai, le sourire numéro deux du catalogue). (F. Weyergans, *L'Opération*, 1968, p. 283, GRL ; dialogue entre un client et une vendeuse)

15. « Voyez, ici, c'est ma nièce, la photo est prise à la clinique », le photographe a exigé sourire numéro un, madame, jeune mère radieuse et épanouie, sourira moins

quand le braillard la réveillera en sursaut cinq ou six fois par nuit. (M. Viviez, *La Fête des mères*, 1978, p. 149, GRL)

16. J'ai mon beau sourire numéro 3, celui du grand étudiant navré, un peu dans la lune [...]. (« Plans drague : tous les trucs des mecs », avril 2003, <www.cetteadresse comportecinquantesignes.com/>)

17. Un grand gaillard me fait signe de le suivre et m'indique un petit bâtiment un peu plus loin. Je lui fais mon sourire numéro 5, et me dirige vers la bicoque blanche à 2 étages. / Une chouette petite poupée brune m'accueille [...] et me dit quelque chose que je crois comprendre comme m'installer. J'obtempère en lui faisant mon sourire numéro 2, celui avec les dents blanches où l'on se voit même dedans. (Message, 25 juin 2006, <www.francemanager.net/>)

18. [...] j'avais senti que le jeune monsieur était sensible à mon sourire numéro neuf. (Blog, 4 novembre 2006, <nevrosia.blogspot.com/>)

19. Elle lui adressa un sourire de vendeuse, celui qu'elle adressait aux nouveaux clients, le sourire « 3 bis », comme elle disait en plaisantant à ses amis quand elle parlait de son métier. (R. Belletto, *Régis Mille l'éventreur*, 2008, p. 140)

## souris

**petite souris**, loc. nom. Image de l'observateur discret, dont la présence ne modifie en rien le déroulement des événements auxquels il assiste. Notamment dans la formule **je voudrais bien être une petite souris pour** + verbe. Attesté en 1861 (« La Valette, me dit-on n'est pas encore parti. La conversation qu'il aura avec Sa Majesté avant de se mettre en route serait curieuse à écouter, et je voudrais être une petite souris pour les entendre », P. Mérimée, *Lettres à Panizzi*, 28 septembre, Paris, C. Lévy, 1881, t. 1, p. 227, GRL).

1. Dieu sait que cela vous coûte un effort inouï de ne pas être une petite souris assistant à la scène qui va se dérouler chez vous. (N. de Buron, *Qui c'est, ce garçon ?*, 1986 [1985], p. 219)

2. « Tout se passe dans la classe ! » ne cesse de répéter – à l'occasion – François Bayrou, ministre de l'Education nationale. Alors rien de tel que d'être là, petite souris, arpentant les couloirs d'un établissement, et d'épier, à travers portes et fenêtres, les bruits et chuchotements d'un collège. (*Le Monde*, 19 septembre 1994, p. 35)

3. Quel dispositif ! Comme on eût aimé assister en petite souris aux réunions d'état-major de TF1, échafaudant le déploiement de surveillance de l'éclipse. (*Le Monde*, 16 août 1999, p. 2)

4. Pour me faire plaisir, il [François Mitterrand] m'a emmenée à des déjeuners avec Françoise Sagan ou Milan Kundera. J'assistais à leurs conversations en petite souris. Lui était de plain-pied avec eux, ils parlaient la même langue. (Mazarine Pingeot, dans *L'Express*, 5 janvier 2006, p. 72)

## soutien-gorge

**menteur comme un soutien-gorge**, loc. adj. "particulièrement menteur". Par référence aux apparences parfois trompeuses que favorise ce sous-vêtement. Attesté en 1936 (« Sournois et menteur [...] comme une douzaine de soutiens-gorge... », L.-F. Céline, *Mort à crédit*, p. 853, FT).

1. Saint-Tropez est la seule plage où la conversation soit une attraction. [...] Le dernier chef-d'œuvre : « Il est menteur comme un soutien-gorge ». (*Paris Match*, 16 août 1958, p. 41)

2. Le prévenu se calme d'un coup, sourit, se tapote le bras du tranchant de la main [...] et promet, menteur comme un soutien-gorge :
– J'ai essayé de marcher dans vos conneries, Juge, de faire les mêmes grimaces que vous... [...] Mais maintenant, basta ! Ciao ! Et se tournant vers les flics, il leur adresse un salut décontracté, style italo-américain. (A. Spaggiari, *Journal d'une truffe*, 1983, p. 301, GRL)

3. [...] l'expression « menteur comme un soutien-gorge » [...] est facile à analyser [...] on en déduit qu'il peut y avoir tromperie sur la marchandise et que le contenant cache parfois un contenu laissant à désirer. (*Sud Ouest*, 17 août 1997 ; lettre d'une lectrice d'Anglet)

## speed

□ **sous speed**, loc. adj., loc. adv. "comme sous l'effet d'un psychostimulant, d'un produit dopant". *Speed* désigne les stupéfiants appartenant à la catégorie des substances stimulantes, comme les amphétamines ou la cocaïne. ~ □ **sous amphétamines*** ; □ **sous amphètes*** ; **speedé**.

1. La mode dans le métro en ce moment, c'est le combat de regards. Le mec se plante dans ton champ de vision et il te fixe. Droit dans les yeux. Longtemps. Avec une totale concentration. Un peu comme une vache normande presbyte, mais sous speed. Le but : te faire baisser le regard. (Message, 2 avril 2004, <20six.fr/maia/>)

2. Il arrive que l'émission *les Maternelles*, sur France 5, oscille entre le badinage matinal autour de la machine à café et une cour de récré aux allures de poulailler sous speed. (*L'Humanité*, 9 décembre 2004)

3. [...] une vision sous speed d'une société en pleine déliquescence [...]. (*Libération*, 28 octobre 2006, p. 28)

## stand-by

**mettre en stand-by ; être en stand-by**, loc. verb. "mettre en attente, suspendre ; être en attente, en suspens". Du vocabulaire des compagnies d'aviation. ~ **être/mettre en mode veille*** ; **être/mettre en sommeil/en veilleuse**.

1. [...] une bande de (jeunes) copains qui ont décidé de faire bouger le village [...] : « Faire sortir les gens. Arrêter d'être en stand-by, sortir de la simple logique de consommation, mais au contraire être acteur », expriment-ils. (*Sud Ouest*, éd. Lot-et-Garonne, 13 août 2001)

2. Le président a indiqué que le club [de fléchettes], mis en « stand-by », participerait tout de même aux tournois départementaux et régionaux [...]. (*Le Télégramme*, 16 septembre 2005)

3. La population [de Bertholène, Aveyron] se mobilise immédiatement contre ces Ecossais qui ont la permission d'exploiter une concession minière abandonnée depuis cinquante ans. Aujourd'hui, le projet est en stand-by, mais l'entreprise est déterminée à aller jusqu'au bout. (*Libération*, 25 mai 2006, p. 8)

4. Monica n'était pas descendue pour dîner [...], Jorge n'était pas sûr que ce soit une bonne idée d'aller frapper à sa porte, comme ça, pas invité. Donc un peu en *stand-by* au niveau de ses amours et du coup profitant pour régler ses affaires. (L. Chalumeau, *Les Arnaqueurs aussi*, 2007, p. 230)

— **mise en stand-by**, loc. nom. "suspension d'une activité".

5. Une réflexion est engagée sur les animations [...] et les marchés nocturnes ou Toiles de Loire qui concourent au dynamisme local [de Langeais]. Pour celles-ci, une mise en « stand-by » est envisagée pour une recherche de formule plus adéquate. (*La Nouvelle République*, éd. Indre-et-Loire/Chinon, 25 janvier 2006, p. 11)

6. [...] la mise en stand-by du ramassage des vieux journaux [...]. (*Le Télégramme*, 24 juillet 2006)

## stéroïde

□ **sous stéroïdes**, loc. adj., loc. adv. "comme sous l'effet d'un produit dopant". Par référence à l'usage d'anabolisants chez certains athlètes pour augmenter la masse musculaire.

1. C'est la blague d'un Américain qui voulait se payer la tour Eiffel. Sauf qu'elle est vraie. Et la tour se dresse bien [à Las Vegas] au beau milieu de ce no man's land dont les Américains ont fait leur terrain de jeux favori. Elle [...] côtoie un Arc de triomphe posé au bord du Strip, ces Champs-Elysées sous stéroïdes où défilent nuit et jour des touristes en shorts, T-shirts et sandales, la banane autour de la bedaine. (*Libération*, 1^er^ septembre 1999)

2. Partisan de la guerre contre l'Irak, il [Rupert Murdoch] a fait donner le « Sun », le tabloïd qui met l'actualité sous stéroïdes, contre la France de Jacques Chirac. (*Les Echos*, 28 mars 2003, p. 11)

3. L'économie mondiale devra progressivement s'habituer, en 2004, à vivre dans un environnement monétaire et budgétaire beaucoup moins stimulant – le consommateur américain est « sous stéroïdes », selon l'expression de Pascal Blanqué – qu'il ne l'a été ces dernières années. (*Le Monde*, supplément « L'Année du rebond », 4-5 janvier 2004, p. II)

## string

□ **se détendre le string**, loc. verb. "se décontracter, se délasser, se divertir". Variante développée et ludique de **se détendre**.

1. Ce jeu est vraiment exceptionnel, de plus, une partie peut ne durer que 5 mn. Donc hyper pratique [pour] se détendre le string avant de se remettre au boulot [...]. (Message, 26 juillet 2004, <www.neo-geo.com/>)

2. Quand tu auras vu quelqu'un péter complètement les plombs* à cause du cannabis, au point de devenir hyper agressif et violent, au point de perdre ses repères, sa mémoire, ses amis et sa famille, [...] je pense que l'envie te passera de « fumer un bon petit joint pour te détendre le string ». (Forum *Cannabis marocain*, 2 mars 2005, <www.bladi.net/>)

3. Un petit ciné pour te détendre le string ? Je vais voir *King Kong* à 21 h 05 ce soir si ça te tente. (Message, 21 décembre 2005, <www.neldor.net/>)

□ **tendu comme un string**, loc. adj. Développement ludique de **tendu**.

— EN PARLANT D'UNE PERSONNE OU D'UN GROUPE DE PERSONNES. "crispé, stressé".

4. Excusez-moi, j'étais tendu comme un string ces derniers temps. J'ai fait mon coming-out ["j'ai annoncé mon orientation sexuelle"] : Enfin je m'assume. C'est le pied. (Message, 21 avril 2004, <www.comlive.net/>)

5. Que l'OL [Olympique lyonnais] soit tendu comme un string à l'heure des matches de Ligue des champions, c'est bien compréhensible… Ils ont à briser cette image d'éternels quart-de-finalistes […]. (*Les Cahiers du football*, 7 janvier 2007, <www.cahiersdufootball.net/>)

— EN PARLANT D'UNE SITUATION. "pénible, difficile".

6. […] j'attendais toujours une arrivée d'argent sur un compte désespérément asséché […]. La situation devenait tendue comme un string. (« Vacances d'été », 28 août 2006, <www.webastro.net/>)

## style

□ **faire style**, loc. verb. "faire chic ; épater ; frimer". Surtout en tournure impersonnelle : **ça fait style**. Souvent prononcé [stail], à l'anglaise, comme le montre l'exemple 3.

1. « La rage des skins » se regarde comme l'album photo d'un dimanche au zoo […]. Ah ! Qu'ils font peur avec leurs dents amovibles, leurs coups de poing américains et toute cette quincaillerie de pirate (bagues têtes de mort), arborée par une skin de la bande : « Nazi, ça fait style, ça fait bien, ça fait méchant. » Heureusement qu'on a une télécommande pour s'enfuir s'ils attaquent. (*Le Monde*, 29 juillet 1997, p. 15)

2. […] dès novembre 2003, Fatima entame un parcours de galère et de petits jobs alternativement dans la restauration et la vente. Parlez-lui de ces contrats première embauche. « C'est pour faire style, un coup de plus. » […] « C'est le même système que les emplois-jeunes avec trois ans en moins et au bout toujours la même réponse : pas d'embauche durable à la clé », accuse-t-elle. (*L'Humanité*, 26 janvier 2006)

3. « Pourquoi tu te teins les cheveux en bleu ? » demande Fernande. « Pour faire staïle », lui répond Tracy. La vieille dame ne comprend pas. « C'est pour faire joli », explique la jeune fille. Ce choc des générations a eu lieu au Domaine de Mont-Evray à Nouan-le-Fuzelier (Loir-et-Cher). Dix-huit élèves du collège Amédée-Laplace de Créteil y ont passé une semaine avec dix résidants de la maison de retraite des Bords de Marne à Bonneuil. (*Le Parisien*, 31 mars 2006, p. 1)

4. Bonne chance à mon successeur, je sais que ça fait style de dire « Je suis rédac-chef du Journal du lycée », c'est super prenant : en plus de son propre article, il faut aussi tout synchroniser. (*Les Griffes du tigre*, mai-juin 2006, p. 7)

## sucer

■ **suce-boules**, n. m. "flagorneur". Variante aggravée de **lèche-cul**.

1. Je complimente chaque secrétaire sur sa nouvelle coiffure ou sur son nouveau tailleur. Je demande si les enfants vont bien […]. J'offre le café aux stagiaires avant de projeter un film vantant les gloires de la boîte. En bref je suis un vrai suce-boules qui milite pour plus de cordialité et de gentillesse dans les relations interpersonnelles dans les entreprises. (Message, 25 janvier 2006, <www.econsultantpointcom.com/>)

2. – Ce mec c'est pas possible… Plus lèche-cul que lui tu meurs !
– Certes. Il dépasse même tellement ce concept que je propose de le qualifier de « suce-boules ». (Message, 22 août 2006, <www.coquecigrue.net/>)

## sucette

□ **(se) barrer/partir en sucette**, loc. verb. Synonyme de *partir en toupie* dans l'argot de l'aviation. ~ □ **partir en brioche** ; □ **partir en cacahuète(s)*** ; ■ **partir en couille(s)** ; □ **partir en live*** ; □ **partir en vrille***.

— EN PARLANT D'UN INANIMÉ. "aller à la ruine, au désastre".

1. La Bérurière secoue ses frisettes qui partent en sucette. (San-Antonio, *Les cochons sont lâchés*, 1991, p. 68)

2. Voilà bientôt vingt ans que Marc Villard fouille la nuit de ses héros, les perdants, les mal-nés, les exclus, des hommes qui n'en finissent pas d'être des fils, des gosses qui n'en peuvent plus d'être déjà si vieux, « la vie qui barre en sucette », la « rage d'en sortir » sans y parvenir jamais. (*Le Monde*, 2 juin 2000, p. 6)

3. Je peux comprendre, chez un artiste, la logique d'une réflexion qui le pousse à peindre un tableau tout blanc, mais j'ai aussi l'impression que ce type de réflexions, justement, peut rapidement partir en sucette et amener l'artiste à ne plus avoir les pieds sur terre. (J.-P. Jeunet, dans *L'Express*, 25 octobre 2004, p. 54)

— EN PARLANT D'UNE PERSONNE. "cesser d'agir rationnellement ; perdre son self-control ; s'affaiblir, décliner".

4. Par les arrières, y a pas d'issue praticable. […] L'autre barre complètement en sucette. La débandade intégrale. Il sait plus que répéter… gâteux : « Faut se cacher ! Faut sortir ! » (A. Boudard, *La Cerise*, 1984 [1963], p. 296)

5. Jacques est mort peu de temps après et très vite, c'est mon pote Jean-Pierre qui s'est mis à partir en sucette. (C. Montana, *Malabar trip*, 2003, p. 75)

6. Dès lors que sa vie privée empiète et modifie sa vie sportive, je bouge. Si je lui parle durement, c'est parce que j'ai de l'estime pour elle. J'ai connu Laure, elle avait quatorze ans. Je n'ai pas envie de la voir se barrer en sucette. Je veux la protéger. (*L'Équipe*, 31 décembre 2006, p. 7 ; interview de l'entraîneur d'une championne de natation)

## suivre

**suivez-moi jeune homme**, loc. adj. et loc. nom. La locution *les suivez-moi jeune homme* a d'abord désigné (au milieu du XIX^e^ siècle) des nœuds de rubans à pans, attachés à un chapeau de femme.

— LOC. ADJ. Parfois dans **à la suivez-moi jeune homme**. À propos de gestes ou de mimiques destinés à inviter un partenaire pour une aventure ou à racoler un client.

1. […] des sourires enjôleurs […], des sourires à la suivez-moi jeune homme et au goût de revenez-y […]. (M. Cerf, *Une passion*, 1981, p. 281)

2. La Gitane avait dû apercevoir Chapron, remarquer son attitude hésitante. Elle s'était levée ostensiblement pour disparaître à l'intérieur de sa roulotte, dans un style très « suivez-moi jeune homme ». (J.-P. Demure, *Le Fils du vent*, 1983, p. 63)

3. Elle [une actrice] est vive, précise, elle a d'évidence un culot d'acier*, elle ne recule pas devant les mimiques les plus « suivez-moi-jeune-homme », les plus « dessin animé ». (*Le Monde*, 21 mars 1995, p. 28)

— LOC. NOM. À propos d'un accessoire de mode ou d'un type de vêtement qui cherche à aguicher.

4. [...] les fourreaux décolletés sur des reins interminables [...], version à fleur de peau du suivez-moi-jeune-homme. (*Le Monde*, 13 mars 1997, p. 12)

5. Accrochée à un poignet de force, elle [la queue de renard noir] se transforme en un suivez-moi-jeune-homme qui accompagne les mouvements du poignet. Un bijou pour homme qui s'adapte aussi aux bras féminins. (*Libération*, 5 octobre 2001, p. 17)

6. [...] si les gorges découvertes demeurent un classique, les dos s'érotisent à leur tour [...]. Car depuis quelques saisons, cette partie du corps se fait jour sous les robes à Oscar, sortes de suivez-moi-jeune-homme, version chute de reins. (*L'Express*, 2 mars 2006, p. 44)

**suivez mon regard (du côté de/vers**, etc.), loc. phrast. Pour évoquer quelqu'un ou quelque chose qui est impliqué ou décrit dans le contexte ; l'emploi de la locution instaure une relation de connivence entre l'auteur et son lecteur, le locuteur et son interlocuteur.

7. Je pense bien entendu suivez mon regard aux fanfarons de ciné-club [...], aux bluffeurs du 35 millimètres, aux Monsieur Cinéma de banlieue*, aux pseudo-incollables du 7^e^ art, à tous ceux qui nous empêchent de manger nos Miko tranquillement, qu'ont réponse à tout quand on leur demande rien [...]. (D. Rondeau, *L'Âge-déraison*, 1982, p. 85)

8. – Cette femme est une psychopathe, affirmait la voix de la justice, et je ne me sens pas du tout responsable [de son suicide en prison]. À mon avis, la responsabilité de l'incident incombe à ceux qui devaient assurer sa surveillance.
– Suivez mon regard ! dit Émilien tandis que Poncet le présentait au capitaine Gauvain.
L'officier se forçait à l'impassibilité. Il était de ce genre de militaires qui ne l'ouvrent pas dans les circonstances délicates. (J. A. Lion, *Les Truands du Temple*, 1987, p. 73-74)

9. C'était avant le premier tour des municipales, Laurent Fabius menait campagne et, devant les journalistes, il ne craignait pas de pronostiquer une vague rose de la même ampleur que celle du scrutin de 1977, prélude – suivez mon regard – à la victoire de Mitterrand à la présidentielle de 1981. (*L'Humanité*, 24 mars 2001)

V. encore *plaisir*, ex. 3.

## surface

**en boucher une surface à qqn**, loc. verb. "étonner vivement". Variante intensive de **en boucher un coin**. Attesté en 1915 (« – Moi, j'en ai connu des curés, mais des curés comme c'curé-là, ça, il m'en bouche une surface ! », R. Benjamin, *Les Soldats de la guerre. Gaspard*, Paris, Fayard, p. 65, GRL).

1. – [...] Ton Pie X est le dernier des veaux. Ce n'est pas moi qui le dis, c'est Mgr Ducher en personne, le directeur de l'École française de Rome ! Il vient de déclarer textuellement : « Le souverain pontife manœuvre la barque de Saint-Pierre [*sic*] avec une gaffe. » Pas mal, non ? Ça t'en bouche une surface.

– Il y a de quoi déboulonner le Vatican, estime Marthe. (D. Vautrin, *Le Tourbillon des jours*, 1976, p. 141, GRL)

2. – Je vous écoute.
Je commençai. Et là, presque tout de suite, il m'en a bouché une surface. J'avais l'habitude, pourtant, des examens, même difficiles. [...] J'avais entamé mon explication de texte depuis moins d'une minute lorsqu'il est intervenu.
– Vous n'avez pas lu le livre. (L. Recrop, *Un petit paysan jeté dans l'océan parisien*, 2001, p. 73-74, GRL)

## suspension

□ **c'est à se taper le derrière (/■ le cul) contre la suspension**, loc. phrast. "c'est insensé". L'expression est sur le modèle de **c'est à se taper le cul par terre**, naguère abrégé **c'est astap**. ~ □ **à se cogner le derrière au lustre*/au plafond***.

1. Violemment attaqués par la radio française de Londres, [...] les patrons de *L'Illustration* publient un mémoire pour se justifier : [...]. À se taper le derrière contre la suspension ! (J. Galtier-Boissière, *Mon journal depuis la Libération*, Paris, La Jeune Parque, 1945, p. 27)

□ **s'en taper le derrière (/■ le cul) contre la suspension**, loc. phrast. "s'en désintéresser ; s'en moquer". ~ ■ **s'en (contre)foutre** ; ■ **s'en branler** ; □ **s'en taper**.

2. – [...] Moi, les guerres, tant que ça passe pas les limites du département, j'm'en tape le cul contre la suspension. (R. Fallet, *Au Beau Rivage*, 1970, p. 113)

## syndical

**tarif syndical**, loc. nom. "taux de rémunération fixé par accord entre les parties". Emploi par plaisanterie du sens de base.

1. [...] je marche peut-être au pourboire dans mon travail, mais pas au tarif syndical pour l'amour. (A. Bastiani, *Les Mauvais Lieux des environs de Paris*, 1970, p. 236, GRL)

2. Le jour où les pauvres auront les moyens d'engager un vrai tueur à gages au tarif syndical, il faudra bien sûr revoir la question [...] ! (J.-H. Oppel, *La Déposition du tireur caché*, 2006, p. 62)

# T

## tablette

**abdominaux en (forme de) tablette de chocolat**, loc. nom. "abdominaux modelés par la musculation". Par analogie de forme. ~ **six packs.**

1. Oubliés les abdominaux en forme de tablette de chocolat. Les objectifs ont gagné en réalisme (« ventre plat et taille fine », résume un fabricant). (*Le Monde*, 19 janvier 2001, p. 26)

2. Pétacci caressa machinalement ses abdominaux en tablette de chocolat et posa la question qui le taraudait […]. (J.-M. Villemot, *Abel Brigand*, 2002, p. 63)

— EN APPOSITION.

3. Toujours plus gros, plus beaux, plus costauds. La pression sur les ados américains est musclée : abdos « tablettes de chocolat » des rappeurs sur MTV, pectoraux glabres des modèles de Calvin Klein, le mythe du corps en V est partout. (*Télérama*, 18 décembre 2002, p. 24)

— EN CONSTRUCTION LIBRE.

4. En acier, les abdos, les plus beaux abdos entre Paris et Marrakech. C'est plus de la tablette de chocolat, c'est du platinium titane coulé dans le bronze. (B. Aubert, « Le dealer », dans C. Ferniot, *La Rue*, 2003, p. 31)

— **tablettes de chocolat**, loc. nom. "id."

5. […] le sculptural Raphël Lapoirie, vice-Monsieur Univers 2003 […] exhibait ses impressionnantes « tablettes de chocolat ». (*Dernières Nouvelles d'Alsace*, 12 octobre 2004, p. ST 11)

6. Je me suis relevé mais j'ai laissé un peu de mobilité [après un accident]. Mes tablettes de chocolat sont devenues de la marmelade. Je me suis fait à tout ça, appelez-moi Grand Corps Malade. (*Grand Corps Malade* [Fabien Marsaud], « Midi 20 », dans l'album *Midi 20*, 2006)

7. Et il a décidé d'aller au magasin de sport et de demander à un vendeur compétent quelle machine il pourrait acheter pour se faire des « tablettes de chocolat »… (B. Constantine, *Allumer le chat*, 2007, p. 218)

8. Et quand il a tombé la chemise pour montrer son torse puissant et ses tablettes de chocolat, c'était du délire… Les femmes ont applaudi. (*Ouest France*, 26 mars 2007)

## tac-tac

□ **faire tac-tac**, loc. verb. "avoir des rapports sexuels ". ~ □ **faire crac-crac** ; □ **s'envoyer en l'air**.

1. Mercredi, en pleine nuit, ce couple faisait tranquillement tac-tac quand la police est arrivée. Bon, il est vrai que cela se passait dans une voiture, juste au pied de la cathédrale. (*Le Télégramme*, éd. Côtes-d'Armor/Saint-Brieuc, 21 juin 2003)

2. – Ça fait quoi ? Six mois que nous... comment dirais-je... [...]
– Que nous avons une liaison ?
– Oui, enfin...
– Qu'on fait tac-tac ? (L. Chalumeau, *Maurice le Siffleur*, 2006, p. 49)

## taf

□ **c'est pas mon taf**, loc. phrast. "ce n'est pas mon affaire ; ce n'est pas ma spécialité ; ce n'est pas mon rôle". De l'argot *taf* "travail", attesté dans Caradec 1977. ~ **ce n'est pas ma tasse de thé**.

1. [...] y a sans doute des boulettes, [...] l'anglais c'est pas mon taf, alors signalez-le [...], je corrigerai avec les termes plus techniques/usités, mais soyez indulgents, merci. (Message, 17 juin 2005, <www.plongeur.com/>)

2. Perso, ça me branche vraiment pas d'organiser des soirées, c'est pas mon taf, je vois comment c'est galère, c'est vraiment pas mon truc... (Message, 4 octobre 2005, <www.lavibe.org/>)

## tailler

□ **se la tailler en biseau/en pointe**, loc. verb. Pour signifier que l'on rejette une chose considérée comme sans intérêt ou sans valeur. ~ ■ **se la/le mettre au cul**.

1. Enfin, ta phrase du genre « t'es trop jeune pour comprendre », tu peux te la tailler en pointe. (Message, 19 décembre 2007, <www.forum-auto.com>)

2. Personnellement, la condition paysanne, j'me la taille en biseau. (*Kaamelott*, Livre 2, « *La Révolte* », [2005], d'après <fr.wikiquote.org/>)

3. Mon dieu ce truc est excellent. [...] et même moi qui me la taille en biseau de ces histoires de videopodcast [diffusion de vidéos sur la Toile] j'ai regardé tout jusqu'au bout. (Message, 8 janvier 2006, <audioblog.fr/>)

V. encore *oreille*, ex. 19.

□ **tailler un short à qqn**, loc. verb. "passer (en voiture) très près d'un piéton, au risque de le heurter". Par exagération (c'est, en effet, littéralement réduire les vêtements d'une personne aux dimensions d'un short). **Tailler un short** a pris le relais de **tailler un panty**, lequel a un côté désuet (les panties ont été à la mode dans les années 1960) et un peu machiste ; ces locutions, qui évoquent le vieux *tailler des croupières à qqn*, sont aussi à comparer avec **se retrouver en caleçon/en slip**.

4. Arrivés au garage, on commentait en rigolant [...]. « T'as vu l'aut' cannibale comment que j'lui ai taillé un short ? » Les meilleurs jours étaient les jours de pluie où les

risques accrus de dérapage excitaient les imaginations héroïques [...]. (O. Rolin, *Phénomène futur*, 1983, p. 77, GRL)

5. [...] rien ne fait lever le pied de l'automobiliste. Pas même les ralentisseurs. Frédéric a bien failli se « faire tailler un short ». (*Sud Ouest*, Orthez, 29 avril 2003)

6. Code de la route, article R414-4, paragraphe IV : « Pour effectuer le dépassement, il [le conducteur] doit se déporter suffisamment pour ne pas risquer de heurter l'usager qu'il veut dépasser. [...] »
En bref, si on vous taille un short, ça peut coûter trois points de permis et une amende [...]. (*Vélo-Cité*, <bordeaux.fubicy.org/>, consulté le 28 mai 2003)

— PAR ANALOGIE. "raccourcir".

7. Le côté technique et manuel du bricolage à faire [reprendre un manuscrit] me rassurait [...]. On allait faire un sort, tailler un short à ce manuscrit. (H. Prudon, *Plume de nègre*, 1987, p. 180)

— AU FIGURÉ. "critiquer, invectiver, réprimander". ~ □ **tailler un costard**.

8. Partout autour de moi on taille un short assez court au cinéaste américain, la critique est réservée [...]. (*Libération*, 15 septembre 2001, p. 32)

9. « Dignity » est une ode à la liberté d'expression de la presse et à la liberté tout court. Ce sont [...] des textes engagés, empreints d'influences et de rythmes de cultures différentes qui taillent un short aux ennemis principaux de la liberté d'expression [...]. (Présentation d'un album musical, 27 novembre 2002, <www.routard.com/mag_musique/>)

10. Léon est sans saveur et sans odeur mais il s'intéresse à moi et il a le gros avantage d'être bègue, ce qui est toujours amusant à replacer dans une conversation quand on n'a plus personne à qui tailler un short. (C. Krug, *Demain matin si tout va bien*, 2006 [2004], p. 114)

11. Hier, le temps d'une conférence de presse, les chirurgiens libéraux en grève ont retrouvé leur esprit carabin pour tailler un short au ministre de la Santé [...]. (*Libération*, 28 juillet 2006, p. 12)

## talweg

□ **R.A.S. dans le talweg**, loc. phrast. Renforcement de R.A.S. ("rien à signaler") dans le jargon militaire. Les petits gradés instruisant le contingent voilà quelques décennies se gargarisaient du terme *talweg* ("ligne de fond d'une vallée") qu'ignoraient les jeunes recrues.

1. [...] cela devait arriver, le VBL [véhicule blindé léger] a fait un tonneau en ville. Heureusement, il n'y a pas de blessés. [...] Comme diraient certains en ce moment « R.A.S. dans le talweg ». (Message, 29 octobre 1995, <www.chez.com/>)

2. RAS dans le talweg, parfait, nickel* chrome, que dire de plus ? (Évaluation d'une transaction commerciale, 26 octobre 2007, <www.gwshop.net/>)

## Tanguy

**génération Tanguy**, loc. nom. "génération des 25-30 ans qui, souvent faute de moyens économiques suffisants, continue à vivre au domicile parental". D'après le film *Tanguy* d'Étienne Chatiliez (2001) ; *Génération Tanguy* est le titre d'une chanson de Sniper (2006).

1. Aux antipodes d'une prétendue « génération Tanguy » qui étire la vie chez papa-maman, Ludivine Sagnier quitte le cocon familial, bac en poche, à tout juste 17 ans. (*Libération*, 25 août 2003, p. 36)

2. [...] générations pivot, prises « en sandwich » entre une mère ou un père très âgés et des enfants qui sont encore au domicile (génération Tanguy) ou des petits-enfants qu'il faut accueillir. (*La Société intergénérationnelle au service de la famille*, La Documentation française, 2006, p. 19)

## taper

□ **rouge qui tape**, loc. nom. "vin ordinaire à fort degré d'alcool". Noter l'homophonie approximative avec **gros rouge qui tache**. La forme approchante **vin qui tape** est attestée en 1806 (« Je vous réponds d'un vin qui tape, / Autant au moins que vin du pape », M. Ducis, « À mon caveau », *Mercure de France*, t. 26, p. 8, GRL).

1. Quand il pleut, pas de rosé bien frais mais plutôt un bon rouge qui tape au casque, ça réchauffe ! (Message, 11 mai 2006, <www.forumtfc.net/>)

2. Après presque une demi-bouteille de vin rouge (qui tape) et deux zombies (rhum blanc, rhum brun, jus d'ananas, jus de fruits de la passion et jus de citron, miam !), je marche encore droit ! (Blog, 6 avril 2007, <littleseadrop.canalblog.com/>)

## tapis

**se prendre les pieds dans le tapis**, loc. verb. "s'empêtrer maladroitement dans une situation ; s'embrouiller". Emploi figuré d'une locution concrète ; le français du Québec offre la variante développée **s'enfarger dans les fleurs du tapis**. ~ □ **s'emmêler/se mélanger les pinceaux/les pédales**.

1. Il le laissait parler, parler, pour voir à quel moment il se prendrait les pieds dans le tapis. (Viard et Zacharias, *Le Roi des Mirmidous*, 1966, p. 222)

2. On ne peut pas promettre de faire plaisir à la terre entière sans se prendre tôt ou tard les pieds dans le tapis des promesses électorales et risquer de mécontenter tout le monde. (H. Liffran, *Les Paris de Chirac*, 1988, p. 133, GRL)

3. – [...] il raconte toujours un peu n'importe quoi. Il a des réactions bizarres. Il se prend les pieds dans le tapis, il mélange les dates et les histoires. (A. Demouzon, *La Promesse de Melchior*, 2006 [2000], p. 48)

4. [...] le gouvernement tout entier, qui a fait du dossier des retraites son grand combat pour l'année 2003, et qui se prend les pieds dans le tapis à la toute première escarmouche. (*Le Monde*, 11 janvier 2003, p. 16)

5. [...] la France s'est pris les pieds dans le tapis rouge de « sa » Coupe du monde [de rugby]. En chutant d'entrée contre l'Argentine (12-17), elle a bataillé dans un match à quitte ou double devant l'Irlande (25-3). Sa deuxième place l'oblige à disputer son quart de finale à Cardiff, contre les épouvantails néo-zélandais. (*Le Progrès*, 1er octobre 2007)

**tirer le tapis sous le(s) pied(s) de qqn**, loc. verb. "agir de façon à empêcher qqn de réussir dans une entreprise, éventuellement pour le supplanter". Cf. l'anglais *to pull the rug (/the carpet) from under someone's feet*. ~ **couper l'herbe sous le pied à qqn ; savonner* la planche à qqn**.

6. Gabriela Sabatini n'est point, au festival d'Auteuil, la starlette de service. [...] Elle est avant tout une très grande joueuse de tennis, la neuvième au monde, toute tournée vers l'avenir. On la dit timide et réservée. Dans le civil peut-être, car, dans sa vie professionnelle, elle n'a qu'un objectif, sans réserve ni timidité celui-là : être la première, la reine, et tirer une bonne fois pour toutes le tapis sous le pied des tyranniques mémés Chris Evert et Martina Navratilova. (*Le Monde*, 3 juin 1987, p. 14)

7. M. Alain Lambert a souligné le niveau très élevé atteint par les recettes non fiscales (33,54 milliards d'euros) qui ont à l'évidence facilité le traditionnel « pilotage de fin d'année » auquel le gouvernement a coutume de se livrer, pilotage qui ne laisse aucune marge de manœuvre pour améliorer l'exercice 2002. Selon Philippe Marini, le gouvernement « tire donc le tapis sous le pied » de son successeur... (Sénat, 6 mars 2002 ; communiqué de presse)

8. Pour tirer le tapis sous les pieds d'un gêneur, les officines n'ont jamais hésité à manier la calomnie. (*Le Point*, 8 juin 2006)

## taquet

□ **au taquet**, loc. adv., loc. adj.

— "à la limite de ce qui est acceptable".

1. M. Nicolas Sarkozy, *ministre d'État*. – [...] En matière de dégradation budgétaire, nous sommes au taquet. Personne ici ne peut penser pouvoir aller plus loin. Nos déficits publics sont supérieurs à 3 % depuis 2002. (Assemblée nationale – *Déclaration du gouvernement*, 24 juin 2004)

— "en faisant le maximum ; en libérant toute la puissance". ~ **à fond** ; **plein(s) gaz**.

2. [...] toute mon équipe revit sur ce Tour. Ça a vraiment évolué. Ça attaque moins fort qu'avant. Au lieu d'être cinq heures « au taquet » sur une étape, c'est une heure et demie seulement. (T. Gouvenou, coureur cycliste, dans *Le Monde*, 20 juillet 1999, p. 22)

3. En balade cool ou au taquet, on est toujours parfaitement bien assis sur cette moto. (« Le Roadster du plaisir », 25 octobre 2004, <www.ciao.fr/>)

— "au mieux ; à son meilleur niveau ; au summum de son art". ~ **au top (niveau)**.

4. (Pour être au top), « il faut être au taquet tout le temps, sans arrêt sous pression. C'est ce que j'ai envie de faire. Je veux retrouver mes sensations sur le terrain, je les avais perdues l'année dernière. J'ai envie de me remotiver pour tout gagner. » (Z. Zidane, dans *L'Équipe*, 4 août 2005)

5. Michel Boujenah est au taquet ! Le public ne cesse de rigoler à ses blagues. Il part alors dans un délire [...]. (« Les coulisses des *Enfants de la télé* », 17 septembre 2005, <www.leblogtvnews.com/>)

6. Personne ne sait mener une scène d'action comme ça, personne ne connaît le rythme interne d'une scène qui va scotcher le spectateur comme Spielberg. Jamais une scène n'est faible à ce niveau, tout est au taquet, parfaitement maîtrisé. Le moindre petit bout de commencement de début d'idée est pensé, transcendé, transformé en spectacle. (Critique du film *La Guerre des Mondes*, 27 novembre 2006, <shangols.canalblog.com/>)

□ **au taquet du taquet**, loc. adv. "en libérant toute la puissance ; au maximum ; au summum". Variante intensive du précédent. ~ □ **à fond les manettes** ; □ **au max ; au top**.

7. [...] une fois en course on ne peut rivaliser avec les autres voitures, même en étant au taquet du taquet ; le bolide est dur à contrôler ; du coup bonjour les trajectoires et la place au final ! (Critique d'un jeu vidéo, 31 mars 2006, <www.priceminister.com/>)

8. [...] maintenant je passe aussi ma vie à courir entre chez moi [...], l'école, l'INSA, Graines d'images, bref je suis au taquet du taquet, sans compter mes nombreuses « sorties culturelles » : opéra, biennale « musiques en scène », théâtre, ciné... et j'en passe. (Blog, 4 juin 2006, <julotte.blogspot.com/>)

V. encore *cash*, ex. 3.

## tasse

**boire la tasse**, loc. verb. "subir un échec souvent inopiné". Sens secondaire de la locution *boire la tasse* "avaler involontairement de l'eau en nageant". ~ **boire le bouillon**.

1. On employait ainsi la même expression [« nouvelle vague »] pour montrer du doigt des gens différents, ceux des Cahiers du cinéma qui, Godard en tête, étaient en train de faire boire la tasse au cinéma de papa, et ceux qui, sirotant un Coca, écoutaient du rock'n roll sur des teppaz [nom d'une marque d'électrophone] à surboums. (M. Achard, *Vous avez dit Godard ?*, 1980, p. 84, GRL)

2. Mais, de même que l'on a voté pour la gauche en 1981 malgré son programme, on votera sans doute pour la droite en mars malgré son idéologie. Et le PS pourrait bien boire la tasse [...]. (*L'Événement du jeudi*, 19 décembre 1985, p. 12)

3. L'annonce, jeudi, d'un recul de 0,6 % du produit intérieur brut au troisième trimestre 2000 s'est conjugué avec les déboires du Nasdaq. Les valeurs bancaires ont bu la tasse, comme les technologiques. (*Le Monde*, 12 février 2001, p. 19)

□ **tasse à café**, loc. nom. "moteur de cyclomoteur ; *par métonymie* cyclomoteur". Par référence au faible volume du cylindre du moteur.

4. Selon la législation française, un cyclomoteur est une motocyclette ayant un moteur de 49,9 $cm^3$ ou moins (habituellement appelé 50 $cm^3$ ou tasse à café). La vitesse maximale ne doit pas excéder 45 km/h. (*Techno-Science.net*, <www.techno-science.net/>, consulté le 16 août 2006)

## taz

□ **sous taz**, loc. adj., loc. adv. "comme sous l'effet de l'ecstasy". *Taz* est une forme abrégée du mot *ecstasy*. ~ □ **sous ecstasy*** ; □ **sous ecsta*** ; **défoncé**.

1. L'écriture répétitive et moderne, voilà ce que la chanson française attendait, un mec sous taz et pas sous pastilles Vichy [...]. (« Musique sous influence », 5 octobre 2005, <docteurgonzo.blogspot.com/>)

2. Quand je vous dis que j'ai l'impression de vivre ma vie sous taz ! (« Made in Rive Gauche », 21 décembre 2006, <boboparisienne.hautetfort.com/>)

## teint

**bien aller au teint (de qqn)**, loc. verb.

— "(à propos d'une personne) être bien assorti à quelqu'un ; être en harmonie avec quelqu'un". Emploi proche du sens concret "bien aller à quelqu'un en raison de sa couleur, de son coloris (d'une parure, d'un vêtement, etc.)".

1. Je me regardais dans toutes les glaces, je m'y retrouvais avec un plaisir nouveau. Le soleil, et Bertrand, m'avaient beaucoup changée.
Le soir, j'en fis la remarque.
– Bertrand, dis-je, il paraît que vous m'allez bien au teint. C'est un compliment qui va loin. (M. Bernstein, *Tous les chevaux du roi*, 2004 [1960], p. 86)

2. Il [un pianiste] joue [...] Ravel qui lui va bien au teint. (*Sud Ouest dimanche*, 18 janvier 2004, « Magazine », p. 6)

— "(à propos d'une attitude, d'un comportement) être conforme à que l'on peut attendre de quelqu'un, à l'idée que l'on se fait de quelqu'un". Par ironie.

3. Monsieur Jadis [...] se pencha vers la glace de la salle de bains : elle lui renvoya l'image approximative d'un clown et la silhouette gauche et empressée de Roger [...] qui achevait de le maquiller à grands traits de rouge à lèvres.
– C'est fou ce que la pitrerie te va bien au teint, reprit-il en contemplant son œuvre ; le déguisement, c'est la vraie peau de l'homme. (A. Blondin, *Monsieur Jadis ou l'École du soir*, 1970, p. 127, GRL)

4. [...] c'est fou comme la vérité, même suicidaire, va bien au teint des hommes politiques. (*Sud Ouest dimanche*, 25 avril 1999)

5. [...] puisque l'ignominie va bien au teint des éditeurs français, il [Alain Fournier, nom de plume A.D.G.] fut le seul à n'être pas réédité lors du cinquantenaire de la Série noire, dont il était pourtant le pilier et l'un des plus fidèles auteurs. (*Mort d'ADG, écrivain et gentleman*, 10 novembre 2004, <www.surlering.com/>)

6. C'est Direct 8, chaîne d'amateur détenue par le milliardaire Bolloré, qui héberge pour un soir *Mors aux dents* (1979), un film ringard qui lui va bien au teint. (*Libération*, 6 mars 2007, p. 27)

## temps

**en temps réel**, loc. adv. Cf. l'anglais *real time*.

— Pour dire que la durée de ce qui est rapporté est scrupuleusement conforme à la réalité.

1. Pendant une heure exactement, en « temps réel », comme on disait avant que cette expression cesse de désigner un véritable rapport à la durée pour, au contraire, signifier son abolition, le film [*La Fille seule* de Benoît Jacquot] accompagne pas à pas Valérie débutant dans son travail, qui consiste à servir le petit déjeuner dans un grand hôtel. (*Le Monde*, 30 novembre 1995, p. 28)

2. La caméra filme en temps réel les expériences [sur des singes], des préparatifs jusqu'au passage de la serpillière après l'opération. (*Le Figaro*, 24 juillet 1998)

V. encore *midi*, ex. 3.

— Pour dire qu'une personne est mise au courant d'un événement ou d'un processus au moment même où il se déroule. Du vocabulaire de l'informatique, pour désigner un mode de traitement qui autorise en permanence l'admission de données et leur traitement immédiat.

3. [...] l'un des interphones équipant la Cité des sciences de La Villette était branché sur la salle dans laquelle se tenait la réunion politique. Le policier n'a eu qu'à ouvrir les oreilles pour écouter en direct cette retransmission des débats, selon les résultats de l'enquête demandée par M. Pasqua. Apprenant la mise en minorité de Michel Rocard en temps réel, il a aussitôt prévenu sa hiérarchie aux RGPP [Renseignements généraux de la préfecture de police de Paris], quelques minutes avant l'annonce officielle de cet événement politique. (*Le Monde*, 9 juillet 1994, p. 9)

4. Alertés [d'un hold-up] pratiquement en temps réel, les policiers ont engagé des recherches immédiates. (*Sud Ouest*, Gironde, 23 juin 2001)

5. À chaque étape du traitement de votre commande, un e-mail vous est automatiquement envoyé pour un suivi en temps réel. (« Matériel high-tech », <www.ruedu commerce.fr/>, consulté le 26 juillet 2006)

∞ Pour signifier un temps de réaction réduit au minimum.

6. Le décalage entre la temporalité de l'action et celle de la recherche met en cause l'efficacité sociale du travail scientifique comme la pertinence des décisions prises. Cela implique des sciences sociales fortes, s'appuyant sur des recherches fondamentales suffisamment solides pour pouvoir assumer une réponse « en temps réel » aux besoins essentiels de la demande sociale, mais aussi une interdisciplinarité naturellement réclamée par les acteurs. (*Le Monde*, 15 avril 1992, p. 7)

V. encore *instant*, ex. 3.

**il (/elle/ça) marche quand il (/elle/ça) a le temps**, loc. phrast. "ça marche mal". À propos de quelque chose qui fonctionne capricieusement, qui a des ratés. Attesté en 1884 (« il y a une gare à Dakar et puis aussi un chemin de fer. Le malheur c'est qu'il ne marche que quand il a le temps. La voie construite sur le sable avec un sous-sol d'argile s'affaisse après chaque pluie », A. Aubry, *Lettres et carnets de route du commandant Briquelot de 1871 à 1896*, Le Manuscrit, 2002, p. 77, GRL). ~ **quand il (/elle/ça) veut* bien**.

7. BELMONT. Marche quand il a le temps, c'machin... [...] *Belmont, debout, sur le bureau, regarde sous l'appareil [...]. Belmont flanque un coup du plat de la main sur le plafonnier ; un éclair de lumière en jaillit*. (C. Miller, « Garde à vue », dans *L'Avant-scène cinéma*, mai 1982 [1981], p. 7)

8. [...] un véhicule [de lutte contre l'incendie ] avec 10 places, qui se traîne à cause de ses 3 tonnes de flotte, dont la pompe marche quand elle a le temps et les projo[s] éclairent comme une lampe de poche usagée. (Message, 24 mars 2004, <www.sp-var.com/>)

9. [...] un vieux PC qui traînait dans un coin et qui marche quand il a le temps. (« Qu'est-ce qu'une SSII », 22 novembre 2006, <general.developpez.com/articles/le-monde-informatique/>)

10. L'internet dans les écoles élémentaires, ça marche quand ça a le temps. C'est dommage, c'était une bonne idée. (Message, 9 avril 2007, <lapiquouse.info/>)

**on n'a que le bon temps qu'on/que l'on se donne**, loc. phrast. Pour signifier, de façon quasi proverbiale, qu'il faut aller au devant de ce qui peut être agréable, l'occasion n'étant pas si fréquente. Attesté en 1866 (« ADOLPHE. […] Pardon, monsieur, c'est mon verre […]. Une petite panachée… PROSPER. Tu as bien raison. On n'a que le bon temps que l'on se donne », T. Barrière, L. Thiboust, *Le Chic*, Paris, Michel Lévy frères, p. 9, GRL). ~ **on n'a que le plaisir* qu'on/que l'on se donne ; y a pas de mal à se faire du bien.**

11. – Si je savais qu'en prenant une bonne cuite, ce détail, ce farfadet après quoi je cours, se manifeste, je…
– Vous avez besoin d'un prétexte, maintenant ? ironisa-t-elle.
– Ça va. On n'a que le bon temps qu'on se donne… (L. Malet, *Pas de bavards à La Muette*, 1991 [1956], p. 214)

12. Un simple ticket de métro. […] Il avait griffonné dessus un rendez-vous pour le dimanche suivant, à deux heures, au kiosque d'autobus du Théâtre[-]Français. Quelle semaine j'ai passée ! […] Le dimanche, en déjeunant, ma cousine me dit qu'on n'a que le bon temps qu'on se donne. « S'il t'intéresse, tu serais bien bête… » (R. Baranton, *La Punition de Don Juan*, 1961, p. 57, GRL)

## tenaille

□ **aimable comme une paire de tenailles**, loc. adj. "particulièrement désagréable, maussade". ~ **aimable comme une porte de prison.**

1. J'ai dit à la patronne :
– Il est aimable comme une paire de tenailles, ce con.
– Il ne perd rien pour attendre. Je vais lui apprendre à parler aux dames. (G. Mordillat, « Mme Gore », 2001, dans *Scandale et Folies*, 2007, p. 210)

□ **nager comme une paire de tenailles** (**/comme une tenaille**), loc. verb. "nager mal ; ne pas savoir nager". ~ □ **nager comme un fer à repasser** ; □ **nager comme un sac de plomb.**

2. L'humour au détriment de soi-même […], c'est la forme la plus subtile, la plus délicate à manier […].
Je nage comme une pierre / est banal, direct et sans humour.
Je nage comme une paire de tenailles / est déjà imagé et plus suggestif. (A. Sauvy, *Aux sources de l'humour*, 1988, p. 106, GRL)

3. […] tu peux me parler d'un tas de sports, mais évite la marche et la natation, je nage comme une tenaille […]. (Message, 23 juin 2007, <mince-belle-bronzee-heureuse.skynetblogs.be/>)

4. Ne pas hurler contre son camp systématiquement […] : laissons ce travail à la droite qui nage comme une paire de tenailles par les temps qui courent. (Message, 25 janvier 2008, <lefil.blogs.com/benoithamon/>)

5. J'adore la mer mais je nage comme une paire de tenailles. (« Saint-Pierre & Miquelon », <www.instants-donnes.com/>, consulté le 23 février 2008)

## tension, tens [tɑ̃s]

□ **(avoir) deux de tension/de tens**, loc. verb., loc. adj., loc. nom. "(en parlant d'une personne) (être) déprimé, épuisé, abattu ; (être) indolent, mou, engourdi" ; "(en parlant d'une chose) (être) très lent". Métaphore du vocabulaire médical. ~ □ **être flagada/ramollo.**

1. « Il n'y a pas lieu de pavoiser. Ce n'était pas un niveau de deuxième division rugbystiquement parlant. On était lourd et Clamart, c'était pire. Ils avaient deux de tension ! » (F. Kus, dans *Le Progrès*, 28 septembre 1999)

2. [...] les musiques 2 de tens. [...] À force de danser sur ça pendant 2 mois je commençais à ne plus bouger... (Message, 5 avril 2003, <www.parisbouge.com/>)

3. Les Charentais ont pris le match par le bon bout face à une équipe de Saint-Maur à deux de tension. (*Sud Ouest*, Sud Charente, 15 décembre 2003, p. 11)

4. « Il [un journaliste de télévision] fait tout pour attirer les regards, tout en ne les supportant pas, explique un ancien ami intime. Il veut être à la fois plaint et admiré. Il dit qu'il aime voyager seul, mais il a 2 de tension au bout de trois jours sans les caméras. » (*Télérama*, 16 mars 2005, p. 20)

5. Plus envie de rien. Tu quittes ton plumard le moins possible. Deux de tension. Les jambes flageolantes, tu te lèves juste pour pisser [...]. (B. Constantine, *Allumer le chat*, 2007, p. 132)

— COMME SOBRIQUET.

6. [...] les clients l'ont surnommé 2 de tension, quel que soit le travail qu'il fait, cela semble lui demander un effort considérable, et sa lenteur en exaspère plus d'un. (A. Mathieu, *Décadence*, 2005, p. 72, GRL)

7. Je suis propriétaire d'une jument quarter horse, la deux de tension comme l'appellent les gens de mon club, ben oui, forcément, elle pète pas les plombs* à tout bout de champ, et je ne suis pas obligée de mettre des herbes dans sa bouffe pour qu'elle soit montable au moins. (« Les cavaliers », 5 janvier 2007, <www.toluna.fr/>)

— VARIANTE. **avoir trois de tension/de tens**.

8. Tout d'abord Flo [...]. Quand on la voit, ou quand on l'entend parler on a l'impression qu'elle a 3 de tens' tellement elle parle lentement, mais en fait elle est TERRIBLE. (Blog d'Indra, 2 août 2005, <indra-nimportkoi.blogspot.com/>)

□ **être (à) deux de tension/de tens**, loc. verb. "id.".

9. Une Camel plantée au coin des lèvres, je suis deux de tens' comme d'hab, j'ai [...] la gueule d'une fille qui n'a pas dormi. (« It's all about Min' », 1er mars 2005, <www.blogg.org/>)

10. Aujourd'hui comme par miracle la connexion marche, mais vraiment lentement. Le téléphone est deux de tension. (Message, 25 novembre 2005, <www.justneuf.com/>)

11. Il faut vraiment rentrer dedans, c'est pas quelque chose de mou, faut pas être deux de tens pour jouer ça [une sonate] ! (Forum *Le Violoncelle*, 5 février 2006, <www.levioloncelle.com/>)

12. 09 h 37 : mal réveillée aujourd'hui je suis 2 de tension, je sais pas j'ai l'impression d'aller au ralenti et j'ai encore plein de trucs à faire. (Message, 4 avril 2007, <forum.doctissimo.fr/nutrition/>)

## tente

■ **dresser/monter la tente**, loc. verb. "être en érection". Métaphore du piquet sur lequel est dressée la tente (l'érection tendant le drap). ~ ■ **monter le chapiteau*** ; ■ **avoir le piquet*** ; ■ **être au beau fixe*** ; ■ **être au garde-à-vous** ;

**■ hisser les couleurs* ; ■ l'avoir en l'air ; ■ marquer midi* ; ■ présenter les armes ; ■ avoir (/attraper) des coliques* bâtonneuses.**

1. – En ce moment, au Grand Théâtre de Genève, se joue un opéra *Tannhäuser* de Richard Wagner, qui a ceci de particulier que toute la République est scandalisée. Un homme en érection (mais oui, vous avez bien lu) apparaît dans le spectacle, un professionnel du porno [...].
– Faudrait connaître l'histoire. Est-il nécessaire que le monsieur « monte la tente » pendant le spectacle ? (Messages, 23 septembre 2005, <mounite-et-compagnie.skynet blogs.be/>)

2. La dernière fois que j'ai partagé mon lit avec une copine, c'était il y a bien dix ans au moins et j'ai dressé la tente toute la nuit. (Blog, 21 juin 2007, <sapheere.canalblog.com/>)

V. encore *béquille*, ex. 6.

## Teresa

**je ne suis pas Mère Teresa** (et variantes graphiques), loc. phrast. Pour refuser d'être considéré comme une personne providentielle, prête à tous les sacrifices, par quelqu'un qui peut fort bien se tirer d'affaire tout seul. Agnes Gonxha Bajaxhiu, dite Mère Teresa (1910-1997), d'origine albanaise, est une religieuse qui consacra sa vie aux déshérités.

1. Lorsque je dis que j'ai favorisé le recrutement « des Blackos et des Arabes » (je suis mate et arabe), je veux dire par là une chose. Quand on a voulu créer notre boîte, on nous a donné notre chance et on nous a aidés à le faire, non par charité, mais parce que notre dossier tenait la route [...]. Ayant eu cette chance il nous semblait naturel, connaissant les difficultés de trouver un boulot lorsque l'on vient de ces quartiers, de favoriser le recrutement de ces personnes-là, mais attention, je ne suis pas mère Térésa, je recrute des gens compétents, motivés, qui veulent réussir [...]. Il n'y a pas de philanthropie derrière, je ne suis pas là pour les assister mais pour les faire profiter des opportunités que l'on m'a données [...]. (Message, 16 novembre 2005, <reportages.blogs.liberation.fr/>)

2. Mais qui d'entre nous a jamais mis les pieds dans une léproserie ? Et qui n'a vu des images d'enfants décharnés ? Nous savons que cette misère existe encore. Mais nous ne sommes pas Mère Teresa. C'est même devenu une expression, « je ne suis pas Mère Teresa »... (Message, 17 avril 2006, <koztoujours.free.fr/>)

3. En 1985, Roger Pellegrino, lassé, quitte le club [de football de Juvisy] : « Les mentalités avaient changé. Alors, comme je ne suis pas mère Teresa, j'ai rendu les clés et on ne m'a plus revu. » (*Le Parisien*, 7 octobre 2006, p. 10)

**jouer les Mère(s) Teresa / se la jouer Mère Teresa** (et variantes graphiques), loc. verb. "se dévouer sans compter pour les autres".

4. Mais après tout, si Cathy voulait se la jouer mère Teresa, il la laissait à son action humanitaire. (C. Pelletier, *Le Chant du bouc*, 2002 [2000], p. 211)

5. « Revigorée par le désastre », elle ira jouer les Mère Teresa avec les bénévoles de Ground Zero, dans les gravats du World Trade Center. (*Le Temps*, 10 mars 2007)

6. Gorbi [Mikhaïl Gorbatchev] joue les Mères Teresa désintéressées. Il a posé devant le mur de Berlin pour les sacs Vuitton : joli coup de pub pour la marque ! Mais jure ne pas avoir touché un kopek. (*Le Matin*, 12 octobre 2007, p. 3)

## tête

□ **baisse la tête, t'auras l'air d'un coureur**, loc. phrast. Quolibet à l'adresse d'un cycliste (ou d'un coureur à pied), pour l'inciter à accélérer. Attesté en 1945 (« Baisse la tête, t'auras l'air d'un coureur », analyse du film *Leçon de conduite* de G. Grangier (1945), sur <www.cine-studies.net/>). ~ □ **vas-y Bobet** ; □ **y a ta chaîne* qui se dégonfle**.

1. – Baisse la tête, lui cria Théo [...], t'auras l'air d'un coureur ! (J. Perret, *Objets perdus*, 1949, p. 246, GRL)

2. Par deux fois, il fallut s'arrêter, la première pour laisser passer une course cycliste que les automobilistes, ayant quitté leur véhicule, applaudirent à son passage, en jetant tous les encouragements du genre : « Fonce, Toto ! » ou « Baisse la tête t'auras l'air d'un coureur ! » ou « Vas-y, mon pote, vas-y tricote ! ». (R. Sabatier, *David et Olivier*, 1985, p. 290)

3. À un cycliste allemand [soldat de l'Occupation] qui pédalait, débonnaire, vers le calvaire, l'un de nous a crié : « Baisse la tête, t'auras l'air d'un coureur ! » Il n'a pas compris. Nous nous sommes tout de même enfuis à toutes jambes. (I. Favreau, *Les mouettes en rient encore*, 1987, p. 180)

4. Le vélo, authentique moyen de transport urbain ? Tais-toi, camarade, et baisse la tête, t'auras l'air d'un coureur. (*Sud Ouest*, Lot-et-Garonne, 19 juillet 2006, p. 5)

— EN CONTEXTE NARRATIF.

5. Et comme un imbécile j'atterris dans les jupes de maman qui papote avec une autre maman, ça m'apprendra à baisser la tête pour avoir l'air d'un coureur. (J.-J. Reboux, *Au bonheur des poules*, 2006, p. 22)

**dominer de la tête et des épaules**, loc. verb. "surpasser nettement ses concurrents, ses adversaires ou ses rivaux". Une forme proche est attestée en 1879 (« [Cavelier de La Salle] a dépassé de la tête et des épaules tous les explorateurs de son temps », G. Gravier, *La Route du Mississipi*, Nancy, G. Crépin-Leblond, p. 26, GRL). Fréquent dans les commentaires sportifs.

6. [...] il y a des industriels de la confection et les premiers ne sont pas ceux que l'on croit. [...] Par le chiffre d'affaires ou le nombre de salariés, l'industrie allemande domine de la tête et des épaules sa concurrente française : moins d'entreprises [...], mais plus de chiffres d'affaires [...]. (*Le Monde*, 23 mars 1992, p. 21)

7. [...] les Auxerrois se sont rassurés en battant Toulouse 5 à 1 au terme d'un match qu'ils ont dominé de la tête et des épaules face à une formation de Haute-Garonne particulièrement mal organisée. (*L'Humanité*, 4 octobre 1993)

8. Comment perdre un match [de football] que l'on domine de la tête et des épaules durant la quasi-totalité des quatre-vingt-dix minutes ? (*Midi libre*, Rodez, 13 mars 2007)

**être bien/mal dans sa tête** ; **être jeune/vieux**/etc. **dans sa tête**, loc. verb. La finale *dans sa tête* indique que l'on insiste plus sur l'état mental que sur l'état physique. Sur le modèle de ... *dans sa peau*.

9. Ils sont archi-différents [...]. Dumont est pourri par le blé et les honneurs et l'autre est resté juvénile dans sa tête. (E. Hanska, *La Femme coupée en deux*, 1983, p. 104)

10. – Moi, j'ai fait du ski avec lui, l'année dernière, à l'Alpe. C'est un type extra. Il ne parle jamais beaucoup mais il est net dans sa tête et ça j'aime. (P. Adler, *C'est peut-être ça l'amour*, 1987 [1986], p. 138)

11. – Le mouvement étudiant n'est-il pas allé au-delà des questions universitaires ?
– Il s'est produit un amalgame avec d'autres problèmes, comme le chômage et le racisme. Ça non plus, on n'a pas su le sentir. Beaucoup de gens chez nous sont encore trop vieux dans leurs têtes [*sic*]. (*L'Événement du jeudi*, 18 décembre 1986, p. 9)

12. Rassure-toi, nous, les sectes, ça nous laisse froids (et puis on est bien dans notre tête) [...]. (« *22 lycéens* », 1987, p. 63)

13. Regardez ma mère. La cinquantaine. [...] Elle est restée jeune dans sa tête (comme ils disent à la télé) [...]. (G. John, *C'est l'histoire de nos vies*, 2004, p. 40, GRL)

14. Affectueux et très joueur malgré ses 9 ans, il [un chien] est fugueur et a besoin de faire beaucoup d'exercice pour être bien dans sa tête. (*Le Progrès*, 10 avril 2007, p. 9)

□ **mettre la tête/se retrouver la tête entre les deux oreilles**, loc. verb. "rouer de coups ; être roué de coups". L'image est celle d'un retour à la normalité qu'entend assurer la correction infligée. ~ **mettre/avoir la tête au carré**.

15. – [...] approchez que je vous mette la tête entre les deux oreilles, bossu !
Jubilant, le garçonnet, avec usure, lui rendit ses politesses :
– Galvaudeux, longue tête ! Bonjour, nez gras ! Je vous foutrai ma bottine au derrière. (L. Scutenaire, *Les Vacances d'un enfant*, 1980, p. 181, GRL)

16. Rudi range les meubles, retape les coussins, passe la serpillière sur le carrelage tandis que les enfants, regroupés sur le canapé, ont ordre de ne plus bouger sous peine de se retrouver la tête entre les deux oreilles. (G. Mordillat, *Les Vivants et les Morts*, 2006 [2004], p. 275)

17. Jeannot Lapin était très capricieux, et sa nounou se mettait en colère :
– Jeannot, si vous n'obéissez pas, mon garçon, je vous mettrai la tête entre les deux oreilles. (« Poupée et la famille Lapin », 19 décembre 2006, <www.lespetitesfilles.canalblog.com/>)

**passer une tête**, loc. verb. "se manifester auprès de quelqu'un en venant le saluer ; faire une visite rapide, généralement sans être attendu".

18. Je passe une tête, juste pour vous faire un p'tit coucou. Eh oui, je pense toujours très fort à vous toutes. (Message, 29 novembre 2004, sur <forum.doctissimo.fr/grossesse-bebe/>)

19. Mélenchon inaugurera les lieux ce soir [...]. Fabius est également attendu. L'ancien Premier ministre ira-t-il jusqu'à passer une tête sur le stand voisin, celui de la LCR [Ligue communiste révolutionnaire] ? Rien n'est moins sûr... (*Le Parisien*, 9 septembre 2005, p. 9)

20. Salut les filles, salut les garçons,
Je passe une tête pour vous inviter à passer nous voir ! [...]
Gens sympas – accueil chaleureux – bonne humeur
Un petit coucou nous fera chaud au cœur. (Message, 1er décembre 2006, <forum.au feminin.com/>)

21. Le savoir-faire et le faire savoir. [...] Son entourage veille. Pas un conflit social sans qu'il ne passe une tête auprès des salariés ou n'adresse un courrier. Pas une inauguration sans apparaître derrière le ruban. Quand il ne peut pas se déplacer, il envoie un assistant parlementaire. Le tour est joué. (*Le Parisien*, 21 mai 2007, p. 1)

■ **(se) sortir la tête du cul**, loc. verb. "achever de se réveiller ; retrouver ses esprits ; aller de l'avant, affronter la réalité". Antonyme de ■ **avoir la tête dans le cul***. Cf. l'anglo-américain *take your head out of your ass* (pour inviter quelqu'un à cesser de pratiquer la politique de l'autruche).

22. Je voulais poster les (nombreux) dessins que j'ai reçus pour le concours, mais pas eu le temps aujourd'hui, donc ce sera la semaine prochaine. Donc vous avez [...] une semaine pour vous sortir la tête du cul [...]. (Message, 17 février 2005, <www.zero tom.net/>)

23. [...] je prends une douche histoire de me sortir la tête du cul [...]. (Message, 11 avril 2006, <www.zedeathtouch.net/>)

24. Le lundi matin, c'est souvent difficile de sortir la tête du cul [...]. (Message, 20 novembre 2006, <www.2c3petitspoints.com/>)

□ **(se) sortir la tête du sac**, loc. verb. "retrouver ses esprits ; se changer les idées". Antonyme de □ **(avoir) la tête dans le sac**.

25. Ne considérez pas ces trois années [après un divorce] comme du temps perdu mais comme le temps nécessaire pour faire le deuil de votre couple et digérer l'échec. Si vous voulez sortir la tête du sac, octroyez-vous des moments personnels, en dehors de vos obligations familiales et de votre boulot. (*Le Progrès*, 8 février 2004, p. 6 ; conseils d'une psychologue)

26. – Tu viens souvent ici [dans un café] ?
– Oui, je ne m'en lasse pas. Après tout ce qu'on voit, dans la journée [dans un hôpital], les chairs en décomposition, on a besoin de sortir la tête du sac. Je m'installe, je commande un thé [...]. Au bout de deux minutes, j'oublie tout, le labo, les odeurs, les malades. (D. Daeninckx, *On achève bien les disc-jockeys*, 2006, p. 56)

27. Balayé au Lagardère Paris Racing il y a huit jours, [le club de tennis de] Melun craignait de ne pas sortir la tête du sac [...]. (*Le Parisien*, 20 novembre 2006, p. 7)

## téter

■ **tu commences (/vous commencez) à me téter les yeux**, loc. phrast. Pour signifier que le comble de l'agacement, de l'exaspération va être atteint. À comparer avec ■ **tu commences à me les briser, les casser**, etc.

1. Pétacci rugit :
– Je vous avais pourtant dit de... Oh, vous commencez à me téter les yeux, vous, hein ! (J.-M. Villemot, *Abel Brigand*, 2002, p. 195)

■ **va te faire téter les yeux**, loc. phrast. Formule de rejet. ~ ■ **va te faire foutre**.

2. Nous nous garons devant le comptoir de la KLM où une hôtesse, aimable comme la porte de Bonne Nouvelle, nous informe que le prochain vol pour Birmingham est à 18 h 30. [...] Je sens la moutarde monter au nez de Geneviève [...]. Elle dit avec des mots choisis (in english, please) à l'hôtesse d'aller se faire téter les yeux, [...] que son « mari » a rendez-vous chez un toubib en Angleterre et qu'il conviendrait qu'elle se bouge* l'arrière-train pour nous trouver le moyen d'être à l'heure au cabinet dudit médecin. (« Birmingham 99 », <membres.lycos.fr/>, consulté le 14 décembre 2004)

3. Et si ça ne vous plaît pas, allez donc vous faire téter les yeux par les mouches à bœufs ! (C. Levanti, *8 rue Médéric*, 2006, p. 21, GRL)

## téton

■ **branle-tétons**, n. m. "bon à rien". Variante de ■ **branleur.** ~ ■ **branle-quéquette*** ; **jean-foutre.**

– De l'envergure, ce Billière ? s'enquiert Friedman.
– T'sé, un branle-tétons mais il s'est acoquiné [...] avec deux ou trois beaux voyous, des fondus qu'il a rencontrés en taule. (M. Embareck, *Le Futon de Malte*, 2007, p. 73)

## Théodule

**comité Théodule**, loc. nom. "commission (d'études, de réflexion) où l'on parle sans faire avancer les choses". Expression due au général de Gaulle (voir l'exemple 1).

1. [...] difficile [...] de parler de comités sans se souvenir de l'ironie grinçante avec laquelle le président de la République avait balayé les revendications catégorielles exprimées par « le comité Gustave, le comité Théodule, le comité Hippolyte... » ([discours d'] Orange, 24 septembre 1963). (*Le Monde*, 10 novembre 1995, p. 12)

2. L'élu a proposé la création d'une « commission de conciliation », – un « comité Théodule » ont ricané quelques-uns... – pour un règlement équitable. (*Sud Ouest*, Pyrénées-Atlantique, 18 novembre 1995)

3. Le Premier ministre avait conçu cette structure sur mesure afin d'offrir une petite compensation à Luc Ferry, débarqué du gouvernement après le revers des européennes. Ce dernier avait alors été bombardé à la tête de ce « comité Théodule ». (*Libération*, 19 novembre 2004, p. 14)

## thermomètre

**casser le thermomètre**, loc. verb. "feindre de ne pas voir en face une situation gênante ou supprimer ce qui la révèle". Image du thermomètre que l'on casse parce que ce qu'on y lit déplaît.

1. Supposons qu'il s'agisse de prix jugés trop élevés. Il y a diverses attitudes possibles :
– casser le thermomètre,
– en fausser la graduation ou la lecture,
– mettre de la glace autour,
– supprimer la publication des résultats,
– prendre des mesures effectives pour faire baisser les prix,
– annoncer la réalité. (A. Sauvy, *Mythologie de notre temps*, 1965, p. 279, GRL)

2. Ces contenus pédagogiques [très faibles] sont stupéfiants pour juger des élèves candidats à l'entrée au lycée, estime un correcteur de brevet, pour qui la maîtrise de la langue écrite par les élèves décroît, alors on casse le thermomètre. (*Le Monde*, 7 juillet 2000, p. 1)

3. [...] ce politiquement* correct qui consiste à « casser le thermomètre » et à jeter un voile pudique sur la dégradation de la sûreté [...]. (B. Kriegel, dans *Le Figaro*, 23 avril 2002, p. 18)

— SOUVENT EN CONTEXTE MÉTAPHORIQUE.

4. On ne va pas casser le thermomètre pour nier la maladie : la hausse de la délinquance est réelle. (*L'Humanité*, 1er février 2002)

5. Se taire [contre des vols et des dégradations] c'est casser le thermomètre pour ne pas voir la fièvre. (*La Croix*, 12 janvier 2004, p. 27 ; courrier des lecteurs)

## thune

□ **pété de thune**(s), loc. adj. "très riche". Renouvelle et amplifie □ **bourré de fric**, à partir de *péter de* "déborder de". ~ □ **plein aux as**.

1. [...] femmes tellement pétées de thunes qu'elles ne savent plus quoi faire d'elles-mêmes, de leur garde-robe et de leur vocation de perruches. (*Libération*, 3 janvier 2001, p. 20)

2. Ses petits romans [de Françoise Sagan] sont autant d'histoires sentimentales se déroulant invariablement dans des milieux bourgeois[,] pour ne pas dire « pétés de thunes »... (*Le Monde libertaire*, 14 octobre 2004)

3. Je ne suis pas choquée par le message : « Je suis pété de thunes et je vous emmerde », parce que c'est bien le message que fait passer celui qui roule en Bentley. [...] Le fait qu'il s'agisse d'une insertion presse est finalement moins agressive que s'il s'agissait d'une affiche, ou d'une voiture dans la rue. (« La pub Bentley », 23 septembre 2006, <esprit-critique.hautetfort.com/>)

4. Malgré les apparences, la France est un pays qui est pété de thune. Ce pays a besoin de dialogue social et de sérénité, pas de précarité, de propagande et de matraquage. C'est un choix de société. (Message, 25 avril 2007, <birenbaum.blog.20minutes.fr/>)

5. [...] le père est un vieux gauchiste pété de thune mi-gourou mi-pédophile [...]. (*Télérama*, 2 mai 2007, p. 109)

V. encore *photo*, ex. 8.

## ticket

**avoir** (ou verbe du même paradigme) **son ticket pour** + groupe nominal, loc. verb. "remplir les conditions, après des épreuves de sélection, pour participer à une compétition (domaine du sport) ; être digne, par ses actes et son mérite, d'accéder à une condition ou à une situation donnée". ~ **avoir son billet***.

1. [Il] obtient son passeport pour la direction générale à Nantes, en charge de deux usines, et son ticket pour la présidence en Amérique du Nord [...]. (*Les Echos*, 6 juillet 1993, p. 8)

2. Après trois ans d'efforts, l'équipe [...] vient d'obtenir son ticket pour la montée en Régionale 1. (*Sud Ouest*, éd. Charentes-Maritime/Marennes-Oléron, 11 mai 2004)

3. Et bientôt, les concerts de klaxon : [...] la France a son ticket pour les demi-finales et la nuit s'annonce chaude ! (*Dernières Nouvelles d'Alsace*, 2 juillet 2006, p. ST 5)

**ticket de métro**, loc. nom. "épilation du pubis féminin laissant une étroite bande rectangulaire de poils". Par analogie de forme avec le titre de transport de la RATP.

4. L'épilation intime peut être avant tout fonctionnelle, c'est-à-dire à l'américaine, comme l'épilation « ticket de métro » : une bande étroite, des côtés nets, rien ne dépasse. (« Les épilations du corps et du visage », 2001, <www.estheweb.com/>)

5. En matière d'épilation, les tendances varient comme dans la mode vestimentaire. Ainsi, le « ticket de métro » reste très en vogue. (« Latitudes », 27 juin 2004, <www.largeur.com/>)

6. [...] un institut de beauté proposant à ses chères clientes une « épilation américaine, dite ticket de métro ». Renseignements pris auprès d'experts en éradication de pilosités disgracieuses, c'est le pubis de Madame qui se trouve concerné par l'opération. La RATP dément être à l'origine de ce port minimaliste de la toison. (*Sud Ouest*, Dax, 30 mars 2006)

## tirer

□ **avoir tiré au but**, loc. verb. Pour signifier qu'une femme est enceinte. Croisement de ■ **tirer** "coïter" et **tirer au but**, métaphore de la langue du football. ~ □ **mettre entre les poteaux**.

1. – Vu que c'est un pneumatique, j'ai pensé que ça urgeait. [...]
Tu parles.
– C'est quoi le pneu ? Ta fiancée qui t'annonce que vous avez tiré au but, que vous allez avoir un lardon ?
Elle me dit tu la concierge. (R. Forlani, *Toujours vif et joyeux !*, 2003, p. 12)

**on ne tire pas sur une ambulance**, loc. phrast. Formule indiquant qu'il ne faut pas accabler davantage ceux qui sont déjà en difficulté. Allusion aux conventions internationales qui protègent les ambulances lors des conflits armés. Un emploi figuré est attesté sous une forme proche en 1888 (« son bon ange lui a insinué [...] qu'une fête de bienfaisance était un gage de neutralité : on ne tire point sur la croix rouge de la société de Genève », R. Millet, *La France provinciale*, p. 193, GRL) ; dans un commentaire politique en 1974 (« Si M. Chaban-Delmas retrouve soudain la faveur du sort, il sera bien temps d'en parler sérieusement. En attendant, on ne tire pas sur une ambulance », F. Giroud, dans *L'Express*, 29 avril, p. 48).

2. « On ne tire pas sur une ambulance. » Cette formule, célèbre depuis le fameux éditorial de Françoise Giroud dans l'*Express*, s'applique-t-elle aujourd'hui à nos responsables politiques ? La politique en France serait-elle, en effet, si malade que nous devrions, toutes affaires cessantes, nous abstenir de l'accabler au risque d'aggraver son cas et de devenir nous-mêmes victimes du syndrome lepéniste « tous pourris » ? (Noël Mamère, dans *Le Monde*, 21 septembre 1990, p. 2)

3. Cessez-le-feu ! Aussi surprenant que cela puisse paraître dans une bataille totale comme la présidentielle, l'équipe de Nicolas Sarkozy chargée de riposter au jour le jour à Ségolène Royal a décidé de mettre, momentanément, la pédale douce. Sur le mode « on ne tire pas sur une ambulance », les stratèges sarkozystes redoutent les effets contre-productifs de leurs attaques incessantes sur les moindres gaffes, bévues et boulettes de la candidate socialiste. (*Libération*, 25 janvier 2007, p. 4)

— PAR ALLUSION À CETTE FORMULE. **tirer sur l'/une ambulance**, loc. verb. "accabler une personne ou une cause en difficulté".

4. Oh laissez-moi j'm'enlise dans la mousse
J'ai pas besoin qu'on m'pousse
Tirez pas sur l'ambulance
Chui déjà dans le trou
Tirez pas sur l'ambulance
Je suis presque à genoux. (F. Hardy, *Tirez pas sur l'ambulance*, chanson de C. Coudray et G. Yared, 1981)

5. L'autre personnage est Jean Eillenstein. Quand on parle de lui, on a honte de tirer sur l'ambulance. Mais enfin, il y est monté tout seul. (H. Hamon et P. Rotman, *Les Intellocrates*, 1981, p. 256, GRL)

6. Prônant l'apaisement, le Premier ministre [...] a, pour sa part, clos l'incident en jugeant que « ce n'était pas un problème important ». Sans doute sait-il, en vieux stratège, qu'il n'aurait rien à gagner à « tirer sur une ambulance ». (*Le Monde*, 3 février 1992, p. 1)

7. – Que pensez-vous du niveau des joueurs français ?
– Je n'ai pas à juger. Les résultats parlent d'eux-mêmes. Les matches, ce sont les joueurs qui les vivent, qui les souffrent, qui les perdent, et ils le savent. Je ne vais pas tirer sur l'ambulance. Notre rôle consiste aussi à les aider à gagner quelques matches, à remonter la pente. (Interview de Y. Noah, dans *Le Monde*, 23 septembre 1995, p. 22)

**on ne tire pas sur une ambulance, et encore moins sur un corbillard** (et variantes), loc. phrast. "id.".

8. Il hocha la tête, l'air de dire : *vas-y, ouvre les vannes, balance-moi ce que tu penses*. On ne tire pas sur une ambulance. Encore moins sur un corbillard. Ce mec, il avait déjà onze doigts de pied dans la tombe. Paumé. (A. Page, *Tchao pantin*, 1982, p. 125)

9. Avec une ironique commisération pour ce budget peau de chagrin, M. Georges Hage (PC, Nord), rapporteur de la commission des affaires culturelles, s'est refusé à « tirer sur une ambulance en passe de devenir un corbillard » tout en affirmant que « voter contre ce budget, ce sera aider le mouvement sportif ». (*Le Monde*, 25 octobre 1990, p. 10)

10. On admet de plus en plus que la machine tourne à vide, qu'elle multiplie les publications répétitives [...]. Je n'en dirai pas plus. Il ne faut pas tirer sur les ambulances, on doit moins encore le faire sur des corbillards. (R. Chaudenson, *La Créolisation. Théorie, applications, implications*, 2003, p. 300, GRL)

— **tirer sur le/un corbillard**, loc. verb. Pour signifier un acharnement sans merci.

11. Dans le monde politique, on doit s'assurer de tout car nul ne vous fait grâce de rien. On n'est jamais trop prudent et, pour plus de sûreté, on ne se fera point faute de tirer aussi sur un corbillard. (J. Cheverny, *Propos de mauvais goût*, 1976, p. 16, GRL)

12. Un homme de Berlusconi, un second porte-flingue, Angelo Codignoni a tiré à vue sur le corbillard La Cinq Hachette. Incompétence, mauvaise gestion, promesses non tenues, les accusations sont tombées comme réquisitoire après exécution. (P. Georges, dans *Le Monde*, 2 janvier 1992, p. 15)

## tisane

**buveur de tisane**, loc. nom. "personne qui ne boit pas d'alcool". Souvent péjoratif. Attesté en 1885 (« Aujourd'hui, Hombourg-les-Jeux n'existe plus, et une demi-douzaine de buveurs de tisane se promènent devant la Maison de Conversation de Bade », C. Monselet, *Petits Mémoires littéraires*, Paris, G. Charpentier et C^ie^, p. 148, GRL). Cf. l'anglais *teetotaller*.

1. Ils quittèrent la pièce, emportant verres et alcools. La Rosalie resta en rade avec les buveurs de tisane, deux blondiches au teint d'endive. Un autre soir elle se serait tirée vite fait. (E. Hanska, *Fascination*, 1986, p. 68)

2. Le Pessoa de Bevinda est un poète chic qui n'aurait jamais bu d'alcools forts dans les bouges de Lisbonne, ni contemplé les eaux sombres du Tage. Il serait simplement tombé dans la marmite de la poésie, comme elle dans la chanson, quand il n'était encore qu'un buveur de tisane.
Encadrée par deux violoncellistes, Bevinda s'en tient à une sagesse de bon élève en robe à grosses fleurs [...]. (*Le Monde*, 28 octobre 1997, p. 31)

## tôle

□ **(se) prendre/(se) ramasser une tôle**, loc. verb. "essuyer un revers ; subir un échec". ~ □ **(se) prendre/(se) ramasser une gamelle/une pelle/un râteau*/ un vent*** ; □ **prendre une casquette*/une valise***.

1. « Les SVT (spécialistes en valeurs du Trésor) se sont pris une tôle », dit un trader résumant la journée. (*Reuters. Les Actualités en français*, 5 décembre 1996)

2. Si chacun joue pour soi, on va ramasser une tôle. (Un basketteur, dans *Sud Ouest*, 26 novembre 2005, p. 19)

3. Je ne regrette pas que Jospin se soit pris une tôle en 2002, il la méritait amplement. Vraie droite et pseudo-gauche même combat. Si le PS se prend une tôle identique en 2007, ça m'en bougera une sans réveiller l'autre. (Message, 8 décembre 2005, <www.libelutte.org/>)

4. [...] je ne comprends pas où est le plaisir de faire une compète et de se ramasser une tôle ! (Message, 3 juillet 2006, <nathalie.blog.elle.fr/>)

5. Je me rappelle d'un combat [de karaté] en club entre un jeune de 22 ans et une jeune femme un peu plus jeune : le jeune a pris une tôle de chez* tôle et pris l'excuse que bon il allait pas se laisser aller contre une « meuf » [...]. (Forum *Infokaraté*, 17 novembre 2006, <infokarate.com/>)

## tomber

**à tomber par terre / à tomber raide**, loc. adj. et adv.

— EN MAUVAISE PART.

∞ "(surtout en parlant d'odeurs) extrêmement désagréable, repoussant ; désagréablement, de façon repoussante".

1. [...] elle avait grand ouvert la porte de la cuisine, et aussitôt celle de la salle de bains et là alors soudain tout d'un coup d'un seul coup ça l'avait assaillie, une odeur, une odeur à tomber raide. (M. Viviez, *La Fête des mères*, 1978, p. 121, GRL)

2. Il avait les yeux injectés de sang, les traits tirés et, quand il l'a embrassée sur le front, elle a senti une odeur d'alcool, une haleine à tomber par terre. (G. Dormann, *La Petite Main*, 1993, p. 259, FT)

3. [...] dans l'escalier ça puait la pisse et l'ammoniaque à tomber par terre.
– Elle a des chats, ils pissent partout et la vieille met de l'ammoniaque pour chasser l'odeur. (V. Ravalec, *Cantique de la racaille*, 1994, p. 11)

∞ "excessif".

4. Son restaurant anciennement *Chez les anges* accueille une clientèle toujours fidèle, ou soudain conquise, en tout cas des suceurs d'arêtes disposés à avaler les meilleures.

Attention, nous ne sommes pas dans la manécanterie des cuisiniers à la toque d'or. Ici, malgré des additions à tomber raide, on « positive », on rigole, on décontracte. (*Le Monde*, 30 juillet 1997, p. 21)

— EN BONNE PART. "qui provoque une vive impression, extraordinaire ; extraordinairement". ~ **à se rouler* par terre**.

5. Ou bien il a une chemise à tomber par terre (d'envie et de couleur), ou bien il a le même chandail depuis quinze jours. (H. Parmelin, *Picasso sur la place*, 1959, p. 94, GRL)

6. Je suis assez bien de ma personne, je dois même être, comme il l'assure, « distinguée » ; mais enfin, je ne suis pas une beauté à tomber raide, et j'ai vingt-huit ans, je ne suis plus une jeunesse. (J.-L. Curtis, *L'Horizon dérobé*, 1979, p. 236, GRL)

7. [...] il écrivait des bouquins [...]. Des bouquins à tomber par terre. À se fracasser le cœur. (E. Hanska, *Fascination*, 1986, p. 67)

8. Je suis sûre qu'il a des guitares ["des jambes"] à tomber par terre, des genoux à enlacer des heures... C'est fréquent chez les footballeurs. (M. Sergent, *Normal*, 1991, p. 110)

9. Le bourgogne, c'est d'un rare ! Tiens, l'autre soir, chez des amis, on a servi un Corton-Charlemagne à tomber par terre. (C. Sarraute, dans *Le Monde*, 19 mars 1994, p. 29)

∞ VARIANTE DÉVELOPPÉE. **à tomber le cul par terre**.

10. Au-dessus de la mêlée urbaine, la vue est simplement jouissive. A tomber le cul par terre. (*Sud Ouest*, Agen, 21 mars 2006, p. 5)

∞ PAR ELLIPSE. **à tomber**.

11. [...] il se fait une copine, elle a treize ans, elle est belle à tomber. C'est Isabelle Adjani dans son premier rôle. (*Télérama*, 31 janvier 2007, p. 139)

**en tomber (□ le cul) par terre / en tomber raide**, loc. verb. Pour marquer la stupéfaction. ~ **en rester sur le cul**.

12. Il y a cette expression : « tomber des nues » et aussi celle-là : « en tomber le cul par terre » ; des nues à la terre la route est longue [...]. (H. Bastide, *Institutrice de village*, 1969, p. 7, GRL)

13. Je crois qu'il a de gros progrès à faire parce que comme taches, c'est réussi ! La mère Carpentier en tomberait raide si elle voyait ça, quand je fais un pâté de rien du tout sur le cahier, on dirait qu'on l'égorge, alors là, dis donc, qu'est-ce qu'elle hurlerait ! (P. Cauvin, *Monsieur Papa*, 1976, p. 131, FT)

14. – Seriez-vous heureux d'obtenir l'ordre du mérite ?
Je faillis en tomber par terre.
– Vous n'y pensez pas sérieusement ? (L. Porcher, *Enseignant, chercheur, expert*, 2003, p. 186, GRL)

## tonne

**en faire (/rajouter) des tonnes**, loc. verb. "en faire beaucoup ; en faire trop". Pour exprimer l'excès, l'exaspération, la démesure. Par hyperbole. ~ **en faire des kilos***.

1. Ayez la discrétion de l'amitié et des grandes douleurs (n'oubliez pas qu'il est décédé depuis peu) lorsque vos amis, ébahis, vous glisseront un « Je ne savais pas que vous le connaissiez si bien », ce qui ne vous empêchera pas d'en faire des tonnes ensuite sur les parties de golf que vous disputiez chaque dimanche. (J.-C. Paulin du Besset, *Le Parfait Manuel du petit frimeur*, 1985, p. 55)

2. Il baisait la main des dames, il s'inclinait devant les messieurs en civil, il claquait des talons à la vision du moindre képi de garde-champêtre, bref il en faisait des tonnes. (R. Morgièvre, *Un petit homme de dos*, 2006 [1988], p. 23)

3. Et puis le soi-disant forcené en faisait des tonnes, déposait plainte sur plainte, ameutait les gazettes locales, menaçait de procès interminables et gagnés d'avance. (J.-B. Pouy, « La Dent », dans *Palmiers et crocodiles. Nouvelles noires gardoises*, 1994, p. 42)

4. Il en avait rajouté quelques tonnes et exhibé ses blessures de guerre, ses cicatrices, y compris celle qu'il devait à une ablation juvénile de l'appendice. (F. Thomazeau, *Qui a noyé l'homme-grenouille ?*, 1999 [1997], p. 27-28)

5. – Tu veux me quitter, c'est ça… […] Pas la peine d'en faire des tonnes, Manu. Il suffit de le dire… (D. Daeninckx, *On achève bien les disc-jockeys*, 2006, p. 79)

V. encore *bord*, ex. 2 ; *brasser*, ex. 6 ; *kilo*, ex. 2 ; *seringue*, ex. 2.

## too much

□ **(être) too much**, loc. verb., loc. adv. "(être) excessif, exceptionnel, extraordinaire (en parlant d'une chose ou d'une personne)". Emprunté à l'anglais, où l'on rencontre les mêmes emplois. ~ **être trop**.

— EN BONNE PART.

1. Je me maquillerai un peu plus qu'à l'ordinaire et m'inonderai de « Diva ». Je sais qu'il aime quand je mets le paquet, quand je suis too much. On a aussi comme ressemblance cet amour immodéré pour tout ce qui est « trop ». À nous deux on pourrait faire sauter la planète. (E. Hanska, *Les Amants foudroyés*, 1984, p. 100)

2. Mais après tout, peut-être existait-il maintenant des pompes funèbres *branchées*, susceptibles de fournir à la demande des formules types de désespoir ? « À ma lou loute bien-aimée, son mec en plein flip. » « T'étais too much, minette, je surmonterai jamais la crise ». (Marie & Joseph, *La Grande Arpente des champs d'en bas*, 1985, p. 20)

3. Les larmes aux yeux, Chamarat, qui était un fayot hors pair, ajouta d'un air entendu :
– Oh, chef, vous alors, vous êtes too much !
Ce compliment en forme de référence à une émission télé [de S. Collaro] eut pour effet d'éclairer le visage du commissaire d'un large sourire. (Géant Vert Inc., *Casse-bonbons*, 1987, p. 165-166)

4. […] deux suites présidentielles, presque too much avec leur piscine privée en marbre noir […]. (*Le Monde*, 17 mai 2001, p. 26)

— EN MAUVAISE PART.

5. Il débarque. Lolotte est là. Ils se connaissent. Ils se sont souvent croisés. Bonjour-bonsoir [v. *bonjour*]. Pas plus. C'est pas tellement son genre à JJ. Il la trouve trop folingue, trop feignasse, trop… Trop, quoi ! Too much. (C. Sarraute, *Allo Lolotte, c'est Coco*, 1987, p. 32)

6. La plupart [des automobilistes pénalisés] restent énervés par une loi qu'ils disent, dans leurs langages respectifs, « abusive », « ultra-répressive », ou vraiment « too much ». Les radars, notent-ils, sont incapables de repérer « les vrais chauffards », alcooliques, drogués, ou ne respectant pas les distances. (*Le Monde*, 11 novembre 2006, p. 22)

□ **c'est too much**, loc. phrast.

— "c'est exagéré, excessif".

7. ANNICK. Vous voulez un whisky ? [...]
JEAN-FRANÇOIS. Oh là là, c'est too much, je ne boirai pas tout ça. (Tilly, *Les Trompettes de la mort*, 1986, p. 23, GRL)

8. Les 7 suites [d'un hôtel] ont toutes un style différent, mélangeant design dernier cri et tradition marocaine. Si certains disent que c'est too much, il faut reconnaître que c'est superbe. (*Petit Futé. Grand Sud marocain 2007-2008*, 2007, p. 214, GRL)

— "c'est insupportable". ~ **c'en est trop**.

9. PIERRE : Ah non, c'est pas possible, ça, elle va pas se mettre à pleurer...
MICHEL : Ça devient sérieux, même.
*Hurlement du bébé, off.*
PIERRE : Ah non, non, là, c'est too much ! Mais qu'est-ce qu'on va faire, nom d'une pipe. (C. Serreau, « 3 hommes et un couffin », dans *L'Avant-scène cinéma*, 1987 [1985], p. 18)

10. – Chiche que tu n'oseras pas te balader demain soir ! lance l'enfant à sa mère. Pourtant, tu ne risques pas grand-chose, il [le satyre de la pleine lune] préfère les filles.
– Cette fois, c'est too much, se fâche Barbara. Au lit. Au lit tout de suite. (G. Rolin, *Sorties de secours*, 1990, p. 165, GRL)

11. – J'en ai marre de ce bordel, c'est too much ! Je veux partir... je vous déteste. (E. de Boysson, *Call girl internationale*, 2002, p. 135, GRL)

## top

□ **c'est top**, loc. phrast. "c'est remarquable, c'est extraordinaire". Si *top* s'emploie couramment comme adjectif depuis quelques années, son emploi dans cette locution, et dans la suivante, est particulièrement fréquent. ~ **c'est formidable/géant/génial/super**.

1. « On passe par un endroit difficile [pour atteindre une crique], mais après c'est top. Un petit coin de paradis », lancent deux Parisiennes, allongées à l'abri du vent. (*Le Figaro*, 10 avril 2000)

2. – Ne me dis pas que tu pars... aux Philippines !
– Si ! Justement, à Cébu ! [...] C'est top, non ? (C. Krug, *Demain matin si tout va bien*, 2006 [2004], p. 68-69)

3. « Trop bon, ça a vraiment plus de goût ! Ça change ! C'est top... » Jeudi, le menu du lycée Félix-le-Dantec [à Lannion, Côte-d'Armor] était 100 % bio. Une opération apparemment appréciée des élèves [...]. (*Le Télégramme*, 9 décembre 2006)

□ **top** + adj. / □ **top** + nom, loc. adj. Pour signifier qu'une qualité ou une caractéristique est à son comble, à son maximum. Voir aussi **top bon***, **top classe*** et **top cool***. ~ **giga ; super**.

4. […] les œuvres rares ou celles dites très commerciales atteignent des records. […] Le mobilier Art déco n'a pas fait exception à l'euphorie ambiante pour les pièces qui sont « top qualité », comme disent les professionnels. (*Les Echos*, 5 janvier 2001)

5. J'étais à Miami l'an dernier et j'ai eu l'occasion d'assister à leur concert. C'était top génial. (Message, 17 juin 2004, <www.mondorondo.com/>)

6. Tu ne peux pas savoir à quel point c'est top mode d'avoir un père gay, dans un milieu vaguement bourge. (L. Labosse, *Karim & Julien*, 2007, p. 121, GRL)

7. Cette couleur universelle s'impose plus que jamais. Voir la vie en noir, c'est top tendance ! (*Le Point*, 15 novembre 2007, p. 132)

## torse

□ **torse poil / torsepoil**, loc. adj. "torse nu". Mot-valise combinant *torse* et *(à) poil*.

1. L'été, pendant les grandes vacances, elle jouait avec nous. Participait aux balades en cambrousse. Torse poil, comme les lascars, elle faisait la même gymnastique. Quand ses seins sont apparus, on n'osait plus la bigler. Petit à petit, on s'y est fait. (J. Berroyer, *J'ai beaucoup souffert*, 1981, p. 42, GRL)

2. Sous la couverture et les deux édredons sauvés d'une poubelle, dans la tente dressée sur un terrain vague d'un quartier de Paris en rénovation, le froid ne le mordillait pas trop. L'enfer, c'est quand il faut se mettre « torse poil » pour endosser la chemise de jour. (*Le Monde*, 17 janvier 1987, p. 23)

3. Tous travaillaient la plupart du temps torse nu – ils disaient « torsepoil » –, en short et en baskets, sans ménager leur peine. (P. Hermann, *Technicien chair*, 1998, p. 94)

4. Mario torse poil et pied nus, avec juste un futal de jogging sur lui […]. (L. Chalumeau, *Les Arnaqueurs aussi*, 2007, p. 252)

## total

**total** + nom sans déterminant, "dans sa plénitude, à son comble" ou + adj., "complètement totalement". Du langage des rappeurs (cf. à Marseille **total Khéops** "désordre complet"). Voir aussi **(c'est la) totale classe***, **totale plantade***, **total plantage*** et **(total) respect***.

1. J'en suis restée total flapie, mais peut-être bien il a tout inventé, on peut pas être certain n'est-ce pas, avec quelqu'un de cet acabit… (M. Quint, *L'Oiseau de kermesse*, 2005 [2000], p. 67)

2. Quel que soit le terrain, c'est total bonheur pour le pilote [d'un vélo tout terrain], qui est bien protégé par une suspension sensible et onctueuse. Bien réglée, elle est réellement très peu soumise à l'effet de pompage, que ce soit en pédalage en puissance dans une montée régulière ou en relance en danseuse. (*VTTnet*, 19 janvier 2004, <www.vtt.org/>)

3. Zéro douleur, total confort, voilà le slogan le mieux partagé par ces stands […]. « Lutte contre le stress », « Anti-douleurs » […] promettent les pancartes. (*Sud Ouest*, Bordeaux, 6 mai 2005)

## Toto

□ **la tête à Toto**, loc. nom. Du langage traditionnel des enfants. Souvent dans **zéro la tête à Toto**.

— "dessin stylisé d'un visage, fait de deux cercles (imitant les yeux) et d'une croix (évoquant la bouche et le nez), le tout parfois entouré d'un cercle".

1. En partant de bandes de carton souple, traitées en silhouettes, comme s'il s'agissait de bonshommes dessinés au crayon – un T, un O, un T, un O, c'est la tête à Toto –, je leur assemble un chien, un cheval, une autruche, un taureau, un oiseau. (É. Copfermann, *Le petit homme de la jeunesse a cassé son lacet de soulier*, 1975, p. 191, GRL)

2. Encore de la buée, sur la vitre d'un appentis. Une main y a tracé deux ronds et le signe plus. Zéro plus zéro égale la tête à Toto. (*Le Monde*, 19 janvier 1995, p. 34)

3. On voit des engins de marquage qui vont d'une sorte de roulette qu'on pousse et avec laquelle on se verrait bien dessiner la tête à Toto, jusqu'à d'imposants camions [...]. (*Libération*, cahier spécial, 9 août 2006, p. 1)

— Symbole de la nullité.

4. À l'école communale, mes maîtres m'ont enseigné que le zéro était la marque de la nullité et, ce faisant, la marque de niveau de compétence le plus faible dans une discipline. « Zéro, la tête à Toto », aimions-nous psalmodier. (*La Croix*, 27 février 1997, p. 15)

5. J'en ai marre des gens qui font des promesses, qui parlent sans cesse des jeunes, des femmes, des immigrés, et puis qui disent : le droit de vote ? Rideau, la tête à Toto. (L'ancien président de SOS-Racisme, cité dans *Le Monde*, 20 février 1999, p. 8)

## Totor

**t'as tort, Totor**, loc. phrast. Renforcement ludique de *t'as tort*, avec effet de rime intérieure (*Totor* étant le diminutif de *Hector* ou *Victor*). Attesté dans Bauche 1920 : « Tu t'entêtes et t'as tort, Totor », p. 163 ; cf. en 1897 « on n'aurait pas tous les torts, mon vieux Totor » (*Le Régiment illustré*, p. 264). *Totor, t'as tort* est un fox-trott chanté (paroles de Jean Boyer) du film de Léon Mathot *Embrassez-moi* (1932).

1. Depuis quelque temps, France 2 présente [...] une série allemande appelée *Tatort* qui est annoncée systématiquement « tatore », comme dirait « t'as tort, Totor ! »
Je pensais que quelqu'un du service attirerait l'attention de la chaîne sur le fait qu'il faut dire « tatorte ». Le mot signifie en effet « lieu du crime ». Apparemment, il n'y a pas de germaniste assez distingué à France 2 pour « monter au créneau* » et « tirer la sonnette d'alarme* » afin que le speaker « revoie sa copie ». (*Le Monde*, 27 septembre 1997, p. 38 ; courrier d'un lecteur)

2. – Tiens ouvre-moi ça [une flasque de whisky], petit. Ça va nous réchauffer.
– Non merci. Votre tord-boyaux, ça fait plus de mal que de bien...
Elle s'en est enfilé une grande lampée :
– T'as tort Totor. Ce truc-là quand ça te descend dans le gosier on dirait la Sainte Vierge en culotte de velours. (G. Mordillat, « Mme Gore », 2001, dans *Scandale et folies*, 2007, p. 192)

— EN CONTEXTE NÉGATIF. *T'as pas tort, Totor* est une chanson d'Alain Ortega (Album *La Porte du soleil*, 2003).

3. – Bravo, trépigna Moune, rentre-z-y dans le chou !
– D'accord, dis-je, tu n'as pas tort, Totor. (A.D.G., *J'ai déjà donné…*, 2007 [2003], p. 132)

## touche

**dégager (/botter) en touche**, loc. verb. "éluder une réponse délicate". Métaphore du langage du football et du rugby, particulièrement chère aux journalistes. ~ **prendre la tangente**.

1. Il avait appris à être grave sur commande, à se servir du silence pour créer le suspense, à fabriquer de l'intense. Mais aussi à mettre les rieurs de son côté, à désamorcer les questions pièges, à dégager en touche par une bonne plaisanterie. (A. Rémond, *Les Images*, 1997, p. 57)

2. Le rapport du Trésor vient à point nommé et permet au gouvernement de botter en touche. (*Le Monde*, 23 août 2000, p. 24)

3. C'est bien beau […] d'affirmer être aux côtés de ceux qui dénoncent l'exclusion, mais lorsqu'il faut faire la preuve de ses convictions par des actes politiques, on botte en touche. (J. P. Tsoungui, *Cette France qui refuse notre intégration*, 2005, p. 169-170, GRL)

4. Il [un prévenu] répond toujours à côté, énerve tout le monde, y compris sa défense, embrouille, dégage en touche […]. (*Libération*, 29 novembre 2006, p. 14)

— EN CONTEXTE MÉTAPHORIQUE.

5. Tout le monde se renvoie la balle : la préfecture n'était pas au courant de cette décision, émanant pourtant du gouvernement, et la mairie botte en touche. « Ce n'est pas du ressort de la municipalité […]. » (*Le Parisien*, 5 février 2007, p. 1)

— LOC. NOM. DÉRIVÉE. **dégagement en touche**. "dérobade face à une décision délicate".

6. Ceux qui avaient pronostiqué un « dégagement en touche » du juge en ont été pour leurs frais. (*Sud Ouest*, Béarn, 6 juin 1997)

7. Fin septembre, une audition […] à la commission des Finances de l'Assemblée s'est soldée par un dégagement en touche au nom de la liberté des affaires privées. (*L'Humanité*, 22 octobre 2002)

8. […] rien ne passe d'une intimité qu'il se refuse à livrer. Pudeur extrême, secret maximal, mystère incarné. Mais toujours avec les formes, façon trou de mémoire, dégagement en touche, embrayage inopiné sur une bonne anecdote. (*Le Monde*, 4 mai 2005, p. 26)

## toucher

■ **tu te touches l'anus/le rectum**, loc. phrast. Pour signifier à quelqu'un qu'il se trompe grossièrement. Variante vulgaire de **tu te mets le doigt dans l'œil**.

1. Sinon je confirme que pour le rezo [l'étude sur les réseaux informatiques] en première année et ben tu te touches le rectum y'en a quasiment pas… oui bon d'accord y'a 2 ou 3 cours sympas sur NT et encore… (Message, 30 mai 2002, <forum.hardware.fr/hfr/EmploiEtudes/>)

2. Ça mon pote, je m'excuse, mais là tu te touches l'anus. (L. Chalumeau, *Les Arnaqueurs aussi*, 2007, p. 452)

**tour**, nom masc.

□ **monter dans les tours**, loc. verb. Pour évoquer la nervosité, l'excitation croissante d'une personne, ou une situation de tension de plus en plus vive. Image de l'accélération d'un moteur à combustion interne (tournant à *n* tours par minute), ou du véhicule qui en est équipé. ~ □ **disjoncter** ; □ **péter un boulon*/un câble*/un fusible*/un joint*/un plomb*/une durit(e)*** ; □ **avoir reçu***.

1. Le seul sujet qui me fait monter dans les tours c'est son absence total de désir envers moi, c'est devenu impossible de l'approcher. (Message, 22 février 2005, <forum.doctissimo.fr/psychologie/couples-relations/>)

2. Mon cher et tendre qui est d'un naturel très calme en apparence est « monté dans les tours » et a hurlé à lézarder les murs ! (Blog, 25 février 2007, <www.laclepsydre.eu/>)

3. C'est ce qui s'appelle, au choix, monter dans les tours, péter un câble* ou faire preuve d'un comportement inapproprié. En clair, Jérôme Denis, un Cognaçais de 33 ans, a un peu franchi la ligne* jaune, dans le bureau de la substitut qui, vendredi matin, lui a annoncé qu'il allait retourner en prison pour trois mois, en vertu d'une condamnation prononcée en… juillet 2005 pour conduite en état d'ivresse. « Toi, je te retrouverai. Tu es la première personne que je viendrai voir en sortant. » C'est un peu cavalier pour s'adresser à une magistrate. (*La Charente libre*, 5 juin 2007, p. 4)

4. […] je me prends la tête […] avec quelqu'un. […] Le ton monte dans les tours… on en vient à se dire des choses vraiment vulgaires. (Blog, 21 janvier 2008, <leeloolene.free.fr/>)

**tout**

□ **à toute**, loc. phrast. Ellipse de *à tout à l'heure*. ~ □ **à peluche*** ; **à plus**.

1. – T'as sûrement raison, Julien. À toute.
– À toute. (F. Forestier, *Rue des rats*, 2006 [2005], p. 150)

**c'est tout moi (/toi/lui)**, loc. phrast. Pour signifier qu'un comportement est caractéristique d'une personne. ~ **cela me (/te/lui) ressemble**.

2. Le Chiffonnier. – Pas du tout. Ma vie est intègre, mes mœurs sont pures, mes mains sont nettes.
Le Marchand de lacets. – Rien dans les mains. Rien dans les poches. C'est tout lui. (J. Giraudoux, *La Folle de Chaillot*, 1944, p. 144, FT)

3. Cela m'a attendri davantage. Cet attendrissement, c'est tout moi. Sur le moment, ma parole ! J'étais presque heureux de mon geste ! J'en avais les larmes aux yeux. (J. Dutourd, *Pluche ou l'amour de l'art*, 1967, p. 224, FT)

4. […] mais, même si je l'ai pensé très fort, je n'ai rien osé répliquer. C'est tout moi, ça. (C. Krug, *Demain matin si tout va bien*, 2006 [2004], p. 38)

**tout ça pour ça**, loc. phrast. Pour marquer qu'un résultat est insignifiant au regard de tout ce qui l'a précédé. *Tout ça… pour ça !* est le titre d'un film réalisé par Claude Lelouch (1993).

5. Deux minutes trente exactement pour annoncer la fin des essais nucléaires, et Jacques Chirac s'envola le cœur léger vers l'Amérique. [...] Tant de tapage dans le monde et en France, tant d'indignation, tant de protestations de part et d'autre, tant de solennelles invocations, des batailles navales et des émeutes à Papeete, tout cela pour terminer ainsi ? Tout ça pour ça ? Le président pouvait bien dire ce qu'il voulait : le message tout entier était contenu dans sa seule brièveté. (*Le Monde*, 5 février 1996, p. 39)

6. M$^{me}$ Borvo. – « Monsieur le Ministre, pourquoi vous attaquez-vous aux pauvres ? » (*Exclamations à droite.*) [...] on veut récupérer 2,4 milliards d'euros. Cela représente 160 euros par salarié. On pourrait presque dire avec Shakespeare, « Beaucoup de bruit pour rien » ou s'exclamer avec Lelouch « Tout ça pour ça ! », mais cet effort s'ajoute aux autres. (Sénat, *Compte rendu analytique officiel*, séance du 12 juillet 2003)

7. – Donc je m'en veux ! Le seul moyen de me montrer que vous me pardonnez [...], c'est d'accepter de dîner avec moi ce soir.
Monica se retint de sourire. Tout ça pour ça. Quel long détour. (L. Chalumeau, *Les Arnaqueurs aussi*, 2007, p. 58-59)

V. encore *bazooka*, ex. 4.

**tout ce que vous avez toujours voulu savoir sur** + groupe nominal (**sans jamais oser le demander**), loc. nom., loc. phrast. Pour signifier, de manière plaisante, que ce dont il est question est remarquablement documenté. Par allusion au titre français du film *Everything you always wanted to know about sex (but were afraid to ask)* de Woody Allen, *Tout ce que vous avez toujours voulu savoir sur le sexe sans jamais oser le demander* (1972).

8. Tout ce que vous avez toujours voulu savoir sur le tabac... c'est le programme que propose aux touristes le service communication de la SEITA, dans ses « Escapades sur la route du tabac ». (*Sud Ouest*, Tonneins, 20 juillet 1995)

9. Tout ce que vous avez toujours voulu savoir sur la chute du mur sans jamais avoir osé le demander. Deux auteurs de l'ex-RDA, Thomas Brussig et Volker Braun, proposent leur vision des choses. (*Le Monde*, 17 juillet 1998, p. 3)

10. [...] découvrir tout ce que vous avez toujours voulu savoir sur les gendarmes sans oser le demander. (*Le Point*, 31 décembre 1999)

11. Tout ce que vous avez toujours voulu savoir sur la fulgurante ascension et les recettes imparables du western à l'italienne. (*Arte magazine*, 22 avril 2006, p. 11)

**tout, tout, tout, vous saurez tout** (/**vous saurez tout, tout, tout**) **sur** + groupe nominal, loc. Pour annoncer, de manière plaisante, une information exhaustive sur un sujet donné. Par allusion à la chanson *Le Zizi* de Pierre Perret (1974) : « Tout tout tout / Vous saurez tout sur le zizi / Le vrai le faux / Le laid le beau [...] ».

12. Vous saurez tout, tout, tout sur le mariage / Quel traiteur choisir, où dénicher sa robe de mariée [...]. Du 27 au 30 janvier inclus, le Salon des mariés d'Aquitaine propose de répondre à toutes ces questions [...]. (*Sud Ouest*, Gironde, 24 janvier 1995)

13. Tout, tout, tout, vous saurez tout sur ce gastéropode hermaphrodite [l'escargot], symbole de la région et de ses habitants, les cagouillards. (*Sud Ouest*, Charente-Maritime, 15 mai 1998)

14. Tout, tout, tout, vous saurez tout sur les affaires de cœur de Carrie et de ses copines célibataires new-yorkaises, à travers cette intégrale qui rassemble les six saisons de la série [*Sex and the city*] créée en 1998 par Darren Star. (« L'Avis de la FNAC », <www.fnac.com/>, consulté le 22 juillet 2006)

15. Tout, tout, tout, vous saurez tout sur la vannerie ! [...] il suffit de se déplacer le week-end prochain dans la petite commune de Reilly [...] pour découvrir de A à Z l'osiériculture et le métier de vannier. (*Paris-Normandie*, 7 octobre 2006)

V. encore *amour*, ex. 6.

— PAR ELLIPSE. **tout, tout, tout sur** + groupe nominal, "id.".

16. Tout, tout, tout sur le Mexique : son histoire, sa cuisine, l'archéologie, les infos utiles pour voyager et connaître le coût de la vie, c'est le pari de l'ambitieux site [...] Mexique-fr.com, lauréat de la catégorie « Tourisme et régions ». (*L'Intern@ute*, 28 février 2001, <www.linternaute.com/>)

17. Tout, tout, tout sur le bonsaï. Depuis hier et pour quinze jours, les Jardins de Ropisco proposent une exposition de 200 spécimens [...]. (*Le Télégramme*, 2 août 2005)

∞ verbe + **tout, tout, tout sur** + groupe nominal.

18. Je lève le nez sur ma télé, et qu'est-ce que je vois, [...] un mec entièrement masqué de blanc, la voix camouflée, un inspecteur qui balance tout, tout, tout sur le *Racket fiscal*, c'est le titre de son bouquin. (C. Sarraute, dans *Le Monde*, 10 février 1990, p. 38)

19. Les groupies de la princesse vont se régaler. Phil Graig et Tim Clayton disent tout, tout, tout sur Diana, sa vie, ses amours, sa mort tragique. (*Le Point*, 17 août 2005)

## tout de suite

**tout (et) tout de suite**, loc. adv., loc. phrast. Pour marquer son impatience d'obtenir quelque chose sans délai. Attesté en 1856 (« La révolution de 89 [...] a produit une jeunesse nouvelle, qui se révolte contre toute idée de soumission, et ne veut entendre parler ni de lenteur dans la conquête de ses droits ni de progrès dans la jouissance de son indépendance ; il lui faut tout et tout de suite », *Exposition universelle de 1851. Travaux de la Commission française sur l'industrie des nations*, t. 8, Paris, Imprimerie impériale, p. 678, GRL). L'expression a été reprise dans un slogan en mai 1968. *Tout, tout de suite* est le titre français d'un film de Perry Henzell (*The Harder they come*) sorti en France en 1976.

1. DODU. – Tout de suite... toujours tout tout de suite... comme vous êtes ! (R. Weingarten, *Alice dans les jardins du Luxembourg*, 1970, p. 111, GRL)

2. « Lâchez tout ! » lançaient les beatniks ; « tout, tout de suite », avions-nous proclamé en 1968 ; « *no future* », me répondaient Alexandre et ses copains de « voyage », sonnant le glas de toutes les illusions. (J. Bothorel, *Toi, mon fils*, 1986, p. 89)

3. Les jeunes étaient trop heureux de nos jours, prétendait-elle, les jeunes voulaient tout, tout de suite, le beurre et l'argent du beurre [...]. (H. Bellec, *Le Beurre et l'Argent du beurre*, 2002, p. 190)

4. Nénette s'en donnait à cœur joie. Il fallait pas lui en promettre. C'était tout et tout de suite. [...] Nénette se précipitait dans mon bureau :
– Tu viendrais pas tremper le biscuit ? lançait-elle comme un défi.
– Vite fait sur le gaz ? (G. Mordillat, *Rue des Rigoles*, 2002, p. 226)

## toutou

**en peau de toutou**, loc. adj. "faux, médiocre, sans envergure". Utilisé notamment à propos d'un engagement idéologique ou politique. La locution a d'abord été relevée sous la forme *à la peau de toutou*, attestée dans Déchelette 1918 : « *Des boniments à la peau de toutou*, histoires invraisemblables, blagues par lesquelles on essaye de duper quelqu'un ou de lui en faire accroire ». Attesté en 1934 (« merde pour les dictateurs en peau de toutou », G. Bernanos, dans *Courrier Georges Bernanos*, Paris, Société des amis de Georges Bernanos, 1969, p. 25, GRL). ~ **en peau de lapin**.

1. – Je crois qu'il s'agit de révolutionnaires en peau de toutou, opine le général Corniglion-Molinier, et si de Gaulle doit prendre le pouvoir, il ne doit pas le prendre comme Mussolini, avec une nouvelle marche sur Rome, qui serait faite, en l'occurrence, par des poujadistes et des éléments troubles ! (J.-R. Tournoux, *Secrets d'État*, 1960, p. 291, GRL)

2. Cet ex-néo-socialiste, chassé du Parti, mis sur la touche en 1936, fraîchement converti au néo-nationalisme en peau de toutou, triomphait insolemment, savourant le plat chaud de la vengeance. (R. Naegelen, *Cette vie que j'aime*, 1963, p. 128, GRL)

3. Avant de mourir, un communiste avait clamé qu'au grand jamais il n'accepterait des funérailles religieuses… qu'il était pas, comme Xiberta, un révolutionnaire girouette, peau de toutou, romantique attardé. (A. Boudard, *L'Hôpital*, 1986 [1972], p. 252)

4. Avec sa flamme habituelle, elle se mit donc à dauber ces psychologues en peau de toutou qui redécouvrent l'Amérique en enseignant aux populations éblouies que les vieillards ont peur du changement. (R. Ikor, *L'Éternité derrière*, 1980, p. 100, GRL)

5. […] c'est aussi notre tâche de rappeler que les révolutionnaires en peau de toutou et autres altermondialistes se plantent complètement en prétendant moraliser le capitalisme. (*Le Monde libertaire*, 20 mars 2003)

## train

**être passé sous un train**, loc. verb. "avoir un physique, et particulièrement un visage, lamentable ; être rendu méconnaissable". Métaphore de l'accident grave qui défigure. ~ **ressembler à un accident de chemin de fer ; catastrophe ferroviaire**.

1. Le patron a sifflé en me voyant entrer dans son bistrot. Il reluquait ma coiffure. J'ai tenu à prévenir ses commentaires :
Je sais, je suis passé sous un train. Au moins j'aurai la cervelle bien dégagée. (J.-N. Blanc, *La Petite Piscine au fond de l'aquarium*, 2007, p. 17)

2. – T'as pas bonne mine mon frère, t'es passé sous un train ?
– Non, un passage raté chez l'esthéticien. (Messages, 11 novembre 2007, <www.bladi.net/>)

## transparent

**t'es/vous n'êtes pas transparent**, loc. phrast. Pour signaler sans ménagement à une personne qu'elle s'est placée dans le champ de vision d'une autre, des autres. L'idée est exprimée en 1711 dans un petit dialogue se passant dans une salle de théâtre : « Mr, si vous étiez de verre je pourrois voir quelque chose ;

mais, par malheur pour moi, vous n'êtes rien moins que cela » (L. Bordelon, *Les Coudées franches*, t. 2, Paris, P. Prault, p. 143). ~ **ton père n'est pas vitrier**.

1. – Si on mettait les informations, fait André [...].
Je me lève pour changer de chaîne.
– Hé, Baptiste, t'es pas transparent ! fait mon beau-frère. (J. Oriano, *B comme Baptiste*, 1981 [1971], p. 255-256)

2. Vous n'êtes pas transparents [...], du coup, du haut de mes 1,50 m avec talons, je n'ai pratiquement pas pu voir les membres du groupe de toute la soirée... (Blog, 18 novembre 2005, <christelleforest.spaces.live.com/>)

3. [...] je suis allée me planter devant la télé et j'ai eu droit au « t'es pas transparente ». (Blog, 26 juillet 2006, <noubliepaslepain.blogspot.com/>)

## travailler

□ **travailler (/ramer**, etc.) **comme un sourd**, loc. verb. "travailler d'arrache-pied ; se donner beaucoup de mal". Attesté en 1847 (« Où prendre cet argent ? La tête se brouille ; aussi vais-je me mettre à travailler comme un sourd. Je ne vous écrirai plus que quelques lignes », H. de Balzac, *Lettres à l'Étrangère*, t. 4, Paris, Calmann-Lévy, 1950, p. 280, GRL). Cf. *cogner, frapper, taper comme un sourd*. ~ □ **comme un malade** ; □ **comme un dingue**.

1. [...] grognant que ces filles se foutaient du monde, qu'il travaillait comme un sourd et qu'elles n'étaient même pas fichues de lui préparer le repas. (C. Baroche, *Pas d'autre intempérie que la solitude*, 1980, p. 70, GRL)

2. – C'est quand même étrange, ce que vous faites, elle a dit. C'est dommage que ce soit si mal écrit.
– J'ai travaillé comme un sourd pour arriver à ça. (P. Djian, *Zone érogène*, 1986 [1984], p. 253)

3. [...] lui, Jimmy, ramait comme un sourd pour économiser trois ronds. (M. Villard, *13 cow-boys dramatiques*, 1987, p. 44)

4. Je suis en train de ramer comme un sourd depuis quelques jours déjà pour faire fonctionner mon compte NET. (Message, 17 novembre 2007, <forum.ubuntu-fr.org/>)

## trésor

□ **la case trésor**, loc. nom. "le sexe de la femme". *La case trésor* est une émission radiophonique qui a vu le jour en 1971.

1. Quand j'ai constaté le gigantisme d'Astrid, je m'étais avancé trop loin : la menteuse dans la clape ["la langue dans la bouche"], l'index et le médius dans la case trésor ! Me restait plus qu'à continuer. D'autant qu'à l'horizontale, un nivellement s'opère, t'as remarqué ? (San-Antonio, *Grimpe-la en danseuse*, 2004 [1997] ; 4e de couverture)

2. Jupettes ras la case trésor, pour dévoiler vos gambettes,
À la ville, vous rangez dans l'armoire vos pantalons.
Dans les champs, robes légères à volants et fleurettes,
Point besoin de tout montrer pour faire s'agiter les pompons. (Forum d'écriture, « Le printemps », 16 juin 2006, <www.bar-ric.com/>)

## Trifouillis

□ **Trifouillis-les-Chaussettes**, nom de lieu. Symbole d'un lieu imaginaire, indéterminé et éloigné. Dans Bruant 1901 : « Et de Trifouilly-les-Chaussettes / Nous épatons le *naturel* », p. 253. ~ □ **Trifouillis-les-Oies** ; □ **Perpète*/Perpette-les-Alouettes/les Andouillettes**/etc. ; □ **Pétaouchnok**.

1. [...] je vous souhaite d'intégrer une prépa où vous puissiez donner le meilleur de vous-même et donc réussir le meilleur concours possible, donc que vous soyez idéalement dans le premier tiers de la classe de prépa ; après, que ce soit Janson [de Sailly] ou trifouillis-les-chaussettes, c'est de peu d'importance [...]. (Message, 8 novembre 2006, <www.prepa-hec.org/>)

2. [...] il y a des noms de lieux grotesques [...]. Par exemple, dans *Le Faiseur de théâtre*, il me semble, il est sans arrêt question de « *Gaspoltshofen* ». Même pour un Autrichien, cela veut dire : « Trifouillis-les-chaussettes ». (Claude Porcell, dans *Revue Colline*, février 2007, <www.colline.fr/revue/>)

## trip

□ **bad trip**, loc. nom. "trouble provoqué par l'absorption de stupéfiants". Emprunt à l'anglais (voir l'exemple 1, où le mot est sans doute un xénisme). Dans l'argot de la drogue, *trip* désigne un état hallucinatoire. *Bad trip* est le titre de la version française d'un film néo-zélandais de Greg Page (*The Locals*, 2003), diffusé en France en 2005, et d'un roman de J. Schwartzmann (2008).

1. Elle m'apprend qu'il y a les good trips et les bad trips. Ces derniers, ça s'appelle flipper. Elle dit par exemple :
– La dernière fois que j'ai pris du LSD, heureusement c'était chez un copain, j'ai drôlement flippé.
– Qu'est-ce que ça te fait quand tu flippes ?
– Ça te donne une angoisse terrible, tu crois que tu vas mourir. (G. M. Bovay, *Cora*, 1975, p. 130, GRL)

2. L'expertise collective réalisée par l'Institut national de la santé et de la recherche médicale [...] permet de détailler les risques liés à la consommation de cannabis. [...] L'intoxication aiguë, ou « bad trip », prend la forme d'un malaise physique et/ou psychologique, éventuellement accompagné de vomissements, voire d'une perte de connaissance et d'une sensation d'angoisse. Aucun cas mortel, cependant, n'a été décrit chez l'homme. (*Le Monde*, 3 février 2005, p. 10)

3. Avec ses dreadlocks relevées en chignon et son sweat-shirt « rastafari », il cultive son look. Il a pourtant décidé d'arrêter de fumer après un « bad trip » qui l'a effrayé. Il a 15 ans, a commencé à fumer à 13. Il lui est arrivé de fumer jusqu'à quinze joints par jour. (*Libération*, 23 octobre 2007, p. 20)

— "expérience pénible ; mésaventure". Emploi figuré. ~ □ **mauvais plan**.

4. – [...] tomber pour espionnage industriel ! Je te dis pas le bad trip... Dix ans de taule, facile ! (D. Rocher, *La Mouche sans raison*, 2004, p. 360, GRL)

5. Petit bad trip hier soir : Yannick s'est fait voler ses papiers, ce qui nous oblige à passer une deuxième nuit dans le terminal de bus, et complique un peu la suite du programme, notamment pour l'Argentine. (« Journal de voyage », 18 février 2007, <lapazcontigo.top-depart.com/bolivie/>)

□ **(être) dans un trip** + adj., loc. verb., loc. adv. "(s'investir) dans une action, une expérience caractérisée par son caractère addictif, passionnel, ou simplement marginal et peu conformiste". Emploi figuré de *trip* "état hallucinatoire assimilé à un voyage intérieur".

6. [...] Momo [...], embarqué dans un trip sportif depuis quelques semaines, s'est fait alpaguer par les condés, littéralement braquer, avec calibres et tout, alors que, transpirant dans son survêtement, il achevait un footing d'une dizaine de kilomètres parcourus à amples foulées. (M. Lemoine, *Les Cités interdites*, 1987, p. 309, GRL)

7. Ce film en boucle [*Dealer*], qui se défie de tout jugement moral comme de toute apologie et fait réfléchir, au gré de ses rencontres, sur les notions de dépendance et d'indépendance, est réalisé avec une exceptionnelle maîtrise. Ses mouvements d'appareil et sa subtile utilisation du son contribuent à embarquer le spectateur dans un trip cinématographique troublant. (*Le Monde*, 2 février 2005, p. 29)

8. Et voici le pays reparti dans un « trip » sécuritaire qui aura au moins le mérite de lui faire momentanément oublier le chômage, les prix qui montent, les salaires qui patinent, les papys qui suffoquent, l'enlisement du rêve européen et toutes ces basses contingences qu'un vrai politicien sait écarter d'un énergique revers de main. (*Le Progrès*, 24 juin 2005, p. 6)

9. Le groupe [musical] (deux plasticiens, deux architectes, un commerçant) a signé pour une paire d'albums, bien décidé à concilier carrière et concerts. « Une reformation en 2005 [...] nous a fait replonger dans un trip musical excitant et original », raconte Jofo, peintre girondin à succès, aux commandes avec son compère phocéen Charles. (*Libération*, 26 mars 2007)

□ **(être) dans un trip** + groupe nominal apposé, loc. verb., loc. adv. "id.".

10. Elle s'étire, gagne la kitchenette abandonnée à la poussière, à la vaisselle sale et plonge, machinalement, dans un trip propreté, extirpant du placard à balais un lot de détergents. (M. Villard, *La Porte de derrière*, 1993, p. 31)

11. Je suis dans un trip *filles à voix de miel et musique de velours* en ce moment, et je vous ai déniché quelques perles que je vais distiller ici dans les prochains jours. (Message, 19 janvier 2007, <www.presse-citron.net/>)

□ **sous trip**, loc. adj., loc. adv. "comme sous l'effet d'un hallucinogène". Dans l'une de ses acceptions, *trip* désigne les stupéfiants appartenant à la catégorie des substances hallucinogènes. Le sens de base est attesté en 1976 (« L'Homme le plus sale de Paris possédait une abondante littérature sur la *dope*, et notamment tous les livres sur l'acide où l'on expliquait comment un immigré mexicain avait retrouvé sous trip la moitié de la mythologie égyptienne », J.-F. Bizot, *Les Déclassés*, p. 355, GRL). ~ □ **sous acide***.

12. Du jamais vu. Des dessins en boucle sur eux-mêmes qui défilent par paquets. Le tout comme filmé par un caméraman sous trip qui s'appliquerait à réussir son premier travelling. (« La collection DVD'art », septembre 2004, <www.art-netart.com/>)

13. [...] le seul qui ait réussi à produire un spectacle si ahurissant que tout le public pouvait se croire sous trip, c'est lui, James Newell Osterberg [...]. (« Iggy Pop », 7 février 2006, <technikart.pointscommuns.com/>)

## triste

**c'est triste, la vie d'artiste**, loc. phrast. Pseudo-maxime, quelque peu désuète, employée par plaisanterie pour marquer une certaine lassitude. Renforcement de **c'est triste**, avec effet de rime intérieure, qui a pu être diffusé par un refrain de chanson ou une réplique de théâtre de boulevard. Les exemples 1 et 2 ci-dessous, sans illustrer directement cet emploi, en sont un écho.

1. La galerie est comble et on ne regarde pas les peintures [...]. Le petit monsieur s'avance et dit :
– Ce que c'est triste la vie d'artiste !
Entendant cette maxime énoncée en français, je réponds par sa complémentaire :
– À qui le dites-vous ! (J. Lanzmann, *Le Rat d'Amérique*, 1973 [1955], p. 130-131)

2. – [...] ma caisse claire va pas tarder à péter, je tape plus que sur le bord pour pas trop l'user. Ah, la vie d'artiste, triste comme disait mon père... Micro, Bus et Lumignon, les trois Badours, clown, prestidigitateur, acrobate, présentateur, imitateur, ventriloque, balayeurs de coulisses quand on nous le demande bien poliment avec un biffeton à la main. (A. Camille, *Les Trois Badours*, 1972, p. 9)

3. C'est triste la vie d'artiste, c'est vain la vie d'écrivain, mais qu'est-ce que c'était léger, la vie d'Alger ! (R. Bacri, *La Légende des siestes*, 1973, p. 74, GRL)

4. Si triste depuis qu'elle est partie
Ma guigui... Un Guignolet Kirsch
Ou n'importe quoi, mais qu'j'oublie
Qu'sans elle, c'est triste la vie d'artiste (F. Jérosme *et al.*, « Apéro macho, apéro bobo », 1986, <www.bide-et-musique.com/>)

## trogne

□ **à trogne**, loc. adj. "(en parlant d'un personnage, d'un acteur, etc.) dont le physique est particulièrement typé". ~ □ **à tronche***.

1. Des personnages ont fini par jaillir, s'imposer, comme venus d'ailleurs, de la nuit des temps, en force, spectres à trognes, puants, gênants, bavards, [...] Dieu qu'ils étaient beaux ! (J.-P. Chabrol et le Théâtre de la Jacquerie, *L'est pas très mort*, 1979, p. 8, GRL)

2. *Pirates des Caraïbes, le Secret du coffre maudit* distille sur un ton allègre tous les ingrédients attendus. Écumeurs intrépides, forbans à trognes, flibustiers amateurs de vieux rhum, [...] jeunes filles de bonne famille rompues au maniement du sabre, ponts plus vermoulus que suspendus, sauvages anthropophages... combleront le public en mal d'épopée maritime sous les tropiques. (*La Croix*, 1er août 2006, p. 16)

3. Ici pas de stars, mais des acteurs « à trognes » [...]. (*Télérama*, 6 juin 2007, p. 155)

## trompette

□ **avoir avalé la trompette**, loc. verb. "être à bout de souffle ; s'effondrer après un effort prolongé ; subir une défaite". Locution, diffusée par les commentateurs sportifs ; voir l'exemple 4 pour une tentative d'explication. Elle est attestée comme « expression cycliste » dans *Le Monde*, 8 avril 1997, p. 25.

1. [...] les jeunes [footballeurs] rochelais [...] ont avalé la trompette sans cris d'orfraie et mangé leur chapeau discrètement, sans lamentations excessives [...]. (*Sud Ouest*, Charente-Maritime, 30 août 2003)

2. […] les partisans de la présidente de la région Poitou-Charentes doivent s'inquiéter : lors des deux dernières présidentielles, Balladur et Jospin, favoris des sondages, ont fini par avaler la trompette ! (Message, 5 avril 2006, <olivierbonnet.canalblog.com/>)

3. « […] On n'a pratiquement jamais perdu lors des six premiers mois, puis il y a eu cette grosse baisse de régime […]. On avait fait beaucoup d'efforts et, par la suite, on a avalé la trompette *(sic)*. » (Un footballeur de Lens, dans *L'Équipe*, 29 avril 2006, p. 9 ; le *sic* est dans le texte)

— VARIANTE, DANS UN JEU DE MOTS.

4. Soutenus dans la plus pure tradition nordiste par une troupe de gai-lurons [*sic*] joyeusement peinturlurés, les p'tits gars de la Côte d'Opale [équipe de basket de Gravelines], sérieux outsiders du championnat, ont pourtant dû se résoudre à avaler les trompettes de leurs supporteurs. (*Paris-Normandie*, 23 janvier 2006)

**pantalon trompette**, loc. nom. "pantalon dont le bas de la jambe est très large". Par analogie avec le pavillon de la trompette. ~ **pantalon pattes d'eph** [v. *éléphant*].

5. […] tous les pantalons, du pyjama au caleçon, en passant par le pantalon trompette (la nouvelle appellation pour les « pattes d'eph » [v. *éléphant*]) et le style cigarette. (*Agence France Presse*, 19 mars 1993)

6. […] des manteaux courts frangés sur pantalon trompette […]. (*Le Figaro*, 15 mars 1997)

7. Les marques n'hésitent plus à proposer des pantalons trompette dès l'âge de 3 mois. La barboteuse a vécu. (M.-E. Fron, citée dans *Sud Ouest*, 21 octobre 2001)

**sonnez trompettes**, loc. phrast. Symbole plaisant ou ironique de l'allégresse. Par référence plaisante aux anciens commandements de sonnerie (cf. « Sonnez, trompettes et clarons », dans la célèbre chanson de Clément Janequin, *La Guerre (la Bataille de Marignan)*, 1515). ~ **jouez** (/**sonnez**) **hautbois***, **résonnez musettes**.

8. Je me suis mis à ruer. Je l'ai carrément bousculée et je lui ai dit merde. […] Sonnez trompettes à mon exploit ! (G. Dormann, *Mickey, l'ange*, 1977, p. 38-39)

9. Des privilégiés qui s'en sortent. Sonnez trompettes ! « Ils retrouvent une place dans la société. » Ah, que la formule est révélatrice : les autres ont donc perdu la leur ! (*Le Monde*, 17 juin 1989, p. 2)

10. Sonnez trompettes : nous venons d'acheter un lave-vaisselle. Le premier. Ultrasilencieux, économe […] : nous sommes très fiers. (Chronique d'I. Delanoy, 28 janvier 2006, <www.eco-echos.com/>)

— **roulez** (/**battez**) **tambours, sonnez trompettes**, loc. phrast. "id.".

11. Roulez tambours, sonnez trompettes
Soixante berges ça se fête […]. (Refrain de *Bébel (Belmondo)*, paroles et musique de Jean Vallée, 1993, <www.frmusique.ru/texts/>)

12. Battez tambours, sonnez trompettes, voici le chevalier d'entreprise : l'entrepreneur battant. (P. Doré *et al.*, *Qu'attendez-vous pour entreprendre ?*, 1999, p. 35, GRL)

13. Roulez tambours, sonnez trompettes et champagne* pour tout le monde, DUBZONE fête aujourd'hui sa mise en ligne. (Message, 8 septembre 2003, <www.dubzone.org/>)

14. [...] roulez tambours, sonnez trompettes, ma Doudou a eu sa licence d'Histoire [...]. Voilà déjà une super bonne nouvelle. (Blog, 9 octobre 2005, <www.tddsworld.com/>)

— **sonnez buccins, résonnez trompettes**, loc. phrast. "id.".

16. Au milieu de l'avachissement général, la France garde son rang. C'est beau comme un vitrail à l'ancienne. Saint Louis rendait la justice sous un chêne, Jacques Chirac [rendant visite à George Bush], à pied, en costume, en cravate, porte haut le prestige de la France dans l'antre même de l'impérialisme. Sonnez buccins, résonnez trompettes ! (A. Rémond, *Le cintre était sur la banquette arrière*, 2008, p. 38 ; passage écrit en 2004)

17. Sonnez buccins, résonnez trompettes, enfin il est disponible, depuis le temps qu'on tirait la langue, le livre qui va vous raconter la nébuleuse histoire des Deviants et des Pink Fairies. (Message, 8 mars 2008, <goodvibes.canalblog.com/>)

## tronche

□ **à tronche**, loc. adj. "(en parlant d'un personnage, d'un acteur, etc.) dont le physique est particulièrement typé". ~ □ **à trogne***.

1. Une galerie d'acteurs à tronche dans une version contemporaine de la bête du Gévaudan. (*Le Nouvel Observateur*, TéléObs, 2 avril 2005, p. 58)

2. Mon quartier, traversé par le bus 60 [...], c'est un Paris à tronches, un Paris gouailleur, celui qui fait peur, surtout à ceux qui ne l'habitent pas. Je ne dis pas que l'on risque de se faire trucider à tous les coins de rue, mais quand je prends la ligne 60, il s'y passe toujours quelque chose. (*Le Parisien*, 25 août 2005, p. 8)

3. [...] son physique un peu particulier en fait un bon élément, l'un de ces « seconds rôles à tronches » si utile au cinéma. (Message, 28 décembre 2006, <www.cinefil.com/star/>)

## trop

□ **trop pas**, loc. adv. "absolument pas ; pas du tout". Pour insister sur une négation.

1. Je me découvre de nouvelles paniques tous les jours. Par exemple maintenant c'est sûr, j'aime trop pas serrer les mains. Je trouve ça carrément pas pour moi comme truc, niveau comportemental. Moi je fais la bise, je roule des pelles, je me prends des langues dans les oreilles, je me fais secouer les cheveux. Franchement, serrer les mains, non [...]. (Message, 8 septembre 2004, <www.coredumped.net/>)

2. Quant aux mecs... arf ! [...] Et le troisième... au secours, trop lourdingue et trop pas beau, et bien sûr c'est sur moi que ça tombe... je savais pas comment m'en débarrasser ! J'ai le don pour attirer que les nuls. Mais bon ! (« Le récit de ma soirée », 22 octobre 2005, <teemix.aufeminin.com/>)

V. encore *carotte*, ex. 2.

## trotteuse

**faire la course à la trotteuse** (et variantes), loc. verb. "être pressé et stressé". Variante rajeunie de **faire la course contre la montre**.

1. Il font la course à la trotteuse,
La petite aiguille marathoneuse.
Quelle heure est-il ? Ils deviennent débiles

À force de courir après le temps qui file. (*Choisis ton tempo*, chanson du groupe Les Escrocs, 1997)

2. [...] en fin de journée on ne dispose plus ni de forces ni de temps, et [...] l'on se dépêche de rentrer (encore la course contre la trotteuse de sa montre, elle ne trotte pas, elle galope...). (*Société odontologique de Paris*, <www.sop.asso.fr/>, consulté le 1er août 2006)

## trou

**trou à rats**, loc. nom. Dénomination d'un lieu malpropre, malsain, sordide. Attesté en 1852 (« – [...] Tu vois ce logement ? – Un trou à rats, tu veux dire », L. Reybaud, « Marie Brontin », dans *Nouvelles*, Paris, Michel Lévy, p. 329, GRL). ~ □ **gourbi** ; **taudis**.

1. [...] je suis descendue m'enquérir de sa blessure, de sa température et de ses états d'âme. Il était planté dans le couloir des soutes, devant sa porte ouverte. Il m'a dit : – J'avais besoin de marcher. Dans ce trou à rats, je ne peux même pas tenir debout. (S. Japrisot, *La Passion des femmes*, 1986, p. 198)

2. La façade du *Club Castel*, rue Princesse, n'attire guère l'attention. La porte, un matin, était ouverte pour les fournisseurs. Vient à passer un couple de provinciaux [...]. La jeune femme [...] s'écrie, sur un ton d'intense déception : « C'est ça, le fameux *Club Castel* ? Un vrai trou à rats, oui ! » (R. Bastide *et al.*, *Alcools de nuit*, 1988, p. 164)

3. Il habite [...] une chambre trou à rats dans un hôtel misérable pour moins de 200 roupies par jour (moins de 20 F). Sans réfrigérateur. (*Le Monde*, 17 octobre 1992, p. 25)

4. L'histoire gardera de lui [Saddam Hussein] l'image d'un homme hagard, hirsute [...], sorti de son trou à rats par des soldats américains le 13 décembre 2003 [...]. (*La Croix*, 2 janvier 2007)

## trouer

□ **ça me troue** ; **tu me troues**, loc. phrast., loc. interj. "ça me sidère, ça me stupéfie ; tu me sidères, tu me stupéfies". L'expression a renouvelé **ça me scie** ; **tu me scies**. ~ ■ **ça me fend* le cul (de** + infinitif) ; □ **couper la chique** ; **scier à la base** ; □ **scier les pattes**.

1. Ce que tu peux manquer de tact et de discrétion par moments, ça me troue. (C. Bretécher, *Agrippine*, 1988, p. 17)

2. – Ça me troue ! T'as pas fait tellement d'histoire avec le mari de ma sœur !...
– Justement. C'était le mari de ta sœur. Pas un type comme ça, en passant... (N. de Buron, *C'est quoi, ce petit boulot ?*, 1989, p. 105)

3. Quoi ? Aller se coucher ? Manquerait plus que ça ! On n'est pas venu pour dormir, malheureuse ! [...] (Ils ont une santé, ça me troue.) (T. Piernik, *Vendre ou ne pas vendre*, 2002, p. 123, GRL)

4. Ce qui le troue, c'est de ne pas comprendre pourquoi Olivier le supporte. (J.-P. Demure, *Le linceul n'est pas qu'aux moches*, 2006, p. 18)

V. encore *zéro*, ex. 1.

— VARIANTES DÉVELOPPÉES. □ **ça me troue le ventre**/■ **le cul**.

5. *Gérard* : Alors comme ça il vous manque ?
*Nicole* : Ça vous étonne ?
*Gérard* : Ça fait plus que m'étonner. Ça me troue le cul ! (*Le bonheur est dans le pré,* film d'É. Chatiliez, scénario de F. Quentin, 1995)

6. « Ça me troue le ventre. Je suis prêt à payer, mais pas pour ce que je n'ai pas fait. » (Un prévenu, dans *Libération*, 9 décembre 2005, p. 16)

7. – Ça te plaît ?
– Oui.
– Moi aussi... ça me troue le cul à la pelleteuse... (F. Zerbib, *Le Décalage D. Arbre*, 2005, p. 161, GRL)

8. – Putain ! Décidément, ils sont bourrés d'oseille [...]. Et ça, ça me rend malade. Parole, ça me troue le cul, penser qu'ils ont cette thune et qu'ils vont la garder. (L. Chalumeau, *Les Arnaqueurs aussi*, 2007, p. 359)

## trouver

**comment trouves-tu que je te trouve ? / comment trouvez-vous que je vous trouve ?** loc. phrast. Formule ludique par laquelle le locuteur s'enquiert de l'impression (physique) qu'il fait à son interlocuteur. Attesté au Québec en 1872 (« – Eh bien, Monsieur Lajoie, comment trouvez-vous que je vous trouve ? », Placide Lépine [pseudonyme conjoint de H.-R. Casgrain et J. Marmette], « Les Silhouettes littéraires », dans *L'Opinion publique,* Montréal, 14 mars, p. 122 ; site québécois « Notre mémoire en ligne »).

1. « Tu m'aimes » ? dit la rousse. « Je te trouve pas mal. – Et toi, comment trouves-tu que je te trouve ? » (A. Roblot, *La Moitié du voyage*, 1968, p. 195, GRL)

2. Salut amie éclair ! comment trouvez vous que je vous trouve de ce beau temps là ? (Message, 8 juin 2007, <blogs.rtl.fr/laparole/>)

## truc

**truc-chose / truc-chouette**, nom propre (habituellement avec majuscule). PARFOIS PÉJ. Substitut d'un nom que l'on ignore, que l'on ne se rappelle pas ou que l'on ne prend pas la peine de préciser. Cf. les plus fréquents **machin-chose*** et **machin-chouette***. ~ □ **trucmuche**.

1. Il y avait deux types avec lui : *Machin*, juge d'instruction, et *Truc-chose*, de l'Inspection générale des services. (Demouzon, *Section rouge de l'espoir*, 1983 [1979], p. 50)

2. La cathédrale Saint-Frusquin ! Le cloître Machin ! [...] Le musée Truc-Chose ! La promenade Bidule ! Les quais ! Le cimetière ! L'hôtel de ville ! La forteresse ! [...] Tout ! Tout ! (J.-P. Fargeau, *Voyager*, 1985, p. 21, GRL)

3. Tout le monde [...] se rabat finalement sur *Julie Lescaut*, *Navarro* ou le commissaire Truc-Chouette. A la fois par flemme et par difficulté à innover. « Avec toutes ces séries policières, il n'y a rien à expliquer, ajoute [Jean-Bernard] Pouy. Le téléspectateur moyen sait parfaitement comment fonctionne une enquête. Il est déjà au courant de tout. » (*Le Monde*, 31 décembre 2001, p. 5)

## truelle

**à la truelle**, loc. adv. "grossièrement, exagérément".

1. [...] un médiocre téléfilm de la BBC [...]. Intrigue languissante, psychologie dessinée à la truelle et méditation sur le couple comme on n'en publie plus dans *Confidences* depuis le début des années 50 [...]. (*Le Monde*, 6 juin 1992, p. 14)

2. Dialectique maniérée à la truelle [...]. La politique soluble* dans l'eau tiède, en quelque sorte. (*L'Humanité*, 22 mai 2002)

3. Tout cela est mal raconté, mal ficelé et interprété à la truelle. (*Le Figaro*, 3 septembre 2004, p. 24)

□ **maquillée** (ou verbe du même paradigme) **à la truelle**, loc. adj. "maquillée outrancièrement". Cf. en 1895 « une grosse dame jaune, affreusement plâtrée » (A. Allais, *Œuvres posthumes*, 1990, p. 38). ~ □ **pot de peinture***.

4. Il salua en riant une ancienne prostituée avec qui il avait eu affaire lors de son passage à la Mondaine.
– On s'est recyclée, ma grande ?
– On se connaît ? demanda l'autre tranche de cake, maquillée à la truelle. (J. Houssin, *Les Crocs du Dobermann*, 1981, p. 135)

5. La barmaid frise la quarantaine. Elle est maquillée à la truelle et a trop forcé sur le vert autour des yeux. (San-Antonio, *Les cochons sont lâchés*, 1991, p. 201)

6. Une grande femme d'un âge canonique, fardée à la truelle, et qui sentait la haute couture et le *dardjeeling* [...] devisait avec un homme [...]. (B. Drion, *Millefeuille*, 2006, p. 173, GRL)

V. encore *canard*, ex. 4.

## tube

■ **de la merde en tube**(s), loc. nom. Pour souligner la très mauvaise qualité de quelque chose. ~ ■ **de la merde en bâton**(s)/**en branche**(s)/**en vrac***.

1. *Un cycliste* : Je viens de péter ma chaîne.
*Jean-Marie Péjat* : ... Oh, ben, c'est pas étonnant, c'est une Zodiac !
*Le cycliste* : C'est pas une bonne marque ?
*Jean-Marie Péjat* : C'est de la pourriture. Ben, c'est comme votre vélo. D'abord, y en a qu'une, de marque, c'est L'Hirondelle. Le reste, c'est de la merde en tube... Là, votre clou-là, c'est... c'est de la série... (*Les Vieux de la vieille*, film de G. Grangier, dialogues de M. Audiard, 1960)

— À propos de productions musicales sans originalité (avec jeu de mots sur *tube* "chanson à succès").

2. Brérard tendit le doigt de Dieu vers le pick-up et hurla :
– Qu'est-ce que c'est que ça ?
M. Pineau se piqua :
– Ça, comme vous dites, monsieur Antoine, ça, c'est du Stockhausen. La sombre voix du génie.
– C'est de la merde ! brailla Brérard congestionné, de la merde en branches, en bâtons, en tubes, en rouleaux, et la place d'une merde c'est pas sur un phono ! (R. Fallet, *Au Beau Rivage*, 1970, p. 36-37)

3. [...] j'écoute un peu de tout, mais bon rassurez-vous, y aura jamais le dernier album de « Jerem de la Star Ac' », [...] ou je sais pas quoi comme autre merde en tube qui passe en boucle sur MTV [nom d'une chaîne de télévision]. (*Coup de cœur du mois*, <www.satanicsurfers.free.fr/>, consulté le 10 novembre 2004)

## tuer

□ **ça tue**, loc. phrast. Pour exprimer son enthousiasme. Souvent sous une forme développée : **ça tue sa (/ta) mère** ou **ça tue sa (/ta) race**. Renouvelle le paradigme déjà très riche des formulations superlatives. ~ □ **c'est de la balle*** ; □ **c'est de la bombe*** ; □ **c'est de la boulette*** ; □ **c'est une tuerie*** ; □ **c'est mortel** ; □ **ça arrache* du pâté** ; □ **ça déboîte*** ; □ **ça décoiffe** ; □ **ça déchire*** ; □ **ça déménage** ; □ **ça démoule*** ; □ **ça envoie*** ; □ **ça pète***.

1. La solution à toutes vos petites contrariétés quotidiennes, c'est l'assassinat : le coup de la corde à linge ou une balle entre les yeux et hop, adieu fâcheux, goodbye casse-pieds, hasta la vista baby. Pour les dégonflés, le jeu vidéo, grand pourvoyeur de personnalités alternatives, a pensé à vous. Ça s'appelle Hitman et comme dirait ma tata Monique : « ça tue sa race ». (*Sancho.GT, Revue culturelle électronique*, 17 novembre 2003, <www.sancho-asia.com/>)

2. Samsung a présenté l'écran LCD le plus grand de l'univers, un bidule géant de 82 pouces. Les mensurations sont impressionnantes : 1,875 m x 1,08 m x 4,5 cm. Ah ouais quand même, ça tue bien. Ça tue sa mère, même. (Message, 7 mars 2005, <www.factornews.com/>)

3. [...] ça tue ta race ce blog moderne ! (Message, 20 avril 2006, <carnetweb.info/>)

— VARIANTE INTENSIVE. □ **ça tue la mort**, loc. phrast. Formule exprimant, par hyperbole et sous la forme d'un paradoxe, le summum de l'enthousiasme.

4. [...] je peux déjà vous dire que vous allez adorer les graphismes. Les animations sont superbes, et je pèse mes mots. Ça tue la mort, comme dirait l'autre. (« Warcraft III », 11 février 2002, <warcraft3.judgehype.com/>)

5. Je te jure, un jarret de veau cuit comme un pot au feu, mangé tiède avec une vinaigrette à l'huile de noix, ça tue la mort. (« L'huilerie de Vensat », 13 janvier 2006, <www.rouxcuisine.com/>)

nom + **m'a tuer**. Pour marquer l'influence insupportable, désastreuse d'une chose, d'une personne ou d'un groupe de personnes. Par référence au message « Omar m'a tuer », trouvé par les enquêteurs sur les lieux d'un crime commis à Mougins (Alpes-Maritimes) en juin 1991. *Travail m'a tuer* est le titre d'une bande dessinée de Vuillemin (2007).

6. Alors que son article intitulé « Edouard m'a tuer » (par référence orthographique à la polémique judiciaire consécutive au procès niçois d'Omar Raddad) était sur le point de paraître dans les éditions du *Monde* datées du 17 février, et que son dauphin, Pierre Lescure, venait d'être désigné par le conseil d'administration de la chaîne pour lui succéder à la présidence de Canal Plus, André Rousselet a accusé le Premier ministre d'être le principal responsable du pacte d'actionnaires conclu dans son dos par Havas, la Générale des eaux et la Société générale, pacte qui devait mener à sa démission. (*Le Monde*, 18 février 1994, p. 7)

7. « General Motors m'a tuer », pourraient crier les tramways, s'ils avaient une voix. Planète diffuse un document de 1996, combinant journalisme d'investigation et his-

toire de l'urbanisme, qui révèle comment la firme automobile a fomenté et réussi l'éradication des tramways américains, avant de façonner des villes subordonnées à la voiture et aux autoroutes. (« USA : le complot anti-tramways », 15 septembre 1999, <clode.chez.tiscali.fr/tramUS.htm>)

8. R.A.T.P. m'a tué [*sic*]… (Graffiti, métro Saint-Placide, 16 mai 2003, lors d'une grève du métro parisien)

9. De 600 à 800 personnes […] ont défilé silencieusement samedi après-midi dans le centre de Strasbourg en mémoire de Hassan Jabiri, 33 ans, mortellement blessé mercredi soir par le tir « accidentel » d'un gendarme près de Colmar. Les manifestants, qui portaient des photos de la victime et des banderoles proclamant « Que justice soit faite », « On n'est pas du gibier », « Non aux permis de tuer », ou encore « La police m'a tuer », se sont dirigés en silence vers la préfecture, où une délégation a été reçue par le préfet. (*Agence France Presse*, 22 mars 2004)

**trop de** + subst. **tue** + subst. déterminé répété, loc. phrast. Pour signifier que l'excès peut conduire à un résultat contraire à celui qui est escompté.

10. Cette étude, réalisée avec l'institut Vidéospot […] vient conforter certaines opinions selon lesquelles « trop de pub tue la pub ». (*Sud Ouest*, 3 février 1995)

11. En dix ans, en quinze ans, comme la durée de vie du scandale s'est réduite ! Les images ne visent d'ailleurs plus qu'à cela, atteindre le panthéon du « Zapping » de Canal+, éventuellement même – extase ! – les pages des quotidiens du lendemain, surnager vingt-quatre heures dans l'océan clapotant des scandales. Pas davantage. On a réduit l'ambition, comme la voilure*. L'heure est au scandale appauvri, biodégradable, à péremption ultrarapide. Trop de scandales ont tué le scandale. (*Le Monde*, 12 février 2001, p. 2)

12. Le groupe HP (Hewlett-Packard) a mis en œuvre un plan social afin de réduire ses effectifs d'un peu plus de 850 personnes. Pour cela, mise en place de mesures incitatives. Trop incitatives : 346 candidats de trop par rapport au projet initial se sont manifestés… si bien qu'HP se doit de réembaucher […]. Après le « trop d'impôts tue l'impôt » et le « trop d'informations tue l'information », nous voilà donc avec un surprenant « trop de licenciements tue le licenciement », très prometteur en termes de politique économique… (on m'a également indiqué avoir lu dans les toilettes de Sciences-Po un savoureux « trotsky tue le ski », comme quoi on peut se cultiver n'importe où). (« Blog d'un économiste », 9 août 2006, <obouba.over-blog.com/>)

13. « L'offre [du théâtre parisien] est pléthorique. Aucune autre capitale ne connaît un tel phénomène, pas même Londres ou Broadway. Or trop de théâtre tue le théâtre », déplore Georges Terrey, à la tête du Syndicat des directeurs de théâtres privés. (*La Tribune*, 20 septembre 2006, p. 38)

## tuerie

□ **(c'est) une tuerie**, loc. phrast., loc. nom. Pour exprimer son enthousiasme. Même paradigme que □ **ça tue** et □ **c'est mortel**. Hyperbole attestée à plusieurs reprises chez Proust ; ainsi, dans la bouche d'Odette : « – […] il a donné un bal, l'autre soir, il y avait tout ce qu'il y a de chic à Paris. Ce que j'aurais aimé y aller ! mais il fallait présenter sa carte d'invitation à la porte et je n'avais pas pu en avoir. Au fond, j'aime autant ne pas y être allée, c'était une tuerie, je n'aurais rien vu. C'est plutôt pour pouvoir dire qu'on était chez Herbinger. Et tu sais, moi la gloriole ! » (M. Proust, *Du côté de chez Swann*, t. 2,

1954 [1913], p. 39). ~ □ **c'est de la bombe*** ; □ **c'est mortel** ; □ **ça déchire*** ; □ **ça pète*** ; □ **ça tue***.

1. Le gros morceau de l'album, celui qui va réellement faire scandale et starifier totalement un groupe qui était déjà raisonnablement riche, c'est « Elected ». [...] « Elected », pour parler comme les djeun's, est une tuerie. Ce titre justifie à lui seul l'achat de l'album. (« *Billion Dollar Babies* [Alice Cooper, USA, 1973] », 28 mai 2006, <legolb.over-blog.com/>)

2. Cette tarte c'est une tuerie de chez* tuerie ! Elle est trop bonne, le goût des échalotes caramélisées c'est fabuleux ! (*Delicious*, 22 mars 2007, <delicious.canalblog.com/>)

3. Vous allez voir ce que vous allez voir, ce festival est une tuerie, comme on dit. [...] Il est possible de camper sur place et même de profiter d'une navette gratuite qui vous déposera à la plage, histoire de vous faire dorer la pilule. Elle est pas belle la vie* ? (« Du rock en stock », 17 juillet 2007, <www.lejournaldesplages.com/>)

V. encore *bombe*, ex. 15 ; *rogné*, ex. 2.

## tuss

□ **faire le tuss** (**/le tœuss**), loc. verb. "faire le guet". De *tœuss, teuss, tuss, tss*, signaux convenus pour prévenir quelqu'un d'un danger ; naguère en vogue dans l'argot des potaches. Attesté sous la forme *faire la tuss* dans les écoles d'Arts et Métiers en 1855 (Esnault 1965).

1. Tout le monde entre, sauf Chris-le-Bourgeois qui fait le tœuss en bas, au volant de la Mercédès. (A.D.G., *Notre frère qui êtes odieux...*, 1974, p. 85)

2. Pour ne pas se faire prendre, le copain fait « le tuss » [...]. (J.-C. Grulier, *Les Années bleues de Martial Coqlicot*, 2003, p. 66, GRL)

## tuyau

**dans les tuyaux**, loc. adv. "en préparation ; en voie d'être réalisé". Fréquent dans le jargon des technocrates. Cf. l'anglais *in the pipeline*, attesté vers 1965 (Partridge 1984).

1. Autre dossier, celui des agriculteurs. Ceux-ci ne seront fixés sur leur sort qu'après le référendum, puisque le projet de loi d'orientation agricole est dans les tuyaux du Parlement, mais ses travaux ne doivent reprendre qu'en juin prochain. (*L'Humanité*, 25 mai 2005, p. 4)

2. Avec des révélations aujourd'hui [...], des choses qui étaient « dans les tuyaux », comme on dit, mais qui se confirment... D'abord dans *Le Figaro*, à qui le ministre de la Santé assure que le projet visant à interdire la fumée dans les lieux publics « va se faire ». (*France Inter*, revue de presse de C. Dumetz, 23 août 2006, <www.radiofrance.fr/>)

3. L'ancien animateur TV [...] a aussi dans les tuyaux une « comédie noire » sur la candidature de Coluche avant la présidentielle de mai 1981, qui s'intitulera « C'est l'histoire d'un mec ». (*Télé satellite & numérique*, 8 octobre 2006, <www.telesatellite.com/>)

4. [...] ces jeunes trentenaires (ou quasi) entament déjà des tournées à rallonge, et briguent en outre le prochain tremplin du printemps de Bourges. Leur premier album, encore dans les tuyaux, devrait voir le jour au printemps 2007. (*Le Petit Bulletin*, 20 décembre 2006, p. 4)

# U

## un

■ **ne bander que d'une**, loc. verb. "être mal à l'aise ; avoir peur". Image sexuelle dans laquelle *une* est un substitut euphémique. Attesté en 1896 (G. Delesalle, *Dictionnaire argot-français & français-argot*, p. 78, GRL). La variante développée **ne bander que d'une, sans savoir laquelle**, dont l'exemple 1 illustre l'antithèse, est relevée par Lacassagne 1935.

1. Gaillard je ne l'étais guère. Je n'bandais que d'une ! (Avantageux : on sait au moins de laquelle !) (M. Ciantar, *La Mongolique*, 1949, p. 307, GRL)

2. Alors là, mon pote, là, je gueule à la Tatouée :
« Regarde-moi ça ! ce gros tas de merde !... cette ordure !... ce menhir de boue !... Regarde-moi ce mec putride ! méphitique !... C'est l'Immonde ! »
Et le con, il restait là... Il me regardait, béat... à vrai dire, il ne bandait que d'une. (R. Lemoine, *Monsieur Gontran, avril 1960-avril 1962*, 1968, p. 121, GRL)

3. Sa nature [de Jacques Chirac] ? Dévorer dès potron-minet d'enfantins biscuits au chocolat, faire la bise à tout le monde, boire de la bière plutôt que du champagne, engloutir dans un même repas du cassoulet et du chou farci [...] et parler comme un charretier lâchant sous les lambris : « C'est à se les mordre » ou « Je ne bande que d'une seule ». Cette saine et forte nature, pleine de jurons, de ripailles, de colères et de bourdes diplomatiques, le nouveau président va devoir l'étouffer, après avoir déjà consacré trente ans de sa carrière politique à tenter, en vain, de la domestiquer. (J. Garcin, dans *L'Express*, 11 mai 1995)

— VARIANTE. □ **ne bicher que d'une**, loc. verb. "id.".

4. L'idée de me trouver seul à seule avec elle me mettait mal à l'aise. Je bichais, mais que d'une. Surtout que je voyais Ange réviser son flingue, un mastard colt comme le mien. (A. Paraz, *Schproum à Casa*, 1956, p. 66)

— LOC. NOM. DÉRIVÉE. ■ **bande que d'une**. "individu lâche, timoré".

5. Il était une couille molle. Une pine* d'huître. Un bande-que-d'une. (L. Chalumeau, *Fuck*, 1991, p. 214)

## usine

**usine à gaz**, loc. nom. "système inutilement compliqué ; élucubration". Métaphore fréquente dans la langue des informaticiens en référence à la complexité de certaines installations industrielles. On a donné ce nom, au XX$^{e}$ siècle, aux premiers gros ordinateurs.

1. Ces méandres donnent à la CSG [contibution sociale généralisée] « des allures d'usine à gaz », plaisantait récemment en privé Claude Evin, ministre de la Solidarité. (*Le Monde*, 13 novembre 1990, p. 25)

2. [...] on se demande parfois – pour reprendre une formule célèbre – pourquoi faire simple alors qu'on peut tout compliquer.
Plutôt que de bâtir ces « usines à gaz » fiscalo-sociales, nos chers socialistes ne pourraient-ils pas décider une hausse significative du SMIC sans dégrèvement de cotisations sociales ? (*Le Monde*, 15 janvier 2001, p. 13 ; lettre d'un lecteur)

3. Entre la maîtrise des rendements, la part maximale autorisée (environ la moitié) pour la production de cognac, la part distillée subventionnée par Bruxelles, la réglementation du cognac est ainsi devenue une redoutable « usine à gaz ». (*Le Monde*, 7 décembre 2002, p. 13)

4. Vous envoyez un CD à Mamy avec les dernières photos des petits. Comment créer rapidement un CD pratique sans monter une usine à gaz ? (*Les Gratuiciels*, <jeanbernard.soulet.free.fr/>, consulté le 13 janvier 2007)

# V

## vacciné

**(être) majeur et vacciné**, loc. verb., loc. adj. "(être) assez grand pour prendre ses responsabilités tout seul ; (être) adulte et responsable". Attesté en 1855 (« Je suis majeur et vacciné ; – mes qualités physiques importent peu pour le moment », G. de Nerval, « Les Nuits d'octobre », dans *La Bohème galante*, Paris, Michel Lévy, p. 216, GRL).

1. – Dans ces conditions, je m'arrangerai… Va, et ne rentre pas trop tard… Et seule, autant que possible…
– Dis donc, M'man, je suis vaccinée, sinon majeure… (M.-É. Grancher, *L'Auberge de Peyaboire*, 1966 [1960], p. 117)

2. – […] c'est un bon garçon, je te le jure…
– Je veux bien te croire, que je lui ai dit en riant à mon tour…
T'es majeure et vaccinée, pas vrai ?… (Elle semblait rêveuse.)
Tu m'as l'air d'être vachement pincée. (Georgius, *Du bromure pour les gayes*, 1962, p. 26)

3. L'AMIE […] : Elle a fauché un colt je sais pas très bien où, et elle veut s'en servir. Il faut l'en empêcher.
DOCTEUR LUCIE : Dorothée est majeure et elle sait ce qu'elle fait.
DOROTHÉE : Majeure et vaccinée ! (R. Forlani, « Le Divan » dans *L'Avant-scène théâtre*, 1er décembre 1981, p. 10)

4. […] Rachid s'est mis à gueuler. En arabe. Fernand était calme.
« Arrête ton cirque, Khomeini ! Ta sœur, elle est majeure et vaccinée… Alors, fous-lui la paix ! On est pas à La Mecque…
– Salopard ! Vieux dégueulasse ! Comment t'as pu faire ça ? » (C. Roudé, *Rue Paradis*, 1987 [1986], p. 155)

— VARIANTE LUDIQUE PONCTUELLE. **électeur et vacciné**.

5. Peut-être était-ce un citoyen comme un autre, électeur et vacciné. Rien ne le différenciait de ceux qu'il croisait. Il portait un manteau gris de demi-saison, un chapeau mou, gris également, et vraisemblablement un bracelet-montre comme tout le monde. Mais mon instinct m'avertissait d'avoir à me montrer vigilant. (L. Malet, *Fièvre au Marais*, 1991 [1955], p. 636)

## vache

**(effet) Vache-qui-rit**, loc. nom. "effet esthétique obtenu par un emboîtement à l'infini". Du nom d'une marque déposée de fromage à tartiner dont l'étiquette porte un dessin en abyme.

1. Il y a aussi […] l'effet Vache-qui-Rit, où le réalisateur de *Claudia* fixe « dans le regard de Dani, la découverte qu'il fait du handicap de sa sœur dans le regard des autres. » (G. Azémard, *La Vidéo, l'Enfant et les Institutions*, 1980, p. 79, GRL)

2. […] cet excellent film intrépide où se tournent un film porno et un vampire en prise directe avec la réalité, le tout saupoudré de l'effet vache-qui-rit, le tournage dans le tournage. (*Libération*, 10 février 1986, p. 46)

3. […] une grosse ficelle narrative permettant la « mise en abyme » du livre dans le livre, « effet Vache qui rit » qui fit les choux gras d'une certaine modernité un peu défraîchie. (*L'Humanité*, 25 août 2005)

4. Encore un film [*Prisonniers de Beckett*] sur le monde carcéral. Allons bon. Des détenus d'une prison de haute sécurité répètent *En attendant Godot*. Ouh la. Théâtre de l'absurde. Effet Vache-qui-Rit garanti. (*Le Nouvel Observateur*, TéléObs, 25 février 2006, p. 37)

## vainqueur

**(avoir une) belle tête de vainqueur**, loc. verb., loc. nom. Par antiphrase.

— "(avoir une) tête d'imbécile". Reprise d'une réplique culte de la pièce de théâtre de Francis Veber, *Le Dîner de cons* (1993), portée à l'écran sous le même titre en 1998. ~ □ **être le roi des cons**.

1. M6 [une chaîne de télévision], 20 h 50, *Stars intimes*. Avec son imperturbable sourire* à 4,95, ses UV et son air d'ahuri, Stéphane Rotenberg, animateur dans la vie, a une belle tête de vainqueur. (*L'Humanité*, 1er octobre 2003)

2. Gloups, c'est ça des vrais hommes ? je crois que je vais m'enfuir là… Je ne dois pas être normal. Je leur trouve une belle tête de vainqueur. À croire qu'on les aurait forcés à porter ces vêtements… Je n'ose y croire. (Commentaire sur deux mannequins du *Catalogue Manufrance 1970*, 9 février 2005, <bricablog.net/>)

3. Sur la première [photo] nous avons une belle tête de vainqueur sur cette pub de Garnier pour un nouveau gel coiffant. (*Coredump*, 31 mars 2005, <crlam.free.fr/>)

— "(avoir une) mine fatiguée, pour avoir mal ou trop peu dormi". Par analogie du précédent.

4. En réservant mon pass de deux jours à la Fnac, je savais à quoi je m'engageais : une belle tête de vainqueur le lundi matin en allant au boulot. Mais j'ai voulu conforter mon statut de jeune qui profite de la Vie.
Donc, sachant pertinemment que j'allais le regretter le lendemain, je suis allé bon gré mal gré au festival […]. (Message, 10 juillet 2006, <qsupernant.info/>)

5. […] j'ai visionné le film jusqu'au bout, me suis couché vers 4 h du mat' et ai affiché une belle tête de vainqueur le lendemain au boulot. (Message, 23 octobre 2006, <www.faireounepasfairedecinema.com/>)

## Valda

□ **cracher sa (/la) Valda**, loc. verb. "passer aux aveux". Métaphore d'une dénomination de pastilles contre la toux, de marque déposée. ~ □ **cracher le morceau.**

1. Des bruits de gifles, de coups, s'interrompirent un moment et une voix nasillarde posa une question précise [...].
– Alors, Paco, tu la craches, ta Valda ? (M. Villard, *Du béton dans la tête*, 1990, p. 69)

2. Va me lâcher le morceau, l'gaillard [...]. Il hésite, là, il va me la cracher sa Valda. (P. Pellerin, *Tout va bien*, 2001, p. 206)

3. – Eh, venez ! Il paraît qu'Hachemi sait où se planque Format ! [...]
– Je ne déconne pas, dit Hachemi [...], je sais où il est.
– Eh ben, dis-le ! Crache la Valda ! (G. Mordillat, *Les Vivants et les Morts*, 2006 [2004], p. 435)

4. L'auditoire aimerait qu'il [Lionel Jospin] parle de son moi, de son surmoi, de ses troubles de mémoire [...], de son avenir, bref, qu'il crache sa Valda. (*Le Télégramme*, 3 juin 2006)

— □ **tu la craches (/tu craches), ta (pastille) Valda ?** loc. phrast. Apostrophe à un feu de signalisation qui est au rouge.

5. Vroum vroum
J'attends au feu... (« Bon, tu la craches ta pastille Valda toi ?! »). (Message, 15 juin 2006, <manu-euh.spaces.live.com/>)

6. Un an plus tôt [en 1963], la marque [Valda] obtenait l'oscar européen de la publicité pour un présentoir en forme de feu tricolore, où la pastille remplaçait le feu vert. L'invective célèbre « Alors, tu la craches, ta Valda ? » serait en fait prononcée par l'automobiliste impatient de voir le feu rouge passer au vert. (« Pastille verte et Série noire », <www.rd.com/international/>, consulté le 11 septembre 2006)

□ **faire avaler sa Valda à qqn**, loc. verb. "faire ravaler ses propos à quelqu'un".

7. J'attaque Edgar et je lui laisse pas l'occasion d'en placer une. Dès qu'il s'aventure avec un « Mais qui... », « Mais quoi... », « Mais de quoi... », « Mais comment... », je lui fais avaler aussi sec sa Valda. (C. Krug, *Demain matin si tout va bien*, 2006 [2004], p. 190)

## valise

□ **prendre une valise / revenir avec une valise**, loc. verb. "échouer dans une compétition ; subir une sévère défaite". Fréquent dans la langue des sportifs. Par ellipse de *valise pleine de défaites* (*Paris-Normandie*, 3 mai 2005), ou *valise (pleine) de buts [encaissés]* (*Libération*, 29 mars 2003, p. 27 ; *La Nouvelle République*, éd. Indre, 14 novembre 2005, p. 5). ~ □ **prendre une casquette*** ; □ **se prendre une gamelle/une pelle/une tôle***.

1. De cette campagne européenne, les Canaris [une équipe de football] garderont des bons moments, comme la double victoire face à la Lazio de Rome, mais aussi des leçons, celle reçue à Old Trafford n'étant pas la moins enrichissante. « C'est forcément un bon souvenir », explique Stéphane Ziani, « car on apprend énormément même si on a pris une valise ». (*Reuters – Les Actualités en français*, 27 février 2002)

2. La Bulgarie a pris une valise lors de son premier match (5-0, contre la Suède) dans cet Euro. (*Libération*, 18 juin 2004, p. 26)

3. – Quel genre de match devez-vous réaliser pour créer l'exploit ?
– On ne va pas faire n'importe quoi [...], on n'a pas envie de revenir avec une valise. (Un footballeur, dans *Le Télégramme*, 31 octobre 2006)

## valoir

□ **ça vaut pas**, loc. phrast. "ce n'est pas valable". Du langage des enfants. ~ **ça ne compte pas.**

1. – Une passe ! Une passe ! a crié Eudes.
Moi j'ai passé à Eudes, une passe assez longue, et Rufus est venu vers moi tout fâché en criant :
– Ça vaut pas ! T'étais hors jeu ! (Goscinny et Sempé, *Histoires inédites du petit Nicolas*, t. 2, 2006, p. 255)

2. [...] il y a une chose dont le manifestant a besoin, c'est de savoir que la manif est réussie. Une manif qui s'effiloche, pleine de trous, ça lui casse le moral. Il est là pour faire nombre. Pour qu'il entende à la télé, le soir : plus de 1 million de manifestants ! Sinon, ça vaut pas. (A. Rémond, *Le cintre était sur la banquette arrière*, 2008, p. 100 ; texte écrit en 2005)

**(parce que) je le vaux bien**, loc. phrast. Pour signifier qu'il n'y a pas lieu de se priver de quelque chose, quel qu'en soit le prix. Clin d'œil à un slogan publicitaire lancé par l'Oréal en 1987.

3. [...] les professionnels de santé doivent souvent faire face aux exigences des patients. Ayant lu ou entendu parler de tel médicament dans la presse, ces derniers les réclament « parce que je le vaux bien ». (« Déprime et dépression », <www.doctissimo.fr/html/psychologie/>, consulté le 28 janvier 2003)

4. [...] l'habitude prise d'arborer n'importe quel sigle de prêt-à-porter sans autre raison que « c'est mon choix* » ou « parce que je le vaux bien » [...]. (*Les Echos*, 21 janvier 2004, p. 14)

5. Le langage commun[,] adoptant très vite la formule pour jouer interminablement avec elle[,] l'a compris : « Je le vaux bien » est une nouvelle manière de s'installer face aux choses. La conviction d'une promotion naturelle, la certitude d'une légèreté du monde : celle qui tient non plus seulement à ses techniques mais à une totale, et première, valorisation du moi. (G. Vigarello, « Parce que je le vaux bien », dans J. Garcin (dir.), *Nouvelles Mythologies*, 2007, p. 180)

— AVEC VARIATION DE LA PERSONNE VERBALE.

6. Et voilà le peuple irakien libre ; et pour paraphraser une célèbre marque occidentale : il le valait bien. (*Télérama*, 21 mai 2003, p. 7 ; courrier des lecteurs)

7. [...] si vous faites partie de ceux qui aiment avoir un look étudié, ceux qui prennent soin d'eux parce qu'ils le valent bien, ceux qui aiment l'originalité et aiment se démarquer, alors ce site est entièrement fait pour vous. (*Homme-Avenue*, 2 novembre 2005, <www.homme-avenue.com/>)

## vanter

**c'est pas pour me vanter, mais** + proposition, loc. phrast. Périphrase plaisante par son côté hyperbolique, utilisée pour introduire une constatation banale ; habituellement en contre-emploi. Attesté en 1873 (« PIGET. – Ce n'est pas pour me vanter… mais il fait joliment chaud aujourd'hui », E. Labiche, « 29 degrés à l'ombre », dans *Théâtre*, Paris, Robert Laffont, 1991, t. 2, p. 854).

1. Lorsqu'un téléspectateur rencontre M. Léon Zitrone dans la rue ou sur la plage, il se trouve rempli d'orgueil de l'avoir reconnu, un peu comme mon adjudant qui, au début de la « drôle de guerre », s'écriait chaque matin : « C'est pas pour me vanter, mais il fait rudement beau aujourd'hui. » (L. Merlin, *Le Vrai Dossier de la télévision*, 1964, p. 173, GRL)

2. Allons, au revoir et à aussi tôt que moins tard se pourra […]. Mais, croyez-moi, cher Monsieur, lisez Descartes (*il raccroche* [le téléphone]). Eh ! bien, c'est pas pour me vanter, mais pardon, qu'est-ce qu'il peut y en avoir, en ce bas monde, qui ne tournent pas rond dans le carré de l'hypothénuse ! (P. Dac, *Essais, maximes et conférences*, 2001 [av. 1975], p. 157)

3. […] c'est pas pour me vanter, mais, hier, je suis allé au cinéma. (P. Meyer, *Heureux habitants de l'Aveyron*, 1990, p. 195)

4. Ce n'est pas pour me vanter, mais il fait froid. Il y a des moments dans l'année où le thermomètre fait plus parler de lui que les hommes politiques. (H. Dreikaus, dans *Dernières Nouvelles d'Alsace*, 3 mars 2005, p. TE 8)

## vaseline

■ **sans vaseline**, loc. adv. "brutalement, sans ménagement". Métaphore qui fait référence, souvent explicite (ainsi dans l'exemple 3) à des pratiques sodomiques. *No vaseline* est le titre d'une chanson du chanteur de rap Ice Cube (1991). ~ ■ **à sec***.

1. À nous deux, Rouquemoute mon complice chéri ! Lui, j'étais décidé à le coincer dans un repli, un recoin noir, pour lui causer sans vaseline. (A. Boudard, *La Métamorphose des cloportes*, 1987 [1962], p. 157)

2. Pour deux secondes sur la pellicule, une vierge se fait sauter sans vaseline et sans préservatif par cinquante décorateurs […]. (A. Spaggiari, *Journal d'une truffe*, 1983, p. 389, GRL)

3. – […] Crétins, êtes-vous seulement conscients qu'hier soir, on s'est fait enculer sans vaseline sur toute la ligne ? […] hier soir, Lebeau nous l'a mis jusque là…
Le geste de la main était éloquent… (Géant Vert Inc, *Casse-bonbons*, 1987, p. 190)

## veille

**être/(se) mettre**/etc. **en mode veille**, loc. verb. "être, mettre en position d'attente, en suspens, sans activité apparente". Métaphore de l'appareillage électronique. ~ **être/mettre en stand-by*** ; **être/mettre en sommeil/en veilleuse**.

1. J'ai l'impression de ne rien comprendre, un simple accent pas si différent du mien fait basculer ma compréhension en mode veille. (M. Daoler, *2 h 24*, 2005, p. 53, GRL)

2. Ma femme est persuadée que j'ai une vie intérieure, en fait non, je suis en mode veille, c'est tout. (Message, 10 juillet 2006, <ordinairetrentaine.free.fr/>)

## vélo

□ **avoir un petit vélo dans la tête**, loc. verb. "être un peu fou, un peu dérangé". Cette métaphore doit peut-être son origine à des locutions voisines du type **perdre les pédales, pédaler* à vide, pédaler dans la choucroute (dans la semoule/le yaourt**, etc.). ~ □ **avoir des papillons dans le compteur** ; □ **avoir une araignée au plafond** ; □ **ne pas être (tout) seul* dans sa tête** ; □ **travailler du bigoudi***.

1. C'est pas un cadeau, le Max. Il a un petit vélo dans la tête. Il se croit poursuivi par des ennemis secrets. (Marie & Joseph, *Venez voir les cadavres, Mesdames*, 1991, p. 38)

2. Chaissac aimait circuler en roue libre sur sa fidèle bicyclette. « Il faut dire qu'il avait vraiment un petit vélo dans la tête ! » lance Annie [sa fille] dans un éclat de rire. (*Ouest France*, 8 septembre 2005)

— VARIANTE DÉVELOPPÉE.

3. Je jauge d'un œil passablement perplexe l'ensemble de la marchandise (cuirs, fouets, martinets, chaînes, etc.) et je ne sais trop quoi en penser. [...] je me suis toujours dit qu'une cocotte qui avait besoin de se déguiser en homme-grenouille pour prendre son pied [...] devait avoir un petit vélo dans la tête, avec un grand pédalier. (P. Day, *Lapin*, 2003, p. 45, GRL)

— VARIANTES PONCTUELLES.

4. Sûr il avait tout de même un grain, des petits vélos dans la cafetière... La plaine des Joncs sans doute, le soleil, les fièvres ! Seul rescapé d'un poste de brousse huit jours encerclé par les Viets. (A. Boudard, *La Cerise*, 1973 [1963], p. 387)

5. [...] à cause de sa grande gueule, elle passe déjà pour être un peu vélo dans sa tête [...]. (J.-B. Pouy, *Suzanne et les Ringards*, 1985, p. 36)

6. Je crois que ce mec devrait aller voir un psy. Il a un vélo, je dirais même une mobylette dans la tête. (Message, 27 mai 2005, <forum.aceboard.net/>)

## velu

□ **ça craint velu**, loc. phrast. Pour qualifier une chose ou une situation de désagréable, sans intérêt ou de dangereuse, mauvaise, inquiétante, insupportable. Variante développée de **ça craint**.

1. Essaie peut-être les drogues dures : mourir d'une overdose de Coca-Cola light, ça craint velu... (Message, 1er août 2002, <www.geradon.be/>)

2. Sans déconner, dire que Haendel « ça craint velu » c'est du même niveau que dire de Walter Benjamin que c'est « grave balèze ». Tu pourrais quand même argumenter. (Message, 2 février 2007, <arbobo.over-blog.com/>)

## vent

□ **mettre/(se) prendre un/des vent(s)**, loc. verb. "dépasser/être dépassé à vive allure (par) un autre véhicule (voiture, mobylette et notamment scooter), avec le conducteur duquel on est en compétition implicite".

1. [...] « ma » (celle de ma boîte) Clio 2 19.D s'est pris un vent magistral par une pauvre Twingo. Je sais pas si lui tirait à fond, en tout cas moi je l'étais. Faut dire que c'est tellement un veau cette Clio qu'on est toujours à fond sur l'accélérateur. (Message, 26 août 2004, <forum.321auto.com/>)

2. C'est quoi qui t'amuse ? De te prendre des vents ? De leur mettre des vents ? Juste le fait de faire mumuse avec d'autres voitures ? (Message, 20 avril 2006, <www.forum-auto.com/>

3. Le [scooter] Nitro Jaguar Racing est doté d'un moteur à refroidissement liquide de 7 CV, ainsi vous pourrez mettre des vents à vos amis, sans pour autant les enfumer car il est équipé du nouveau pot catalytique ! (Publicité, 2008, <www.ciao.fr/>)

— AU FIGURÉ. "infliger/subir un échec brutal ; en particulier, éconduire/être éconduit (en parlant d'un amoureux, d'un dragueur)". ~ □ **prendre un bide/une gamelle/une pelle/un râteau*/une tôle***.

4. Je me suis d'ailleurs pris un vent absolument mémorable par la miss... Enfin, parlons plutôt de foutage* de gueule que d'un vent... Au début je n'avais rien demandé... Elle avait son chéri, j'étais seul, les choses étaient fixées. [...] Elle m'a fait comprendre, et bien comme il faut, qu'elle aurait bien changé de copain. (« Du temps... », 9 décembre 2005, <maldecrane.tchatcheblog.com/>)

5. [...] le CPE [contrat première embauche] est mort et c'est tant mieux. Villepin a voulu jouer au caïd, il s'est pris un vent. À mon avis ça lui [*sic*] reprendra pas de si tôt. (Message, 12 avril 2006, <forums.france2.fr/>)

6. [Quelle est votre attitude en cas de] Refus [d'un manuscrit]. [...] Fabrice Colin : « Je n'aime pas me prendre des vents ». (*Sud Ouest*, Mont-de-Marsan, 27 avril 2006)

7. [...] Roman Polanski a mis un vent à tout le monde, trouvant les questions si stupides [...] qu'il préféra « aller bouffer ». (« Cannes 2007 », 23 mai 2007, <www.chronicart.com/cannes07/ >

□ **vent du cul dans la plaine**, loc. adv. "rapidement". Variante intensive (le vent qui souffle en plaine ne rencontrant nul obstacle) de □ **vent du cul**.

8. « Vent du cul dans la plaine » comme dirait un de mes oncles, je poursuis [à vélo] à vive allure [...]. (Blog, 21 janvier 2007, <guillaumehennequin.free.fr/>)

9. [...] à présent « vent du cul dans la plaine », tout droit vers Posadas : papa plongé dans la route indéfiniment droite [...]. (Blog, 10 août 2007, <www.transam.fr/>)

10. [...] en étant toujours sur ses gardes, en analysant chaque situation et en ne partant pas « vent du cul dans la plaine », on éviterait ou on pourrait prévenir de se retrouver dans ces cas délicats où la vie se retrouve accrochée à un fil. (Message, février 2008, <droit-montagne.forumactif.fr/>)

## ventilo

■ **ça va chier dans le ventilo**, loc. phrast. Renforcement de **ça va chier** "ça va barder". Dans un contexte de menace, pour exprimer qu'une situation est explosive. Réplique empruntée au film *Y a t-il un pilote dans l'avion ?* de J. Abrahams, D. Zucker et J. Zucker (1980). ~ ■ **ça va chier des bulles** ; **ça va barder** ; **ça va chauffer**.

1. [...] ça va chier dans le ventilo, si je peux me permettre cette expression bien connue des cinéphiles (enfin certains, on a le cinéma que l'on mérite). (Message, 8 janvier 2007, <27081969.canalblog.com/>)

2. Si j'en prends à me faire du copier/coller de rapports [...] sans mettre en forme, ça va chier dans le ventilo... (Le mot des modérateurs, <www.kraland.org/>, consulté le 22 février 2007)

## ventre

**avoir qqc tout le tour du ventre**, loc. verb. "avoir en abondance". La locution semble surtout en usage dans le quart sud-est de la France. À rapprocher de *être dans la paille jusqu'au ventre*, métaphore qui qualifie l'aisance (Nicot 1606, dans FEW).

1. Bah ! moi, j'aime bien Aliette. Elle a des affaires tout le tour du ventre, condamnée pour les unes, inculpée ou témoin dans les autres, toujours des escroqueries, et ça m'épate, moi, toute petite casseuse de province. (A. Sarrazin, *La Cavale*, 1965, p. 41)

2. – [...] Ce qui les tourneboule [les femmes] c'est pas la beauté, c'est d'abord la réputation du bonhomme. Tu sortirais de la cuisse d'Apollon que ça leur ferait ni chaud ni froid. Il faut d'abord être célèbre, être connu, avoir du pognon tout le tour du ventre, alors là oui. (J.-N. Blanc, *Chiens de gouttière*, 1989, p. 139)

3. J'en connais aussi [des femmes] qui ne travaillent pas en dehors de la maison, et qui ont pourtant des activités tout le tour du ventre qui ne leur laissent pas une seconde de libre ! (Blog, 24 janvier 2008, <lacath.canalblog.com/>)

**avoir une horloge/un réveil** (ou terme du même paradigme) **dans le ventre**, loc. verb. "avoir un rythme de vie très régulier ; être d'une grande ponctualité". *Avoir une pendule dans le ventre* est attesté en 1898 (« c'est ainsi que l'on procède pour se donner rendez-vous dans ces contrées où il n'y a pas d'horloges pneumatiques, ni d'autres, car ce serait une erreur de croire, comme on le fait aux environs de la Porte Saint-Denis, que les nègres ont généralement une pendule dans le ventre », É. Grosclaude, *Un Parisien à Madagascar. Aventures et impressions de voyage*, Paris, Hachette, p. 172, GRL). ~ **avoir avalé une horloge**.

4. L'homme à la petite bicyclette noire n'a pas une horloge dans le ventre : il ne passe pas à heures fixes, mais il passe. Une règle cependant : quand il disparaît à l'ouest il reparaît à l'ouest pour le trajet inverse. Quand il disparaît à l'est il reparaît à l'est. Donc, il ne décrit pas un cercle, dont seul un arc – à peine courbe vu l'étendue de la circonférence – serait visible. (G. Serreau, *Dix-huit mètres cubes de silence*, 1976, p. 193, GRL)

5. [...] je suis obligée de me lever tôt et [...] de toute façon je n'aime pas faire la grasse matinée (je suis trop habituée en fait, j'ai comme un réveil dans le ventre, vers 5 h 30 ou 6 h je me réveille toute seule) [...]. (Message, 14 juin 2004, <www.aufeminin.com/>)

6. Je n'ai pas avalé de montre étant petit pourtant il semble que j'aie un chronomètre dans le ventre. Je suis d'une ponctualité métronométrique [*sic*]. Vous qui m'invitez soyez prévenus : j'arrive à l'heure. (« Destination : Baud », <members.chello.be/>, consulté le 30 novembre 2004)

7. Dans quelques minutes, c'est l'heure du repas. On sent déjà une légère animation dans le troupeau [de chèvres]. « Elles ont une horloge dans le ventre », précise Florence. (*La Nouvelle République*, Vienne/Châtellerault et son pays, 26 janvier 2005, p. 11)

## ver

■ **ver de terre**, loc. nom. "pénis". Appartient au paradigme des synonymes tirés du monde animal, comme *asticot*, ou encore *anguille, lézard*, etc. Déjà sous la forme simple *ver* en 1850 (« trouver à loger son ver », T. Gautier, *Lettres à la Présidente*, éd. par T. Savatier, Paris, Honoré Champion, 2002, p. 78).

1. Dallas souffle sur les cheveux de Kevin [un bébé]. Elle joue à la poupée, le met debout, couché, lui mord les fesses, secoue le petit ver de terre, le bécote sous toutes les coutures [...]. (G. Mordillat, *Les Vivants et les Morts*, 2006 [2004], p. 48)

— DANS UN CONTEXTE MÉTAPHORIQUE.

2. Etre une call girl de réputation internationale, c'est génial. [...] Au point de profiter de ses heures creuses pour faire des extras sur simple appel des concierges du Meurice ou du Plazza. Et d'aller à la pêche au ver de terre sur les Champs-Elysées, histoire de se mettre en appétit avant de bambocher dans un trois-étoiles avec un gros poisson. (C. Sarraute, dans *Le Monde*, 5 juin 1993, p. 17)

## vérité

**vérité d'un jour**, loc. nom. Pour donner à entendre que ce qui est évident ou admis à un moment donné peut être opaque ou récusé à un autre moment. Comme les suivantes, la locution est surtout, de nos jours, en usage dans les milieux politiques et sportifs. Attesté en 1845 (« pour obtenir un triomphe d'une semaine, une vérité d'un jour, on feint [dans les assemblées politiques] de s'entendre, lorsqu'en secret on ne cherche qu'à se supplanter », E. Quinet, *Le Christianisme et la Révolution française*, repris dans *Œuvres complètes*, Paris, Pagnerre, 1857, t. 1, p. 25, GRL).

1. Pour Robespierre, la Révolution offre le spectacle angoissant d'un mobilisme universel, où toute vérité d'un jour est grosse de son contraire, car tout est relatif au groupe qui influence le pouvoir. (A. Jourdan, *Robespierre. Figure – Réputation*, 1996, p. 51, GRL)

2. Qu'est ce que la vérité d'un jour si elle doit céder demain au pathétique ou au désespoir ? (J. de Gramont, *Le Discours de la vie*, 2001, p. 361, GRL)

**vérité d'un jour n'est pas vérité de toujours**, loc. phrast. Pour donner à entendre que quelqu'un n'est pas constant dans ses opinions ; pour signifier que les certitudes ou les convictions peuvent évoluer avec le temps.

3. Pour François Hollande, vérité d'un jour n'est pas vérité de toujours. Invité du Grand Jury LCI dimanche soir, le premier secrétaire du Parti socialiste a expliqué le rôle des sondages dans le choix pour l'investiture du candidat officiel du PS à l'automne prochain. Les enquêtes d'opinion sont, selon lui, à prendre avec prudence. « Ce ne sont pas les sondages de janvier qui vont déterminer le choix de novembre », a-t-il déclaré. (« Qui vivra verra », 24 janvier 2006, <sondages2007.over-blog.com/>)

**(la) vérité d'un jour n'est pas (toujours/forcément/nécessairement) celle du lendemain** (et variantes), loc. phrast. "id.". Attesté sous une forme proche en 1830 (« vérité d'un jour, erreur du lendemain », L.-A. Martin, préambule [daté de 1830] à *Œuvres posthumes de Jacques-Henri-Bernardin de Saint-Pierre*, Paris, Lefèvre, 1833, p. 45, GRL).

4. Au cours de ce Tour [de France cycliste] à rebondissements où la vérité du jour fut rarement celle du lendemain, LeMond-La Motta et Fignon-Dauthuile se sont consciencieusement matraqués, prenant alternativement l'avantage. (*Le Monde*, 25 juillet 1989, p. 16)

5. [...] les Australiens ont pris le risque de voir le mauvais temps perturber le déroulement des compétitions. Le bureau national de la météorologie australienne annonçait, en début de semaine, une soirée douce et sans averse pour la cérémonie d'ouverture, vendredi 15 septembre. La suite ? Mystère. A Sydney, la vérité d'un jour est rarement vérifiée le lendemain. (*Le Monde*, 15 septembre 2000, p. 4)

6. M. Hervé Morin. – Décidément, vérité d'un jour n'est pas celle du lendemain ! Il est pittoresque d'entendre ces critiques contre les exonérations de charges sur les bas salaires alors que MM. Gremetz et Jean-Marie Le Guen ont été les premiers à en soutenir le principe dans le cadre des lois Aubry ! (Assemblée nationale, *Compte rendu analytique officiel*, 2e séance du 19 juillet 2004)

7. En politique, plus qu'ailleurs, la vérité d'un jour n'est pas toujours celle du lendemain. (*Midi libre*, 28 avril 2007)

**la vérité d'un jour peut être l'erreur du lendemain**. "id.".

8. Après tout, personne ne peut se flatter d'être doté d'infaillibilité, et l'histoire de l'Union soviétique a fait la démonstration amère que ce qui était l'éclatante vérité d'un jour pouvait devenir l'erreur tragique du lendemain. (R. Andrieu, *Choses dites : 1958-1978. Vingt ans rédacteur en chef à « L'Humanité »*, 1979, p. 453, GRL)

9. Me Roux a souligné la divergence majeure régnant au sein de la communauté scientifique sur la question de l'innocuité des OGM. Rappelant, entre autres exemples, les expériences du sang contaminé ou de la vache folle, il a insisté sur le fait que la vérité d'un jour peut devenir une erreur ultérieure et avancé que ceux qui avaient critiqué l'orthodoxie initiale peuvent ainsi, a posteriori, avoir eu raison. (*Le Monde*, 12 février 2001, p. 9)

## vermicelle

□ **vermicelle de contrebande**, loc. nom. Pour laisser entendre que le sexe d'un homme ou d'un enfant est très petit. *De contrebande* ajoute une note ironique à une comparaison déjà très réductrice. Variante développée : □ **le vermicelle de contrebande et les deux raisins de Corinthe**. ~ □ **salsifis* de contrebande**.

1. [...] t'es bien monté, toi, petit ? L. éluda la question en avalant la moitié de son verre de bière et le vieux a dit excuse je suis indiscret, après tout ça me regarde pas si t'as juste un vermicelle de contrebande. L. a dit rassurez-vous. (H. Lacroix, *Raideur digeste*, 1976, p. 78, GRL)

2. [...] la saison touristique durant laquelle les Japs balançaient joyeusement leurs paquets de yens pour tremper et s'encanailler le vermicelle de contrebande. (J. Houssin, *Les Crocs du Dobermann*, 1981, p. 53)

3. Elle se ramassa un aller-retour fulgurant. Rageuse, elle cracha :
– Je sais pourquoi tu me tapes : parce que ta bite à côté de la sienne, c'est rien qu'un vermicelle de contrebande. (M. Villard, *Rouge est ma couleur*, 1996, p. 104)

4. Mamie me plongeait tous les samedis soirs dans une grande bassine en aluminium et me frottait des pieds à la tête avec un gant de toilette. [...] Nu comme un ver, j'avais honte d'exposer mon vermicelle de contrebande [...]. (P. Nonnenmacher, *Le Diable dans les côtes*, 2003, p. 196)

## verre

**mon (/son) verre n'est pas grand, mais je bois (/il boit) dans mon (/son) verre**, loc. phrast. Pour signifier que l'on s'accommode de ses propres moyens, même limités, et que l'on ne compte que sur soi-même. L'expression est reprise d'un alexandrin de Musset qui célèbre la création personnelle : « Je hais comme la mort l'état de plagiaire / Mon verre n'est pas grand, mais je bois dans mon verre » (Dédicace de *La Coupe et les Lèvres*, 1832). La formule inverse, par plaisanterie, **mon (/son) verre n'est pas grand, mais je bois (/il boit) dans celui des autres**, signifiant que l'on n'hésite pas à mettre autrui à contribution, est attestée en 1902 (« Willy : son verre n'est pas grand, mais il boit dans celui des autres », J. Renard, *Journal*, p. 765, FT) ; voir aussi l'exemple 3.

1. Bois d'Amont [...] est aussi une bourgade modestement industrieuse qui cache ses accomplissements derrière les murs de planches de ses hangars à bois : son verre n'est pas grand, mais elle boit dans son verre, celui (ainsi le proclame fièrement un panonceau à l'entrée du village) de la Capitale de la Boîte à Fromage de qualité en épicéa. (J. Gracq, *Carnets du grand chemin*, 1992, p. 11, FT)

2. Quelle querelle ose donc me chercher Debray ? Il parle de trop de bouteilles de réserve. S'il ne s'agissait que d'une dispute entre ivrognes, on pourrait peut-être le féliciter de sa prévoyance : son verre n'est pas grand mais il boit dans son verre. Mais non. L'ambitieux ridicule a couru vers tout, s'est jeté sur tout, a tout manqué. Castro, Guevara, Allende, le règne de Mitterrand première variante. (G. Debord, « *Cette mauvaise réputation...* », 1993, p. 100)

— **mon verre est petit, mais je bois dans mon verre**. "id.".

3. *Catherine* : Mes parents sont des proxénètes de l'honnêteté. J'ai été bourrée de morale comme d'autres sont gavés de Blédine. Une morale à eux, bien sûr.
*Verdier* : Je n'ai jamais entendu dire, Mademoiselle, qu'il y en eût plusieurs... Il y a, évidemment, la morale des loups et celle des moutons.
*Catherine* : Chez nous, ça moutonnait... À bloc... Le trio Mérinos. Et toujours avec citations à l'appui, « Mon verre est petit, mais je bois dans mon verre... » [...] Et puis, j'ai rencontré un homme qui, lui aussi, parlait de la vie. Seulement c'était pas la même. Lui, c'était plutôt « Mon verre est petit, mais je bois dans celui des autres ». (*Fleur d'oseille*, film de G. Lautner, dialogues de M. Audiard, 1967)

— VARIANTE PLAISANTE.

4. Mon verre n'est pas grand, mais je bois à la bouteille. (J. Serguine, *Les Abois*, 1971, p. 156, GRL)

**souple comme un verre de lampe**, loc. adj. "qui manque de souplesse, au physique ou au moral". La comparaison fait référence au verre de lampe à pétrole, rectiligne et fragile. ~ **raide comme un manche à balai/comme un piquet**.

5. Lors d'un meeting que je faisais à Laval [...], Dufresnoy, un mécano membre du parti et souple comme un verre de lampe, me dit : « Au cours de ton intervention, je ne t'ai pas entendu prononcer un mot sur les procès de Moscou. » Je lui ai répondu : « Tu le sais aussi bien que moi, quand la contre-révolution ne veut pas se soumettre, on l'abat ! » Il voulait me forcer à en parler pour s'assurer que j'étais bien dans la ligne. (J. Fourrier, *Graine rouge*, 1983, p. 155, GRL)

6. Claudie, toujours en poste à Avignon, a longtemps fait la navette, avec Roland, le petit frère, pour venir voir Elodie et son père installés à cinq minutes du centre d'entraînement à Marseille. Ils se défendent d'avoir forcé l'ambition de leur fille : « Elle s'est mise seule à la gym et n'a jamais cessé de nous étonner, car, petite, elle était plutôt boulotte et souple comme un verre de lampe. » (*Le Monde*, 2 mars 1996, p. 19)

7. On s'échauffe encore, car à moins deux degrés, le froid engourdit. […] Jacques, lui, pour sa seizième participation [à une course nocturne], souple comme un verre de lampe, s'étire « mais pas trop » pour ne pas se griller. (*Le Progrès*, Haute-Loire, 23 novembre 2004)

## vert

**l'herbe est (toujours) plus verte chez le voisin / le gazon est (toujours) plus vert chez le voisin**, loc. phrast. Adage selon lequel on a tendance à juger son propre sort moins enviable que celui de son voisin. *N'allez pas croire qu'ailleurs l'herbe soit plus verte… Elle est plus loin et puis c'est tout* est le titre d'un roman de Murielle Levraud (2005). Cf. l'anglais *the grass is greener on the other side of the fence*.

1. De tout temps l'homme a une certitude : le gazon est toujours plus vert chez le voisin. (D. Froidefond, « Le Dérèglement rural ou le désordre des champs », dans P. Bachelard (dir.), *Les Acteurs du développement local*, 1993, p. 35, GRL)

2. M. Eric Besson. – […] L'année dernière, un député de la majorité nous disait – c'était très bucolique – qu'un socialiste pensait de la façon suivante : « Les gentianes de mon voisin sont toujours plus belles que les miennes ». Nous serions toujours des partageux.
M. Jean-Pierre Brard. – Des envieux !
M. Eric Besson. – Nous n'avons rien contre la création de richesses, et moi je n'ai rien contre les gentianes de mon voisin.
M. Michel Bouvard. – Chez moi, on ne parle pas de gentiane ; on dit que l'herbe est plus verte chez le voisin ! (Sénat, commission des Finances, *Articles du projets de loi de finances pour 2004, Débats AN 1re lecture*, 2e séance du 17 octobre 2003)

3. L'herbe est toujours plus verte chez le voisin, mais l'impôt bien plus fort. Ainsi va la vie des communes. (*Le Progrès*, 22 décembre 2005, p. 19)

— VARIANTES, NOTAMMENT SUR *herbe* OU *gazon*.

4. La télévision est un milieu très artificiel où le champ d'à côté paraît toujours plus vert que celui sur lequel vous êtes. (G. Pernoud, dans *Le Monde*, 17 mai 1996, p. 14)

5. […] une enquête d'opinion de la Commission des Communautés européennes sur « La perception de la misère en Europe » montrait que ce n'était pas en Irlande, où les revenus étaient alors les plus bas de la CEE, que l'on trouvait le plus fort pourcentage de personnes insatisfaites de leur sort, mais en Italie et en France. Et l'on rencontrait davantage de personnes qui avaient le sentiment d'être victimes de l'injustice de la société chez les Français les plus « riches » que chez les Allemands et les Danois les plus « pauvres ». C'est que pour les descendants des sans-culottes que sont les Français, le jardin du voisin est toujours plus vert. (*Le Figaro*, 3 janvier 2005)

6. Quant à ceux que vous appelez les assistés, cessez donc le travail et faites comme eux puisque leur pré est plus vert que le vôtre. (Message, 21 novembre 2007, <www.orange.fr/>)

— Pour évoquer un ailleurs où la situation est plus favorable que chez soi.

7. [...] Cissé [un footballeur professionnel] s'en ira lui aussi voir ailleurs si le gazon est plus vert. Ce ne sera pas une aventure mais un investissement. Un choix stratégique de carrière. [...] Malgré une idée reçue tenace, l'émigration vers les clubs étrangers ne constitue pas, à leurs yeux, une priorité immédiate. Bien au contraire. Ils calculent, mesurent, évaluent. (*Libération*, 18 juin 2001, p. 26)

8. On a beau régner sur de vastes prairies, l'herbe est parfois plus verte chez le voisin. Leader mondial de la finance et champion américain de la banque de particuliers, *Citigroup* compense ainsi à l'étranger et avec les entreprises l'atonie de son marché domestique. (*Les Echos*, 18 avril 2006, p. 40)

9. Le gazon est toujours plus vert loin de Paris pour le PSG qui va cueillir (2-1) à Strasbourg une troisième victoire (pour trois nuls et zéro défaite) à l'extérieur. (*Libération*, 5 novembre 2007, p. 26)

## vexer

**(être) vexé comme un pou,** loc. verb., loc. adj. "(être) très vexé". Comparaison à valeur intensive qui prend appui sur la fierté et la susceptibilité du roi de la basse-cour (*pou(l)* a autrefois désigné le coq ; cf. *bicher, être heureux, jaloux comme un pou*), mais qui est influencée par le côté hargneux que l'on prête à l'insecte. Attesté en 1940 (« Vous vous rendez compte : ce mec-là joue depuis l'âge de 14 ans ses six parties par jour ! Il était vexé comme un pou, il est parti, beau joueur, en me disant : "Bravo !" », J.-P. Sartre, *Lettres au Castor*, t. 2, Gallimard, 1983, p. 183).

1. C'est incroyable à quel point tu ne supportes pas que ce soient les autres qui prennent les initiatives ! Tu ne pouvais plus la voir, et te voilà vexée comme un pou parce que c'est elle qui a pris la décision de...
Elle l'arrêta d'un geste.
– Ho ! Hein ? (A. Duperey, *L'Admiroir*, 1976, p. 154, GRL)

2. On s'est donc reluqué comme ça, un certain temps, puis le gros s'est brusquement empourpré et m'a fait un geste bref de la tête que j'ai tout de suite compris. Vexé comme un pou mais costaud comme un dogue. (D. Pennac, *Au bonheur des ogres*, 1985, p. 213)

3. Ça la requinque, Laurette, de se monter la tête, de s'imaginer debout à la barre, dans une salle de tribunal, en train de traîner dans la boue la chère Léa, humiliée, vexée comme un pou, au banc des accusés. (R. Forlani, *Papa est parti, maman aussi*, 1988 [1986], p. 144)

4. Gabriel, vexé comme un pou, prit une canette dans le frigo et fonça au jardin [...]. (G. Lecouvreur, *Parkinson le glas*, 2002, p. 139)

## victoire

**seule la victoire est belle,** loc. phrast. Pour donner à entendre qu'il convient de tout mettre en œuvre pour gagner. Cet adage, fréquent dans les milieux sportifs, repose sur une conception qui s'oppose au « beau jeu » et au fair-play.

1. [...] ce n'est pas un hasard si c'est Laurent Blanc, le plus expérimenté de la bande, qui se soit dévoué, le premier, pour énoncer l'évidence : « Contre Parme, en finale, nous devrons élever notre niveau de jeu pour espérer rivaliser. » Si seule la victoire

est belle, pour paraphraser les jésuites du real-football, elle n'annonce pas forcément des lendemains enchanteurs. (*Le Monde*, 22 avril 1999, p. 27)

2. – [...] les points perdus, nous ne les rattraperons pas dans les deux dernières épreuves ! Ici on ne pense qu'à gagner, seule la victoire est belle ! (G. Marie, *Rapport stoechiométrique. De l'oxygène dans le circuit*, 2003, p. 138, GRL)

3. La qualification, voilà bien l'essentiel d'une soirée d'une grande pauvreté technique et très loin de l'idée que l'on se fait d'une demi-finale. Mais en football, c'est bien connu, seule la victoire est belle. Alors, apprécions. (*Sud Ouest*, 17 janvier 2007)

V. encore *enjeu*, ex. 2.

## vie

**avoir fait sa vie**, loc. verb. "avoir beaucoup vécu ; n'avoir plus grand-chose à attendre de la vie". ~ **avoir fait son temps ; avoir son avenir derrière soi**.

1. – Il faudrait qu'il meure.
– Tais-toi !
– Mais si ! Nous serions libres. Libres, tous les deux, tu te rends compte ! Il a fait sa vie lui, mais nous ?
– Tais-toi, tais-toi, Roland !
– Dis-moi seulement : s'il n'était plus là, tu serais à moi, complètement ? (B. Gorsky, *Le Poker du capitaine Leslie*, 1975, p. 22, GRL)

2. – On a trouvé une nouvelle victime, rue Monsignor, à deux rues de chez vous !
– Une personne âgée, encore ?
– Oui ! Ça rassure ! On pense secrètement « elles ont fait leur vie ! », « ça soulage la sécu ! » (V. Thérame, *Sperm river*, 2002, p. 108)

**dans la vraie vie**, loc. adv. Pour opposer, selon les contextes, le réel au virtuel, le vécu à la fiction ou simplement la vie privée à la vie professionnelle. Calque de l'anglais *in real life* "dans la réalité".

3. Son copain dans la vraie vie est celui du feuilleton [télévisé]. Sur scène, elle n'a pas vraiment l'impression de participer à un spectacle, mais plutôt de « faire la fête » avec son public. (*Le Monde*, 21 février 1994, p. 17)

4. [...] dans la vraie vie, il n'est pas recommandé de se présenter à un entretien d'embauche brut de décoffrage. (*Libération*, 29 novembre 2004, p. 28)

5. Moi je pleure rarement dans la vraie vie, mais je me rattrape bien devant les films ! (Message, 13 février 2005, <www.bladi.net/>)

V. encore *gens*, ex. 2.

**dans une autre vie / dans une vie antérieure**, loc. adv. "dans le passé ; il y a plus ou moins longtemps". Le sens plus ancien de la locution ("dans l'éternité") reste par ailleurs toujours vivant.

6. Jusqu'alors, le grand âge de ses parents l'avait détourné de demander un poste à l'étranger, mais il ne put résister à l'appel de la Grèce où il lui semblait déjà avoir vécu dans une autre vie. (A. du Dognon, *Peyrefitte démaquillé*, 1976, p. 35, GRL)

7. Mersiha [...] vit dans une de ces chambres avec sa mère et trois de ses sœurs. Le père, dans une autre vie, déchargeait des camions de fruits et légumes. Aujourd'hui il est au front avec la sœur aînée âgée de vingt-trois ans. (*Le Monde*, 29 janvier 1993, p. 1)

8. – J'ai été mariée dans une vie antérieure, mon cher, personne n'est parfait*. (C. Pelletier, *Le Chant du bouc*, 2002 [2000], p. 86)

9. Un homme politique, pour lequel je travaillai dans une autre vie, m'avait prié de lui dire en toute franchise si, l'âge venant, il donnait des signes de gâtisme. Le moment venu, je m'acquittai de cette mission – et il me renvoya sur-le-champ. (É. Naulleau, *Petit déjeuner chez Tyrannie*, 2004 [2003], p. 63-64)

10. – [...] J'ai été marié, tout jeune, c'était dans une autre vie, avant de faire des conneries... (D. Daeninckx, *On achève bien les disc-jockeys*, 2006, p. 79)

**elle est pas belle, la vie ?** loc. phrast. Pour marquer la joie de vivre, le bonheur sans nuage. *Elle est pas belle, la vie ?* est le titre de diverses créations, notamment d'un essai de Fanny Joly (1964) et d'un film d'Alexandre Jardin (2002). ~ **la vie de château**.

11. Alors mon petit lapin, elle est pas belle, la vie ? (G. Dormann, *Je t'apporterai des orages*, 1983 [1971], p. 26)

12. En ce qui concerne les plats [d'un restaurant], ils changent au fil des saisons. Et en plus, aux beaux jours, une terrasse vous tend les bras ! Elle est pas belle, la vie ? (*Petit Futé. Paris 2007*, 2006, p. 379, GRL)

13. – [...] Si ça te convient, tu restes [...]. Pis si ça te saoule, tu te barres. Avec un demi-million qui t'attend à la banque. Elle est pas belle, la vie ? (L. Chalumeau, *Les Arnaqueurs aussi*, 2007, p. 375)

V. encore *tuerie*, ex. 3.

**faire sa vie**, loc. verb. Surtout au passé composé. "avancer dans l'existence, comme on le peut ou comme on l'entend, notamment dans les dimensions affective et socio-professionnelle". ~ **vivre sa vie**.

14. Il y en a bien quelques-uns qui reviennent nous voir, mais la plupart nous oublient vite... Les jeunes, ça fait sa vie, et ça oublie vite... Seulement, pour nous, c'est dur de ne plus les revoir. (B. Clavel, *La Maison des autres*, 1991 [1962], p. 17)

15. La fille [...] est partie. Elle a fait sa vie, pas très bien. Et voilà [...] qu'elle annonce sa venue. (*Le Figaro*, 10 octobre 2001, p. 56)

16. Sofia est toxicomane. Depuis un an, elle a fait sa vie avec un membre des gens du voyage et vit en caravane à Poitiers. (*Ouest France*, 12 octobre 2002)

17. Chacun a fait sa vie, ils se sont mis à travailler, se sont mariés et ont progressivement quitté le domicile familial. (*Le Progrès*, 14 août 2004)

18. [...] un professeur est contraint à une semi-retraite pour des raisons de santé [...] et il devra se résigner à un travail moins intéressant, loin du collège où il a fait sa vie. (*Les Echos*, 17 janvier 2005, p. 11)

19. Quand il n'est pas en Bulgarie, Siméon II séjourne souvent en Espagne, où il a fait sa vie durant cinquante années d'exil. (*La Croix*, 30 janvier 2007)

— **faire sa vie dans** + nom d'un secteur d'activité. Surtout au passé composé. "exercer telle ou telle activité professionnelle". ~ **avoir fait carrière**.

20. Originaire de Lyon, il a fait sa vie dans la restauration et connaît bien le métier. (*Le Progrès*, 2 avril 2005, p. 14)

21. « J'ai fait ma vie dans les transports. » (Député européen, dans *Le Figaro*, 19 janvier 2006, p. 19)

**trouver sa vie**, loc. verb. "trouver ce que l'on cherche, ce dont on a besoin". Attesté en 1784 à propos d'un animal (« L'oiseau-mouche de la Floride [...] fait son nid dans une de ses feuilles, qu'il roule en cornet ; il trouve sa vie dans ses fleurs rouges, semblables à celles de la digitale », Bernardin de Saint-Pierre, *Études de la nature*, t. 1, p. 152, FT). ~ **trouver son bonheur**.

22. Laissez-moi faire, j'ai l'habitude. Surtout avec les personnes âgées. Des fois elles ouvrent leur porte-monnaie pour que je trie moi-même leur mitraille, c'est plus simple [...].
C'est marrant. Souvent ils me tendent leur porte-monnaie en me disant « trouvez votre vie là-dedans » [...].
C'est une drôle d'expression, hein, « trouvez votre vie » ? (J.-N. Blanc, *La Petite Piscine au fond de l'aquarium*, 2007, p. 164)

## Vierge

□ **t'as vu la vierge/Vierge**, loc. phrast. "tu rêves ; tu affabules ; tu délires". Par référence aux apparitions miraculeuses de la Vierge Marie. Les exemples ci-dessous attestent des variantes développées. ~ **dans tes rêves*** ; **reviens sur terre** ; **tu rêves**.

1. *Gilbert*. [...] Moi, j'ai fait mon travail et il est normal que je sois payé ! D'ailleurs rendez-moi mon chèque !
*Igor (menaçant)*. T'as vu la vierge en couleurs toi ! Ton chèque, tu peux t'asseoir dessus, en tout cas jusqu'à ce que j'aie parlé à mes amis de la production !... (F. Benincasa, *La Chevauchée des Ouzbeks*, 2004, p. 52-53, GRL)

2. [...] toi et ton QI* d'huître, vous feriez bien de vous barrer parce que ça devient vraiment lassant.
Encore une chose : pour le fait que tu dises que ce site a du succès grâce à [...] toi, je te réponds « Non mais t'as vu la vierge en 3D ou quoi ? » (Blog, 8 avril 2005, <valentinorossi.canalblog.com/>)

3. – [...] je te dis que je m'en vais quand même, just in case.
– Au cas où de quoi ?
– Si jamais tu avais envie de me retrouver...
– Te retrouver ? T'as vu la vierge en string ? (Blog, 13 avril 2007, <around-my-mind.skyrock.com/>)

4. – Qu'est-ce que vous avez ? [...] on dirait que vous venez de voir la Vierge en short.
Ce sont les enfants du pays qui disent ça... J'adore cette expression... « Ho ! Mickaël ! T'as vu la Vierge en short ou quoi ?!? »... (A. Gavalda, *La Consolante*, 2008, p. 401-402)

— EN DISCOURS LIBRE.

5. Les autres concurrents devisent, interloqués. [...] : « T'as vu ça ? » L'autre : « Quand on me l'a dit, j'ai demandé : "Quoi ? C'est pas vrai". » On croirait qu'ils ont vu la Vierge. (*L'Équipe*, 10 septembre 2007, p. 3)

## virage

**virage à 180 degrés**, loc. nom. "changement total d'attitude ; volte-face". Par hyperbole.

1. – Alors, ma vieille, dit Bibiche, je croyais que tu ne voulais pas qu'on dise que tu étais à Lançon. T'as fait un virage à 180 degrés [...]. Après ce que tu m'as raconté... Ça m'a plutôt étonné. (J. Varela, *Spécial purée*, 1979, p. 128-129)

2. Lui, c'est Piper Heidsieck. Un champagne qui a opéré un virage à 180 degrés en trois ans, pour être aujourd'hui considéré comme l'une des marques les plus excitantes du monde très calfeutré du champagne. (*Le Figaro*, 3 juillet 2000)

3. [...] elle a délaissé les tons très pastels des huiles et aquarelles pour se lancer dans les peintures à l'huile travaillées au couteau [...]. C'est un virage à 180°. (*Le Télégramme*, 4 décembre 2006)

— PAR ELLIPSE.

4. J'avais déjà observé quelques 180° dans ma carrière, mais celui-ci était de taille. (H. Pagan, *Les Eaux mortes*, 1986, p. 153)

— VARIANTE INTENSIVE. **virage à 360 degrés**. On notera qu'un angle de cette ampleur correspond littéralement à une rotation complète (et donc au retour à la position initiale).

5. Six ans après avoir été délocalisé à Hongkong [...], Nathan a décidé en 1993 d'effectuer un virage à 360 degrés en réouvrant à Loguivy, dans le Finistère, une unité de 50 salariés. (*Les Echos*, 18 mars 1996, p. 50)

6. Diplômé de Sciences-Po, il était fiscaliste international dans un gros cabinet d'avocats [...]. François-Xavier Demaison est aujourd'hui comédien. Seul en scène, il raconte sa vie et ce virage à 360 degrés. [...] Il semble jouer et faire rire depuis toujours. Ses collègues de la finance n'ont pas dû s'ennuyer. (*Le Point*, 24 novembre 2005, p. 112)

7. M. Claude Domeizel. – [...]. Avec la proposition de loi que nous examinons aujourd'hui, le Président de la République, le Premier ministre et son gouvernement effectuent enfin un virage à 360 degrés. En réécrivant le fameux article 8 de [la] loi du 31 mars 2006 pour l'égalité des chances, promulguée et déclarée inapplicable le même jour, vous proposez finalement d'abroger le contrat première embauche et c'est heureux ! (Sénat, *Compte rendu intégral de débats*, séance du 13 avril 2006)

## vis

□ **il lui manque une vis** / □ **il (/elle) a perdu une vis**, loc. phrast. "il n'est pas normal ; il est un peu fou". Cf. l'anglais *he has a screw missing*. ~ □ **perdre ses/les boulons*** ; □ **être dévissé de la toiture**.

Le vieil homme se contentait alors de marmotter quelque chose [...] en pointant son index sur la tempe, ce que Simone supposait vouloir dire « il lui manque une vis ». (F. Soberaj, *La Lyonnaise de Madagascar*, 2007, p. 54, GRL)

## vite

**doucement/lentement le matin, pas trop vite l'après-midi/le soir**, loc. adv., loc. phrast. Pour signifier le fait de ne pas se presser, d'économiser ses efforts et, en particulier, de manifester peu d'ardeur au travail. *Tout doucement le matin et pas trop vite le soir*, est le titre d'une chanson de Patrick Topaloff (1971).

1. Marcel pressa le vieil Arabe d'apporter le café. Celui-ci approuva de la tête, sans sourire, et sortit à petits pas. « Doucement le matin, pas trop vite le soir », dit Marcel

en riant. Le café finit pourtant par arriver. Ils prirent à peine le temps de l'avaler et sortirent dans la rue poussiéreuse et froide. (A. Camus, *L'Exil et le royaume*, 1957, p. 1563, FT)

2. [...] plus de 1 500 gars du Bâtiment débrayent de 10 heures à 12 heures à l'appel de la CGT, et, devant l'obstination patronale à refuser l'indispensable augmentation de 9 % du barème de 1961, ils décident de poursuivre l'action par des débrayages tournants, appliquant ce mot d'ordre qui coûte cher au patronat : « Doucement le matin, pas trop vite l'après-midi ». (R. Jarry, *Les Communistes au cœur des luttes des travailleurs sarthois [1920-1970]*, t. 2, 1970, p. 71, GRL)

3. [...] c'est [...] ce qu'en Allemagne les PG [prisonniers de guerre] appelleront du « travail de prisonniers », c'est-à-dire : « lentement le matin, pas trop vite le soir » ! (Y. Durand, *Le Loiret dans la guerre 1939-1945*, 1983, p. 105, GRL)

4. M. Bertho Audifax. – Soutenir l'emploi, lutter contre l'exclusion et la précarité et combler les retards structurels, telles sont les priorités du budget de l'outre-mer pour 2006 et nous les approuvons, tant elles sont aptes à répondre aux difficultés quotidiennes de nos départements. [...] Loin des clichés qui les font travailler, doucement le matin et pas trop vite l'après-midi, sous le soleil et les cocotiers, nos salariés sont efficaces et nos entreprises dynamiques. (Assemblée nationale, *Compte rendu analytique officiel*, 1re séance du 17 novembre 2005)

**(et) plus vite que ça**, loc. phrast., loc. interj. Pour inviter, souvent de façon impatiente, à presser l'allure. Attesté en 1829 (« – Eh bien ! filez votre nœud, et plus vite que ça », *Mémoires de Vidocq*, Paris, Tenon, t. 4, p. 159, GRL) ; et, même date (« Gudin [...] cours avertir le capitaine Lebrun qu'il peut se passer de moi à Florigny pour y frotter les brigands, et reviens plus vite que ça », H. de Balzac, *Les Chouans*, VII, p. 1017 [Pléiade, 1950], dans DDL).

5. – Vous allez me foutre la paix et rentrer dans vos casernes plus vite que ça ! (A. Manevy, *L'Algérie à vingt ans*, 1960, p. 51, GRL)

6. Et comme Toni ne bougeait pas, il changea de ton :
– Ici, et plus vite que ça ! (G. Guégan, *La vie est un voyage*, 1983, p. 269, GRL)

7. – Alors qu'est-ce qu'on met [sur un tract] ? dit-il [...].
– On met que les flics doivent dégager et plus vite que ça, dit Luc Corbeau. (G. Mordillat, *Les Vivants et les Morts*, 2006 [2004], p. 610)

## vitesse

**passer (à) la vitesse supérieure**, loc. verb. Par métaphore du vocabulaire de la mécanique, notamment automobile.

— "aller plus vite, se presser".

1. – Écoute, j'ai soupiré, toi et moi on vit ensemble, hein, et on essaie de tout partager. Alors ça devrait te suffire si je te dis que j'ai quelque chose à te montrer, tu devrais être en train de passer la vitesse supérieure.
– Bon bon, ça va, je me grouille... (P. Djian, *37°2 le matin*, 1989 [1985], p. 18)

2. Fidèle à son habitude, le grand Rouennais [un champion de natation] passe à la vitesse supérieure dans les derniers 25 mètres. Il remonte un à un ses adversaires comme à la revue. (*Le Monde*, 22 août 1987, p. 10)

— "faire preuve d'audace, de dynamisme ; accroître ses capacités, prendre des risques". ~ **mettre le paquet**.

3. […] il ne suffit plus à la tâche. Il est temps pour lui de passer à la vitesse supérieure. Il faut qu'il s'agrandisse, qu'il prenne un collaborateur […]. (F. Dorin, *Les Miroirs truqués*, 1982, p. 169, GRL)

4. Forte d'un budget en constante augmentation et avec des effectifs renforcés, la société de pêche [L'Ablette meilhanaise et le Goujon cocumontais] envisage de passer à la vitesse supérieure en matière de lâchers de poissons […]. (*Sud Ouest*, Marmande, 22 décembre 2005)

5. Au deuxième jour de leur conflit, les agents d'enlèvement des ordures ménagères ont décidé de passer à la vitesse supérieure, en bloquant le centre d'incinération […]. (*Le Télégramme*, 4 novembre 2006)

V. encore *slip*, ex. 1.

## voile

□ **(être/marcher) à voile et à vapeur**, loc. verb., loc. adj. "(être) bisexuel(le)". Image issue des navires à double mode de propulsion. ~ □ **bique* et bouc** ; □ **(être) à l'huile* et au vinaigre** ; □ **(être) à poil* et à plume**.

1. Une espèce de damoiseau-de-bar, dont on peut affirmer que la moralité était « à voile et à vapeur ». (Y. de Brémond d'Ars, *La Démone*, 1969, p. 144, GRL)

2. C'est le genre ambi : à voile et à vapeur, il marche. Mais allez donc balancer comme ça, en trois secondes, vingt-huit ans de préjugés bourgeois ! (M. Duhamel, *Raconte pas ta vie*, 1972, p. 280, GRL)

3. J'ai une copine, Josiane, qui s'est laissé toucher, embrasser et tout par une commerçante de Juan-les-Pins […]. Josiane elle marchait à voile et à vapeur et ça m'étonnait qu'elle aille jusqu'au bout avec ce type-là parce que d'abord il était pas beau et qu'en plus il était fauché. (J. Lanzmann, *L'Âge d'amour*, 1987 [1979], p. 8 et 47)

## voilure

**réduire (/diminuer) la voilure**, loc. verb. "restreindre l'importance de ses activités ; modérer ses ambitions ; diminuer les effectifs". Par métaphore du vocabulaire de la navigation à voile.

1. Dans cette conjoncture, les entreprises, tous secteurs confondus, n'ont eu d'autre solution que de serrer les boulons, réduire la voilure, restructurer encore et toujours. (*Les Echos*, 7 janvier 1993, p. 12)

2. Pour respecter son objectif de stabiliser les effectifs de l'Etat, Lionel Jospin a demandé à certains ministères de réduire la voilure pour permettre à d'autres de s'étoffer. Dans ce cadre, les Finances doivent réduire leurs effectifs […]. (*Le Monde*, 15 avril 1999, p. 13)

3. […] la question centrale reste l'assurance que la Poste ne va pas réduire la voilure sur ses missions. (*L'Humanité*, 22 octobre 2003)

4. Il y avait semble-t-il trop de miss en piste l'année dernière. Alors la société Endemol a décidé de diminuer la voilure et de réduire à 36 le nombre de finalistes qui pourront briguer, le 9 décembre 2006 à Poitiers, le titre de Miss France. (*La Nouvelle République*, éd. Indre-et-Loire, 2 août 2006, p. 4)

V. encore *tuer*, ex. 11.

## voir

**(allo) tu me vois ?** loc. phrast. Locution à valeur phatique, utilisée en téléphonant à un interlocuteur à partir d'un téléphone vidéo.

1. Allô ? Tu me vois ? [titre] Parler à son correspondant téléphonique tout en le regardant, ce sera peut-être bientôt possible. (*Le Figaro*, 29 octobre 2002)

2. Allô, tu me vois ? Les écouteurs vissés dans les oreilles et le mobile niché dans la paume, c'est la nouvelle posture des branchés pour Noël. Bonjour la visiophonie mobile. (*Libération*, 11 novembre 2004, p. 16)

3. Tous les aspects de la téléphonie mobile font l'objet d'une exposition à la Cité des sciences et de l'industrie de La Villette, à Paris, au moment où apparaissent sur le marché les premiers téléphones vidéo, passage de la génération « allo, t'es où* ? » à la génération « allo, tu m'vois ? » (*Agence France Presse*, 10 décembre 2004)

**c'est toi qui vois / c'est vous qui voyez**, loc. phrast. Pour indiquer à l'interlocuteur qu'on respecte sa décision, tout en le mettant en face de ses responsabilités.

4. – Il vous faut du repos. Combien voulez-vous ? Quinze jours ?
– C'est vous qui voyez, Docteur.
– Bon. Vous allez vous reposer. Il faudra dormir. (M. Szcodrowski, *Les Cerises aigres*, 1971, p. 13, GRL)

5. – Regarde un peu ce que j'ai trouvé en me baladant [...].
– Bon sang, mais qu'est-ce que c'est que tout cet argent, oooh mais y en a vraiment un paquet...!
– Ouais, y en a pas mal...
– Mais c'est pour quoi faire...?
– Ben... c'est toi qui vois. (P. Djian, *37°2 le matin*, 1985, p. 305)

6. – Nous, sortis du cimetière municipal... Y a bien un colombarium au Père Lachaise, mais c'est uniquement pour ceux qui veulent se faire incinérer.
– Il a dit clairement qu'il voulait être enterré.
– C'est vous qui voyez. Mais d'ici trois jours, on va bien être forcés de le mettre en bière. (T. Benacquista, *Tout à l'ego*, 2001 [1999], p. 42)

**on peut voir ça comme ça**, loc. phrast. Pour acquiescer, tout en marquant une distance par rapport aux propos d'un interlocuteur. ~ **on va le dire* comme ça / on va dire ça comme ça**.

7. Je disais on peut voir ça comme ça en effet. (J.-L. Benoziglio, *Tableaux d'une ex*, 1989, p. 39)

8. – [...] On est où ici ? C'est quelle ville, quel pays ?
– Paris en France, mon pote ! T'as la mémoire qui flanche ?
– On peut voir ça comme ça... (A. Demouzon, *Dernière Station avant Jérusalem*, 1994, p. 117)

9. Et, cette fois, les Français ont voté massivement ; preuve, disent les optimistes, d'une bonne santé démocratique recouvrée. Ouais... On peut voir ça comme ça, si l'on considère l'élection du président de la République au suffrage universel comme un exemple de bonne pratique démocratique. Mais il est permis d'en douter, tant cette compétition, plus que toute autre, s'apparente à un concours de beauté, relève de la politique-spectacle, se prête à toutes sortes de démagogies et de manipulations. (B. Langlois, « Méchante humeur », 25 avril 2007, <lemondecitoyen.com/>)

## vouloir

□ **(c'est) comme vous l'voul'**, loc. phrast., loc. adv. Apocope familière et ludique de *(c'est) comme vous le voulez*, avec, à l'oral, deux occurrences successives de la même syllabe. L'expression est susceptible de nombreuses variations graphiques : **comme vous le voule, comme voul'voul', comme voul-voul, comme voulvoul**, etc. ~ **tu fais comme tu le sens**.

1. Bonjour à vous tous !
Je serai là le 23 ou le 30 comme vous le voule ! (Message, 12 août 2003, <forum.macbidouille.com/>)

2. N'oubliez pas d'acheter le *Rocksound* d'octobre (ou de le voler comme vous l'voul…) (Message, 24 septembre 2003, <forum.quick-web.com/>)

3. Perso c'est comme voulvoul. Je pense être libre tous les soirs de cette semaine. (Message, 14 février 2004, <sojmaster.forum-gratuit.com/>)

4. […] ça revient à 30 € l'abonnement d'un an ou à 30 € le jeu c'est comme voul-voul. (Message, 5 octobre 2004, <www.xboxlive.fr/>)

□ **(c'est) quand vous l'voul'**, loc. phrast., loc. adv. Apocope familière et ludique de *(c'est) quand vous le voulez*. L'expression est, comme la précédente, susceptible de nombreuses variations graphiques : **quand vous le voule, quand voul' voul', quand voul-voul, quand voulvoul**, etc.

5. J'habite en Afrique, du côté de Lille, département du 59, vous connaissez. Passez dans ma case quand voul' voul' ! (Message, 22 mai 2006, <chamailleries.canalblog.com/>)

6. À part ça, c'est quand vous l'voul… (Message, 3 mars 2007, <mxmm.over-blog.com/>)

7. Bon vous passez boire l'apéro quand voulvoul ! (Message, 26 octobre 2007, <profile.myspace.com/>)

V. encore *doigt*, ex. 4.

**quand il (/elle/ça**, etc.) **veut (bien)**, loc. adv. "selon les caprices du hasard". À propos de choses dont l'état ou le fonctionnement laisse à désirer. Attesté en 1907 (« les canons de gros calibre tirent un coup toutes les deux minutes quand ils veulent bien tirer », Commandant P. Germain, *La France africaine…*, p. 121, GRL). ~ **ça marche quand ça a le temps***.

8. Tirer le crayon de dessus son oreille, pas la droite où il mettait son mégot, mais la gauche, et cette saloperie de crayon-encre qui n'est jamais taillé et cracher sur la mine parce que les crayons-encre ça marche quand ça veut – Deux paquets de chicorée […]. (A. Adelmann, *La Caïffa*, 1973, p. 57, GRL)

9. Ne parlons pas des bas résilles, agrémentés d'un archipel de troutrous. Les chaussures avachies ont des talons quand elles veulent bien […]. (D. Guirous et N. Galan, *Si la Cococour m'était contée*, 1987, p. 131)

10. La maîtresse de maison […] veut qu'on descende dans le jardin où le café est servi. […] La madame me les casse avec des considérations sur les fleurs qui fleurissent quand elles veulent, les salades qui ont toujours besoin d'eau, des bêtes qui sont nuisibles qu'avec les rosiers et pas avec les œillets. (R. Forlani, *Toujours vif et joyeux !*, 2003, p. 237)

11. – […] Impossible de repartir.
– Que fait-on ? demande Deby.
– Je ne sais pas… répond Xavier. C'est un super-van, mais quand il veut bien rouler. (J. Michaud, *Western movie*, 2004, p. 231, GRL)

## vous

**bonjour/bonsoir à vous**, loc. interj. Formule redondante et emphatique de salutation, pour **bonjour**. Attesté en 1830 (« Bonsoir à vous… Maca koun bir khebir », J.-J. Rifaud, « Vocabulaire des dialectes vulgaires de la Haute-Égypte », annexe de *Tableau de l'Égypte, de la Nubie et des lieux circonvoisins*, Paris, Chez Treuttel et Würtz, p. 6, GRL) ; en 1844 (« LA NOURRICE. Je vous donne, seigneurs, le bonjour, à vous tous », *Œuvres de Émile Deschamps. Macbeth et Roméo et Juliette, tragedies de Shakespeare traduites en vers français*, Paris, Au Comptoir des imprimeurs unis, p. 224, GRL).

1. Bonjour à vous toutes et tous et merci de perdre un peu de votre précieux temps pour me lire. (*Revue de l'automobile*, 29 juillet 2004, p. 2)

2. Question : Bonjour, quel est l'homme politique français actuel qui vous impressionne le plus […] ?
Réponse [de J.-P. Elkabbach] : Bonjour à vous tous, je suis heureux de cet échange. J'aime bien ce qui est direct et je répondrai directement aux questions que vous me poserez. (*Le Nouvel Observateur*, forum en direct, 27 septembre 2006)

V. encore *chemise*, ex. 6.

**merci à vous**, loc. interj. Formule redondante et emphatique de remerciement, pour **merci**.

3. Que de fois avons-nous vu des ministres attendre leur tour, en bout de table et d'horaire des journaux télévisés. « Bonsoir et merci, monsieur Machin ! », « Bonsoir et merci à vous ! » répond l'invité […]. (B. Poirot-Delpech, dans *Le Monde*, 17 avril 2002, p. 20)

4. […] une banderole explicite [dans un stade de football] sur laquelle on pouvait lire en lettres rouges sur fond blanc : « Merci à vous, fidèle public ! » (*Ouest France*, 16 mai 2005)

5. Merci à vous, monsieur […], votre témoignage nous va droit au cœur. (*L'Express*, 11 janvier 2007, p. 31 ; forum des lecteurs)

## vrac

□ **avoir la tête en vrac** / □ **être en vrac** / □ **se mettre** (ou verbe du même paradigme) **la tête en vrac**, loc. verb. "être/se mettre dans un état d'hébétude notamment à la suite de divers excès". ~ ■ **avoir la tête dans le cul*** ; □ **avoir la tête dans le pâté*** ; **être dans le cirage**, □ **être dans le coaltar*/le gaz*/les vapes**.

1. Les grands ados se mettent la tête en vrac dans les usines à techno […]. (« Vagues et vogues londoniennes », *L'Express*, 14 novembre 2002, p. 34)

2. Sur le tableau blanc, les mots sont posés : tabac, cannabis, alcool. […] Entre le tableau et la trentaine d'élèves d'environ 15 ans qui lui fait face, […] un homme qui semble tout juste avoir le double de leur âge. Et sa question : « Comment se fait-il

qu'un jeune de 16 ans, dès 7 heures du mat', se fout la tête en vrac avant d'aller à l'école au point parfois de ne pas voir le tableau de sa classe de toute la journée ? » (*Sud Ouest*, Mont-de-Marsan, 4 novembre 2003)

3. Marie est étourdie. [...] elle a dû boire quatre, non, cinq verres de vin rosé. [...] elle a un peu la tête en vrac [...]. (*Sud Ouest*, Langonnais, 31 juillet 2004)

4. « Chuis en vrac, j'ai 40° C de fièvre. » (M.-A. Guillaume, *L'Odeur de l'homme*, 2006 [2005], p. 77)

5. Premier tableau [d'un scénario] : Camille et Christian, dans un lit d'hôtel, couple adultère après l'amour. Elle a du mal à assumer cet écart qui lui « met la tête en vrac » [...]. (*Le Monde*, 28 février 2007, p. 28)

■ **de la merde en vrac**, loc. nom. Pour souligner qu'une chose est médiocre, sans valeur, à rejeter. S'ajoute, et s'oppose, à d'autres variations paradigmatiques telles que : ■ **de la merde en bâton(s)/en branche(s)/en tube(s)***.

6. Oh putain ! cette weed ["herbe"], c'est d'la merde en vrac
Pis elle est vraiment trop forte, j'crois que j'préfère le crack. (*La Mongolienne*, chanson des Svinkels, 2003)

7. Tous vos dieux sont de la merde en vrac. Ils vous permettent de savoir quels chemins suivre sans trop y réfléchir. Ils donnent un vague sens à vos vies car le néant fait peur. (Message, 1er septembre 2006, <www.fdesouche.com/>)

— DANS UNE SUCCESSION DE TERMES D'INJURE.

8. [...] ce qu'il y a de plus fort contre la saleté, nom de Dieu de saleté de merde en vrac et en paquets, qui [...] turlupine les inventeurs de formules de choc et autres affichettes dont la connerie dépasse la fiction, cette sale saleté salissante des gaz, des chiottes, des ordures, des finances, des politiques, des religions [...]. (M. Bédu, *La Vie dure*, 1973, p. 18)

## vrai

**vrai-faux / faux-vrai**, loc. adj. Pour exprimer de façon paradoxale qu'une chose est une imitation parfaitement réussie ou le résultat d'une falsification quasi indécelable. Attesté en 1937 dans un jeu de mots où *fausse perruque* a le sens de "perruque" (« L'aubergiste [cherchant à vérifier qu'un personnage porte bien la tonsure]. – Je n'y vois rien. Il a trop de cheveux. Une vraie fausse perruque ! », J. Audiberti, « L'Ampélour », *Théâtre*, t. 1, 1948, p. 93, FT). L'expression s'est largement diffusée après la publication, dans *Le Monde* du 13 décembre 1986, d'un article révélant qu'un « vrai-faux passeport » avait été établi, avec l'autorisation du ministre de l'Intérieur, pour Yves Chalier, témoin dans l'affaire du *Carrefour du développement*, afin de lui permettre de quitter le Brésil.

1. La folie dans l'histoire c'est d'avoir construit un village là où il n'y en avait pas et surtout de l'avoir construit comme s'il y en avait eu un depuis toujours. C'était, comment vous dire, un faux vrai village, avec de fausses vraies maisons qui dormaient sur de faux vrais canaux. (J. Lanzmann, *L'Âge d'amour*, 1987 [1979], p. 106)

2. Je note [sur des photographies] que, chez vous, le carrelage hésite entre vrai faux marbre italien et faux vrai parquet des Ardennes belges. (Message, 8 avril 2005, <huuan.blog.lemonde.fr/>)

3. [...] après avoir diffusé, le 16 décembre 1991, sur TF1, une « vraie-fausse » interview de M. Fidel Castro, Patrick Poivre d'Arvor n'a jamais été sanctionné. (*Le Monde diplomatique*, décembre 2005, p. 24)

— EN PARLANT DE PERSONNES.

4. Michel Chrestien est le vrai faux père des « chiens hirsutes ».
Disons leur oncle. (A. Vialatte, *Éloge du homard et autres insectes utiles*, 1987 [1965], p. 151)

5. « Duconnaud », candidat malheureux aux élections législatives des 22 et 29 avril 1928 à Paris, qui proposait « le prolongement de la rue Champollion jusqu'à la mer » a-t-il existé ? M. Yves Mainguy, lecteur de Vannes (Morbihan) avait affirmé, dans une lettre publiée dans nos éditions du 24 mars, qu'il n'était que le fruit de l'imagination des étudiants du Quartier latin. Cette publication a provoqué une controverse parmi nos lecteurs. Plusieurs d'entre eux nous ont écrit afin de réhabiliter la mémoire de « Duconnaud ». Nous avons pu vérifier la présence de ce vrai-faux personnage, dit « Duconnaud », lors du premier tour des législatives de 1928. (*Le Monde*, 9 avril 1988, p. 2)

## vrille

□ **partir en vrille**, loc. verb. Par référence à la chute d'un avion en perte brutale de vitesse. ~ □ **partir en cacahuète(s)*** ; ■ **partir en couille(s)** ; □ **partir en live*** ; **(se) barrer/partir en sucette***.

— EN PARLANT D'UN INANIMÉ. "aller à la ruine, au désastre".

1. En France, l'avenir de la banque prend mauvaise tournure. Les clients du Lyonnais [une banque] fuient à rythme accéléré. Cinq milliards de francs de retrait en quelques jours. Les autres commissaires européens s'inquiètent... / Comme le dit M. Strauss-Kahn, le Lyonnais « risque de partir en vrille ». (*Le Monde*, 21 mai 1998, p. 18)

2. [...] son cabinet d'architecte part en vrille. (*L'Express*, 14 juin 2004, p. 112)

— EN PARLANT D'UNE PERSONNE. "cesser d'agir rationnellement ; perdre son self-control".

3. J'en ai marre [...] de partir en vrille chaque fois que je suis contrariée ou que les événements ne s'enchaînent pas comme je le souhaite. (C. Krug, *Demain matin si tout va bien*, 2006 [2004], p. 182)

4. J'ai redoublé. Mais j'en avais rien à faire. J'avais pris de l'assurance. Je crois que c'est vraiment cette année-là que je suis parti en vrille. [...] pour résumer, disons que je suis devenu un élève moyen. Les profs marquaient tous la même chose sur le bulletin : « Quel gâchis ! ». Et moi ça me faisait rire. (Message, 11 juin 2004, <www.asdepic.fr/>)

5. [...] il était parti en vrille à la suite de la réflexion d'un prof. (*Libération*, 11 janvier 2006, p. 2)

— EN EMPLOI IMPERSONNEL. **ça part en vrille**, "ça dégénère".

6. On discutait et c'est parti en vrille. Sans raison apparente. Bilan : une lèvre explosée, des douleurs aux côtes, le crâne recousu, précise l'avocat de la partie civile. (*Paris-Normandie*, 21 octobre 2005)

# Y

## y

— **le (/les) "y a qu'à, faut qu'on" ; le (/les) "y a qu'à" et le (/les) "faut qu'on"** (et variantes graphiques), loc. nom. Formule employée pour stigmatiser les (auteurs de) discours critiques sommaires, qui ne débouchent pas sur des solutions concrètes.

1. Les théories de la motivation sont nombreuses, « mais en parfait décalage avec la réalité, estime Anne-Caroline Paucot […]. Dans les entreprises, la motivation, personne ne sait très bien ce que c'est. On est encore au stade du "yaka" et du "faukon". Admettons plutôt une bonne fois pour toutes que la question est complexe puisqu'elle se situe au croisement de l'organisation et des individus. Vouloir généraliser est une absurdité ». (*Le Monde*, 2 avril 1996, p. 4)

2. Il assure que si les pays pauvres ne sont pas riches, c'est souvent de leur faute. Mais surtout, il apporte de bons arguments pour démonter les illusions du « yaka-faukon ». (*L'Expansion*, 1er septembre 2003, p. 152 ; critique de Y. Montenay, *Le Mythe du fossé Nord-Sud*)

3. Nous sommes au pays du « yaka-faucon » […]. (Le président d'Armateurs de France, dans *Libération*, 24 janvier 2005, p. 36)

4. Les maires, qu'il s'agisse de tornades, d'inondations ou d'émeutes urbaines, sont toujours là, aux côtés de leurs concitoyens. Une « autre » façon de faire de la politique, les mains dans le cambouis, loin des clivages faciles et du « y'a qu'à, faut qu'on »… (*Ouest France*, 25 novembre 2005)

5. […] le challenge est immense et on pourra compter sur les encouragements des yaka faucon ! (*Charente libre*, Sports, 1er mars 2006, p. 44)

6. Méconnaissable, le premier magistrat de la ville fait flèche de tout bois. D'emblée, il attaque l'opposition en fustigeant les « yaka » et les « faut qu'on ». (*Le Parisien*, 5 octobre 2006, p. 4)

7. Sachons aussi nous garder du « y'a qu'à, faut qu'on », du « prêt à penser », des slogans, ou du « tous pourris » ! (Vœux d'un député, dans *Sud Ouest*, 15 janvier 2007, p. 19)

## yaourt

□ **avoir du yaourt dans la tête**, loc. verb. "être inconsistant, irréfléchi, sans suite dans les idées". Le mot *yaourt* est ici choisi en raison de la consistance molle du produit qu'il désigne ; à comparer avec *pédaler dans le yaourt*. Les exemples 1 et 2 offrent des cas d'ellipses. ~ □ **avoir du fromage* (mou) dans la tête** ; □ **avoir du mou de veau dans la tête** ; □ **avoir de la pâte à modeler dans la tête** ; ■ **chier* (qqc) dans la tête à qqn**.

1. Il y a une bande de Tuxedo Moon qui passe [à la radio]. Le genre yaourt dans la tête. (J.-B. Pouy, *Nous avons brûlé une sainte*, 1988 [1984], p. 169)

2. Lorsque j'ai eu mes trois enfants, j'avais en permanence des remords de ne pas pouvoir m'en occuper davantage. [...] Quand je pouvais passer du temps avec eux, j'étais la plus heureuse du monde. Mais, après un week-end que j'avais pu leur consacrer, j'étais épuisée et je repartais au travail avec du yaourt dans la tête. (C. Sarraute, dans *Sud Ouest*, 3 mars 2002)

3. Chabadine, depuis que tu es amoureuse, tu as du yaourt dans la tête [...]. (Message, 30 mai 2007, <lib73.blogs.psychologies.com/>)

— VARIANTE PONCTUELLE.

4. Djamel Bouras est frère de rage et d'audace de ces enfants que l'on dit nés pour gagner. [...] Sur la plus haute marche du podium, le voilà comblé. [...] Le matin, avant son premier combat, il doute. Il a mal dormi. Trop de stress avant d'entrer en action. Le futur héros se sent « mou », du « yaourt à la place de la cervelle ». (*Le Monde*, 25 juillet 1996, p. 16)

**chanter** (ou verbe du même paradigme) **en yaourt**, loc. verb. "chanter sur des paroles peu compréhensibles, parfois des onomatopées, et avec les intonations d'une langue étrangère, spécialement l'anglais ; chanter dans un anglais approximatif". Employé notamment à propos du rock'n'roll français de la période yéyé. Par allusion à la bouche pâteuse que l'on a en mangeant du yaourt (cf. *avoir de la bouillie dans la bouche, manger de la bouillie*). ~ **chanter en lavabo***.

5. Kat Onoma, par la voix de son leader ex-professeur de philo, aimerait remettre quelques pendules de bibliothèque à l'heure : « Aujourd'hui, les écrivains qui font du rock sont légion [...]. Moi, si j'ai travaillé avec des gens venant de l'écriture, ce n'était pas pour faire du "rock littéraire" mais l'inverse : sortir de la "chanson à texte" passe justement par un travail d'écriture. Et je n'ai aucune envie de chanter en yaourt ou de faire comme les Anglais, qui, dans 90 % des cas, se tapent complètement de ce qu'ils racontent. » (*Libération*, 3 mai 2001, p. 37)

6. [...] les extraits musicaux sont souvent accompagnés de la voix de la chanteuse de l'orchestre qui « chante en yaourt » [...]. (J. Dalbavie et D. Jacobi, « Jeu télévisé et culture populaire, le cas de la chanson », dans *Médiation et Information* n° 18, 2003, p. 148, GRL)

7. Et puis elle n'arrêtait pas de chanter, en yaourt bien sûr car elle était nulle en anglais [...]. (N. Valera, *Un conte*, 2005, p. 59, GRL)

8. Cela faisait des années [...] que je recherchais cette chanson qui trottait dans ma tête et que je fredonnais en yaourt. (Message, septembre 2007, <www.watzatsong.com/>)

9. Son introduction au célèbre *Tombé du ciel*, en première partie de soirée, donne le ton : Higelin aime raconter des histoires complètement décalées et suit sans tabou les circonvolutions loufoques de son cerveau... Dans son grand manteau gris, il se met par moments à danser. [...] On sent qu'il joue, qu'il plane, qu'il s'amuse, et on est entraîné avec plaisir dans son univers rock déjanté, dans sa folie douce. Toujours un

peu à la frontière, il chante en yaourt d'une voix romantique, seul à son piano, avant d'envoyer un bon vieux rock qui remue. (*Ouest France*, 30 janvier 2008)

— LOC. NOM. **paroles en yaourt**.

10. [...] Bertignac arrive aux Etats-Unis précédé d'un album calamiteux. Ce grand escogriffe aux cheveux en bataille et à la sincérité ouverte avait, dit-il, besoin de « distance ». D'un producteur, et de chansons : « Je ne sais pas écrire. Au printemps, j'ai envoyé une cassette démo à Etienne [Roda-Gil], avec des paroles en "yaourt" [...] ». (*Le Monde*, 19 janvier 1996, p. 22)

11. Ce fut d'abord une mélodie composée par Jacques Revaux dans la solitude d'une chambre d'hôtel à Megève, un jour de l'hiver 1967. Une musique mélancolique et « des paroles en yaourt » (un charabia imitant les sons de la langue anglaise). Le producteur [...] propose ce slow intitulé *For me* à Claude François, qui n'en veut pas. Mais, à la suite d'un chagrin d'amour, Cloclo change d'avis et écrit *Comme d'habitude* avec le parolier Gilles Thibault. Paul Anka, de passage à Paris, est séduit. Il emporte la chanson aux Etats-Unis et écrit de nouvelles paroles en pensant à Frank Sinatra, qui n'a plus enregistré depuis cinq ans. *My Way* va faire le tour du monde. (*Le Monde*, 12 juin 2004, p. 29)

— **anglais yaourt** (ou **anglais-yaourt**), loc. nom. "anglais approximatif". Notamment en parlant des paroles de certaines chansons. ~ **anglais lavabo***.

12. L'âge d'or du 45 tours [...] c'est évidemment les années soixante [...]. Combien d'entre vous, lecteurs, lui doivent leurs premières émotions, leurs premiers mots d'anglais-yaourt, leurs premiers mots d'amour, leur amour de la musique et l'ivresse des premières soirées ou après-midi avec les copains/copines, frissons garantis, parfois plus, alors que la sale guerre d'Algérie prend fin ? (*L'Humanité*, 5 mai 1993)

13. Dans les années du boom économique, celles de la modernité à l'américaine, de la légèreté yéyé chantée en anglais yaourt, Barbara nous enseigne qu'il faut continuer, de Nantes à Göttingen, à pleurer ses morts. (*Le Monde*, 27 novembre 1997, p. 1)

14. [...] imaginez ma surprise quand j'ai reçu ma nouvelle carte « flying blue », carrément. Peut-être fallait-il changer le nom du programme de fidélité d'Air France pour intégrer KLM, mais ce qui me hérisse, c'est le recours systématique à l'anglais [...]. Flying Blue, ça ne veut rien dire et en même temps c'est plus ou moins compréhensible par tous, c'est de l'anglais yaourt, de l'anglais pour l'anglais en quelque sorte. (*Radical chic*, 18 mai 2005, <www.radical-chic.com/>)

**pot de yaourt**, loc. nom. "très petite automobile". La locution a désigné à l'origine le modèle *Isetta*, voiture produite à partir de 1953 par la firme italienne Iso, spécialisée dans la production de scooters, et reprise par d'autres firmes à partir de 1955. ~ **pou* de la route**.

15. Il y avait, circulant encore dans les rues de Marseille, deux ou trois engins à trois roues, carrossés en plexiglass [*sic*], fabriqués en Allemagne par Messerschmidt et concurrencés par les Isetta. Un camion cinq tonnes est coincé dans un encombrement, entre la place Castellane et le cours Gouffé. Un de ces petits engins blancs se trouve, après s'être faufilé entre les voitures, en travers entre la mienne et le lourd camion. De la cabine de celui-ci, sort la tête du chauffeur et en même temps une apostrophe fuse : « Tu l'enlèves ton pot de yaourt ? ». (A. Detaille, *Les Noyaux de cerises. Une enfance marseillaise*, 1978, p. 58, GRL)

16. En arpentant le trottoir, n'importe qui était capable de reconnaître la 203 grise des Cazals, [...] la Juvaquatre des Leduc ou l'Isetta « pot de yaourt » de l'ami de Mlle Lara [...]. (R. Belleret, *Les Bruyères de Bécon*, 2002, p. 201)

17. Aussi populaire que la Coccinelle ou la Deudeuche, la Fiat 500 fait pourtant l'objet d'une traque sans relâche dans l'Italie contemporaine. Motif ? Elle participe activement à la pollution urbaine. [...] deux parlementaires italiens [...] ont déposé une proposition de loi pour que le « pot de yaourt » ne disparaisse pas de la circulation. (*Télérama*, 2 mars 2005, p. 24)

18. Fiat a les plus hautes ambitions pour le lancement le 4 juillet prochain de la nouvelle version de son modèle mythique, la Cinquecento, lancée il y a tout juste un demi-siècle à Turin un certain... 4 juillet 1957 ! [...]. Dans le détail, le fameux « pot de yaourt » roulant s'est offert un sérieux lifting mais n'a rien renié de son style si caractéristique tout en rondeur et en compacité. (*L'Expansion*, 22 mars 2007)

V. encore *cercueil*, ex. 5 ; *chasser*, ex. 2.

## yoyo, yo-yo

**faire du yoyo / jouer au yoyo**, loc. verb. "monter et baisser continuellement ; avoir des hauts et des bas". Par allusion au mouvement répété, descendant et ascendant, de la bobine du yoyo.

1. Quand la bourse fait du yoyo, n'est-ce pas le moment d'acheter certaines SICAV ? [publicité] (*Le Nouvel Observateur*, 1er novembre 1990, p. 82)

2. [...] sa voix fait du yoyo d'entrée et galvanise ceux qui ne la connaissaient pas encore en vrai. (*Sud Ouest*, Bordeaux, 21 mai 1994)

3. L'aluminium joue au Yo-Yo. Après avoir passé une semaine de relative euphorie, les malheurs du géant canadien Alcan faisant le bonheur des cours, le métal blanc effectue un plongeon étonnant en cette fin de semaine. (*Le Monde*, 16 octobre 1995, p. 16)

4. [...] le climat a souvent brutalement joué au yoyo allant du chaud au froid et inversement. (*La Croix*, 11 avril 2000, p. 13)

5. ... je suis montée à l'époque jusqu'à 117 kg pour 1 m 72 ! Je suis passée du 40 au 54 en 1 mois et demi [...] ; j'ai reperdu une partie de ces kg, mais pas tous... mon poids fait du yoyo... adieu les 65 kg d'il y a 10 ans... ; j'en pèse à présent 85, mais je ne stabilise plus [...]. (Message, 15 avril 2003, <f24.parsimony.net/>)

— VARIANTE. **faire le yoyo / faire yoyo**.

6. Vous avez tous vu le cours du dollar qui faisait yoyo. Vous avez vu les réactions en France ? (Cercle Denis Diderot, *Une démocratie pour le troisième millénaire*, 1990, p. 148, GRL)

7. Bon, j'ai ai plein les bottes d'avoir le moral qui fait le yoyo, du à peu près potentiellement passable (rarement) au ras-le-bol le plus total et absolu. (Message, 15 avril 2003, <pub37.ezboard.com/>)

8. C'est plutôt la forme, sauf ma tension qui fait yoyo. Donc on a réaugmenté les médocs ["médicaments"]. (Message, 18 février 2007, <www.familles.com/>)

9. Je viens de commencer le régime [...], c'est le énième que j'essaie, cela fait 20 ans que je fais yoyo. (Message, 23 octobre 2007, <www.familles.com/>)

∞ DOMAINE SPORTIF. "faire des allers et retours répétés entre deux niveaux de compétition". ~ **faire l'ascenseur***.

10. Des promus plein de promesses. En effet, les Toulousains ont dû s'imposer à Reims, provoquant la chute du Stade en Nationale, pour être certain de monter [...]. L'adage selon lequel on ne change pas une équipe* qui gagne a du plomb dans l'aile si l'on se réfère aux clubs qui ont fait le Yo-Yo entre l'élite et l'enfer des pros. (*L'Humanité*, 24 mai 2003)

11. Tant et si bien qu'après avoir fait le yoyo la saison dernière entre les deux niveaux, Elodie [une gymnaste] entend bel et bien cette fois jouer le maintien. (*Sud Ouest*, Lot-et-Garonne, 25 octobre 2005, p. 6)

**effet yoyo**, loc. nom. "alternance de hausses et de baisses".

12. Encore faut-il se méfier que les cours ne grimpent pas trop vite. Les producteurs connaissent bien l'« effet yoyo » qui fait que les cours s'effondrent tout de suite après. (*Sud Ouest*, Gers Agriculture, 26 août 1994)

13. Elle aurait préféré une augmentation progressive des impôts pour éviter le célèbre « effet yoyo » (*Sud Ouest*, Chalosse, 21 février 2003)

— "alternance de perte et de prise de poids provoquée par la succession de régimes amaigrissants".

14. On assiste alors à un « effet yoyo », les patients maigrissant et regrossissant au gré de leurs changements de régime, alors que le véritable enjeu est d'obtenir une stabilisation du poids. (*La Croix*, 4 septembre 1997, p. 12)

15. Ils [des substituts de repas] n'empêcheront pas les effets « yoyo » des régimes mal conduits, bien au contraire, car ils ne modifient pas le comportement alimentaire. (*Le Télégramme*, 12 août 2002)

# Z

## zen

□ **piquer du zen**, loc. verb. "piquer du nez, somnoler, notamment après avoir pris de la drogue". De *zen*, verlan de *nez*.

1. Et tu piques du zen dans la rue
J'ai comme envie de te botter le cul
Mais j'ai bien trop peur de te casser en deux
Tellement que t'as l'air d'un petit vieux. (*Au creux de ton bras*, chanson de Mano Solo, 1993)

2. Sur la notice, il y a écrit : « antalgique opioïde », tout n'est donc pas perdu. […] La contrepartie de ce médoc ["médicament"], c'est qu'il fait piquer du zen grave […]. (Message, 1^er^ mars 2005, <20six.fr/>)

## zéro

**à** *n* **zéros**, loc. adj. / **faire** *n* **zéros**, loc. verb. Pour désigner un nombre important, comportant *n* zéros, en parlant d'une somme importante, d'un prix élevé ou d'une chose coûteuse.

1. Quand je pense que les tournesols de Degas ont fait huit zéros et que j'ai pas une goutte pour m'acheter la télé ça me troue* (C. Bretécher, *Agrippine*, 1988, p. 26)

2. […] les fantasmes à huit zéros des golden boys en Eurostar […]. (*Le Monde*, 27 septembre 1999, p. 13)

3. La prolifération des bijoux « boutique », aux pierres assez peu coûteuses, a ramené la joaillerie dans l'espace du quotidien. Exilant du même coup dans un pudique anonymat les parures aux prix à cinq ou six zéros et autres « commandes spéciales » qui valaient à la place Vendôme l'opprobre des Robin des Bois… (*Le Monde*, 4 décembre 1999, p. 68)

**risque zéro**, loc. nom. La plupart du temps en contexte négatif. "absence totale de risque". Sur le modèle de *degré zéro*.

4. Le sida. « Assez de fausses pudeurs et d'hypocrisie ! Il faut dire aux jeunes la vérité. Votre mot d'ordre à chacun doit être le risque zéro », a affirmé Jacques Chirac […], en proposant d'élever le traitement du sida « au rang de priorité nationale ». (*Le Monde*, 1^er^ avril 1995)

5. Mais il y a des impondérables : le risque zéro n'existe pas pendant une course de rallye. (*Libération*, 25 septembre 2000, p. 27)

6. En effet, notre époque semble être celle du principe de précaution poussé à son paroxysme dans une recherche insensée du risque zéro généralisé […] : risque zéro de la guerre, du suicide, de la maladie, du tabac, de l'alcool, de l'alimentation, des transports, des loisirs, du travail, de l'amour et du sexe […]. (M. Rosenzweig, dans J.-P. Jacques et C. Figiel, *Drogues et substitution*, 2006, p. 173, GRL)

**zéro défaut**, loc. nom. "état de perfection, d'impeccabilité". Formule reprise du langage de l'organisation du travail selon le modèle japonais : « En 1960, Taiichi Ohno, vice-président de la société Toyota, met en pratique de nouveaux principes d'organisation. […] Ne produire que la quantité nécessaire, au moment requis selon le principe du *just in time* […]. Une formule, désormais célèbre, résume les cinq résultats recherchés : "Zéro stock, zéro délai, zéro panne, zéro défaut, zéro papier." » (M. Stroobants, *Sociologie du travail*, Paris, Nathan, 1993, p. 64). La locution a pris depuis quelques années le relais de *zéro faute*. ~ **sans faute**.

7. Je suis convaincu que l'entreprise du futur sera de plus en plus celle du zéro-défaut et du zéro-papier. Et de moins en moins celle du zéro-dialogue. A terme, la question posée est celle du mode de civilisation vers lequel nous souhaitons aller : morale du travail à la japonaise centrée sur la société, ou construction progressive d'un mode européen de développement économique et culturel centré davantage sur l'homme ? (Laurent Fabius, dans *Le Monde*, 2 février 1987, p. 1)

8. […] le secteur [de la construction automobile] n'a pas l'exclusivité de la chasse au zéro défaut, loin s'en faut. (*Les Echos*, 9 février 1993)

9. Très rétifs au risque alimentaire, ils [les pays anglo-saxons] n'envisagent pas l'incompatibilité entre un fromage au lait cru et le zéro défaut. (*La Tribune*, 2 août 1999, p. 13)

— EMPLOI ADJ. "impeccable, sans faille, parfait".

10. – Prenez donc Boccara [comme assistant], suggéra Jouve, il ne demande pas mieux. Il est très bien.
– Mais oui, s'exclama Boccara, choisissez Boccara. La qualité complète, zéro défaut. (J. Echenoz, *Les Grandes Blondes*, 2006 [1995], p. 83)

11. […] des actrices bien dans leur vie, belles dans leur corps, tellement plus émouvantes que des mannequins zéro défaut. (*Le Figaro*, 15 mars 2003)

12. A 7 euros le DVD, difficile de demander des copies zéro défaut : certains titres tournent au festival de rayures, points blancs et flous divers. (*Libération*, 7 octobre 2005, p. 6)

**zéro, zéro, zéro**, loc. phrast., loc. interj. Cri poussé par les militaires du contingent le jour de leur libération, notamment dans les trains et les gares (souvent sous forme de rengaine sur l'air de « Ce n'est qu'un au revoir »). Vieillissant, depuis la suppression du service national. Abréviation de **zéro au jus !**

13. Le « zéro zéro, zéro » scandé naguère par les hordes troufionnes en permission de libération sur les quais de la gare de l'Est. (P. Georges, dans *Le Monde*, 9 mars 2001, p. 36)

14. Finis les trains bondés de jeunes gens éméchés criant énigmatiquement « Zéro, zéro, zéro, zéro !… » Il ne s'agit pas seulement d'un changement structurel des

stratégies de défense nationale mais tout un pan de notre argot disparaît ! (*Parler au Quotidien – Service*, <www.chilton.com/>, consulté le 25 septembre 2006)

## zigzag

**un coup dans le zig, un coup dans le zag**, loc. adv. Formée sur une dislocation de *zigzag*, la locution offre une valeur ludique ; il n'est pas impossible qu'elle soit un avatar d'une locution moins innocente, attestée en 1898, « *Tirer un coup de zig-zag* se dit quelquefois pour *tirer un coup*, c. à d. *coïter* » (*Kryptiada*, Paris, H. Welter, t. 5, p. 285).

— Pour qualifier des changements brusques, des allées et venues, des écarts soudains.

1. Le mieux [pour ramasser les champignons] c'est [...] de faire les allées un coup dans le zig et un autre dans le zag car ce faisant, on est obligé de repasser par l'allée et on ne risque pas de se perdre. (« Les jaunottes du Grand Bois », décembre 1998, <home.nordnet.fr/>)

2. Les routes sont particulièrement mauvaises [...] et notre chauffeur nous fait quelques frayeurs. Un camion arrive en face, la route n'est pas assez large, mais nous roulons trop vite pour en sortir, nous risquerions de partir en vrille... Les klaxons hurlent, un coup dans le zig, un coup dans le zag, les 2 gros véhicules se frôlent, mais ça passe, ouf ! (« BikeTrip », 17 janvier 2007, <biketrip.aliceblogs.fr/>)

3. Un coup dans le zig, un coup dans le zag, les comédiens-chanteurs changent de registre en permanence. (*La Charente libre*, 31 mars 2007, p. 17)

— Pour qualifier un manque de continuité, une certaine inconstance.

4. « [...] il y a un problème de transparence et de communication. Les dossiers arrivent ficelés et on ne peut plus rien dire. [Le maire] a une politique opportuniste : un coup dans le zig, un coup dans le zag », s'emporte-t-elle [une conseillère municipale]. (*Sud Ouest*, Charente, 1er avril 2004, p. 11)

5. Dis donc, on m'a raconté que tu as été opéré, comment tu vas ?
Ça dépend des jours, j'ai haussé les épaules, un coup dans le zig, un coup dans le zag. Toujours à dire des conneries, hein ? Bon, c'est que ça va. (J.-N. Blanc, *La Petite Piscine au fond de l'aquarium*, 2007, p. 165)

6. [...] la psy scolaire n'a malheureusement pas confirmé la précocité constatée un an auparavant par un psy privé (un coup dans le zig, un coup dans le zag, vu la variabilité des tests rien d'incohérent, je pense qu'il est simplement « limite » sans être extrêmement doué). (Message, 6 mai 2007, <www.mensa.fr/>)

## zig zig

□ **en zig zig / en zig-zig / en zigzig**, loc. adv. “à droite et à gauche ; de travers ; dans tous les sens”. Attesté en 1761, comme synonyme de *en zigzag* (« de ces petits bosquets à la mode, si ridiculement contournés qu'on n'y marche qu'en zig-zig, & qu'à chaque pas il faut faire une piroüette », J.-J. Rousseau, *Julie ou la Nouvelle Héloïse*, Amsterdam, Marc Michel Rey, t. 3, p. 121, GRL) ; en 1785, au sens de “en accordéon” (« une pièce d'étoffe qu'il plie & range en zig-zig », *Encyclopédie méthodique..., Manufactures, arts et métiers*, par R. de La Platière, t. 1, p. 33, GRL). ~ **en zigzag**.

1. On revoit la fusée filmée de l'extérieur en train de redémarrer et elle vole en zig-zig, car le moteur est en état d'ébriété. (F. Laisné, « In the bedspacial », 2003, <www.laisnessen.com/>)

2. Mais le plus dur après 3 h de bronzage intense et baignade… eh oui il y a le chemin à faire en sens inverse. Donc tout ce que l'on a gentiment descendu à l'arrivée se transforme en dure et pénible montée, d'abord les escaliers (très hard) et la montée en zig-zig. (« Mes vacances 2006 », 4 septembre 2006, <www.blogg.org/>)

3. Pour ma part, impossible de faire sortir Pétula [une ânesse] de son pré, sauf 2 fois où elle partait en zigzig, une vraie galère. (Message, 16 novembre 2007, <forum.lixium.fr/>)

4. Une nuit d'hiver il s'est foutu dans le décor avec le camion qui transportait trois tonnes de sel à répandre sur la neige. Il a raté un virage. Il est parti en zig zig et s'est payé un lampadaire de la Ville. (G. Mordillat, « Le Gros Willy », dans *Scandale et folies*, 2007, p. 153)

## zobi

□ **zobi la mouche**, loc. phrast. loc. interj. Formule énergique de dénégation. Attesté d'abord sous la forme « *zob-la-mouche !* […] dans les cours d'école dès les années 1960 » (Merle 2004). *Zobi la mouche* est le titre d'une chanson à succès du groupe des *Négresses vertes* (1988). ~ □ **t'as qu'à croire** ; **tu peux courir** ; □ **que dalle** ; ■ **mon cul** ; □ **des queues**.

Ramponi donna un coup de menton vers les écrans, les images [des caméras de surveillance] figées, mises sur pause.
– Et on le voit quelque part le mec ? […]
– Zobi la mouche. Le mec en deux minutes et demie, il a vidé le coffre et il s'est arraché. Tu regardes les bandes tout de suite avant et plus d'une heure après, il n'y a rien d'anormal. (L. Chalumeau, *Les Arnaqueurs aussi*, 2007, p. 144)

# Bibliographie

## I. Ouvrages de référence

Bauche 1920

BAUCHE, Henri, *Le Langage populaire. Grammaire, syntaxe et dictionnaire du français tel qu'on le parle dans le peuple avec tous les termes d'argot usuel*, Paris, Payot, 1920.

Bernet/Rézeau 1989

BERNET, Charles et RÉZEAU, Pierre, *Dictionnaire du français parlé*, Paris, Éd. du Seuil, 1989. Une version légèrement modifiée a été publiée en édition de poche en 1991 dans la collection « Point V », n° 92.

Bouchard 1996

BOUCHARD, Jean-Philippe, *Les Mots du sport*, Paris, Éd. du Seuil (« Point V », n° 170), 1996.

Bruant 1901

BRUANT, Aristide, *L'Argot au* XX^e^ *siècle. Dictionnaire français-argot*, Paris, Flammarion, 1901 ; réimpr., [Gien], Chimères, 1990 (« Absinthe ») et Paris, Fleuve noir, 1993 (« Super Poche », n° 10).

Caradec 1977 et Caradec 1988

CARADEC, François, *Dictionnaire du français argotique et populaire*, Paris, Larousse, 1977, et *N'ayons pas peur des mots. Dictionnaire du français argotique et populaire*, Paris, Larousse, 1988.

Castigat et Ridendo 1911

CASTIGAT, Félix et RIDENDO, Victor, *Petit musée de la conversation*, Paris, Mercure de France, 1911.

Cellard/Rey 1991

CELLARD, Jacques et REY, Alain, *Dictionnaire du français non conventionnel*, Paris, Hachette, 2^e^ éd., 1991.

Colin 1990

COLIN, Jean-Paul *et al.*, *Dictionnaire de l'argot*, Paris, Larousse, 1990.

Dauzat 1918

DAUZAT, Albert, *L'Argot de la guerre*, Paris, A. Colin, 1918.

Déchelette 1918

DÉCHELETTE, François, *L'Argot des poilus. Dictionnaire humoristique et philologique*, Paris, Jouve, 1918 ; réimpr., Paris, Éd. de Paris, 2004.

Delvau 1867

DELVAU, Alfred, *Dictionnaire de la langue verte*, Paris, Dentu, 2^e^ éd., 1867.

D'Hautel 1807/1808

D'HAUTEL, *Dictionnaire du bas-langage, ou des manières de parler usitées parmi le peuple*, Paris, Léopold Collin, 1808 [A-F : 1807 ; G-Z : 1808] ; réimpr., Genève, Slatkine reprints, 1972.

Di Stefano 1991

DI STEFANO, Giuseppe, *Dictionnaire des locutions en moyen français*, Montréal, CERES, 1991.

Doillon

*Les Cahiers des Amis du lexique français*, publiés sous la dir. d'Albert DOILLON, Paris, Les Amis du lexique français (comprend plusieurs séries : *Les Mots en liberté*, 1974-1978 ; *Dictionnaire permanent du français en liberté*, 1974-1988 ; *Lexique dernière*, 1975-1976 ; *Dico-plus*, 1977 *sqq.* ). Les éditions Fayard ont publié des dictionnaires thématiques tirés de ce fonds : *Le Dico du sport*, *Le Dico de la violence* et *Le Dico du sexe* (2002), *Le Dico de l'argent* (2003), *Le Dico de la santé* (2004).

DRF 2001

RÉZEAU, Pierre (éd.), *Dictionnaire des régionalismes de France*, Bruxelles, De Boeck & Larcier/Duculot, 2001.

DSR 2004

THIBAULT André, *Dictionnaire suisse romand : particularités lexicales du français contemporain*, nouvelle éd. revue et augmentée sous la dir. de Pierre KNECHT, Genève, Zoé, 2004.

Duneton 1990

DUNETON, Claude, *Le Bouquet des expressions imagées*, Paris, Éd. du Seuil, 1990.

Édouard 1983

ÉDOUARD, Robert, *Nouveau dictionnaire des injures*, nouvelle éd. revue et complétée par Michel CARASSOU, Paris, Sand & Tchou, 1983.

Enckell 2000

ENCKELL, Pierre, avec la collaboration de l'Institut national de la langue française, *Le Dictionnaire des façons de parler du XVI^e siècle. La lune avec les dents*, Paris, CNRS Éditions, 2000.

Enckell 2004

ENCKELL, Pierre, *Dictionnaire des jurons*, Paris, PUF, 2004.

Enckell/Rézeau 2003

ENCKELL, Pierre et RÉZEAU, Pierre, *Dictionnaire des onomatopées*, Paris, PUF, 2003.

Esnault 1919

ESNAULT, Gaston, *Le Poilu tel qu'il se parle*, Paris, Bossard, 1919.

Esnault 1925

ESNAULT, Gaston, *L'Imagination populaire. Métaphores occidentales…*, Paris, PUF, 1925.

Esnault 1965

ESNAULT, Gaston, *Dictionnaire historique des argots français*, Paris, Larousse, 1965.

FEW

WARTBURG, Walther von, *Französisches etymologisches Wörterbuch. Eine darstellung des galloromanischen sprachschatzes*, Bonn-Bâle-Zbinden, 1922-2002, 25 vol. + *Index*, 2 vol. publiés par ATILF, Paris, Honoré Champion, 2003.

Goudaillier 1997

GOUDAILLIER, Jean-Pierre, *Comment tu tchatches !*, Paris, Maisonneuve et Larose, 1997.

GR 2001

*Le Grand Robert de la langue française : dictionnaire alphabétique et analogique de la langue française*, par Paul ROBERT, 2^e éd. [mise à jour 2001] dir. Alain REY, 6 vol., Paris, Le Robert. (Une nouvelle version électronique a été diffusée en 2005).

Griniova/Gromova 1987

GRINIOVA, E.F. et GROMOVA, T.N., *Dictionnaire du français familier et populaire*, Moscou, Rousski Yazyk, 1987.

Guiraud 1978

GUIRAUD, Pierre, *Dictionnaire érotique*, Paris, Payot, 1978.

Lacassagne 1928

LACASSAGNE, Jean, *L'Argot du « milieu »*, préface de Francis Carco, Paris, Albin Michel, 1928.

Lacassagne 1935

LACASSAGNE, Jean, *L'Argot du « milieu »*, préface de Francis Carco, 2e éd. avec la collaboration de Pierre Devaux, Paris, Albin Michel, 1935.

Larchey 1872

LARCHEY, Lorédan, *Dictionnaire de l'argot parisien*, Paris, F. Polo, 1872.

Larchey 1883

LARCHEY, Lorédan, Supplément aux neuvième et dixième éditions du « Dictionnaire d'argot », Paris, E. Dentu, 1883.

Lermina 1897

LERMINA, Jules et LÉVÊQUE, Henri, *Dictionnaire thématique Français-Argot...*, Paris, Bibliothèque Chacornac, 1897 ; réimpr., Paris, Éd. de Paris, 1991.

Le Roux 1718

LE ROUX, Philibert-Joseph, *Dictionnaire comique, satyrique, critique, burlesque, libre et proverbial...*, Amsterdam, Michel Charles Le Cene, 1718.

Lis/Barbier 1980

LIS, Michel et BARBIER, Michel, *Dictionnaire du gai parler – 4 500 expressions traditionnelles et populaires*, Paris, Mengès, 1980.

Merle 1986

MERLE, Pierre, *Dictionnaire du français branché*, Paris, Éd. du Seuil, 1986.

Merle 1996

MERLE, Pierre, *Le Dico de l'argot fin de siècle*, Paris, Éd. du Seuil, 1996.

Merle 2004

MERLE, Pierre, *Dictionnaire du français qui se cause*, Toulouse, Milan, 2004 [1re éd., 1998].

Merle 2007

MERLE, Pierre, *Nouveau Dictionnaire de la langue verte*, Paris, Denoël, 2007.

NPR 2005

REY-DEBOVE, Josette et REY, Alain (dir.), *Le Nouveau Petit Robert, dictionnaire alphabétique et analogique de la langue française*, nouvelle éd. remaniée et amplifiée, Paris, Le Robert, 2005.

OED

*The Oxford English Dictionary*, 16 vol., Oxford, Clarendon Press, 2e éd., 1989. (*OED Online*, base de données périodiquement mise à jour, est consultable sur la Toile).

Oudin 1640

OUDIN, Antoine, *Curiositez françoises...*, Paris, Sommaville, 1640.

Partridge 1984

PARTRIDGE, Eric, *A Dictionary of Slang and Unconventional English*, London/ Melbourne, Routledge & Kegan Paul, 8e éd., 1984.

Pénet 1998

PÉNET, Martin, *Mémoire de la chanson – 1 100 chansons du Moyen Âge à 1919*, Paris, Omnibus, 1998.

Pénet 2004

PÉNET, Martin, *Mémoire de la chanson – 1 200 chansons de 1920 à 1945*, Paris, Omnibus, 2004.

Petiot 1982

PETIOT, Georges, *Le Robert des sports*, Paris, S.N.L. Le Robert, 1982.

Puitspelu 1894

NIZIER DU PUITSPELU [pseud. de Clair Tisseur], *Le Littré de la Grand'Côte*, Lyon, Chez l'imprimeur juré de l'Académie, 1894 [Académie du Gourguillon] ; réimpr., Lyon, J. Honoré / Saint-Just-la-Pendue, Chirat, 1980.

Rey/Chantreau 1979

REY, Alain et CHANTREAU, Sophie, *Dictionnaire des expressions et locutions figurées*, Paris, Le Robert, 1979 [à partir de 1982, l'ouvrage est augmenté d'un index et *figurées* disparaît du titre].

Rey/Chantreau 1987 et Rey/Chantreau 1993

REY, Alain et CHANTREAU, Sophie, *Dictionnaire des expressions et locutions*, Paris, Le Robert, 1re éd., 1987, et 2e éd., 1993.

Rézeau 1993

RÉZEAU, Pierre, *Petit dictionnaire des chiffres en toutes lettres*, Paris, Éd. du Seuil, 1993.

Richard 1993

RICHARD, Jean-Marc, *Dictionnaire des expressions paillardes et libertines*, Paris, Filipacchi, 1993.

Richesses lexicales

BERNET, Charles et RÉZEAU, Pierre (dir.), *Richesses lexicales du français contemporain*, CNRS-INALF/Klincksieck, Paris, Klincksieck, 1995.

Rigaud 1878

RIGAUD, Lucien, *Dictionnaire du jargon parisien. L'argot ancien et l'argot moderne*, Paris, Ollendorff, 1878.

Rigaud 1881

RIGAUD, Lucien, *Dictionnaire d'argot moderne*, Paris, Ollendorff, 1881.

Rolland 1883

ROLLAND, Eugène, *Rimes et jeux de l'enfance*, Paris, Maisonneuve, 1883.

TLF

*Trésor de la langue française. Dictionnaire de la langue du XIXe et du XXe siècle*, publié sous la dir. de Paul IMBS (vol. 1-7), puis de Bernard QUEMADA (vol. 8-16), Paris, Gallimard, 1971-1994. (Le *Trésor de la langue française informatisé* est librement accessible sur la Toile et diffusé sur cédérom par CNRS Éditions, 2004 [version PC] et 2005 [version Mac OS X]).

## II. Ouvrages cités

Le relevé ci-dessous répertorie les sources textuelles appartenant à la période chronologique qui va de la Seconde Guerre mondiale à nos jours. Ne sont pas repris ici les ouvrages cités par l'intermédiaire de *Google recherche de livres* ou de *Frantext*.

On peut trouver à la suite du nom des auteurs :

— leurs dates biographiques lorsque l'une au moins des œuvres a fait l'objet d'une publication posthume ;

— des renvois à d'autres entrées lorsqu'un même auteur apparaît à différents endroits de la bibliographie.

A.D.G. (Alain FOURNIER, dit ; *voir aussi* Alain CAMILLE) (1947-2004)

*Balles nègres*, Paris, Gallimard, 1981 (« Série noire », n° 1825).

*Les Billets nickelés*, Paris, Gallimard, 1988 (« Série noire », n° 2124).

*C'est le bagne !*, Paris, Gallimard, 1988 (« Série noire », n° 2134).

*Cradoque's band*, Paris, Gallimard, 1972 (« Série noire », n° 1493).

*La Divine Surprise*, Paris, Gallimard, 1971 (« Série noire », n° 1429).

*Le Grand Sud*, Paris, LGF, 1989 [1987] (« Le Livre de poche », n° 6623).
*J'ai déjà donné…*, Paris, Le Dilettante, 2007 [2004].
*Joujoux sur le caillou*, Paris, Gallimard, 1987 (« Série noire », n° 2089).
*Notre frère qui êtes odieux…*, Paris, Gallimard, 1974 (« Série noire », n° 1662).
*On n'est pas des chiens*, Paris, Gallimard, 1982 (« Série noire », n° 1862).
*L'otage est sans pitié*, Paris, Gallimard, 1976 (« Super noire », n° 48).
Adler, Philippe
*Les Amies de ma femme*, Paris, Balland, 1987.
*Bonjour la galère !*, Paris, France Loisirs, 1985 [1984].
*C'est peut-être ça l'amour*, Paris, J'ai lu, 1987 [1986] (« J'ai lu », n° 2284).
Allais, Alphonse (1855-1905)
*Œuvres posthumes (1877-1905)*, Paris, R. Laffont, 1990 (« Bouquins »).
Alle, Gérard
*Il faut buter les patates*, Paris, Baleine, 2001 (« Ultimes », n° 3).
*Un air à faire pleurer la mariée*, Paris, Baleine, 2000 (« Velours », n° 8).
Amila, Jean
*La Bonne Tisane*, Paris, Gallimard, 1975 [1955] (« Carré noir », n° 205).
*Pitié pour les rats*, Paris, Gallimard, 1985 [1964] (« Série noire », n° 832).
Anglade, Jean
*Le Pays oublié*, Paris, Hachette, 1982.
*Un lit d'aubépine*, Paris, Presses Pocket, 1997 [1995] (« Presses Pocket », n° 10145).
*Une pomme oubliée*, Paris, Julliard, 1969.
Anissimov, Myriam
*Le Bal des Puces*, Paris, Julliard, 1985.
Arletty
*La Défense*, Paris, La Table Ronde, 1970.
Ascaride, Pierre
*Inutile de tuer son père, le monde s'en charge*, suivi de *Au vrai chichi marseillais* [2000], Nantes, L'Atalante, 2004.
Aubrun, Claudine
*Photo à mateurs*, Paris, Baleine/Éd. du Seuil, 2001 (« Le Poulpe », n° 229).
Audiard, Michel
*Audiard par Audiard*, Paris, R. Château, 1995 (« La Mémoire du cinéma français »).
*La Nuit, le Jour et toutes les Autres Nuits*, Paris, Gallimard, 1980 [1978] (« Folio », n° 1201).
Audouard, Yvan
*La Clémence d'Auguste*, Paris, LGF, 1986 [1985] (« Le Livre de poche », n° 6172).
*Le Dernier des Camarguais*, Paris, Julliard, 1971.
*Les Lions d'Arles*, Paris, Presses Pocket, 1969 [1956] (« Presses Pocket », n° 669).
Aurembou, Renée
*Il était une fois… le Bourbonnais*, Marseille, Jeanne Laffitte, 1983.
Aurousseau, Nan
*Bleu de chauffe*, Paris, LGF, 2007 [2005] (« Livre de poche », n° 30732).
Autin-Grenier, Pierre
*L'éternité est inutile*, Paris, Gallimard, 2002 (« L'Arpenteur »).
Avel, Christine
*L'Apocalypse sans peine*, Paris, Le Dilettante, 2006.
Bachellerie
*Il court, il court, le cadavre*, Paris, Librairie des Champs-Élysées, 1985 (« Le Masque », n° 1796).

*L'Île aux muettes*, Paris, Librairie des Champs-Élysées, 1985 (« Le Masque », n° 1791).
BAILLY, Marius
*La Jarjille, c'est la sœur du Piosou !*, préface de Marguerite Gonon, Saint-Étienne, Le Hénaff, 1980.
BALASKO, Josiane
*Nuit d'ivresse*, Paris, Actes Sud-Papiers, 1990.
BALASKO, Josiane *et al.*
*Le Père Noël est une ordure*, Paris, Actes Sud-Papiers, 1986 [pièce créée en 1979].
BALDUCCI, Richard
*Le Café des veuves*, Paris, Filipacchi, 1991.
BARBERY, Muriel
*L'Élégance du hérisson*, Paris, Gallimard, 2006.
BASTIANI, Ange (Victor-Marie LE PAGE, dit ; *voir aussi* Maurice RAPHAËL)
*Arrête ton char, Ben Hur !*, Paris, Gallimard, 1954 (« Série noire », n° 222).
*Le Pain des jules*, Paris, Gallimard, 1967 [1960] (« Série noire », n° 598).
BASTIDE, Roger, CORMIER, Jean et BLONDIN, Antoine
*Alcools de nuit*, Paris, M. Lafon, 1988.
BAYON [Bruno]
*Le Lycéen*, Paris, Quai Voltaire, 1987.
BÉART, Guy
*L'Espérance folle*, Paris, J'ai lu, 1989 [1987] (« J'ai lu », n° 2695).
BÉDU, Michel
*La Vie dure*, Paris, Albin Michel, 1973.
BEGAG, Azouz
*Béni ou le Paradis privé*, Paris, Éd. du Seuil, 1989 (« Points V », n° 69).
BÉGAUDEAU, François
*Entre les murs*, Paris, Gallimard, 2006 (« Verticales »).
BELLEC, Hervé
*Le Beurre et l'Argent du beurre*, Moëlan-sur-Mer, Blanc Silex, 2002.
BELLERET, Robert
*Les Bruyères de Bécon*, Paris, Sabine Wespieser, 2002.
*Sixties*, Paris, Sabine Wespieser, 2004.
BELLETTO,René
*Régis Mille l'éventreur*, Paris, Gallimard (« Folio », n° 4677), 2008 (éd. revue par l'auteur ; 1re éd., 1996).
BELLOC, Denis
*Képas*, Paris, Lieu commun, 1989.
BENACQUISTA [Tonino]
*Les Morsures de l'aube*, Paris, Rivages, 1992 (« Noir », n° 143).
*Tout à l'ego*, Paris, Gallimard, 2001 [1999] (« Folio », n° 3469).
BENOZIGLIO, Jean-Luc
*Cabinet portrait*, Paris, Éd. du Seuil, 1981 [1980] (« Points R », n° 53).
*Tableaux d'une ex*, Paris, Éd. du Seuil, 1989 (« Fiction & Cie »).
*La Voix des mauvais jours et des chagrins rentrés*, Paris, Éd. du Seuil, 2004 (« Fiction & Cie »).
BÉRIOT, Louis
*Sacré Paul !*, Paris, O. Orban, 1989.
BERNARD, Marc
*Pareils à des enfants*, Paris, Gallimard, 1994 [1941].

BERNHEIM, Nicole-Lise et CARDOT, Mireille
*Mersonne ne m'aime*, Paris, Éd. des Autres, 1978.
BERNSTEIN, Michèle
*Tous les chevaux du roi*, Paris, Allia, 2004 [1960].
BESNEHARD, Daniel
*Pupuce*, Paris, Julliard, 1996.
BLANC, Henri-Frédéric
*Combats de fauves au crépuscule*, Paris, Presses Pocket, 1991 [1990] (« Presses Pocket », n° 3761).
*Démonomanie*, Paris, Presses Pocket, 1995 [1993] (« Presses Pocket », n° 3339).
*Jeu de massacre*, Paris, Presses Pocket, 1993 [1991] (« Presses Pocket », n° 4590).
BLANC, Jean-Noël
*Chiens de gouttière*, Paris, Seghers, 1989 (« Mots »).
*La Petite Piscine au fond de l'aquarium*, Paris, Joëlle Losfeld, 2007.
BLIER, Bertrand
*Les Valseuses*, Paris, J'ai lu, 1989 [1972] (« J'ai lu », n° 543).
BLONDIN, Antoine
*L'Europe buissonnière*, Paris, Froissart, 1949.
*Ma vie entre les lignes*, Paris, Gallimard, 1984 [1982] (« Folio », n° 1578).
*Monsieur Jadis ou L'École du soir*, Paris, La Table ronde, 1972 [1970] (« Folio », n° 29).
BONNARD, Maurice
*Quatre boules un billet*, Chambéry, Imprimeries réunies, 1945.
BORDE, Raymond
*L'Extricable*, Paris, Le Terrain vague, 1964.
BORDE, Raymond et BOUISSY, Laurent
*Le Nouveau Cinéma italien*, Lyon, 1963 (« Premier Plan », n° 30).
BOTHOREL, Jean
*Toi, mon fils*, Paris, Grasset, 1986.
BOUDARD, Alphonse
*Bleubite*, Paris, LGF, 1988 [1966 sous le titre *Les Matadors*] (« Le Livre de poche », n° 6526).
*La Cerise*, Paris, La Table ronde, 1984 [1963].
*L'Éducation d'Alphonse*, Paris, Grasset, 1987.
*Les Enfants de chœur*, Paris, Gallimard, 1984 [1982] (« Folio », n° 1565).
*La Fermeture*, Paris, R. Laffont, 1986.
*L'Hôpital*, Paris, LGF, 1986 [1972] (« Le Livre de poche », n° 6258).
*La Métamorphose des cloportes*, Paris, LGF, 1987 [1962] (« Le Livre de poche », n° 6356).
*Mourir d'enfance*, Paris, Pocket, 1997 [1995] (« Pocket », n° 10114).
BOUGUES-MONTÈS, Jacques de
*Chez Auguste. Histoires truculentes et vraies du bassin d'Arcachon*, Paris, Le Guépard, 1982.
BOURDIEU, Pierre (dir.)
*La Misère du monde*, Paris, Éd. du Seuil, 1993 [1990-1992] (« Libre examen »).
BOUSSUGE, Micheline
*Adieu lou païs*, Paris, L'Archipel, 2002.
BRASSENS, Georges (1921-1981)
*Poèmes et chansons*, Paris, Éd. du Seuil, 1991 [1973] (« Points V », n° 96).
BRAVO, Christine
*Avenida B.*, Paris, J'ai lu, 1991 [1990] (« J'ai lu », n° 3044).

BREFFORT, Alexandre
*Les Contes du Grand-Père Zig*, Paris, France Loisirs, 1990 [1955].
BREILLAT, Catherine
*Police*, Paris, Albin Michel, 1985.
*36 fillette*, Paris, Carrère, 1987.
BRETÉCHER, Claire
*Agrippine*, Paris, C. Bretécher, 1988.
BRICAIRE, Jean-Jacques et LASAYGUES, Maurice
« La Berlue ou le Masculin singulier », dans *L'Avant-scène théâtre*, n° 762, janvier 1985 [création : 1984].
BROCHIER, Jean-Jacques
*Une enfance lyonnaise au temps du Maréchal*, Paris, Éd. A.C.E., 1984 (« Terres d'enfance », n° 1).
BUCHER, André
*Pays à vendre*, Paris, Sabine Wespieser, 2005.
BURON, Nicole de
*Arrête ton cinéma !*, Paris, J'ai lu, 1996 [1995] (« J'ai lu », n° 4251).
*C'est quoi, ce petit boulot ?*, Paris, Flammarion, 1989.
*Qui c'est, ce garçon ?*, Paris, J'ai lu, 1986 [1985] (« J'ai lu », n° 2043).
CAHEN, Gérald (dir.)
*Le Plaisir des mots*, Paris : Autrement, 1995 (« Série Mutations »).
CAMILLE, Alain (Alain FOURNIER, dit ; voir aussi A.D.G.)
*Les Trois Badours*, Paris, Gallimard, 1972 (« Série noire », n° 1544).
CAMILLERI, Andrea
*Le Roi Zosimo*, trad. de l'italien par D. Vittoz, Paris, LGF, 2005 [2003] (« Le Livre de poche », n° 30248).
CANAL, Philippe
*L'Homme qui a vu Durand*, Paris, Éd. du Seuil, 1987.
CARADEC, François
*La Compagnie des zincs*, Paris, Ramsay, 1986 (« Demi-mots »).
CARRESE, Philippe
*Pet de mouche et la Princesse du désert*, Paris, Fleuve noir, 1997 (« Fleuve noir », n° 27).
*Trois jours d'engatse*, Paris, Fleuve noir, 1995, éd. revue et corrigée [1re éd., Ajaccio, Méditorial, 1994] (« Crimes », n° 4).
CARRIÈRE, Jean-Claude
*Anthologie de l'humour 1900*, Paris, Les Éditions 1900, 1988.
*Les Mots et la chose*, Paris, Le Pré aux clercs, 1991.
CAUVIN, Patrick (Claude KLOTZ, dit)
*C'était le Pérou*, Paris, LGF, 1984 [1980] (« Le Livre de poche », n° 5887).
*e = mc$^2$, mon amour*, Paris, LGF, 1984 [1977] (« Le Livre de poche », n° 5723).
*Pourquoi pas nous ?*, Paris, LGF, 1989 [1978] (« Le Livre de poche », n° 5760).
CAVANNA, François
*L'Œil du lapin*, Paris, Belfond, 1988 [1987].
CÉLINE, Louis-Ferdinand (1894-1961)
*Maudits soupirs pour une autre fois*, Paris, Gallimard, 1985 [av. 1961].
CERF, Murielle
*Une passion*, Paris, J.-C. Lattès, 1981.
CHABOT, Michel
*L'Escarbille*, Paris, Presses de la Renaissance, 1978.
CHALEIL, Léonce
*La Mémoire du village*, Montpellier, Les Presses du Languedoc, 1989 [1977].

CHALUMEAU, Laurent
*Les Arnaqueurs aussi*, Paris, Grasset, 2007.
*Fuck*, Paris, Grasset, 1991.
*Maurice le Siffleur*, Paris, Grasset, 2006.
*Neuilly brûle-t-il ?*, Paris, Grasset, 1997.
CHAREF, Mehdi
*Le Thé au harem d'Archi Ahmed*, Paris, Gallimard, 1991 [1983] (« Folio », n° 1958).
CHIFFLOT, Dorothée
*Un raccourci saisissant*, Paris, Librairie des Champs-Élysées, 2000 (« Le Masque », n° 2437).
CHOLLET, Claudine
*Un petit lapsus très suspect*, Paris, Baleine, 2001 (« Le Poulpe », n° 228).
CHRISTA, Emma
*Les Ravies au lit*, Paris, Baleine, 2000 (« Le Poulpe », n° 204).
CLAVEL, Bernard
*Cargo pour l'enfer*, Paris, Albin Michel, 1993.
*La Maison des autres*, Paris, J'ai lu, 1991 [1962] (« J'ai lu », n° 522).
CLÉMENT-MAINARD, Michèle
*La Foire aux mules*, Paris, LGF, 1989 [1986] (« Le Livre de poche », n° 6655).
CLOUX, Patrick
*Un vin de paille*, Paris, Stock, 2004.
COHN-BENDIT, Daniel
*Le Grand Bazar*, Paris, Belfond, 1975.
CONIL, Philippe
*Flip-frac*, Paris, Gallimard, 1981 (« Série noire », n° 1841).
CONSTANTINE, Barbara
*Allumer le chat*, Paris, Calmann-Lévy, 2007.
CORDELIER, Jeanne
*La Dérobade*, Paris, Hachette, 1976.
CORNEAU, Alain
« Série noire », film d'Alain Corneau, scénario et dialogues d'Alain Corneau et Georges Perec, d'après le roman de Jim Thompson, *Hell of a woman*, paru en français sous le titre *Des cliques et des cloaques*, dans *L'Avant-scène cinéma*, n° 233, octobre 1979.
COUDERC, Claude
*Mon père, cet inconnu*, Paris, Pocket, 2004 [2002] (« Pocket », n° 11811).
COURCHAY, Claude
*Avril est un mois cruel*, Paris, Albin Michel, 1987.
*L'Embellie*, Paris, Albin Michel, 1988.
*Quelque part, tout près du cœur de l'amour*, Paris, LGF, 1987 [1985] (« Le Livre de poche », n° 6323).
COUSSE, Raymond
*Le Bâton de la maréchale*, Paris, Flammarion, 1982.
COZETTE, Dominique
*Quand je serai jamais grande*, Paris, J'ai lu, 2004 [1999] (« J'ai lu », n° 6969).
DAC, Pierre (1893-1975)
*Essais, maximes et conférences*, Paris, J'ai lu, 2001 [1978] (« J'ai lu », n° 5920).
*L'Os à moelle* [1938-1940]. Textes réunis et présentés par Michel Laclos, Paris, Le Livre de poche, 1980 [1963] (« Le Livre de poche », n° 3937).
DAC, Pierre et ROGNONI, Louis
*Bons baisers de partout*, Paris, Le Cherche Midi, 1982.

DAENINCKX, Didier
*Le Bourreau et son Double*, Paris, Gallimard, 1986 (« Série noire », n° 2061).
*Éthique en toc*, Paris, Baleine/Éd. du Seuil, 2000 (« Le Poulpe », n° 185).
*On achève bien les disc-jockeys*, [Paris], Éd. La Branche, 2006 (« Suite noire », n° 1).
*Zapping*, Paris, Denoël, 1992.
DAMIEN, Jean
*L'Amerloc*, Paris, Éd. de Paris, 1951.
DARD, Frédéric (voir aussi SAN-ANTONIO)
*La Peuchère*, Paris, Fayard, 2002 [1938].
DEBORD, Guy
*« Cette mauvaise réputation… »*, Paris, Gallimard, 1993.
DECHAVANNE, Christophe
*La Fièvre du mardi soir*, Paris, LGF, 1992 [1991] (« Le Livre de poche », n° 4372).
DEFLANDRE, Bernard
*La Soupe aux doryphores*, Paris, J'ai lu, 1987 [1985] (« J'ai lu », n° 2185).
DEGAUDENZI, Jean-Louis
*La Lamentable Épopée de Doris et Alexandre*, Paris, Fixot, 1990.
*Zone*, Paris, Fixot, 1987.
DELEPIERRE, Philippe
*Même pas mal et autres paris stupides*, Paris, Pocket, 2003 [2001] (« Pocket », n° 11556].
DEMOUGEOT, Manuel, DUVILLARD, Jérôme, LAURIOZ, Hubert et MARCOZ, Laurent
*Nouveau français : La Compil*, Paris, J.-C. Lattès, 1994.
DEMOUZON [Alain]
*Château-des-rentiers*, Paris, Flammarion, 1982.
*Dernière Station avant Jérusalem*, Paris, Gallimard, 1994 (« Série noire », n° 2348)
*Paquebot*, Paris, J'ai lu, 1989 (« J'ai lu », n° 2651).
*La Promesse de Melchior*, Paris, Pocket, 2006 [2000] (« Pocket », n° 12110).
*Section rouge de l'espoir*, Paris, J'ai lu, 1979 (« J'ai lu », n° 1472).
DEMURE, Jean-Paul
*Aix abrupto*, Paris, Gallimard, 1987 (« Série noire », n° 2082).
*Le Fils du vent*, Paris, Gallimard, 1983 (« Série noire », n° 1926).
*Le linceul n'est pas qu'aux moches*, [Paris], Éd. La Branche, 2006 (« Suite noire », n° 4).
*Razzia sur la paroisse*, Paris, Payot et Rivages, 2005 [1983] (« Rivages/Noir », n° 568)
DESPLECHIN, Marie
*Traversée du Nord*, s.l., National Geographic Society, 2002.
DESPROGES, Pierre
*Manuel de savoir-vivre à l'usage des rustres et des malpolis*, Paris, Éd. du Seuil, 1981 (« Points V », n° 1).
DESSAINT, Pascal
*Du bruit sous le silence*, Paris, Payot et Rivages, 1999 (« Noir », n° 312).
*Loin des humains*, Paris, Rivages, 2007 [2005] (« Noir », n° 639).
DESTANQUE, Robert
*Rapt-time*, Paris, Gallimard, 1980 (« Série noire », n° 1788).
DIONNET, Jean-Pierre et MANŒUVRE, Philippe
*Vive la France !*, Paris, Édition n° 1, 1986.
DJIAN, Philippe
*Maudit Manège*, Paris, B. Barrault, 1986.
*37°2 le matin*, Paris, J'ai lu, 1989 [1985] (« J'ai lu », n° 1951).
*Zone érogène*, Paris, B. Barrault, 1986 [1984].
DOISNEAU, Robert
*À l'imparfait de l'objectif*, Arles, Actes Sud, 1995 [1989].

DONA, Alice
*Mamie a eu quinze ans*, Paris, LGF, 2007 [2006] (« Le Livre de poche », n° 30759)
DORIN, Françoise
« L'Intoxe », dans *L'Avant-scène théâtre*, n° 729-730, mai 1983 [création : 1980].
*Les Jupes-culottes*, Paris, Flammarion, 1984.
DORMANN, Geneviève
*Adieu, phénomène*, Paris, Albin Michel, 1999.
*Le Bal du dodo*, Paris, Albin Michel, 1989.
*Je t'apporterai des orages*, Paris, LGF, 1973 [1971] (« Le Livre de poche », n° 3540).
*Mickey, l'ange*, Paris, Éd. du Seuil, 1977.
DREIKAUS, Huguette
*Le Monde d'Huguette*, Strasbourg, La Nuée Bleue/DNA, 1977.
DUBOIS, Jean-Paul
*Éloge du gaucher dans un monde manchot*, Paris, LGF, 1988 [1986] (« Le Livre de poche », n° 6435).
*Tous les matins je me lève*, Paris, J'ai lu, 1990 [1988] (« J'ai lu », n° 2749).
*Une vie française*, Paris, Éd. de l'Olivier, 2004.
DUNETON, Claude
*Le Diable sans porte*, Paris, Éd. du Seuil, 1981.
DUPUIS, Jean-Jacques
*La Gigue des féroces*, Paris, Fleuve noir, 1988 (« Noire », n° 4).
DURAND, Jacques
*André Bouix, gardian de Camargue*, Paris, Stock, 1980.
EAUBONNE, Françoise d'
*Les Tricheurs*, Paris, Seghers, 1959.
ECHENOZ, Jean
*Les Grandes Blondes*, Paris, Éd. de Minuit, 2006 [1995] (« Double », n° 34)
EMBARECK, Michel
*Dans la seringue*, Paris, Gallimard, 2002 [1999] (« Folio policier », n° 275).
*2 – 1 = 0*, Paris, Lieu commun, 1989.
*Le Futon de Malte*, [Paris], Éd. La Branche, 2007 (« Suite noire », n° 12).
*Sur la ligne blanche*, Paris, Autrement, 1984 (« Ciel ouvert »).
*Une rue à ma fenêtre*, Paris, Balland, 1991.
ENCREVÉ, Pierre et BRAUDEAU, Michel
*Conversations sur la langue française*, Paris, Gallimard, 2007.
ESCHBACH, Paul
*La Vie rurale au temps de la TSF*, Colmar, Jérôme Do Bentzinger, 2002.
ÉTIEMBLE, René
*L'Enfant de chœur*, Paris, LGF, 1971 [1937] [1re éd. 1937 ; nouvelle éd. 1947 ; éd. définitive 1971] (« Le Livre de poche », n° 3111).
EXBRAYAT, Charles
*Félicité de la Croix-Rousse*, Paris, Librairie des Champs-Élysées, 1988 [1968] (« Club des Masques », n° 215).
FABRE, Dominique
*Fantômes*, Paris, Le Serpent à plumes, 2003 (« Motifs », n° 187).
FAILLER, Jean
*Brume sous le grand pont*, Quimper, Éd. du Palémon, 1997.
*Les Diamants de l'archiduc*, Quimper, A. Bargain, 1996 [1993].
*On a volé la Belle Étoile !*, Quimper, A. Bargain, 1996.
FAIZANT, Jacques
*Oublie-moi Mandoline*, Paris, Calmann-Lévy, 1973.

FALLET, René

*L'Amour baroque*, Paris, Denoël, 1990 [1971].

*L'Angevine*, Paris, Gallimard, 1987 [1982] (« Folio », n° 1863).

*Au Beau Rivage*, Paris, Denoël, 1970.

*Banlieue sud-est*, Paris, Domat, 1947.

*Le beaujolais nouveau est arrivé*, Paris, Gallimard, 1986 [1975] (« Folio », n° 1092).

*Carnets de jeunesse 2*, Paris, Denoël, 1992 [août 1947 - août 1948].

*Chroniques littéraires du Canard enchaîné (1952-1956)*, textes réunis et présentés par Michel Lécureur, Paris, Les Belles Lettres, 2006.

*Rouge à lèvres*, Paris, Denoël, 1977 [1955].

*La Soupe aux choux*, Paris, Denoël, 1981 [1980].

*Le Vélo*, Paris, Gallimard, 1973.

FAUCHE, Xavier et RIOUX, Lucien

*Tics d'époque*, Paris, Ramsay, 1987.

FAVREAU, Ivan

*Les mouettes en rient encore*, Paris, Balland, 1987.

FÉRET, René

« La Communion solennelle », réalisation, scénario et dialogues de René Féret, dans *L'Avant-scène cinéma*, n° 185, avril 1977.

FERNIOT, Christine

*La Rue*, textes réunis par Christine Ferniot, Paris, La Découverte, 2003 (« Les Français peints par eux-mêmes »).

FÉTIS, Laurent

*Le Mal du double-bang*, Paris, Gallimard, 1992 (« Série noire », n° 2305).

FONTENEAU, Pascale

*Les Fils perdus de Sylvie Derijke*, Paris, Éd. du Masque, 2006 (« Le Masque », n° 2505).

FORESTIER, François

*Rue des rats*, Paris, Payot et Rivages, 2006 [2005] (« Rivages/Noir », n° 624).

FORLANI, Remo

*Gouttière*, Paris, Gallimard, 1992 [1989] (« Folio », n° 2282).

*Papa est parti, maman aussi*, Paris, Gallimard, 1988 [1986] (« Folio », n° 1914).

*Quand les petites filles s'appelaient Sarah*, Paris, Gallimard, 1989 [1987] (« Folio », n° 2039).

*Toujours vif et joyeux !*, Paris, Denoël, 2003.

*Tous les chats ne sont pas en peluche*, Paris, Gallimard, 1990 [1988] (« Folio », n° 2158).

FOROT, Charles

*Odeurs de forêt et fumets de table*, Paris, La Butte aux cailles, 1988, 4e éd.

FOSSAERT, Frédéric

*Touche pas à ma cible*, Paris, Gallimard, 1987 (« Série noire », n° 2115).

FOUCHET, Lorraine

*Château en Champagne*, Paris, J'ai lu, 1999 [1997] (« J'ai lu », n° 5211).

FRÉDRIC, Claire

*Mirror*, Paris, J'ai lu, 2000 [1998] (« J'ai lu », n° 5467).

FRÈRES ENNEMIS (LES)

*L'Idée fixe d'Adhémar Félé du Peyronnet*, Paris, Julliard, 1972 (« Idée fixe »).

GABORIAU, Patrick

*Clochard*, Paris, Julliard, 1993.

GAIGNEBET, Claude

*Le Folklore obscène des enfants*, Paris, Maisonneuve et Larose, 2e éd., 1980.

GARCETTE, Pierre

*Guère épais*, Paris, Baleine, 2001 (« Le Poulpe », n° 217).

GARCIN, Jérôme (dir.)
*Nouvelles Mythologies*, Paris, Éd. du Seuil, 2007.
GAUCKLER, Philippe et HOUSSIN, Joël
*Franck le menteur*, Paris, Albin Michel, 1989 [1988].
GAVALDA, Anna
*La Consolante*, Paris, Le Dilettante, 2008.
*Ensemble, c'est tout*, Paris, Éd. J'ai lu, 2005 [2004] (« J'ai lu », n° 7834).
*Je voudrais que quelqu'un m'attende quelque part*, Paris, Éd. J'ai lu, 2001 [1999] (« J'ai lu », n° 5933).
GÉANT VERT INC
*Casse-bonbons*, Paris, Ledrappier, 1987.
GEORGIUS
*À toi de donner*, Paris, Gallimard, 1959 (« Série noire », n° 481).
*Du bromure pour les gayes*, Paris, Gallimard, 1962 (« Série noire », n° 727).
GERBER, Alain
*Le Faubourg des Coups-de-Trique*, Paris, LGF, 1982 [1979] (« Le Livre de poche », n° 5628).
GIBEAU, Yves
*Les Gros Sous*, Paris, Calmann-Lévy, 1953.
*Mourir idiot*, Paris, Calmann-Lévy, 1988.
GILLOT-PÉTRÉ, Alain
*Ma gueule d'atmosphère*, Paris, Éd. du Seuil, 1987 (« Points V », n° 56).
GINOUX, Gérard
*Gens de la campagne au Mas des Pialons*, Barbentane, Éd. Équinoxe, 1997.
GIRAUD, Robert
*La Coupure*, Paris, Denoël, 1966.
GIUDICELLI, Christian
*Station balnéaire*, Paris, Gallimard, 1986.
GOSCINNY [René] et SEMPÉ [Jean-Jacques]
*Histoires inédites du Petit Nicolas*, t. 2, s.l., IMAV éditions, 2006 [av. 1965] [textes non datés, parus entre 1959 et 1965 dans *Sud Ouest dimanche* et *Pilote*].
GOSSE, Olivier
*Tralala…*, Illkirch, Le Verger, 2004.
GOTLIB
*J'existe. Je me suis rencontré*, Paris, J'ai lu, 1994 [1993] (« J'ai lu », n° 3719).
GOURIO, Jean-Marie
*Brèves de comptoir 4*, Paris, J'ai lu, 1996 [1995] (« J'ai lu », n° 4291).
GRANCHER, Marcel-Étienne
*L'Auberge de Peyaboire*, Paris, Rabelais, 1966 [1960].
*Pas de bégonias pour Madame Dugommier*, Lyon, E. Vinay, 1950 (« Champs fleuris »).
*Le Vampire bien-aimé*, Paris, Rabelais, 1950.
GRISON, Pierre
*Des mets et des mots lyonnais à l'usage des étrangers qui sont pas d'ici*, [Lyon], Éd. Xavier Lejeune, 1999.
GRUMBERG, Jean-Claude
*La nuit tous les chats sont gris*, Paris, Calmann-Lévy, 1987.
GUÉGAN, Gérard
*Sur le sentier de la guerre*, Paris, Éd. de l'Olivier, 1993.
GUÉRIN, Raymond
*L'Apprenti*, Paris, Gallimard, 1946.
*La main passe*, Charlieu, La Bartavelle, 1996 [1947].

GUERNEC, Julien
*Les Propos de Coco-Bel-Œil*, Paris, Éd. Jean Froissart, 1947.
LES GUIGNOLS DE L'INFO
*L'Agenda secret de Jacques Chirac*, Paris, Canal+ Éditions, 1994 (« Le Livre de poche », n° 13591).
GUILBAUD, Valentin
*Une enfance vendéenne*, Les Sables-d'Olonne, Éd. Henri Pinson, 1991.
GUILLAUME, Marie-Ange
*L'Odeur de l'homme*, Paris, Pocket, 2006 [2005] (« Pocket », n° 12941).
GUIROUS, Dominique et GALAN, Nathalie
*Si la Cococour m'était contée*, Paris, J'ai lu, 1987 (« J'ai lu », n° 2296).
HANS, Marie-Françoise
*Du côté de la vie*, Paris, Grasset, 1990.
HANSKA, Evane
*Les Amants foudroyés*, Paris, Mazarine, 1984.
*Le Bal des dégoûtantes*, Paris, Baleine, 1997 (« Le Poulpe », n° 74).
*Barbe à papa*, Paris, Mercure de France, 1987.
*Fascination*, Paris, Mercure de France, 1986.
*La Femme coupée en deux*, Paris, Balland, 1983.
*J'arrête pas de t'aimer*, Paris, Balland, 1981.
*La Mauvaise Graine*, Paris, O. Orban, 1978.
*La Raison du plus mort*, Paris, Flammarion, 1999.
HARDELLET, André
« Le Seuil du jardin », dans *Œuvre*, t. 1, Paris, Gallimard, 1990 [1966].
HENRY, Franck
*Natchave !*, Paris, LGF, 2006 [2004] (« Le Livre de poche », n° 30605).
HERGÉ
*Les Aventures de Tintin : L'Oreille cassée*, Tournai, Casterman, 1947 [1943].
HERMANN, Philippe
*Technicien chair*, Paris, Belfond, 1998.
HEYER, René
*Abécédaire pour une enfance sundgauvienne*, Strasbourg, bf éditions, 2001.
HOLDER, Éric
*Nouvelles du Nord et d'ailleurs*, Paris, Le Dilettante, 1998.
HOUSSIN, Joël
*Bille en tête*, Paris, Fleuve noir, 1984 (« Le Dobermann », n° 16).
*Bras de fer*, Paris, Fleuve noir, 1985 (« Le Dobermann », n° 19).
*Les Crocs du Dobermann*, Paris, Fleuve noir, 1981 (« Spécial-Police », n° 1630).
*Le Dobermann et le Phénix*, Paris, Fleuve noir, 1981 (« Spécial-Police », n° 1643).
*Le Dobermann et les balourds*, Paris, Fleuve noir, 1982 (« Spécial-Police », n° 1757).
*Envoyez la purée !*, Paris, Fleuve noir, 1983 (« Spécial-Police », n° 1802).
*Mongol*, Paris, Denoël, 1990 (« Sueurs froides »).
*Plus noir qu'un Dobermann*, Paris, Fleuve noir, 1981 (« Spécial-Police », n° 1684).
IZZO, Jean-Claude
*Chourmo*, Paris, Gallimard, 1996 (« Série noire », n° 2422).
*Total Khéops*, Paris, Gallimard, 1995 (« Série noire », n° 2370).
JAOUEN, Hervé
*L'Allumeuse d'étoiles*, Paris, Gallimard, 1997 [1996] (« Folio », n° 3029).
JAPRISOT, Sébastien
*La Passion des femmes*, Paris, Denoël, 1986.

JAULIN, Yannick (voir *Yannick Jaulin*)
JOLY, François
*L'Homme au mégot*, Paris, Gallimard, 1990 (« Série noire », n° 2247).
JONQUET, Thierry
*Le Manoir des immortelles*, Paris, Gallimard, 1986 (« Série noire », n° 2066).
JOUET, Jacques
*Des ans et des ânes*, Paris, Ramsay, 1983 (« Mots »).
JOUHANDEAU, Marcel
*Le Langage de la tribu*, Paris, Gallimard, 1955.
JOURDE, Pierre
*La Littérature sans estomac*, Paris, Pocket, 2003 [2002] (« Agora », n° 260).
KESSELRING, Rolf
*Putain d'amour*, Lausanne/Paris, P.-M. Favre, 1986.
KLOTZ, Claude (voir aussi Patrick CAUVIN)
*Je ne veux plus aller à l'école*, Paris, Balland, 1987.
KRISTY, Éric
*Circulez !*, Paris, Gallimard, 1987 (« Série noire », n° 2107).
KRUG, Cécile
*Demain matin si tout va bien*, Paris, J'ai lu, 2006 [2004] (« J'ai lu », n° 7995).
KUPERMAN, Nathalie
*J'ai renvoyé Marta*, Paris, Gallimard, 2007 [2005] (« Folio », n° 4529).
LABORDE, Christian
*L'Os de Dionysos*, Toulouse, Eché, 1987.
LABRO, Philippe
*Manuella*, Paris, Gallimard, 2005 [1999] (« Folio », n° 3459).
LA CANNE, René
*Tu peux pas savoir…*, Paris, Londreys, 1989 [1988] (« Presses Pocket », n° 3295).
LACLAVETINE, Jean-Marie
*Le Rouge et le Blanc. Nouvelles*, Paris, Gallimard, 1994.
LAFONT, Bernadette
*Le Roman de ma vie*, Paris, Flammarion, 1997.
LAGEAT, Robert
*Des Halles au Balajo*, Paris, Éd. de Paris, 1993.
*Robert des Halles*, Paris, J.-C. Lattès, 1980.
LAHAYE, Jean-Luc
*Cent familles*, Paris, Carrère/M. Lafon, 1985.
LALANNE, Denis
*Le Temps des Boni*, Paris, La Table ronde, 2002 [2000] (« La Petite Vermillon », n° 161).
LANZMANN, Jacques
*L'Âge d'amour*, Paris, LGF, 1987 [1979, sous le pseudonyme Michael Sanders] (« Le Livre de poche », n° 6375).
*Le Jacquiot*, Paris, J.-C. Lattès, 1986.
*Le Rat d'Amérique*, Paris, Gallimard, 1973 [1955] (« Folio », n° 327).
*Rue des Mamours*, Paris, LGF, 1982 [1981] (« Le Livre de poche », n° 5587).
*Le Têtard*, Paris, LGF, 1988 [1976] (« Le Livre de poche », n° 5109).
LAPEYRE, Patrick
*Welcome to Paris*, Paris, P.O.L., 1994.
LASAYGUES, Frédéric
*Bruit blanc*, Paris, B. Barrault, 1987.
*Le Chien de Goya*, Paris, B. Barrault, 1991.
*Vache noire, hannetons et autres insectes*, Paris, B. Barrault, 1985.

LE BRETON, Auguste
*Bontemps et les Holdopeuses*, Paris, Presses de la Cité, 1984 (« Brigade anti-gangs », n° 11).
*2 sous d'amour*, Paris, Vertiges du Nord/Carrère, 1986.
LEBRUN, Michel
*Loubard et Pécuchet*, Paris, Gallimard, 1996 [1982] (« Série noire », n° 2415).
LECOUVREUR, Gabriel
*Parkinson le glas*, Paris, Baleine, 2002 (« Le Poulpe », n° 234).
LE GOFF, Jacques et NORA, Pierre (dir.)
*Faire de l'histoire*, 3 vol., Paris, Gallimard, 1974.
LÉON, Pierre
*Comme la peste*, Paris, Gallimard, 1992 (« Série noire », n° 2302).
LE PETIT OLIVIER
*Farine et châtiment*, Paris, Baleine, 2002 (« Le Poulpe », n° 243).
L'HÔTE, Jean
*Confessions d'un enfant de chœur*, Paris, J'ai lu, 1990 [1965] (« J'ai lu », n° 260).
LION, Julius A.
*Les corbillards reviennent à vide*, Paris, Gallimard, 1989 (« Série noire », n° 2208).
*N° 5 paysage*, Paris, Gallimard, 1988 (« Série noire », n° 2155).
*Poulets et perroquets*, Paris, Gallimard, 1986 (« Série noire », n° 2059).
*Les Truands du Temple*, Paris, Gallimard, 1987 (« Série noire », n° 2094).
LOEB, Caroline
*Bon chic chroniques*, Paris, Éd. du Seuil, 1993 (« Point V », n° 129).
LOUBIÈRE, Sophie
*La Petite Fille aux oubliettes*, Paris, Baleine, 2000 (« Le Poulpe », n° 178).
LOUPIEN, Serge
*Sexties*, Paris, Grasset, 1993.
LUNEL, Margaux
*Les anges dansent et les anges meurent*, Paris, Presses de la Renaissance, 1990.
MAGNAN, Pierre
*La Maison assassinée*, Paris, Gallimard, 1985 [1984] (« Folio », n° 1659).
MALET, Léo
« 120, rue de la Gare », dans *Les Enquêtes de Nestor Burma et les Nouveaux Mystères de Paris*, *Œuvres*, t. 1, Paris, R. Laffont, 1991 [1943] (« Bouquins »).
« Fièvre au Marais », dans *Les Enquêtes de Nestor Burma et les Nouveaux Mystères de Par*, *Œuvres*, t. 1, Paris, R. Laffont, 1991 [1955 sous le titre *L'Ours et la Culotte*] (« Bouquins »).
« Micmac moche au Boul' Mich' », dans *Les Enquêtes de Nestor Burma et les Nouveaux Mystères de Par*, *Œuvre*, t. 2, Paris, R. Laffont, 1991 [1957] (« Bouquins »).
« Nestor Burma court la poupée », dans *Dernières enquêtes de Nestor Burma*, *Œuvres*, t. 3, Paris, R. Laffont, 1989 [1971] (« Bouquins »).
« Nestor Burma en direct », dans *Dernières enquêtes de Nestor Burma*, *Œuvres*, t. 3, Paris, R. Laffont, 1989 [1962] (« Bouquins »).
« Pas de bavards à La Muette », dans *Les Enquêtes de Nestor Burma et les Nouveaux Mystères de Paris*, *Œuvres*, t. 2, Paris, R. Laffont, 1991 [1956] (« Bouquins »).
MANŒUVRE, Philippe
*L'Enfant du rock*, Paris, LGF, 1986 [1985] (« Le Livre de poche », n° 6243).
MARIE & JOSEPH (Corinne BOUCHARD et Pierre MEZINSKI, dits)
*La Grande Arpente des champs d'en bas*, Paris, Gallimard, 1985 (« Série noire », n° 2025).
*Jazz Belle*, Paris, Gallimard, 1987 (« Série noire », n° 2101).

*Si t'as peur, jappe*, Paris, Gallimard, 1984 (« Série noire », n° 1980).
*Venez voir les cadavres, Mesdames*, Paris, Gallimard, 1991 (« Série noire », n° 2276).

MARIN, Maud
*Le Saut de l'ange*, Paris, J'ai lu, 1990 [1987] (« J'ai lu », n° 2443).
*Tristes plaisirs*, Paris, J'ai lu, 1990 [1989] (« J'ai lu », n° 2884).

MARINE
*Crâne pas, t'es chauve !*, Paris, Julliard, 1991.

MARIOLLE, Jacques
*Les Louchetracs*, Paris, Gallimard, 1969 (« Série noire », n° 1255).

MATZNEFF, Gabriel
*Voici venir le Fiancé*, Paris, La Table Ronde, 2006.

MAUGARNY, Albert
*La Banlieue sud de Paris. Histoire et onomastique, langage, folklore, glossaire*, Le Puy-en-Velay, impr. « La Haute-Loire », 1936.

MAZETTI, Katarina
*Entre Dieu et moi, c'est fini*, trad. du suédois par M. Stadler et L. Clauss, Larbey, Gaïa Éditions, 2007.

MAZOYER, Maurice
*Les Aventures du Toine Goubard*, Cronat, Éd. de la Croix de pierre, 1982.

MERLE, Pierre
*Le Déchiros*, Paris, Éd. du Seuil, 1991 (« Points V », n° 104).
*Précis de français précieux au XXI^e siècle*, Tournai, La Renaissance du Livre, 2002.

MERLE, René
*Treize reste raide*, Paris, Gallimard, 1997 (« Série noire », n° 2471).

MEYER, Philippe
*Dans le huis clos des salles de bains*, Paris, Éd. du Seuil, 1993 (« Points A », n° 131).
*Heureux Habitants de l'Aveyron et des départements voisins*, Paris, Éd. du Seuil, 1990 (« Points A », n° 94).
*Nous vivons une époque moderne*, Paris, Éd. du Seuil, 1991 (« Points A », n° 109).

MILLER, Claude
« Garde à vue », film de Claude Miller, scénario de Claude Miller et Jean Herman, dialogues de Michel Audiard, d'après le roman de John Wainwright, *Brainwash*, paru en français sous le titre *À table*, dans *L'Avant-scène cinéma*, n° 288, mai 1982 [sortie publique : septembre 1981].
« La Meilleure Façon de marcher », film de Claude Miller, scénario et dialogues de Luc Béraud et Claude Miller, dans *L'Avant-scène cinéma*, n° 168, avril 1976.

MOINOT, Pierre
*Le matin vient et aussi la nuit*, Paris, Gallimard, 1999.

MOLIN, Yan
*L'Évincé au fond du pouvoir*, Paris, Baleine, 1999 (« Le Poulpe », n° 170).

MONTANA, Cyril
*Carla on my mind*, Paris, Le Dilettante, 2005.
*Malabar trip*, Paris, Le Dilettante, 2003.

MONTREYNAUD, Florence
*Appeler une chatte… Mots et plaisirs du sexe*, Paris, Payot et Rivages, 2005 [2004] (« Petite Bibliothèque Payot », n° 550).

MORDILLAT, Gérard
*Comment calmer M. Bracke*, Paris, Calmann-Lévy, 2003.
*Rue des Rigoles*, Paris, Calmann-Lévy, 2002.
*Scandale et folies. Neuf récits du monde où nous sommes*, Paris, Éd. Points, 2007 (« Points », n° 1849).

*Les Vivants et les Morts*, Paris, LGF, 2006 [2004] (« Le Livre de poche », n° 30497).
*Vive la Sociale !*, Paris, Éd. du Seuil, 1987 [1981] (« Points V », n° 55).
MORGIÈVRE, Richard
*Un petit homme de dos*, Paris, Gallimard, 2006 [1988] (« Arcanes »).
NAULLEAU, Éric
*Petit déjeuner chez Tyrannie*, Paris, LGF, 2004 [2003] (« Le Livre de poche », n° 30164).
NÉRON, Claude
*La Grande Marrade*, Paris, Grasset, 1965.
NICOLAS, Christian
*Dehors et pas d'histoires*, Paris, Le Serpent à plumes, 1998.
NIMIER, Roger
*Le Hussard bleu*, Paris, Gallimard, 1977 [1950] (« Folio », n° 986).
NOGUEZ, Dominique
*Vingt choses qui nous rendent la vie infernale*, Paris, Payot et Rivages, 2005 (« Manuels Payot »).
NOLENT, Alexis
*Résidence surveillée*, Paris, Denoël, 1993.
NONNENMACHER, Pierre
*Le Diable dans les côtes*, Strasbourg, Hirlé, 2003.
NOUVEL, Alain
*Le français parlé en Occitanie*, Montpellier, Editas, 1978.
NOZIÈRE, Jean-Pierre
*Je vais tuer mon papa*, Paris, Payot et Rivages, 2007 (« Rivages/Noir », n° 660).
OPPEL [Jean-Hugues]
*Ambernave*, Paris, Payot et Rivages, 1995 (« Noir », n° 204).
*Barjot !*, Paris, Gallimard, 1988 (« Série noire », n° 2119).
*Brocéliande sur Marne*, Paris, Rivages, 1994 (« Noir », n° 183).
*Chaton : trilogie*, Paris, Payot et Rivages, 2006 [2002] (« Rivages/Noir », n° 418).
*La Déposition du tireur caché*, [Paris], Éd. La Branche, 2006 (« Suite noire », n° 8).
OPPEL [Jean-Hugues] et DORISON
*Canine et Gunn*, Paris, Gallimard, 1983 (« Série noire », n° 1940).
ORIANO, Janine
*B comme Baptiste*, Paris, Gallimard, 1981 [1971] (« Carré noir », n° 385).
OURS, Nathalie
*Haute saison – quinzaine uniquement*, s.l., Éd. du Rocher/Le Serpent à plumes, 2005.
PAGAN, Hugues
*L'Eau du bocal*, Paris, Rivages, 1998 [1983] (« Noir », n° 295).
*Les Eaux mortes*, Paris, Rivages, 1986 (« Noir », n° 17).
*Je suis un soir d'été*, Paris, Rivages, 2003 [1983] (« Noir », n° 453).
*La Mort dans une voiture solitaire*, Paris, Rivages, 1992 (« Noir », n° 133).
*Tarif de groupe*, Paris, Rivages, 1993 (« Thriller »).
PAGE, Alain
*Je suis rien*, Paris, Le Cherche Midi, 2003.
*Tchao pantin*, Paris, Denoël, 1982 (« Sueurs froides »).
PAOLI, Paul
*Bal à Bâle*, Paris, Gallimard, 1962 (« Série noire », n° 697).
PARAZ, Albert
*Schproum à Casa*, Givors, A. Martel, 1956.
PARONUZZI, Fred
*10 ans 3/4*, Paris, Le Dilettante, 2003.

PAULIN DU BESSET, Jean-Claude
*Le Parfait Manuel du petit frimeur*, Paris, L'Instant, 1985.
PELLERIN, Pascal
*Tout va bien*, Paris, Le Serpent à plumes, 2001.
PELLETIER, Chantal
*Le Chant du bouc*, Paris, Gallimard, 2002 [2000] (« Folio policier », n° 262).
*Lavande tuera*, Paris, Baleine, 1997 (« Le Poulpe », n° 41).
*Tirez sur le caviste*, [Paris], Éd. La Branche, 2007 (« Suite noire », n° 11).
PELOT, Pierre
*L'Été en pente douce*, Paris, Fleuve noir, 1987 [1981] (« Engrenage », n° 35).
*Méchamment dimanche*, s.l., Éd. Héloïse d'Ormesson, 2005.
PENNAC, Daniel
*Au bonheur des ogres*, Paris, Gallimard, 1992 [1985] (« Folio », n° 1972).
*Aux fruits de la passion*, Paris, Gallimard, 2000 [1999] (« Folio », n° 3434).
*La Petite Marchande de prose*, Paris, Gallimard, 1992 [1989] (« Folio », n° 2342).
PERRET, Pierre
*Chansons de toute une vie*, Paris, Plon, 1993 [textes de 1957 à 1992] (« L'Intégrale »).
PICHARD, Georges et WOLINSKI, Georges
*Paulette*, 2 vol., Paris, Éd. du Square, 1978.
PICOULY, Daniel
*Le Champ de personne*, Paris, Flammarion, 1995.
PIDOLLE, Lydie
*L'Alsamanach 1999*, Strasbourg, DNA, 1998.
PONTI, Claude
*Les Pieds-bleus*, Paris, Éd. de l'Olivier, 1995.
PORCHER, Louis
*Récits d'une enfance vendéenne*, Paris, L'Harmattan, 2000.
POUY, Jean-Bernard
*La Belle de Fontenay*, Paris, Gallimard, 1992 (« Série noire », n° 2290).
*La Clef des mensonges*, Paris, Gallimard, 1988 (« Série noire », n° 2161).
*Larchmütz 5632*, Paris, Gallimard, 1999 (« Série noire », n° 2532).
*Nous avons brûlé une sainte*, Paris, Gallimard, 1988 [1984] (« Série noire », n° 1968).
*Palmiers et crocodiles*, Saint-Bresson, Clô, 1994 (« Les Balèzes »).
*Le Petit Bluff de l'alcootest*, [Paris], Éd. La Branche, 2006 (« Suite noire », n° 5).
*Suzanne et les Ringards*, Paris, Gallimard, 1985 (« Série noire », n° 2013).
PROUST, Marcel
*Du côté de chez Swann*, 2 vol., Paris, Gallimard, 1954 [1913].
PRUDON, Hervé
*Mardi-gris*, Paris, Gallimard, 1978 (« Série noire », n° 1724).
*Nadine Mouque*, Paris, Gallimard, 1995 (« Série noire », n° 2401).
*Plume de nègre*, Paris, Mazarine, 1987.
*La Sainte Journée*, s.l., Après la lune, 2006 (« La maîtresse en maillot de bain », n° 9).
QUEFFÉLEC, Henri
*Tempête sur Douarnenez*, Paris, Le Livre de poche, 1968 [1951] (« Le Livre de poche », n° 1618-1619).
QUEFFÉLEC, Yann
*Les Affamés*, Paris, LGF, 2007 [2004] (« Le Livre de poche », n° 30800).
*Disparue dans la nuit*, Paris, Grasset, 1994.
QUENEAU, Raymond
*Le Dimanche de la vie*, Paris, Gallimard, 1951.

QUENTIN, Florence et CHATILIEZ, Étienne
*La vie est un long fleuve tranquille*, Paris, Ramsay, 1988.
QUINT, Michel
*Le Bélier noir*, Paris, Rivages, 1997 [1994] (« Noir », n° 263).
*Corps de ballet*, [Tournai-Blandain, Belgique], Estuaire, 2006.
*L'Éternité sans faute*, Paris, Rivages, 2000 (« Noir », n° 359).
*Lundi perdu*, Paris, Éd. Joëlle Losfeld, 1997.
*L'Oiseau de kermesse*, 2000, dans Didier Daeninckx *et al.*, *Villes noires. Nouvelles*, Paris, Librio, 2005.
*Sur les trois heures après dîner*, Paris, Belem, 2004.
RABINIAUX, Roger
*La Bataille de Saumur*, Paris, Buchet-Chastel, 1971.
RAPHAËL, Maurice (Victor-Marie LE PAGE, dit ; voir aussi Ange BASTIANI)
*Ainsi soit-il*, suivi de *Claquemur*, Paris, La Musardine, 2004 [1950] (« Lectures amoureuses », n° 76).
*Le Festival*, Paris, Éd. du Scorpion, 1950.
RAVALEC, Vincent
*Cantique de la racaille*, Paris, Flammarion, 1994.
*Nouvelles du monde entier*, Paris, Éd. du Seuil, 2006 [2004] (« Points », n° 1581).
*Recel de bâtons*, Paris, Le Dilettante, 1995.
*Un pur moment de rock'n roll*, Paris, Le Dilettante, 1994.
*La Vie moderne*, Paris, Le Dilettante, 1996.
RAYNAUD, Fernand
*Heureux !*, Paris, Éd. de Provence/La Table ronde, 1975.
REBOUX, Jean-Jacques
*Au bonheur des poules*, s.l., Après la lune, 2006 (« La maîtresse en maillot de bain », n° 4).
*La Cerise sur le gâteux*, Paris, Baleine, 1996 (« Le Poulpe », n° 12).
RÉMOND, Alain
*Le cintre était sur la banquette arrière*, Paris, Éd. du Seuil, 2008 (recueil de chroniques parues dans *Marianne*, de 2003 à 2008).
*Les Images*, Paris, Éd. du Seuil, 1997.
*Les Mémoires de mon œil*, Paris, Éd. du Seuil, 1993.
RENAUD
*Mistral gagnant*, Paris, Éd. du Seuil, 1986 (« Points V », n° 41).
*Le Temps des noyaux*, suivi de *Mistral gagnant*, Paris, Éd. du Seuil, 1988 (« Points V », n° 64).
RHEIMS, Maurice
*Attila, laisse ta petite sœur tranquille*, Paris, Flammarion, 1985.
RIEU, François
*La Cavale du chômeur*, Paris, Messidor, 1987.
RISSER, Jacques
*Le Bada*, Paris, Gallimard, 1971 (« Série noire », n° 1411)
RIVOYRE, Christine de
*La Mandarine*, Paris, LGF, 1972 [1957] (« Le Livre de poche », n° 2130).
ROCHANT, Éric
*Un monde sans pitié*, Paris, Gallimard, 1990 (« Page blanche »).
ROCHEFORT, Christiane
*Les Petits Enfants du siècle*, Paris, Grasset, 1979 [1961].
*Le Repos du guerrier*, Paris, LGF, 1962 [1958] (« Le Livre de poche », n° 559).

RONDEAU, Daniel
*L'Âge-déraison*, Paris, Éd. du Seuil, 1982 (« Points V », n° 7).
ROUANET, Marie
*Dans la douce chair des villes*, Paris, Payot et Rivages, 2000.
*Je ne dois pas toucher les choses du jardin*, Paris, Corps 16, 1993.
ROUANET, Marie et JURQUET, Henri
*Apollonie*, Paris, Plon, 1984.
ROUCH, Sylvie
*Meufs mimosa*, Paris, Baleine, 1998 (« Le Poulpe », n° 120).
*Zoé s'en va-t-au ciel*, Paris, Baleine, 1997 (« Canaille/Revolver », n° 62).
ROUDÉ, Charlette
*Rue Paradis*, Paris, LGF, 1987 [1986] (« Le Livre de poche », n° 6399).
ROUQUETTE, Yves
*La Mallette*, Castelnau-le-Lez, Climats, 1994 (« Micro-Climats », n° 35).
ROZO, Thierry
*Comme des squales*, Paris, Belfond, 1993.
RUMNEY, Ralph
*Le Consul*, Paris, Allia, 1999.
RYCK, Francis
*Prière de se pencher au-dehors*, Paris, Gallimard, 1981 [1978] (« Carré noir », n° 398).
SABATIER, Robert
*Boulevard*, Paris, Albin Michel, 1956.
*David et Olivier*, Paris, Albin Michel, 1985.
*Les Fillettes chantantes*, Paris, Albin Michel, 1980.
*Les Noisettes sauvages*, Paris, Albin Michel, 1983 [1974].
*La Souris verte*, Paris, Albin Michel, 1990.
*Trois sucettes à la menthe*, Paris, Albin Michel, 1983 [1972].
SAINT-ANDRÉ, Alix de
*L'Ange et le Réservoir de liquide à freins*, Paris, Gallimard, 1994 (« Série noire », n° 2342).
*Il n'y a pas de grandes personnes*, Paris, Gallimard, 2007.
*Ma Nanie*, Paris, Gallimard, 2005 [2003] (« Folio », n° 4217).
SAN-ANTONIO (Frédéric DARD, dit)
*Après vous s'il en reste, Monsieur le Président*, Paris, Fleuve noir, 1986 (« San-Antonio », n° 124).
*Bons baisers où tu sais*, Paris, Fleuve noir, 1987 (« San-Antonio », n° 130).
*Le Casse de l'oncle Tom*, Paris, Fleuve noir, 1987 (« San-Antonio », n° 129).
*Chauds, les lapins !*, Paris, Fleuve noir, 1986 (« San-Antonio », n° 125).
*Les cochons sont lâchés*, Paris, Fleuve noir, 1991 (« San-Antonio », n° 148).
*Descendez-le à la prochaine*, Paris, Fleuve noir, 1975 [1953] (« S. A. », n° 50).
*Deuil express*, Paris, Fleuve noir, 1992 [1954] (« San-Antonio », n° 53).
*La Fête des paires*, Paris, Fleuve noir, 1986 (« San-Antonio », n° 128).
*Galantine de volaille pour dames frivoles*, Paris, Fleuve noir, 1987 (« San-Antonio », n° 133).
*Grimpe-la en danseuse*, Paris : Fleuve Noir , 2004 [1997] (« San-Antonio », n° 169).
*Les huîtres me font bâiller*, Paris, Fleuve noir, 1995 (« San-Antonio », n° 162).
*Le Loup habillé en grand-mère*, Paris, Fleuve noir, 1973 [1962] (« S. A. », n° 12).
*Les morues se dessalent*, Paris, Fleuve noir, 1988 (« San-Antonio », n° 134).
*Passez-moi la Joconde*, Paris, Fleuve noir, 1982 [1954] (« San-Antonio », n° 2).
*Plein les moustaches*, Paris, Fleuve noir, 1985 (« San-Antonio », n° 123).
*Remouille-moi la compresse*, Paris, Fleuve noir, 1983 (« San-Antonio », n° 114).

*Renifle, c'est de la vraie*, Paris, Fleuve noir, 1988 (« San-Antonio », n° 137).
*Un os dans la noce*, Paris, Fleuve noir, 2003 [1974] (« San-Antonio », n° 82).
*La vieille qui marchait dans la mer*, Paris, Presses Pocket, 1991 [1988] (« Presses Pocket », n° 3357).

SAPHO
*Ils préféraient la lune*, Paris, Ramsay, 1986.

SARRAUTE, Claude
*Allo Lolotte, c'est Coco*, Paris, Flammarion, 1987.
*Dites-donc !*, Paris, J.-C. Lattès, 1985 [recueil de chroniques parues dans le journal *Le Monde*].
*Maman coq*, Paris, Flammarion, 1989.

SARRAZIN, Albertine
*La Cavale*, Paris, J.-J. Pauvert, 1965.

SCHIFRES, Alain
*La Chute des corps*, Paris, Gallimard, 2003.
*Dictionnaire amoureux des menus plaisirs*, Paris, Plon, 2005.
*Inventaire curieux des choses de la France*, Paris, Plon, 2008.
*Les Yeux ronds*, Paris, R. Laffont/J.-J. Pauvert, 1988.

SCHNECK, Jean-Paul
*Les Contes d'un médecin généraliste ordinaire*, Paris, L'Harmattan, 2002.

SCOTTO, Serge
*Saucisse président*, Paris, Éd. Jigal, 2007.

SEGUIN, Fanny
*L'Arme à gauche*, Paris, Julliard, 1990.

SERGENT, Marianne
*Normal*, Levallois-Perret, Manya, 1991.

SERREAU, Coline
« 3 hommes et un couffin », réalisation, scénario et dialogues de Coline Serreau, dans *L'Avant-scène cinéma*, n° 356, janvier 1987 [sortie publique : septembre 1985].

SIMON, Louis
*Les Ripoux : 1. L'Embrouille*, Paris, Presses de la Cité, 1985.

SIMONIN, Albert
*Confessions d'un enfant de La Chapelle*, Paris, Gallimard, 1984 [1977] (« Folio », n° 1581).
*Hotu soit qui mal y pense*, Paris, Gallimard, 1973 [1971] (« Carré noir », n° 138).

SINIAC, Pierre
*Deux pourris dans l'île*, Paris, Gallimard, 1971 (« Série noire », n° 1397).
*Luj Inferman' ou Macadam Clodo*, Paris, NéO, 1982.
*Pas d'ortolans pour La Cloducque*, Paris, Gallimard, 1982 [1979] (« Carré noir », n° 422).
*Le Tourbillon*, Paris, J.-C. Lattès, 1976.
*Viande froide*, Paris, NéO, 1985.

SPAERS, Paul
*Pour la bonne bouche*, Paris, Gallimard, 1959 (« Série noire », n° 502).

STIL, André
*Beau comme un homme*, Paris, Gallimard, 1977 [1968] (« Folio », n° 984).

SYLVAIN, Dominique
*Mon Brooklyn de quatre sous*, s.l., Après la lune, 2006 (« La maîtresse en maillot de bain », n° 3).

TARAVO, Joël
*Les Derniers Joyeux*, Paris, La Jeune Parque, 1968.

TAVERDET, Gérard
*Le Parler bourguignon. Mots et expressions du terroir*, Paris, Rivages, 2005.
TAVERNIER, Bertrand
« L'Horloger de Saint-Paul », film de Bertrand Tavernier, scénario et dialogues de Jean Aurenche, Pierre Bost et Bertrand Tavernier, d'après le roman de Georges Simenon, *L'Horloger d'Everton*, dans *L'Avant-scène cinéma*, n° 147, mai 1974.
TENAILLE, Frank
*Le Roman de Coluche*, Paris, Seghers, 1986.
TERREL, Alexandre (Alexis LECAYE, dit)
*Le Croque-mort et sa Veuve*, Paris, Librairie des Champs-Élysées, 1987 (« Le Masque », n° 1867).
THÉRAME, Victoria
*Sperm river*, Vallauris, Atout éditions, 2002.
THIÉBAUT, Olivier
*Les Pieds de la dame aux clebs*, Paris, Baleine, 1996 (« Le Poulpe », n° 15).
THOMAZEAU, François
*Qui a noyé l'homme-grenouille ?*, Ajaccio, Méditorial, 1999 [1997] (« Misteri », n° 10).
TILLY
*Minuit chrétien*, Arles, [Paris], Actes Sud-Papiers, 1999.
TOPIN, Tito
*55 de fièvre*, Paris, Gallimard, 1984 [1983] (« Série noire », n° 1905).
*14° nocturne*, Paris, Gallimard, 1983 (« Série noire », n° 1920).
*Sur un air de Navarro*, Paris, Éd. La Branche, 2006 (« Suite noire », n° 7).
*Un gros besoin d'amour*, Paris, Grasset, 1988.
TOURNAIRE, Hélène
*Jules empaillé*, Paris, LGF, 1977 [1975] (« Le Livre de poche », n° 5025).
TRIGNOL, Fernand
*Pantruche ou les mémoires d'un truand*, Paris, Fournier, 1946.
TUTAJ, Jan
*Artisan pilote*, Île de Bréhat, Ankidoo, 2004.
VAN DE PUTTE, Christiane
*Les filles c'est vraiment des pauvres types*, Paris, Flammarion, 2001.
VARÉLA, José
*Spécial purée*, Paris, Éd. Jean Goujon, 1979 (« Engrenage », n° 8).
VARGAS, Fred
*Pars vite et reviens tard*, Paris, J'ai lu, 2004 [2001] (« J'ai lu », n° 7461).
VAROUX, Jean-Alex
*Globule à l'heure Hasch*, Paris, Gallimard, 1975 (« Série noire », n° 1698).
*Tête à claques*, Paris : Fleuve noir, 1982 [1979] (« Engrenage », n° 39).
VAUTRIN, Jean
*Billy-Ze-Kick*, Paris, Gallimard, 1980 [1974].
*Canicule*, Paris, LGF, 1983 [1982] (« Le Livre de poche », n° 5839).
VERGNE, Anne
*L'Innocence du boucher*, Paris, J.-C. Lattès, 1984.
*La Somnambule*, Paris, J.-C. Lattès, 1977.
VERS, André
*C'était quand hier ?*, Paris, R. Deforges, 1990.
VIALATTE, Alexandre (1901-1971)
*Badonce et les Créatures*, Paris, Julliard, 1982 [1937].

*Éloge du homard et autres insectes utiles*, Paris, Julliard, 1987 [chroniques choisies et présentées par Fanny Besson, parues dans *La Montagne* et *Spectacle du monde*, de 1953 à 1971].
*La Porte de Bath-Rabbim*, Paris, Julliard, 1986 [choix de textes antérieurs à 1971 présentés par Fanny Besson].
VIAN, Boris (1920-1959)
*Chansons*, nouvelle éd. rev., corr. et augm., Paris, C. Bourgeois, 1994.
*La Vie, tu parles : 160 lettres du courrier des lecteurs de Libération*, Paris, Éd. du Seuil, 1984 [1983] (« Points A », n° 60).
VIARD et ZACHARIAS
*Le Roi des Mirmidous*, Paris, Gallimard, 1966 (« Série noire », n° 1018).
VIÉNET, René
*Enragés et situationnistes dans le mouvement des occupations*, Paris, Gallimard, 1968.
VIGLA, Jean-Louis
*Crime pur-sang à Alençon*, Condé-sur-Noireau, C. Corblet, 1999.
VILLARD, Marc
*Compagnons des forêts*, s.l., Après la lune, 2006 (« La maîtresse en maillot de bain », n° 10)
*Démons ordinaires*, Paris, Rivages, 1992 (« Noir », n° 130).
*Du béton dans la tête*, Paris, NéO, 1990 (« NéO-Policier », n° 5).
*Entrée du diable à Barbèsville*, Paris, Payot et Rivages, 2008 (« Rivages/Noir », n° 669).
*La Porte de derrière*, Paris, Gallimard, 1993 (« Série noire », n° 2316).
*Rouge est ma couleur*, Paris, Payot et Rivages, 1996 (« Noir », n° 239).
*13 cow-boys dramatiques*, Paris, NéO, 1987.
VILLARD, Marc et POUY, Jean-Bernard
*Tohu-bohu*, Paris, Payot et Rivages, 2008 (« Noir », n° 673).
VILLEMOT, Jean-Marie
*Abel Brigand*, Paris, Rivages, 2002 (« Mystère », n° 45).
*Ce monstre aux yeux verts*, Rivages, 2004 (« Noir », n° 499).
*Les Petits Hommes d'Abidjan*, Paris, Payot et Rivages, 2006 (« Rivages/Noir », n° 623).
*« 22 lycéens ». Lettres à Jean-Marcel Bouguereau*, Paris, B. Barrault, 1987.
WECKMANN, André
*La Roue du paon*, Strasbourg, bf, 1988.
WEYERGANS, François
*Franz et François*, 1999 [1997], (« Le Livre de poche », n° 14604)
*Yannick Jaulin raconte Pougne-Hérisson*, Paris, Paradox, 2004 (« Conteur en scène », n° 6).
Y. B.
*Allah superstar*, Paris, Grasset, 2003.

## III. Journaux, périodiques et agences de presse

Certains titres sont cités d'après les bases de données FACTIVA et LEXISNEXIS ou à partir d'archives disponibles sur la Toile.

*AFP Général*
*Agence France Presse*
*Arte magazine*
*Associated Press*
*Aujourd'hui en France*
*L'Avant-scène cinéma*
*L'Avant-scène théâtre*
*Best*

*Le Canard enchaîné*
*Centre Presse*
*Challenges*
*La Charente libre*
*Charlie Hebdo*
*Chroniques de la Bibliothèque nationale de France*
*Courrier international*
*La Croix*
*Dernières Nouvelles d'Alsace*
*Les Echos*
*L'Entreprise*
*L'Équipe*
*L'Est républicain*
*L'Événement du jeudi*
*L'Expansion*
*L'Express*
*Le Figaro*
*Le Figaro littéraire*
*Le Figaro Magazine*
*Le français aujourd'hui*
*France-Soir*
*Gael*
*Hebdo micro*
*La Hulotte*
*L'Humanité*
*L'Humanité dimanche*
*L'Indépendant*
*Les Inrockuptibles*
*Investir*
*Investir Hebdo*
*Le Journal du dimanche*
*Journal du parc naturel régional Livradois Forez*
*Journal gratuit du théâtre de Cavaillon*
*Libération*
*Lire*
*Lyon capitale*
*Magazine littéraire*
*La Marseillaise*
*Métal hurlant*
*Midi libre*
*Mieux vivre votre argent*
*Le Monde*
*Le Monde 2*
*Le Monde diplomatique*
*Le Monde libertaire*
*Neophilologus*
*News Press*
*Le Nouvel Économiste*
*Le Nouvel Observateur*
*La Nouvelle République*
*Ouest France*
*Le Parisien*
*Paris Match*
*Paris-Normandie*
*Le Petit Bulletin*
*Playboy France*
*Le Point*
*Politis*
*Potlatch*
*Le Progrès*
*...491*
*Reuters*
*Revue de l'automobile*
*La Revue du traducteur*
*Stratégies*
*Sud Ouest*
*Le Télégramme*
*Télérama*
*Le Temps*
*La Tribune*
*La Tribune de Genève*
*Valeurs actuelles*
*La Vie financière*
*20 Ans*
*20 Minutes*
*24 Heures*
*VSD*
*01 Informatique*

## IV. Bases de données, cédéroms

DDL
*Datations et documents lexicographiques (Matériaux pour l'histoire du vocabulaire français)*, rassemblés et publiés à partir de 1970, sous la direction de Bernard Quemada, puis de Pierre Rézeau ; le contenu des 48 volumes de la série constitue la Base historique du vocabulaire français (Nancy, ATILF).

CLAPI
*Corpus de langue parlée en interaction*. Base outillée de documents enregistrés en situation réelle, consultable à l'adresse <http://clapi.univ-lyon2.fr> (Lyon, ICAR).

FACTIVA
Base de données. Presse d'information francophone et internationale (dépêches, journaux et magazines).

FT
*Frantext*. Base de données textuelles, XVI$^{e}$-XXI$^{e}$ siècles, Nancy, ATILF.

GALLICA
Bibliothèque numérique (patrimoniale et encyclopédique) de la Bibliothèque nationale de France.

GRL
*Google recherche de livres*. Données bibliographiques et textuelles dont les sources sont les fonds numérisés de certaines bibliothèques et les ouvrages d'un programme de promotion de livres en ligne.

LEXISNEXIS PRESSE
Base de données. Presse d'information francophone et internationale (journaux et magazines).

MARGE
Base de mots en contexte, extraits d'ouvrages (période 1945-1998) dépouillés à l'Institut national de la langue française par l'équipe du « français quotidien ».

LE MONDE (cédérom depuis 1987).

# Index

Mise en pages : Compo-Méca s.a.r.l.
64990 Mouguerre

Achevé d'imprimer sur rotative
par l'imprimerie Darantiere à Dijon-Quetigny
en octobre 2008

Dépôt légal : juillet 2008
N° d'impression : 28-1424

*Imprimé en France*

Chaud comme une baraque à frites

***S'en beurrer les noisettes***

*Être épais comme un coton tige*

**Faire un cake nerveux**

*Avoir du yaourt dans la tête*

**Pas piqué des gaufrettes**

***Avoir bu l'eau des nouilles***

Être peigné comme un dessous de bras

*S'en taper le cul contre la suspension*

***Tu me l'ôtes de la bouche***

**Bling bling** Tombé du camion

**Y a pas le feu au lac**

Cracher sa valda ***Dormir en cuillère***

**Après nous les mouches**

*Mouiller la compresse*

Avoir les yeux qui crient braguette